2011 三门峡年鉴

中共三门峡市委　三门峡市人民政府　主办

中共三门峡市委党史地方史志办公室　主编

方志出版社

图书在版编目(CIP)数据

三门峡年鉴. 2011/中共三门峡市委党史地方史志办公室编. —北京:方志出版社,2011. 12
ISBN 978 - 7 - 5144 - 0385 - 5

Ⅰ. ①三… Ⅱ. ①中… Ⅲ. ①三门峡市—2011—年鉴
Ⅳ. ①Z526. 13

中国版本图书馆 CIP 数据核字(2011)第 271453 号

三门峡年鉴(2011)

编　　者:中共三门峡市委党史地方史志办公室
责任编辑:陈　曦　丛　珺

出 版 者:方志出版社
(北京市建国门内大街 5 号中国社会科学院科研大楼 12 层)
邮编　100732
发　　行:方志出版社发行部
(010)85195814　85196281
经　　销:新华书店
法律顾问:北京市大禹律师事务所
印　　刷:河南深港彩印有限公司

开　　本:889 × 1194　　1/16
印　　张:26. 25
字　　数:1028 千
版　　次:2011 年 12 月第 1 版　2011 年 12 月第 1 次印刷
印　　数:0001 ~ 1000 册

ISBN　978 - 7 - 5144 - 0385 - 5/K · 314　　定价:198. 00 元

编 辑 说 明

一、《三门峡年鉴》是中共三门峡市委、三门峡市人民政府主办的具有公报性、资料性、综合性、权威性、文献性的大型年刊，创刊于2001年。其宗旨是向三门峡市、河南省乃至国内外，全面、系统、翔实地介绍三门峡市上一年度政治、经济、文化和社会发展各方面的基本情况，为各级领导科学决策服务，为社会各界了解三门峡、研究三门峡、振兴三门峡服务，为促进三门峡市三个文明建设和构建和谐三门峡服务，并为续修《三门峡市志》积累资料。

二、《三门峡年鉴》由中共三门峡市委、三门峡市人民政府主办，中共三门峡市委党史地方史志办公室组织编纂，各县(市)区、市直各单位和各企事业单位、驻三门峡部队等供稿。

三、《三门峡年鉴(2011)》以马克思列宁主义、毛泽东思想、邓小平理论和"三个代表"重要思想为指导，全面贯彻落实科学发展观，运用辩证唯物主义和历史唯物主义的立场、观点、方法，在"全、新、特、密、实"五个方面记述三门峡市上一年度国民经济和社会发展的基本情况和变化，坚持为改革开放、为经济建设、为社会全面协调可持续发展服务。

四、《三门峡年鉴(2011)》记载时限(除个别内容外)从2010年1月1日起至12月31日止。年鉴采取分类编辑法，设类目、分目、条目3个层次。本卷共设32个类目：特载、专记、大事记、三门峡概貌、政党、政权·政协、群众团体、人民武装、法制、农业、工业、黄金·煤炭·铝、城乡建设·环境保护、建筑与房地产业、交通运输和邮政业、信息产业、经济协作与开发、商贸·市场、旅游业、财政·税务、金融·保险·证券、黄河三门峡水利枢纽工程、经济综合管理、科技、教育、文化、卫生·体育、精神文明创建活动、社会生活、县(市)区概貌、人物、附录。

五、为查阅方便，主体内容后编排有索引，中文目录之后编排英文目录。

六、《三门峡年鉴》所用统计数据，均经各供稿单位审核。统计资料由市统计局提供。

七、《三门峡年鉴》的编辑出版得到了三门峡市各级领导的关心和各县(市)区、各部门、各单位的大力支持与协助，在此谨表示衷心的感谢。

《三门峡年鉴》编纂委员会

李　健　　（市委党史方志办主任）

郑宝梅　　（市国家保密局局长）

韩　芳　　（市档案局局长）

刘会林　　（市发展改革委主任）

金　锐　　（市教育局副局长）

卫月胜　　（市科技局党组书记）

雷建国　　（市工业和信息化局局长）

上官卿　　（市民政局局长）

宋　东　　（市财政局局长）

任振廷　　（市人力资源社会保障局局长）

杨青黑　　（市住房城乡建设局局长）

李平宣　　（市交通运输局局长）

邵学敏　　（市农业局局长）

李炼志　　（市商务局局长）

王朝周　　（市文化新闻出版局局长）

齐秋安　　（市卫生局局长）

任晓云　　（市人口计生委主任）

常天朝　　（市统计局局长）

刘小英　　（市委宣传部副部长、广电局局长）

武跃峰　　（市总工会党组书记、常务副主席）

杨绍华　　（团市委书记）

张晓燕　　（市妇联主席）

赵团欣　　（市社科联主席）

李健同志兼《三门峡市志》《三门峡年鉴》主编。

《三门峡年鉴(2011)》编纂人员

主　　编	李　健	中共三门峡市委党史地方史志办公室主任		
副 主 编	刘建红	中共三门峡市委党史地方史志办公室调研员		
	周　青	中共三门峡市委党史地方史志办公室年鉴科科长		
文字编辑	(以下按书中出现先后为序)			
	张怡杰	周　青	李艺芬	卢亚杰
图片编辑	张怡杰			
英文翻译	卢亚杰			
校　　对	张怡杰	周　青	李艺芬	卢亚杰
编务人员	何永红	谢红娟	王普展	
摄　　影	李海峰	杜　杰		

《三门峡年鉴(2011)》供稿单位主管领导及组稿员名单

（按书中出现先后为序）

单 位	主管领导	组稿员
中共三门峡市委办公室	张欣照	裴俊峰
中共三门峡市委组织部	王云波	任建波
中共三门峡市委宣传部	武少峰	吴全乐
中共三门峡市委统一战线工作部	张书敏	高军政
中共三门峡市委政策研究室	曲振群	焦晓君
三门峡市机构编制委员会办公室	孙 禹	董其伟
中共三门峡市委市直机关工作委员会	武敏祥	王成新
		王 静
中共三门峡市委老干部局	范世谋	寇晓辉
三门峡市国家保密局	杨治安	卫安均
中共三门峡市委党校	闫占伟	邓 斌
中共三门峡市纪律检查委员会、三门峡市监察局	张志鹏	赵淑波
中国民主同盟三门峡市委员会	李述勇	员益峰
中国民主建国会三门峡市委员会	张景林	赵经纬
中国农工民主党三门峡市委员会	肖群兰	陈天栋
九三学社三门峡市委员会	楼晓红	晁媛媛
三门峡市工商业联合会	张进朝	薛 丹
三门峡市人民代表大会常务委员会办公室	王永胜	郑 鋆
三门峡市人民政府办公室	张武民	杜广山
三门峡市行政服务中心	周利平	张应洲
三门峡市人力资源和社会保障局	张少锋	席 荣
中共三门峡市委群众工作部(三门峡市人民政府信访局)	陈鲁新	蔡治国
三门峡市民族宗教局	薛建峡	孙春红
三门峡市人民政府外事侨务办公室	杨 彤	刘云江
三门峡市市直机关事务管理局	李竹园	席祥峰
中国人民政治协商会议三门峡市委员会办公室	林 平	张玉萍
三门峡市总工会	武跃峰	屈超峰
中国共产主义青年团三门峡市委员会	杨绍华	王官京
三门峡市妇女联合会	张晓燕	史锁茹
		段 晶
三门峡市文学艺术界联合会	徐龙欣	焦新祥

单　位	主管领导	组稿员
三门峡市社会科学界联合会	赵团欣	师　猛
三门峡市归国华侨联合会	黄鸿普	黄鸿普
三门峡市科学技术协会	马仰峡	陈　莹
三门峡市残疾人联合会	郭辛文	习冬冬
三门峡军分区	张洪标	杨占峰
中国人民武装警察部队三门峡市支队	何学习	陈克锋
		李　猛
中国人民武装警察部队三门峡市消防支队	吕校利	靳国增
中国人民武装警察部队黄金第六支部	杨洪生	杨　直
三门峡市人民防空委员会办公室	段孝廷	田金管
中共三门峡市委政法委员会	李主臣	宋晨飞
三门峡市社会治安综合治理委员会办公室	张龙治	郭　好
三门峡市公安局	杨宗义	郭建民
三门峡市人民检察院	王建民	上官巍
三门峡市中级人民法院	任睿妮	贾建兵
		白彦安
三门峡市司法局	杨素霞	张军时
三门峡市农业局	邵学敏	周应平
三门峡市扶贫开发办公室	陈丽萍	王　通
三门峡市畜牧局	张建业	胡柏林
三门峡市林业和园林局	郑宝梅	刘玉明
三门峡市水利局	黄更臣	刘　媛
三门峡市黄河河务局	张景芳	胡海林
三门峡市商务局	李军方	周光逸
三门峡市工业和信息化局	聂　琦	崔礼靖
河南省电力公司三门峡供电公司	南国良	刘一虹
三门峡市医药总公司	赵　峰	张淑凤
三门峡市住房和城乡建设局	杨青黑	杨俊峰
三门峡市规划和城市管理综合执法局	刘国泰	杨玉莉
三门峡市环境保护局	张中良	刘丹青
三门峡库区水文水资源局	孙章顺	杨世理
三门峡市交通运输局	李新林	苏鹏飞
三门峡市公路局	周建通	苏鹏飞
河南高速公路发展有限责任公司三门峡分公司	殷蔚明	姚宗华
三门峡火车站	张　毅	陈黎明
三门峡市邮政局	刘亚芳	吕研究

单　位	主管领导	组稿员
河南省工业和信息化厅三门峡无线电管理局	高建生	王　茜
中国联合网络通信有限公司三门峡市分公司	马　军	张新成
中国移动通信集团河南有限公司三门峡分公司	王明辉	李　艳
中国铁通集团有限公司三门峡分公司	裴宏印	丁　涛
中国电信集团河南省三门峡市电信分公司	李曙光	冯　丹
三门峡经济开发区	赵冶钧	杨满怀 李淑红
三门峡产业集聚区	茹　鹏	孙　妍
三门峡市供销合作社	张保强	石安娜
三门峡市盐业管理局	黄松涛	周　颖
三门峡市物资总公司	郑遂平	张家明
三门峡市粮食局	水润平	马建苟
三门峡市烟草专卖局	张占国	杨　琳
中国石油化工股份有限责任公司三门峡石油分公司	张　衎	张俊玲
三门峡市工商行政管理局	杨永琦	高向明
三门峡市旅游局	王保仁	王　丽
三门峡市财政局	任海水	李少民
三门峡市国家税务局	秦基选	孙秋亮
三门峡市地方税务局	许　珺	王建锋
中国人民银行三门峡市中心支行	唐殿军	李勇智
中国银行业监督管理委员会三门峡监管分局	宋社有	张　毅
中国农业发展银行三门峡市分行	段红伟	刘新宝
河南省农村信用社联合社三门峡市办公室	袁赞礼	孟金红
三门峡市商业银行	郑志军	张轲宣 杨　君
中国工商银行股份有限公司三门峡分行	任官水	王　泊
中国农业银行股份有限公司三门峡分行	皮景霞	马建华
中国银行股份有限公司三门峡分行	王东彪	李　娜
中国建设银行股份有限公司三门峡分行	吴雪峰	宋粉霞
中国人民财产保险股份有限公司三门峡市分公司	王志军	王　远
中国人寿保险股份有限公司三门峡分公司	刘国强	武鹏程
中原证券股份有限公司三门峡六峰路证券营业部	孙惠思	张学运
三门峡黄河明珠(集团)有限公司(水利部黄河水利委员会三门峡水利枢纽管理局)	卫　磊	李君武
三门峡市发展和改革委员会	于太升	王凤杰 张　杰

单　位	主管领导	组稿员
三门峡市安全生产监督管理局	钱随章	郑志刚
三门峡市国土资源局	崔宗勤	余钊慧
三门峡市审计局	白提高	任建学
三门峡市统计局	张庆云	陈建民
三门峡市质量技术监督局	索继军	周付民
三门峡市食品药品监督管理局	何　耿	马海英
		朱琳歌
三门峡市科学技术局	亢保祥	裴泽涛
三门峡市地震局	姚　龙	梁运涛
	李守增	刘　蕊
三门峡市气象局	武小明	袁文胜
三门峡市教育局	王平灿	王普进
		朱效红
三门峡职业技术学院	刘彦斌	雷旭锋
三门峡市文化新闻出版局	张占海	黄云启
三门峡市广播电影电视局	万赞伟	丁　君
中共三门峡市委党史地方史志办公室	刘建红	卢亚杰
	张安滨	
	魏云超	
三门峡日报社	王素梅	冯　燕
三门峡市档案局	杨乘东	侯俊晓
三门峡市卫生局	郑淑华	王英芳
三门峡市体育局	马朝龙	张　睿
三门峡市精神文明建设指导委员会办公室	王文辉	王群旺
		卢丽娜
三门峡市人口和计划生育委员会	薛孟生	谢少峡
三门峡市民政局	张增盈	赵慧利
湖滨区	赵长江	马红丽
义马市	尚会敏	史书现
渑池县	吴武岳	张丽敏
陕　县	武春生	张素娥
		习　云
灵宝市	杨　彤	张虎民
卢氏县	赵道全	刘三兴

目　录

特　载

专　记

大　事　记

三门峡概貌

政　党

·中国共产党三门峡市委员会·

组织工作

宣传思想工作

统一战线工作

政策研究工作

市直工委工作

群众团体

人民武装

建筑与房地产业

交通运输和邮政业

信息产业

经济协作与开发

商贸 市场

旅游业

财政　税务

金融　保险　证券

黄河三门峡水利枢纽工程

经济综合管理

科　技

教　育

卫生　体育

精神文明创建活动

社会生活

县(市)区概貌

·渑池县·

人 物

附 录

索 引

CONTENTS

SPECIAL ISSUE

WRITE SPECIALLY

CHRONICLE OF EVENTS

A GENERAL PICTURE OF SANMENXIA

POLITICAL PARTY

REGIME AND POLITICAL CONSULATIVE CONFERENCE

MASS ORGANIZATIONS

PEOPLE'S ARMED FORCES

LEGAL SYSTEM

AGRICULTURE

INDUSTRY

GOLD, COAL AND ALUMINUM

URBAN CONSTRUCTION AND ENVIRONMENTAL PROTECTION

CONSTRUCTION AND REAL ESTATE

TRANSPORTATION AND POSTAL SERVICE

INFORMATION INDUSTRY

ECONOMIC COOPERATION AND EXPLOITATION

COMMERCIAL TRADE AND MARKET

TOURIST INDUSTRY

FINANCE AND TAX

BANKING, INSURANCE AND SECURITIES

SANMENXIA KEY WATER CONTROL PROJECT OF YELLOW RIVER

ECONOMIC COMPREHENSIVE ADMINISTRATION

SCIENCE AND TECHNOLOGY

EDUCATION

CULTURE

HYGIENE AND SPORTS

ACTIVITIES IN SPIRITUAL CIVILIZATION CONSTRUCTION IMPROVEMENT

SOCIAL LIFE

SURVEY OF COUNTY(CITY) DISTRICT

FIGURES

APPENDIX

SUBJECT INDEX

三门峡市城区图
三门峡黄河公路大桥
山西省
黄河
陕州公园
甘棠苑
钟鼓楼
三门峡博物馆
大鹏国际酒店
陕州公园管理处
中日友好亭
中日友好植物园
宝轮寺塔
人工湖
黄河森林公园
会兴渡口
人民公园
湖滨广场
湖滨区委
区政府
市政协
市人大
市委
市政府
虢国公园
开发区管委会
黄河路
崤山路
六峰路
上阳路
陕州大道
青龙涧
北环路
南环路
黄河东路
崤山东路
三门峡火车站
湖滨车站
大坝专用线
310国道
209国道
连霍高速公路
陇海铁路
金渠集团化工机械
金渠集团超硬材料公司
三门峡广场
三门峡、陕县城区示意图
陕州公园
黄河森林公园
市委
市政府
三门峡火车站
三门峡南站
连霍高速公路
陕县县委
陕县政府
高阳山风景区
三门峡西站
陕县城区图
迎宾广场
人民广场
县政府
县委
高阳山风景区
三门峡西站
陕县热电厂
高速公路出入口
图例
政府驻地
街道办事处
企事业单位
学校
医院
宾馆、酒店
购物中心
塔、亭
博物馆
古遗址
金融机构
图书馆
火车站
车站、码头
河流、水库
街道
城墙
规划道路
铁路
高速公路
国道
G310
省界
公园、绿地
建成区
注：图中资料截至2005年底

荣誉三门峡

- 全国双拥模范城市 （全国双拥工作领导小组颁发）
- 中国优秀旅游城市 （国家旅游局颁发）
- 中国特色魅力城市200强 （爱国华人商会世界著名企业联盟、美中经贸投资总商会、全球华人名牌网颁发）
- 全国社会治安综合治理优秀市 （中央综治委颁发）
- 国家园林城市 （住房和城乡建设部颁发）
- 中国农村信息化示范基地 （科技部颁发）
- 中国十佳新锐金融生态城市 （上海陆家嘴金融博览会组委会、中国国际金融论坛组委会颁发）
- 中国金融生态城市 （第三届中国金融市长年会组委会、中国金融网、中国金融研究院颁发）
- 全国水土保持生态环境建设示范城市 （水利部颁发）
- 中国大天鹅之乡 （中国野生动物保护协会颁发）
- 全国创建农业标准化综合示范市 （国家标准化管理委员会颁发）
- 2010中国城市科学发展转变经济发展方式示范城市 （中国城市发展研究院颁发）

数　字

总面积：10 496平方千米

年末常住人口：223.44万人

年末户籍人口：230.33万人

地区生产总值：8 744 157万元

第一产值：576 111万元

第二产值：4 641 315万元

工业：22 437 950万元

第三产值：181 033万元

第一、二、三产业构成：

第一产业：8.0%

第二产业：68.5%

第三产业：23.5%

人均地区生产总值：39 176元

地方财政一般预算收入：663 984万元

地方财政一般预算支出：1 129 943万元

全社会固定资产投资：6 774 902万元

社会消费品零售总额：2 026 150万元

商品出口总值：10 355万美元

商品进口总值：5 977万美元

实际利用外资：39 849万美元

房屋施工面积：362.97万平方米

房屋竣工面积：180.22万平方米

商品房销售面积：84.72平方米

货物运输量：3 225万吨

三 门 峡

旅客运输量：3 790万人

接待旅客：1 223.08万人次

旅游业总收入：89.55亿元

科技活动经费支出：12 007万元

普通高等学院：1所

中等专业学校：8所

各类卫生机构床位：8 709张

卫生技术人员：9 657人

售电总量：1 178 640万千瓦时

城市供水总量：1 898万吨

建成区绿化覆盖面积：1 304公顷

城市道路面积：207万平方米

金融机构存款余额：6 255 153万元

金融机构贷款余额：3 401 950万元

城乡居民储蓄存款余额：3 928 245万元

职工平均工资：30 445元

城市居民人均可支配收入：15 032.3元

城市居民人均消费性支出：11 192.9元

农村居民人均纯收入：5 787.2元

农村居民人均生活消费支出：4 125.6元

人均现住房屋总建筑面积：33.86平方米

1月28日上午，中共河南省委书记卢展工（左2）到参加省十一届人大三次会议的三门峡代表团驻地，参加三门峡市代表团讨论，听取代表发言后作重要讲话

11月26日，中共河南省委副书记、省长郭庚茂（前右2）深入义马开祥化工公司调研

1. 中共三门峡市委书记李文慧（右1）把第一批廉租住房钥匙交给特困家庭代表贠红梅

2. 中共三门峡市委副书记、市长杨树平（中）春节慰问消防支队官兵

3. 11月18日，中共三门峡市委副书记王建勋（前左2）等参观三门峡新农村广播电台直播大厅

1. 2011年1月1日，市人大常委会主任赵继祥（前中）视察灵宝

2. 8月26日，市政协主席郭秀荣（中）带领市政协委员在湖滨区河洛中密度纤维板厂视察

3. 6月12日，省辖市市长级干部李建顺（右1）在渑池县视察农机麦收情况

1.省辖市市长级干部赵光超（左1）视察市文体中心

2.市委常委、常务副市长苏新华（左2）到市国税局基层慰问

3.10月14日，市委常委、市委宣传部部长李立江（前左2）视察渑池县文化项目建设工地

1. 4月13日，市委常委、市纪检委书记申黎明（右1）到陕县大营镇辛店村视察农村廉政文化建设情况

2. 市委常委、市委政法委书记郭绍伟（前左2）检查消防工作

3. 11月17日，市委常委、市委组织部部长赵予辉（左1）在陕县店子乡宽坪村调研

1

2

1. 市委常委、三门峡军分区政委李明举（前）检查旅游节安保工作

2. 11月10日，市委常委、市委秘书长赵中生在全市党史工作会议上讲话

3. 2011年6月9日，市委常委、市委统战部部长赵艳在全市统一战线庆祝建党90周年茶话会上讲话

1. 市委常委、副市长张英焕（中）视察保障房建设

2. 7月29日，副市长李琳（前右）到“7·29”安全生产宣传日活动现场指导工作

3. 8月12日，副市长周志远（前右3）视察市中心医院新病房大楼建设工地

1. 7月30日，副市长崔保连（前右1）深入渑池县检查指导道路抢修工作

2. 12月16日，副市长张建峰（左）视察灵宝市森林防火工作

3. 副市长高战荣（中）察看节日市场供应及食品安全监管情况

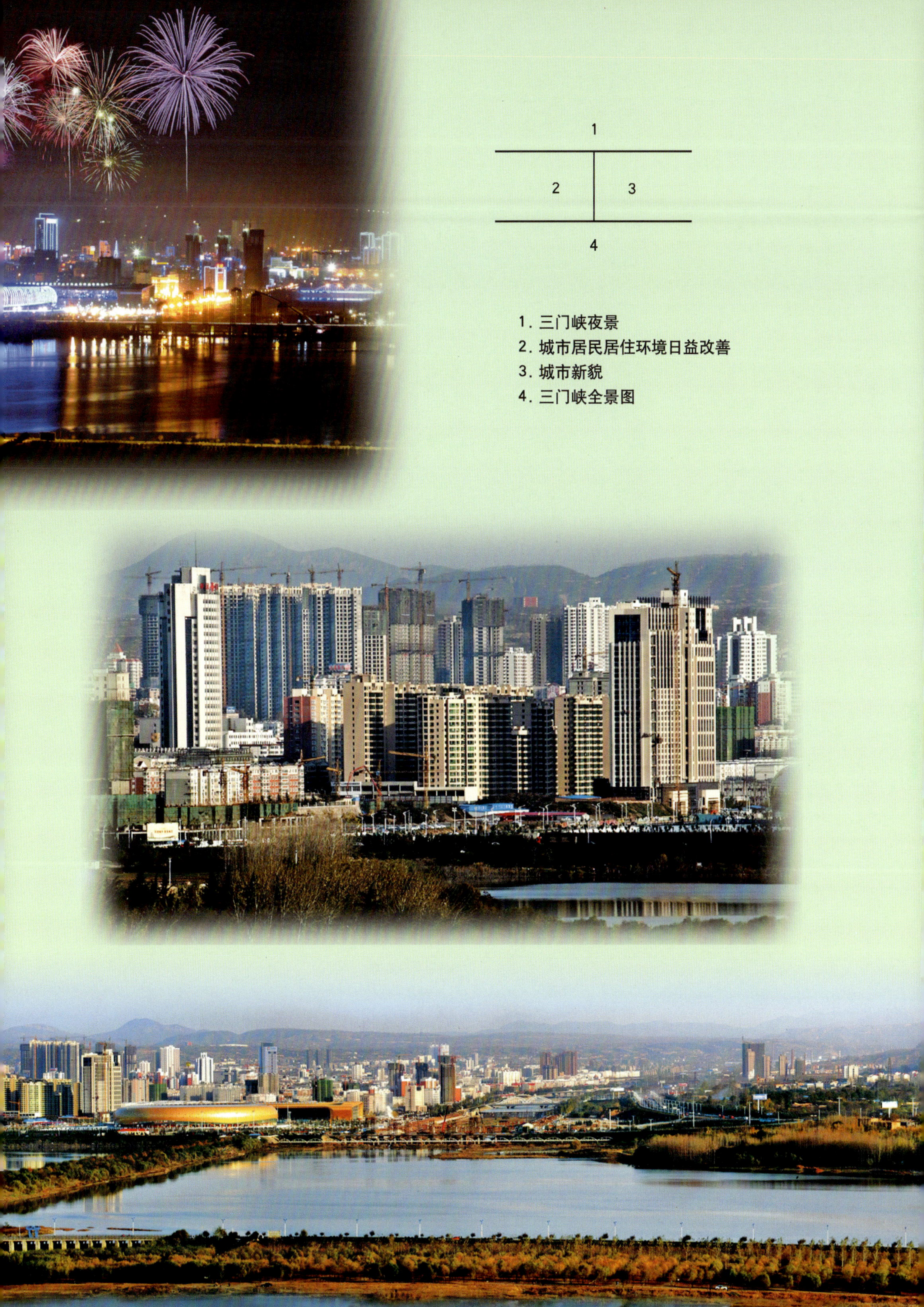

1. 三门峡夜景
2. 城市居民居住环境日益改善
3. 城市新貌
4. 三门峡全景图

5月15日，三门峡南站花团锦簇，装点一新，准备迎接四海宾朋。20个大花柱矗立在中心广场两侧，五颜六色的花卉点缀着广场，这里已经成了花的海洋

四通八达的交通

新建的国际会展中心

新建的文体中心

12月15日，签约仪式现场，市委书记李文慧，市委副书记、市长杨树平等市领导坚持站在后一排与客商代表合影留念

4月6日，第16届三门峡国际黄河旅游节暨投资贸易洽谈会新闻发布会、2010三门峡市旅游（郑州）说明会现场

5月19日，第16届三门峡国际黄河旅游节暨投资贸易洽谈会

5月16日，三淅高速公路灵宝至卢氏段工程建设奠基仪式

华鑫铜箔

煤化工企业

缘份果业有限公司是三门峡市重要的出口创汇企业，该公司生产的浓缩苹果清汁90%以上远销20多个国家和地区

9月12日，三门峡速达电动汽车样车运行启动暨整车装配线开工奠基仪式

↑↓新农村建设欣欣向荣

中共三门峡市委党史地方史志办公室

中流砥柱——三门峡市庆祝建党90周年图片展

市领导参观展览

2011年6月17日，市领导为建党90周年图片展开幕式剪彩

全市党史地方史志工作会议

2011 年 5 月 27 日，全市党史地方史志工作会议召开

庆祝建党90周年流动展览在湖滨广场展出

《三门峡市志（1991-2000）》首发式暨总结表彰大会

《三门峡市志（1991–2000）》

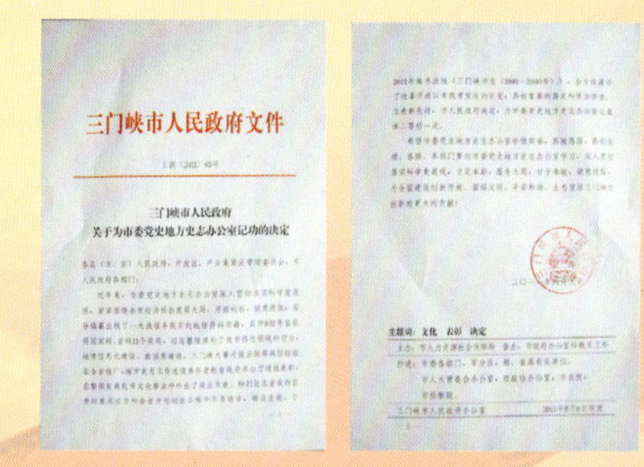

三门峡市人民政府文件

三门峡市人民政府
关于为市委党史地方史志办公室记功的决定

2011年8月12日，《三门峡市志（1991–2000）》首发式暨总结表彰大会召开，市政府为市委党史方志办荣记集体二等功

中共三门峡市委党史地方史志办公室

三门峡市党史机构成立、社会主义新方志编修30周年座谈会

2011年11月30日，三门峡市党史机构成立、社会主义新方志编修30周年座谈会召开

市委常委、市委秘书长姜继鼎（前左1）观看30周年成果展

卅载史乘 铁笔华章——三门峡市党史方志工作30年成果集粹展在崤山路展出

部分成果

单位领导慰问老党员

单位领导慰问贫困户

职工健身活动

单位参加市直机关第四届运动会

2011年11月27日，单位职工参加黄河公园义务植树活动

灵宝黄金股份有限公司

LINGBAO GOLD COMPANY LTD.

灵宝黄金股份有限公司成立于2002年9月27日，注册资金人民币1.54亿元。2006年1月12日，在香港主板成功上市（股票名称：灵宝黄金；股票代码：3330），首期募集资金9.899亿港元，成为“十一五”开局之年中国首家在境外上市的公司。公司综合实力位居中国黄金行业前茅，被国家发改委确定为国内五大黄金公司之一，被中国黄金协会授予全国黄金行业“明星企业”和“AAA级诚信企业”，属河南省“百强企业”。

公司成立以来，在各级领导的重视、关心、支持和正确领导下，坚持“稳健、勤勉、创新、高效”的经营理念，严格按照“统一管理、授权经营，统一核算、单独考核”的经营管理模式，实施“三抓”（抓资源扩张、抓管理创新、抓资本运营）战略，落实“六化”（决策科学化、运作规范化、执行程序化、作业标准化、管理制度化、反馈信息化）战术。经过不懈努力，公司由小到大，由弱到强，经历了“区内整合——香港上市——海外发展”3个阶段，实现了“从股份改制到企业上市，由国内拓展到海外发展，从国内知名到国际有名，由以金为主到兼顾有色”的跨越式发展。公司在国内的新疆、内蒙古、河南、江西、甘肃等省区建立了六大生产基地，在吉尔吉斯斯坦共和国成立了灵宝黄金富金矿业有限责任公司和帕拉德克斯有限责任公司，建立了中亚资源开发基地；在老挝人民民主共和国成立了北京普悦投资（老挝）有限公司，建立了东南亚资源开发“桥头堡”。

公司现有3个分公司，21个子公司，员工5000余人，拥有探、采矿权56个，面积2222平方千米，保有黄金储量156吨。主要业务是黄金及其伴生元素的勘探、采选、冶炼、精炼、铜产品深加工。产品有“灵金”牌国标2号金锭、白银、电解铜、硫酸、铜箔等，形成了日采选矿石7500吨，日处理金精矿1000吨，年产黄金约16吨，白银40吨，电解铜约1万吨，硫酸18万吨，铜箔1.3万吨的生产规模。2010年，公司生产黄金14.58吨，白银39.7吨，电解铜1.3万吨，硫酸15.7万吨，铜箔5711吨，实现销售收入48.42亿元，同比增长22.1%，净利润为2.58亿元，同比增长114.5%。

“十二五”期间，公司将按照“以金为主，兼顾有色，相关适度多元化”的发展方向，进一步加大资本运作力度，提升经济运营质量，转变经济发展方式，拓宽产业发展空间，推动公司实现再次跨越发展。

中共河南省委书记卢展工（中）在公司董事长许高明（右1）陪同下到华鑫铜箔公司视察

中共河南省委副书记、省长郭庚茂（左2）到黄金冶炼分公司视察工作

中共三门峡市委书记杨树平（右2）向公司总经理靳广才（左3）颁发荣誉奖牌

公司董事长许高明（右）向香港联交所赠送“紫气东来”上市纪念品

“灵金牌”国标金锭

国标银锭

电解铜生产车间

铜箔生产线

三门峡市融鑫担保投资有限公司

三门峡市融鑫担保投资有限公司成立于2007年1月，位于三门峡市大岭路天盛御景1号，注册资本6000万元，有员工44人，主营业务范围是贷款担保、票据承兑担保、贸易融资担保、项目融资担保、信用证担保；兼营业务范围为诉讼保全担保、履约担保、符合规定的自有资金投资、融资咨询等中介服务。

2010年，公司在经营管理上，制定切实可行的年度工作目标，并将目标任务科学分解落实到各部门，分别签订目标责任书。根据公司经营发展需要，逐步完善健全规章制度，先后下发了《公司项目决策管理办法》《公司档案管理制度》《信用担保评级授信暂行办法》等。在管理标准上，公司推行精细化管理，狠抓各项工作落实，用高标准、严要求的措施，切实推进公司的整体工作质量上台阶。

在管理政策和技巧方法上，坚持适用性、科学性、先进性原则，通过计划、组织、控制、激励和引导等措施来促进公司人力、物力和财力各方面资源进行有机整合，从而产生更大的效能。在业务开展上，实行双重考核制（考核业务质量；考核业务数量），在风险防控管理上，建立风险管理控制体系。科学完善的管理制度，对公司规范、高效运行起到了重要的推动作用。

公司董事长　茹占伟

公司担保业务评审会

业务部员工在工作中

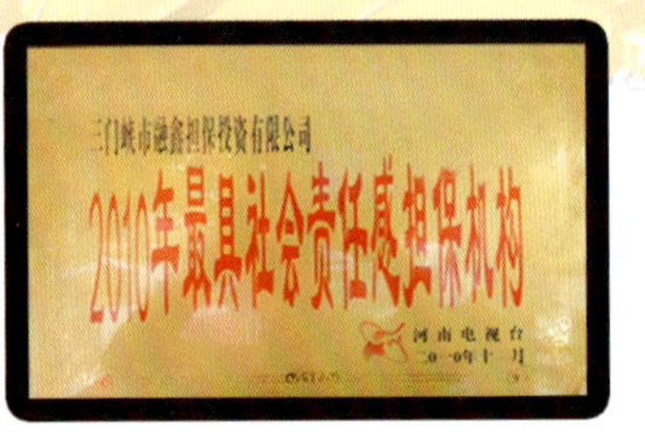

武警黄金第六支队

支队长　杨洪生

政委　李建武

武警黄金第六支队机关驻地在河南省三门峡市，支队内设司令部、政治处、后勤处3个部门，下辖3个大队、9个中队、5个直属队、1个教导队、1个留守处，主要工作区分布在河南、青海、湖北等3省10县市，承担地质找矿和护矿备勤任务。

中国人民武装警察部队黄金第六支队，共探明特大型金矿1处（东闯金矿），大型金矿床3处（山岔-乱石沟金矿、西长安-东塬金矿、狮子庙金矿田），中小型金矿床10余处（仓马峪、老鸦岔、仓珠峪、元岭、半宽、小河口、青牛池、枣乡峪-西峪沟、樊岔、五里村、加吾、三天门等），累计提交各级金储量和资源量246.486吨。支队先后被国务院黄金领导小组记集体一等功、被原地矿部评为“金矿地质勘查一等功”单位、被武警黄金指挥部评为“一级找矿功勋队”。2000年，黄金部队基层正规化建设现场会在支队召开，部队正规化建设经验在全部队得到推广。自2002年4月支队转隶以来，2次被武警部队评为基层建设先进单位，8次被武警黄金指挥部评为先进支队，连续12年实现“三无”，支队党委、纪委和团委也先后被武警部队评为先进党委、先进纪委和红旗团委。

承担军训任务

抢通陇海线

剑指青海

三門峽職業技術學院

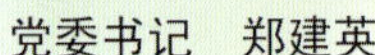

党委书记　郑建英

院长　吴勇军

三门峡职业技术学院是于1999年经教育部批准，在原豫西师范学校、三门峡工学院、三门峡广播电视大学三校基础上合并组建的高职院校。其前身是始建于1946年的国立灵宝师范学校，已有65年的办学历史和12年的高职办学经历。

近年来，在市委、市政府的正确领导下，学院加大改革发展力度，取得了优异的办学成绩。学院占地93.33公顷，校舍建筑面积38万平方米，馆藏图书100余万册；建有校内实训基地109个，其中，国家级实训基地1个、省级示范性实训基地6个；与企业共建校外实习实训基地121个。

学院设有11个教学系（部）、50余个招生专业，已经形成以工科为主，融理、经、文、管、教育、艺术等协调发展的专业体系；有各类在校生22000余人，其中全日制在校生18000余人，成人电大在校生4000余人；有教师900余人，其中教授、副教授215人，博士、硕士246人。

学院在2006年全国高职院校首轮人才培养工作水平评估中被评为优秀院校，2010年又全面通过第二轮高职人才培养工作评估，并获得“河南省职业教育攻坚先进单位”受到省委、省政府表彰。“十一五”期间，学院先后成为河南省落实毕业生就业政策优秀学校、河南省思想道德建设先进单位、河南省教育科研先进单位、河南省高校基本建设管理先进单位、河南“公众最满意的十佳高职高专院校”和省级卫生先进单位、省级园林单位等。

至2010年，学院已建成省级特色和教改试点专业7个、省级精品课程3门、省级优秀教学团队2个，并建成了“河南省高校节能照明工程技术研究中心”和“三门峡生物重点实验室”；学院是河南省豫西高职教育集团和豫晋陕黄河金三角职业教育集团依托单位、河南省新农村建设科技培训基地、河南省首批文化改革发展人才培养基地、河南省高校数字化校园示范工程建设单位、河南省示范性软件职业技术学院建设单位、国家劳动和社会保障部批准的“职业技能鉴定中心”等。

学院按照培养“品质优良、技术精湛”高端技能型人才的要求，将文化育人和专业育人相融合，通过校企合作实施课程改革，在促进学生“学会做人、学会做事、学会学习、学会创新”的过程中，不断深化“岗位主导、项目带动”人才培养模式，深化校企合作，推进工学结合，从而实现毕业生“能就业”“会就业”和“就好业”的目标。多年来，学院毕业生就业率一直保持在96%以上，用人单位满意率一直保持在98%以上。

学院注重加强对外合作，已与英美等多个国家的多所高校开展国际合作，其中与英国提赛德大学合作的机电一体化和会计电算化2个专业，与爱尔兰唐道克理工学院合作的建筑工程和生物制药工程2个专业，均已纳入统招计划，为学生出国深造提供了更加便利的条件。

学院正紧紧抓住中原经济区和豫晋陕黄河金三角区域经济协调发展综合试验区建设的难得历史机遇，始终坚持“瞄准一个目标、实现两大转变、坚持三位一体、突出四个学会、强化五种意识”的总体工作思路，持续加强内涵建设，全面提高办学水平，朝着“特色鲜明、质量过硬、省内一流、人民满意”的目标阔步前进。

省人大副主任、时任省教育厅厅长蒋笃运来校视察

市委书记杨树平到校视察

校企合作签字仪式

校长　索尚业

三门峡市教育局局长李庆红（左3）来灵宝一高视察指导工作

灵宝一高创建于1937年，建校70多年来一直以悠久的历史、光荣的传统和过硬的教学质量声震豫西。学校占地9.53公顷，建筑面积10多万平方米，有106个教学班，学生6600多人，教职工450多人。

学校既秉承优良传统，又锐意改革创新。围绕“创中华名校，育一流人才”的办学目标，转变教育观念，创新工作机制，实施精细化管理，人性化管理，年级单元管理，健全量化考核制、全员聘任制和目标责任制，狠抓工作落实。学校把立德树人作为办学的立足点，从转变学生的态度情感价值观入手，从培养学生的良好习惯做起，围绕“教育、教学、情感”三条线，加强思想道德教育，全面提高学生素质。学校加强学术团队、骨干团队、后备团队建设，实施人才强校、名师带动战略，培养学习型、智慧型、专家型教师队伍，师资力量雄厚。学校扎实推进课堂教学改革、新课程改革，优化教学策略、课堂结构，培养学生的创新精神、实践能力，全面实施素质教育。2000年以来，筹资6000余万元建成综合楼、教学楼、公寓楼、学生餐厅，完成大门扩迁改造、校园绿化美化和塑胶跑道铺设工程，购置图书20万册、700多台电脑，升级改造校园网络、数字广播系统和电子监控系统，安装100多个多媒体教室，各类设施达到省一流水平。

学校以改革创新为动力，以提高质量为根本，加快内涵发展，创建国家级名校，高考成绩连续20年稳居三门峡市首位，2000年以来培养了19名清华、北大考生，重点上线每年占三门峡市的40%，本科上线人数连年突破1300人。2011年高考，赵震林686分、张照照632分夺取三门峡市文、理状元，赵震林被清华录取，50多人被人大、南开等名校录取。600分以上159人，重点上线364人，占三门峡市的40%。二本上线1222人，占三门峡市的50%。本科上线1990人，本科上线率达74.9%，各批次上线人数取得历史性突破，整体成绩再创新高，位居全省前列。近年来，学校先后荣获全国教育网络系统示范单位、全国教育科研工作先进单位、全国体育传统项目学校、教育部课题研究先进单位、省文明单位、省五好基层党组织、省首批示范性高中、省卫生工作先进单位等50多项国家、省级荣誉，被确定为国家出国留学人才培养基地、西南政法、郑州大学、长江大学优秀生源基地，办学事迹被《人民日报》《中国教育报》《中国青年报》《河南日报》等媒体报道，打造了响亮的“灵宝一高”教育品牌。

学校领导与部分考上清华大学的学生、家长合影

河南省第12届语文年会在灵宝一高召开

1

2

1. 灵宝一高志愿者服务队开展活动
2. 元旦文艺演出
3. 灵宝一高喷泉雕塑夜景

3

三门峡中裕燃气有限公司

SANMENXIAZHONGYURANQIYOUXIANGONGSI

市委书记杨树平（前左2）、市委常委、副市长张英焕（右1）亲临“西气东输”二线工程现场指导工作

三门峡中裕燃气有限公司总经理杨玉忠（左1）向市委书记杨树平（中）汇报“西气东输”二线工程进度

中裕燃气总部领导鲁肇恒总裁与公司领导在“西气东输”二线工程现场研讨工程情况

陕县县委书记牛兰英（前右2）在“西气东输”二线工程现场进行相关方面的协调工作

一、公司简介

三门峡中裕燃气有限公司是三门峡市燃气总公司（原市液化石油气公司1984年11月成立）、中国城市燃气控股有限公司（香港）于2003年7月共同组建的中外合作燃气企业，公司注册资金5000万港币，中、外方出资比例分别为10%、90%。拥有三门峡市及所辖各县、市管输燃气项目的50年独家开发经营权。2005年5月与市政府城建部门签订了《城市管道燃气特许经营协议》，同年9月在香港成功加入“中裕燃气”上市公司。

二、职责范围

三门峡中裕燃气有限公司是三门峡市唯一一家经营管道燃气的专业公司，主要担负着三门峡市管道燃气输配管网及相关设施工程的建设、设计和经营，燃气的采购、储存及输送、供应和销售，燃气具及相关销售、维修和裕联加气站汽车加气。

中裕燃气承担着为广大居民、工商用户供应天燃气和液化气的职责，秉承“诚信、务实、专业、团队、积极、创新”的企业精神，传承“发展清洁能源，成就美好生活”的光荣传统，以先进的管理理念、全新的人性化服务理念，提高企业运行效率，回报外资股东，回报员工，回报社会，彰显中裕魅力、实力、活力。

三、服务内容

1、燃气申请开户及设计
2、燃气安装与通气置换
3、抄表及收费
4、燃气事故抢险
5、入户安全检查
6、客户投诉处理

四、服务承诺及时限

1、严格按照国家标准规范进行燃气设计施工。
2、对已安装到户的，即收即通。
3、对于安装到户外的承诺在 7 个工作日内按时通气。
4、对户外没有立管的在 15 个工作日内安装完毕给予通气。
5、接到管道燃气设施报警后，维护人员 30 分钟内到达现场，小修不超过 24 小时，大修不超过 48 小时。
6、因维修或其他工程施工需暂停或降压供气的，提前 24 小时利用媒体等形式告知用户。发生紧急情况时，以合理方式在同一时间内告知受影响用户；
7、对已通天然气的小区，公布收费人员照片、工号、收费时间、联系电话、服务热线。
8、入户安全检查：每年一次免费的入户安全检查。预约安检服务，3 天内提供服务，并按预约的时间准时到达。
9、客户投诉处理：自收到客户投诉信息起，2 个工作日内解决或回复客户。

“西气东输”二线工程施工现场

“西气东输”二线工程管道安装

“西气东输”二线工程通气前调试

参战员工欢庆“西气东输”二线工程竣工通气

三门峡华阳（大唐三门峡）发电有限责任公司

600 微米机组汽机运转平台

干净整洁的厂房

脱硫环保设施

“务实和谐、同心跨越”的企业精神

三门峡华阳（大唐三门峡）发电公司位于三门峡市产业集聚区内，东距市区 27 千米，南依陇海铁路、209 国道，北临连霍高速公路、310 国道，地处豫、陕、晋三省金三角，华中、西北两大电网在此交汇，被豫西、陕西、山西煤炭基地环绕，交通便利，水资源丰富。

公司总装机容量 184 万千瓦，是豫西电网重要电源支撑点。一期工程为两台 30 万千瓦的亚临界火力发电机组，总投资约 26.7 亿元，是河南省“八五”重点工程。2002 年底，电力体制改革后，公司股东三方为中国大唐集团公司、河南投资集团有限公司、三门峡市建设投资中心，投资比例分别为 55%、40%、5%。二期工程为两台 60 万千瓦的超临界火力发电机组，总投资约 43.5 亿元。 2009 年 4 月，国家商务部批复同意公司成为中法合资企业，公司股东三方为中国大唐集团公司、法国电力国际公司、三门峡市建设投资中心，投资比例分别为 60%、35%、5%。

公司始终坚持按照“对标一流、总量控制、达标排放”的要求，不断加强对环保设施的运行管理和设备管理，确保烟气排放符合国家标准，并将节能降耗视为企业可持续发展的生命力，积极推广采用节能新技术，公司先后投入近 2 亿元，完成近百项节能改造项目，每年可节约标煤 9.6 万吨。在废水处理和水资源循环利用方面，公司建成了处理能力达 400 吨／小时的污水处理站，安装脱硫废水处理系统，实现了达标排放，处理后的水回用于现场冲灰、冲渣等生产流程中，通过循环利用，每年可减少排放量 14 万吨。

公司每年在提供近百亿度电能的同时，也产生了上百万吨的灰渣，通过粉煤灰分选销售、灰渣制砖、脱硫石膏合作开发等综合利用，每年消纳粉煤灰、炉渣总量 140 余万吨，脱硫石膏 10 余万吨，处理废水 350 万立方米。公司拥有年产 20 万立方加气块生产线、年产 2 亿块粉煤灰标砖、盲孔砖的生产线，随着生产能力的充分释放，灰渣处置能力也将进一步得以发挥。

公司始终坚持以“科学、严格、精细、长效”为宗旨，严格落实各项工作内容，树立“优秀环保企业”形象，构建“强执行力”环境，将环境污染和文明生产上水平统一管理，把环境综合整治纳入文明生产上水平系统之中，落实责、权、利，多措并举，全员参与。公司 4 台机组共累计发电超过 700 亿千瓦时，脱硫系统综合投运率 97.1%，电除尘投运率 99.7%，环保设施稳定可靠运行。

国家环保部华北督导组到公司调研三期工程建设情况

脱硫石灰石监卸人员一丝不苟查验石灰石质量

机组大修

机组大修，降低供电煤耗近 20 克

三门峡润实新型建材有限公司

SAN MEN XIA RUN SHI XIN XING JIAN CAI YOU XIAN GONG SI

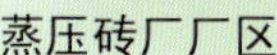
蒸压砖厂厂区

砖厂蒸压区

三门峡润实新型建材有限公司于 2006 年 8 月正式成立，位于三门峡市工业聚集区（大唐三门峡发电有限责任公司厂区内），是一家新型的的环保建材企业。公司注册资金 600 万元，一、二期工程总投资 5800 万元。

在国家发展循环经济取缔黏土砖政策的推动下，公司一期工程于 2007 年 4 月建成投产，二期扩建工程于 2009 年 5 月开工建设，增加了砖机、年产 20 万立方米粉煤灰加气混凝土砌块生产线，2010 年 5 月建成投产。生产工艺采用全自动配料，强制混合，连续消解，自动液压成型，全自动码垛，高温高压蒸养等国内先进技术，按照国家 JC239-2001、GB6566-2001、GB11968-2006 质量执行标准，生产出的粉煤灰新型建材系列产品具有强度高、干缩性小、抗冻强和抗碳化性好等优点，每年可消纳粉煤灰、渣 24 万吨，新增就业岗位 110 个，取得了良好的环保、经济、社会效益，成为三门峡市及至豫西地区最大的资源综合利用新型建材企业。

公司的产品主要特点有：

美观经济：粉煤灰加气混凝土砌块采用国内先进技术进行机械化切割，6 个平面整齐美观，规格标准。

冬暖夏凉：粉煤灰加气混凝土砌块重量轻，导热系数小，隔热隔音效果好，符合现代建筑理念，具有冬暖夏凉的效果。

环保科学：经省市权威检测部门检测，粉煤灰砖及加气混凝土砌块无任何放射性，符合现代人的健康理念和国家环保要求。

公司还可以根据不同建筑体系的要求，生产不同密度，不同等级及规格的粉煤灰建筑制品，其中粉煤灰标砖可达 MU-MU20 级，多孔砖达 MU7.5-MU15 级，加气混凝土砌块达 A3.5-A10.0 级，是替代烧结黏土砖制品的新型优质墙体建筑材料。

三门峡润实新型建材有限公司本着："信誉第一、诚信为本"的经营宗旨，竭诚为广大客户服务，携手并肩，共图发展。

三门峡市人民防空办公室

市委书记（原市委副书记、市长）杨树平（前左2）视察人防工程建设工地

市委常委、副市长张英焕（右2）视察人防工程建设工地

党组书记、主任　段孝廷

三门峡市人民防空办公室是市国防动员委员会的常设办事机构，是市政府人民防空工作的主管部门。

近年来，在三门峡市委、市政府的正确领导以及省人防办的指导下，三门峡市人防办坚持围绕军事斗争准备为牵引这条主线，坚持“以建为主，以收促建”的人防工程建设原则，依法行政、依法管理，高标准抓落实，高要求抓业务，人民防空建设从无到有，从注重数量到追求质量，从战备设施到平战两用，以日新月异的城市面貌为背景，三门峡人防风雨兼程地走过来了，实现了华丽转身，一个现代化的人防重点城市正悄然崛起。2010 年 10 月被国家人防办评为“全国人防先进单位”。

近两年来，三门峡市人防工程建设大幅增长，建成了人防疏散基地和疏散地域。机动指挥所建设已投入使用。人防宣传教育不断深入，广大人民群众的国防意识和人防观念不断提高。人防平战结合“三个效益”同步提高，内外部环境进一步优化，“五纳入”得到落实。

三门峡市旅游局

三门峡市旅游局是三门峡市政府主管旅游工作的组成部门，统筹协调全市旅游业发展，指导全市旅游工作。内设办公室、监督管理科、规划发展科、旅游促进科、对外合作科及局总支等6个科（室），直属事业单位3个，在岗干部职工30人。多年来，三门峡市旅游局坚持在发展中创新、在创新中突破、在突破中提升，强力推进旅游项目建设、宣传促销、质量提升、节庆活动和区域协作，取得显著成绩。2002年，被省委、省政府授予“省级文明单位”称号，2007年再次获此殊荣；2003年，荣膺中国旅游城市称号，连续多年被评为全省旅游系统先进单位；连续多年被市委、市政府评为目标管理先进单位。

站位于建设中原经济区的历史新起点，三门峡旅游人正以“团结创新、规范高效，锐意进取、勇创一流”的新气象谱写三门峡旅游新篇章。

局长水贤礼到景区调研

河南旅游日庆祝活动及保护母亲河三门峡万人签名活动现场

省级
文明单位
WEN MING DAN WEI
中共河南省委
河南省人民政府
2007.10

全球十大河流对话黄河暨黄河之旅旅游联盟成立大会

三门峡市公安局

三门峡市公安局共有在编民警2500余名，辖渑池、义马、陕县、灵宝、卢氏等5个县市公安局，在2010年10月启动的警务机制改革中，市公安局在原来3个城市分局基础上，新组建了崤山、湖滨、东城、开发区、产业集聚区5个直属派出所，市局内设机构规范设置为“四部七支队一校”。2008年初，新一届市局党委谋划和实施了以“2008年打基础，实现新提升；2009年见成效、实现新突破；2010年上台阶，实现新跨越”为主要内容的“三年发展规划”，强力推动公安工作向前发展。2011年，全市公安机关制定并启动第二个“三年发展规划”，确定了围绕“站在新起点，瞄准新目标，实现新进步，强力推动公安工作和队伍建设实现新发展”的总体思路，紧盯“争创全国综治优秀市‘三连冠’、夺取全国综治‘长安杯’”工作目标，以深化“三项建设”和“三项重点工作”为主线，以推进社会管理创新综合试点工作为载体，以群众安全感、满意度提升为标准，以全面推进信息化深度应用为切入点，以提升警务机制运行效能为重点，主动服务三门峡市委、市政府“三个战略定位”和“四大一高”战略，进一步强化维护稳定、打击犯罪、治安防控、服务群众的各项职能，有效提升了维稳预警能力、打防犯罪能力、社会管理能力和服务群众能力，推动了公安工作和队伍建设在过去三年的基础上实现了新的进步。

副市长、市公安局局长崔保连（前右2）检查社会治安秩序

副市长、市公安局局长崔保连（前右）与常务副局长柏启传研究工作

精神文明建设结硕果

周密部署，保一方平安

指挥中心大厅

表彰先进

紧急出击

警民一家

中国邮政

三门峡市邮政局

副市长高战荣（前左）到卢氏村邮站视察

三门峡市邮政局是负责全市邮政通信建设、运营与管理的中央大型国有企业，全市现有从业人员近400余人，邮政网络遍布城乡。全市邮政营业网点达到109个，其中邮储网点38个；报刊零售亭97个，城市投递段道105条，农村投递线路112条，投递里程县城以上4724千米，乡（镇）以下7160千米。形成了覆盖城乡、深入千家万户、连接全国、通达世界的现代通信网络。

三门峡市邮政局现主要经营信函、包裹、汇兑、储蓄、报刊发行、集邮、特快专递等业务，除此之外，还推出了物流配送、商函广告、邮政礼仪以及绿卡消费、代发工资、代发养老金、代办保险、代办电信、代缴电费、代收付烟草款等深受用户欢迎的全新业务。

独立运营以来，经过全体邮政人的团结拼搏，三门峡邮政已基本成为一个行业领先、社会认可、员工自豪、充满生机与活力的现代服务企业。

为三门峡风光邮票首发式剪彩的领导：左起河南省邮政公司总经理杨海福、三门峡市市长杨树平、省人大常委会副主任蒋笃运、市委书记李文慧

整洁舒适的邮政营业厅

市委书记杨树平（左1）在陇海线滑坡抢险现场

三门峡市水利局

2011年，中央一号文件首次聚焦水利，中央专门召开水利工作会议，水利发展迎来新的春天。三门峡市水利系统将进一步大力弘扬“献身、负责、求实”的行业精神和“同舟共济、求实创新、廉洁高效、争创一流”的团队精神，兴水利，除水害，抓住机遇，顺势而为，坚持“四个重在”实践要领，运用“三具两基一抓手”工作方法，努力破解事关全市经济社会发展全局的一系列重大水利瓶颈问题，一是围绕可持续发展治水思路，超前谋划大石涧水库建设、卫家磨饮水改扩建工程、新建槐朳大型灌区、洛河向市区调水工程建设等四件大事；二是围绕三门峡市经济社会发展大局，抓紧办好王官提水工程、青龙涧河交口至山口段综合治理、山口水库和白虎潭水库建设、防汛抗旱指挥体系及县级山洪灾害防治体系建设等四件急事；三是围绕推进民生水利建设，扎实做好农村饮水安全、小型病险水库除险加固、中小河流重点河段综合治理、水土保持生态建设等四件实事；四是围绕水利改革发展目标，努力破解水利基层服务体系建设、专业化水利投融资平台、实施最严格水资源管理、推动城乡水务一体化进程等四件难事。力争通过5年至10年的努力，初步形成“三纵四横”“南水北调”“东给西补”“河库贯通”“防抗一体”的水资源配置系统和防汛抗旱保障体系，最终将努力破解制约三门峡市经济社会发展的水资源瓶颈，基本扭转三门峡市水利建设明显滞后的局面，全面提升水旱灾害综合防御能力、水资源配置调控能力、水土环境保护能力，充分发挥水利对全市经济社会发展及环境保护的支撑和保障作用。

市委书记杨树平（右）在水利局检查指导工作

市委书记杨树平（右1）在防汛演练现场指挥

副市长张建峰（左1）在防汛指挥中心指导防汛工作

市委副书记、市长赵海燕（左2）调研水利工作

省委书记卢展工到鹏飞电子有限公司视察

省长郭庚茂到亿龙机械制造有限公司视察

三门峡产业集聚区

市四大班子领导视察集聚区项目进展情况

产业集聚区管委会主任张礼堂同志

17个重点项目集中开工

2010年，三门峡产业集聚区在市委、市政府的正确领导下，以实现“加快转变发展方式、加快实现新跨越”为目标，始终坚持以招商引资和项目建设为统领，扎实推进“现代产业、现代城镇、自主创新”三大体系建设，经济社会各项事业呈现出了良性发展势头。先后获得“河南省先进产业集聚区”“河南省循环经济试点单位”“河南示范产业集聚区”“河南省新型工业化产业示范基地”“三门峡市对外开放、重点项目建设优秀单位”等荣誉称号。

2010年，集聚区企业主营业务收入达到147亿元；完成固定资产投资43.9亿元；税收收入7亿元；财政收入1.2亿元；农民人均纯收入5300元。综合实力居全省180个产业集聚区第26位，居全市7个产业集聚区第1位。

项目建设取得新成效。全年共实施项目57个，其中，亿元以上项目28个，新开工项目43个，建成投产项目10个。

基础设施承载能力进一步提升。辖区道路通车里程达36.9千米，新开工建设标准厂房22万平方米，蓝领公寓41万平方米，创业服务中心2.2万平方米，总投资18.5亿元。

投融资工作取得新成效。成功争取农业发展银行基础设施贷款4.9亿元，并组织开展各种银企对接活动10余次，签订贷款协议73.5亿元。

民心工程谱写新篇章。全面落实“六件实事”：开工建设了新农村社区4个；解决了1.6万农村居民饮水安全问题；新建文化大院2个，硬化道路2100米，铺设供水管道400米；发放粮食补贴、移民后期扶持等资金1352.25万元；组织培训农民工3000人，安置就业2500人，增加农民收入1000万元；率先在全省集聚区中实施被征地农民养老保障金制度，全年发放保障金234万元，实现了被征地农民养老保障全覆盖。

和谐建设呈现新气象。深入开展“企业服务年”活动，共上门走访企业50余次，解决问题40余起，为企业挽回经济损失240余万元；共下访走访群众800余人次，排查化解突出矛盾纠纷68起；破获刑事案件137起，治安拘留32人，刑拘56人，移送起诉36人。

党的建设和干部队伍建设开创新局面。认真开展中心组学习、学习型党组织和精神文明创建活动，全面推进创先争优、党员干部驻村任职、农村“六大员”试点制度，成立了集聚区工会联合会和团工委，党组织的战斗堡垒和广大党员的先锋模范作用进一步发挥。

特　载

SPECIAL ISSUE

2011 年 8 月 27 日，在三门峡市六次党代会预备会议上，党员代表举手表决

全面贯彻落实科学发展观 为建设创新开放富裕文明平安和谐生态宜居 三门峡而努力奋斗

——在中国共产党三门峡市第六次代表大会上的工作报告

(2011年8月28日)

中共三门峡市委书记　杨树平

各位代表,同志们:

现在,我代表中国共产党三门峡市第五届委员会向大会报告工作,请予审议。

一、五次党代会以来的主要成绩和基本经验

过去五年,在省委的正确领导下,我们坚持以科学发展观为统领,团结带领全市广大党员和干部群众,解放思想,开拓进取,真抓实干,圆满完成了市五次党代会提出的各项目标任务,实现了经济社会又好又快发展。

综合实力得到提升,发展后劲不断增强。牢牢扭住经济建设这个中心不动摇,坚定不移地走科学发展道路,扎实推进重点项目、产业集聚区建设和招商引资等重点工作,经济发展保持了好态势、好趋势、好气势。五年间,全市生产总值由335亿元增加到874亿元,增长了2.6倍,年均增速15.3%,高于全省平均水平;地方财政一般预算收入达到49.7亿元,增长了3倍,年均增速24.5%;全社会固定资产投资累计完成2 154亿元,是前五年的4.4倍,各项人均主要经济指标位居全省前列,经济持续发展的基础更加坚实。

"四大一高"扎实推进,转型发展步伐加快。坚持把"四大一高"作为应对国际金融危机挑战、推进我市经济转型的重要战略,不断调优一产、调强二产、调大三产。"三纵四横"大交通网络雏形初显,枢纽地位初步确立;以中国三门峡海关、三门峡出入境检验检疫局等为标志的大通关建设取得显著成效,抢占了对外开放制高点;大中海、义乌国际商贸城等一批大型现代商贸流通企业相继落户,大商贸格局正在形成;黄河旅游节升格为国家级节庆活动,旅游业收入连年大幅增长,大旅游建设实现重大突破;速达高科、恒生科技、华鑫铜箔等一批高新企业快速成长,科技进步对经济发展的贡献率上升到了53.1%。"四大一高"战略的实施,优化了产业结构,提升了发展的质量和效益,在能源消耗和污染物排放指标连年下降的情况下,实现了经济平稳较快增长,被评为"中国城市科学发展转变经济发展方式示范城市"。

区域发展统筹推进,城乡面貌焕然一新。加强城市基础设施建设和城市绿化、美化、亮化,建成了高铁南站、迎宾大道、文体中心体育场、天鹅湖城市湿地公园等一批城建重点项目,城市功能日臻完善,城市在一天天"长高"、一天天"变靓",品位显著提升,相继荣获了"国家园林城市""中国大天鹅之乡"称号。中小城镇建设步伐加快,全市城镇化率由39.3%提高到47%。农业和农村工作成效明显,现代特色农业快速发展,农业信息化、标准化建设全国领先,新农村建设稳步推进,村容村貌发生较大变化。

人民生活不断改善,社会事业全面发展。坚持每年为群众办好"十件实事",先后建成了城市引水、市中心医院病房楼、外语高中等一大批民生工程,群众关注的热点难点问题

得到有效解决。就业形势保持稳定,城乡居民收入稳步增加。社会保障体系和救助机制不断健全,最低生活保障、医疗保险、养老保险逐步实现城乡接轨。科教文卫、广播电视、人口计生、环保气象、民族宗教等各项社会事业全面发展,公共服务体系不断完善。群众工作创新发展,社会大局和谐稳定,连续两届荣获"全国社会治安综合治理优秀市",被确定为"全国社会管理创新综合试点市"。精神文明建设深入推进,社会文明程度明显提高。民主法制不断健全,人大、政协作用充分发挥,"一府两院"工作逐渐规范,统一战线工作不断加强,"五五"普法扎实开展,工会、共青团、妇联等工作成效较大。国防后备力量建设迈上新台阶,继续保持了"双拥模范城"荣誉。

党的建设全面加强,执政能力不断提高。学习实践科学发展观活动达到预期效果,以"抓基层、打基础、争一流、当先锋"为载体的创先争优活动深入开展,各级领导班子和领导干部的思想政治素质、领导发展能力明显提高,广大党员的先锋作用充分发挥。干部人事制度改革不断深化,群众对干部选任工作的满意度明显提高。农村、城市社区、企事业单位、"两新"组织和机关党建工作稳步推进,基层党组织的凝聚力、战斗力进一步增强。干部教育培训工作不断加强,党员队伍建设、人才队伍建设和老干部工作富有成效。领导方式转变不断加快,雷厉风行、求实求效、勤政为民作风日益形成。党风廉政建设和反腐败斗争深入推进,市直机关设立大纪检组、农村设立村务监督委员会等体制创新成效明显,查处了一批大案要案,党员干部廉洁自律意识明显增强。

各位代表,同志们! 过去的五年,是在艰难中探索、曲折中前进的五年,也是社会财富积聚增加、人民生活显著改善的五年。五年来的成就,是党中央和省委正确领导的结果,是历届市委接力发展的结果,是全市广大党员干部群众忘我奉献的结果,是各民主党派、人民团体、各界人士和驻三门峡部队、武警官兵共同努力的结果,也是广大老干部、老同志建言献策、关心帮助的结果。在此,我代表五届市委,向所有为三门峡发展作出贡献的同志们、朋友们,表示衷心的感谢和崇高的敬意!

回顾过去五年,奋进的历程难以忘怀,发展的成绩来之不易,积累的经验弥足珍贵。五年来的实践启示我们,要把三门峡的事情办好:必须始终坚持解放思想、与时俱进,站位中原经济区建设新实践创新提升发展路子,以思想的大解放推动经济社会的大发展;必须始终坚持加快发展、科学发展,着力破解资源、环境等瓶颈制约,努力在发展中调结构、在调整中促转型;必须始终坚持以人为本、为民惠民,正确处理好改革、发展、民生、稳定的关系,让人民群众共享改革发展成果;必须始终坚持深化改革、扩大开放,在更广领域、更高层次上参与竞争与合作,不断为科学发展注入新的生机和活力;必须始终坚持党委总揽全局、协调各方,不断提高党的执政能力和先进性,为经济社会又好又快发展提供坚强的政治保证。

在总结成绩的同时,我们也要清醒地看到面临的突出矛盾和问题。主要是:经济发展的结构性矛盾仍然比较突出,资源、环境、土地等要素的制约逐步加剧;"三化"协调发展的任务繁重,中心城市的辐射带动能力不够强;持续改善民生的任务艰巨,社会稳定仍面临很大压力;党的基层组织建设、领导班子和干部队伍建设以及反腐倡廉建设等方面仍存在薄弱环节,等等。对此,我们一定要高度重视,保持清醒头脑,采取有力措施,切实加以解决。

二、今后五年工作的总体要求和主要目标

未来五年,是三门峡全面建设小康社会的关键期,也是加快经济发展方式转变的攻坚期。尽管国际环境极其复杂,但我国仍处在加快发展的重要战略机遇期。中原经济区建设大幕已经开启,豫晋陕黄河金三角区域协作正在推进,省委、省政府对三门峡建好"西大门"打开"西大门"寄予厚望,全市上下满怀信心踏上了"十二五"发展新征程。我们正面临着难得的历史机遇,完全能够利用综合优势,立足新起点,创造新业绩,在全面建设小康社会的道路上阔步前进。

今后五年工作的总体要求是:高举中国特色社会主义伟大旗帜,以邓小平理论、"三个代表"重要思想和科学发展观为指导,牢牢把握"四个重在"实践要领和"三具两基一抓手"工作要求,围绕打造中原经济区重要支撑、区域合作示范城市、豫晋陕黄河金三角区域性中心城市"三大战略定位",以科学发展为主题,以加快转变经济发展方式为主线,以富民强市为中心任务,强力实施"四大一高"和"人才强市"战略,统筹推进经济、政治、文化、社会四大建设,全面提高党的建设科学化水平,为建设创新开放、富裕文明、平安和谐、生态宜居三门峡而努力奋斗。

按照总体要求,今后五年的主要奋斗目标是:

经济发展再上新台阶。全市生产总值、财政收入、工业增加值、固定资产投资等主要经济指标增速高于全省平均水平,领先豫晋陕黄河金三角地区,经济总量力争五年翻一番,综合实力和竞争力进一步增强。

转型升级取得新突破。三次产业结构更趋合理,农业特色优势更加明显,工业整体竞争力显著增强,现代服务业不断壮大,创新型三门峡建设步伐加快,科技进步对经济增长的贡献率达56%以上,万元GDP能耗进一步下降,经济发展的质量和效益显著提升。

文化发展创出新业绩。文化资源得到有效开发,文化事业更加繁荣,文化产业成为支柱产业,精神文明建设继续加强,居民文明素质和城乡文明程度明显提高,成为全省和黄河金三角地区文化强市。

人民生活得到新改善。居民收入与经济发展实现同步增长,劳动力就业更为充分,社会保障体系更加完善,城乡居民的生活质量明显改善,人民群众幸福指数高于全省平均水平。

社会建设开创新局面。科技、教育、卫生、体育等各项社会事业均衡发展,公共服务体系进一步完善,社会管理体系

更加健全,社会大局保持稳定,人与自然日益和谐。

三、强力实施“四大一高”战略,努力推动经济又好又快发展

“四大一高”战略,涵盖了消费、投资、出口三大经济增长要素,体现了“调优一产、调强二产、调大三产”的发展要求,是推进新型工业化、新型城镇化和农业现代化“三化”协调发展的重要载体,是优化经济结构、加快经济发展方式转变的主要抓手,是扩张经济总量、提升经济实力的强大引擎,是实现“三大战略定位”和“十六字目标”的现实途径。要紧紧扭住不放松,一以贯之不懈怠,强力实施不停步,努力推动经济社会又好又快发展。

(一)加快“大交通”建设,增创区位环境新优势。交通是经济社会发展的先导和基础。要充分发挥交通建设在城镇布局、产业布局方面的引领作用,大力加强交通基础设施建设,尽快形成全市对外大开放、对内大循环的格局,为承接国际和沿海产业转移创造良好条件。

打造战略交通枢纽。加快综合交通体系建设,争取运城至三门峡、三门峡至十堰、三门峡至平顶山、陇海铁路三门峡段改线等铁路工程尽快开工,确保运三高速三门峡黄河公铁两用大桥、三淅高速灵宝至卢氏段、运城至灵宝高速芮城黄河大桥、郑卢高速卢氏段、渑池至垣曲高速等按期建成通车,力争三淅高速卢氏至淅川段早日开工,完善以“三纵四横”为主框架的大交通网络,切实把我市打造成全省乃至中西部地区重要的战略交通枢纽,形成“连接金三角、融入大中原”的发展态势。进一步优化市域路网结构,推进辖区内国道、省道干线路网改造,在全面实现“村村通”的基础上,不断提高县乡公路等级,努力实现客运“零距离换乘”、货运“无缝隙衔接”。

拓展城市发展空间。加强中心城市与各县城之间的高速公路、快速通道建设,尽快实现“全链接”,促进城市带状组团发展。强力推进三灵快速通道、沿黄生态旅游通道、310国道南移、北环路打通等重大项目建设,推动湖滨区、陕县、产业集聚区、开发区基础设施对接共建,有效实现资源共享。认真做好新区规划报批工作,积极推进好阳河治理、职教园区建设,不断拉大城市框架。围绕三门峡商务中心区建设,着力构建高端商住、旅游集散、休闲购物板块,努力把三门峡南站周边地区打造成面向金三角区域的高端服务平台。以建设路轴线、和平路轴线和黄河路商业中心“两轴线一中心”为重点,加快推进旧城和城中村改造,不断完善城市功能,提升综合承载能力,激发城市活力。围绕打造沿黄半岛景观带,加快推进庙底沟文化公园、黄河公园和虢国博物馆二期等工程建设,进一步提升天鹅湖国家城市湿地公园品位,充分彰显沿黄城市、山水城市特色,使三门峡真正成为中西部地区充满活力、富有魅力、极具竞争力的现代化城市。

提高城镇化水平。重点围绕沿310国道经济隆起带、209国道城镇隆起带,大力推进城镇化进程,使各县城成为承接城市可持续发展的战略空间,使有条件的乡镇发展成为规划合理、规模适中、特色鲜明的中心集镇,努力构建梯次分明、协调发展的新型城镇体系,力争五年内全市城镇人口达到130万,城镇化率达到55%以上。扎实推进社会主义新农村建设,重点加快新型农村社区建设,促进基础设施向农村延伸、公共服务向农村扩展、城市文明向农村辐射,努力推动城乡一体化发展。

(二)加快“大通关”建设,增创对外开放新优势。大通关是开放型经济高点起跳的新平台。要毫不动摇地推进大通关体系建设,以大通关强化大服务,以大服务促进大开放,全力打造内陆地区对外开放高地。

加强口岸基础设施建设。按照“合理布局、统筹规划、有利监管”的原则,积极推进中国三门峡海关、国家铝及铝制品检验中心建设。坚持高起点规划、高质量建设、高水平管理,稳步推进电子口岸建设,实现通关服务平台与国际贸易平台的联动互动。依托铁路货运站,规划建设海关监管堆场、检验检疫查验场、配送仓库等相关配套设施,提高装卸作业机械化水平,提升口岸外贸进出口货物的通过能力。

提高通关服务效率。以产业集聚区为主体,积极推进出口加工区的申报和建设,下大力气引进大宗进出口商品加工项目和出口贸易企业,加快形成规模和聚集效应。按照简化流程、减少环节、优化环境的要求,完善和推广检验检疫部门“出口产地检验、进口目的地检验”工作机制,减少口岸工作环节,提高口岸查验效率。引导企业规范进出口行为,使更多的企业享受提前报关、快速通关、上门查验等便捷通关的待遇,努力为企业铺设进出口贸易“高速路”。

积极承接产业转移。充分发挥我市的大通关机制等比较优势,认真研究国内外产业转移趋势,持续开展大招商活动,切实改进招商方式,力求成链式、集群式承接沿海发达地区产业转移。积极发展总部经济、飞地经济,吸引更多国内外大企业落户我市,努力提高招商引资的规模和水平。加强跟踪问效,确保签约项目早落地、早建成,增强招商工作的实效性。加快产业集聚区建设,着力打造承接产业转移的主平台和加速经济发展的增长极。积极实施“走出去”战略,促进开放型经济大发展。

进一步深化区域合作。加强与郑州、洛阳、西安海关和郑州铁路集装箱口岸的战略联合,密切与天津、青岛、连云港、上海等沿海沿边港口的通关联络,扩大出口规模,提高出口效益,促进对外贸易持续快速增长。加强与黄河金三角地区各市的区域协作,就地、就近为临近地区企业提供通关服务,开辟跨省区域经济协作新领域,努力打造全省重要口岸作业区和金三角地区外贸出口基地。

(三)加快“大商贸”建设,增创区域竞争新优势。“城”因人兴,“市”因业旺。要紧盯建设区域性中心城市目标,加快发展以大商贸为重点的现代服务业,使我市真正成为黄河金三角地区人流、物流、资金流、信息流汇聚的沃土,不断提升三门峡的辐射力、带动力和竞争力。

建设区域性商贸中心。做好旧城区商业改造,科学规划

建设大型专业市场，完善市场网点布局；加快丹尼斯、欧凯龙等国内外知名商贸企业入驻步伐，培育品牌化核心商业圈和特色商业街区；大力发展连锁经营、特许经营、电子商务、超大型购物中心等新型商贸业态，不断增强对周边地区消费者的吸引力，力争五年内全市建设大型商贸城4家以上，社会消费品零售总额达410亿元以上。

建设区域性物流中心。依托中心城市和重要交通干线，重点抓好三门峡西综合物流、食品冷链物流等四大物流园区建设，积极发展第三方物流，发展壮大七海物流等大型物流企业，力争五年内培育物流龙头企业5家以上、引进省内外知名物流企业5家以上，努力构建起一个大枢纽、多节点、广覆盖、高效率、强辐射的现代物流网络。

建设区域性金融中心。规划建设金融商务区，积极引进域外金融机构，推动信托、保险、基金、期货、证券等金融服务业发展，加快投融资平台建设，保证3家以上公司实现A股首发上市，大力发展和利用资本市场，为全市经济社会发展提供充沛的金融动力。

促进各类服务业全面发展。通过政策引导、多方扶持等手段，鼓励发展信息、会计、审计、法律等中介服务业，支持发展房地产、物业管理、托幼养老、家政服务等市场需求潜力大的行业，为全市人民提供更多更好的服务产品，满足人民群众对幸福美好生活的新期待。

（四）加快"大旅游"建设，增创持续发展新优势。旅游业是天然的绿色产业，不仅资源消耗少、环境污染小，还兼具一定的生态修复功能。要充分挖掘我市丰富的历史文化资源和自然山水资源，加快旅游产业发展步伐，努力将其培育成转型接续产业和新兴支柱产业。

打造龙头旅游品牌。加强精品景区规划建设，搞好中流砥柱、函谷关、甘山森林公园等传统景区的深度开发，突出抓好沿黄湿地公园、黄河丹峡、高阳山温泉休闲度假区等新兴景区建设，支持卢氏生态休闲旅游发展，着力培育一批龙头景区，加快打造以黄河风光、黄河文化为内涵的"文化山水"旅游品牌；依托5万亩黄河湿地和独特的山水资源，规划建设一批高档休闲娱乐场所和服务设施；持续提升国际黄河旅游节暨投资贸易洽谈会的策划运作水平，精心办好首届国际仰韶文化节，努力打造在海内外具有重大影响力的节庆活动品牌。

创新旅游投入机制。以市交通旅游投资集团组建为契机，发挥政府资金的杠杆撬动作用，坚持"谁开发、谁受益"原则，全面放开旅游市场，吸引国内外各类投资主体参与开发建设，加速形成投资主体多元化、融资渠道多样化的旅游发展机制。统筹"吃、住、行、游、购、娱"等旅游要素建设，进一步完善产业体系，扩大产业规模。加大对现有旅游企业扶持指导力度，积极实施强强联合、兼并重组、投资合作，促进规模化、品牌化、网络化经营，培育形成一批具有较强竞争力的大型旅游企业集团。

加大旅游宣传推介力度。牢固树立大旅游、大协作理念，加强市内、省内外的文化旅游营销合作，巩固"'黄河之旅'旅游联盟"成果，加快建立黄河金三角地区无障碍旅游协作区，努力凸显旅游资源的叠加效应，真正把三门峡打造成全国重要旅游目的地城市、黄河旅游核心城市和全省旅游经济强市。

（五）加快培育壮大高新技术产业，增创转型发展新优势。要牢牢把握世界产业技术革命的新趋势，把高新技术产业发展作为推动经济结构战略性调整的关键举措，加快经济转型步伐，抢占未来发展制高点。

大力推动传统产业高端化。继续强化工业的核心和主导地位，加快用高新技术改造提升传统产业，努力在发展中调结构、在发展中促转型、在发展中增效益，集中力量推进三门峡火电厂三期、义煤1 000万标准立方米煤制气、铝精深加工产业园等一批重大产业升级项目建设，壮大能源、煤化工、黄金3个省级产业集群，积极打造在全国有影响的铝及铝精深加工产业基地、装备制造和汽车及零部件生产基地、果蔬食品加工产业基地，力争通过五年左右的努力，使全市工业增加值再翻一番，为中原经济区建设提供有力支撑。

大力推动高新产业规模化。加快培育新能源汽车、生物、新材料、新能源四大战略新兴产业，重点突破产业核心关键技术，强力推进年产20万辆新能源电动汽车、柠檬酸金钾、纳米离子膜、导电玻璃等主导产品的研发与生产，努力建设全省一流的纯电动轿车生产基地、新材料产业基地、酶制剂产业基地、中药材种植与加工基地、光伏产业和新能源产业基地，力争五年内全市高新技术产业增加值达100亿元以上，占全市规模以上工业增加值的比重达10%以上。

大力推动农业现代化。坚持用新型工业化理念发展农业，用高新技术提升农业，本着"人无我有、人有我优"原则，进一步做大做强林、果、烟、菌、药等特色产业，积极发展生态菜、生态茶、生态猪、生态牛、生态鸡、生态鱼等绿色生态农业、有机农业、观光农业，加快物联网技术在农业领域的运用，推动三门峡由传统农业小市向现代特色农业强市迈进。坚持用现代经营形式推进农业，坚持"建基地、强龙头、扶组织、带农户"的发展思路，进一步扶持壮大灵宝景源果业等农业龙头企业，培育农民专业合作社，提高农民进入市场的组织化程度。坚持用现代科技装备农业，继续大力推进农业信息化、标准化，布局建设一批高效农业先导集聚区和特色农业示范园区，让更多的三门峡绿色生态农产品走向全国，走进千家万户。

四、大力实施科教兴市和人才强市战略，努力促进先进文化大繁荣大发展

先进文化增强凝聚力、创造生产力、提高竞争力。必须树立新的文化观，牢牢把握社会主义先进文化前进方向，弘扬优秀文化，建设和谐文化，彰显特色文化，为经济社会发展提供强大的精神动力和智力支持。

（一）更加注重学习型社会建设。知识改变命运，学习创造未来。要大力倡导全民学习、终身学习的新理念，积极创

建学习型城市、学习型社区(村镇)、学习型机关、学习型家庭,广泛开展丰富多彩的群众性学习实践活动,搭建人人皆学、时时能学、处处可学的组织网络和支撑平台。广大党员干部特别是各级领导干部,要自觉把学习作为一种责任、一种追求、一种境界,带头深学政治理论、精学本职业务、勤学修身知识,提高自身综合素质,增强解决突出矛盾的能力,带动全市上下形成崇尚学习、积极探索、大胆实践、勇于创新的风气,推动创建学习型社会活动深入持久开展。

(二)更加注重社会道德建设。加强社会主义核心价值体系教育,大力弘扬以爱国主义为核心的民族精神和以改革创新为核心的时代精神,激励全市人民为推动科学发展、实现富民强市而团结奋斗。坚持用社会主义荣辱观引领社会风尚,深入推进社会公德、职业道德、家庭美德、个人品德建设,加快构建传承中华传统美德、符合社会主义精神文明要求、适应社会主义市场经济的道德行为规范,在全社会形成积极向上的精神追求和健康文明的生活方式。加强和改进未成年人思想道德建设,注重对青少年的德育培养和党史学习宣传,抓好大学生思想政治教育。深入开展群众性精神文明创建活动,大力倡导“三平”精神,不断提高城乡群众文明程度。坚持团结稳定鼓劲、正面宣传为主,不断提高舆论引导水平,激发干部群众干事创业的热情,营造积极健康向上的思想舆论氛围。

(三)更加注重科技教育事业发展。坚持把教育放在优先发展的战略地位,全面实施科教兴市战略,深入推进素质教育,重视发展学前教育,巩固提高义务教育,科学发展普通高中教育,积极发展高等教育和职业技术教育,促进城乡区域各级各类教育均衡发展,力争五年内建成1所本科院校、2~3所专科院校,办好让人民群众满意的教育。加快发展科技事业,建立和完善以企业为主体、市场为导向、产学研相结合的技术创新体系,不断增强自主创新能力,加快科技成果向现实生产力转化,努力建设创新型三门峡。深入落实全民科学素质行动计划纲要,弘扬科学精神,树立科学观念,提倡科学方法,普及科学知识。

(四)更加注重人才队伍建设。牢固树立人才是第一资源的思想,大力实施人才强市战略,最大限度地开发人力人才资源,为推动科学发展、实现富民强市提供人才保障。坚持尊重劳动、尊重知识、尊重人才、尊重创造的方针,认真实施以经营管理人才、专业技术人才和技能操作人才为主的“万名人才引进”计划,不断扩大人才总量,优化人才队伍结构,努力造就一支规模宏大、结构合理、素质优良的人才队伍。坚持用事业凝聚人才,用实践造就人才,用机制激励人才,充分激发人才的创新创造活力,努力形成人才辈出、人尽其才、才尽其用的生动局面。

(五)更加注重文化事业和文化产业发展。加快传媒大厦等公共文化基础设施建设,大力实施文化信息共享、农家书屋等文化惠民工程建设,广泛开展社区文化、乡村文化、广场文化等群众性文化活动,不断提升城乡公共文化服务水平。继续深化文化体制改革,大力实施文化品牌带动战略,开发一批具有三门峡特色、体现时代精神的文化产品,积极培育创意文化、网络文化等新型文化业态,重点打造仰韶文化产业园、老子文化产业园和虢国文化产业园三大文化产业园,突出抓好仰韶彩陶、虢国澄泥砚、三门峡剪纸等拳头产品开发,不断提升三门峡特色文化产业的竞争力。着力推进文化传承创新,深入挖掘三门峡文化资源,大力弘扬优秀传统文化,尤其要充分发挥函谷关、《道德经》等名关名著效应,进一步扩大对外宣传和文化交流,增强三门峡文化的吸引力、影响力,努力把我市建设成为文化要素集聚、文化事业繁荣、文化产业发达、文化创新活跃的文化强市。

五、全面加强社会管理创新,努力推进和谐三门峡建设

要以建设全国社会管理创新综合试点市为契机,围绕发展、改革、民生、稳定、民主法治抓创新,先行先试,不懈探索,努力走出一条具有三门峡特色、具备全省全国示范意义的社会管理创新之路。

(一)立足基层促创新。社会管理重点在基层。要坚持重心下移、关口前移,构筑起横到边、纵到底、全覆盖的新型社会管理体系。整合基层社会管理资源,构建基层综合管理和服务平台,把更多的人力、财力、物力投向基层,确保基层社会管理和服务有人做事、有权管事、有场所办事。着力完善基层群众性自治组织,加强农村村民委员会和城市居民委员会建设,提高群众自我组织、自我管理、自我监督的能力。支持非公有制经济组织完善内部治理结构,使其切实担负起服务管理职工的社会责任。强化城乡社区社会管理职能,重点发挥好社区内业主委员会、物业管理机构等在社会管理中的积极作用,努力把城乡社区建设成为管理有序、服务完善、文明祥和的社会生活共同体。

(二)完善机制促创新。坚持用群众工作统揽信访工作,继续深化信访评估、流动调解、信访周会审等好做法,不断完善利益协调、诉求表达、矛盾调处、权益保障等机制,加强社会矛盾源头治理,妥善处理人民内部矛盾;以夺取全国“长安杯”为目标,深入开展多种形式的专项斗争和集中整治行动,进一步完善社会治安防控体系,不断提高群众安全感和满意度;加强和完善信息网络管理,健全网上舆论引导机制,提高对虚拟社会的管理水平;加强流动人口、特殊人群管理和服务,建立健全实有人口动态管理机制,努力做到在管理中体现服务,在服务中延伸管理;强化安全生产监管体制,提高应对紧急突发事件能力,确保人民群众生命财产安全。

(三)以人为本促创新。社会管理的实质是对人的管理和服务。要把群众满意作为社会管理的出发点和落脚点,继续下大气力抓好省、市“十大民生工程”落实,着力增强改善民生的普惠性、制度性和长效性。坚持完善鼓励就业、创业的政策体系,千方百计拓宽就业渠道。全面推行农村养老保险制度,进一步完善失业、医疗、住房、最低生活保障等社会保障体系,不断扩大覆盖范围,提高保障水平。大力发展各项社会事业,不断提高公共财政对民生的投入比例,让广大

群众共享改革发展的成果。发扬双拥工作的优良传统，推进军民融合式发展，密切军政军民关系。坚持计划生育基本国策，落实低生育家庭各项优惠政策。大力发展妇女儿童事业，培育壮大老龄服务事业和产业，健全残疾人和农村留守儿童、留守妇女、留守老人关爱服务体系。加大生态建设和环境保护力度，大力实施碧水蓝天工程，巩固提高全省林业生态市成果，积极创建国家森林城市，让人民群众喝上干净的水、呼吸清新的空气，有更好的工作和生活环境。

六、扎实推进民主法治建设，不断发展社会主义政治文明

建设社会主义政治文明，是全面建设小康社会的重要目标。要坚持党的领导、人民当家做主和依法治国的有机统一，积极推进民主法治建设，巩固和发展民主团结、生动活泼、安定和谐的政治局面。

（一）突出民主政治建设。坚持和完善人民代表大会制度，支持人大及其常委会依法行使监督权、人事任免权和重大事项决定权。支持政府依法行政，履行法定职能，推进行政管理的制度创新、体制创新和机制创新。坚持和完善中国共产党领导的多党合作和政治协商制度，支持人民政协围绕团结和民主，履行政治协商、民主监督、参政议政职能。发挥统一战线围绕中心、服务大局的优势和作用，进一步发展壮大新时期新阶段爱国统一战线，促进政党关系、民族关系、宗教关系、阶层关系、海内外同胞关系和谐。支持工会、共青团、妇联等群众团体依照法律和章程创造性开展工作，充分发挥其联系群众的桥梁纽带作用。积极推进决策的科学化、民主化，建立健全了解民情、反映民意、集中民智、珍惜民力的决策机制，进一步完善涉及群众切身利益的重大决策风险评估、公示听证、专家咨询、责任追究等制度，拓宽社情民意表达渠道，扩大人民群众的参与度，提高决策的透明度。巩固和扩大基层民主，深化政务、厂务、村务公开，依法保障群众的知情权、参与权、表达权和监督权。

（二）突出监督体系建设。积极运用多种监督形式，建立健全综合监督体系，切实提高监督实效。强化党内监督，认真贯彻执行党内监督条例，完善巡视制度，严格执行领导干部个人事项报告、述职述廉、民主评议、谈话诫勉、询问质询和经济责任审计等制度。强化人大、政协监督，支持人大及其常委会依照宪法法律开展法律监督和工作监督，支持人民政协按照章程开展民主监督。强化政府内部监督，进一步规范政府行为，提高行政效能，全力打造阳光政府、廉洁政府、服务政府。强化司法监督，积极发挥司法机关监督职能，确保公共权力的正确行使。强化社会监督，充分发挥群众团体、公民个人、新闻舆论等监督作用，真正让权力在阳光下运行。

（三）突出法治城市建设。深入实施“四五”依法治市规划，提高依法治市水平，努力在全省率先建成“法治城市”。加强社会主义法治理念教育，广泛开展“六五”普法活动，不断提高全民法律意识和法律素质。切实加强政法队伍建设，进一步树立政法机关和政法干警的良好形象。积极推进司法体制改革，建立健全司法工作保障机制，大力推进执法规范化建设，促进公正廉洁司法。加强司法救助和法律援助工作，规范和拓展法律服务，依法维护困难群众权益，努力实现社会公平正义。

七、以党的执政能力和先进性建设为主线，切实加强和改进党的建设

实现未来五年的宏伟目标，关键在党，核心在人，根本在做。我们必须坚持党要管党、从严治党，切实经受住“四大考验”，时时警惕着“四大危险”，围绕提升党的执政能力和先进性，全面推进党的建设新的伟大工程，不断提高党的建设科学化水平。

（一）加强思想政治建设，不断提高引领科学发展的能力。思想建设是党的建设的灵魂。要强化理想信念教育，坚持不懈地用马克思主义中国化最新成果武装头脑，认真学习贯彻胡锦涛总书记“七一”重要讲话精神，系统掌握中国特色社会主义理论体系，牢固树立科学的世界观和方法论，引导广大党员增强政治意识、加强党性锻炼、提升党性修养，激发广大党员进一步坚定信念、牢记宗旨、爱岗敬业，自觉在思想上、行动上与中央和上级党委保持高度一致，努力在富民强市的伟大实践中建功立业。坚持把解放思想作为破解难题、引领发展、成就事业的重要法宝，坚决破除因循守旧、固步自封、坐井观天、小富即安等保守观念，大胆地闯，大胆地试，大胆地干，以思想的大解放不断开创各项工作的新局面。

（二）加强领导班子建设，培养造就一支高素质的干部队伍。党的政治路线确定以后，干部就是决定性因素。要立足实现“三大战略定位”选干部，围绕“十六字目标”要求配班子，真正把各级领导班子建设成为朝气蓬勃、奋发有为的坚强领导集体，把广大干部培养成为贯彻落实科学发展观的重要骨干。始终坚持“德才兼备、以德为先”标准和“五重五不简单”原则，更加注重从履职尽责看干部，在关键时刻看干部，更多地关注和关心在基层一线工作的老实人、正派人，真正把那些政治上靠得住、工作上有本事、作风上过得硬、人民群众信得过的优秀干部选拔到领导岗位上来。进一步深化干部人事制度改革，健全完善干部考核评价机制，加大从基层一线培养选拔干部力度，加大优秀年轻干部、妇女干部和党外干部培养使用力度，加大竞争性选拔交流力度，加大干部教育培训和日常考核管理力度，形成充满活力的选人用人机制。

（三）加强基层组织建设，进一步巩固党的执政基础。党的基层组织是党的全部工作和战斗力的基础。要积极创新活动载体，深入开展创先争优活动，引导基层党组织和广大党员在完成重要任务、破解发展难题、推动科学发展中创先争优，形成先进带后进、党内带党外的生动局面。积极探索新形势下加强基层党建的有效途径和办法，重点建立完善农村、社区干部激励机制，充分激发基层党员干部的工作热情；继续做好机关、学校、企事业单位等领域的党建工作，加大在“两新”组织中建立党组织的工作力度，进一步扩大基层党组

织的覆盖面和影响力。认真做好党员发展和教育工作,建立健全城乡一体的党员动态管理机制,引导广大党员在各自岗位上争先锋、当模范、创业绩。继续推行完善"四议两公开一监督"工作法,扎实做好农村"六大员"和驻村任职第一书记工作,选优配强农村基层党组织班子,使基层党组织成为推动发展、服务群众、凝聚人心、促进和谐的坚强战斗堡垒。

(四)加强党的作风建设,更好地战胜前进道路上的各种艰难险阻。党的作风事关党的形象。要认真落实"用领导方式转变加快发展方式转变"要求,坚持"三具两基一抓手"工作法,在"四个基层"上下工夫,以良好的党风带政风促民风。要大力弘扬奋发有为的精神,坚决整治"庸、懒、散"现象,引导广大党员干部始终保持攻坚克难的斗志、争先进位的勇气、干事创业的激情,顽强拼搏,务实苦干,一步一个脚印地把各项事业推向前进。要大力弘扬敢于担当的精神,进一步强化各级领导干部的责任意识,始终做到责随职走、心随责走,恪尽职守,勇于负责,切实把主要精力集中在推动工作上,把满腔热情倾注在服务发展上,在全市形成干大事、创大业的浓厚氛围。要大力弘扬顾全大局的精神,坚持围绕中心,服务大局,共谋发展,坚决克服狭隘的部门利益、地方利益和个人利益,坚决制止有令不行、有禁不止、消极应对、各行其是的现象。要大力弘扬真抓实干的精神,全面提升行政执行力,形成雷厉风行、说干就干、干就干好的良好风尚,快节奏、高效率、大力度地抓好各项工作落实。

(五)加强反腐倡廉建设,营造政治清明、政风清廉、政通人和的良好环境。坚决惩治和有效预防腐败,关系人心向背和党的生死存亡。要深入开展党性、党风、党纪教育和警示教育,大力加强廉政文化建设,不断筑牢党员干部拒腐防变的思想防线。着力构建内容科学、程序严密、配套完备、有效管用的反腐倡廉制度体系,形成靠制度管人、管事的防范机制。进一步加大案件查处和专项治理力度,坚决纠正损害群众利益的不正之风,坚决惩处腐败分子。全面落实党风廉政建设责任制,切实加强对党员领导干部特别是党政"一把手"的监督,防止党员领导干部权力失控、决策失误和行为失范。各级领导干部要严格贯彻执行《廉政准则》,始终牢记"两个务必",带头做到立身不忘做人之本、为政不移公仆之心、用权不谋一己之私,树立为民、务实、清廉的良好形象。

(六)加强党的制度建设,提高党建工作科学化、规范化水平。制度建设带有根本性、全局性、稳定性和长期性。必须坚持以党章为根本、以民主集中制为核心,逐步完善党的领导制度和执政方式。坚持"集体领导、民主集中、个别酝酿、会议决定"的原则,科学规范全委会、常委会议事决策的职责、范围、规则和程序。加强和改善党领导经济工作的体制机制和方式方法,着力解决涉及全局性、战略性、前瞻性的重大问题,重点把好方向、出好思路、抓好大事、管好干部。完善党代表大会制度和党内选举制度,尤其要认真总结好集中换届试点乡镇的经验,进一步扩大基层党组织领导班子直接选举的范围。进一步完善党委新闻发言人和网络新闻发言人制度,积极推进党务公开,以党内和谐促进社会和谐。

各位代表,同志们!宏伟的目标鼓舞人心,美好的蓝图催人奋进。让我们紧密团结在以胡锦涛同志为总书记的党中央周围,高举中国特色社会主义伟大旗帜,深入贯彻落实科学发展观,团结和带领全市人民,抢抓机遇,乘势而上,为建设创新开放、富裕文明、平安和谐、生态宜居三门峡而不懈奋斗!

第16届三门峡国际黄河旅游节开幕式

政府工作报告

——2011年2月12日在三门峡市第五届人民代表大会第六次会议上

三门峡市人民政府市长 杨树平

各位代表：

现在，我代表市人民政府，向大会作政府工作报告，请予审议，并请各位政协委员提出意见。

一、2010年及“十一五”工作回顾

刚刚过去的2010年，是实施“十一五”规划的最后一年，也是我市经济社会发展极不平凡的一年。面对复杂形势和严峻挑战，在省委、省政府和市委的正确领导下，在市人大、市政协的监督支持下，市人民政府团结和带领全市人民深入贯彻落实科学发展观，坚持“四个重在”实践要领，牢牢把握“调结构、促转型、增效益”这一主线，继续深化项目建设年和企业服务年活动，抢抓机遇，顽强拼搏，开拓创新，锐意进取，圆满完成了市五届人大五次会议和“十一五”规划确定的各项目标任务，经济社会保持了平稳较快发展的良好态势。

（一）国民经济高位运行。初步核算，全市生产总值完成874亿元，比上年增长15.2%；工业增加值完成562亿元，增长18.5%；全社会固定资产投资完成677.5亿元，增长22.4%；社会消费品零售总额达203亿元，增长18%；城镇居民人均可支配收入达到15 032元，农民人均纯收入达到5 787元，分别增长11.6%、14.7%。

（二）跨越发展能力不断增强。坚定不移抓好重点项目和产业集聚区建设，市“双百工程”完成投资344.6亿元，101个项目建成，126个在建项目加快推进；大唐发电三期获国家发展改革委核准，540个项目进入省“十二五”规划盘子；省督办联审联批事项全部办结，居全省第一。全市7个产业集聚区完成投资242.8亿元，新开工项目119个，投产77个，在建125个，三门峡产业集聚区、义马煤化工产业集聚区被确定为全省新型工业化产业示范基地。扎实开展大招商活动，签约项目135个，总金额达1 134.3亿元，履约率、开工率分别达94.8%、67.4 %；全市实际利用外资3.98亿美元，比上年增长51.2%，绝对值居全省第三；实际到位省外资金114.4亿元，增长34.7%，增幅居全省第三。通关机构建设初见成效，河南出入境检验检疫局三门峡办事处挂牌开办，国家铝及铝制品质量监督检验中心主体完工，三门峡海关有望近期获批，外贸出口完成1.04亿美元，增长28.2%，超额完成省定目标。加强区域经济合作，积极参与中原经济区建设，区域竞争力进一步提升。

（三）经济发展质量和效益明显提高。工业效益整体良好，规模以上工业实现利税259亿元，比上年增长50.9%。财政保障能力持续增强，全市财政总收入81.7亿元，地方财政一般预算收入49.7亿元，增长19.8%。全市存款余额625.52亿元，较年初增加116.6亿元；贷款余额340.2亿元，较年初增加75.92亿元，增长28.73%，增幅全省第一。落实最严格的节约集约用地制度，连续12年实现耕地占补平衡有余；电力供应安全稳定，售电量达125亿千瓦时。大力发展循环经济，12家资源节约综合利用企业通过省级认定。强力推进节能减排，COD、二氧化硫减排达到目标要求。县域经济发展迅速，综合实力不断提升。

（四）经济结构战略性调整扎实推进。五大支柱产业持续增长，自主创新体系建设加快。速达纯电动汽车下线运行，被确定为全省电动汽车生产基地和电动汽车示范运营城市；恒生柠檬酸金钾等技术领先项目开工或建成。3家企业研发机构创建为省级院士工作站，28家企业被认定为省高新技术企业。特色农业不断壮大，果品总产16.6亿千克，烟农纯收入3.63亿元，烟叶收购保持全省第一；拥有规模以上农业龙头企业150家，省级重点农业龙头企业17家；地理标

志保护产品9个,被批准为全国创建农业标准化综合示范市。现代服务业快速发展,大中海商业文化广场、大鹏酒店二期、海联大酒店等项目扎实推进。洛阳银行入驻我市,市商业银行设立3家分行。3省8市旅游联盟开展深度合作,黄河旅游节暨投洽会对外影响进一步扩大,接待入境游客5.3万余人,实现旅游总收入94.28亿元。

(五)统筹城乡发展力度加大。"三纵四横"交通枢纽建设加快推进,三淅高速、连霍高速扩建等重点项目开工。改造建设陕州大道、上官路等8条城市道路,集中供热二期等民生工程顺利完成,城中村和旧城改造稳步推进;创建国家森林城市、卫生城市扎实开展,城市功能逐步完善。建成农村公路380千米,完成造林绿化3.25万公顷,新增和改善灌溉农田0.21万公顷,治理水土流失面积84平方千米,解决农村10.19万人饮水安全;完成搬迁扶贫880户、3 762人,转移农村剩余劳动力36万人,实现劳务收入29亿元。新农村建设成效显著,40个新型农村住宅社区建设试点累计完成投资13亿元,建成10 034套,入住4 100户,18个农村社区基础设施配套到位,城乡一体化进程明显加快。

(六)社会民生进一步改善。扎实推进省十项民生工程和市十件实事,市文体中心体育场封顶,市中心医院病房楼投入使用。保障性住房建设进度加快,建成廉租房4 331套、21.66万平方米;建设经济适用房777套,竣工3.91万平方米。社会保障体系不断完善,新增城镇就业人员5.89万人、城镇下岗失业人员再就业2.73万人,城镇登记失业率3.24%;新农合参合率达97.89%。加快发展文化教育事业,市外国语高中正式招生,三门峡职业技术学院在校生达2.1万人,仰韶文化博物馆主体竣工。食品药品安全监管加强,社会救助力度加大。人口计生和人民防空工作被评为全国先进。扎实开展安全生产,应急保障能力增强,成功处置中石油陕西柴油泄漏事件。抗洪救灾取得重大胜利,灾区倒房重建如期完成,荣获全国防汛抗旱先进集体。

(七)民主法制和精神文明建设得到加强。自觉接受市人大及其常委会的监督,支持市政协履行职能,认真办理人大代表建议59件、政协委员提案224件,满意或基本满意率达100%。深化行政管理体制改革,市、县政府机构改革全面完成。坚持依法行政,加强政府自身建设,反腐倡廉工作取得新成效。强化精神文明建设,公民道德水平和文明程度全面提升。坚持"三具两基一抓手",深入推进"两转两提",认真开展"创先争优"活动,干部群众干事创业、团结进取的氛围更加浓厚。加强群众工作和平安建设,成为全国社会管理创新综合试点市。大力开展国防教育,扎实做好双拥工作,驻市解放军、武警和预备役部队在支持地方经济建设、处置突发事件等方面作出了重要贡献。民族、宗教、对台、外侨、统计、审计、档案、史志、体育、气象、地震、无线电、黄河河务、妇女儿童、残疾人、老龄等工作取得新成绩。四川江油灾后援建任务圆满完成,及时启动对口援疆工作。

各位代表!随着2010年各项任务的圆满完成,标志着"十一五"规划确定的目标胜利实现。这一时期,国际金融危机严重冲击,资源环境约束加紧,结构性矛盾日益突出,经济形势复杂多变。面对压力和挑战,我们见事早、行动快、措施实,积极实施"一体两翼"经济刺激战略,果断采取"四区"建设、抓好六大载体等有效举措,克难攻坚,化危为机,在逆境中保持经济平稳较快增长,经济社会进入快速发展的崭新阶段。

—这五年是经济社会持续发展、综合实力跃上新台阶的五年。国民经济连续五年实现较高增速,生产总值年均增长15.3%,增速比"十五"时期提高4.3个百分点,人均生产总值超过39 200元(折5 790美元)。地方财政一般预算收入五年完成178.9亿元,年均增长24.5%,高出目标8.5个百分点。

—这五年是实施经济结构战略性调整、加快发展方式转变的五年。扎实推进经济结构调整,产业结构不断优化,五大支柱产业增加值占工业增加值的比重达80%,二、三产业比重达92%,比"十五"末提高2个百分点;自主创新能力不断增强,科技进步对经济发展的贡献率达52.7%。万元生产总值能耗累计下降21%。

—这五年是基础设施逐步完善、城乡面貌显著变化的五年。抢抓扩内需机遇,加快重大基础设施建设,全社会固定资产投资完成2 154亿元,比"十五"增加3.5倍。交通基础设施建设投资38.6亿元,公路通车总里程达9 258千米;水利项目总投资20.8亿元,是"十五"的10倍。

—这五年是改革深入推进、开放水平大幅提升的五年。积极应对国际金融危机冲击,坚持深化改革,全面扩大开放,通关机构建设步伐加快。实际利用外资12.2亿美元,比"十五"增加10.1亿美元;实现外贸出口6.44亿美元,比"十五"增加2.05亿美元,优势产品远销欧美等海外市场。

—这五年是社会事业全面进步、人民群众得到更多实惠的五年。民生投入明显加大,向农民发放各类补贴17.5亿元,"十件实事"累计投资35亿元。五年新增城镇就业28.4万人,城镇登记失业率连年保持较低水平。社会事业长足发展,公共服务体系不断完善。城镇居民人均可支配收入、农民人均纯收入年均增长13.2%、14.5%,均高于"十五"平均水平。

各位代表!这些成绩的取得,是省委、省政府和市委正确领导的结果,是市人大、市政协大力支持的结果,是全市广大干部群众迎难而上、团结奋斗的结果。在此,我代表市人民政府,向工作在全市各条战线上的工人、农民、知识分子、干部、人民解放军指战员、武警官兵、公安民警以及社会各界人士致以崇高的敬意和衷心的感谢!

各位代表!这五年取得的成绩来之不易,积累的经验弥足珍贵,有四点需要继续坚持和发扬:一是必须科学发展调结构。牢牢把握发展第一要务,坚持用科学发展观武装思想,抢抓加快转变经济发展方式的难得机遇,在发展中调结构,在转型中谋发展,促进经济社会又好又快发展。二是必须持续推进保增长。紧密结合资源型城市转型升级的实际，始终坚持以经济建设为中心不动摇，坚定不移地抓好重点项目和产业集聚区建设，立足当前保增长、促发展，着眼长远打基础、增后劲，努力变资源优势为经济优势，加快建设经济强市。三是必须改革创新增活力。坚持把改革开放作为加快发展的动力源泉，依靠体制机制创新破解发展中的难题，积极招商引资承接先进产业转移，通过战略合作实现优势互补、借力发展，大力扶持民营科技企业，培育壮大高新技术产业，为经济社会跨越式发展积蓄力量。四是必须改善民生促和谐。把保障和改善民生作为发展的根本出发点和落脚点，把调结构、促转型和保增长、惠民生有机结合，不断加大民生投入，坚持办好十大实事，有效促进社会和谐稳定，为改革、发展提供坚强保障。

各位代表！在充分肯定成绩的同时，我们也清醒地看到，政府工作与人民群众的期待还有一定差距，当前经济社会发展还存在不少矛盾和问题：国民经济连续多年高位增长，继续保持快速增长难度加大；经济结构深层次矛盾仍然存在，经济发展面临"调结构"与"保增长"的双重压力，节能降耗形势尤为严峻；城市规模不大，"三化"协调发展动力不足，城镇化建设任务繁重；城乡居民持续增收难度加大，改善民生任务还很艰巨；政府自身建设、推动科学发展的能力需要进一步增强。对此，我们一定高度重视，认真加以解决。

二、"十二五"发展的目标任务

"十二五"是我市全面建设小康社会的关键时期，是加快跨越式发展、转变经济发展方式的攻坚时期。面对新形势、新任务，我们必须抢抓机遇、乘势而上，聚精会神搞建设，一心一意谋发展，为打造中原经济区重要支撑、区域合作示范城市和豫晋陕黄河金三角区域中心城市奠定坚实基础。

根据市委五届八次全会精神和市"十二五"规划纲要，今后五年我市经济社会发展的主要奋斗目标是：经济发展实现新跨越。全市生产总值年均增长12%；财政总收入年均增长12%，一般预算收入年均增长13%，力争"十二五"末比2010年翻一番；全社会固定资产投资年均增长15%以上。转型升级要有新突破。到2015年，全市特色农业产值占农业总产值比重超85%；高新技术产业增加值占规模以上工业增加值比重超过10%。民生改善再上新台阶。城乡居民收入年均增长10%；到"十二五"末，城镇化率达到55%。生态建设取得新成效。到2015年，全市森林覆盖率达53.5%，完成省定万元生产总值能耗、二氧化碳排放量、主要污染物排放量等指标，年城市环境空气质量优良天数超320天。

实现上述目标，必须突出三大战略重点：一是加快经济发展方式转变，保持经济平稳较快发展。必须加快新型工业化进程，强力实施"1333"工业转型升级工程，以产业集聚区为载体，大力促进传统产业高端化、新兴产业规模化，尽快形成产业结构合理、产业布局科学、产业发展集聚的现代工业体系；必须完善新型城镇化体系，大力发展现代农业，突出发展现代服务业，推动城乡统筹协调发展，促进经济结构战略性调整；必须坚持生态文明建设，加快推进自主创新，增强区域竞争力，努力建设资源节约型和环境友好型城市。二是着力改善社会民生，加快富民强市步伐。必须坚持富民优先、强市为要，着力扩大就业，加快全民创业，完善社会保障体系，稳定物价总体水平，千方百计增加城乡居民收入。优先发展教育事业，推进基本公共服务均等化，创新社会管理，构建和谐社会，在发展社会事业和改善民生方面取得更大进展。三是坚持改革开放，提升体制机制创新水平。必须把改革创新作为加快发展的动力，最大限度地解放和发展生产力。深化经济体制改革，全面推进行政管理、要素市场等领域的机制改革，努力在重点领域和关键环节取得突破性进展。坚持对内对外开放并举，扩大总量与提高质量并重，加快推进豫晋陕黄河金三角试验区建设，支撑中原经济区发展，形成全方位、多层次、宽领域的对内对外开放新格局。

各位代表！《三门峡市国民经济和社会发展第十二个五年规划纲要（草案）》及说明已印发各位代表，请予审议。我们坚信，有省委、省政府和市委的坚强领导，有全市人民的齐心协力、奋勇拼搏，我市"十二五"发展蓝图一定能够如期实现，为全市经济社会发展再谱新篇、再铸辉煌！

三、2011年工作安排

今年政府工作的总体要求是：认真贯彻党的十七届五中全会和省、市委经济工作会议精神，全面落实科学发展观，以加快转变经济发展方式为主线，以富民强市为中心任务，坚持调结构、促转型、保增长、惠民生，加快"一个载体、三个体系"建设，继续深化项目建设年、企业服务年和城建提速年活动，扎实推进"三化"协调发展，努力促进经济又好又快发展，为建设充满活力、富有魅力、极具竞争力的现代化城市奠定坚实基础。

主要预期目标是：生产总值增长12%，地方财政一般预算收入增长13%，全社会固定资产投资增长21%以上，工业增加值增长13%，社会消费品零售总额增长16%，外贸出口增长21%，城镇化率达49%，城镇居民人均可支配收入、农民人均纯收入分别增长9%，完成省定万元生产总值能耗等指标。重点抓好8个方面工作：

（一）突出抓好产业集聚区和重点项目建设，进一步增强跨越式发展动力。强力推进产业集聚区建设。全年投资超230亿元，其中工业项目投资超200亿元，力争全市7个产业集聚区投资增幅、主营业务收入增幅超过全省平均水平。加强基础设施建设，建设标准化厂房60.6万平方米，提升产业承载能力；加快项目建设，重点推进明彩集团年产100万色令印刷制品、义煤集团年产30万吨铝板带箔、盛源化工年产30万吨醋酸等58个投资超亿元项目，引导城区企业向同类园区集中，推动支柱产业优化升级；完善管理体制，加快投融资、土地储备、中小企业担保三大平台建设，提升发展保障能力；加快产城互动发展，提升产业规模和发展速度，创造就业岗位，促进人口转移。抓好三门峡光伏产业园、湖滨机电制造业园区等专业园区建设，提高专业化、规模化水平。坚定不移地抓好重点项目建设。继续实施“双百工程”,强力推进200个以上重大产业升级和重大基础产业、基础设施项目,总投资1 000亿元以上,今年完成投资300亿元,保持固定资产投资的连续性和稳定性。全力抓好速达年产10万辆纯电动汽车及50万套核心零部件、骏通年产2万辆矿山专用车、大唐2×100万千瓦超超临界机组、义煤综能1 000万标准立方米煤制气、地久矿业7 000吨多晶硅一期等重点转型升级项目,高起点谋划一批科技含量高、发展前景好、事关经济社会发展全局的优质项目,加快三淅高速、郑卢高速、连霍高速扩建等重大基础项目建设,增强可持续发展动力。建立健全长效推进机制。继续落实市领导分包重大项目等制度,实行“一个领导牵头、一个法人承担、一个部门负责、一个小组落实”工作机制,健全督导推进体系,完善考核奖惩体系,营造激励竞争的浓厚氛围。

(二)必须坚持在发展中调整结构,切实加快转变经济发展方式。巩固提升优势产业。做大做强五大支柱产业,重点改造提升煤化工、黄金生产及加工、铝及铝精深加工等三大传统优势产业,力争2012年主营业务收入达1 200亿元,两年增加450亿元。按照基地化、规模化要求,大力发展精深加工,加快煤化工产业链条向高端延伸;推进黄金精炼、工艺品生产及新产品研发,使矿产资源向优势企业集中,提高黄金生产及加工产业的规模化程度;优化铝工业产业布局和资源配置,在氧化铝资源就地转化和铝精深加工方面实现突破。大力推进战略新兴产业。积极培育新能源汽车、生物、新材料、新能源四大先导产业,加快速达纯电动汽车项目建设,抓紧完成200辆示范运行样车装配下线并投放市场;建成清源风电场二期、鞍子山风电场,努力成为全省最大风电基地;抓好恒生柠檬酸金钾扩建、兴邦纳米离子膜以及光伏产业等项目进度,推动战略先导产业向高端化、规模化发展,2012年主营业务收入达200亿元,增加150亿元。强力发展汽车及零部件、装备制造、食品三大高成长性产业,推进高档轿车轮毂、铝合金整体式车厢等汽车零部件产业发展,在水工机械、大型压力容器、检测量仪、数控机床等领域加快开发成套装备和产品,用两年时间培育形成一批百亿产业集群,主营业务收入超320亿元。加强苹果加工、畜牧养殖基地建设,发展一批特色优势食品产业集群,争取2012年主营业务收入超100亿元。加快发展现代农业。继续稳定粮食生产,大力发展特色农业,全年果品总产17亿千克,食用菌栽培1.2亿袋以上,中药材种植面积1.53万公顷,种植烟叶1.67万公顷,实现苹果、浓缩果汁、食用菌出口新突破。加快农业产业化发展,力争规模以上农业龙头企业达160家,农业专业合作社发展到320家以上。培育壮大现代服务业。抓好大中海商业文化广场、三门峡汽车城等重大商贸项目和核心商圈建设,加快年交易10万吨大型果蔬冷链物流集散中心等项目建设,推进食品冷链、铝制品等特色物流园区和综合园区发展。继续推进银行业改革,支持市商行改制,鼓励发展域外金融业务,加快农商行组建步伐,积极引进1家股份制商业银行。加快信息化进程,建设“无线城市”。抓好沿黄生态旅游经济带等8大旅游项目规划编制和对外招商,全面推进中流砥柱、函谷关、黄河丹峡等20个景区和基础设施建设,年内旅游招商突破30亿元,新增4A级旅游景区1~2家、4星级以上旅游饭店1~2家,实现旅游综合收入116亿元,增长30%。高水平办好第17届黄河旅游节暨投洽会,打造国内外知名的黄河文化旅游品牌。

(三)强力推进城乡统筹,全面提升“三化”协调发展水平。壮大中心城市规模。大力实施中心城市带动战略,高标准规划建设城市新区,重点抓好义乌商贸城、迎宾大道沿线开发,加快三门峡南站起步区和三灵快速通道建设;做好老城区优化提升,强力实施“双十”工程,集中抓好十大市政基建项目、十大城中村和旧城改造项目,促使209国道市区段沿线旧城改造取得实质性进展,有效推动新老城区功能互补、发展互动,促进湖滨区、陕县、灵宝市组团发展。建设生态宜居城市。加强城市精细化管理,加大重点部位环境整治,提升城市管理水平,创建河南省最佳宜居城市。加快国家森林城市创建步伐,率先建成全省林业生态建设先进市。深入开展国家卫生城市创建活动,加强公共卫生体系建设,提高群众健康水平。完善城乡基础设施。积极推进运三铁路、连霍高速扩建等重大交通项目建设,加快形成“三纵四横”交通枢纽中心。强力实施城乡建设三年大提速行动计划,投资200亿元加强城市基础设施建设,改造崤山东路、大岭南路等城市道路,配备电动汽车充电站(桩),满足电动汽车发展需要。加大公共服务设施建设力度,开工建设市文化公园,确保市文体中心体育场在第17届黄河旅游节暨投洽会开幕式投入使用。优先发展城市公共交通,推进农村公路畅通工程,实现城乡客运交通一体化建设。加大财政投入力度,加强农田水利基本建设,做好新一轮病险水库除险加固,加快山口水库建设进度,完成水土流失治理面积80平方千米,新增有效灌溉面积2 000公顷、旱涝保收田2 000公顷、节水灌溉面积2 000公顷,解决农村8万人安全饮水问题。集中抓好全市防汛指挥系统及山洪灾害预警体系建设,提高防灾避灾水平。积极推进城乡一体化。义马、渑池城区对接要有新进展,推进灵宝北区和西区开发,抓好卢氏生态建设。重点发展310国道沿线和市域周边乡镇,扶持区位优势明显、发展潜力较大的10个中心镇、50个村作为城镇化示范带动村镇。抓好40个省市新型农村住宅社区和35个县级示范社区建设,促进城乡协调发展。

(四)认真抓好经济运行调控,努力保持经济平稳较快增长。不断深化企业服务。加大市属重点企业服务力度,坚持领导分包、巡回服务等制度,引导关联企业加强协作,推动企业服务工作常态化。积极推进企业战略重组,培育产业链条完整、竞争优势明显的大型骨干企业或集团,提高企业抗风险能力。大力支持非公有制经济发展,积极服务中小企业和微型企业快速成长。切实加强经济要素保障。建立经济运行协调机制,加强对经济运行的监测、研判、预警,强化产销、产需、供需、银企对接等平台建设，提高煤电油运等生产要素保障能力。全面加快电网建设，进一步提高安全供电和优质服务水平。严格落实耕地保护制度，扎实开展节约集约用地模范县（市）创建工作，依法加强重点建设用地保障，全力开展矿产资源整合和矿山地质环境治理恢复。扎实做好财政金融工作。完善税收征管机制，堵塞税收征管漏洞，确保应收尽收。强化财政支出监管，用足用好财税政策，优先保证民生投入。完善信用担保体系建设，科学增加有效信贷投放，确保贷款增速高于全省平均水平。努力保持物价总体稳定。落实价格监管措施，严厉打击囤积居奇、哄抬价格等不法行为，有效防止通胀预期上升，保持主要农产品和重要生产资料价格基本稳定。建立完善最低生活保障、失业保险标准与物价上涨挂钩的联动机制，保障低收入群体基本生活需要。全面落实节能减排措施。抓好公共机构和电力、有色金属冶炼等重点行业的节能减排，淘汰过剩和落后产能，深入挖掘节能潜力。大力发展循环经济，鼓励企业技术改造，支持企业开展废渣、废水、废气的综合利用。加强环境保护，做好重点区域和行业环境综合整治，全面完成各项节能减排任务。

（五）扎实推进改革创新，不断激发经济发展活力。壮大城区经济规模。集中精力抓好市级经济发展，按照利益共享、责任共担原则，统筹包括湖滨区、开发区、产业集聚区、陕县县城在内的中心城区发展，健全税收分成等利益分配机制，科学规划产业和项目布局，积极发展“飞地经济”，促进城区经济跨越式发展。增强县域经济实力。强化指导服务职能，加大支持力度，能放的权力坚决下放，能给的政策坚决落实，增强县域经济的发展活力。发挥各县（市、区）主体作用，突出县域特色，构筑优势产业体系，积极在全省晋位争先，快速提高县域经济发展水平。推进自主创新建设。实施科技兴市和人才强市战略，加强科技创新体系建设，加快民营科技企业发展，培育1～2家省级院士工作站、1～2家省级重点实验室、2～4家省级工程技术研究中心和3～5家拥有自主知识产权的创新型企业；加大科技创新扶持力度，实施义马年产3 000万套锂离子电芯等高新技术产业项目，培育高新技术企业5～8家，力争高新技术产业增加值增长15%，科技进步对经济增长的贡献率达54%。深化农村体制改革。继续推进集体林权制度、县级供销社体制改革，建立健全农技推广、动植物疫病防控、农产品质量监管等公共服务机构，加快推进农村土地流转，完成土地流转面积2.33万公顷。

（六）全方位扩大对外开放，有效增强区域经济竞争力。提高招商引资实效。坚持“走出去、请进来”，加大招商引资力度，以开放促招商，以招商促发展。抢抓承接国内外产业转移和加快资源配置的战略机遇，以长三角、珠三角、闽台地区为重点，积极开展对接洽谈，实行链式招商、专业招商、以商引商，招大商、招好商、招高商，逐步实现招商引资工作向市场运作转变。完善项目协调、跟踪督查、评价奖惩等工作机制，发挥协调督查联席会议作用，抓好签约项目跟踪落实，全年实际利用外资4.86亿美元，到位省外资金137.3亿元。加快通关机构建设。建成国家铝及铝制品质量监督检验中心、河南省煤及煤化工产品质量检测研究中心，开工建设三门峡海关，申报、筹建河南省纯电动轿车整车试验检测研发中心和省级危险化学品包装容器检测中心、铬盐化工检测站等项目。实施名牌战略、标准化战略和质量安全战略，培育出口优势企业，引进出口潜力企业，抓好轮毂、果汁等优势产品出口，支持高科技产品出口，全年实现外贸出口1.25亿美元。加大战略合作力度。围绕铝精深加工、新能源开发等优势领域，瞄准世界、国内500强和行业50强企业，有针对性开展经济合作，不断提升合作层次和水平。巩固政银企战略合作成果，确保工农中建四大银行签约资金落实到位。加强国际友好往来，务必在经贸合作上取得实质性成果。强化区域经济合作。积极参与中原经济区建设，加强与洛阳、济源经济合作，共同构建支撑中原经济区豫西板块；加强豫晋陕黄河金三角区域经济合作，增强区域竞争力。

（七）切实保障和改善民生，全面发展社会事业。突出抓好省十项民生工程和市十大实事，切实维护好群众利益。促进城乡居民增收。实施积极就业政策，促进以创业带动就业，发放小额担保贷款1.35亿元以上，确保全年城镇新增就业4万人，下岗失业人员再就业2万人以上，动态消除“零就业”家庭。落实粮食最低收购价政策，大力发展生态观光农业和“菜园子”“菜篮子”经济，确保肉类总产达8 100万千克、蔬菜8.2亿千克、水产品900万千克。积极发展劳务经济，农村劳动力技能培训2.1万人，阳光工程培训8 000人，打造劳务品牌，促进农民增收。强化社会保障体系建设。完善最低生活保障制度，全面实现城镇基本医疗保险即时结算，稳妥推进医疗保险市级统筹。全市企业养老、失业、城镇职工医疗、城镇居民医疗、工伤保险参保人数分别达到26万人、22.5万人、30.4万人、31.3万人、15万人。积极改善群众住房条件，建设公共租赁住房2 000套以上、廉租住房1 850套，建立满足不同收入群体需要的城镇住房保障体系。大力发展社会事业。加大教育投入，整合教育资源，推动基础教育均衡发展；加快职教攻坚进度，努力提升高等院校办学层次。深入开展群众性精神文明创建活动，大力发展文化体育事业，加快虢国、仰韶、老子三大文化产业园区建设，支持渑池县办好纪念仰韶文化发现90周年系列活动。继续抓好人口计生工作，人口自然增长率控制在6.48‰以内。加强食品药品安全监管，加快市中心血站和医疗机构标准化建设，构建农村医疗卫生服务网络，缓解群众住院难、看病难问题。加大社会化拥军力度，连创全国双拥模范城。继续做好民族、宗教、统计、史志、黄河河务、审计、事管、盐业、地震、人防等工作。扎实做好支援新疆农十三师柳树泉农场工作。

（八）创新社会管理，维护社会稳定。坚决抓好安全生产。牢固树立安全发展理念，全面开展隐患排查治理，强力推进煤矿兼并重组，加强非煤矿山、道路交通、消防等重点领域、重点行业、重点区域监管,杜绝一切违法违规生产行为,为经济发展提供安全环境。全力维护社会稳定。全面排查矛盾纠纷,强化信访源头治理。坚持信访周会审、领导包案等制度,深入开展“群众工作日”活动,推行领导接访工作新模式,深化信访代理、流动调解机制,畅通群众诉求渠道,提高案件办结率和满意率。深入开展平安建设。加强社会治安综合治理和科技防控体系建设,积极开展全国社会管理创新综合试点工作,严厉打击各类刑事犯罪,增强人民群众安全感,争创全国综治“长安杯”。加快应急体系建设,妥善处理突发公共事件,保持社会和谐稳定。

四、加强政府自身建设

做好今年各项工作,必须以领导方式转变加快发展方式转变,坚持“三具两基一抓手”,深入推进“两转两提”,扎实开展“创先争优”活动,建设人民满意政府。

(一)必须解放思想。坚持更新观念、与时俱进,进一步解放思想,自觉把思想从落后的观念、传统的做法和体制的束缚中解放出来,使思想和行动更加符合科学发展观的要求,以奋发有为的精神状态,不断开创各项工作新局面。强化机遇意识、责任意识、忧患意识,始终保持强烈的事业心和责任感,突出运作,狠抓落实,坚持说到做好,确保工作落到实处、取信于民。

(二)切实转变职能。加强和改善政府对经济社会事务管理,努力实现政府职能向创造良好环境、提供优质公共服务和维护社会公平正义转变。深化行政审批制度改革,减少和规范行政审批事项。加强政府信息公开,扩大政务公开范围,保障人民群众的知情权、参与权和监督权。加快电子政务建设,强化目标管理、政务督查工作,完善行政问责制度。加强公务员队伍教育管理,深入开展争做“人民满意的公务员”活动,进一步提高服务效能。

(三)坚持依法行政。严格按照法定权限和程序行使权力、履行职责,严格执行市人大及其常委会的决议、决定,依法接受其法律监督和工作监督,主动接受人民政协的民主监督,支持政协参政议政,认真办理人大代表建议和政协提案。加强法治政府建设,坚持依法民主决策,严格文明执法。支持工会、共青团、妇联等人民团体发挥桥梁纽带作用。重视人民群众通过法定渠道对政府机关的监督。支持监察、审计等部门依法独立履行职责。重视发挥新闻舆论和社会公众的监督作用。

(四)做到廉洁为民。严格执行党风廉政建设责任制和领导干部廉洁从政若干准则,完善惩治和预防腐败体系,严厉查处贪污腐败、失职渎职等违纪违法行为,坚决纠正损害群众利益的不正之风。牢固树立宗旨意识,始终坚持以人为本,不断加强政府规范化、标准化、精细化管理,切实降低行政成本,把有限的资金和资源更多地用于发展经济和改善民生,努力实现好、维护好、发展好最广大人民的根本利益。

各位代表!回顾过去,我们无愧于历史;展望未来,我们深感机遇难得。三门峡已经进入到一个崭新的发展阶段,站在新起点,实现新跨越,是时代赋予我们的光荣使命和神圣职责。让我们在省委、省政府和市委的正确领导下,进一步解放思想、开拓创新,勤勉尽责、不负重托,为全面建设创新开放、富裕文明、平安和谐、生态宜居的三门峡而努力奋斗!

1月13日,市委副书记、市长杨树平同渑池代表团一起审议《政府工作报告》

在三门峡市人民政府第五次全体会议上的讲话

(2011 年 9 月 5 日)

三门峡市人民政府市长　赵海燕

同志们：

今天，这次政府第五次全体会议的主题是提高政府执行力、全面落实市六次党代会精神。刚才，几位同志的发言讲得很好。

下面，根据市政府常务会议研究的精神，我讲两个方面的意见：

一、从哪些方面抓党代会精神的落实

市六次党代会提出，未来五年我市将实施“四大一高”和“人才强市”战略。提出未来五年的经济发展目标是：一是经济发展速度高于全省平均水平，领先黄河金三角地区发展水平。二是经济总量五年要翻一番，每年至少保持 14.5% 的增速。这两个指标很明确，如果全省发展慢于我市，未来五年我们的年均发展速度不能低于 14.5%；如果全省发展速度较快高于 14.5%，我市要保持与全省水平持平。报告对经济的分析准确，经济总量小是我市经济工作面临的主要问题，人均指标位次比较靠前，但总量位次比较靠后，这是今后我们要认真解决这些问题。未来五年，我们要把发展作为第一要务，抓住关键点，使经济有大的增长，真正解决钱从哪里来，人往哪里去，粮食怎么保，民生怎么办这 4 道难题。根据报告的精神，我主要从工业化、城镇化、农业现代化和社会事业的 4 个方面，谈一下如何贯彻落实市六次党代会精神。

（一）突出工业主导地位，强力推进工业化进程

工业是三化协调发展的核心。要强化工业主导地位，加快工业化进程。我市工业经济总量占 GDP 的比重 68.5%，是经济发展的主导力量，抓住了工业就抓住了关键因素。工业经过这么多年的积累，形成了以资源初加工为主的工业基础和体系。我们发展工业有基础、有潜力，在工作上要用更多精力研究工业，坚持过去确定的总体思路，抓传统产业的提升，抓战略新兴产业和接续替代产业的培育发展，重点是抓工业项目开工投产，抓工业项目招商引资，切实把工业企业做大做强。

1. 改造提升传统产业。铝产业。铝产业是我市工业的基础，现在拥有氧化铝产能 500 万吨、电解铝产能 53 万吨，汽车轮毂产能 300 万只，再生铝产能 10 万吨，铝加工材产能 20 万吨，这条产业链要坚持做下去。一是汽车零部件。目前河南煤化与戴卡合作建设的汽车零部件产业园总投资 50 亿元，包括 200 万只旋压轮毂，100 万套发动机铝合金缸盖、100 万只铝合金转向节，100 万套铝合金燃气瓶、30 万套甲醇泵、20 万套全铝车身等 8 个项目，如果这些目都抓好了，我市铝加工产业就能走在全省前列，甚至在全国也会有较大影响。二是铝精深加工。目前市里正在推进这方面项目。三是非铝产业链。渑池县和陕县已做尝试，拟薄水铝石、α 氧化铝等非铝产品避开了制约电解铝的各种因素，要继续坚持，大力推进。碳素、冰石、氟化铝等相关铝配套产业我市也有一些，目前还没有做起来，相关县(市)区和市政府有关部门要加强指导，加快推进铝配套产业发展。氧化铝生产技术从过去的烧结法发展到拜尔法，现在用的是亚熔盐法。开曼 3 万吨亚熔盐法氧化铝项目正是采取这项技术，它吃掉的是中低品位铝土矿资源，对我市铝产业发展也有特殊意义。陕县和集聚区要加快推动，抓紧实现工业化发展。

黄金产业。黄金产业链相对较短，但占全市经济总量的比重很大。一是黄金饰品。鼓励灵宝金中皇公司将产品设计部门迁回我市，提高品牌品位和附加值；抓住中金集团在我市设立企业的机遇，争取把该公司旗下的中金珠宝引进

来;下一步的招商引资中也要重点招这类项目。二是黄金材料。开发区的柠檬酸金钾项目很好,但产量有限,下一步要加大指导力度,尽快实现扩产、扩量。要推动中原黄金冶炼厂黄金清洁生产加工基地项目。相关工业部门要集中精力把这些项目抓紧、抓好,督促尽快建成。三是黄金伴生有色金属综合开发。铜是我市最有发展前景的产业,灵宝华鑫铜箔已形成的1.35万吨电解铜箔生产规模,金源矿业公司年产1万吨压延铜箔项目正在建设,但在这个领域我们做的还不够。比如新乡金龙铜管,最初就是利用灵宝市的电解铜资源,发展成了全国500强企业。发展改革和相关工业部门及早研究,尽快做好铜板、带、箔等产业的发展规划,使伴生铜矿资源实充分利用起来,实现就地加工,就地增值。

煤化工产业。煤化工产业链很长,附加值也很高,我市煤化工产业已经走在全省前列,有些项目已经做到中游,如开祥化工“1,4—丁二醇”已经投产,二期也正在推进,还有盛源公司30万吨醋酸、义煤综能公司1 000万标方煤制气、乙二醇等等。下一步要继续加大研究开发力度,推进煤化工继续向下游发展。

能源工业。重点抓好大唐三期2×100万千瓦超超临界机组、大唐鞍子山风电等项目,陕县、卢氏要结合实际,在能源工业上大力发展风电、水电、太阳能发电,不断优化能源结构。

食品工业。主要有两个方面:一是果汁加工。目前,美国的果汁人均消费量是45千克,世界果汁人均消费量是7千克,而我国人均消费只有1千克,市场潜力很大。我们要抓住当前碳酸饮料向果汁饮料转变的机遇,加大果汁企业和果业资源的整合力度,把果汁从国际市场向国内转移,从中间产品向下游转移,灵宝、陕县、开发区、卢氏都涉及果汁产业发展的问题,不能放弃。二是仰韶酒。渑池的仰韶酒曾经做得很好、很辉煌,尤其在豫酒和川酒的竞争中,仰韶酒在豫酒行列里面旗帜从来没有倒过,渑池县要指导好仰韶集团的发展,仰韶酒这个牌子不能丢。

2. 大力培育发展战略新兴产业。装备制造业方面。一是汽车及汽车零部件。我市现在汽车及汽车零部件产业基础很好,有速达纯电动汽车和骏通车,骏通年底产量将达到3万辆,由此带来的汽车零部件市场是非常巨大的,现在就要开始研究汽车零部件产业园建设。很多地方是先生产汽车零部件,再发展整车,而我市是先做车,后做零部件,这是我们跨越发展的后发优势,一定要多关注汽车零部件产业发展。二是化工机械。三门峡化工机械公司虽然规模不太大,但工艺水平很高,下一步要积极研究向环保装备生产方面转变。三是电站设备。要依托新华水工机械公司、东方辅机等骨干企业,抓好金尧电站年产10万吨电站设备、锦程公司年产200套设备风电塔筒设备制造等项目。四是量仪行业。依托中原量仪股份有限公司、中兴精密量仪有限公司等优势企业,加大测控量仪产品和技术开发力度,促进量仪行业由生产研发型向研发生产型转换。五是矿山设备。依托中原黄金机械厂、河南金马重机、华意机械等矿山设备制造企业,着力提升黄金矿山采选择设备、冶炼设备的研发和制造水平。

生物产业方面。我市的豫西药业、孟成药业、仰韶生化、龙飞生物等医药、生化产业,目前还都是呈点状分布,要指导企业加快发展,加快合作,努力建立生物产业集群。

光伏产业方面。兴邦科技和义腾新能源的隔膜材料,都是非常好的新兴产业代表,抢占市场,怎么做更快。渑池的多晶硅项目,但没有上,要加快上。

目前,我市工业基础很好,人才聚集,要把指导、推进工业发展作为经济发展主要内容。要利用未来五年的时间,进一步提升传统产业,把点状的产业变成规模化发展,大力培育发展接续替代产业和新兴产业。在项目考核上,要重点关注工业项目的考核。要加强对工业发展的指导,各县(市)区政府和市政府有关部门要经常到企业一线指导,与企业家进行对接,同时要积极引导企业和银行的银企对接。另外,工业的发展上还要特别注意两个问题:一是土地的集约利用问题。从重点项目通报中可以看到,我们的用地指标非常紧张,虽然国土部门通过重点项目等方式争取到了一些指标,但按政策必须先补才能占。在卢氏县、义马市、开发区和三门峡集聚区建设用地的占补平衡方面,灵宝市、陕县、湖滨区作出了很大贡献,希望你们今后给予更多的支持。同时,全市上下要不断提高用地节约意识。全市国土面积虽然有1万多平方千米,但地貌是是“五山四岭一分川”,森林覆盖率达48%,除去基本农田、森林用地,可用国土面积的发展空间很小,所以大家一定要珍惜利用土地。我在各县(市)区调研中看到,有些项目根本达不到规定的投资强度,还存在土地利用浪费问题。二是后续资源的问题。在煤层下铝矾土和资源深部探矿方面,这是三门峡未来发展的大问题,要引起相关部门的高度重视,切实抓紧抓好,为发展提供后续资源保障。

(二)加快中心城区建设,统筹推进新型城镇化

1. 抓好城镇体系的建设。

中心城区的发展方面,中心城区能不能建设好、发展好,直接关系到“三大战略定位”的实现。一要抓商务中心区建设。以高铁站为中心向北总共5平方千米,前期将启动1到3平方千米,主要做高端商住、旅游集散、休闲购物等板块。中心城区要按照2004年版总体规划的要求发展建设,包括湖滨区、陕县。我们聘请中规院做商务中心区规划,今年底可以做到城市设计的阶段。商务中心区建成以后,是连接湖滨区、陕县、开发区和产业集聚区的纽带,要通过商务中心区的集中打造,形成一个城市新中心。二要打造沿黄半岛景观带。三门峡本身就是个半岛城市。从六峰路往南是南环路,由南环路往西是209国道,再往北是北环路。这个区域集中了城市人文、地理最精彩的部分,最能反映三门峡城市的地理风貌。在这个半岛环线内,着手要做的就是打通北环路、提升南环路、打造黄河公园和做好虢国博物馆二期。三要加快旧城改造和城中村改造。要进行连片开发,实现基本的功能放置。中心城区要通过旧城改造和城中村改造,科学摆放大旅游、大商贸项目。四要推进新区建设。新区规划要抓紧完善,争取早日获批,确保新区其他项目积极跟进。

副中心城市的建设方面,要加快推进义渑一体化,通过义渑一体化,打造新型的组团城市。要加快灵宝城区的改

造，推进卢氏县城建设，最终形成能起到一定带动作用的副中心城市。

小城镇建设方面，要按照规划，加快推进310国道、209国道小城镇带建设。沿线涉及的县(市)区要加快积极推进，通过小城镇建设，把市场、商业街集中摆放，让小城镇成为农民就地转移的载体。

新农村建设方面，要坚持农村向城镇靠拢、城镇向农村延伸，积极发展中心镇、中心村和新型农村住宅社区。新农村建设要有规划、有推进，大的思路就是要往城镇集中，往中心村集中，原则上不能搞整村复制。

2. 抓好城镇化的产业支撑。一要更加重视城市周边的工业发展。主要是开发区、产业集聚区和新区的增长，要通过产城互动，实现人口的转移。二要更加重视服务业发展。要规划集散型批发市场，引进品牌商贸企业；中心城区、县(市)区都要规划特色街区，加快特色街区建设步伐；加快城市综合体建设，注重发展楼宇经济。要大力发展物流、金融等生产性服务业，着重引进股份制银行、证券公司的等金融机构，在城市发展中发展壮大商贸业和服务业。三要更加重视都市农业发展。要积极探索城郊农业发展新路径，围绕都市农业谋划一批项目，发展采摘、种植、水产养殖等休闲、观光农业，发展依山傍水的"农家乐"；在中心城区和各县(市)区周边要大力发展"菜篮子"工程，为城市发展提供蔬菜保障。四要更加重视旅游业发展。从洛阳到西安、从三门峡到运城，我市处在一个横贯东西的历史文化旅游线上。在历史文化资源方面，还拥有仰韶文化、老子文化、虢国文化三大著名文化，要利用好优势，着重加强宣传，提升旅游业发展水平。

3. 抓好城乡基础设施建设。一是道路建设。要以"三纵四横"大交通建设为主框架，加快推进市、县、乡互联互通工程，五年内实现县县通铁路、县县通高速。加快推进三灵快速通道和义渑快速通道对接工程，推动义渑一体化建设；加大财政投入，优先发展城市公交，优化公交线路，实现城市新区、产业集聚区、大型住宅社区和保障型住房小区的全覆盖；提升公路等级，城市道路的改造以及完善路网，实现城市公交、城际交通、高速公路、干线公路等交通方式及同种交通工具之间的"零换乘"和"无缝衔接"。二是公用设施建设。抓好自来水厂、污水、垃圾处理设施等城市公用设施建设，到2012年底，中心城市污水处理率达到88%以上，生活垃圾无害化处理率达到82%以上，污泥无害化处理率达100%，中水回用率达到30%以上。

(三)围绕农民增收，抓好特色农业，推进农业现代化

1. 抓好粮食生产。"十二五"期间，要保证粮食产量稳定在5亿千克。粮食生产保持稳定，这是一项政治任务，必须完成好。

2. 发展特色农业。一是果品产业发展。要建成13.33万公顷的苹果生产基地和6.67万公顷的小杂果生产基地，苹果生产基地建设还涉及到食品工业的发展，所以一定要加大力度。要建立在全国有一定影响力和辐射力的果品交易市场，这需要我们去研究、去推进。二是畜牧业的发展，我市畜牧业的发展水平很高，比如陕县天顺养殖的规模在全省排第二，卢氏县生产绿壳蛋的三特公司与高等院校合作开发，这些农业龙头企业都在采用现代化手段加快发展，要加大推进力度，进一步扩大规模、提高效益。三是努力发展优质烟叶生产。烟叶是富农产业，我市烟叶产业化水平很高。要扩大"三门峡牌"优质烟叶种植面积和生产规模，"十二五"末，优质烟叶的种植面积要达到2万公顷。四是大力发展蔬菜、食用菌生产。蔬菜生产保证一定种植面积的同时，要大力倡导节水灌溉，服务和保障本市蔬菜市场供应。卢氏、陕县、灵宝和渑池的食用菌发展水平很高，要扶持龙头企业做大做强，带动农业发展。五是加快中药材、桑蚕、茶叶等新兴产业的发展。特别是茶产业方面，近期要抓紧做好三门峡红茶的试制和品牌新闻发布等工作。

3. 推动农业产业化进程。三门峡特色农业产品质量很好、市场潜力很大，要凭借区域优势，培育各类农民专业合作组织和农业产业化龙头企业，积极推动优势涉农企业上市。市政府相关部门要加大指导力度，规范企业制度，使其符合上市要求，早日实现上市，推动农业产业化在未来五年有大的发展。

4. 高度关注农民增收问题。要不断加大卢县氏部分乡镇和陕县东部地区乡镇贫困人口的扶贫力度，重点抓好农村最低生活保障制度与扶贫开发政策的衔接。要学习、借鉴灵宝市苏村乡坚持三年发展供港蔬菜基地、促进农民致富的先进经验，拓宽贫困群众增收渠道，提高贫困农民的基本素质和自我发展能力。

5. 建设减灾兴利为重点的水利工程体系。要抓住当前国家大力发展水利的重大机遇，加快水利基础设施建设力度，确保工业用水、农业用水、城市用水。近期，市委、市政府还要专门召开水利工作会议，对水利工作进行具体部署。

(四)坚持以人为本，积极发展社会事业

发展为了人，发展依靠人。要突出以人为本的观念，大力发展社会事业，优先配置公共服务设施，不断满足人民群众日益增长的物质文化需求，提高城乡居民的幸福指数。

1. 着力提高科技创新能力。这是落实人才强市战略的根本途径，人才特别是高端人才缺乏已成为我市经济社会发展和产业升级的一个制约因素。我们有很好的干部和企业家队伍，但还缺乏高端人才，要通过加快创新载体建设，壮大高层次人才队伍。要按照创新型产业集聚区标准，培育1~2个创新驱动型产业集聚区；要加快国家级清洁生产技术与循环经济研究中心、电动汽车研究院、有色金属综合利用中心、食品深加工研究中心等的规划建设，提高我市技术创新能力和产业化水平。

2. 大力发展教育事业。目前，全省只有5个市没有本科院校，我市是其中之一。市六次党代会提出在五年内建成1所本科院校，要从现在就开始，着手开展工作，抓紧本科院校建设工作。同时，职教园区和中小学校建设，也要加快推进。

3. 积极发展文化事业和文化产业。抓好虢国博物馆二期建设和传媒大厦等文化基础建设项目，争取早规划、早开工、早建成。虢国博物馆二期项目和"大旅游"联系密切，要统筹谋划，市旅游、文化部门要联手研究文化旅游产品的开

发,实现“不仅可旅游、而且可购物”的三门峡大旅游。

4. 加快发展医疗卫生事业。加快推进国家基本药物制度改革,按要求认真推进医疗网络和农村公共卫生体系建设。

5. 积极发展体育事业。要充分发挥文体中心的作用,积极筹划大型体育赛事或文艺演出活动,提高文体中心的利用率,扩大我市对外影响力。

6. 做好人口计生工作。最近召开的全市人口和计划生育工作会议,安排了下阶段工作。计划生育工作不能放松,要继续抓紧做好。

二、如何提高政府执行力

在上周五召开的市政府第55次常务会议上,我强调了下阶段的工作任务,特别就政府执行力问题,市长们及一些部门进行了讨论。政府效率问题一直是大家比较关注的事情,市委的决策能不能落实好,关键还要看执行力。说到执行力,“执”是执行,就是目标制定后以“咬定青山不放松”的劲头去做、去落实;“行”是行动,要快速行动、正确行动、廉洁行动;“力”是力度,要有“逢山开路,遇水架桥”的气魄和办法。仅有气魄还不够,要有办法。要加快执行、有力度执行,有这样的政府执行力,前面讲的四个方面重点工作才可能落实。就加强政府执行力建设,我提六点要求。

(一)要以责任为本,保持发展的激情。通过这一段时间的调研了解,我发现个别同志对工作没有热情,做事情不紧不慢,缺乏紧迫感;而一批老同志虽然快到退休年龄了,但工作热情依然不减,工作抓得紧,有思路、有办法,为我们树立了榜样,非常值得大家学习。胡锦涛总书记在“七一”讲话中提出,我们党面临精神懈怠、能力不足、脱离群众、消极腐败“四大危险”,第一个危险就是精神懈怠,一定要有好的精神状态,有了好的状态才能把事情做好、落实好。现在全市有1万多名公务员,在全市来说可谓是“百里挑一”;处级干部占公务员人数的10.9%,可谓是“千里挑一”,正处级是“万里挑一”的。我们在注重提高能力的同时,更要强化责任意识、执行意识,以饱满的精神状态、满腔的激情,抓好决策执行,抓好工作落实。

(二)要以谋划为先,增强工作的实效性。市六次党代会报告对未来五年的任务作了全面描绘,能不能落实好,主要看谋划。五年期间干什么,每年干什么,要一年一年去谋划,明确每年的目标任务,一项一项去研究,明确每件事落实的路线图和时间表。要强调谋划,紧抓具体事项,使党代会确定的各项工作目标有步骤、有方法、有节奏地加以实现。

(三)要以效率为要,实现政府执行力的再提升。政府执行力的提升要以效率为核心,经济发展快慢与政府执行效率密不可分。政府工作繁多,一定要理清头绪,抓好重点工作。过去我们经常讲“深圳效率”,深圳就是因为有“深圳效率”,才有了深圳的发展。希望我们也有“三门峡效率”。其实我们工作中所谓的“急事”“难事”,除了个别突发事项外,都是效率低造成的,都是拖出来的,不急的事拖成了急事,拖成了热点、难点问题,及早着手处理就没那么急、那么难了。在座的各位同志都有两种角色:一种是决策角色,另一种是执行角色;效率也分两种:一种是决策效率,一种是执行效率。各位同志要在角色转换、完成工作的过程中,既要强调决策,又要重视执行效率,切实改变决策效率高、执行效率低的状况。对于职责以内的事情,要敢决策、快执行,要勇于承担责任,不能上推下卸,不能提升决策层级,不能延长决策期限。出现问题就抓紧时间协调解决,协调不了要及时上报,请上级领导帮助协调。在这里,我明确四个原则:一是有责任单位的工作,该是谁的事情就谁就来办;二是涉及到几个单位的工作,各单位都要尽职,又要加强协作,主管副市长要多协调、多督查、多督导;三是涉及上级部门的工作,办不了要及时向上汇报,一定要限时办结;四是涉及到为企业、老百姓办手续的部门,要进一步理顺工作机制,根据需求调整服务流程,为人民群众提供方便快捷的服务,让老百姓感觉到我们是高效率的政府。要通过这四个原则,提高工作实效性,打造效率政府。

(四)要以服务为纲,提高群众的满意度。全心全意为人民服务是我们的宗旨,为老百姓服务是政府的天职。要满怀感情服务、多换位思考服务、一切为了发展服务。以服务为纲,体现“两少说”“两不准”:少说不符合规定,多说怎么样才符合规定,少说明天再来,多说今天怎么办完;不准违规违法乱作为,要依法依规阳光行政,不准死抠教条不作为,要善于依法依规打破常规。在政府工作的所有同志,要把是否有利于发展、群众是否满意作为衡量工作好坏的标准,切实提高服务意识。

(五)要以具体为重,有效解决突出问题。卢书记提出的“三具两基一抓手”工作法,说的就是“具体”:一具体就突破、一具体就深入、一具体就落实。以具体为重,一要研究细节。研究具体工作时不能大而化之,一定要去研究细节、去调查研究,不能以会议贯彻会议,不能只讲大的原则、概念,而忽视工作细节。抓经济的同志,尤其要研究项目细节,弄清问题症结。二要建立执行机制。要建立问题台账,强化责任落实机制;建立快速反馈、多次反馈的问题办理机制;完善有问责、有奖惩的督查督办机制。市纪委监察局和市政府督查室,对市委、市政府部署的重点项目、重点工作,对市长交办的重点事项,要主动加强行政监察、政务督查和限时督办,对于进度不快、落实不理想甚至失职渎职的,要坚决予以责任追究。

(六)要以协作为基,凝聚发展合力。现代社会注重分工,分工是相对的,协作是绝对的,协作存在于所有工作之中。所以,一定要提高协作意识、加强合作,特别是多个部门一起工作时,一定要以大局为重、以团结为重、以发展为重,多沟通、多理解、多配合、多支持。不要有了利益,大家去抢、去争;出了问题,部门之间相互推诿、相互指责,而不是出了问题大家抢着去研究。大的项目,特别是重点工程中,恐怕都存在这类问题,这些问题归根结底都是协作的问题。希望大家提高协作意识,加强合作,形成发展合力。

未来五年,我市的工作任务还很繁重。希望同志们齐心协力,扎实工作,把市六次党代会报告的决策部署落实好,加快实现三门峡打造区域中心城市的战略目标!

·编辑 张怡杰·

专记

WRITE SPECIALLY

东方希望(三门峡)铝业有限公司生产线一角

“四大一高”建设

【概况】　2010年,三门峡市紧紧围绕实施中原经济区发展战略和落实省委书记卢展工“打开河南西大门、建好西大门”的指示精神,立足比较优势,确定了要建成“中原经济区重要支撑、区域合作示范城市和豫晋陕黄河金三角区域性中心城市”三大战略定位,强力推进大交通、大通关、大商贸、大旅游、高新技术产业“四大一高”建设,经济发展的内生动力得到大大激发,全市经济社会发展呈现良好态势。

“四大一高”涵盖了消费、投资、出口三大经济增长要素,体现了“调优一产、调强二产、调大三产”的发展要求,是推进新型工业化、新型城镇化和农业现代化“三化”协调发展的重要载体,是优化经济结构、加快经济发展方式转变的主要抓手,是扩张经济总量、提升经济实力的强大引擎,是实现“三大战略定位”和“十六字目标”的现实途径。“四大一高”战略的实施,将有力推进全市经济社会又好又快发展。

【以大交通建设为契机,建设区域交通枢纽】　抢抓国家加大交通基础设施建设的有利时机,继郑西高铁顺利开通、三门峡南站投入使用后,加快“三纵四横”大交通网络建设,强力推进三淅高速、郑卢高速、连霍高速改扩建等重点项目建设,开工建设三(三门峡)灵(灵宝)快速通道,在全省创造了高速公路建设的“三门峡速度”。三门峡境内已开工的交通重点项目总投资已突破200亿元,总里程突破300千米,是1986年区划调整以来交通项目建设和投资最多的一年。与此同时,积极做好运三铁路、黄河公铁两用大桥等重点项目前期工作,全市拟在“十二五”期间建设的大交通项目有6个,总里程256千米,总投资280亿元,豫晋陕黄河金三角地区交通枢纽中心正在形成,为加快经济跨越发展提供有力支撑。

【以大通关建设为带动,打造开放经济高地】　三门峡出入境检验检疫局从申报、筹建到正式挂牌仅用一年多时间,该局的设立,极大地方便了三门峡及周边地市的进出口企业。三门峡以出口浓缩果汁、鲜果、罐头等食品为主的对外贸易增长强劲,登记备案的自营进出口企业有112家、出口水果基地298家。全市对外贸易进出口总额7 559万美元,比上年同期增长198.7%,对外贸易进出口总值增速和出口总值增速均居全省第1位,特别是机电产品出口实现重大突破,汽车出口供货值超过1 500万美元,从无到有跃居全省第2位。利用铝工业发展优势,争取设立国家铝及铝制品质量监督检验中心。三门峡海关即将建设,大通关机构建设初见成效。

【以大商贸为载体,完善城市服务功能】　紧紧抓住“三纵四横”交通枢纽中心迅速形成的机遇,同步引进大中海商业文化广场、义乌国际商贸城、名嘉广场、香港南大洋商贸物流中心等商贸项目,家乐福、华润万家、肯德基和七海物流等一批现代商贸流通企业相继入驻,商贸区域渐成规模,消费市场繁荣活跃。加快物流、仓储配送等大型设施建设,金三角物流园区粗具规模,已入驻企业18家,黄河金三角物流区域中心城市和全国性物流节点城市的地位得到确立。2010年,全市社会消费品零售总额达202.62亿元,增长18%。

【以大旅游为平台,扩大城市对外影响】　依托瑰丽雄奇的黄河景观和博大精深的黄河文化,连年成功举办中国(三门峡)国际黄河旅游节暨投资贸易洽谈会。开发了黄河丹峡、函谷关太极圣湖等新景区(点),抓好沿黄生态旅游经济带等8大旅游项目规划编制和对外招商工作,扎实推进中流砥柱等景区建设,形成了以黄河景观为主线、以黄河文化为内涵、以文化山水为品牌的旅游景区网络。至2010年底,全市已备案旅游景区24家、旅游星级饭店24家,其中三星级以上16家。

【以高新技术产业为抓手,经济发展活力迸发】　以培育新能源、生物、新材料、新能源汽车4大战略先导产业为重点,大力发展汽车及零部件、装备制造、食品等3大高成长性产业,加快速达公司20万辆纯电动汽车暨50万套关键零部件、义煤1 000万标方煤制气、地久矿业7 000吨多晶硅、仰韶生化酶、孟成药业等重点项目建设,推动高新技术产业向高端化、规模化发展,促使经济增长由主要依靠资源消耗向主要依靠科技创新转变。速达纯电动汽车下线运行,三门峡被确定为全省电动汽车生产基地和电动汽车示范运营城市;缘份果业拥有亚洲最大单线生产能力,采用膜技术提取苹果果胶、药用果胶,打破了国外产品长期垄断的局面;恒生科技自主研发的柠檬酸金钾,在镀金行业具有国际先进水平,其产品被“神舟飞船”和“嫦娥一号”采用,具有广阔市场前景。与科研机构、大专院校合作,论证制定全市铝工业技术线路图,建立博士后科研工作站2个,3家企业被认定为全省首批院士工作站;方圆股份、华鑫铜箔等28家企业被认定为省级高新技术企业,科技对经济发展的贡献率达53.1%,成为拉动全市经济持续发展的增速器。

创建国家卫生城市

【概况】　2010年,市委、市政府把创建国家卫生城市列入民生工作“十件实事”之一,并确定为创卫3年规划“打基础”的关键之年。年初市政府分别与湖滨区、开发区以及市规划城管局、市卫生局、市林园局等21个重点责任单位签订了目标责任书。各责任单位突出重点,综合整治,攻坚克难,强力推进,加快创卫工作的步伐,同时也加强了创卫指挥部办公室的建设,在卫生局6楼安排了10间办公用房,购置了办公桌、椅、电脑、打印机、复印机、文件柜等办公设施。

【加强领导,机构健全机制完善】　一是创卫机构健全有力。市委、市政府调整成立了高规格的创卫指挥部,并充实了指挥部办公室组成人员,为创卫工作提供了强有力的组织保证。二是工作机

4月14日，三门峡市召开创建国家卫生城市动员大会

制逐步形成。市里召开了全市范围内的动员大会，市政府与21个重点责任单位签订了目标责任书，各单位也进一步细化目标任务。创卫办积极开展了多次督查活动，督促工作进展，帮助解决问题。

【城中村改造扎实推进】 至12月底，刘家渠一期工程建设完成投资2.2亿元，完成建筑面积13.6万平方米。全年续建6栋，新开工2栋。其中2栋回迁安置楼地暖和外保温也基本完成，可以保证2011年2月底交付使用；4栋商品楼内粉刷、外保温工程基本完成。其余分别进入基础施工和主体施工阶段。田家渠二期工程建设完成投资3.5亿元，完成建筑面积30万平方米。全年开工13栋楼，其中5栋回迁安置楼主体在建，8栋商品楼中5栋开始主体建设，3栋正在基础建设。

【城市人居环境明显改善】 通过持续开展治理占道经营、取缔马路市场、除四害、“五小单位”治理、小锅炉拆除、水污染防治等专项行动和黄河旅游节环境整治以及国庆中秋“双节”爱国卫生治理活动，环境综合整治取得成效，市容市貌明显改观，绿化“三率”超过国家卫生城市标准，空气质量明显提高，城市主干道基本取缔了马路市场，道路清扫保洁得到加强且保持较高洁净度，生活垃圾无害化处理能力大幅提高。

【垃圾道封闭和旱厕改造工作强力推进】 垃圾道封闭完成31个单元，城中村有旱厕26座，其中具备改造条件的13座完成改造7座。湖滨区有需封闭垃圾道3 567个，完成封闭252个，尚未封闭的达到日产日清。

【健康教育效果明显】 在全市中小学全面开展了健康教育工作，一系列措施增强了广大师生的卫生意识，提高了学生健康意识和自我防护能力，促进学生形成良好的卫生习惯和自我保健技能。

【重点传染病得到了有效控制】 完善了儿童入托、入学查验预防接种证制度，儿童计划免疫单苗、四苗及乙肝疫苗全程接种率达到95%以上。普遍进行了麻疹疫苗强化免疫接种，有效提高了儿童对麻疹的抵抗力。

【食品安全工作不断强化】 全年组织开展各类食品专项整治行动11次，开展省以上食品监督检查12大类75批次，合格69批，实物质量合格率为92%，达到了市政府下达的91%的目标，全市未发生食品质量安全事故，有效地维护了食品安全大局。

【卫生单位(小区)创建进展顺利】 全市通过积极开展创建卫生先进单位和卫生先进小区活动，促进了各单位、居民区环境质量改善、卫生面貌一新。全年有10个单位符合省级卫生单位标准，已上报省爱卫会命名，有10个单位和居民区达到了市级卫生先进单位、小区标准。

【申报国家卫生城市必须具备的10项基本条件已具备7项】 1.中心城区和非中心城区生活垃圾及粪便无害化处理率达到95%(国标为≥90%)。2.城市生活污水集中处理率达到85%(国标为≥80%)。3.建成区绿化覆盖率达到43.4%(国标为≥36%)，绿地率达到39.2%(国标为≥31%)，人均公共绿地面积达12.2平方米(国标为≥8.5平方米)。4.全年空气API指数≤100的天数≥全年天数的70%，已经达标。5.建成区烟草广告得到有效治理，已经达标。6.近2年未发生重大食品安全事故。7.近2年无甲、乙类传染病暴发疫情。

【存在问题】 创卫工作还没有形成人人参与的局面，无论重视程度或者宣传力度都不能适应创建国家卫生城市的大目标大任务。环卫基础设施公厕和垃圾中转站建设工作进展缓慢。城市卫生管理水平还有待进一步提高。市容环境卫生脏乱差现象仍然存在，有的时期、有的地段还非常严重。部分主次干道和街巷路面不平整，有下水道堵塞现象；有乱张贴涂写、乱设摊点现象；城区存在卫生死角，垃圾乱堆放，存在违章饲养宠物现象；部分主次干道和街巷有垃圾，粪便收集运输不规范等。城区存在污染环境因素，如废品收购站、养殖场、煤球场等。农贸市场数量不足，规模小，标准低，设置不合理以及台上旧城区背街小巷、城区铁路沿线需要进行全面改造建设。 (王英芳)

创建国家森林城市

【概况】 2008年，三门峡市委、市政府提出争创国家森林城市。2009年5月，国家林业局批复同意三门峡市创建国家森林城市。之后,市政府邀请中国林科院和河南农业大学有关专家编制出《三门峡森林城市建设总体规划》。2010 年初,市政府批复了《三门峡森林城市建设总体规划》。4 月 20 日,市五届人大常委会第 22 次会议表决通过《关于全民动员创建国家森林城市的决议》。4 月下旬,市委副书记、市长杨树平,市委副书记王建勋,副市长张建峰率团参加由全国政协、全国绿化委员会、国家林业局在武汉举办的第 7 届“中国城市森林论坛”,杨树平作题为“创黄河水畔森林城,建和谐宜居三门峡”的演讲,展示了三门峡市在创建国家森林城市所取得的成效。11 月,国家林业局新闻办、宣传办主任程红率检查组,深入检查指导创建国家森林城市工作,充分肯定了创建森林城市取得的成绩,对下一步工作提出要求。至年底,全市林业用地面积 68.67 万公顷,其中有林地 47.3 万公顷,林木蓄积量 1 832万立方米,森林覆盖率 47.99%;城市建成区绿地面积达 1 116.5 公顷,城市绿地率、绿化覆盖率分别为 39.2% 和 43.4%,人均公共绿地面积达 12.2 平方米;城市郊区森林覆盖率(丘陵)41%,乡(镇)所在地、小集镇绿化覆盖率 41%,村屯绿化覆盖率 39%。先后荣获“河南省绿化模范城市”“国家园林城市”“中国大天鹅之乡”等荣誉称号。

【加强领导,落实责任】 2009 年 3 月 6 日,成立以市委书记任政委,市长任指挥长,市级主管领导任副指挥长,6 个县(市)区政府及市直 27 个部门主要负责人为成员的创建国家森林城市指挥部,建立专门办事机构和协作运转的工作机制,将森林城市创建工作纳入市政府目标责任制,量化考评,奖惩兑现,确保了工作有人干、造林有人管。市、县党政主要领导在造林季节都身体力行参与、指导和督查,一级抓一级,层层抓落实。人大、政协开展专题视察、调研,有力地促进创建工作。市委、市政府在春季召开创建工作动员大会,还利用汇报会、现场会和检查评比会等形式,建立了平常每月 1 次、重要时期 1 周 1 次的工作例会制度,发现问题,及时解决。

【因地制宜,科学规划】 按照引领绿色文化,彰显地方特色的要求,三门峡市聘请中国林科院、河南农业大学、河南省林科院等机构的著名专家首次对城乡一体造林绿化编制了《三门峡森林城市建设总体规划》和《三门峡市城市绿地系统规划》以及《三门峡市南山绿化改造项目》等森林绿地系统工程方案,并作为统筹城乡发展,加快城市建设的主要内容进行实施。《三门峡森林城市建设总体规划》以森林城市布局理论为指导,以三门峡中心城区为核心,针对三门峡地理地貌特征、城市发展趋势和对城市森林建设的多种需求,按照“黄河水畔森林城,宜居和谐三门峡”的理念,建设特色鲜明的滨河山水森林城市,努力构建 1 城(三门峡市城区和陕县的张湾乡及大营镇、原店镇、张汴乡、西张村镇沿塬的河川平原区)2 带(贯穿三门峡市域的黄河带和从灵宝至陕县的台塬带)3 区(山区、丘陵区和河川平原区)3 极(卢氏县、灵宝市、渑池县和义马市)多廊(主干道路和水网)多点(全市 62 个乡(镇)、1 362 个行政村的农村居民点)的市域森林体系和 2 团(三门峡市建成区和陕县建成区二个功能组团)1 心(介于三门峡市区和陕县建城区之间的生态休闲中心)2 横(城区内的黄河岸带和台塬带)5 纵(城区内的五条黄河支流,即青龙涧河、苍龙涧河、五里河、金水河、淄阳河)多园(城区内各类各式公园绿地、街头绿地、街头小游园及近郊区的景观林、生态休闲基地)的近郊森林体系,实现“城镇村庄绿岛镶嵌、山地丘陵绿衣相披、道路水系绿网相织”的森林城市景观格局。总体目标是:到 2015 年,全市森林覆盖率 53.50%,森林总蓄积量达到 2 395 万立方米,人均公园绿地达 15.1 平方米,水岸绿化率达 92%,村庄绿化达标率达 95% 以上,继续提升国家森林城市建设水平,基本形成完备的森林生态体系、发达的林业产业体系和繁荣的森林文化体系,实现资源增长、生态优良、产业发达、文化丰富、林农增收、山青水秀的发展目标,使三门峡市成为镶嵌在黄河之滨的一颗璀璨绿色明珠。

【突出重点,集中连片】 三门峡市坚持以林业生态建设为核心,全年共完成造林 3.25 万公顷,森林抚育和改造工程 0.2 万公顷,林业总产值 55.8 亿元,义务植树 750.4 万株,林业育苗 0.15 万公顷。继续在重点区域和重点部位,再建一批规模大、效果好、标准高的领导绿化点精品工程。建设绿化精品示范点 105 个,总面积 0.81 万公顷,形成每一个县都有造林示范区,每一条道路都有绿化示范段,每一个乡都有造林示范点,建成县县有精品,乡乡有亮点的精品工程绿化格局。10 月,渑池县创建林业生态县顺利通过河南省林业厅核查,成为省级林业生态县。全市 6 个县(市)区全部成为省级林业生态县,三门峡市将成为全省第一家林业生态市。同时,突出抓好以核桃为主的经济林基地建设,新发展核桃 0.5 万公顷,已新建 66.6 公顷以上核桃基地 13 处,具有豫西区域特色的经济林产业基地初步形成。

【全民动手,共建绿色家园】 在义务植树工作中,三门峡市先后出台了“三门峡市全民义务植树实施办法”“三门峡市城郊春季义务植树活动实施方案”等文件,制定并完善了会议制度、部门分工负责制度、植树登记卡制度、档案管理制度、义务植树以资代劳费收缴管理制度、检查验收制度,规范了办事程序和具体操作办法,把各项工作纳入法制化轨道,确保义务植树活动顺利开展。坚持实行领导干部任期绿化目标责任制,层层签订绿化责任状,将绿化工作切实纳入市直机关各单位、市管各企业和大中专院校、各人民团体的重要议事日程,将领导的政绩和绿化成效挂起钩来。全市已建立义务植树基地 65 个,造林成活率和保存率均达 85% 以上。社会各界通过建立各种形式的纪念林,营造“公仆林”“记者林”“八一林”,既活化了植树造林形式,又提高了造林成效。

【多管齐下,狠抓古树名木保护】 三门峡市地貌多样,植物资源丰富,约有高等植物2 300多种，其中苔藓植物300多种，蕨类植物100多种，种子植物1 800多种。既有秦岭冷杉、连香树、金钱槭等20余种国家级重点保护植物，还有河南省仅有的红豆杉、珂楠树等稀有树种，都是珍贵的种质资源库。近年来，三门峡市组织林业技术人员对全市现存的310株古树名木进行普查，登记每株树的名称、树龄、高度、胸径、具体位置、保护现状，并完善了古树名木档案，制定了古树名木保护计划，进行分级管理，有组织、有计划地指导古树名木保护工作。灵宝市积极筹措资金50万元，通过挂牌、修建围栏、加固支撑物、培土、施肥、治虫、浇水等措施，改善古树名木的生长环境，促进其复壮更新，为后人留下宝贵的财富。

（刘玉明）

重点项目建设

【概况】 2010年，重点项目建设牢牢把握“调结构、促转型、增效益、保态势”这条主线，坚持以项目带动为主体，以招商驱动、银企合作拉动为支撑的“一体两翼”经济增长战略，自我加压增动力，抢抓机遇促发展。特别是进入4季度，全市上下认真贯彻落实《关于认真开展重点项目建设百日大督导活动的通知》精神，召开了“大干第4季度、冲刺全年目标”工作会议，对第4季度重点项目建设工作进行了部署。通过督项目进度，查责任落实，促问题解决，保投资增长，重点项目建设进度明显加快。当年，列入市政府目标考核的市重点项目（双百工程）共230个，总投资1 103.4亿元，年计划投资270亿元。至12月底，累计完成投资344亿元，占市委、市政府下达目标的127.6%，比去年同期高出16个百分点，提前一个月完成全年任务。其中，华鑫铜箔年产1万吨电解铜箔、义翔铝业40万吨氧化铝二期扩建、志成金铅10万吨铅冶炼、缘份果业12万吨果品加工、龙飞公司生物肥及生态系统示范等101个项目建成投产；煤气化三期工程、义马气化厂醋酸项目、开祥化工公司“1，4－丁二醇”项目等126个按计划建设；职教园、黄河公铁大桥等3个项目在做前期工作。列入省政府目标考核的7个省重点项目，总投资94.6亿元，年计划投资19.8亿元。至年底，完成投资23.2亿元，占年计划的117%。提前一个月完成全年任务。

列入省政府督办第一批重点项目联审联批任务共160项。经过努力，自9月底全部办结，提前4个月完成全年任务。

【加强领导，成立机构】 为加强重点项目建设领导和协调，进一步加快项目进度，成立以市委书记为政委、市长为指挥长，有关职能部门和各县市区主要负责人为成员，常务副市长为办公室主任的高规格深化项目建设年活动指挥部，办公室设在市重点项目办。指挥部每半月召开一次专题会议，听取进展情况汇报，研究解决问题；指挥部办公室每周对项目进展会诊一次，对项目筛选、申报、开工等实施全程监管，确保项目库不断充实，新上项目早开工，在建项目早建成。

【完善制度，确保落实】 先后出台了深化项目建设年活动实施方案，建立了市级领导分包制、项目编制、联审联批制、资金保障制、周例会制、责任落实制、督查推进制、考核奖惩制等制度。市级领导分包联系重大项目制，要求市级领导做好“三个一”，即至少每旬听取一次项目单位的情况汇报，每半个月深入一次现场指导工作，每月召开一次情况分析会，协调、解决具体问题；项目编制，由项目指挥部办公室、发改部门牵头，会同相关部门积极开发和实施一批市场前景好、科技含量高、产业关联度大、带动能力强的大项目。2010年共筛选重大基础设施和产业结构升级项目230个，总投资1 103.4亿元；联审联批制，实行集中办公，集中会诊，集中审批。9月至12月，160个省督办重点项目联审联批任务全面完成，办结率连续多月位居全省第一。周例会制，针对项目推进中存在的困难和问题，市级领导召集主持了40余次重点项目周例会，协调解决各类问题近200余项；督导推进制，市四大班子领导分别于2月、6月、10月和12月4次对省、市重点项目进行巡视督导和观摩。市委、市政府主要领导还30余次深入项目工地，指导工作。

【深入基层，主动服务】 针对部分项目前期手续办理难度大，时间紧的问题，提前介入，积极服务。从项目入园、合同签约、土地预审、规划选址、环境评价、节能评估、地勘测绘、建设配套等方面，实施全程跟踪、贴近服务，逐一联系协调，缩短办事周期，按程序规范办理，协助项目业主在期限内，完成了审批，

5月3日，三门峡产业聚集区创业服务中心项目奠基仪式举行

为项目提早开工建设创造了良好条件。对在建项目建设过程中遇到的困难和问题,积极发挥职能作用,进一步优化施工环境,对于已经发现的影响项目建设的治安、环境、资金等问题,优先关注,积极协调,确保项目顺利实施。年初,市委常委、常务副市长、市深化项目建设年活动指挥部副指挥长苏新华带领指挥部办公室、发改委、国土局、环保局、规划局、人行、银监局及各商业银行主要负责人,对全市230个重点项目(双百工程)进行现场办公,逐项对接,特别是对急需办理的各类审批手续进行分类、排队,明确责任单位和办理时限,并下发了《关于分解落实重点项目(双百工程)联审联批任务的通知》。

【强化督导,落实责任】 将重点项目建设任务分解落实到项目所在地的县(市)、区政府、管委会及市直有关部门,实行一把手负责制。实行"周分析、月调度、季总结、半年检查、年终考核奖惩"制度,明确每个重点项目的建设任务,建设进度,倒排工期,挂图作战。对重点项目实行了"月通报、季汇报、半年检查、年终考核",先后组织进度、资金、环评、土地等专项督查活动20次,有力地推进项目建设步伐,实现项目建设梯次推进、高潮不断。市委、市政府还出台了重点项目建设考核奖惩办法,把项目完成情况作为年终考核干部的重要内容,按有关规定对各县(市)区、市直部门、重大项目单位、金融部门进行考核,考核结果与目标管理和干部考核挂钩。严格兑现奖惩,对于工作成绩突出的牵头领导、服务责任部门、工作小组和项目法人,给予表彰和奖励;对工作不落实、项目进展不大、没有达到预期目标的,进行通报批评或责任追究,以最大限度地调动各级大上项目、上大项目的积极性。为了确保重点项目责任的落实到位,市委、市政府专门出台"四不""五追究"保障措施。"四不",即与项目建设、企业运行服务有关的市领导和市直部门负责人,公休日原则上不休息,与工作无关的外出不准假,与项目建设、经济运行无关的活动、会议不参加;与项目建设、经济运行无关的领导干部出国,一律不审批。"五追究",即具备生产条件而迟迟不恢复生产的企业,追究企业负责人的责任;未经批准到企业乱收费、乱检查、乱摊派的,追究有关部门的责任;对符合贷款条件而金融部门不支持、不放贷,影响企业生产经营或项目建设的,由银监部门追究相关银行的责任;省、市重点项目具备开工条件而迟迟不开工的,追究分包责任人的责任;对阻碍项目建设的行为查处不到位的,追究有关执法部门的责任。

【强化管理,确保效益】 依据《三门峡市重点建设项目稽察办法》,积极配合省稽察办先后对义马棚户区改造、中小学校危房改造、城市供水等国债项目进行稽察。对查出的问题下发整改通知,保证了国有资金使用的合理性和安全性。同时,加强工程质量监管。严格按三门峡市重点建设工程施工、验评标准,经常组织工程技术人员深入工地检查工作,进一步规范重点工程建设质量控制。至年底,全市重点建设项目没有出现一例重大工程质量和安全事故。会同市监察等部门对全市2008年以来建设项目进行了专项检查。重点排查2008年至2009年709个立项、在建、竣工项目和2010年投资在500万元以上114个项目的立项、备案、审批和核准情况。将项目的立项审批、土地环保手续、招投标情况、资金使用等作为重点内容查深查透,先后4次配合市纪检、监察部门到各县(市)区和项目单位对投资500万元以上163个(政府投资138个,非政府投资25个)项目进行检查和督导,查出项目决策立项审批问题44个,招投标问题70个,并提出相应整改意见,使项目建设逐步走向规范化、程序化。

【加大宣传,营造氛围】 为了广泛调动各个方面关心、支持重点项目建设,加大了新闻宣传报道。一是联合三门峡市广播电视局,在三门峡人民广播电台"行风热线"推出大型系列广播访谈节目"调结构、促转型,项目建设潮涌崤函",邀请主管重点项目工作的县市区领导、发改委主任和重大项目企业负责人走进直播间,畅谈项目建设情况,描绘未来经济发展蓝图,已成功播出32期。二是联合市委宣传部,在6月初,组织《三门峡日报》《三门峡广播电视报》、市广播电台、市电视台等6家新闻媒体组成采访团,深入全市重点项目企业进行专访。《三门峡日报》先后开辟"重点建设项目亮点解读""转变经济发展方式,聚焦重点项目建设"等专栏,对22个重点项目进行了连续报道,其他媒体也以不同形式进行了多轮宣传报道。项目指挥部办公室还编发简报、报道100余期,为市委、市政府领导决策和指导工作提供参考。其中,被省政府重点项目办公室采用16期;在《市委信息》《政府快报》《三门峡大事月报》等刊物采用40余篇。

·编辑 周 青·

大 事 记

CHRONICLE OF EVENTS

4 月 15 日，河南省第 29 届“爱鸟周”活动启动暨“中国大天鹅之乡”授牌仪式现场

1　月

2日　黄河流域水资源保护局、陕西省环保厅和环境保护部应急办分别向河南省通报,因陕西境内输油管道破裂导致柴油泄漏,污染水体已进入黄河干流,可能影响河南省境内黄河水质。中共河南省委书记卢展工,省委副书记、省长郭庚茂迅速作出批示,要求采取有效措施确保沿黄城市饮用水源,确保人民群众饮水安全。副省长张大卫带领有关省辖市政府和省直有关部门负责人,沿黄察看水情,在三门峡水利枢纽管理局召开现场会,研究部署有关处置工作,并确定了防范措施。

4日　由环境保护部副部长张力军任组长,国家发改委、工信部、水利部、中石油等部门负责人、相关专家联合组成的陕西柴油泄漏污染事件国务院联合工作组,到河南三门峡黄河大桥等断面现场察看处置情况,并召开协调会研究部署加快处置工作。河南省副省长张大卫、陕西省副省长洪峰、两省相关部门和中石油负责人及三门峡市领导李文慧、杨树平、赵光超等陪同并参会。

5日　陕西柴油泄漏处置事件新闻发布会在三门峡市召开。发布会指出,事件发生后,河南省政府和陕西省政府以及中石油集团公司高度重视,采取了一系列扎实有效的措施,柴油污染在黄河三门峡库区内得到有效控制,小浪底水库及下游水域没有受到污染。

当日　省委书记卢展工到三门峡市调研。卢展工先后考察了河南义马气化厂、东方希望(三门峡)铝业有限公司、恒康铝业有限公司、鹏飞电子有限公司、缘分果业有限公司,到义马市委群众工作部察看有关工作情况。

6日　市委召开常委会议,学习贯彻省委书记卢展工在三门峡市调研时重要讲话精神。

7日　由中共中央党校中国延安精神研究会、中国关心下一代工作委员会教育发展中心、全国红军小学建设工程理事会、中国青少年网络协会、河南省青少年发展基金会和共青团三门峡市委联合举办的卢氏兰草红军小学授牌仪式在卢氏县官坡镇兰草村举行。

当日至8日　中央电视台“朝闻天下”栏目组深入陕县特殊教育学校采访。陕县特殊教育学校是2009年河南省新建扩建的12所特殊教育学校之一。

8日　三门峡市委召开经济工作会议,回顾总结2009年的经济工作,分析面临的经济形势,具体部署2010年的经济工作。

9日　由中国诚信企业评选委员会、中国经济报刊协会、中国企业报社联合举办的“2010中国企业诚信和商务道德建设论坛”在北京全国人大会议中心召开,义煤集团荣获“2009年度中国最诚信企业”称号。

11日　河南省工业和信息化厅通报2009年度“全省工业和信息化领域科技成果奖”评选结果。义煤集团7项成果分获一、二、三等奖。

11日至14日　政协三门峡市五届四次会议召开。

12日　中共三门峡市委下发《关于建立党委新闻发言人制度的意见》,宣布在全市范围内建立党委新闻发言人制度,这在河南省省辖市中属首家。

当日　三门峡市召开政法暨平安建设信访稳定工作会议。会议传达贯彻省有关会议精神,总结成绩,表彰先进,部署2010年全市政法、平安建设和信访稳定工作。

13日至15日　三门峡市五届人大五次会议召开。市长杨树平向大会作《政府工作报告》。

15日　《河南日报》公示河南省污染减排十大领军企业、十佳环保志愿者推选结果,义煤集团榜上有名。义煤集团2008年万元产值能耗为0.79吨标准煤,节能量达到4万吨标准煤,提前完成了全年2.6万吨标准煤节能目标。2009年前11个月,万元产值能耗为0.65吨标准煤,节能量为7.5万吨标准煤。

当日　应第16届亚运会主办方广州市人民政府邀请,市委副书记、市长杨树平率三门峡市访问团抵达广州,参加“亚运会倒计时300天”庆祝活动。

17日　三门峡市家乡团拜联谊会在北京举行,市领导与在京的三门峡籍及长期以来对三门峡发展给予关心和支持

1月16日,市委副书记、市长杨树平代表三门峡市把捐赠给广州亚运会的《锦绣羊城》巨幅剪纸作品交给广州市副市长、广州亚组委常务副秘书长许瑞生

的各位领导欢聚一堂，共叙情谊，并征求和听取他们对三门峡经济社会发展的意见与建议。

21日 三门峡军分区党委三届八次全体（扩大）会议召开，传达济南军区党委和省军区党委（扩大）会议精神，总结分析2009年工作，部署2010年工作。

23日 三门峡市2010年迎春茶话会在郑州中州宾馆举行。市领导与曾在三门峡工作过的老领导、老同志及在郑州的三门峡籍同乡欢聚一堂，交流情况，畅叙情谊，共谋三门峡发展良策。

28日 中共河南省委书记卢展工到出席省十一届人大三次会议的三门峡代表团驻地，与代表们一起审议各项工作报告，共商加快推进中原崛起、加快三门峡发展大计。卢展工在听取代表发言后，对三门峡的发展寄予厚望，并强调，三门峡的发展趋势很好，今后的发展潜力很大。

当日 郑州至西安高速铁路成功试运行。国产"和谐号"高速动车组从西安站至郑州站，用时1小时48分，最高时速达352千米。郑西高铁不仅是中国中西部地区的第一条时速350千米的高速铁路，还是世界上首条修建在大面积湿陷性黄土地区的高速铁路。

31日 铁道部副部长陆东福到三门峡市，现场考察调研运三铁路工程三门峡线预可行性规划情况。

2 月

1日 铁道部副部长陆东福到运（运城）十（十堰）铁路卢氏站位预选址现场，展开运十铁路工程可行性研究线路平面示意图，详细听取了卢氏站位的选址规划情况汇报，并就运十铁路三门峡段至卢氏段线路的走向及卢氏站位的审批、环评等问题与有关人员进行交流。

2日 三门峡市举行新闻发布会，市纪委、市监察局有关负责人通报了全市2009年党风廉政建设和反腐败工作，特别是查处具有较大影响案件的情况。这是河南省18个省辖市中举行的首场以党风廉政建设和反腐败工作为主题的新闻发布会。《人民日报》《河南日报》、河南人民广播电台、河南电视台、《大河报》《东方今报》《河南法制报》及三门峡市主要新闻媒体记者参加新闻发布会。

3日 三门峡市召开文体中心景观设计方案汇报会。会议听取北京市建筑设计院有关专家就文体中心设计方案中的主体空间、交通、配套设施、界面等相关情况汇报，研究部署下一阶段工作。

当日 三门峡市公开举行第一批廉租住房抽号选房活动，400户困难家庭获得房号。

4日 三门峡市召开县（市）区委书记抓基层党建工作专项述职暨全市党风廉政建设工作会议。会上，各县（市）区委书记、市直反腐倡廉建设牵头单位党组（党委）书记递交了党风廉政建设目标责任书，部分县（市）区委书记向大会作抓基层党建工作专项述职。

当日 三门峡市被住房和城乡建设部正式命名为国家园林城市，实现了"四城联创"开门红。

6日 郑西高铁三门峡南站举行开通典礼。

7日 大唐发电唐润公司第一釜加气混凝土砌块砖成功下线，标志着大唐发电年产5亿块粉煤灰蒸压砖项目建成投产。

8日 《河南日报》一版头题刊发"三门峡给干部过节定规矩：不给领导拜年多为群众办事"一文，对市委要求各级干部不准到市委、市政府机关给领导拜年，而要深入基层为群众办实事的做法给予褒扬。

9日 省委常委、宣传部部长、副省长孔玉芳，省人大常委会副主任张程锋到三门峡市走访慰问。

11日 三门峡市举行首批廉租房——德馨苑廉租住房入住仪式。

12日 科技部公布2007～2008年度全国科技进步考核结果，三门峡市本级及各县（市）区全部通过科技部的考核。灵宝市、义马市、渑池县获全国科技进步考核先进县（市）称号，全市共有9人获得国家科技进步考核先进个人称号。

22日 三门峡市召开深化项目建设年动员大会，回顾总结2009年项目建设年活动开展情况，进一步落实市委经济工作会议精神，部署2010年项目建设和结构调整任务，动员全市上下坚持"四个重在"，全力打赢"调结构、促转型、增效益、保民生"攻坚战，奋力实现经济社会发展新跨越。

24日 在全国检察机关第7次先进集体和先进个人表彰会上，卢氏县人民检察院反渎职侵权局局长、女检察官闫咏雪被最高人民检察院授予"全国模范检察官"荣誉称号。

当日 市委农村工作会议召开，贯彻落实中央、省委农村工作会议精神和市委经济工作会议精神，总结2009年全市农业农村工作，部署2010年工作。

26日 发生在灵宝市金源桐辉精炼有限责任公司物资仓库的"2·23"库保人员监守自盗仓库价值1 200余万元的工艺品金条特大案件，经三门峡市、灵宝市两级公安机关75个小时的连续奋战成功破获，犯罪嫌疑人刘晓辉在山西省临汾市尧都区一小旅馆内被生擒，被盗的工艺品金条及部分变现赃款在山西省侯马市等地悉数起获。2月23日凌晨3时许，刘晓辉利用其掌握的仓库钥匙和撬开门锁、铁皮柜等方法，将存放在两道门内的铁皮柜里的工艺品金条盗走，并连夜逃离现场。

当日 在"温暖2009"河南十大爱心人物颁奖典礼上，灵宝市北阳平村党支部书记包有民被评为2009河南十大爱心人物。包有民为了带动群众共同致富，无偿捐献价值1 000万元资产。

28日 豫西山区规划高速公路项目三门峡汇报会在卢氏县召开。

3 月

2日 三门峡市全国人大代表——市委书记李文慧、三门峡职业技术学院副院长李勤、明珠集团公司董事长刁兆秋赴京参加第十一届全国人民代表大会第三次会议。

3日 由三门峡市工商局和中国邮政储蓄银行三门峡市分行共同举办的“百亿送贷进企业进市场进农村行动”正式启动。

当日 全国人大代表、市委书记李文慧在北京作客人民网。在十一届全国人大三次会议前，李文慧是人民网“地方代表系列访谈”邀请的首位嘉宾。李文慧在一个小时的视频访谈中，和主持人及网友就农民工就业、建立党委新闻发言人制度、应对金融危机的经验体会、经济结构调整和产业优化升级、城市定位、关注和改善民生等话题进行了在线交流。

当日 由市委副书记、市长杨树平任团长，企业家、贸促会及商务官员组成的三门峡市赴澳大利亚商务代表团，在澳大利亚昆士兰州州议会大厅成功举办“中国·三门峡市(澳大利亚)经济合作项目推介会”，并签署了4项具有可持续发展性战略意义的备忘录、协议书。

5日 根据国家和省编制“十二五”规划工作部署，三门峡市启动“十二五”规划编制工作。

6日至7日 以国家安全生产监管总局监察专员郭新庆为组长的国务院安委会调研督导组到三门峡市，调研督导安全生产工作。

8日 灵宝市妇联主席焦淑娟、渑池县综治办副主任科员赵景亮被全国妇联、全国维护妇女儿童权益暨平安家庭创建协调组授予“全国维护妇女儿童权益先进个人”荣誉称号；义马市妇联被全国妇联、全国维护妇女儿童权益暨平安家庭创建协调组授予“全国维护妇女儿童权益先进集体”荣誉称号。

9日 三门峡市人民政府与河南煤业化工集团有限公司战略合作框架协议签字仪式、中国黄金集团公司与卢氏县人民政府战略合作协议暨并购地灵矿业开发公司签约仪式在北京钓鱼台国宾馆举行。

10日 中共中央总书记、国家主席、中央军委主席胡锦涛到出席十一届全国人大三次会议的河南代表团，与代表们共同审议政府工作报告和人大常委会工作报告。省委书记卢展工主持审议。三门峡市全国人大代表李文慧、李勤、刁兆秋参加审议。

当日 三门峡市(北京)经济合作项目暨劳务旅游推介会在北京举行。河南省人大常委会副主任储亚平，国家贸促会、中国国际商会副会长张伟，中国就业促进会常务副会长王英才，约旦驻华大使安马尔·阿·哈姆德，人力和社会保障部政策研究司副司长董英申，中国国际商会秘书长周学海及市领导李文慧、杨树平等出席推介会。

当日 汇集内地及香港、台湾、澳门等地80余位摄影家佳作的“魅力三门峡行”摄影展在北京开幕。摄影展展出作品近百幅，从民俗三门峡、活力三门峡、生态三门峡、黄河三门峡、文化三门峡等多角度展现了三门峡全景。

11日 中国银行河南省分行与义煤集团举行战略合作协议签字仪式。双方就融资授信等方面及100亿元贷款的合作内容签订协议。

15日 三门峡市被中国野生动物保护协会授予“中国大天鹅之乡”称号。

16日 三门峡市召开交通枢纽建设动员大会。会议指出，2010年全市将以建设“三纵四横”大交通枢纽为目标，加快推进豫西山区规划高速公路通道项目和运城至三门峡至十堰铁路项目建设，进一步完善大交通网络格局，不断提升三门峡市在豫晋陕黄河金三角地区的区域核心地位。

17日 三门峡市召开党委新闻发言人制度建立以来的第3次新闻发布会，全市63家党委(党组)确定的71名党委新闻发言人在会上集体亮相。此举在河南省尚属首例。

当日 市委书记李文慧深入湖滨区和陕县，调研新型农村住宅社区建设。李文慧在实地察看湖滨区会兴街道办王官村、交口乡杨家沟村和陕县原店镇郭家村等6个新型农村住宅社区建设情况后强调，要规划先行，产业带动，整合力量，统筹兼顾，宜居便民，加快推进新型农村住宅社区建设，切实为群众把好事办好。

19日 在河南省开展第8次中国公民科学素质抽样调查暨河南省首次公民科学素质调查工作会议上，义马市成为中国科协抽中的全国公民科学素质调查样本市。

当日 三门峡市召开深化企业服务年工作会议。会议指出，全市上下要进一步深化企业服务年活动，为推动经济转型、转变发展方式、保障经济平稳较快发展创造更加有利的条件和环境。

22日 市政府与河南交通投资集团有限公司高速公路建设项目签约仪式在郑州举行，由此拉开了三门峡市境内高速公路通道大开发、大建设的序幕。

23日至25日 2010年中国经济社会论坛在郑州举行。中共中央政治局委员、全国政协副主席、中国经济社会理事会主席王刚，中共河南省委书记卢展工，省委副书记、省长郭庚茂，省政协主席王全书等出席论坛。三门峡市相关领导参加了论坛。

24日 三门峡速达科技中心节能环保新能源电动汽车产业化生产研讨会举行。来自中科院、西安交通大学等院校及日本近畿大学的24位专家教授在研讨会上进行技术交流。当月，由三门峡速达交通节能科技有限公司研发的电动汽车成功上市，最高时速可以达到120千米/小时，充足一次电可以行驶400千米。该公司计划2010年生产200辆样车，然后再进行批量生产。

26日 市委中心组集中学习全国"两会"期间胡锦涛总书记在参加河南代表团审议时的重要讲话和省委书记卢展工2月27日在省委组织部调研座谈时的重要讲话精神，学习中央《关于推进学习型党组织建设的意见》和省委《实施意见》。

当日 三门峡市公安局交警支队二大队副大队长董爱军被公安部评为"全国公安机关爱民模范"，参加了公安部在人民大会堂召开的全国公安机关爱民模范先进事迹报告会，并受到胡锦涛、温家宝、李长春、周永康等党和国家领导人接见。

29日 "中华健康快车"三门峡站活动正式开诊。卫生部国际交流与合作中心副主任原晋林，"中华健康快车"活动办公室主任袁雪梅、车长郭义贵，市领导杨树平、周志远、姚龙等参加开诊仪式。

30日 灵宝市在函谷关历史文化旅游区举行纪念老子诞辰2 581周年、《道德经》问世2 501年暨函谷关4A景区揭牌仪式。

当日 三门峡市对外开放工作会议召开。会议确定2010年通过开展各类招商引资活动，全市力争签约经济合作项目200个以上，项目投资总额突破1 000亿元。

当日 三门峡市召开自主创新体系建设暨科技工作会议。会议强调，全市上下要坚定信心，抢抓机遇，真抓实干，强力推进自主创新跨越发展战略，全面完成规划提出的各项目标任务。

4 月

1日 市委书记李文慧深入陕县就加快县域经济发展进行调研。李文慧先后到陕县中心人民医院建设项目、龙飞生物工程有限责任公司50万千克生物肥生产线项目、骏通车辆有限公司扩建项目、陕县体育中心项目等处，了解项目建设进展和产业集聚区建设情况。

当日至2日 省政协副主席、省工商联主席梁静到三门峡市，围绕加快经济结构调整和发展方式转变进行调研，并详细了解民营经济发展现状、存在的问题和鼓励、支持非公有制经济发展政策措施落实情况。

3日 "4省8市1证游"活动正式启动，晋冀陕豫4省8市的常住居民持本人身份证、驾驶证、居住证或学生证等有效证件，在相互行政区域划定的旅游景区景点游览时，享受半价门票（进入景区的第一道门票）的优惠政策。参加此次活动的有晋冀陕豫4省中的太原市、阳泉市、临汾市、运城市、石家庄市、渭南市、咸阳市、三门峡市等8个城市，纳入"1证游"的景区景点共128个，其中太原市20个，阳泉市11个，临汾市14个，运城市23个，石家庄市17个，渭南市18个，咸阳市7个，三门峡市18个。

6日 国家质检总局公布产品质量抽查结果，义马煤业集团杨村煤矿、常村煤矿和耿村煤矿生产的动力用煤合格率达100%，位居全省第一。

当日 全党深入学习实践科学发展观活动总结大会召开，对学习实践科学发展观活动进行总结，巩固和扩大活动成果，进一步推动活动向深度和广度发展。三门峡市领导李文慧、杨树平、王建勋、郭秀荣、李建顺等四大班子领导及有关部门负责人在三门峡分会场参加会议。

当日 第16届三门峡国际黄河旅游节暨投资贸易洽谈会新闻发布会、2010三门峡市旅游（郑州）说明会在郑州举行。此次活动由省外宣办和中共三门峡市委、市人民政府共同举办。

7日至10日 全省主要领导干部深入贯彻落实科学发展观、加快经济发展方式转变专题研讨班在郑州举行。省委书记、省人大常委会主任卢展工在开班仪式上作重要讲话。中共三门峡市委书记李文慧，市委副书记、市长杨树平等参加研讨班。

10日 三门峡职业技术学院被河南省教育厅确定为河南省首批文化改革发展人才培养基地。

当日至12日 三门峡市党政考察团赴山东省聊城市、淄博市和临沂市，学习考察转变经济发展方式和加快城市规划建设的方法和经验。

13日 由团省委书记何雄任领队、河南日报副总编张光辉任团长的河南省青年新闻工作者协会新闻采风团到三门峡市，进行新闻采访报道活动。采风团到湖滨区、陕县、灵宝、卢氏等地采访了新农村建设、旅游开发、大学生村官创业、生态宜居城市和工业项目建设等情况。

当日 海基会副董事长兼秘书长高孔廉率海基会文教暨博物馆参访团到三门峡市参观访问。中共三门峡市委书记李文慧，市委副书记、市长杨树平等出席欢迎宴会并陪同参观。

14日 三门峡市黄河农业网络电视台正式开通，是国内第一家农业网络电视台。该网络电视台除自拍节目外，通过购买、共享、网友上传等形式，整合国内涉农视频资源，面向全国农民提供最大最全最新的涉农视频节目。

当日 青海玉树发生7.1级地震，中共三门峡市委、市人民政府多次召开抗震救灾工作会议，部署支援玉树抗震救灾工作。市民政局紧急启动抗震救灾捐赠工作预案,成立救灾捐赠工作领导小组,并及时通过市民政局网站和市慈善总会网站向社会公布捐赠接收地点、联系方式和银行账号等。

15日 河南省第29届“爱鸟周”活动启动暨“中国大天鹅之乡”授牌仪式在三门峡天鹅湖举行。活动主题是“科学爱鸟护鸟,保护生物多样性”。

当日 黄河金三角试验区果业发展第2次工作会议在三门峡市召开。会上,运城、渭南、临汾、三门峡4市与会代表分别介绍了苹果销售与果品产业信息化建设经验,果品出口企业代表作了典型发言。

当日至16日 全国政协副主席阿不来提·阿不都热西提到三门峡,专题调研协调推进城镇化与新农村建设工作。

17日至18日 “走进中原寻根河洛”——两岸记者联合采访团到三门峡市开展采访活动。采访团的台湾媒体记者和中央、省新闻记者,深入天鹅湖国家湿地自然保护区、函谷关景区、郑西高铁三门峡新客站、虢国博物馆等处进行采访。

19日 市直工委紧急部署在市直机关各级党组织和广大党员中开展为玉树地震灾区送温暖、献爱心活动,用实际行动支援灾区。

20日 市民政局紧急下发通知,对全市救灾捐赠工作提出明确要求。三门峡市领导及全市各界纷纷捐款,迅速掀起一场抗震救灾的热潮。截至27日18时,全市累计接收捐赠款物304.2万元(捐款296.1万元,捐物折合人民币8.1万元)。

当日 全市加快经济发展方式转变暨第一季度经济形势分析会议召开,传达学习全省主要领导干部深入贯彻落实科学发展观、加快经济发展方式转变专题研讨班以及全省经济运行工作会议精神,对全市经济工作进行部署。

21日 在海南省三亚市召开的全国老区宣传工作会议上,卢氏县老区建设促进会获“2009年全国老区宣传工作先进单位”荣誉称号。

22日 市委、市政府在重庆举办三门峡旅游推介会,这是三门峡市首次面向西南地区进行大规模的宣传活动。

25日 由中纪委委员、公安部原纪委书记、督查长祝春林,中央联席办副主任、国家信访局副局长王石奇率领的中央联席会议专题调研组到三门峡市,就加强和改进新时期群众工作,探索建立用群众工作统揽信访工作新机制进行调研。

27日 在北京举行的全国劳动模范和先进工作者表彰大会上,灵宝市阳平镇北阳平村党支部书记包有民,三门峡化机公司职工周志红,义煤集团董事长、党委书记武予鲁获全国劳动模范荣誉称号,灵宝市检察院副检察长白洁、三门峡市公安局湖滨派出所副所长兼黄南五社区民警张国强获全国先进工作者荣誉称号。

当日 第7届中国城市森林论坛在武汉举行。中共三门峡市委副书记、市长杨树平在论坛上发表了题为“创黄河水畔森林城、建宜居和谐三门峡”的演讲。

28日 三门峡市召开引进博士座谈会。座谈会的目的是针对高层次人才队伍建设提出切实可行的办法、措施、制度等,以期建立更好的机制,有利于高层次人才的脱颖而出;营造更优的环境,吸引人才、留住人才,为高层次人才投资兴业、建功立业创造更好的条件。

30日 市委书记李文慧主持召开市委中心组加快转变发展方式、加快实现新跨越专题学习会。会议深入学习贯彻全省主要领导干部专题研讨班精神,认真研究三门峡“加快转变发展方式、加快实现新跨越”的主要任务,集思广益,着力谋划三门峡“十二五”发展大计。

5 月

4日 渑池县残疾青年赵仁伟被共青团中央评为2009年度“全国优秀共青团员”。

5日 争取建设国家豫晋陕黄河金三角区域协调发展综合试验区第6次联席会议在山西省运城市召开。会议通报了申报工作情况,讨论并通过了2009年财务支出决算暨2010年经费预算报告、《腾飞,黄河金三角》电视系列片拍摄、“中国特色博览交易会”筹办等有关事项。

当日至6日 国务委员、国务院秘书长马凯到三门峡市调研。

6日 渑池县“仰韶牛心柿”获得中国农产品地理标志登记证书。

当日 三门峡市召开新农村建设工作座谈会。市委副书记王建勋出席会议并强调,要站在统筹城乡一体化发展的高度,进一步增强对新型农村住宅社区建设工作重要性的认识,抓住关键,突出重点,强力推进新型农村住宅社区建设,确保各项目标任务圆满完成。

7日 三门峡市召开创先争优活动动员部署会议。市委决定,从2010年5月到2012年12月,在全市基层党组织和广大党员中开展以“创先争优促发展、加快实现新跨越”为主题,以创建“五个好”(领导班子好、党员队伍好、工作机制好、工作业绩好、群众反映好)先进基层党组织、争做“五带头”(带头学习提高、带头争创佳绩、带头服务群众、带头遵纪守法、带头弘扬正气)优秀共产党员为主要内容的创先争优活动。

8日 在南京方山举行的2010年全国射击冠军赛上,三门峡市24岁运动员汤介一代表河南代表团出战,荣获女子50米步枪三姿金牌。汤介一是三门峡市体校2002年输送至国家队的优秀射击队员。

10 日 河南省2010年银企合作会议在郑州举行。三门峡市65个项目共签订贷款合同金额136亿元,接近全省签订总额的1/13,在18个省辖市中居第2位。全市共有4家企业代表参会,三门峡缘份果业有限公司作为全省唯一一家企业代表在会上作了典型发言。

13 日 三门峡市举行践行社会主义法治理念报告会,省高级人民法院院长张立勇应邀以新形势下政法工作如何践行社会主义法治理念为主题作专题报告。

14 日至 17 日 在为期4天的第6届中国(深圳)国际文化产业博览会上,三门峡市共接待国内外参展商80多个单位(公司)1 700余人次,接待观众3万人次,成功签约了虢国文化产业创意园、仰韶文化遗址公园两个重点项目,协议总金额3.5亿元,销售产品200余件、收入7万余元。

当日 甘肃省平凉市委副书记张军利率考察团到三门峡市考察现代农业发展。

当日 《我们河南人——三门峡弘扬"三平"精神主题教育展》在三门峡博物馆展出。展览通过400余幅图片和2万余字的文稿,展现了68位中原儿女优秀代表的风采。

16 日 三门峡市组团参加第8届中国(漯河)食品博览会。

当日 三门峡至淅川高速公路灵宝至卢氏段项目举行奠基仪式。项目是河南省2010年公布的首批重点建设项目,全长82.85千米,估算总投资60.1亿元,计划工期30个月,将于2012年建成通车。

18 日 第16届三门峡国际黄河旅游节暨投资贸易洽谈会开幕。中央电视台中文国际频道举行了"相聚三门峡"大型文艺演出。旅游节经贸活动中,三门峡市共签约经济合作项目76个,总金额538.9亿元。

当日 三门峡市与日本北上市结好25周年庆祝大会举行。日本驻华使馆公使山田重夫和北上市市长伊藤彬等北上市友好访问团成员,市领导杨树平、赵继祥、郭秀荣、周志远等出席大会。双方畅谈了两市友好关系发展历程,提出了殷切希望,并互赠了纪念品。访问团还走访参观了开曼铝业(三门峡)有限公司、虢国博物馆,并就三门峡市招商引资的优惠政策和工业园区的建设情况进行了深入了解。20日,副省长宋璇涛在省政府会见了伊藤彬一行。

当日 "黄河之旅"旅游联盟成立大会举行。山西省运城市、临汾市,陕西省西安市、渭南市,河南省郑州市、开封市、洛阳市、三门峡市3省8市携手成立"黄河之旅"旅游联盟。

19 日 第4届亚洲财富论坛在三门峡市举行。本届论坛由(香港)亚洲国际投资洽谈会有限公司主办。

21 日 《三门峡日报》创刊25周年庆祝大会举行。

23 日 三门峡国际黄河旅游节"千人横渡母亲河"旅游健身活动在陕州公园1号码头隆重举行。全国各地68个城市冬泳组织的1 820名冬泳爱好者参与活动,其中70%以上来自省外,年龄最大的80岁。

25 日 河南省节能减排工作电视电话会议召开。省委副书记、省长郭庚茂出席会议并作重要讲话。三门峡市有关领导在分会场参加会议。

26 日 三门峡市委、市政府确定的2010年十大民生工程之一,市集中供热二期续建工程正式开工。工程是为加强和完善城市供热基础设施建设,满足市区河堤东路、政府廉租房、涧南生活区、黄河路沿线居民冬季采暖需要而实施的续建工程。

28 日 市委书记李文慧主持召开市委常委扩大会议,围绕"两个加快"主题,就如何转变经济发展方式进行集中研讨。

31 日 三门峡产业集聚区重点项目集中开工仪式隆重举行。副省长史济春宣布:创业服务中心等13个重点项目正式开工。13个重点项目总投资33.88亿元,建成后将新增产值119.8亿元、利税12.75亿元,其中工业项目6个,总投资22.53亿元。

当日 副省长史济春到三门峡市调研工业企业发展情况。史济春在实地察看三门峡产业集聚区建设工地、陕县惠强玻璃厂、三门峡盛元工程材料公司和三门峡速达节能科技有限公司后强调,要加大淘汰落后产能力度,提高核心竞争力,确保良好的发展势头,并对三门峡市采取有力措施,积极开展淘汰落后产能工作及取得的明显成效给予充分肯定。

6 月

1 日 三门峡市实验小学少先队员焦心浩代表三门峡市17万少先队员出席在北京举行的中国少年先锋队第6次全国代表大会,并受到胡锦涛等党和国家领导人的亲切接见。

当日 三门峡市委书记李文慧,市长级干部李建顺,市委常委、秘书长赵中生,带领三门峡市农业局、旅游局、林业局和园林局负责人,深入灵宝市调研经济社会发展情况。李文慧一行先后到河西林场、郑西高铁灵宝西站、宝励浩食品公司、灵宝市区等地进行了实地察看。

3 日 市委中心组举行学习会,学习《中国共产党党员领导干部廉洁从政若干准则》,学习《党政领导干部选拔任用工作责任追究办法(试行)》等"四项制度"。市委中心组学习会还听取了全市基层干部培训工作有关事宜汇报等。

4 日 三门峡市召开创建全国双拥模范城"四连冠"动员大会。会议宣读了市双拥工作领导小组关于开展社会化拥军工作的意见,各县(市)区双拥工作领导小组组长、市双拥工作领导小组成员单位负责人向市双拥工作领导小组递交了目标责任书。

7日　义煤集团跃进矿在省内首家投入使用自移超前支护支架。该支架俗称迈步支架,一组两架,互为支撑、交替行走,安装在综采工作面下巷,起到超前支护的作用,能有效遏制冲击地压灾害的发生,确保矿井安全生产和职工生命安全。

8日　三门峡市康裕养殖有限公司湖滨区王官蛋鸡场首批2.5万只蛋鸡开产。该蛋鸡场是河南省最大的蛋鸡养殖企业之一,一期工程建设鸡舍9栋,达到存栏蛋鸡20万只规模,年向社会提供无公害鲜鸡蛋360万千克,带动周边地区养殖户近800户。

当日　"河南省非物质文化遗产普查十大新发现"揭晓,三门峡市民间传统手工技艺"土布印花技艺"、民俗"夜社火"名列其中。

当日　三门峡市召开第16届三门峡国际黄河旅游节暨投资贸易洽谈会总结表彰大会。大会对表现突出的36家先进单位和95名先进个人进行表彰。

9日　全市民兵预备役参加"平安三门峡"建设会议召开。市委书记李文慧在会上强调,全市民兵预备役要围绕争创全国综治优秀市"三连冠"、夺取"长安杯"和创建全国双拥模范城"四连冠"的目标,积极参与,发挥优势,勇于创新,把三门峡建成全省乃至全国最平安最和谐的地区之一。

10日　三门峡市开展"能源紧缺体验日"活动。市委书记李文慧,市委副书记、市长杨树平在市委常委、副市长赵光超,市委常委、秘书长赵中生等陪同下,骑自行车深入市文体中心、市外国语高中、大中海商业文化广场3个重点项目建设工地现场办公,带头体验能源紧缺,身体力行"绿色出行"。

当日　全省宣传思想文化系统调研工作会议在三门峡市召开。

当日　首届3省(河南、山西、陕西)4市(三门峡、运城、临汾、渭南)法学研讨会在三门峡市召开。市委常委、政法委书记郭绍伟在致词中说,举办法学研讨会,目的是进一步扩大政法协作交流的范围,共同探讨深入推进社会矛盾化解、社会管理创新、公正廉洁执法的理论和实践问题,服务豫晋陕黄河金三角地区稳定发展的社会大局。

11日　三门峡市召开市级老干部座谈会,市四大班子领导李文慧、杨树平、郭秀荣、李建顺、李立江、郭绍伟、赵予辉、赵中生、崔保连等与部分已退休市级老干部一起共话端午,共谋发展。

12日　在青海多巴国家高原体育训练基地举行的全国射击锦标赛(步枪项目)上,三门峡籍运动员汤介一分别在女子50米步枪三姿和女子10米气步枪2个项目中夺得金牌。

17日　以省人大常委会秘书长连子恒为首的省人大调研组一行到三门峡市调研。调研组先后到三门峡经济技术开发区察看了速达交通节能科技有限公司、恒生科技研发有限公司、兴邦特种膜科技发展有限公司、天鹅湖国家城市湿地公园建设,到市人大调研了加强和改进人大工作情况。

18日　三门峡市委第5次新闻发布会在人民网强国论坛举行,是国内党委新闻发布会第1次在网上召开。

当日　在郑州国际会展中心举行的河南—浙江投资合作项目洽谈会上,三门峡市代表团签约项目5个,签约金额20亿元,列全省第5位。

21日　省委常委、常务副省长李克,副省长徐济超率领省观摩团到三门峡市观摩产业集聚区和重点项目。

22日　市委常委扩大会议召开。会议学习传达温家宝总理在河南考察时的重要讲话精神,学习贯彻省委书记卢展工在6月3日《人民日报》刊发的文章"用领导方式转变加快发展方式转变",听取地方小煤矿兼并重组工作汇报,通报交流全省产业集聚区和重点项目集中观摩情况。

23日　三门峡市举行新区起步区总体规划评标会。会上,业主单位介绍了项目背景,设计单位介绍了投标方案,评审专家对各个投标方案进行了认真评审。

25日　陕西省委常委、政法委书记、综治委主任宋洪武率领考察团到三门峡市考察工作。考察团成员与三门峡市领导进行了座谈交流,并深入渑池县委群众工作部、城关镇和科技防控中心,义马市委群众工作部和新区办事处等处实地察看、了解情况,对三门峡市平安建设和信访稳定工作取得的成绩给予高度评价。

28日　全国绿化委员会对全国绿化先进个人作出表彰决定,三门峡市林业和园林局刘汉良、赵中兴两人获得"全国绿化奖章"。

7　月

1日　由三门峡市纪委、监察局和湖滨区委、区政府主办的"中天杯"第三届廉政诗词楹联大奖赛颁奖仪式在三门峡市举行。此次大奖赛共收到2 286人6 416副楹联作品、1 037人2 325首阕诗词作品。经过层层评选,分别评出诗词和楹联一、二、三等奖各12名,优秀奖各40名。

当日　市旅游局与人民网签订战略合作协议,"人民网·三门峡专题"经过精心筹备正式开通。与国家级网络媒体开展战略合作宣传,标志着三门峡市在互联网宣传方面开创了新的局面。

5日　由渑池县曲剧团创作演出的现代大型曲剧《大山的女儿》,应邀在郑州市艺术宫向省会观众进行首场汇报演出。新编大型现代戏剧《大山的女儿》,取材于渑池县农村女青年、"爱心女孩"郑秀珍收养博爱县范庄村因患失忆症走失的郭玉琴大娘的感人事迹，通过激烈的戏剧冲突和由此产生的情感纠葛，反映当今社会生活中的真善美。

6日 全市党史系统学习贯彻《中共中央关于加强和改进新形势下党史工作的意见》（中发〔2010〕10号）。中央《意见》下发后，市委党史方志办组织了单位全体人员进行学习讨论，并向各县（市）区党史部门下发通知，传达中央《意见》精神，要求认真学习贯彻。

当日 市委书记李文慧深入渑池县和义马市调研产业集聚区建设情况。李文慧实地察看渑池县河南煤化工集团康威120万吨煤气焦化项目、华能2×35万千瓦电厂项目、方圆实业股份有限公司、韶州路项目和杰信花园地产项目，义马市30万吨醋酸项目、开祥化工9万吨“1，4－丁二醇”项目、新区马岭社区和梁沟社区集中居住区、义煤综能1 000万标方煤制气项目后强调，各级、各部门要围绕“两个加快”，提升发展意识和运作水平，创新体制机制，切实加强保障，进一步突出项目建设、招商引资和产业集聚区建设，努力实现经济社会平稳较快发展。

7日 副省长秦玉海到三门峡市检查防汛抗旱工作。秦玉海先后到灵宝市焦村镇秦村淤地坝工程、窄口水库，实地察看了水库大坝、溢洪道等水库除险加固重点工程，详细了解了淤地坝的基本情况和防汛准备工作。

8日 市委副书记、市长杨树平作客河南人民广播电台“政府在线”栏目，结合三门峡实际畅谈领导干部如何转变观念，实现资源型城市转型的思路和举措。河南省政府门户网站、新浪河南网、河南广播网同步视频直播。

当日 国家旅游局局长邵琪伟听取了三门峡市旅游发展情况汇报，对第16届三门峡国际黄河旅游节所取得的成绩给予充分肯定，对市委、市政府高度重视旅游业发展、制定实施旅游强市战略表示赞赏，并对下一步三门峡旅游产业发展给予指导。

9日 市委书记李文慧会见澳大利亚悉尼市议员罗伯特·考克，双方就加强三门峡市和悉尼市交流与合作进行了亲切会谈。罗伯特·考克先生是悉尼历史上3位华裔议员之一，对中原文化情有独钟，曾积极参与了2009年、2010年春节期间由河南省政府与中国驻澳大利亚大使馆举办的“中原文化澳洲行”活动。

当日 人民网“强豫论坛”推出河南坚持“三具两基一抓手”系列报道，在全省18个省辖市中开展专访活动。人民网记者首站来到三门峡，市委书记李文慧接受了专访，畅谈三门峡坚持“三具两基一抓手”，加快经济发展方式转变的做法。

当日 三门峡市举行电动汽车充电设施建设启动仪式，全面启动首批4处充电站、16个电动汽车充电桩建设工程。

当日 灵宝华鑫铜箔有限责任公司万吨电解铜箔项目顺利达标投产，标志着中国电子产品的核心部件将实现“中国造”。万吨电解铜箔项目于2008年6月开工，概算投资达7.08亿元，年产各类铜箔1.36万吨，在国内同行业中占据领先位置。

13日 全省社会治安综合治理工作会议在郑州召开。三门峡市委书记李文慧在大会上作了题为“加强领导，突出重点，不断提升平安建设工作水平”的经验交流发言。

当日 河南—上海经济技术合作暨旅游项目推介会在上海浦东香格里拉大酒店举行。市委副书记、市长杨树平，副市长高战荣带领三门峡市代表团参加了推介会。

14日 市委书记李文慧主持召开中心组集中学习会，传达学习胡锦涛总书记在河南考察时的重要讲话精神，并就贯彻落实作出部署。

16日 市委书记李文慧深入三门峡产业集聚区现场办公。李文慧强调，要在招商引资、项目运作、基础设施建设、具体运作和城乡统筹上狠下工夫，加快推进各项工作，发挥产业集聚区示范带动作用。

19日 三门峡组团参加在莫斯科举行的河南省旅游推介会。

20日 市委召开五届七次全体（扩大）会议，深入学习贯彻胡锦涛总书记在河南考察时的重要讲话精神和省委上半年经济形势分析会精神，总结上半年工作，分析经济形势，部署下半年工作。

当日 全市社会治安综合治理工作会议召开，传达贯彻河南省委书记卢展工关于河南省政法、社会治安综合治理工作的重要讲话精神，传达贯彻河南省社会治安综合治理工作会议精神，研究部署三门峡市当前和今后一个时期的加强社会建设、创新社会管理工作。

22日 三门峡市收听收看全省经济运行电视电话会议，市领导李文慧、杨树平、赵中生在三门峡市分会场参加会议。当天三门峡市召开了电视电话会议，对下半年经济工作进一步作出部署。

23日 三门峡市普降暴雨，局部地区出现特大暴雨。全市6县（市）区39个乡（镇）受灾，受灾人口488 842人；倒塌居民房屋800间，损坏房屋10 284间；农作物受灾面积2.26万公顷，绝收面积3 723.1公顷；水毁河坝、河道2万余米；冲毁道路700余千米，干线公路中断6条，损毁各种桥涵49座，交通中断146个村；变电站发生故障6座，导致10个乡（镇）停电；全市11个乡（镇）的固网、移网全部中断；发生地质灾害近千处。灾害造成直接经济损失15.39亿元。23日至25日，省水利厅厅长王仕尧、纪检组长郭永平，市领导李文慧、杨树平、王建勋、李明举、赵中生、张英焕、张建峰，三门峡军分区司令员周世杰等分别到湖滨区、卢氏、灵宝、陕县、渑池等受灾较为严重的地区，看望慰问受灾群众，实地察看险情灾情，指导部署抗洪救灾工作。市委、市政府组织各地、各部门积极行动，全面展开抗洪救灾各项工作。26日,市委书记李文慧主持召开市委常委(扩大)会议,研究部署抗洪救灾和灾后重建工作,并对全市近期各项工作提出明确要求。

24日 由三门峡市旅游局和台湾中华摄影艺术交流协会、香港中国图书出版社联合举办的“三门峡映像”摄影作品展及三门峡(台湾)旅游推介会在台北市立社会教育馆举行。

26日至29日 河南省在香港举办港澳深闽籍企业家访豫活动高层见面会和深圳对接会。中央人民政府驻香港特别行政区联络办公室副主任郭莉,省委常委、常务副省长李克,省委常委、秘书长曹维新出席会议。三门峡市派出工作组开展驻地招商。

26日 河南省旅游推介会在德国法兰克福举行。中国驻法兰克福总领事温振顺,省委常委、宣传部部长、副省长孔玉芳,法兰克福市代表万尔科出席活动并致辞。三门峡市相关单位组团参加推介会。

27日 民政部救灾专员李全茂到三门峡市,深入受灾乡镇实地察看指导抢险救灾工作,并对三门峡市抢险救灾工作给予充分肯定。李全茂实地查看卢氏县双槐树乡的灾情后指出,三门峡在此次洪涝灾害中,提前预警、应急措施及时得力,反应灵敏、快捷,有效地保护了人民群众的生命安全,取得了抢险救灾宝贵经验,值得向全省乃至全国推广。

当日 在全省防汛抗洪工作视频会议上,卢氏县作了典型发言,介绍了在“7·24”抗击山洪灾害工作中的经验。

28日 副省长刘满仓到三门峡市,实地察看灾情,看望慰问受灾群众,检查指导防汛工作。

29日 三门峡市举办防汛减灾和安全生产大型图片展。副省长刘满仓,市领导李文慧、杨树平、王建勋、郭秀荣、李建顺、赵中生、亢伊生、李琳、孙继伟,三门峡军分区副司令员曹树仁等参观了展览。

当日 河南省涉农上市后备企业改制上市工作推进会在灵宝市召开。会议的主要任务是,梳理当前存在的困难和问题,研究推进涉农企业利用资本市场融资发展的政策措施,进一步加快涉农企业改制上市步伐。副省长刘满仓出席会议并讲话。省政府副秘书长何平主持会议。

当日 河南景源果业(集团)有限责任公司与香港高能资产管理有限公司赴美上市合作协议签约仪式在灵宝市举行,标志着三门峡市民营企业在借助国际融资平台实现快速发展方面迈出了新步伐。

31日 市委书记李文慧到创先争优活动联系点灵宝市西阎乡祝家营村,走访慰问受灾群众,听取群众意见,和基层党员干部座谈交流,并就下一步创先争优活动开展提出指导意见。

8 月

2日 全市“抓基层、打基础、争一流、当先锋”活动暨选派机关干部驻村任职工作动员会召开。市委常委、宣传部部长李立江宣读了市委《关于选派机关干部担任村党组织第一书记的意见》。

当日 市委召开县(市)区委书记和县(市)区长集体谈话会。市委书记李文慧在讲话中殷切希望各县(市)区党政主要领导站位全局,不负重托,抓发展,抓改革,抓创新,抓运作,抓班子,抓作风,以出色的成绩向党和人民交上一份满意的答卷。

5日 三门峡市委第7次新闻发布会在抗洪救灾一线卢氏县举行,首次采取电视直播方式向新闻界通报全市抗洪救灾工作进展情况及灾后重建工作安排。

8日 在北京召开的“第10届中国教育信息化创新与发展论坛”上,三门峡市教育局主办的门户网站“三门峡教育信息港”荣获全国地市级优秀网站称号。

9日 市委书记李文慧深入市豫剧团、虢国博物馆、市群艺馆、市文物研究所等文化单位进行调研。李文慧强调,要认真贯彻落实省委书记卢展工在省文化部门调研时的讲话精神,充分发挥文化对经济社会发展的动力作用、支撑作用、保障作用和弘扬作用,认真研究文化规律,全面加强三门峡市文化建设。

当日 三门峡市政府与中国医药集团总公司战略合作框架协议签字仪式在郑州黄河迎宾馆举行。中国医药集团总公司计划3年至5年内,在三门峡市建设年吞吐值10亿元以上的现代化药

8月10日,三门峡首届十大慈善爱心人物暨十大慈善爱心单位颁奖晚会现场

品物流中心。

10日至12日 法国开发署、国家林业局7位专家，对生物质能源项目在三门峡市可执行情况进行了考察。

当日 在中国科协、教育部、科学技术部、国家发展改革委等部门主办的第25届全国青少年科技创新大赛上，由三门峡市科协推荐的陕县杨红伟、孙和平两位青年教师的创新项目荣获科技辅导员创新项目“科技发明类”三等奖。

12日至14日 在第6届中国城市(旅游)品牌大会暨中国特色魅力城市公益评选颁奖盛典上，卢氏县被评为“中国优秀休闲度假旅游县”。

13日 省委常委、常务副省长李克深入三门峡市，实地察看受灾群众安置、基础设施恢复等情况，检查指导灾后重建工作。

当日 国家发改委组织的“中国有色行业低碳技术创新和产业化专项实施方案审定会”在北京召开。灵宝市华宝公司自主研发的“铅闪速熔炼技术开发项目”在会上被确定为“我国有色行业低碳技术创新和产业化十大示范工程”之一。

15日 全国举行哀悼活动，表达对甘肃舟曲特大山洪泥石流遇难同胞的深切哀悼。三门峡市广大干部群众纷纷以各种方式，深切悼念舟曲遇难同胞，为舟曲祈福，为舟曲加油。

17日 市委副书记、市长杨树平在市长级干部赵光超，市委常委、副市长张英焕陪同下，带领市直有关部门和湖滨区负责人察看了市区部分民生工程。

当日 义煤集团常村矿、杨村矿两单位被中华全国总工会、国家安全生产监督管理总局联合授予2009年度全国“安康杯”竞赛优胜企业称号。

18日 中国移动三门峡分公司与三门峡职业技术学院“数字校园手机一卡通”项目成功签约，标志着该校成为河南省第1家使用手机一卡通服务的校园，实现校园管理集中化、高效化、信息化。

当日至22日 在洛阳体育中心举行的河南省第11届运动会青少年组摔跤比赛中，三门峡市体育代表团取得1金3银2铜的优异成绩。其中，义马市17岁运动员李宗挺夺得男子乙组76公斤级冠军。

当日 市委书记李文慧一行在瑞典马尔默市出席了禾天欧洲集团瑞典中国中心开业典礼及首届仰韶彩陶文化展览会开幕式，这是中瑞文化成功合作交流的重要成果，也是三门峡市对外文化交流合作的一件盛事。

20日 2010年河南企业100强榜单揭晓，义煤集团以141亿元营业收入进入前20强，名列第19位。

21日 在2010中国城市科学发展论坛上，三门峡市被评为“2010中国城市科学发展转变经济发展方式示范城市”。市委副书记、市长杨树平以“科学发展促转型，跨越发展谋新篇”为题，在论坛作城市演讲。

23日 全省党史工作会议在郑州召开。会议贯彻党的十七大和十七届四中全会精神，贯彻落实《中共中央关于加强和改进新形势下党史工作的意见》、全国党史工作会议精神及省委要求，安排部署当前和今后一个时期全省党史工作。三门峡市委常委、秘书长赵中生及党史部门负责人参加会议。

24日 三门峡市参加港澳深地区闽籍企业家访豫活动，成功签约项目9个，签约金额55.25亿元。市委副书记、市长杨树平，副市长高战荣出席港澳深地区闽籍企业家访豫活动见面会，以及河南省情说明会暨合作项目签约仪式。

当日至25日 由国务院安委会办公室副主任、国家安监总局副局长王德学带领的国务院检查组一行到三门峡市，就重特大事故责任追究落实情况进行检查。

25日 住建部检查组到三门峡市，对天鹅湖国家城市湿地公园进行实地检查。

26日 第6届中国河南国际投资贸易洽谈会在郑州国际会展中心广场隆重开幕。三门峡市委书记李文慧、副市长高战荣出席开幕式，并参加河南省情说明会暨项目签约仪式。会上，三门峡代表团共签约18个项目，签约金额198.66亿元，占全省签约总金额的10%以上。

29日至30日 应中国人民对外友好协会的邀请，市委副书记、市长杨树平率团参加了在日本长崎市举办的第6届“北京—东京”论坛，并在论坛上就三门峡市防灾情况等内容作了题为“加强交流合作，携手应对自然灾害”的演讲。

31日 第12届中日韩友好城市大会在日本长崎县举行，来自中日韩共100余个城市的400余名代表参加了大会。三门峡市委副书记、市长杨树平受邀参加并在大会开幕式上作主旨演讲。

9 月

1日 省委、省政府在郑州召开全省推进城乡建设、加快城镇化进程工作会议。中共河南省委副书记、省长郭庚茂出席会议并作重要讲话。中共三门峡市委副书记、市长杨树平等在主会场参加会议。

当日至3日 市委副书记、市长杨树平率领三门峡市政府代表团访问友好城市韩国东斗川市。东斗川位于韩国首都首尔以北，是韩国京畿道下辖的一个市。2007年，三门峡市与东斗川市建立友好城市关系。访问期间，杨树平与东斗川市市长吴世昌就两市的交流合作进行了务实磋商，形成了合作共识，签署了《关于进一步开展务实合作的谅解备忘录》。

2日 全省“扫黄打非”工作座谈会召开。省委常委、宣传部部长、副省长孔玉芳出席座谈会并讲话。三门峡市相关人员参加座谈会。

当日 全市选派机关干部到村任党组织第一书记岗前培训班开班仪式在市委党校举行。

当日 全市产业集聚区发展、重点项目建设和招商引资工作会议召开。市委书记李文慧在会上强调,各级、各部门要加强领导,落实责任,狠抓具体,动员全市力量,抓紧抓好这3项重点工作,促进全市经济社会又好又快发展。

9月13日,市委副书记、市长杨树平参加2010环中国国际公路自行车赛三门峡赛段活动

3日 三门峡市召开反腐倡廉建设创新经验交流会,总结交流近年来全市在反腐倡廉建设方面的新成果和经验,研究部署当前和以后一个时期的反腐倡廉建设创新工作。

4日 2010中国企业500强在安徽合肥发布,义马煤业集团股份有限公司再次进入中国企业500强榜单,居第401位,较上年提升46位。

6日 第10届中原花木交易博览会在鄢陵国家花木博览园隆重开幕。三门峡市相关企业参加了博览会。

当日至8日 省十一届全国人大代表专题调研组深入三门峡市,就大力推进经济发展方式转变进行专题调研。

8日 第14届中国国际投资贸易洽谈会在厦门国际会展中心开幕。市委副书记、市长杨树平,副市长高战荣率领三门峡市代表团参加了投洽会开馆式、河南馆开馆式、河南省情说明会暨合作项目签约仪式、豫闽合作交流恳谈会等多项活动。

9日 全省新农村示范村建设启动会议在林州市召开。中共河南省委副书记、省委组织部部长叶冬松出席会议并讲话。三门峡市相关负责人参加会议。

11日 九届全国政协副主席陈锦华一行到三门峡市考察。山西省政协副主席令政策,河南省政协原副主席张国荣,市领导李文慧、杨树平、郭秀荣、陈雪平等分别陪同考察。陈锦华先后到三门峡大坝、虢国博物馆、三门峡速达交通节能科技有限公司及灵宝市函谷关古文化旅游区参观考察。

当日 中原经济区、豫晋陕黄河金三角区域协调发展综合试验区研讨会在三门峡市举行。中共三门峡市委书记李文慧在会上作了题为“扮亮金三角,增辉大中原”的主题演讲。《人民日报》《河南日报》、河南人民广播电台等媒体记者和三门峡市有关部门负责人、有关专家参加研讨会。

12日 三门峡速达电动汽车样车运行启动暨整车装配线开工奠基仪式举行。20辆企业拥有自主知识产权、技术领先国内外同行业的纯电动汽车平稳驶上三门峡街头,这标志着三门峡发展方式转变迈上了新的里程。

13日 市委书记李文慧主持召开市委常委扩大会议,研究部署新区规划和招商引资工作。

当日 上午10时,随着三门峡市委书记李文慧等手中的发令枪响,2010环中国国际公路自行车赛三门峡赛段正式开始,12支国外代表队及6支大中华代表队的108名选手展开激烈角逐。

14日 郑西高铁河南段沿线环境综合整治暨铬渣处置现场会在义马市召开。

15日 省委、省政府召开全省人才工作会议。省委副书记、省长郭庚茂出席会议并讲话。三门峡市委书记李文慧,市委常委、组织部部长赵予辉在主会场参加会议。

16日 省委、省政府召开全省教育工作会议。省委副书记、省长郭庚茂出席会议并讲话。市委书记李文慧在主会场参加会议。市领导杨树平、郭秀荣、李建顺等与市直有关部门负责人在三门峡分会场收听收看了会议实况。

17日 中华人民共和国河南出入境检验检疫局三门峡办事处开办揭牌仪式隆重举行。

19日至28日 三门峡市代表团参加河南省第11届运动会。三门峡代表团以15金11银18铜的成绩居金牌榜第13位,比省十运会前进1个位次,成为河南体育第三军团的排头兵。

20日至21日 全市新农村建设工作会议召开。会议传达省新农村示范村建设会议精神,进一步梳理、完善新农村建设的工作思路和落实举措,不断推动全市新农村建设迈出新步伐、再上新台阶。

24日 在中平能化集团召开的全国煤炭系统企业文化暨五精管理现场推广会议上，义煤集团杨村矿被中国煤炭职工思想政治工作研究会授予“全国煤炭工业五精管理样板矿”荣誉称号。

26日 武警部队副司令员何映华中将率领工作组到三门峡市视察工作。

当日 全省文化体制改革工作会议在安阳召开。中共河南省委常委、宣传部部长、副省长孔玉芳出席会议并讲话。中共三门峡市委常委、宣传部部长李立江等参加会议。

10 月

2日 三门峡地久矿业与德国施密德硅业公司在北京举行多晶硅一期1 000吨项目技术设备“交钥匙”工程协议签约仪式。该项目的引进，标志着居世界光伏产业领先地位的德国多晶硅技术首次进入中国。中共三门峡市委副书记、市长杨树平，德国施密德硅业公司总裁艾里克斯·博格、施密德技术公司总裁克里斯汀·布赫纳等出席仪式。

5日 中宣部副部长、国家广电总局局长王太华一行到三门峡市考察指导工作。省委宣传部副部长、省广电局局长赵景春，省广电局副局长薛德星、宋凤仙及中共三门峡市委书记李文慧，市委常委、副市长张英焕陪同考察。

9日 三门峡市召开“大干第四季度、冲刺全年目标”工作会议，分析当前发展形势，对第四季度重点工作进行部署。市委书记李文慧出席会议并强调，全市上下要集中精力，紧盯目标，开足马力，奋力冲刺，确保完成全年目标任务。

10日 《人民日报》刊发三门峡市委副书记、市长杨树平的署名文章“转变领导方式必须树立正确的政绩观”。文章指出，加快转变发展方式，各级领导干部必须首先转变领导方式；转变领导方式必须从树立正确的政绩观开始。文章从科学发展是政绩的核心内容、勤政为民是政绩的本质要求、求实求效是实现政绩的唯一途径、加强党性修养是实现政绩的重要保证等方面阐述了领导干部如何树立正确的政绩观。

11日至12日 省人大预算审查监督工作座谈会在三门峡市召开，总结交流工作经验，研究创新工作方法，进一步推进人大预算审查监督工作。

12日 全省经济运行工作电视电话会议召开。省委副书记、省长郭庚茂出席会议并作重要讲话。三门峡市有关负责人在三门峡分会场参加会议。

当日 市委书记李文慧在北京会见华能国际电力股份有限公司总经理刘国跃，双方就加快推进华能渑池2×30万千瓦热电联产项目建设进行座谈。

当日至13日 全国远程办副主任张会生率调研组到三门峡市调研。市委常委、组织部部长赵予辉陪同调研。张会生一行先后深入灵宝市焦村镇焦村、高科技农业示范园、函谷镇五龙村远程教育站点等地调研。

13日 三门峡市老年体育活动馆落成典礼隆重举行。市老年体育活动馆为一幢二层框架结构，集乒乓球、羽毛球、篮球训练和老年体协办公等为一体的多功能体育场馆，建筑面积1 995平方米，投资370万元。

当日 全省党委系统第23次秘书工作座谈会在三门峡市召开。省委巡视组正厅级巡视专员李立民、市委副书记王建勋出席座谈会。李立民在讲话中要求，全省党委系统要高度重视公文处理工作，要严格把关，规范发文，注重程序，灵活运作，把握全局，文风严谨。

14日至15日 由辽宁煤矿安全监管局局长朗耀云带队的国家煤矿安全质量标准化检查团一行9人，到义煤集团跃进矿、新安矿检查指导安全质量标准化工作。

16日至17日 由三门峡市旅游局、河南省诗歌学会和三门峡市文联共同举办的河南省第15届黄河诗会暨三门峡旅游采风笔会在三门峡市举行，来自全省的60多位诗人、作家以及诗歌爱好者参加笔会。

19日 由农业部和河南省政府主办的第8届中国国际农产品交易会暨第三届中国郑州农业博览会在郑州国际会展中心隆重开幕。三门峡市40多类100多个品种的特色农产品参展，在20日的签约仪式上，三门峡市10个项目成功签约，其中招商引资项目6个、重大贸易项目4个，签约金额达46.7亿元。农交会上，“岭宝”牌灵宝苹果荣获金奖。

当日 出席第8届中国国际农产品交易会暨第3届中国郑州农业博览会开幕式的国务院副总理回良玉，在郑州国际会展中心拨通“12316”3G可视通信网络，与灵宝市寺河乡窝头村果农王成义视频对话。

21日 按照国务院副总理张德江的批示，国家安全生产监督管理总局专题调研督导组一行在国家煤矿安全监察局副局长彭建勋的带领下到义煤集团调研安全生产管理工作，拟向全国煤炭企业推广义煤集团安全管理经验。

22日至23日 全省党委政法委执法监督工作会议在三门峡市召开。

当日 省委常委、洛阳市委书记毛万春到三门峡市参观考察。

当日 三门峡市召开推进城乡建设、加快城镇化进程工作动员大会。会议提出全市推进城乡建设、加快城镇化进程的目标是：通过实施城乡建设3年行动计划，带动投资需求快速增长，提升城镇综合承载能力，促进城乡统筹和民生改善，增强经济持续发展动力，努力实现城乡面貌“3年大提升、5年换新颜”。

当日至24日 全国特色农业发展研讨会在陕县举行。来自国务院研究室、中国社会科学院、农业部、科技部、水利部、河南省社会科学院和全国20多个省市的60多名领导、专家参加研讨会。

26日 2010豫台经贸合作洽谈会暨项目签约仪式在郑州国际会展中心隆重举行。中共三门峡市委书记李文慧出席签约仪式。三门峡市签约项目6个、金额38.1亿元。

28日至29日 中共河南省委书记、省人大常委会主任卢展工就认真学习贯彻落实党的十七届五中全会精神,谋划好"十二五"发展先后在西峡县和南阳市两次主持召开调研座谈会。卢氏县党政主要负责人在座谈会上发言。

30日 三门峡市在北京国际饭店举办三门峡(北京)果品推介会。农业部、中国果品流通协会、北京市林业局、北京市农业局等国家部委、北京市有关部门的领导参加推介会。《人民日报》、新华社、中央人民广播电台、中央电视台、《北京日报》《北京晚报》和北京电视台等30多家中央和首都新闻媒体的记者到会报道。

11 月

1日 第6次全国人口普查正式启动。三门峡市1.4万余名人口普查员、普查指导员开始进入全市89万户居民家中,进行人口普查登记。

当日 以省国土资源厅副厅长刘洪波为组长的省人口普查督导组到三门峡市,指导第6次全国人口普查工作。督导组一行先后深入湖滨区涧河街道办六西社区部分居民住户、涧河街道办普查办公室、湖滨区普查办公室和湖滨区交口乡交口村,详细了解第6次全国人口普查工作开展情况。

2日 三门峡果品(上海)推介会在上海市农产品中心批发市场举办。灵宝苹果、灵宝大枣、陕县二仙坡苹果、渑池牛心柿子、卢氏核桃、湖滨果汁等三门峡市优质果业产品在推介会上集体亮相。《人民日报》《解放日报》、东方卫视、《新民晚报》、上海电视台、新华网、《上海商报》等20余家媒体的记者到会报道。推介会上,签约量总计1.25万吨。

3日 三门峡市2010秋季房地产项目暨公共设施项目发布洽谈会在三门峡国际会议中心举行。洽谈会参会企业122家,客商210人,发布项目146个,其中旧城改造和城中村改造项目65个,公共设施项目81个。

当日至4日 全国人大法律委员会副主任委员洪虎、全国人大常委会法制工作委员会副主任李飞,在水利部副部长周英、省人大常委会副主任张程峰、省长助理何东成陪同下到三门峡市,调研水土保持工作开展情况,并举行座谈会,就《中华人民共和国水土保持法》修订草案征询基层意见和建议。

4日 豫西南地区纪检监察工作座谈会在三门峡市召开,来自郑州、洛阳、南阳、平顶山、许昌和三门峡市的纪委书记和纪检监察工作者会聚一堂,交流探讨。

当日 国药控股三门峡有限公司正式成立。中国医药集团总公司副总经理李志新、中共三门峡市委书记李文慧共同为国药控股三门峡有限公司揭牌。这是中国医药集团总公司与三门峡市合作共赢、共谋发展的良好开端,也是三门峡市实施大开放、大招商、大合作战略取得的又一丰硕成果。

9日 三门峡市委党史地方史志办公室主任李健被中国地方志指导小组授予"全国方志系统先进工作者"荣誉称号。

当日 三门峡市被中央政法委、中央综治委确定为全国社会管理创新综合试点市。

10日 三门峡市召开全市党史工作会议,深入贯彻落实中央、省有关文件和会议精神,研究部署当前和今后一个时期三门峡市的党史工作。省委党史研究室副主任路海江,市委副书记王建勋,市委常委、秘书长赵中生,三门峡军分区副政委周正保及市纪委、市委组织部、宣传部有关领导出席会议。路海江、王建勋就加强和改进新形势下党史工作分别作重要讲话。

当日至11日 由香港恒基产业股份发展有限公司董事长郭家诚,粤港澳集团董事长、珠三角产业联盟联席主席蔡岳,深圳市凯源投资有限公司董事长、珠三角产业联盟秘书长邓凯等组成的珠三角产业联盟投资考察团到三门峡市考察工作。

12日 由三门峡市委、市政府和河南省文化厅、河南省广播电影电视局、河南省文物局联合主办,渑池县委、县政府承办的仰韶文化周在郑州国际会展中心隆重开幕。文化周共有仰韶文化旅游展、文化旅游推介会、仰韶文化论坛、戏曲演出等四大主题活动。

当日 国家区域性(河南)中小企业产权交易市场开盘仪式在郑州国际会展中心举行。全省挂牌企业41家,其中三门峡市12家,挂牌企业数量名列全省首位。

当日 中国郑州2010产业转移系列对接活动在郑州国际会展中心开幕。三门峡市领导李文慧、杨树平、赵中生、李琳、高战荣率团出席系列活动,共签约项目13个,签约投资额51.87亿元。

16日 市政府与中电投河南电力有限公司《关于建设中电投河南煤炭物流中心战略合作框架协议》签约仪式在三门峡市举行。中电投河南电力有限公司计划投资50亿元,在三门峡建设千万吨级煤炭物流中心。

当日 全省市厅级离退休干部党支部书记培训班开班。省委副书记、组织部部长叶冬松作开班动员。三门峡市市厅级离退休干部党支部书记、委员参加培训。

17日至19日 中国共产党河南省第八届委员会第十一次全体会议在郑州举行。省委常委会主持会议，省委书记卢展工作重要讲话。三门峡市委书记李文慧、市长杨树平及各县（市）区委书记、县（市）区长参加全会。

19日 三门峡市湖滨区湖滨街道办事处黄北社区和车站街道办事处宏远社区被国家商务部命名为“全国商业示范社区”。

21日至22日 国家林业局新闻办、宣传办主任程红率检查组到三门峡市，深入检查指导创建国家森林城市工作。

22日至23日 全国用群众工作统揽信访工作经验交流会在临沂召开。三门峡市和义马市在会上作了经验介绍。

23日 由河南省工商联、河南日报报业集团举办的“中原最具投资价值县（市）、区”评选颁奖典礼上，三门峡市义马、灵宝、陕县、渑池等4个县（市）被评为“中原最具投资价值县（市）、区”，湖滨区获“河南省投资环境优化奖”。

当日 市委书记李文慧主持召开市委常委（扩大）会议，传达学习省委八届十一次全会精神，讨论研究三门峡“十二五”规划编制工作。会议指出，全市各地各部门各单位要迅速掀起学习宣传贯彻省委全会精神的高潮，结合实际，加倍努力工作，确保全面完成2010年各项目标任务，谋划好“十二五”，努力推动全市经济社会持续较快发展。

当日至25日 由省直媒体组成的全省学习贯彻十七届五中全会精神集中采访团到三门峡市，对全市学习贯彻落实五中全会精神情况进行集中采访报道。

24日 以住房和城乡建设部稽查办公室副主任刘春生为组长的中央信访督导组一行9人到三门峡市，督查调研信访工作。

当日 全省新开工高速公路项目建设现场会在三门峡市召开。与会人员全程察看了三淅高速灵宝至卢氏段12个标段的施工管理情况和工程进度。

25日至26日 省委副书记、组织部部长叶冬松到三门峡市调研。叶冬松一行先后深入义马市梁沟社区、河口社区，陕县缘份果业有限公司、大营镇辛店村和三门峡速达交通节能科技有限公司等地，实地察看基层党组织建设、创先争优活动、新农村建设、项目建设等方面的情况。

26日 省委副书记、省长郭庚茂深入三门峡市城乡各地，调研产业集聚区、重点项目和城乡建设等重点工作。

27日 中国共产党三门峡市第五届委员会第八次全体会议召开。全会讨论了市委常委会工作报告和《三门峡市国民经济和社会发展第十二个五年规划纲要（讨论稿）》。

28日 在中国老区建设促进会成立20周年总结表彰大会上，三门峡市老促会常务副会长宋育文作为全国优秀老区工作者被大会表彰，并受到中央领导的接见。

12 月

2日 全市人才工作会议召开。会议学习贯彻全省人才工作会议精神，进一步落实人才强市战略，研究部署以后一个时期全市人才工作，为推进“两个加快”提供强大的人才支撑。

3日 三门峡市召开质量兴市工作暨市长质量奖表彰大会，总结工作，表彰先进企业，对质量兴市工作进行进一步动员部署。会议表彰了获得2010年度市长质量奖的河南中原黄金冶炼有限责任公司和三门峡二仙坡绿色果业有限公司，以及荣获“2010年河南省名牌产品”荣誉的10家企业。

6日 三门峡产业集聚区香港明彩印刷包装生产基地暨17个重点项目集中开工仪式举行。

7日 连霍高速洛阳至三门峡（豫陕界）段改扩建动员会举行。此次改扩建工程全长195千米，沿线途经洛阳孟津县、新安县，三门峡义马市、渑池县、陕县、湖滨区、开发区、工业园区、灵宝市等9个县（市）区，投资估算约125亿元，工期3年，改扩建标准为双向8车道，设计时速100千米。

当日 副省长张大卫实地察看了三（三门峡）淅（淅川）高速公路灵宝至卢氏段的工程进展情况。

当日 三门峡市召开河南省第7批援疆干部和人才座谈会。三门峡市共有10人被选派为河南省第7批援疆干部和人才。

当日 义煤集团巨源煤矿发生瓦斯爆炸事故，当班入井46人，20人安全升井，造成26人遇难。

当日 在北京召开的全国社会管理创新综合试点工作推进会上，三门峡市被中央政法委、中央综治委纳入全国社会管理创新综合试点市。市委副书记、市长杨树平，市委常委、政法委书记郭绍伟等赴京出席会议。

当日 中共中央、国务院在甘肃省兰州市召开全国防汛抗旱暨舟曲抢险救灾总结表彰大会，对在2010年度防汛抗旱工作中涌现出的先进集体和先进个人进行表彰，三门峡市水利局获得“全国防汛抗旱先进集体”荣誉称号。这是三门峡市首次获得国家防汛抗旱总指挥部、人力资源和社会保障部、解放军总政治部的表彰。

当日 省委下发《关于表彰奖励我省全国性文艺新闻出版大奖获得者的决定》（豫文〔2010〕141号），获得第3届文华导演奖的三门峡市文化新闻出版局张怀奇受到省委表彰奖励。

9日 首届河南国际金融博览会在郑州国际会展中心开幕,来自国内外的200余家金融机构、企业集团及上市公司云集郑州。市委常委、常务副市长苏新华率三门峡市代表团出席博览会。三门峡市7个产业集聚区、3家拟上市企业和市商业银行“集体亮相”展区;速达公司的纯电动汽车和三门峡市生产的黄金饰品尤其吸引宾客。金博会上,三门峡市获“最佳优秀组织奖”,是全省唯一获得此项殊荣的省辖市。

当日至13日 以省住房城乡建设厅厅长刘洪涛为组长的省平安建设工作检查考核组到三门峡市,检查考核平安建设工作。检查考核组分5个小组,检查了15个乡(镇)、街道办事处,20个村庄、社区,25个单位,6个中小学校、幼儿园,约见领导干部50多人,走访群众300多人,召开座谈会14次,问卷调查群众1 800多人。

10日 三门峡市被国家标准委批准为全国创建农业标准化综合示范市,成为全国第3个获此殊荣的城市。

11日 市委书记李文慧主持召开市委常委扩大会议,研究部署安全生产工作。会议听取了各县(市)区开展百日安全集中整治行动进展情况的汇报。李文慧在会上强调,要吸取教训,举一反三,周密部署安全生产工作,狠抓安全生产责任落实;要做好各项工作,全面完成2010年的目标任务,为2011年“十二五”开局打好基础。

当日 “中原崛起与民营经济”系列论坛在郑州国际会展中心举办,中共三门峡市委副书记、市长杨树平作为“市长对话”环节的嘉宾出席论坛,并盛邀与会企业人士到三门峡市投资。

12日 投资总额达94亿元的渑池县多晶硅、陕县太阳能发电和温泉综合开发3个项目集中落户三门峡,合作项目签约仪式在郑州索菲特国际酒店隆重举行。

15日 《河南省电动汽车产业发展规划》出台,三门峡市被确定为省纯电动轿车生产基地和电动出租车示范运营重点城市,并将在三门峡市建设纯电动轿车整车试验检测研发中心。

当日 市政府与中国闽商投资集团(香港)有限公司合作框架协议签约仪式举行。市政府分别与中国闽商投资集团(香港)有限公司签约了中国闽商三门峡家具产业基地投资项目,与闽商文化传媒(香港)有限公司签约了《道德经》音乐剧及旅游产业投资项目,总投资达47亿元。

18日 在北京举行的“第3届中国和谐城市可持续发展高层论坛”上,义马市荣膺“中国十佳和谐可持续发展城市(中小城市)”称号,是全省唯一获此殊荣的城市。

23日 省委经济工作会议在郑州召开。省委书记卢展工、省长郭庚茂分别在会上作重要讲话。三门峡市委书记李文慧、市长杨树平参加会议。

24日 在全省对外开放工作会议上,陕县被省委、省政府授予全省“对外开放工作先进县”荣誉称号。

当日 农业部、国家安全监管总局公布“全国平安农机示范县”(第二批)名单,河南省6个县(区)上榜,渑池县是三门峡市唯一获此殊荣的县(区)。

28日 市委书记李文慧主持召开市委常委扩大会议。会议研究市委经济工作会议有关事宜,部署经济运行、困难群众帮扶、信访稳定和安全生产工作。

当日 十七届五中全会精神宣讲团到三门峡市,宣讲团成员、安阳师范学院副院长杨新新教授为市直和陕县干部职工进行了两场宣讲报告。

29日 三门峡市中心医院新病房大楼落成庆典仪式举行,市委、市政府向全市人民承诺改善民生的十件实事之一宣告完成。市中心医院新病房大楼预算2.5亿元,科技含量高,各项功能全,建设标准达到全省同级医院最高水平。大楼地上26层、地下2层,总高度达125米,总建筑面积约4.8万平方米,可容纳800张床位。

当日 三门峡市召开重点项目建设推进会。会议首先听取了2010年全市重点项目建设情况汇报,随后对义煤集团1 000万方煤制气、三淅高速公路、连霍高速三门峡段扩建、郑卢高速三门峡段4个在建项目,对前期推进顺利并具备开工条件的香港明彩控股有限公司彩印生产基地、柠檬酸金钾、陕州大道西延、义煤集团高精度铝板带箔、河南速达电动汽车科技有限公司纯电动汽车及关键零部件、三门峡普光硅业有限公司多晶硅等11个项目,对具有投资意向需加快前期工作的河南煤化集团铝精深加工等5个项目,以及大唐三门峡发电公司西火电100万千瓦机组项目,逐个进行汇报,对项目推进过程中存在的困难和问题进行分析研究,提出解决办法。

30日 市委经济工作会议召开。会议全面贯彻落实中央、省委经济工作会议精神,深入分析当前形势,研究部署2011年经济工作,动员全市上下以转变领导方式加快转变经济发展方式、加快实现新跨越,确保“十二五”起好步、开好局。 (张 磊)

·编辑 周 青·

三门峡概貌

A GENERAL PICTURE OF SANMENXIA

6 月 10 日是三门峡能源紧缺体验日，市领导骑自行车去看项目

基本情况

【位置·面积】 三门峡市位于河南省西部边缘,豫晋陕三省交界处,东连洛阳,南接南阳,西与陕西省接壤,北隔黄河与山西省相望。介于北纬33°31′24″~35°05′48″、东经110°21′42″~112°01′24″,东西长153.2千米,南北宽132千米,总面积10 496平方千米,占全省面积的6%。处于秦岭山脉东延与伏牛山、熊耳山、崤山交汇地带,地貌以山地、丘陵和黄土原为主,大部分地区在海拔300米至1 500米之间,位于灵宝市的小秦岭老鸦岔脑峰海拔2 413.8米,是河南省的最高峰。三门峡市区坐落在黄河南岸阶地上,一面临青龙涧河,两面临三门峡水库,形似半岛,是一座"四面环山三面水"的湖滨城市。市区面积185平方千米,城市建成区面积30平方千米。

【气象】 三门峡市地处大陆内部,远离海洋,境内多丘陵山地,气候为季风气候类型,大陆性气候特征明显,除卢氏县熊耳山以南低山丘陵地区为亚热带气候外,全市大部分地区属暖温带大陆性季风型气候。同时,还受到地形等非地带性气候因素的影响,气候在市境内表现出较大差异性。总体特征是:四季分明,春秋短而冬夏长,春季干燥多大风,夏季炎热多雨水,秋季温和湿润,冬季雨雪少且冷,光、热和水量集中,季节分配不均匀,旱象出现的频率高,对农业生产影响较大。三门峡市光热资源丰富,年平均日照时数为2 261.7小时;年平均温度为13.8℃;无霜期216天。热量分布受地貌影响,差异明显。卢氏县山区和渑池县、义马市为低值区,年均气温12.3℃~12.5℃,陕县、湖滨区、灵宝市为高值区,年均气温13.6℃~13.8℃,最冷的1月月均气温-1.9℃~0.7℃,最热的7月月均气温25.3℃~26.7℃。三门峡市雨量偏少,年降水量一般在500毫米~800毫米,历年平均为580毫米~680毫米。年降水时间分布,夏季(6月至8月)最多,占全年降水量的44.1%~49.9%,冬季(12月至2月)最少,只占2.8%~3.7%。雨季的6月至9月占60.3%~65%,旱季10月至次年5月为35%~39.7%。由于雨量偏少,制约着光温资源的充分利用。受副热带高压和西风环流交替影响,除具有光照多、气温变化大、旱涝不均、四季分明等气候特征外,还造成一定的灾害,农业气候灾害主要有干旱、干热风、冰雹、冻害、大风、暴雨、大雾等,相应地制约了三门峡市经济稳步发展。

【土地资源】 根据2010年变更调查显示,全市辖区总面积99.36万公顷。其中:耕地17.74万公顷,占土地总面积的17.84%;园地面积5.35万公顷,占土地面积的5.38%;林地面积53.72万公顷,占54.06%;草地面积11.23万公顷,占土地面积的11.31%;城镇村及工矿用地5.34万公顷,占土地面积的5.37%;交通运输用地1.31万公顷,占土地面积的1.32%;水域及水利设施用地2.06万公顷,占土地面积的2.09%;其他土地2.61万公顷,占2.62%。全市土地资源呈现以下特点:一是耕地面积比重较小,远低于全省平均水平,且地块破碎,90.8%分布在山地丘陵地区,坡耕地面积大,耕地质量较差;二是林果业用地比重大,是全省重要的林果业生产基地;三是未利用土地较多,后备资源丰富,为开展土地开发整理提供了优势条件。

辖区土壤地理位置上处于全国的土地带中部,在不同的水热、植被等自然要素及社会经济活动的综合作用影响下,形成了不同的土壤类型。辖区土壤面积91.5万公顷,占总土地面积的91.9%,共划分为4个土纲、7个亚纲、27个亚类、63个土属。主要有褐土、红黏土、棕壤三大土类。褐土为三门峡市的地带性土壤,面积57.8万公顷,占总土壤面积的63.2%,是面积最大、分布最广的土壤类型。在农业生产上褐土占有极其重要的位置。红黏土系黄土丘陵经剥蚀而裸露的古老土壤,为龙岗地形,面积7.4万公顷,占总土壤面积的8.1%,其中耕地占总耕地面积的17.7%. 棕壤分布在900米至1 100米以下的中低山地区,面积11.2万公顷,占三门峡市土壤面积的12.2%,耕地较少,多为林地。

【水文·水资源】 三门峡市辖区处豫西山地,河流河溪较多。全市共有大小河流3 000余条,分属黄河、长江两大水系,以黄河流域面积最大。长江水系主要是卢氏县南部和东南部的老灌河和淇河及其支流,流域面积1 120平方千米,占总面积的10.7%,流域海拔高度在1 000米~2 057米之间,降水量较丰富。多年平均降水量在800毫米以上,因而河水流量大,为辖区水资源丰富地区。黄河干流由陕西省潼关县东入灵宝市境,流经灵宝、陕县、湖滨、渑池4个县(市)区的16个乡(镇),全长225千米,历史上最大洪峰流量达3.6万立方米/每秒(1843年)。总出水境量383.17亿立方米,扣除过境水量377.3亿立方米外,本地实际出境的水量只有5.87亿立方米。虽然过境水量丰富,但因受地形和提水设施发展水平的限制,利用量尚少。除黄河干流外,境内流域面积100平方千米以上的河流共33条,其中在卢氏县境内有14条、灵宝市境内11条,陕县境内5条,渑池县境内3条,卢氏县境内14条。其多年平均径流量及径流深是:卢氏县为全市最大,其径流量10.66亿立方米,径流深218.1毫米;灵宝市次之,其径流量6.76亿立方米,径流深152.7毫米;陕县的径流量1.77亿立方米,径流深135.5毫米;渑池县的径流量为全市最少,仅1.12亿立方米,径流深为136.7毫米。全市地表水多年平均径流量16.18亿立方米,径流深157.9毫米,径流系数0.23;地下水多年平均值量5.45亿立方米。总计全市水资源多年平均总量为21.63亿立方米,扣除其中重复量4.2亿立方米外,实际全市水资源总量是17.43亿立方米,人均占有780立方米,为全省人均占有量440立方米的近2倍,耕地公顷均10 826.1立方米。按照国家规定标准:地表水径流深大于1 000毫米为丰水带,径流深在300毫米~1 000毫米为多水带,径流深在50毫米~300毫米为过渡带,10毫米至50毫米为少水带,小于10毫米的为干涸带。三门峡市属于过渡带,但从历年径流量的变化上看,呈递减趋势,一些地区的多年平均径流深已接近过渡带的下边缘,不少年份的径流深处于少水带。同时,随着工农业生产和社会经济的发展,地下水人工开采量不断增加,使三门峡市辖区的地下水已形成面积达24平方千米、中心水位埋深92.5米的落降漏斗(泄水期)。所以,节约水资源、合理开发利用水资源已迫在眉睫。

【矿产资源】 三门峡市地质年代久远,地层发育较全,岩浆活动丰富,因而矿藏资源丰富,已发现矿产地318个,其中大型矿床46处,中型矿床96处。发现矿藏66种,已探明储量的有50种,保有储量居全省前3位的约有31种,已开采利用的27种。黄(黄金)、白(铝土矿)、黑(煤炭)是辖区的3大优势矿产。黄金矿产储量、产量均居全国第2位。有16种矿产居全省之冠(金、锰、铅、锌、锡、锑、钼、铌、锂、铍、铷、硫铁矿、铸型用砂岩、砷、云母、玻璃用砂岩),有9种矿产居第2位(铜、钼、银、钨、磷、压电水晶、熔炼水晶、石膏、石墨),6种矿产居第3位(铝土矿、铁、镓、白云岩、伴生硫、水泥配料及黏土)。至2010年底,全市在有效期内共有矿产资源勘查登记项目157个(包括部办6个项目),其中金矿项目37个,铝土矿项目18个,铁矿项目31个,铅锌矿项目34个,重晶石项目1个,煤矿项目2个,银矿项目4个,铜矿项目8个,锑矿项目3个,锰矿项目5个,钼矿项目5个,钒矿项目1个,硫铁项目2个,长石项目1个,白云岩项目2个,石煤项目1个,锂矿项目1个,红柱石项目1个。全市工业企业的支柱产业如能源、冶金、建材、化工等都与矿产资源有关,矿业对全市工业的支撑度在70%左右,影响波及面达80%以上,矿业在全市的经济发展和社会进步中发挥了无可替代的作用。

【动植物资源】 三门峡市辖区处于暖温带和亚热带交界处,同时又为豫西山地,基本上是全国植物区系划分的南北分界线。植物种类繁多,资源丰富,且产量大,经济价值高,特别是有许多重要的工业原料、药用淀粉、纤维和木本粮油植物。全境域内维管束植物144科、780多属、2 100余种(不含农作物以及城镇绿化、公园、学校、企事业单位、植物园和苗圃等引进的植物种类)。本区的伏牛山、小秦岭等山地不但植物种类极其丰富,而且有不少珍贵的稀有树种,主要有领春木(*Euptelea pleiosperma Hook. f. et Thoms.*)、望春花(*Magnolia biondii Pamp.*)、铁杉(*Tsuga chinensis Pritz.*)、连香树(*Cercidiphyllum japonicum Sieb. et Zucc.*)、暖木(*Meliosam veitchiorum Hemsl.*)、红豆杉(*Taxus chinensis Rehd.*)、糯米椴(*Tilia henryana var. subglabra*)、龙须木(*Meliosam cuneifolia Franch.*)、水曲柳(*Fraxinus madshurica Rupr.*)等。

三门峡市的动物在全国动物区划的分类中,属于《中国动物地理区划》的华北区;在河南动物区划中,属于"伏牛山地及南坡丘陵"和"崤山山地及黄土丘陵平川"两个3级区内。因而动物特征是南北混杂的过渡性所表现出的多样化。加之山川地貌、地形的复杂,动物也呈垂直分布。市辖区内除家养动物外,仅野生的陆栖脊椎动物达140多种。其中,爬行类动物20多种,鸟类70多种,哺乳类动物42种,两栖类8种。主要动物和珍贵动物有:金钱豹(*Panthera pardus*),是辖区内唯一一种国际保护动物。苏门羚(*Capricornis sumatraensis*)又称鬣羚、山驴子、羚羊,为国家一级保护动物。国家二级保护动物有大鲵(*Andrias davidianus*)俗称娃娃鱼,天鹅(*Cygnus spp.*),豆雁(*Anser Fabalis*),环颈雉(*Phasianus colchicus*)俗称雉鸡、野鸡、山鸡,鸳鸯(*Aix galericulata*),麝(*Moschus spp*)又称香獐子、獐子,水獭(*Lutra spp*)别称水狗、獭子等。

【生态资源】 三门峡市由于地貌特征复杂,形成了具有暖温带、温带和寒温带的多元气候。全市有林地面积310 667公顷,森林覆盖率达38%。生态环境良好,境内有亚武山国家森林公园、甘山国家森林公园、玉皇山国家森林公园、三门峡黄河库区省级湿地自然保护区、卢氏大鲵自然保护区等生态环境保护区,总面积达326.2平方千米,占国土面积的3.1%。

【旅游资源】 三门峡历史文化源远流长。早在五、六十万年以前,华夏民族的祖先就在这里刀耕火种、繁衍生息。全市拥有国家级重点文物保护单位6处、省级39处。这里是仰韶文化的最先发现地、人文始祖轩辕黄帝奠定政权的铸鼎地、万经之首的《道德经》的诞生地、禅宗初祖达摩的圆寂地、中华民族不屈不挠精神象征的中流砥柱所在地,也是成片地下民居天井窑院建筑群唯一完好保存地。灵宝函谷关是中国建制最早的雄关要塞,虢国墓地遗址是迄今发现的中国春秋时期规模最大的邦国墓葬群,数以千计的国宝重器为世人惊叹;黄帝铸鼎原发现的50万平方米以上的新石器时期遗址初步证明,三门峡地区是距今4 100年到5 000多年的五帝时期中华民族的政治、经济、文化中心;中国20世纪100项重大考古发现三门峡市独占3个,另外还有市级非物质文化遗产25项,省级13项,国家级2项,占全省近十分之一;唐太宗、杜甫、白居易、元好问等名人骚客留下数百首诗词名篇;秦晋崤之战、六国合纵攻秦、刘帮函关拒项羽等许多改变中国历史进程的战争发生于此;夸父逐日、黄帝铸鼎、中流砥柱、分陕之重、紫气东来、鸡鸣狗盗、假虞灭虢、唇亡齿寒、禹开三门、秦赵会盟、玄宗改元等成语典故发生于此。

三门峡的名山秀水比比皆是。清水黄河、船行柳梢、天鹅戏水是黄河旅游的三大自然奇观;大黄河漂流神奇浪漫,尽现中流击水、征服自然的无穷魅力;甘山国家森林公园丹枫流霞、蝶群飞舞;亚武山国家森林公园秀峰林立、清溪潺潺;玉皇山森林公园松柏常青、珍禽异兽众多;燕子山国家森林公园古木参天,净潭棋布;仰韶大峡谷瑰丽恢弘、步移景换;豫西大峡谷飞瀑流泉、浪遏飞舟;双龙湾灵山秀水,历史文化底蕴丰厚;石峰峪石奇峰秀,山清水灵;熊耳山状似熊耳、景象万千;韶山层岭叠翠、风光无限;黄河小浪底南村旅游区水面宽阔、岱眉云雨、古柏参天;鼎湖湾烟波浩荡、芦花飞扬、荷花滴翠,野鸭、天鹅啾啾而鸣;陕县温泉、卢氏汤河温泉水质极佳,是疗养保健的好去处;"百佛顶灯",以高、难、险的技巧演绎着民间绝技;豫西剪纸构图简洁,内涵丰富;道情皮影豫西特有,被称为戏剧"活化石"。从20世纪90年代开始,每年入冬后到次年初春这段风寒雪飘的季节,总会有数以万计的白天鹅从遥远的西伯利亚飞临这里越冬。在这里,人与白天鹅和谐相处,成为冬春季节黄河上一道最美最壮丽的风景,三门峡亦因此被誉为"天鹅之城"。

三门峡的旅游资源可以说是"以黄河为主线贯穿起来的充满野趣和史诗般辉煌的黄河生态与古文化游"。2003年旅游资源调查显示,全市共有旅游资源单体2 072个,其中有一定等级品位的有1 327个。2004年1月,三门峡市被国家旅游局命名为“中国优秀旅游城市”。至2010年底,全市在旅游部门备案的景区24家(其中4A级3家:豫西大峡谷风景区、三门峡虢国博物馆、函谷关历史文化旅游区,3A级2家:三门峡大坝风景区、甘山国家森林公园,2A级2家:鼎湖湾风景区、黄帝铸鼎原);旅游星级饭店25家(其中四星级1家、三星级16家、二星级8家);旅行社46家(其中出境社2家,旅行社4家,分公司4家);“农家乐”从无到有发展到490家,可提供床位6 900余张,旅游直接从业人员12 000余人,初步形成了集“吃、住、行、游、购、娱”为一体的旅游服务体系。

【土特名产资源】 三门峡市的土特名产品,计有10大类,90多种。干鲜果品类有享誉全国的灵宝苹果、大枣,渑池仰韶黄杏、牛心柿饼,卢氏猕猴桃、板栗、核桃;食品名吃类有荣获世界名酒金奖的仰韶酒,有富于地方风味的观音堂五香牛肉、大营麻花、市区的水花佛手糖糕等;饮料类有湖滨果汁等;蔬菜类有畅销国内外的卢氏黑木耳、猴头、香菇,有藕断丝不连、质脆而味甘的阌莲;农产品类有“贡米”之称的渑池柢坞小米,有著名的灵宝421黄豆、棉花及“三门峡”烟叶,“三门峡”烟叶连续10余年在全国质量评比中获奖,有“代云烟”之称;工业产品类有电解铝、尿素、红钒钾、重铬酸钾、重铬酸钠、烧碱、棉浆粕、水泥、轿车轮毂、中密度板等;有久负盛名的通草堆画、卢氏推光漆、虎皮竹帘、烙花筷子、水平尺等;畜产类有豫西著名的肉牛、伏牛白山羊、豫西脂尾羊等;林产品类有国家级稀有树种漆树、油桐、乌桕、银杏、水杉、侧柏、金丝楸等;矿藏类有著名的“黄、白、黑”(即黄金、铝矾土和煤);野生资源类有国家级二类保护动物大鲵,还有鼋鱼、香獐等;中药材类有丹参、天麻、苍术、连翘、九节菖蒲、紫贝母、卷叶贝母、山茱萸、柏麦、穿地龙等。在众多土特名产中,灵宝的杜仲、苹果、大枣,卢氏鸡、连翘、木耳被评为三门峡市地理标志产品。

【市政建设与服务设施】 三门峡市市政建设以打造宜居城市为目标,以项目建设深化年和城市建设提速年为载体,以城建重点项目建设推动城区基础设施完善。文体中心加快建设,建成涧南路、南北三路、贺站路、上官路、南站高经七路、高纬一路等6条道路,建成涧河漫水桥1座,完成南站广场及大岭路环道绿化,完成市区集中供热二期续建工程和西气东输二线三门峡市支线工程。中心城区形成以崤山路、黄河路、上阳路、六峰路等10条主干道为主的“五纵五横“城市交通网络,主次干道达41条,比“十五”末增加7条;道路总长度110余千米,比“十五”末增加47千米;道路照明装置率达98.39%,路灯亮灯率达99%。湖滨广场、黄河广场、涧南公园、天鹅湖湿地公园、郑西高铁三门峡南站相继建成,中心城市的辐射带动力明显增强。市区供水管网长167千米,供水普及率达95%,水质综合合格率达100%。排水管线逐步延伸,排水管网总长度达137千米,防洪排涝能力显著提高;污水处理厂、生活垃圾处理厂相继建成,市区污水处理率、生活垃圾无害化处理率分别达到85%、80%。电力负荷控制中心建筑群、电信大厦、工商银行大楼、农业银行大楼等成为城市标志性建筑。百货大楼、商业大厦、新世纪百货、大张百货、时代百货、东风百货大楼、工业品批发市场、建材市场、机动车交易市场等市场体系趋于完善。各旅游星级饭店功能完美的接待设施,服务一流的接待水平,使三门峡市的接待能力明显增强。建设有符合国家标准的图书馆和设计新颖、设施完备的体育馆;有高校1所(三门峡职业技术学院),有中等专业学校1所;有设备先进的三门峡市中心医院、黄河三门峡医院、三门峡中医院,以其高超的医疗技术领先黄河金三角地区。

【交通·通信】 三门峡市拥有高速公路一条——连霍高速公路(正在进行四改八加宽工程),国省干线公路11条,分别为公路管养国道2条:G310、G209线;省道9条:S246、S247、S249、S250、S314、S318、S322、S323、S331线;专用公路1条:三大线(即沿黄公路),二级及以上公路占47.5%(其中一级公路占2.3%),三级公路占31.3%,四级公路占21.2%。桥梁228座、总长16 742米(其中大桥51座,长8 802米),隧道10道,长2 796米,农村公路总里程8 061千米。在建项目有三灵快速通道定位为连接新城区的快速通道,按城市道路双向10车道标准建设,计划2012年建成通车;三(门峡)至淅(川)高速公路灵宝至卢氏段全长80千米,计划2012年建成通车;郑卢高速公路洛宁至卢氏段,与三淅高速公路相接,全长13.7千米,计划2012年底建成通车,三门峡市的“三纵四横”交通网络格局已见雏形。全市共有客运企业11家,客运车辆1 282辆,其中:高级客车247辆,中级客车629辆。开通各类客运班线共336条,其中:省际班线53条,市际班线58条,县际班线76条,县内班线149条。三级以上汽车站9个,农村客运站63个,招呼站350个。货运企业376家,营运货车17 063辆,其中牵引车2 860辆,8吨以上车辆4 950辆。危运企业15家,危运车辆289辆。其中罐式车245辆,厢式车30辆,普通车14辆。通信设施先进,移动通信、IP宽带覆盖城乡。

【历史文化】 三门峡市是华夏文明的发祥地之一,早在旧石器时代,这里就留下了人类祖先的足迹,活动地点分布在陕县的三岔沟、侯家坡;灵宝市的邢家庄、孟村、朱阳、营里、卫家磨;渑池县的南村和卢氏县的雷家村及湖滨区青龙涧河一带。进入新石器时代,人类活动范围更广泛,遗址在辖区内广为分布。距今6 000年前,出现了较大的文化群落,伴生着原始农业、畜牧业及制陶和编织等原始手工业,人类开始定居下来。约在公元前21世纪至13世纪,这里是夏商王朝统治的中心区域。周灭商后,周武王封神农之后于焦(今陕县),继封周文王之弟虢仲于虢(今陕县),焦国、虢国都城均在今湖滨区。这两个诸侯国的封建,对建都镐京的西周王朝起到了屏藩的作用。周成王时,姬奭为三宰相之一,与周公姬旦分陕而治,“自陕以东,周公主之;自陕以西,召公主之”。春秋时,先属虢、后属晋,战国时置三川郡。当时天下大乱,诸侯国之间互相攻伐,战事频仍,因而留下了“假虞灭虢”“唇亡齿寒”“鸡鸣狗盗”“完璧归赵”等著名历史典故。秦统一中国后,置三川郡,辖区属之。西汉属河南府,汉武帝时置弘农郡;北魏置陕州,一直延续到明清。中华民国元年

(1912年)设豫西观察使，不久改为道尹，市辖区属河洛道。民国21年(1932年)设河南省第十一行政督查专员公署，管理陕县、灵宝县、卢氏县、阌乡县、渑池县等7县。1945年1月，建立中国共产党领导下的河南(豫西)第二专员公署，公署下辖有渑池县、陕县等5县抗日民主政府。1945年9月、10月间撤销。1946年7月，豫鄂陕第四专员公署成立，辖有卢灵洛县、卢嵩县、卢灵县、卢洛(洛南)县、卢洛(洛宁)灵县、栾川县等县政府。12月，卢灵洛县政府改为卢灵洛中心县政府，辖卢嵩(嵩县)、卢灵(灵宝)、卢洛(洛宁)和栾川(1947年1月后)4个县政府。四专署隶属豫鄂陕行政公署。1947年9月，豫陕鄂第一行政督查专员公署成立，下辖陕县、灵宝县、卢氏县和阌乡县4个县政府。专署隶属豫陕鄂边区行政公署。1948年6月，豫陕鄂第一行政督查专员公署改称陕南一专署，下辖卢氏县、灵宝县、阌乡县、栾川县4个县政府，专署隶属陕南行政公署。1948年7月，陕南一专署更名为豫西七专署。1949年2月，又更名为豫西三专署。均属豫西行政公署领导，下辖卢氏县、灵宝县、阌乡县、陕县等5个县政府。1949年3月，豫西三专署改称陕州专员公署，隶属中原临时人民政府；5月，河南省人民政府成立，隶属河南省人民政府。专署辖卢氏县、灵宝县、阌乡县、陕县、渑池县等7个县政府。1952年4月，陕州专员公署与洛阳专员公署合并，称洛阳专员公署。1957年3月，经国务院批准成立省辖市三门峡市，1961年改为县级市。1986年1月，重新调整为地级市，实行市管县体制。2010年底辖3县(渑池县、陕县、卢氏县)2市(义马市、灵宝市)1区(湖滨区)和三门峡经济技术开发区，共有62个乡(镇)、12个街道办事处、1 362个行政村。

三门峡市国民经济和社会发展综述

【概况】 2010年是“十一五”规划的收官之年，也是三门峡市经济社会发展面临较大困难的一年。面对复杂形势和严峻挑战，在市委市政府的正确领导下，全市上下齐心协力、克难攻坚，抢抓机遇，开拓进取，国民经济保持了持续增长的良好态势，各项社会事业全面进步，人民生活继续改善。初步核算，2010年全市生产总值874.39亿元，比2009年增长15.2%。其中：第一产业增加值70.00亿元，增长4.7%；第二产业增加值599.18亿元，增长17.9%；第三产业增加值205.21亿元，增长11.1%。三次产业结构由上年的8.2∶66.0∶25.8变化为8.0∶68.5∶23.5，二三产业比重比上年提高0.2个百分点。全年居民消费价格比2009年上涨3.7%。其中：食品类上涨10.5%。食品类中，肉禽及制品上涨2.4%，粮食和鲜菜分别上涨10.9%和39.3%。全年城镇新增就业人员5.89万人，失业人员再就业2.73万人，其中就业困难对象再就业1.50万人。年末城镇登记失业率为3.24%，低于省定4.5%的控制目标。

【农业】 全年粮食产量6.3亿千克，比2009年增产0.7%；烤烟产量0.3亿千克，比2009年减产8.7%；棉花产量200万千克，减产10.5%；油料产量3.18亿千克，增产3.1%。肉类总产量7 880万千克，增长4.4%；禽蛋产量4 760万千克，增长1.3%；牛奶产量3 580万千克，增长4.9%。年末农业机械总动力164.96万千瓦，比2009年增长2.1%；农用拖拉机4.21万台，增长8.5%；农用运输车5.75万辆，与2009年持平；农村用电量3.17亿千瓦小时，增长4.5%。

【工业和建筑业】 全年全部工业增加值562.42亿元，比2009年增长18.5%，增速比2009年加快6.3个百分点。其中，规模以上工业增加值506.94亿元，增长21.1%，增速比2009年加快7.6个百分点。规模以上工业中，轻工业增长23.7%，重工业增长20.9%，轻、重工业比例为6.0∶94.0。产品销售率为98.7%。全市规模以上工业涉及的34个行业大类中，增加值居前10位的行业及其增速分别为：有色金属矿采选业198.80亿元，增长29.3%，煤炭开采和洗选业73.05亿元，增长5.1%，有色金属冶炼及压延加工业69.79亿元，增长5.7%，非金属矿物制品业32.43亿元，增长24.1%，化学原料及化学制品制造业17.69亿元，增长18.3%，电力、热力的生产和供应业17.43亿元，增长12.5%，非金属矿采选业16.48亿元，增长46.8%，专用设备制造业10.27亿元，增长41.5%，通用设备制造业7.20亿元，增长47.3%，饮料制造业6.74亿元，增长21.0%。全市主要工业产品产量中，原煤比2009年增长1.3%，氧化铝增长6.4%，铝(电解铝)增长12.8%，黄金下降9.8%，铅下降7.5%，铜(电解铜)增长13.5%，农用氮、磷、钾化学肥料增长18.2%，铝材增长44.7%，发电量增长7.0%。

全年规模以上工业企业主营业务收入2 031.85亿元，比2009年增长35.0%，增速比2009年加快21.6个百分点；利润总额197.47亿元，增长58.4%，增速比2009年加快52.3个百分点。分所有制看，国有控股工业利润31.77亿元，增长173.4%；集体控股工业利润79.09亿元，增长56.7%；非公有制工业利润86.62亿元，增长38.4%。分行业看，34个行业大类中利润总额居前10位的行业分别为：有色金属矿采选业104.47亿元，增长57.6%；有色金属冶炼及压延加工业26.44亿元，增长33.8%；煤炭开采和洗选业22.84亿元，增长139.19%；非金属矿物制品业8.83亿元，增长23.06%；非金属矿采选业5.73亿元，增长24.72%；化学原料及化学制品制造业3.48亿元，增长10.75%；饮料制造业2.85亿元，增长119.55%；通用设备制造业2.16亿元，增长67.42%；黑色金属矿采选业2.15亿元，增长21.2%；食品制品业2.06亿元，增长169.93%。

全年建筑业增加值完成36.76亿元，比2009年增长10.4%。具有资质等级的建筑企业累计实现利润4.09亿元，比2009年增长21.8%；实现税金3.18亿元，增长11.1%。

【固定资产投资】 全年全社会固定资产投资677.49亿元，比2009年增长22.4%，增速比2009年回落15个百分点，其中：城镇投资570.83亿元，增长22.1%，增速比2009年回落13.7个百分点；农村非农户固定资产投资96亿元，增长27.7%；农户投资10.66亿元，增长0.8%。在城镇投资中，国有及国有控股单位投资 183.87 亿元,比 2009 年增长 6.3%;民间投资 369.39 亿元,增长 31.7%。分三次产业看,第一产业投资 15.82 亿元,增长 12.2%;第二产业投资 336.27 亿元,增长 15.7%,其中工业投资 336.27 亿元,增长 15.7%;第三产业投资 218.75 亿元,增长 37.7%。全年房地产开发投资 46.6 亿元,比 2009 年增长 75.8%,其中,住宅投资 36.24 亿元,增长 89.0%。商品房施工面积 467.90 万平方米,增长 47.8%,其中,住宅施工面积 361.86 万平方米,增长 46.6%。商品房竣工面积 66.60 万平方米,增长 7.9%,其中,住宅竣工面积 60.76 万平方米,增长 16.9%。商品房销售面积 84.72 万平方米,增长 26.3%,其中,商品住宅销售面积 79.97 万平方米,增长 29.8%。商品房销售额 18.61 亿元,增长 20.1%,其中,商品住宅销售额 16.98 亿元,增长 32.6%。

【国内贸易】 全年社会消费品零售总额 202.62 亿元,比 2009 年增长 18.0%。按销售地区分,城镇消费品零售额 169.85 亿元,增长 18.0%,乡村消费品零售额 32.76 亿元,增长 17.6%。分行业看,批发业 9.33 亿元,增长 19.9%,零售业 165.32 亿元,增长 17.9%;住宿业 2.97 亿元,增长 24.3%,餐饮业 22.17 亿元,增长 19.8%。全年全市批零贸易、住宿餐饮业共实现销售额(营业收入)384.3 亿元,比 2009 年增长 20.9%,其中批发业 141.9 亿元,增长 20.4%,零售业 207.2 亿元,增长 21.2%,住宿业 9.55 亿元,增长 21.0%,餐饮业 25.6 亿元,增长 21.5%。

【对外经济】 全年对外贸易进出口总额 16 332 万美元,比 2009 年增长 20.4%。其中:出口总额 10 355 万美元,增长 28.2%;进口总额 5 977 万美元,增长 9.0%。全年新签利用外资合同 10 个。合同利用外资 24 945 万美元,比 2009 年增长 98.2%;实际利用外资 39 849 万美元,增长 51.2%。

【交通、邮电和旅游】 全年交通运输、仓储和邮政业增加值 65.39 亿元,比 2009 年增长 14.9%。全年全社会公路货运量 3 225 万吨,比 2009 年增长 15.4%;公路旅客运输量 3 790 万人,增长 15.5%;公路货运周转量 63.89 亿吨公里,增长 27.2%;公路旅客周转量 18.30 亿人公里,增长 20.3%。全年邮电业务总量 17.94 亿元,比 2009 年增长 8.4%。其中:邮政业务 1.9 亿元,增长 23.5%;电信业务 16.04 亿元,增长 6.9%。年末固定电话用户 34.50 万户,固定电话普及率为 15.4 部/百人;移动电话用户 163.67 万户,普及率为 72.9 部/百人,比 2009 年增加 17.7 部/百人。年末全市共有国际旅行社和国内旅行社 51 家,比 2009 年增加 5 家;旅游景区(点)24 家,其中:A 级旅游景区(点)7 处,4A 级以上景区 3 处;旅游星级饭店 24 家,星级餐馆 2 家。全年共接待海内外游客1 223.08万人次,其中:接待入境游客51 081人次,接待国内游客1 217.97万人次。旅游总收入 89.55 亿元。

【财政、金融】 全年全市地方财政总收入 81.72 亿元,比 2009 年增长 21.3%。地方财政一般预算收入 49.74 亿元,增长 19.8%,增幅比 2009 年加快 6.7 个百分点。税收占财政一般预算收入的比重为 75.8%,比 2009 年提高 3.6 个百分点。主要税种均呈现增长态势,增值税、营业税、企业所得税、个人所得税、资源税和城市维护建设税分别比 2009 年增长 16.7%、29.5%、31.5%、60.2%、34.1%和 23.5%。全市财政一般预算支出累计完成 95.26 亿元,增长 11.2%。重点支出和法定支出得到较好保障。全年全市一般公共服务支出增长 30.1%;教育、科技、农林水支出分别增长 22.5%、35.4%和 17.9%,均高于经常性财政收入的增长比例。全年城市居民最低生活保障、农村社会救济、公共安全、住房保障支出分别比 2009 年增长 12.5%、33.5%、13.8%和 90.9%。年末金融机构人民币各项存款余额 625.52 亿元,比年初增加 116.60 亿元,增长 22.91%,其中,城乡居民储蓄存款余额 392.82 亿元,比年初增加 50.84 亿元,增长 14.86%。年末人民币各项贷款余额 340.20 亿元,比年初增加 75.92 亿元,增长 28.73%,其中:短期贷款余额 169.01 亿元,比年初增加 44.71 亿元;中长期贷款余额 131.08 亿元,比年初增加 34.51 亿元。

【教育和科学技术】 年末高等职业教育在校学生 15 310 人,中等职业学校在校学生 47 681 人,普通高中在校学生 5.1 万人,普通初中在校学生 9.62 万人,小学在校学生 18.0 万人。初中阶段学龄人口和小学学龄儿童入学率均达到 100%。基本扫除青壮年文盲。全年专利申请数 481 件,授权 445 件。共组织实施各类科技计划项目 80 项;4 家企业被认定为高新技术企业,3 家企业申报的省级院士工作站通过认定,4 家企业申报的省级工程技术研究中心通过认定,3 家企业被认定为河南省节能减排科技创新示范企业;认定市级工程技术研究中心 9 家、市级重点实验室 3 家;命名“三门峡市农业科技示范园区”2 个,“三门峡市农业科技示范基地”22 个;举办各类星火科技人才培训班 800 期,培训各类科技人才 5.2 万人次;2 项成果获 2010 年度省科技进步二等奖;27 项成果获 2010 年度市科技进步奖,其中一等奖 3 项,二等奖 6 项,三等奖 18 项。年末全市技术监督系统共有产品质量检验机构 9 个。全年监督检验工业产品 15 种、183 批次,整治重点食品企业 20 家,完成计量合格确认 13 家,完成食品标签认可 9 家,完成锅炉定检 312 台,电梯定检 378 台,压力容器定检 455 台,强制检定计量器具总体受检率达 95%。年末全市共有天气观测站 4 个,雷达站 2 个,卫星云图接收站 4 个,气象公益服务站 5 个,气象信息电话自动答讯服务系统 4 套,电视气象服务系统 7 套,全要素自动气象站 4 个,四要素自动气象站 17 个,单要素自动气象站 76 个,适时进行人工增雨、增雪、消雹防雹作业 62 次。

【文化、卫生和体育】 年末全市共有艺术表演团体 6 个,文化馆 7 个,公共图书馆 6 个,博物馆 6 个,全国重点文物保护单位 6 处,入选国家级非物质文化遗产名录 5 个,入选省级非物质文化遗产名录 45 个。全市有 4 座博物馆、纪念馆实现了免费向公众开放。年末全市有市级广播电台 1 座,电视台 1 座,教育电视台 1 座;县级广播电视台 5 座。年末有线电视用户 26.54 万户,广播人口综合覆盖率 96.11%,电视人口综合覆盖率 96.95%。年末全市共有卫生机构 408 个,其中:医院、卫生院 125 个,妇幼保健院、所、站5个，疾病预防控制中心(防疫站)7个，卫生监督检验所6个。卫生机构病床床位8 709张，其中，医院、卫生院8 393张。卫生技术人员9 657人，其中：执业医帅和执业助理医师3 988人，注册护士3161人，疾病预防控制中心(防疫站)卫生技术人员261人，卫生监督检验所卫生技术人员136人。农村乡(镇)卫生院75个，床位2 570张，卫生技术人员2 126人。新型农村合作医疗参合农民人数比上年增长1.01%，参合率97.89%，比上年提高0.69个百分点。全年共举办各级各类群众性体育活动1 761次，参加人数达114万人。组队参加省及省级以上比赛11次，获金牌14枚。举办市级比赛21次，体育馆举办一定规模的体育比赛和大型活动29次。投资370万元建成市老年体育活动馆；投资300余万元的三门峡市乒乓球馆改扩建工程顺利完工，新增建筑面积2 500平方米；投资450余万元，在全市96个行政村建成“农民体育健身工程”；投资120万元，在城市社区和农村乡(镇)建成10条健身路径，安装健身器材200余件，投资60万元建成乡(镇)农民体育健身工程3处。全年销售体育彩票8 346万元。9月13日，2010年环中国国际公路自行车赛第三赛段赛事在三门峡市举行，16支国外及港澳代表队、4支国内代表队，裁判员、记者、工作人员约550人，各种工作车130余辆进驻三门峡市，赛事活动安全有序，圆满成功。9月19日至28日期间，河南省第11届运动会在洛阳举行，三门峡市组成了由286名运动员参加的三门峡体育代表团，共夺得15枚金牌11枚银牌18枚铜牌，总分407.5分，名列赛会奖牌榜第12位、金牌和总分榜第13位。

【人民生活和社会保障】 全年农村居民人均纯收入5 787.2元，扣除价格因素，比2009年实际增长11.1%；农村居民人均生活消费支出4 125.62元，实际增长8.8%。城镇居民人均可支配收入15 032.3元，扣除价格因素，比2009年实际增长7.6%；城镇居民人均消费支出11 192.9元，实际增长9.3%。农村居民家庭恩格尔系数为34.4%，城镇居民家庭恩格尔系数为30.2%。全年共为5.23万名企业离退休人员发放基本养老保险金76 480万元，按时足额发放率达100%。年末参加城镇基本养老保险人数26.3万人，其中参加企业养老保险23.26万人。参加城镇基本医疗保险人数62.2万人。参加失业保险人数22.79万人。全年共发放城镇居民最低生活保障金8 083.5万元，年末享受最低生活保障的有44 670人。全年发放农村低保金6 706.6万元，农村低保对象90 307人。发放城乡医疗救助资金1 186.3万元，救助14 234人。年末各类收养性社会福利单位72家，福利单位床位数4 213张，收养3 543人。其中，收养性社会福利院1家，床位180张，收养130人。城镇建立各种社区服务设施337个，其中，社区服务中心4个。全年销售福利彩票11 000万元。

【资源、环境与安全生产】 年末已发现的矿种66种，其中：能源矿产1种，金属矿产21种，非金属矿产39种，水气矿产2种。已探明资源储量的矿种50种，已开发利用的矿产37种。年末全市共有各级环保机构29个，环保系统从业人员740人。其中：环境监测站6个，环境监测人员178人。全年环评审批项目565项，环评审批率达100%；辖区内当年已投产的审批权限内的建设项目共119项，经过环保“三同时”验收检测，污染物排放均达到国家有关标准要求，达标排放率为100%。全年工业烟尘控制区覆盖率为100%，区域环境噪声平均值为50.3分贝。全市6个污水处理厂年城市污水处理率达80%以上，城市生活垃圾无害处理率90%以上。工业固体废弃物综合处置利用率达37.84%。全年城市环境空气质量优良天数为320天。共关闭取缔污染企业5家，限期或停产治理污染企业28家。完成环境污染限期治理项目30项，总投资1.94亿元。涧河渑池吴庄断面的COD浓度达标率为98.1%。全年完成绿化造林2.8万公顷，完成森林抚育和改造0.2万公顷，义务植树及市旁植树1 207万株。截至2010年底，建成区绿地面积1 164.6公顷，绿地率40.16%；绿化覆盖面积1 303.8公顷，绿化覆盖率44.96%；公园绿地面积383.04公顷，人均公园绿地面积12.6平方米。全年共发生各类生产安全伤亡事故275起、死亡105人，比2009年分别下降8.6%和17.3%。全市亿元GDP死亡率为0.12；煤矿百万吨死亡率为0.095。

组织机构及领导成员
(截至2010年12月底)

中国共产党三门峡市委员会

书　　记　李文慧
副 书 记　杨树平
　　王建勋
市长级干部　李建顺
　　赵光超(6月任)
常　　委　苏新华
　　李立江
　　申黎明
　　赵光超(6月离任)
　　郭绍伟
　　赵予辉
　　李明举
　　赵中生
　　赵　艳(女)
　　张英焕(6月任)
秘 书 长　赵中生
常务副秘书长　朱俊武
副秘书长　杨治安
　　张欣照
　　蔡伟成(1月任)
　　仝孟蛟(7月双开)
　　梅良川(兼)
　　邱晓军(兼)
　　张耀珍(女,兼,1月离任)
　　朱育生(兼)
　　魏志选(兼)
　　严锦华(兼)
　　薛青池(兼)
　　李平华(兼)
　　谢东方(兼,1月任)

中共三门峡市委工作部门

中共三门峡市委办公室

主　任　赵中生
副主任　乔建厚(1月任)
　　秦菊慧(女,1月任)

中共三门峡市委政策研究室

主　任　谢东方(2月任)
副主任　许德华(2月任)

曲振群(2月任)

中共三门峡市委组织部

部　长　赵予辉
常务副部长　朱学智(1月任)
沙庆家(1月离任)
副部长　张朝红
副部长、老干部局局长
范世谋(1月任老干部局局长)
副部长　庆志英(女,1月任)
市委人才办主任　张炳彦(1月任)

中共三门峡市委宣传部

部　长　李立江
常务副部长　武少峰
副部长　刘玉森　杨献珺
任战洲　刘小英(女)
宋惠学　赵团欣

中共三门峡市委统一战线工作部

部　长　赵　艳(女)
常务副部长　张书敏(1月任)
韩迎春(女,1月离任)
副部长、市工商联党组书记
李献民
副部长　贾　辉
副部长、市民族宗教局党组书记
薛建峡(1月任)
张书敏(1月离任)

中共三门峡市委台湾工作办公室(三门峡市人民政府台湾事务办公室)

主　任　毋慧芳(女)

中共三门峡市委政法委员会、三门峡市社会治安综合治理委员会办公室、中共三门峡市委维护稳定工作领导小组办公室(合署办公)

书　记　郭绍伟
常务副书记　李主臣
副书记、610办主任　付晓亚(1月任)
雷　学(1月离任)
副书记、维稳办主任　杨玉庆
副书记、综治办主任　张龙治
综治办副主任　马宗玉
市委维稳办副主任　李　黎(1月任)
市法学会秘书长　汤立明(1月任)

中共三门峡市委群众工作部

部　长　郭绍伟
常务副部长　严锦华
副部长　骆雪峰

三门峡市精神文明建设指导委员会办公室

主　任　宋惠学
副主任　王文辉(1月任)
贾志强(1月离任)

中共三门峡市委市直机关工作委员会

书　记　梅良川
副书记　杨旭东
田　耘(女,1月离任)
市直纪工委书记　张晓红(女,1月任)
武敏祥(1月离任)
市直机关工会主席　张广杰

中共三门峡市委老干部局

局　长　范世谋(1月任)
朱学智(1月离任)
副局长　郭　宏
聂树杰(2月任)

中共三门峡市委保密委员会办公室(三门峡市国家保密局)

主任(局长)　杨治安
副局长　郭秀云(女,1月任)

中共三门峡市委党史地方史志办公室

主　任　李　健
副主任　张安滨(女)　魏云超

三门峡市机构编制委员会办公室

主　任　韩迎春(女,1月任)
副主任　孙　禹(1月任)
孙宏发(7月任)

中共三门峡市委党校(三门峡行政学院、三门峡社会主义学院)

党校校长、行政学院院长　王建勋
党校党委书记、常务副校长,行政学院常务副院长,社会主义学院院长
李庆红(女)
党委副书记、副校长(副院长)
金校卫(7月离任)
党委委员、副校长(副院长)
张振平
刘丰亮(1月离任)
党委委员、纪委书记　许榜哲
党委委员、副校长(副院长)
闫占伟(7月任)
行政学院副院长　胡占曾(1月离任)
社会主义学院副院长　李献民

三门峡日报社

党委书记　李万泉(1月任)
季金海(1月离任)
社　长　李万泉(1月任)
吉拴午(1月离任)
总编辑　孟国栋(1月任)
李万泉(1月离任)
党委副书记、纪委书记
王素梅(女,1月任)
李领群(1月离任)
副总编辑　王亚敏
刘建设(1月任)
焦森森(女,1月任)
张玉琮(1月任)

三门峡市档案局

局　长　张欣照
副局长　杨乘东
马俊芳(女,1月任)

中共三门峡市纪律检查委员会、三门峡市监察局(合署办公)

书　记　申黎明
副书记　李俊江(1月兼监察局长)
侯　鑫(兼监察局副局长)
张志鹏(7月任,兼监察局副局长)
常　委　王世斌
段荣武(1月不再兼派驻第三纪检监察组组长)
余秋华(1月不再兼干部室主任)
郝建让
监察局副局长　张增固
办公室主任　谢喜来(1月任)
综合室主任　路进良(1月任)
周长青(1月离任)
调研室主任　姚发挥
宣教室主任　宁转果(女)
案管室主任　宋玉和
纪检监察二室主任　徐典军
纪检监察三室主任　张俊合
信访室主任　王东林
效能室主任　姜玉良(1月任)
薛保良(1月离任)
农村室主任　张元伟

派驻第一纪检监察组

组　长　褚建国
副组长　仇寿昌

派驻第二纪检监察组

组　长　冯聪敏
副组长　王保仓

派驻第三纪检监察组

组　长　段荣武(1月离任)
秦海棠(女,1月任)
副组长　金　一(1月离任)

派驻第四纪检监察组

组　长　尚铁仓(1月任)
刘廷福(1月离任)
副组长　陈变莉(女,1月离任)

派驻第五纪检监察组

组　长　李灵法(1月任)
张志鹏(1月离任)
副组长　李文洪(1月离任)

派驻第六纪检监察组

组　长　毕立东
副组长　亢少侠

派驻第七纪检监察组

组　长　茹尉雯(女)

副组长　靳葆青(1 月任)

姜玉良(1 月离任)

派驻第八纪检监察组

组　长　雷雨川

副组长　马焕春

派驻第九纪检监察组

组　长　宋中岳

副组长　徐延宾

派驻第十纪检监察组

组　长　彭修玉

副组长　吴自力

三门峡市人民代表大会常务委员会

主　任、党组书记　赵继祥

副主任、党组副书记

张高登(4 月离任副主任,6 月离任党组副书记)

李宝鸿(6 月任党组副书记)

副主任、党组成员　亢伊生

邹援朝

陈孟虎

副主任　马仰峡(兼)

秘书长、党组成员　裴富平

副秘书长　王永胜

宋中魁

三门峡市人民代表大会常务委员会工作机构

办公室

主　任　王永胜

副主任　郭喜宏

张雪芳(女)

机关党委

书　记　裴富平

副书记　赵节跃

调查研究室

主　任　杨成武

副主任　张根星

信访办公室

主　任　刘玉青(女,10 月离任)

副主任　许忠华(1 月离任)

内务司法工作委员会

主　任　宋海军

副主任　贾青苗(女)

财政经济工作委员会

主　任　卢夏慧

副主任　张素玲(女)

预算工作委员会

主　任　李怀国

副主任　张　晓(1 月任)

教育科学文化卫生工作委员会

主　任　杜宗文

副主任　张虎森

环境与资源保护工作委员会

主　任　吕希龙

副主任　王茂钦

农村工作委员会

主　任　杨世强(1 月离任)

吉拴午(1 月任)

副主任　彭江弘

选举任免代表联络工作委员会

主　任　王永利

副主任　滕景群

三门峡市人民政府

市　长　杨树平

市长级干部　赵光超(6 月任)

常务副市长　苏新华

副市长　赵光超(6 月离任)

张英焕

李　琳

周志远

崔保连

张建峰(6 月任)

高战荣(6 月任)

市长助理　张建峰(6 月离任)

张万斌

张运礼

秘书长　张建峰(1 月离任)

李宝洲(1 月任)

副秘书长　庞述生

杜寿敏(1 月离任)

史玉亮(1 月离任)

辛建仓(1 月离任)

王清华(7 月离任)

孙天成(1 月离任)

李永正

赵　勇(7 月离任)

王松安

陈宝元(3 月死亡)

刘安强(1 月任)

李立明(1 月任)

冯　勇(1 月任)

赵松勤(7 月任)

徐景厚(1 月任)

张武民(1 月任)

曹成建(7 月任)

三门峡市人民政府工作部门

三门峡市人民政府办公室

主　任　张建峰(1 月离任)

李宝洲(1 月任)

三门峡市人民政府信访局

局　长、党组书记　严锦华

副局长、党组成员　陈鲁新

姚拴奎

卫建奇

三门峡市人民政府外事侨务办公室

主　任　杨　彤

三门峡市市直机关事务管理局

局　长、党组书记　魏志选(1 月任)

副局长、党组副书记　宁恒山(1 月任)

副局长、党组成员　李竹园(1 月任)

河南省工业和信息化厅三门峡无线电管理局

局　长　高建生

三门峡市人民防空办公室

主　任　段孝廷

副主任　黄　凯　曹兴华

三门峡市财政局

局　长、党组副书记

宋　东(1 月任)

副局长、党组书记

范社民(1 月任党组书记)

副局长、党组成员

雷　萍(女)

康平森(7 月任)

翟海燕(女,7 月任)

党组成员　袁书钦(1 月任)

董友忠

三门峡市财经投资公司

总经理、副书记　刘玉侠

副总经理　李爱军

郭旭昌

三门峡市财经学校

校　长　刘赞民

党支部书记　王百成

河南三门峡财会培训中心

主　任　王　艳(女)

三门峡市人力资源和社会保障局

局　长　任振廷(1 月任)

党组书记　胡占曾(1 月任)

副局长　蔡鸿儒(1 月任)

汪忠义(1 月任)

副局长、市养老保险中心主任

赵章锁(1 月任)

副局长、公务员局局长

张宪法(1 月任)

党组成员 冯聪珍(女,1月任)
史明学(1月任)
张少锋(1月任)
军队转业干部工作办公室主任
张高岩

三门峡市行政服务中心

主 任、党组书记 庞述生
副主任、党组成员 周利平
董清华(1月离任)

三门峡市审计局

局 长、党组书记 张玉清
副局长、党组成员 刘树军
尚秀丽(女)
侯功亮

三门峡市统计局

局 长、党组书记 常天朝
副局长、党组成员 张庆云
地调队队长、党组成员 赵葡萄(女)

三门峡市科学技术局

局 长 卢群召
党组书记 卫月胜
副 局 长 王俊汝
王东民
亢保祥(1月任)

三门峡市公安局

局 长、党委书记 崔保连
常务副局长、党委副书记 柏启传
副局长、党委副书记 刘吉焕
副局长、党委委员 杨宗义
政治部主任、党委委员 张玉瑛(女)
副局长、党委委员 南超民
纪委书记 张炳厚(1月离任)
党委委员 张炳厚(1月任正县级)
副局长、党委委员 王应清(1月离任)
党委委员 王应清(1月任正县级)
副局长、党委委员 谭鲁生
张长廷
陈沛林
党委委员 王百敦
宋中奎
张 虎
王继勇
警令部主任 叶 桢

三门峡市公安局交巡警支队

支队长 王祖辙
政 委 黄国军

三门峡市公安局特警支队

支队长 石 军
政 委 杨苏方

三门峡市公安局刑侦支队

支队长 孙永民
政 委 廉书建

三门峡市公安局国内安全保卫支队

支队长 沙玉成(1月离任)
政 委 李化坤

三门峡市司法局

局 长、党委书记 张仲斌
副局长、党委委员 赵精锐(1月离任)
高宜生(1月离任)
崔晓战(1月离任)
许振虎(1月离任)
杨 峰
纪 委 书 记 杨素霞(女)
副局长、党委委员、劳教所所长
张功社(1月任)

三门峡市民族宗教局

局 长 肖群兰(女,1月任)
张书敏(1月离任)
党组书记 薛建峡(1月任)
张书敏(1月离任)
副 局 长 滕蕊荣(女)

三门峡市商务局

局 长、党组书记 李炼志(1月任)
李平宣(1月离任)
副局长、党组成员 高建科 臧炎泉
副局长 李军方

三门峡市供销合作社

主 任、党委书记 孙天成(1月任)
李炼志(1月离任)
副主任、党委委员、党委副书记
王 民(1月离任)
副主任、党委委员 赵新斌(1月离任)
张保强(1月离任)

三门峡市粮食局

局 长 水润平
党委书记 张建存(1月任)
纪委书记 戚咏梅(女)
副 局 长 何 晔(女,1月任)
副局长、党委委员 焦四国(1月任)
李泉水(1月离任)
王战世(1月离任)

三门峡市物资总公司

总经理、党委书记 郑遂平(1月任)
王朝周(1月离任)
副总经理、党委委员
卢登斌
郑遂平(1月离任)

三门峡市医药管理局(总公司)

局 长(总经理)、党委书记
蔡伟成(1月离任)
副局长(副总经理)、党委委员
马文奇(1月离任)
副局长(副总经理)、党委委员
王河渠(1月离任)
纪委书记、党委委员
薛 飞(1月离任)

三门峡市医药总公司

总经理、党委书记
王河渠(1月任,7月离任)
金校卫(7月任)
副总经理、党委委员
薛 飞(8月任)
纪委书记、党委委员
薛 飞(1月任,8月离任)
赵 峰(8月任)

三门峡市旅游局

局 长、党组书记
张耀珍(女,1月离任)
王清华(1月任,7月离任)
水贤礼(7月任)
副局长、党组副书记 王保仁
副局长、党组成员 闫正伟(1月任)

三门峡市安全生产监督管理局

局 长 钱随章
副局长 张菊霞(女)
茹华锋
周 钢(1月任)
刘向东

三门峡市工业和信息化局

局 长 雷建国(1月任)
党委书记 徐自存(1月任)
副局长、副书记 张 明(1月任)
副局长 周增顺(1月任)
杨跃民(1月任)
王占平(1月任)

三门峡市煤炭总公司

总经理、党组书记 李泉水(1月任)
副总经理、党组成员 王京伟(1月任)
党 组 成 员 徐锐平

三门峡市黄金总公司

总经理、党组书记 梅迎宾(1月任)
副总经理、党组成员
刘景平(1月任,8日离任)
党组成员 张 琳(正县级,1月任)
李有光(正县级,1月任)
张大铸(正县级,1月任)
正县级干部 陆向元(1月任)

三门峡市教育局

局 长、党委书记 王平灿
副局长 白爱学
金 锐(女,1月兼任三门峡市外国语高中党支部书记)
冯正年(1月离任)

赵邦厚
杨伟建
杨绍华(7月离任)
纪委书记 李海全(1月任)
郭善恒(1月离任)
副局长 许彦卿(1月任)
张红谱(1月任)

三门峡职业技术学院

党委书记 郑建英
党委副书记、院　长 吴勇军
党委委员、常务副院长 李久昌
党委副书记、纪委书记 刘彦斌
党委委员、工会主席 宋六锁
副院长 李　勤(女)
正县级领导干部 林崇周

三门峡市体育局

局　　长 张景林
党组书记 孔　辉
党组成员 马朝龙
副局长、体校校长 武如仓(1月任)
副局长、体校党支部书记
朱素芳(女,1月任)

三门峡市文化新闻出版局

局　长、党委书记 王朝周(1月任)
副局长、党委副书记 张占海(1月任)
纪委书记 许建平
副局长、党委委员 马刚层(女,1月任)
鲍晓亮(1月任)
许海星(1月任)
党委委员 刘天财

三门峡市广播电影电视局

局　长 刘小英(女,1月任)
副局长 张书超(1月任)
万赞伟(1月任)
刘　英(女,1月任)

三门峡市卫生局

局　　长、党委书记 齐秋安
党委委员 杨　波
党委委员、纪委书记 张杰生
副局长 韩绍卿
党委委员、副局长 刘存棣
梁智斌
邹　杰
贾巷真(1月任)
党委委员 郑淑华(女)
张殿成

三门峡市住房和城乡建设局

局长、党委书记 杨青黑(1月任)
副局长、党委副书记 王志超(1月任)
纪(工)委书记 王道明(1月任)
副局长 董清华(1月任)
副局长、住房公积金中心主任
何耀武(1月任)
副局长 宋　一(1月任)
段敬民(1月任)
赵和平(1月任)
何　军(1月任)

三门峡市城市管理局

党组书记、局　长 辛建仓(1月离任)
副局长、党组成员 刘国泰(1月离任)
石旭民(1月离任)
李建设(1月离任)

三门峡市规划和城市管理综合执法局

党组书记、局　长 辛建仓(1月任)
党组副书记、副局长(正县级)
赵瑞平(1月任)
党组成员 刘国泰(1月任)
石旭民(1月任)
李建设(1月任)
党组成员、副局长 王永生(1月任)
周秋良(1月任)

三门峡市园林局

局　长、党组书记 李宝洲(1月离任)
副局长 李　蓓(女,1月离任)
副局长、党组成员 韩保健(1月离任)
郑宝梅(女,1月离任)

三门峡市环境保护局

局　长、党组书记 金明记
副局长、党组成员 张中良
张铁道
李光宏

三门峡市国土资源局

局　长、党组书记 马进仓
副局长、党组成员 阴旭阳(6月离任)
徐建立(6月离任)
李光生(6月离任)
田宝群(6月任)
副局长、党组成员兼矿业中心主任
王西鹏
纪检组长 卫　骁(6月离任)
上官勤学(6月任)

三门峡市扶贫开发办公室

主　任、党组书记 冯志刚
副主任、党组成员 袁书钦(1月离任)
陈丽萍(女)

三门峡市农业局

局　长、党组书记 邵学敏
副局长、畜牧局局长、党组成员
薛书超(3月离任)
副局长、党组成员 张建业
副局长、蔬菜办主任、党组成员
杨润善(1月离任)
党组成员 张建林
副局长、党组成员 郭亚娟(女,1月任)
副局长、党组副书记 王晓富
副局长、党组成员 唐向志
胡　豹
农科所支部书记、党组成员
王　浩(1月离任)
农机办主任 王富宇(6月任)
产业办主任 涂永华(6月任)

三门峡市畜牧局

局　长 薛书超(3月离任)
张建业(7月任)
副局长 杭海龙
彭　博
盛显秋(1月任)

三门峡市农业科学研究院

院　　长 张建林(1月任)
党支部书记 郭亚娟(女,7月任)
副　院　长 石景尚(6月任)

三门峡市园艺工作总站

站　长 李明雷(1月任)

三门峡市林业局

局　长、党组书记 张建友(1月离任)
副局长、党组成员 郭学成(1月离任)
李合申(兼河西林场场长,1月离任)
纪检组长 姚　明(1月离任)
副局长、党组成员 刘汉良(1月离任)
柴仁俊(1月离任)
党组成员、森林公安局局长
李茂军(1月离任)

三门峡市林业和园林局

党组书记、局　长 张建友(1月任)
党组副书记(正县级)、副局长
郑宝梅(女,1月任)
党组成员、副局长 李合申(1月任)
韩保健(1月任)
刘汉良(1月任)
柴仁俊(1月任)
郭学成(1月任)
党组成员、市森林公安局局长
李茂军(1月任)
党组成员 李　健(1月任)

三门峡市水利局

党组书记、局　长 靳跃军
党组成员、副局长 黄更臣
党组成员、副局长、水资源处处长
乔铁牛(1月任水资源处处长)
党组成员、副局长 裴宗杰
李立明(1月离任)
卫　伟(1月任)
赵新生(11月任)

三门峡市民政局

局　长、党委书记　上官卿
副局长、党委委员　宁锁道
杨保屯
赵忠军
王明刚

三门峡市人口和计划生育委员会

主　任、党组书记　董晓环(女)
副主任　赵陕新　薛孟生

三门峡市发展和改革委员会

主　任　高从民(1月离任)
刘会林(1月任)
党组书记　于太升(1月任)
副主任、党组成员　张　明(1月离任)
徐景厚(1月离任)
索亚荣
张项学(1月任)
赵　宇(1月任)
左军英
陈林海(1月任)
建设投资公司总经理、党组成员
陈克己
能源局局长　王志芳(1月任)
物价办主任　苗朝霞(女,1月任)
驻京办主任　张建志

三门峡市交通运输局

局　长、党委书记　李平宣
副局长、党委委员　张国成(4月离任)
李新林
李春来
赵翠玲(女)
杨少敏(兼公路局局长)
纪委书记、副局长　郭社良(7月任)
党委委员　尚柏仁

三门峡市公路局

局　长、党委副书记　杨少敏
党委书记、副局长　张光辉
党委副书记　郑建锋(7月任)
副局长(副县级)　郑建锋(7月离任)
张　通
周建通(7月任)
常见辰(7月任)
建则军(7月任)

三门峡市黄河河务移民管理局

局　长　乔新仓(1月离任)
党组书记　段建民(1月离任)
副局长、党组成员　石华敏(1月离任)
陈　涛(1月离任)
卢多敏(1月离任)

三门峡市黄河河务局

局　长、党组书记　段建民(1月任)
副局长、党组成员　陈　涛(1月任)
张景芳(1月任)

三门峡市接待办公室

主　任、党组书记　刘廷福(1月任)
副主任　马文奇(2月任)

三门峡市地震局

局　长　姚　龙
党组书记　李守增(1月任)
王清华(1月离任)
副局长、党组成员
雷战龙(1月离任)
副局长　何　晔(女,1月离任)
副局长、党组成员
郑　垚(1月任)

三门峡市盐业管理局

局　长　黄松涛(1月任)
张翼飞(1月离任)
党委书记　李帅林(1月任)
任树民(1月离任)

三门峡经济开发区管理委员会

常务副主任、党工委书记
张北超
党工委副书记　赵冶钧
副主任、党工委委员
张自然
尹新会
杜爱民
王振江(1月任)
党工委委员、纪委书记
董项虎
党工委委员　贺崇阁
杨文龙
副主任　杨　峰
贺崇阁(1月离任)

三门峡产业集聚区管理委员会

主任、党工委委员　张礼堂
党工委书记　朱　强
常务副主任、党工委委员
狄治涛
副主任、党工委委员　王甲森
崔文泽
荆栓民
王岭保
副主任　史瑞丰

中国人民政治协商会议三门峡市委员会

主　席、党组书记　郭秀荣(女)
副主席、党组副书记　陈雪平
副主席、党组成员　王富民
王铁创
高从民
副主席　姚　龙　孙继伟
张景林　卢群召
肖群兰(女)
秘书长、党组成员　吴群慈
副秘书长　吉永顺
何　盈

中国人民政治协商会议三门峡市委员会工作机构

办公室

主　任　吉永顺
副主任　刘云鹏　卫素琴(女)

经济科技委员会

主　任　蔡水文

提案委员会

主　任　刘瑞玲(女)
副主任　蔡中有

文教体卫委员会

主　任　曹恩胜
副主任　郭振平

学习文史资料委员会

主　任　杨顺发
副主任　石　耘

港澳台侨和民族宗教委员会

主　任　王德林
副主任　张　丽(女)

社会和法制委员会

主　任　曹治华
副主任　许兰英(女)

机关党委

书　记　吴群慈
副书记　高　阳

三门峡市国防　审判　检察机构

三门峡军分区

司令员　张廷善(10月任)
周世杰(10月离任)
政治委员　雷俊卿(12月任)
李明举(12月离任)
副司令员　曹树仁
参谋长　张洪标
政治部主任　陈俭富
后勤部部长　李安昌

中国人民武装警察部队三门峡市支队

支队长　潘发勤
第一政治委员　崔保连
政治委员　丁振庆

副支队长 黄镇
柳军永
副政治委员 张超民
参谋长 寇兴禹
政治处主任 何学习
后勤处处长 刘勤丰

中国人民武装警察部队三门峡市消防支队

支队长 李家甫
政治委员 仰文祥
副支队长 栗朝阳 白胜利
参谋长 田则安
政治处主任 吕校利
后勤处长 郭中显
防火处长 朱明荣

中国人民武装警察部队黄金第六支队

支队长 杨洪生
政治委员 李建武
副支队长 谢秀
副政委 熊国清
总工程师 庄光军
参谋长 尤建功
政治处主任 王宏亮

三门峡市中级人民法院

院长、党组书记 郑泽中
常务副院长、党组副书记 张社军
党组副书记 李学伟(1月离任)
副院长、党组成员
杨发荣(1月离任党组成员,3月离任副院长)
刘胜利
李红伟
任睿妮(女,3月任)
贾九翔(1月任党组成员,3月任副院长)
政治部主任、党组成员
张献东(1月任)
刘铁牛(1月离任)
纪检组长 薛保良(1月任)
李学伟(1月离任)
党组成员、专职审判委员会委员
朱路线(1月离任)
李建敏(1月离任)
党组成员 路进良(1月离任)
党组成员、办公室主任
党立新(5月任)
执行局局长 贾九翔(3月任)
李学伟(3月离任)

三门峡市人民检察院

检察长、党组书记 张永键
常务副检察长、党组副书记 王建民
副检察长、党组成员 司玉新
赵选民
匡江丽(女)
纪检组长 赵新卢(1月离任)
党组成员 赵新卢
党组成员、反贪污贿赂局政委
杨镜炜
党组成员、灵宝市人民检察院检察长
杨红岩
党组成员、反贪污贿赂局局长
张江波

三门峡市民主党派 工商联 群众团体

中国民主同盟三门峡市委员会

主委 马仰峡
副主委 何建刚
李述勇
秘书长 李述勇(兼)

中国民主建国会三门峡市委员会

主委 张景林
副主委 卫超民

中国农工民主党三门峡市委员会

主委 肖群兰(女)
副主委 李明煜(女)

九三学社三门峡市委员会

主委 姚龙
副主委 杭海龙
何晔(女,6月任)

三门峡市工商业联合会(总商会)

主席 孙继伟
党组书记 李献民
副主席 王巍巍(1月离任)
刘雪立
副主席、党组成员 张进朝

三门峡市总工会

主席、党组书记 孙宗会
副主席、党组副书记 武跃峰
副主席、党组成员 路敏茹(女)
任民良
经费审查委员会主任、党组成员
张秀云(女)

中国共产主义青年团三门峡市委员会

书记、党组书记 杨绍华
副书记、党组成员 宋黎静

三门峡市妇女联合会

主席、党组书记 张晓燕(女)
副主席、党组成员 杨玉秋(女)
李珣(女)

三门峡市科学技术协会

主席 马仰峡
副主席、党组书记 刘欣旺
副主席、党组成员 陈永朝

三门峡市文学艺术界联合会

党组书记 徐龙欣
主席 张高山
副主席 杨凡(女)

三门峡市社会科学界联合会

主席 赵团欣
党组书记 张桂珠(女)

三门峡市归国华侨联合会

主席 黄鸿普

三门峡市残疾人联合会

理事长 郭辛文
副理事长 杨丽峡(女)

国务院部属 省属直管单位

三门峡市国家税务局

党组书记、局长 侯双年
党组副书记、副局长 秦基选
党组成员、副局长 朱红姣(女)
肖毅
郭长忠
党组成员、纪检组长 王伟
党组成员、总经济师 裴怀斌

三门峡市地方税务局

局长、党组书记 霍涛
副局长、党组成员 许珺(女)
卫苏伟(5月任)
孙东方(5月任)
朱水振(5月离任)
吕绪刚(5月离任)
党组成员、纪检组长 王宗贤(5月任)
孙继青(5月离任)
党组成员、总经济师 翟鹏戈(5月任)
党组成员、总会计师 王新宝(5月任)

三门峡市工商行政管理局

局长、党组书记 郭群(7月任)
朱永明(至7月)
副局长、党组成员 王志勇 李保民
副局长、党组书记 杨永琦
纪检组长 腰善鸣

三门峡市质量技术监督局

局长、党组书记 袁文忠
副局长、党组成员 索继军
李长周
莫瑞庄
周志勇
纪检组长 周志勇(兼)
党组成员、稽查大队大队长
孔维玲(女)

党组成员、市质量检验检测中心主任 谢贵强

三门峡市烟草专卖局(河南省烟草公司三门峡市分公司)

局长、经理、党组书记 李　琦
副局长、党组成员(正处级) 张占国
副经理、党组成员 苏永士
纪检组长 崔永才

河南省电力公司三门峡供电公司

总 经 理 杨东伟
党委书记 祁学红
党委副书记兼纪委书记 孙　苗
副总经理 阴孝平
南国良
魏林明(3月离任)
高　亮
工会主席 姚景峰(3月离任)
总工程师 李智敏
总会计师 董毅凌

三门峡市气象局

局　长、党组书记 武小明
副局长、党组成员 宋建予
纪检组长 黄诚敏(女)

三门峡市邮政局

党委书记、局长 李林宝
副局长、纪委书记、工会主席 刘亚芳(女)

三门峡市食品药品监督管理局

局　长、党组书记 张新文
副局长、党组成员 员银祖　何　耿
纪检组长 马德超
副局长、党组成员 苗泉清
稽查大队大队长 王宏伟

中国联合网络通信有限公司三门峡市分公司

总经理、党委副书记 韩正晓
副总经理、党委书记 马　军
副总经理 卫　娟(女)
杨全波
郭越朝
李延华(5月离任)

中国移动通信集团河南移动公司三门峡分公司

党委书记、总经理 杨建军
副总经理、工会主席 汪　勇(5月起不任工会主席)
副总经理、纪委书记 杨利霖(5月起不任纪委书记)
副总经理、工会主席、纪委书记 王节友(5月任)

中国铁通集团有限公司三门峡分公司

总经理、党委书记 裴宏印
副 总 经 理 黄爱民
徐书国

中国电信集团河南省三门峡市电信分公司

总 经 理 王国立
副总经理 李曙光
卫　敏(女,6月离任)
汪占刚
叶毅军(6月任)

中国人民银行三门峡市中心支行

行　长、党委书记 张银仓
副行长、党委副书记 白崇建
副行长、党委委员 乔青峰
纪委书记 孟宏杰
工会主任、党委委员 唐殿军
副行长、党委委员 赵春燕(女)

中国银行业监督管理委员会三门峡监管分局

局　　长 马国梁
副 局 长 王存轩
宋社有
纪委书记 董社义

河南省农村信用社联合社三门峡市办公室

主　任、党组书记 袁赞礼
副主任、党组成员 杨长法
党组成员 李怀林(12月任)

三门峡市商业银行

董事长、党委书记 李克斌
行　长、党委委员 焦启民
监事长、党委委员 昝红宇
副行长、党委委员 李芝兰(女)
郑志军(3月任)

中国工商银行股份有限公司三门峡分行

行　长、党委书记 薛玉来
副行长、党委委员 李铁生
纪委书记 李跃伟
副行长、党委委员 杜振洪
任官水
工会主席 赵英民

中国农业银行股份有限公司三门峡分行

党委书记、行　长 李正玉
党委副书记、纪委书记 曲红心
党委委员、副行长 皮景霞(女)
王逢乐
莫莲蕊(女,10月离任)
张建新

中国建设银行股份有限公司三门峡分行

行　长、党委书记 刘心明
副行长、党委委员 张智亮
张　健
王东平
苏红枫
工会主任 程晋平(女)
风险主管 李超江
行长助理 吴雪峰

中国银行股份有限公司三门峡分行

行　长、党委书记 曹靖华
副行长、党委委员 王　岩(10月离任)
王银川
杨金强(11月任)
副行长 贺晓玲(女,12月任)
财务总监、党委委员 李惠敏(女,11月任)
纪委书记 赵文谦
副行长 陈修文(11月离任)

中国农业发展银行三门峡市分行

行　长、党委书记 王洛兴
副行长、党委委员 席太平
谭体平(4月任)
段红伟(4月任)

中国人民财产保险股份有限公司三门峡市分公司

党委书记、总经理 刘建军
副总经理 韩建丽(女)
熊耀明

中国人寿保险股份有限公司三门峡分公司

总经理、党委书记 谢小曼(女,12月离任)
副总经理、党委副书记 刘国强(12月任)
副总经理、党委委员 侯俊水
谷中立
纪委书记 周书忠(12月离任)

中原证券股份有限公司三门峡六峰路证券营业部

总经理 孙惠思(2月任)
周江华(2月离任)
副总经理 许卫文(8月任)

三门峡黄河明珠(集团)有限公司(水利部黄河水利委员会三门峡水利枢纽管理局)

董事长(局长) 刁兆秋
党委书记 刁兆秋(12月离任)
张保平(12月任)
副董事长、总经理 张保平

副董事长、副总经理(副局长)、党委
副书记、纪委书记　李明堂
副总经理(副局长)、总工程师、董事、
党委委员　刘红宾(11月离任)
副总经理(副局长)、董事、党委委员
陈印刚
工会主席、董事、党委委员　卫　磊
副总经理(副局长)、党委委员　王通战
副总经理(副局长)、董事、党委委员
安新代(11月任)

三门峡库区水文水资源局

党委书记、局　长　王海明
党委委员、副局长　和晓应
总工程师　屠新武
党委委员、副局长　孙章顺
樊东方
纪委书记　丁宪宝

三门峡库区水文水资源勘测局

局　长　贺亚平

西峰水文水资源勘测局

局　长　张积玉

天水水文水资源勘测局

局　长　蔡世林

三门峡库区测绘大队

队　长　李启高

中国石油化工股份有限公司河南三门峡石油分公司

总经理、副书记　周建强
党委书记、纪委书记、工会主席、
副总经理　张　衍
副总经理、副书记(正处级)　蔡建成
副总经理、总会计师　郭景超

河南高速公路发展有限责任公司三门峡公司

经　理　殷蔚明
党委书记　王宜伟

三门峡市各县(市)区工作机构

中国共产党湖滨区委员会

书　记　宋　跃(7月离任)
杨方成(7月任)
副书记　杨方成(7月离任)
王清华(7月任)
水贤礼(7月离任)
亢哲楠(7月任)
常　委　方留聚
公冶春彦
杨会通
卫保元(7月离任)
张建军(7月任)
郭永和
刘敬哲
狄　罡
谢东方(1月离任)
胡新生
赵长江

湖滨区人民代表大会常务委员会

主　任　周振通
副主任　徐翠萍(女)
吕志江
贾建强
刘霞青(女)

湖滨区人民政府

区　长　杨方成(7月离任)
王清华(8月任)
常务副区长　杨会通
副　区　长　谢东方(1月离任)
王海岳
吕秋芬(女)
潘东生
王东春
薛蒲生
赵长江

中国人民政治协商会议湖滨区委员会

主　席　廉　武
副主席　陈松竹(女)
张予宝
王志荣(女)

中共义马市委员会

书　记　水选民(7月离任)
张松林(7月任)
副书记　张松林(7月离任)
张保军(7月任)
苗万青
常　委　王卢生(1月离任)
陈军武
尚志军
赵松勤(7月离任)
李隽瑜
崔飞飞(1月任)
韩　芳(女)
陈克胜
尚会敏
张行军(7月任)
刘彦东(12月任)

义马市人大常委会

主　任　焦爱民
人大党组书记　焦爱民
人大党组副书记　许万群
副主任　许万群
杨长富
苗翠霞(女)
邱明涛

义马市人民政府

市　长　张松林(8月离任)
张保军(8月任)
副市长、代市长
张保军(8月4日至11日任)
常务副市长　赵松勤(8月离任)
李隽瑜(8月任)
副　市　长　冯　勇(8月离任)
郭　勇(8月离任)
李发军
白拴鱼(女)
聂卫东
陈　鹏
高东声
李　岩
程相渠

政协义马市委员会

主　席　王卢生
副书记　李玉平
副主席　陈守炯
闫新华(女)
周文德

中国共产党渑池县委员会

书　记　薛蒙林
副　书　记　许胜高
崔优才
常务委员　薛蒙林
许胜高
崔优才
张建军(7月离任)
卫保元(7月任)
茹　鹏
张邦年
叶国明
高志俭(12月离任)
王晓东
李万征
李安顺
吴武岳(4月离任)
黄兴士
任广军(7月任)

渑池县人民代表大会常务委员会

主　任　费国华
副　主　任　赵建洲　焦新民
尚灵周　马耀宗
杨鸿杰

渑池县人民政府

县　长　许胜高
常务副县长　张建军(7月离任)

卫保元(7月任)
副 县 长 高志俭(12月离任)
黄兴士
吴鹏斐
郭艳华(女)
袁成学
马占方
乔宇锋
党组成员(副县级)
刘建华(女)
张耀军
尚定固
姬宪伟(7月任)
党组成员、县长助理 范群才

中国人民政治协商会议渑池县委员会

主 席 底长胜
副 主 席 孔生朝
皮素琴(女)
蒋灵恩(女)
党组成员(副县级) 张 芳(4月任)

中国共产党陕县委员会

书 记 高战荣(7月离任)
牛兰英(女,7月任)
副书记 牛兰英(女,7月离任)
张保军(7月离任)
高永瑞(7月任)
赵 勇(7月任)
正县级干部 张儒雷
常 委 骆玉峰
李会斌
李晓波
崔飞飞(女,1月离任)
李 涛
付 强
李宏伟
葛海水
翟万寿
董树良(1月任)
李 涛(12月任,省下派干部)

陕县人民代表大会常务委员会

主 任、党组书记 马广生
副主任 刘文生
张光远
雷金平
崔双才

陕县人民政府

县 长 牛兰英(女,7月离任)
高永瑞(7月任)
常务副县长 李晓波
副 县 长 李宏伟
李 涛(12月任,省下派干部)
唐科峰
潘新乐
李海霞(女)
魏思思
白振勇(12月离任)
韩岗峰
梁洪有

中国人民政治协商会议陕县委员会

主 席、党组书记 李 蓓(女)
副主席 魏仙武
祝敬立
刘玉枝(女)
焦雪丽(女)

中共灵宝市委员会

书 记 吕均平
副书记 乔长青
任晓云(女)
常 委 吕均平
乔长青
任晓云(女)
高永瑞(8月离任)
张成宝
吕根友
李少白
李东风
张继民
李凤堂
侯乐见
牛孟林
任宏鑫
方建超
冯俊珍(8月任)

灵宝市人民代表大会常务委员会

主 任、党组书记 胡冠慈
党组副书记 张双虎
副主任、党组成员 成居胜
方建民
张学军
杨世强(2月任)
副主任 冯军禄(2月任)

灵宝市人民政府

市 长、党组书记 乔长青
常务副市长、党组副书记
高永瑞(8月离任)
吕根友(8月任)
副市长、党组成员 张继民
任宏鑫
方建超
冯俊珍(女,8月离任)
李赞鹏
王保炜
曹丽华
王高凤
副 市 长 朱振华

政协灵宝市委员会

主席、党组书记 张社平
党组副书记 李东风
刘鸿远
副主席、党组成员 王义政
马保民(副主席2月任)
副主席 王志斌

中国共产党卢氏县委员会

书 记 王振清
副书记 王战方
曹海生
常 委 刘小亭
聂红超
李保民
马书军
王明智
严书伟
丹宝民
刘佰洋(1月任)

卢氏县人民代表大会常务委员会

主 任 张润水
党 组 书 记 尚丁午(1月离任)
张润水(4月任)
党组副书记 段振杰(4月离任)
副 主 任 常邦成
刘世铭
赵新建
李正军

卢氏县人民政府

县 长 王战方
常务副县长 聂红超
赵进卿(1月离任)
副 县 长 赵道全
胡家群
曲红波
李志彬
王宝仁
李士敏
梁信志
朱平生
周建文(1月任)

中国人民政治协商会议卢氏县委员会

主 席 张新民
副主席 郭英辉
杨文山
任和平

·编辑 周 青·

政　党

POLITICAL PARTY

11 月 27 日，中共三门峡市委五届八次全体会议召开

中国共产党三门峡市委员会

【概况】 2010年,中共三门峡市委以"三个代表"重要思想为指导,深入贯彻落实科学发展观,认真落实"四个重在"实践要领和"三具两基一抓手"工作要求,围绕"两个加快"总体战略,牢牢把握"调结构、促转型、增效益、保态势"这条主线,继续深化项目建设年、企业服务年和城市建设提速年"三大活动",着力抓好项目建设、产业集聚区发展、招商引资和城市建设"四项重点工作",积极实施大交通、大通关、大商贸、大旅游和高新技术产业"四大一高"战略举措,全力推进科学发展、促进社会和谐,全市经济社会保持了平稳较快发展的良好态势。全年生产总值完成874亿元,增长15.2%;地方财政一般预算收入49.7亿元,增长19.8%;全社会固定资产投资677.5亿元,增长22.4%;社会消费品零售总额202.62亿元,增长18%;农民人均纯收入5 787元,增长14.7%;城镇居民人均可支配收入15 032元,增长11.6%。同时,政治建设、文化建设、社会建设、生态建设和党的建设扎实推进。先后被授予"国家园林城市""2010中国城市科学发展转变经济发展方式示范城市""全国社会管理创新工作综合试点市"和"中原平安杯"等称号和荣誉。

强力推进重点项目建设,努力夯实经济持续发展的基石基础。坚持把项目建设作为拉动投资、保持持续增长的有效载体,持续深化项目建设年活动,努力在发展中调整产业结构、在调整中促进经济转型。总投资1 103.4亿元的230个"双百工程"项目,已开工建设227个,开工率达98.69%;已建成投产101个,累计完成投资344.61亿元,占市委市政府下达目标的127.6%。项目主要集中在高新技术、精深加工、基础设施和现代服务业方面,对进一步拉长产业链条,调整产业结构,促进经济发展方式转变起到了推动作用。同时,围绕国家产业政策,精心筛选储备1 500多个重大项目,540个进入省"十二五"规划盘子,总投资达2 616亿元,其中工业升级、高新技术、新能源开发和服务业项目占70%以上,为加快经济发展方式转变打下坚实基础,形成了"建成一批、在建一批、开工一批、储备一批"的项目建设良性循环格局。

着力加快产业集聚区发展,积极构建"两个加快"的载体平台。坚持把产业集聚区建设作为促进经济转型升级、加快发展方式转变的重要抓手,紧紧围绕"企业(项目)集中布局、产业集群发展、资源集约利用、功能集合构建、人口向城镇转移"的"四集一转"要求,出台加快产业集聚区发展意见,制定考核奖惩办法,建立联席会议制度,加快建设完善基础设施,不断提升自主创新能力,强化主导产业支撑地位,形成一批关联度高、集中度高、集约化水平高的产业集群,产业集聚发展效应初步显现。全年7个省级产业集聚区累计完成投资242.8亿元,其中工业项目投资180.95亿元;新开工项目119个,投产项目77个,在建项目125个。开曼铝业、大唐发电、东方希望等一批骨干企业相继入驻,鹏飞电子、恒生科技、速达电动汽车等一批对产业转型升级具有重大引领作用的标志性项目相继建设,初步形成以八大产业为主导的现代产业体系,集聚优势日益彰显,创新能力不断增强,成为三门峡市经济发展最具活力和潜力的增长极。7个省级产业集聚区中,有3个进入全省前30名。

加快调整产业结构步伐,着力构建三次产业协调发展的现代产业体系。紧紧围绕"调优一产、调强二产、调大三产"做文章,在产业链末端延伸、价值链高端拓展上下工夫,推动三次产业健康协调发展。积极发展现代特色农业。立足打造辐射中西部的特色农产品输出基地,大力发展林、果、牧、烟、菌、药等特色产业,其产值占农业总产值的比重达85%。灵宝苹果入选河南省最具影响力十大地理标志产品,陕县二仙坡苹果通过欧盟和国际GAP双重认证走向欧洲市场,成为全国绿色农业示范基地、国家有机苹果尺度化示范区。着力推进工业改造提升。实施戴卡轮毂年产100万件高级轿车零部件、义煤集团1 000万标方煤制气等产业升级和精深加工项目,积极推进五大支柱产业产品向中下游延伸,拉长产业链条,提高产品附加值,建设全省乃至全国重要的铝、煤化工、能源、有色金属和林果生产加工五大产业基地。以发展新能源、新材料、新技术为重点,着力引进培育战略性先导产业,全市工业经济实力进一步增强,经济效益持续改善。规模以上工业增加值506.94亿元,增长21.1%,增幅居全省第7位。大力发展现代服务业。旅游品牌稳步提升,国际黄河旅游节暨投洽会影响力日益扩大,"千人横渡母亲河"活动打出新的品牌;发起成立沿黄3省8市"黄河之旅"旅游联盟,成功举办旅游联盟百家旅行社金秋采风活动,中流砥柱、黄河丹峡景区等旅游资源开发项目扎实推进,旅游市场不断升温,发展势头日趋强劲,全年旅游业实现总收入89.5亿元。商贸服务业发展步伐加快,大中海商业文化广场等项目进展顺利,义乌商贸城和澳门名嘉广场项目落户三门峡市,大旅游、大商贸为主的现代服务业正在形成,在黄河金三角地区的辐射带动力进一步增强。

加快推进科技创新和高新技术企业发展,不断提高自主创新能力。把增强自主创新能力摆在更加突出的位置、贯穿于经济社会发展之中,促使经济增长由主要依靠资源消耗向主要依靠科技创新转变。加强与中科院工程所等科研院所、大专院校的合作,制定铝工业发展技术路线图,3家企业被认定为全省首批院士工作站。通过政策引导,优化环境,强化服务,大力支持民营科技企业发展,全市自主创新能力明显增强,高新技术产业迸发出生机和活力。速达纯电动汽车、兴邦纳米离子膜、恒生柠檬酸金钾等产品关键技术处于国际、国内领先地位,具有强大的市场竞争力和广阔的发展前景;10月2日,地久矿业公司与德国施密德公司签约多晶硅一期100万千克项目技术设备"交钥匙"工程协议,引进世界最先进的光伏产业技术，是亚洲第一条先进的多晶硅生产线；10月12日，在德国经济部长访华期间，双方又就建设三门峡光伏循环经济产业园签署战略合作协议；方圆股份、华鑫铜箔等28家企业被认定为省级高新技术企业，成为拉动全市经济持续发展的增速器。

大力发展开放型经济，不断增强经济发展的动力活力。扎实开展大招商活动，全市共抽调挂职干部200人、招商队员785人，组建招商小分队249个，成功举办澳大利亚、北京、深圳项目推介会和第16届黄河旅游节暨投资贸易洽谈会，积极参加厦洽会、深港澳地区闽籍企业家访豫活动、第6届中国河南国际投资洽谈会和中国郑州2010产业转移系列对接活动，全年共签约项目135个，总金额1 134.3亿元，已履约128个、开工91个，项目履约率、开工率分别达94.8%、67.4%，到位资金135.73亿元。不断加大引进外资力度，全面提升对外开放水平，法国电力、美国SES公司等跨国公司相继落户。加大通关机构建设力度，河南检验检疫局三门峡办事处正式挂牌开办，国家铝及铝制品质量监督检测中心加快建设。与中国贸促会建立长期合作关系，与中国黄金、中国大唐、中国医药等央企和杭州锦江、东方希望、河南煤化等大型企业开展广泛合作，提升对外开放水平。全年外贸出口1.04亿美元，增长28.2%；实际利用外资3.98亿美元，增长51.2%。

统筹推进城乡协调发展，积极建设豫晋陕黄河金三角区域性中心城市。积极抢抓中原经济区和豫晋陕黄河金三角区域协调发展综合试验区建设的重大机遇，审优势，找定位，谋发展，统筹推进新型城镇化、新型工业化和农业现代化“三化”协调发展，加快建设中原经济区重要支撑、区域合作示范城市、豫晋陕黄河金三角区域性中心城市。大力实施中心城市带动。围绕建设生态宜居城市这个目标，在成功创建国家园林城市的基础上，积极推进国家森林城市、国家卫生城市创建活动，进一步加强城市建设和精细化管理，不断完善城市功能，提升城市品位。9月，成功举办中原经济区和豫晋陕黄河金三角试验区论坛，进一步明晰三门峡市在“两区”建设中的发展定位、发展重点。加快启动三门峡城市新区规划建设，努力打造城镇建设的新亮点、吸纳人口的新平台、产业发展的新高地、经济发展的火车头和科学发展的示范区。加快推进新型城镇化。以新型城镇化为依托和抓手，大力发展县域经济，加快推进各县城副中心城市、产业集聚区和310国道沿路重点镇建设，着力构建310国道沿路经济隆起带，积极对接郑洛工业走廊，建设豫西经济板块，形成各县（市）、各乡（镇）竞相发展、勇于跨越的新局面。扎实推进新农村建设。在大力发展现代特色农业、持续增加农民收入的同时，以新型农村住宅社区建设为突破口和有效载体，加快推进社会主义新农村建设。全市40个农村新型住宅社区建设试点共规划农户住宅27 897套、总投资38.1亿元，2010年已建成10 034套，累计完成投资12.7亿元，其中18个社区基础设施和公共服务体系配套基本到位。

持续加大改善民生投入，努力让人民群众得到更多实惠。进一步调整财政支出结构，引导、鼓励社会资金参与民生工程建设。2010年“双百”工程项目中民生项目占99个，总投资243.9亿元，年度计划投资83.2亿元，创近年之最。扎实推进省十项民生工程和市“十件实事”，市文体活动中心体育场主体封顶，市中心医院病房楼、外国语高中一期、大岭桥、城市集中供暖二期等民生工程相继竣工投用。着力解决农村饮水安全问题，先后争取中央预算内资金两批4 915万元，全年解决农村饮水安全10.19万人。实施更加积极的就业政策，全年新增城镇就业人员5.5万人、城镇下岗失业人员再就业2.69万人，超额完成全年任务。继续提高企业退休人员养老金，使企业退休人员人均养老金水平由每月950元提高到1 099元。积极开展新型农村社会养老保险试点工作，试点县参保率达到78.29%。进一步提高城乡低保标准和农村五保供养水平，实现分类施保、按时发放低保金和动态管理下的应保尽保。加快廉租房和经济适用房建设，全年建成廉租房4 331套21.66万平方米，建设经济适用房777套，竣工面积3.91万平方米，是年目标的3倍。人口计生工作态势良好，全市国优、省优计划生育优质服务先进单位总数达6个。组团参加省第11届运动会，获得金牌15枚。着力加强林业生态市建设和环境保护，全民植绿、护绿、爱绿意识进一步增强，重点流域、重点区域、重点行业环境综合整治成效明显。加快发展科技、教育、文化、卫生事业，仰韶文化周活动在郑州成功举办。全市新农合参合率97.89%，超出全省1.38个百分点。加快推进倒房重建等灾后恢复重建工作，受灾群众、困难群众的生产生活得到有效保障。妇女儿童、老龄和残疾人事业实现新发展，统一战线、民族宗教、广播电视、新闻出版、档案、史志、双拥等各项工作取得新成绩。

加快推进社会管理创新，着力维护社会和谐稳定。始终牢记稳定是硬任务、是第一责任，准确把握新形势下人民内部矛盾的特点和规律，着力解决影响社会稳定的源头性、根本性、基础性问题。继续深化信访群众工作。深入贯彻胡锦涛总书记关于做好新形势下群众工作的新要求，进一步推广完善义马经验、渑池模式、湖滨流动调解、信访稳定突出问题周会审、化解社会矛盾专项资金、群众工作日等制度，不断创新健全纠纷排查、诉求表达、利益协调等机制，坚持领导接访、干部下访，努力从源头上预防和减少信访问题的发生，实现矛盾纠纷总量的连年下降、重大敏感时期零上访零非访和重大群体性事件“零发生”。加强信访群众工作基础设施建设，投入400万元建成市群众服务中心。全面加强社会管理创新和社会治安综合治理。以争创全国社会治安综合治理优秀市“三连冠”和夺取全国综治“长安杯”为目标，加强社会治安综合治理和平安三门峡建设，推进社会管理创新，力争把三门峡建成全省乃至全国最平安、最稳定、最和谐的地区之一。公众安全感指数继续位居全省前列，被授予“全国社会管理创新工作综合试点市”和“中原平安杯”，并在全省政法工作会议上作典型发言。切实加强安全生产工作,牢固树立“安全生产从来人命关天、安全监管责任重于泰山”的理念,全面落实安全生产“党政同责”“一岗双责”等制度,认真做好隐患排查治理工作,严厉打击非法违法生产行为,着力构建安全生产长效机制,加强安全隐患的排查整顿,有力保护了人民群众的生命财产安全。

继续强化改革创新精神,进一步加强和改进党的建设。坚持把加强党的执政能力建设和先进性建设作为主线,以改革创新为动力,以解决影响和制约科学发展的突出问题为重点,扎实推进党的思想、组织、作风、制度和反腐倡廉建设,不断提高党的建设科学化水平,为推进“两个加快”提供坚强保证。高度重视用科学发展观等党的创新理论武装广大党员干部,不断健全完善学习制度,充分发挥领导示范作用,坚持理论联系实际,持续创新学习方式,理论学习进一步深化,理论研究进一步加强,在武装头脑、指导实践、推动工作上取得新的成效。牢牢坚持“德才兼备、以德为先”的标准,认真贯彻“五重五不简单”的要求,多层面、多角度评价考察干部,尤其注重在项目建设一线、经济发展一线、社会稳定一线和急难险重任务面前锻炼干部、考察干部、选拔干部,努力形成有利于科学发展的选人用人导向。围绕政府机构改革,认真贯彻落实《干部人事制度改革规划纲要》精神,不断探索创新干部选拔方法和机制,采取“公开差额”“全委会差额票决”等办法,推荐选拔干部,全面完成市政府机构改革干部调整、市厅级后备干部推荐考察和市厅级干部年度考核,以及县(市)区党政正职缺职补充调整等工作任务,县级领导班子和干部队伍建设进一步加强,结构进一步优化。注重加强干部教育培训,不断提高各级领导班子和领导干部驾驭工作全局、领导科学发展、促进社会和谐的素质和能力。把创先争优活动作为一项重大的政治任务,按照中央和省委的统一部署要求,结合三门峡实际,以“创先争优促发展,加快实现新跨越”为主题,以“抓基层、打基础、争一流、当先锋”活动为载体,突出领导带头、分类指导、公开承诺、督促检查、营造氛围等环节,充分激发广大党员的责任意识、使命意识和争先意识,有力增强基层党组织的向心力、凝聚力、带动力和基层党组织内部的活力、合力、运作力,有效巩固和扩大学习实践科学发展观活动的成果。深入推广“四议两公开一监督”工作法,切实加强农村基层组织建设,选派360名机关干部担任农村党支部第一书记工作取得初步成效。积极推进基层组织制度创新,全市机关、学校、国有企业、非公有制经济组织和新社会组织等领域的基层党组织建设不断加强。深入贯彻落实“三具两基一抓手”工作要求,大力倡导“一线工作法”,要求各级领导干部全身心投入到科学发展的工作实践中去,着力在抓具体具体抓上下工夫、在抓基层打基础上下工夫、在实施项目带动上下工夫,努力在抓具体具体抓中求突破、求深入、求落实。深入推进民主评议政风行风活动,加强对关键部门、重要岗位和基层站所的评议,坚决纠正不正之风,进一步密切党同人民群众的血肉联系。以领导干部为重点,深入开展理想信念、党性党风党纪教育,引导广大党员干部牢固树立正确的事业观、工作观、政绩观;加强廉政文化建设,深化《廉政准则》学习宣传活动,筑牢广大干部拒腐防变的思想防线。深入实施惩防体系建设7项抓手工程,有针对性地解决党员干部在党性党风党纪方面存在的突出问题,重点利用身边发生的反面典型案例,加强对全市各级领导干部的警示教育,促进党风廉政建设不断取得新成效。同时,支持市人大、市政协依法履行职能,支持各民主党派、工商联发挥作用,支持工会、共青团、妇联等人民团体依照法律和各自章程开展工作,定期与市级离退休干部开展座谈交流,通报工作情况和市委重大决策情况,广泛征求意见,最大限度地把全社会的智慧和力量凝聚起来、积极性和创造性调动起来,营造了团结和谐、共谋发展的良好局面。

【省委书记卢展工到三门峡市调研】 1月5日,省委书记卢展工到三门峡市调研。卢展工先后考察了河南义马气化厂、东方希望(三门峡)铝业有限公司、恒康铝业有限公司、鹏飞电子有限公司、缘份果业有限公司,到义马市委群众工作部察看相关工作情况,召开座谈会听取市委、市政府工作汇报并作重要讲话。省委副秘书长、常委办主任王育航,省委政研室副主任苏长青随同调研。市委书记李文慧,市委副书记、市长杨树平,市委常委、秘书长赵中生陪同调研。市四大班子领导、各县(市)区及市直部门负责人参加座谈会。卢展工对三门峡市的工作给予充分肯定,并对资源开发、招商引资、保障民生、维护稳定等具体工作作了明确指示。

【市委经济工作会议召开】 1月8日,市委经济工作会议召开。会议回顾总结2009年的经济工作,分析了面临的经济形势,明确了2010年经济工作的主题、指导思想和目标任务,具体部署了2010年的经济工作。会议要求,要认真学习贯彻中央、省委经济工作会议精神和省委书记卢展工到三门峡视察时的重要指示精神,动员全市广大干部群众抢抓机遇,迎接挑战,开拓创新,锐意进取,科学发展促转型,奋力实现新跨越。市委书记李文慧,市委副书记、市长杨树平分别作重要讲话。市领导王建勋、赵继祥、郭秀荣、李建顺、苏新华、李立江、申黎明、赵光超、赵予辉、李明举、赵中生、赵艳出席会议。

【在全省率先建立党委新闻发言人制度】 1月12日,市委办公室发出通知,在全市范围内建立党委新闻发言人制度,市委宣传部副部长任战洲被确定为市委首任新闻发言人。设立市委新闻发言人,在河南省辖市中尚属首家。1月15日,三门峡市召开建立党委新闻发言人制度以来的第一次新闻发布会,也是三门峡市2010年第一次新闻发布会。市委新闻发言人任战洲主持会议。会议通报了三门峡市领导班子建设以及近期干部调整情况,2009年市委、市政府“十件实事”落实完成情况,2010年“十件实事”的征集、确定过程及结果。

【全市深化项目建设年动员大会召开】 2月22日，市委、市政府在三门峡国际会议中心召开全市深化项目建设年动员大会。会议的主要任务是，回顾总结2009年项目建设年活动开展情况，进一步落实市委经济工作会议精神，部署2010年项目建设和结构调整任务，动员全市上下坚持“四个重在”，全力打赢“调结构、促转型、增效益、保民生”攻坚战，奋力实现经济社会发展新跨越。市委书记李文慧，市委副书记、市长杨树平分别在会上作重要讲话。市委副书记王建勋主持会议，市领导赵继祥、郭秀荣、李建顺、苏新华、李立江、申黎明、赵光超、郭绍伟、赵予辉、李明举、赵中生、赵艳等出席会议。会议对2009年度全市重点项目建设先进单位和个人、2009年度落实“十件实事”先进单位和个人、2009年度荣获省部级以上奖励单位进行隆重表彰。会上，市委、市政府决定在2010年进一步深化项目建设年活动，强力实施“双百工程”：在工业、高新技术产业、自主创新、现代服务业、现代农业、节能减排等领域组织实施100个以上对促进产业结构升级、提高技术创新能力具有引领作用的产业升级重大项目，在综合交通体系、能源基地、水利设施、生态建设、产业集聚区及城镇建设、社会事业等方面组织实施100个以上对改善薄弱环节、增强发展后劲具有支撑作用的基础设施重大项目，其中投资超亿元项目160个以上，投资总规模1 000亿元以上，当年完成投资300亿元以上。

3月3日，十一届全国人大代表、市委书记李文慧接受人民网专访

【李文慧作客人民网】 3月3日，全国人大代表、市委书记李文慧在北京作客人民网，和主持人及网友就农民工就业、建立党委新闻发言人制度、应对金融危机的经验体会、经济结构调整和产业优化升级、城市定位、关注和改善民生等话题，进行在线交流。李文慧是人民网“地方代表系列访谈”邀请的首位嘉宾。

【三门峡市党政考察团到山东考察学习】 4月10日至12日，三门峡市党政考察团一行赴山东省聊城市、淄博市和临沂市，学习考察转变经济发展方式和加快城市规划建设的方法和经验。市领导李文慧、杨树平、赵继祥、赵中生、李琳参加学习考察活动，各县（市）区党政负责人及市发改委、市工信局、市商务局、市住建局、市规划和城管局负责人参加学习考察活动。学习考察团一行先后参观了聊城市中国运河文化博物馆、水上明珠剧场和聊城市在平县文体中心等城建设施及信发铝电集团、淄博市东岳集团、金晶玻璃集团和新华医疗器械公司，察看临沂城市基础设施和生态绿化项目。市委书记李文慧在考察中指出，三门峡市各级、各部门要认真学习借鉴山东各地的做法，结合实际，学习科学发展好经验，学习城市建设新模式，向先进学习，向高端迈进，迅速掀起三门峡市“调结构、促转型”、深化项目建设年和推进城市建设提升年的热潮。

【三门峡市党政考察团到福建考察学习】 4月18日至21日，市委书记李文慧率领三门峡市党政考察团一行，先后到福建省福州市、泉州市、厦门市学习考察，学习沿海发达城市在转变经济发展方式和加快城市规划建设方面的先进经验和理念，推介三门峡，寻找与沿海发达城市的合作空间。市领导赵中生、张英焕、孙继伟，市商务局、市旅游局、三门峡工业园等单位负责人参加学习考察活动。在福州市，考察团一行冒雨考察参观福州市城建展览馆、星网锐捷有限公司、闽江公园等地。在泉州市，考察团一行参观安踏（中国）有限公司、特步（中国）有限公司、九牧王（中国）有限公司、福建省三星机电设备有限公司等企业。在厦门市，考察团一行参观环东海域综合整治建设区、软件产业园区等地。在福建学习考察期间，李文慧一行还会见了福建省委常委、福州市委书记袁荣祥，泉州市委书记徐钢，厦门市委常委、组织部部长黄笑影等领导，拜会了当地工商联、商会等部门，双方就相互交流、加强合作、共谋发展进行了会谈。

【中央联席会议专题调研组到三门峡市调研】 4月25日，中央联席会议专题调研组到三门峡市，就加强和改进新时期群众工作、探索建立用群众工作统揽信访工作新机制进行调研。调研组成员有：中纪委委员、公安部原纪委书记、督查长祝春林，中央联席办副主任、国家信访局副局长王石奇等。市领导李文慧、郭绍伟、崔保连陪同调研。

【创先争优活动动员部署会议召开】 5月7日，三门峡市召开创先争优活动动员部署会议。按照中央和省委的统一部署，市委决定，从2010年5月至2012年12月，在全市基层党组织和广大党员中开展以“创先争优促发展,加快实现新跨越”为主题,以创建“五个好”(领导班子好、党员队伍好、工作机制好、工作业绩好、群众反映好)先进基层党组织、争做“五带头”(带头学习提高、带头争创佳绩、带头服务群众、带头遵纪守法、带头弘扬正气)优秀共产党员为主要内容的创先争优活动。市委书记李文慧出席会议并作重要讲话。市领导申黎明、赵予辉、赵中生出席会议。

【创建全国双拥模范城“四连冠”动员大会召开】 6月4日,三门峡市召开创建全国双拥模范城“四连冠”动员大会。市委书记李文慧在讲话中强调,要坚定信心、迎难而上,明确任务、提升水平,加强领导、统筹协作,确保实现创建全国双拥模范城“四连冠”目标。市委副书记王建勋,市委常委、常务副市长苏新华,市委常委、军分区政委李明举,军分区司令员周世杰、政治部主任肖群章出席会议。

【李文慧会见悉尼市议员罗伯特·考克】 7月9日,市委书记李文慧在大鹏酒店会见澳大利亚悉尼市议员罗伯特·考克,双方就加强两市交流与合作进行亲切会谈,市委常委、宣传部部长李立江,市委常委、秘书长赵中生,副市长周志远参加会见。罗伯特·考克先生是悉尼历史上3位华裔议员之一,对中原文化情有独钟,曾积极参与2009年、2010年春节期间由河南省政府与中国驻澳大利亚大使馆举办的“中原文化澳洲行”活动。会见结束后,李文慧向罗伯特·考克赠送精美的竹简《道德经》。9日下午,罗伯特·考克参观考察了三门峡水利枢纽,对三门峡水利枢纽工程的建设历程、深厚的历史文化底蕴和在确保黄河安澜中发挥的重要作用表示赞许。

【市委五届七次全体(扩大)会议召开】 7月20日,市委五届七次全体(扩大)会议召开。会议主要任务是深入学习贯彻胡锦涛在河南考察时的重要讲话精神和省委上半年经济形势分析会精神,总结上半年工作,分析经济形势,部署下半年工作。市委书记李文慧主持会议并作重要讲话。李文慧强调,各级、各部门要按照省委“六个始终牢牢把握”的要求,坚持以“三具两基一抓手”工作法为指导,科学运作,务实实干,确保全年各项目标任务圆满完成,为推进“两个加快”而不懈奋斗。市委副书记、市长杨树平就上半年全市经济社会发展情况作了总结,对下半年工作进行具体部署。市委副书记王建勋,市委常委苏新华、李立江、申黎明、郭绍伟、赵予辉、李明举、赵中生、赵艳、张英焕出席会议。会上,市委常委、常务副市长苏新华宣读《三门峡市产业集聚区发展考核奖惩办法》。会议印发《关于进一步加快产业集聚区发展的意见》《关于在全市开展“抓基层、打基础、争一流、当先锋”活动的意见》等文件。

【市委新闻发布会首次使用微博互动】 7月22日,市委第6次新闻发布会举行,市委新闻发言人任战洲主持新闻发布会。新闻发布会邀请市委组织部、市发改委有关负责人出席,通报上半年全市经济运行情况,通报市委关于在全市开展“抓基层、打基础、争一流、当先锋”活动的情况,并发布“建言‘十二五’、共绘新蓝图”公众参与活动有关事宜。本次新闻发布会现场的互动交流环节延伸至互联网,三门峡市委通过开设在人民网、新浪网等网站的微博,征询问题并对发布会随时跟进,微博这一流行的网络即时互动方式成了新闻发言人与网民的交流平台。这是市委新闻发布会首次使用微博这种形式,以短小精快的网络传播效应闻名的微博“走进”市委新闻发布会,让与会人员领略到一股新鲜的问政新风。

【市委书记李文慧率团出访瑞典、瑞士】 8月16日至23日,由市委书记李文慧、副市长周志远率领的三门峡市文化、企业、经贸界人士组成的访问团一行8人,赴瑞典、瑞士进行访问。17日,李文慧一行前往马尔默市政府,与马尔默市副市长克里娜·尼尔森女士进行亲切友好交谈。18日上午,李文慧一行在马尔默市出席禾天欧洲集团瑞典中国中心开业典礼及首届仰韶彩陶文化展览会开幕式。8月19日至23日,李文慧一行前往瑞典首都斯德哥尔摩、瑞士日内瓦等地宣传推介三门峡,进行一系列经济文化交流活动。在仰韶文化的发现者安特生博士创办的瑞典东方博物馆,李文慧与该馆馆长、瑞典世界文化遗产署署长桑奈博士和副馆长爱娃博士,就加强东方博物馆与三门峡的交流、合作进行洽谈。在斯德哥尔摩期间,代表团成员还访问了瑞典华人总会。随后,李文慧一行在瑞士日内瓦,与瑞士瑞中经济文化促进会会长孙双西先生等进行座谈。周志远代表市政府与瑞中经济文化促进会签订《关于经贸与文化交流谅解合作备忘录》,确定双方在经贸、教育、科技、文化等领域加强合作。

【中宣部副部长、国家广电总局局长王太华到三门峡市考察】 10月5日,中宣部副部长、国家广电总局局长王太华到三门峡市考察指导工作。王太华一行先后到正在建设的渑池县广电网络中心工程现场、渑池博物馆、仰韶村文化遗址和仰韶文化博物馆等地进行考察。省委宣传部副部长、省广电局局长赵景春,省广电局副局长薛德星、宋凤仙及市委书记李文慧,市委常委、副市长张英焕陪同考察。

【省委常委、洛阳市委书记毛万春到三门峡市考察】 10月23日,省委常委、洛阳市委书记毛万春,洛阳市委常委、秘书长尚朝阳一行到三门峡市参观考察。市委书记李文慧,市委副书记王建勋,市委常委、秘书长赵中生,副市长张建峰等陪同考察并参加座谈会。考察中,李文慧向毛万春一行介绍了三门峡市经济社会发展情况。在座谈时,毛万春指出,两市要按照优势互补、共同发展的要求,加快区域经济合作发展步伐,努力在构建中原经济区中发挥豫西板块的重要作用,为中原崛起作出新贡献。

【三门峡市在全国用群众工作统揽信访工作经验交流会上作经验介绍】 11月22日至23日,全国用群众工作统揽信访工作经验交流会在山东省临沂市召开,三门峡市和义马市在会上作经验介绍。

三门峡市委、市政府高度重视信访工作，近年来进行大量的探索和实践，形成了以义马群众工作经验和渑池信访评估模式等为代表、用群众工作统揽信访工作的新机制，并在全国推广应用。

【市委五届八次全体会议召开】 11月27日，市委五届八次全体会议召开。市委书记李文慧在会上就深入学习贯彻党的十七届五中全会和省委八届十一次全会精神、明晰三门峡在中原经济区建设中定位、谋划“十二五”发展作重要讲话。市委副书记、市长杨树平就《三门峡市国民经济和社会发展第十二个五年规划纲要（讨论稿）》向全会作了说明，并就近期工作进行部署。全会讨论了市委常委会工作报告和《三门峡市国民经济和社会发展第十二个五年规划纲要（讨论稿）》。市委委员和市委候补委员出席会议；不是市委委员和候补委员的副市级以上领导同志、市长助理等列席会议并参加讨论。全会指出，要把富民强市作为“十二五”时期的中心任务，突出跨越发展、协调可持续发展、绿色发展、创新发展，着力改善民生，保持社会和谐稳定，促进经济又好又快发展，全面建设创新开放、富裕文明、平安和谐、生态宜居城市，努力把三门峡建设成为中西部地区充满活力、富有魅力、极具竞争力的开放型城市。

【市委经济工作会议召开】 12月30日，市委经济工作会议召开。会议全面贯彻落实中央、省委经济工作会议精神，深入分析当前形势，研究部署2011年经济工作，动员全市上下以领导方式转变加快经济发展方式转变，加快实现新跨越，确保“十二五”起好步、开好局。市委书记李文慧，市委副书记、市长杨树平分别作重要讲话。市领导王建勋、郭秀荣、李建顺、赵光超、苏新华、李立江、申黎明、赵予辉、赵艳、张英焕出席会议。 （裴俊峰）

组织工作

【概况】 2010年，中共三门峡市委组织部坚持以邓小平理论和“三个代表”重要思想为指导，深入贯彻落实科学发展观，紧紧围绕全市经济社会发展大局，扎实开展创先争优活动、深入推进干部人事制度改革，大胆开拓，锐意进取，全面完成领导班子及干部队伍建设、基层组织建设、党员队伍建设、人才队伍建设和组织部门自身建设等各项目标任务，为全市“十一五”圆满收官、“十二五”强势起步提供了坚强的组织保证。

至年底，全市共有中共党员142 023人，其中党政机关工作人员党员13 874人，农村党员47 786人，城市社区党员2 477人，学生党员2 501人；女党员30 562人，少数民族党员811人；新中国成立前入党的老党员316人。全市共有基层党组织6 404个，其中党委297个、总支部330个、支部5 777个。

领导班子及干部队伍建设 开展领导班子和干部队伍建设情况经常性调研，对县（市）区、开发区、产业集聚区和40多个市直及企事业单位进行专题调研，了解基本情况和干部的思想、工作动态，并进行分析研究，为市委选人用人、优化班子配备提供参考。围绕政府机构改革，着力改善领导班子结构，提请部务会和市委常委会议研究任免干部10批次，涉及行政事业单位79家，调配任免市管干部578人；配合省委考察组完成1名正市级干部、2名副市级干部的推荐和3个县（市）区党政正职的调整配备工作；对试用期满的97名县级干部进行考核，办理正式任职手续96名；对2名为创建4A级景区作出突出贡献、5名符合相关条件的乡镇（街道）党政正职明确享受副县级待遇；完成2名正团职军转干部安置任务；选派10名援疆干部和人才赴新疆工作；集中为市直59个单位304名公务员办理提前退休手续。制定、下发《市直单位科级干部备案管理工作程序》和《县（市）区科级干部备案管理工作程序》，审查备案科级干部1 035人。会同有关部门，组织全省公务员招考三门峡考点2 248名考生竞考122个职位的考录工作，74名考生走上公务员岗位。不断加强对干部队伍的日常管理，办理8名县级干部在非营利性组织的兼职审批手续，组织对44名省管干部、6名县（市）区委书记及943名市委管理干部进行年度考核。落实干部监督各项制度要求，抓好“四项监督制度”和《党政领导干部选拔任用工作条例》的学习贯彻；做好干部个人收入申报和重大事项报告及离任干部经济责任审计工作。

年轻干部、妇女干部和非党干部工作 对县（处）级后备干部进行集中调整，至年底，全市有正县级后备干部68名，副县级后备干部279名；录用省委组织部选调生10名；选派34名优秀年轻干部挂职锻炼，其中到乡（镇）基层挂职锻炼18名，到市直机关挂职锻炼16名；完成5名2008年度省管高校和省直机关下派三门峡市挂职干部的考核工作，对2009年选派到市直机关挂职锻炼干部进行返回鉴定；向省委组织部推荐优秀干部到省直机关上挂锻炼、参加培训或到经济发达地区锻炼；从市直20家单位抽调60名干部参与全市千人大招商活动；不断加大非党干部、女干部的培养力度。

干部教育培训 市、县两级党校举办各类主体班31期，调训县级干部120人，科级及后备干部1 569人；选调干部348人到中央党校等培训机构参训；组织29名市县领导干部赴美参加节能减排和公共卫生应急管理专题培训，在高校和昆明等地举办组工干部、生态文明与环境保护等5期培训班，培训学员332人；各单位、各部门结合自身行业特点举办培训班、开设专题讲座90余期，自主培训干部3 334名。坚持实行培训计划申报制度，制定《党校主体班学员管理办法》，下发《中央、省级调训工作流程》，规范干部教育培训工作。积极推进干部教育培训创新，加强对干部培训情况的管理与考核，建立干部培训与干部考核挂钩制度。

基层组织建设 把县、乡新农村试点村、示范村作为推广应用“四议两公开”工作法的典型村进行重点培育，加强“四议两公开”工作法应用的督促指导；探索扩大运用范围，选择4个社区和2个企业作为试点，全年运用“四议两公开”工作法累计决策事项达4 200余件。严格落实《大学生村干部管理办法》，建立健全大学生村干部目标责任、调研述职、考核奖惩等制度，白杨等4

名大学生村干部被省委组织部、团省委授予河南省百名优秀大学生村干部"创业之星"荣誉称号。下发《关于在创先争优活动中对软弱涣散村进行经常性排查整顿的通知》,对全市77个软弱涣散村党组织进行整顿;加强非公有制经济组织党建工作,在全市非公有制经济组织选派党建工作指导员357名,建立党员先锋岗1 300多个,创造经济效益5 728万元,组织推荐35个社区和非公有制企业党建工作示范点;将原中小企业局、原国资委等管理的32家企业党组织纳入工信局党委统一管理。巩固发展党内民主成果,组织部分省八届党代表开展"十二五"规划和"中原经济区建设"讨论;推进党务公开,规范公开内容、范围和要求,指导省定党务公开试点县卢氏县积极推进试点工作;派人参加41个单位的民主生活会,进行规范管理;确定6个乡镇(街道)、36个村(社区)为基层党组织向全体党员报告工作试点。积极探索"机关带农村""企业带农村""社区带农村"的"三带模式",推动城乡党建互动共进;深化城市分行业创"五好"党组织活动,对100个城市分行业争创"五好"党组织进行表彰,其中35个受到省委表彰。

党员队伍建设 创新党员教育培训方式,举办400多人的农村党支部书记培训班,并组织到各县(市)区巡回宣讲,实现现任农村党支部书记培训全覆盖;对142名乡镇(街道)党政正职进行提高乡镇领导干部能力素质等培训;指导县(市)区对农村基层干部进行农业政策和实用技术培训。受理党员咨询服务电话576个;在全省率先加大对老党员的补贴力度,对新中国成立前入党的农村老党员和未享受离退休待遇的城镇老党员每月增加400元生活补助,全年发放148 800元;设立"三门峡市特困党员救助基金",全年发放42 000元;各级党组织支出慰问困难党员、老党员和老干部经费79.85万元,救济困难党员3 223人;下拨救灾党费53万元,支持灾区抗洪救灾和灾后重建工作;做好流动党员管理工作。加大在工人和农民、高知识群体和大学生、非公有制经济组织和新社会组织中发展党员力度;分行业、分类型、分层次推荐白洁、何浩民等18名优秀共产党员。

人才队伍建设 编制完成《三门峡市中长期人才发展规划纲要(2010～2020)》,召开全市人才工作会议。对2009年引进的22名博士、37名硕士,深入其所在单位进行一线调研,组织召开博士座谈会,强化作用发挥;对全市44名届满拔尖人才进行全面考核;对第7批"博士服务团"成员的工作表现进行鉴定。新建渑池南村玫瑰种植等"一村一品""一乡一业"3个引智示范基地;聘请专家就出口果品质量安全等1个重点项目、5个农业引进推广项目和2个一般项目进行技术指导。

农村党员干部现代远程教育工作 入村调查远程教育与文化信息资源共享站点的设备管理和使用情况,共调查站点985个;为23个乡(镇、街道)的214个行政村终端站点配备电脑或投影仪等设备,建成扩展型站点;对1 428个站点进行"拉网式"排查,存在问题站点44个,并争取资金40余万元进行电缆光缆线路、杆路等整治修复;全力恢复水毁站点。探索扩大远程教育覆盖面,有计划布点,引导有条件的党员干部自愿安装,采取企业让利和财政补贴的办法加以扶持;统筹用好电视台、无线电视信号等现有平台;大力推进远程教育与供销"新网工程"资源整合;将远程教育与春节等重大节庆日、创先争优活动、防汛救灾和春耕生产等紧密结合。举办全市远程教育教学资源开发制作主题培训班;拍摄制作好学好用、简单易懂的典型类专题片,分环节集中开发制作一批精品乡土课件,举办远教主题摄影展。

组工信息、宣传和信访工作 研究制定《组工信息工作目标管理办法》,对各县(市)区、各科室信息任务进行目标分解;编发《三门峡组工信息》55期,向系统内外媒体报送各类信息150篇;在省级以上媒体和主流网络媒体刊发组工宣传信息30余条,被《三门峡日报》刊发20余篇。变被动"接访"为主动"下访",深入灵宝市、卢氏县、湖滨区等重点乡(镇),督办主要信访案件,排查不稳定因素,确保组织系统信访大局稳定,受理群众来信来访63件,其中来信52件、来访11人次。全市组织系统无重大赴京到省非正常上访情况。

【加大干部人事制度改革力度】 当年,市委组织部以学习贯彻中央深化干部人事制度改革《规划纲要》和省委《实施意见》为契机,不断加大干部人事制度改革推进力度,取得阶段性成果。市委常委会专门听取汇报、部务会专门进行研究,部机关组织召开专题研讨会,明确10个重点推进的项目和11个深入研究的课题,成立项目组和课题组,明确责任科室和责任人。至年底,有10个项目和课题形成成熟意见。认真落实省委组织部"坚持'五重五不简单',建立选人用人公正机制"工作会议要求,结合三门峡市确定的"改进竞争性选拔干部"和"坚持和完善从基层一线选拔干部"2个试点项目,制定工作方案,积极推进试点工作的开展。

【深入开展创先争优活动】 当年,市委组织部及时成立领导机构和工作机构,组织召开全市动员大会,下发《中共三门峡市委关于在全市基层党组织和共产党员中深入开展创先争优活动的实施意见》和《三门峡市开展创先争优活动工作方案》。按行业系统成立统战、教育等11个指导小组,分别下发各行业开展创先争优活动的实施意见,指导建立领导干部联系点;市委常委和创先争优活动领导小组成员率先建立32个联系点,带动各级各单位先后确定1 600多个联系点,各级领导干部深入联系点调研督查、点评指导,推进活动的深入开展。围绕"加快转变发展方式、加快实现新跨越""抗洪救灾、灾后重建"等中心工作,下发《关于在全市广大共产党员中广泛开展"党员活动周"活动的实施意见》《关于建立党员公开承诺机制的意见》等,先后开展"党旗在抗洪救灾的主战场飘扬""党员活动周"等主题活动,抽调96名市直机关干部组成24个工作队,对重灾乡(镇)进行对口援建,取得明显成效。

【开展"抓基层、打基础、争一流、当先锋"活动】 年内,市委组织部下发《关于在全市开展“抓基层、打基础、争一流、当先锋”活动的意见》并组织召开动员大会，围绕“坚持深入基层调查研究、大力强化项目建设、深入实施‘千名干部大招商’活动、积极选派机关干部到村挂职锻炼”等内容，深化活动开展。下发《关于选派机关干部担任村党组织第一书记的意见》，选聘62名市直单位副县级后备干部和298名县、乡机关干部入村担任党组织第一书记，采取干部自主选村与组织审定相结合的方式，对360名机关干部分配定村，选聘规模居全省前列。岗前对驻村任职干部进行集中培训，明确选派干部管理制度。至年底，驻村任职干部累计走访群众1.8万人，召开干部群众会议426次，形成工作计划360份，筹资引资1.2亿余元，新上项目560多个，建立和完善规章制度1 600多个，为群众办实事好事9 700多件，举办各类活动3 100多场次。

【开展农村“六大员”制度试点工作】 当年，市委组织部准确领会全省建立农村“六大员”制度试点工作会议精神，制定《关于开展建立农村“六大员”制度试点工作的实施方案》等文件，部署三门峡市建立“六大员”（村级农民技术员、社会治安综合治理协管员、计划生育管理员、资源环保村容协管员、医疗卫生员、文化协管员）制度试点工作。确定义马为全市建立农村“六大员”制度试点县，探索确定了“宜兼则兼、宜分则分，因地制宜、按需配备，在岗优先、逐步完善，公开选聘、专业对口”的原则和“宣传发动、组织报名、公开选聘”的选用环节，指导其在20个农村社区全面建立“六大员”制度，并确定选派机关干部担任党组织第一书记的360个村全部为试点村，进一步扩大试点范围，使“六大员”真正发挥作用，为农民生产生活提供优质高效服务。

【增加新中国成立前入党老党员生活补助】 1月1日起，三门峡市对辖区内1949年9月30日以前加入中国共产党的农村老党员和未享受离退休待遇的城镇老党员，每人每月增加400元生活补助。补助由市财政出资，市委组织部要求各乡（镇）、街道办事处安排专人按月将生活补助送到老党员手中。

【省委组织部副部长宗义到三门峡市慰问】 2月6日至7日，省委组织部副部长宗义一行到卢氏县、陕县，深入基层慰问困难党员，调研大学生村干部和农村党员远程教育工作。市委常委、组织部部长赵予辉陪同调研。

【全国远程办调研三门峡市远程教育工作】 10月12日至13日，全国远程办副主任张会生率调研组到三门峡市调研。市委常委、组织部部长赵予辉陪同调研。张会生一行先后深入灵宝市焦村镇焦村、高科技农业示范园、函谷关镇五龙村远程教育站点等地调研。座谈会上，张会生指出，三门峡远程教育工作在网络拓展、进村入户、操作员管理和优秀基层站点创建等方面作出了有益探索，值得其他地市借鉴。希望三门峡市把远程教育系统和“创先争优”活动有机结合起来，推动工作能力和工作水平的提高。

【省委副书记、组织部部长叶冬松到三门峡市调研】 11月25日至26日，省委副书记、组织部部长叶冬松深入三门峡市调研。省委副秘书长安伟，市领导李文慧、杨树平、王建勋、赵予辉、赵中生等陪同调研。叶冬松一行先后到义马市梁沟社区、河口社区，陕县缘份果业有限公司、大营镇辛店村和三门峡速达交通节能科技有限公司等地，实地察看基层党组织建设、创先争优活动、新农村建设、项目建设等方面的情况，听取市委、市政府的有关工作汇报。叶冬松强调，要深入学习贯彻党的十七届五中全会精神和省委八届十一次全会精神，以创先争优活动为载体，以驻村任职试点工作为抓手，切实加强基层党组织建设。

（任建波）

宣传思想工作

【概况】 2010年，三门峡市宣传思想文化战线高举中国特色社会主义伟大旗帜，以邓小平理论和“三个代表”重要思想为指导，全面贯彻落实科学发展观，坚持“四个重在”，整体工作导向正确、把握有力、格调鲜明、成效显著，为推动全市经济社会又好又快发展提供了强有力的思想保证、精神动力、舆论支持和文化条件。

理论武装工作 围绕全市工作大局，以建设学习型党组织活动为载体，深入学习宣传贯彻党的十七大和十七届三中、四中、五中全会精神，大力加强和改进理论学习、理论宣传和理论研究，坚持不懈地用中国特色社会主义理论体系武装党员干部、教育人民群众。着力推进学习型党组织建设。全市各级党组织按照市委《关于推进学习型党组织建设的实施意见》和市委宣传部《关于在全市开展争创学习型党组织争当学习型党员活动的通知》的要求，采取丰富学习内容、创新学习载体等方式，扎实推进，初步形成重视学习、崇尚学习、坚持学习的浓厚氛围。抽调专人对131个党组织进行督导调研活动，及时总结推广义马市、湖滨区检察院等单位的好做法、好经验。其中，义马市“打造六个平台，创建学习型党组织”的做法，荣获全国基层党建创新典型案例优秀奖，其经验发表于中宣部《党建》杂志。大力学习宣传贯彻党的十七届五中全会精神。印发《关于深入学习贯彻党的十七届五中会全精神的通知》，召开各类座谈会、研讨会53次；省宣讲团到三门峡市作辅导报告6场，三门峡市抽调35名优秀理论工作者深入基层开展宣讲活动500余场、直接受众达4万余人；在《三门峡日报》、三门峡人民广播电台、三门峡电视台等新闻媒体开辟专栏11个，刊发（播）学习体会和文章130篇，为把全市人民的思想和行动统一到五中全会精神上来、把精神和力量凝聚到完成“十二五”规划确定的目标任务上来，发挥了重要作用。努力加强和改进党委中心组理论学习。认真落实市委《关于2010年度县（处）级以上党委中心组分专题集体学习的安排意见》，进一步丰富中心组理论学习资料库、完善理论宣讲辅导人才库，全年编发《市委中心组学习参考资料》24期，服务市委中心组集中学习12次，举办专题交流会1次;为县级党委中心组学习推荐必读书目13种、参考书目17种,开展全市性学习记录调阅活动2次,举办考评活动1次,有效地服务了党委中心组的理论学习和思想建设。扎实开展“四个重在”(重在持续、重在提升、重在统筹、重在为民)主题党课教育活动。全市各级党员领导干部特别是各级党委主要负责人,坚持深入乡村、社区、车间等生产一线,讲党课2 000余场次、听课人员20余万人次。在省委宣传部组织的全省“四个重在”主题党课优秀教案评比中,三门峡市选送的“贯彻落实‘四个重在’,切实推动‘两个加快’”等4部教案分获特别奖和一、二、三等奖,市委宣传部荣获组织工作奖。当年,全市又有10所基层党校荣膺“全省先进基层党校”称号,至此,三门峡市共有106所基层党校获此殊荣,基层党校建设工作继续保持全省领先水平。社科理论研究和宣传工作成绩斐然。深入开展学习宣传贯彻党的十七届五中全会精神、三门峡在中原经济区中的定位和三门峡建设宜居城市·生态家园论坛等研讨活动,邀请全国和全省知名专家学者参与,形成具有较高质量的调研报告和研究成果36项,许多建议被三门峡市的“十二五”规划采纳。依托中原大讲堂·三门峡讲堂、社科知识大篷车,开展社科知识普及教育活动68场,深受基层群众欢迎。认真做好全省社科基金规划项目申报工作和市社科规划项目评审工作,在省社科联2009年度结项调研课题的评比中,三门峡市共获一等奖5个、二等奖4个。

新闻外宣工作 不断加强策划,注重引导,积极探索围绕中心、服务大局的新思路、新途径,努力破解新闻宣传“四难”,牢牢把握新闻宣传、舆论引导的主动权,为三门峡市经济社会发展和树立良好外部形象营造浓厚舆论氛围。在全省率先建立党委新闻发言人制度。2010年,三门峡市正式建立党委新闻发言人制度,成为全国第5个、河南省首家建立党委新闻发言人制度的地区。全年共举行9场电视直播、网上发布、微博等不同形式的新闻发布会,向国内外媒体及时通报市委、市政府的重大举措、重要政策以及在三门峡市发生的重要事件等,牢牢把握信息化条件下新闻宣传和舆论引导的主动权。这一举措成为河南省新闻创新的先进典型、破解新闻宣传“四难”的成功案例,在全省新闻工作会议上介绍经验,并与全国10余个省市的党委宣传部门进行交流,百余家新闻媒体报道这一做法。实施头题战略取得新突破。采取“请进来,走出去”的办法,进一步密切与中央、省主要新闻单位的联系,组织开展全国主流媒体与知名网站记者“走进三门峡”系列活动,两岸记者“走进中原·寻根河洛”等大型集中采访活动,全年在省以上媒体发稿1.2万余篇,其中中央和省主流媒体发稿2 000余篇、头版头题400余篇、专版90个,对外发稿数量和质量均达到历史最好水平,标志着实施头题战略取得新突破。尤其是在《人民日报》刊发的“转变领导方式必须树立正确政绩观”及《光明日报》刊发的“三门峡:‘文化强市’惠民生”等稿件,产生强大的宣传效应,有力地提升了三门峡的对外良好形象。成功开展系列大型新闻宣传活动。制定、下发《关于进一步明确新闻宣传工作制度的通知》《创先争优活动新闻宣传报道方案》等,不断改进新闻宣传工作。全年召开新闻通气会21次,围绕深化项目建设年、创先争优、第16届三门峡国际黄河旅游节、学习宣传贯彻市委五届八次全会精神等重点工作,组织全市新闻媒体开设50余个专题专栏,编发、刊播系列解读和评论文章60篇、稿件6 000余篇。对重点问题进行深入挖掘,开展系列报道、跟踪报道;对突发新闻事件把握得当、处理出色,进一步统一全市人民的思想、凝聚全市人民的力量,有力地服务了三门峡市工作大局。新型媒体管理和舆论引导工作不断加强。以三门峡外宣网为依托,设计制作“深化项目建设年 调整结构促转型”“第16届三门峡国际黄河旅游节”等20余个专题专栏,发布各类新闻信息5 368篇、图片936幅,访问量达20余万人次,日常更新各类新闻信息9万余条。加强网上舆情监控,认真做好重大突发事件的网上引导,对带有倾向性、苗头性问题进行分析研判,组织相关部门第一时间发布权威信息,赢得舆论主动权,为三门峡市经济社会发展营造出良好的网上舆论环境。

公共文化服务体系建设 按照“建设标准化、管理规范化、使用经常化”的宣传文化阵地建设要求,紧紧抓住市委、市政府开展深化项目建设年的有利时机,大力深化“两抓一促”工程,加强基层宣传文化阵地建设,不断完善公共文化服务体系。项目建设取得新成就。全市各级党委和政府高度重视大型公共宣传文化设施建设,将其作为完善公共文化服务体系的重要方面,采取切实措施,加大投入,加快进度,全年完成投资4亿元。其中,三门峡文体中心、灵宝文化艺术中心、渑池仰韶博物馆和广播电视网络中心等大型文化建设项目已完成主体工程,灵宝广电大厦、陕县体育中心均已投入使用,使全市公共文化服务体系的规模进一步扩大、功能进一步完善。全面完成“十一五”乡(镇)文化站建设任务。2010年,全市文化、财政、发改委等部门密切配合,进一步加强督导、落实资金、奋力攻坚,新建的16个乡(镇)文化站于12月底全部完工,使三门峡市列入“十一五”规划的43个乡(镇)文化站全部按期建成,受到省督导组的好评。五大文化惠民工程取得新进展。2010年,全市新建1个县级文化信息资源共享工程支中心、23个乡(镇)基层点、214个村级接收点,为234个农家书屋各配送价值2万元的图书和设备,开展舞台艺术送农民及政府采购百场戏演出197场,又有47个20户以上的自然村实现广播电视“村村通”,更新43台数字放映机,提高了“一村一月一场”公益电影的放映质量。经省委、省政府“十大民生工程”检查验收组考评,三门峡市按期完成任务。中宣部《宣传工作》以“扎实做好基层宣传思想文化工作”为题,登载三门峡市深化“两抓一促”工程,加强公共文化服务体系建设的做法和经验。

思想道德建设 坚持以建设社会主义核心价值体系为根本,以弘扬社会正气、培育良好风尚为出发点,深化“三门峡人看三门峡”活动,开展形式多样的形势政策教育活动,促进全市人民思想道德素质的提高和社会的团结和谐稳定。

一是大力弘扬抗洪抢险精神。为弘扬三门峡市各级党组织和党员干部面对2010年夏季特大洪涝灾害挺身而出、勇往直前的抗洪抢险精神,市委宣传部按照市委要求,挑选来自部队、交通、通讯、公安等部门的9名英雄模范,组成抗洪抢险先进事迹报告团,在全市巡回报告6场。报告团成员从不同角度、不同侧面讲述了同灾区群众同呼吸、共命运、心连心,共同抗击特大洪涝灾害的感人事迹,使广大干部群众将抗洪抢险精神转化为推动科学发展、促进社会和谐的强大动力。二是努力培育良好社会风尚。各地各单位采取多种形式,深入开展"知荣辱、讲正气、促和谐"主题道德教育实践活动,大力加强社会公德、职业道德、家庭美德、个人品德建设,教育引导群众自觉践行道德规范、逐步养成良好习惯,提高社会文明程度。在机关开展的"争创文明机关,争当人民满意公务员"、学校开展的"知荣辱、树新风、我行动"、农村开展的"文明新风进农家"、商务领域开展的"百城万店无假货"等活动,内容具体、针对性强,收到良好效果。三是全力加强形势政策宣传教育。根据中央和省委、市委要求,结合实际,下发《关于在全市组织开展回顾"十一五"辉煌成就展望"十二五"美好前景主题教育活动的通知》,在全市范围内开展回顾"十一五"辉煌成就、展望"十二五"美好前景的主题教育活动。各地各单位共举办报告会800余场次、出板报1 300块、举办成就展27次,直接受众达100多万人次,进一步统一全市人民的思想,激发斗志,鼓舞干劲,为圆满完成"十一五"规划、实现"十二五"开门红营造浓厚氛围。四是充分发挥典型宣传带动作用。以弘扬社会正气、培育良好风尚为着力点,深入挖掘模范典型先进事迹中的时代因素和道德因素,强化榜样示范效应,坚持用身边人、身边事教育引导群众从自身做起、从小事做起,做社会主义荣辱观的践行者,营造学习先进、弘扬时代精神的浓厚氛围。加工整理的白洁先进事迹,入选省委宣传部编辑出版的《60位为新中国成立作出突出贡献的英雄模范人物和60位新中国成立以来感动中原人物先进事迹选编》。五是进一步加强基层思想政治工作。认真落实《中央宣传部、国务院国资委关于加强和改进新形势下国有及国有控股企业思想政治工作的意见》,指导国有企业科学配置思想政治工作资源,建立健全目标明确、权责分明、运转协调、渠道通畅的思想政治工作领导体制和工作机制。不断深化文明企业、文明车间、文明班组、文明职工等精神文明创建活动。在全省开展的思想政治工作典型案例征集活动中,三门峡市的"认真履行部门党组(党委)抓基层党建工作责任制的职责是增进党内和谐的关键"案例获二等奖。

精神文明创建 坚持以提高公民思想道德素质、提升城乡整体文明程度为重点,以文明城市、文明行业、文明单位、文明村镇创建活动为载体,开展丰富多彩的群众性精神文明创建活动,努力提高城乡文明程度。一是大力加强公民文明素质和思想道德建设。广泛开展文明礼仪宣讲活动,抽调12名文明礼仪骨干教师组成"迎世博,讲文明,树新风"宣讲团,深入社区、企业、农村举行7场大型文明礼仪巡回宣讲,并通过电台、电视台向全市播放20余次。广大群众积极参与"我们的节日""文明交通行动计划"和"我推荐、我评议身边好人"活动,三门峡市在2010年共有3人入选敬业奉献类"中国好人榜"。扎实开展三门峡市第3届道德模范推荐评选活动,共推选出候选人300余名,经过基层筛选、群众评议、组织考核,选出10位候选人。二是稳步推进文明城市创建工作。印发《关于在全市开展文明城区创建活动的通知》及《三门峡市文明城区考评细则》,按照文明城区的评选范围和标准、评选程序和时间,进行明确要求,在全市组织开展首批三门峡市文明城区创建考评工作。11月初,抽调相关部门人员组成文明城区综合考评组,采取实地抽查和座谈访问的方式,对全市各县(市)区文明城区的创建情况进行全面检查,有力地推动了三门峡市"三优三创"创建活动的开展。三是农村精神文明创建工作不断向深度广度延伸。农村精神文明创建活动,始终以"乡风文明"为目标,以"村容整洁"为切入点,以文明单位结对帮扶为手段,以试点村建设为标志,深入开展"清洁家园行动"。动员全市的360个全国和省、市、县四级文明单位,采取"逐片落实、梯次推进"的办法,与142个行政村结对帮扶,以"组织教育培训、整治村容环境、帮建文化设施、开展文体活动、推进乡风文明"为主要内容,进一步提高农村精神文明建设水平。在全省农村"清洁家园行动"巡查观摩活动中,三门峡市名列前茅,省文明办领导对三门峡市的做法和经验给予高度评价。四是扎实开展未成年人思想道德建设。充分发挥学校、家庭、社会"三结合"教育网络作用,深化"学'三理'知识,做美德少年"活动,开展中华文化经典诵读、"传唱优秀童谣,做有道德的人"网上签名寄语、"念先辈,怀先烈,感美德,做新人"等主题活动,不断加强未成年人社会教育工作。召开全市未成年人思想道德建设工作经验交流会,表彰先进县(市)区、先进集体、先进个人、优秀家长、美德少年。深入开展"扫黄打非"工作,在对违规网吧、淫秽口袋书和有害卡通画、互联网有害信息集中整治活动中,组织相关部门开展联合执法4次,取缔黑网吧23家,取缔无证电子游戏场所1家,收缴盗版书籍、音像制品等42 680册(件),为未成年人健康成长营造良好的社会文化环境。五是扎实推进精神文明创建活动。当年,全市共有230个单位申报省级文明单位、市级文明单位、市级文明乡(镇)、市级文明村。按照文明单位创建标准,采取实地查看环境、查阅档案资料、报纸公示和听取纪检监察、纠风、综治、计生、环保、安全生产等部门意见的基础上,对申报单位进行严格考评。至年底,29个省级文明单位已经被省委、省政府命名,市级文明单位的命名工作正在进行。

文艺工作 坚持"二为"方向和"双百"方针,按照"三贴近"要求,大力加强艺术精品生产,开展丰富多彩的文化活动,不断提高人民群众的精神文化生活质量。一是推出一批文艺精品和文艺人才。围绕"四个一批"人才项目建设工作,积极组织开展艺术培训和赛事活动,《三门峡文艺》《中华楹联》已成为推出新人新作、培养文艺人才的重要平台。

全年承办4次全国、2次全省性文艺赛事活动,举办4次全市性摄影展览和歌手大赛,推出一批艺术人才和优秀作品;新发展国家级艺术协会会员5人、省级130人、市级210人,其中三门峡市作曲家南振民作为河南省唯一的入选作者,入选中国当代50位著名作曲家经典CD作品集。创作新剧目9部,其中《观世音鱼蓝记》等4部被搬上舞台、《枣花》获首届全国戏剧文化奖、《曹端还乡》获河南省第5届优秀剧本奖。重点锤炼、提高的曲剧《大山的女儿》、蒲剧《孙安动本》等先后进京、进省演出,社会反响良好。二是成功举办系列大型群众文化活动。根据民俗特点和群众需要,精心设计活动载体,成功举办春节、元宵节、中秋节等民俗表演活动,国庆节、劳动节等节庆文化活动以及欢乐中原·魅力三门峡、先进文化进基层广场文化活动,特别是在高铁南站广场举办的第16届三门峡国际黄河旅游节开幕式文艺表演,规模大、阵容强、水平高,受到中外嘉宾好评。全市举办大型"三下乡"活动30场次,各级文化馆、图书馆、博物馆举办展览40场次、观众达25万人次,5个免费开放的纪念馆、博物馆接待观众15万人次。其中,市博物馆举办的我们河南人——"三平"精神和"四种"河南人展览受到全省媒体关注。三是文化遗产保护有效传承中华文明。配合重点工程建设,发掘古墓葬126座、出土文物240件,修复文物古迹5处,崤函古道申遗工作稳步推进,全国第3次文物普查进入室内资料整理阶段;市政府命名第2批市级非物质文化遗产项目43个、代表性传承人120人;土布印花技艺和夜社火项目被命名为河南省非物质文化遗产普查十大新发现;陕县南沟村剪纸协会、陕州祥云民间艺术馆分别入选省级非物质文化遗产传习所、展示馆;"郭家福饼"等5家单位被评为省民间老字号。开展"《中华人民共和国文物保护法》颁布28周年纪念"和"三门峡市非物质文化遗产普查与保护成果巡回展"等大型宣传活动4次,为维护中华民族共有精神家园、弘扬三门峡市悠久历史文化、提高全民文化遗产保护意识,发挥了重要作用。

文化强市建设　按照区别对待、分类指导的原则,积极稳妥地推进文化体制改革、加快文化产业发展,大力推进文化强市建设,促进文化事业繁荣。一是完成文化体制改革任务。市县两级整合文化、文物、广播电影电视、新闻出版等方面相近的职能,组建新的文化新闻出版部门、广播电影电视部门和文化市场综合执法机构,完成电影管理职能划转工作。其中三门峡市电影公司成功完成"事"转"企"改革任务,成为全省电影业的先进典型。二是大招商活动成效显著。在充分调研论证的基础上,筛选出由50个百万元以上投资项目编印成"三门峡市文化强市建设项目库名录",其中有10个重点项目入选"河南省文化产业项目招商手册",紧紧抓住沿海产业向内地梯度转移的机遇,利用第6届中国(深圳)文化产业博览会等项目推介平台,积极开展大招商活动,成功签约虢国文化产业创意园、仰韶文化遗址公园、明彩(香港)集团印刷包装生产基地、音乐剧《道德经》及旅游产业项目等4个重点文化项目、总金额29.3亿元,为三门峡市文化产业快速发展备足后劲。三是努力扶持文化企业发展壮大。争取省文化产业项目资金是扶持文化企业发展壮大的重要措施。三门峡市充分利用已经争取的380万元资金,扶持蓝雪集团、黄河影城等单位更新设备、扩大生产规模,使三门峡剪纸工艺品走进上海世博会"河南周"、入选广州亚运会特许商品,再次向全世界展示了三门峡民间艺术的魅力。四是实施项目带动战略见成效。全市宣传思想文化部门抢抓机遇,整合出十大文化产业项目、十大文化事业项目,总投资33.7亿元,其中3个项目被列入省级"双千工程",13个项目被列入市级"双百工程"。至年底,已累计完成投资16.83亿元。其中,老子文化产业园中函谷关景区扩建项目中的太极圣湖景点等已建成投用,仰韶文化产业园的核心项目仰韶博物馆、市区上阳苑仿唐街等已完成主体工程,明彩(香港)集团印刷包装生产基地项目的厂区建设与员工培训均同步进行。三门峡市文化产业发展态势良好,2010年全市文化产业增加值达12.9亿元,增速达19%,已成为三门峡市发展最快的行业之一。

【全国主流媒体与知名网站记者"走进生态三门峡"集中采访活动启动】　5月19日,第2届全国主流媒体与知名网站记者"走进生态三门峡"集中采访活动启动。市委常委、宣传部部长李立江出席启动仪式。参加此次集中采访活动的有新华社、《人民日报》、中央人民广播电台、《中国产经新闻报》《河南日报》、河南人民广播电台,河南电视台、《大河报》、人民网、新华网、国际在线、央视网、中国广播网等新闻媒体的记者。在随后3天时间里,他们深入陕县、灵宝、卢氏等地,对历史文化、旅游产业开发、环境绿化、林业生态建设等进行采访。

【三门峡市在北京举行全国首个网上党委新闻发布会】　6月18日,三门峡市委第5次新闻发布会在人民网强国论坛举行,开创了国内党委新闻发布会网上召开的先河。新闻发布会之前,三门峡市委新闻发言人与强国论坛的网友就"做好党委新闻发言人,促进党务信息公开"的话题进行了在线交流。在新闻发布会上,三门峡市委新闻发言人面对媒体记者、网民,公布了三门峡市委近期的两项主要工作:一是采取"六动"(项目带动、招商拉动、企业主动、创新驱动、城乡互动、干部推动)措施,强力推进经济发展方式转变;二是介绍了第16届三门峡国际黄河旅游节暨投资贸易洽谈会的相关情况。之后,在线回答了《人民日报》、人民网、《环保杂志》等媒体记者以及广大网友的提问。新闻发布会期间,强国论坛同时在线人数达到48万人,当日网友跟帖提问500多条。众多媒体认为,三门峡市把党委新闻发布会同网络结合起来,是一个新的尝试,也是互联网时代党委新闻宣传工作的一个创举。同时,新闻发布会与网络的结合,亦使三门峡市委第5次新闻发布会传播的范围更广、影响更大。

【与市发改委联合举行重点项目集中采访活动】　6月28日至7月2日,市委宣传部、市发改委联合举行"转变经济发展方式，聚焦重点项目建设”集中采访活动。由《三门峡日报》、三门峡人民广播电台、三门峡电视台、三门峡电视公共频道、《三门峡广播电视报》、三门峡教育电视台6家新闻媒体组成的采访团深入全市16个重点项目进行采访，突出宣传2010年三门峡市在调结构、促转型过程中，依托科技进步、提升传统产业、培育高新技术，发展先进制造型、精深加工型、高新技术性项目等方面的新进展、新成果。7月1日，采访团到灵宝市采访。7月8日，《三门峡日报》开辟“转变经济发展方式，聚焦重点项目建设”专栏，对全市16个重点项目进行连续报道，其他媒体也分别以不同形式进行报道。

【三门峡市举行庆“七一”廉政文艺晚会】 7月1日，由市纪委、市委宣传部主办，市文化新闻出版局承办的庆“七一”廉政文艺晚会在96548部队礼堂举行。省纪委副书记李建社、省纪委宣教室主任于善法，三门峡市领导杨树平、王建勋、赵继祥、李立江、申黎明、赵予辉、李明举等与1 000余名各界群众观看了演出。晚会通过舞蹈、歌伴舞、音乐快板、小品、诗朗诵等不同的艺术形式反映了廉政主题，受到了观众的热烈欢迎，为营造“廉荣贪耻、激浊扬清”的浓厚氛围，促进全市廉政建设的深入开展发挥了积极作用。

【抗洪抢险先进事迹报告会在全市引起强烈反响】 为弘扬抗洪精神，广泛宣传抗洪救灾过程中涌现出的先进事迹，根据市委的部署要求，市委宣传部组建“三门峡市抗洪救灾先进事迹报告团”赴各县(市)区作巡回报告6场，2 000余名干部群众现场聆听了报告。9位报告团成员以亲身的经历、朴素的语言和真挚的情感，分别作了“惊涛骇浪显军威，赤胆忠心为人民”“党旗在洪水中高高飘扬”“用卓越和责任筑起抗洪堤坝”等报告，从不同侧面、不同角度报告了抗洪抢险的感人事迹。广大干部群众纷纷表示，要认真向抗洪抢险英雄模范学习，大力弘扬抗洪抢险精神，要把抗洪抢险精神转化为自力更生、艰苦奋斗、关心群众、服务人民的坚定意志，转化为推动科学发展、促进社会和谐的强大动力，转化为勤奋学习、埋头苦干、勇于创新、争创一流的具体行动，积极投身建设开放、魅力、富裕、和谐三门峡实践活动，解放思想、扎实工作，为实现三门峡跨越发展作出新的更大的贡献。

【省外媒体集中采访团到三门峡市采访】 10月21日，“印象河南2010——省外媒体中原行”集中采访团到三门峡市，深入企业和旅游景点采访。市委副书记王建勋，市委常委、秘书长赵中生接见集中采访团成员。采访团成员主要由河北省、浙江省、四川省的主流媒体记者组成。采访团先后到速达交通节能科技有限公司、兴邦特种膜科技发展有限公司、恒生科技研发有限公司、缘份果业有限公司及三门峡虢国博物馆、函谷关古文化旅游区等地采访。

【全省学习贯彻十七届五中全会精神集中采访团到三门峡市采访】 11月23日至25日，由《河南日报》、河南人民广播电台、河南电视台、《河南日报》(农村版)、《大河报》等省直媒体组成的全省学习贯彻十七届五中全会精神集中采访团到三门峡市，对三门峡市学习贯彻落实五中全会精神情况进行集中采访报道。市委书记李文慧出席24日召开的集中采访活动座谈会并接受集中采访团采访。采访团一行先后深入义马、渑池、三门峡经济开发区、陕县、灵宝等地，采访高科技企业和文化产业发展情况。

【省十七届五中全会精神宣讲团到三门峡市宣讲】 12月28日，省宣讲团到三门峡市，宣讲党的十七届五中全会和省委八届十一次全会精神。市委书记李文慧主持了在市政法礼堂举办的首场宣讲报告会，市委中心组全体成员、市直各单位主要负责同志等400余人聆听报告会。为广泛宣传贯彻十七届五中全会和省委八届十一次全会精神，省委决定在全省开展“百人千场”宣讲活动，组建十七届五中全会精神宣讲团分赴各地巡回宣讲。按照省委要求，三门峡市也从12月28日开始组建宣讲团，利用20天左右时间，在各县(市)区和市直单位开展150余场宣讲活动。

(吴全乐)

统一战线工作

【概况】 2010年3月22日，根据《三门峡市机构编制委员会关于印发三门峡市归国华侨联合会主要职责内设机构和人员编制规定的通知》(三编〔2010〕22号)，三门峡市归国华侨联合会并入市委统战部。三门峡市归国华侨联合会是以归侨侨眷为基础的群众团体，参照公务员管理，规格为副处级，内设综合科，有事业编制5人，其中主席1名；副主席兼秘书长1名，正科级领导职数1名。经费实行全额预算管理。

当年，中共三门峡市委统一战线工作部紧紧围绕推动科学发展、促进社会和谐的工作大局，以经济统战为主线，以多党合作和政治协商为抓手，以“创先争优”活动为载体，突出统战工作特色，切实服务全市“两个加快”战略目标，为开放魅力富裕和谐三门峡建设作出了积极贡献。

经济统战　创新开展“助推民营企业健康发展优质服务年”，以维权、融资等10项服务为核心，以百家大型民营企业为重点，组织全市各级统战部门和工商联，依托基层商会组织和行业商会，引导和服务非公有制企业健康发展。顺利完成非公经济组织学习实践活动，累计为企业办实事好事75件，解决实际问题40个，建立健全长效制度123个。积极在非公有制经济组织中开展创先争优活动，实行市委常委、县委常委联系重点民营企业制度，实施派驻企业党建指导员制度，整体提升了非公经济组织党组织的凝聚力和战斗力。发动统一战线力量服务招商引资，全市统战系统踊跃参与“千人大招商”工作，在三门峡国际黄河旅游节、“河南省台湾月”“百家苏商进河南”等招商活动中，牵线搭桥引进年产700万千克生物酶制剂、国际小商品城等项目30余个，总投资金额100.7亿元。服务民生发展公益事业，依托宋庆龄基金会和光彩事业基金会，筹集资金278.4万元，帮扶弱势群体和新农村建设;巩固发展“千企帮千村”活动,新增企村帮扶对子34个,新增帮扶项目115个,新增投资额8 570万元;发动统一战线向西南旱区、玉树灾区等和本市洪涝灾区捐款捐物,累计折合人民币349.5万元。实施“头雁”工程,打造工作亮点,全省首家非公经济人士活动阵地——商会大厦,主体工程封顶,已完成投资8 000万元;在全省率先成立“维护民营企业权益协调领导小组”,统战、政法、纪检“三管”齐下,处理重点侵权案件20余起;全省首家中小企业金融服务网运营良好,融资担保体系实现全覆盖,累计提供担保贷款23.19亿元。

多党合作工作 建立调研“直通车”制度,紧扣经济增长方式转变、资源型城市转型和深化项目建设年活动,引导民主党派、工商联、无党派人士和统战干部,深入基层调查研究,完成重点调研报告32份,其中“关于我市老龄产业发展的调研报告”“关于加强民企维权协调工作的思考”“关于建立投融资担保体系的探索与实践”“推进义务教育均衡发展促进教育公平”等5篇调研文章,得到市委书记李文慧,市委副书记、市长杨树平的高度肯定和重点批示,并转化为工作举措和成果。积极引导统一战线成员参政议政,2010年省、市“两会”期间,提出提案及建议190余件,其中:省委书记卢展工对民盟三门峡市委“关于加快豫晋陕黄河金三角地区高速公路网建设的建议”作出重要批示;民建三门峡市委《关于支持三门峡市建设豫晋陕黄河金三角区域中心城市的建议》,得到省发改委高度重视,并在项目、资金等方面给予支持。组织民主党派服务“两个加快”工作座谈会、参与中原经济区构建暨加快黄河金三角综合实验区建设研讨会,建言献策、汇集民意,为全市“十二五”规划科学制定贡献智慧。扎实开展统一战线集中“社会化服务”,民盟市委联系清华大学远程教育中心,建立卢氏清华大学远程教育教学站;九三学社市委联系九三学社省委,开展“百名专家进百村送科技”活动,实施万亩玫瑰园病虫害防治技术服务项目、卢氏鸡品种资源保护扩建项目;农工党市委与农工党省委联合开展“百千万农村健康行动计划”,开展现场技术培训和跟踪医疗服务;民建河南省委、民建三门峡市委联合开展农民增收长效机制调研。当年,全市各民主党派共开展“三下乡”活动12次,展出版面240余块,发放宣传材料1.3万余份,为群众义诊和健康体检6 600余人次,培训教师200多名,得到群众好评。“7·24”卢氏洪涝灾害发生后,市委统战部对市委、市政府的救灾部署快速反应,迅速采取措施参与救灾工作,充分发挥统一战线联系面广、资源丰富的独特优势,组织动员全市统一战线广大成员积极投入抗洪救灾,全市统一战线共为抗洪救灾捐赠现金220余万元。统一战线基础建设持续增强,组织召开各民主党派、工商联和无党派人士工作通报座谈会3次。举办全市特约人员集中聘任大会。修订无党派人士名册,规范无党派人士档案库建设。启动党外知识分子联谊会筹备工作。积极支持各民主党派大力开展树立和践行社会主义核心价值体系活动。推动民主党派市级组织换届,为九三学社三门峡市委增补副主委和委员各1名。建立民主党派市委机关联席会议制度,组织召开联席会议3次。做好民主党派组织发展工作,发展民主党派新成员23名。

民族宗教工作 民族宗教政策宣传持续开展,坚持“民族团结进步宣传月”活动,宣讲民族政策。纪念《宗教事务条例》颁布实施5周年,召开座谈会、学习培训会等75场次,参会人数13万人次。加强民族宗教政策法规培训,连续举办培训班21期,受培训人员1 800余人次。民族宗教管理机构不断完善,从“民族宗教无小事”的政治高度着眼,规范县级民族宗教管理机构设置,完善市、县、乡三级民族宗教工作领导小组,建立健全纵向组织协调、横向联动配合、联合培训教育、不安定因素排查处置和突发事件应对五大长效机制。民族经济长足发展,申报2010年少数民族经济发展项目4个,申报扶持资金84万元;协调争取各部门支持少数民族发展资金1 800万元;完成农村少数民族小额信贷资金4 423万元。实施“走出去”战略,参加2010年中国(青海)国际清真食品及用品展览会,签订供货合同9 000余万元。宗教管理富有成效,创新提出“3517”制度、“巡回讲道四统一”制度、民族宗教界人士“约谈制度”,落实爱国宗教团体负责人特殊补贴制度、民族宗教年报和月报制度,并大力开展“和谐寺观教堂”创建活动,全市3个宗教场所被评为全国先进。开展“7·5”事件1周年警示活动,构建抵御宗教渗透防护网络,严厉打击民族宗教领域违法犯罪活动,依法取缔基督复临安息日堂违规集会、布道活动和“7·12”涉外非法宗教活动。妥善解决民族宗教领域矛盾纠纷50余起;净化634家经营清真食品的门店、超市、清真屠宰点和饭店;组织参加全省第6届少数民族传统体育运动会,并夺得3块银牌和2块铜牌。积极参加第2届少数民族文化艺术展和工作成就展,丰富和活跃了少数民族群众文化生活。

海外联谊及侨台工作 根据全市机构改革工作部署,侨联由市旅游局划并入市委统战部,及时理顺归属关系,落实工作经费,解决工作用车等办公问题,为侨联工作开展提供保障。加大对台交流交往,组织开展和办理赴台老子文化交流、两岸疫苗发展暨防疫工作研讨、“三门峡映像·台湾巡展”及旅游推介活动、台湾自费旅游活动等赴台活动12起;接待台湾朝圣代表团、海基会文教暨博物馆参访团,分别参加老子诞辰2 581周年纪念活动和在三门峡参访活动。加强涉台宣传教育,先后联系和接待“台湾脚逛大陆”栏目组、“走进中原寻根河洛——两岸记者联合采访团”、台湾亚洲卫星电视股份公司,制作专题片、组织采风活动和制作DVD,“借船出海”推介三门峡。邀请张召忠少将作题为“国际战略形势与军事热点问题”的专题报告;邀请省台办副厅级巡视员崔援朝为市委党校中青年干部培训班和市职业技术学院作台海形势报告;并发动各县(市)区大力开展涉台宣讲教育活动30余场次。扩大对台经济合作,台湾德美新投资公司与陕县政府签订立版式风光发电机组的合作项目,项目计划总投资1.48亿元。组织参加河南省“台湾月活动”,成功签约台商投资项目6个,总投资金额达38.1亿元,争取台湾台塑集团在卢氏县、陕县、湖滨区捐建明德学校3所,项目总投资270万元;争取台北曹仲植基金会捐赠轮椅1 200辆;争取台湾顶新集团善款155万元,在卢氏县修建顶新大桥。

统战宣传、调研和信息工作　组织策划“统战亮点系列报道”,连续刊发“2009年我市统战工作呈现六大亮点”“2010年我市统战工作瞄准六大突破”等系列报道。加大省级以上媒体组稿力度,全年在《人民政协报》《中国统一战线》《河南日报》《党的生活》等省级以上媒体,发表宣传稿件58篇(条)。并把网站作为统战宣传的重要窗口,开通全市6个县(市)区“根在中原”网页,全年上传稿件730篇,省委网站“根在中原”主页采用328篇、本网要闻采用6篇。加强统战理论调研,全年共形成高质量的统战理论调研文章50余篇,“‘六点工作法’——统一战线服务‘两个加快’”荣获全省调研成果一等奖,受到省委统战部表彰。建立信息基金、实名报送、逐月通报、末位促进制度,多方调动工作热情。全年下发《三门峡统战工作信息》30期,创立《统战工作专报》并印制3期,上传省委统战部上报信息740条,省级以上采用信息150条。

【海基会参访团到三门峡市参观访问】

4月13日,海基会副董事长兼秘书长高孔廉率海基会文教暨博物馆参访团,在省政府副秘书长杨晓捷的陪同下到三门峡市参观访问。市领导李文慧、杨树平、王建勋、郭秀荣、赵中生、赵艳等出席欢迎宴会并陪同参观。参访团一行先后参观访问三门峡大坝和虢国博物馆,深入了解三门峡悠久的历史以及三门峡水利枢纽的历史地位和防洪功能。欢迎宴会上,市委书记李文慧向高孔廉等参访团成员赠送《道德经》,并邀请高孔廉等人参加第16届三门峡国际黄河旅游节。市委副书记、市长杨树平在致词中对高孔廉一行表示欢迎,并介绍了三门峡市情,希望台湾各界朋友到三门峡探亲访友,旅游观光。

【“走进中原寻根河洛——两岸记者采访团”到三门峡市联合采访】　4月17日至18日,“走进中原寻根河洛——两岸记者联合采访团”一行38人到三门峡市开展采访活动。4月17日,市委、市政府举行招待晚宴,欢迎采访团一行。市委常委、统战部部长赵艳等出席欢迎宴会。欢迎宴会上,赵艳在致词中介绍了三门峡市情。在三门峡期间,采访团的台湾媒体记者和中央、省新闻记者,深入天鹅湖国家湿地自然保护区、函谷关景区、郑西高铁三门峡新客站、虢国博物馆等处,进行联合采访。

【在全省率先成立维护民营企业权益协调领导小组】　为维护民营企业的合法权益,保持民营企业持续健康发展,2010年,三门峡市在全省率先组织成立维护民营企业权益协调领导小组。6月8日下午,郭绍伟、赵艳、孙继伟等出席市维护民营企业权益协调领导小组成立座谈会。近年来,三门峡市非公有制经济取得长足发展,已占据全市GDP的“半壁江山”。三门峡市维护民营企业权益协调领导小组共有24家单位26名成员,服务对象为全市10余万民营经济组织、6 400余家民营企业,以及近千个在建项目。

【开展非公经济组织党组织“创先争优”活动】　7月开始,根据中央精神,市委统战部在全市非公有制经济组织中开展“创先争优”活动,引导非公有制经济组织党组织创建先进基层党组织、教育引导企业党员争做优秀共产党员。活动开展后,11名市委常委联系22家重点民营企业,全市6个县(市)区82名县级常委联系210多家重点企业;市、县两级指导小组协调相关单位和企业所在乡(镇),指派105名党建指导员,深入企业指导非公有制经济组织党组织开展好“创先争优”活动,并以此为契机促进企业党的建设,收到明显效果。

【树立和践行社会主义核心价值体系】

8月11日,中央统战部召开的“社会主义核心价值体系学与行”电视电话报告会结束后,市委统战部迅速对贯彻落实全国会议精神、深入开展树立和践行社会主义核心价值体系活动作出具体部署。8月26日,市委统战部召开民主党派服务“两个加快”工作座谈会,市委常委、统战部长赵艳,市人大常委会副主任、民盟三门峡市委主委马仰峡,市政协副主席、九三学社三门峡市委主委姚龙,市政协副主席、民建三门峡市委主委张景林出席会议。9月9日,市委统战部组织举办“构建中原经济区”学习研讨会,各民主党派围绕“河南构建中原经济区,三门峡发展怎么办”“谋大局、搭快车、争发展”等议题展开热烈研讨,并积极献计献策。11月2日,组织召开统战系统学习十七届五中全会研讨会。市委常委、统战部长赵艳,各民主党派代表,统战部科级以上干部参加会议。11月24日,全市统一战线品德与人生专题报告会在市委党校学术报告厅举行,全市各民主党派、工商联及各县(市)区统战系统的干部职工和市委党校共200余人聆听了这场精彩的道德课。市委常委、统战部部长赵艳出席报告会,并对全市统战系统干部职工进一步加强品德修养、积极贡献力量提出希望和要求。12月15日,组织全市统一战线成员参加“身边的榜样——树立和践行社会主义核心价值体系先进人物事迹报告会”。

【召开特约人员集中聘任大会】　10月22日,三门峡市召开特约人员聘任大会。10个政府部门共聘任50名各类特约人员,这种规模和形式不仅在三门峡市尚属首次,在河南省也是第1家,标志着三门峡市特约人员工作走上了科学发展之路,具有重要意义。市委常委、统战部部长赵艳出席会议。近年来,三门峡市先后出台关于加强特约人员工作的意见,完善工作制度,除在检察、教育等部门继续聘请特约人员外,不断拓宽领域。赵艳指出,加强特约人员工作是中国共产党领导的多党合作和政治协商制度建设的重要方面,要站在讲政治的高度上做好特约人员工作,要准确定位,把握好工作角度;在研究上要有深度,不断推动特约人员工作迈上新台阶。

【助推民企健康发展】 10月28日,全市统一战线"助推民营企业健康发展优质服务年"工作现场会在渑池县召开。市委常委、统战部部长赵艳出席会议并讲话。全市统一战线"助推年"工作开展后,为532家民营企业提供担保贷款12.8亿元,为民营企业协调解决侵权事件20余起,牵线搭桥引进签约项目资金45.8亿元,有力服务了非公有制经济的健康发展。赵艳指出,全市统一战线要牢牢抓住中原经济区建设、豫晋陕黄河金三角试验区建设和国家培育七大战略新兴产业的重大机遇,打造对外开放的"政策高地"、东引西进的产业洼地和豫晋陕黄河金三角区域性中心城市。要精心运作,再创佳绩,打造基点,突出重点,构建支点,破解难点,立足特点,塑造亮点。 (高军政)

政策研究工作

【概况】 2010年2月,中共三门峡市委政策研究室(以下简称市委政研室)正式成立。主要职责是:围绕市委的中心工作,对全市全局性、综合性重大问题进行调查研究,提出具有前瞻性、可操作性的意见建议,为市委决策提供依据;负责调查、了解和向市委、省委反馈中央和省市党委的路线、方针、政策在本地区的贯彻落实情况;负责收集、整理市内外有关经济和社会发展的重要信息资料,编发《政研信息》,及时为市委、市政府领导提供参考。至2010年底,市委政研室下设综合科、调研一科、调研二科、《三门峡工作》编辑部等4个职能科室,编制12人。

当年,市委政研室坚持以邓小平理论、"三个代表"重要思想为指导,深入贯彻落实科学发展观,认真学习贯彻党的十七届四中全会精神和中央、省委、市委经济工作会议精神,紧紧围绕市委中心工作,拓展思路,丰富载体,创新方法,完善机制,认真搞好调查研究,努力发挥好参谋助手和智囊作用,为建设开放、魅力、富裕、和谐三门峡作出了积极贡献。

强化责任意识,大兴调研之风。市委政研室积极履行职责,正确发挥引导作用,起草《中共三门峡市委关于进一步加强调查研究工作的意见》,制定规划全年调研课题,推动全市形成大兴调研之风的浓厚氛围。市委、市政府主要领导充分发挥表率作用,带头坚持深入基层开展调研,并写出高质量的调研报告。当年,市委副书记、市长杨树平撰写的"转变领导方式必须树立正确的政绩观"发表于10月10日出版的《人民日报》上,市委书记李文慧撰写的"发展文化产业促进经济发展"发表于12月21日出版的《光明日报》上,有力地推动了全市各级领导干部开展调查研究工作的主动性和自觉性,在一定程度上对改进工作作风、密切干群关系、提高决策水平,起到了积极的促进作用。

坚持围绕中心,服务发展大局。坚持围绕全市改革发展稳定大局和党委、政府中心工作抓调研,着重研究经济和社会发展中的重大问题,突出宏观性、战略性、综合性、政策性和预见性。积极响应构建中原经济区战略,9月11日,承办由3省4市主要领导和河南省社科院、省委政研室、省委党校专家共同参加的"中原经济区、晋陕豫黄河金三角区域协调发展综合试验区"研讨会,重点围绕"扮靓金三角、增辉大中原",就谋划中原经济区带来的发展机遇、深化金三角区域协作、促进区域协调发展等方面达成一定共识,在省内外引起强烈反响。省委副书记、省长郭庚茂,常务副省长李克,市委书记李文慧分别就研讨会举办情况报告作出批示。为深入学习贯彻党的十七届五中全会、中央经济工作会议和省委八届十一次全会精神以及省委书记卢展工关于"用领导方式转变加快发展方式转变"的重要思想,12月19日,召开"用领导方式转变加快发展方式转变"座谈会,省委政研室巡视员刘本在出席座谈会。

提升调研质量,当好参谋助手。坚持把服务决策、研究对策、解决问题作为调查研究的出发点和落脚点,紧紧围绕改革、发展和稳定的大局,努力为党委和政府决策服务。年初,市委政研室下发27个重点调研课题,涉及农业、工业、社会事业、城市建设,金融服务、党的建设等7个方面,充分发挥牵头抓总的职能作用,搞好课题协作和工作协调,组织各方力量开展联合调研和专项调研。一些调研成果引起市委领导的重视,并先后作出重要批示,有力地推动了工作的开展。市委政研室参与撰写的"三门峡市如何加快转变经济发展方式"调研报告,内容翔实,措施有力,全文在《经济日报》刊登。市委政研室牵头撰写的"东方希望快速发展的成功经验",为研究解决全市重点企业的发展问题提供了科学决策的依据,并在《河南日报》上发表。在此基础上,各县(市)区、各部门均结合各自实际,深入开展调研,先后完成各类调研报告、理论文章、经验材料近百份,形成了一大批有价值的调研成果,在领导决策以及指导工作中发挥了积极作用。

丰富调研载体,发挥纽带作用。不断探索新时期调研工作路径,改进方式,搭建平台,构筑载体,促进调研。先后印发《领导参阅》18期、《政研信息》14期,共5万字,为市委、政府领导和有关部门及时了解市情动态与调研成果提供决策参考。其中:"三门峡工业固体废物综合利用情况的调研报告""关于三门峡第三(养老)产业发展的战略思考"以及"加快经济发展方式转变"系列连刊,增强了服务决策的实效性和针对性,具有全局性指导作用和借鉴意义。创办机关刊物《三门峡工作》,始终坚持正确的办刊导向,在文章编发上严把关,在栏目设置上求特色,在版面设计上求新颖,提高党刊的思想性、艺术性和可读性。正式开通三门峡政研网站,栏目设置齐全,内容更新及时,已成为领导决策、调查研究、服务基层的重要信息平台。

【中原经济区、豫晋陕黄河金三角区域协调发展综合试验区研讨会在三门峡市举行】 9月11日,中原经济区、豫晋陕黄河金三角区域协调发展综合试验区研讨会在三门峡市举行,旨在研讨谋划中原经济区带来的发展机遇,深化豫晋陕黄河金三角区域协作;回顾金三角协作实践,为推进中原经济区战略建言献策。会上,运城市人大常委会主任、争取晋陕豫黄河金三角区域协调发展综合试验区机构负责人张建合介绍了试验区的历史沿革、现状和下一步工作重点。河南省委政研室巡视员王永苏、河南省委党校副校长焦国栋、河南省社科院副院长喻新安分别就中原经济区的战略定位、发展目标、主要任务等进行讲解,并就中原经济区与豫晋陕黄河金三角区域协调发展综合试验区的关系等进行深入分析、探讨。三门峡市委书记李文慧作了题为"扮靓金三角,增辉大中原"的主题演讲。三门峡市委副书记、市长杨树平在会上致辞。运城市委常委、常务副市长王殿民,临汾市委常委、常务副市长徐树荣,渭南市副市长刘新兴分别结合各市实际,提出了3省4市加强联合协作、完善合作机制、发展区域经济,力促晋陕豫黄河金三角区域协调发展综合试验区尽早挂牌成立的意见建议。市领导李建顺、苏新华、赵中生、张英焕、李宝鸿、亢伊生、姚龙、卢群召等,《人民日报》《河南日报》、河南人民广播电台等媒体记者和三门峡市有关部门负责人、相关专家参加研讨会。

【"用领导方式转变加快发展方式转变"座谈会召开】 12月19日下午,三门峡市召开"用领导方式转变加快发展方式转变"座谈会。省委政研室巡视员刘本在出席座谈会。市委书记李文慧在会上作重要讲话。市委常委、秘书长赵中生主持座谈会。李文慧在讲话中指出,我们要把领导方式转变和发展方式转变联系起来,弄清楚"什么是领导方式、领导方式包括什么内容、为什么要转变领导方式、怎样转变领导方式、领导方式转变在发展方式转变中的作用是什么、如何用领导方式转变加快发展方式转变"这几个问题,努力把三门峡打造成为中原经济区的重要支撑、河南省西部重要的经济增长极、区域合作模范城市和豫晋陕黄河金三角区域中心城市。刘本在在讲话中指出,在河南省召开"用领导方式转变加快发展方式转变"座谈会后,三门峡市在省辖市中第一个召开相关主题的座谈会,体现了三门峡市委、市政府政治敏感性强,见事早,反应快,行动迅速。"用领导方式转变加快发展方式转变"重要思想,是省委书记卢展工来到河南工作后,逐步提出、逐步形成的,体现了求真务实的工作方法和工作作风,对广大党员干部起到了重要的导向作用和引领作用。与会有关县(市)区和单位负责人分别结合各自工作实际,就如何学习贯彻"用领导方式转变加快发展方式转变"作了发言。 (焦晓君)

市直工委工作

【概况】 2010年,中共三门峡市委市直机关工作委员会(以下简称市直工委)牢牢把握"服务中心、建设队伍"两大任务,以深化"争先进、创一流,服务科学发展"主题活动为创先争优活动的主要形式,以学习贯彻《中国共产党党和国家机关基层组织工作条例》和省委《关于加强新形势下机关党的建设的意见》为动力,以推动机关党建工作奋力先行为主要目标,着力在推动机关党建工作有更大作为上下工夫,机关党的工作继续保持良好的发展态势,为全市经济又好又快发展提供了有力的思想政治保证。

至年底,市直工委有下属党委48个(部门党委23个、机关党委25个)、党总支53个(直属党总支24个)、党支部797个(直属支部20个)。党员总数16 000名,其中在岗党员10 665名、女性党员3 144名、机关干部党员3 943名。全年到期已换届的基层党组织178个,任免党务干部22名;发展新党员336名,预备党员转正334名,培训入党积极分子394名。

强化学习,注重宣传教育。重点围绕党的十七大和十七届四中、五中全会精神,认真落实全国和全省机关党建工作会议精神,营造浓厚的学习氛围;以"争先进、创一流,服务科学发展"主题活动为依托,召开专题会议、座谈会推进"学习型党组织"建设,广泛开展"学习党的十七届四中全会精神知识竞赛"活动、以"重在持续、重在提升、重在统筹、重在为民"为主题的党课教育活动,举办《我们河南人——三门峡弘扬"三平"精神主题教育展》,召开全市机关党组织创先争优活动暨学习型党组织建设经验交流会。

严格管理,夯实党建基础。改进年度党建目标管理内容和方式,将年度目标设定为基础工作、重点工作、创新工作,分别量化细化,鼓励基层首创精神,激发创新活力;改进党建联络组的管理方式和活动方式,于每季度末分组召开党建联络组座谈会;改进党员教育、管理、监督和服务,连续8年在市直机关万余名党员中推行"党员手册"管理;加强对入党积极分子的培养教育,切实做好发展党员工作;改进发展党员程序和谈话制度,确保新党员质量;贯彻落实中央组织部颁发的党费收缴、使用和管理的新规定。深入开展创先争优活动,于"七一"前夕,对涌现出的80个"五好"基层党组织、140名"五好"共产党员、48名"五好"党务工作者、33个"五型"机关和21名"优秀党建工作第一责任人"进行表彰。深化"结对帮扶"和"送温暖"活动,从党费和工会经费中拿出13.3万余元,对市直机关62个单位501名特困党员和77名困难职工进行慰问救济。组织市直机关90余个单位1万余名党员干部职工向"4·12"玉树地震灾区捐款126万余元,向"7·24"遭受特大洪涝灾害卢氏、渑池灾区捐款99万余元。建立市直机关党员关爱救助基金,筹集资金80余万元,从中拿出23万元对市直机关28名符合救助条件的特困党员、603名党龄50年以上老党员、508名生活困难党员进行慰问救济。

加强监督,开展党风廉政宣传教育工作。开展多种形式的示范教育、警示教育和党风、党纪条规教育。购买警示电教片8部400余片,组织播放400余场次,8万余人次党员干部接受教育。深入开展"廉政文化进机关"活动,召开市直机关警示教育大会,350余名科级党员干部接受教育。做好违纪案件的查处和人民群众来信来访工作,全年处理违纪党员1名,接待来信来访10起。

营造氛围,做好机关文化建设。筹备成立市直机关文化体育协会和摄影、毽球、柔力球、乒乓球、游泳、钓鱼等6个分会,至年底,共发展会员3 000余人。全年组织开展庆"三八"女职工健身体育比赛活动、全民健身月活动和市直机关“祝福祖国，放歌崤函”红歌大赛等200人以上规模的群众性体育、文艺活动达20余场次，丰富和活跃了广大干群的文化生活，取得良好的社会效果。

成功创建省级文明单位，精神文明建设取得显著成效。当年，市直工委采取到先进单位观摩学习、请市文明办前来指导、与市委宣传部开展文体比赛活动、深入帮扶村开展结对帮扶、与市委党史方志办和市工商联共建共创等措施，为扶贫村（灵宝市苏村乡固水村）引资14.5万元，修建了长2.5千米、宽7米的沙石路，11月建成通车。11月，被省委授予“省级文明单位”称号。

当年，市直工委共获得集体荣誉14项、个人荣誉7人次12项，在省、市级报纸杂志上发表理论文章12篇、信息45条。市直工委被省委省直工委授予2010年度“河南省先进市委市直工委”荣誉称号。市直工委在河南省第18次机关党的工作座谈会和全省机关党的工作会议上作重点发言和经验介绍，2010年11月，被授予“省级文明单位”称号。《中直党建》、人民网、中国党建网、中直党建网、紫光阁网等重要媒体先后50余次刊发三门峡市直工委的具体做法和先进经验。

【深入推进创先争优活动】 当年，市直工委深入推进以“争先进，创一流，服务科学发展”为主题的创先争优活动。紧紧围绕市委、市政府中心工作和工作大局，以争当“优秀共产党员”“优秀党务工作者”“‘五好’基层党组织”等先进典型为动力，以打造“五型”（学习型、廉洁型、服务型、文化型、关爱型）机关为抓手，以“服务大局、服务基层、服务群众”为根本任务，继续深入开展“争先进、创一流，服务科学发展”主题活动。5月，召开专题会议对市直机关创先争优活动进行安排部署，在基层党组织和党员中全面推行公开承诺，并多次召开现场会、经验交流会等，推动创先争优活动深入开展。积极引导党员干部立足本职岗位创造一流业绩、服务科学发展，坚持以“创造一流业绩，服务科学发展”为主要评价标准，共建立党员“示范点”“责任区”“先锋岗”1 500余个，培养、选树各类先进典型400余个。“七一”前夕，召开市直机关纪念中国共产党成立89周年暨创先争优表彰大会，对涌现出的各类先进典型进行表彰。12月，召开创先争优活动暨学习型党组织建设经验交流会，23个先进单位在会上首次采取图文并茂的PPT形式介绍经验和做法。通过一系列分析会、现场会、座谈会、推进会、交流会，推动了各级党组织迅速行动、抓好落实。积极开展服务中心工作的各项大型活动，承担并圆满完成了第16届三门峡国际黄河旅游节开幕式暨文艺演出6 000余名人员的组织工作，围绕“企业服务年”等中心工作，组织开展“建言献策”“技能比赛”“经济发展专题讲座”、弘扬“三平”精神主题教育展等30余次具有较强感染力和影响力的大型活动。黄河旅游节组委会授予市直工委“先进单位”称号，市委副秘书长、市直工委书记梅良川被授予“先进个人”称号。

【市直机关群众性体育文化活动高潮迭起】 当年，市直机关群众性体育文化活动高潮迭起。3月，组织市直67个代表队1 700多名女职工参加市直机关庆“三八”女职工健身体育比赛活动；4月，召开市直文体协会成立选举大会；5月，成立毽球、柔力球、乒乓球、钓鱼、游泳等分会，与市委宣传部、市总工会、市体育局、市文明办5家单位联合举办乒乓球、少年组足球、篮球、羽毛球、毽球等项目的全民健身月活动；8月至9月，组织“祝福祖国，放歌崤函”红歌大赛。全年共组织200人以上规模的文体活动20余场次，并同时开展“青年文明号”“巾帼文明示范岗”等争先创优活动和“读一本好书”“爱岗敬业”等演讲比赛和岗位技能竞赛，不断丰富机关文化内容，有力地促进了和谐机关建设和精神文明建设。

【开展“学习党的十七届四中全会精神知识竞赛”活动】 3月，下发《市直机关学习党的十七届四中全会精神知识竞赛通知》。4月，市直机关10 000余名党员参加知识竞赛书面答题活动，其中地（市）级党员领导干部32人、县级党员领导干部686人、科级党员干部2 339人、普通党员7 000余人。6月，组织闭卷答题知识竞赛，市直60个单位150余人参加，并对12个单位党组织和61名个人进行通报表彰。

【开展市直机关志愿者服务活动】 3月，成立市直机关志愿者服务队，并定制300套“市直机关志愿者”小红帽和红马甲，市直24个单位成立志愿者服务分队，共同开展“大手拉小手”爱心活动、保护母亲河春季植树、清理城市卫生、整治交通秩序、服务旅游节开幕式等志愿活动。至年底，市直机关注册志愿者达1 100余人，开展志愿服务106次，累计服务6 100人次、1万余个小时。《中国党建网》《中国文明网》等均对三门峡市直机关的志愿服务进行深入报道，取得了良好的社会反响。

【开展为灾区送温暖、献爱心活动】 为响应“一方有难、八方支援”的号召，当年，市直工委两次组织市直机关党员干部职工向灾区捐款。4月，市直98家单位13 957名党员干部和部分离退休干部、职工、学生向“4·12”玉树地震灾区捐款126.68万元。7月，市直99家单位、12 811名党员干部和部分离退休干部、职工共向三门峡市“7·24”遭受特大洪涝灾害卢氏、渑池灾区捐款991 723元，其中单位集体捐款87 000元。

【建立市直机关党员关爱救助基金】 5月，市直工委采取党费划拨、上级拨付、党员捐款、社会资助等多种办法，初步建立市直机关党员关爱救助基金，共筹集资金80余万元。出台《市直机关党员关爱救助基金管理细则》，开设专用账户、专人管理，“七一”前后，从专用账户中拿出23万元，对市直机关28名符合救助条件的特困党员、603名党龄50年以上老党员、508名生活困难党员进行慰问救济。

【举办第24期党的基本知识培训班】 5月10日至14日，市直工委在市法院政法礼堂举办市直机关第24期党的基本知识培训班，对经过各级党组织培养考察、被确定为重点培养对象的247名入党积极分子进行为期5天的集中培训。重点就政党政治、党章、党史、科学发展观、新时期共产党员的修养和学习型党组织建设等内容进行专题辅导，培训采取集中辅导与分散自学相结合、电化教育与分组讨论相结合、记读书笔记与集中测试、理论学习和社会实践相结合的方式，使入党积极分子学习得深、理解得透、结合得紧，收到了良好的培训效果。

【举办市直机关第一期新党员培训班】 6月11日至13日，市直工委举办为期3天的市直机关第一期新党员培训班，市直90余个单位288名新党员参加，就党的基本知识和有关政策理论等内容进行集中培训。培训采取理论学习和社会实践相结合的方法，使新党员进一步端正入党动机，树立正确的世界观、人生观、价值观，切实从思想上入党，增强党员意识、责任意识、学习意识和争先意识，有效提高了培训质量和效果。

【市直机关纪念中国共产党成立89周年暨创先争优表彰大会召开】 6月28日，三门峡市召开市直机关纪念中国共产党成立89周年暨创先争优表彰大会，回顾总结上半年机关党建工作，部署下一个阶段的机关党建工作。市委副书记王建勋、市人大常委会副主任李宝鸿、副市长周志远、市政协副主席王铁创出席会议。王建勋强调，加强市直机关党的建设工作必须紧紧围绕中心，在服务大局上求得更大的作为；要牢牢把握重点，使机关党建工作取得更大成效。会议对2009年以来市直机关中涌现出的“五好”基层党组织、“五好”共产党员、“五好”党务工作者、“五型”机关和优秀党建工作第一责任人进行表彰。

【举办市直机关党务干部培训班】 9月16日，市直工委举办市直机关党务干部培训班，重点围绕学习贯彻中共中央新修订的《中国共产党党和国家机关基层组织工作条例》和《中共河南省委关于加强新形势下机关党的建设的意见》，采取领导动员辅导、系统学习原文、逐章逐条讲解、组织专题讨论等方法，对市直300余名党务工作者进行专题辅导，使机关党务干部深入领会其精神实质，全面把握新变化、新规定、新要求，紧密结合实际，不断提高机关党的工作科学化水平。同时联合青岛市直工委在青岛举办党务干部培训班，重点围绕开展创先争优活动，打造党建品牌、机关品牌等内容进行培训考察，增强机关干部创先争优意识和组织开展创先争优活动的实际能力。

【举办群团干部培训班】 11月9日至10日，市直工委举办群团干部培训班。采取理论辅导和实务辅导相结合的方式，邀请专家对市直60余名群团工作分管领导和群团干部就新形势下如何当好群团干部等热门问题进行专题辅导，同时开设摄影技巧讲座和实地采风培训，有效地提高了群团干部的业务素质和工作水平。

【召开市直机关创先争优活动暨学习型党组织建设经验交流会】 12月16日，市直工委召开市直机关创先争优活动暨学习型党组织建设经验交流会。会议总结了2010年市直机关各级党组织开展以“争先进、创一流、服务科学发展”为主题的创先争优活动和学习型党组织建设的主要特点和典型经验，并对下一步工作进行部署。会议提出，要进一步提高认识，在创先争优和学习型党组织建设求深入、抓深化上下工夫。要把服务科学发展作为根本任务，为完成中心工作提供动力与保证；要把立足本职作为实践平台，推动岗位建功争创一流；要把队伍建设作为重要目标，着力提高党员干部素质能力；要把群众满意作为评价标准，吸引和带动群众参与到活动中来。

【召开学习“用领导方式转变加快发展方式转变”精神专题教育活动市直机关动员大会】 12月29日，市直工委组织召开市直机关学习“用领导方式转变加快发展方式转变”精神专题教育活动动员大会，对市直机关开展专题教育活动的有关事项进行部署，100余名党务干部参加。专题教育活动于12月29日开始，至2011年3月10日结束，主要分为3个阶段：学习讨论阶段（12月29日至2011年2月2日）；查摆剖析阶段（2月10日至2月20日）；整改提高阶段(2月21日至3月10日)。

【市直机关“放飞梦想 快乐成长”关爱农民工子女志愿活动启动】 12月14日，市直机关“放飞梦想，快乐成长”关爱农民工子女志愿活动启动仪式在市二中举行，120余名志愿者代表参加活动，市直工委、市文明办、市教育局和工青妇等单位的领导为农民工子女代表赠送了礼物。市直工委围绕抓结对、抓项目、抓活动、抓宣传等4个方面扎实推进关爱农民工子女活动，把结对作为推进各项关爱活动的重要抓手和突破口，先从农民工子弟学校和农民工子女相对集中的学校抓起，围绕学业辅导、亲情陪伴、感受城市、自护教育、爱心捐助等开展经常性的志愿服务活动，逐步实现关爱活动的全覆盖。

（王成新　王　静）

编制管理工作

【概况】 根据《中共三门峡市委关于调整市委机构设置的通知》（三文〔2009〕131号），设置三门峡市机构编制委员会办公室（以下简称市编办），为三门峡市机构编制委员会的常设办事机构，是市委、市政府负责全市行政管理体制改革、机构改革和机构编制管理的工作部门，列市委机构序列。市编办内设5个科。

2010年，市编办遵照中央和省关于地方政府机构改革的方针和原则，认真贯彻实施省委、省政府批复的《三门峡市人民政府机构改革方案》，深入推进政府机构改革，积极稳妥进行事业单位分类改革，努力提高机构编制管理水平，市县两级改革压茬进行，政府机构改革任务全面完成，重点领域和关键环节改革成效明显。

以政府职能转变为核心，全面梳理

政府职能,进一步理顺职责关系,明确强化责任,优化组织结构,完善行政运行机制,推进依法行政,政府经济社会事务的统筹协调职能、社会管理和公共服务职能进一步加强,执行和执法监管职责得到强化,处置突发公共事件和社会治安综合治理能力不断增强。合理界定各部门的职责分工,调整部门职责94项,调整审批项目10项,解决部门职责交叉和关系不顺的问题。对确需多个部门管理的事项,划定职责边界,分清主办和协办关系,明确牵头部门,建立健全部门之间协调配合机制,形成工作合力,取得明显成效。

围绕促进经济社会发展,积极开展调研活动。组织人员对产业集聚区进行认真调研,了解掌握其发展面临的体制瓶颈和实际困难,提出授权省辖市产业集聚区享受县(市)管理权限、市政府各部门支持产业集聚区发展的职责关系协调办法等方面的意见建议,并全部写入有关单位的“三定”规定,助推全市经济发展先行快跑。各部门“三定”规定下达后,及时到市直各重点部门进行调研,督促各部门落实改革方案,切实转变职能,服务经济社会发展。组织进行经济发达试点镇调研,切实掌握试点镇商贸物流、城市管理、经济发展和管理权限等各方面的情况,提出破解制约经济发达镇发展的体制机制办法。

【推进大科室制试点】 当年政府机构改革中,保留市政府工作部门22个,新组建政府工作部门8个,调整政府工作机构3个。改革后,市政府工作机构及直属事业单位由52个减少为45个。市政府33个工作部门“三定”全部印发,改革涉及职能调整、划转的政府9个直属事业单位、6个过渡性公司、3个派出机构共18个单位的“三定”规定全部印发;县(市)政府24个工作部门、市辖区政府20个工作部门的“三定”规定全部印发。市直确定市发展和改革委员会、市工业和信息化局、市人力资源和社会保障局、市规划和城市管理综合执法局、市住房和城乡建设局等5个部门进行大科室制试点,将职责相近的业务科室合并设置为综合科室,同时设置行政审批科,负责部门所有行政审批事项。议事协调机构不设实体性办事机构,不单独核定人员编制和领导职数。

【清理规范行政职权工作全面完成】 当年,政府机构改革基本结束后,由市编办牵头,及时组织开展清理规范市政府行政职权、固化行政流程工作。通过清理,共取消、下放、合并和减少行政职权项目709项,保留和新增行政职权项目1 412项;取消、合并和减少行政处罚项目582项,保留行政确认20项、行政强制61项、行政征收28项、行政奖励3项、其他职权37项,进一步优化了经济发展环境。

【乡(镇)机构编制管理继续规范】 当年,市编办积极创新乡(镇)管理、服务机制,乡(镇)机构编制管理继续规范,乡(镇)机构改革成果进一步巩固。全市统一建立乡(镇)综合治理平台,有条件的乡(镇)建立便民服务中心;在各乡(镇)集中设立垃圾收集站(点),并将各乡(镇)垃圾收集站(点)统一纳入县级财政保障范围,完善乡村社会服务管理机构体系。全市乡(镇)行政事业机构按规定设置,乡(镇)行政人员、事业单位人员均不超编,乡(镇)领导在核定的职数内配备,“十一五”期间全市乡(镇)机构编制和实有人员只减不增的目标圆满完成。

【整合调整事业单位】 按照全省统一部署,当年,市编办积极稳妥推进事业单位分类改革,推进有关行业管理体制改革,社会公益事业不断发展。按照政事分开的要求,坚决整合行使行政职能的事业单位,将完全行使行政职能的事业单位转为行政机构,部分行使行政职能的,将其行政职能划入相关政府工作部门。通过整合,撤销市中小企业服务局、房产管理局、园林局、文物局、黄金管理局、煤炭局、医药管理局、农业机械管理局等9个市政府直属事业单位,并将市黄金管理局、煤炭局、医药管理局和农业机械管理局4个事业单位改制为公司,继续承担原相应部门的企业管理职责,解决了长期以来政事不分、政企不分问题。保留市政府直属事业单位6个:市接待办公室、市盐业管理局、市地震局、市供销合作社、市住房公积金管理中心、三门峡职业技术学院。组建市直机关事务管理局。认真做好机构改革中部门所属事业单位机构编制的调整、移交和整合工作,机构改革划转单位116个、人员2 713名,保证工作有效衔接和正常运转。改革后,市政府设置直属事业单位10个,比改革前减少8个,精简率达44.4%。

【市直事业单位登记管理】 当年,事业单位登记管理工作扎实开展,事业单位监管水平进一步提升。全面完成2009年度市直事业单位年检工作,合格事业单位243家。2010年,市直设立登记16家,变更登记136家,撤销登记11家。对未登记的事业单位进行全面梳理排查,通过督促登记、建议撤销、建议挂牌等措施,进一步提高登记率。

【党政机关消化超编人员成效显著】 当年,市编办大胆创新机构编制管理,管理水平不断提高。在政府机构改革中明确规定:超编的党政机关,人员一律只出不进;缺编的党政机关补充人员,原则上从超编的党政机关选调。从严核定部门领导职数,要求不得超职数配备领导干部,已经超配的要采取措施逐步消化。经市委、市政府研究决定,市、县两级制定了鼓励党政机关公务员提前退休的优惠政策。至2010年底,市直党政机关共分流人员289名,解决个别部门结构性超编问题;县(市)区党政机关分流超编人员414人,其中陕县、灵宝市、卢氏县均完成阶段性分流任务。

(董其伟)

老干部工作

【概况】 2010年,中共三门峡市委老干部局(以下简称市委老干部局)紧紧围绕“让党放心、让老干部满意”这个主题,融入大局,主动服务,切实加强离退休干部党支部建设和思想政治建设,全面落实老干部的政治待遇和生活待遇,引导老干部在推动科学发展、促进社会和谐中发挥积极作用，为全市经济社会发展作出了应有贡献。至年底，全市共有离退休干部18 267人，其中离休干部1 015人、退休干部17 252人。离休干部中，市直296人、县(市)区719人；退休干部中，市直4 887人、县(市)区12 365人。

老干部思想政治水平进一步提高。按照"五好"党支部、"四好"党员标准，在离退休干部党支部和党员中深入开展创先争优活动，进一步增强离退休干部党支部的向心力、凝聚力。积极组织开展理论学习教育，引导广大离退休干部不断增强党性观念和党员意识，举办各级各类理论学习班30余期，培训离退休干部3 000余人次，确保老同志与时俱进、思想常新。坚持向老同志通报工作、联系老干部、组织参观考察和节日慰问、走访看望等各项制度，使思想政治工作经常化、制度化。强化阵地建设。投资1 000万元，建筑面积5 000平方米的灵宝市老干部活动中心正式投入使用，活动中心设施先进、功能完善、环境优美，成为展示三门峡市老干部工作新形象的靓丽窗口。不断提高软实力，增加专业设置、加强师资力量、提高教学质量，市直老干部大学和市公共频道联合开办"最美夕阳"老年栏目，为充分展示老干部风采提供新的平台。注重信访工作，不断完善信访工作制度、建立健全信访工作长效机制，采取有效措施，把问题和矛盾解决在基层，化解在萌芽状态，促进了老干部队伍和谐稳定。

老干部生活待遇落实力度进一步加大。各级老干部工作部门与财政、人力资源和社会保障、卫生等有关部门密切配合，及时协调沟通，确保离休干部离休费按时足额发放、医药费按规定实报实销。扎实推进社区"四就近"(就近学习、就近活动、就近得到关心照顾、就近发挥作用)工作。认真落实关于利用社区资源做好离退休干部服务管理工作的相关文件精神，抓好试点、以点带面，整体推进。湖滨区按照"一站十点"的模式，在试点社区成立"四就近"工作服务站，以社区内的老干部大学、医院、商业网点为依托，建立老干部学习、医疗、活动等10个服务网点。义马市将"四就近"工作与创先争优有机结合，成立老干部活动小组，建立结对帮扶制度。"四就近"工作的开展，使老干部们就医更加方便，学习有阵地，活动有场所，发挥作用有平台，真正得到方便和实惠。普遍建立工作人员联系老干部制度，定期登门拜访，积极主动为老干部排忧解难。在纪念抗日战争胜利65周年期间，各级党政主要领导都亲自参加走访慰问，把党的关怀和温暖送到老同志手中。开展丰富多彩的文体活动，不断充实老干部的精神文化生活。渑池县以老年体育工作委员会为依托，加大投入，完善设施，狠抓各级老年体育组织建设，推动老年体育活动的普及，引导老同志老有所为、老有所乐，有效提高老干部们的生活质量。

老干部发挥作用进一步显现。各级老干部工作部门努力搭建平台，拓宽渠道，使老干部发挥作用的效果更加明显。全市各级老干部咨询团充分发挥老干部的政治、经验、威望优势，当好参谋助手，对经济社会发展积极建言献策，提出宝贵意见。各级"五老"人员积极投身关心教育下一代工作，组织开展多种形式的理想信念教育活动，不断提高青少年的思想道德素质。市中级人民法院成立老干部信访接待室，并聘请老干部在北京常年接访，充分发挥老干部们的政治优势和业务优势，接待信访人员，提供法律服务，取得良好的社会效果。

【在全省老干部工作政策业务知识竞赛中获三等奖】 11月18日，全省老干部工作政策业务知识竞赛总决赛在郑州举行。经过紧张激烈的比赛，三门峡市委老干部局获三等奖。 (寇晓辉)

保密工作

【概况】 2010年，三门峡市国家保密局(以下简称市国家保密局)坚持以邓小平理论和"三个代表"重要思想为指导，深入贯彻科学发展观，全面贯彻落实党的十七大和十七届四中、五中全会精神，深入探索做好新形势下保密工作的新思路、新方法，抓住机遇，开拓进取，在深化上作文章，在落实上下工夫，在工作上见成效，确保各项工作任务的顺利完成，各项保密工作走在全省的前列。三门峡市国家保密局被省委保密委员会评为全省"五五"普法保密法制宣传教育先进单位，局长杨治安被评为全省"五五"普法保密法制宣传教育先进个人。

【对全市2010年度国家秘密产生情况进行普查】 当年，市国家保密局认真落实《中共中央关于加强新形势下保密工作的决定》，按照"逐步实现对国家秘密的动态管理"的要求，制定下发《关于对全市2010年度国家秘密产生情况进行普查的通知》，要求各有关单位，认真做好2010年度产生秘密情况的统计和上报工作，对各单位2010年度产生的密级情况进行普查登记注册，全面掌握全市现有的密级数量。

【获全省《中华人民共和国保守国家秘密法》知识电视大奖赛集体三等奖】 按照省国家保密局的统一部署，6月，市国家保密局在全市开展涉密人员保密知识竞赛答题活动，6 172名涉密人员参加保密知识竞赛答题，其中市(厅)级64人、县(处)级672人、科级以下人员5 436人。8月22日至24日，市国家保密局选派4名优秀涉密人员参加全省《中华人民共和国保守国家秘密法》(简称《保密法》)知识电视大奖赛，获集体三等奖。

【新《保密法》宣传教育工作】 10月1日起，新修订的《保密法》正式颁布实施。为深入学习宣传教育新修订的《保密法》，在全市掀起"深入学习《保密法》，大力普及保密知识"为主题的学习宣传教育活动。成立以市委常委、市委秘书长、市委保密委员会主任赵中生为组长，市委副秘书长、市国家保密局局长、市委保密局委员会副主任杨治安为副组长的三门峡市新保密法学习宣传活动领导小组，并联合市委宣传部、市国家保密局、市司法局、市依法治市工作领导小组办公室等4部门，下发《关于在全市开展〈中华人民共和国保守国家秘密法〉学习宣传活动的方案》。9月

17日,市委副秘书长、市国家保密局局长、市委保密委员会副主任杨治安就学习宣传新《保密法》活动接受记者专访;同日,在市区湖滨广场开展《保密法》大型学习宣传活动,市委常委、市委秘书长赵中生,市人大常委会副主任马仰峡,副市长崔保连,市政协副主席陈雪平和三门峡军分区副司令员曹树仁等出席宣传活动;9月20日,《三门峡日报》第二版刊发市委常委、市委秘书长、市委保密委员会主任赵中生撰写的"认真学习贯彻〈保密法〉努力推动我市保密工作不断迈上新台阶"一文,进一步将全市学习宣传活动推向高潮。学习宣传活动期间,全市共悬挂横幅1 000多条,制作宣传版面240多块,发放传单5 000余份。

【开展保密工作检查】 5月,针对党政机关、企事业单位在计算机使用上的普及,无纸化办公的广泛应用,为保证全市计算机使用的保密安全,防止计算机、移动介质在适用过程中发生泄密现象,按照省委保密委员会关于在全省进行保密工作大检查的要求,市国家保密局在全市范围内开展为期1个月的保密工作大检查,对全市6个县(市)区及市直20家重点单位的网站、计算机进行检查,共检查网站30个、计算机300余台。6月23日至27日,由省国家保密局副局长陈峰带队一行7人对三门峡市的保密工作进行专项检查,检查组对三门峡市的保密工作给予充分肯定。

(卫安均)

党校工作

【概况】 2010年,中共三门峡市委党校、三门峡行政学院、三门峡社会主义学院(以下简称市委党校)坚持以中国特色社会主义理论体系为指导,学习宣传贯彻十七届四中、五中全会精神,深入开展创先争优活动,认真贯彻落实《干部培训工作条例(试行)》,紧紧围绕全市工作大局和市委、市政府中心任务,强力实施"教学立校、科研强校、人才兴校、改革创新活校、现代化设施建校"战略,扎实推进教学改革,大力开展科学研究,干部教育培训取得新突破,科学研究迈上新台阶,教职工队伍素质明显提高,内部管理更加规范合理,基础设施建设实现新跨越,充分发挥党校、行政学院、社会主义学院作为党员干部培训、公务员培训、民主党派和无党派干部培训的"阵地""熔炉"和"主渠道"作用。

创先争优活动 围绕"树立党校新形象、开创党校新局面,促进党校新发展"这个主题,市委党校结合工作实际,做到"四抓四强化",深入开展创先争优活动。一是抓舆论宣传,强化活动氛围。充分利用《三门峡日报》、市创先争优简报、《三门峡学刊》、市委党校网站以及板报栏等宣传平台,大力宣传党校活动开展情况和先进典型事迹。发挥教育资源优势,积极组织优秀教师到基层宣讲创先争优专题40多场,听众达3 000余人次。通过广泛的舆论宣传,促使全校上下形成学习先进、崇尚先进、争当先进的良好风气,营造出开展创先争优活动的浓厚氛围。二是抓分类指导,强化督促检查。结合实际,明确活动目标任务,确定具体活动主题,精心设计特色鲜明、务实管用的活动载体,找准开展活动的着力点。校创先争优活动领导小组对各支部建立联系点,校级领导及领导小组成员定期对各联系点活动开展情况进行督查,确保活动既有统筹,又有特色,确保实效。三是抓平台搭建,强化载体建设。结合党校职能,把创先争优活动和干部教育教学结合起来,精心设置活动载体,积极开展"党性教育""业务竞赛""服务学员""党课下乡"等活动,努力为各党支部和党员提供活动平台。为活跃校园气氛,增进团结,还相继开展校园运动会、师生联欢会等各种活动,增强凝聚力。四是抓作风建设,强化党员作用。以"转变工作作风,提高行政效能,为群众办实事、解难题"为重点,要求全体党员讲党性、重品行、做表率,充分发挥模范带头作用。努力争做"优秀共产党员""人民满意公务员"和"人民满意教师",坚持把创先争优活动与年终考核和奖惩挂钩,激发党员干部创先争优的积极性和主动性。

教学工作 坚持"党校姓党""质量第一"的办学方针,严格按照全市干部教育培训计划要求,超额完成年度教育培训任务,逐渐形成自身特色。一是科学设置班次,灵活安排教学。将县级干部和科级干部分班进行管理并组织教学,针对性更强,管理更科学,取得良好效果。教学安排上除开设基础性专题外,适时增加十七届五中全会精神及国家"十二五"规划等内容;紧扣三门峡实际,加入农村经济、农村法制、化解基层社会冲突、领导干部如何应对媒体以及信访等专题,更加贴近本地经济社会发展实际。二是优化培训模式,增强培训效果。在进修班培训中首次引入军训,通过3天严格的队列训练、实弹射击、徒步拉练等军事训练和军事知识的学习,提高学员国防意识,磨炼学员意志、强化学员的组织性和纪律性;将军事训练与拓展训练结合起来,激发学员潜能,增强学员向心力、战斗力,对改变学员精神风貌,形成良好作风,意义重大。三是实施教学改革,改进教学方法。组织学员走进法院、直击庭审,精选5场法院庭审案例,通过开展旁听活动,引发学员对法制问题的深入思考。继续强化学员论坛,使其畅所欲言,真正达到教学相长、共同提高的目的。四是优化教师资源,提高教学质量。放宽培训视野,在全市和省内兄弟党校调配整合教师资源。开展全市党校系统教师竞课活动,经过专题申报、集中试讲和学术评议会打分等程序严格筛选,选拔14名优秀教师在主体班上课;先后邀请省委党校刘晖教授、胡隆辉教授和省委统战部崔援朝处长围绕群体性事件、领导干部战略思维和台湾问题作讲座,使学员受益匪浅;邀请郑州、开封、焦作、洛阳等地市党校的5名优秀教师授课,学员反响良好。五是规范教学管理,教学效果显著。本着以严促学的原则,严格学员考勤,并不定时地将出勤情况予以通报;要求班主任全程跟班"陪"训,发现问题及时解决。这些措施的实施,有力地保证了教学活动的有序开展。全年,共培训各级各类干部3 236人,包括主体班2期共186人、村支书培训班450人、第一书记培训班450人、远程教

育培训班 120 人、定额员培训班 430 人、执法人员培训班 4 期共 1 600 人，超额完成培训任务。

科研工作 坚持“科研为教学服务，为党委和政府决策服务，为‘四个文明’建设服务”的指导思想，扎实开展科研工作。制定三校字〔2010〕24 号、25 号、28 号等 3 个重要文件，重新部署、加强党校系统教职人员基层调研工作，在时间、地点、人员组成、课题的确定、调研活动的实施、调研成果审定等方面，进行明确规定；引导、鼓励科研人员多做课题、多出成果；在《三门峡学刊》上开设“创先争优”和“项目建设”等专栏，选编理论研讨文章和相关实践案例，介绍和推广活动学习成果和先进经验，为三门峡市深入开展创先争优活动提供有益借鉴。全年，市委党校教研人员在 CN 刊物上发表论文 56 篇，超出责任目标 20 余篇。当年，共组织申报省社科规划办课题 1 项，结项 1 项；组织申报省社科联课题 2 项，结项 1 项；结项省党校系统课题 2 项；组织申报市社科优秀科研成果 5 项，获一等奖 1 项、二等奖 2 项、三等奖 2 项。其中，“关于义马市发展循环经济的调查研究”“关于我市信访和群众工作的调查研究”“关于我市加快经济发展方式转变问题的调查研究”“关于推动我市旅游大发展的调查研究”4 个重点调研课题，得到市委领导称赞。

函授工作 继续秉承“社会效益第一”的办学指导思想和“从严办学、质量第一”的办学方针，不断创新探索，完善教学管理，强化目标考核，细化管理内容。深化函授教育“精细化管理年”活动效果，在《关于开展精细化管理，提高函授教育质量的实施意见》《关于认真做好我市精细化管理检查考评工作的通知》等管理制度的指导下，进一步加大教学管理力度，确保三门峡学区后函授教育期平稳过渡。及时编制 2010 年秋季和 2011 年春季的全学区教学计划，认真做好 2007 级专科 556 人、2008 级本科 816 人的学员毕业工作和论文答辩工作；汇总、录入、核对、上报学籍有关数据 30 万余条。在 2010 年省委党校函授部年度考评中，市委党校的考务管理工作被评为先进。

县级党校改革工作 5 月 12 日，召开全市县级党校办学体制改革工作会议，传达中央、省委党校校长会议精神，学习研讨全省县级党校办学质量评估标准，听取各县（市）区的改革进展情况汇报和下一步工作打算。市委副书记、党校校长王建勋就深化县级党校改革提出具体要求，县级党校办学体制改革工作正式启动。至年底，全市县级党校办学体制改革工作顺利推进。灵宝分校搬迁至新校区，陕县、渑池分校新校区建设加快，卢氏、渑池、义马分别调整分校常务副校长；开展教学专题申报和竞课试讲活动 2 次，召开教学研讨会 2 次，全市统一调配教师 14 人次，统筹教学专题 22 个，使全市教学资源得到整合和拓展；组织 4 名分校教师赴省委党校培训，选派 6 名分校年轻教研人员下基层挂职锻炼，使分校教师的理论水平和实践能力得到提高。

【首次在主体班引入军事训练】 为进一步加强领导干部的国防观念、组织纪律观念，发扬艰苦奋斗的优良作风，增强干部教育培训效果，3 月 17 日至 19 日，市委党校组织 2010 年春季领导干部进修班学员开展为期 3 天的封闭式军事训练，对学员进行国防知识教育、爱国主义教育以及队列训练、实弹射击、徒步拉练等科目训练，增强学员的责任感、荣誉感和纪律性，使学员以良好的身体素质和饱满的精神投入到学习中，切实做到“从领导干部到学员的转变，从家庭生活到集体生活的转变，从工作到学习的转变”，赢得学员一致好评。此次军训的开展是市委党校近年来在不断深化教学改革，创新教学模式，增强干部培训效果方面进行的有益探索和尝试。

【两期领导干部进修班顺利结业】 6 月 10 日和 12 月 9 日，全市 2010 年领导干部进修班春季班、秋季班共 186 名学员，经过为期 3 个月的学习顺利结业。两期进修班以中国特色社会主义理论体系为指导，始终把落实科学发展观、构建社会主义和谐社会、增强执政意识、提高执政能力、转变工作作风作为教学的核心内容，围绕市委中心任务，教学计划灵活适时，及时将十七届四中、五中全会精神、深入开展创先争优和“抓基层、打基础、争一流、当先锋”活动等方面内容融入进修班教学当中；课程内容合理实用，除保持“三基本、五当代”的教学内容外，更注重对领导干部的素质培养，融入军事训练、拓展训练、模拟法庭、实地观摩和社会调研等项目；授课方式新颖多样，结合三门峡实际和现代领导干部的特点，有针对性地设置 212 个专题，其中党校教师授课 132 讲、收看中央党校远程教学 26 讲、外聘领导授课 42 讲，开设研讨式教学、案例式教学 12 次，举办学员代表座谈会 2 次。

5 月 12 日，全市县级党校改革工作会议召开

【全市县级党校改革工作会议召开】 5月12日,全市县级党校改革工作会议在市委党校召开,市委副书记、党校校长王建勋出席会议并作重要讲话。会议旨在传达全国、全省党校校长会议精神,通报省委党校关于县级党校质量评估标准,下达推进市县党校教学业务"六统筹"工作的意见。王建勋在会上指出,推进县级党校改革是加强干部培训、贯彻上级精神、推动党校发展的需要。各县(市)区要提高认识,增强推进县级党校改革工作的责任感;要尽职尽责,尽快实现县级党校建设发展的新突破;要加强领导,确保县级党校改革发展工作全面完成。

【12名党校教研人员被选派到基层挂职锻炼】 8月中旬,市委党校根据党校教研人员所调研课题和研究方向,联合市委组织部,在全市党校系统中选派12名年轻优秀的教研人员到基层挂职锻炼1年,挂职地点主要是各县(市)区的乡(镇、街道)。要求挂职人员充分发挥自身理论优势,深入一线进行有针对性的调查研究。挂职锻炼之前,要确定研究课题;进入挂职单位之后,要制定详细的调研提纲,边工作边调查研究;挂职结束后,要提交有价值的研究报告,分别交市委党校和挂职单位。此举为三门峡市选派党校系统教研人员下基层挂职锻炼首开先河,为党校教研人员提供了深入基层、深入实际,锻炼领导能力、协调能力,实现理论和实际结合的重要机遇,也为丰富干部教育课堂教学内容,提高党校教师知识储备和教学水平提供了一个良好的平台。

【课题"河南省新农村建设中的危机管理体系研究"顺利通过专家评审】 12月31日,由市委党校申报的省社科规划办课题"河南省新农村建设中的危机管理体系研究",通过专家匿名评审和会议论证,取得良好成绩并顺利结项。该课题结构合理,论证缜密,依据世界发达国家危机管理最新成果,立足河南省新农村建设中危机管理现状,提出构建农村危机管理体系、培育多元管理主体、优化方位机制、提升危机管理能力等观点和对策,为河南省新农村危机管理建设提供了理论支撑和决策参考。

(邓　斌)

纪检监察

【概况】 2010年,三门峡市各级纪检监察机关按照中央和省、市反腐倡廉建设的总体部署,坚持"立足职能,服务发展;立足实际,创新特色;立足为民,打造形象"的工作思路,突出重点,注重实效,狠抓落实,各项目标任务圆满完成。

扎实开展反腐倡廉主题宣传,增强廉政教育实效。一是开展学习宣传《廉政准则》"八个一"活动,即进行一次专题辅导、开办一个宣传专栏、发好一条廉政短信、办好一期专题学习班、举办一场文艺晚会、组织一次知识测试、进行一次对照检查、开展一次专项检查,在全市营造了浓厚的学习贯彻氛围。在媒体分别开设"学准则、话廉政""反腐倡廉崤函行"等专栏,在报纸发稿80余篇、网站发稿120余篇,在三门峡电视台、三门峡电视公共频道滚动播出宣传口号1 100余次;以贯彻《廉政准则》为主题,举办全市庆"七一"廉政文艺晚会;开展以"贯彻落实《廉政准则》,争做勤政廉政表率"为主题的全市第3个"反腐倡廉宣传教育月"活动,组织全市党员干部进行廉政知识测试和"一把手"以《廉政准则》为主题上一次廉政党课;举办第3届全国廉政诗词楹联大奖赛和首届全国廉政剪纸艺术大奖赛等活动,营造"廉荣贪耻、激浊扬清"的廉政氛围。二是建立新闻发言人制度,主动接受社会各界的工作监督。2月2日,市纪委首次举行以党风廉政建设和反腐败工作为主题的新闻发布会,通报2009年度反腐倡廉工作情况,特别是查处的具有较大影响的案件。3月17日,再次召开新闻发布会,通报2009年度民主评议政风行风考评结果。三是充分发挥网络反腐倡廉宣传和正面引导作用。对三门峡廉政文化网站进行改版,提高网站的知名度、影响力。制定出台《关于充分发挥廉政网络舆情监督作用推进反腐倡廉建设的意见》,建立健全廉政网络舆情机制。全年共编印报送《党风廉政网络舆情》57期,筛选排查违纪违法线索9个,立案调查4起,澄清是非5起,有效发挥了网络舆论监督在反腐倡廉工作中的积极作用。省纪委《工作通报》对三门峡市的这一做法进行了介绍。此外,全面加强纪检监察培训工作,先后组织全市纪检监察干部参加中纪委调训12期23人、省纪委培训6期14人、自办培训班3期160余人,累计培训纪检监察干部900余人次。

狠抓反腐倡廉督导检查,强化对领导干部的监督。一是认真落实党风廉政建设责任制。在全市推行党风廉政建设"六公开",即各级各部门将领导班子及其成员的党风廉政建设职责、目标任务、廉政承诺、述职述廉报告、经费开支情况以及本级本部门重大事项办理等6项内容通过不同形式在一定范围内公开,接受干部群众的监督。建立党风廉政建设责任制工作台账,有力推进了党风廉政建设责任制工作规范化、制度化。组织开展年中督导检查,召开座谈会100余次,提出整改意见230余条。加大责任追究力度,先后对57名党员领导干部实施责任追究。充分发挥党风廉政建设责任制领导体制、工作机制和工作制度在惩防体系建设中的积极作用,将惩防体系考核和党风廉政建设责任制考核有机结合,抓好责任分解、责任考核和责任追究,对各县(市)区和市直单位惩防体系建设工作机构运行、责任落实等情况进行全面督导检查和认真考核,强化了各级各部门尤其是牵头单位抓好惩防体系建设的责任意识。二是做好领导干部廉洁自律工作。开展"节日病"专项治理,向全市县级干部发送廉政短信1万余条,提醒各级领导干部自觉遵守廉洁自律各项规定,增强廉洁从政意识。查处7起党员干部违反廉洁自律案件,给予党政纪处分8人。三是开展厉行节约专项治理和"小金库"治理工作。市纪委对各县(市)区、市直各有关单位开展厉行节约专项治理工作情况进行集中督导检查,确保取得实效。配合市财政局等部门,组织开展"小金库"专项治理工作。做好反腐败治本抓源头和治理商业贿赂工作，完成上级部门布置的各项工作任务。委托审计机关对2009年以来交流、提拔、离任的45名市管干部进行经济责任审计。四是加强信访监督工作。出台《三门峡市纪检监察机关信访监督实施细则》，对党员干部实施有效监督。全年全市共实施信访监督130件。五是探索建立反腐倡廉建设工作巡查制度。市委出台《三门峡市反腐倡廉建设工作巡查实施办法（试行）》，探索试行对县（市）区和设党委的市直部门开展巡查，实现巡查工作的全覆盖。全年对市直各单位实施2次集中巡查，及时指出存在问题和不足，督促指导各部门落实反腐倡廉各项工作任务。

探索创新办案工作机制，确保依纪依法严格查办案件。一是探索创新办案工作机制。出台《全市纪检监察机关办案工作评比奖励暂行办法》，调动查办案件工作的积极性；建立市纪委案件检查室（案管室）与县（市）区和派驻纪检监察组办案工作捆绑联动机制，成立3个“办案协作区”；实行市纪委领办县（市）区案件制度，有效提高了基层办案的数量和质量；制定《关于加强对纪检监察机关移送司法处理案件协商沟通的意见》，努力形成查办大案要案的工作合力。在全省基层办案工作经验交流会上，三门峡市作了典型发言。省纪委印发工作通报，肯定了三门峡市的做法。二是探索创新办案监督工作机制。逐级签订“依纪依法安全文明廉洁办案责任书”，实行“一提醒三监督”（案前提醒，指定办案监督员，发放“依纪依法办案监督卡”，实施随案巡查监督）制度，全面加强对办案过程的监督，化解办案风险，确保实现“办案人员零违纪，办案安全零事故”的目标。建成集中办案点，可保证市、县两级纪检监察机关集中办案使用。三是加强案件审理和申诉复查复议。开展2009年度案件质量检查，确保党政纪处分决定执行到位。坚持“复查大计，公正第一”的方针和以人为本、实事求是、有错必纠的原则，严格执行首诉必接、首诉必复制度，切实维护了申诉人的合法权益和正当诉求。全年全市纪检监察机关共受理群众信访举报551件，初核305件，同比上升25.51%；立案340件（其中县级13件、乡科级60件），上升4.62%；给予党政纪处分338人（其中县级13人、乡科级59人），上升4.64%；移送司法机关11人。

以开展专项治理为抓手，努力解决损害群众利益的突出问题。一是围绕中央、省政策落实加大督导检查力度。围绕中央“扩内需、促增长”4批项目开展3次检查，发现问题300余个，全部整改到位。查办“扩内需、促增长”政策落实工作中的违纪违法案件8起，查处党员干部9人，对29个项目主管单位下发效能告诫书，对9个主管单位的领导进行诫勉谈话。二是加大纠风专项治理力度。全年共受理群众各类举报342起，对公路、学校、医院明察暗访18次，查处纠风案件14起，给予党政纪处分9人、组织处理7人。开展社保基金、住房公积金、扶贫资金、救灾资金等专项资金监督检查，纠正违规资金2.6亿元。建成县、乡、村三级纠风网络，成立纠风组79个，聘请纠风监督员1 534名。深入开展“争创群众满意基层站所”活动，通过“政风行风热线”解决群众反映问题152件，办结130件。在全省三级纠风网络建设经验交流会上，三门峡市作了典型发言。9月，全省纠风工作座谈会在三门峡市召开。三是围绕热点问题强化执法监察。针对节能减排、环境保护、规范和节约用地、安全生产等政策措施落实情况加强监督检查，严肃查纠违法违规行为。参与事故调查4起，诫勉谈话2人，给予党政纪处分24人，其中县级干部2人，移送司法机关处理3人。四是深入开展工程建设领域突出问题专项治理。严肃查处违法用地和违法采矿案件，会同国土资源部门对全市2007年至2009年的34宗未报即用违法用地案件进行清查，对其中5宗典型案件在《三门峡日报》上公开曝光，追究党政纪责任11人，移送司法机关追究刑事责任7人。开展工程建设领域突出问题专项治理，对全市709个项目进行专项检查和重点督查，共发现883个问题，整改落实721个，罚没、责令补交各类款项1 203万元。共受理工程建设领域投诉举报和上级交办案件42件，核查28件，查实21件，给予党政纪处分12人，移送司法机关处理10人。研究起草《三门峡市工程建设项目备案制度》《工程建设项目廉政预警制度》《重点工程建设项目派驻纪检监察员暂行规定》《治理工程建设领域突出问题牵头部门长效机制建设意见》，建立防治工程建设领域腐败问题长效机制。

深化行政效能建设，维护全市良好经济发展环境。一是加强机关效能建设。开展“百家企业评机关”“千名群众评效能”活动，发放调查问卷1 100份，收回1 050份，收集评议意见建议1 429条、工作意见建议25个方面、共性意见建议12个方面，并下发通知，督促整改落实。召开全市机关作风效能评议大会，公开评议市直102个涉企和重点服务科室，对评议排序前20名的科室报请市委、市政府通报表彰，对排序后10名的科室负责人诫勉谈话并调整岗位，加大评议问责力度，提高效能评议的实际效果。开展3次机关作风纪律整顿活动，共检查市直、县直单位204个，科室及服务窗口395个，对上班时间上网聊天、玩游戏、炒股及脱岗、离岗的438名违规人员分别予以处理。其中，责令书面检查并批评教育362人，诫勉谈话59人，作出公开检查取消评先资格13人，行政警告处分取消年终奖金3人，调离岗位1人。二是建立优化经济发展环境责任制。将全市优化经济发展环境工作6个方面、54项工作任务分解落实到38个责任单位。建立服务联系重点企业制度，对市委、市政府确定的100家重点服务企业由市纪委、监察局机关5个室分包联系，帮助解决困难。加强企业监测点信息联系，收集各类情况和问题86个，全部得到较好解决。三是加强效能监督和问责。强化电子监察监督，高起点、高标准地建设覆盖市、县、乡三级行政效能电子监察系统。会同有关部门对“扩内需、促增长”政策落实情况开展监督检查，确保项目顺利建成。加大优化经济发展环境案件查处力度，全年共受理优化环境和效能监察投诉线索114件，查处违纪违法案件68起，实施责任追究65人。四是推进党务、政务公开工作。出台《关于全面推进党务公开的实施意见》，制定《三门峡市政务公开制度》，确保基层党务公开工作顺利推进,深化行政管理体制改革。

巩固提升农村监委会工作,拓展基层民主监督领域。一是完善制度,着力规范村务监督委员会工作。修订村务公开制度、民主理财制度、廉洁自律制度等,规范监委会运行机制。健全完善监督责任制度、工作督导制度等,规范监委会监督程序,提高监督效果。二是巩固成果,提升“三资”管理水平。建立健全财务管理,资产、资源登记清查,民主管理,公开招投标,合同管理5项制度;实行“三监督一追究”(群众监督、部门监督、审计监督,责任追究),巩固“三资”清理取得的成果。三是把好“四关”,提高监委会队伍整体素质。从监委会成员的选拔任用、教育培训、激励保障、监督管理等方面入手,把好选举任用关、教育培训关、待遇落实关、评议考核关,全面加强监委会队伍建设。四是拓展领域,推进城市居务监委会建设。全市城市社区103个居委会全部建立居务监督委员会,并制定相应的工作制度,实现了基层民主监督工作在城市社区的全覆盖。

强化“大纪检组”监督检查职能,派驻工作明显得到加强。一是强化宣传教育。各派驻纪检监察组结合驻在单位实际开展学习宣传贯彻《廉政准则》活动,通过举办专题讲座、组织知识测试、开展警示教育等多种形式,营造了浓厚的《廉政准则》学习贯彻氛围,提高了驻在单位领导干部的廉洁从政意识。二是突出监督检查。开展工作巡查和党风廉政建设责任制督导检查,对发现的倾向性、苗头性问题,早打招呼、早提醒,警示防范并重,减少了腐败问题发生。共对驻在单位共组织实施2次巡查。三是加强办案工作。全年共收到信访举报件和案件线索47件次,并一一进行调查了解,初核10起,立案10起。

突出特色亮点工作,以点带面推进纪检监察整体工作。坚持“以创新精神抓特色,以特色工作促全局”的工作理念,注重抓创新特色工作,抓重点亮点工作,带动全局工作的发展。年初,市纪委常委会经筛选研究确定了学习宣传贯彻《廉政准则》、探索实行对县(市)区和设党委的市直部门开展巡查、全面构建廉政网络舆情机制、建立完善廉政告诫机制和制度、扎实推进信访监督、探索建立治理工程建设领域突出问题的工作机制制度、优化经济发展环境、深化完善村务监督委员会工作、集中办案点建设、进一步深化政风行风建设等9项重点和特色工作。通过坚持特色工作常委负责制,重点工作常委会督查,周例会、月督查、季汇报等工作机制,各项重点特色工作稳步推进,扎实开展,并带动了纪检监察整体工作的顺利开展。在7月8日召开的全省反腐倡廉建设创新经验交流会上,三门峡市作了交流发言。

【市纪委五次全会召开】 2月4日,三门峡市第五届纪律检查委员会第五次全体会议召开。会议的主要任务是学习贯彻党的十七届四中全会,中纪委、省纪委五次全会和市委经济工作会议精神,总结2009年党风廉政建设和反腐败工作,部署2010年工作。市委常委、纪委书记申黎明出席会议并讲话。申黎明指出,要严肃政治纪律,确保中央和省、市重大决策部署的贯彻落实;要严格依纪依法,进一步加大查办违纪违法案件力度;要抓好制度落实,促进领导干部廉洁自律;要更加关注民生,切实解决反腐倡廉建设中群众反映强烈的突出问题;要强化教育监督,从严规范领导干部从政行为;要紧密联系实际,扎实推进基层党风廉政建设;要推进改革创新,进一步深化治本抓源头工作。

【举行“中天杯”第3届廉政诗词楹联大奖赛颁奖仪式】 7月1日,“中天杯”第3届廉政诗词楹联大奖赛颁奖仪式在三门峡市举行。省纪委副书记李建社,省纪委宣教室主任于善法,中华诗词学会常务理事、河南文艺出版社副总编王国钦,市委副书记、市长杨树平,市委常委、纪委书记申黎明等出席颁奖仪式。此次大奖赛由市纪委、监察局和湖滨区委、区政府主办,得到全国各地广大诗词楹联爱好者的支持,共收到2 286人的6 416副楹联作品、1 037人的2 325首阕诗词作品。经过层层评选,分别评出诗词和楹联一、二、三等奖各12名,优秀奖各40名。

【实现基层民主监督工作在城市社区全覆盖】 至10月底,全市103个居委会全部建立居务监督委员会,并制定相应的工作制度,实现基层民主监督工作在城市社区的全覆盖,推进了基层各项工作的民主化进程。为拓展监委会监督领域,推进城市社区党风廉政建设及和谐社区建设,2010年4月,三门峡市制定下发《关于建立居务监督委员会的意见》,要求各县(市)区在城市社区全部建立居务监督委员会,明确居务监督委员会的目标任务、工作职责、权利义务、产生办法等。居务监督委员会的建立要在街道办事处党委、纪委的指导下,严格按照关于监督委员会成员产生和考核办法的规定进行。居务监委会作为独立的基层社区监督机构,牌子要与党组织、居委会牌子同规格并行悬挂。

【举行廉政建设报告会】 12月8日上午,三门峡市举行廉政建设报告会,邀请市委、市政府特聘党风廉政建设高级顾问、著名学者李成言教授作廉政建设报告。李成言是中国监察学会副会长、中央治理商业贿赂专家咨询组成员、北京大学廉政建设研究中心主任、博士生导师。李成言负责创建的北京大学廉政建设研究中心承接了中纪委、教育部多项国家级、部委级廉政建设课题,对中国廉政建设理论和实践进行了深入探索并取得重要成果。自2008年市委、市政府把每年的12月确定为反腐倡廉集中宣传教育月以来,李成言连续3年应邀为三门峡市领导干部作廉政建设报告。

【中国三门峡首届全国廉政剪纸艺术大赛颁奖仪式举行】 12月29日上午,中国三门峡首届全国廉政剪纸艺术大赛颁奖仪式举行。中国民协剪纸艺委会主席赵光明,省监察厅副厅长付静,市委书记李文慧,市委常委、纪委书记申黎明出席颁奖仪式。此次大赛由中国民协剪纸艺委会,市纪委、监察局和陕县县委、县政府主办,由陕县纪委、监察局承办。大赛突出“廉政、发展、和谐”主题,以“挖掘民俗特色文化,弘扬廉政勤政风尚”为宗旨。自2010年10月正式启动以来，共收到来自全国21个省、市、自治区的剪纸作品1 010幅。参赛作品主题鲜明，题材广泛，表现手法多样，艺术价值颇高，展示了当代中国剪纸的水平，实现了廉政文化与剪纸艺术的完美结合。12月24日至26日，大赛组委会评出金剪子奖5名、最佳创意奖15名、优秀奖80名、组织奖10名。

（赵淑波）

民主党派和工商联

8月31日，市委书记李文慧（左1）到民盟三门峡市委机关调研

中国民主同盟三门峡市委员会

【概况】 2010年，民盟三门峡市委在中共三门峡市委和民盟河南省委的正确领导下，认真贯彻落实科学发展观，坚持把促进科学发展作为参政议政的第一要务，对重大问题和人民群众关心的热点难点问题深入开展调研，取得显著成绩。履行参政党职能，为维护团结和稳定作出积极的贡献。至年底，民盟三门峡市委下设1个总支、10个支部、3个小组，组建教育、科技、经济、文化艺术、社会法制5个委员会，有盟员159人，中高级职称占96.8%，平均年龄50岁。盟员中：省政协常委1人，省政协委员1人；市人大常委会副主任1人，市人大常委1人，市政协常委5人，市政协委员18人。民盟三门峡市委被评为全省民盟社会服务先进市委，民盟三门峡市委获得市政协2010年度优秀提案奖，民盟三门峡经济科技第一支部荣获全省民盟先进基层组织。

【民盟三门峡市委参政议政工作】 民盟三门峡市委就加快全市高速公路网建设，向全国人大会议提交了“关于加快豫晋陕黄河金三角地区高速公路网建设的建议”，省交通厅已经开工三门峡至淅川、洛阳至卢氏、栾川至卢氏3条高速公路项目建设。何建刚在省政协的提案“关于破解大学生就业难的建议”被《大河报》等10余家媒体采访报道。民盟三门峡市委在市政协全会的发言“内涵提升，统筹发展，全面提高普通高中教育的教学质量”，得到市委李文慧书记批示落实。民盟三门峡市委在市政协全会上共提交11份高质量的集体提案，占集体提案总数的48%，盟员个人提案37件，受到较高评价，得到了重点办理。其中：民盟市委提案“关于建设黄河文化展示区的建议”得到了市林业和园林局的肯定，并邀请市政协和市民盟就该提案一同调研，在天鹅湖国家城市湿地公园建设中给以落实；“关于连霍高速拓宽与我市新区及高速两边搞好配套衔接的建议”引起了市政协的重视，在市交通运输局召开该提案督办会，面对面研究了在连霍高速加宽时采取的具体办法；“关于加快市中心商业区改造建设的建议”得到了市规划城管局和市商务局的肯定和采纳；“加快我市供热计量收费的建议”“关于尽快开通上管路的建议”等道路建设的提案也得到了市住建局的好评并予具体落实。根据市委统战部的安排，民盟市委落实调研直通车制度，完成了三门峡市教育均衡发展的调研，形成了“推进义务教育均衡发展，促进教育公平”调研报告，受到了市委李文慧书记的高度重视，中共三门峡市委办公室《领导同志批示》第38期印发了市委书记李文慧在12月2日的批示：“民盟三门峡市委的调研报告内容详实、针对性强，各有关部门要认真研究，努力提高三门峡市教育均衡发展的水平”。民盟市委还承担并完成了民盟中央关于收入分配改革机制相关课题分解调研，受到民盟河南省委的表扬。组织参加机关作风效能评议活动，对市直102个重点涉企和具有公共服务职能的科室及二级机构进行民主评议，参加了法院“千案观摩活动”、检察院反渎职侵权检务公开等一些法律法规执法检查和视察调研活动，9名盟员被聘任为10个部门的特约人员，发挥了咨政建言和民主监督的积极作用。

【发挥自身优势为经济建设服务】 民盟三门峡市委抓住解决农村“技术棚架”这一关键环节，组织科技专家开展服务“三农”活动。在陕县二仙坡建成了“民盟三门峡市委社会服务示范基地”。先后到渑池坡头乡、陕县硖石乡、大营村等开展5次“三下乡”活动，民盟参加了义诊和心连心文艺演出，组织盟员到陕县店子乡栗子坪小学开展文化下乡活动，向该校捐赠了80套学习用品。举办糖尿病知识专题讲座，主办6期糖尿病专业医生培训，受培训医生300余人。民盟市委还先后动员盟员向青海玉树捐款7 740元，向卢氏灾区捐款5 500元。加强与民盟中央、清华大学联系，在卢氏县委党校建成卢氏县清华大学远程教育教学站，开班培训。先后与卢氏县委组织部联合举办为期5天的乡科级领导干部培训班和招商引资后备干部培训班等,集中播放清华大学提供的“县域经济高级研修班”教学光盘,实时直播“中国富强精英教育—清华(教育扶贫)县域发展与招商引资高级研修班”课程实况,共培训乡科级领导干部200余人,深受欢迎和好评,取得了良好的社会影响。　(员益峰)

中国民主建国会三门峡市委员会

【概况】 2010年,民建三门峡市委在中共三门峡市委和民建河南省委的正确领导下,在中共三门峡市委统战部的支持和帮助下,以邓小平理论和“三个代表”重要思想为指导,树立和落实科学发展观,按照“内强素质,外塑形象”的要求,围绕中共三门峡市委、市政府的中心工作,认真履行参政党职能,努力加强自身建设,为三门峡的改革开放、经济发展和社会进步作出了应有贡献。荣获全省地市级组织量化考核二等奖、全省提案和社情民意工作先进单位称号。至年底,民建三门峡市委共有65名会员,100%大专以上文化,其中:高级职称13人,中级职称44人,计57人,占会员总数的88%;地厅级领导干部1人,处级领导干部3人,科级领导干部35人;全国人大代表1人,省政协委员1人,市政协常委2人,市人大常委1人,县、区政协委员3人,县、区人大代表2人,各类特约人员21人。

【民建河南省委主委龚立群到三门峡】 11月10日,河南省政协副主席、民建河南省委主委龚立群一行4人莅临三门峡,专程看望、慰问在陕县挂职副县长的民建河南省委常委、省政协常委白振勇,并视察了民建三门峡市委的工作。中共三门峡市委书记李文慧,市政协主席郭秀荣,市委常委、统战部长赵艳,市政协副主席、民建市委主委张景林会见了龚立群一行。

【民建三门峡市委参政议政工作】 民建三门峡市委始终把参政议政工作摆在重要位置,带领全体会员牢固树立参政为民的思想,紧紧围绕中共三门峡市委、市政府的中心工作充分发挥民建联系经济界的特色,深入调查研究,不断提高参政议政的能力和水平,参政议政工作取得了突出成绩。1月22日召开的省政协十届三次会议上,市政协副主席、民建三门峡市委主委张景林向大会提交了13件提案,引起社会各界、国家及省级媒体的广泛关注和好评。其中:“关于在刑法中增设危险驾驶罪的建议”被《人民政协报》及人民政协网转载;“高度重视并尽快解决公务车的浪费问题”被《检察日报》《河南商报》《徐州日报》《南方都市报》《华西都市报》《三门峡日报》及新浪网、正义网、大河网、商都网、人民网等多家新闻媒体转载,并接受了河南电视台、河南广播电台、手机报的专访;“关于加强对沿黄地区湿地保护的建议”被《郑州晚报》转载;“要高度重视解决节能灯存在的污染隐患”被《河南日报》及《东方今报》转载;“关于建立对‘不作为’‘滥作为’部门问责制的建议”被《东方今报》《河南商报》《河南法制报》及大河网转载;“关于加强学生心理健康教育的建议”被《郑州晚报》及中国新闻网、中原网转载。在3月召开的十一届全国人大会议期间,国务委员刘延东来到河南代表团,与代表们一同审议《政府工作报告》,就民建三门峡市委委员李勤提出的关于提高少年儿童健康水平等建议给予了充分肯定并现场答复:“青少年的身心健康问题,是国家、学校、社会、家庭需要共同努力解决的问题。这个问题现在还是比较严重的,一个是课业负担要减轻,我们回过头来想一想,我们从小到大许多死记硬背的知识没有多少能够用得到的。所以这次规划纲要提出素质教育作为整个战略的主题,德育为先,能力为重,全面发展。将来按照这样的目标,学生的负担会大大减轻。”1月11日至14日,三门峡市政协五届四次会议召开。会议上,民建三门峡市委共提交4件集体提案、23件委员个人提案,市政协副主席、民建三门峡市委主委张景林作为市政协领导,出席并参加了民主党派组、文学艺术体育组等界别的分组讨论,卫超民代表民建三门峡市委作了题为“积极参加开展民主评议活动,履行政协委员民主监督职能”的大会发言,受到与会领导及委员们的好评,树立了民建三门峡市委良好的党派形象和组织形象。

【民建三门峡市委开展社会服务活动】 9月3日至5日,三门峡电视台在市体育馆举办秋季车、房展览暨电视车模大赛。河南宇萃律师事务所三门峡分所主任赵双良组织所里业务素质高、办案能力强的精干律师进驻会场,为广大市民免费提供法律咨询服务。在此次义务法律咨询活动中,共有600余名市民前来咨询,现场免费发放法律宣传资料500余份,普及、宣传法律知识,提高市民的法律意识,收到良好的社会效果。11月20日,为了让返乡农民工学到一技之长、尽快走上致富之路,民建三门峡市委组织部分专家学者来到陕县菜园乡桃王村,免费为100余名返乡农民工提供技能培训,受到当地党委、政府及村民们的欢迎和好评。12月2日,三门峡市直机关在三门峡湖滨广场举办巾帼(家庭)广场志愿者服务活动,民建市委积极响应,组织会内的司法界会员参加,为前来咨询的群众提供法律服务。此次咨询活动中,共有400余名群众前来咨询,现场免费发放法律宣传资料600余份,现场达成了3个合作意向,受到群众的欢迎与好评。

【参加“迎世博、颂盛世——河南民建会员书画展”】 为了分享世博、歌颂盛世,民建河南省委在4月下旬举办“迎世博、颂盛世——河南民建会员书画展暨民建河南省委文化艺术委员会成立大会”。民建三门峡市委高度重视此次活动,召开专题会议认真进行了部署,会员们踊跃参与。经过有关专家认真评选,最后选送3名会员的6幅书画作品参加此次书画展。这6幅参展作品健康向上,积极突出主旋律,以“迎世博、颂盛世”为主题,以坚持中国共产党领导的多党合作和政治协商制度和弘扬民建优良传统、践行社会主义核心价值体系为基本内容,充分展示了三门峡民建会员热爱祖国、热爱中国共产党、热爱家乡以及朝气蓬勃的精神风貌。

（赵经纬）

中国农工民主党三门峡市委员会

【概况】 2010年，农工党三门峡市委在中共三门峡市委和农工党河南省委的领导下，贯彻落实科学发展观，团结带领广大党员，以经济建设为中心，积极履行参政党职能，为三门峡经济社会发展作出了积极贡献。至年底，共有党员82人，领导班子由7人组成，设7个支部、5个专门工作委员会。党员中有：地级干部1人、县级实职干部3人，省人大代表1人，省政协常委1人、委员1人，市人大常委1人、代表2人，市政协副主席1人、常委5人、委员10人，区（县）政协委员5人，各类特约人员16人。党员分布在27个部门和单位，其中医药卫生界52人，占67.08%；经济、科技、教育、法律等界别25人，占32.92%，全部具有高中级专业职称。2010年被评为全国“党务工作先进基层组织”“党刊征订工作先进集体”和全省“社会服务工作先进集体”、树立和践行社会主义核心价值观活动“优秀市级组织”、全省纪念农工党建党80周年暨树立和践行社会主义核心价值观演讲比赛一等奖，3个基层支部被农工党省委授予“先进基层组织”称号。

【农工党三门峡市委加强政治理论学习】 按照农工党中央、农工党河南省委和中共三门峡市委统战部的部署，组织农工党员认真学习中共十七届四中、五中全会精神、胡总书记的一系列重要讲话、中共河南省委、农工党河南省委、中共三门峡市委历次重要会议精神，进一步提高了广大党员的思想政治素质，增强了接受中国共产党领导、走中国特色社会主义道路的自觉性和坚定性。

【农工党三门峡市委参政议政工作】 在省、市、县（区）“两会”上，共提建议案、提案70件。其中：省人大会议建议1件，省政协提案8件，市人大建议2件，市、县（区）政协会议提案53件；集体9件。为农工党省委准备提案材料12件，5件提交全国政协大会，6件提交省政协作为大会书面发言材料，在全省农工党届别中名列第1，受到农工党河南省委表彰和奖励。

【开展树立和践行社会主义核心价值观活动】 强化组织领导。认真学习文件，制定实施方案，成立领导机构，组织发动基层，为开展树立和践行活动奠定了坚实的思想认识基础、组织保障基础和群众工作基础。广泛学习动员。通过召开动员会、纪念会、报告会、座谈会，开展理论研讨等形式和活动，推动全市各级组织认真学习、准确把握社会主义核心价值体系的现实背景、基本内容、科学内涵、时代特征、主要功能和上级要求。开展党史教育。邀请市委统战部和市委党校知名专家教授和党内老同志、老领导，从理论和实践层面共同研讨农工党的发展历程、主要经验和优良传统。做到“五个结合”。坚持把开展树立和践行社会主义核心价值体系活动，与推进学习型参政党组织建设相结合、与开展纪念农工党成立80周年系列活动相结合、与开展“百千万农村健康行动计划”相结合、与推进和加强自身建设相结合、与积极履行参政党职能认真建言献策相结合，不断把开展树立和践行活动引向深化。树立先进典型。树立宣传先进典型，发挥示范引领作用。弘扬农工党老一辈代表人物与中国共产党风雨同舟的光辉事迹和高尚风范；树立和宣传新时期涌现的先进集体和典型人物刘天福、徐银周、周惠平等，并把他们的事迹整成文字材料，供广大党员进行学习。注重实际效果。将学习马克思主义指导思想、树立中国特色社会主义共同理想与探索思想政治教育新途径相结合；将弘扬以爱国主义为核心的民族精神与学习党的历史、弘扬党的优良传统相结合，彰显农工党特色；将践行以改革创新为核心的时代精神与农工党重点工作相结合，在参政议政落脚点上出成果。

【开展推进学习型参政党组织建设活动】 根据农工党中央和农工党河南省委要求和部署，扎实开展推进学习型参政党组织建设。指导思想明确、组织领导到位，坚持科学规划、工作要求明确，学习内容充实、载体建设完善，稳步扎实推进、注重实际效果，坚持解放思想、把握活动原则。通过开展建设活动，广大党员、干部进一步加深了对科学发展观的认识和理解，党的思想建设、组织建设、制度建设、作风建设进一步加强，提高了运用科学发展观建言献策、服务大局的水平，为搞好多党合作、推动科学发展提供了可靠的思想政治和组织基础。

【农工党三门峡市委开展社会服务工作】 与市政协、市委统战部联合到扶贫点开展大型“三下乡”活动3次，为贫困山区群众送医、送药、送科技、送法律，参加党员专家120余人次，受益群众3 500余人次，赠送各类医药用品1.6万余元，免费法律咨询60余件。积极行动应对小儿手足口病疫情。联合市卫生局，动员广大医疗卫生工作者迅速采取行动，切实加强传染病防治工作：积极加强各医疗机构执法监督检查指导。加强对手足口传染病防治工作监督指导。加强对医疗机构相关人员法律知识和医院感染控制知识培训，提高应对突发公共卫生事件的能力。参加市卫生局组织的春季“三下乡”活动。3月25日，三门峡市百余名文化、科技、卫生、法律、教育工作者齐聚渑池县坡头乡坡头村，集中开展春季文化、科技、卫生“三下乡”活动，农工党市委有15名党员活动，为当地群众送医送药，得到了当地群众的好评。

【国际科学与和平周宣传活动】 11月13日，在湖滨广场举办迎接第22届“国际科学与和平周”大型宣传及义诊活动。市政协副主席、农工党三门峡市委主委肖群兰出席活动。本次活动农工党三门峡市委充分发挥医药卫生专家多的优势，将“国际科学与和平周”宣传与举办大型义诊活动结合起来，受到群众的欢迎。据统计，本次活动共展出宣传版面40余块，发放宣传材料3 000余份，义务为群众体检500余人次。

【开展第三届“中国环境与健康宣传周”活动】 5月30日，在湖滨广场举办迎接第3届“中国环境与健康宣传周”大型宣传及义诊活动，出动宣传车4台，展出环境与健康、卫生知识、医疗保健等宣传版面40余块，发放宣传材料3 000余份，为群众义诊和健康体检、咨询600余人次。

【农工党三门峡市委开展社会调研活动】 根据农工党中央和省委拟定的重点调研题目，结合三门峡市的实际选定经济社会发展中具有综合性、全局性、前瞻性的问题为重点调研课题。全年，农工党三门峡市委组织班子成员和省、市、区(县)人大代表、政协委员，深入实际开展了民族宗教工作、食品药品安全、生态文明建设、生产性服务业、节能减排等20余项专题调研，撰写了“关于我市民族宗教工作的调研报告”“关于进一步大力发展我市生产性服务业的对策与建议”等10余篇调研报告。

【开展纪念中国农工民主党成立80周年系列活动】 在有关媒体上发表纪念农工党建党80周年文章；召开纪念座谈会；组织党员为广东惠州邓演达纪念园捐款共计3 200元；组织参加农工党省委开展的演讲比赛、文艺演出、书法展览、宣传版面；组织党员参加纪念农工党成立80周年知识竞赛活动；组织党员学习农工党章、党史和党员读本；在开展社会服务的同时宣传农工党成立80周年和农工党三门峡市委成立以来的历程、成就；组团参加农工党河南省委举办的纪念农工党建党80周年系列庆祝活动。

【开展“百千万农村健康行动计划”】 在全市确立了陕县观音堂镇、张村镇等6个乡镇卫生院、60个村级卫生所为定点帮扶点。2010年开展的主要工作。到渑池县仁村乡红花窝村、陕县张茅乡西崖村开展医疗、科技下乡活动，为当地农民讲授农业科技知识，并考察当地新农村建设情况。第一支部、第二支部和第六支部党员分别对渑池县英豪卫生院：槐英村卫生室、东马村卫生室、英新村卫生室，灵宝市大王镇卫生院：神离村卫生室、大王村卫生室、老城村卫生室，陕县观音堂镇卫生院：观音堂村卫生室、段岩村卫生室、段家门村卫生室、韩岩村卫生室3个乡级卫生院、10个村级卫生室的农村卫生技术人员进行农村基础医疗卫生知识现场培训，并进行现场问题解答。各支部共为210名农民、231名农村小学生进行健康教育、健康体检，并进行登记，建立个人档案。为356名从事矿山开发、油漆、纺织等高危作业的进城务工农民进行免费医疗服务，并登记建档，长期跟踪服务。

(陈天栋)

九三学社三门峡市委员会

【概况】 2010年，九三学社三门峡市委以邓小平理论和“三个代表”重要思想为指导，牢固树立和全面落实科学发展观，学习和践行社会主义核心价值体系，认真履行参政党职能，发挥九三学社科技人才集中的特点和优势，围绕全市经济中心工作，圆满完成了社市委各项工作。全年共发展新社员4名。至年底，九三学社三门峡市委共辖5个支社，其中市区有4个支社，灵宝市有1个直属支社。共有94名社员，其中高级职称49人，占社员总数的52%，其余为中级职称；女社员31人。

【召开社务工作总结会议】 1月30日，九三学社三门峡市委2009年社务工作总结会议召开。会议对2009年社务工作进行了总结，表彰了2009年度先进基层支社和参政议政、社会服务、社务工作先进个人，并传达了社省委六届三次会议精神，安排部署2010年的社务工作。市政协副主席、社市委主委姚龙在会上作重要讲话。

【九三学社三门峡市委服务社会活动】 3月25日，社市委积极响应中共三门峡市委市政府的号召，组织专家，前往渑池县坡头乡坡头村开展“三下乡”活动。社市委为本次活动印制了10余种总共3 000多份涉农科普材料，向群众发放。在活动启动仪式上，社员曹永伟被表彰为社会服务先进个人。6月22日，三门峡市政协组织部分政协委员，到精神文明帮扶村湖滨区会兴街道办事处槐树洼村开展送医送药义诊活动。社员韩玉范、王巧玲参加了此次活动。

【召开九三学社三门峡市委三届十次市委(扩大)会议】 4月10日，社市委召开三届十次市委(扩大)会议，会议决定根据三门峡市社员构成的实际情况和利于基层组织活动的原则，将市直支社、市区支社更名为科学教育支社和农林水利支社，水工机械厂支社更名为经济技术支社，保留医疗卫生支社和灵宝直属支社的名称。

【树立和践行社会主义核心价值体系活动】 6月，按照上级统一部署和要求，九三学社三门峡市委认真开展树立和践行社会主义核心价值体系活动。组织社市委各级领导班子成员和广大社员认真学习“学习和践行社会主义核心价值体系”活动中要求的内容材料，并召开社市委(扩大)会议，姚龙向大家讲述了中国的基本政治制度和作为一名民主党派成员应该遵守的政治准则，使社员们从思想认识上提高对中国政体、国体的理解，从而在现实工作中自觉地按照民主党派的标准要求自己。活动期间，社市委还撰写了“浅议社会主义核心价值体系与九三学社优良传统”理论文章。

【九三学社三门峡市委参政议政】 三门峡市“两会”期间，社市委提交题为“统筹城乡发展、加快城乡一体化进程”大会发言一篇，集体提案4件，委员提案16件。河南省“两会”召开前夕，社市委通过社省委向省政协大会提交大会发言材料两篇。调研报告“省管县改革背景下行政区划调整的对策建议”报送社省委和中共三门峡市委，经社省委采纳后，提交全国政协十一届三次会议。12月28日，市政协表彰2010年度优秀提案，社市委1件集体提案和社员张秀丽的“加速建设空厢寺景区的提案”获得表彰。

【九三学社黄河金三角3省4市合作】 11月18日，九三学社三门峡市委与九三学社运城市委在运城市召开座谈会。会议就双方合作问题进行了初步协商探讨，这是九三学社“晋豫合作”工作的延伸。社三门峡市委主委姚龙和社运城市委主委闫义勇分别介绍了各自组织情况及加强交流增进合作的意向，并以此为基础逐步达成由山西运城、山西临汾、陕西渭南、河南三门峡4地的九三学社组织，适时召开“九三学社晋陕豫黄河金三角区域联席会议”，在参政议政、社会服务、社务工作等方面加强合作交流，共同提高履职水平，促进黄河金三角区域经济快速发展。12月25日，《九三学社黄河金三角3省4市合作框架协议》在山西省运城市签署。九三学社三门峡市委、运城市委、渭南市委、临汾市委及山西师范大学委员会参加了在运城市召开的“九三学社黄河金三角3省4市合作座谈会”。会议由九三学社山西省委副主委、运城市委主委闫义勇主持。会议上各方签署了合作框架协议，并将在该协议基础上通过进一步协商，确定具体的合作项目。

【出版九三学社《三门峡社讯》】 7月28日，九三学社三门峡市委召开主委会议，会议通过了社市委创办《三门峡社讯》的提议。12月下旬，第一期《三门峡社讯》顺利发行。作为内部交流资料，《三门峡社讯》更好地宣传了党的多党合作和政治协商事业，更好地为广大社员服务，更进一步增强了与兄弟单位的沟通与了解。社市委主委姚龙为社讯题写创刊辞。 （晁媛媛）

三门峡市工商业联合会（总商会）

【概况】 2010年，三门峡市工商联以学习贯彻中央和省、市委关于加强和改进新形势下工商联工作的文件精神为中心，以“助推民营企业健康发展优质服务工作年”为主线，以开展大调研、大培训、大活动为载体，以行业商会建设为抓手，积极推动全市工商联工作再上新台阶，先后被授予“省级文明单位”“全省工商联系统目标考核一等奖”“新农村建设‘千企帮千村’‘村企共建扶贫工程’活动优秀组织单位”“2010年度全市对外开放、重点项目建设先进单位”等荣誉称号，有力地促进了全市非公有制经济健康发展和非公有制经济人士健康成长。至年底，市工商联有县（市）区工商联组织6个，乡（镇、街道）分会76个，行业商会20个，比上年增长3个；会员3 465个，比上年增长85个，其中企业会员1 600个、个人会员1 790个、团体会员75个。

认真落实“集中调研直通车”制度，通过该制度相继提交了“创新融资服务，激活民间资本，促进两个加快”“关于加强民企维权协调工作的思考”和“关于强力推动我市老龄产业发展的调研报告”3个调研报告，均得到了市委书记李文慧、市长杨树平的重要批示，并分别获得全省工商联系统2009～2010年度优秀调研成果一、二、三等奖；与市纠风办、市优化办多次组织工商界代表人士对政府职能部门和服务行业开展行风评议活动，为优化经济发展及行使代表人士的民主监督权利提供了平台。在“两会”期间，积极组织工商联界别的政协委员参政议政，提交各类提案20余件。

利用执委会、座谈会等形式，多次组织民营企业家学习党的十七届四中、五中全会精神，引导教育民营企业家守法经营，勤劳致富，致富思源，富而思进；建立了驻会领导班子成员联系重点会员企业制度，努力为会员企业排忧解难。

充分发挥“非公有制经济法律服务中心”的作用，妥善协调处理会员企业侵权事件30余起，维护了会员的合法权益；充分发挥担保公司作用，全年共为民营企业提供3.2亿余元的贷款担保服务。同时，完善中小企业金融服务网操作流程，累计注册用户2 000余家，全年为民营企业提供贷款6亿余元；注重民营企业的对外形象宣传工作，在《中华工商时报》《三门峡日报》等媒体上发表文章20余篇；通过简报、网站等形式，搞好信息资源的开发利用，全年印发简报10余期，及时准确地为民营企业提供政策、经济、科技、人才和项目等信息200余条。

充分发挥工商联民间商会优势，加强商会之间的友好往来，与义乌市河南商会达成了总投资53亿元的义乌商贸城项目协议；组织7名民营企业家赴南非、埃及、阿联酋等国家开展商务考察活动，达成了总投资21.23亿元的3个

11月18日，九三学社黄河金三角3省4市合作座谈会

项目合作意向或协议;与市商务局联合组团先后赴南京、宁波等地参观考察,并与南京雨润集团达成了年产200万头、总投资4.6亿元的生猪屠宰项目;在第16届黄河国际旅游节上,促成了三门峡市召威黄金有限公司与北京国叶集团签订总投资1亿元的金属钨项目合作协议、河南轩瑞产业股份有限公司与香港红山控股有限公司签订总投资4亿元的股权项目合作协议。

巩固"千企帮千村"活动成果和经验,共促成177家民营企业结对帮扶154贫困村,签订了帮扶协议;与市人社局、市教育局等单位联合举办了"2010年民营企业招聘周"活动,共组织100余家民营企业到场招聘,提供就业岗位1 000余个;卢氏县"7・24"洪涝灾害发生后,引导民营企业奉献爱心,踊跃为灾区捐款,共组织205个民营企业(家)捐款200余万元。

【召开市工商联四届七次执委会】 2月26日,市工商联(总商会)召开四届七次执委会。市委常委、统战部部长赵艳,市委常委、副市长张英焕,市政协副主席、市工商联主席孙继伟出席会议。会议确定,2010年全市工商联将以开展大调研、大培训、大服务、大活动为载体,以行业商会建设为抓手,积极引导非公有制经济代表人士提高素质,促进民营企业科学发展。

【省政协副主席、省工商联主席梁静到三门峡市调研】 4月1日至2日,省政协副主席、省工商联主席梁静莅临三门峡市,围绕加快经济结构调整和发展方式转变进行调研,并详细了解民营经济发展现状、存在的问题和鼓励、支持非公有制经济发展政策措施落实情况。市领导李文慧、杨树平、赵中生、赵艳、孙继伟陪同调研。梁静一行实地察看了三门峡经济开发区速达交通节能公司、东方希望铝业公司和中色东方韶星实业公司,并与部分民营企业家代表座谈,对三门峡市非公有制经济发展取得的成绩给予高度评价。梁静指出,民营企业家要进一步提升自身素质、创新能力、产品质量和员工技能,努力把企业做大做强。各级工商联要在引导民营企业调结构、促转型方面作出积极贡献,在为民营企业培养、输送人才方面创造好经验;要围绕今年全省工商联工作重点,扎实推进各项业务再上新台阶。

【举办"爱心包裹"项目系列关爱行动启动仪式】 5月10日,由市工商联、市扶贫办和市邮政局共同举办的三门峡市"爱心包裹"项目关爱行动启动。启动仪式现场,近30家爱心企业共捐赠爱心包裹17.21万元。"爱心包裹"项目是由国务院扶贫办指导,中国扶贫基金会发起,中华全国工商联和中国邮政集团公司特别支持的一项全民公益活动。项目于2009年4月26日正式在全国启动,2009年三门峡市通过"爱心包裹"项目共募集善款15.34万元,为四川地震灾区的21所学校的1 324名学龄儿童送上一份特殊的关怀和温暖。

【成立三门峡市维护民营企业权益协调领导小组】 6月8日,三门峡市成立维护民营企业权益协调领导小组。市领导郭绍伟、赵艳、孙继伟出席维护民营企业权益协调领导小组成立座谈会。会上,市政协副主席、市工商联主席孙继伟介绍了三门峡市维护民营企业权益协调领导小组的基本情况。市维护民营企业权益协调领导小组共有24家单位26名成员,服务对象为全市10余万民营经济组织、6 400余家民营企业和近千个在建项目。市委常委、政法委书记郭绍伟指出,民营企业在经济发展中的地位日益突出,成立维护民营企业权益协调领导小组是服务全市"两个加快"的具体举措。各成员单位要采取有力措施,落实上级政策。民营企业要合法经营,提高法律意识,积极维护自身权益。市委常委、统战部部长赵艳主持会议,并就会议精神的贯彻落实提出了具体要求。

【举行"大爱无疆"慈善颁奖晚会】 8月10日,市工商联、市民政局和市慈善总会等单位举办"大爱无疆"三门峡首届"十大慈善爱心人物"暨"十大慈善爱心单位"颁奖晚会。市党政军领导王建勋、赵继祥、郭秀荣、李建顺、赵光超、李明举、张英焕、马仰峡、李宝鸿、亢伊生、邹援朝、陈孟虎、张建峰、姚龙、王铁创、孙继伟、卢群召、肖群兰、周世杰、肖群章,市政协原主席、市慈善总会会长张兰印等观看演出。晚会上,市领导分别为下岗职工"中国张"等3人颁发"慈善特别奖"、三门峡市香山红叶饮食娱乐有限公司董事长张永香等10人颁发"十大慈善爱心人物"奖和渑池县长城金刚砂有限公司等2家企业颁发"十大慈善爱心单位"奖。与会企业还为"7・24"特大洪灾受灾地区捐款478.6万元。

【三门峡市商会大厦主体工程圆满封顶】 11月17日,三门峡市重点工程、市文体中心配套项目——市商会大厦主体工程隆重举行封顶仪式。市政协副主席、市工商联主席孙继伟出席仪式。孙继伟要求,各参建单位要通力配合,加快进度,保证质量,进一步做好工程的后续工作,力争使该项目获得河南省最高建筑奖项"中州杯"。工程下一步施工重点将转入设备安装、内外装修及相关配套工程的施工。

【"中原最具投资价值县(市)区"评选结果揭晓】 11月23日,由河南省工商联、河南日报报业集团举办的"中原最具投资价值县(市)区"评选活动在河南省人民大会堂举行颁奖典礼。灵宝市、义马市、陕县、渑池县4个县(市)被评为"中原最具投资价值县(市)区",湖滨区被评为"河南省投资环境优化奖",入选县(市)区比例名列全省第1位。这次评选活动在全省158个县(市)区中共评出41个"中原最具投资价值县(市)区",11个县(市)区获"河南省投资环境优化奖"。

(薛 丹)

・编辑 李艺芬 卢亚杰 张怡杰・

政权　政协

REGIME AND POLITICAL CONSULATIVE CONFERENCE

1月25日，出席河南省十一届人大三次会议的三门峡代表团在审议省政府工作报告

三门峡市人民代表大会

【概况】 2010年,是三门峡市经济社会持续较快发展、胜利完成"十一五"规划目标任务的重要一年。三门峡市人大常委会以科学发展观为统领,坚持重在持续、重在提升、重在统筹、重在为民,紧紧围绕市委工作大局,依法履行职责,扎实开展工作,着力推进科学发展、促进经济发展方式转变,着力推进民生改善、促进社会和谐,着力推进依法治市、促进民主法制建设,为实现全市经济社会又好又快发展作出了积极贡献。

法律监督 当年,常委会按照监督法的规定,以促进依法行政、公正司法为重点,着力加强对法律法规贯彻实施情况的监督:开展执法检查,组织人大代表对《中华人民共和国就业促进法》和《河南省就业促进条例》《中华人民共和国传染病防治法》贯彻执行情况进行检查。在2009年对《中华人民共和国城市规划法》依法检查的基础上,又专门听取了市政府关于贯彻实施城乡规划法整改情况的报告。积极参与全国和省人大常委会的立法工作,组织人员深入基层,调查研究,对《河南省实施〈中华人民共和国城乡规划法〉办法(草案)》等11部法律、法规进行座谈修改,全部按时按要求将修改意见整理上报,较好地配合了全国人大和省人大常委会的立法工作。

工作监督 当年,常委会听取和审议了市人民政府关于农民增收、广播电视、调整产业结构转变经济发展方式及重点项目建设、融资资金管理使用、黄河河务、2010年上半年国民经济和社会发展计划执行、2009年财政决算和2010年上半年财政预算执行、2009年度市本级预算执行和其他财政收支审计及查出问题整改处理情况、进一步扩大开放促进招商引资、大气污染防治、编制市国民经济和社会发展第十二个五年规划纲要、贯彻执行义务教育法整改建设及审议意见办理、代表议案和建议、批评与意见办理等12项工作情况的报告。听取了市人民检察院关于监所检察工作情况的报告。

规范性文件备案审查监督 当年,根据《三门峡市人大常委会关于规范性文件备案审查的实施意见》,常委会共备案审查"一府两院"规范性文件5件,全部按要求登记备案,维护了国家法制的统一。11月2日,常委会首次组织公、检、法、司、律师事务所、政府法制办等有关人员和法律专业人员,对市政府规范性文件三政〔2010〕18号文件《三门峡市职工生育保险实施细则》进行主动审查。这是自三门峡市人大开展规范性文件备案审查工作以来开展的首次主动审查工作。

重大事项决定 当年,常委会依法作出15项决议决定:按照监督法的有关规定,审查和批准决算,作出《关于批准三门峡市2009年市本级财政决算的决议》。为改善城市生态环境,提高城乡居民生活质量,树立城市形象,作出《关于全民动员创建国家森林城市的决议》。按照组织法的有关规定,分别对张高登、陈孟虎辞去市人大常委会副主任职务,赵光超辞去市人民政府副市长职务,庆志英、杨世强、李俊江、周世杰、亢哲楠、刘玉青辞去市人大常委会委员职务作出决定。按照组织法和代表法的有关规定,分别作出了关于罢免李卫民省人大代表职务的决定和关于确认主任会议许可检察机关对市人大代表吕万松、马广生、王达芳依法采取强制措施的决定。

人事任免 当年,常委会严格执行《中华人民共和国地方各级人民代表大会和地方各级人民政府组织法》和市人大常委会《关于任免地方国家机关工作人员的办法》,始终坚持党管干部和依法任免相统一的原则,认真做好人事任免工作。坚持任前法律知识考试、任命通过后颁发任命书并作表态发言,以增强被任命人员的人大意识,牢记手中的权力是人民给的,自觉接受人大监督,做到权为民所用。全年,共任免地方国家机关人员59人,使"一府两院"领导人员得到及时有效配备,保证了地方国家机关的正常运转。

代表工作 当年,常委会从坚持和完善人民代表大会制度出发,坚持尊重代表主体地位,坚持为代表服务的思想,进一步完善工作制度,努力提高代表服务水平,支持和保障代表依法履职,代表作用得到进一步发挥。一是认真办理代表建议、批评与意见。坚持把代表建议、批评与意见办理工作与常委会工作有效结合起来,充分发挥代表作用。市五届人大五次会议市人大代表对政府工作共提建议59件,涉及三门峡市城市规划建设、公共交通、卫生医疗、文化教育、环境整治等诸多方面。常委会根据《三门峡市人大常委会关于办理市人大代表建议、批评和意见的办法》,组织召开代表建议、批评和意见交办会,对市政府提出明确办理要求,并采取多种形式加强检查督办,至10月中旬,所有建议均已办理完毕,满意和基本满意率为100%。二是继续扩大代表对常委会工作的参与。为充分听取代表的意见和建议,增强人大工作的活力,常委会议均邀请部分人大代表列席;常委会组织的执法检查和专题调研均邀请不同方面的代表参加,全年共有156名代表参加上述活动。三是继续加强代表服务保障工作。坚持为人大代表寄送《中国人大》《人大建设》等全国、省人大常委会的专业刊物和市人大常委会公报、"一府两院"公报及相关资料。全年共寄发各种资料5200余份。组织26名代表小组组长参加集中培训,代表服务保障工作得到加强。

信访工作 坚持以人为本,认真做好信访工作:全年共受理群众来信318件,接待来访634人次,均按照"属地管理,分级负责"的原则,及时转交有关部门办理。重点督办案件34件。针对反映突出的问题,通过采取制定督办计划、召开协调会、通报办理进度、建立相关部门联动机制等措施,加强跟踪督办,进一步畅通群众的诉求渠道,化解了矛盾,维护了社会稳定。

宣传调研 加强与市级以上新闻媒体的联系,积极协调各方关系,组织召开人大宣传工作会议,为进一步认真做好人大的宣传工作奠定基础。加强新时期人民代表大会制度和民主法制建设的宣传力度,促进和指导各县(市)区人大的新闻宣传工作。加大对市人代会、常委会及其机关日常工作的宣传力度，在《人民代表报》《人大工作信息》《人大建设》《三门峡日报》、三门峡电视台、三门峡广播电台等媒体刊发消息数十篇。积极做好河南省人大好新闻入选作品的推荐工作，向省人大有关部门推荐消息、通讯和电视作品4件，其中2件作品获三等奖。积极向省人大常委会有关部门报送信息，宣传三门峡人大建设方面取得的成绩，并荣获河南省宣传人民代表大会制度先进单位、先进个人等称号。注重人大调研信息的编辑工作，全年共编发调研信息15期，及时交流和推广各县(市)区及兄弟市人大工作的好经验、好做法。继续加强与外地人大的工作交流，参加“亚欧大陆桥”、全国20城市、秦晋豫“金三角”、河南省辖市等人大工作研讨会议，分别以“坚持党的领导、认真履行职责，努力开创人大工作新局面”“把科学发展观的要求贯穿于人大履职的始终”“深入贯彻落实科学发展观，切实加强人大常委会建设”等为主题和兄弟市进行交流。注重工作调研，开展产业结构调整、项目建设、加强和改进人大工作、黄河河务、招商引资、十件实事、卢氏县重点项目建设、“民生工程”实事办理情况等专题调研和就业促进法、农业技术推广法、传染病防治法、义务教育法、城市规划法等法律法规执行情况的调研活动。

1月13日，三门峡市第五届人民代表大会第五次会议会场

【市五届人大五次会议召开】 1月13日至15日，三门峡市第五届人民代表大会第五次会议召开。市五届人大五次会议共有代表331名，出席大会的代表297名。出席市政协五届四次会议的政协委员，市直有关部门、各人民团体、有关方面负责人列席大会。会议听取和审议了市人民政府市长杨树平所作的政府工作报告；审查和批准了三门峡市2009年国民经济和社会发展计划执行情况的报告和2010年国民经济和社会发展计划，审查并批准了三门峡市2009年预算执行情况的报告与2010年市级预算；听取和审议了市人民代表大会常务委员会、市中级人民法院、市人民检察院工作报告，并通过表决，对以上6项报告分别作出相应决议。大会按照《中华人民共和国地方各级人民代表大会和地方各级人民政府组织法》的规定，接受赵艳辞去三门峡市人民政府副市长职务和许胜高、庆志英、杨世强、李俊江辞去三门峡市第五届人民代表大会常务委员会委员职务的备案，并补选亢哲楠、吉拴午、张晓燕为三门峡市第五届人民代表大会常务委员会委员。大会共收到议案8件，建议、批评、意见53件，大会议案审查委员会经研究和审议后，决定将代表提出的8件议案并入建议、批评、意见处理。

【市人大常委会会议】 当年，市五届人大常委会共举行8次会议。

市五届人大常委会第19次会议

1月7日举行。会议补选三门峡市人民政府市长杨树平为河南省第十一届人民代表大会代表。

市五届人大常委会第20次会议

1月12日举行。会议审议通过了市人大常委会关于接受庆志英、杨世强、李俊江辞去市五届人大常委会委员职务的决定；听取和审议了关于市五届人大常委会第18次会议以来代表变动情况及补选代表的代表资格审查报告；会议根据工作需要免去杨世强的市人大常委会农村工作委员会主任职务，任命吉拴午为市人大常委会农村工作委员会主任，还进行了其他有关人事任命事项；听取了关于调整市五届人大五次会议有关名单的说明，审议表决通过了调整名单。会上，市人大常委会主任赵继祥向新任命的政府组成人员颁发任命证书。会议决定免去：张建峰的三门峡市政府秘书长职务；高从民的三门峡市发展和改革委员会主任职务；张书敏的三门峡市民族宗教局局长职务；吕万松的三门峡市财政局局长职务；李平宣的三门峡市商务局局长职务；张耀珍的三门峡市旅游局局长职务。决定任命：李宝洲为三门峡市政府秘书长；刘会林为三门峡市发展和改革委员会主任；肖群兰为三门峡市民族宗教局局长；雷建国为三门峡市工业和信息化局局长；宋东为三门峡市财政局局长；任振廷为三门峡市人力资源和社会保障局局长；辛建仓为三门峡市规划和城市管理综合执法局局长；杨青黑为三门峡市住房和城乡建设局局长；李平宣为三门峡市交通运输局局长；张建友为三门峡市林业和园林局局长；李炼志为三门峡市商务局局长；王朝周为三门峡市文化和新闻出版局局长；刘小英为三门峡市广播电影电视局局长；王清华为三门峡市旅游局局长；张新文为三门峡市食品药品监督管理局局长；崔晓战为三门峡市人民政府法制办公室主任；李永正为三门峡市人民政府金融服务办公室主任。

市五届人大常委会第21次会议

3月9日举行。会议审议通过了市人大常委会2010年工作要点；听取和审议了市人民政府关于《市五届人大常委会第16次会议对三门峡市实施〈中华人民共和国义务教育法〉执法检查报告及审议意见》办理情况的报告；进行了有关人事任免事项。

市五届人大常委会第22次会议 4月20日举行。会议审议通过了市人民检察院关于监所检察工作情况的报告,审议通过了市人民政府关于农民增收工作情况、广播电视工作情况的报告,听取和审议了市人民政府关于全民动员创建国家森林城市的议案及情况说明,审议表决通过了三门峡市人大常委会关于全民动员创建国家森林城市的决议,审议表决了有关人事任免事项,审议通过了三门峡市五届人大常委会代表审查委员会关于仝孟蛟代表资格的报告,听取和审议了关于主任会议许可检察机关对市人大代表吕万松依法采取强制措施的报告,审议表决通过了三门峡市人大常委会关于确认主任会议许可检察机关对市人大代表吕万松依法采取强制措施的决定。

市五届人大常委会第23次会议 6月22日举行。会议审议通过了市人民政府关于调整产业结构、转变经济发展方式及重点项目建设和融资资金管理使用情况的报告;审议通过了《三门峡市人大常委会会议分组审议(暂行)办法》;表决通过了三门峡市人民代表大会常务委员会关于接受张高登辞去三门峡市人大常委会副主任职务、赵光超辞去三门峡市人民政府副市长职务的决定;表决通过了有关人事任命事项。

市五届人大常委会第24次会议 8月19日举行。本次会议首次根据《三门峡市人大常委会会议分组审议办法》规定,由常委会组成人员先集中听取各项报告及任免职务的提请,再分3个组进行审议,在集中听取各组审议意见的基础上进行逐项表决。这次会议听取审议并表决通过了市人民政府关于黄河河务工作情况的报告,听取审议并表决通过了市人民政府关于2010年上半年国民经济和社会发展计划执行情况的报告,听取审议了市人民政府关于2009年财政决算和2010年上半年财政预算执行情况的报告,听取审议并表决通过了关于三门峡市2009年市本级预算执行和其他财政收支审计情况及查出问题整改处理情况的报告,审议了三门峡市人民代表大会常务委员会关于批准三门峡市2009年市本级财政决算的决议(草案),听取审议了市人大常委会执法检查组关于检查《中华人民共和国就业促进法》和《河南省就业促进条例》实施情况的报告。会议还进行了人事任免事项。

市五届人大常委会举行第25次会议 10月19日举行。会议听取审议并表决通过了市人民政府关于进一步扩大开放、促进招商引资工作情况的报告,听取审议并表决通过了市人民政府关于大气污染防治工作情况的报告,听取审议并通过了市人大常委会执法检查组关于检查《中华人民共和国传染病防治法》实施情况的报告,听取审议并表决通过了市人民政府关于代表建议、批评与意见办理情况的报告,审议并表决通过了市人民政府关于2009年财政决算和2010年上半年财政预算执行情况的报告,审议并表决通过了三门峡市人民代表大会常务委员会关于批准三门峡市2009年市本级财政决算的决议。会议还进行了人事任免事项。

市五届人大常委会举行第26次会议 12月17日举行。会议听取和审议了市人民政府关于编制三门峡市第十二个五年规划工作情况的报告;听取和审议了市人民政府关于2010年市级财政预算调整方案(草案)的报告;审议表决了三门峡市人民代表大会常务委员会关于批准2010年市级财政预算调整方案的决议(草案);审议表决了三门峡市人民代表大会常务委员会关于接受陈孟虎辞去市人大常委会副主任职务,刘玉青、亢哲楠、周世杰辞去市人大常委会委员职务的决定(草案);听取和审议了关于主任会议许可检察机关对市人大代表马广生依法采取强制措施的报告;审议表决了三门峡市人民代表大会常务委员会关于确认主任会议许可检察机关对市人大代表马广生依法采取强制措施的决定(草案);听取和审议了市人民政府关于市五届人大常委会第17次会议关于检查《中华人民共和国城乡规划法》实施情况报告和审议意见办理情况的报告;审议表决了《三门峡市人民代表大会常务委员会工作评议暂行办法》(草案)。会议还进行了人事任命事项。

【省人大常委会调研组到三门峡市调研农民收入情况】 3月2日至3日,省人大常委会农工委主任杨春雨率调研组到三门峡市,调研农民收入情况。市委副书记王建勋、市人大常委会主任赵继祥看望调研组一行,市人大常委会副主任张高登、市长助理张建峰陪同调研。调研组一行认真听取了三门峡市的工作汇报,与市发改委、农业局、畜牧局、财政局等相关部门进行座谈,并深入渑池县,与部分农户及农民专业合作社法人代表座谈,了解农民收入增长态势、各项支农惠农政策落实等情况。调研组指出,三门峡市"三农"工作特点突出,措施有力,取得了明显成效,特别是壮大县域经济、扶持龙头企业,发展农业产业化、信息化的经验值得借鉴。希望三门峡市从实际出发,加大投入,进一步加强农村基础设施建设,加大农业专业合作社推广和宣传力度,全力促进农民增收。

【参加全国20城市人大工作座谈会】 3月22日至23日,全国20城市人大工作座谈会第3轮第7次会议在四川省自贡市召开。市人大常委会副主任张高登、秘书长裴富平等一行5人参加会议。各成员市人大常委会紧紧围绕"认真贯彻落实《中华人民共和国全国人民代表大会和地方各级人民代表大会代表法》,切实加强和改进代表工作,充分发挥代表作用"这一主题,结合各地人大工作实际,进行了广泛交流和深入探讨。会上,三门峡市人大常委会以"以科学发展观为指导 切实加强和改进代表工作 充分发挥代表作用"为题作了交流,并在提交大会的25篇论文中荣获三等奖。

8月4日至5日,全国20城市人大工作座谈会第3轮第8次会议在黑龙江省大庆市召开。市人大常委会副主任李宝鸿、秘书长裴富平等一行5人参加会议。各成员市人大常委会紧紧围绕"新形势下如何加强和改进人大监督工作"这一主题,结合各地人大工作实际,从坚持党的领导、贯彻落实科学发展观、依法履行监督职责、推动地方经济发展、改进代表工作、加强新时期人大宣传工作、加强人大工作研究及成果转化等多个方面,进行了广泛交流和深入探讨。会上,三门峡市人大常委会以“坚持党的领导,努力开创人大工作新局面”为题作了交流,并在提交大会的26篇论文中荣获一等奖。

【省人大常委会调研组对《河南省实施〈中华人民共和国文物保护法〉办法》进行立法调研】 4月26日,省人大常委会调研组一行到三门峡市,对《河南省实施〈中华人民共和国文物保护法〉办法》进行立法调研,听取意见和建议。市人大常委会副主任陈孟虎、副市长周志远参加座谈。调研组一行先后深入虢国博物馆和陕县等地进行实地调研,并就实施办法的立法工作与市政府法制办、文化局、发改委、住建局、公安局、文物勘探办等相关部门负责人进行座谈,听取意见和建议。市人大常委会副主任陈孟虎、副市长周志远参加座谈。

【参加亚欧大陆桥沿线部分市、州、地人大工作研讨会第21次会议】 5月24日至28日,市人大常委会副主任陈孟虎一行参加了在江苏省连云港、徐州、淮安3地召开的亚欧大陆桥沿线部分市、州、地人大工作研讨会第21次会议。此次会议由连云港、淮安、徐州市人大常委会联合主办。亚欧大陆桥沿线共22个市、州、地人大常委会出席会议,连云港、淮安、徐州市党委、政府领导分别到会致辞祝贺。会议期间,各市、州、地人大常委会围绕践行科学发展观,突出民生热点问题开展监督工作进行交流和探讨。三门峡市人大常委会以“人大监督民生为先”为题作了交流。

【省人大常委会调研组到三门峡市调研】 6月17日,由省人大常委会秘书长连子恒等一行7人组成的省人大常委会调研组到三门峡市,对三门峡市加强和改进人大工作情况进行调研,并针对下半年要召开的省委人大工作会议,充分听取意见和建议。市人大常委会主任赵继祥,副主任马仰峡、李宝鸿、亢伊生、邹援朝、陈孟虎和秘书长裴富平出席座谈会。赵继祥汇报了三门峡市贯彻落实《中共河南省委关于在新形势下进一步加强人大工作的意见》、加强和改进人大工作的情况。连子恒对三门峡市人大工作给予充分肯定,并就进一步做好新时期的人大工作提出要求。当天下午,调研组一行在市委书记李文慧,市委副书记、市长杨树平,市人大常委会主任赵继祥、秘书长裴富平的陪同下,深入三门峡经济开发区察看重点项目建设情况和天鹅湖国家城市湿地公园生态建设情况。

【省人大常委会调研组到三门峡市就防震减灾进行立法调研】 7月6日至7日,由省人大常委会委员、科教文卫工委副主任赵忠远带领的省人大常委会调研组一行到三门峡市,调研《河南省防震减灾条例(草案)》立法的相关意见和建议,并召开座谈会。市地震局、市财政局、市发改委、市国土资源局、市卫生局、市公安局等相关单位的10余人参加座谈,从不同角度对《河南省防震减灾条例(草案)》提出修改意见和建议。三门峡市是全国24个地震重点监视防御区之一。为了更好地了解防震减灾工作,使《河南省防震减灾条例(草案)》更全面、更具有可操作性,调研组一行还深入市地震局指挥中心、大安地震台、三门峡大坝和灵宝市等地进行实地调研,了解三门峡市防震减灾科普宣传、地震监测和观测环境保护等问题。

【省十一届全国人大代表专题调研组到三门峡市视察调研】 9月6日至8日,由省人大常委会副主任刘新民、副省长史济春、省旅游局局长苏福功、省总工会常务副主席桑金科等13名全国人大代表组成的省十一届全国人大代表专题调研组深入三门峡市,就大力推进经济发展方式转变进行专题调研。市领导李文慧、王建勋、赵继祥、张英焕、李宝鸿、马仰峡、陈孟虎,市人大常委会秘书长裴富平,市政府秘书长李宝洲等陪同调研。调研组通过召开汇报会、情况反馈会和实地察看,全面了解三门峡市加快经济发展方式转变情况,并广泛征求各方面意见和建议。在6日上午召开的汇报会上,调研组听取了三门峡市有关情况汇报,对三门峡市经济发展方式转变取得的成效给予充分肯定。此后,调研组先后到三门峡经济开发区速达电动汽车科技公司、九州通有限公司、恒生科技研发有限公司、兴邦特种膜科技发展有限公司,湖滨区思睿电子科技公司,灵宝市华鑫铜箔有限责任公司、金源桐辉精炼有限责任公司,三门峡工业园鹏飞电子节能照明产业园项目、缘份果业有限公司等企业实地考察。7日下午,调研组召开意见反馈会。代表们纷纷表示,通过实地调研,感到很振奋、很受鼓舞。三门峡围绕加快经济发展方式转变做了大量工作,涌现出一批科技含量高的新兴产业,步入了良性循环的经济发展之路,为全省带了好头,其做法值得学习借鉴。

【河南省人大预算审查监督座谈会在三门峡市召开】 10月11日至12日,河南省人大预算审查监督工作座谈会在三门峡市召开。省人大常委会副主任刘新民,省人大常委会预算工作委员会主任李贵基,市委副书记王建勋,市人大常委会主任赵继祥,市人大常委会副主任李宝鸿等出席会议。座谈会上,各省辖市和部分县(市)人大常委会的相关负责人分别介绍、交流了在预算审查监督方面所做的工作和取得的成效。刘新民强调,要进一步提高认识,切实依法认真履行预算审查监督工作职责;要积极创新,探索预算审查监督工作的方式方法,努力提高工作实效;要认真贯彻执行监督法有关规定,着力加强监督机构队伍建设。座谈会的召开,总结交流了各级人大的工作经验,研究、创新了工作方法,进一步推进了人大预算审查监督工作。

【省人大常委会执法检查组到三门峡市检查】 10月13日至14日,省人大常委会副主任王文超带领省人大常委会执法检查组到三门峡市,检查《中华人民共和国就业促进法》的贯彻落实情况。市领导李文慧、赵继祥、苏新华、赵中生、陈孟虎,市人大常委会秘书长裴富平、市政府秘书长李宝洲陪同检查。省人大执法检查组先后深入三门峡速达交通节能科技有限公司、三门峡中测量仪有限公司、市人力资源市场、湖滨区人力资源市场和成义电器有限公司,实地检查“一法一条例一决定”(《中华人民共和国就业促进法》《河南省就业促进条例》《河南省人大常委会关于加强新形势下就业工作的决定》)的落实情况,听取三门峡市经济社会发展以及“一法一条例一决定”贯彻落实情况汇报。王文超对三门峡市经济社会发展以及贯彻落实“一法一条例一决定”取得的成效给予肯定,希望三门峡市继续加大贯彻“一法一条例一决定”力度,认真落实各项政策,不断提升创新水平,加强劳动者就业培训,深化创业服务,依法保障劳动者权益,营造依法促进就业工作的良好氛围。

【全国人大常委会调研组到三门峡市调研水土保持工作】 11月3日至4日,全国人大法律委员会副主任委员洪虎、全国人大常委会法制工作委员会副主任李飞,在水利部副部长周英、省人大常委会副主任张程锋、省长助理何东成陪同下到三门峡市,调研水土保持工作开展情况,并举行座谈会,就《中华人民共和国水土保持法》(以下简称《水土保持法》)修订草案征询基层意见和建议。省有关部门负责人及三门峡市领导李文慧、王建勋、赵继祥、赵中生、陈孟虎、张建峰,市人大常委会秘书长裴富平、市政府秘书长李宝洲陪同调研和出席座谈会。调研组一行先后深入义马市董沟流域水土保持综合治理项目现场、陕县二仙坡水土保持生态示范基地,实地察看治理效果,了解土地流转方式、收益分配等各方面情况。座谈会上,省政府及省直各部门,三门峡市、洛阳市深入汇报了近年来水土保持工作开展情况,李飞、周英就《水土保持法》修订草案,和与会人员进行了深入交流。洪虎在讲话中对省、市各级的工作力度和工作成效给予充分肯定,并指出,有关部门要认真总结研究,完善《水土保持法》修订草案,进一步明确有关规定,强化可操作性,便于法规贯彻实施,推动水土保持工作深入开展。4日,全国人大调研组一行在水利部副部长周英、黄委会副主任廖义伟等陪同下考察三门峡水利枢纽工程。

【驻三门峡市省人大代表赴开封市集中视察】 11月14日至16日,市人大常委会主任赵继祥带领驻三门峡市省人大代表到开封市视察经济社会发展情况。开封市领导周以忠、李艳萍、吉炳伟、焦跃进、任文生等分别陪同视察。省人大代表听取了开封市经济和社会发展情况汇报;到开封新区视察了河南煤化集团大型空分及化工设备制造项目、中达汽车饰件有限公司、奇瑞汽车生产基地项目等,考察了开封新区建设和城市建设情况;到杞县视察了龙宇化工公司、东磁新能源有限公司,考察了产业集聚区和县域经济发展情况。在集中视察意见反馈会上,省人大代表表示,开封近年发展取得了可喜成就,希望开封抓住郑汴一体化的难得机遇,再创新辉煌。三门峡市要学习开封的经验,借鉴其成功的做法,加强两地交流合作,共同推动中原经济区建设,努力把河南的“西大门”建设好。

【驻漯河市省人大代表到三门峡市视察工作】 11月18日,漯河市人大常委会副主任胡新峰等驻漯河市省人大代表一行,在漯河市人大常委会副主任张文超、秘书长张居正的陪同下,到三门峡市视察工作。市人大常委会主任赵继祥,市委常委、常务副市长苏新华,市人大常委会副主任邹援朝,副市长李琳和市人大常委会秘书长裴富平陪同视察并出席汇报会。汇报会上,苏新华汇报了三门峡市经济社会发展情况。视察期间,驻漯河市省人大代表一行先后到三门峡速达交通节能科技有限公司,实地察看电动汽车研发情况;到灵宝市金源桐辉精冶公司,详细了解成品金加工情况。视察中,省人大代表对三门峡市经济社会发展给予好评,并表示今后要广泛加强与三门峡市的交流合作,实现经济共同发展,为加快构建中原经济区,实现中原崛起、河南振兴作出新的更大的贡献。 (郑 鋆)

三门峡市人民政府

【概况】 2010年,三门峡市人民政府坚持以党的十七大和十七届三中、四中、五中全会精神为指导,团结和带领全市人民深入贯彻落实科学发展观,抢抓机遇,顽强拼搏,开拓创新,锐意进取,圆满完成了市五届人大五次会议和“十一五”规划确定的各项目标任务。

国民经济高位运行。全年地区生产总值完成874亿元,比2009年增长15.2%;工业增加值完成562亿元,增长18.5%;全社会固定资产投资完成677.5亿元,增长22.4%;社会消费品零售总额203亿元,增长18%;城镇居民人均可支配收入15 032元,农民人均纯收入5 787元,分别增长11.6%、14.7%。

跨越发展能力不断增强。市“双百工程”完成投资344.6亿元,101个项目建成,126个在建项目加快推进;大唐发电三期获国家发展改革委核准,540个项目进入省“十二五”规划盘子;省督办联审联批事项全部办结,居全省第1位。全市7个产业集聚区完成投资242.8亿元,新开工项目119个,投产77个,在建125个,三门峡产业集聚区、义马煤化工产业集聚区被确定为全省新型工业化产业示范基地。扎实开展大招商活动,签约项目135个,总金额1 134.3亿元,履约率、开工率分别达94.8%、67.4 %;实际利用外资3.98亿美元,比2009年增长51.2%,绝对值居全省第3位;实际到位省外资金114.4亿元,增长34.7%,增幅居全省第3位。河南出入境检验检疫局三门峡办事处挂牌开办,国家铝及铝制品质量监督检验中心主体完工,三门峡海关有望近期获批,外贸出口完成1.04亿美元,增长28.2%。

经济发展质量和效益明显提高。工业效益整体良好,规模以上工业实现利税259亿元,比2009年增长50.9%。财政保障能力持续增强,全市财政总收入81.7亿元,地方财政一般预算收入49.7亿元,增长19.8%。全市存款余额625.52亿元,较年初增加116.6亿元;贷款余额340.2亿元,较年初增加75.92亿元,增长28.73%,增幅全省第1。落实最严格的节约集约用地制度,连续12年实现耕地占补平衡有余;电力供应安全稳定,售电量达125亿千瓦时。大力发展循环经济,12家资源节约综合利用企业通过省级认定。强力推进节能减排,COD、二氧化硫减排达到目标要求。县域经济发展迅速,综合实力不断提升。

经济结构战略性调整扎实推进。五大支柱产业持续增长,自主创新体系建设加快。速达纯电动汽车下线运行,三门峡市被确定为全省电动汽车生产基地和电动汽车示范运营城市;恒生柠檬酸金钾等技术领先项目开工或建成。3家企业研发机构创建为省级院士工作站,28家企业被认定为省高新技术企业。特色农业不断壮大,果品总产16.6亿千克,烟农纯收入3.63亿元,烟叶收购保持全省第1;拥有规模以上农业龙头企业150家,省级重点农业龙头企业17家;地理标志保护产品10个,三门峡市被批准为全国创建农业标准化综合示范市。现代服务业快速发展,大中海商业文化广场、大鹏酒店二期、海联大酒店等项目扎实推进。洛阳银行入驻三门峡市,市商业银行设立3家分行。3省8市旅游联盟开展深度合作,黄河旅游节暨投洽会对外影响进一步扩大,接待入境游客5.3万余人,实现旅游总收入94.28亿元。

统筹城乡发展力度加大。"三纵四横"交通枢纽建设加快推进,三淅高速、连霍高速扩建等重点项目开工。改造建设陕州大道、上官路等8条城市道路,集中供热二期等民生工程顺利完成,城中村和旧城改造稳步推进;创建国家森林城市、卫生城市扎实开展,城市功能逐步完善。建成农村公路380千米,完成造林绿化3.25万公顷,新增和改善灌溉农田2 126.7公顷,治理水土流失面积84平方千米,解决农村10.19万人饮水安全;完成搬迁扶贫880户、3 762人,转移农村剩余劳动力36万人,实现劳务收入29亿元。新农村建设成效显著,40个新型农村住宅社区建设试点累计完成投资13亿元,建成10 034套,入住4 100户,18个农村社区基础设施配套到位,城乡一体化进程明显加快。

社会民生进一步改善。扎实推进省十项民生工程和市十大实事,市文体中心体育场封顶,市中心医院病房楼投入使用。保障性住房建设进度加快,建成廉租房4 331套、21.66万平方米;建设经济适用房777套,竣工3.91万平方米。社会保障体系不断完善,新增城镇就业人员5.89万人、城镇下岗失业人员再就业2.73万人,城镇登记失业率3.24%;新农合参合率97.89%。加快发展文化教育事业,市外国语高中正式招生,三门峡职业技术学院在校生达2.1万人,仰韶文化博物馆主体竣工。食品药品安全监管加强,社会救助力度加大。人口计生和人民防空工作被评为全国先进。扎实开展安全生产,应急保障能力增强,成功处置中石油陕西柴油泄漏事件。抗洪救灾取得重大胜利,灾区倒房重建如期完成,荣获全国防汛抗旱先进集体。

民主法制和精神文明建设得到加强。自觉接受市人大及其常委会的监督,支持市政协履行职能,认真办理人大代表建议59件、政协委员提案224件,满意或基本满意率100%。深化行政管理体制改革,全面完成市、县政府机构改革。坚持依法行政,加强政府自身建设,反腐倡廉工作取得新成效。强化精神文明建设,公民道德水平和文明程度全面提升。坚持"三具两基一抓手",深入推进"两转两提",认真开展"创先争优"活动,干部群众干事创业、团结进取的氛围更加浓厚。加强群众工作和平安建设,成为全国社会管理创新综合试点市。大力开展国防教育,扎实做好双拥工作,驻市解放军、武警和预备役部队在支持地方经济建设、处置突发事件等方面作出了重要贡献。民族、宗教、对台、外侨、统计、审计、档案、史志、体育、气象、地震、无线电、黄河河务、妇女儿童、残疾人、老龄等工作取得新成绩。四川江油灾后援建任务圆满完成,及时启动对口援疆工作。

1月15日,市委副书记、市长杨树平(左)与广州市委副书记、市长张广宁亲切会谈

【市政府召开第三次全体会议】 8月18日,市政府召开第三次全体会议,贯彻落实省政府五次全会和市委五届七次全会精神,对下半年工作进行部署。市长杨树平在会上强调,各地、各部门要突出重点,把握关键,加快转变经济发展方式步伐,确保全年目标任务圆满完成。

【召开15次市政府常务会议】 全年市政府共召开15次常务会议,共有56个议题。主要议题有:讨论研究市长杨树平在市五届人大五次会议上所作的《政府工作报告(讨论稿)》,2010年市委、市政府拟办好的"十大实事",2010年市财政预算安排初步意见;听取关于成立或调整新区建设等9个议事协调机构问题、第16届国际黄河旅游节暨投洽会筹备情况、湖滨区置换机关办公楼问题和三淅高速公路三门峡段项目投资主体确定问题的汇报;听取新区建设、交通枢纽、通关机构、职教园区、新农村建设、创建国家森林城市、创建国家卫生城市、产业集聚区建设、旅游产业发展等9个议事协调机构工作开展情况的汇报,听取全市地方煤矿兼并重组工作情况和市区部分路段实行禁止摩托车进入快车道通行工作推进情况的汇报;专题研究三门峡市全国劳模推荐评选有关问题;听取第16届三门峡国际黄河旅游节暨投资贸易洽谈会筹备情况、各位副市长分管口重点工作进展情况、全市民生重点工程进展情况和驻郑办购车服务全市机关工作人员在郑公务活动有关情况的汇报;听取贯彻落实全省事业单位岗位设置管理工作会议和全省村民一事一议筹资筹劳暨财政奖补试点工作会议精神的汇报,听取关于依托公安消防部队建设市综合应急救援队伍问题和市拘留所、看守所、戒毒所建设问题的汇报,审议《三门峡市城市二次供水管理办法》;听取各位副市长分管口省政府下达目标完成情况和上半年工作小结,研究加快产业集聚区发展实施意见、考核奖惩办法和建立产业集聚区联席办公会议制度有关问题,审议《三门峡市主要污染物排污权交易暂行办法(草案)》;通报全市上半年经济形势、研究下半年经济工作,听取关于三门峡速达牌10万辆纯电动汽车及50万套关键零部件生产和贯彻落实国家旅游局局长邵琪伟与三门峡市领导会谈精神有关情况的汇报,审议《三门峡市人民政府重大行政决策制度(草案)》;听取关于全市抗洪救灾工作情况的汇报,研究讨论《关于灾后恢复重建工作的指导意见(讨论稿)》和《三门峡市通信基础设施合作共建工作实施意见(讨论稿)》,听取关于青龙涧河市区段生态补水有关问题的汇报;听取深港澳地区闽籍企业家乡亲访问团访豫活动和第6届中国河南国际投洽会和"2010年环中国国际公路自行车赛"三门峡段筹备情况的汇报,研究名嘉广场、义乌国际商贸城和浙江世纪华丰项目落地有关问题;研究关于进一步加快农村公路建设管理的实施意见,听取关于三门峡市"十二五"及中长期综合交通运输发展规划编制情况、运城至三门峡铁路(河南境)建设投资主体确定问题和关于贯彻落实全省推进城乡建设加快城镇化进程工作会议精神的汇报;听取关于全市推进城乡建设加快城镇化进程工作动员大会筹备情况的汇报,研究讨论《关于推进城乡建设加快城镇化进程的指导意见(征求意见稿)》和《关于推进城乡建设加快城镇化进程三年大提速行动计划(征求意见稿)》;讨论《三门峡市国民经济和社会发展第十二个五年规划纲要(草稿)》,听取关于市殡仪馆异地重建有关情况和市政府与省国土资源开发投资管理中心签署战略合作意向框架协议问题的汇报;听取关于三门峡速达交通节能科技有限公司年产50万套纯电动汽车核心零部件及10万辆速达牌纯电动汽车产业化项目进展情况和三门峡市电动汽车产业发展实施意见的汇报,听取关于第17届中国(三门峡)国际黄河旅游节暨投资贸易洽谈会有关情况的汇报,听取关于市政府驻郑州办事处新址建设项目和创建河南省最佳宜居城市有关情况的汇报;讨论市长杨树平在市委经济工作会议上的讲话提纲,听取关于全市2011年经济社会发展主要指标安排意见的汇报,听取关于2011年"双节"期间困难群体生活和救助工作安排情况的汇报,审议《三门峡市中长期教育改革和发展规划纲要(2011~2020年)》(讨论稿),听取关于清理拖欠工程款和农民工工资有关情况的汇报,听取关于购置市区1路公交车问题和2011年市财政预算安排初步意见的汇报。

【举办第16届三门峡国际黄河旅游节暨投资贸易洽谈会】 5月18日至25日,市委、市政府举办第16届三门峡国际黄河旅游节暨投资贸易洽谈会,通过丰富多彩的经贸文化活动,充分展示了三门峡经济社会发展的新成就和良好的投资环境。旅游节期间共接待游客23.2万人次,主要星级饭店客房利用率达97%;发布经济合作项目360个,签订投资额5 000万元以上的经济合作项目76个,签约总金额538.9亿元。

【三门峡市被命名为国家园林城市】 2月4日,三门峡市被住房和城乡建设部正式命名为国家园林城市,实现了"四城联创"的开门红。2004年,市委、市政府作出创建国家园林城市的战略决策。5年来,全市广大干部群众共同努力、积极参与、抢抓机遇、顽强拼搏,创建园林城市工作取得丰硕成果:城市基础设施建设日趋完善,园林绿化建设取得跨越式发展,城市环境综合治理成效显著,住房保障和城中村改造取得显著进展。

【河南出入境检验检疫局三门峡办事处揭牌仪式举行】 9月17日,中华人民共和国河南出入境检验检疫局三门峡办事处揭牌仪式举行。河南出入境检验检疫局三门峡办事处主要担负三门峡市辖区出入境动植物检疫、进出口商品检验鉴定、国境卫生除害处理、国境施行卫生保健以及认证认可监督管理工作。

【三门峡市成为全国社会管理创新综合试点市】 12月7日,全国社会管理创新综合试点工作推进会在北京市召开,三门峡市被纳入全国社会管理创新综合试点市。中央政法委、中央综治委共确定35个市、县(市)区作为全国社会管理创新综合试点,包括9个副省级市、7个地级市和19个县(市)区。

【三门峡市被确定为河南省纯电动轿车生产基地】 12月9日,《河南省电动汽车产业发展规划》出台,三门峡市被确定为省纯电动轿车生产基地和电动出租车示范运营重点城市,并将在三门峡市建设纯电动轿车整车试验检测研发中心。

【国务委员、国务院秘书长马凯到三门峡市调研】 5月5日至6日,国务委员、国务院秘书长马凯在国务院副秘书长、国家信访局局长王学军等陪同下,深入义马市、渑池县就用群众工作统揽信访工作进行考察调研。马凯对三门峡市群众工作取得的成效给予充分肯定,并提出重要指导意见。

【省长郭庚茂到三门峡市调研】 11月26日,省委副书记、省长郭庚茂先后到三门峡市缘份果业、亿龙人造板设备、速达电动车等企业,义马产业集聚区的1 000万标准立方米煤制气、"1,4-丁二醇"、30万吨醋酸等在建项目工地,德馨苑廉租房小区、湖滨区城中村改造和义煤集团棚户区改造项目工地,调研产业集聚区、重点项目和城乡建设等重点工作。郭庚茂强调,要紧密联系实际,把学习贯彻党的十七届五中全会和省委八届十一次全会精神与科学谋划“十二五”发展结合起来,进一步推动科学发展。

【省委常委、常务副省长李克和副省长徐济超率团观摩三门峡市产业集聚区和重点项目】 6月21日,省委常委、常务副省长李克,副省长徐济超率领省观摩团到三门峡市观摩产业集聚区和重点项目。观摩团一行察看了三门峡产业集聚区的河南骏通车辆有限公司年产5万辆特种专用车辆及2万套车架项目、三门峡节能照明产业园项目、三门峡缘份果业年产1.2亿千克果蔬综合加工和100万千克果胶项目,三门峡经济技术产业集聚区的三门峡恒生科技研发有限公司年产10万千克柠檬酸金钾项目、兴邦特种膜科技发展有限公司年产2 600万平方米纳米纤维膜项目、三门峡速达交通节能科技有限公司电动汽车核心配件项目等重点项目。

【副省长史济春到三门峡市工业企业调研】 5月31日,副省长史济春先后到三门峡产业集聚区建设工地、陕县惠强玻璃厂、三门峡速达节能科技有限公司等工业企业调研,强调要加大淘汰落后产能力度,提高核心竞争力,保持良好的发展势头。

【副省长秦玉海到三门峡市检查防汛抗旱工作】 7月7日,副省长秦玉海到三门峡市检查防汛抗旱工作。秦玉海强调,各级、各有关部门要高度重视防汛抗旱工作,突出工作重点,扎实做好防汛各项准备工作,确保安全度汛。

【副省长张大卫察看三淅高速灵卢段建设】 12月7日,副省长张大卫到三门峡市实地察看了三淅高速公路灵宝至卢氏段的工程进展情况。张大卫对三淅高速灵卢段工程进度和施工环境给予充分肯定。张大卫强调,项目建设方一定要严把质量关,精益求精,修建高质量的高速公路。当地党委、政府和有关部门要加大支持力度,加快推进步伐,确保工程顺利建设。

【副省长刘满仓到三门峡市检查指导抗洪救灾工作】 7月28日,副省长刘满仓带领省有关部门负责人到三门峡市实地察看灾情,看望慰问受灾群众,检查指导防汛工作。刘满仓充分肯定了三门峡市群防群治防洪防灾经验,并对当前工作提出指导意见。 (杜广山)

三门峡市行政服务中心

【概况】 2010年,三门峡市行政服务中心坚持以“服务经济发展,服务人民群众”为工作出发点和着力点,以开展创先争优活动和学习型党组织建设为契机,全面加强中心建设,不断提升服务水平,各项工作进展顺利。中心共办理行政审批、服务、收费事项130 577件,其中投资项目联合审批事项111件,按期办结率达99.9%,顾客满意率达99.7%,收到锦旗21面、表扬信62封。

探索推进整合行政审批服务职能、整建制入驻窗口工作。中心认真总结近两年来整合行政审批服务职能、整建制入驻窗口工作的试点经验,结合市政府机构改革的有关要求,及时向市委、市政府、市编办提出在5个“大科室制”试点部门中设立行政服务科并整建制进驻中心办公的建议。市发展和改革委员会、市人力资源和社会保障局、市工业和信息化局、市规划和城市管理综合执法局、市住房和城乡建设局等5个部门设立了行政服务科。至年底,市人力资源和社会保障局、市工业和信息化局、市住房和城乡建设局等3个部门的行政服务科已经配备人员并进入中心办公。

以市政府机构改革为契机,进一步加强服务窗口建设。市政府机构改革工作会议召开后,为确保机构改革期间窗口各项工作顺利开展,中心在1月出台《关于机构改革期间加强窗口管理工作的通知》,并专门召开机构改革涉及的16个窗口工作会议,对机构改革期间的窗口工作提出明确要求,有效地保障了机构改革期间窗口行政服务工作不断档、不掉线。7月,中心根据新一轮机构改革的部门设置情况,调整了服务窗口的设置和布局,并督促、协调有关窗口归集确定本部门的行政审批、行政服务和行政事业性收费项目,修订“工作指导书”和“窗口服务项目告知单”,优化服务流程,简化办事程序,提高了工作效率,全面加强了窗口建设,为市场主体和人民群众提供了更加优质高效的行政服务。

积极服务全市深化项目建设年和企业服务年活动。中心认真贯彻落实市委、市政府深化“项目建设年”“企业服务年”活动的工作部署,及时制定印发《关于进一步做好服务全市深化项目建设年、企业服务年活动的通知》,增强了各窗口服务全市深化项目建设年、企业服务年活动的积极性和主动性。投资项目联合审批、全程代理工作涉及的有关窗口继续坚持“特事特办、急事急办”的原则,各负其责,协同配合,确保了企业注册登记、基本建设、外商投资、房地产开发等四大类联合审批事项顺利运转。共组织办理投资项目联合审批事项111件,全程代理了30多家企业的行政审批手续,为全市60多家外资企业和3 000多家内资企业组织了联合年检,赢得了企业的高度赞誉。

狠抓质量管理体系运行,提高中心管理水平。为确保中心质量管理体系良好运行,从6月中旬开始,中心组织进行了质量管理体系内部审核,查找体系运行中存在的主要问题。各科室、窗口认真对照查找出的问题,及时采取了纠正和预防措施,确保了质量管理体系良好运行。9月上旬,中国方圆委河南审核中心专家组到中心进行了为期两天的审核,帮助中心查找纠正质量管理体系运行中存在的问题,确保中心顺利通过质量管理体系年度监督审核。

开展“红旗窗口”“服务标兵”评选活动。全年共有29个窗口先后被评选为“红旗窗口”,有30人先后当选为“服务标兵”,发挥了良好的示范带动作用。

开展“顾客满意率”调查活动。中心印制了“顾客满意率调查表”,指定专人在总服务台值班,开展“顾客满意率”问卷调查活动,广泛征求收集社会各界的评价和反映,并根据群众评价及时督促有关窗口采取相应措施,不断改进提高中心的服务质量。全年中心共组织发放调查表2 000余份,顾客满意率为99.7%。 (张应洲)

人力资源和社会保障

【概况】 2010年,三门峡市各级人力资源和社会保障部门把改善和保障民生作为出发点和落脚点,着力抓好就业工作和社会保障体系建设两项重点,突出深化人事制度改革、加强人才队伍建设、调解工资收入分配、构建和谐劳动关系四项基础工作,努力推动人力资源和社会保障事业科学发展,为建设充满活力、富有魅力、极具竞争力的现代化城市作出积极贡献。

就业工作取得显著成效。全市人力资源和社会保障部门认真贯彻落实国家、省、市有关加强就业工作的决策部署,继续实施积极的就业政策,以稳定岗位为核心,以帮扶困难群体就业为重点,强化就业服务工作,保持了全市就业局势的稳定。全市城镇新增就业58 895人,城镇登记失业率为3.24%;农村劳动力转移就业规模达到36万人。困难群体就业帮扶工作取得实效。落实再就业资金3 960万元,全年发放小额担保贷款17 399万元,回收到期贷款2.69亿元。大力开展就业援助,投入1 354.6万元开发公益性岗位4 200个,安置"4050"人员、"零就业家庭""现役军人家属和烈属"等不同群体就业困难人员4 115人。创业促就业工作取得新进展。全市人力资源社会保障部门充分发挥政策引导作用,免费为城乡创业者提供项目支持、开业指导、创业培训、政策咨询等一系列服务,全年有2 460人接受了免费的创业培训,2 977名下岗失业人员通过小额贷款实现成功创业,450名返乡农民工接受创业培训,共带动1.43万人实现再就业。高校毕业生就业取得新成效。组织实施大学生创业引领计划、就业服务与援助计划等,开展一系列专项服务活动,做好大中专毕业生就业指导及服务工作,加强高校毕业生见习基地建设,进一步加强人事代理,全市901名高校毕业生实现就业,就业率达85.9%。就业专项服务得到新加强。加大就业政策宣传力度,开展职业介绍和职业指导,组织开展"2010春季就业援助""民营企业招聘周"等就业服务专项活动。全市共组织召开各类就业洽谈会130场次,免费职业介绍3.3万人次,帮助2.5万人成功实现就业。以举办"河南·三门峡(北京)劳务推介会"为契机,加大劳务输出工作力度。全年共培训农村劳动力2.1万人,农村劳动力外出就业规模达36万人,实现劳务收入29亿元。职业技能培训取得新发展。全年组织参加职业技能鉴定14 750人,有12 292人获得职业资格证书。推进新技师培养计划,全市培养新技师370人。推进技工院校改革发展,全市技工学校招生4 882人,应届毕业生2 242人,就业率达98%。

人才队伍建设取得新成效。加强职称评审工作。全年完成1 621人的职称评审工作,其中高级488人、中级858人、初级157人、初聘118人。强化聘任管理和专家推荐工作。办理中高级聘任备案手续440人,向省人力资源和社会保障厅推荐享受政府特殊津贴专家3名、省级学术技术带头人2名。规范组织开展各类考试活动。全市受理各类考试报名10 857人,组织8 582名考生参加公务员招录、事业单位工作和各类专业技术考试,为2 923名专业技术考试合格人员发放了资格证书。做好机关事业单位技术工人资格考试认定工作。为2009年工考合格人员办理证书2 432本,组织全市1 901名机关事业单位工勤人员参加2010年工考报名工作。加大引进国外智力工作力度。组织12名从事果品及技术管理的一线人员赴日本参加"绿色果品生产、销售、深加工技术培训"。新建2个"一村一品"和1个"一乡一业"引智示范基地,实施7个引进国外技术人才项目,申报2011年引进国外技术人才项目18个。通过人才需求调查、举办人才交流会等措施,全年引进外国专家20人次,解决技术难题50余项。

社会保障体系建设取得新突破。社会保险覆盖面进一步扩大。全市社会保险总参保人数达到200.18万人次,其中城镇职工养老保险、失业保险、城镇职工医疗保险、城镇居民医疗保险、工伤保险、生育保险参保人数分别达到26.3万人、22.79万人、30.5万人、31.7万人、15.16万人、11.53万人,分别新增1.6万人、0.5万人、1.5万人、0.9万人、0.7万人、1.5万人。基金征缴分别达到75 607万元、7 887万元、37 601万元、4 427万元、1 740万元、808万元,合计12.8亿元,同比增加3.19亿元。各项社会保险待遇按时足额发放率100%。卢氏县和灵宝市实行了新型农村社会养老保险试点,参保人数达到62.2万人,征收保险费5 414万元。特殊群体参保问题得到有效解决。做好原"'五七'工""家属工"等人员参加养老保险资格审查工作,将全市符合参保条件的512人报省人力资源和社会保障厅审批。制定实施三门峡市企业职工基本养老保险和流动就业人员基本医疗保险关系转移接续办法,解决了全市关闭破产企业退休人员的医保问题。出台居民医保门诊统筹办法,各县(市)区城镇职工医保和城镇居民医保实现即时结算。老工伤人员问题全部得到较好解决,967名老工伤人员纳入统筹管理。3.77万名农民工参加了工伤保险。社保经办管理服务能力明显提升。加强社保经办内控管理,强化对退休审批、劳动能力鉴定以及社保费用审核、拨付、账户核对等环节的监督,社会保险稽核、防冒领工作进一步加强。各社保经办机构普遍开展"规范管理年""数据质量年"活动,6个县(市)区养老保险经办机构一次性通过省级检查验收。工伤保险实现了市级统筹。正式启用全省统一的养老保险业务、工伤和生育保险应用软件,新农保业务专网实现省、市、县、乡四级联网,全市人力资源和社会保障城域网建设覆盖率达100%。社会保险基金监管更加规范。深入开展社保基金专项治理和城镇职工基本医疗保险基金检查,规范基金监管,确保基金安全。5月,完成全市2009年度至2010年度社保基金预决算工作,共组织审核分类账目26个,核对预决算报表48份。

公务员队伍建设得到加强。建立公务员管理工作新机制。按照全市机构改革部署,成立公务员管理工作机构,实现了公务员业务管理向队伍管理的转折。促进公务员管理制度化。认真贯彻落实《关于进一步加强公务员管理工作有关问题的通知》精神,加强公务员"进、出、转"及身份变更和确认的动态管理，建立公务员“一人一号一证一台账”管理新模式。加强行政奖励表彰管理，推进公务员绩效考核机制建设，完成2009年市直机关和事业单位工作人员的年度考核工作和2010年平时考核工作，对2009年度市直机关科级以下连续3年考核优秀的84名和考核优秀的572名公务员分别给予记三等功和嘉奖奖励。精心组织公务员考试录用工作。坚持公务员“凡进必考”制度，完成2009年、2010年全省统一考录公务员、政法干警招录等120人的面试、体检和录用工作，全市行政机关新进人员公开考试录用率达到100%。

事业单位人事制度改革迈出新步伐。推进事业单位岗位设置管理工作，取得阶段性成效。市直事业单位岗位设置方案备案单位220家，核准岗位10 696个，完成率达100%；各县(市)区事业单位岗位设置方案备案单位526家，核准岗位24 190个，占应设岗位总数的53.4%。加强事业单位管理，全市事业单位公开招聘424人。完成2009年度事业单位科级以下工作人员54 891人的考核工作，基本称职以上比例达98.82%。

工资收入分配制度改革取得新成果。全市办理机关正常晋升工资档次2 728人次、滚动晋升工资级别428人次，办理事业单位正常晋升薪级工资8 146人次。加大预防和解决企业工资拖欠问题的力度，加强对企业最低工资制度执行情况的监督检查，最低工资保障制度得到全面落实；大力推行工资集体协商制度，建立健全企业职工工资共决机制。全市国有、集体企业劳动合同签订率达99%，劳动合同总签订率93%，签订人数22万人。发布三门峡市2009年人工成本信息、2010年100个工种的劳动力市场工资指导价位和工资指导线，全市月最低工资标准分别提高到800元、700元。

和谐劳动关系创建工作力度加大。加大劳动保障监察执法力度。推进劳动保障监察“网格化、网络化”建设，全市在77个乡(镇、街道)建立劳动保障监察中队65个，配备专兼职监察员154名；在932个村(社区)建立劳动保障监察服务站100个，配备劳动保障监察协管员348名。全市受理并查处群众投诉举报案件210起，结案率达100%。落实农民工维权公示牌制度和建筑领域农民工工资保障金制度，全年累计征收农民工工资保障金770万元，支付保障金150万元。坚持日常巡查和专项检查相结合，全年共检查各类用人单位2 671户，涉及劳动者17万人，督促缴纳社会保险费465万元，为包括农民工在内的劳动者追讨工资432万元，取缔非法职业中介13户。推进劳动人事争议处理及信访稳定工作。开展劳动人事争议基层调解组织建设和仲裁庭标准化建设工作，全市已建立基层劳动人事争议调解组织12个，企业劳动争议调解委员会9个，事业单位劳动人事争议调解组织示范单位1个。全市劳动人事争议仲裁机构立案1 173起，其中市本级立案563起，法定时效内结案率达100%。落实信访工作责任制，坚持局领导定期接访制度，全市共接待来访群众3 217批、9 652人次，受理群众来信139件。

军转安置工作得到加强。认真落实中央、省关于转业干部安置政策规定，加强与接收单位的沟通协调，按时完成18名计划安置和2名自主择业军转干部的接收安置任务。做好自主择业军转干部的管理服务工作，按时足额发放退役金，落实医疗保险待遇，帮助选择就业岗位。做好部分企业军转干部的解困工作，为512名企业军转干部提高了生活困难补助。

【发布2010年度劳动力市场工资指导价位】 5月，市人力资源和社会保障局在调查统计的基础上，发布三门峡市2010年度部分行业(工种)劳动力市场工资(月薪)指导价位，共涉及机械、建筑、纺织、煤炭、电信、金融、饮食服务、交通运输、黄金开采与冶炼等10余个行业和车、钳、电、汽修、厨师、保安等100个工种的高、中、低3个工资指导价位。

【开展整治非法用工打击违法犯罪专项行动】 6月至7月，市人力资源和社会保障局联合9部门开展整治非法用工打击违法犯罪专项执法检查行动，排查“四小”企业622户，涉及劳动者1.7万人，对141户证照不全的生产经营户责令整改，责令用工单位补签劳动合同2 557人，为劳动者追回工资11.28万元。此次行动重点检查了中小劳动密集型企业、城乡接合部和乡村企业，特别是乡村小砖瓦窑厂、小煤矿、小矿山、小作坊等“四小”企业日常的劳动用工情况、劳动合同签订情况、工资发放情况、执行劳动保障法律法规情况、有无违法犯罪情况等。

【开展城镇职工基本医疗保险基金专项监督检查】 6月至8月，市人力资源和社会保障局联合有关部门开展城镇职工基本医疗保险基金专项监督检查，主要是对全市医保基金管理使用办法制定和执行情况、医疗保险经办机构对医保基金的管理情况以及定点医疗机构和定点零售药店医保基金的使用情况进行全面检查。共检查医疗保险行政管理单位6个、医疗经办机构7个，抽查医保定点医疗机构38个、定点零售药店25个，对违规定点单位进行了严肃处理，共暂停服务协议6家、责令整顿“两定”单位31家、查处违规现象56起、拒付医疗保险金93万元。

【召开全市事业单位岗位设置管理工作会议】 6月28日，召开全市事业单位岗位设置管理工作会议，对事业单位岗位设置管理工作进行部署。到2010年底，市属事业单位岗位设置管理工作完成100%，县属事业单位完成40%以上；2011年完成全市事业单位岗位设置管理工作。全市事业单位管理岗位分为10个等级；专业技术岗位分为13个等级；工勤技能岗位分为技术工岗位和普通工岗位，技工岗位分为5个等级，普工岗位不分等级。

【上调最低工资标准】 7月1日起，三门峡市上调最低工资标准。市区、义马市、渑池县、灵宝市月最低工资标准由550元调整为800元，小时最低工资由6.5元调整为9元；陕县、卢氏县月最低工资标准由550元调整为700元，小时最低工资由6.5元调整为7.9元。

(席　荣)

信访工作

【概况】 2010年,三门峡市各级、各部门进一步畅通信访渠道,深入开展矛盾纠纷排查化解,切实加大解决问题和督查督办力度,着力强化责任追究,依法规范信访秩序,多策并举,综合施治,最大限度地把矛盾纠纷化解在基层、消除在萌芽状态,全市信访形势持续向好。全年共接待到市集体上访339批、6 825人,个人上访482起、817人;受理群众来信648案、1 049件;受理网上信访317件;京、省、市三级信访立案1 308案,到期应结1 099案,按期办结1 001案,按期办结率91.1%;受理复查复核案件127案,按期复查复核结案89案,按期复结率100%,协调解决了一大批信访问题,全市信访形势总体平稳。国庆期间,三门峡市没有发生赴京集体上访和非正常上访,没有发生重大信访稳定问题和安全事故,北京没有发生来自三门峡的干扰。三门峡市被省委、省政府授予"2010年度全省用群众工作统揽信访工作先进省辖市"称号,连续6年受到省委、省政府表彰;卢氏县、义马市被省委、省政府授予"2010年度全省用群众工作统揽信访工作先进县、市"称号;严锦华、张松林等5人被省委、省政府记功。陕县、渑池县、灵宝市、湖滨区被省委信访工作领导小组评为"2010年度信访工作成效显著县(市)区"。

强力推进"事要解决"。2月3日至5月15日起,全市开展处理信访稳定突出问题"百日竞赛"活动,市交办的117起案件全部按期办结。坚持信访突出问题周会审制度。市、县两级党政主要领导或分管领导召开周会审会议160次,对218起疑难案件进行会审研究,解决到位191起。落实、使用好解决特殊疑难信访问题专项资金。按照中央、省有关要求,及时出台实施细则,落实配套资金,严格使用范围,规范使用程序和审批手续,解决37起特殊疑难信访个案,做到"案结事了、息诉息访"。

三门峡市依法信访宣传咨询服务活动现场

着力畅通信访渠道。拓宽领导接访工作内容,变领导干部接访日为领导干部信访工作日,建立接访、会审案件、督办案件、听取联系单位信访工作汇报和利用远程视频系统督办交办案件"五位一体"的领导干部接访工作新模式。市、县两级党政领导1 530次接待群众来访1 182起、5 397人,现场解决315起,批办867起,办结726起。组织职能部门联合接访。抽调8个职能部门人员进驻市群众服务中心,开展职能部门联合接访,为信访群众提供一站式服务,推进信访问题及时有效解决。市群众服务中心联合接访大厅共接待群众来访1 286人次,处理各类信访事项489起。开展"群众工作日"活动。全市3.5万名干部深入基层,走访群众16.3万人次,排查化解矛盾3 771起,收集群众意见建议2 235条,接待群众来访7 936起,为群众办实事好事1 857件,有效地把信访问题和不稳定因素化解在基层。

强化源头防范。扎实开展矛盾纠纷排查化解。推行"流动调解"机制和"信访代理"制度,推进矛盾排查化解工作常态化、制度化,把引发赴京到省越级上访的重大矛盾纠纷作为工作重点,切实把矛盾纠纷化解在基层和萌芽状态。全市排查各类矛盾纠纷2 361起,化解2 171起,有效地维护了社会大局的稳定。积极开展信访评估。各级、各有关部门切实加大信访评估工作力度,对涉及群众利益的重大决策事项73起进行信访评估,其中评估通过65起,停办3起,缓办1起,正在办理4起,从源头上预防和减少了信访问题的发生。切实做好驻京驻省信访工作。严肃工作纪律,突出做好赴京到省上访的劝返处理、甄别核减工作。敏感期增派人员到京、省值班备勤,全国全省"两会"、国庆期间全市没有发生赴京到省集体上访和非正常上访。

加大督查督办力度。8月31日至10月15日,在全市开展"落实信访首办责任集中督查活动",对未办结或虽已办结但群众不满意、不稳定的信访问题逐一进行督查,各地各部门共排查案件550起,按期办结478起,按期办结率87%,办结满意率77%,使一批疑难问题得到彻底解决。强化对重要时段工作的督查。全国"两会"期间,从市直部门抽调干部组成督导组,由8个职能部门的主要领导任组长,深入各县(市)区和市直有关部门,对市交办的117起信访稳定问题、省交办的11起信访案件以及整体工作,开展不间断督查,确保重要敏感期社会大局稳定。强化专项督查。实行市信访局各副局长联系县(市)区制度,4次组织由副局长带队对各县(市)区工作进行专项督查;对劳动社保、土地征用、城建拆迁、企业改制等方面信访突出问题,由各有关职能部门开展对口督查,推进问题有效解决。

(蔡治国)

民族宗教工作

【概况】 2010年,三门峡市民族工作以"共同团结奋斗、共同繁荣发展"为主题,宗教工作以"打基础、抓管理、保稳定、促和谐"为工作重点,依法加强对宗教事务的管理,扎实推进新形势下的民族宗教工作，全面完成各项工作任务，为加快现代化进程、构建和谐三门峡作出了积极贡献。

开展民族“四创建”活动，广泛宣传贯彻党的民族政策，构建平等和谐民族关系。落实中共中央办公厅、国务院办公厅《关于深入开展民族团结宣传教育活动的意见》及中央宣传部、中央统战部、国家民委《关于进一步开展民族团结进步创建活动的意见》文件精神，开展宣传月、宣传周、宣传日等活动，宣传党的民族和宗教政策。5月，以民族政策宣传月活动为载体，在全市继续开展“三基本知识”（民族理论、民族政策、民族知识）、“三个离不开”（汉族离不开少数民族、少数民族离不开汉族、少数民族之间相互离不开）、“四个维护”（维护法律尊严、维护民族团结、维护人民利益、维护国家统一）和民族政策法规宣传教育活动。5月16日，市民族宗教局在市区黄河路街心公园开展民族政策法规宣传咨询活动，现场接待咨询400余人，发放民族政策宣传资料6 000多份。宣传月活动期间，全市各级民族宗教部门印发宣传材料6.8万余份，制作宣传版面40块，制作板报130余期，悬挂张贴横幅标语60余条，在各级广播电台、电视台播出新闻专访及专题节目40余期次，在各类报刊杂志发表民族团结宣传文章12篇。结合创先争优活动，开展民族团结进步“四争创”活动和“民族工作进社区”活动，在全社会唱响“四好”（共产党好、社会主义好、改革开放好、民族团结好）的主旋律，推动民族团结进步教育活动在全市广泛深入持久开展，打牢民族团结的社会基础。

加强清真食品监督管理工作，维护少数民族群众的合法权益。按照《河南省清真食品管理办法》，元旦、春节期间，市民族宗教局协同工商等部门出车15台次，参加人员45人，对全市生产经营清真食品的门店84家、生产企业28家、超市30家、清真屠宰点35个、饭店485家、学校医院清真食堂10家进行了监督检查。全年对全市28家少数民族工业企业，48家清真牛、羊肉经销户，26家清真屠宰点，386家清真饭店，25家清真流动摊位的营业执照、税务登记证、卫生许可证、清真食品生产经营牌证以及饭店及清真食品加工厂人员回汉比例、环境卫生进行全面检查，规范清真食品市场管理，保证了穆斯林群众饮食生活安全。

加强民族聚居地区基础设施建设，促进少数民族经济、文化、体育等社会事业全面发展。协调市财政，争取少数民族发展项目4个，扶持资金88万元。在养种植业、运输业方面协调小额贷款1 200万元，协调交通、扶贫水利部门资金120万元。抓住河南省第6届少数民族传统体育运动会的良好机遇，推进少数民族体育、文化事业的发展。9月11日至14日，三门峡代表团80余人参加在济源市举办的河南省第6届少数民族传统体育运动会，取得3个第2名和2个第3名的好成绩，三门峡市民族宗教局被授予“河南省体育道德风尚奖”集体荣誉称号。9月中旬，参加河南省第2届少数民族文化艺术展和工作成就展，展出宣传展板20块，文化艺术作品15幅，向全省人民展示了三门峡市民族宗教工作在改革开放和现代化建设中取得的辉煌成就。

开展国务院《宗教事务条例》实施5周年纪念活动。全市民族宗教部门把纪念活动作为对《宗教事务条例》的一次再宣传、再教育，推动宗教团体、宗教教职人员、宗教活动场所的规范化、法制化管理。通过举办座谈会、研讨会、演讲会等开展纪念活动75场次，参加人数13万余人。发放《宗教事务条例》单行本12万余册、宣传单17万余份。举办宗教法规培训班30期，培训宗教干部、场所宗教活动场所负责人2 500余人。

加强宗教事务依法管理，解决宗教领域突出问题。开展宗教教职人员认定备案和宗教活动场所财务监管工作。结合各教实际，督促、指导市级爱国宗教团体对宗教教职人员进行认定、备案；学习贯彻国家宗教局《宗教活动场所财务监督管理办法》，按照属地管理原则，指导各地选择不同类型、不同情况的寺观教堂进行试点，规范宗教活动场所管理。加强基督教管理。全市基督教活动场所有278个，信教群众不断增加。市民族宗教局始终坚持“保护合法、制止非法、抵御渗透、打击犯罪”的方针进行不定期抽查，依法加强对基督教事务的管理。5月2日成功取缔一起湖滨区基督教复临日堂30个外地人到三门峡市违规集会活动，有效遏制了非法宗教活动的发生。抵御境外宗教渗透，切实做好维稳工作。针对境外利用宗教进行渗透的新情况、新特点，在全市建立国保、公安、消防联系制度；协同市统战、教育、公安等部门，建立高校抵御宗教渗透知识宣传制度；建立民族宗教矛盾排查化解、稳定风险评估机制；定期召开5大宗教爱国组织负责人协调汇报会，依法妥善处置涉及民族矛盾纠纷和宗教突发案（事）件38起，其中典型案（事）件5起。按照“分级负责、属地管理”的原则，在上海世博会、新疆“7·5”事件1周年、圣诞节、国家重大节假日期间开展宗教活动场所安全和食品安全检查，实行“敏感时期”24小时报告制度，及时发现和查处安全隐患和不稳定因素，将其消除在萌芽状态。加强伊斯兰教朝觐管理工作，确保“有序朝觐、文明朝觐、平安朝觐”和“政治安全、人身安全、健康安全”。

开展创建“和谐寺观教堂”活动。通过召开动员会、举办培训班、总结推广经验、在宗教活动场所设置专栏等形式，将创建活动的重要意义、指导思想、目标要求，创建标准等宣传到每一个宗教活动场所，使广大信教群众积极参与到创建活动中来。按照国家宗教局的创建要求，在认真总结近年来开展宗教“四争创”活动经验的基础上，全面推进创建活动。推荐全国和谐寺观教堂3个：灵宝东关福音堂、陕县熊耳山空相寺、卢氏县城关镇北街清真寺。

推动宗教团体加强自身建设，引导宗教发挥积极作用。市民族宗教局会同市委统战部，推进全市5大宗教团体建设，已做了5大宗教团体换届推荐工作；指导灵宝市对该市25个基督教活动场所进行换届，调整人员51人，平均年龄下降7岁。深化“爱国、守法、致富、奉献”活动，鼓励宗教界人士和信教群众在促进经济社会发展中发挥作用。青海玉树发生地震后，三门峡市宗教团体和宗教界人士向玉树灾区捐款捐物总值22万元。陕县空相寺举行第9届达摩祖师纪念大典活动，邀请省、市领导和社会各界人士参加，同时举办达摩

文化书法绘画展和民俗文化展,为三门峡市旅游产业和社会公益事业发展作出了贡献。（孙春红）

外事侨务工作

【概况】 2010年,三门峡市人民政府外事侨务办公室强化外事侨务宏观指导和归口管理职能,完善外事侨务工作体制和机制,创新国际友城工作,优化国际友城布局,延伸和丰富国际友城内涵,拓展渠道,探索民间外交的新形式,全面扩大和深化三门峡市在政治、经济、文化、教育等领域的对外交流与合作,为扩大三门峡市对外开放、促进三门峡经济社会又好又快发展作出了积极贡献。

完善外事侨务体制机制,加强对外事侨务工作的统筹管理。调整三门峡市外事工作领导小组,加强外侨部门外事归口管理职能。完善科室设置,增加外事队伍力量。

成功举办三门峡市与日本北上市缔结友好城市关系25周年庆祝活动。对外交往渠道和深度进一步扩大,友城实质性交流得到加强。指导和配合涉外部门、涉外企业搞好外事接待工作,为招商引资提供机会和平台。建立健全因公出国(境)管理机制,实行因公出国(境)团组行前告知制度、处级以下党政干部严格审批制度、限制各单位出访次数制度、对申报因公出国(境)材料实行三重把关制度,严格控制三门峡市因公出国(境)批次。

充分发挥外侨工作桥梁作用,实施"引资助教"工程,服务全市经济社会发展。关注民生、关爱侨众,为困难归侨做好各项服务工作。成立首所归侨侨眷定点医院,做好困难归侨群体的慰问工作,努力解决归侨侨眷生活中的实际困难。

【三门峡市·北上市结好25周年庆祝大会举行】 5月18日上午,三门峡市·北上市结好25周年庆祝大会在三门峡市举行。日本驻华使馆公使山田重夫和北上市市长伊藤彬、议会副议长八重樫真纯等北上市友好访问团成员,市领导杨树平、赵继祥、郭秀荣、周志远,市人大常委会秘书长裴富平、市政府秘书长李宝洲等出席大会。双方畅谈了两市友好关系发展历程,提出殷切希望,并互赠纪念品。当天,北上市友好访问团在市长杨树平、三门峡职业技术学院党委书记郑建英等领导的陪同下到三门峡职业技术学院参观访问,并与三门峡职业技术学院师生进行座谈交流。访问团在市人大常委会副主任邹援朝的陪同下,走访参观了开曼铝业(三门峡)有限公司,并参观了虢国博物馆。

【杨树平率市政府代表团访问日本北上市】 8月25日至27日,市委副书记、市长杨树平率政府代表团应邀到日本岩手县北上市访问,推动三门峡市与北上市友好关系的新发展。三门峡产业集聚区、市农业局、市外侨办、市贸促会负责人随同访问。访问期间,代表团拜会了北上市政府,就进一步拓宽两市友好交流领域进行会谈,与北上市政府及各部门负责人、议会议员进行广泛座谈和深入交流,与历次对三门峡市进行过访问的友好人士共叙友谊。代表团还考察东芝微电子(北上)株式会社、丰田汽车公司关东汽车制造厂、三菱纸业集团北山高科技股份公司、益多(北上)乳酸菌饮料株式会社、岩手县农业研究所等先进企业和科研单位,参观北上市诗歌森林公园、北上市日中友好亭、樱花艺术中心。8月29日至30日,应中国人民对外友好协会的邀请,杨树平率团参加在日本长崎市举办的第6届"北京—东京"论坛,在论坛上作题为"加强交流合作,携手应对自然灾害"的演讲,并就如何处理好防灾与保护文物的关系等问题回答主持人的提问。论坛对三门峡市城市防灾工作给予很高评价。会前,杨树平还走访中国驻日本大使馆、台湾驻日本总商会,拜会中国人民对外友好协会会长陈昊苏,会见论坛日方主持人、岩手县前知事、野村研究所顾问增田宽也。8月31日,第12届中日韩友好城市大会在日本长崎县举行,来自中日韩共100余个城市的400余名代表参加大会。市委副书记、市长杨树平受邀参加并在大会开幕式上作主旨演讲。会上,杨树平还与日本长崎县知事中村法道、韩国釜山广域市副市长裴永吉一同回答大会主持人的提问,并和部分与会代表进行经贸洽谈活动。

【三门峡市首家归侨侨眷定点医院成立】 9月28日,三门峡市第一所归侨侨眷定点医院在三门峡市中医院挂牌成立。正市级领导赵光超、市政协副主席肖群兰出席揭牌仪式。三门峡市归侨侨眷眷属共1万余人,其中5 000余名海外华人分布在全世界35个国家和地区。长期以来,广大归侨侨眷和海外侨胞为三门峡市对外开放和经济建设发挥了独特的作用。市委、市政府高度重视侨务工作,时刻关心着广大归侨侨眷的基本生产生活。2010

8月25日,市委副书记、市长杨树平向北上市市长伊藤彬赠送纪念品

年恰逢《中华人民共和国归侨侨眷权益保护法》实施20周年，为更好地落实此项法律，保护好归侨侨眷的合法权利和利益，三门峡市外侨办从全市广大归侨侨眷基本生活需要出发，充分考虑到他们在看病就医方面的实际困难，积极同市卫生局、市中医院沟通、协调，最终确定三门峡市中医院为全市归侨侨眷就诊定点医院。此举的目的是减轻归侨侨眷看病的经济压力，为全市广大归侨侨眷提供一个方便、快捷、优质、优惠的就医环境，让他们充分享受到更多更好的医疗保健服务，使他们老有所养、老有所医，能够幸福健康地安度晚年。　（刘云江）

市直机关事务管理

【概况】　2010年1月，三门峡市市直机关事务管理局组建后，坚持以服务为核心、以管理为重点、以保障为抓手，高起点定位、高标准启动，实现了各项工作顺利起步、良好开局。

认真做好筹建工作，顺利完成机构组建。市直机关事务管理局是政府机构改革中新组建的参照公务员法管理的政府直属事业单位，由市委、市政府共同管理，以市政府管理为主。内设办公室、房地产管理科、车辆管理科、综合管理科4个职能科室，下设市直机关食堂和市直房产处两个二级机构（均为正科级规格）。按照职能介定，顺利完成机关食堂和市直房产处的人员移交，成立机关党总支，选举了3个党支部和机关工会。为了使工作高效运转，确立了“一年完备基础，两年规范运行，三年大有作为”的总体发展目标；在职能职责上，确立了“服务一流、管理科学、保障有力”的工作思路；确立了“保障机关正常运转、降低行政成本、建设和谐型示范机关”的发展方向。在明确定位的基础上，制定“三定”方案，并及时上报市编办，为市委、市政府确定市直机关事务管理局的主要职责、内设机构和人员编制提供了可靠依据。

加强和规范机关事务管理工作，努力提升管理水平。实施市直综合楼改造工程，仅用60天就顺利完成了办公楼的装修，不仅解决了市直机关事务管理局的办公用房，而且缓解了政府大楼办公用房紧张的状况，有7个单位入驻办公。

排除自然灾害隐患。7月中旬，气象部门预报将会发生连续强降雨，为避免灾害，市直机关事务管理局组织人员对所管辖的住宅区进行全面摸底排查，排查出黄河路南二街坊五号楼因连续降雨造成地基下陷，按照紧急预案，采取党员干部包户、逐户动员搬迁、对沉陷区进行堵漏等应急措施。经过艰苦细致、紧张有序的工作，该楼24户群众全部搬出，危楼封闭。由于发现及时，措施得力，没有造成灾害事故和人民生命财产损失。

启动公务员小区建设准备工作。成立筹建领导小组，抽调人员成立前期工作办公室。先后邀请洛阳市顺驰集团、广鑫集团、普照公司等企业到三门峡市考察、洽谈，并到洛阳市对企业实力进行实地考察，达成初步合作意向。前期筹备工作进展顺利，确保在新区建设启动的同时开始公务员小区建设。

提高机关食堂的服务水平。降低经营成本，对原材料采购实行货比三家、公开竞标，保证了饭菜价格的稳定。为了保证就餐人员吃饱、吃好，动员食堂管理人员调整品种搭配，基本满足了不同口味需要。在食堂就餐人员每天达到400人左右，就餐人员满意率达95%以上。

公共机构节能工作扎实有效开展。为发挥好公共机构在节能减排方面的表率作用，市直机关事务管理局从强化领导、健全组织入手，坚持宣传发动、机制推动、督查促动、上下联动等方式，促使公共机构节能减排工作有效开展。至12月，全市共有公共机构2 171个，其中市本级一级机构88个，二级机构164个；各县（市）区、三门峡经济开发区、三门峡工业园共有一级机构473个，二级机构1 446个。全市公车4 183辆，其中市本级1 204辆。用能面积509.24万平方米，用能人数484 679人。全市公共机构前三季度比2009年度人均用水下降28.98%，人均用电下降26.16%；单位面积水耗下降26.98%，单位面积电耗下降24.04%。单车油耗下降56.8%。

（席祥峰）

中国人民政治协商会议三门峡市委员会

【概况】　2010年，中国人民政治协商会议三门峡市委员会在中共三门峡市委的领导下，认真学习中共十七大和十七届三中、四中、五中全会精神，牢牢把握团结和民主两大主题，紧紧围绕全市工作大局，认真履行政治协商、民主监督和参政议政三大职能。全年共召开1次全体会议、4次主席会议、4次常委会议。组织委员调研、视察11次，形成调研、视察报告11份。五届四次会议以来共征集各类提案237件，经提案审查委员会审查立案230件，提案办复率达到100%，满意率达到99%。推荐77名政协委员在工商、税务、审计、教育、卫生等部门和行业担任特邀监督员，还组织70多名委员到法院、检察院、公安等部门参加行风评议、案件庭审观摩等活动。征集文史资料80余篇，33万余字，编辑出版了《三门峡文史资料》第20辑。先后参加了省政协举办的各类经验交流会、理论研讨会和协商议政会，上报交流材料8份，介绍三门峡市在发展经济、关注民生等方面的主要做法，得到省政协领导的充分肯定，并两次在省政协常委会上发言，受到与会人员一致好评。较好地服务了全国政协领导到三门峡市的两次调研活动及省政协组织的多次专题调研活动，树立了三门峡市的良好形象。加强与县（市）区政协的联系。市政协的重要活动和会议，都邀请县（市）区政协负责人参加；重要视察、调研、考察活动坚持与县（市）区政协联合开展；与有关县级政协联合，征集、编写三门峡文史资料等。此外，积极帮助所包村发展项目、整治村容村貌，开展帮贫扶困、送医送药、知识讲座等活动，受到当地群众一致好评。这些活动有效地促进了市、县两级政协工作的积极开展。

【政协三门峡市五届四次会议召开】　1月11日至14日，政协三门峡市五届四次会议召开。市政协主席郭秀荣向大会作工作报告,市政协常务副主席陈雪平主持会议,副主席高从民作关于五届三次会议以来提案工作情况的报告。五届三次会议以来共征集各类提案258件,经审查立案251件,立案率为97.29%。其中:各民主党派、工商联提案25件,委员个人提案226件。有关经济建设方面的147件,占立案数的58.57%;科教文卫方面的37件,占14.74%;劳动、人事、政法、统战方面的66件,占26.29%;其他类1件。未予立案的有7件,作为委员来信转交有关部门研究处理。提案办复率为100%,满意率达99%。会议期间,与会委员听取并审议通过了政协三门峡市第五届委员会常务委员会工作报告和五届三次会议以来提案工作情况的报告;列席五届三门峡市人民代表大会第五次会议,听取并讨论政府工作报告、关于三门峡市2009年国民经济和社会发展计划执行情况与2010年计划(草案)的报告、关于三门峡市2009年财政预算执行情况和2010年财政预算(草案)的报告、三门峡市中级人民法院工作报告和三门峡市人民检察院工作报告;通过政协三门峡市第五届委员会第四次会议政治决议。

【召开4次常委会议】 全年市政协共召开4次常委会议。五届十五次常委会议于1月14日召开,听取各委员组组长汇报各组讨论市政府工作报告、计划报告、财政报告以及法、检两院工作报告情况,审议政协三门峡市第五届委员会第四次会议政治决议(草案),审议政协三门峡市第五届委员会第四次会议提案审查情况的报告(草案)。五届十六次常委会议于4月27日召开,听取市政协经济科技委员会"关于我市铝工业产业链发展情况的调研报告",听取市政府关于三门峡市铝工业产业链发展情况的通报,协商讨论三门峡市铝工业产业链发展情况的通报。五届十七次常委会议于6月29日召开,听取市政协社会和法制委员会"关于我市城镇化建设的调研报告",听取市政府关于三门峡市城镇化建设情况的通报,协商讨论三门峡市城镇化建设。五届十八次常委会议于10月28日召开,听取市政协文教体卫委员会"关于我市职业教育发展情况的调研报告"和市政府《关于我市职业教育发展情况的通报》,协商讨论三门峡市职业教育发展情况。

【调研铝工业产业链发展状况】 3月16日至17日,市政协副主席高从民、孙继伟带领部分政协常委、委员,在市发改委负责人的陪同下深入各县(市)区,对铝工业产业链发展情况进行调研。调研组一行先后实地察看了东方希望(三门峡)铝业有限公司、渑池天瑞铝业有限公司、义翔铝业有限公司、戴卡轮毂有限公司、方泰铝箔有限公司、开曼铝业(三门峡)有限公司、恒康铝业有限公司和三门峡铝制品检测中心建设工地,与企业负责人进行座谈,并听取了市、县有关部门的工作汇报。调研组认为,三门峡市初步形成了"铝土矿开采—氧化铝—电解铝—铝精深加工"产业链条,成为全市经济支柱产业。在新一轮经济发展中,应以做大做强煤、电、铝加工产业链条为主线,以铝精深加工为龙头,以氧化铝、电解铝集约化生产为基础,培育和发展铝工业集团,建设铝工业园区。要扶持铝工业各个环节与上下游企业联合重组,提高产业集中度和竞争力。要充分利用比较优势,制定优惠政策,吸引沿海铝深加工企业向三门峡市转移。有关部门应加强宏观调控,优化资源配置,提高资源配置效率,使有限的资源向重点企业配置。要进一步优化经济发展环境,加大招商引资力度,借助外部资金和技术优势,加快三门峡市铝工业发展步伐。

【视察劳动就业工作】 3月29日至30日,市政协副主席王富民、张景林率部分市政协委员,深入灵宝市、陕县、湖滨区和市直有关部门,就劳动就业工作进行专项视察。王富民一行先后实地察看了灵宝市人力资源市场、技工学校、尹庄镇劳动保障事务所,陕县人力资源市场、原店镇和张汴乡劳动保障事务所,市小额担保贷款担保中心、人力资源市场、恒特保安培训中心、劳动就业培训中心,湖滨区劳动保障中心、涧河劳动保障事务所等地,深入了解劳动力技能培训、劳务输出、就业服务等方面工作。座谈会上,市政协委员对全市就业形势和各级就业服务体系建设运行情况给予肯定。王富民强调,人力资源和社会保障部门要实施更加积极的就业政策,进一步加大宣传力度,引导劳动者转变择业观念;立足市场加强就业培训,让经过专业培训的学员学有所长、学有所用;进一步深挖就业潜力,推动全民创业以促进就业;进一步转变职能,促进服务方式的多样化,提升基层就业服务的档次和规模。

【视察民族宗教工作】 4月27日至30日,市政协副主席王铁创、肖群兰率领部分政协常委、委员,在市民族宗教局负责人的陪同下,深入各县(市)区民族聚居村及宗教活动场所,就民族宗教工作进行专项视察。视察组一行先后实地察看了湖滨区崖底教堂、虢国路教堂和清真食品定点生产企业湖滨果汁饮品有限公司,卢氏县城区教堂、城关镇北回民村、城区清真寺,灵宝市寺河乡磨湾满族村、城区教堂、城区清真寺,陕县清真寺、原店镇教堂,渑池县城关基督教堂,义马市清风寺、忠心教堂,深入了解中央、省、市有关民族宗教政策的落实情况和宗教活动依法开展情况。座谈会上,市政协委员对三门峡市民族宗教工作给予充分肯定,建议民族宗教工作部门要进一步加大宣传力度,加深全社会对"民族宗教工作无小事"的认识;立足依法管理,抓好项目带动,促进少数民族聚居村经济和民族企业又好又快发展;完善管理网络,充实基层力量,进一步加强宗教事务正规化管理。

【调研城镇化建设工作】 5月20日至24日,市政协副主席王富民、张景林带领部分政协常委、委员,在市住建局负责人的陪同下,调研全市城镇化建设工作。调研组一行实地察看了义马梁沟、二十里铺、马岭等居民集中居住区,银杏国际花园、美景瑞园等住宅小区,滨河游园、体育公园;渑池县陈村乡新型农民住宅社区、康乐园廉租房建设工地、新华苑售房部、人民医院迁建工地;卢氏县槐西新村、城东住宅小区、卢氏宾馆、游客服务中心等项目建设工地;

市区南康乐家园廉租房住宅小区、文体中心和外国语高中等建设工地。调研组详细了解和认真听取了各县(市)区落实市委、市政府“城市建设提速年”的战略决策及加快推进城镇化工作情况，并进行座谈。调研组指出，在今后的城镇化建设工作中，要加快启动科学发展示范区(新区)建设，扩大城市规模；努力建设中心城市、副中心城市、小城镇和农村社区等层次分明、结构合理的现代城镇体系；在促进房地产业健康发展、抓好保障性住房建设的同时，拓宽融资渠道，加快老城区和城中村改造步伐，不断提高市政设施管理的人性化、法制化和专业化水平。

【视察人口和计划生育工作】 7月6日至8日，市政协副主席姚龙、王铁创率领三门峡市部分政协常委、委员，在市人口计生委负责人的陪同下，深入部分县(市)区视察人口和计划生育工作。视察组一行先后深入到渑池县仰韶乡苏门村、韶华村计划生育村室村校，仰韶乡计生服务中心，城关镇西关服务区、镇计生服务中心，渑池县计生服务站和信息中心；灵宝市阳平镇计生服务中心，尹庄镇浊峪村人口文化大院；陕县大营镇计生服务中心、县计生服务站；湖滨区车站街道计生服务中心、爱心超市。通过现场察看、走访询问、翻阅台账、开展座谈和听取汇报等方式，了解三门峡市人口计划生育工作开展情况和人口计划生育法律法规执行情况。座谈会上，市政协委员对全市的人口和计划生育工作给予充分肯定，建议要在强化基层基础工作的基础上，进一步加大政策宣传和奖励优惠力度，不断探索流动人口计生管理新措施，为全市经济社会健康持续发展创造良好的人口环境。

【视察产业集聚区建设】 8月26日至27日，市政协主席郭秀荣，副主席陈雪平、王富民、王铁创、高从民、孙继伟、卢群召等，深入陕县、渑池县、三门峡工业园、三门峡经济开发区、湖滨区和灵宝市，视察产业集聚区建设情况。郭秀荣一行先后来到陕县捷马电化有限公司、奥科化工厂、昊昱化工有限公司、美乐化工有限公司，渑池县华能电厂、产业集聚区供水工程项目、恒耐耐火材料有限公司、东方希望(三门峡)铝业公司，三门峡工业园蓝领公寓项目、标准厂房项目、富元果胶工业有限公司、亿龙机械公司人造板设备项目、博石矿业有限公司环保内饰材料项目，三门峡经济开发区速达电动汽车科技有限公司、河南九州通三门峡分公司医药仓储配送中心、兴邦特种膜科技有限公司、中测量仪有限公司、恒生科技公司柠檬酸金钾项目，湖滨区三味奇食品有限公司、河洛中密度纤维板厂、思睿科技有限公司、科利恩铝业公司、昌盛再生能源科技有限公司，灵宝市豫灵产业集聚区建设工地、志成铅业有限公司、工业路和振兴路施工现场、燕山大道和标准厂房建设工地等30多家企业和项目建设工地，通过实地察看、听取介绍，详细了解全市产业集聚区的建设情况。座谈会上，围绕产业集聚区建设和发展情况，大家进行了深入讨论和认真研究。会议指出，对于产业集聚区下一步的发展和建设，要精心谋划，理清思路，依托资源优势，在提升产业集聚度、提升科技含量、发展循环经济上下工夫；要把工作抓实抓细，进一步拉长产业链条，提高资源集约利用水平；要创新形式，打破地域界限，进一步发挥产业集聚效应；要发挥大企业的优势，培育核心企业和产业集团；要总结经验，查找问题，进一步优化经济发展环境，加大招商引资力度，多渠道融资，加大园区基础设施投入，降低入驻门槛；要找准城市发展的定位，促进产业集聚区和城市协调发展。

【视察许昌市项目建设】 10月12日至14日，市政协主席郭秀荣，副主席陈雪平、姚龙、卢群召和部分驻三门峡省政协委员组成视察团赴许昌市视察项目建设。郭秀荣一行先后实地考察了民航许昌航空港产业区、许继风电产业园、森源集团奔马公司、众品公司、瑞贝卡发丝公司、魏都区钧鼎实业，参观了鄢陵名优花木科技园和春秋楼、曹丞相府景区。座谈会上，视察团听取了许昌市政府关于项目建设工作情况和新区建设情况的介绍。郭秀荣代表视察团作了总结讲话，表示要将许昌市在项目建设方面的好做法、好经验全面认真地向省政协反映，同时也带回三门峡，认真学习和借鉴，以推动三门峡市项目建设和产业集聚区发展。

【视察提案办理情况】 12月1日，市政协副主席高从民带领部分政协委员，深入市区和陕县就政协三门峡市五届四次会议提案办理情况进行视察。市委常委、副市长张英焕参加活动。市政协五届四次会议期间，政协委员就政府工作提出提案224件，涉及城市规划、公共交通、卫生医疗、文化教育、环境整治等多方面。所有提案已办理完毕，满意和基本满意率达100%。委员们先后来到市区廉租房建设现场、阳光小学、上官路、天鹅湖国家湿地公园及陕县空相寺等地，以实地察看结合听取汇报的形式，深入了解提案办理情况，并就下一步工作建言献策。座谈会上，张英焕指出，政协提案是政协对政府工作实施民主监督的重要途径，各级有关部门要以各种有效形式广泛听取政协委员的意见和建议，将其作为制定具体工作措施的重要依据；要把政协监督和政协委员的意见、建议作为动力，不断改进工作、提高效率；要将政协提案办理工作纳入目标考核，定向跟踪，定向督导，务求实效；要始终坚持关注民生，对涉及群众利益的事情，集中精力，着力办好；要始终坚持把接受政协监督、听取政协委员意见和建议作为常态化工作，进一步把工作做扎实，让群众得实惠。

【全国政协副主席阿不来提·阿不都热西提到三门峡市调研】 4月15日至16日，全国政协副主席阿不来提·阿不都热西提一行到三门峡市，专题调研协调推进城镇化与新农村建设工作。全国政协常委、全国政协经济委员会副主任、国家发改委原副主任刘江，全国政协人资环委员会委员、国家粮食局局长聂振邦，全国政协经济委员会委员、南开大学经济学院副院长邱立成，全国政协经济委员会委员、清华大学政治经济学研究中心主任蔡继明，民建中央调研部副部长孙敏奇，全国政协经济委员会办公室副主任胡纪源随同调研。省政协原副主席张国荣陪同调研。市领导李文慧、杨树平、王建勋、郭秀荣、李建顺、赵中生、陈雪平、姚龙、王铁创、肖群兰和市长助理张建峰、市政协秘书长吴群慈陪同调研。调研期间,市委书记李文慧汇报三门峡市市情及经济社会发展情况、城镇化和新农村建设情况。阿不来提·阿不都热西提一行认真听取三门峡市工作汇报,并实地察看陕县张湾乡桥头社区和湖滨区会兴街道办王官社区,对三门峡市协调推进城镇化与新农村建设的做法给予充分肯定。阿不来提·阿不都热西提指出,要结合实际,高标准规划,高起点建设,统筹城乡发展,缩小城乡差距,切实增加农民收入,改善农村生产生活条件,不断提高城镇化发展和新农村建设的总体水平。

【省政协调研组到三门峡市调研节能减排工作】 6月8日至9日,省政协、省发改委、省环保厅、省工信厅等部门有关人员一行9人组成调研组,对三门峡市的节能减排工作进行调研。市政协副主席王铁创,市政协副主席、市工商联主席孙继伟等陪同调研。调研组一行听取市发改委、市环保局、市工信局和开曼铝业、恒康铝业、大唐电厂等6家企业的情况汇报,并就节能减排工作存在的问题和难点共同商讨;还深入义马煤气化厂视察。调研组对三门峡市节能减排工作取得的成绩给予充分肯定,要求努力完成"十一五"节能减排目标任务。

【召开政协提案集中答复会】 7月27日,市政府办、市政协提案委在市交通局联合召开政协提案集中答复会,市政府办公室、市政协提案委员会负责人和部分政协委员出席会议。会上,政协委员听取了市交通局领导关于全市交通工作及提案办理情况的汇报,市交通局负责人对市交通局2010年承办的"关于规划建设三门峡至渑池快速通道的建议""关于连霍高速拓宽与我市南区及高速两边搞好配套衔接的建议""关于重视和加强农村公路交通安全管理的建议""关于开通河堤路公交车线路的建议"等11件提案逐件进行答复,详细介绍每件提案的办理情况;提案者就所提提案的答复情况作了发言并签署答复意见。与会人员对市交通局承办的提案工作表示满意。这次提案集中办理答复会,是市政协和市政府借鉴外地市提案办理经验、创新提案办理方式的一次尝试。提案集中答复会明显提高了提案承办大户的办理效率、办理质量和落实程度。通过办理单位的工作介绍和面对面座谈,使政协委员的相关意见和建议能够直接、快速地反馈给办理单位,从而提高了提案办理效率和层次。

【九届全国政协副主席陈锦华到三门峡市考察】 9月11日,九届全国政协副主席陈锦华到三门峡市考察。山西省政协副主席令政策,河南省政协原副主席张国荣,市领导李文慧、杨树平、郭秀荣、陈雪平等分别陪同考察。陈锦华一行先后到三门峡大坝、虢国博物馆、三门峡速达交通节能科技有限公司、灵宝市函谷关古文化旅游区考察。考察期间,陈锦华对三门峡市经济社会发展提出了意见和建议。 (张玉萍)

·编辑 李艺芬 卢亚杰·

1月11日,三门峡市政协五届四次会议开幕现场

群众团体

MASS ORGANIZATIONS

3月19日，青年志愿者参加“保护母亲河行动”春季植树造林活动

三门峡市总工会

【概况】 2010年,三门峡市总工会认真学习党的十七大和十七届四中、五中全会精神,深入贯彻落实科学发展观,围绕全市经济社会发展新目标,积极履行工会各项社会职能,切实维护职工群众的合法权益,较好地发挥了工会组织在保持经济平稳较快增长中的重要作用。至年底,全市有基层工会3 387个,会员38.3万人。

职工劳动竞赛活动 市总工会在全市广泛开展了以“同舟共济保增长,建功立业促发展”为主要内容的“五一杯”社会主义劳动竞赛,动员广大职工在企业发展和重点项目建设中建功立业。全市有28个行业72个工种组织了技术比武、岗位练兵活动,参加职工18万余人。在全市230个重点工程中开展了“保安全、保质量、保工期、讲文明、讲协作”立功竞赛活动,调动各方力量推动民生工程、基础设施、生态环境等重点工程建设。在排污治理重点企业开展了“双比双降”节能减排竞赛,为建设资源节约型、环境友好型社会作贡献。

促进就业和帮扶工作 各级工会把帮扶困难职工、维护职工权益作为维护稳定、促进和谐的大事来抓,多措并举地抓好职工的帮扶救助工作。积极推动贯彻执行《中华人民共和国劳动合同法》《中华人民共和国促进就业法》,规范企业劳动用工,督促企业承担社会责任,支持困难企业采取在岗培训、轮岗工作等办法稳定职工就业。持续深入开展“农民工援助行动”,采取技能培训、维权服务、岗位援助、创业指导等措施,对返乡农民工和下岗职工实施援助。全年举办各种技能培训班12期,培训农民工2 300余人次,组织招聘活动39场,提供就业岗位16 256余个,有效缓解了就业压力。

依法推动企业普遍开展工资集体协商 市总工会依法推动企业普遍开展工资集体协商。三门峡市委、市政府“两办”联合转发了市总工会《关于进一步深化“共同约定行动”大力推进工资集体协商工作的意见》,成立了由市领导牵头的工资集体协商工作领导小组,召开了全市工资集体协商工作推进会议。市总工会下发《三门峡市“工资集体协商要约行动月”活动实施意见》等3个文件,开展“工资集体协商集中要约行动月”活动。各县(市)区将工资集体协商列入党委、政府目标考核体系,纳入地方经济社会发展的总体布局。至年底,全市已建会企业共签订工资集体合同737份,覆盖企业1 714家,覆盖职工18.8万余人。凡是开展工资集体协商的企业,职工工资增长幅度都在10%左右。

工会维权机制建设 市总工会和6个县(市)区工会建立了法律援助中心,通过选配工会律师等形式,大力为职工提供法律援助。健全完善劳动争议预警机制,积极排查劳动纠纷,采取措施防止争议发生。各级工会全年共调处劳动争议563件、参与仲裁247起,做到了多数劳动争议案件解决在基层。

工会组织建设 深化“党建带工建、工建促党建”机制,对企业工会组建和作用发挥情况开展大排查,实施“广普查、深组建、全覆盖”集中建会行动,推动工业园区、村(社区)、外出务工人员工会组建工作;主动参与国企重组后工会的组建,确保组织不断层、工作不断线、资产不流失。全面完成省总下达的工会组建年度目标,至年底,全市工会会员总数达38.3万人,净增29 960人,增长7.8%;基层工会委员会3 387个,比上年同期增长9.1%。

和谐企业建设 深入开展和谐劳动关系企业创建活动,向非公企业集中的产业、行业和园区、乡镇(街道)、村(社区)不断拓展。积极推动企事业单位健全以职代会为基本形式的民主管理制度。至年底,全市建会企业实行职代会制度的1 154个,国有、集体及其控股企业和企业化管理的事业单位职代会建制率95%以上,200人以上非公有制企业职代会建制率接近80%,乡镇、街道全部建立了区域职代会组织。实行厂务公开制度的企事业单位1 060个,国有集体及其控股企业和企业化管理的事业单位企务公开建制率达95%以上。开展创建劳动关系和谐单位活动的企业1 293个,规模以上企业覆盖面达95.6%。

【召开市总工会四届八次全委(扩大)会议】 2月24日,市总工会召开四届八次全委(扩大)会议,传达全总十五届三次执委会、省总十三届四次全委会精神,回顾总结2009年全市工会工作,研究确定2010年工会工作的基本任务。市总工会主席孙宗会作题为“服务大局,创新进取,在促进三门峡经济社会发展新跨越中发挥更大作用”的工作报告,市委副书记王建勋作重要讲话。会议确定了2010年的工会工作总体目标为:以邓小平理论、“三个代表”重要思想为指导,深入贯彻落实科学发展观,以维护职工合法权益为基本职责,以构建和谐劳动关系为工作主线,以增强工会组织凝聚力、吸引力为基本要求,团结动员职工充分发挥主力军作用,为实现三门峡经济社会发展新跨越建功立业。

【“安康杯”竞赛活动】 4月,为进一步提高职工的安全意识,市总工会在全市583个单位、11 096个班组中开展“安康杯”竞赛,参加“安康杯”竞赛的职工达23.2万人,参赛单位和参赛人数比上一年有较大幅度提高,为政府安全生产责任制的落实提供了坚实的群众基础。

【开展党工共建创先争优活动】 3月,市总工会按照市委党工共建创先争优电视电话会议的要求,加强领导,精心组织,周密部署,扎实推进,积极党工共建创先争优活动,较好地实现了市委提出的目标要求,促进了工运事业发展。同时,以党工共建创先争优活动为契机,抓好工会机关作风建设,深化机关干部与基层工会联系制度,建立了机关目标考核责任制度。机关干部努力为基层排忧解难,干事创业的氛围更加浓厚,推动工运事业发展的机制更加完善。

【组织“金秋助学”“送温暖”活动】 2010年“两节”期间,各级工会筹集送温暖资金380.9万元,走访困难企业249个,慰问困难职工13 244户,困难劳模201户,救助人数和发放资金有较大幅度增加。广泛开展“金秋助学”活动,各级工会筹集助学金380万元,帮助1 100余名困难职工子女走进大学校门。

【全面推行“首席员工”制度】 5月,在全市企业中全面推行“首席员工”制度。

各企业建立完善激励机制，对于评选出的“首席员工”，各单位除正常工资福利外，每月发给不少于200元的岗位技术津贴，并在休养、晋级、评先、业务培训、职称评定等方面享有优先权。全市有157家规模以上企业实行了这一制度，1 228名职工获得“首席员工”称号。（屈超峰）

共青团三门峡市委员会

【概况】 2010年，全市各级团组织在中共三门峡市委和团省委的正确领导下，牢牢把握“不断巩固和扩大党执政的青年群众基础”的根本职责，进一步明确“两个全体”的工作目标，全面履行“组织青年、引导青年、服务青年、维护青少年合法权益”4项职能，求真务实，开拓创新，全市团的工作取得了新的进展，受到了市委、团省委的充分肯定，得到了广大青年的认同和社会的好评。至年底，全市14周岁至28周岁青年共有532 772人、团员126 988人，团青比例23.8%；全市现有基层团组织2 647个，其中基层团委775个、团支部4 920个、团总支770个、基层团工委10个，专职团干部436人；全市6岁至14岁少年儿童总数为217 050人，其中少先队员165 372人，占全市少年儿童的76.2%；全市共有少先队组织1 952个、各级各类辅导员3 395人。全年全市共表彰20名新长征突击手、10个五四红旗团委、20个五好团支部、40名模范团干部、60名优秀共青团员。团市委荣获“三门峡市创建国家园林城市工作先进单位”“2010年度预防青少年违法犯罪工作先进集体”“2010年党建工作创新奖”称号。（王　勇）

【召开共青团三门峡市五届三次全委(扩大)会议】 2月2日，共青团三门峡市五届三次全委(扩大)会议在三门峡召开。会议传达学习了团省委十三届五次全会和市委经济工作会议精神，总结了2009年全市共青团工作，安排部署了2010年团的工作。市委常委、副书记王建勋出席会议并作重要讲话。团市委五届委员会委员、候补委员，直属单位团委负责同志，河南省共青团基层组织建设和基层工作联系点单位负责同志共80余人参加了大会。（郝　洁）

【举行“保护母亲河行动”春季植树活动】 3月19日，举行三门峡市2010年“保护母亲河行动”春季植树活动。市委书记李文慧、正市级领导李建顺、市委常委秘书长赵中生、三门峡军分区司令员周世杰、市长助理张建峰、湖滨区区委书记宋跃和800余名少先队员、青年志愿者一道参加了植树活动。植树活动开始前，市领导李文慧和李建顺共同为“三门峡市保护母亲河行动青年林”揭碑。（杨　军）

【举行第13届三门峡市十大杰出青年颁奖典礼】 4月29日，举行第13届“三门峡市十大杰出青年”颁奖典礼。市委书记李文慧接见并与受表彰的青年典型合影留念。市委副书记王建勋，市委常委、宣传部长李立江，市委常委、统战部长赵艳等市领导出席颁奖典礼，并为“三门峡市十大杰出青年”和“三门峡市十大优秀青年”颁发奖杯。（郝　洁）

【举办河南青年新闻工作者三门峡新闻采风活动】 4月13日，举办以“感受崛起新步伐、走进魅力三门峡”为主题的河南青年新闻工作者三门峡新闻采风活动，邀请中央及省级主流媒体青年记者30余人深入三门峡，开始为期3天的新闻采访报道活动。新闻采风团一行深入全面地反映了三门峡经济社会方方面面的巨大变化，在中央和省级主流媒体发表各类报道60余篇。（马隆博）

【开展创先争优活动】 坚持党建带团建，深入开展创先争优活动，11月4日，召开了三门峡市党建带团建暨共青团系统深入开展创先争优活动推进会，实施“分类指导集中团建6515工程”，大力加强农村、企业、学校、机关事业单位、城市以及新兴领域等六大领域团的基层组织建设，活跃基层团的工作。市委常委、组织部部长赵予辉出席会议并讲话。（郝　洁）

【举行三门峡市庆祝少先队建队61周年表彰大会】 10月13日，举行三门峡市庆祝少先队建队61周年表彰大会暨少先队员入队仪式，市委副书记王建勋出席会议并作重要讲话，会议表彰了第13届三门峡市“十佳”少先队员、优秀少先队员和优秀少先队辅导员，并为150余名适龄儿童举行了隆重的少先队员入队仪式。（邓　颖）

【三门峡青年就业创业工程】 为推进青年创业小额贷款工作，4月24日，举行三门峡市“送金融知识下乡、助青年就业创业”启动仪式，召开全市农村小额贷款座谈会，发放农村青年创业小额贷款4 431万元，带动就业5 073人。8月，启动三门峡市“阳光创业行动”，全年共举办金融知识培训68期，落实培训资金14.7万元，培训农村青年5 947人。（曲　晓）

【青少年思想道德建设】 深入学习贯彻胡锦涛总书记贺信精神，印制发放介绍“四好少年”内容的课程表5 000余份。5月31日，举办了三门峡市“争当四好少年”演讲比赛活动，市委副书记王建勋出席活动并为获奖选手颁奖。在全市开展“大手拉小手 爱心暖校园”活动，聘请离退休干部担任学校少先队大队志愿辅导员，结成手拉手对子50余对。（邓　颖）

【开展青年志愿者行动】 3月5日开展了“志愿新春、共建和谐”志愿者集中服务活动，先后围绕河南省第29届“爱鸟周”、河南省志愿服务示范站(点)创建活动、第16届三门峡国际黄河旅游节暨投资贸易洽谈会、“跨入高铁时代、共享平安生活”护路宣传活动、三夏收麦、森林城市创建、双拥模范城“四连冠”、平安三门峡志愿者专项行动和2010年环中国国际公路自行车赛三门峡赛区等重大活动开展一系列专题志愿服务行动，受到市领导的充分肯定。12月5日开展了“和谐中原、志愿有我”主题活动月活动，深入开展共青团关爱农民工子女志愿服务行动，组织全市广大团员青年、青年志愿者与农民工子女建立长期结对帮扶关系。（王　勇）

【积极服务“平安三门峡”建设】 1月

13日,举办了三门峡市“共青团与人大代表、政协委员面对面”活动,市人大副主任亢伊生、市政协副主席高从民和部分人大代表、政协委员,以及青少年代表等40余人参加了活动。12月初评选表彰了第7届“三门峡市十大杰出(优秀)青年卫士”各10名,三门峡市优秀“青少年维权岗”10个,为营造有利于青少年健康成长的良好社会环境,推进平安和谐三门峡建设作出了积极贡献。

(邓　颖)

【希望工程活动】 开展“5·19”公益募捐活动,全年共资助62名贫困高中学生圆梦大学。举行了由吴邦国委员长题写校名的“河南省卢氏兰草红军小学”颁发校牌仪式;下发“关于农民工子女现状调查问卷”3 000余份,开展“我为灾区捐一瓶水”活动,组织动员全市团员青年积极投身青海玉树抗震救灾活动。

(曲　晓)

三门峡市妇女联合会

【概况】 2010年,市妇联以开展“创先争优”活动为动力,以促进妇女创业就业、提高妇女素质、强化维权服务为重点,扎实做好组织妇女、引导妇女、服务妇女和维护妇女儿童合法权益工作,进一步推进了妇联工作的创新,为建设开放魅力富裕和谐三门峡作出了积极贡献。市妇联先后荣获“全国‘五好文明家庭’创建活动先进协调组织”“河南省维护妇女儿童权益先进集体”“助推中原经济区建设先进集体”“平安家庭创建活动先进集体”“思想政治工作先进妇联组织”“三门峡市创建园林城市工作先进单位”“‘三下乡’活动先进集体”等荣誉。至年底,全市有市级妇联组织1个,县级妇联组织7个,乡(镇)街道妇联76个;村妇代会1 342个,社区(居委会)妇代会120个;有县以上党政机关、事业单位妇委会232个。

妇女创业就业促进行动 市、县妇联主动加强与财政、人力资源和社会保障部门的沟通,切实加大妇女用贷推荐力度,并协调职能部门从方便贷款、应贷尽贷出发,进一步畅通贷款渠道、扩大贷款规模,有效地帮助广大妇女解决了创业中的资金困难,为她们提供实实在在的服务。全年,全市各级妇联协助发放财政贴息妇女小额担保贷款2 354万元,扶持800余名妇女创业就业,扶持项目涉及种植、养殖、加工、服务业等领域。在城镇,各级妇联以促进“4050”妇女就业为目标,举办家政服务、绢花制作等技能培训班32期,培训妇女6 000余人,促进一大批“4050”妇女灵活就业。市、县妇联举办“春风送岗位”女性招聘会7场,帮助1 300余名下岗妇女走上月嫂、缝纫工等就业岗位。在农村,各级妇联进一步开展种植、养殖实用技术培训,共举办培训班384期,培训农村妇女4万余人,有效提高了农村妇女增收致富能力。湖滨区、陕县妇联认真开展劳务输出工作,组织150余名农村妇女赴新疆采摘棉花,有效拓宽了农村妇女增收渠道。

“巾帼建功”活动 市、县妇联在女职工集中的卫生、环卫等系统开展“巾帼岗位明星”评选活动,通过组织开展学习教育、技术比武、岗位练兵等系列活动,有效调动了在职在岗妇女的服务意识和奉献精神。全年市县两级共评选表彰“巾帼文明岗”60个,“巾帼岗位明星”300余名。

妇女儿童发展“两规划”实施 召开市妇儿工委会,总结通报了妇女、儿童“两规划”达标情况及存在问题。组织各成员单位开展了自查评估和查漏补缺工作,组织县(市)区妇儿工委开展了互查,进一步推动了重点难点指标的落实。根据省妇儿工委统一安排,组成督导组对洛阳“两规划”实施情况进行督查,并接受了平顶山市对三门峡市“两规划”实施情况的督查。

妇女儿童权益维护行动 根据机构改革情况,及时调整充实了市维护妇女儿童权益及平安家庭创建协调组,成员单位由21家增加到35家,进一步明确了各成员单位的主管领导、联络员及工作职责,推动相关部门切实把妇女儿童权益保障纳入工作职责和目标任务。成立市妇女儿童法律帮助中心。与市司法局联合在河南宇萃律师事务所三门峡分所挂牌成立三门峡市妇女儿童法律帮助中心,通过律师的专业优势和“12338”妇女维权热线为妇女群众提供了高效、规范的服务,至年底该中心义务解答妇女咨询200余人次,为50余名妇女儿童提供了法律援助服务。对三门峡市的这一做法,中国妇女报、河南卫视、河南妇联网均予以报道。开展“关爱女性健康活动”。针对妇女妇科病高发的问题,市妇联、市卫生局联合开展“关爱女性健康”活动,通过举办讲座、开展宣传咨询、协调医疗机构推出妇科病检查优惠活动等方式,促进了妇女妇科病检查率的提高。各级妇联发放妇科病预防宣传资料2.5万余份,协调医疗机构为17 568名农村妇女进行了妇科病的免费检查,为21名乳腺癌、宫颈癌患者减免治疗费12 700元。开

3月5日,市直机关“庆三八”女职工健身活动日比赛现场

展妇女普法宣传活动。市、县妇联利用“三八”节、“6·26”禁毒日、“12·4”法制宣传日及送法下乡活动，开展普法宣传10余次，发放普法资料1万余份，进一步提高了广大妇女的法律素质。做好信访接待工作。进一步畅通信访渠道，坚持领导接访、律师接访、信访回访等制度，提高信访结案率。全年，市、县妇联共接访178起，其中市妇联接访40起，结案率达98%。建立基层妇女儿童维权站。市、县、乡妇联积极加强与综治部门的协作与沟通，明确职责，形成工作合力，推动75个乡镇（街道）建立了妇女儿童维权站，为妇女群众维权提供了便利的服务平台。

妇女参政议政工作　立足提高女干部的综合素质和能力，采取走出去、请进来等方式开展了多层面的教育培训。市妇联组织县、科级女干部和部分乡、村妇联干部赴山东潍坊党校进行了为期10天的综合知识和业务能力培训；邀请河南肿瘤医院医学博士刘珍珍教授举办了“关爱女性健康”暨“两癌”防治知识讲座；与建行三门峡分行共同举办了“规划精彩人生，成就魅力女性”家庭投资理财讲座；邀请北京幽兰女社社长张乐华博士举行了“从女孩到女人到女神”的女性素质教育专题讲座，累计培训女干部1 000余人次。灵宝、渑池、义马等妇联聘请省内的专家教授举办各级各类女干部培训班，800余名女干部从中受益。市、县妇联抓住机构改革和各级领导班子调整的有利契机，进一步强化推荐人才、宣传服务、协调沟通等举措，使一批德才兼备的女干部脱颖而出走上各级领导岗位。

拥军优属活动　“八一”期间，市妇联与96548部队签订了军民共建协议，组织市家教中心开展了“学军人见行动，我为军旗添光彩”“大手拉小手，爱心进校园”等拥军活动。各县（市）区妇联开展了表彰巾帼拥军模范、慰问军烈属等活动，弘扬了爱国拥军的优良传统。

儿童工作　举行庆“六一”青少年书画展。共收到书法、绘画、剪纸等作品427件，经严格评审，评出优秀作品125件，有效地促进了广大少年儿童良好情趣和道德情操的养成。开展了“传唱优秀童谣，做有道德的人”网上签名寄语活动。通过发倡议书、组织签名活动等形式引导广大未成年人传唱优秀童谣，从我做起，从现在做起，从点滴做起，做一个有道德的人，健康快乐地成长。开展了慰问弱势儿童群体活动。“六一”节期间，市妇联到市福利院看望慰问了孤残儿童，为孩子们送去牛奶、饼干、面包及毛巾等慰问品。春节前夕，市妇联组织开展了“女企业家志愿行动—春节温暖行”活动，组织部分爱心企业家为病残儿童等弱势群体送去了棉衣、食品和学习用品，受到孩子们的欢迎和好评。各县（市）区妇联、市直各妇委会也开展了慰问留守流动儿童、单亲家庭儿童等活动。开展了“现代家教进万家”活动。市妇联邀请国内资深家庭教育专家、中央家庭教育科学研究所王庆祝教授在市区中小学举办家教报告会5场，使广大家长进一步掌握了科学实用的家庭知识。各县（市）区妇联依托家长学校开展了赏识教育、感恩教育等形式多样的培训，促进了家长素质的提高。全年各级妇联累计培训家长1.5万人次。

妇联换届工作　市妇联新班子组建后，按照高起点筹划、高标准组织、高效率落实的要求，扎实做好妇代会各项筹备工作。5月12日至14日，召开三门峡市第五次妇女代表大会，大会共有正式代表304名，其中有专兼职妇联干部173名，占代表总数的56.9%，其他各界妇女代表131名，占代表总数的43.1%；有中共党员254名，占代表总数的83.6%；民主党派、无党派人士50名，占代表总数的16.4%；少数民族、归侨、侨眷6名，占1.9%。有先进模范人物63名，占代表总数的20.7%；大专以上文化程度的277名，占代表总数的91.1%；代表平均年龄40.2岁，最大的59岁，最小的26岁。出席会议的正式代表划为8个代表团。此外会议设特邀代表团1个，共有特邀代表85名，有列席代表8名。大会选举产生了市妇联五届执委39名、常委11名、副主席2名、主席1名，圆满完成换届任务。灵宝市妇联在充分准备的基础上，于8月份成功召开了第十一次妇女代表大会。

“三个一”建设　市、县、乡三级妇联以党群共建创先争优为契机，大力推进“三个一”（在村、社区建设一个“妇女之家”，县级按妇女人均一元的标准划拨工作经费，在社区通过购买政府公益岗位配备一名妇联主席）建设。市妇联采取先易后难、定任务、限时间、和县（市）区党政一把手沟通等措施积极推进工作落实。各县（市）区积极争取政策，协调资源，使基层妇联组织的人员、经费、阵地等得到有效落实。至年底，全市1 462个村（社区）“妇女之家”顺利挂牌，4个县（市）区按照妇女人均1元的标准将妇联工作经费纳入了财政预算，每个村、社区均配备了专兼职妇联干部，较好地解决了有人干事、有钱办事、有阵地做事的问题。

【庆祝“三八”节100周年系列活动】　市妇联隆重表彰了第7届“十大杰出女性”“十大优秀女性”，并通过电视台“巾帼风采”专栏对先进典型进行了宣传；联合市公安局表彰了全市“十大杰出女民警”“十大优秀女民警”，首次在公安系统树立了妇女先进典型，有效地激发了广大女民警创先争优的积极性；精心组织了女领导干部、女企业家座谈联谊会、女职工趣味健身活动、家庭才艺展示大赛等活动。各县（市）区妇联也组织开展了妇女运动会、健美操大赛、表彰会、座谈会等活动，使广大妇女以文明健康、积极向上的精神风貌过一个有意义的节日。

【和谐家庭创建行动】　组织开展了“低碳家庭时尚生活”读书征文和知识竞赛活动，参与家庭达2 000余户。树立低碳家庭典型40余户，并为他们建立了低碳档案。开展了巾帼（家庭）志愿者广场服务活动，组织200余名巾帼（家庭）志愿者通过文艺表演、发放宣传资料、义务咨询、展出版面等方式，为广大群众提供了科技咨询、健康体检、爱心维权及环保、消防知识宣传等服务和帮助，有效促进了和谐家庭创建活动深入开展。（史锁茹　段　晶）

三门峡市文学艺术界联合会

【概况】　2010年，三门峡市文联带领全市广大文艺工作者围绕市委、市政府的工作中心，服务全市工作大局，发挥文艺工作的自身特点和优势,积极开展创作、采风、大型展、演、赛等各种文艺活动,多渠道、多途径挖掘和培育文艺新人,推介文艺佳作。文艺阵地进一步拓展,对外艺术交往进一步加强,文艺活动丰富多彩,人才培养、民间文化遗产抢救工程进展有序,文联在经济社会中的地位进一步彰显。承办全国性文艺赛事活动2次,全国网络楹联大赛4次,全省性文艺活动2次;组织创作、交流、惠民展、演、赛活动19场次;参加省内外各类展、演、赛活动7次;参加展、演、赛人数200余人次。发展各艺术门类会员国家级5人,省级130人,市级210人。

文艺阵地建设取得新突破。三门峡文艺杂志高质量完成全年6期出版任务。共编辑文学稿子40余万字,其中小说27篇20余万字;散文29篇10余万字;诗歌18首;“校园风铃”2篇;“走遍神州”5篇;“新农村建设”40篇10余万字。开辟的新栏目“名家论坛”,发表了省内外名家特稿,提高了三门峡文艺的知名度和品位。三门峡书画院经过一年的筹建、启动、开展工作,该院以步入可以自负盈亏的良性发展轨道。创办的院刊《金视觉》已发行4期,并形成了与其功能相适应的工作条件。举办3次书画作品研讨会及作品展览,组织2次书画家深入基层开展采风写生活动,通过这些活动,极大地宣传了三门峡,同时也为打造和发展文联产业创建了一个可以让文艺人才发挥才能的平台。三门峡文艺交流中心已登记注册成功,筹划开展文艺活动。以新农村建设、项目服务年为主线,积极开展文艺下基层送温暖惠农活动。为了配合国家新农村建设和全市项目建设服务年工作,市文联充分发挥文艺独特功能,利用会员分布广、人才聚集的优势,组建多个艺术小分队积极参与新农村建设,为农村文化大院注入了一股新的活动项目。按照面向基层、服务群众、抓好基层、打好基础的要求,坚持眼睛向下、重心下移、更多地把资源投放到基层,把工作延伸到基层,组织精干力量组成多个调研组,深入基层开展调研,推出多个艺术小分队深入基层、服务基层,大力支持群众性文艺创作,鼓励群众开展自娱自乐的文艺活动,千方百计活跃基层文化生活。

三门峡市文联工作会议会场

民间文艺日益活跃。民协依靠自身优势,继续深入挖掘民间文化遗产,开展民间美术、民间古村落、民俗志普查3个专项工作。成功举办全国剪纸艺术大奖赛优秀作品展开展式暨“中国民间剪纸集成——豫西卷”首发式。组织卢氏木版年画参加中国(潍坊)第3届文化艺术展示交易会暨全国木版年画联展。组织申报老字号,在已审批大营刘记麻花店为省老字号的基础上,又组织申报了韶泉酒、仰韶贡饼、骡马店羊肉馆、郭家福饼、虢州风味烧饼夹肉、谷香园糕点等6个老字号项目。

文学创作硕果累累。作者黑女在《大河诗刊》《东京文学》等多家省级刊物上发表诗歌20余首;农民作家石淑芬出版长篇小说《山女的世界下着雨》,雷振兴出版诗集《余霞成绮》;李亚民作品集《花开之声》;王琬花的作品集《如歌的行板》;以及三门峡市文学界近年来影响较大的陈少华、孟国栋、卫素琴、张书超、王英芳、郭艳梅、张增有、晁跃仙、李啸东等人都有新作新书问世,他们的作品已经在河南文坛形成了广泛影响。

音乐戏剧创作成绩突出。王水宽、蔡谦创作的《永远的中国红》获河南省15届群众创作歌曲一等奖;余小明、张菁创作的《力量的源在哪里》《虎仔乐》获21世纪华人音乐奖一等奖。作曲家南振民入选中国当代50位著名作曲家经典CD作品集,专集由中国音乐家协会监制出版发行,是河南省唯一的一名入选作者。姚梦松创作的大型神话剧《观世音鱼蓝记》由新郑豫剧团搬上舞台。

美术摄影创作频频获奖。中国(芮城)永乐宫第3届国际书画艺术节李胜渠、陈正获优秀奖,杨发荣、腾模作品入选。首届百名将军、百名部长、百名艺术家书画大展,梁楷的作品《硕果》荣获金奖。在第2届中国山水画艺术双年展和首届孔子文化节书画艺术展中全市8名作者入选并获奖。

楹联创作获得突破。通过举办的“中天杯”廉政征联、“民生杯”“交通杯”等全国楹联大奖赛作品集4部相继出版。大连(金州)国际樱桃节“金州大樱桃杯”征联活动中,4位获奖,其中:张明学获二等奖,张志玉获三等奖,王西川、曹俊梅分获优秀奖。此外曹俊梅、张项学、李进才等先后在梅州“客天下杯”楹联大赛、“咸阳钟楼”海内外有奖征联、山西“吉祥杯”海内外征联大赛、“西安饮食杯”征联中获奖。全年三门峡联家共在全国各类楹联大奖赛中获奖120余次。10月,《大河楹联》更名为《中华楹联》。成为每年24期,每期发行量5万份的对开楹联大报,发行量和版面规格居全国第1位。

【开展义写春联下基层、进万家活动】

按照中国文联和省文联、省书协“送欢乐、下基层、促和谐、树新风”及“书法进万家”活动安排。2月11日和16日,市文联组织书协、楹联知名书法楹联骨干

30余人，分别深入基层村镇、医院、企业为人民群众义写春联4 000余幅。市委常委、宣传部长李立江等市领导到现场观看。

【组织三门峡市少儿艺术节选拔大赛】 4月20日，三门峡市舞协负责组织河南省第5届三门峡市少儿艺术节选拔赛工作，全市参赛选手108名，评出一等奖11个，二等奖16个，三等奖18个。其中11个节目参加河南省第5届少儿艺术节的评选，共荣获一等奖2个，三等奖1个，个人组织奖1个。

【卢氏木版年画在全国联展中获奖】 4月18日至21日，三门峡市民办组织卢氏木版年画参加中国(潍坊)第3届文化艺术展示交易会暨全国木版年画联展。全国木版年画共参展19家，展出作品约6 000余幅。卢氏木版年画《天官赐福(大幅门神)》在联展中荣获金奖。卢氏木版年画是省级非物质文化遗产项目，以其刀法刚劲有力，构头饱满圆润，线条流畅细腻而彰显其艺术价值，尤其是木版年画上均有“卢氏县(繁体)”“卢邑”“中和恒”“中和、老店”等字样，不仅具有鲜明的地域特色，也是区别于其他木版年画的鲜明标志。受到了专家的一致好评，展出期间参观者达上万人次。

【举办80后全国优秀书法家作品展览】 5月8日，三门峡市文联等单位联合主办的“80后”全国优秀书法家作品展开幕式在三门峡市群艺馆隆重开展。19位来自全国各省(市)的“80后”书法家包括北京的赵琪、陈思，陕西的贺凌刚，黑龙江的韩东，河南的许飞飞等。展览汇集了200余幅精品力作，彰显了年轻一代书法家独特的艺术风格和审美追求，展现出当代书法艺术继承传统、面向当代、探索创新的时代精神。参展作者全部为“80后”年龄段的国家级书法艺术展览，此次为全国首次。

【举办全国剪纸艺术大奖赛暨《中国民间剪纸集成——豫西卷》首发式】 5月18日，三门峡文联主办的全国剪纸艺术大奖赛优秀作品展开展式暨《中国民间剪纸集成——豫西卷》首发式在市群艺馆隆重举行。大奖赛共收到剪纸作品323幅，作者分布22个省市自治区，作者最小的有6岁的少年儿童，最大的有84岁高龄的民间艺术家。作品以“税收促发展，发展为民生”为主题。作者以剪、撕、墨色、染色等不同表现形式展现各自具有地域风格的剪纸艺术作品，具有广泛的代表性。

【举办“阳光房产杯”人文、风光摄影大奖赛】 5月18日，三门峡文联、三门峡摄影家协会等单位联合举办的“阳光房产杯”人文、风光摄影大奖赛颁奖仪式暨作品展览在三门峡市图书馆举行。《黄河牧歌》获得大奖赛一等奖，《谷雨时节》《霞光飞舞》获得二等奖，《雪中即景》《灵宝鼎湖湾》《函谷关万人吟诵道德经》获得三等奖。

【举办纪念毛泽东在延安文艺座谈会上的《讲话》发表68周年座谈会】 5月16日，三门峡市作协、三门峡市影协和三门峡书画院联合召开座谈会，隆重纪念毛泽东《在延安文艺座谈会上的讲话》发表68周年。来自全市50余名老中青三代文艺工作者济济一堂，重温毛主席《讲话》精神，探讨文学艺术在新时代的发展方向，总结三门峡市文艺事业取得的成果。与会人士纷纷表示，今后一定要扎根于人民群众当中，深入生活、发掘题材，创作出更多贴近百姓、反映时代的文艺作品。

【举办《道德经》和毛泽东诗词个人书法展】 5月26日，三门峡市书协在市群艺馆内举办知名书法家王世刚《道德经》和毛泽东诗词个人书法展。展出以《道德经》和毛泽东诗词为内容，以楷书、行书、草书三体书法作品100余幅，每幅书法作品如行云流水，让参观者大饱眼福。四神楹联、生意开张联、婚联、贺寿联等获得21项国家知识产权专利的楹联系列，给人以全新的视觉感受。王世刚近年来已探索出以楹联书法艺术融入市场，把艺术作品变成文化产品融入市场，让观赏者耳目一新的同时，自己也有可观的收获。

【组建艺术小分队在党员活动周期间开展送文艺下乡活动】 6月23日至29日，在全市党员活动周期间，市文联组织30余名著名书、画、楹联艺术家分成多个艺术小分队，分赴陕县张村镇凡村和菜园乡尚村、渑池驻军部队、三门峡工学院等基层文化大院开展送文艺下乡活动。艺术家们在各地文化大院阅览室或会议室现场挥毫泼墨，吟诗作画，书画家们从“流觞曲水”的魏晋风韵到“海上生明月，天涯共此时进”的盛堂气象，再到“渔樵烟渚”的明清遗风，围观群众漫步于文化艺术长河之中，享受心灵之旅。活动期间，市书画名家将创作的书法“家和、村安、国太平”“山乡丰收图”等30余幅字画，无偿捐赠给基层文化大院。

【举办远程教育成果摄影作品大赛】 7月，三门峡市文联同市委组织部联合举办了远程教育主题摄影作品评比活动，用摄影作品的艺术表现形式，回顾、再现远程教育5年的发展，宣传、展示远程教育给农村带来的新变化、新气象。活动开展以来，共征集摄影作品294幅，经评选委员会专家从内容、构图、光影、艺术等方面的综合评价，最终评选出一等奖作品2个，二等奖作品5个，三等奖作品9个。

【召开曲艺家协会成立大会】 9月17日，三门峡市曲艺家协会成立大会暨第一次会员代表大会在三门峡市虢风会馆召开，来自各县(市)区的40余位代表出席了会议。会议依照章程，依法选举出了曲艺家协会第一届理事会和主席团成员，曲艺家协会的成立，必将为三门峡市的曲艺事业繁荣发展作出积极贡献。

【举办“华为医药杯”群众舞蹈大赛】 9月24日，三门峡市文联与相关单位共同举办的三门峡“华为医药杯”群众舞蹈大赛在三门峡市崤山路华为医药健康城门前广场拉开帷幕。来自各县(市)区的百余位参赛选手经过三天角逐，经市舞蹈家协会组织的专家评审团评选出金奖2名，银奖7名，铜奖11名，单项奖20名，组织奖10名。

【举办迎国庆61周年书画作品展览】 9月29日，三门峡市文联举办的迎国庆61周年书画作品展览在三门峡市群众艺术馆隆重开幕，展期20天。此次展览,是三门峡市近年来举办规模较大的一次展览,共征集100余位作者的300余幅书画作品,经专家认真筛选,最终展出120余幅。展览有两大特点,一是作品质量高。作者在创作时精益求精,每幅作品都能象参加国展一样认真推敲。二是作品尺幅大。为应对国家级的展览要求,此次展览重点以八尺创作为主,这对作者创作大幅作品的能力也是一次考验。同时,展览为丰富国庆节期间三门峡市人民群众的业余文化生活,活跃节日气氛起到了很好的烘托作用。

【承办“情系家乡蔚国银油画巡展”在三门峡市展览】 10月8日至20日,市文联承办当代著名画家、中国美协会员、中国美协创作中心创作委员、香港国际书院油画艺委会名誉主席蔚国银先生的“情系家乡油画巡展”在三门峡市群众艺术馆展出。李立江、王铁创等市领导出席开幕式并讲话,之后与观众一起参观了展览。

【承办河南省第15届黄河诗会暨三门峡旅游采风笔会】 10月16日至17日,三门峡文联承办的河南省第15届黄河诗会暨三门峡旅游采风笔会在烟草大厦、豫西大峡谷、函谷关等地举行,来自全省的60多位诗人、作家以及诗歌爱好者参加了笔会。市领导赵光超出席笔会并致词。两天的时间里,以省文联原主席、著名诗人南丁为首的诗人和作家们,齐聚一堂,表决通过了省诗歌学会理事、正副秘书长人选,并就“诗歌的传统与现代”这一话题展开精彩讨论。

【承办河南省作协工作会议暨首届“高峰论坛”活动】 10月29日,由三门峡市文联承办的河南省作协工作会议暨“河南之巅”18地(市)作协主席高峰论坛在具有“河南之巅”的小秦岭举行。省作协主席李佩甫率领18地(市)作协主席、副主席和省直学会负责人共60余人汇集一堂,学习十七届五中全会精神,分析形势,共商文学发展大计。在论坛环节,各位作家们围绕“优秀文学作品产生的土壤”和“当代文学创作的生态文化主题”等问题进行讨论。此次“论坛”使各地(市)作协和省直学会的当家人们统一了思想、鼓足了干劲、明确了方向。此次会议在三门峡市召开,必将有力地推进全省作协工作在新的起点上取得新的进展,同时也给三门峡的作家和文学爱好者提供了一次很好的交流学习机会,将会对三门峡市的文学艺术事业的发展带来很大地促进和推动作用。

【作曲家南振民入选中国当代50位著名作曲家】 由中国音协和中国音像出版社联合组织的“中国当代50位著名作曲家、歌唱家、演奏家、作词家”系列音像专辑评选结果揭晓。全国50名,河南省入选1名,三门峡市南振民能从河南众多音乐作曲家中脱颖而出,说明其实力和影响都很有代表性。入选“中国当代50位著名作曲家最具有代表性的作品——南振民专辑”由中国音乐家协会监制,中国音乐家音像出版社于2011年出版向全国发行。该系列专辑入选者都是国家级、省级的优秀代表,出版该专辑对当地及其个人事业的发展将会起到很好地促进作用。

(焦新祥)

三门峡市社会科学界联合会

【概况】 2010年,三门峡社科联以“服务、普及、创新、提升”为基本工作思路,紧紧围绕三门峡市委、市政府的工作大局,围绕三门峡市经济、社会事业发展的大局,围绕全省社科事业发展的大局,开展社科理论研究和社会科学知识普及。进行了2009年度三门峡市社会科学优秀成果的申报评选、2010年度省市社科联调研课题申报评选,同时做好2009年度省市社科联调研课题的结项工作。举办三门峡社科界贯彻学习十七届五中全会精神座谈会、社科知识大篷车进基层宣讲活动以及“三门峡建设宜居城市、生态家园论坛系列活动”。坚持办好“中原大讲堂·三门峡讲堂”。荣获“河南省2010年社科知识普及活动先进单位”“三门峡市2010年度宣传思想工作先进单位”称号。

【调整三门峡市社会科学优秀成果评奖委员会】 2005年6月,三门峡市成立了“三门峡市社会科学优秀成果评奖委员会”。近来年,由于工作人员进行了变动,已不再适合参与评选工作。经市委研究同意,下发《中共三门峡市委关于调整三门峡市社会科学优秀成果评奖委员会成员的通知》。调整后评奖委员会主任为李立江,副主任为赵团欣、刘玉森,成员为张桂珠、李久昌、马自立。办公室设在社科联,张桂珠兼任办公室主任。随后,评奖委员会组织专家对三门峡市社科工作者,2009年度在出版社公开出版的著作、公开刊物上发表的理论文章、县级以上领导机关采用的价值较高的调研报告,进行了评选。经评委们认真审阅、充分讨论、无记名投票,评出著作类获奖作品8件。其中职业技术学院李久昌等编著《崤函古道研究》获特等奖,职业技术学院谢广山编写的《中国古代职业技术教育研究》获一等奖;市群艺馆负更厚编著的《中国地坑窑院》、市民政局上官卿编著的《中国砚艺大观》获二等奖;卢氏县彭修身编著的《古县风情》、灵宝市赵来坤编著的《来坤探索》、渑池杨永诠编著的《春天的抉择》等获三等奖。文章类获奖作品12件,其中市科技局彭博、蒋中一撰写的“农村初中阶段民办教育产生机制研究”等2篇获一等奖;市委党校杜明国撰写的“‘为官四要’与领导形象”等4篇获二等奖;市文明办王文辉撰写的“发展中国特色社会主义的一大法宝”等6篇文章获三等奖。调研报告类3篇获奖,其中市委党校彭幸国撰写的“晋陕豫黄河金三角地区经济一体化发展战略研究”获一等奖;市交通运输局尚柏仁等撰写的“新农村、新文化、新动力”、义马市邵群群“以人为本的执政理念与实践”获二等奖。

【开展2010年度社科调研课题立项和2009年度社科调研课题结项评选】 通过征求有关领导和专家的意见,确立135个与三门峡发展紧密相关的社科课题,面向全市各界征集立项。同时做好2009年省市社科联调研课题的结项审验和评比工作。经认真把关审阅推荐,有43项课题被确立为省社科联2010调研课题,35项被确立为市级调研课题。同时,2009年结项工作也取得了骄人成绩,省立项课题结项44项,其中获一等奖5项,二等奖4项。市立项课题结项50项,其中特等奖6项,一等奖11项。

【举办三门峡建设“宜居城市 生态家园”论坛系列活动】 社科联联合市委宣传部、市环保局于4月启动了“三门峡建设宜居城市、生态家园论坛系列活动”。活动历时半年多,共进行了专家讲座、大会交流、网上评议、广场签名、征文比赛、成就图片展览6项活动。6月1日,在湖滨广场举办的“宜居城市、生态家园”广场签名活动,有5 000余名干部群众在“保护绿色家园、倡导低碳生活”绿色长卷上签了名,4 000余名群众参与了“三门峡建设宜居城市 生态家园”问卷调查,近万人观看了百名小学生在百米长卷上描绘心中的家园绘画,在社会上引起了极大的反响。10月14日至21日,在湖滨广场举办“三门峡建设宜居城市 生态家园”成就图片展,有67个单位参与,展出的78块版面500余幅图片,形成百米长墙,收到了空前的宣传效果。10月14日,省社科联党组书记赵德山,为三门峡市1 000余名党员干部、职业技术学院建筑系学生作“生态城市、绿色家园”专题报告,市委常委、宣传部长李立江、市政协副主席肖群兰、职业技术学院党委书记郑建英出席了报告会。三门峡市的3位学者作大会交流,就三门峡的“宜居城市”建设建言献策。会上还对参与评议的10位获奖市民和“美丽的三门峡我的家”征文活动的16位获奖作者进行了表彰。

【举办三门峡市社科界学习贯彻十七届五中全会精神座谈会】 11月3日,社科联、市委宣传部联合举办了全市社科理论界学习贯彻党的十七届五中全会精神座谈会,30余位社科理论工作者参加了座谈会 。会上,大家围绕“落实五中全会精神,促进三门峡发展” 畅所欲言,谈体会、谈认识、谈感想、谈建议,交流思想,提高认识,共商三门峡发展。提交关于十七届五中全会精神学习体会、三门峡发展建议论文15篇。《三门峡日报》以“领会全会精神,发挥社科作用,服务峡市发展”为主标题,整版刊发了社科界学习五中全会精神座谈会的发言摘要。

【著名作家二月河做客中原大讲堂·三门峡讲堂】 中原大讲堂三门峡讲堂是社科联开办的公益性讲堂。2008年启动以来,采取固定讲堂和流动讲堂相结合方式,每年举办公益性讲座上百场。7月9日,著名作家二月河做客“中原大讲堂三门峡讲堂”,作“历史、艺术、人生、国防”讲座。市四大班子领导、驻峡部队官兵、市直机关干部和教育系统代表千余人,聆听了二月河的讲座。下午,安排二月河先生到驻三门峡市96548部队,为官兵作“理想人生”讲座,并为部队官兵赠送了二月河先生亲笔签名的著作:《康熙大帝》《雍正皇帝》《乾隆皇帝》系列丛书。三门峡日报社、三门峡电视台等6家主要媒体对讲座、二月河的部队情节先后进行了20余次的报道,此次讲座的成功举办,极大地提高了“中原大讲堂·三门峡讲堂”的知名度。

【开展社科知识大篷车进基层宣讲活动】 5月,社科联启动社科知识大篷车进基层宣讲活动。从市委党校、市职业技术学院、市直有关单位抽调12位理论功底深厚、热心社科普及事业、讲课生动形象的社科专家、学者和教授组成宣讲团,到机关、企业、乡村、社区宣讲社会科学知识。宣讲团成员们结合正在开展的学习型党组织建设、廉政准则学习和“争先创优”活动,围绕党的方针政策、经济形势、国际国内形势、科学发展观、历史文化、理想信念、心理健康等社科基本知识,以及基层干部群众关心的热点难点问题,在讨论、调研的基础上精心备课,并采取针对对象、针对行业、针对需要一讲一内容,一课一要求的形式,贴近实际、贴近群众、贴近生活,面对面地向群众宣传党的方针政策、三门峡的经济发展和历史文化、心理健康等社科基本知识。 (师 猛)

三门峡市归国华侨联合会

【概况】 2010年底,全市共有侨务工作对象982户,7 228人。其中:海外华侨、华人4 674人,分布在世界32个国家和地区;国内归侨、侨眷2 554人,其中归侨33户,34人。全年市侨联机构向华侨、华人寄发贺卡、慰问信件500余件;走访慰问归侨侨眷45户,送去慰问品和慰问金1.5万元;9月,会同市外侨办在市中医院设立了“三门峡市归侨侨眷定点医院”;全年接待、协调、调解、处理了归侨侨眷来信来访5件(次),并妥善解决处理。在新一轮的政府机构改革中,市侨联并入市委统战部。纳入党群系统,加强领导和管理,单列编制,单列经费,明确了办公地点。全面完成香港福慧慈善基金会捐赠35万人民币为陕县援建的1所中心小学和1所乡镇卫生院。

【开展侨情调查】 9月,市侨联在渑池县开展了侨情调查试点工作。掌握了渑池县的侨情现状,探索了侨情调查的工作方法,积累了侨情调查的工作经验。调查显示,渑池县现有侨眷50人,侨属46人,海外华侨31人,华人14人。侨眷及其眷属居住在全县的10个乡镇,华侨华人基本上都居住在美国,仅有1户居住在加拿大。 (黄鸿普)

三门峡市科学技术协会

【概况】 2010年,市科协围绕中共三门峡市委确定的“科教兴市”“建设创新型三门峡”两大战略,积极贯彻落实“三个代表”重要思想,树立科学发展观,竭诚为经济社会全面协调可持续发展服务,为广大科技工作者服务,为提高全民族科学文化素质服务,积极开展了一系列群众性、社会性、经常性的科技活动,充分发挥了科协组织作为党和政府联系科技工作者的桥梁和纽带作用。全年共举办各种学术交流活动40余次,技术推广展示现场会5场次;开展科普惠农实用技术培训活动140余期(次),培训农民18 000余人;聘请省内外有关专家30余人,举办“流动课堂”60余场,培训农民6 000人次;开展大规模专题科普宣传活动,展出各种科普展板300余块,接受群众咨询5 000余人,发放卫生保健、科学常识、农业科技等科技资料 10 余种、上万份；在电视台开设“科技天地”栏目，制作播出专题节目 22 期，播出技术节目 12 期；全年创建省级科普示范乡（镇）4 个、省级科普示范社区 1 个，省级农村科普示范基地 13 个。同时，企业“三讲一比”活动、“厂会协作”和“金桥工程”项目、青少年科技活动等各项工作也都取得了新进展，在普及科学知识、开展学术交流、促进科技创新、推动全市经济平稳快速发展、促进社会和谐等方面作出了新贡献。

【开展系列科普宣传活动】 3 月，利用“世界水日”“中国水周”开展以节水为主题的科普宣传活动，通过广播、电视、巡回展览等形式，使群众进一步认识节水的重要性，引导广大市民树立节水意识。5 月，举办了以“携手建设创新型城市——倡导低碳生活、打造低碳城市”为主题的科普活动周，通过图片展览、产品演示、专家咨询、观众互动等形式，普及低碳知识、倡导低碳实践；组织内科、外科等医学专家现场为市民服务。联合环保产业协会、气象学会等组织宣传环保气象知识，印发“低碳生活 100 问”“市民环保手册”“气象知识”“卫生保健”等科普资料，受到了市民的普遍欢迎。同时，“肿瘤防治进社区”“食品药品安全知识社区行”等一系列科普宣传活动也相继在全市展开，深化和拓展了社区科普工作，产生了较强的宣传效应，市级科普文明社区达到 20 多个，义马市石门社区获得省“科普文明社区”称号。

【现代传媒助力科学普及】 市科协建立完善了“三门峡市科学技术协会”网站，创办了“科普苑”板块。宣传内容涵盖理、工、农、医等数十个学科领域。在电视台开设“科技天地”栏目，以贴近生活、贴近实际、贴近农民为主题，制作播出了《沼气池建造与利用》《铝污染的原因及诊断》《智能家电》等专题节目 22 期，播出肉牛育肥、绿色果品生产、食用菌袋料栽培等技术节目 12 期，并与市党员远程教育系统实现了资源共享。在灵宝、渑池、卢氏等地创建了“农村电子书屋”“公交科普宣传车”“ 科技110”“农科天地”等新兴科普传媒，利用电脑、车载影视、电台等设备开展科普宣传，取得了初步成效。

【农村实用技术培训】 市科协始终坚持“实际、实用、实效”的工作方针，紧紧依靠科协系统组建的农村实用技术讲师团和科普志愿者服务队，围绕全市农村果、菜、菌、牧、药等支柱产业，开展科普惠农实用技术培训，全年开展培训活动 140 余期（次），培训农民 18 000多人。聘请省内外有关专家 30 余人，举办“流动课堂”60 余场，培训农民6 000人次，极大地提高了农民依靠科技致富的本领。

【加大科普惠农计划实施力度】 市、县科协以示范培训为抓手，以创建科普示范县、科普示范乡（镇）、先进科普示范基地、先进农技协和农村科普示范带头人为载体，持续加大资金扶持力度，提升示范辐射能力。2010 年全市有 5 个集体、2 名个人受到国家和省的表彰和资助，全年共争取上级科普惠农项目基金 83 万元。同时，围绕强载体、促示范、抓带动、增效益目标，加强科普示范体系建设，组织第二批创建国家科普示范县 2 个、省级 1 个，创省级示范乡 4 个，科普示范社区 2 个，省级科普示范基地 13 个。“一栏一员一站”取得新突破，全年建立乡镇科普宣传站 23 个，村级科普宣传栏 289 个，成立科普宣传员队伍 468 人。

【结合当地实际组织调研活动】 全年开展了多项科普调研活动，完成了“县级科协工作典型案例征集活动”；撰写了 10 余篇调研报告，其中在《河南省农村专业技术协会理论与实践》一书编发理论文章 3 篇、实践文章 3 篇，在《河南科技报》全文刊发文章 1 篇，“农村技术经济合作组织的运行机制与功能研究”等两篇调研成果获得省科协一等奖；完成了河南省科普资源需求与开发情况的调查工作；完成了市、县级科协科普工作环境测评和绩效测评。

【开展学术交流活动】 全市各级科协组织及所属团体始终围绕学科前沿和科技运用问题，广泛开展学术交流活动，致力繁荣学术交流、促进学科发展，致力推动科技创新、科技创业与人才培养。为提升全市医学科学发展水平，市科协联合市医学会，邀请西京医院神经外科主任、博士生导师张剑宁教授，解放军 150 医院郑鲁教授，第四军医大学张军博士，上海市长征医院景丙文教授等 12 位专家到三门峡市开展讲学，推广最新医疗技术；为促进全市果品产业发展，遏制日趋严重的苹果霉心病流行趋势，联合市农学会举办全市苹果霉心病防控技术交流会，宣讲技术，推介药品，培训人员，及时指导果农控制苹果霉心病的发生；为推动企业安全生产，组织矿管安检等协会举办矿业安全技术学术研讨活动，为解决当前工农业安全生产实际提供技术支撑。

【组织自然科学优秀学术论文评选活动】 4 月，市科协组织了全市自然科学优秀论文评选工作，并推荐优秀论文参加第 10 届河南省自然科学优秀论文评选，王学刚、刘合山的“煤矸石综合利用技术研究”等 15 篇论文获奖。极大地鼓励了全市科技人员积极总结科学研究和科技实践的理论成果，对于促进全市学术交流和科技信息的传递，发现和培养优秀科技人才，加快科学技术发展的步伐具有积极意义。

【科技工作者建言献策】 作为党和政府联系科技工作者的桥梁和纽带，在党和科技工作者之间建立起双向联系渠道，及时把党和政府有关科技工作和科技工作者的法规政策传达下去，及时把广大科技工作者的意见、建议和诉求反映上来，是市科协的基本工作。1 月，市科协组织全市建筑、交通、通信、环保、农村新能源等 14 个学（协）会专家，召开全市新农村建设工作研讨会，就三门峡市新农村建设尤其是新型农村住宅社区建设工作进行研讨，提出了许多有价值的意见和建议。渑池和卢氏洪灾期间，市科协迅速行动，组织各级科协和所属学会，充分发挥科技专家的智力优势，积极向有关部门提供救灾和重建指导。为解决三门峡饮水安全问题，市科协组织水利、环保、林业等专家对三门峡市卫家磨水库水源地保护问题进行考察调研，提出了在卢氏、灵宝 2 县(市)5 乡建立水源保护区，实施限耕、限伐、限牧、限工及对农民实行补偿 5 项建议，并作为提案提交“两会”，得到了市委、市政府的高度重视。

【落实"三讲一比"和"厂会协作"活动】 市科协对企业大型技术合作、技术改造项目进行项目化管理，组织科技协作和技术攻关。河南中原黄金冶炼厂实施的阴极铜技术改造项目，使企业铜生产能力由3 000吨增加到1.5万吨；义煤集团实现了耿村矿创建国家级瓦斯综合治理示范化矿井的目标，常村矿推广应用的防冲地音监测系统，大大提高了矿井冲击地压防治的预测预报能力。全年全市参与"三讲一比"和"厂会协作行动"活动的科技人员6 500余人，共完成科研项目340项，创造经济效益4 634万元。

【青少年科技教育成绩显著】 市科协邀请省青少年科技教育专家到三门峡市作专题学术讲座，提升青少年科技辅导员队伍的整体素质，通过举办全市青少年科技辅导员培训班，使参加的教师感受深刻，视野大大拓展，受训人员80余人。陕州中学青年教师赵东洋发明的"气体实验微型装置"已列入全国"高中理科教学仪器配备标准"，面向全国普通高中及职业高中等学校推广应用，产生了良好影响。同时，以培养青少年拓展性思维为方向，以提高青少年动手动脑能力为目标，重点抓好青少年科技创新大赛和课外实践活动。组织选拔推荐优秀作品参加省、市创新大赛，各类科技竞赛成绩显著。在全省青少年科技创新大赛上，全市有95个项目获奖，其中：一等奖20余项；市科协等5家单位获得优秀组织奖。 （陈 莹）

三门峡市残疾人联合会

【概况】 2010年，三门峡市残联在市委、市政府的领导下，紧紧围绕全市经济工作大局，以残疾人保障体系和服务体系建设为中心，以残疾人就业培训、扶残助残、残疾人综合服务设施建设及残疾人基层组织建设工作为重点，稳步推进残疾人事业健康发展。

残疾人就业培训工作 河南省委、省政府将残疾人就业培训工作纳入了河南省十项民生工程，市残联抢抓这一有利契机，采取多种有效措施，大力开展残疾人就业培训工作。在开展残疾人培训工作中，根据残疾人的实际需求，举办了以提高从事农业生产技能为主的各种农作物种植技术、家禽家畜饲养技术、花卉苗木种植技术、果树栽培等实用技术培训班18期，举办了以从事二、三产业为主的美容美发、中式烹调、计算机应用、电气焊、家电维修等专业技术职业技能培训班12期，全市共有2 555名残疾人学到了相应的技术，拿到了资格证书。在开展残疾人就业工作中，坚持集中与分散相结合，采取优惠政策和扶持保护措施，通过向福利企业集中安置、向一般用人单位分散、按比例安排就业、组织劳务输出、个体创业扶持等多种措施，多层次、多形式提高残疾人的就业率，帮助1 679名残疾人走向了工作岗位。

残疾人康复工作 市残联围绕"人人享有康复服务"的目标，积极探索康复工作新路子，稳步推进残疾人康复工作向前发展。以县区为单位大力推动残疾人康复服务体系网络建设，全市共有61个乡（镇、街道）成立了康复训练室，491个社区（村）建立起了康复站，培训社区（村）康复协调员623名，累计为残疾人提供各项康复服务10 252人次。开展盲人定向行走训练，帮助20名盲人勇敢的走出了家门。开展聋儿语言训练工作。以市聋儿语训中心和陕县聋儿语训中心为依托，新收训聋儿47名，这些聋儿在经过正规康复语训后，绝大多数聋儿能和正常孩子一样听说读写，进入普通小学接受九年义务教育。大力推广"社会化、综合性、开放式"的精神病防治康复工作模式。全市精神病防治覆盖面达157万人，通过精防培训、免费服药及康复指导等方式为1.53万名精神病患者提供了综合性康复服务。开展残疾人辅助器具供应服务。由市、县两级残联各以30%和70%的补贴比例免费为贫困残疾人配发助听器和拐杖等辅助器具，全年共为残疾人免费提供辅助器具1 430余套件。落实"长江新里程计划"假肢安装项目。为92名装配了普及型假肢和残疾人矫形器，其中小腿患者49名，大腿患者43名。该项目在争取中央财政、省财政补贴经费的同时，三门峡市为每名缺肢残疾人大腿假肢补贴500元、小腿假肢补贴150元，全部实现免费安装。

残疾人扶贫解困工作 为进一步解决好贫困残疾人的温饱问题，缩小残疾人生活水平与社会平均水平的差距，市残联开展了以"办实事、做好事、解难事"为主要内容的扶残助残活动。开展助学活动，帮助贫困残疾人学生完成学业。通过落实"通向明天——交通银行残疾人青少年助学计划"和"2010学年残疾人事业专项彩票公益金助学项目"，对86名贫困残疾学生进行了资助；与教育部门配合做好了2010年度残疾考生高考录取工作，为10名上线残疾人大学生每人提供助学资金2 000元。着力解决残疾人社会保障问题。在生活保障上，对无劳动能力的重度残疾人和特困残疾人做到应保尽保，对农村"三无"残疾人，落实好"五保"；在医疗保障上，大力推动残疾人参加新农合和城镇居民医疗保险，积极为22 000名贫困残疾人代缴部分保险费；在农村养老保险试点工作中，帮助卢氏县3 420名农村贫困残疾人纳入了新农保范围。实施"阳光家园"计划，为无劳动能力的残疾人提供托养服务。建立起残疾人托养中心一座，采取集中托养和居家托养的方式，为810名智力、精神和重度残疾等无劳动能力的残疾人提供了托养服务。实施危房改造项目。通过细致的摸底筛查，确定了卢氏县100户贫困残疾人家庭，并与城乡建设局配合，通过改建、修缮及购买的方式为贫困残疾人家庭添置新居，从根本上改善贫困残疾人家庭的居住环境。开展劳务输出工作，将69名残疾人安排到沿海发达地区就业，改善他们的生活状况。2010年的各项扶残助残活动中，全市累计投入资金231.4万元，惠及残疾人数达31 326人，占全市残疾人总数16.05万人的20%。

残疾人文体宣传工作 积极参加河南省残疾人事业好新闻评选，共向省残联推荐残疾人事业好新闻4篇，其中《点亮生命之灯》和《一个孤寡老人的三个家》分获电视类和文字类新闻一、二等奖。与市楹联学会共同举办了"扶残助残"杯全国楹联大赛，共收到全国各省市及港澳地区3 193人选送的作品8 772幅，其中55幅参赛作品获得奖项，活跃了三门峡市文化艺术氛围，弘扬了扶残助残的良好道德风尚。建立起三门峡市残疾人特殊艺术人才培养和残疾人体育人才训练基地。为促进全市残疾人文化体育事业蓬勃发展。市残联依托市特殊教育学校,采取提供经费支持和配备基础设施的方法,建起三门峡市残疾人特殊艺术人才培养和残疾人体育人才训练基地,具备了开展残疾人艺术人才培养和体育人才培训的条件。注重发现和培养残疾人运动员好苗子,通过组织选拔和筛选,向省推荐了庞宝龙、王晓彬、卯舒博等一批优秀残疾人运动员,积极参加省组织集训,为全市残疾人体育事业发展打下了基础。

残疾人维权工作　积极发挥市、县两级残联残疾人法律援助中心的作用,免费为残疾人提供法律咨询和法律援助服务,全年共为残疾人提供法律咨询服务15人次;认真贯彻落实国家《信访条例》,建立领导接访制度,共接待残疾人来访428人次,来信18封,按照有关政策给予了妥善处理,结案率达100%,维护了社会稳定,促进社会和谐。办理残疾人证件工作稳步进行。初步建立了残疾人基础数据库,严格评审标准,简易办证程序,已办理第二代残疾人证21 881本,占残疾人总数的14%,超过全省12%比例2个百分点,有效维护了残疾人的合法权益。

【“全国助残日”活动】　5月16日是第20次法定“全国助残日”,活动主题为“加大扶持与救助力度,帮扶农村贫困残疾人”,市残联紧紧围绕本次助残日主题,结合实际,积极开展了丰富多彩、形式多样的扶残助残活动。组织开展走访慰问活动。副市长张建峰带领残联有关人员,对三门峡市部分特困残疾人家庭和进行了慰问,送去了各种生活必需品;各县(市)区四大班子领导也在助残日期间陆续开展了慰问残疾人活动,为残疾人家庭送去慰问品、慰问金等,累计价值约97 000余元,为残疾人带去了党和政府的关怀。举行免费颁赠轮椅活动。助残日期间,市县两级残联携手省助残济困总会、台北曹仲植基金会、省残疾人福利基金会等慈善团体举行了隆重的轮椅捐赠仪式,共向肢体残疾人捐赠轮椅1 200辆,解决了部分贫困肢体残疾人出行难的问题;举办了精彩纷呈的助残文艺晚会。5月14日晚,一场以“加大扶持与救助力度,帮扶农村贫困残疾人”为主题的三门峡市第20次“全国助残日”文艺晚会在三门峡市新世纪广场举行。晚会上,“梨园春”擂主艺术团、市特教学校的师生为广大残疾人朋友奉献了精彩的节目,晚会在河南豫剧《五世请缨》的“出征”选段中拉开帷幕,市特教学校师生表演的舞蹈《我的梦》《千手观音》展示了残疾人自强不息、顽强拼搏、热爱生活的精神风貌,根据一个真实故事改编的情景剧《有爱就有希望》感动了在场的所有观众,将整场演出推向高潮,最后,小品《傻男人也潇洒》使晚会在一片欢声笑语中结束。　(刁冬冬)

·编辑　张怡杰·

市县两级残联携手省助残济困总会、台北曹仲植基金会、省残疾人福利基金会等慈善团体举行轮椅捐赠仪式

人民武装

PEOPLE'S ARMED FORCES

3 月 7 日，全军先进典型徐洪刚走进黄金六支队

三门峡军分区

【概况】 2010年,三门峡军分区深入贯彻落实科学发展观,紧紧围绕建设全面过硬战略预备力量新要求,解放思想谋发展,聚焦重点求突破,敬业实干打基础,珍惜荣誉创一流,圆满完成了上级赋予的各项任务,全面建设呈现出科学发展、整体上升的良好局面。

思想政治建设 坚持用科学发展观统领部队建设全局,始终把中国特色社会主义理论体系武装作为首要任务,坚持上下联学,党委中心组理论学习质量进一步提高,团以上干部轮训率达到100%。注重加强政治环境建设,当代革命军人核心价值观等主题教育扎实有效,率先开通政工网,扩大了教育覆盖面和渗透力,国防教育和宣传报道工作有新的加强。

军事斗争准备 认真贯彻落实《民兵应急队伍建设规范》,研究制定了"三门峡市民兵应急队伍建设三年规划"。投入20余万元,购置完善了应急装备器材。两次召开现场观摩会,软硬件设施和紧急出动程序进一步规范。坚持按纲施训,应急分队针对性实用性训练扎实有效。第16届黄河旅游节安保警戒和卢氏县抗洪抢险等应急任务完成圆满。紧紧围绕"两个提升"目标、发挥"五种力量"作用狠抓征兵工作,圆满完成了兵员征集任务。

党委班子和干部队伍建设 坚持对人武部党委班子考核帮抓,认真落实责任、培训、牵引、激励"四个机制",深入开展创先争优活动,党委班子建设水平不断提高。认真组织全区"三级干部联训",经验做法被河南省军区转发。深入开展岗位练兵活动,成效明显。

基层建设 深入开展学规范、用规范活动,按照"学、纠、建、创"的思路,统一建设标准,规范工作秩序,明确方法路子,解决突出问题,有力促进了人武部正规化建设,做法被河南省军区转发。深入开展专武干部"末位帮带"活动,增强了民兵预备役基层建设活力。

安全稳定工作 认真抓好新一代共同条令学习教育,官兵的法规意识明显增强。扎实开展"崇尚军人荣誉,维护军队形象"教育整顿活动,取得明显成效。加强检查督导,突出对团以上领导干部、武器装备仓库、涉密载体和车辆的管控,军分区连续6年没有发生严重违纪和行政责任事故,确保了部队安全稳定。

综合服务保障 积极推行财务制度改革,加强财务管理,严格干部离任经济审计,有效提高了经费使用效益。投入18万余元,整修办公室、公寓楼,改造门卫室、营院大门、车库,更新添置生活设施,营造良好工作生活环境。

军政军民关系 广泛开展争创全国双拥模范城"四连冠"活动,3次召开创建动员大会,深入宣传发动,坚定创建信心。联合举办"军民鱼水情"双拥晚会,组织党政军领导开展军事日活动,聘请军事专家上国防教育课,全民国防观念进一步增强。积极参与三门峡平安建设,为维护社会稳定作出了积极贡献。

3月2日,三门峡军分区党委第三届第九次全体(扩大)会议召开

【组织"三级干部联训"】 3月8日至17日,三门峡军分区所属武装部和民兵应急分队连排长260余人进行"三级干部联训"。集训以加强基层建设、提高干部素质,全面提高民兵应急分队遂行非战争军事行动能力为重点,学习了"人武部工作规范"等法规制度,突出任务牵引,注重解决矛盾问题。在民兵编组上,建立市、县、乡、村4级应急力量网络体系,并按编制数的10%编组预备人员,确保人员在位率达到90%以上。在应急能力上,通过设立联合指挥机构、建立民兵应急队员信息库、利用移动网络信息平台、采取逐级指挥和越级指挥的方式,提高指挥效率;围绕遂行非战争军事行动任务要求,设置集训内容,研究解决矛盾问题,摸索出了"全方位征用保障车辆""科学确立多个集结场地"等方法路子,有效提高民兵应急分队的快速反应能力。在基层建设上,坚持"责任、培训、牵引、激励"4个机制,确立了"抓试点带全面,抓重点促落实,抓难点求突破"的工作思路,突出工作创新,着力提高干部能力素质。通过集训达到了理解任务、确立新思路、解决新问题、促进新发展的目的。

【召开人武部规范化建设现场会】 4月27日,三门峡军分区在义马市人武部召开落实《县(市)区人武部工作规范》(以下简称"规范")观摩现场会。军分区党委常委、机关干部、各县(市)区分管或联系武装工作的领导、人武部科长以上干部共60余人参加会议。会议听取了义马市人武部政委陈克胜"认真学规范,自觉用规范,全面提高人武部正规化建设水平"的经验介绍,观摩了专武干部例会演示,参观了义马市人武部贯彻落实规范、加强全面建设的成果。军分区司令员周世杰围绕高标准抓好规范落实,努力提高人武部全面建设质量提出明确要求:一是要进一步提高思想认识,切实增强贯彻落实规范的自觉

7月23日，组织民兵参加卢氏县抢险救灾

性；二是要深入开展学规范用规范活动，努力形成按规范运转的良好秩序；三是要始终坚持工作高标准，努力把人武部全面建设质量提升到一个新水平。

【加强民兵应急分队建设】 三门峡军分区根据河南省军区“焦作会议”精神，制定了“三门峡市民兵应急队伍建设三年规划”，成立领导小组，建立“责任、检查、协调、督导、奖惩”等5个机制，重点在指挥通信建设、组织建设、应急应战能力建设和装备器材保障建设4个方面下工夫，进一步理顺了指挥关系，构建了多功能、区位式的力量体系，实现了“一支队伍，两种职能”和装备器材的成建制、成系统配备。有力地促进了民兵应急队伍建设。

【组织民兵参加卢氏县抢险救灾】 7月23日，卢氏县发生特大洪灾，三门峡军分区迅速启动应急预案，积极协调驻军部队、指挥民兵预备役人员参加抢险救灾，共出动机关和民兵2 250人，协调动用部队官兵500人，动用车辆37台，转移群众1.7万人，道路清障36千米，疏通受困车辆67台，抢修电力、通信设施121处，加固堤坝380米，抢修桥梁1座，运送通信光缆20千米。三门峡军分区民兵预备役参加抢险救灾的作法被河南省军区通报表彰。

【组织民兵参加三门峡市第16届国际黄河旅游节安保警戒】 5月18日，三门峡军分区组织驻军、武警部队和各县（市）区民兵应急分队3 500余人，担负三门峡市第16届黄河旅游节开幕式安保警戒任务。为确保任务圆满完成，军分区专门成立了旅游节安保警戒工作领导小组。先后3次召开协调会，分析可能出现的各种突发情况。组织实兵实装现地演练3次，并对民兵应急分队进行了5天的强化训练。此次安保警戒任务，共处理各种纠纷10起，协助公安人员对8 200余人进行了安检，保证了开幕式活动的顺利进行，有效提高了民兵应急分队的机动力、突击力、保障力和影响力，受到了三门峡市委、市政府和人民群众的赞扬。

【开展“崇尚军人荣誉、维护军队形象”教育整顿活动】 9月20日，三门峡军分区结合新共同条令学习贯彻，在全区集中组织开展了“崇尚军人荣誉、维护军队形象”专题教育整顿活动，教育分动员部署、学习教育、重点整治、检查验收4个步骤进行。坚持专题教育与专项整治相结合，认真纠治落实条令法规不严格、乱装滥用警灯警报器、军车司机驾驶作风恶劣、行为举止不文明、军容风纪不严整5种倾向性问题。为搞好整顿活动，三门峡军分区召开专题会议进行研究部署，成立领导组织，明确责任分工，通过教育整顿，全区官兵职工的法纪意识进一步强化，崇尚荣誉、遵规守纪的自觉性进一步增强，全区“四个秩序”和官兵职工言行进一步规范，教育整顿取得了明显成效。

【开展安全隐患排查活动】 11月22日至24日，三门峡军分区结合年度工作检查考评和干部考核，扎实开展安全隐患排查活动。成立由军分区司令员张廷善、政治委员李明举挂帅，副司令员曹树仁任组长的安全排查工作领导小组，采取“问、查、考、教、评”的方法，重点对事故隐患、车辆安全、人员思想、制度落实和领导职责等5个方面进行了排查。24日军分区召开总结讲评电视电话会议，对检查梳理出的5个方面13个问题进行通报，对2个单位进行点名批评，并公布了10条整改措施。通过此次活动，进一步树立了安全发展理念，打牢了军分区安全发展基础。

【组建果蔬饮品动员中心】 11月25日，三门峡市政府、三门峡军分区在灵宝市召开三门峡市果蔬食品动员中心成立大会，组建灵宝景源果蔬饮品动员中心，并为三门峡市首批入选军队应急保障动员单位的湖滨果汁、三味奇、鑫源果业、汉山饮品等4家企业授牌，三门峡军分区司令员张廷善、驻军团以上单位领导，出席会议。

【举办纪念建军83周年“军民鱼水情”双拥晚会】 “八一”前夕，三门峡市以争创全国双拥模范城“四连冠”为契机，由三门峡市委宣传部、市民政局、三门峡军分区联合举办了“军民鱼水情”双拥晚会，三门峡市党政机关、驻军各部队、企事业单位以及社会各界人士现场观看了晚会，并在晚会现场开展向卢氏县受灾群众募捐活动，共捐款8万余元，极大地推动和促进了三门峡市双拥工作的发展。

【组织民兵参加“平安三门峡”建设】 6月，为推动“平安三门峡”建设工作的落实，三门峡军分区、人武部充分发挥民兵预备役优势，在宣传政策法规、维护社会治安、完成应急任务、配合重大活动、调解矛盾纠纷、搞好信访代理等6项任务中积极发挥作用，收到了较好的效果。三门峡市成立民兵治安巡逻队460余个，积极开展护村、护矿、护路、护林、护厂“五护”活动，配合公安机关抓获犯罪嫌疑人80余名；以信访代理员、矛盾调解员等身份协助调解各类矛盾纠纷1 000余起。

【李文慧被表彰为“全国关心支持国防后备力量建设十佳新闻人物”】 9月，在黑龙江哈尔滨召开的由解放军报社、中国国防报社、中国民兵杂志社联合举办的第23届“全国关心支持国防后备力量建设新闻人物”评选大会上，三门峡市委书记、军分区党委第一书记李文慧经过层层筛选、严格评选，并经军地多级组织双重审核，被当选为“全国关心支持国防后备力量建设十佳新闻人物”。（杨占峰）

武警三门峡支队

【概况】 2010年，面对复杂的形势、艰巨的任务和严峻的考验，武警三门峡支队深入贯彻党的十七届五中全会精神，紧紧围绕建设现代化武警目标，按照武警党委和总队党委的决策部署，狠抓各项工作落实，顺利实现了年度目标任务。支队被总队评选表彰为先进支队和安全工作先进单位。支队3项工作被武警总部评为先进，4名官兵荣获武警部队第4届教育技术成果三等奖，有5项工作、6个单位和38名个人受到总队表彰，10余项工作被总队转发经验做法，教导队队长代练兵再次荣获第13届“中国武警十大忠诚卫士”提名奖。

思想政治建设　大力推动学习实践科学发展观活动向深度和广度发展，建立完善一系列推动部队科学发展的长效机制，确保各类问题整改到位；深入开展培育当代革命军人核心价值观主题教育活动，抓好试点摸索教育路子，组织学史用志、演讲比赛等活动增强了教育效果；狠抓基本教育，创新方法解决教育“四落实”问题，有效规范了教育秩序；紧贴形势任务发展，认真组织学习全国“两会”和党的十七届五中全会精神，扎实开展“三个正确对待”教育，并结合涉日问题复杂局势因势利导，确保官兵政治坚定；注重抓好随机性教育，针对新兵下队、选拔技术兵等时机，及时组织开展“正确对待革命分工”“三真”“三珍三爱”等教育和“五个过一遍”活动，始终把目光向家庭涉法、身患疾病、考学落榜、心理问题等人员聚焦，注重发挥“双四一”“三互”和党员帮群众“一带三”等载体作用，建立完善“考生三级联包责任制”等制度措施，确保了官兵思想稳定；高度重视政治领域安全预防工作，认真抓好每月法纪教育落实，扎实开展“法律服务到基层活动月”和“政法干部讲一课”活动，组织搞好培训，严格重点时段、重点部位人员的考核政审、新兵“三查”，有效防范和杜绝了政治性问题的发生；积极做好任务中政治工作各项准备，借助执行任务丰富了任务中政治工作经验。

中心任务　深入贯彻《中华人民共和国人民武装警察法》暨中心工作网上集训精神，扎实开展勤务教育整顿，严密组织勤务鉴定、“三个一遍”和执勤隐患治理，严格“三员一兵一组”组勤模式，认真落实支队党委成员实地查勤制度，广泛开展争创执勤标兵（先进）中队活动，提升了执勤正规化水平；注重加强部队应急处突反恐能力，严密组织重大节日、敏感时期战备工作，先后9次带领机动分队进行处突演练，尤其是通过组织参加总队“豫武－10A”实兵拉动演练，摸索完善了组织指挥、联络协同、后勤保障等内容，并争取地方经费150余万元添置了处突用车和一批反恐装备器材；强力推进“四防一体化”建设步伐，组织机关、基层军事干部到洛阳市支队参观见学，与目标单位联合召开执勤设施建设暨监管工作推进会，推动陕县中队率先完成了蛇腹型刀刺网、钢网墙及监区AB门建设，在总队“三个一遍”检查验收中受到表扬；大力加强军事训练，扎实抓好新兵训练、勤训轮换、参谋集训、干部体能训练和班长骨干培训，坚持以会操、考核为抓手，严奖惩激动力，提高了训练质量。全支队共动用兵力1 758人次，动用车辆131台次，担负49起临时勤务，尤其是出色完成了卢氏县抗洪抢险、灵宝市缉拿贩毒嫌疑人、渑池县矿难救援等任务，树立了武警部队的良好形象。

从严治警　认真学习贯彻军委、总部、总队三级从严治警集训精神和新的共同条令，着力防范8个方面重大安全问题，扎实治理安全工作12个问题，确保了部队安全稳定。依据南阳军事工作会议精神，制定了“六化”建设规划，下发“规范部队管理中几个具体问题的通知”“规范部队请销假的通知”等文件，在陕县中队进行依法从严治警集训现场会试点，对执勤动作、情况处置、队列动作、重大活动礼仪等课目进行规范演示，不断研究完善管理细节，进一步提升了部队正规化水平。认真开展“治‘三松’、严纪律、保安全”教育整顿活动，引导各级深刻汲取青海总队“2·23”案件教训，集中排查治理了100余个突出问题，巩固了安全发展基础。注重加强重大会议和节日期间部队管控工作，支队坚持派出工作组面对面督

9月16日，武警三门峡支队组织学《纲要》、知《纲要》、用《纲要》网上知识竞赛

导，确保了特殊时期部队安全稳定。集中开展“学法规、明职责、守纪律、树形象”教育整顿和“治酗酒、治车辆、治手机”专项治理活动，突出抓好季节性事故预防，着力加强干部和士官队伍管理，组织专项业务技能训练，提高了管理效益。认真学习贯彻《中华人民共和国保密法》，多次对保密工作进行拉网式排查，及时消除事故隐患，在总部专项检查中受到好评。硬起手腕治理歪风邪气，严肃处理违规违纪官兵，有效教育警示了部队。

基层建设　认真学习贯彻规章制度，严格落实党委成员包干挂钩帮建基层中队制度，坚持支队主官帮建后进单位，派出14批次、机关干部215人次深入基层帮建指导和检查考评，先后下发问题整改通报14份，帮助基层解决问题650余项，使一个连续6年未评先单位跨入了先进行列。合理调配基层主官，深入开展大练基本功活动，分批选送干部参加上级培训，支队专门举办干部《军队基层建设纲要》网上培训，认真组织开展“学纲要、知纲要、用纲要”知识竞赛活动，集中学习《政工条例》，搞好研讨交流，有效提升了素质能力；加大干部教育管理力度，重新修订完善了“干部管理暂行规定”，多渠道督导干部履职尽责，对违规人员坚决进行公开处理，视情扣除了安全和岗位达标奖，并针对工作压力大的实际，大力宣扬奖励特困优秀基层干部，发放困难补助15 000余元，广泛开展“六好”、争当“六个模范标兵”和“双十佳”基层主官评选等活动，促进了广大干部履职尽责；坚持落实党课教育制度，扎实开展创先争优和“双争”活动，基层党组织建设得到进一步加强，涌现出了一批先进基层党组织和优秀共产党员。经综合衡定，陕县中队被总队评为标兵中队，三门峡市中队、义马市中队被评为先进中队。

综合保障　持续加强后勤应急力量建设，修订完善了6种应急保障预案，更新、改造、配套应急装备，组织培训各类骨干60余人次，召开“后勤管理大家谈”研讨会，与市运输公司签订助运保障协议，提高了应急保障能力，并在执行任务、实兵拉动和演习中经受住了检验；全年投入331万元加强基层“四项设施”建设，对一中队、教导队、陕县中队、灵宝市中队等单位各类设施进行改建，着力推进实现了渑池县中队新营区顺利搬迁，同时机关新营区建设正在加快办理中，使部队营区面貌有了明显改观；持续加强后勤工作精细化管理，严格落实党委理财、经费预决算等制度，制定下发了“四类经费管理规定”和“基层财务管理规定”，摸索了地方保障性经费管理办法，有效规范了经济秩序；持续推动省委、市委议警会精神贯彻落实，支队本级争取经费1 580万元，基层共230余万元；加大对车辆、枪弹、药品的管控力度，严格管理重要岗位人员，及时送诊患病人员，确保了后勤安全；扎实开展“伙食指导周”活动，重视农副业生产，提高了基层伙食质量。

5月21日，武警三门峡支队圆满完成总队“豫武－10A”豫西协同区实兵紧急出动演练任务

党委班子建设　着眼建设学习型党委要求，严格落实党委中心组学习制度，扎实开展“建设学习型党委，争做学习型领导干部”学习教育和“贯彻民主集中制”讨论活动，围绕总部首长提出的“五个怎么办”进行课题研讨，提高了党委集体领导、民主决策的水平；深入学习贯彻武警党委《关于当前工作指导上需要把握的几个问题》中“六点指示”和“五个一定”要求，科学统筹重要时期大项工作之间的突出矛盾，确保了部队建设健康发展；倡导“四个珍惜”的好传统，经常开展谈心交心活动，认真组织召开专题民主生活会，严肃进行批评与自我批评，不断融班子、增感情，有效形成了整体合力；强化主动作为意识，充分发挥助手作用，班子成员分管的工作富有成效；带头敬业奉献，自觉克服困难，经常深入部队检查指导，尤其在落实总队查勤制度方面，班子成员自觉放弃休息时间在凌晨后和双休日、节假日深入部队查铺查哨，全年共下部队977次，多次受到总队通报表扬。扎实开展党委机关风气建设教育整顿，认真抓好武警部队巡视工作成果转化，深入查摆问题严格整改，制定了《党委机关风气建设措施十二条》，公开公平公正处理热点敏感事务，进一步纯正了部队建设风气。

【召开党委扩大会议】　2月1日至2月3日，支队党委扩大会议隆重召开。会议传达学习总部、总队党委扩大会议精神，党委书记、政委丁振庆代表支队党委作题为“把握机遇，开拓进取，持续提升部队建设科学发展水平”的工作报告，支队党委副书记、支队长潘发勤作“昂扬精神，奋力争先，强力推进支队建设持续发展”的讲话，参谋长寇兴禹、政治处主任张超民、后勤处处长刘勤丰分别就2010年支队军事、政治和后勤工作作安排部署，并宣读表彰通令，签订人口与计划生育、安全稳定工作责任书。

【开展法律知识专题讲座活动】　根据总队关于“开展第六个法律服务到基层活动月”的通知要求及支队“法律服务到基层”活动计划安排，支队于5月13日专门邀请三门峡市中级人民法院行政庭韩博飞庭长到支队进行了法律知识专题讲座，并现场解答官兵提出的有关涉法问题和法律疑难问题。通过法律知识讲座及现场解疑释惑,有效地丰富了广大官兵的法律知识,提高了官兵依法办事和处理常见涉法问题的能力。

【圆满完成总队“豫武-10A”豫西协同区实兵紧急出动演练任务】 5月21日,三门峡市支队在总队的统一指挥下,出动兵力150人,车辆12台,行程300余千米,圆满完成了总队“豫武-10A”豫西协同区实兵紧急出动演练任务。5月20日晚20时,支队收到总队“预先号令”后,迅速按照战备规定召开了相关会议,收拢人员,加强教育动员,请领各类装备器材,战备等级转换有条不紊的开展;21日5时,根据总队“机动命令”,全体抽组官兵迅速集结,装载物资,支队长潘发勤向参战官兵介绍了基本情况,政委丁振庆作了战前动员。6时20分,前指带参演分队编队出发,以摩托化开进方式赶赴总队指定集结地域。开进途中,政治处及时开展政治教育,激发了全体官兵完成任务的信心和决心;前指按照总队下发的导调文书迅速展开各项工作,沉着处置各种情况。经过3小时20分的机动行军,部队按时到达了集结地域,迅速展开各项工作,开设前进指挥所和各类保障机构,组织临战训练,并参加了总队组织的临战训练会操,圆满完成了演练任务。

【组织新闻报道员培训】 为进一步提高支队新闻骨干写作水平,活跃群众性报道工作,三门峡支队于6月8日至11日在教导队举办了一期新闻骨干培训班,来自所属单位的11名新闻骨干参加了培训。培训课程和内容设置坚持贴近基层实际,本着缺什么补什么的原则,主要开设了新闻基础知识、消息与通讯写作,数码摄像照相机使用等课程,采取现场教学,体会交流和实践练习等方式方法进行。培训中,邀请三门峡电视报新闻部主任梅雪作了精彩的辅导授课,受到了参训学员的热烈欢迎。每名参训学员克服时间紧、学习任务重、环境艰苦等客观条件,做到集中精力、认真学习,并抓紧利用休息的点滴时间互相交流切磋,达到了互相促进共同提高的目的。

【组织“卫士-10”网上演习】 9月16日,三门峡市支队严密组织总队“卫士-10”网上演习,整个演习过程确保了高质量、高效率、高水平的良好效果。前期为搞好此次演习,司、政、后密切配合,业务股室做了大量、充分的准备。支队长潘发勤、政委丁振庆多次亲自审定演习方案,合理统筹安排部署,提出“精心准备、完善细节、保证质量”的总要求。演习过程中,会场格局布置合理,各种保障措施完善,必备资料文书规范齐全,战术运用巧妙,战法推敲论证透彻得理,情况处置高效快速,真正达到了演为练、练为战的预期目的。通过演习,提高了支队首长机关整体战术作业水平、正确决策和情况处置能力,展现了首长机关的优良作风和过硬素质。

【武警部队副司令员何映华中将到三门峡市支队视察指导工作】 9月26日,武警部队副司令员何映华中将在总队长陈进平、三门峡市市委书记李文慧和市委副书记、市长杨树平等领导的陪同下,莅临三门峡市支队陕县中队视察指导工作。何映华亲切接见了中队全体官兵并合影留念,随后兴致勃勃地走进官兵宿舍、作战值班室、荣誉室、储藏室、伙房、岗楼等场所,实地查看中队内务建设、作战勤务值班及“四项设施”建设情况;认真听取了支队领导和中队干部的情况介绍,详细了解部队经常性基础性工作落实情况。何映华对中队全面建设给予了充分肯定,勉励中队官兵要再接再厉,发扬成绩再立新功。

【武警党委巡视组到三门峡市支队开展巡视工作】 10月11日,武警党委巡视组巡视专员陈伯春少将、总部政治部纪检部巡视工作办公室班富国副主任、总部后勤部政治部禹新龙一行3人,到三门峡市支队开展巡视工作。到达支队后,巡视组首先通报了此次巡视工作的主要目的和方法步骤,认真听取了支队党委关于部队全面建设、风气建设以及对总队党委班子基本评价的情况汇报。尔后,组织支队党委成员和机关全体干部进行了问卷调查,班富国作了简要动员,明确了巡视工作的指导思想、方针原则,希望广大党员干部本着对部队建设高度负责、对总队党委高度负责的态度,正确行使民主权利,客观公正地填写问卷调查。随后,巡视组就贯彻执行党的路线方针政策和上级决定、命令、指示,执行党风廉政建设责任制和自身廉政勤政,选拔任用干部等8个方面的情况分别与支队党委成员进行了谈话。其间,巡视组还深入基层中队检查指导各项工作开展情况,并与官兵进行了座谈。

【召开全市看守所执勤设施建设暨监管工作推进会】 为贯彻落实好全省看守所执勤设施建设现场会精神,加快推进支队“四防一体化”建设进程,在三门峡市支队党委的积极协调下,10月19日,三门峡市看守所执勤设施建设暨监管工作推进会在市公安局三楼会议室召开。大会由监管支队支队长贺伟主持,三门峡市公安局副局长杨宗义,三门峡市支队支队长潘发勤出席了会议,各县(市)公安局主官监管工作的副局长、看守所所长和武警中队中队长参加了会议。会上贺伟首先传达了“洛阳现场会”主要精神;潘发勤分别从“努力推动‘三共’活动深入开展、强力推动‘四防一体化’建设进程、全力推进监门哨上勤工作”3个方面,总结了前期开展“三共”活动取得的成绩,明确了各项执勤设施建设的标准;杨宗义就“认清建设重大意义,严格建设标准,确保按时完成”3个方面作了重要讲话,并提出了具体要求。通过监管工作推进会的召开,使各级认清了执勤设施建设的意义,进一步深化了“三共”活动内容,密切了队所双方关系,为贯彻落实好“洛阳现场会”精神,加快推进执勤目标“四防一体化”建设进程,增加执勤安全系数打下了坚实基础。 (陈克锋 李 猛)

武警消防支队

【概况】 2010年,全市消防部队坚持以胡锦涛总书记“忠诚可靠、服务人民、竭诚奉献”三句话总要求为统领,按照市委、市政府的决策部署,立足于服务地方经济建设和社会稳定的大局,以构筑社会消防安全“防火墙”工程和打造消防铁军为重点,务实苦干,加压奋进,社会火灾防控工作呈现新格局,部队灭火救援能力有了新提升,部队正规化建设迈出新步伐,基层基础建设取得新发展,社会消防宣传教育实现新突破,得到了各级党委、政府、公安机关和广大人民群众的高度赞誉和一致好评。三门峡市被评为全省消防工作先进市，支队被评为全省消防部队全面工作进步奖、安全工作先进支队、消防宣传工作先进单位、消防执法先进单位，全市消防部队15个单位、147名官兵受到省、市级以上党委政府和总队、支队表彰。三门峡市人民政府为支队荣记集体二等功。

社会火灾防控能力明显增强。全市各级大力推进构筑消防安全"防火墙"工程，着力加强社会单位"四个能力"建设，高标准建成消防安全示范单位50家。陕县观音堂镇、渑池县陈村乡两个乡镇政府专职消防队建成投入执勤，省政府挂牌督办的4家重大火灾隐患单位提前整改销案，全年发生的27起火灾均为一般火灾，无人员伤亡，全市连续5年未发生较大以上火灾事故。依托"四大防控"体系建设，提请市公安局将消防监督工作纳入全市派出所等级评定和绩效考核内容，推行派出所消防监督工作月例会、月讲评、月通报、月排名制度，派出所和警务室消防监督工作全面展开。始终保持整治火灾隐患的高压态势，持续开展了建筑消防设施治理、消防产品整治等9次专项治理，6次"守护中原"专项行动以及17次大规模夜间清查整治行动，发现和整改了一批火灾隐患，处理了一批违法单位和违法个人。各级以《中华人民共和国消防法》及《河南省消防条例》宣传为主线，开拓宣传思路，突出宣传重点，抓好党政干部、在校学生、社会单位员工三大主体消防安全培训，利用电视、网络、广播、报纸等多种宣传阵地，多渠道全方位推广扩大宣传效果，公众消防意识明显增强。狠抓消防服务效能建设，全市消防行政服务窗口全部进驻政府办事大厅，支队成立消防技术服务队，对省市以上重点工程项目建设，提前介入，帮扶指导，社会各界对消防工作满意度逐步上升。

思想政治工作彰显活力。坚持政治建警、文化育警、素质强警，先后部署开展了学习贯彻总书记"三句话"总要求、廉政建设"三争一树""纯洁队伍风气、促进内部和谐"等一系列主题教育活动，凝聚警心士气，确保了官兵思想稳定、士气高昂。积极推进特色警营文化建设，投资20万元对基层的警营文化活动场所进行改造完善，4个中队俱乐部达到二星级标准，初步形成了以特勤湖滨威风锣鼓队、渑池腰鼓队以及卢氏快板队为代表的三门峡消防文化特色品牌，推出了小品《溪流声声》等一大批优秀文艺节目。大力加强支队级党委班子和基层党组织建设，6个基层大队党总支全部改选为大队党委，7个大队军政主官和25名新晋级干部、27名新晋级士官全部由公推公选产生，形成了"有为才有位"的正确用人导向。扎实开展部队廉政建设，建成刘少奇旧居、灵宝函谷关、"廉政始祖"召公纪念地、三门峡看守所4个不同特色的廉政教育基地，构建"六位一体"的消防廉政文化品牌，出台廉洁执法、廉洁自律厉行节约等10条硬措施，有效预防和减少违法违纪问题发生，促进了队伍风清气正。

3月2日，三门峡市公安消防支队党委(扩大)会议现场

部队安全稳定常抓常新。认真学习宣传贯彻新共同条令，严格落实每周条令学习日制度，辅以条令条例专题辅导、知识竞赛、征文比赛及黑板报评比等活动，狠抓官兵作风养成。大力加强部队正规化建设，各级通过实施精细代码、精细量化、精细布局、精细标示的"4个精细管理"，部队内部人精神，物整洁，管理正规，秩序井然。深入开展安全稳定"六无一创"活动，支队每月、大队每周组织开展一次安全教育，中队每天进行一次安全宣誓，严格落实"三查一报"制度，实行盯人员流动，防思想混乱；盯车辆去向，防私用乱跑；盯制度落实，防违反禁令的"三盯三防"措施，狠抓各项教育管理制度落实。坚持以人员、车辆、涉酒、涉赌、涉密"五个从严管控"为重点，组织120余次突击督查和专项检查，对督查出的问题一查到底，跟踪问效，全部得到整改。全年支队无行政责任事故、无刑事案件发生，无违反"两个禁令"和"十二条警规"事件，实现部队安全稳定"六无"目标。

各类急难险重任务出色完成。深入开展打造消防铁军，组织2期38名灭火救援攻坚组队员开展115天的超标准、超强度集中培训，举办4次铁军大比武，开展远程视频战例研讨6次，强化无预案演练、夜间演练，部队快速反应、攻坚作战能力明显提升。强力推进综合应急救援队伍建设，市、县两级综合应急救援队伍全部建成，各级政府累计拨入专项经费500余万元。全市广大消防官兵积极投身消防安全保卫工作第一线，在血与火、生与死的严峻考验面前，不畏艰险，奋勇当先，出色地完成了以监督执法、灭火救援为中心的各项工作任务。全年共接警出动1 263次，出动车辆2 123台次，出动警力1.2万人次，抢救被困人员578人，疏散被困人员26 742人，抢救和保护财产价值累计达3 596.8万元。成功处置了"1·4"铂景湾高层火灾、"4·24"连霍高速汽油添加剂罐车泄漏、"7·1"工业酒精槽罐车泄燃和黄河流域三门峡段水污染事件等灾害事故，出色完成了三门峡第16届国际黄河旅游节、环中国国际公路自行车赛等30余次重大活动消防安全保卫任务。

基础设施建设显著改善。支队党委坚持发展不放松,集中财力办大事,集中智慧抓保障,集中精力抓落实,全市各级经费达到2 117万元,比去年同期增长66%,实现历史性突破。投入608万元新增执勤消防车5辆,购置个人防护装备和特勤器材3 287件(套),器材增量为前两年总和,全面完成“1155”装备建设任务。消防指挥中心建成投入使用,战勤保障大队完成规划立项手续,渑池二中队开工建设,灵宝二中队已选址并完成平面规划设计,湖滨、义马、卢氏、特勤等单位的营区及其附属设施顺利完成升级改造,新建库室场所22个,修缮改造面积5 200平方米,绿化亮化面积3 700平方米,增添各类营具219件(套),官兵的工作、训练、生活条件得到根本改善。

【参与处置黄河流域三门峡段水污染事件】 1月3日,受三门峡市委、市政府指派,支队20名官兵参与处置黄河水体污染事件。按照现场指挥部统一部署,支队一方面做好救援现场的应急照明工作,另一方面出一支泡沫枪保护救援物资,防止吸油毛毡及其吸附的油品发生燃烧起火;其余官兵为中石油抢险救援人员运送吸油毛毡等救援物资。经过一夜奋战,于1月4日凌晨,全体参战官兵协助指挥部在三门峡黄河大桥处成功筑起了一道拦油坝,有效地降低了黄河水体污染,圆满完成了上级交给的任务。

【成功扑救“1·4”铂景湾高层建筑火灾】 1月4日18时许,铂景湾小区一在建24层住宅楼的室外保温材料着火,10名工人被困楼内。支队长带领61名官兵克服黑暗、寒冷等不利影响,冒着摔倒戳伤和被燃烧碎片砸中的危险,不怕苦,不怕累,奋战4个小时,成功将火扑灭,10名被困工人全部成功救出。

【举办“平安中原杯”消防安全知识竞赛】 1月8日,全市“平安中原杯”消防安全知识竞赛隆重举行,各县(市)区共选拔出45名重点单位的优秀人员组成9支代表队参加了比赛。此次竞赛以《中华人民共和国消防法》及相关法律法规,防火、灭火、逃生自救等消防安全基础知识为主要内容,有效增强了全市社会单位防范火灾的意识,提高了广大职工群众的消防安全素质和自防自救能力,掀起了大力普及消防法律、法规和消防安全常识,增强广大群众的消防安全意识的新一轮高潮。

【开展“守护中原”系列消防安全清查整治行动】 2月28日至年底,消防支队紧盯重点时期、重点场所、重点问题,先后开展了“守护中原”春季、夏季、秋季、冬季消防安全清查整治行动,重点对易燃易爆场所、公众聚集场所、消防安全重点单位、“三合一”场所等消防安全薄弱区域和高危场所进行了消防安全检查。通过各专项活动的开展,发现和整治了一大批火灾隐患,全市4家重大火灾隐患单位提前整改销案,社会消防安全环境得到有效净化,全市火灾形势持续稳定。

【严厉打击假冒伪劣消防产品】 3月14日,支队联合市质量技术监督局和市工商行政管理局,对全市范围内生产、经营、销售消防产品的企业及经营场所进行突击检查,严厉打击生产、销售、安装使用假冒伪劣消防产品的违法行为。检查发现,全市销售消防产品的单位整体情况良好,但是也存在品牌复杂、功能不一、部分消防器材存在质量问题等不足。对发现的不合格产品,执法人员当场依法予以扣押,要求经营单位责任人一定要提高责任意识,严防各类不合格消防产品流入市场,并对存在问题的场所要求业主立即整改。

【举行第3届“奋进杯”消防运动会】 3月31日,支队举行第3届“奋进杯”消防运动会,来自全市6个县(市)区及特勤中队、企业专职等10支代表队100余名运动员同台献技,各展雄风。本届“奋进杯”消防运动会设置“着装防护”“理论答题”“折返接力”“转移液化气瓶”“战斗救援”等6个比赛项目,并将消防理论、体能、技能等内容贯串其中,既突出了比赛的可比性和观赏性,又检验了打造消防铁军的练兵成果,增强了消防队伍的凝聚力、向心力、战斗力,为全年工作开好头、起好步打下了坚实的基础。

【开展“送好书、读好书、好读书”活动】 4月5日,支队组织开展“送好书、读好书、好读书”活动,通过开展赠书荐书、专题辅导授课、读书交流、读书竞赛、理论调研等辅助活动,在部队上下营造重视学习、崇尚学习、坚持学习的浓厚氛围,创建学习型警营。5月11日,支队组织举办了读书演讲比赛,并购置千余册图书配发基层部队,有效推进了读书活动的开展,为推进消防工作和部队建设新跨越提供精神动力和智力支持。

【举办首届“崤函卫士杯”乒乓球比赛】 4月19日,支队组织举办首届“崤函卫士杯”乒乓球比赛,机关和7个大队的18名选手参加比赛。灵宝大队、特勤中队荣获本次比赛的最佳组织单位奖。义马大队、陕县大队荣获比赛的道德风尚单位奖。通过举办乒乓球比赛,为各单位提供了相互学习和交流的平台,进一步锻炼了队伍,交流了经验,磨砺了官兵的意志,为加强部队警营文化建设,营造团结、紧张、严肃、活泼的工作氛围起到了极大的推动和促进作用。

【开展廉政建设“三争一树”活动】 5月25日至年底,支队开展以“争当廉洁干部、争建廉洁班子、争创廉洁警队、树立清风正气”为主要内容的“三争一树”活动,重点关注和预防消防执法、选人用人、后勤管理和基建采购招标等热点问题。活动开展过程中,支队坚持教育、制度、监督并重,构建了读书思廉、教育筑廉、警示促廉、谈话引廉、文化育廉、家庭助廉“六位一体”的消防廉政文化品牌,省消防总队简报分3期刊载支队经验做法,并对支队特色廉政文化建设进行了专题访谈。

【成立市、县两级综合应急救援队伍】 6月22,三门峡市召开综合应急救援支队成立大会。副市长崔保连,全市应急、公安、消防、交通、水务、卫生、环保、安监、地震、供电、气象等单位主要领导和各县(市)区分管消防工作的副县(市)区长、公安局副局长,以及新闻界共计180余人参加了会议。6月30日,各县(市)区综合应急救援大队全部挂牌成立。综合应急救援队伍是依据国办59号文件《关于加强基层应急队伍建设的意见》和豫政办41号文件《河南省人民政府办公厅关于依托公安消防部队建设综合应急救援队伍的通知》的要求，依托公安消防部队，将其他社会专业应急救援队伍进行有效整合，建立的“统一指挥、协同作战、分工负责、运转高效”的救援队伍。市、县两级综合应急救援队伍的建成，是市委、市政府深入贯彻落实科学发展观、充分履行政府职能的重要体现，为有效处置突发事件，圆满完成急难险重任务，最大限度地保障人民群众生命财产安全，维护全市社会大局稳定，促进经济平稳较快发展提供了坚实的保障。

【成功处置“7.1”工业酒精槽罐车泄燃事故】 7月1日晚21时许，快速通道一辆满载工业酒精的槽罐车发生泄露燃烧，支队紧急调派陕县、湖滨、特勤3个单位的9辆执勤消防车和60余名官兵，与大火殊死搏斗近2小时，成功将火扑灭，有效抑制了工业酒精槽罐的爆炸，确保了毗临武器仓库、加油站、液化气站和居民的安全。

【积极参与全市抗洪救灾和灾后重建工作】 7月中下旬，全市普降大雨，河水暴涨，造成部分乡村街道和村庄被淹，严重威胁当地人民群众的生命和财产安全。险情就是命令，全市消防部队积极响应党委政府号召，充分发挥综合应急救援队伍骨干作用，快速反应，昼夜奋战在抗洪抢险最前沿，以大无畏的英雄气概克服重重困难，战胜艰难险阻，奋勇抢救被困人员300余人，积极疏散转移群众24 000余人，充分展示了特殊时期、特殊情况下消防部队的特殊力量和特殊作用，得到各级党委、政府和公安机关领导的高度评价。抗洪救灾战斗胜利后，全市消防部队发扬“把驻地当故乡，视群众如亲人”的优良传统，积极投入到灾后重建工作中，帮助群众搭建房屋，送去生产生活用水，以实际行动解民忧、帮民困，树立了消防部队“忠诚可靠，服务人民，竭诚奉献”的良好形象。

【举行第20届“119”消防宣传月活动启动仪式】 11月9日，三门峡市政府在职业技术学院隆重举行第20届“119”消防宣传月活动启动仪式。市委常委、市政法委书记郭绍伟，人大常委会副主任亢伊生，副市长崔保连等出席仪式。市防火安全委员会成员单位的负责人、消防安全重点单位的负责人、全市消防志愿者代表和消防官兵近3 000人参加了宣传活动。当日，各县(市)区也分别以召开会议、发表讲话、主题签名、观摩消防演习、参与消防宣传、接受媒体采访等形式积极参与了活动。 (新国增)

“119”消防日，消防官兵在街头开展消防宣传

武警黄金第六支队

【概况】 2010年，武警黄金第六支队认真贯彻上级党委扩大会议精神，围绕建设现代化武警目标，坚持一手抓机关，一手抓基层，突出抓帮建、重点抓干部，部队建设呈现健康向上、稳步发展的良好态势。

思想政治工作 积极开展“创先争优”活动，层层召开动员会、组织领导下基层宣讲，统一思想、深化认识，调动参与热情；组织党支部书记培训，建立支队常委创先争优活动联系点，指导基层以落实党的7项组织生活制度为抓手，提升创先争优活动质量；开展活动试点，总结经验做法，在全支队推广运用；灵活方式方法，开展百名党员大签名、编印简报、建立网上专栏、设立党员责任区、党员先锋模范岗等活动，自觉搞好“两个结合”(创先争优活动与担负任务相结合，与单位开展双争活动相结合)，成立“两个队伍”(党员突击队、团员先锋队)，开展“三个起来”(平时党员身份亮起来、关键时刻党员用起来、重大任务党旗飘起来)等活动，有效激发了党员队伍的生机活力。深入开展核心价值观主题教育，邀请全军先进典型徐洪刚作报告，开展向“全国先进工作者”支金保和“优秀机长”华伶俐学习活动，举办“使命在召唤，培育当代革命军人核心价值观”和“核心价值观引领我成长”演讲比赛，遴选人员参加总队核心价值观网上演讲比赛和“四会政治教员”网上授课，取得好成绩。认真学习贯彻武警部队“无锡会议”精神，以抓好总队在支队开展落实《武警部队经常性思想工作实施细则》试点为契机，探索依托思想骨干、依托“三互”“双四一”、党、团小组会议等载体，掌握官兵现实思想问题的方法和途径，经验做法在总队推广。全面贯彻落实“两会一班”精神，利用广播、橱窗、板报以及编发文件汇编、观看示范录像片、组织官兵深入讨论等形式做好会议精神的学习，分别召开党委会、支委会、党员大会和军人大会，梳理出政治、中心、管理、后勤4类50个方面的规范性要求，深入学习、广泛讨论、对照整改。加强警营文化建设，成立“四队”(锣鼓队、军舞队、武术队和电声乐队)，开展“八项经常性文化活动”(读书读报、教唱歌曲、文艺创作、综艺晚会、影视欣赏、板报宣传、群众体育、特色文化)，投入10万余元规范营区政治环境建设，在营区显著位置设置灯箱、橱窗、英模画像，宣传身边典型、张贴励志名言、提出战斗口号，使营区成为“时时受教育、处处是课堂”的文化阵地。

中心工作 按照指挥部党委提出的“以矿权处置权换取行政授予权”的

思路，多次与河南省厅协调“矿权协议”“两评两备”等有关事宜，与安徽省厅召开“黄金工作汇报会”，协调办理矿权新登、整装勘查等工作，拓展支队找矿空间。开展战略地质调查，组织两个战略调查组对现有矿权进行认真梳理，快速评价，保优舍劣，力争拥有1处至2处新的勘查基地。坚持把安全质量作为地勘工作的生命线，狠抓指挥部、总队安全质量工作组指出问题的整改落实，安排工作组赴一线开展专项检查和“回头看”，安排两名常委长期蹲点集中矿区，解决问题到一线，研讨问题到现场，攻克技术难关，南坪矿区ZK599（终孔孔深1 500.49米）和ZK5507（终孔孔深1 560.52米），两次刷新指挥部单孔钻进纪录。全年钻探完成19 267.25米，坑探完成100米，槽探完成12 549立方米。新增金资源量7.963吨，新增钼资源量15.84万吨，超额完成上级下达的年度任务。认真贯彻指挥部人才建设工作会议精神，制定支队“十二五”人才建设计划，扎实开展“双学”活动，采取岗位练兵、集中培训、以老带新等方式，强化业务训练，技术干部管理意识和业务水平有提高。在全体技术干部中开展“讲党性，爱岗位，作贡献”专题教育，4名党委委员专题授课，引导技术干部在部队建设中发挥主人翁作用，事业心责任感得到强化。筹资200余万元，购置全液压动力头钻机、泥浆泵、吊车、动态GPS、物探测量仪器等设备，聘请厂家技术人员现场指导新型液压钻机的操作使用，提高钻探骨干操作技能。围绕把三大队打造成小秦岭应急支援力量的目标，下发“三大队驻训备勤期训练工作指示”，借鉴内卫机动分队训练模式，成立训练示范班、尖兵班，开展“军事大比武”活动，提出“五练”（练思想、练技能、练精兵、练作风、练心理）要求，不断完善各类应急预案，提高军事训练水平，部队应急处突能力全面提升。

部队管理　抓好“成都会议”精神的贯彻落实，按照“强势推进、有序展开”的原则，硬件和软件建设抓结合，机关和直属队规范抓统筹，野外中队抓接轨，部队正规化建设逐步达标。以黄金部队“正规化建设三年规划”和总队“正规化建设实施计划”为指导，制定支队“正规化建设三年规划”，明确分步推进的时限、标准和要求，先后投入100余万元统一了机关的部分设施，实现了一、二大队与机关网络互通，指挥可视。着眼“七个不发生”安全目标，牢固树立安全发展理念，成立安全质量效益委员会和安全工作领导小组，班组机台设立安全员，层层签订“安全工作责任书”和“保密承诺书”，做到组织健全，责任明确。认真学习贯彻落实《武警黄金部队安全隐患排查治理实施细则》，组织安全隐患大排查，突出抓好“三个结合”（查现实隐患与查思想问题、隐患排查治理与保密检查、隐患排查与自然灾害防范工作相结合），重点部位和关键环节安全管理扎实有效。深入开展“治‘三松’、严纪律、保安全”教育整顿活动，按照“四治九查”要求，翻箱倒柜查隐患，上下联动抓整改。组织开展“刹酗酒、守纪律、树形象、保安全”教育整顿，全面落实“五查”和“八个一”活动，派出工作组蹲点基层，分片负责，全程督导，集中整治了17个安全隐患问题，做好“五个一”活动（给大队主官写一封信、讲评一次整顿情况、准确掌握一线的真实情况、召开一次安全形势分析会、对机关的思想状况进行一次梳理），深化了教育整顿成果，部队‘四个秩序’进一步正规。不断增强遂行多样化任务能力，在甘肃舟曲发生特大滑坡泥石流后，支队进一步完善野外风险评估机制，修订完善了4类应急预案，并加强演练。7月，河南栾川南坪矿区及安徽石门庵矿区发生洪涝灾害，所属一、二大队部分单位及时启动应急预案，严密组织，果断处置，既保证了自身安全，又保证了地勘作业的顺利进行。

上级工作组在武警黄金第六支队检查工作

基层建设　逐步规范按纲抓建秩序，在传达学习指挥部支队主官纲要集训成果的基础上梳理出“如何按纲统、如何按纲考、如何按纲建”等规范性要求40余项，把按纲建队形势分析会、考察帮建、双向讲评作为抓基层的一连贯动作，以周工作安排表为抓手，科学规范8项经常性工作，统住了基层建设秩序，形成抓工作的闭合回路。广泛开展“大练基本功”活动，着眼培养“思考型、务实型、朝气型”干部，举办干部集训班，开展“学规范、用规范、抓作风、正秩序”活动，有效解决了机关干部进入角色慢、法规意识欠缺、工作套路不熟、按纲指导不得法等问题，提高了业务能力，增强了指导效益，经验做法被总队转发。加强蹲点帮建指导能力建设，严格落实指挥部“月初下、月底回”的要求，全年派出3批联合蹲点调研帮建工作组，围绕八项经常性主要工作理思路、教方法、传经验、带干部，带队领导带着课题下、带着报告回，切实纠治“帮而不实”和“长蹲不起”的问题。严密组织季度“双向讲评”会议，按照“分层次竞争、按比例升降”的原则，评定“双争”结果，及时公开公示，确保公平公正，激发了基层单位创先争优的积极性。

保障能力　坚持党委、支部理财，落实支队“一支笔”审批、基层主官“联审联签”、经费包干等经费管理责任制。学习贯彻指挥部地勘成本管理研讨会精神，制定支队地勘成本管理工作实施方案，规定了钻孔每米进尺消耗材料计划定额，明确单孔总费用及材料分类明细，节约了施工成本，提高了保障效益，明确了工作目标。组织对统计员、材料员、核算员、出纳员等经济管理人员进行培训，业务素质能力显著提高。加强基建项目的监督管理，安排一名常委长期蹲守黄山营区，抽调基建领导小组成员专门成立黄山营区办公室，对工程质量、工程安全、工程进度、施工队伍加强监督管理，确保安全施工、文明施工、规范施工。投入资金100余万元，购置管材、钻杆等各类设备和材料50余种、1 000余件（套），检修设备50余台（套），满足基层生产需要。投入资金35万元，为基层配备120张单人床，基层官兵告别了高低铺的时代；投入资金20万元，购置衣帽柜、桌椅，满足官兵生活和工作需要。召开职工座谈会，倾听职工心声，关心职工的利益诉求和思想变化，集中解决职工实际困难，有针对性地做好职工队伍思想稳定工作。

班子建设　着眼“建设学习型党委机关，争做学习型领导干部”专题教育活动，不断加强学习型党委机关建设。落实制度强“三学”，每月利用最后两天的集中学习时间，认真组织学习讨论；开展调研破“难题”，班子成员人人制定调研计划，结合分管工作研究部队建设重大问题，用调研成果指导部队建设，在对三大队充分调查研究基础上，积极与地方协调撤勤事宜，顺利实现撤勤目标；定期交流促转化，进行优秀论文展评，举办学习讲坛、读书演讲、成果展示、心得交流和竞赛评比等活动，评选学习之星，大力营造以活动促学习、以活动比学习、以活动抓学习的浓厚氛围，经验做法被总队转发。认真贯彻民主集中制原则，坚持按照制度决策议事，在矿权处置、基建招标、干部任用、选取士官等敏感问题上，始终按照“十六字”原则科学决策，确保了公平公正，纯正了部队风气。党委班子和机关干部认真学习总队5月份党委机关理论学习纪要，就纪要中加强党性、人品修养等4个方面意见（始终认清大目标、始终坚持大原则、始终讲求大智慧、始终做到大包容），深入研讨交流，撰写心

4月1日，武警黄金第六支队三大队官兵在撤站备勤现场

得体会，班子成员思想上更加统一，行动上更加一致，凝聚力进一步增强。狠抓党委机关风气建设，全年集中开展了正确行使民主权利、道德法纪、风气教育整顿等教育整顿活动，畅通民主渠道，倾向性问题得到解决。开展集中教育，公布举报电话，抓住“三会、三评”重点环节，举一反三查找问题，共梳理出党委机关要重点解决的进步观不够端正、形象不够好等6个方面19个具体问题。组织召开“三力一制”研讨会，全面分析检查部队建设中存在的突出矛盾和问题，先后查找分析出影响部队科学发展的4个方面17个具体问题。把强化学习力与创建学习型党组织紧密结合起来，通过建立“五个严格”制度（严格学习时间、严格学习内容、严格书记负责、严格考核讲评、严格学习经费），不断提高官兵职工的思想品质和思维层次。掌握部队发展大势，认清部队发展形势，始终保持清醒头脑，注重从思想上、政治上、组织上领导部队，增强掌控力。始终围绕上级指示精神统一思想、谋划工作，严格各项法规制度，盯住末端落实，全程督导，终端问效，提高执行力。以问责制为突破口，严格部队管理，依法从严治警，细化责任权限，按条负责、按块管理，深化责任制。

【开展学习实践科学发展观活动】　学习实践活动历时4个月，共分动员部署、学习调研、分析检查、整改落实总结4个阶段进行，采取引学、帮学、促学等方式，在通读原著的基础上，选定重点篇目和章节进行精读，深刻理解掌握科学发展观的科学内涵、精神实质和根本要求，统一了思想，提高了认识，通过认真开展批评与自我批评，深入查找问题、剖析原因、总结经验教训，进一步明确了方向，形成了一批重要的认识成果、实践成果和制度成果，指导部队全面建设作用明显。

【开展落实武警部队《经常性思想工作实施细则》试点活动】　8月至10月，支队在二大队六中队开展落实武警部队《经常性思想工作实施细则》试点活动，探索分散条件下如何做好官兵经常性思想工作的方式方法，经验做法在总队推广。

【开展创先争优活动】　按照上级党委统一部署，从9月起，着重围绕迎接建党90周年开展活动，掀起了创先争优的热潮。9月1日，支队组织召开了创先争优专题政工例会，为创先争优活动的开展指明了方向、理清了思路、明确了重点，为活动深入开展打牢了根基。在二中队和三中队开展创先争优活动试点，重点指导、跟踪问效，11月中旬，两个试点单位总结了开展创先争优活动的成功经验和做法。动员部署、重点指导两个环节工作的扎实开展，使支队创先争优活动取得阶段性成果，为下步的全面争创奠定了坚实基础。

【举行第7届运动会暨第3届文化艺术节】 11月19日,支队第7届运动会暨第3届文化艺术节在机关营区隆重举行。运动会分为球类、田径、棋牌和趣味游戏比赛等4大项22个小项,比赛项目涵盖体育竞技、中心工作、军事训练等多个方面;文化艺术节包括基层创先争优活动展评、黑板报展评、摄影展评、基层建设原始资料展评、书法绘画和DV视频音像资料展评等多个方面,是基层政治文化工作的浓缩和窗口。

(杨 直)

人民防空

【概况】 2010年,三门峡市人防工作坚持"长期准备、重点建设、平战结合"的方针,紧紧围绕省政府、省人防办下达的人防建设责任目标任务,自觉立足本职,强化工作职责,提高思想认识,改进工作作风,知难而进、迎难而上、团结拼博,圆满完成了省政府、省人防办和市委、市政府下达的各项任务。10月,在第六次全国人防工作会议上被国家人防办评为"全国人防先进单位";被省人防办评为"2010年省管目标先进单位";人防办党支部被市直工委评为"2010年度党建目标管理工作先进单位"。

【防护工程体系建设】 全年新增审批10项人防结建工程,面积42 244平方米,在建工程41 337平方米,其中30 739平方米人防工程主体竣工。依法强化人防"结建"工程的管理工作,加大专项工程建设力度,三门峡文体中心14 000平方米人防公共工程和市中心医院的1 960平方米医疗救护工程主体工程竣工并通过省人防质量监督站的验收。人防工程维护管理和开发利用进一步加强,完成了7 000平方米人防工程的维护管理和改造工作,开发利用人防工程4 500平方米。加强安全日常管理工作,全年人防工程无事故发生。认真落实平战转换措施,加强人防工程档案管理,各类信息报表准确无误。"三门峡市城市人防工程控制性详细规划"编制完成。

【落实全省人防工程规范年活动】 认真贯彻落实"全省人防工程建设与管理规范年活动动员视频会议"精神,进一步巩固人防工程清查成果,加大了规范年活动的宣传力度。在《三门峡日报》整版刊登了三门峡市开展规范年活动的实施方案。利用三门峡房地产展销交易会的契机,在交易会上设立人防服务咨询台,宣传人防法律、法规和开展规范年活动的意义及重要性。通过人防60年大型图片展和全省人防机动指挥通信车跨区演练活动,使人民群众对人防工作有了充分的了解和认识,也使市民对人防工程建设重要性和国防观念有了进一步提高。

【完成指挥通信目标任务】 人防"0812"工程主体完工,必要设备安装到位,顺利通过河南省人防质检站验收。机动指挥所通过验收,组织操作人员进行了业务培训,处在良好的应急战备状态。结合机构改革,调整完成了三门峡市人民防空指挥机构,对人民防空指挥部成员进行了点验。制定指挥通信专业训练计划,按照训练计划搞好各项专业训练。严格落实战备值班制度,建立健全了规章制度,值班人员24小时在位。加强无线指挥通信电台的值勤,全年出勤率98%以上。"三网合一"综合信息系统运行正常,使用状态良好。按照城市人口2‰的比例,完成人防专业队伍整组780人、人防应急合成专业队100人的训练任务。针对各专业队担负的任务,围绕"战时应战、平时应急"的需要,增强训练针对性,大大地提升了各专业队的应急能力和专业水平。

【疏散避难体系建设稳步进行】 依据驻马店人防疏散基地建设现场会和新乡疏散避难场所现场会精神,积极筹措、规划疏散地域建设,规范疏散基础设施建设;完善疏散基地内部指挥通信和基础设施建设,预设指挥设施,保障通信手段,具备应急指挥条件。对全市应急避难场所进行了详细的规划,其中临时疏散避难点8个、应急疏散避难所27个、应急疏散避难区8个,并挂牌标识。

【重要目标防护落到实处】 定期召开联系会议研究部署重要目标防护工作,调整重要目标类别,抓好重要目标单位防护组织指挥机构建设,重要目标监控、防护队伍整组训练和防护器材落实到位,指导重要目标单位搞好防护演练。

【开展人民防空宣传教育】 城区初级中学全部开展了人民防空知识教育,党校和行政学院也按照要求全面普及人民防空知识教育,保证了教育计划、课时、教材的落实。在全民国防教育日,与三门峡市第二中学联合举行防空防灾应急疏散演练活动。制定"人防知识进社区"工作计划,积极开展"人防知识进社区"宣传活动。确立了人防宣传"示范社区""示范企业""示范乡(镇)",深化并扩大人防知识宣传工作。在此基础上,积极开展对党政机关,企事业单位、警报器管理单位和人防结建地下室管理单位、重点目标管理单位等有关领域的人防知识宣传,开展人防业务工作的学习和培训活动。成立了庆祝人防60周年活动领导小组,积极开展了一系列宣传活动。在三门峡市"国际黄河旅游节"开幕式现场发放宣传资料、提供人防法律法规咨询等,并在当天《三门峡日报》开辟整版人防专栏,大篇幅宣传人防政策、法规。顺利完成"全省人防机动指挥车巡演三门峡站"活动,在市体育中心举办了"三门峡市人防60周年成就图片展"。在《河南日报》刊发市长署名文章,宣传三门峡市人防建设取得的成就,谈论新形势下人防发展的看法和措施。 (田金管)

·编辑 张怡杰·

法　制

LEGAL SYSTEM

3 月 25 日，广大市民在湖滨广场观看“平安建设”图片展

综 述

【概况】 2010年,三门峡市政法部门围绕“争创全国综治长安杯、共建平安和谐三门峡”的总目标和服务“加快转变发展方式、加快实现新跨越”的总要求,扎实工作,为全市经济社会平稳较快发展创造了较好的法治环境。三门峡市公众安全感指数达到95.53%,位居全省第2位。10月,三门峡市作为河南省唯一的省辖市被中央政法委、中央综治委确定为35个全国社会管理创新工作综合试点城市之一。在全省平安建设考核中,三门峡市因在2006年至2010年4次获得全省“平安建设先进省辖市”称号而被授予“中原平安杯”。陕县、义马市、卢氏县、湖滨区、灵宝市受到省委、省政府和省委政法委、省综治委的表彰。马凯、卢展工、李新民等中央和省领导先后到三门峡市考察指导,对三门峡市平安建设、社会管理创新等工作给予充分肯定。

维护社会稳定 全年全市共排查各类矛盾纠纷2 882起,化解2 675起,化解率93%。其中排查重大矛盾纠纷105起,化解97起。市委、市政府制定《关于深入推进社会稳定风险评估工作的意见》,对社会稳定风险评估工作提出明确要求。建立社会稳定风险评估制度。按照属地管理、行业负责、科学决策、发扬民主的原则,对涉农利益、重点项目建设、教育医疗、社会保障、环境保护等重点领域的重大决策事项推行社会稳定风险评估,防止因决策失误和施政不当引发不稳定问题。全市重大项目、重大决策的维稳风险评估率达到100%。严格落实社会稳定风险评估工作责任。按照谁主管、谁负责的原则,将重大决策事项社会稳定风险评估的任务和责任落实到具体部门和单位,落实到主管领导、分管领导和责任人。对涉及群众利益的重大事项不进行评估或在评估工作中搞形式主义、弄虚作假,造成重大决策失误,引发不稳定问题和群体性事件的,严肃追究有关单位和领导的责任。市委维稳办派出工作组,加强对社会稳定风险评估的督导检查。对各级各部门开展社会稳定风险评估工作进行督查,对发现的操作不规范、程序不严谨、材料不统一以及评估工作中维稳办职责定位等问题及时提出指导意见和建议。维稳基层基础工作进一步加强。县级维稳办工作人员均达到3人以上,工作经费纳入财政预算。各乡(镇、街道)均成立维稳工作中心。乡(镇、街道)由党(工)委牵头,整合维稳办、综治办、信访办、法庭、派出所、司法所等部门的力量,强化维稳职能,建立维护稳定工作大平台。在全市1 362个行政村、62个乡(镇、街道办事处)和各级各部门设立信息员,建立横到边、纵到底的信息员队伍,促进了工作的良好开展。

“严打”整治斗争 全市公安机关充分发挥打击犯罪主力军作用,深入开展“中原卫士杯”竞赛活动,始终保持对各类刑事犯罪的严打高压态势,确保了全市社会治安大局的总体平稳。全市现行命案发30起破30起,破案率100%。全市共查办全国打黑办督办线索2个,查办省公安厅转办线索6个,均在规定期限内查结;立案侦办18起涉黑涉恶案件,打掉黑社会性质犯罪团伙3个。全市刑事案件发案4 562起,同比下降4.5%;“两抢一盗”类案件发案3 519起,下降3.9%。全市共侦破“两抢一盗”案件2 861起,逮捕“两抢一盗”嫌疑人821人,提起公诉720人,打掉“两抢一盗”犯罪团伙103个。9名省公安厅督捕逃犯已抓获7名,10起督破案件已侦破8起。

政法队伍建设 全市政法部门把队伍建设放在首位,采取多种措施,努力建设一支政治坚定、业务精通、作风优良、纪律严明的政法队伍。树立一批先进典型,以身边的人和事教育广大政法干警牢固树立社会主义法治理念。抓好政法机关公开承诺办实事活动。3月,组织开展全市政法机关向社会公开承诺办实事活动,承诺内容33项,把承诺事项列入政法各部门工作目标,定期听取工作汇报,不定期组织检查落实情况,确保了承诺事项的落实,营造了良好的执法环境。开展政法干警下基层工作。全市政法机关下基层干警68名,占市直政法机关干警总数的14%,与省直政法部门下派的10名干警一起分布在40多个基层政法单位开展工作。抓好党委政法委规范化建设。以省委政法委开展县级党委政法委规范化建设试点工作为契机,加强各级政法委自身建设。按照中央和省委政法委的文件精神,借鉴其他省辖市的做法,通过与组织、人事、财政部门协商,解决了市委政法委机关人员享受公安待遇问题,包括警衔工资、值班补贴、服装费等。指导县级政法委在人员编制、内设机构、干部配备等方面取得新进展。

【推进社会管理创新】 10月,三门峡市被中央政法委、中央综治委确定为全国社会管理创新工作综合试点城市后,全市社会管理创新工作发扬创新劲头和精神,先行先试,在多次调研和考察学习的基础上,制定社会管理创新的整体思路和方案,建立5个专项工作小组,形成了分工负责、部门联动、整体推进的工作机制,努力实现社会建设有新突破、社会管理有新发展、平安建设有新成效的目标。坚持“以业管人、以房管人、以证管人”的流动人口管理思路,以矿区、建筑用工企业和城区旅馆、出租房屋为重点,开展实有人口信息采集大会战,录入暂住人员信息74 050人,着力构建动态环境下“分层分类管理、信息轨迹管理、落地查控管理”的“三位一体”管理新格局。建立健全刑释解教人员无缝对接工作制度、信息数据库和帮教情况数据库及个人档案,确保特殊人群管理帮教到位。全市刑释解教回归人员97名,其中帮教95人、安置93人。排查刑释解教重点人员6名,全部落实了帮教措施。建立专兼职结合的网络评论员队伍和网络新闻发言人制度,完善宣传舆论工作联席会议制度,做到对网上有害信息第一时间发现、第一时间封堵、第一时间删除。加强社会组织管理,共登记各类社会组织537家;对全市境外非政府组织进行全面排查;制定三门峡市社会组织自律与诚信建设实施意见,提升社会组织管理水平。

(宋晨飞)

社会治安综合治理

【概况】 2010年,三门峡市社会治安综合治理部门以争创全国综治“三连冠”、夺取“长安杯”为目标,以社会矛盾排查化解、治安防控体系建设、基层基础工作为重点，全面落实综治各项措施，扎实推进社会管理及其创新，平安建设取得明显成效，全市呈现出经济快速发展、社会和谐稳定的良好局面。10月18日，三门峡市被中央政法委、中央综治委确定为35个全国社会管理创新工作综合试点市、县(市)区之一。

平安三门峡建设 先后组织召开全市政法暨平安建设信访工作会议、全市综治办主任会议、全市社会治安重点地区排查整治工作会议、民兵预备役参加平安三门峡建设工作会议、全市社会治安综合治理工作会议、全市科技防控体系建设陕县现场会等，定期部署各级各部门做好平安建设工作。强化督导检查，先后4次组织全市政法综治及平安建设大督查，较好解决了县级政法委机关建设以及乡(镇)综治办专职副主任、派出所长、司法所长、法庭庭长的职级待遇问题，推动了平安建设各项措施在基层的落实。

社会治安防控体系建设 继续完善人防、物防、技防相结合的社会治安防控体系，有效预防和减少各类违法犯罪的发生。在组织各级各部门强力推进科技防控体系建设的同时，进一步完善人防网络，强化社会面管控、内部单位防控，着力抓好专群结合的“五支队伍”建设：加强公安特巡警队伍的警力、装备配置，在城区定人定岗定责开展网格化、全天候巡逻，组织检法司部门实施“警灯闪烁”工程，提高群众见警率；组织市、县、乡三级130支综治专职巡防队伍作为辅警力量强化街面控制；建立300余人的协管员队伍，加强对城区流动人口的管理服务；设立治安员公益岗位，招聘1 000余名“4050”人员，分布在城区背街小巷开展治安巡护；充分发挥由2 000余名保安员组成的保安队伍的作用，为机关和企事业单位提供专业安保服务。

“严打”整治斗争 组织政法各部门严厉打击各类刑事犯罪，着力解决突出治安问题，努力实现发案少、秩序好、治安稳定、群众满意的目标。全市共立刑事案件6 364起，同比下降4.24%，其中盗窃案件、抢劫案件总量分别下降4.41%、17.27%；全市现行命案发30起，发案率下降37.5%，破案率100%，现行命案侦破率保持全省领先水平；共抓获刑事作案成员2 242人，逮捕1 700人，劳教133人，打掉团伙66个、300人，查处行政、治安案件分别为38 563起、18 954起，治安拘留1 038人。深入推进社会治安重点地区排查整治，坚持条块排查、专群排查、日常与集中排查相结合的“三结合”原则，按照乡(镇)不漏村组农户、街道不漏社区楼院、全市排查不留盲点死角的“三不漏”要求，开展拉网式排查。市、县两级对排查出的58个社会治安重点地区挂牌督办，集中整治，共侦破各类案件233起，抓获犯罪嫌疑人76名，迅速扭转了这些地区的治安面貌。7月13日，中央综治动态社会治安重点地区排查整治工作专刊第230期刊登了“河南省三门峡市三严并举扎实推进社会治安重点地区排查整治工作”的经验材料。

矛盾纠纷排查化解 把化解矛盾纠纷、促进社会和谐作为平安建设的首要任务，以预防化解在工业化、城镇化进程中集中出现的企业改制、土地征用、城镇拆迁等方面的社会矛盾为重点，不断创新群众工作理念，认真落实社会稳定风险评估、信访突出问题周会审、化解社会矛盾专项资金、信访代理制度、流动调解制度等，进一步夯实社会稳定的基础。三门峡市在全省深入推进社会矛盾化解工作会议上作了典型发言。《中央政法综治要情信息》刊登了三门峡市湖滨区创立流动调解工作法、积极推进社会矛盾化解的经验材料。创新矛盾纠纷排查化解方式方法，卢氏县官道口镇聘请30名离退休老干部、老党员和老支书担任“矛盾纠纷义务调解员”，使矛盾不出村镇、化解在基层。灵宝市以乡(镇)司法所为中心，以律师事务所、公证处、“12348”热线电话等为依托，设立“法律超市”，开展送法上门、就地调解。义马市建立“便民巡回法庭”，深入乡村就地立案、当场调解，实现了审判工作与群众工作、司法调解与人民调解的有机结合。

落实综治“四制”和平安建设工作责任制 各县(市)区和市综治委有关成员单位向市委、市政府递交了“平安建设目标责任保证书”。市综治委为包括县(市)区党政主要领导、分管领导在内的166人建立了综治工作实绩档案，进一步强化党政主要领导“第一责任”、分管领导“直接责任”、其他领导“一岗双责”。严格落实“两个书面”征求意见制度，组织部门提拔干部、人事部门表彰先进，事先都向市综治委书面征求意见。严格落实综治及平安建设工作责任制，对工作被动的2个单位进行重点管理，对工作落后的1个县级市实施一票否决警示。

基层平安创建 广泛组织开展“平安杯”零发案创建活动，全市实现“零发案”的村组、楼院、单位、学校分别达到8 368个、2 431个、3 510个、1 170个，零发案率分别为99%、95.2%、98%、100%。以防范星、法纪星、科学星、和谐星、安全星为标准，在全市开展“五星级”平安乡(镇)、平安村组创建评选活动，把平安创建活动不断引向深入。全市79个乡(镇、街道)已完成创建达标74个，达标率93.7%；1 362个行政村已完成创建达标1 286个，达标率94.4%。建立治安保卫员、民事调解员、情报信息员、法制宣传员、安全监督员的“五员”平安建设志愿者队伍18 500余人，使基层平安创建有人干、能落实。各级各部门结合实际，广泛开展平安家庭、社区、单位、校园、医院、市场等多种形式的创建活动，积小安为大安，推动了平安创建活动向纵深发展。

综治及平安建设宣传 以3月平安建设集中宣传月活动为契机，组织各级各部门以争创全省平安建设先进市和全国综治“三连冠”、夺取“长安杯”为主题，在全市范围内组织开展了声势浩大、形式多样、内容丰富的平安建设集中宣传活动，在全市上下进一步形成了全党动员、全民参与、全力以赴打造平安三门峡的良好氛围。与市新闻工作者协会联合组织开展2010年度全市社会治安综合治理好新闻奖评选活动，共评出获奖作品27件，其中5件作品在全省社会治安综合治理好新闻奖评选活动中获奖。开通“三门峡平安网”网站，编辑出版《平安三门峡》刊物，广泛宣传展示全市政法综治及平安建设工作和成效。

综治基层基础建设 在配齐配强乡(镇、街道)综治工作中心主任、专职副主任和3名专职工作人员的基础上，进一步加强综治工作中心等群众工作场所建设，达到内设机构、人员配置、内部陈设、制度版面、档案记录、长效机制“六个统一”，推动综治工作中心的标准化、规范化、制度化建设，打造协作配合、精干高效、便民利民的一站式、一条龙工作平台,出现了陕县张湾乡、渑池县英豪镇、灵宝市故县镇等一批独门独院的乡(镇)综治工作中心,有力推动了基层矛盾纠纷“联调”、治安“联防”、警务“联勤”、突出问题“联治”、基层平安“联创”。全市79个乡(镇、街道)均已配齐配强综治委(办)组织机构,专职工作人员达到367人。健全村(社区)综治组织,将综治工作向基层延伸。加强以基层党组织为核心的村(社区)综治办、治保会、调委会建设,做到办公场所落实、人员配备到位、工作制度健全。

铁路护路联防　以“平安铁路示范市县”创建活动为载体,深入开展矛盾纠纷排查化解,着力加强铁路沿线治安防控,大力夯实基层基础工作,广泛开展爱路护路宣传教育,有效维护了辖区铁路沿线治安秩序的持续稳定,确保了陇海铁路和郑西客运专线在三门峡市的安全畅通。6月22日,三门峡市开展中小学校爱路护路宣传的做法在全国高速铁路护路工作现场会上作了发言。9月4日,全国铁路护路联防工作动态刊发了“河南省三门峡市创新矛盾排查化解工作机制维护铁路沿线治安稳定”的经验材料。

【举办全市基层综治干部培训班】　3月16日至18日,市综治办组织举办全市基层综治干部培训班,包括各乡(镇、街道)综治办专职副主任在内的88名基层综治干部参加培训,进一步提高了全市基层综治干部开展平安创建的政策水平和业务能力。

【加快科技防控体系建设】　2010年,三门峡市加快科技防控体系建设,以市委、市政府名义起草下发《关于进一步加强全市科技防控体系建设与应用工作的实施意见》,市综治办实行一周一统计、一月一督查,强力推动工作进度。召开陕县技防现场会,开展技防建设攻坚战和冲刺战。市政府投资8 400万元的市级报警监控系统及市反恐处突调度通信指挥中心、总计投资5 060万元的5个县级报警与监控系统已基本建成;100%的乡(镇)安装了报警监控系统;98.7%的行政村和农户安装了以平安互助网为主的多层次、实用型技防设施,覆盖全市城乡的市县乡村户“五位一体”技防网络基本形成。全市通过报警与监控系统共有效处置各类突发性群体事件13起,查获各类案件90余起,抓获违法犯罪嫌疑人60余名。

【组织开展集中打击处理非法传销专项斗争】　针对非法传销死灰复燃的情况,9月中旬开始,三门峡市组织开展了为期两个月的集中打击处理非法传销专项斗争,成立由市委常委、政法委书记郭绍伟任指挥长的集中打击处理非法传销专项斗争指挥部,组织综治、公安、工商、城管等有关部门开展不间断的联合清查活动,采取新闻媒体集中宣传、标语横幅资料宣传、万人拒绝传销签名活动、举报传销有奖等措施,建立经济处罚、治安处罚、治安巡查、创建“无传销社区(村组)”等长效机制,形成了围剿非法传销的强大声势。市、县共组织集中统一行动11次,端掉窝点19个,查处传销人员210名,使非法传销活动在三门峡市基本绝迹。

【加强学校、幼儿园及周边安全工作】　2010年,按照中央、省的安排部署,三门峡市组织开展对学校幼儿园及周边流动暂住人口和出租房屋、中小旅店、娱乐服务场所等复杂部位的治安整治专项行动和严厉打击侵害师生违法犯罪专项行动。全市出动4 980人次,检查各类学校幼儿园1 562所,清查出租房屋、娱乐场所660余处,发现整改治安隐患295处,破获涉校案件14起。加强学校及周边安全防范,在中小学校设立警务室,为城区中小学校配备专业保安,安装技防设施,在学生上下学等重点时段和治安复杂的重点部位增加巡逻力量,加大巡逻密度,及时处置各种治安问题。加强学校内部安全保卫,建立完善教师执勤、出入登记、值班巡逻、心理辅导、排查化解矛盾纠纷、法制副校长等制度,有效维护了学校及周边地区的安全稳定。　(郭　好)

公　安

【概况】　2010年,三门峡市公安机关按照“争一流、创品牌、树形象、上台阶,实现公安工作六个新跨越”的基本思路和工作目标,充分发挥职能作用,整体工作取得积极进展,实现了平稳顺利推进,公安工作和队伍建设保持了良好的发展态势。

维护社会政治稳定　全市公安机关以社会矛盾排查化解为第一责任,全力维护社会大局稳定。市县两级公安机关坚持下先手棋、打主动仗,通过对内幕性、预警性情报信息的收集汇总和研判分析,预防化解了一大批社会矛盾纠纷,一举挖出隐藏在三门峡市的“法轮功”邪教组织大型反动宣传品地下制作窝点,带破了公安部督办的“2·14”专案;成功克服首次在夜间全方位开放空间举行大型活动带来的不利影响,高标准、高质量、高水平地完成了第16届三门峡国际黄河旅游节安保任务;圆满完成上海世博会、亚运会、环中国国际公路自行车赛等重大活动安全保卫任务,实现了“两会”期间赴京上访和重大涉法涉诉非正常上访的“零发生”。完善矛盾纠纷排查机制,强化维稳情报信息预警研判。通过建立和完善情报信息采集、分析、传递、研判制度和维稳联席会议制度、维稳责任倒查问责制度,进一步整合维稳工作资源,延伸了矛盾纠纷排查化解触觉,提高了预警能力和处置水平。市公安局被省三项重点工作领导小组评为全省社会矛盾化解百日竞赛活动先进单位。夯实维稳第一线平台,严格落实稳控责任。建立完善社区警务室、派出所、县(市)区公安机关三道稳控防线,落实矛盾纠纷排查化解工作责任制,基本实现信息灵敏、部署超前、控制严密、工作主动、处置有效。全年没有出现矛盾升级转化问题。完善公安信访长效机制,加大涉法涉诉信访案件办理力度。高度重视执法质量,从源头上减少信访案件,大力解决执法质量不高、信访渠道不畅、初访解决不力、责任追究不落实等问题。深化“开门接访”“局长接访”,开展信访积案专项化解工作,加大信访案件停访息诉力度,严厉打击缠访闹访行为,有效解决了信访渠道不畅、初访解决不力、信访案件总量偏多的问题。省委政法委、市委政法委共交办三门峡市80起信访案件,办结77起,停访息诉56起,办结率96.25%。市公安局被市委、市政府评为全国两会期间信访稳定工作先进单位和全市集中处理信访稳定突出问题百日竞赛先进单位。

打击犯罪 全市公安机关以“中原卫士杯”竞赛活动和“2010严打整治专项行动”为载体，着力提升人民群众安全感。始终坚持“严打”方针，突出打击重点，始终保持对刑事犯罪的高压进攻态势，强力实施命案攻坚，广泛排查收集涉黑涉恶犯罪线索，以打团伙、挖串案为重点，寻求打击常量的迅速提升；推进“整体作战法”的实施应用，充分发挥监管、交警、特警等警种岗位优势，在深挖犯罪线索、追捕逃犯、查缉被盗抢车辆等方面推进战果整体提升。同时，以公安信息化为引领，以实有人口信息采集、大情报信息平台运用为契机，大力实施网上侦查、网上破案等“网上作战”新技战法，对重大刑事犯罪案件的侦办水平和攻坚能力不断增强。全年全市现行命案发30起破30起，破案率100%，现行命案侦破率保持全省领先水平。现行命案发案率同比下降41.67%。打掉渑池县韩强黑社会性质团伙1个，逮捕13人，破案28起；打掉符合公安部“三人三案”标准恶势力团伙19个，逮捕172人，破案132起，判决165人，查结全国“打黑办”批转三门峡市督办线索3起。全年全市共侦破“两抢一盗”案件2 825起，抓获犯罪嫌疑人1 815人，逮捕886人，公诉921人，打掉“两抢一盗”团伙189个，追缴被盗抢车辆175辆。成功侦破了涉案价值高达1 200余万元的灵宝“2·23”特大库保人员监守自盗案，得到公安部、省公安厅的充分肯定，市委书记李文慧，市委副书记、市长杨树平对此案的侦破给予较高评价。破获毒品刑事案件39起，逮捕37人，同比分别上升62.54%、54.17%，缴获毒品900克，强制隔离戒毒67人。侦办涉嫌假发票犯罪案件20起，抓获犯罪嫌疑人26人，收缴假发票16.2万份，可开具金额超过7 000余万元。

社会治安防控 全市公安机关以积极构筑覆盖全市城乡的科技防控体系为推手，进一步增强整体防控能力。市公安局紧紧抓住“平安杯”创建的有利时机，深入开展社会治安重点地区排查整治工作，落实市县两级公安机关党委班子、相关警种、派出所三级责任制，定责任领导、定责任单位、定人员、定时限、定措施、定奖惩，包整治效果的“六定一包”责任制，层层签订责任书，扎实推进实有人口信息采集大会战管理、校园安全保卫和“三夏”安全保卫工作，确保各项重点工作取得整体实效。在市公安局的积极争取和多方协调下，三门峡市委、市政府把市县乡三级科技防控体系建设列为市委、市政府为全市人民承诺办理十件实事之一。市公安局以此为契机，进一步把科技防控体系建设推向深入。经过努力，城区80%以上的治安复杂场所、要害部位及交通主干道已经覆盖，全市农村技防设施覆盖率也达到80%，农户覆盖率达到75%。全年全市共立刑事案件6364起，同比下降4.24%；其中盗窃案件、抢劫案件总量同比分别下降4.41%、117.27%；刑事案件“零发案日”“两抢一盗”案件“零发案周”不断增多，社会治安秩序保持了平稳运行的良性循环。“零发案”村组楼院、基层单位、大中小学校比例均在95%以上。全年全市交通安全形势平稳，共发生适用一般程序处理道路交通事故237起，死亡83人，受伤313人，直接经济损失140.3万元，同比分别下降6.3%、1.2%、18.1%、47.3%。全年全市共发生火灾27起，直接财产损失120.5万元，其中火灾起数下降20.59%，直接财产损失下降8.77%。连续6年未发生亡人火灾事故和重特大火灾事故。群众安全感指数由2008年的94.87%、2009年的95.35%提升到2010年的95.6%，排名由2008年的全省第4、2009年的全省第3提升到2010年的全省第2。

三门峡市公安局指挥中心大厅

公安队伍建设 全市公安机关始终把加强队伍建设放在各项公安工作的首位来抓，深入开展“执法零过错，群众零投诉”活动，把规范执法行为、解决突出执法问题、提高执法质量作为队伍建设切入点，提升公安形象和社会公信力。把立案、审讯、强制措施的采取及变更、处罚以及涉案款物的管理等容易发生问题环节作为整治重点，加强民警法律业务培训，进一步完善执法监督模式，在全市推行案件“四级评查”、网络执法巡查、执法质量定期通报、重点执法问题督办整改四项制度，变事后监督为同步监督，变静态监督为动态监督，变结果监督为过程监督，把整治问题与责任追究紧密结合起来。通过不懈努力，全市公安机关公安队伍的执法思想、执法理念得到提升，执法能力、执法水平不断增强，执法作风、执法方式进一步得到转变，公安队伍保持了良好的发展态势。没有发生民警重大违法违纪问题，没有发生执法安全问题，没有发生重大责任事故，没有出现重大涉警舆情和被媒体炒作的案（事）件，队伍中涌现出了一批以“全国先进工作者”和“五一”劳动奖章获得者湖滨派出所副所长张国强、“全国公安机关爱民模范”市交警支队二大队副大队长董爱军、“全国公安监管系统高级人才”市看守所民警黄瑞军、荣登“中国好人榜”的陕县公安局民警蔡新玲、市公安局法制处副处长严胜军等为代表的先进典型。在全省满意度测评中,市公安局的执法满意度在2008、2009连续两年保持全省领先的基础上,2010年又取得了突破性进展,排在全省第2位,满意率由2008年的90.9%提升到92.08%。

【建立新型警务体制机制】　2010年,全市公安机关以建立信息化、科技化、现代化的新型警务体制机制为核心,强力推动社会管理创新。以指挥中心升级换代圆满完成、大情报系统平稳运行、信息化手段得到深度应用和警务体制机制改革顺利推进为标志,三门峡市公安机关以信息化、科技化、现代化为特征的现代警务机制基本成型,公安机关精确打防、精细管理、精准指挥的能力和水平有了进一步的提高。一是建立扁平化、点对点、可视化的指挥调度平台,创新警务指挥体系。10月28日,市公安局举行指挥中心大楼落成启用典礼剪彩仪式。标志着三门峡市公安工作由传统的警务模式实现了向信息化、科技化、现代化模式的飞跃。围绕以信息主导警务为特征的现代警务机制的形成,依托市局科技通信指挥大楼,以信息化支撑的指挥中心升级换代为突破口,以数据、图像、语音集群应用、多维传输为手段,以警务地理信息系统为基础,搭建了融GPS定位、视频图像监控、远程图像接入等13个子系统有机合成的综合指挥调度平台,使指挥中心由传统意义上的值班室、传达室、接警室脱胎换骨为动态、开放社会条件下的研判部、指挥部、作战部。二是建立信息化深度应用综合平台,创新打防工作模式。以实有人口信息采集大会战为载体,加强对公安内部信息资源的整合,推动全警采集、全警应用、全警共享工作格局的形成,实现了基础工作信息化、信息工作基础化;探索建立适应信息化条件下的侦查模式,在全市推行精细化、规范化的现行命案侦破技战法、电子信息碰撞侦破重大盗抢案件技战法,推动侦查模式"由案到人"到"由人到案"的转变,带动重特大案件侦破能力、克难攻坚能力的提升。在全省"中原卫士杯"工作会议上,三门峡市公安机关创立的情报信息碰撞"三七"技战法被省公安厅评选为全省"十佳优秀技战法"。三是实行城市分局和派出所"局所整合"和直属机构"大部制改革、实战队建制",创新警务管理体制机制。10月30日,全市初步完成警务管理体制改革任务,新的警务体制机制开始运行。市公安局将湖滨、开发、产业集聚区3个城市分局和所辖16个派出所整合为崤山、湖滨、东城和开发区、产业集聚区5个派出所,将市局局直27个警种部门整合为"四部七支队",有效减少指挥层级,前移管理重心,充实加强一线,夯实基层基础,提高了社会管理的效率和水平,顺利实现了"一夜变脸"、无阵痛改革、无缝隙衔接。河南省副省长、公安厅厅长秦玉海对三门峡市警务体制机制改革创新工作给予充分肯定,指出:三门峡在"润物细无声"中完成了改革,悄无声息地走在了全省前列。至年底,市区5个派出所破案数和刑拘逮捕数分别比改革前的10月提高163%和197%,特别是现行"两抢一盗"案件侦破率明显提高,达到40%以上。改革后的11月,市公安局指挥中心受理警情总量和刑事警情、治安警情与改革前的10月基本持平,街头"双抢"案件和盗窃机动车案件有所下降。四是建立大情报系统平台,创新动态预警管控体系。积极拓展大情报系统的功能,推进大情报系统的深度应用,不断创新网上作战的信息化技战法,实现侦查工作"由案到人"到"由人到案"的思维模式和侦查模式的转变,最大限度地发挥大情报系统直接服务打击、防范、管理的实战效能。通过对高危人群的实时管控、碰撞比对、轨迹研判,加大对宾馆、旅馆、网吧等公共复杂场所的管控力度,提高了阵地控制能力和发现识别水平。4月以来,市公安局通过大情报系统共抓获各类逃犯143名,占全市追逃总量的20%。

【破获灵宝"2010·2·23"特大金库被盗案】　2010年2月23日,灵宝市金源桐辉精炼有限公司物资仓库存放的765块工艺品金条(重50.224公斤、价值1 200余万元)被盗。此案的发生,受到河南省省长郭庚茂,市委书记李文慧,市委副书记、市长杨树平,市委常委、政法委书记郭绍伟的高度重视,省公安厅常务副厅长李建中、副厅长孙世海对此案的侦破工作提出明确要求,给予有力指导。正在参加全市性会议的市人民政府副市长、公安局长崔保连第一时间到现场踏勘,一线督战。在各级领导及有关部门的高度重视和大力支持下,三门峡、灵宝两级公安机关联合组成的专案组经深入现场走访、外围调查和现场勘验,在综合研判的基础上,迅速锁定该公司保卫科值守班长刘晓辉(男,28岁,焦村镇塔底村人,系金源公司保卫部工作人员)有重大作案嫌疑,并经昼夜工作,很快发现该犯罪嫌疑人的逃跑轨迹。2月26日,专案组顺线艰苦追踪,在山西省临汾市一旅馆内成功将盗窃犯罪嫌疑人刘晓辉抓捕归案,并根据犯罪嫌疑人的交待,在山西省侯马市一居民区内缴获被盗工艺品金条49.224公斤及变现赃款19万元。此案的成功破获,受到了公安部、省公安厅和市委、市政府领导的一致肯定和表扬,公安部、省公安厅还专门发来贺电表示祝贺。　(郭建民)

检　察

【概况】　2010年,三门峡市检察机关以深入推进社会矛盾化解、社会管理创新、公正廉洁执法三项重点工作为载体,坚持政治立检要有新风气、文化育检要有新发展、科技强检要有新突破、业务砺检要有新局面的发展思路,紧紧围绕全市工作大局,全面履行法律监督职责,各项检察工作取得了稳步进展。

查处职务犯罪　认真贯彻中央关于反腐倡廉的总体部署,突出查办大案要案、发生在群众身边、社会反映强烈的职务犯罪案件。全年共立案侦查贪污贿赂犯罪案件61件、84人,其中贪污贿赂5万元以上、挪用公款10万元以上的大案48件,县处级以上干部8人;立案侦查渎职侵权案件18件、55人,其中重特大案件17件。办理的河南省委高校工委专职委员金法(副厅级)涉嫌受贿74.5万元案、三门峡市工商局正处级调研员焦克信涉嫌受贿10万元案、义马煤业集团股份公司技术中心办公室主任裴昌合(正处级)涉嫌受贿案、黄委会三门峡市通信管理处主任王建智(副处级)涉嫌受贿案等一批职务犯罪大要案,在社会上引起强烈反响。

审查批捕和审查起诉　始终保持打击严重刑事犯罪的高压态势,切实维护社会治安秩序和经济秩序。对严重刑事犯罪坚持依法从重从快方针,对重特大案件坚持提前介入侦查活动,依法快捕快诉。市、县两级检察院共批准逮捕各类刑事犯罪嫌疑人1 907人,起诉2 411人。继续推进打击和预防"两抢一盗"犯罪专项斗争,依法批准逮捕808人,提起公诉878人。积极参与整顿和规范市场经济秩序工作,充分发挥法律监督职能在维护社会治安秩序和经济秩序中的作用。办案中正确把握批捕、起诉条件,建立完善错案点评通报制度、案例指导制度,深化各项公诉改革,确保案件质量。先后成功办理了韩强等13人组织、领导、参加黑社会性质组织案,刘杰等10人寻衅滋事恶势力团伙案,刘晓辉盗窃黄金50千克价值1 200余万元案,郭小锁等3人虚开增值税专用发票2 900余万元案等一批严重刑事犯罪案件,有力地震慑了犯罪。

诉讼监督　紧紧围绕人民群众反映强烈的执法、司法不公问题,强化监督意识,规范监督程序,加大监督力度,增强监督实效。共受理公安机关应当立案而不立案案件线索30件。纠正公安机关不当立案35件。对应当逮捕而未提请逮捕、应当起诉而未移送起诉的,依法追加逮捕93人、追加起诉49人。纠正侦查机关违法33件。对认为确有错误的刑事判决裁定,依法提出抗诉16件,再审有结果15件,抗诉意见采纳率为73.3%。市检察院抗诉的陆田松虚开用于抵扣税款的发票案列全省刑事审判法律监督专项检查活动"十佳案件"之首,市检察院被表彰为"全省刑事审判法律监督专项检查活动先进单位"。在刑罚执行和监管活动监督中,坚持以办案促监督,监所部门共办理职务犯罪案件6件、6人,发出书面纠正违法通知62份,监督罪犯呈报减刑、裁定22人次,维护了监管秩序稳定和在押人员的合法权益。在民事行政诉讼监督中,受理民事行政申诉案件385件,对认为确有错误的民事、行政判决和裁定依法提请抗诉38件,提出抗诉18件;抗诉案件再审有结果45件,其中直接改判15件、调解6件、发回重审8件,改变原判决率为64.4%。

控告申诉　认真解决群众诉求,全年受理举报线索167件、控告申诉96件、刑事赔偿1件,并逐一作出审查处理。探索试行基层检察院来访人员点名接访制度,共接待点名接访34人。进一步完善"12309"举报电话的受理、办理工作,畅通群众信访渠道。全市有3个基层检察院接待室被评为"全国文明接待室"。深入开展集中处理涉检信访突出问题百日竞赛、信访积案及突出问题化解年专项活动,排查涉检信访积案9件,办结7件,息诉3件。

检察技术　检察技术部门积极为办案活动提供技术服务,共办理各类技术案件647件,其中法医鉴定12件、文检鉴定20件、司法会计鉴定13件、技术证据审查273件、视听技术320件,为提高案件质量提供了有力支持;办理同步录音、录像102案次,较好地发挥了技术部门的配合监督作用。

司法警察工作　法警部门巩固编队管理成果,切实加大规范化建设力度,完成传唤、搜查、强制措施、追捕逃犯、提押及看管犯罪嫌疑人、保护自侦案件犯罪现场、送达法律文书、处置突发事件以及检察长交办任务等1 492项,为办案活动的顺利开展提供了有力保障。

预防职务犯罪　贯彻标本兼治、综合治理、惩防并举、注重预防的方针,坚持查办一起重大典型案件,向发案单位提出一份检察建议、开展一次回访活动等制度,协助堵漏建制,对92起典型职务犯罪案件进行同步预防,向有关单位和部门发出检察建议96个,全部被采纳。推行行贿犯罪档案查询,向工程招标单位提供行贿档案查询1 064次。

【市检察院作出关于开展向闫咏雪学习活动的决定】　4月12日,市检察院出台《三门峡市人民检察院关于开展向闫咏雪同志学习活动的决定》,要求全市检察机关要充分认识开展向闫咏雪学习活动的重要意义,把这项活动同学习贯彻全国及全省"两会"精神结合起来,与最高人民检察院部署开展的"恪守检察职业道德、促进公正廉洁执法"主题实践活动结合起来,与深入推进"三项重点工作"结合起来,深入学习闫咏雪的先进事迹,使闫咏雪的事迹深入人心,使学习活动蔚然成风、引向深入,使全市广大检察干警以闫咏雪为榜样,始终保持旺盛的工作热情和奋发进取的昂扬斗志,立足本职,求真务实,严格执法,廉洁奉公,争先创优,努力开创全市检察工作的新局面。

【市检察院举行首次检察官宣誓仪式】

6月23日,市检察院106名检察官在市检察院党组书记、检察长张永键的带领下庄严宣誓,市人大常委会主任赵继祥为宣誓仪式监誓并讲话。张永键在宣誓仪式上号召全体检察官要牢记誓词,践行誓言,努力铸造"忠诚"品格,强化"公正"理念,树立"清廉"意识,倡导"文明"观念,不断坚定为公平正义的事业守护终身的信念,时刻铭记对法律、对人民、对国家的忠诚使命,永远矢志不渝地为检察事业的发展奋斗不息,为三门峡经济平稳较快发展、社会和谐稳定作出新的更大的贡献。

【三门峡市检察机关首个试点乡(镇)检察室挂牌成立】　11月30日,三门峡市检察机关首个试点乡(镇)检察室——渑池县检察院派驻仰韶乡检察室挂牌成立。这是认真贯彻最高人民检察院《关于进一步加强和规范检察机关延伸法律监督触角促进检力下沉的指导意见》和省检察院《关于进一步规范全省乡镇检察室工作的意见》的重要举措,是检察机关服务基层、服务民生、服务农村建设、服务农民生活和农业发展的新载体,是切实把法律监督职能落实到基层,维护农村稳定和农民利益,促进农村改革和社会经济发展的新形式。　(上官巍)

审　判

【概况】　2010年,三门峡市中级人民法院坚持党的事业至上、人民利益至上、宪法法律至上的指导思想和"公正司法,一心为民"指导方针,忠实履行宪法和法律赋予的职责,审判和执行工作取得长足进展。市、县两级法院全年共受理各类案件16 462件,结案15 097件,结案率为91.71%。其中,市中级法院受理各类案件2 351件,结案1 871件,结案率为79.58%。市、县两级法院大力加强基层基础工作，基础建设全面发展。

刑事审判 市、县两级法院全年共受理刑事一审案件1 735件，结案1 651件，结案率为95.2%。其中，受理一审贪污贿赂犯罪案件59件、80人，分别比2009年下降32.1%和34.48%；结案55件、76人，结案率93.22%。受理一审破坏社会主义市场经济秩序犯罪案件32件、63人，分别比2009年上升18.52%和36.96%；结案28件、57人，结案率87.5%。受理一审毒品犯罪案件23件、35人，分别比2009年下降42.9%和48%；结案23件、35人，结案率100%。受理刑事二审案件252件，结案220件，分别比2009年下降13.4%和10.9%；结案率为87.3%，比2009年上升2.3个百分点。当年全市法院生效刑事判决1 365件、2 332人(免予刑事处罚81人、给予刑事处罚2 251人)，分别比2009年下降17.2%和24.6%，其中未成年(14周岁至18周岁)罪犯186人。市、县两级法院受理刑事再审案件26件，结案13件。

民商事审判 市、县两级法院认真贯彻“调判结合，以调为主，调解优先”原则，着力化解矛盾、调处纠纷。全年共受理民商事一审案件9 126件，结案8 657件(其中调解结案2 235件)，分别比2009年上升14.63%和14.69%；结案率为94.86%，比2009年上升1.8个百分点。其中，受理一审婚姻家庭、继承纠纷案件1 819件，结案1 785件，分别比2009年上升0.69%和1.94%；受理一审合同纠纷案件4 162件，结案3 942件，分别比2009年上升9.57%和9.14%，结案标的37 471万元；受理一审权属、侵权及其他民事纠纷3 145件，结案2 930件，分别比2009年上升33.84%和34.1%，结案标的5 599万元。受理破产案件46件，结案12件，所结案中破产财产债务总额56 239万元。受理民商事二审案件1 519件，结案1 454件，分别比2009年上升32.4%和29.6%；结案率为95.72%。受理民商事再审案件182件，结案96件。

行政审判 市、县两级法院全年共受理行政一审案件338件，结案322件，分别比2009年上升62.07%和57.07%；结案率为95.26%，比2009年下降3.1个百分点。受理行政二审案件34件，结案29件，分别比2009年上升40.4%和74.2%；结案率为85.29%，比2009年上升15.8个百分点。受理行政再审案件11件，结案7件。

执行工作 市、县两级法院加大执行力度，全力清理执行积案。全年共受理执行案件3 569件，结案3 198件，分别比2009年下降2.95%和上升1.4%；结案率为89.6%，比2009年上升5.4个百分点；执结标的总金额101 713万元。其中，受理行政非诉审查与执行、仲裁及公证债权文书执行案件1 103件，结案1 057件，执结标的总金额388.5万元。

申诉信访及国家赔偿 市、县两级法院全年共受理申诉、申请再审案件196件，结案128件。处理来信217件，接待来访3 029人，其中院长接待389次、727人。积极开展司法救助，全年共为254起案件中的经济困难当事人缓、减、免诉讼费52.21万元。市、县两级法院未受理新的国家赔偿案件。

减刑假释及司法鉴定 市中级法院受理并办结减刑假释案件968件。全市法院全年共受理并办结司法鉴定案件41件。

司法警察工作 全年市中级法院法警支队坚持“从严治警，保障审判”的原则，认真全面履行职责。全年共出警359人次，值庭91场次，押解、看管被告人112人次，执行死刑1批4场次。圆满完成押解、协助执行工作，确保庭审秩序和执行效率，并圆满完成最高人民法院和省高级法院有关领导到三门峡市调研时的安全保卫工作。积极配合清理执行积案工作。

【深化“人民法官为人民”主题实践活动】 2010年，全市两级法院深化“人民法官为人民”主题实践活动，强化干警的为民意识和宗旨意识。邀请省高院院长张立勇为全市法院作“践行社会主义法治理念”讲座，组织基层法院院长参加“人民法官为人民”主题实践活动轮训。突出实践，将主题实践活动与“千名法官进军营”活动结合起来。4月16日，在驻渑池县部队“千名法官进军营”活动启动仪式上，市中院民二庭法官给全体官兵讲授了《中华人民共和国婚姻法》方面的相关法律规定，并与官兵就婚姻家庭中可能出现的问题进行交流互动。7月3日，市中院法官向卢氏县驻军部队官兵赠送法律书籍，举办民事法律讲座，开展法律咨询与座谈活动，受到好评。

【做好裁判文书上网和网络视频直播工作】 2010年，市、县两级法院按照省高院对裁判文书上网工作的新要求新规定，认真做好裁判文书上网工作。2009年11月21日至2010年11月20日，市中院共上网发布裁判文书1 159个，上网率99.83%；两级法院共上网发布裁判文书3 688个，上网率99.86%。年底做好上网裁判文书评选工作。加强网络舆情工作。市中院网络办每天关注网络舆情，与省法院网络办保持联系，及时认真协调相关部门及基层法院做好网评法院工作，回复解答当事人及人民群众对法院案件审判及其他工作的问题，通过网络加强与群众的沟通和联系，消除疑问、化解矛盾。市中院全年通过省法院网评回复案件9起，市、县两级法院共回复案件26起。编辑舆情摘报，为领导决策提供参谋。对新闻媒体关注的多起案件，及时协调相关部门妥善处理。开展庭审网络视频直播工作。11月12日，首次进行庭审网络视频直播。至11月30日，市、县两级法院网络直播庭审视频73案，其中市中院直播17案。

【推进社会矛盾化解工作】 2010年，市中院采取多种措施，努力推进社会矛盾化解，促进社会和谐。一是化解涉诉信访突出问题。4月起，全市法院开展涉诉信访积案清理工作，共排查出积案232件，其中纳入清理范围的有167件。4月15日至7月31日，全市两级法院集中开展“社会矛盾化解百日竞赛活动”，针对清理出的积案，逐案建立台账，明确包案领导、责任目标和办理期限。实行案件信访评估制度，针对所有案件的所有环节，对存在稳定隐患的案件进行评估，提出办理意见和应对措施，积极抓好工作落实，坚持以人民满意的标准，边排查，边清理，边化解，按期完成上级确定的目标任务。二是先后两次开展“万名法官回访千户企业和万名当事人”活动，法官们深入社区、村镇、企业，辩法析理，答疑解惑，宣传法律，认真倾听当事人的意见和建议，切实解决当事人的困难和问题。全市两级法院共回访当事人1 515人次，其中市中院回访479人次。三是推进巡回审判。合议庭成员深入基层，就地开庭、听证、合议、调解、宣判，减轻当事人诉累。为规范巡回审判，市中院制定《关于开展巡回审判工作的实施意见》，并由民二庭负责督促实施。全市法院刑事自诉一二审案件巡回审判率达100%，民事一二审案件巡回审判率达36.2%，行政一二审案件巡回审判率达26.5%。四是进一步推广、完善、规范社会法庭工作，制定社会法庭案件确认程序、社会法官考核管理办法、社会法官培训暂行规定、社会法庭纠纷调处程序规则等制度。全市67个乡（镇、街道办事处）全部成立社会法庭，实现了"一乡（镇）一庭"的目标。全市共有社会法官1 131名（其中常驻法官210名），全年共调处各种纠纷1 536件。

（贾建兵　白彦安）

市司法局组织法律服务人员到灵宝市五龙村送法下乡

司　法

【概况】　2010年，三门峡市各级司法行政机关充分发挥法律保障、法律服务和法制宣传职能作用，坚持解放思想、创新思路、突出亮点、全面推进，各项业务取得明显进展，整体工作取得新的突破。在2010年度全省司法行政系统目标考核中，三门峡市排名全省第4，再次被评为"完成责任目标先进单位"。在全省政法系统公众满意度调查中，三门峡市司法行政系统公众满意度跃升为全省第1名，受到省、市领导的高度赞扬和社会各界的广泛好评。

普法依法治理工作　10月中旬，省"五五"普法依法治理检查验收组对全市"五五"普法和"三五"依法治市工作进行检查验收，充分肯定了全市普法依法治理5年来所取得的成绩，高度评价了全市开展社会主义法治新农村建设、法治城市建设等成功经验和探索创办法律超市等创新做法。积极开展综治和平安建设宣传月活动、"庆新春，讲法治，促和谐"主题法制宣传活动、"加强法制宣传教育，促进社会矛盾化解"主题宣传活动和以"弘扬法治精神，促进社会和谐"为主题的"12·4"全国法制宣传日活动，在全市营造了学法、用法、守法、护法的浓厚法治氛围。探索法治城市、法治县（市）区创建工作，在全省率先制定出台《法治县（市）区创建工作考核办法（试行）》和《法治县（市）区创建工作考核细则（试行）》，并组织开展"法治县（市）区创建活动先进单位"评选活动，规范和推进法治城市、法治县（市）区创建工作。深化"民主法治村""民主法治社区"创建活动，全市有128个村被命名表彰为市级"民主法治村"，24个单位被命名表彰为市级"创建工作先进单位"，13个村被命名表彰为省级"民主法治村"，2个社区被命名表彰为省级"民主法治社区"，2个单位被命名表彰为省级"创建活动先进单位"。

法律服务和法律援助工作　加大法律服务管理力度，开展"纠正执业问题，促进诚信执业"专题教育、律师创先争优、创建群众满意的基层服务站所、规范化服务公证处创建和公证质量检查、司法鉴定规范化执业及行风建设考核和司法鉴定案件质量评查、法律援助案件质量评查、基层法律服务所集中清理整顿和行风建设等活动，并对法律服务机构和人员进行年度考核，考核通过率100%。通过这一系列活动的开展，全市法律服务人员的思想政治素质和业务能力进一步增强，法律服务市场进一步规范，法律服务质量和社会公信力显著提升。全市法律服务机构和人员没有发生任何违法违纪行为，司法鉴定工作实现连续6年"零投诉"的好业绩。拓展法律服务业务领域，开展律师、公证、司法鉴定进社区、进乡村活动，扎实推进律师参与信访接待工作，为人民群众提供优质、高效、便捷的法律服务。加强和改进法律援助工作，制定并以市政府办公室名义转发《市司法局关于扩大全市法律援助范围和调整经济困难标准的意见》，降低法律援助经济困难标准，逐步推行"无"法律援助范围试点，新设法律援助受理点20个。与陕西省渭南市、山西省运城市建立农民工法律援助协作机制，使法律援助惠及了更多人民群众。认真落实律师、公证、司法鉴定、法律援助向社会公开承诺事项，为老年人、残疾人、农民工、下岗职工等社会弱势群体减免相关费用，在市县两级法院、法律援助中心全部设立法律援助律师值班室和法律援助标准化接待室，免费为群众提供法律咨询和法律帮助。全年全市共组织律师进乡村、进社区260次，解答法律咨询5 730人次。全市律师共办理各类案件2 946件，其中涉及残疾人的案件137件，减收代理费用15.3万元。全市律师共参与信访接待728件，接待上访群众1 019人次。全市共开展公证进乡村、进社区活动4次，解答公证法律咨询2 498人次。全市公证机构共办理公证事项22 110件，其中为年老、残疾人预约上门公证177件。全市司法鉴定机构共办理司法鉴定案件936件，其中办理涉及残疾人、农民工、下岗职工的司法鉴定案件66件，减免鉴定费用13 580元。全市法律援助机构共办理各类法律援助案件1 078件。全市基层法律服务所共办理各类案件1 624件,避免和挽回经济损失1 463.6万元。完成2010年国家司法考试组织工作,全市共报考514人,通过77人,通过率15%。

基层基础工作　加快推进国债投资司法所建设进度,前4批67个国债投资司法所建设项目全部建设完成并投入使用。加强司法所规范化建设,制定《司法所人员管理试行办法》,对司法所人员的学习培训、日常考勤、工作考评、奖惩、任用晋升、违纪处理等作出明确规定。开展司法所标识专项检查活动,全市78个基层司法所全部悬挂新的标识、标牌,确保了基层司法行政机关的严肃性和权威性。全市78个基层司法所全部实现立户列编,总编制达203人,13名司法所长享受副科级待遇。司法所内部管理制度进一步完善,办公设施和办公条件进一步改善,为创建部、省级规范化司法所奠定了坚实基础。

人民调解工作　大力加强人民调解工作,强化人民调解组织建设,全市共有各级、各类人民调解委员会1 519个,人民调解员7 472人,基本形成了横到边、纵到底、覆盖全市的人民调解组织网络体系。举办人民调解员培训班53期,培训人民调解员6 644人次,全面提升了人民调解员的调解能力和工作水平。狠抓矛盾纠纷排查化解工作,开展为期8个月的化解矛盾纠纷专项攻坚活动,维护了社会和谐稳定。推进人民调解,司法调解,行政调解之间的衔接互动,研究制定《三门峡市关于建立人民调解、司法调解、行政调解衔接配合的实施方案》,并全面付诸实施,收到了良好效果。完善流动调解工作,流动调解经验受到中央政法委和市委主要领导高度关注。4月12日中央政法委《政法综治要情信息》专题刊发“河南省三门峡市湖滨区创立流动调解工作法,积极推进社会矛盾化解工作”一文,对三门峡市的流动调解工作法给予了充分肯定。市委书记李文慧,市委常委、政法委书记郭绍伟等也先后作出批示,要求进一步总结提高,抓好全市推广工作。全年全市各级人民调解组织共调解矛盾纠纷4 791件,调解成功4 650件,调成率97%。

安置帮教工作　扎实推进刑释解教人员安置帮教工作,组织开展刑释解教人员排查摸底活动,掌握了全市刑释解教人员底数,为实施安置帮教提供了重要依据。完善市、县、乡、村四级帮教安置工作网络,建立健全帮教工作责任制、“三帮一”帮教制度、跟踪帮教制度和延伸帮教制度,保证了帮教的效果。加强刑释解教人员管理信息化建设,升级更新信息管理系统,实现刑释解教人员信息实时传递、无缝流转,从源头上杜绝了脱管漏管。全年全市共回归刑释解教人员453人,其中帮教453人,帮教率100%;安置429人,安置率95%,无重新违法犯罪人员。

社区矫正工作　深入推进社会管理创新,大力开展社区矫正试点工作,对全市社区矫正“五种人”进行摸底排查,共排查矫正对象1 201名。制定《三门峡市社区矫正工作实施意见》,为全面实施社区矫正奠定基础。陕县大营镇司法所率先在辖区开展社区矫正试点,并接收矫正对象13名;灵宝市尹庄镇司法所针对矫正对象建立社区矫正监护协议书、社区矫正对象花名册、志愿者名册、回访和回报记录册等相关档案资料,强化对社区矫正人员的监管,收到了良好效果。

劳教管理工作　开展劳教人民警察执法大培训、岗位大练兵活动,劳教人民警察参训率和合格率均为100%,有效提升了劳教人民警察的思想政治素质、法律素质、业务素质和体能素质。全力抓好场所安全稳定,开展迎世博安全竞赛、安全生产月和场所安全大检查活动,建立健全场所安全稳定形势研判机制,完善排查、防控、应急处置和领导责任机制,着力提高人防、物防和技防水平,杜绝了安全生产事故发生。强化生活卫生管理,做好传染病防控和重点部位、重点区域的消毒防疫工作,严格落实劳教人员入所前全面体检和入所后定期体检制度,对在入所时检查出身患传染病的人员坚决予以退回,从源头上预防和杜绝了各类疫病的发生。切实抓好“三课”教育和入、出所教育,深化辅助教育,加强心理咨询矫治,提高了教育挽救质量。认真落实公开承诺,开展劳教所长接待日活动,安排劳教所领导班子成员轮流值班,现场解答疑问、解决问题,收到了良好的社会效果。开展劳教人员“现身说法”活动,组织劳教人员“忏悔之声”演讲团到市机电中专和十一工程局技校现身说法,有效预防和减少了青少年违法犯罪。全年市劳教所共收容劳教人员105人,入所教育率100%。全年没有发生任何安全事故,连续11年实现安全“四无”,并顺利通过“部级生活卫生先进单位”复验考核。

队伍建设　狠抓执法规范化建设,深入开展“纠正执法问题,促进公正执法”专题教育活动,及时发现和纠正干警在执法中存在的问题,确保了广大干警公正廉洁执法。做好司法行政业务知识的学习培训工作,提高广大干警的业务能力和工作水平。开展向社会公开承诺办实事活动,圆满兑现了向社会公开承诺的7件实事。加强政风行风建设,开展政务公开活动,积极参与行风监督热线栏目,大力宣传司法行政机关业务职能、政风行风建设情况以及服务经济社会发展、服务保障和改善民生等方面的成效。

新闻宣传工作　做好“法治河南中原行”集中采访宣传活动,加强与国家、省、市主流媒体的联系,宣传报道的数量和质量大幅提高。全年全市司法行政系统共发表稿件1 991篇,其中国家级754篇、省级524篇,市级713篇。

(张军时)

·编辑　卢亚杰·

农　业

AGRICULTURE

10 月 23 日，全国特色农业发展研讨会在陕县召开

综　述

【概况】 2010年,三门峡市农业局认真贯彻执行党在农村的各项方针政策,大力调整农业结构,加快农业科技进步,不断提高农业产业化、标准化、信息化水平,农业和农村经济得到全面发展,圆满完成"十一五"确定的各项目标任务。当年,全市第一产业增加值70亿元,比"十五"末2005年的33.1亿元增长110%;农民人均纯收入达5 787元,比2005年的2 935元增长97%,比全省平均水平5 288元高出9.4%,接近全国的平均水平(5 919元)。

特色农业不断壮大。各地按照区域化布局、规模化种养、标准化生产、品牌化经营、企业化管理、社会化服务的思路,积极调整农业结构,特色农业得到长足发展,产值占农业总产值比重达85%。畜牧业:2010年,全市肉、蛋、奶产量分别为8 000万千克、5 000万千克、3 800万千克,比2005年分别增长15.4%、16%、120%。全市存栏牛47万头、出栏17万头,比上年分别增长10.7%和2.8%;存栏生猪70万头、出栏70万头,同比分别增长8.6%和7%;存栏羊42万只、出栏28万只,同比分别增长21.1%和3%;存栏家禽1 100万只、出栏510万只,同比增长10.7%、0.8%。果品生产:2010年,新栽果树7 800公顷,实施果实套袋46亿只,推广果园壁蜂授粉3 666.67公顷,新注册果品出口基地9 000公顷,建成5个国家级标准果园,占河南省获准数量的30%。全年果品总产17.5亿千克,比2005年的11亿千克增长59%;苹果出口1 057.6万千克,创汇749万美元,继续保持全省第1位。在北京、上海、满洲里等地成功组织三门峡果品推介会,有效提高了三门峡果品的知名度和影响力。食用菌:栽植规模突破1亿袋,比2005年的6 858万袋增长45%。蔬菜生产:种植面积23 333.33公顷,总产8亿千克。水产品生产:开展卢氏大鲵和黄河鱼类增殖放流活动,共投放大鲵1 100尾,黄河鲤鱼、黄河鲶鱼500万尾,丰富了鱼业资源。水产品产量达950万千克,比上年增长13.9%。中药材:种植面积15 533.33公顷,总产5 600万千克。桑蚕生产:全年养蚕8 300张,鲜茧30万千克。粮食生产喜获丰收。全年粮食总产6.3亿千克,比2005年的4.9亿千克增长30%。

农业"三化"进程加快。产业化水平提高。全市拥有国家级重点龙头企业1家,省级重点龙头企业发展到17家,各类规模以上农业龙头企业发展到150家,带动农户33.3万户,全市浓缩果汁生产能力突破4亿千克,占全国浓缩果汁生产能力的六分之一左右。积极开展"十佳"农民专业合作社竞赛活动,各类农民专业合作社发展到300家。标准化迈上台阶。2010年,4个基地被确认为河南省农业标准化示范基地,新认证"三品一标"农产品34个。至年底,全市共有无公害农产品(含畜产品)56个,绿色、有机农产品5个,地理标志保护产品11个。陕县"二仙坡苹果"和金秋果业通过欧盟良好农业GAP国际认证,灵宝苹果入选"河南省最具影响力十大地理标志产品",三门峡市地理标志保护产品数量位居全国地级市前列,农产品质量检测中心被农业部确定为全国无公害农产品定点检测机构,成功创建全国农业标准化示范市。农业信息化实现突破。建成新农村广播电台,开办"农科专家富崤函""致富直通车""三农热线"等栏目,已成为农民群众获得技术与信息的重要渠道;与三门峡公共频道合作开办"耕耘"栏目,建成黄河农业网络电视台,具备在线直播、节目点播、专题访谈、节目下载等功能,是国内唯一一家面向农民提供免费科技视频资源的农业网络电视台,黄河农网连续7年进入中国农业百强网站行列;建成中西部黄河金三角苹果电子交易中心,培训果品经纪人200余人次,交易量150万千克,交易额1 100余万元;提升"12316"语音服务功能,接听农民电话咨询10 700人次;开通农信通"豫西农事"短信栏目,通过手机短信免费向农民发送农产品价格、农业生产应急措施、农业优惠政策、农业预警等内容,已发送短信1 460条,为210万人次提供农业短息服务。10月19日,出席第8届中国国际农产品交易会暨第3届中国郑州农业博览会开幕式的国务院副总理回良玉,在郑州国际会展中心拨通"12316"3G可视通信网络,与灵宝果农王成义视频对话。回良玉询问了果农生产水果的产量、售价,并祝果农苹果越种越好,产量越来越高,收入越来越多,越来越幸福。

农业机械化水平提高。认真实施农机补贴,多方努力争取到位农机补贴资金2 458万元,受益农户3 405户,补贴各类农机8 630台,其中特色农机3 731台,占补贴机械43%。扶持壮大合作组织,争取到省农机合作社扶持项目2个奖励资金106万元。积极组织"三夏""三秋"农机会战,不断扩大农机作业面积。小麦机收面积6万公顷,占麦播面积的75%,比上年提高5个百分点;秸杆直接还田面积83 333.33公顷,比上年增长20%。

农业科技推广不断深入。围绕三门峡市优势特色产业,深入开展"万名农业专家包万村活动",加大科技培训和推广力度,积极引进和推广名优新品种,推广高效养殖、果实套袋、设施农业、节水灌溉、农产品保鲜加工等实用技术,提高农民科学种田的本领,全市良种覆盖率、先进技术入户率均达90%以上,农业科技对农业经济增长的贡献率达到52%。

党的强农惠农政策全面落实。认真落实中央、省、市支农惠农政策,多方争取农业投资。2010年,共落实种粮补贴综合直补1.22亿元,39.5万农户受益;加快沼气建设步伐,至年底,全市累计建成户用沼气池9.6万户、206个乡村沼气服务网点、16座养殖场大中型沼气工程。与2005年相比,户用沼气增加8.9万户,大中型沼气工程增加9座。积极实施"阳光工程",促进农村富余劳动力有序转移,2010年培训8 200人,转移农村劳动力36万人,实现劳务收入26.5亿元。积极推进土地规模经营,在"依法、自愿、有偿"的原则下,加强土地流转管理和服务,全市累计流转土地面积17 466.67公顷。加强农民负担监督管理,积极开展农资市场打假活动,农民合法权益得到较好保护。

【甘肃省平凉市现代农业考察团到三门峡市考察】 5月14日,由甘肃省平凉市委副书记张军利、市人大常委会副主任万英、副市长阎奋民、市政协副主席席君忠等一行40余人组成的考察团到三门峡市,考察现代农业发展。考察团一行参观考察了市农业局农业信息中心、农产品质量检测中心、三门峡缘份果业有限公司、陕县二仙坡绿色果业山庄等。通过实地察看，考察团对三门峡市农业信息化、农业特色产业发展等给予高度评价，希望两市切实在发展现代农业等领域加强交流，在加快发展中携手共进，实现共赢。市委副书记王建勋、市人大常委会副主任李宝鸿、市政协副主席高从民陪同考察。

【农业部检查组一行到三门峡市检查验收飞播牧草示范项目】 7月29日至30日，农业部飞播牧草示范项目检查组一行3人到卢氏县检查“十一五”期间飞播牧草示范项目。检查组成员由湖南省畜牧水产局饲草业处处长汪旭光、江西省畜牧技术推广站副站长甘兴华、湖北省草地监测站副站长吴晓萍3人组成，河南省畜牧局饲草站站长高永革、副站长李黎、朱国庆以及市畜牧局负责人等前往陪同。

【韩国农业科技考察团到三门峡市考察访问、学术交流】 9月9日至10日，由韩国国家农村振兴厅、国家园艺研究所、韩国关东大学等单位组成的农业科技考察团一行8人到三门峡市，进行考察访问、学术交流。考察团成员先后参观了市农科院张湾试验场国家苹果创新试验站苹果新品种展示园和示范园、食用菌香菇袋料栽培生产示范基地、位于陕县二仙坡的三门峡高山优质苹果生产示范基地及市农业局质量检测中心、信息中心、“12316”三农电话服务热线大厅等。考察团成员还与市农业局、市农科院部分专业人士、科研人员就果树、中药材、食用菌、烟草、蔬菜等特色农业方面的问题进行学术交流，并就下一步在三门峡市建立中韩日友好苹果生产示范园进行初步磋商。

【农业部综合检查调研组到三门峡市开展专题调研】 9月24日至25日，农业部农产品质量安全中心副主任罗斌率农业部综合检查调研组到三门峡市，开展无公害农产品综合检查和农产品地理标志专题调研。调研组听取了三门峡市加强“三品一标”认证、加快优质农产品基地建设、大力推进农业标准化进程工作汇报，察看市农业局信息中心、农产品质检中心，并到渑池县天池镇无公害朝天椒生产基地、尚正肉牛公司屠宰生产基地和灵宝市沟水坡水库无公害水产品基地进行现场检查，重点了解农产品质量安全控制措施执行情况、农业投入品使用情况，查阅生产管理及产品经营档案记录。调研组对三门峡市相关工作给予充分肯定，并希望三门峡市继续努力，争取成为全国无公害农产品定点监测中心。

【三门峡市首个新农村电气化县通过省级验收】 11月19日至20日，由河南省发改委能源局、河南省电力公司农电部等相关部门组成的河南省新农村电气化县建设考评验收组，对渑池县新农村电气化县建设进行考评验收后，宣布渑池县新农村电气化县建设顺利通过验收，达到B类标准。这也是三门峡市新农村电气化县建设首个通过省级验收的县。至2010年，渑池县已建成电气化乡(镇)6个、电气化村83个，居民户通电率达到100%，农村用电条件明显改善，农民生活质量有效提高，新农村建设步伐不断加快，电力对经济社会发展的推动和保障作用日益增强。

【全省农业行政执法培训班在三门峡市举办】 11月19日至22日，全省农业行政执法培训班在三门峡市举办，全省市、县两级农业执法人员120余人参加培训。省农业厅党组成员、副厅长郭鹏亮出席开班仪式，副市长张建峰在开班仪式上致辞。培训班邀请农业部产业政策与法规司刘德萍处长和省法制办陈廷祥处长授课。刘德萍就执法程序和文书制作给大家上了一堂生动的案例课，将农业行政执法中容易出错和混淆的问题进行深刻剖析，纠正学员在农业执法过程中易犯的错误，并对学员提出的问题进行现场解答，有效地提高了全省农业执法人员的办案水平。陈廷祥以“严格执法 公正执法 文明执法”为题，对广大学员进行授课，并通过一些不当行政案件和行政诉讼案件，为学员们分析执法人员的过错，引发学员对“严格、公正、文明”执法进行思考，并就行政处罚自由裁量权的内容作具体讲解。平顶山市农业局法规科长杜云萍，新密市农业局执法大队长朱晓伟，固始县农业局副局长、执法大队长许立明，漯河市郾城区农业执法监察大队长李广辉在培训班上作典型发言。

【三门峡市2010年40个新型农村住宅社区试点全部开工】 截至11月中旬，三门峡市2010年确定的40个新型农村住宅社区试点全部开工，累计完成投资11.7亿元，共建设农户住宅9 956套，其中建成入住3 149户，有18个社区基础设施配套基本到位。

(周应平 曾文静)

畜牧养殖业

【概况】 2010年3月26日，根据三政办〔2010〕39号文件批准，设立三门峡市畜牧局，为农业局管理的主管全市畜牧业的部门管理机构，局机关行政编制为18名，其中局长1名、副局长3名，内设6个科室，正科级职数8名(含总畜牧师、总兽医师各1名)、2个副科级职数，工勤编制2名。

2010年，三门峡市畜牧业取得长足发展，肉、蛋、奶产量分别达到7 880万千克、4 760万千克和3 620万千克，比上年分别增长4.4%、1.3%和4.9%，均创历史最好水平。全市生猪存栏64.72万头，出栏68.08万头，比上年分别增长0.4%和4.1%；大牲畜存栏41.39万头，出栏牛14.62万头，比上年下降2.5%和11.5%；山绵羊存栏32.91万只，出栏24.6万只，同比分别下降5.1%和9.5%；家禽存栏982.75万只，出栏544.18万只，分别比上年增长-1.1%和7.6%。生猪、鸡蛋价格全年平均为11.3元/千克和7.3元/千克，比上年分别增长5.8%和12.1%。牛羊肉价格一直保持在较高价位运行，养殖效益增加，群众补栏积极性高，发展态势良好。全市畜牧业产值达24.2亿元，比上年增长7.1%，成为三门峡市农村经济的一大支柱产业；农民人均牧业现金收入达743.28元，比上年增长14.1%，收入增长幅度位居各种收入来源之首；各类畜禽规模养殖场吸纳农民工15万人，为农村富余劳动力转移作出了重要贡献。

至2010年底，全市达到备案标准的各类规模养殖场发展到957个，其中新建、扩建129个，新增投资2.51亿元。

达到国家级标准化规模示范场6个,省级龙头企业7个,市级标准化改造企业80个。全市生猪、蛋鸡、肉鸡规模养殖比重分别达到82.2%、59%和90%。义马新大牧业公司10万头种猪场、灵宝生源养殖公司10万头猪场、宏源公司万头奶牛场、湖滨康裕40万只蛋鸡场等建设规模均居全省前列。三门峡天顺畜牧养殖有限公司被评为农业产业化省重点龙头企业,渑池旭源牛业公司被评为省级农业产业化优秀龙头企业,义马义新养殖公司万头猪场被列入国家、河南省生猪活体储备基地。全市畜牧业发展初步形成区域化布局、规模化发展的现代畜牧业发展格局。即:义马生猪,渑池肉牛,卢氏绿壳蛋鸡,陕县、灵宝、湖滨肉、蛋、奶综合生产加工为主的各具特色的现代畜牧业生产布局。

项目建设　一是渑池县中央现代农业生产发展肉牛产业项目获财政部、农业部批准,项目资金500万元。计划建设区域性乡级肉牛改良站点4个和年出栏300头以上肉牛育肥场10个,年引进良种肉牛冻精40 000剂,改良肉牛2万余头;肉牛育肥场新增出栏肉牛3 000头。二是争取规模场扶持项目24个,争取扶持资金640万元,其中规模猪场14个、280万元,规模奶牛场3个、150万元,规模鸡场6个、肉牛场1个。三是总投资2.8亿元的渑池雨润200万头生猪屠宰加工项目,已投入资金2 500万元。四是新大义马10万头种猪场扩建项目建成投产,新增投入1亿元,建成大跨度集约化猪舍5栋4 000平方米,存栏祖代种猪2 000头,年可新增出栏种猪10万头。五是引资5 800万元的陕县大地牧业公司5万头生猪项目,已投入资金3 000余万元,建成猪舍及饲料库用房等10 000余平方米。六是渑池尚正食品公司肉牛场引进118头安格斯良种肉牛,通过品种改良,加快全市肉牛产业发展。

重大动物疫情防控　以政府负总责为主体的"六位一体"防控责任体系日趋完善,基础性预防措施逐步规范,疫情监测风险评估预警机制初步建立,动物检疫监管能力不断提高。全市共免疫高致病性禽流感1 172万羽次、鸡新城疫1 180万羽、猪瘟131.7万头次、高致病性猪蓝耳病139.7万头次、猪口蹄疫95.8万头、牛口蹄疫48.5万头、羊口蹄疫40.4万只,规定免疫密度达100%。规模场出栏产地检疫率、屠宰动物检疫率、上市动物产品检疫持证率、检出不合格动物及病害动物产品无害化处理率均达100%。全年无区域性重大动物疫情发生,防控效果扎实有效,达到省政府规定的防控标准。

畜产品质量安全　为8家无公害产地认定企业复核换证。5月20日,农业部发布公告,三门峡市又有11家养殖企业的产品通过农业部无公害畜产品认证,全市通过无公害认证的畜产品已达17个。6家新申报企业均已通过现场检查,上报农业部待批。开展生鲜乳抗生素残留、饲料、兽药、瘦肉精、肉品安全等专项整治活动,市、县两级畜牧部门累计出动人员1 270人次,检查养殖企业863个,饲料生产经营企业165家,检查兽药经营门店559个次,查处假冒伪劣饲料4 500千克,收缴销毁违法销售生物制品375瓶,销毁过期兽药594盒和500千克假劣兽药添加剂,立案5起,结案5起,取缔无证经营3家。抽检养殖场(户)856个、生猪外调中心18个、屠宰场16个,检测尿样11 462头份,"瘦肉精"检测结果全部呈阴性。全年无重大畜产品质量安全事故。

草原监理　2月至3月,开展牧草返青调查。6月至8月,开展牧草生长旺盛期的草地调查工作,进行11个暖性草丛、6个暖性灌木草丛、3个山地草甸等3种类型的草场、20个样地、60个样方的地面调查工作及70个养畜农户的家畜补饲调查。野外行程达3 000余千米,拍摄样地景观照及样方俯视照片110张,上传牧草品种照片45张。总结5年的草地监测成果,编写约5万字的"三门峡市草地监测及综合开发利用研究报告",制作百余张幻灯片,项目顺利通过市科技局组织的专家鉴定。

人工种草和秸秆利用　新增加人工种草3 333.33公顷,草地改良面积1 666.67公顷,可新增养殖量10万个羊单位。青贮玉米秸秆6.15亿千克,麦秸秆氨化微贮饲料1.06亿千克,青贮氨化秸秆相当于节约1.8亿千克的饲料。秸秆利用率比上年提高5个百分点,达到40%。

【河南省肉牛产业项目验收组到渑池县检查验收肉牛产业项目】　4月14日,河南省肉牛产业项目验收组到渑池县检查验收肉牛产业项目。省验收组先后到渑池县康瑞牛业开发有限公司、陈村云峰肉牛养殖场、旭源牛业开发有限公司等处察看肉牛产业项目实施情况。验收组对渑池县肉牛产业项目的实施情况表示满意,一致认为该项目已完成各项技术经济指标,通过验收。

【3个畜牧招商引资项目成功签约】　9月21日,在郑州国际会展中心举行的第22届河南家禽交易会畜牧业招商引资项目签约仪式上,三门峡市3个畜牧招商引资项目成功签约,签约金额4.4亿元。分别是:由渑池县与江苏雨润集团合作的年屠宰加工200万头生猪项目,投资金额2.8亿元;由义马市与河南新大牧业有限公司合作的年产10万头种猪二期扩建项目,投资金额1亿元;由陕县与杭州交泰投资有限公司合作的年产5万头生猪项目,投资金额5 800万元。

【尚正食品有限公司获中国农业科技创新三等奖】　12月,河南尚正食品《系列高档牛肉开发及产品化项目》在北京荣获中国农业科技创新大赛三等奖,成为河南省唯一入围并获奖的企业。河南尚正食品有限公司是集肉牛繁殖、养殖、屠宰分割、熟肉制品加工及新产品研发、饲料加工及生态循环农业于一体的综合性民营股份制企业,是河南省农业发展银行"AA"信誉企业,也是河南省唯一的活牛供港生产企业。5月,该公司在网上报名参加中国科技部组织的农业科技创新大赛,11月27日在北京农林信息科学院演播大厅进行决赛,并最终在全国参赛的2 000多个项目中脱颖而出,载誉归来。

【陕州糟蛋获"绿色纯天然食品奖"】　12月31日,在全国第10届农产品(上海)交易博览会上,三门峡传统名吃——陕州糟蛋获"绿色纯天然食品奖"和"健康营养食品奖"。陕州糟蛋系采用鸡蛋和黄酒酒糟加工酿制而成。最早传自江浙一带,后在陕州落地生根,民国时期曾驰名豫、秦、晋等地,与大营麻花、观音堂牛肉、水花佛手糖糕并称为"陕州四大名吃"。它用料严格,工艺讲究,成品蛋蛋心呈红黄色细腻糊

陕州糟蛋

状，无硬心，有蛋香、脂香、酒香等多种香味，味悠长可口，风味独特。成品蛋宜存放于清凉处，随吃随捞，食时去壳，加香油少许，是豫西有名的风味食品。

（胡柏林）

果品业

【概况】 2010年，三门峡市以果品质量安全区域化建设统揽果业大局，以果业持续增效、果农持续增收为目的，取得骄人业绩。当年，全市果品总产量达17.5亿千克，其中苹果14亿千克，分别比上年增长8%和8.5%。全市果品总产值达39.2亿元，比上年增长31%；占全市农业总产值的32.5%，比上年提高5个百分点，创三门峡建市以来最高水平，为实现三门峡市由果业大市向果业强市的跨越奠定了基础。全市经检验检疫合格出口的鲜果1 057.6万千克，创汇748.7万美元，分别比上年增长12%和34.5%；出口果汁5 981.34万千克，创汇6 305.1万美元，比上年增长15.3%，摆脱了国际金融危机的影响，实现了量的突破。

当年，全市新栽植果树面积7 800公顷，其中苹果4 933.3公顷。实施果实套袋53.63亿只，其中套纸袋19.45亿只；实施果园壁蜂授粉3 633公顷，完成苹果树形改造11 733公顷，完成测土配方施肥5 733.3公顷，实施果园覆草面积3 800公顷。强化果品质量安全区域化建设，建成果品出口基地48 667公顷，其中已注册登记9 000公顷，另有39 667公顷上报待批。5个果园被确定为国家级标准果园。建立21个果品信息采集点，增加苹果电子商务交易实时行情功能，当年通过苹果电子中心交易苹果230万千克，交易金额1 000余万元。先后筹备、组织、参与举办满洲里、北京、上海（三门峡）果品推介等大型宣传促销活动，提高三门峡果品的知名度。至年底，全市共销售苹果12.5亿千克，占苹果总产量的89.3%，销售价格也一路走高，平均每千克达5.5元左右，比上年增长1.7元，增幅达45%，呈现出产销两旺的喜人景象，进一步巩固了果品产业在全市农村经济中的支柱地位。

【创建国家标准果园】 标准果园创建活动是农业部采取的促进果品产业升级的一项重大举措。为确保三门峡市果品产业健康发展，市农业部门积极开展标准果园创建活动。组织有关人员编写3万余字的"三门峡市标准果园技术手册"，下发到各主要产果乡（镇）的果农手中，指导果农进行标准化生产；选建30个整体管理水平较高的果园，作为市级标准示范园进行标准化管理；组织市、县两级技术人员，深入果园开展技术培训20余场次，受训果农1 000余人次。当年，陕县二仙坡绿色果业山庄、灵宝市五亩乡布庄村、灵宝市苏村乡周家塬村、灵宝市寺河乡窝头村和灵宝市寺河海龙园艺场等5个果园被确定为国家级标准果园，占河南省获准数量的30%；获扶持资金100万元，占河南省扶持资金的50%。

【苹果低产园改造工作】 根据三门峡市相关文件精神，当年，全市要完成2万公顷低产苹果园改造工作。市农业部门根据各地实际，将2万公顷低产苹果园改造任务进行分解落实，其中灵宝市1.4万公顷、陕县0.54万公顷、卢氏县0.05万公顷、湖滨区0.01万公顷。全市先后举办低产园改造培训班80余场次，培训果农7 000余人次，编印技术资料1万余份，推广果园壁蜂授粉333.33公顷、果园生草1 000公顷、树形改造3 333.33公顷、果实套袋13亿只、果树夏季修剪2万公顷，所有低产果园全部实施配方施肥和无公害病虫防治。同时，市苹果低产园改造领导小组多次到各地督促检查，发现问题及时解决，保证低产园改造工作的顺利实施。至年底，全市共完成苹果低产园改造2.14万公顷，公顷平均增产3 150千克、增收3 930元，共增产6 741万千克、增收8 410.2万元。

【灵宝"阿姆斯"牌蔬果汁成为中国海军护航官兵专供食品】 3月4日，中国海军启程赴亚丁湾索马里海域执行护航任务，由灵宝市阿姆斯果汁公司生产的"阿姆斯"牌100%蔬果汁成为专供护航官兵的营养食品。为延长蔬菜、水果的保鲜期，舰队后勤保障部门与灵宝阿姆斯果汁公司联合进行科研攻关，成功为护航官兵研制出100%蔬果汁，浓缩12种蔬菜和5种水果的营养成分，当舰上蔬菜、水果缺乏时，能保证护航官兵每天对维生素和矿物质的需求。灵宝市阿姆斯果汁公司是一家以水果、蔬菜等农副产品加工为主的企业，公司生产的浓缩果汁、果蔬饮料、罐头等产品销畅海内外。

【黄河金三角试验区果业发展第2次工作会议召开】 4月15日，黄河金三角试验区果业发展第2次工作会议在三门峡市召开，来自豫秦晋3省4市的果业界领导与果业企业代表共80余人参加会议。市委副书记王建勋、运城市人大常委会副主任荆青莲出席会议。会议由市长助理张建峰主持。会上,运城、渭南、临汾、三门峡4市与会代表分别介绍苹果销售与果品产业信息化建设经验,果品出口企业代表作典型发言。王建勋指出,运城、渭南、临汾与三门峡4市果业区域化优势明显,4市应强化措施,深化果业发展合作:加快区域化发展步伐,搞好23万公顷苹果出口基地建设;实施标准化生产和产业化经营,提高果业综合效益;提高果品的商品化处理程度,走品牌化销售之路;加强区域内信息网络建设工作,扩大黄河金三角地区果品电子交易量。

【日本果树专家到三门峡市开展技术交流活动】 4月27日至5月3日,日本果树专家花岗要男先生应邀到三门峡市就果树管理技术、果品质量安全及果品协会建设等方面进行为期1周的技术交流活动。花岗要男先生先后到湖滨区、灵宝市、陕县的6个果品主产乡(镇),进行技术讲座、果园实地指导、现场示范操作等活动,对700余名果农进行技术培训。

【渑池县“仰韶牛心柿”获国家农产品地理标志登记】 5月6日,渑池县“仰韶牛心柿”正式获得中华人民共和国农产品地理标志登记证书,依法实施保护。该认证也是三门峡市第1个荣获农业部农产品地理标志认证的地方特色农产品。“仰韶牛心柿”盛产地位于渑池县北部山区,地域保护覆盖渑池县境内段村、坡头、南村等10个乡(镇)的132个行政村,地理坐标为东经111°33′~112°01′,北纬34°28′~35°05′。

【苹果园沃土降耗优质丰产栽培制度研究项目在灵宝市实施】 3月,属省部合作的省科技成果转化计划项目——苹果园沃土降耗优质丰产栽培制度研究项目在灵宝市全面启动。该项目由省科技厅和国家苹果工程技术研究中心、山东农大园艺科学与工程学院合作,灵宝市园艺局具体承担实施。项目总投资587万元,自2010年3月开始到10月底结束,共推广应用解决再植果园连作障碍技术13.33公顷,利用自育矮化砧木建立现代化果园66.67公顷,推广应用节水灌溉技术66.67公顷。

【景源果业与香港高能公司赴美上市合作协议签约】 7月29日,河南景源果业(集团)有限责任公司与香港高能资产管理有限公司赴美上市合作协议签约仪式在灵宝市举行,标志着三门峡市民营企业在借助国际融资平台实现快速发展方面迈出新步伐。副省长刘满仓、省政府副秘书长何平、省政府金融办副主任杨舟、省农业厅副厅长王传捷、中信银行郑州分行副行长刘自磊,市领导李文慧、杨树平、张建峰等出席签约仪式。

【全省国家级标准果园创建技术培训班在陕县举行】 7月31日至8月1日,全省国家级标准果园创建技术培训班在陕县举行。农业部有关专家就国家级标准果园创建标准以及果园管理和配套技术,向全省近百名技术人员进行讲解。三门峡市人大常委会副主任马仰峡出席培训启动仪式。

【国家农产品加工技术研发中心专家到三门峡市调研】 8月28日,国家农产品加工技术研发中心、河南省农科院农副产品加工研究所专家一行,深入三门峡市缘份果业、灵宝景源果业等重点果品加工企业,考察三门峡市果品加工业发展现状、果品加工、全程质量安全控制、果品加工技术需求等情况,与市、县两级园艺管理部门负责人、企业管理人员及生产技术人员座谈,并就扶持三门峡市果品加工业发展达成合作意向。

【赴满洲里开展果品商贸活动】 10月9日至13日,三门峡市农业部门组织果品企业深入内蒙古满洲里开展果品商贸洽谈活动并喜获丰收,三门峡市二仙坡绿色果业有限公司、灵宝市鹤立果蔬产业有限责任公司、灵宝市世丰果业有限公司与满洲里果品出口企业签订1 000万千克边贸合作协议,三门峡市金秋果业有限公司、陕县金秋黄梨有限责任公司、灵宝市永辉果业有限责任公司与俄罗斯驻满洲里办事处商务代表签订800万千克的直接出口供货合同。在满洲里期间,市农业部门和果品企业还深入了解了通关办理程序、口岸优惠政策,参观两家大型果品出口企业,对进一步扩大合作进行考察和评估。

【成功举办三门峡(北京)果品推介会】 10月30日,三门峡市在北京国际饭店举办三门峡(北京)果品推介会。农业部、中国果品流通协会、北京市林业局、北京市农业局等国家部委、北京市有关部门负责人参加推介会。市委书记李文慧致辞,市委副书记王建勋主持推介会,副市长张建峰向与会者介绍三门峡果品发展情况。北京市20多家果品经销商参加推介会。《人民日报》、新华社、中央人民广播电台、中央电视台、《北京日报》《北京晚报》和北京电视台等30多家中央和首都新闻媒体的记者到会采访。灵宝大枣、寺河山苹果、陕县二仙坡苹果、渑池段村牛心柿子、卢氏核桃等优质果品亮相推介会,三门峡市多家果品专业合作社、果品公司参加推介会。推介会上,北京沃尔玛超市与三门峡二仙坡绿色果业有限公司、北京TESCO(乐购)超市与三门峡金秋果业有限公司、北京华润万家世界超市与三门峡万隆果业有限公司等签订供销协议。

【成功举办三门峡果品(上海)推介会】 11月2日,三门峡果品(上海)推介会在上海市农产品中心批发市场举办。中国果品流通协会秘书长鲁芳校、上海市合作交流委员会副书记鹿金东、上海市农委副主任衣开端出席推介会。市委副书记、市长杨树平致辞,市委副书记王建勋主持推介会,副市长张建峰向与会人员介绍三门峡果业发展情况。推介会由三门峡市委、市政府,中国果品流通协会,上海市农产品中心批发市场管理有限公司联合主办。上海市各大水果批发市场、大型超市采购商、配送公司、果品经销商与三门峡市近20家果业生产商、经销商100余人参加推介会,灵宝苹果、灵宝大枣、陕县二仙坡苹果、渑池牛心柿子、卢氏核桃、湖滨果汁等三门峡市优质果业产品在推介会上集体亮相。《人民日报》《解放日报》、东方卫视、《新民晚报》、上海电视台、新华网、《上海商报》等20余家媒体的记者到会报道。推介会上,上海陕西老彭果品商行与灵宝市远山自然农业有限公司、上海市龙盛果品商行和灵宝市世丰果业有限公司、上海叶臣果品商行和灵宝市峪山园艺场签订供销合同，签约量总计1 250万千克。

【出口果品质量安全示范区建设成果丰硕】 11月4日，在郑州举行的河南省促进农产品出口工作会议上，三门峡市作为全省唯一发言代表，介绍了积极推动出口果品质量安全示范区建设、做大做强出口创汇农业的做法和成效，受到国家质检总局、河南省有关领导以及与会代表的高度关注和充分肯定。2010年以来，三门峡市加快建设出口果品质量安全示范区，强力推进果品走向国际市场，出口鲜果及出口果品种类明显增加，生产效益明显提升，特色农业优势得到进一步彰显。1月至10月，全市经检验检疫合格出口的鲜果553.6万千克，同比增长10%；创汇372万美元，增长18%；出口果品种类，由原来单一的苹果扩大到桃、杏、梨等多种果品；果汁出口4 473.4万千克，创汇3 337万美元。10月中旬，三门峡果品出口企业在满洲里一次签订1 000万千克边贸合作协议和800万千克直接出口供货合同。全市出口果园备案基地已达287个，面积达2.73万公顷，另有2万公顷正在上报待批，全市果品质量安全示范区规模不断巩固扩大。

【举行农产品加工标准与全程质量控制技术培训会】 11月13日至14日，三门峡市举行农产品加工标准与全程质量控制技术培训会，邀请中国质量认证中心和中国农业大学的专家、教授为农产品加工企业有关人员授课，以提升三门峡市农产品加工标准与全程质量控制水平和技术水平。副市长张建峰出席培训会并致辞。培训会上，来自中国质量认证中心的高级工程师周陶陶，中国农业大学食品科学与营养学院教授冯双庆、廖小军分别讲授了农产品加工标准与全程质量控制、果蔬贮藏保鲜技术、果品精深加工技术等相关课程，使与会人员受到了一次高水平的专业培训，为三门峡市果品产业的提档升级产生了积极作用。

【三门峡市果蔬食品动员中心在灵宝市成立】 11月25日，三门峡市在灵宝市召开市果蔬食品动员中心成立大会。会议决定，在灵宝景源果业成立三门峡市果蔬食品动员中心，并为三门峡市首批入选军队应急保障动员单位的湖滨果汁、三味奇、鑫源果业、汉山饮品4家企业授牌。副市长张建峰，三门峡军分区司令员张廷善出席会议。

【举办SOD苹果产业发展研讨会】 12月26日，在河南省新农村建设指导委员会的指导下，三门峡市SOD苹果领导小组、市科技局与三门峡驻郑办联合在郑州举办SOD功能苹果产业发展研讨会。省人大常委会原副主任贾连朝、省委组织部原常务副部长王忠厚、省外经贸厅原厅长侯国富、省供销社监事会主任孟少辉、省新农村建设指导委员会主任许海中等出席会议。研讨会上，与会领导、专家及经销商代表充分肯定了三门峡以SOD苹果引领果业发展所取得的成绩，并就如何进一步加大宣传力度、加强规范化管理、提高规模效益、做强做大品牌等提出积极意见和建议。大家希望三门峡市进一步发挥区域地理、技术资源优势，推动"公司＋基地＋农户"等生产经营模式进一步优化，使果业为农民增收作出更大的贡献。

（杨新社）

蔬菜生产

【概况】 2010年，三门峡市继续实施"放心菜"和"万棚亿元"工程，重点抓好4大特色蔬菜生产基地和10个标准示范园区建设，积极调整蔬菜种植业结构，加强标准化生产，推进蔬菜产业再上新台阶。当年，全市蔬菜播种面积达25 333.33公顷，蔬菜总产量达8亿千克；蔬菜"万元棚"数量达到10 000个，特色蔬菜基地面积达到13 333.33公顷，蔬菜农药残留检测合格率达96%以上。

【特色蔬菜生产】 本着"因地制宜、规模种植、一村一品"的原则，在全市稳步发展特色蔬菜生产，种植面积达到13 333.33公顷。其中、以渑池县天池镇为中心的东部丘陵塬区发展朝天椒生产基地6 666.66公顷；以灵宝市为主发展大葱基地2 000公顷；以卢氏县浅山区、陕县张村原为主发展越夏蔬菜基地2 000公顷；以灵宝市、陕县沿黄乡（镇）为主发展白芦笋生产基地2 666.66公顷。

【供港优质蔬菜产销实现新突破】 当年，苏村乡供港蔬菜示范园由1.33公顷发展到20公顷，完成供港番茄定单63万千克。在卫家磨、福地、下湾、原坡发展大棚6.66公顷，主要种植番茄品种；进行土豆、生菜、娃娃菜、彩椒、糯玉米等品种的露地试种，为扩大供港品种和数量奠定基础。

【设施蔬菜发展】 当年，创建"万元棚"活动为载体，树典型，搞示范，传帮带，抓提升，有力地推进设施蔬菜持续发展。全年共新增设施蔬菜面积66.66公顷，总面积达3 533.33公顷；"万元棚"数量增加1 000个，突破10 000个，产值超亿元。

【蔬菜标准化生产】 当年，市蔬菜办继续实施"放心菜"工程。全市重点进行10个蔬菜标准园区的建设，分别是卫家磨、吉家湾、川口、辛店、东坡、朱家沟6个设施蔬菜标准园和杨家湾芦笋、凡村越夏番茄、石泉朝天椒、杜关越夏甘蓝4个露地蔬菜标准园。园区以规模化种植、标准化生产、商品化处理、品牌化销售和产业化经营为目标，明确范围、规模、责任人和技术负责人，建立生产档案，保障各个环节均达到标准化生产要求；加强对园区蔬菜产地和生产环节的监督管理，推广生物防治和物理防治病虫害技术，增加有机肥投入，减少种植过程和生产环境的污染。

【科技兴菜】 当年，市蔬菜办采用宣传教育、科技培训推广、产地认定、产品认证、市场监管、质量检测等多种方式，扎实推进科技兴菜工作。各级蔬菜部门共举办技术培训班百余期，发放技术资料万余份，受训农民11 000余人次；依托国内知名公司，引进蔬菜新品种45个，其中番茄品种20个、黄瓜品种6个、辣椒品种4个、胡萝卜品种2个、萝卜品种3个、其他蔬菜品种10个。推广蔬菜托盘育苗、节水栽培、配方施肥、蔬菜越夏栽培管理、设施蔬菜管理和无公害病虫害防治等实用技术10项。

（周娟丽　邱晓岩）

食用菌生产

【概况】 2010年,三门峡市食用菌产业按照"建基地、强龙头、扶组织、创名牌"的工作思路,以农民增收、产业增效为目标,以规模化生产基地建设为重点,不断提高食用菌产业化水平,食用菌栽培规模稳步增长,经济效益显著提高。当年,全市食用菌栽培总规模达1.1亿袋,首次突破1亿袋大关;鲜品总产量1.59亿千克,总产值6.6亿元,分别比上年增长14.3%、20.5%、12.9%。全市食用菌栽培规模超100万袋的乡(镇)达到28个,超10万袋的行政村达到204个,超1万袋的生产大户达1 964户。

【全市食用菌生产现场会在灵宝市召开】 5月26日,三门峡市食用菌生产现场会在灵宝市召开。市委副书记王建勋、市长助理张建峰出席会议,各县(市)区的有关负责人共100余人参加会议。与会人员先后参观了阳店镇布张村的股份制模式的食用菌生产示范基地、寨原村专业合作社模式的香菇生产基地,焦村镇杨家村"公司+基地+农户"模式的灵仙菌业公司,西阎乡北贾村由村集体负责建基础设施、农民入住进行生产的集中经营模式的50万袋反季节香菇生产示范基地,纷纷表示要把灵宝的宝贵经验带回去,发展好当地的食用菌产业。

【食用菌产业发展目标确定】 12月2日,三门峡市食用菌产业考察团赴"中国香菇之乡"南阳市西峡县参观考察。考察团成员先后考察了西峡县五里桥镇100万袋香菇标准化基地、总投资2亿元的西峡县香菇城项目、西峡县双龙镇香菇交易市场和罐沟村50万袋香菇标准化基地。12月3日上午,考察团成员还参观了集科普园、种植园、观光园为一体的卢氏县绿之源特产有限责任公司。随后,全市食用菌产业发展工作会议在卢氏县召开,副市长张建峰出席会议并对全市食用菌产业今后的发展进行部署。各县(市)区有关负责人汇报了5月以来食用菌产业发展情况以及下一步打算。会议提出,到"十二五"末,全市食用菌生产总规模达到2亿袋,年均增长2 000万袋,鲜品产量达到3亿千克。2011年全市食用菌生产目标1.2亿袋,食用菌鲜品总产量达到1.8亿千克,食用菌总产值达到7亿元以上。

【43人获河南省食用菌菌种生产与检验技术员资格证书】 12月5日至8日,河南省农业厅在郑州市举办河南省食用菌菌种生产、检验技术人员资质培训班。三门峡市参加培训的43名学员经过系统培训与考试,均顺利取得相关资格证书。根据农业部《食用菌菌种管理办法》要求,为保护和合理利用食用菌种质资源,规范食用菌品种选育及菌种的生产、经营、使用和管理,推动食用菌产业健康发展,菌种场的菌种生产与检验技术人员必须持证上岗。 (王 静)

水产渔业

【概况】 2010年,三门峡市各级渔业管理部门坚持以科学发展观为统领,以建设社会主义新农村为动力,以促进"渔业增效、渔民增收"为目标,以加快渔业产业结构调整和渔业经济增长方式转变为重点,积极实施"渔业科技入户工程"和"无公害水产品健康养殖行动计划",加强渔业资源保护,大力发展特色渔业,扩大养殖规模,提高养殖效益,为促进农(渔)民增收致富,保持渔业的健康、稳定、高效和可持续发展,打下良好基础。全市水产品总产量达955.3万千克,较上年增长14%,超额6%完成计划目标,继续保持良好增长态势。水产业的快速发展对繁荣农业农村经济、增加农(渔)民收入、加快新农村建设,发挥了至关重要的作用。

无公害水产品生产基地建设 组织引进水产新品种桂鱼、鲈鱼、胭脂鱼等,在灵宝沟水坡水库、开发区人工湖开展示范性养殖,效果显著;在卢氏县、灵宝市、开发区进行无公害河蟹养殖技术推广应用,市场销路良好;在灵宝市、卢氏县开展冷水性鱼类人工孵化繁育技术研究并获得成功,共孵化出虹鳟鱼、鲟鱼鱼苗150万尾,培育大规格鱼种140万尾,三门峡市冷水性鱼类人工孵化繁育苗种技术达到全省领先的水平,解决了冷水性鱼类苗种外运成本高、成活率低的难题,提高了冷水性鱼类养殖的经济效益。至年底,全市共有省级无公害水产品生产基地5个,养殖面积近270公顷。灵宝沟水坡水库、卢氏文峪等基地生产出的无公害水产品,深受广大消费者的欢迎。

渔政执法 进一步加大渔业执法力度,严厉打击生产、销售、使用禁用渔具和其他破坏渔业资源的违法行为,严查生产、销售、使用违禁渔药、饲料和其他有毒有害投入品的违法行为,严查私造、低质及"三无"渔船。2010年,全市共依法查处各类涉渔案件38起,为渔民挽回经济损失20多万元,有力地打击了破坏渔业资源的违法分子,保护了广大渔民的合法权益。

水产养殖病害测报和预防工作 为进一步建立和完善渔业病害测报和防控体系,2010年,渔政部门在全市建立3个水产养殖病害测报点,对鲤鱼、草鱼、鲢鱼、鲶鱼、鲳鱼等15个水产养殖品种,进行常年不间断的病害测报,在向省水产站报送测报数据的同时,向养殖户反馈病害发生和预防的信息资料,为病害防治提供及时准确、安全可靠的技术资料,使病害预防工作做到有的放矢、防患于未然。为全面提高水产品的质量安全水平,市、县渔政站开展对孔雀石绿等违禁渔药的专项检查,提高水产品养殖的安全水平,确保让广大消费者吃上安全可靠、放心满意的水产品。

【"中国黄河流域湿地水生生物资源经济价值评估"项目结题】 1月29日,由世界渔业研究中心、中国水产科学院联合开展的"中国黄河流域湿地水生生物资源经济价值评估"项目结题汇报会在三门峡市举行。世界渔业研究中心KAM SUAN PHENG博士及中国水产科学研究院杨宁生研究员一行出席会议并作结题演讲,三门峡市市长助理张建峰出席会议并致词。"中国湿地水生生物资源经济价值评估"项目是世界渔业研究中心、中国水产科学院、山东省东营市、河南省三门峡市渔业部门联合开展的国际间合作项目。该项目开始于2008年1月,系联合国"水和食物挑战计划(CPWF)"的子项目;项目执行期为两年,研究对象为黄河流域具有多样性的湿地资源,三门峡市为“水和食物挑战计划(CPWF)”所涉及的研究地域之一。项目执行期间,中外专家先后多次到三门峡市黄河湿地开展一系列深入细致的科学考察工作,对黄河流域湿地水生生物资源的经济、社会、生态价值进行评估和论证,形成黄河湿地流域物种保护的基本框架和管理理念,为黄河生物资源的保护、开发和利用,制定相关原则和指南,并明确各相关部门对湿地保护的管理重点和职责。会议汇报了项目研究结果,提出了对三门峡市湿地管理与发展的建议。在当天的结题汇报会后,项目组向三门峡市具体承担本次项目的市农业局、市渔政处、灵宝市农业局赠送了荣誉奖牌。项目的实施,填补了黄河三门峡地区湿地水生生物资源研究领域的空白,对于进一步加快黄河流域自然生态保护,促进区域生物资源增殖、恢复,提高生物多样性,发挥了积极地推动作用。

【三门峡市实施春季全面禁渔】 3月15日12时起,三门峡市实施春季全面禁渔,至6月15日12时止。这是三门峡市首次将禁渔期开始时间从4月1日提前至3月15日。这次禁渔范围包括全市境内黄河干支流河道、水库等所有天然水域。禁渔期间,禁止所有捕捞作业,有关科研单位需要进行江河渔业资源调查的,须持有渔政部门批准的相关手续。全市各类水产品市场、餐饮场所、渔港码头等严禁销售、收购、经营非法捕捞的渔获物和一切天然野生鱼类。

【三门峡市首次使用社会捐助资金开展鱼类放流活动】 4月28日,由山西爱心人士李先生捐助、市渔政处监督,在三门峡市库区1号码头南2千米处进行2010年春季黄河鱼类放流活动,共放流鱼种9 300千克,品种有鲤鱼、草鱼、花鲢、白鲢、甲鱼等。放流鱼种采取招标的方式,从三门峡市无公害水产苗种场石门渔场与开发区渔场采购。此次放流是三门峡市首次使用社会捐助资金开展的鱼类放流活动。

【500万尾鱼苗放流黄河三门峡段】 5月17日,三门峡市2010年黄河鱼类增殖放流仪式在天鹅湖国家城市湿地公园举行。放流活动是市政府主办、市农业局承办的大型黄河渔业资源生态保护公益活动,也是第16届三门峡国际黄河旅游节的一项重要内容。这次放流共投放黄河鲤鱼、黄河鲶鱼、花鲢、白鲢、草鱼、鲫鱼6个品种,放流数量500万尾。河南省水产局副局长陈会克、三门峡市委副书记王建勋、正市级领导李建顺、市人大常委会副主任邹援朝、市政协副主席高从民、市长助理张建峰等出席仪式。三门峡市有关局委、各县(市)区水产主管领导、市县渔政人员、公证处、新闻媒体、学生代表、渔民代表等社会各界人士共计1 000余人参加放流活动。

【卢氏县26户农民人工繁育大鲵获成功】 6月3日,卢氏县狮子坪乡柳树湾村26户农民联合人工繁育出60尾大鲵(又叫娃娃鱼)苗,标志着人工繁育大鲵获得成功。2005年,卢氏县狮子坪乡柳树湾村青年农民王海刚联合当地25户群众集资50多万元成立大鲵繁育专业合作社,专门进行大鲵人工繁育试验。经过几年来的摸索,采取模拟自然河的方式进行仿野化饲养取得成功。

(赵宪钧)

农业产业化

【概况】 2010年,全市农业产业化紧紧围绕“建基地、强龙头、扶组织、带农户”的发展思路,通过区域化布局、规模化种养、标准化生产、品牌化经营、企业化管理,加快食用菌、蔬菜、中药材特色产业发展,提升龙头企业竞争能力,提高农民进入市场的组织化程度,实现农业增效、农民增收和农产品市场竞争力增强,全面提升三门峡市的农业产业化经营水平。全市特色产业产值占农业总产值的比重达到80%以上,从事产业化经营的农户达到80%,农业总产农民收入的80%来自农业产业化经营,农业产业化已经成为新农村建设的重要力量。

【农业龙头企业发展壮大】 当年,三门峡市积极实施“扩大开放,依托提升,优化结构,项目带动,科学发展”战略,依托牧、果、林等优势产业,大力发展农产品加工型龙头企业,“龙头带基地,基地促龙头”的良性发展格局已经形成。至年底,全市销售收入100万元以上的农业龙头企业达150家,较上年增长12.8%,带动农户33.3万户。其中:销售亿元以上的龙头企业12家,销售额500万元以上的龙头企业40家;国家级重点龙头企业1家,省级重点龙头企业发展到17家;40家市级重点龙头企业销售收入达12.3亿元,带动农户25.6万户。当年,争取到对陕县程宇奶牛养殖有限公司、河南尚正食品有限公司、河南天成元生态科技有限公司、灵宝阿姆斯有限公司、三门峡缘份果业有限公司等5家企业农业产业化扶持资金590万元。仰韶酒业有限公司、湖滨饮品有限公司、弘奥生物有限公司、天一化工有限公司、金秋果业有限公司5个省“双百”项目全部完成项目投资。

【农民专业合作社快速发展】 当年,市农业局继续在全市开展“十佳”农民专业合作社竞赛活动,推动农民专业合作组织规范发展。至年底,全市各类农民专业合作社发展到300家,较上年增长22.4%,带动农户16.5万户,交易额达5.6亿元。省级示范合作社13家,省、市、县三级农民专业示范合作社达到52家,合作社示范化率为17.3%。农民专业合作社已经成为带动农民增收的新亮点。

【参加2010年全国农产品加工业投资贸易洽谈会】 6月28日至30日,在驻马店市会展中心举行的2010年全国农产品加工业投资贸易洽谈会上,由副市长张建峰率领的三门峡市代表团共签约项目2个,5个产品被评为优质产品。2010年全国农产品加工业投资贸易洽谈会由农业部和河南省政府主办,农业部农产品加工局、河南省农业厅和驻马店市政府承办。三门峡市有30家企业参展,共设立1个综合形象特装展位、15个企业展位、16个室外标准展位,仰韶酒、湖滨果汁、灵宝苹果、尚正牛肉、坻坞贡米、卢氏蜂蜜、灵宝大枣、大营麻花等近40个系列的100余种特色农产品参展。此次洽谈会三门峡签约的两个项目是:灵宝市玉瑞乳业有限公司与长春大学全国大豆研发中心签订年产200

万千克的女士营养健康食品项目,总投资9 000万元;三门峡永和食品有限公司与泰安市豆谷力食品有限公司签订委托造粒豆浆合作项目,总投资1.1亿元。三门峡湖滨果汁饮品有限责任公司"湖滨"牌桃汁饮料、三门峡永和食品有限公司"欢乐康"牌红枣豆浆、三门峡中普农业科技有限责任公司"中普R"牌彩色小麦挂面、三门峡华阳食品有限公司"秋之香"牌琥珀核桃仁罐头、灵宝鑫源果业有限责任公司"超源"牌浓缩苹果汁获2010年全国农产品加工业投资贸易洽谈会优质产品奖。

【参加第8届中国国际农产品交易会暨第3届中国郑州农业博览会】 10月19日,由农业部和河南省政府主办的第8届中国国际农产品交易会暨第3届中国郑州农业博览会在郑州国际会展中心开幕。三门峡市委副书记王建勋、市长级干部李建顺、副市长张建峰率领各县(市)区及市相关部门负责人、龙头企业代表等参加展会活动。此次全市有40多类100多个品种的特色农产品参展,参会单位达47家,其中龙头企业31家、农民示范合作社7家、创意农业企业7家,参会企业、展示产品均超过往届,灵宝永辉果业的"岭宝"牌苹果、卢氏县博康卢氏鸡有限公司的"三特"牌绿壳蛋获农交会金奖。在20日上午举行的河南省重大贸易暨合作项目签约仪式上,三门峡市10个项目成功签约,其中招商引资项目6个、重大贸易项目4个,签约金额达46.7亿元。签约的6个招商引资项目分别为:投资2.6亿元的渑池县福润肉类加工项目、投资1.1亿元的湖滨区永和豆浆年产1 440万千克造粒豆浆项目、投资1亿元的河南新大义马养殖项目、投资8 000万元的年处理1亿千克杏仁油综合加工示范项目、投资3.4亿元的多杀菌技术合作开发项目、投资37亿元的综合性生物质能源开发项目。签约的4个重大贸易项目分别为:灵宝市景源果业有限责任公司交易额5 000万元的产品购销合同项目、金秋果业有限公司交易额5 000万元的500万千克鲜苹果出口项目、华阳食品有限公司交易额5 000万元的核桃仁贸易合同项目、灵宝市永辉果业有限责任公司交易额891万美元的果品购销合同项目。

【参加首届黄河金三角区域农业新技术新产品展示展销会】 10月25日,首届黄河金三角区域农业新技术新产品展示展销会暨首届苹果文化节在山西省运城市农业会展中心举行。展会由中国农业科学院、山西省农业厅、山西省运城市人民政府、河南省三门峡市人民政府、陕西省渭南市人民政府、山西省临汾市人民政府联合举办,旨在加强区域协作,推进晋陕豫黄河金三角区域协调发展综合试验区现代农业快速发展。展销会上,三门峡市获"组织特等奖"。陕州黄梨、湖滨花椒、卢氏绿壳蛋、大营麻花、湖滨果汁、灵宝景源果业的黄桃罐头和石榴汁获"名优产品奖"。灵宝永辉果业的SOD苹果、陕县二仙坡的红富士苹果、渑池县段村乡的牛心柿、陕州金秋果业的金沙梨和市园艺站的红提葡萄获"优质水果奖"。

(王 静 高明峡 周娟丽)

陕县二仙坡绿色山庄生产的长有"祝贺全国特色农业会议成功"字样的苹果

农业科技推广

【概况】 2010年,三门峡市认真贯彻执行国家粮食直补及良种补贴等一系列惠农政策,稳定粮食种植面积,加大科技投入力度,不断提高单产,粮棉油生产再获丰收。粮食作物播种面积16.30万公顷,总产量6.32亿千克,其中夏粮生产战胜了晚霜冻害,总产量3.16亿千克,平均公顷单产3 947千克,夏粮单产创历史新高。油料作物播种面积1.65万公顷,总产量3 181万千克;棉花播种面积2 957公顷,总产量200万千克。当年,三门峡市承担的农业部小麦、玉米、大豆、棉花、花生等作物的万亩高产创建示范项目圆满完成,对促进全市农业生产的发展起到了明显的示范带动作用。围绕三门峡市优势特色产业,深入开展"万名农业专家包万村活动",加大科技培训和推广力度,积极引进和推广名优新品种,推广高效养殖、果实套袋、设施农业、节水灌溉、农产品保鲜加工等实用技术,提高农民科学种田的本领,全市良种覆盖率、先进技术入户率均达90%以上,农业科技对农业经济增长的贡献率达到52%。

引进农作物新品种,大力推广先进实用技术。引进玉农2670、玉农998、郑单528,张杂谷5号、9号、10号、金翠蕾、银翠蕾金银花等11个新品种,推广彩色红薯高产栽培技术65公顷,中药材间作套种2 000公顷,建立桑—蚕—菌—沼生态循环经济发展模式,推广桑园间作套种、桑条生产食用菌、蚕沙生产沼气、药枕等先进养蚕技术,提高蚕业综合效益。在灵宝卫家磨、福地、下湾、原坡等地建立塑料大棚高山供港蔬菜基地,面积5.3公顷,公顷效益22.5万元,为群众增加收入120万元。

【卢氏县植桑养蚕综合技术示范基地被中国科协命名为"国家级科普示范基地"】 5月13日,卢氏县植桑养蚕综合技术示范基地被中国科协命名为"国家级科普示范基地",这是该县第一家获此殊荣的科普示范基地。卢氏县植桑养蚕综合技术示范基地是该县科协2003年正式批复建立的基地，位于卢氏县横涧乡淤泥河村。基地成立后，带动卢氏县17个乡（镇）、117个行政村、4 000余农户发展植桑养蚕，同时辐射带动洛阳市洛宁、栾川，三门峡市的陕县、渑池等地区发展优质桑园800公顷。2004年，以该基地为依托，注册卢氏县茧丝绸蚕业有限责任公司，与蚕农签订桑蚕生产服务协议；2007年9月，登记注册卢氏县惠农桑蚕专业合作社，卢氏县茧丝绸蚕业有限责任公司成为合作社成员之一。合作社共有成员3 269名，注册资本400万元，并与全县13个乡（镇）、3 378个农户签订蚕桑生产鲜茧收购服务合同，采用“基地＋专业合作社＋公司＋支部＋农户”的组织形式，从桑园管理—小蚕共育—大蚕饲养—蚕茧回收—烘烤加工—产品销售，为蚕农提供系列化服务；积极探索新的发展模式，注册“田宝琏”牌商标3个，为开发名牌蚕茧、桑叶茶、桑根酒、桑葚、雄娥酒奠定基础。至2010年，该基地共有农业部颁发农民技术员证书62名，其中农技师13名、苏州大学蚕桑系本科生2名。近年来，共举办各类培训班140余期，培训蚕农1.8万人次，基地蚕农人均纯收入从1 500元增加到5 276元。

【农业部土壤有机质提升补贴项目在三门峡市首次实施】 7月20日，渑池县举行部级配方施肥示范县暨土壤有机质提升项目启动仪式。当月，渑池县农业局争取到农业部土壤有机质提升补贴项目，成为三门峡市首家项目实施县。该项目将在渑池县连续实施3年。2010年，将在果园、英豪、陈村3个乡（镇）15个行政村实施玉米秸秆机械粉碎还田腐熟技术面积2 000公顷，对项目区农民应用秸秆还田腐熟技术、购买秸秆腐熟剂的给予每公顷补贴300元，共补贴资金60万元。 （周建方）

农业信息化

【概况】 2010年，三门峡市农业信息中心紧紧围绕发展现代农业和建设社会主义新农村的目标，坚持“政府主导、社会参与、市场运作、农民受益”的原则，以统一网络平台为支撑，以信息资源开发利用为核心，以深化应用为主线，以信息共享和业务协同为重点，以网络与信息安全为保障，开拓创新、务实推进，创新服务模式，提高服务效能，强化信息资源整合，提升平台科技含量，健全应用服务系统，全面提升农业信息服务能力，有效推进全市农业农村经济的健康发展。

提升“12316”语音中心服务功能。充实完善“12316”数据库信息，新增三门峡本地农产品价格、农村新能源沼气等栏目，新添加信息6 000余条，保证了农民对各种信息的需求；配合省农业厅“三农”热线组网方案的实施，建设全省共用的统分结合的“三农”热线服务平台，有效解决农民在农业生产中遇到的农业技术、农业政策等方面的问题；利用建成的农业信息短信群发平台，有针对性地发布农业政策、灾害预警、生产应急、重要农业工作等信息，起到良好的舆论引导、政策宣传、技术推广等作用；与三门峡新农村广播电台互联互动，形成电话、电脑、电台等综合信息服务模式，拓宽信息服务渠道，提高热线服务效能；组织“三农”热线专家团队专家深入田间地头为群众解决生产中遇到的问题，受到农民的好评。

拓宽黄河金三角苹果电子交易中心服务领域。2010年，新发展会员20户；建成电子交易分网点2个，开设培训班2期，200余人接受培训。当年，苹果交易量达150万千克，交易额达1 100万元。

年底，黄河农网在2010年第7届中国农业网站百强评选活动中被中国电子商务协会和中国互联网协会评为中国农业网站百强（政府类30强）。

【升级改版黄河农网】 当年，市农业信息中心采用先进的php网站制作技术对原黄河农网进行全新改版，10月进行测试，11月底正式开通运行。改版首先加强对网站代码的安全性校验，增强网站的安全性；其次对黄河农网首页重新布局，增加图片滚动新闻、农业龙头企业及特色农产品等网上展示窗口，并进一步优化栏目组合，增设争先创优、农机补贴、农机专栏、农机展厅、合作社宣传等专栏，使黄河农网页面更加美观，分类更加合理。

【建成新农村广播电台】 为深化“三电合一”信息服务，把农业信息进村入户落在实处，2010年，市农业信息中心与三门峡人民广播电台签署联办协议，利用调频98.9兆赫开办三门峡新农村广播，于1月1日开始对外播出。共开办“农科专家富崤函”“致富直通车”“三农热线”等8个自办栏目，全天播音16个小时，节目信号覆盖豫、晋、陕3省交界地区。至12月31日，“三农热线”“农科专家富崤函”“致富直通车”各播出156期，时长均为78个小时。

【全国首家农业网络电视台——三门峡市黄河农业网络电视台开通】 4月14日，由市农业局投资460万元筹建的黄河农业网络电视台正式开通，成为国内首家也是唯一的一家农业网络电视台。黄河农业网络电视台除自拍节目外，还通过购买、共享、网友上传等形式，整合国内涉农视频资源，面向全国农民提供最大最全的涉农视频节目库。网站具有在线直播、节目点播、专题访谈、网友上传、同行交流、节目回放、节目下载等功能，开设农业科教、农村经济、政策法规、生活娱乐、生活保健等频道，拥有片源3 500多部，并对热点专题配发相应的文字图片资源支持。用户既可通过互联网随时随地观看农业电视节目，又可通过电视随时随地点播农业节目。2010年，共上传自制视频节目144部。

【开通农信通“豫西农事”短信服务栏目】 为进一步拓宽广大农民获取农业信息的渠道，有效解决农业信息传输“最后一公里”问题，完善农村信息服务体系，当年，市农业局与市移动公司合作开展农信通业务，并于6月1日正式开通“豫西农事”短信服务栏目。农信通“豫西农事”栏目是面向豫西地区广大农民提供涉及农业生产、农村经济、农民生活等方面的信息，信息内容包括政策法规、农业技术、市场动态、价格行情、天气预警等农村经济信息及热点新闻、农业要闻、农村医疗卫生、营养饮食、疾病预防保健等涉及社会民生等信息，具有较强的针对性和实用性，是信息进村入户最有效的一种方式。“豫西农事”开设有果品、种植、养殖、蔬菜、食用菌等8个栏目,农民可根据自己的需要进行体验和定制。自开通以来,已编制、审核、发送短信1 470条次,210万人次受益。

【中国黄土高原苹果电子商务交易平台建设稳步推进】 当年,市农业局继续推进中国黄土高原苹果电子商务交易平台建设项目。提升网络平台硬件装备水平,投资100余万元购置电脑、服务器、防火墙等高端设备装备信息采编中心、黄河金三角电子交易中心、“12316”语音中心,对系统进行全新升级和优化,以满足电子商务发展的需要;5月,市农业信息中心在种养大户、经纪人、合作组织中建立28个以果品为主的信息采集点,实现技术、价格、供求信息的采集、报送和共享;市农业信息中心与北京农信通科技有限责任公司、三门峡市气象局、山东栖霞苹果电子交易市场、三门峡移动通信公司等合作,组成系统开发团队共同完成,全面完成基础信息数据、农业生产技术信息数据库、农业气象综合服务系统、短信群发平台系统、农作物监测系统、网络流媒体系统、物流子系统、农业远程视频教育系统等8大软件系统的开发建设,对促进三门峡市苹果销售及果业发展具有长远的、重要的意义。

【三门峡市新农村综合信息服务试点工程项目进展顺利】 当年,市农业局围绕“三电一厅”服务模式,投资112.6万元,继续扩建硬件平台,购置服务器及配套设备、交换机、数码相机、投影机等硬件设备;采取自筹与补助相结合的方式,筹资建成560个农业信息示范点,直接形成与农村市场主体相连接的信息互动机制,更好地为农民群众提供有针对性的、实用的信息服务;投资12.4万元,购置专业摄像机及配套设备1套及影视片源1套,充分发挥电视媒体的信息传播作用,大力宣传党在农村的方针政策及先进农业技术推广,提高农业信息的覆盖面,推进农业信息进村、入户、到企;提升软件服务平台,采用合作方式初步完成农业信息数据库建设、农业生产地理信息系统和农业科技成果转化平台的建设工作。 (刘云丽)

农业标准化

【概况】 2010年,三门峡市的农业标准化工作以《中华人民共和国农产品质量安全法》为指针,以深入开展农产品质量安全整治暨农产品质量安全执法年活动为契机,以监督检验、检测体系建设和“三品一标”认证为工作重点,抓监管,促认证,农业标准化和农产品质量安全水平有了大幅度提高。

加大“三品一标”认证力度,强化优质农产品品牌培育。对到期的8个无公害农产品产地及6个无公害农产品,进行资料审核、产地现场检查,按照程序完成复查换证;新认证无公害产品19个、地理标志农产品4个、有机食品2个;开展县级农业标准化目标考核。至年底,全市共有54个产品通过国家产品认证,其中无公害农产品39个、绿色食品1个、有机食品3个、7个产品获世界地理标志保护登记、4个农产品通过国家农业部农产品地理标志登记。

多方争取资金,加强检测体系建设,提高农产品质量安全检测水平,强化对农产品质量安全的监管能力,促进全市检测体系建设向纵深发展。帮助灵宝市完成检测体系建设项目的仪器购置、安装和调试工作,并对其操作人员免费进行技能培训;向农业部争取到国家农产品质量安全检测体系建设陕县质检站建设项目,获扶持资金300万元。

组织开展内检员培训,内检员队伍不断扩大。当年,全市有19人获全国无公害农产品内检员资格,4人获全国绿色食品内检员资格。至年底,各类农民专业合作社、农业生产企业共有64人取得内检员资格,为三门峡市农业标准化的快速发展奠定了人才基础。

圆满完成农业部综合检查调研。指导企业完成渑池牛心柿地理标志产品调查问卷,完善生产管理制度、生产记录等,完成地理标志农产品牛心柿的调研准备工作,圆满通过农业部检查调研;整理完善无公害农产品申报材料档案、无公害农产品生产基地资料档案,梳理无公害农产品认证管理工作思路,制定管理制度;指导企业按照无公害农产品生产标准要求,完善企业生产管理制度、生产记录等,顺利通过农业部无公害农产品综合检查。

当年,三门峡市农产品质量安全检测中心被农业部确定为国家无公害农产品认证定点监测机构,三门峡市被国家标准化管理委员会批准为国家级农业标准化综合示范市,成为全国仅有的3个农业标准化综合示范市之一。三门峡市农业局先后荣获“全省农产品质量安全例行监测工作先进单位”“全省农产品质量安全整治及执法年活动先进单位”称号。

【农产品质量安全检测工作在全省名列前茅】 当年,市农业部门不断加强农产品和产地环境质量抽检,保障农产品质量安全,农产品质量安全检测工作稳步推进。全年共编发《三门峡农产品质量检测》简报16期;检测农产品样品4 733个(其中蔬菜样品4 376个、水果样品290个、食用菌样品67个)、农产品产地环境样品16个,所抽检样品经检测合格率达99.6%。全市初级农产品重大食品安全事故发生率为零。在2010年度全省3次蔬菜农药残留例行监测中,经有关部门检测判定,三门峡市随机抽取的120个样品全部符合国家标准,合格率居全省第1位。

【省绿色食品认证专家组到三门峡市认证考察】 7月13日至14日,省农业厅绿色食品办公室主任陈丛梅率绿色食品认证专家组到三门峡市,对三门峡市绿色食品生产资料商标使用权进行认证,并实地考察调研绿色食品生产基地的生产情况和绿色农业技术服务专业合作社的运作模式。市长级干部李建顺和市县农业部门的有关人员陪同考察。三门峡龙飞生物工程有限公司生产的龙飞大三元牌有机无机生物肥3年前取得“绿色食品生产资料商标使用权”。专家组经过现场考察,多方认证,确认该肥料是生产绿色食品的最佳肥料,准予续展。随后,专家组深入三门峡二仙坡绿色果业有限公司、陕县张汴乡和西张村镇及灵宝市的几处示范果园,对绿色食品生产基地的生产环境条件和土壤等进行测试和初步认证,并对三门峡龙跃绿色农业技术服务专业合作社创建绿色食品品牌的运作模式进行实地调研和指导。

【河南出口食品农产品质量安全示范区建设现场会在三门峡市召开】 9月17日，河南出口食品农产品质量安全示范区建设现场会在陕县二仙坡果品生产基地召开。国家质量监督检验检疫总局进出口食品安全局副局长林伟，河南出入境检验检疫局局长袁长祥、副局长丁美兰，市委副书记王建勋出席会议。

【成功创建全国农业标准化综合示范市】 12月10日，三门峡市被国家标准委批准为全国创建农业标准化综合示范市，成为全国第3个获此殊荣的城市，为三门峡市农业标准化工作开启了崭新的一页。三门峡市共有9个地理标志保护产品，是全国拥有地理标志保护产品最多的地级市。根据三门峡市创建全国农业标准化综合示范市的总体目标，到2013年，三门峡将制定发布240项以上农业生产技术规范，建立完善13种以上主导农产品标准体系；建成国家级、省级、市级各类农业标准化示范项目120个，形成国家、省、市三级农业标准化示范网络，优质农（畜）产品标准化生产覆盖率达95%以上。

（李泽义）

农业机械化

【概况】 2010年，全市农机部门认真贯彻落实科学发展观，以调整农机发展结构、增加农民收入为己任，围绕三门峡市特色农业，大力发展设施农业、农产品加工业机械化，努力促进传统农机小市向特色农机强市转变。

农机化装备水平　农业机械原值达到12.19亿元，较上年增长5.41%。农机总动力达到164.96万千瓦，较上年增长2.08%。其中：柴油发动机动力138.77万千瓦，较上年增长2.36%；汽油发动机动力1.38万千瓦，较上年增长9.6%；电动机发动机动力24.81万千瓦，较上年增长0.13%。

农机化作业水平　完成机耕面积94.54千公顷，完成机播面积83.43千公顷；完成机电灌溉34.67千公顷；完成机械植保面积75.63千公顷；完成机械收获面积57.34千公顷，完成农机运输作业量4.19亿吨公里，农机跨区作业面积19.71千公顷。

农机购置补贴　全市共完成补贴资金2 458万元，占年度补贴资金计划的100%，受益农户5 349户，销售总额7 890.08万元，补贴各类机械8 630台，其中特色农机3 731台，占补贴机械的43%。农机购置补贴项目实施前，因地制宜，筹办特色农机展厅，展示11大类、110种特色农业机械；在黄河农网公布农机购置补贴实施方案、开办网上农机特色展厅，并通过发送短信、黄河农业网络电视台解答等方式，宣传农机补贴政策，共发送短信6 000余条。

"平安农机"创建工作　年内，渑池县创建全国"平安农机示范县"成功。继渑池县的英豪镇、天池镇创建"平安农机"示范乡（镇）后，灵宝市故县镇、寺河乡，渑池县的城关镇、仰韶乡、洪阳镇、果园乡、坡头乡也被河南省农机局、河南省安监局命名为"平安农机"示范乡（镇）。全市"平安农机"示范乡（镇）数量达到9个。

【大力扶持发展示范农机合作社】 全市农机专业合作社（农机作业服务公司）70个，争取到省农机合作社扶持项目5个、扶持资金106万元，其中渑池县果园乡南庄农机专业合作社和灵宝市惠农农机有限公司被评为"河南省示范农机合作社"，各扶持资金45万元，创办黄河农机专业合作社，扶持资金10万元。

【推进农机新技术宣传培训】 当年，市农机部门利用春耕生产、"三夏""三秋"生产、购机补贴实施等时机，组织县（市）区农机科教培训部门开展宣传活动，以设立科技宣传咨询台、放置宣传版面、印发宣传资料、接受群众技术咨询等多种方式，深入宣传农机化科技知识、农业机械化促进法、农机具购置补贴等政策，共展出宣传版面30余次，印发宣传资料2.4万份，接受农民群众咨询6 000余人次，采取办班、开现场会、上门指导等多种形式，普及农机新技术、新知识。全市共举办各类技术培训班36次，培训各类人员5 500余人，参与召开多种层次的现场会15余次，受到农民群众的欢迎和认可，取得良好效果。

【深入开展保护性耕作工作】 当年，市农机部门深入开展保护性耕作工作，全市新增各类保护性耕作机具238台，取得了良好的经济效益和社会效益。以666.67公顷小麦或玉米为例，通过灵宝市保护性耕作方式与传统耕作方式经济效益对比，保护性耕作区小麦、玉米全程节约生产成本750元/公顷，666.67公顷可节约成本50万元；小麦每公顷增产375千克，玉米每公顷增产450千克，每千克小麦、玉米均按1.5元计算，每公顷可增收1 237.5元，666.67公顷可增收82.5万元，共可实现节本增效132.5万元。

【河南省2010年农业机械安全技术检测项目落户陕县】 2010年，河南省实施的农业机械安全技术检测项目涉及3个省辖市12个县，陕县是三门峡市唯一的实施县。该项目争取省扶持资金5万元，用于购置移动式农机安全检测线，配备油耗仪、制动仪、方向盘检测仪等辅助检测设备。

（弓旭东）

扶贫开发

【概况】 2009年12月23日，根据中共三门峡市委、三门峡市人民政府关于印发《三门峡市人民政府机构改革实施意见》的通知，三门峡市扶贫开发领导小组办公室（三门峡市农业综合开发领导小组办公室）更名为三门峡市扶贫开发办公室，其承担的农业综合开发职责划入市财政局。不再保留三门峡市扶贫开发领导小组办公室、市农业综合开发领导小组办公室牌子。

2010年，三门峡市扶贫开发办公室以科学发展观为统领，以提高贫困人口自我发展能力为主线，以强化项目建设为基础，以有效整合扶贫资源为保障，把尽快稳定解决扶贫对象温饱并实现脱贫致富作为首要任务，坚持开发式扶贫方针，对农村低收入人口全面实施扶贫政策，扶贫开发工作取得新的成效。全市共完成投资3 195.83万元，对40个扶贫开发重点村实施整村推进扶贫，扶贫开发重点村基础设施达到省办规定建设标准，完成省下达目标的100%；投资7 036.7万元，搬迁安置贫困群众880

户、3 762人,完成省下达目标的 100%;“雨露计划”培训贫困地区农民6 682人,培训转移率达到 95% 以上,完成省下达目标的 115.1%;贫困地区农民收入比上年增长 15% 以上,共解决 1.95 万人贫困人口脱贫问题,完成省下达目标的 101%。

整村推进,贫困村人居环境有新改善。依据公开、公正、公平的原则,采取公开竞争、综合评分、择优确定、逐级报审的方式,确定 40 个扶贫开发重点村为 2010 年整村推进扶贫村。至年底,共完成投资 3 195.83 万元(其中各级财政投入 1 362 万元、部门投入 1 502 万元、群众自筹 331.83 万元),实施财政扶贫资金项目 40 个,部门项目 120 个。共修建水泥路 65.1 千米,农村饮水项目 16 个,建设农村沼气池 508 个,架设农村用电线路 27 千米,新建连锁超市 23 个、村级卫生室 15 个、文化大院 30 个。整村推进扶贫项目的实施,显著改善了贫困群众的生产生活条件,进一步提升了贫困群众的自我发展能力。

统筹兼顾,特困人口搬迁扶贫有新跨越。坚持以新农村建设为主旨,把搬迁扶贫与整村推进扶贫、生态建设、小城镇建设有机结合,做到搬迁安置与生产开发并重,协调推进,全面提高搬迁扶贫新村建设水平。至年底,全市共完成投资 7 036.7 万元,建安置点 18 个,建设住房 83 139 平方米,架设电路 11.4 千米,铺设管道 25.74 千米,整修道路 14.67 千米,修建护坡 800 米,安置区绿化 0.13 公顷,平整土地 10.82 万平方米,搬迁安置贫困户 880 户、3 762 人。健全完善搬迁扶贫信息数据库,对搬迁户落实建房、完善配套附属设施等方面的优惠政策,确保搬迁户搬得出、稳得住、能致富。

注重实效,“雨露计划”实施效果有新提高。坚持以基地支撑培训,以培训促进输出,调整培训基地、培训周期、培训专业结构,增强劳动力转移培训的针对性和有效性。加强培训基地管理,积极实行定单培训、定岗培训,切实提高培训质量,提高稳定就业率,着力打造具有三门峡特色的“雨露计划”品牌。至年底,全市共举办劳动力转移培训班 85 期,培训 6 682 人,完成目标的 115.1%;其中技能培训完成 3 371 人、引导性培训完成 3 311 人,分别完成目标的 101.8%、110.4%。

准确切入,科技扶贫支撑作用有新加强。坚持把选准项目和完善项目运行作为主攻方向,找准切入点和突破点,努力使科技项目对扶贫开发的“乘数效应”得到全面扩张和放大。选准“点”,围绕提升支柱产业质量、效益和推广“新、特、优”农业技术,精准筛选确定实施项目;拉长“线”,探索建立项目滚动发展机制,确保科技扶贫项目效益有效传递覆盖到项目户,持续发挥辐射带动作用。2010 年,全市共实施省、市级科技扶贫项目 8 个,投入财政扶贫资金 160 万元,引进推广新品种新技术 20 项,辐射带动 9 个村、899 个贫困户,增加收入 520 万元,受益贫困户人均增收 1 807 元以上。

强化运作,信贷扶贫项目实施有新进展。根据上级文件精神和扶贫总体规划,组织各县(市)区进行调查摸底,筛选确定重点项目、重点企业,建立扶贫项目库和重点扶贫企业库,使产业化扶贫目标更加明确,程序更加规范。借助扶贫培训和科技项目示范带动作用,提升贫困群众参与产业化经营的能力。加快小额贷款投放。经与农村信用联社协商,按照上年度的政策和投资规模,对农村贫困户提前放贷,支持农户春耕生产和项目开发。春耕期间,共放贷 690 户、1 350 万元,分别占计划的 82.5% 和 84%。积极争取进出口银行金融合作项目,向省扶贫办申报尚正公司万头肉牛标准化养殖场、缘份公司 9 100万千克果品加工、景源公司 1 亿千克果沙加工 3 个项目,其中尚正公司万头肉牛标准化养殖场项目上报国务院扶贫办。

合力攻坚,对口包扶村发展水平有新提升。年初,市委、市政府确定 87 个市直单位分别包扶 87 个扶贫开发重点村,选派 195 名优秀干部组成工作队,驻村开展工作。市直各单位按照部署,明确目标任务,因地制宜开展工作。帮助贫困村理思路、定规划,宣传党的扶贫政策,帮助群众转变观念,增强脱贫致富信心和决心;帮助引资金、上项目,解决群众迫切要求解决的问题,市直单位共为贫困村捐献资金 158 万元,引进资金1 950余万元,实施项目 125 个;帮助开展实用技术培训,共培训农民6 500人,推广种植、养殖技术 10 余项;开展产业化扶贫,帮助发展植桑养蚕、食用菌、核桃、烟叶、畜牧等优势产业项目 124 个,有效拓宽贫困群众增收渠道。

精心组织,“两项制度”有效衔接有新突破。把扶贫开发政策与农村最低保障制度有效衔接,建立基本生活靠最低保障、脱贫致富靠扶贫开发的新机制。5 月,在卢氏县启动“两项制度”有效衔接试点工作;12 月,启动全市面上县扩大试点工作。至年底,卢氏县共识别确定“两项制度”有效衔接低收入 13 632户、40 924人。其中:扶贫户7 638户、29 964人,扶贫低保户2 781户、5 660人,低保户2 456户、4 497人,五保户 757户、803 人,识别确定 108 个“两项制度”有效衔接重点村,试点数据录入上传至国务院扶贫办。面上县方案制定、宣传发动、对象识别等工作全面展开,为扎实推进下阶段“两项制度”有效衔接工作创造良好条件。

深入调研,对扶贫开发进程有新认识。开展对贫困地区农民收入情况的调研,形成“我市农民增收存在的问题和对策的调研报告”;开展对贫困地区农民专业合作社的调研,形成“三门峡市贫困地区农民专业合作社发展情况调研报告”;开展对扶贫搬迁安置点受灾情况的调研,形成“三门峡市搬迁扶贫安置点灾情报告”;对扶贫贴息贷款管理体制改革以来的运行情况进行调研,形成“三门峡市扶贫办关于扶贫贴息贷款运行情况的调查报告”;根据市委安排,深入卢氏县、灵宝市开展农民务工情况调研,形成“劳务输出工作调研报告”。通过系列调研活动,使各级扶贫部门对本地扶贫开发的进程有更深刻的认识和把握,也为上级部门指导扶贫开发工作提供了参考依据。

【三门峡市 2010 年扶贫开发整村推进项目计划准予备案】 6 月 13 日,省扶贫办、省财政厅下发文件,审核同意三门峡市 2010 年扶贫开发整村推进项目计划并准予备案。三门峡市 2010 年扶贫开发整村推进项目计划涉及 40 个整村推进重点贫困村,共安排项目 160 个,总投资3 195.83万元。其中:中央、省级财政扶贫资金投入1 245万元,市、县财政投入 117 万元,统筹安排部门资金 1 502万元,群众自筹 331.83 万元。

【4县(市)区获搬迁扶贫补助资金900万元】 10月19日,省财政厅、省扶贫办下发《关于下达2010年搬迁扶贫项目资金的通知》,分配三门峡市搬迁扶贫补助资金900万元,专项支持卢氏县、陕县、灵宝市、湖滨区等4个县(市)区实施搬迁扶贫项目。4个县(市)区省级搬迁扶贫项目总投资6 178.726万元,计划搬迁贫困人口573户、2 577人。

【生态移民项目投资2 157.28万元】 11月22日,市扶贫办向省发改委、省扶贫办呈报《三门峡市2010年巩固退耕还林成果生态移民项目实施方案》。2010年,三门峡市实施生态移民项目1个,搬迁贫困人口185户、762人,涉及9个乡、13个扶贫开发重点村,总投资2 157.28万元。

【4个省级科技扶贫项目获批复】 11月29日,省扶贫办批复三门峡市2010年4个省级科技扶贫项目。其中:重点项目1个——卢氏县杜关镇优质核桃新品种引进与推广;一般项目3个——卢氏县磨沟口乡桑蚕新品种推广、灵宝市五亩乡精品苹果生产技术推广、渑池县南村乡无公害花椒新品种引进与推广。4个项目计划总投资162.9万元,其中自筹资金32.9万元、整合其他项目资金15万元、省科技扶贫项目资金扶持115万元。 (王 通)

林业和园林工作

【概况】 2009年12月23日,根据中共三门峡市委、三门峡市人民政府关于印发《三门峡市人民政府机构改革实施意见》的通知,组建市林业和园林局,为市政府工作部门。不再保留市林业局,将市林业局的职责划入市林业和园林局。不再保留市园林局,其承担的执法职责划入市规划和城市管理综合执法局,其他职责划入市林业和园林局。市园林局所属的市园林执法大队调整为市规划和城市管理综合执法局管理,其他事业单位调整为市林业和园林局管理。市建设委员会所属的市涧河管理处调整为市林业和园林局管理。2010年2月1日,三门峡市林业和园林局正式揭牌成立。3月26日,三门峡市人民政府办公室印发《三门峡市林业和园林局主要职责内设机构和人员编制规定的通知》,市林业和园林局设11个内设机构,局机关行政编制为40名。其中:局长1名,副局长3名;正科级领导职数13名(含机关党委专职副书记1名、总工程师1名),副科级领导职数6名。直属行政机构,保留三门峡市森林公安局,其规格、人员编制、主要职责不变。

2010年,全市林业和园林工作按照“三创、一改、一巩固”(创建省级林业生态市、争创国家森林城市、争创国家精神文明单位,集体林权制度改革,巩固国家园林城市创建工作)的总体布局,以创先争优为载体,努力推进全市林业和园林事业又好又快发展,各项目标均全面或超额完成任务。全市造林3.25万公顷,完成目标任务的103%;完成森林抚育和改造工程0.23万公顷,完成目标任务的107.2%;实现林业总产值55.8亿元,完成目标任务的100%;义务植树750.4万株,完成目标任务的138.2%;林业育苗0.15万公顷,完成目标任务的117.4%;森林病虫害成灾率低于4.5‰,森林火灾查处率100%;森林、林木采伐量未突破森林采伐限额,林木凭证采伐率、办证合格率均在90%以上;全市未发生重大毁林、乱占林地和破坏野生动植物案件;全市集体林权改革工作明晰产权率达到目标任务95%以上,林权发证率达到目标任务85%以上。

国家森林城市创建 按照《三门峡森林城市建设总体规划》,结合林业生态建设,突出抓好市区至大坝铁路沿线绿化、山区生态体系建设工程、生态廊道网络建设工程、环城防护林及城郊森林绿化工程、村镇绿化工程、林业产业工程等建设。11月21日至22日,国家林业局宣传办主任程红一行深入三门峡市区、甘山国家森林公园、灵宝市寺河山高山果园基地和函谷关镇,检查指导创森工作,对全市创森工作给予充分肯定,并对做好创建工作提出具体要求,为早日成功创建国家森林城市奠定坚实基础。

资源保护 严格林木采伐,加强林地保护,扎实做好森林病虫害防治和森林防火工作,保持了近十年未发生重大森林火灾的良好纪录。坚持依法治林,投入专项资金300余万元,在全省首家建立地理信息系统,认真做好自然保护区的管理。4月15日,三门峡市被中国野生动物保护协会授予“中国大天鹅之乡”称号;8月,河南省森林防火会议在三门峡市成功召开。

项目建设 始终坚持大项目带动大发展战略,积极与上级部门沟通,千方百计争取项目。全市争取重点项目11个,争取造林资金3.2亿元。其中包括日本政府贷款项目、德国政府援助项目、亚洲发展银行贷款项目,保证了全市生态建设的顺利开展。中法生物柴油合作项目、武汉凯迪公司造林生物发电项目相继落户三门峡。中法生物柴油合作项目,涉及湖滨区、陕县、灵宝、渑池县,计划3年造林1.33万公顷,在湖滨区建生物柴油年产1 000万千克生产线1条,总投资1 200万欧元(约1.2亿元人民币,其中造林投资6 500万元、生产线5 500万元)。武汉凯迪公司造林生物发电项目,由武汉凯迪控股投资有限公司和陕县政府签订合同实施,计划总投资27亿元,在陕县投资5亿元完成建设3×3万千瓦生物质能热电厂;投资10亿元,在陕县及周边地区建设6.67万公顷能源林基地、0.33万公顷有机农业基地项目;投资2亿元,建设有机肥生产项目;投资10亿元,建设生物燃料油基地和加工厂项目。大项目的签约和开工,增强了全市林业发展后劲。

集体林权制度改革 坚持从实际出发,不断完善政策,采取重点抓、抓重点的方法,全面推进集体林权制度改革。9月21日,印发《集体林权制度改革宣传实施方案通知》,重点宣传在科学选择改革模式、统筹协调各方面利益关系、妥善处理历史遗留问题及配套改革、促进发展等方面的先进典型。11月11日,市委宣传部、市林业和园林局联合在市电视台主办集体林权制度改革知识竞赛,6个县(市)区分别派出代表队参加。至年底,全市确权总面积56.93万公顷,占集体林地总面积的95.6%;网上发放林权证50.98万公顷,发证率85.6%。

林业产业发展 着力抓好经济林、生物质能源林等基地建设,强力推动林果业、苗木花卉种植业和生态旅游业等特色优势产业发展,全力促进林业产业优化升级,基本形成以经济林基地—林果加工、速生林基地—木材加工、种苗花卉、食用菌生产、林药林草生产、森林生态旅游—生态文化等多种经营为一体的林业产业发展新格局。2010年,全市林业产业收入突破55亿元,充分发挥了林业的生态效益、经济效益和社会效益。

【国家林业局退耕还林调研组到三门峡开展专题调研】 3月3日至4日,国家林业局退耕还林办公室主任张鸿文一行3人,在河南省林业厅巡视员张胜炎、省退耕还林管理中心主任邓建钦、三门峡市市长助理张建峰的陪同下,对卢氏县的退耕还林工程建设成效和拟退耕地现状进行专题调研。调研组一致认为:当地政府高度重视退耕还林工作,工程建设成效很显著,巩固成果成效不错;三门峡市作为南水北调中线工程的水源涵养地,生态地位非常重要,陡坡耕地不少。对下一步退耕还林工作,调研组要求,一定要把巩固退耕还林成果做好,搞好分类指导;同时,摸清坡耕地有关数据,为"十二五"退耕还林工程规划做好准备。

【三门峡市荣获"中国大天鹅之乡"称号】 3月15日,三门峡市被中国野生动物保护协会授予"中国大天鹅之乡"称号。20世纪80年代末,第一批来自西伯利亚的白天鹅迁徙至黄河三门峡水库越冬。此后的20多年间,三门峡市不断加大对白天鹅保护力度,改善库区湿地生态环境,并动员广大市民积极参与爱护、保护白天鹅的各项公益活动,使"身居异乡"的白天鹅在这里找到了"回家"的感觉。至2010年,每年到三门峡水库越冬的白天鹅已近万只,占整个河南省越冬天鹅数量的95%以上。

【河南省第29届"爱鸟周"活动在三门峡市启动】 4月15日,河南省第29届"爱鸟周"活动启动暨"中国大天鹅之乡"授牌仪式在三门峡天鹅湖畔隆重举行。中国野生动物保护协会秘书长杨百瑾、省林业厅副厅长王德启,市领导杨树平、王建勋、赵继祥、郭秀荣、李建顺,市政府秘书长李宝洲出席仪式。4月21日至27日是河南省第29届"爱鸟周",以"科学爱鸟护鸟,保护生物多样性"为活动主题。仪式上,中国野生动物保护协会为三门峡市颁授"中国大天鹅之乡""全国野生动物保护科普教育基地"牌匾,全国鸟类环志中心为河南小秦岭国家级自然保护区颁发2009年"全国鸟类环志工作先进单位"奖牌。当天,三门峡市还组织开展了放飞和平鸽、发起爱鸟护鸟倡议和集体签名、游园观鸟、宣传咨询以及民间鸟类艺术展、摄影作品展等多项活动。来自市直机关、学校的数百名群众参加活动。

【全省飞播造林作业设计审查会议在三门峡市召开】 4月19日,2010年河南省飞播造林作业设计审查会议在三门峡市召开。会议对当年的飞播造林作业设计进行严格审查,并对飞播造林的管护、抚育等问题进行讨论,制定一系列可行性的管护措施。省设计院雷跃平书记、省飞播站张洪文站长及洛阳等地有飞播造林任务的县(市)区主管局长、飞播站站长出席会议。

【杨树平在第7届中国城市森林论坛上发表重要演讲】 4月27日,第7届中国城市森林论坛在湖北省武汉市举行。会上,中共三门峡市委副书记、市长杨树平发表题为"创黄河水畔森林城、建宜居和谐三门峡"的重要演讲。市委副书记王建勋、市长助理张建峰参加活动。杨树平从3个方面对三门峡创建国家森林城市工作进行了精彩阐述:依水而建,伴绿而荣,凸显自然山水优势;立足优势,多策并举,再造城乡秀美山川;和谐共生,天人合一,烘托现代文明氛围。杨树平指出,近年来,三门峡市委、市政府立足实际,充分利用自然山水优势,确立"林水合一"的生态发展战略,以创建国家森林城市为契机,加快水与林的沟通,实现林水相依、林水相连、依水建林、以林涵水的发展格局,推动人文与自然融合。三门峡市高度重视生态环境保护和建设,走出了一条经济发展与环境保护良性互动、人与自然和谐相处的科学发展之路。

【出台《关于加快核桃产业发展的意见》】 5月20日,三门峡市出台《关于加快核桃产业发展的意见》。《意见》指出,到2012年,核桃总面积要达到4.67万公顷;新建技术服务中心6个,培训10万人次;新建及改扩建良种采穗圃面积33.33公顷;新增良种穗条生产能力1 200万根;核桃育苗面积达360公顷。市委副书记王建勋任加快核桃产业发展工作领导小组组长,各有关县(市)区要成立相应的组织机构,将任务纳入政府年度目标管理和领导干部绩效考核体系,层层签订目标责任书,明确主要责任人。

【"走进生态三门峡"采访活动结束】 6月10日,第2届全国主流媒体和知名网站记者"走进生态三门峡"集中采访活动基本结束。参加此次采访活动的中央及省内外25家主流媒体和知名网站的40余名记者,共在相关媒体和网站刊登图片99张、文章32篇。其中:新华网刊登图片13张、文章11篇;央视网刊登图片14张、文章1篇;国际在线刊登图片37张、文章3篇;中国网络电视台刊登图片3张、文章1篇;商都网刊登图片4张、文章2篇;网易刊登文章1篇;三门峡外宣网刊登图片28张、文章13篇。此次活动由市委宣传部、市林业和园林局、市创建国家森林城市指挥部办公室共同组织,于5月20日启动。记者团相继深入市区、陕县、灵宝市和卢氏县等地对全市的林业生态建设和创建国家森林城市工作进行集中采访。

【中德财政合作河南省农户林业发展项目工作会议在卢氏县召开】 7月14日,中德财政合作河南省农户林业发展项目工作会议在卢氏县召开。省林业厅项目办、省财政厅国际处以及来自三门峡、洛阳、平顶山、南阳的农户林业发展项目相关负责人等60余人参加会议。会上,卢氏、嵩县、鲁山、南召4个县负责人汇报了各县的农户林业发展项目开展情况。会议通报了全省农户林业发展项目实施情况,省林业厅相关负责人就提款报账工作给与会人员进行培训。

【全省森林防火工作会议在三门峡市召开】 7月27日,全省森林防火工作会议在三门峡市召开,三门峡市在会上作经验介绍。省林业厅副厅长李军、市长级干部李建顺到会并讲话。近年来,市委、市政府高度重视森林防火工作,狠抓各项责任制的落实,各相关部门提前制定完善相应的应急预案,加强实战演练,开展排查、整改,切实消除隐患。至2010年,全市共建成远程视频监控点6个,市级森林防火网络平台、视频监控指挥中心1个,县级指挥中心7个,运行效果良好。

【虢山岛标志性建筑——迎祥阁开工建设】 8月2日,位于三门峡市天鹅湖国家城市湿地公园虢山岛上的标志性建筑——迎祥阁开工建设。该工程预算投资326万元,由市园林绿化建设投资公司代建,计划于2011年第17届三门峡国际黄河旅游节前竣工。迎祥阁的涵义为:迎接三门峡祥瑞、尊贵的客人——白天鹅。迎祥阁选址在湿地公园虢山岛最高处,仿唐式风格,高25.61米,建筑面积916平方米,建筑层数为外3层、内5层。迎祥阁的开工建设,标志着该湿地公园功能性建筑建设正式拉开序幕。

【环保部等7部门对小秦岭自然保护区进行评估】 8月9日至10日,由环境保护部、国土资源部、水利部、农业部、国家林业局、中国科学院和国家海洋局等7部门联合组成的评估组,对小秦岭国家级自然保护区管理、建设工作进行综合评估。评估组通过听取工作汇报、查阅相关文件资料、实地查看、走访社区群众及召开座谈会等形式,充分了解保护区主要保护对象变化、管护设施建设、资源开发利用状况等有关情况,并通过集体评估打分,确定保护区管理水平等级。评估组认为,小秦岭国家级自然保护区管理机构完善,四址明确,界限清楚;基础设施建设水平较高;科研能力稳步提升,鸟类环志成绩显著;保护对象稳定、部分物种增加,森林生态资源得到很好的保护。同时,评估组也就保护区存在的问题提出改进建议。

【专家组考察三门峡市生物质能源项目情况】 8月10日至12日,法国开发署、国家林业局一行7位专家,对生物质能源项目在三门峡市可执行情况进行考察。考察组先后考察渑池县陈村乡、张村镇,陕县宫前乡、店子乡黄连木造林基地,听取三门峡市生物质能源林发展现状及生物质能源项目的规划情况,对三门峡市生物质能源林的发展给予充分肯定,并就下一步建设生物质能源林提出意见。

【创建国家园林城市总结表彰暨创建国家森林城市再动员大会召开】 8月17日,三门峡市召开会议,总结表彰创建国家园林城市工作,动员全市上下凝心聚力,巩固成果,迅速投入到创建国家森林城市活动当中。市领导杨树平、赵光超、李立江、张英焕、亢伊生、王铁创,市政府秘书长李宝洲出席会议。市委副书记、市长杨树平指出,各级、各有关部门要认清形势,统一思想,一鼓作气,持之以恒,务求创建成功;要突出重点,严格标准,强力推进创建工作。市长级干部赵光超总结了创建国家园林城市的成绩和成功经验。

【住建部检查组对天鹅湖湿地公园给予高度评价】 8月25日,住建部检查组在省住建厅等部门有关人员的陪同下,对三门峡市天鹅湖国家城市湿地公园进行实地检查。市长级干部赵光超陪同检查,市政府秘书长李宝洲出席汇报会。检查组一行先后察看了沿黄生态区、虢山岛、高台区等景点,对景区内的自然生态湿地和基础设施建设给予高度评价。汇报会上,检查组对天鹅湖湿地公园的规划、建设、保护、管理等工作给予充分肯定,并对湿地公园的建设提出建议。

【小秦岭自然保护区鸟类环志站秋季鸟类环志工作全面展开】 9月,小秦岭国家级自然保护区鸟类环志站秋季鸟类环志工作全面展开。此次鸟类环志工作,保护区着重从操作要点、增加捕网点、增加捕网数量、加大宣传4个方面展开。该环志站通过近年来的环志工作开展,先后环志各种鸟类5目15科59种,环志鸟类1 168只。其中东方角鸮属于国家二级保护鸟类,新增环志鸟类2种(棕颈钩嘴鹛、暗胸朱雀)。

【《爱在绿洲》在三门峡甘山国家森林公园开机】 10月17日,河南省首部反映林业人无私奉献精神的主旋律电影——《爱在绿洲》,在三门峡甘山国家森林公园开机拍摄。该剧由河南省剧作家李田民、焦为国等创作,北京电影学院青年导演路云飞与省内影视制作人黑子共同执导。该剧真实再现上世纪80年代中国林业改革大背景下,老中青三代护林人员的工作和生活经历,展示了林改工作的艰辛历程。2009年12月,剧本曾荣获第4届关注森林文化艺术奖。

【7家企业入选第1批省级林业产业化重点龙头企业】 10月28日,河南省林业厅公布第1批省级林业产业化重点龙头企业名单,三门峡市共有7家企业入选。分别是:三门峡缘份果业有限公司、三门峡二仙坡绿色果业有限公司、三门峡市金象地板制品有限公司、三门峡市湖滨果汁饮品有限责任公司、河南景源果业有限责任公司、灵宝市华宝产业有限责任公司、灵宝市三宝园林绿化工程有限责任公司。

【国有河西林场与新疆阿克苏实验林场缔结为友好林场】 11月1日,在省林业厅的统一部署下,国有河西林场与新疆维吾尔自治区阿克苏实验林场缔结为友好林场。新疆维吾尔自治区阿克苏实验林场始建于1960年5月,地处阿克苏市东南城郊,该林场已形成以红枣、核桃为主的优质果品生产基地和林果科技示范基地。三门峡国有河西林场是河南省经营面积最大、林区海拔最高的国有林场,区内分布着丰富的动植物资源,是中国暖温带、北亚热带过渡地区森林生态系统类型的自然保护区之一。1992年经原林业部批准建立亚武山国家森林公园,2006年2月经国务院批准建立国家级自然保护区,也是黄河上中游天然林保护工程区。国有河西林场与阿克苏实验林场有很强的互补性,有着广阔的合作空间。两个林场建立友好林场关系,将会进一步加强在经济、技术、文化等发展领域的交流与合作,促进相互了解,增进友谊,共谋发展。

【国家林业局检查组到三门峡市检查指导创建国家森林城市工作】 11月21日至22日,国家林业局新闻办、宣传办主任程红率检查组,在省林业厅副厅长刘有富陪同下,到三门峡市深入检查指导创建国家森林城市工作。市委副书记王建勋、副市长张建峰陪同检查并出席汇报会。在三门峡市期间,程红一行深入市区、沿黄公路、陕州公园、甘山国家森林公园、灵宝市寺河山高山果园和函谷关镇,实地察看城乡绿化、景区绿化情况和生态环境。在汇报会上,程红指出,三门峡市在下一步工作中要把握好城市森林建设和城市发展、绿量增加和全社会生态意识提高、政府主导和社会参与、创建目标和持续改善生态环境这四种关系,把城乡接合部作为重点,把老城区绿化作为难点,把宣传提高市民的生态意识作为特点,提高人居环境和市民生活质量。

【中国鸟网摄影爱好者在三门峡黄河湿地开展采风活动】 12月12日,中国鸟网组织社会各界摄影爱好者到河南三门峡市黄河湿地开展以白天鹅为主要拍摄内容的采风活动。参加此次活动的摄影爱好者来自全国28个省,共160人。在活动中,各界专家对三门峡市保护白天鹅的有效措施给予高度赞赏,并对如何喂养白天鹅、如何更好地培养人与白天鹅之间的感情以及在全国范围内如何大力宣传白天鹅等工作提出了宝贵建议。

【发布《关于进一步加强白天鹅保护工作的通告》】 12月25日,三门峡市人民政府发布《关于进一步加强白天鹅保护工作的通告》。《通告》指出,每年10月15日至次年3月15日为天鹅越冬保护期,在此期间禁止在重点保护区开展捕鱼、捕鸟、钓鱼、开垦、燃放鞭炮等各类影响白天鹅栖息越冬的生产活动,且关闭射灯,并将湖滨区王官黄河滩涂、灵宝市北村黄河滩涂、双龙湖、三水厂周围黄河滩涂、陕县官庄黄河滩涂、渑池南村黄河滩涂,划为白天鹅越冬重点保护区,三门峡湿地管理处以及沿黄县(市)区湿地管理机构负责行使保护区内白天鹅及湿地的保护管理职能。

【林业生态建设继续保持良好态势】 当年,三门峡市继续在重点区域和重点部位,再建一批规模大、效果好、标准高的领导绿化点精品工程。至年底,共建设绿化精品示范点105个,总面积0.81万公顷,形成每一个县都有造林示范区,每一条道路都有绿化示范段,每一个乡都有造林示范点,建成县县有精品、乡乡有亮点的精品工程绿化格局。10月,渑池县林业生态县创建工作顺利通过河南省林业厅核查,6个县(市)区全部成为省级林业生态县。同时,突出抓好以核桃为主的经济林基地建设,新发展核桃种植0.53万公顷,已新建千亩以上核桃基地13处,具有豫西区域特色的经济林产业基地初步形成。

(刘玉明)

水　利

【概况】 2009年12月23日,根据中共三门峡市委、三门峡市人民政府关于印发《三门峡市人民政府机构改革实施意见》的通知,市黄河河务移民管理局更名为市黄河河务局,其承担的移民管理职责划入市水利局。市槐机黄河提水工程建设管理局更名为市水资源管理处,承担全市大中型水库和槐扒黄河提水工程的管理职责,由市政府直属事业单位改为市水利局管理,规格不变。

2010年,三门峡市水利局积极践行可持续发展治水思路,强力实施项目带动战略,加快水利基础设施建设步伐,加速推进民生水利发展,深化水利体制机制改革,切实提高水旱灾害综合防御能力、水资源配置调控能力、水土资源保护能力,千方百计保障饮水安全、防洪安全、经济发展用水安全、生态用水安全,着力构建有利于水利科学发展的体制和机制,以水资源的可持续利用保障经济社会的可持续发展。积极推进水资源的合理开发、高效利用和优化配置,进一步增强水利对农业和农村的支撑力度。全年争取中央和省水利投资3.2亿元,是2009年到位资金1.3亿元的2.3倍,项目投资额、项目呈报数均为历年之最。11月,召开全市冬春农田水利基本建设动员暨"红旗渠精神杯"竞赛总结表彰大会。全市新增节水灌溉面积2.52千公顷,新增有效灌溉面积2.2千公顷,新增旱涝保收田面积2.01千公顷,新增治理水土流失面积11.3千公顷,发展集雨水窖0.44万个,小水电发电量7 500万千瓦时,解决饮水安全10.19万人。

农村饮水安全 2010年,共解决农村饮水安全10.19万人,完成市政府下达目标的127%。其中7座集中供水水厂和4个单村工程全部建成通水,完成投资4 915万元,工程量128.5万立方米。

农田水利建设 全市灌溉面积累计达到64.29千公顷,其中有效灌溉面积54.08千公顷、林地灌溉面积0.25千公顷、果园灌溉面积9.81千公顷、其他灌溉面积0.06千公顷;新增旱涝保收田2.01千公顷,累计达到46.35千公顷;新增有效灌溉面积2.2千公顷;新增节水灌溉面积2.52千公顷(其中喷灌面积0.37千公顷、低压管灌面积1.08千公顷、渠道防渗面积0.68千公顷、其他工程节水灌溉面积0.39千公顷),累计达到40.61千公顷(其中喷灌面积6.83千公顷、微灌面积0.69千公顷、低压管灌面积10.77千公顷、渠道防渗面积10.87千公顷、其他工程节水灌溉面积11.61千公顷);新增配套机电井59眼,累计达到3 820眼,装机容量56.42千千瓦。共有万亩以上灌区1处,有效灌溉面积达20.29千公顷。小型农田水利重点县、专项县争取上有突破。经多方努力,市水利局争取到2个重点县、2个专项县。重点县建设期限为3年,总投资1.2亿元,其中财政投入1.1亿元、群众自筹0.1亿元;专项县建设期限为1年,总投资606.1万元,其中财政投资300万元、群众自筹306.1万元。

水土保持 坚持科学发展理念,以治理水土流失、改善生态环境为重点,开展水土保持工作,在生态项目建设上取得重大进展。全市共完成水土流失治理面积84平方千米,坡耕地改造2 006.67公顷,完成投资1 692万元。四荒开发建设新增"四荒"治理面积542.5公顷,涌现出湖滨区上官兴华、渑池县杨灵水等"四荒"开发先进典型。完成"十二五"水土保持专项规划和卢氏、渑池、陕县等易灾地区生态环境综合治理规划;完成卢氏杜关河项目区等6个综合治理工程;完成陕县、灵宝等4个坡耕地专项整治项目和湖滨区黄芦沟及卢氏焦子河坝系工程；完成水土流失治理面积400平方千米，估算总投资5.6亿元。水土保持科技示范园区创建取得突破。三门峡二仙坡水土保持科技示范园被水利部授予“水利部水土保持科技示范园”，成为三门峡市首家、全省第2家获此殊荣的科技示范园。11月4日，由全国人大副主任洪虎、李飞副主任，周英副部长组成的全国人大调研组，专程到三门峡市就《中华人民共和国水土保持法（修订草案）》有关问题进行调研。

水行政执法　始终坚持依法治水、文明执法，严肃查处水事违法案件。当年，市水利局共举办3期培训班，培训执法人员800余人次，提高队伍素质，提升执法水平。省水利厅规费稽查科科长罗洁、执法科科长贺娟，华北水利水电学院副教授、博士焦洪波，分别结合典型案例，对水行政执法的专业法律知识进行系统讲解和指导。突出重点，严查水事违法案件，有效维护正常的水事秩序。全年，依法查处水事违法案件43起，挽回经济损失上百万元。

防汛抗旱　当年汛期（6月～9月），三门峡市面平均降雨量为561.2毫米，为同期多年平均降雨量（408.8毫米）的139.6%，降水偏多。全汛期共出现明显降雨过程18场次，降雨区域分布情况特点是：中部地区较小，东北部和西北部、西南部较大。

7月22日至24日，三门峡市各县（市）区出现强降雨过程中，三门峡面降雨量103.9毫米，涉及5个县（市）降水。其中大暴雨情况：50毫米～100毫米的站有44个，100毫米以上的站有37个。点最大降雨量渑池县四龙庙为313.5毫米，张沟256毫米；卢氏双庙水库211.5毫米，狮子坪204毫米，龙驹201.5毫米；灵宝市大湖151毫米，秦村143毫米。全市共有61个乡（镇）48.79万人受灾；转移人口64 732人；倒塌房屋9 165间，死亡4人，失踪1人。农作物受灾面积23.93千公倾，农作物成灾面积14.35千公倾，农作物绝收面积4.95千公倾；死亡大牲畜0.23万头；因灾减产粮食4.75亿千克，经济作物损失5.72万元。水毁水利工程设施：冲毁塘坝74个，淤地坝11座，损坏堤防400处、87 354米，损坏护岸24处、灌溉设施83处，损坏机电井148眼、机电泵站62座；损坏水电站7座，桥涵25座，城镇供水工程10处、管道1 700米，农村饮水工程286处、管道447 620米，渠道44 630米，水利设施直接经济损失4.48亿元。停产工矿企业14个，铁路中断1条次，公路中断95条次，供电中断52条次，通信中断114条次，工业交通运输业直接经济损失2.82亿元。总直接经济损失20.42亿元。

当年，全市的抗旱工作主要集中在3月～5月。3月下旬至5月中旬，市区降雨量偏少，累计降雨量49.2毫米，比往年同期少1～3成，出现大面积干旱。据气象部门统计，5月8日，20厘米耕作层土壤相对为湿度34%到57%，干土层厚度已达3厘米～8厘米，属于重旱。3月～5月，正是小麦产量形成的关键时期，所以旱情给小麦的产量形成，造成一定影响。旱情致使全市农作物受旱面积33.98千公顷、农作物受灾面积4.05千公顷，其中粮食损失2 190万千克、经济作物损失0.017亿元。

汛末10月1日8时，各大、中型水库总蓄水量为5 289万立方米，与汛初6月1日总蓄水量3 799万立方米相比，增加1 490万立方米。当年，汛期水库水位一直正常运行。部分水库因除险加固施工基本完成，水位、库容均创两年来的新高。10月1日，窄口水库水位624.42米、蓄水量39.7万立方米；沟水坡水库水位427.93米、蓄水量6.56万立方米；石门水库水位644.43米、蓄水量2.32万立方米；涧里水库水位770.48米、蓄水量4.31万立方米。

主要河道水情　黄河潼关站，当年汛期共出现大小洪峰8次。其中：汛期最大洪峰9月21日4时30分，水位328.53米，洪峰流量为3 320立方米每秒；最小流量120立方米每秒，最低水位325.96米，出现在6月30日20时。黄河三门峡（坝下）站，当年汛期共出现7次洪峰。上游万家寨水库放水，小浪底水库调水调沙，使三门峡水库7月4日15时36分出现当年最大泄量，达5 340立方米每秒，相应最高水位279.20米；最小流量8.6立方米每秒，最低水位271.61米，出现在8月17日14时。洛河上游灵口站，当年汛期共出现大小洪峰6次。其中：汛期最大洪峰7月24日14时，水位99.3米，洪峰流量为1 390立方米每秒；最小流量5.75立方米每秒，最低水位96.49米，出现在8月9日8时。洛河卢氏站，当年汛期出现6次较大洪峰。其中：最大洪峰是7月24日15时42分，最高水位9.76米，相应最大流量1 510立方米每秒；最小流量2.20立方米每秒，最低水位6.66米，出现在6月30日8时。

妥善应对“7·24”特大洪灾　7月24日，三门峡市遭受特大洪涝灾害，全市61个乡（镇）、312个行政村、48万余人受灾，直接经济损失20.41亿元。虽然“7·24”特大洪水比2007年“7·30”的洪水还大、损失更重，但由于预警及时、措施得力，人员伤亡很小，3天内实现受灾乡（镇）交通、电力、通信“三通”，灾民生活得到妥善安置，社会大局保持平稳，防汛救灾工作取得阶段性胜利，全市山洪灾害预警系统建设得到省领导的高度称赞。洪灾发生后，市、县两级水利部门共组成水毁水利工程修复工作组（队）147个，施工人员38 398人次，累计投入资金3 120.4万元、施工机械1 934台次，临时修复排除7座水库的安全隐患，恢复堤防34处、12 557米，恢复饮水工程230处，解决饮水困难158 750人。12月7日，全国防汛抗旱暨舟曲抢险救灾总结表彰大会在甘肃省兰州市召开，三门峡市水利局获“全国防汛抗旱先进集体”荣誉称号。

【槐枳黄河提水工程西段村水库成功分水】　1月13日，三门峡市槐枳黄河提水工程的西段村调节水库从槐枳供水中首次成功分水。该水库将分两个阶段蓄水：到1月底，向水库充水50万立方米，水库蓄水至550.3米高程，由水库临时泵站调节供水，保证用户15天的用水需求；到汛期前，再向水库充水500万立方米，水库蓄水至562米高程，达到水库自流供水，满足用户20天的用水需求。

【开展“世界水日”和“中国水周”宣传活动】　3月22日，市水利局在水电十一局门前广场举办“世界水日”“中国水周”大型宣传咨询活动，市领导王建勋、李建顺、马仰峡、高从民，市长助理张建峰等到活动现场参观指导。3月22日是第18届“世界水日”，宣传主题是“清洁用水，健康世界”。3月22日至28日是第23届“中国水周”，宣传主题为“严格水资源管理,保障可持续发展”。市水利局紧紧围绕以“实施依法治水,推进依法行政”这一主线,突出“严格水资源管理,保障可持续发展”的宣传主题,精心组织,创新方式,增强市民节水意识,提高全社会珍惜水、节约水、保护水的自觉性。当天举办的大型图片展览,从民生水利、防汛抗旱、水土保持、水政水资源、节约用水等方面,展示了近年来全市水利建设取得的成就。同时,市水利局还联合移动通信运营商向手机用户发送20万条短信,介绍节约用水办法;联合市教育局在市区3所小学开展“小手拉大手”活动,提高学生的节水意识。3月22日当天,三门峡水政监察支队人员到三门峡市、山西省平陆县部分小学,结合“清洁用水,健康世界”的宣传主题,对孩子们进行节水知识的宣传。活动当天,共设立宣传版面49块,散发各类宣传资料1 000余份,悬挂大型彩球及横幅30余条,受益群众达30余万人。

【窄口灌区节水续建工程开工奠基】 7月20日,窄口灌区节水续建工程举行开工奠基仪式,标志着该工程进入全面建设阶段。窄口灌区节水续建工程总投资2 574.04万元,其中建筑工程761.42万元、机电设备及安装工程76.34万元、金属设备及安装工程1 151.7万元、临时工程68.29万元、独立费用365.78万元、基本预备费121.18万元、水保环保29.33万元,工期120天。工程完工后,可使坡寨、西寨等5个行政村实施节水灌溉,灌溉面积达1 066.67公顷,年增加经济效益700余万元。同时,可对供水能力进行有效调节,保障供水安全运行。

【编制完成洪灾预警实施方案】 8月,三门峡市编制完成《三门峡市山洪灾害监测预警体系建设实施方案》,计划建设覆盖全市的监测预防体系,并于2011年2月底全部建成投入使用。根据方案,计划在市、县两级防汛办和大中型水库建立计算机网络13个,市级监测预警信息平台1个,视频会商系统15个;新增加自动雨量监测点35个、简易雨量监测站1 500处、简易水位站点200处;在全市43座大中型和小型一类水库布设自动水位监测站43个;刷写宣传标语3 000条,制作宣传标志牌600套,并对有关人员进行防御山洪灾害技术知识培训和演练。

【山口水库复建工程成功截流】 9月30日,山口水库复建工程成功截流,标志着该工程大坝主体施工即将全面展开。山口水库位于陕县张茅乡境内青龙涧河一级支流山口河上,坝址以上控制流域面积28.15平方千米,多年平均径流量321万立方米。规划总库容503万立方米,其中兴利库容284万立方米、死库容69万立方米,是一座以城市生态用水为主,兼顾防洪、供水、农业灌溉的小(Ⅰ)型水库。山口水库复建工程是市委、市政府确定的重大基础建设项目之一。工程总投资7 413万元,计划工期33个月,2012年8月底竣工。2009年4月26日,经市政府会议确定由市水利局负责筹建山口水库复建工程;7月27日,项目建议书获省发改委批复;12月30日,项目可研报告获省发改委批复;12月31日,项目正式开工建设。2010年9月30日,山口水库复建工程成功截流,整体进展顺利。全年累计开挖土石方17万立方米,累计完成投资2 519万元。预计2011年6月可以开始蓄水,初步具备防洪功能。

【召开全市农田水利基本建设动员暨“红旗渠精神杯”竞赛表彰大会】 11月5日,三门峡市召开农田水利基本建设动员暨“红旗渠精神杯”竞赛表彰大会,表彰2009年度农田水利基本建设“红旗渠精神杯”竞赛活动先进集体和先进个人,安排2010年冬2011年春农田水利基本建设工作。市委副书记王建勋、市人大常委会副主任马仰峡、副市长张建峰、市政协副主席卢群召等出席会议。三门峡市以深入开展“红旗渠精神杯”竞赛活动为载体,2009年开工建设重点水利项目35个,完成农田水利基本建设投资7.3亿元,建成抗旱应急灌溉工程12处,新增和改善灌溉面积8 000公顷,发展节水灌溉面积2 000余公顷,为粮食丰产丰收、农业增产增效奠定良好基础。2010年冬2011年春,三门峡市共规划饮水安全、水土保持等重点水利工程172项,计划投入资金6.6亿元,是历年来农田水利建设项目投入最多的一年。

【三门峡市城市引水工程通过竣工验收】 12月2日,已试运行两年的三门峡市城市引水工程正式通过有关部门验收。整个工程建设质量过硬,运行平稳有序,受到竣工验收委员会专家的一致好评。作为解决市区工业和居民生活用水不足而兴建的水源工程,三门峡市城市引水工程于2007年4月5日破土动工、2008年9月8日投入使用,已安全运行两年有余,实际引水流量0.36立方米/秒~0.4立方米/秒。至11月,共引水2 600余万立方米,为保障城区用水和促进三门峡市经济社会发展作出了积极贡献。

【病险水库除险加固项目】 当年,全市共有21座水库列入国家除险加固规划:大型1座、中型1座、小型19座,批复总投资28 585万元,其中:中央投资15 268万元,省配套6 197.8万元,市县配套7 269万元。至年底,21座病险水库除险加固均完成建设任务,其中19座小型水库已通过竣工验收、窄口大型水库和涧里中型水库已通过主体工程验收。全市累计完成投资27 359万元(窄口大型水库通过设计优化,招标结余减少投资800余万元),完成工程量155.63万立方米。窄口水库除险加固工程,批复投资13 251万元。其中:中央投资6 625万元,地方配套6 626万元(省配套3 313万元、县配套3 313万元)。至年底,累计完成投资12 025万元,投资完成率91%,11月26日,通过主体工程投入运用验收。涧里水库除险加固工程,批复投资2 428万元。其中:中央投资1 455万元,地方配套973万元(省配套583.8万元、市配套389.2万元)。至年底完成全部投资,工程建设已完工。11月15日,通过主体工程投入运用验收。19座小型水库除险加固工程,批复总投资12 906万元。其中:中央投资7 188万元,地方配套5 718万元(省配套2 301万元、市配套467万元、县配套2 950万元)。至年底,累计完成投资12 906万元,投资完成率100%,均已通过竣工验收。

【三门峡市水利局获“全国防汛抗旱先进集体”称号】 12月7日,中共中央、国务院在甘肃省兰州市召开全国防汛抗旱暨舟曲抢险救灾总结表彰大会,对在2010年度防汛抗旱工作中涌现出的先进集体和先进个人进行表彰，三门峡市水利局获“全国防汛抗旱先进集体”荣誉称号。这是三门峡市首次获得国家防汛抗旱总指挥部、人力资源和社会保障部、解放军总政治部的表彰。2010年7月24日，三门峡市遭受特大洪涝灾灾，全市61个乡（镇）、312个行政村、48万余人受灾，直接经济损失20.41亿元。在这次洪涝灾害中，三门峡市水利局广大干部职工身先士卒，充分发挥“献身、负责、求实”的水利行业精神，快速反应，第一时间下派6个工作队到抗洪救灾第一线，及时启动山洪灾害预警预案，迅速转移危险区群众，避免了重大人员伤亡，为三门峡市经济社会健康有序发展作出了贡献。

（刘宝军　刘　媛）

黄河河务

【概况】 2010年3月3日，三门峡市黄河河务局举行挂牌仪式。根据市政府机构改革实施意见精神，三门峡市黄河河务移民管理局更名为三门峡市黄河河务局，其主要职责是负责国家治理黄河有关法规的落实，负责全市黄河河段、河道、堤防工程建设与管理以及黄河三门峡库区、小浪底库区三门峡境内的防汛防凌、水政水保等工作，其承担的移民管理职责划入市水利局。

当年，市黄河河务局按照“一手抓项目建设，一手抓机关建设”的工作思路，以“创先争优”活动为动力，扎实推进“两转两提”的工作任务。三门峡黄河库区防洪工程建设和工程管理工作稳步推进，库区防汛、水政水保工作有序开展，库区群众总体思想稳定。

库区项目建设效果明显。全年共争取到建设项目10个，资金4 066.91万元。国家发改委批复陕县辛店应急防冲工程，长1 920米，计划投资2 554万元。争取到抢修及修复工程项目3个，资金832.91万元。其中：灵宝盘西工程，长290米，项目资金372.74万元；湖滨会兴工程，长98米，项目资金194.65万元；后川工程，长120米，项目资金265.52万元。

工程面貌焕然一新。先后组织人员赴山西黄河河务局和陕西黄河河务局学习考察水管单位工程管理好的经验和做法，查找工作不足，激发各水管单位改进方式方法，提高防洪堤防标准。9月16日，在冯佐工程现场召开工程管理观摩会，要求县（市）区黄河河务局按照黄河工程管理标准，对24处工程的维修养护工作进行全面检查。10月28日，所属24处维修养护工程均通过黄委5年工程管理大检查，充分发挥工程效益，确保工程安全运行，得到检查组的一致好评。灵宝鸡子岭工程、陕县七里工程、湖滨区王官工程被评为黄委“示范工程”。

黄河防汛成效显著。以黄河防汛为重点，扎实做好应急管理工作。召开2010年黄河防汛会议，修订完善《三门峡市黄河库区防洪应急预案》，广泛深入地开展防汛宣传，增强广大干部群众的水患意识和法制观念，严格落实黄河防汛责任制。当年，进入黄河三门峡库区的最大洪峰为3 300立方米/秒，和上年相比，上游来水偏大。7月5日，后川、会兴工程发生重大险情，市黄河河务局及时向黄河防总汇报，迅速赶赴现场，组织抢险救护。由于发现及时，处置得当，险情得到初步控制。完成黄委批复的后川、会兴水毁修复工程方案。其中：完成后川水毁工程120米、土方6 458立方米、石方11 214立方米，完成投资265.52万元；完成会兴水毁工程112米、土方8 490立方米、石方10 537立方米，完成投资194.65万元。两处工程均已通过黄委工程验收，投入使用。灵宝盘西应急水毁工程长290米，完成石料18 277立方米、土方16 978立方米，完成投资372.74万元。陕县七里防冲工程共完成石方882立方米、土方600立方米，完成投资15.85万元。汛期，三门峡水库配合黄委进行4次泄洪拉沙，黄河防汛总体平稳。

水政管理不断加强。坚持依法行政，强化执法责任，推进文明执法。进一步理顺水政管理体制，新设立水政科，并组织人员到兄弟单位学习水政工作经验，参加法律知识培训和相关考试；8月，市人大常委会对黄河河务工作进行视察，对取得的成绩给予充分肯定，并对加强执法工作提出指导意见。以维护库区良好水事秩序为重点，着力抓好河道内建设项目管理、河道采砂、库区滩涂等水政管理工作；下发《关于渑池县黄河白浪浮桥舟体堆放消除安全隐患的通知》，妥善处理舟体加固遗留问题，积极配合有关部门做好运三（运城—三门峡）公路铁路两用跨河大桥项目审查、转报、转复工作。加强河道巡查，及时处理各类水事案件。市、县两级水政工作人员到有关工地现场，宣传政策法规，督促建设单位按程序办理项目手续；加强与地方行政执法部门的沟通与联系，打击乱堆乱放、乱挖乱采等扰乱黄河河道管理秩序的违法行为。

机关建设生动和谐。以“创先争优”活动为载体，积极建设学习型党组织，为各项事业发展提供强有力的政治思想保障。采取党组成员带头上党课、科级干部轮流授课等多种形式，做到学习教育制度化、经常化；机构改革结束后，分别完成机关总支、工会及各支部的换届选举工作，建立健全党建工作组织体系，使党组织和党员活动走向制度化、经常化。坚持“两手抓、两手都要硬”的方针，开展以社会公德、职业道德、家庭美德为主要内容的“三德”教育，实施“文明科室”“文明职工”“文明家庭”评选活动，通过市级文明单位的复验。4月，成功举办河务系统第一届“兴河杯”运动会；7月，举办以“争先进、创一流、学准则、促发展”为主题的述职演讲比赛；8月，举办市黄河河务局庆祝新中国成立61周年红歌比赛活动；9月~10月，分批组织机关干部到山东黄河河务局、河南黄河河务局考察学习兄弟单位在工程建设、工程管理、黄河防汛等方面的先进经验，开阔视野，查找差距，明确目标。

年底，市黄河河务局荣获“三门峡市防汛工作先进单位”“三门峡市平安工作先进单位”“党建工作先进单位”“宣传思想工作先进单位”“群体工作先进单位”等称号。市黄河河务局工程科被黄委授予“‘十一五’工程管理先进集体”“‘十一五’工程规划计划先进集体”称号；灵宝市河务局被黄委授予“‘十一五’工程管理先进单位”称号；陈涛、张景芳、卢多敏、李瑞华等10余人被上级表彰为先进个人。

【2010年利用并优化桃汛洪水过程冲刷降低潼关高程试验正式启动】 3月24

日12时起,黄河水利委员会利用黄河内蒙古河段开河期的桃汛洪水冲刷降低潼关高程试验正式启动。本次实验重点关注进入潼关断面的水流含沙量,以及沙峰与洪峰的匹配关系。同时,立足于水库群的联合调度、精准调度来实现试验目标。利用万家寨、龙口、天桥、三门峡4座水库,打好空间差和时间差,组合、优化洪峰和沙峰关系。作为该试验工程的关键环节,三门峡枢纽局、三门峡市黄河防汛部门高度重视,及时启动防汛工作机制,加强值班,密切监视汛情,确保三门峡水库配合试验任务圆满完成。

【编制《黄河潼关至三门峡大坝河段近期治理工程可行性研究报告》】 为积极争取项目和资金,巩固黄河三门峡库区已建工程,开发新的工程,控制和减缓库区塌岸、塌滩,保障沿岸群众的生命财产安全。6月7日,市、县两级河务部门组织编制《黄河潼关至三门峡大坝河段近期治理工程可行性研究报告》并上报国家发改委,等待审批。报告规划总投资1.78亿元,修建工程13处,长度17.11千米。工程实施后,对降低潼关高程,巩固和发挥已建工程效果,理顺三门峡段黄河河道,控制和减缓库区塌岸、塌滩,保障人民生命财产安全起到积极作用,同时对三门峡经济社会可持续发展发挥重要意义,具有较好的社会效益和经济效益。

【黄河三门峡段防洪工程管理十二五规划编制完成】 8月27日,市黄河河务局编制完成《河南省三门峡库区十二五工程管理规划》,并上报水利部黄河水利委员会。规划项目总投资2 918.65万元,其中灵宝段1 798.3万元、陕县段483.6万元、湖滨段636.75万元。规划分为运行机制、安全管理、数字工管、技术创新、示范带动、河道管理6个方面的内容,争取通过5年时间对黄河三门峡段49千米长的防洪工程进行全面维修养护,重点对工程的坝坡、坝顶、备防石及防汛路等进行加固、维修、整理,确保工程安全完整,使工程面貌显著改善,充分发挥工程抗洪效益和生态效益,达到工程沿线工程安全、道路畅通、绿树成荫,人水和谐,成为黄河沿岸的靓丽风景线。

【黄河灵宝盘西应急水毁修复工程通过初步验收】 9月15日,市黄河河务局组织有关单位对灵宝盘西应急水毁修复工程进行初步验收。验收小组经过现场勘查、听取汇报、查阅资料后,一致认为:该工程规模、结构按批复完成,实体质量符合要求,土方填筑平整,散抛石排列密实,笼石饱满、铰接严密,施工过程规范,无质量和安全事故,工程档案资料比较齐全,同意评定为合格工程。黄河防总批复的灵宝盘西应急水毁修复工程长度290米,主要工程量土方1.38万立方米、石方1.11万立方米,预算投资249.12万元。工程于6月30日正式开工,8月31日工程主体全面完成。该工程的修复,有效地防护上游来水对工程本身的顶冲、淘刷,稳定了该段的河势、流路,保护了工程附近村庄百姓的生命、财产安全。

【黄委组织2010年黄河潼三段汛后河势查勘】 10月11日至15日,黄河防汛办公室组织河南、山西两省三门峡库区管理局有关防汛、工程业务技术人员对黄河潼三段2010年汛后河势进行实地查勘。查勘期间,沿黄各库区工程技术负责人重点介绍所辖河段汛期、汛后河势基本流路及变化情况,协助查勘组绘制完成河势现状图。查勘结束后,查勘组成员针对潼关至三门峡河段2010年河势、水情、工情及库岸坍塌情况进行认真核对、分析、汇总。对潼关至三门峡大坝河段2010年汛期河势变化、汛末河道现状,两岸工程靠流、工程出险及抢险等情况有了全面了解,对存在的主要问题达成共识,并进一步分析了河势变化的主要原因,初步预估其发展趋势。

【湖滨后川、会兴应急水毁修复项目通过验收】 10月16日,湖滨后川、会兴应急水毁修复工程顺利通过黄委验收,均为合格工程。7月初,三门峡水库控泄排沙造成黄河水位降低、河槽拉深、主流顶冲加上原有工程结构断面单薄等原因,两地护岸工程先后发生重大险情。8月28日、8月30日,黄河湖滨后川、会兴应急水毁修复项目经黄河防总正式批复后相继开工。批复工程结构为铅丝笼石、散抛石护根,粗排石护坡,增加滤水层设置并加大基础,放缓坡度。其中后川工程长度120米、会兴工程长度112米。工程完工后,保证了后川、会兴护岸整体工程的完整和安全运行,保护了岸边井站、村庄的安全,提高了工程抵御洪水的能力,社会效益和经济效益显著。

【黄河辛店段塌岸治理项目获发改委批复】 11月3日,由市黄河河务局上报的《河南黄河三门峡库区辛店应急防冲工程初步设计》得到国家发改委的批复。水利部正式下达该工程的投资计划2 554万元,修建工程长度1 920米,土方47万立方米,石方14万立方米。项目实施后,将阻止辛店段1 920米库岸不再因黄河主流顶冲及水库蓄水风浪淘刷而坍塌,减少库区淤积,稳定河势,稳定和保护三门峡库区黄河湿地;保护附近移民村庄耕地、惠能电厂等厂矿企业、国道及高速公路等安全。

【三门峡市黄河防洪工程2010年度维修养护任务全面完成】 至12月底,水利部黄河水利委员会下达河南三门峡库区的黄河防洪工程维修养护资金498.47万元已全部完成,沿黄灵宝市、陕县、湖滨区河务移民管理局按照《黄河河道整治工程管理标准》对河南三门峡库区24处防洪工程,49.68千米工程长度,276个垛坝进行了全面的维修养护。重点对工程的坝坡、坝顶、备防石及防汛路等进行加固、维修、整理,保持工程的完整,提高工程的抗洪能力,保证库区安全度(凌)汛。2004年,三门峡市黄河河务局被确定为全国46家水利工程管理改革第一批试点单位。从2006年起,每年黄河防洪工程维修养护经费全纳入中央财政预算。通过近几年水利工程"管养分离"管理模式的开展以及中央财政资金的支持,三门峡库区防洪工程面貌得到进一步改善,有效地控制了塌岸,保护了黄河岸边耕地,维护了三门峡库区人民利益,具有较强的社会效益和经济效益。 (胡海林)

·编辑 李艺芬·

工　业

INDUSTRY

三门峡鹏飞电子公司节能灯生产车间

工业和信息化

【概况】 2010年,三门峡市工业增加值达到562亿元,同比增长18.5%,比“十五”末增加374亿元;五大支柱产业实现增加值357.8亿元,同比增长18.8%,占规模以上工业增加值的比重达到70.6%,比“十五”末提高2.9个百分点。速达电动汽车、骏通车辆、恒生柠檬酸金钾、兴邦特种膜、华鑫铜箔等一批具有高成长性战略先导产业项目相继成为三门峡市工业新兴产业的主力军。全市工业企业研发机构创建为省级院士工作站3家、省级工程技术研究中心12家,被认定为省高新技术企业28家。全市非公有制经济增加值占GDP的48%,非公有制经济和中小企业提供就业岗位30万个以上。全市建立小额贷款公司3家,组建民营担保机构43家,形成了多渠道融资体系。加大煤炭资源整合力度,全市30家小煤矿与义煤集团签订了兼并重组协议。全市56个单位建有内部局域网,农村党员干部现代远程教育网、平安城市科技防控体系、党建网、“数字工商”、E税通等信息化工程建设步伐加快,满足了社会不同层次对通信和信息服务的需求。

加强对工业经济运行的监测和协调。市工业和信息化局一是加强经济运行监测分析。建立重点企业信息直报制度和汇总分析制度,健全完善全市工业经济运行监测网络,加强对优势产业、重点企业及主要产品的监测和预警,提高经济运行分析监测的及时性和有效性,密切掌握工业经济发展态势。国家取消电解铝优惠电价后,三门峡市电解铝企业面临严峻形势,为帮助企业渡过难关,6月,市工信局深入全市铝工业企业进行专题调研,组织全市20家重点工业企业召开座谈会,了解企业运行情况及存在的困难,听取企业的意见和应对危机的建议,并及时将企业的情况和困难向市委、市政府反馈,协调有关部门,为企业争取政策支持和生存空间。二是加强要素保障和应急体系建设。强化煤电油运等工业要素的保障协调,在迎峰度夏期间和生产要素供应偏紧情况下,突出做好煤电油运的协调、调度和保障,基本上保障了全市重点企业和重点项目的生产需要。三是深化企业服务年活动。市工信局作为市企业服务年活动办公室的具体实施单位,以“工业是第一经济,服务是第一职能”为理念,全面深化企业服务工作。落实领导联系重点企业、首席服务员、重点企业挂牌保护、企业巡回服务、信息直通车等制度,完善服务企业的各项措施。每名科级干部负责联系一个或几个重点服务企业,定期进入企业开展调研,了解掌握各县(市)区企业服务工作情况和重点企业生产经营情况,协调解决企业生产中的困难和问题。采取开展调研、召开座谈会和发放问卷表等形式,广泛征求各类企业对服务方面的意见建议,全面解决企业在发展方面存在的困难和问题。全年共收集企业问题和建议213条,其中重点服务企业105条;已解决企业问题198条,其中重点服务企业问题解决97条。加强银企对接、产销对接。定期组织供需对接、产销对接、工贸对接和银企对接等活动,缓解企业融资困难,为企业发展搭建服务平台。对全市重点企业产销情况进行摸底调查,掌握了重点企业的产销状况。开展全市重点企业2011年用煤计划调查,为煤炭企业与工业企业用煤对接做好基础性工作。组织有关企业参加郑州2010年银企合作洽谈会,全市企业与金融部门签订贷款项目65个,贷款合同金额136亿元,在18个省辖市中居第2。各县(市)区召开银企洽谈会28次,达成贷款意向约70.5亿元,落实贷款约10.78亿元,有效解决了企业资金短缺的问题。四是为企业减轻负担。与市减负领导小组13家成员单位联合制定下发《关于开展减轻企业负担专项治理工作的实施方案》,重点督促落实各项惠企政策措施,清理和规范涉企收费。组织各成员单位按要求开展自查,并对发现的问题及时进行整改,取得了良好效果。

加快承接产业转移步伐。明确承接重点。围绕三门峡市五大支柱产业,以产业集聚区为主要载体,以拉长产业链条、提高附加值、打造产业集群为目的,重点加强和培育三门峡产业集聚区,使之成为能源、高新技术、先进制造业、铝工业深加工的产业承接基地。加快承接产业转移工作进度。市工信局及时确定年度承接目标,制定工作方案,开展形式多样的专题对接和综合承接活动。组织三门峡市工业企业参加中国西部装备制造业博览会、第6届河南国际投资贸易洽谈会、中国郑州2010产业转移系列对接活动、省工信厅组织的沿海地区大型产业承接活动以及第7届中国国际中小企业博览会。中国黄金集团总公司、河南煤化集团等一批投资项目顺利实施。创建新型工业化产业示范基地。三门峡产业集聚区和义马煤化工产业集聚区被批准为河南省新型工业化产业示范基地。联合市发改委向省工信厅、省发改委申报重点产业振兴和中小企业技术改造项目,全市3个重点产业振兴和6个中小企业技术改造项目已经通过省工信厅、省发改委的审核,并上报至国家工信部和发改委。申报省技改项目扶持资金6个,争取承接产业转移奖励资金项目1个。争取资金支持,推动项目建设。全年争取国家、省各类项目资金共4 137万元,其中国家中小企业专项资金640万元,有力地推动了三门峡市工业企业的技术改造和项目建设。

带动发展方式转变。运用高新技术和先进适用技术进行工业企业技术改造提升,推动工业结构调整和优化升级,重点跟踪服务三门峡恒生科技研发公司年产5万千克柠檬酸金钾扩建项目、三门峡康耀电子公司二期OLED建设项目、河南仰韶生化工程有限公司耐热木聚糖酶高技术产业化示范工程项目、三门峡方圆实业股份有限公司年产4 000万千克新型石油支撑剂项目、速达公司发动机增氧调压节能装置等高技术项目的产业升级。加强以企业为主体、市场为导向、产学研结合的创新体系建设,统筹规划推进产业转型升级,促进全市工业结构调整。《河南省电动汽车产业发展规划(暂行)》将三门峡市确立为全省纯电动汽车生产基地、纯电动轿车整车试验监测研发中心和电动汽车示范运营城市。三门峡市电动汽车生产基地正式启动建设。围绕节能环保、生物医药等产业,集中加以培育,引导和推动制造业、高新技术企业向规模化、高端化发展。强力推进整机成套装备、黄金及有色金属加工、煤化工、林果食品加工等技术改造工程。加强技术创新,狠抓资源综合利用。灵宝晨光化工公司的能源管理项目申报国家能源管理中心建设示范项目。东方希望(三门峡)铝业公司从铝土中提取昂贵的金属镓,形成4万千克4N镓的年产能。

从源头上控制能源消耗。实施节能攻坚行动。制定工业节能降耗攻坚计划及实施方案,以煤炭、有色、建材、化工、钢铁、造纸、纺织、电力等8个重点耗能行业为重点,以加快淘汰高耗能落后产能和清洁生产为突破口,以重点行业、重点企业为核心,以资源循环利用为手段,通过加强具体指导、技术标准、产业政策、能耗管理、能效对标,整体提升工业企业节能降耗减排水平。完成2010年度三门峡市4家淘汰落后产能企业落后生产设备的拆除工作,并配合国家审计署工作组对4家企业进行了核查验收。推进节能技术进步。加强节能环保领域的重大技术、装备和产品开发,大力推广应用节能、环保、资源循环利用技术、装备和产品。开曼铝业公司、仰韶奶业公司、中原黄金冶炼厂被推荐为省工信厅推行工业企业清洁生产的试点企业,其中为开曼铝业公司争取国家扶持资金1 200万元,项目开始实施。强化工业节能监管。根据《河南省工业节能监察办法》,指导全市企业依法履行节能降耗责任,努力做到“增产不增能,扩建不扩能、增能靠节能”。根据国家和省发布实施的钢铁、有色、建材、煤炭、电力等行业38项单位产品强制性能耗限额标准,对达不到标准的落后产能予以停产改造,改造无望或经改造仍不达标的,列入淘汰名单。落实责任,强化节能工作目标。6月下旬,市工信局与市政府签订了目标责任书。为强化目标任务、落实责任,市工信局分别与18家企业签订节能目标责任书。

做大做强科技装备制造业。全市7个项目获得河南省工业和信息化科技成果奖,其中三门峡恒生科技研发有限公司的清洁镀金新材料研发及应用研究、河南金渠黄金股份有限公司的电热合金材料在金刚石合成领域的应用和河南中原黄金冶炼厂有限责任公司的高铜金精矿综合回收金铜湿法冶炼工艺的研究与应用等3个项目获得二等奖,灵宝市金源矿业有限责任公司等4家企业的项目获得三等奖。鼓励优势企业创建工业产品质量控制和技术评价实验室,提高企业质量管理水平,增强企业的自主研发和科技创新能力。推荐三门峡缘分果业有限公司、开曼铝业有限公司、三门峡方圆实业有限公司和河南仰韶生化工程有限公司的质量控制化验室申报国家工信部的“工业产品质量控制和技术评价实验室”。组织企业参加先进装备制造业博览会。挑选全市9家规模大、效益好、技术先进的装备制造企业参加在郑州市举办的先进装备制造业博览会,并获得全省先进装备制造业博览会组织奖。三门峡化工机械厂、三门峡中天实业有限公司被评为全省重点装备制造业企业。

加大对中小企业的扶持力度。支持和引导中小企业加快结构调整,提高市场竞争力和抗风险能力。对全市50家自主创新能力较强、市场前景较好、高成长型的中小企业实行动态管理、重点扶持,推动企业转型升级。加强融资平台建设,为中小企业搞好融资服务。全市共设立担保机构39家,其中财政投资参股的政策性担保机构6家、民间资本投资的担保公司33家,总注册资本8亿元,初步形成了50亿元的担保能力。全年全市在保企业2 500多户,担保金额达26亿元。加快推进小额贷款公司设立。组建设立小额贷款公司2家,填补了全市空白。推进中小企业产权交易试点工作。按照“政府指导,市场牵引,企业自愿,合规运作”的原则,及时组织开展全市中小企业产权交易试点工作,全市有12家中小企业挂牌上市,占全省41家挂牌上市中小企业的30%。推进中小企业“集合票据”发行企业推荐工作,推荐两家企业,实现融资5 200万元。推动中小企业服务平台建设,创建国家级服务示范平台1个、小企业创业基地1个。做好三门峡市担保机构协会组建工作,更好地服务中小企业融资担保。

加速推进“两化”融合。构建协调为主的政府平台(政策)和运营商为主体的网络支撑平台,使全市信息化建设步入健康发展轨道。全市电子政务传输网络和平台建设初见成效。全市建有内部局域网的单位有56家,开始内部办公自动化建设的单位有34家,拥有自己网站的市直部门达40多家,拥有独立外网网站的有3个县(市)、市直20多个局委。基础信息库和重要业务应用系统建设稳步推进。建有业务系统并与省对口部门相连的单位有33家,与市、县对口部门相连的单位有21家。金融、财税、保险、公安、教育、卫生、农业等行业性内部网络功能日趋完善,“金审”“金税”等一批重大信息工程全面实施,初步形成了政务、商用、公众三大信息资源体系。企业信息网络系统雏形初现。指导企业和各电信运营部门合作,建立信息网络系统,先后完成义煤集团、阿姆斯果业、中原量仪、灵宝金源集团等企业的信息化网络系统建设工作。全市30%的企业建立了专门的信息化机构,全市规模以上企业中约50%的企业建立了计算机局域网或广域网。

【2家企业入选省重点转型升级企业】 1月19日,三门峡戴卡轮毂制造有限公司、河南景源果业有限责任公司入选省政府确定的142家重点转型升级企业。按照省政府的要求,三门峡市有关部门将制定措施,引导重点转型升级企业完善和实施发展规划,加快项目建设步伐,在产品升级、技术创新、战略合作、节能减排、企业管理等方面发挥引领支撑作用。

【全市信息化工作会议召开】 8月5日,三门峡市召开信息化工作第一次推进大会,部署信息化和信息产业工作。会议提出,各级、各部门要增强做好信息化工作的紧迫感、责任感,推动全市信息化工作再上一个新台阶;要加强对信息化工作的领导,加大对信息化工作的投入,加大信息化人才培养和引进力度,为加快推进信息化创造良好的外部环境。会议还传达了加快全市信息化建设步伐的实施意见。

【三门峡产业集聚区年产百万台果业管理机械项目开工】 10月,三门峡百年农机装配有限公司年产100万台果业管理机械项目在三门峡产业集聚区开工建设。该项目总投资9 700万元,占地5.7公顷,其专利产品苹果疏花机和苹果套袋机填补了国内果业管理机械领域的空白,可使每公顷果园降低投资成本19 500余元。项目全部建成后,年可实现产值7.4亿元、利税2.77亿元,安排就业500余人。

【全市12家企业在国家区域性(河南)中小企业产权交易市场挂牌交易】 11月12日,国家区域性(河南)中小企业产权交易市场开盘仪式在郑州国际会展中心举行,成为中国继主板、中小板、创业板之后又一新的基础性资本市场。此次全省挂牌企业41家,其中三门峡市12家,挂牌企业数量名列全省首位,分别是:灵宝金源桐辉精炼股份有限公司,河南孟成生物药业股份有限公司,河南志成金铅股份有限公司,河南鑫华矿冶股份有限公司,河南飞跃纸业股份有限公司,河南三宝园林股份有限公司,河南苏秦置业股份有限公司,河南豫西轴承股份有限公司,河南玖鼎新材料股份有限公司,三门峡兴河石油设备制造股份有限公司,三门峡市远村投资股份有限公司,三门峡方圆实业股份有限公司。

【三门峡市在郑州2010产业转移系列对接活动中签约13个项目】 11月12日,由工业和信息化部与河南省政府共同主办的中国郑州2010产业转移系列对接活动在郑州国际会展中心开幕。此次对接活动是在《国务院关于中西部地区承接产业转移的指导意见》下发后,在全国首次举办的承接产业转移专题活动。市委书记李文慧,市委副书记、市长杨树平,市委常委、秘书长赵中生,副市长李琳、高战荣率三门峡市代表团分别参加了开幕式、中小企业产权交易市场开盘仪式、装备制造业博览会、中原经济区建设与产业转移高峰论坛、产业转移系列专场项目对接等多项活动。在产业转移系列合作签约仪式上,三门峡市签约项目13个,投资额达51.87亿元。13个签约项目分别为:投资1.2亿元的年产万吨铜铝铸件项目,投资2.2亿元的河南汇中50万吨冶金炉料加工配送基地项目,投资1.36亿元的和意服饰有限责任公司年产150万件服装项目,投资3.75亿元的生物质燃气项目,投资5.6亿元的年产3 000万套锂离子电芯组装项目,投资9亿元的年产600万台洗衣机电冰箱项目,投资13.3亿元的年产50万吨甲醇深加工项目,投资2.2亿元的卓越线束制造项目,投资5亿元的年产5万吨铝型材项目,投资4亿元的石油催化剂项目,投资1.56亿元的年产300万套汽车灵活燃料控制器项目,投资1.6亿元的年产10万吨铝板项目,投资1.1亿元的年产1万吨优质耐火材料项目。

【两个产业集聚区被列为省新型工业化产业示范基地】 11月16日,省工信厅公布全省第一批25个新型工业化产业示范基地,三门峡市入围2个,分别是:三门峡产业集聚区,示范内容为节能减排、综合利用;义马市煤化工产业集聚区,示范内容为生态煤化工。

【三门峡市金三角中小企业产权交易有限公司开业】 11月19日,三门峡市金三角中小企业产权交易有限公司开业。该公司是国家区域性(河南)中小企业产权交易市场综合会员单位,主营业务是中小企业产权、股权、知识产权交易代理,为中小企业产权、股权、债权产品提供交易平台,促进产权交易市场的规范运作,缓解中小企业融资难问题,促使中小企业健康发展。经过筹备,已保荐挂牌上市企业8家,正在保荐的企业6家,后备企业10多家。

【举办信息化专题讲座】 12月14日,三门峡市举办信息化专题讲座,工业和信息化部电信研究院副总工程师、电信经济专家委员会秘书长陈金桥博士应邀作了题为“助建信息时代,促进科学发展”的信息化科技报告。此次讲座由市信息化工作领导小组、市委组织部、市工业和信息化局、中国移动三门峡分公司共同主办,市直有关部门及电信运营企业负责人聆听了讲座。 (崔礼靖)

建材工业

【概况】 三门峡市通过推广应用节能、节水、环境保护和资源综合利用技术,2010年,已形成以干法水泥、玻璃、墙体材料、刚玉、耐火纤维等为主导产品的建材工业体系。全市建材行业有从业人员15 310人,实现主营收入96.7亿元,同比增长26.8%;完成工业增加值32.4亿元,增长24.1%;实现利税总额11.8亿元,增长23%。主要产品产量:水泥熟料37.8亿千克,水泥41.84亿千克,平板玻璃357.2重量箱,耐火材料2.48亿千克,刚玉磨料7.57亿千克,粉煤灰、烧结砖55亿块。全市有水泥生产企业6家,设计生产能力65亿千克;玻璃生产企业2家,年生产能力480万重箱;新型墙材企业30余家,以粉煤灰为蒸压系列、煤矸石为烧结系列的产业化新材体系产品覆盖砖、板、块3大类17个品种,年生产能力60亿块/标砖左右。总体上看,三门峡市发展新型墙体材料的市场规模、工艺、技术含量、装备均位于全省前列。刚玉行业是三门峡市特色产业,在国内外享有盛誉。全市30余家企业年总产能达10亿多千克,约占全国年总产能的20%、河南省产能的35%。以耐火纤维为主导产品的耐火材料也是三门峡市的特色产业。全市20余家生产企业拥有耐火纤维生产线20条、纤维异型制品生产线43条,成套窑炉设计、加工、安装能力200台。主要产品陶瓷纤维棉、毯、毡等设计能力3 000万千克,2010年总产量1 524.8万千克,实现销售收入14 537万元,同比增长50%,上缴税金727万元。 (崔礼靖)

【大唐发电年产5亿块粉煤灰蒸压砖项目试车成功】 2月7日,大唐发电唐润公司第一釜加气混凝土砌块砖成功下线,标志着大唐发电年产5亿块粉煤灰蒸压砖项目建成投产。该项目为三门峡产业集聚区大唐发电的配套项目,总投资1.24亿元,具有设计数字化、操作程序化、系统自动化、厂区环保化的特点,是省内一流的全封闭、全环保新型建材生产厂家。项目投产后年可实现产值8 000万元,上缴利税1 980万元。

【江苏恒耐集团渑池耐材科技有限公司1亿千克高端均化耐材项目开工奠基】 11月16日,渑池县举行江苏恒耐集团渑池耐材科技有限公司1亿千克高端均化耐材项目开工奠基仪式。该项目位于仰韶乡崇村村,主要是利用中低品位矿和废弃碎矿生产优质耐火原料,可大幅度提高铝矾土资源的综合利用率,有效地保护资源和环境,并为耐材制品高端化奠定原材料基础。项目一期工程投资1.5亿元,占地面积8.3公顷,设计年产各种优质合成耐火原料7 000万千克。该项目不仅能满足未来行业的快速发展需求,对推进耐火产业

改造提升也具有重要意义。（计 彦）

电力工业

【概况】 2010年底，三门峡市发电装机总容量343.54万千瓦，全年发电量136.99亿千瓦时。其中，火电厂13座，装机总容量291.6万千瓦，全年发电量120.8亿千瓦时；水电厂65座（其中小水电64座），装机总容量45.51万千瓦，全年发电量15.64亿千瓦时；风电厂1座，装机总容量6.425万千瓦，全年发电量0.55亿千瓦时。三门峡供电公司全年完成售电量125.35亿千瓦时，比2009年增长23.39%；综合线损率3.77%，同比下降0.073个百分点；综合电压合格率完成99.749%，比计划高0.33个百分点；供电可靠率完成99.974%。5月10日，地区用电负荷达到184.13万千瓦，当日供电量达到4 086万千瓦时，均创历史新高。三门峡供电公司荣获全国厂务公开民主管理工作先进单位、全国模范职工小家、全省职工健身活动月先进单位、国家电网公司文明单位、河南省职工建功“十一五”技术创新竞赛先进单位、河南省质量管理小组活动优秀企业、河南省电力公司创建“四好”领导班子先进集体等荣誉。

全面加强安全生产管理。三门峡供电公司全年顺利实现3个安全百天，截至12月31日实现连续安全生产4 584天，保持了安全生产的长周期稳定局面。三门峡供电公司深入开展“3个不发生”“安全反思月”等安全活动，建立隐患排查治理常态机制和事故隐患数据库，集中进行微气象区域设备检查、施工现场安全检查等专项检查，加强“退役”输变电设备管理和重要设备预警监督，扎实开展事故隐患排查治理和专项反事故演练，进一步夯实了安全生产基础。部署开展“重要及高危客户集中整治年”活动，编制一对一应急预案，严把“准入关、监督关、应急关”，确保高危企业用电从源头和过程做到长治久安。开展安全检查自查和跨专业互查，认真落实输变配电设备防寒度冬安全技术措施，提前完成10条220千伏线路、4条110千伏线路防舞动治理工作，同步开展防覆冰、防外力破坏专项治理，并结合地形和气候特点在偏远乡（镇）建立物资储备仓库，提前做好应对冬季恶劣天气的充分准备，经受住了抗旱保电、冻雨覆冰、卢氏特大洪涝灾害等重大考验，圆满完成了上海世博会、国家法定节假日和中招、高招考试等重要保电任务，安全生产局面继续保持稳定。面对7月24日的突发洪灾，三门峡供电公司立即启动市、县两级防汛应急机制，成立卢氏抗洪抢险一线指挥部，先后动员组织市县两级抢修队伍130支、抢修人员4 629人次、抢险车辆528台次，昼夜奋战，全力攻坚，7天7夜恢复所有断电用户供电，在全市参与抢险的公共基础服务行业中实现了多个第一、多个领先。

加快推动地区电网优化升级步伐。立足实施“大规划、大建设”战略，制定提出2010年电网发展“1158”工程（力争1个总体目标，抓住1个中心工作，开工和投运5项工程，核准和储备8项工程），切实加快地区500千伏电源优化布点和220千伏电网结构完善，全力推动地区电网大升级、大开环。如期竣工投运三门峡东部电网完善工程，有效解决东部电网卡脖子问题，在迎峰度夏工作中发挥了关键作用。扎实推进电力光纤入户试点工程建设，加快实施电动汽车充电设施项目，有力促进了智能电网建设和新能源发展。全面落实河南省电力公司与三门峡市政府电网发展战略框架协议，积极与各县（市）区四大班子进行“十二五”电网规划会商，同地方建设项目、产业集聚区发展规划、土地利用总体规划有效衔接，高标准、高起点编制完成地区“十二五”电网规划，于11月12日首家通过河南省电力公司评审。

积极促进经济结构优化和服务水平提升。紧紧围绕全市产业集聚区规划，全面开展“实施‘大营销’战略，深化服务全市项目建设年”活动，市、县两级同步设立9个产业集聚区电力服务中心，扎实推进产业集聚区供电服务工作，有效促进了经济结构优化和发展质量的提升。组织供电服务人员深入基层用电客户，挂牌督办，加快重点项目一对一服务。全面启动行风建设暨优质服务“大走访、大服务、大提升”活动，由领导带队，深入党政机关和重要客户开门纳谏，收集建议，共召开大中用户座谈会7次，走访各类用户6 110户，针对征求到的意见和建议进行认真整改落实，并组织开展供电“服务之星”选拔比赛，举行“95598”供电服务应急演练，增设电费代收网点，提升了供电服务水平。深入开展配网无事故、“无停电月”活动，切实加强配网安全管理，供电可靠率取得历史最好水平。成立节能减排办公室，同各县（市）电业局签订责任状，紧紧依靠和配合政府，做到“日预警、日报告、日对策、日行动”，有保有限，令行禁止，扎实做好节能减排工作。召开大用户服务座谈会，加强与相关企业沟通，并重点针对工业、民用混供线路，派出专人逐条排查分析，采取有效的断联分流措施，做到限电不拉路，全力保证重要客户和居民用电。

推动农电专业管理新跨越。建立健全归口管理与专业管理相结合的农电管理体系，实现电网运行、检修维护、应急处置等方面的市县一体协作。强力推进农电系统“9516”能力素质提升工程，拓展县电业局人才交流培养渠道，安排40名县（市）电业局生产一线人员到市供电公司跟班锻炼培养，选派9名县（市）电业局中层干部互派交流任职，促进了县（市）局之间的优势互补和帮扶共促。加强农电安全管理和农网建设，各县（市）电业局安全记录均保持4 000天以上，顺利完成拉动内需农网工程验收任务。扎实推进新农村电气化县建设工作，渑池县建成全市首个新农村电气化县。迅速召开新一轮农网改造升级工程启动会，同各县（市）局签订责任状，全力组织实施好新一轮农网改造升级工作，提升城乡电网协同发展水平。认真落实农电同业对标措施计划，切实加强标准化供电所建设，已建成33个省级标准化供电所，有2个供电所申报国家级标准化供电所。

科技创新和队伍建设卓有成效。三门峡供电公司科技项目1项鉴定为国际先进，5项为国内领先，2项为国内先进，3项获省公司科技成果二等奖，4项获三等奖，1项获2010年省科技厅科技成果二等奖。公司确立技术创新科技项目21项，全部完成并通过验收；申报专利70项，其中发明专利8项，直接服务于公司的生产运行，起到了节约增效的作用。全年培训达到3 739人次，完成培训率99.5%。按照“经典、前瞻、实用、重点”相结合的原则进行中层干部管理能力培训,取得了实效。

【东部电网完善工程提前完成】 三门峡东部电网完善工程是省电力公司与市政府电网发展框架协议签订后实施的第一个重点项目。3月22日,三门峡东部电网完善工程正式启动。工程总投资3 267万元,线路全长34.9千米,建设工期3个月。在工程建设中,三门峡供电公司牢固树立安全意识、质量意识和团结协作意识,全面实施标准化管理和施工安全质量管理,抢时间、抓进度,周密安排,精心施工,克服了设备供应不及时、施工通道受阻等实际困难,经受住了高温酷暑和紧张施工的双重考验,优质高效地如期完成了“大干90天,打造东部电网完善精品工程”的目标任务。工程的顺利实施,进一步优化完善了三门峡东部电网结构,有效提升了地区电网应对高峰大负荷冲击的能力,为东部电力负荷快速增长和经济社会持续健康发展提供了坚强的电力支撑。同时也全面促进了东部电网的崛起升级,标志着三门峡电网实现大升级的序幕已经拉开,在地区电网全面升级进程中具有里程碑式的重大意义。

【开展“高危客户集中整治年”活动】 2010年,针对三门峡地区高危客户多、安全供电责任大的实际,三门峡供电公司部署开展“高危客户集中整治年”活动,详细排查统计辖区内所有重要、高危企业,编制一对一应急预案,完善“重要、高危客户安全供用电管理办法”和业扩流程,集中开展煤矿等高危客户安全用电专项检查,组织高危客户专项应急知识培训和供电安全联合演练,共建立应急预案168个,完善用户管理资料130家,配合取缔非法小煤窑90多个,治理整改小煤矿38个,严把“准入关、监督关、应急关”,确保高危企业用电从源头和过程做到长治久安。

【三门峡市首批16个电动汽车充电桩安装实施项目启动】 7月9日,三门峡市举行电动汽车充电设施建设启动仪式,全面启动首批4处充电站、16个电动汽车充电桩建设工程。市委副书记、市长杨树平,副市长李琳,市长助理张万斌和市政府秘书长李宝洲出席启动仪式。为全面落实市委、市政府关于加快结构调整、促进经济转型的部署,积极发展电动汽车产业,促进节能减排和新能源的开发,三门峡供电公司以前瞻性的战略举措,率先向省电力公司争取到首批16个电动汽车充电桩安装实施项目。这16个充电桩将分别设置在黄河路、崤山路上4个交通方便的道路旁边。每个电动汽车专用充电桩可供两辆电动汽车同时充电;采用电子触摸屏,方便提示操作;实行刷卡消费,共有固定金额、固定电量、随机消费3种消费方式;充电时间根据汽车充电电池的功率大小决定,大约需要3个小时至5个小时。这些充电设施建设完成后,可以满足三门峡市电动汽车用户的充电需求,对于电动汽车尽快进入公车和私家车领域,迅速在全市范围内推广应用具有积极意义。 (刘一虹)

食品饮料业

【概况】 2010年,三门峡市有规模以上食品企业40家,比2009年增加4家,实现销售收入60亿元,实现工业增加值12.8亿元,占规模以上工业增加值的2.5%。食品工业已形成蔬菜和水果加工(浓缩果汁、果酱、果酒、果汁软包装饮料等)、白酒、粮油加工、屠宰及肉类加工、糕点糖果、乳制品、发酵制品、保健食品、食品添加剂等十几个产品大类。果汁产能5.5亿千克,白酒产能1.1亿千克,啤酒产能5 000万千克。拥有湖滨果汁公司、仰韶集团、景源果业公司、远村食品公司、海升果业公司、固泰酒业公司等一批国家、省食品行业名牌企业和名牌产品。

全市有规模以上果汁加工企业9家,分别是湖滨饮品有限公司、缘份果业有限公司、三门峡湖滨果汁(百佳工贸)有限公司、景源果业有限公司、远村天然食品有限责任公司、鑫源果业有限责任公司、固泰华企酒业有限公司、仰韶奶业有限公司、海升集团灵宝分公司,全年产量为1.41亿千克,产值为12.3亿元,增加值为10 218万元,占食品工业行业增加值的6.7%。湖滨饮品有限公司、缘份果业有限公司、景源果业有限公司3家企业全年出口额为8.3亿元。实施以加快品种多样化、效益最大化为目标的技术改造,景源果业有限公司的年产1 000万千克果酒项目为省级工业重点项目;景源果业有限公司的年产5 000万千克石榴汁、大枣汁饮料项目和年产5 000万千克甜玉米项目,湖滨果汁公司年产3 650万千克PET果汁饮料技改项目,富元果胶有限公司年产1 000万千克果胶项目为市级重点项目。

【三门峡市与中国食品工业(集团)公司签订战略合作框架协议】 4月23日,市政府与中国食品工业(集团)公司战略合作框架协议签字仪式在大鹏酒店举行。中国食品工业(集团)公司与三门峡市就食品、果品加工等领域通过新建、并购、合资和合作等形式加强合作达成协议。 (崔礼靖)

医药工业

【概况】 2010年,三门峡市有8个药品生产企业,分别是:市区的华一制药、赛诺维制药公司,渑池县的广宇博科生物制药公司,卢氏县的莘原制药公司,义马市的天汇制药公司,灵宝市的豫西药业、灵一制药和灵广制药公司,卢氏县的玉皇山制药公司、中康中药饮片公司两个医药中间体生产企业。具有年产片剂120亿片、胶囊剂10亿粒、注射剂2亿支、中药产品800万千克的生产能力,可生产片剂、胶囊剂、丸剂、冲剂、颗粒剂等14个剂型,获得批准文号的产品280多个,先后开发了消栓胶囊、连蒲双清胶囊、葛根芩连颗粒、术愈平、太子金、盐酸西替利嗪胶囊等80余个新产品,拥有健胃消食片、冬凌草片、降脂灵片等一批国家保护品种。 (崔礼靖)

·编辑 卢亚杰·

黄金　煤炭　铝

GOLD, COAL AND ALUMINUM

恒康铝业公司生产车间

黄 金

【概况】 2010年,三门峡市黄金产量完成39 939千克,其中矿产金16 836千克、冶炼金23 103千克。三门峡市地方黄金企业共完成黄金产量28 702千克,其中矿产金14 633千克、冶炼金14 069千克。全年国有黄金企业共实现利润6.42亿元,保持了平稳发展。全年全市地方黄金矿山共投入地探资金2.69亿元,完成地质探矿工程量坑探15.94万米、钻探5 141米,新增矿石量42.62亿千克、金金属量17 554千克,缓解了矿山资源匮乏与新增生产能力之间的矛盾。全市黄金矿山未发生重特大安全事故,“三废”(废水、废气、废渣)排放达到国家或地方标准。在项目建设方面,一方面加大争取国家扶持资金力度,全年共争取地质探矿资金、地质灾害治理资金、危机矿山资源接替资金、资源保护资金等国家建设资金3 000多万元。另一方面重视重点工程建设。灵宝黄金股份公司1 000万千克铜箔项目完成投资5.04亿元,设计的30台生箔机已开启22台,全面进入调试阶段,累计生产高档电解铜箔126.5万千克,合格率为88.8%,产品被国内一些大型企业订购使用。金源公司硫铁化工综合利用三期项目矿山工程完成投资7 500万元,多金属氧化矿综合回收项目土建工程、轻钢结构工程完成投资1 200万元。金渠集团的中深部探矿项目,黄金投资公司选厂改建项目均全面完成。这些项目的建成投产,为全市黄金行业的发展注入了新的活力。

黄金产品

煤 炭

【概况】 2010年,三门峡市煤炭开采和洗选业增加值73.05亿元,同比增长5.1%;利润总额22.84亿元,增长139.19%;原煤产量增长1.3%。煤矿百万吨死亡率为0.095。开展煤矿企业兼并重组工作,确定兼并重组主体企业(义煤集团)。市工信局做好协调服务工作,向上级机关及省兼并重组领导小组办公室汇报三门峡市暂未列入兼并重组序列的2个矿井(陕县支建煤矿、渑池县天坛煤业)情况,使兼并重组工作稳步进行。全市参加兼并重组的31个煤矿企业除渑池县九六八煤矿外,全部与主体企业签订意向协议及框架协议。27家企业完成采矿许可证变更手续。11家企业三门峡区域公司会同当地县(市)政府进行初步复工验收。

义煤集团发展步伐加快。义煤集团名列2010年河南企业100强第19位,入围2010中国企业500强。2月5日,义煤集团8.3亿元收购河南省铁生沟煤矿。3月23日,义煤集团与济源金马焦化有限责任公司签署战略合作协议,约定自2010年起至2014年,济源金马焦化有限责任公司每年采购义煤集团焦精煤3.3亿千克。10月15日,义煤集团借壳欣网视讯成功上市。

义煤集团加强科技攻关,7项成果分获2009年度“全省工业和信息化领域科技成果奖”一、二、三等奖,完成的“突出煤层顶底板岩巷掘进安全岩柱研究”“新安煤田松软低透气性煤层增透技术研究”“新安煤田三软煤层突出危险程度评价及瓦斯综合防治技术研究”和“高瓦斯易自燃厚煤层巷道冲击地压预测预报理论与技术研究”项目通过省科技厅组织的科技项目省级鉴定。

义煤集团多项工作获殊荣。1月29日,义煤集团杨村矿、常村矿被中国煤炭职工思想政治工作研究会授予全国煤炭系统“文明煤矿”称号。2月,义煤集团豫建公司承建的义煤集团新义煤矿装车仓工程项目荣获中国煤炭行业最高奖“太阳杯”,承建的河南义马煤气化二期改扩建原煤储输工程项目获中国煤炭行业“优质工程”称号。5月6日,义煤集团天新公司、曹跃公司通过省级煤炭系统“文明煤矿”验收;11日,义煤集团跃进矿、义安公司正村矿、义煤公司大煤沟矿荣获省级“五优”矿井称号;13日,义煤集团公司水泥公司通过国家产品质量及三大管理体系认证现场审核。8月,义煤集团常村矿、杨村矿被中华全国总工会、国家安全生产监督管理总局联合授予2009年度全国“安康杯”竞赛优胜企业称号。这是两矿分别连续第6年、第3年荣获此项殊荣。10月,在第6届中国诚信企业评审表彰活动中,义煤集团义海公司荣获“2010年中国十大诚信企业”“诚信中国·重合同守信用企业”称号。

义煤集团耿村煤矿生产调度中心

【三门峡市煤炭企业兼并重组工作启动】　3月25日，三门峡市召开煤炭企业兼并重组工作会议，要求在2011年3月底之前全部完成兼并重组工作。三门峡市36个(38对矿井)地方煤矿企业中，核定产能大多为1.5亿千克以下矿井，存在产业集中度不高、安全生产压力大、安全基础管理薄弱等突出问题。按照省要求，此次兼并重组的重点是全市年生产规模在1.5亿千克至3亿千克的小煤矿，三门峡市兼并重组主体企业原则上以义煤集团为主。2010年3月底前，各产煤县(市)要完成对辖区所有煤矿现状调查摸底以及实施方案制定工作;2011年3月底之前，全面完成兼并重组工作。未被兼并重组的小煤矿，要按规定退出煤炭开采领域。省里将在资源配置、资金支持、安全监管、矿权转让及调整、税收优惠、金融支持等方面对兼并重组企业予以一定优惠政策。

【义煤集团与山西煤运集团临汾分公司签订义达矿业公司出资协议】　5月21日，义煤集团与山西煤运集团临汾分公司在山西省临汾市签订义达矿业有限公司出资协议。这标志着义煤集团在山西省的资源整合取得突破性进展。按照协议，双方将组建山西煤运集团义达矿业有限公司，义达矿业公司注册资本金2亿元，临汾分公司出资1.2亿元控股60%，义煤集团出资0.8亿元参股40%，义达公司将整合义煤集团沙女沟煤矿、晋昶煤矿、禹硕煤矿和临汾分公司同富元煤矿、同富新煤矿、同晟达煤矿、同泰达煤矿。煤炭生产管理经营以义煤集团为主，煤炭销售以临汾分公司为主。

【义煤集团石壕选煤厂投产】　5月29日，义煤集团石壕选煤厂正式投产。石壕选煤厂总投资1.1亿元，每年可洗选原煤12亿千克，是义煤集团公司建成投产的规模最大、产量最大、工艺最先进的选煤厂。

【义煤集团常村矿引进波兰技术建成地音监测系统】　5月，义煤集团常村矿引进波兰防治冲击地压技术，建成投用矿井ARES－5/E地音监测系统。应用该系统不但可以通过地音信号对监测区域内较弱震动事件进行实时监测，还能够对井下各地区的活动规律及活动能量变化情况实现连续在线监测，极大增强该矿对冲击地压活动的预测预报能力，提高了冲击地压防治工作效率。

【义煤集团11万千伏中心变电站项目方案通过三门峡供电部门审批】　7月14日，义煤集团11万千伏中心变电站项目方案通过三门峡供电部门审批。11万千伏中心变电站将在3.5万千伏变电站的基础上建设施工，设计方案采用国内先进技术，确保运行平稳、安全可靠、节能降耗、高效经济。预计年底完成土建工程，2011年3月建成使用。

【义煤集团杨村矿被评为全国“五精管理样板矿”】　9月24日，在中平能化集团召开的全国煤炭系统企业文化暨

梁家洼煤业公司井下中央变电所

"五精管理"现场推广会议上,义煤集团杨村矿被中国煤炭职工思想政治工作研究会授予全国煤炭工业"五精管理样板矿"称号,耿村矿、常村矿被授予全国煤炭工业"企业文化示范矿"称号。五精管理是从精细管理起步,逐步实现"精细管理—精准管理—精确管理—精益管理—精美管理",形成管理科学、管理文化、管理技术、管理艺术融为一体的人本卓越管理系统。

铝

【概况】 2010年,三门峡市铝工业已经形成了铝矿石开采—氧化铝生产—电解铝生产—铝深加工(铝轮毂、铝型材、铝板带箔材等)铝工业产业链条。铝工业产业链以三门峡市产业集聚区和渑池天坛产业集聚区为核心,以开曼铝业有限公司、东方希望(三门峡)铝业有限公司、恒康铝业有限公司、三门峡天元铝业股份公司、戴卡轮毂有限公司、河南方泰实业有限公司、三门峡鑫旺铝业有限公司等骨干企业为支撑。全年氧化铝产量42.1亿千克,电解铝产量3.7亿千克,铝材产量8 000万千克,铝合金轮毂产量254万只,共实现增加值65.2亿元,占规模以上工业增加值的12.9%。三门峡市主要铝工业产品生产能力为:氧化铝年产能51亿千克、铝锭年产能5.4亿千克、铝加工材年产能1.5亿千克、车用轮毂年产能300万只。

【义翔铝业公司二期工程投产仪式举行】 4月22日,义煤集团公司举行义翔铝业公司二期工程投产仪式。义翔铝业公司二期工程总投资17.1亿元,采用国际先进的停留罐拜尔法生产工艺,工程于2008年3月开工建设,2009年10月竣工、11月开始进行单机和联运试车,2010年3月5日一次投料试车成功。

【全市铝产业技术路线论证及项目发布会举行】 6月11日,三门峡市举行铝产业技术路线论证及项目发布会,进一步理顺全市铝产业发展思路,解决铝产业关键技术问题,推进经济发展方式转变,打造铝产业品牌优势。

【三门峡铝工业特色产业渑池基地通过认定】 12月29日,省科技厅专家组一行到渑池县,对创建河南三门峡铝工业特色产业渑池基地进行评审论证。通过听取汇报和实地察看,专家组一致认为渑池县产业集聚区的铝产业已粗具规模,产业基地内的骨干企业具备较强的自主创新能力,产业聚集发展态势良好,具备河南省高新技术特色产业基地的基本条件,并给予认定。　(崔礼靖)

·编辑　卢亚杰·

氧化铝成品堆栈

城乡建设　环境保护

URBAN CONSTRUCTION AND ENVIRONMENTAL PROTECTION

5 月 26 日，市区集中供热二期续建工程开工

综　述

【概况】 2009年12月23日,根据中共三门峡市委、三门峡市人民政府关于印发《三门峡市人民政府机构改革实施意见》的通知,组建三门峡市住房和城乡建设局,为市政府工作部门。市建设委员会承担的城乡建设管理职责划入市住房和城乡建设局,不再保留市建设委员会。市建设委员会所属的市涧河管理处调整为市林业和园林局管理;市城市客运管理处、市公交公司调整为市交通运输局管理;承担城乡建设职责的事业单位调整为市住房和城乡建设局管理;承担城乡规划、市政设施管理职责的事业单位调整为市规划和城市管理综合执法局管理。

2010年,新组建的三门峡市住房和城乡建设局以打造宜居城市为目标,以项目建设深化年和城市建设提速年为载体,全力抓好城建重点项目建设,积极推进各项业务工作开展,工作取得新的突破。城市建设投资显著增加,城市的配套设施更加完善,承载能力明显增强。

至年底,市区供水主管网188千米,日供水能力14.5万立方米,自来水普及率为96%。市区供气(天燃气)管道37千米,储气能力为天燃气6.4万立方米、液化石油气200吨,用户28 550户,燃气普及率为57%。市区供热管道102千米,交换站43座,供热面积330万平方米,既有建筑供热计量改造面积70万平方米,占供热总面积的27%。供热能力142兆瓦。市区排水管道长159千米(其中污水管道65千米),有污水处理厂1座,日处理能力8万立方米,全年处理污水1 320万立方米。市区道路全长132.5千米,面积206.5万平方米(其中人行道63.7万平方米),有桥梁10座,道路照明灯18 262盏,安装路灯的道路长度107千米。人均城市道路面积7.48平方米,人均公园绿地面积17.46平方米。市区建成区面积30平方千米,有人口29.2万人,其中常住人口27.6万人,城镇化率47%。

【四川省江油市与三门峡市产业合作推介会在三门峡市举行】 3月30日,四川省江油市与三门峡市产业合作推介会在三门峡市举行,三门峡市30余名企业界代表出席推介会。三门峡市对口支援四川江油市恢复重建工作开展后,已累计为该市新安镇和战旗镇完成援建项目投资4 000余万元,所承担的援建任务基本完成。

【三门峡市援建江油地震灾区项目全面完工】 4月26日,三门峡市援建江油市新安镇、战旗镇地震灾区第二批项目完成,标志着三门峡市援建江油地震灾区项目全面完工,也标志着援建工作提前一年完成。援建新安镇第一批项目5个:新安镇中心小学教学楼重建项目、新安镇敬老院迁建项目、居民点基础设施建设项目、提灌站重建项目和水场水质净化项目,共投入援建资金680万元;第二批2个项目,投入援建资金1 300万元。援建战旗镇第一批项目4个:战旗镇场镇民主街、中和街建设项目,投资100万元;战旗镇学校教学楼重建项目,投资180万元;战旗镇卫生院综合楼建设项目,投资200万元;战旗镇水厂重建项目,投资200万元。第二批2个项目,援建资金1 300万元,分别是农村基础设施建设项目、场镇基础设施建设项目。

【市文体中心体育场钢结构封顶】 11月16日下午,市文体中心体育场钢结构封顶仪式举行。市委副书记、市长杨树平在仪式现场宣布:三门峡市文化体育中心体育场封顶钢构件吊装开始。随即,巨大的吊机吊起最后一件钢构件缓缓抬升,稳稳地放在钢桁架上指定的位置,顺利实现合龙。市领导王建勋、张英焕、亢伊生、李琳、周志远、王铁创等出席仪式。市文体中心体育场钢结构工程,结构主桁架共计80榀,总用钢量3 100吨。整个钢结构安装从6月15日开始,11月10日完成钢桁架合龙,11月16日完成钢结构封顶。

【市商会大厦主体工程封顶】 11月17日,三门峡市重点工程、市文体中心配套项目——市商会大厦主体工程封顶。工程下一步施工重点将转入设备安装、内外装修及相关配套工程的施工,预计2011年8月底前全部竣工。

【陕州大道西延工程征地拆迁工作动员会召开】 12月22日,三门峡市召开陕州大道西延工程征地拆迁工作动员会。市委常委、副市长张英焕出席会议。陕州大道西延工程全长17.08千米,起点位于陕县城村连霍高速三门峡西出入口,终点与现连霍高速函谷关连接线相接,按城市道路双向10车道标准修建,设计时速80千米/小时,全线新建特大桥和大桥4座、涵洞25道、通道15处,沿线经过陕县、三门峡工业园、灵宝市,新占土地126.67公顷。该工程计划于2011年1月底以前完成征地拆迁并开工建设,2012年5月全线通车。 (杨俊峰)

城乡规划和城市管理

【概况】 2010年,根据三门峡市委、市政府机构改革文件精神,将原三门峡市城市管理局的职责、市建设委员会承担的城乡规划和市政设施管理职责及湖滨区政府、开发区管委会承担的市区环境卫生管理职责及城市管理职责,整合划入市规划和城市管理综合执法局,不再保留市城市管理局。新组建的三门峡市规划和城市管理综合执法局,为市政府工作部门,承担城乡规划、城市管理综合执法和环境卫生管理职责。至年底,新组建的三门峡市规划和城市管理综合执法局(以下简称市规划城管执法局)共有正式干部职工697人,退休人员107人,环卫清扫临时人员579人。局机关编制30名,内设10个科室和机关党委、行政服务科。直属单位有规划勘测设计院、图审所、测绘队、环卫处和执法支队。

当年,市规划城管执法局紧紧围绕建设"开放魅力富裕和谐三门峡"的发展定位和创建全国卫生城市、全省最佳宜居城市的总体工作部署,以服务三门峡经济社会发展为第一要务,以改善城市人居环境为根本出发点,不断加强党的建设和执法队伍建设,坚持全面执法与规范管理相结合,不断创新管理体制和工作方式方法,城乡规划、城市管理水平和执法效率得到明显提高,城市环境得到明显改善。

年底,市规划城管执法局被省住房和城乡建设厅表彰为"2010年度城乡规划管理工作先进单位""全省村镇规划建设先进单位”“全省住房和城乡建设系统精神文明建设工作先进单位”；被市委、市政府授予“2010年度对外开放、重点项目建设先进单位”称号；被市委、市政府表彰为“创建国家园林城市工作优秀单位”“抗洪救灾暨倒房重建工作先进单位”“包村扶贫工作先进单位”；被市深化项目建设年活动指挥部表彰为“2010年重点项目联审联批工作突出贡献单位”。三门峡市环境卫生管理处被省住房和城乡建设厅表彰为“河南省城市市容环境卫生行业先进集体”。三门峡市生活垃圾无害化处理场被省住房和城乡建设厅表彰为“河南省城市生活垃圾处理运营管理先进单位”；被市委、市政府表彰为“创建国家园林城市工作先进单位”。市规划城管执法局第一执法支队、第二执法支队均被省住房和城乡建设厅表彰为“全省住房城乡建设行政执法队伍规范执法年考核达标单位”。三门峡市规划勘测设计院被省住房和城乡建设厅表彰为“2010年度城乡规划编制工作先进单位”。

【组织实施《三门峡城市总体规划(2004～2020)》】 至2010年底，《三门峡城市总体规划(2004～2020)》确定的2010年建设用地45平方千米、规划人口45万人的规划目标已基本实现(实际建成区45平方千米、人口42万人)。逐项落实规划确定的内容，进一步提高居民的生活质量及经济社会发展的竞争力，加快推进城市化进程：城市污水处理、垃圾中转站、集中供热、供气、通信等基础设施的建设更加完善；涧河治理工程、西城区和工业园的规划和建设、新区起步区的建设启动、陕州大道、郑西客运专线三门峡段建成通车，将“一城三区”有机连为一体，拉大中心城市框架；文体中心、涧河公园、湖滨广场、陕州风景区、南山公园、天鹅湖景区、青龙涧河和仓龙涧河蓄水大坝等一批项目的建设及中国优秀旅游城市、国家园林城市的创建，凸显自然山水生态城市风貌，提升了中心城市品位。

【城镇化进程稳居全省领先水平】 当年，市规划城管执法局强化综合调控，通过大力实施中心城市带动战略，加快建设县(市)城区和重点镇，不断增强城镇在县域经济发展中的辐射能力。按照全市“一主两副一点”的城镇发展格局，以湖滨区—陕县县城为主中心，以灵宝市区和渑池县城—义马市区为副中心，以卢氏县城为一点的城镇空间布局模式正在形成。全市城镇化率达46.9%，比全省平均水平高近7个百分点，基本达到全国平均水平。

【如期完成产业集聚区规划编制和审批备案工作】 按照“项目集中布局，产业集群发展，资源集中利用，功能集合构建”的总体要求，当年，市规划城管执法局切实加大产业集聚区规划服务工作力度，先后印发《关于加快推进我市产业集聚区规划建设的落实意见》《关于全市产业集聚区规划进展情况的通报》，有力地推进了全市产业集聚区规划工作。全市7个省级产业集聚区均完成发展规划的编制和专家评审工作，其中6个产业集聚区已完成空间规划和控制性详细规划的编制工作，3个产业集聚区的发展规划已获得省发改委批复。

【高起点推进城市新区规划】 三门峡市的城市总体规划2005年经省政府批准实施后，对城市建设和经济社会发展起到了极大的推动作用。随着郑西高铁的建成通车，运三铁路、三淅高速的开工建设，城市外部环境发生了重大变化，对全市总体规划用地布局产生较大影响，市中心城区(湖滨区)建设用地已趋饱和，急需扩展新的用地适应经济社会的发展需要。2010年5月，市规划城管执法局邀请同济大学知名教授到三门峡深入调研，从水资源配置和产业支撑两个方面对新区建设进行专题研究，及时启动三门峡新区规划建设工作，并邀请上海同济城市规划设计研究院、上海复旦建筑规划设计研究院等单位参与三门峡起步区规划方案招标。6月，通过公开招标，确定由上海同济城市规划设计研究院完成新区起步区规划的编制工作。7月18日，邀请北京大学政府管理学院副院长李国平教授到三门峡调研，对三门峡新区空间扩展和功能定位进行分析论证。至年底，新区范围内(约170平方千米)的1:1 000的地形测绘图工作已接近尾声，填补了大三门峡范围内没有完整的大比例尺地形图的空白，为下步全市总体规划修编、新区规划的编制、沿黄旅游带的建设奠定良好基础。新区起步区规划已编制完成，位于三门峡南站区域，东至宋会南路(三张公路)，西接陕县县城，北至陕州大道，南到陕县张湾段家村，总规划面积39.52平方千米。起步区性质确定为“黄金生态示范城”及“黄河金三角区域的商贸高地”。至年底，基础设施建设项目已准备开工。义乌小商品城、移动公司生产设施项目、武警部队迁移项目已开始土地出让和方案设计。

【编制沿黄生态旅游经济带概念性规划】 为充分利用黄河的滨水资源，美化三门峡的市容环境，完善城市功能，优化城市布局，提高三门峡城市综合实力和竞争力，市规划城管执法局于8月启动三门峡市沿黄生态旅游经济带概念性规划编制工作，着力打造东起三门峡大坝中流砥柱景区西至灵宝函谷关景区长约60千米、平均宽约2千米的生态旅游经济带。它既是三门峡市的一条生态走廊，又是三门峡市的一条经济带和旅游观光带。9月，组织召开由国内知名专家、市直机关单位负责人参加的沿黄河生态旅游经济带概念性规划座谈会，对沿黄旅游经济带的建设进行科学论证、合理定位。通过公开招标，委托上海同济城市规划设计研究院完成沿黄生态旅游经济带概念性规划的编制工作。三门峡市是全国沿黄城市第一个开展此项工作的城市。

【三门峡经济技术产业集聚区发展规划顺利通过评审会专家评审】 9月19日，河南省工程咨询公司受省发改委的委托，邀请上海同济城市规划设计研究院、省政府发展研究中心、郑州市规划勘测设计研究院、河南财经政法大学、郑州大学等单位的专家在郑州召开三门峡经济技术产业集聚区发展规划评审会。根据总体发展规划，三门峡经济技术产业集聚区规划控制面积10.85平方千米，确定以总投资为56亿元的年产50万套纯电动汽车配套驱动再生制动控制器、“内置式”永磁同步电机、电池能源管理系统三大核心零部件及10万辆速达牌纯电动汽车项目，总投资3.3亿元的年产10万千克柠檬酸金钾一期项目和总投资5.5亿元的年产2 600万平方米纳米纤维离子膜项目等3大项目为主导产业，与三门峡市城市总体规划和土地利用总体规划衔接,明确集聚区发展定位与发展目标。与会专家评委在听取规划编制单位对规划方案的详细介绍后,经过充分论证、综合评定,一致认为该规划思路清晰、内容齐全、文本规范、布局合理,符合城市总体规划,顺利通过评审。

【三门峡沿黄生态旅游经济带概念性规划初步方案出台】 11月4日,三门峡沿黄生态旅游经济带概念性规划初步方案汇报会举行。市委常委、副市长张英焕,市政协副主席张景林及市直有关部门负责人出席汇报会。同济大学城市规划设计研究院项目组从城市空间格局、城市绿地系统、区域景观结构、城市旅游开发和城市经济增长的发展战略进行定位,提出了三门峡沿黄生态旅游经济带的规划范围和控制范围,从项目背景、战略定位、现状分析、规划理念、概念规划和生态、旅游、景观、产业层面及规划实施等方面作了规划初步方案介绍。与会人员就方案的深化完善提出了意见和建议。

【控制性详细规划覆盖率显著提高】 当年,市规划城管执法局通过采取有力措施,加大公众的参与度,切实提高规划编制质量;加强城市建设用地管理,进一步扩大城区控制性详细规划覆盖面,控制性详细规划覆盖率显著提高。编制完成控制性详细规划(含调整)20余项,占城市建设用地的60%左右,为城市开发建设提供了科学依据。同时,组织审查市宾馆迁址改造、市第7中学、铁道东风丽景、鹏泰国际花园等修建性详细规划10余项,有效指导全市房地产开发建设,保证了重点项目的顺利推进。城市公厕及垃圾中转站专项规划、城市停车站(场)等专项规划编制工作亦如期进行。

【积极服务联审联批工作】 当年,按照建设服务型机关的要求,市规划城管执法局以"项目建设年"活动为契机,在优化服务环境上进行大胆创新,通过减少建设单位资料的重复提供和往返次数、简化审批程序和手续、缩短各环节的办理时限的具体举措,进一步提高规划项目审批的办事效率。结合省、市重大建设项目联审联批机制的要求,进一步提升规划服务理念,改进工作方法,开辟重点项目审批"绿色通道",实行并联式受理的办理模式,采取用地条件、前期审批手续与建筑方案规划许可预审同步进行,简化建筑方案再报环节,以加快规划审批手续的办结周期。至年底,省重点项目"双千工程"36项、市重点项目"双百工程"57项,已全部完成规划审批工作,提前完成全年任务。全年累计办理"建设项目选址意见书"25件,"建设用地规划许可证"43件,面积173.2万平方米;"建设工程规划许可证"31件,面积147.3万平方米,数量和质量较往年都有大幅度提高,联审联批工作受到市政府通报表彰。

【村镇规划工作全面展开】 当年,按照"城乡一体、区域统筹、协调发展"的总目标,市规划城管执法局着力加快村镇规划建设步伐,统筹城乡发展,村镇规划工作全面展开。至年底,各县(市)的村镇体系规划均已编制完成,并全部通过省住房和城乡建设厅组织的专家评审。三门峡市所辖62个乡(镇)中,需独立编制规划的乡(镇)共49个,已全部编制完成。根据县(市)区域村镇体系规划,三门峡市初步确定中心村(社区)共187个,相关规划已全部编制完成并通过评审。相关村镇规划编制工作,在全省均名列前茅。2010年,三门峡市完成的规划编制工作量比"十一五"前4年总和还多,不但极大提高了城市规划对城市建设的调控作用,同时也为拉大城市框架,完善城市功能,提升城市品位起到了先行和推动作用。按照省住房和城乡建设厅的统一部署,三门峡市27座建制镇生活垃圾中转站于2009年年底前全部建设完成,运行工作也按照省厅的要求积极展开,至年底,共有21座垃圾中转站投入运行。同时,按照省住建厅的要求,积极组织各建制乡做好建制乡生活垃圾集运项目的申报和配发工作,至10月25日,三门峡市申报的36套流动式生活垃圾集运设施已全部配发到位,均已投入使用。

【城市文化公园景观环境修建性详细规划评审会召开】 12月20日,三门峡市召开城市文化公园景观环境修建性详细规划评审会。市委常委、副市长张英焕出席会议。三门峡城市文化公园项目规划范围西起209国道,与天鹅湖国家湿地公园隔路相望,南至南环路与陕州大道,东临大岭路,北以北堤路为界,总规划面积约141.58公顷。会上,在听取规划单位的汇报后,评审专家进行了现场研讨,并出台了会议纪要。专家指出,要依托区位、地形、地势和周边环境,进一步推敲公园的定位和布局特色;优化、细化公园内部交通,以及与周边的交通联系;重视防洪、防涝等城市安全问题;与庙底沟文化遗址的保护紧密结合,强化有机联系;深化市政配套设施以及因地势高差等原因需配套的安全设施;按照有关要求进一步补充图纸,完善规划。

【市容市貌管理】 当年,市规划城管执法局强力推进市容市貌专项整治,全面优化城市环境。一是集中整治车辆乱停乱放现象。根据需要,2010年增加并刷新市区主干道道牙以上区域的停车泊位5 100余个;与市发改委物价办联合,规范停车场收费行为,在市区设置收费停车场5个、免费停车场40余处,统一设置停车指示牌130余块;加大对乱停乱放处罚力度,规范各种不文明行为,有效减少乱停乱放现象。二是集中整治乱搭乱建、违章建筑、乱堆乱弃现象。对未经批准擅自占用城市道路、广场等公共场地搭建的设施,一律责成有关单位自行无偿拆除,全面清除各类乱搭、乱建、乱堆、乱弃现象,通过严管重罚,乱搭乱建、违章建筑、乱堆乱放行为得到有效控制。全年共查处违法案件50余起,其中立案查处32起、纠正16起,收缴罚款50余万元,拆除房屋面积1 799平方米、供电线杆43根。三是集中整治乱贴乱画、乱拴乱挂现象。按照"谁的产权谁负责、谁主管谁负责"的原则,责成沿街单位、门店及时清理各自设施上的"牛皮癣"和私自乱挂的标语、横幅、宣传品等;组织执法队员对各种违规小广告、横幅、标语进行强制清除,做到清理及时、不留死角。四是集中整治占道经营、店外经营现象。坚持疏堵结合,在市区主干道严格禁止占道经营和流动经营,在背街小巷和次干道规范疏导,对未经审批擅自占用城市道路影响市容的马路市场,一律予以取缔;在市区公园路、宋会路等次干道规划建设13个临时市场,既解决了市区市场布局不足、群众生活不便的问题,又解决了市区大量流动摊贩无市可入、占道经营问题。五是加强门头牌匾、户外广告设置管理工作。对市区户外广告、门头牌匾进行全面普查,对画面陈旧、破损、空缺的门头牌匾、户外广告督促整改;对未经批准或影响市容市貌的户外广告依法依规予以拆除;对沿街晾晒衣被等现象进行及时制止。全年累计办结门头广告审批手续720余次,查处无手续设置门头广告230余家,拆除严重影响市容的违规灯杆广告70余块、破损立柱和灯箱广告150余块、破损墙体广告190余块,拆除违章条幅360余条。六是加大油烟污染、噪声污染整治力度。通过深入调查研究,广泛听取社会各界意见建议,对夏季市区各主次路段夜市摊点和露天烧烤等店外经营、占道经营现象进行集中规范整治;对虢国路、永兴街、茅津路、建设路等路段有固定门店符合要求的商户进行集中审批,统一划线规范,确定经营时间、地点和范围等;对没有固定门店的流动摊点、摊群,一律予以取缔;严格按照有关管理规定,积极查处高音喇叭噪声扰民和文化娱乐场所边界噪声扰民现象,对华为医药、华夏手机城、美多利KTV、天涯海角酒吧等噪声扰民现象进行积极治理,为市民营造和谐、安静、舒适的生活休闲环境。

【环境卫生管理】 当年,市规划城管执法局实行精细管理,全面提升城市的洁净水平。严格落实岗位责任制,实行“两清扫,全天候保洁”作业方式和“五无、五净”工作标准,城区道路清扫保洁率实现100%;强化环卫作业质量监督检查,对道路清扫保洁实行目标考核,定期检查,建立台账,强化监督管理;定期检查维护生活垃圾、粪便收集容器(设施),做到密闭化收集和运输,生活垃圾做到日产日清;加强公厕保洁和管理,21座道路二级水冲公厕实行专人管理,内洁外净;进一步完善垃圾处理场配套设备设施建设,实行专人管理;建立特殊气候环境道路清扫保洁应急行动预案机制和突发事件处置机制,针对降雨、降雪、刮风等不同恶劣天气条件,迅速启动相应的应急方案,快速有效处理突发事件。

【城市精细化管理】 当年,市规划城管执法局根据《河南省人民政府办公厅转发省建设厅关于在全省开展城市精细化管理活动的意见》和《河南省城市精细化管理考核项目及评分标准》,进一步分解细化城市管理精细化考核标准,明确岗位职责,实行道路分级管理,定人、定岗、定责、定路段,加强督查检查,实施目标考核,创新管理方式方法,不断完善长效管理机制,提高城管执法管理效能。切实落实“支队管片、大队包块、队员定段”的“层级式”管理机制,进一步完善督查管理机制,充实督查考核力量,实行目标考核,定期通报工作开展情况,及时督促落实任务,实行月度考核、季度考核、年度考核评比,形成任务明确、落实到位、监督有力的规范化管理格局;不断完善疏堵结合管理机制,通过协调市场管理部门和市场业主,大力引导流动商贩进场入市经营;实行人性化管理,以劝导、教育为主,处罚为辅的方式,对下岗职工、进城农民、残疾人等弱势群体,更加注意方式方法区别对待,人性化管理,得到市民群众的理解和配合,收到良好的社会效果。

(杨玉莉)

市政建设

【概况】 2010年,三门峡市住房和城乡建设局以抓好市政公用工程建设为重点,强化工程质量管理,加强市政建设市场的监督管理工作及市政基础设施工程的招投标工作,严查企业在投标过程中的违法违规行为,规范市政建设市场。

当年,先后修建完成市区上官路、南环西路、康园路、涧南路及南北三路、贺站路、菜市场街坊路等6条道路,大岭路立交桥及郑西高铁南站广场2个绿化工程、青龙涧河209桥以东段治理工程,建成郑西高铁南站高经七路、高纬一路及南站广场东西通道等3条道路。完成2011年市政工程建设计划的调查、编制及上报工作。

【南环路新建工程开工】 5月20日,南环路新建工程开工。工程东起南北三路,西至迎宾大道,全长1 840米,红线宽25米,车行道宽15米。由于征地、拆迁资金8月底到位,拆迁工作10月初基本完成,至年底具备通车条件,累计完成投资2 500万元。

【上官路新建工程(五原路—崤山路)竣工】 4月20日,上官路新建工程(五原路—崤山路)开工,工程全长600米,红线宽25米,车行道宽12米。10月底,工程完工,累计完成投资550万元。

【贺站路新建工程(陕州大道—南环路)竣工】 5月初,贺站路新建工程(陕州大道—南环路)竣工。工程全长550米,红线宽25米,车行道宽12米,于2009年8月开工建设,累计完成投资410万元。

【涧南路、南北三路新建工程(检疫局周围)竣工】 5月初,涧南路、南北三路新建工程(检疫局周围)竣工。工程于1月30日开工建设,全长460米,红线宽20米,车行道宽9米,共完成投资290万元。

【菜市场街坊路新建工程竣工】 4月30日,菜市场街坊路新建工程竣工。该工程位于陕源路北段工商菜市场,全长300米,道路宽5米,3月30日开工建设,完成投资40万元。

【康园路新建工程(河堤北路—五原路)开工】 11月10日,康园路新建工程(河堤北路—五原路)开工建设。工程全长275米,红线宽20米,行车道宽9米。至年底,具备通车条件。

【青龙涧河河道治理及漫水桥工程(209桥以东)竣工】 5月10日,青龙涧河河道治理及漫水桥工程(209桥以东)竣工。工程于3月20日开工建设,桥长130米,宽4.5米,完成投资495万元。

【郑西高铁南站广场及大岭路环道绿化工程竣工】 郑西高铁南站广场绿化工程3月12日开工建设,4月20日全部完成,完成投资485万元;大岭路绿化工程3月12日开工建设,4月20日全部完成,完成投资390万元。

【郑西高铁南站广场完善项目竣工】 5月,郑西高铁南站广场完善项目竣工。为配合第16届三门峡国际黄河旅游节开幕式,投资768.73万元,在郑西高铁南站广场东西两侧对称设双面LED显示屏,面积为183.5平方米/块,总面积734平方米;投资143万元,修建膜结构公交候车亭,膜结构高度6米,宽约5米,长约50米,共4组,总投影面积约1 000平方米;投资24万元,修建安装移动公厕,以解决旅游节开幕式观众入厕问题;采购果皮箱50个,摆放造型花柱;修建临时停车场约1万平方米;完成会场亮化及直播信息和传输工程;增设变压器,站台东西两侧消防坡道、连接线拓宽完成投资约120万元。

【高纬一路道路工程(高经六路—高经七路)竣工】 5月10日,高纬一路道路工程(高经六路—高经七路)竣工。工程于4月10日开工,全长270米,行车道宽21米,共完成投资260万元。

【高经七路道路工程(高纬一路—高纬二路)竣工】 4月10日,高经七路道路工程(高纬一路—高纬二路)开工建设,5月10日全部完工。道路全长280米,行车道宽21米,完成投资290万元。

【大岭路至96548部队营区路段路灯安装项目竣工】 8月,大岭路至96548部队营区路段路灯安装工程竣工。共完成投资26万元,安装8米单臂路灯23盏,安装路灯控制柜1台,铺设电缆1 000米。 (杨俊峰)

公用事业

【概况】 2009年12月23日,根据中共三门峡市委、三门峡市人民政府关于印发《三门峡市人民政府机构改革实施意见》的通知,市建设委员会所属的市城市客运管理处、市公交公司调整为市交通运输局管理。

2010年,三门峡市公用事业管理部门以"重在建设、重在提升、重在服务、重在统筹"为目标,加快供水、排水、供热、供气等设施建设步伐,提升保障能力和服务质量,推动行业稳步发展。

城市供水 改造供水管网(ϕ100以上管径)1 034米,一户一表改造543户,安装火车南站广场给水管道泵2台以及配套设施。大修第二水厂10千伏电机1台;整修河堤南路高压线下树木1千米;大修深井电机3台、管道泵2台等。接到用户来电456次,维修各类型号闸门155次;完成抢修爆管跑水事故170次;补换井盖45套;维修消防栓28套等。全年供水1 618万立方米,同比增加85万立方米。实行三级水质检测体系,严格落实水质周期检测制度,提高净化处理工艺,对感观指标进行实时监控,出厂水常规分析每天1次,水源水常规分析每天1次,在市区设立15处管网末稍采样点,进行巡回检测;严格落实水源地安全巡查责任制,认真坚持水源地每天巡查,对水源水量、感官指标进行实时监测记录,水质综合合格率达100%。

城市供气 天然气销售279万立方米,液化气销售2 335.7吨,较上年同期减少10.94%。新增天然气用户户数4 382户。新敷设城区中压管网3.84千米,市区管网累计达到35.11千米;庭院管网增加29千米,累计达到116.81千米。9月28日,三门峡西气东输二线天然气利用工程整体贯通,灵宝支线于12月20日完工,累计完成工程投资1.27亿元。

城市供热 全年投资5 600万元,铺设一级管道10.8千米,二级管道20.7千米,支线管道5.4千米;建成15个换热站,18台机组,扩大供热面积70万平方米。

城市照明 全年累计维修路灯控制箱故障165处,修复电缆故障481米,更换路灯电器件3 332件,更换灯、灯罩279套,拆除更换路灯41盏,4次组织人员对设施进行拉网式安全大检查,保证路灯设施安全可靠运行,巡视检查率达100%,亮灯率达95%。

市政设施管理 克服维护资金不足、机械设备缺乏等困难,优化管养方案,对市政设施进行全面精细化维护,维修面积总计4 370平方米,维修道牙120米,更换道牙16根,道板、道牙完好率达98%。对209国道峭山立交桥进行灌浆加固施工,对大岭路桥涵因供热管线敷设导致的沉陷进行修复和铺装。

城市排水 按照"不让有一处城市陷阱,不准有一处污水漫流,不能有一处管道不通"的工作方针,应急维修500余次,更换井盖(圈)430余套,疏通排水管道27 000余米,整修各种不规范井500余座次,完成陕源路文化宫夜市、经三路污水管道改造疏通工程,并对重点部位、"卡脖子"部位实行每周定时检查、疏通,全年排水设施完好率达98%以上。汛前清理雨水井6 000余座,检查疏通雨水管道60余千米,保障雨季市区泄洪的畅通。做好污水处理厂的水量计量和水质监督工作,建立水量台账,及时报告异常情况,全年共完成2 200万吨污水水量计量工作。

【市区集中供热二期续建工程开工】 5月26日,市区集中供热二期续建工程正式开工。该工程是2010年市委、市政府向全市人民承诺的十件实事之一,主要建设内容为:完成大岭桥至涧南生活区海关、检验检疫中心、铝制品检测中心供热管网建设;完成台下区上阳桥以东、河堤路以北,涧河铁路桥处铂景湾、丽景湾、中原置业、黄冶小区等换热站及配套管网建设;完成台上区黄河中路四小站、局中站、陕高站、新时代广场站等9个换热站和配套管网建设;跟随市政修建跑驾路进度,将跑驾路段供暖管道预埋铺设。工程于10月底完工,11月15日调试完毕后正式供暖。 (杨俊峰)

环境保护

【概况】 2010年,全市环境保护工作坚持深入学习实践科学发展观,以污染减排为主线,以解决危害群众健康和影响可持续发展的突出环境问题为重点,以环境执法和能力建设为抓手,狠抓环保责任目标的落实,整体推进环保工作的开展。

全市环境质量明显改善,市区空气环境质量全年符合二级标准的天数达到320天,城市集中式饮用水源地取水水质达标率为100%。涧河渑池吴庄断面化学需氧量浓度年平均值为15.85毫克/升,氨氮浓度年平均值为0.56毫克/升;宏农涧河灵宝坡头桥断面化学需氧量浓度年平均值为20.88毫克/升,氨氮浓度年平均值为1.37毫克/升。城市环境综合整治定量考核在全省18个省辖市中排居第5位。 (沈建民)

【强化污染减排】 当年,市环保局制定

《三门峡市2010年主要污染物总量减排实施方案》,不断强化污染减排措施,效果明显。强化月调度和季度报告制度落实,严格建设项目总量指标核定;在确保年度污染减排任务完成的前提下,按照"有限容量保重点,一般项目靠挖潜"的要求,大力支持全市重点项目建设;狠抓减排工作落实,对列入减排计划的项目进行重点督促检查,督促减排工程按时建成,已建成的治理设施正常运行;加强监管能力建设,严格执行重点污染源巡查制度,加快在线监控新平台升级改造,稳步推进在线监测设备第三方运营工作,确保正常运行。在全市经济出现快速发展和城镇化步伐加快的情况下,据初步测算,全市化学需氧量排放总量控制在1 490万千克以内,二氧化硫排放总量控制在1.01亿千克以内,"十一五"期间全市主要污染物总量减排任务如期完成。 (陈 夔)

【推进污染防治】 当年,市环保局多措并举,着力推进污染防治工作,涧河、宏农涧河等重点流域,义马、渑池、陕县城区等重点区域,铅冶炼、电解铝等重点行业环境综合整治力度不断加大。实施"十一五"重点流域水污染防治规划,完成19个规划项目;开展郑西高铁三门峡段沿线环境综合整治,80个项目完成治理任务或关闭、停产到位;完成污水处理厂污泥处置规划编制,开工建设污泥处置示范工程。 (卢华朝)

【加强农村环保】 当年,市环保局加大生态创建力度,卢氏县城关镇创建成为国家级生态乡(镇),卢氏县官坡镇庙台村、灵宝市涧西区西华村等10个村和陕县大营镇、渑池县城关镇、灵宝市函谷关镇3个乡(镇)创建成为省级生态村、生态乡镇;建立"以奖代补""以奖促治"机制,对省级生态乡(镇)、生态村共奖励44万元。深化畜禽养殖污染治理,5个县(市)全部完成禁养区划定工作。 (邓 江)

【建成环境自动监控系统】 当年,全市新建2个水质自动站、11个空气自动站、4个辐射自动监控站,并对83家重点污染源自动监控基站进行更新改造,进一步提升了全市环境管理的科学化、自动化和信息化水平。 (张长青)

【加大执法监察力度】 当年,市环保局开展整治违法排污企业保障群众健康环保专项行动,对全市300余家企业进行全面排查,其中排查出涉汞、铅、铬等重金属排放企业46家,省挂牌督办企业4家,市挂牌督办企业3家;对8家涉重金属企业实施重点整治,淘汰小冶炼、铝石窑等落后产能80余家。开展工程建设领域突出环境问题专项治理,累计排查建设项目839个,对59个项目进行查处和纠正,有效遏制环境违法行为。畅通"12369"举报投诉渠道,共受理投诉444个,办结率100%,使一批环境热点问题得到及时解决。 (肖树甫)

【开展环境风险排查】 当年,市环保局整治城市集中式饮用水源保护区内环境违法企业3个,保障饮水安全。对全市187家重点环境风险源进行排查,责令存在环境隐患的39家沿江沿河化工石化企业和8家重金属企业进行整改,有效防范环境风险。开展"辐射安全许可证大检查"专项活动,下达整改通知51份,安全送贮10枚废旧放射源,确保辐射环境安全。 (高跃伟 葛 敏)

【重大项目联审联批】 当年,市环保局积极开展企业服务年活动,扎实推进重大项目联审联批工作,为企业提供高效优质服务,把好环境准入。列入省重点项目和"转型升级双千工程"的41个项目已全部按时完成环评审批任务,审批率达100%;列入市"双百"项目的230个重点项目,完成项目审批225个,审批率达97.8%。对于"两高"和产能过剩行业,保持高压态势,坚决按照政策从严控制。对15个不符合环保要求的项目环评文件,作出不予审批或暂缓审批的决定,促进了全市产业结构调整和产业布局优化。 (张林忠)

【环境宣传教育效果明显】 当年,市环保局深入开展宣传教育,提高全民环境意识,环境宣传教育效果明显。"6·5"世界环境日期间,策划组织多种形式的宣传纪念活动:5月26日,在《河南法制报》上刊发三门峡市环保专期"构筑豫西绿色屏障",展现全市近年环保工作成果;6月4日,市委书记李文慧,市委副书记、市长杨树平在《三门峡日报》发表署名文章"强力推进低碳减排 全面普及绿色生活",号召全市人民行动起来,践行低碳生活方式,共建绿色宜居城市。成功创建国家基金绿色学校1所,省级绿色学校9所,市级绿色学校57所;积极开展省级环境教育基地的申报工作。 (史跃峰)

【环境保护委员会成立】 当年,市政府成立由发改、环保、工信等18个部门组成的三门峡市环境保护委员会,研究制定全市环境保护工作目标、重要政策和重大措施,协调落实市委、市政府有关生态环境保护的重大任务,协调解决全局性、区域性的重大环境问题,监督指导各县(市)区、各部门开展环境保护工作,统筹协调、指挥全市重大环境污染事故应急处置工作。环境保护委员会的成立,完善了各部门之间的协作机制,为环境保护工作开展打下了坚实的基础。 (刘丹青)

【省环保联合会调研三门峡市产业集聚区环保工作】 5月21日至22日,以河南省政协原副主席、省环保联合会会长张洪华为组长的省环保联合会调研组,深入渑池县产业集聚区、义马市煤化工产业集聚区、三门峡产业集聚区等地,调研三门峡市产业集聚区环保工作。三门峡市7个产业集聚区被列入全省第1批产业集聚区并获得批准,其中6个产业集聚区总体发展规划、控制性详细规划、土地利用总体规划和规划环评均已委托国内有资质单位编写完成,并通过评审。 (刘丹青)

【省环保厅督导组到三门峡市检查】 6月20日至22日,以省环保厅副厅长马新春为组长的督导组到三门峡市检查环保重点工作进展情况。督导组一行先后深入陕县张汴冶金工业园区、开曼铝业有限公司和污水处理厂、河南威尔特化纤有限公司等现场,察看企业污染整治项目进展和设施运行情况;在灵宝市豫灵镇听取该镇的工作汇报后,深入志成金铅股份公司生产车间实地察看,详细了解该公司环境治理情况;到渑池县东方希望(三门峡)铝业有限公司、天瑞铝业有限公司、第一污水处理厂和垃圾处理厂等企业现场察看环保设施。督导组对全市进一步加强环境综合整治工作提出意见和建议。 (刘丹青)

三门峡库区水文水资源

【概况】　三门峡库区水文水资源局(以下简称三门局)是隶属于黄河水利委员会水文局的正处级事业单位,承担着黄河小北干流河段和三门峡库区及渭河、泾河、汾河流域的水文测验、水文情报预报、水质监测、水资源调查评价及三门峡库区的淤积测验等工作。其前身是初建于1958年4月的三门峡库区水文实验总站;1985年1月,黄委会将原兰州总站所属的泾渭河水文测区(现西峰、天水勘测局)划归三门峡库区水文实验总站管理;1992年11月,三门峡库区水文实验总站更名为三门峡库区水文水资源局。

至2010年底,三门局机关内设办公室、技术科、计划财务科、人事劳动科、监察审计科、水政科、党委办公室、机关工会等8个职能科室和设施设备管护中心、研究室、机关服务中心、水质监测中心、水情信息中心、会计核算中心、泥沙分析室等7个局直单位,下辖三门峡库区水文水资源勘测局、西峰水文水资源勘测局、天水水文水资源勘测局、三门峡库区测绘大队、三门峡江海工程技术开发有限公司等5个局属单位。三门局辖区共有水文站24个、水位站13个、雨量站256个、蒸发站7个,水质监测断面20个、河道淤积测验断面61个。水文站分布于陕西、山西、甘肃、宁夏、河南等5个省(区)、52个县(市),测区面广线长、跨度大,呈辐射型分布。

凌汛测报　2009年至2010年凌汛期,黄河干流龙门站陆续出现流冰花、岸冰、流冰、封冻等冰情,自记水位计脱流,水尺被冰层覆盖,断面出现壅冰。潼关站出现岸冰、流冰花、流冰等冰情,三门局累计测流613次,水情报汛1 553次,圆满完成凌汛测报任务。

汛期测报　汛期6月~9月,三门峡库区各水文站共测流2 450次,施测单沙9 129次,施测输沙率310次。测区实测最大流量为5 340立方米/秒(三门峡站7月4日),实测最大单样含沙量959千克/立方米(洪德站7月25日),实测最大输沙率902吨/秒(三门峡站7月5日)。拍发水情电报8 552份,实测流量平均洪峰控制幅度98.2%,无缺漏报情况发生。2010年,三门峡库区淤积断面统测2次,测验范围为黄河干流禹门口至大坝,共122断面次。

调水调沙测报　2010年黄河调水调沙于6月19日开始,7月7日结束,历时19天。龙门、潼关、三门峡、华县4个水文站和壶口、尊村、老永济、上源头、潼关(六)、古夺、大禹渡、北村、史家滩9个水位站参加原型观测工作。调水调沙期间,各相关测站累计测流90次,测取单沙146次,测输沙率8次,拍发水情报594份。调水调沙期间,三门峡站水量主要来自黄河龙门站以上,沙量主要来自三门峡库区。龙门站来水来沙量分别为10.20×10^8立方米和80.43×10^4吨,潼关站来水来沙量分别为10.06×10^8立方米和196.8×10^4吨,三门峡库区共下泄水量11.99×10^8立方米、泥沙$4\ 010\times10^4$吨,库调3.379×10^8立方米。

资料整编　2009~2010年,三门峡测区共有水位站资料11站年,水文站资料24站年,降水资料258站年,蒸发资料7站年,泥沙颗粒级配分析资料16站年和三门峡库区淤积测验资料122断面次。三门峡库区淤积资料和水文资料整编成果质量均达到《黄河流域及全国内陆河湖水文年鉴资料成果汇编验收质量评定标准》,顺利通过黄委组织的流域片审查验收。

黄河三门峡库区水环境监测　2010年,三门峡库区开展的水环境监测项目主要有氨氮、化学需氧量(COD)、五日生化需氧量(BOD)、碘、汞、氰化物、挥发酚等50余项,全年完成的水质监测及成果上报工作(任务)包括常规断面7个共15个测点,省界断面8个共14测点,排污口5个,悬移质断面2个,底质断面1个;水量调度断面4个。另外,还对一些断面进行苯系物、硫化物和硒等项目的调查监测工作。开展库区规定断面每月上中下旬取样监测11个项目的分析任务,报出水量调度水质旬测数据1 328组。完成监督管理18个断面86个水样监测项目分析任务,出具监测报告73份,提供监测数据1 634组。根据监测结果,2010年,三门峡库区黄河干流断面水质多为劣Ⅴ类,支流断面除吊桥水质在Ⅳ—劣Ⅴ类之间外,其余水质均为劣Ⅴ类。

2010年,三门局先后荣获"黄河系统先进工会""黄河抗洪抢险先进集体""黄委离退休工作先进集体""全国文明单位结对帮扶工作先进单位""2010年河南省国防科技工业统计工作先进单位""河南省民用船舶工业安全质量管理先进单位"等称号。

【桃汛测验及利用桃汛降低潼关高程试验原型观测】　3月25日,2010年桃汛测验及利用并优化桃汛洪水冲刷降低潼关高程试验正式开始,至4月6日洪水基本落平,历时11天。试验过程中,共实测流量50次,取单沙89次,施测输沙率4次,潼关水文站实测最大流量2 640立方米/秒,控制变幅96%;潼关(六)、潼关(八)淤积断面各测量11次,潼关(六)采取床沙13次,130个沙样,潼关(八)采取床沙2次,21个沙样。潼关(六)断面累计观测水位300余次。拍发水情276份,无一迟报和差错报发生。潼关高程由桃汛前的328.02米降为327.91米,潼关高程下降0.11米。

【小北干流放淤试验原型观测】　5月,三门局组织编制《2010年原型观测实施方案》和放淤试验原型观测任务书;6月底前,完成前期各项准备工作。根据上游来水来沙条件,抓住有利时机,适时组织开展两次放淤试验,共进行26小时的正式开闸放淤。其间,观测水位93组,实测流量21次,采取单沙52次,处理沙样52个,颗粒分析沙样43个,向放淤试验现场指挥部提供水沙信息27组,圆满完成原型观测任务。

【三门峡水库淤积测验】　2010年,三门局淤积测验所观测河段为黄河干流龙门水文站到三门峡大坝河段。该河段全长247.6千米,共布设测淤断面61条。测区位于:东经110°18′~111°20′;北纬34°35′~35°38′。三门峡库区采用GPS. RTK施测断面,布设有D级和E级GPS控制网,其中D级GPS控制桩点61个、E级GPS控制桩点117个,基本满足三门峡库区淤积断面测验工作。　(杨世理)

·编辑　李艺芬·

建筑与房地产业

CONSTRUCTION AND REAL ESTATE

崛起的三门峡

建筑业

【概况】 2010年,根据《市委、市政府关于印发〈三门峡市人民政府机构改革实施意见〉的通知》(三文〔2009〕132号)精神,组建市住房和城乡建设局,为市政府工作部门。将市建设委员会承担的城乡建设管理职责划入市住房和城乡建设局,不再保留市建设委员会,不再保留市房产管理局,其职责划入市住房和城乡建设局。3月1日,三门峡市住房和城乡建设局举行挂牌仪式。

当年,三门峡市住房和城乡建设局以"质量兴市"为中心,积极开展工程建设领域突出问题专项治理,加大市场主体行为检查力度,开展两次市场大检查,对违规企业在三门峡建设工程信息网上进行通报,对先施工后办手续的工程项目予以行政处罚,对未办理质量安全手续的工程项目及时整改补办并予以行政处罚。继续抓好清欠工作,严格落实防欠长效机制。强化装修装饰市场管理,严厉打击非法装饰企业,严格开展进场装修装饰材料检验及室内空气质量检测等工作。

建设工程安全管理 深入开展"安全生产年"活动,落实安全生产"三项行动"和"三项建设"各项工作措施,下发隐患整改通知书166份、停工整改通知书51份、不良行为告知书19份。建立在建工程重大危险源档案,制定管理和监控措施,强化全市塔式起重机、施工升降机、物料提升机、高处作业吊篮等起重机械设备登记备案、使用登记及日常安全监督工作,检查塔吊215台、物料提升机120台、施工升降机17台、高处作业吊篮37台。全年未发生建筑施工安全事故。

建筑工程质量管理 对工程施工过程实施动态监管;对管理水平低、质量问题多的单位和工程加强巡查次数与监管力度。开展2次全市工程质量安全综合大检查,共抽查在建工程99个项目,下发隐患整改通知书73份、停工通知书9份、不良行为告知书1份、行政处罚建议书3份,并对67个责任单位、54个责任人进行全市通报批评。办理监督注册登记41项、99个单位工程,建筑面积103.62万平方米;监督检查72项、156个在建单位工程,建筑面积168.65万平方米;竣工验收工程23项、50个单位工程,建筑面积38.31万平方米,竣工验收合格率100%。辖区内在建受监工程监督覆盖率100%,质量处于受控状态,无等级以上质量事故发生。渑池县人民医院病房楼工程获"河南省结构中州杯"奖,林业科技服务中心综合办公楼、供电公司综合楼2项工程获"河南省中州杯"奖。

建筑工程交易管理 制定完善工程交易中心《服务制度》和《评标专家回避制度》《评委成员承诺上岗制度》《视频监控系统操作规程》等制度和规范,为招投标双方提供优质服务。当年,共为143项招标项目提供交易服务。其中市区建设工程监理招标17项、施工招标30项,开发区建设项目5项,大项办重点工程2项,政府投资工程79项,工业园区项目10项,进场交易总金额27.27亿元,与上年相比增加18.35亿元。信息网站共发布各类项目招标公告185项、中标公示111项、拦标价公示62项,建立健全12个监理企业和66个施工企业的业绩库,为项目交易各方提供高效便捷、准确详实的各项信息。

建设标准定额管理 全年发布工程建设标准156项(国家标准46项、行业标准104项、地方标准6项),其中61项为强制性标准;废止工程建设标准29项,其中国家标准6项、行业标准23项;审核发放160个备案证,为140余家换发新的备案证明,进一步规范进场建筑材料的监管。共收缴建设劳保费用648万元,并对符合拨付条件的21家施工企业及时上报财政办理手续,拨付金额达308.8万元。全市造价咨询企业承揽工程造价咨询项目投资总额共17.19亿元,营业收入达516.6万元。

【开展建设安全大检查】 4月12日,市住房和城乡建设局开始在全市范围内开展建设安全大检查。大检查分自查、督查和验收3个阶段。检查范围包括全市所有房屋建筑和市政基础设施工程、城市拆迁工程、房屋安全及建设行业所属自来水、液化气安全管理情况。检查重点包括各单位安全行为和现场实体情况,尤其是重大危险源登记建档、监控情况。检查采取打分制,市、县统一标准。检查结束后,市住房和城乡建设局将通报检查结果,播放检查影像资料,奖优罚劣,并依法对违法违规企业(现场)及相关责任人进行严肃处理。

【省住房和城乡建设厅专项检查组到三门峡市检查】 8月11日,省住房和城乡建设厅专项检查组到三门峡市,检查有关建筑节能各项工作。市委常委、副市长张英焕出席汇报会。检查组一行实地察看市区部分城市供热工程工地、换热站、实施供热节能改造的住宅小区等,并听取三门峡市城市供热工程、新建项目建筑节能标准执行情况、既有居住建筑供热计量及节能改造、可再生资源应用项目等工作进展情况汇报。检查组对三门峡市建筑节能有关工作给予充分肯定,并对下一步工作提出建议。

【河南省建设行业培训机构师资培训班在三门峡职业技术学院开班】 8月5日,河南省建设行业培训机构师资培训班在三门峡职业技术学院学术报告厅举行开班仪式,来自全省建设系统培训机构和建设类院校参与岗位培训教学的300多名专家、学者和教师,共同学习交流最新的建筑工程施工现场专业管理人员职业培训技术。培训为期5天,内容包括房建专业及装饰装修专业施工员、资料员、设计员等12门课程的专业基础知识和专业实务,通过研讨、测试、现场参观等方式进行。 (杨俊峰)

房地产业

【概况】 2010年,三门峡市住房和城乡建设局(以下简称市住建局)不断加强房地产市场调控,引导房地产开发投资,增加房地产市场供应量,努力活跃房地产市场,果断查处房地产市场违法违规行为。加强房地产市场监测和分析,及时掌握房地产市场发展趋势,确保全市房地产业健康发展。

加大房地产开发项目的监管力度,房地产开发项目全面实行项目手册核验登记制度。至年底,全市在建项目92个,房地产开发完成投资44亿元,增长66%;施工面积468万平方米,增长

47.8%；新开工 257 万平方米，增长 47%；竣工 66.6 万平方米，增长 7.9%。其中：市区在建项目 39 个，房地产开发完成投资 25 亿元，增长 127%；施工面积 219.92 万平方米，增长 88%；新开工 138.16 万平方米，增长 100%；竣工 6.8 万平方米，下降 70%。

进一步规范房地产中介行为。全年，房地产中介违法共立案 6 起，处理 3 起，中介市场明显好转。开办"网上房产超市"，集中全市房地产中介公司全部房产出售、出租信息及有关个人需求信息 500 余条，因信息量大、实用性强而得到社会各界的关注和肯定。加强房地产中介服务机构管理，对经营业绩良好、具有市场经验、符合房地产经纪设立条件的咨询机构变更为经纪机构，有效地遏制咨询机构超范围经营问题。

继续完善房屋电子登记簿管理系统，查询服务更加便捷。已建立房屋电子登记簿 23 200 份，与审批中心窗口实现房产测绘配图，可直接提取房屋电子档案，提供查询服务。对房屋登记的历史遗留问题提出处理意见上报政府。

加强物业行业管理，物业管理相关政策和管理措施逐步完善。《三门峡市住宅专项维修资金管理办法》上报市政府。有 37 个开发企业（单位）的 68 个项目（小区）建立专项维修资金，归集金额达 3 800 余万元（其中商品住宅 3 600 余万元、集资房 200 万元）。指导市器材厂、枢纽局、金盾花园小区 3 个住宅小区实现物业管理市场化转变工作。创建 3 个市级物业管理优秀住宅小区、2 个省级物业管理优秀住宅小区。全市 34 家物业企业（其中市区 24 家、义马市 5 家、渑池县 3 家、灵宝和陕县各 1 家）通过资质考核工作，办理 25 家物业服务企业资质审批手续，办理石油、波森特、慧泉等 15 家开发公司的 16 个项目的前期物业管理方案备案手续。

年底，全市共有 114 家房地产开发企业，其中二级企业 4 家、三级企业 6 家、四级企业 16 家、暂定资质 88 家。注册资本 2 000 万元以上的企业有 14 家，800 万元 ~ 2 000 万元之间的企业有 63 家，800 万元以下的企业有 37 家。市区 52 家房地产开发企业中，注册资本在 800 万元以上的达 46 家。4 月 14 日，青海玉树发生 7.1 级地震后，全市 55 家房地产开发企业积极行动，为灾区捐款 181 830 元，以实际行动支援灾区人民重建家园。7 月 24 日，卢氏发生特大水灾后，全市房地产开发企业向卢氏灾区捐款 101 300 元。

【三门峡市首批廉租住房正式配租分配】 2 月 3 日，三门峡市公开举行首批廉租住房抽号选房仪式。第一批廉租住房实物配租共安排房源 400 套，由各社区、街道办事处推举产生的 40 名申请家庭代表参加抽号选房。对于抽到资格的肢体有一、二级残疾的申请家庭优先安排抽取一层房源，其余申请家庭由申请人代表依次抽选。并邀请人大、纪检、公证处的相关人员一起参加，确保抽号选房仪式的公开、公平、公正、透明。在此次抽号过程中未抽到住房的申请家庭，将采取轮候办法，轮候期间可以继续享受廉租住房货币补贴，待下一批廉租住房建好后可直接参与选房。

【举行德馨苑廉租住房入住仪式】 2 月 11 日上午，三门峡市举行首批廉租房——德馨苑廉租住房入住仪式。市委书记李文慧，市委副书记、市长杨树平，市人大常委会主任赵继祥，市政协主席郭秀荣，市委常委、副市长赵光超，市政府秘书长李宝洲等出席仪式，向参加仪式的廉租住户代表发放廉租住房钥匙，并为即将喜迁新居的保障家庭给予问候和祝福。德馨苑廉租住房项目是解决低收入住房困难家庭住房困难问题，完善住房保障制度的一项民生工程、德政工程。市委、市政府高度重视，连续 3 年将其列入"十件实事"。一期工程共建设 6 栋住宅楼、2.25 万平方米、廉租住房 400 套，并于 2009 年 11 月 16 日竣工。二期工程已开工建设 25 栋住宅楼，共 9.7 万平方米、1 620 套廉租住房，预计 2010 年底达到竣工条件。建成后，将基本解决城市低收入困难家庭的住房困难问题。

【召开新型农村住宅社区建设研讨会】 3 月 24 日至 25 日，三门峡市召开新型农村住宅社区建设研讨会，对《三门峡市新型农村住宅社区建设实施方案（讨论稿）》进行充分讨论，听取意见。市委副书记王建勋出席会议并要求，有关部门要对各方意见进行认真梳理、归纳和吸收，逐项、逐条、逐句、逐词进行修改，力求使方案尽善尽美。各县（市）区、各有关部门要集中精力，按期完成 40 个试点建设任务，确保群众顺利入住。

【2010 年房地产展示会开幕】 5 月 16 日，作为第 16 届三门峡国际黄河旅游节重要活动之一的三门峡市2010年房

8 月 17 日，市委副书记、市长杨树平等领导在宏江中央广场察看

地产展示会开幕。市领导赵光超、陈孟虎、高从民等参加开幕式。展示会以“山水园林·宜居三门峡”为主题,共展出19个楼盘、1.26万套房屋。

【2010年廉租住房建设项目开工】 8月20日,2010年廉租住房建设项目——迎宾花园在湖滨区崖底街道办事处斜桥村正式开工建设。市领导杨树平、张英焕、亢伊生、孙继伟出席开工仪式,市政府秘书长李宝洲主持开工仪式。市委常委、副市长张英焕致词。市委副书记、市长杨树平宣布工程开工,并为工程培土奠基。迎宾花园是三门峡市继德馨苑廉租住房小区之后的第二个廉租住房小区,规划占地17.27公顷,由布局合理的多层、小高层和高层建筑构成,总建筑面积36万平方米,设计住宅类型包括廉租住房、公共租赁住房和经济适用住房,并有幼儿园、小学及商用等配套设施。

【参加全国首次注册物业管理师考试】 8月,市住建局组织人员,进行全国首次注册物业管理师的报名工作,全市共97人报名;9月中旬,开展首次注册物业管理师考前培训工作,36人参加培训;10月下旬,三门峡市共72人参加全国首次注册物业管理师统一考试。

【规范物业服务收费】 10月22日,市发改委、市住建局联合发出《关于进一步加强物业服务管理及规范物业服务收费的通知》,就物业服务管理及规范物业服务收费行为作出具体规定。《通知》要求,从事物业服务企业要有物业管理资质,在实施收费前,应到发改委申请办理收费许可证。《通知》规定,普通住宅小区(含多层住宅、高层住宅且建筑面积在1万平方米以上)物业服务收费实行政府指导价,其他实行市场调节价,并就物业服务收费范围、物业服务成本构成、普通住宅小区物业服务收费指导价标准等作出详细说明。

【2010秋季房地产项目暨公共设施项目发布洽谈会举行】 11月3日上午,三门峡市2010秋季房地产项目暨公共设施项目发布洽谈会在三门峡国际会议中心举行。省住房和城乡建设厅厅长刘洪涛、市委书记李文慧和建业住宅集团(中国)有限公司董事长胡葆森在会上致辞。市委常委、常务副市长苏新华主持项目发布洽谈会。市领导赵中生、张英焕、亢伊生、陈雪平,市政府秘书长李宝洲出席洽谈会。共发布项目146个,其中旧城改造和城中村改造项目65个,公共设施项目81个。来自国内外的122家企业、210个客商参加项目发布洽谈会。市区和产业集聚区所属项目在洽谈会上达成投资意向27个,意向投资额达287亿元。洽谈会的召开,为三门峡市房地产及公共设施项目推广和旧城改造、城中村改造搭建了合作交流的平台,又为宣传三门峡、建设三门峡发挥了积极的作用。

【举行2010年经济适用住房抽号选房活动】 12月10日,三门峡市在烟草大厦会议中心举行2010年经济适用住房抽号选房活动,由各街道办事处在符合条件的申请人中选定的38位抽号选房代表,现场抽出337户幸运家庭选购到经济适用住房。省住房城乡建设厅厅长刘洪涛,市委常委、副市长张英焕出席仪式。三门峡市2010年建设的经济适用住房位于康乐家园住宅小区和怡景园(教师公寓)住宅小区。其中,康乐家园住宅小区本次出售经济适用住房297套,怡景园住宅小区本次出售经济适用住房40套,每套建筑面积从40平方米到90平方米不等。根据国家、省经济适用住房管理的有关文件规定和《三门峡市经济适用住房管理办法》,为确保抽号选房活动公开、公正、公平,经过“三级审核、两级公示”程序后,市区共有501户申请家庭符合购买经济适用住房条件。因本次提供销售的经济适用住房只有337套,首先由19名申请人代表抽取337个申请家庭资格,再由其余19名申请人代表依次抽取337套经济适用住房。抽号过程由公证处全程公证,人大代表、政协委员、纪检监察人员以及申请人代表等到场监督。在此次抽号过程中未抽到住房的申请家庭将进入轮候程序,待下一批经济适用住房建好后直接参与选房活动。

【城市和工矿棚户区改造】 当年,市住建局对全市城市棚户区、工矿棚户区进行全面调查摸底,并会同发改委、国土、财政等部门,编制《三门峡市城市和工矿棚户区改造规划(2010~2012年)》《三门峡市城市和工矿棚户区改造实施办法》,为全市下一步棚户区改造奠定基础。2010年,全市共实施3个城市和工矿棚户区改造项目,完成拆迁面积24.42万平方米,开工建设15万平方米,改造国有林场危旧住房2.25万平方米、268户。金渠路两侧棚户区完成拆迁面积22.32万平方米,开工建筑面积15万平方米;铁路·东风丽景小区完成拆迁面积1.4万平方米;黄北五街坊(水电十一局)棚户区完成拆迁面积0.7万平方米;对淇河林场、窑店林场的268户2.25万平方米林场危旧住房进行改建,计划2011年全部入住。

【加强拆迁管理】 年初,按照国务院办公厅、省政府办公厅下发的严格城镇房屋拆迁管理紧急通知要求,市住建局坚持依法行政,严格执行拆迁许可证制度,对未制定拆迁方案、手续不齐全、拆迁补偿安置资金不落实的项目,一律不发放拆迁许可证,全面推进规范化管理。加大违法拆迁查处力度,大力推行“阳光拆迁”工程,认真做好房屋拆迁管理工作。全年核发房屋拆迁许可证2个,拆迁居民238户,拆迁房屋面积21 200平方米。实施行政处罚1起,罚款98万元。协助灵宝、陕县、卢氏、开发区等县(市)区,制定拆迁补偿安置方案。全面推行“十个公开”制度,要求拆迁人将拆迁政策、拆迁许可证、补偿安置方案、办事程序、评估机构选择情况及评估结果、房源信息情况、补偿安置结果、拆迁困难户补助办法、拆迁实施单位和工作人员情况、拆迁异议等相关情况一律公布,让被拆迁群众清清楚楚算账、明明白白签约。

【实施建筑物亮化】 当年,市住建局印发《三门峡市房地产开发项目建筑物亮化实施方案》,要求全市达到亮化条件的11个项目40幢楼均按方案要求进行亮化。年内,对8个在建项目32幢楼的亮化方案进行审核,并建立亮化工作长效机制,确保此项工作长期进行下去。 (杨俊峰)

·编辑 李艺芬·

交通运输和邮政业

TRANSPORTATION AND POSTAL SERVICE

12 月 7 日，连霍高速公路洛阳至三门峡至灵宝段改扩建工程建设动员会在灵宝市举行

综　述

【概况】 2009年12月23日，根据中共三门峡市委、三门峡市人民政府关于印发《三门峡市人民政府机构改革实施意见》的通知，组建三门峡市交通运输局，为市政府工作部门。将市交通局的职责，市建设委员会承担的城市公交、城市客运管理职责，整合划入市交通运输局。不再保留市交通局。2010年2月14日，三门峡市交通运输局正式挂牌。市人大常委会主任赵继祥等为三门峡市交通运输局和中共三门峡市交通运输局委员会揭牌。

2010年，三门峡市交通运输局深入落实科学发展观，大力弘扬“艰苦奋斗，无私奉献”精神，以建设大交通为总目标，以建设“三纵四横”为突破口，以扎实推进项目建设年和企业服务年活动为主线，以深入开展“讲廉政，树正气，促发展”专项教育活动为载体，不断强化思想建设、组织建设、作风建设和廉政建设，各项工作均取得了新的成绩，实现了全市交通事业的又好又快发展。

交通基础设施建设　全市共完成交通基础设施建设投资39.81亿元，其中三淅高速公路灵宝至西坪段、连霍高速公路洛阳至豫陕界改扩建、郑卢高速公路洛宁至卢氏段等重点项目累计完成投资34.18亿元，干线公路建设完成投资3.3亿元，农村公路建设完成投资1.98亿元，场站建设完成投资0.35亿元。

“十二五”规划编制　科学编制《三门峡市“十二五”及中长期交通运输发展规划》，一些重大交通设施项目进入国家、省规划盘子。至“十二五”末，交通运输事业发展主要实现以下3个目标：一是总量扩大。全市将新增铁路里程212千米，总里程达到555千米，达到县县通铁路；新增公路里程1 081千米（其中高速公路200千米、国道260千米、省道482千米、农村公路139千米），全市高速公路、干线公路和农村公路分别达到363千米、2 345千米和8 200千米，二级以上客运站达到17个、二级以上货运站6个。二是骨架坚实。全面建成以运（运城）三（三门峡）十（十堰）宜（宜昌）铁路、三（三门峡）淅（淅川）高速公路、国道209、陇海铁路、郑（郑州）西（西安）高铁、连（连云港）霍（霍尔果斯）高速公路、国道310为支撑的“三纵四横”交通主骨架，建成全线技术等级不低于二级的沿黄经济通道。三是网络完善。实现县县通铁路，县县通高速，初步形成“骨架坚、通道强、县畅乡联、村道串”的公路网络，形成公路、铁路、水路运输协调发展、衔接顺畅、安全绿色的综合交通体系。

道路运输　全年完成客运量3 790万人、客运周转量182 994万人公里，公路货运量3 225万吨、货运周转量638 899万吨公里，公共交通运营3 563万公里。新开、调整和延伸客运线路26条，新增、更新客运车辆401台，行政村通车率达到98%；新增货运车辆主、挂车4 047台、42 482个吨位；“96520”运管服务热线网络日趋完善，案件办结率为96%；全市四级以上运输企业及所有物流服务部已全部安装“八卦来网”物流信息平台，注册用户248户，手机物流通2 745户；在城市公交和出租车行业中，“比安全、比卫生、比服务、比礼仪”竞赛活动深入开展，服务质量不断提高，交通运输业的蓬勃发展，成为推动全市经济快速发展的重要“发动机”。

应急保障　玉树地震期间，在道路拥堵、人车混杂难以通行的情况下，协调各方，打通临时通道，全力护送救灾车队顺利到达豫陕界，圆满完成应急保通任务。卢氏“7·24”洪灾发生后，全系统各级基层党组织迅速赶赴抢险一线，先后投入抢通突击队379个、人员1.6万人次、机械设备1 501台次，在灾后17个小时内抢通209国道李家湾大桥，72个小时内抢通了通往受灾乡（镇）的公路，8天内抢通了通往受灾村的公路，确保救灾物资的及时运送和灾后重建的顺利进行，市交通运输局被市委、市政府评为“抗洪救灾暨倒房重建工作先进单位”。8月15日，由于连霍高速公路洛三灵段南半幅封闭施工等原因，导致三门峡市境内310国道大面积堵塞，市交通运输局主动汇报，与省交通运输厅相关人员迅速赶赴陕西、山西协调，全力疏导，远程分流。至8月20日14时，310国道恢复正常通行，保证了东西大动脉的畅通。

行业管理　落实目标责任，从源头上加大“治超”力度，检测超限超载车辆4.2万辆，处理超限超载车辆1.5万车次，车辆超限率始终控制在4%以下；加强运输管理，取缔非法营运车辆20台，无证经营业户12家，查处违章运输车辆47台；严格工程质量监督，严把人员入场、设备审验、监督申请关，重点工程优良率达90%以上，质监工作在全省质监系统被评为先进单位。强化安全监管，组织明查暗访45次，检查运输企业70家，查处一般安全隐患32起；开展海事安全督查8次，检查船舶38艘次，海事工作被省交通运输厅评为先进单位；干线公路、旅游公路增设安全标志506处，完善县乡公路标线300千米；培训运输企业管理人员122人、驾驶员29 816人，全市交通运输系统安全生产态势平稳，有关指标均低于省控标准。在全省年终综合评比中，获安全、货运2项专项奖杯和综合考评优秀奖杯，位居全省前列。

安全监管　坚持“安全第一，预防为主”的方针，认真落实“三关一监督”职责和安全管理“四项机制”，成立安全管理机构，配备专职安全管理人员；组织开展安全生产培训，强化多级安全主体责任，增强管理员安全意识，牢固树立安全发展理念；推行“一岗双责”和生产经营单位主体责任落实，层层签订安全生产目标责任制，完善安全例会、检查、隐患整改、事故报告、事故处理、档案管理等制度；进一步落实安全责任制和安全生产隐患排查报告制度，实现安全生产管理监督常态化、规范化，查出隐患整改率达100%，安全生产“四项指标”明显下降，营造了安全良好的交通环境。认真组织开展好“安全生产月”活动，先后开展安全月宣传教育“反三违”活动以及行业安全隐患自查自纠工作，共制作悬挂横幅46条，展出宣传版面30块，张贴安全宣传标语180条，组织人员深入基层督导检查2次，“安全生产月”活动扎实有效。按照“三关一排查”的要求，组织海事执法人员严格执法，严把船舶签证关，严把船舶适航关，严把船员适任关。加强监督检查，消除安全隐患，组织开展水上交通安全检查活动，尤其对“边、远、小”以及黄河沿岸的水域进行全面、深入的排查，确保检查到位，不留死角，消除盲点，累计检查船舶682艘次，发现隐患29起，全部整改完毕。

【三门峡市迎宾1号公交专线正式通车】 1月30日,三门峡市举行迎宾1号(郑西高铁三门峡南站—三门峡火车站)公交专线通车仪式。市委副书记王建勋、市人大常委会副主任亢伊生、市政协副主席高从民、市长助理张万斌等出席仪式并为公交专线通车剪彩。迎宾1号公交专线是2010年市委、市政府为民承办的“十件实事”之一。该线路全长12.5千米,起点为三门峡火车站,终点为郑西高铁三门峡南站,单程运行约39分钟,是三门峡市最长的一条公交线路。市委、市政府共投资500万元,购置15台长10.8米、可容纳70名乘客的宇通豪华大客车,打造这条精品公交线路,为城市交通再添新翼。该车首班车时间为早上6时30分,末班车为晚7时,沿途经过23站:三门峡火车站、加油站、东风市场、陕县医院、宏远市场、三门峡供电公司、上阳路口、人民市场、三门峡宾馆、体育场、市中心医院、金渠集团、市邮政局、甘棠路、建材市场、三门峡经济开发区、学院路、天鹅湖、南关村、关沟村、雷湾村、华意机械、三门峡南站。

【市政府与河南交通投资集团有限公司高速公路建设项目签约】 3月22日,市政府与河南交通投资集团有限公司高速公路建设项目签约仪式在郑州举行,由此拉开三门峡市境内高速公路通道大开发、大建设的序幕。省交通运输厅副厅长范跃武,市委书记李文慧,市委副书记、市长、市交通枢纽建设指挥部指挥长杨树平等出席签约仪式。此次签约的高速公路建设项目包括:三淅高速公路三门峡黄河公铁两用桥、灵宝至卢氏、卢氏至西坪段及郑卢高速公路洛宁至卢氏段4个项目,项目总里程约152千米,总投资约122亿元。其中:三淅高速公路三门峡黄河公铁两用桥项目,采用和运三铁路合建公铁两用大桥形式跨越黄河,公铁合建段桥长1.69千米,公路引桥、连接线(河南境)长2.65千米,大桥按双向6车道高速公路标准建设,连接线按双向4车道高速公路标准建设,估算总投资约11亿元;三淅高速公路灵宝至卢氏、卢氏至西坪段项目,起于灵宝市,跨越连霍高速公路,经卢氏县至南阳市西峡县西坪镇与沪陕高速相接,三门峡市境内全长135千米,该项目将按双向4车道高速公路标准建设,估算总投资100.6亿元;郑卢高速公路洛宁至卢氏段项目,三门峡市境内全长约12.63千米,该项目将按双向4车道高速公路标准建设,估算总投资约10亿元。当天的签约仪式上,杨树平与河南交通投资集团副董事长王金山签署了高速公路建设项目支持协议,市政府还与河南高速公路发展有限责任公司签署了高速公路建设项目投资框架协议。

【三门峡汽车客运南站投入试运营】 8月6日,三门峡汽车客运南站投入试运营。副市长、市公安局局长崔保连出席仪式,并察看车站相关设施情况。三门峡汽车客运南站是郑西高铁配套项目,也是三门峡市未来客运发展的一个重要交通枢纽。该站按国家一级客运站标准设计建设,预计总投资3 000万元,2009年5月8日开工建设,经过近15个月的努力,完成投资1 800余万元,2010年8月一期工程基本完成并具备开业运营条件。该站的投入运营,将实现客运班线运输与郑西高铁之间的无缝换乘,方便群众出行,加速客流疏散和中转,辐射周边省市。

【全市首家行业信息中心成立】 8月30日,市交通运输局信息中心宣告成立,填补了三门峡市没有行业信息中心的空白。市委常委、宣传部部长李立江,副市长周志远到会祝贺。该信息中心主要包括3个平台,即平面媒体平台、电视媒体平台和网络媒体平台。

【市区10路公交车延至市外国语高中】

9月1日起,三门峡市公交公司10路公交车从原始发站西苑小区延伸至市外国语高中。调整后的10路公交车由市外国语高中和人民市场双向对发,增加市外国语高中、银苑小区两个站点,人民市场首班车6时30分,市外国语高中首班车6时27分,末班车均为19时15分,全程8千米,单程运行27分钟,每班车间隔6分钟。公交10路线最初由银湖湾小区发往人民市场,2009年9月1日延伸至西苑小区,2010年再次延伸至市外国语高中,充分体现了公交为民的服务理念。

【豫西北9市运管工作座谈会在三门峡市召开】 10月11日,郑州、洛阳、三门峡、焦作、安阳、新乡、濮阳、济源、鹤壁等豫西北9市运管工作座谈会在灵宝市召开。省交通运输厅运输局局长吕全德,副局长王新宪、龚全武,调研员杜玉清,办公室、客运处、货运处、安全处、政工处负责人及豫西北9市交通运输局主管运管工作的副局长参加会议。

【全省新开工高速公路项目建设现场会在三门峡市召开】 11月24日,省交通运输厅在三门峡市召开全省新开工高速公路项目建设现场会。省交通运输厅副厅长范跃武、省交通投资集团副总经理杨文礼、豫西山区高速公路建设指挥部常务副指挥长李强,市委副书记、市长杨树平,副市长崔保连及市政府秘书长李宝洲等出席会议,洛阳、商丘、信阳等地市高速公路建设项目协调指挥部负责人以及省内各条新开工高速公路建设项目公司董事长、总监参加会议。市交通运输局局长李平宣在会上作了题为“创造环境,强化协调 全面加快三淅高速公路建设步伐”的典型发言。当天,与会人员全程察看了三淅高速灵宝至卢氏段12个标段的施工管理情况和工程进度。范跃武对项目建设进展情况和三门峡市各级单位的保障工作给予高度评价,并要求各项目单位要借鉴三淅高速灵宝至卢氏段的成功经验和管理理念,进一步强化措施,保安全、保质量、保工期、保通车,努力掀起全省高速公路建设新高潮。

(苏鹏飞)

公路交通

【概况】 2010年,全市干线公路和农村公路累计完成投资5.9亿元。公路通车总里程达到9 244千米,公路密度达到88.2千米/百平方千米。其中:高速公路166千米;普通干线公路1 017千米,二级及以上公路占44.9%;农村公路通车里程8 061千米,其中等级公路比例达到68%,铺装路面里程达到65.5%。拥有市、县级汽车客运站9个,旅游汽车站1个,乡(镇)汽车客运站63个,农村招呼站350个;海事码头(渡口)19个。至年底,三门峡境内铁路全长343千米,其中郑西高铁长154千米、陇海铁路长189千米。交通运输部门服务国民经济和社会发展全局、服务社会主义新农村建设、服务人民群众安全便捷出行的“三大能力”大幅提升。

“大交通”项目建设　三淅高速公路灵宝至卢氏段完成投资12.05亿元,完成年度目标的800%;卢氏至西坪段前期投入2 000万元,初步设计已由省发改委批复;郑卢高速公路洛宁至卢氏段完成投资1亿元,完成年度目标的200%;连霍高速公路三门峡境改扩建工程完成投资20.23亿元,完成年度投资目标的101%;三门峡黄河公铁两用桥公路桥及连接线工程可研性报告已上报至省发改委和省交通运输厅,省高速公路发展有限公司成立专门机构负责此项工作,确保与运三铁路同步开工建设。运三铁路、运宝高速公路前期工作推进顺利。

干线公路建设　省道250线(卢氏境)水毁修复工程完成路基工程,铺筑路面20千米,完成投资1.14亿元,超额完成目标任务;省道331线卢氏官坡至陕西交界段改建工程建成通车,完成投资1 596万元;完成大中修项目7个113千米,危桥改造10座,完成投资2亿元。

农村公路建设　农村公路完成投资2.17亿元,其中县乡公路建设项目42个、255千米,通村公路项目83个、126千米,危桥改造项目16个、901延米。以贯彻落实《河南省农村公路条例》为契机,市政府出台《关于进一步加强农村公路建设管理的实施意见》和《关于印发三门峡市农村公路“好路杯”竞赛活动方案的通知》两个文件,初步建立以政府投资为主、多渠道筹措为辅、社会各界共同参与的多元化筹资机制。

【豫西山区规划高速公路项目三门峡汇报会在卢氏县召开】　2月28日,豫西山区规划高速公路项目三门峡汇报会在卢氏县召开。省交通运输厅厅长董永安、副厅长范跃武及市委书记李文慧,副市长、市公安局局长崔保连等出席会议。为进一步均衡河南省高速公路路网密度,弥补豫西高速路网缺口,省交通运输厅致力于将三门峡至淅川、洛阳至卢氏、栾川至卢氏3条高速公路建设工程列入省高速公路近期建设规划。汇报会上,省交通厅领导就规划并实施上述3条高速公路建设工程的思路以及面临的机遇和困难等作详尽介绍。李文慧表示,市委、市政府将进一步建立健全工程建设领导小组,完善相关政策,优化施工环境,以扎实的前期工作,努力争取工程早日开工建设。

【国道310线三门峡市区段改建工程开工】　3月18日上午,国道310线三门峡市区段改建工程开工典礼在陕州大道东端、连霍高速公路东出口南侧举行。市委副书记、市长杨树平出席仪式。国道310线三门峡市区段改建工程是三门峡市确定的2010年“十件实事”之一。该工程东起湖滨区交口乡侯桥村,西至陕县大营镇城村,全长23千米,总投资6 500万元,施工工期6个月。其中,侯桥村至金昌立交桥段4月底前完工。310线三门峡市区段改建通车后,该路段的行车速度将提高到每小时80千米。

【郑卢、三淅高速可研报告通过专家评估】　4月2日,郑卢高速公路洛阳至洛宁、洛宁至卢氏段,三淅高速公路灵宝至卢氏、卢氏至西坪、西坪至省界段的可研报告在三门峡市举行集中评估。副市长、市公安局局长崔保连和省交通、发展改革等部门以及洛阳、三门峡、南阳3市6县有关负责人出席会议。评估会上,专家组经过实地考察和认真研究,通过两条高速公路5个路段的可研报告,并就科学发挥项目功能、降低施工难度、控制投资成本等提出意见和建议。会议要求沿线各级各部门和业主单位、设计单位认真落实专家组的建议,修改完善规划设计,加强设计方案的沟通协调,确保工程按期开工。

【三淅高速公路灵宝至卢氏段工程建设奠基】　5月16日,三门峡至淅川高速公路灵宝至卢氏段项目工程建设奠基仪式在灵宝市大王镇举行。省交通运输厅党组书记、厅长董永安,副厅长范跃武,河南交通投资集团副总经理杨文礼,市领导李文慧、杨树平、赵继祥、郭秀荣、崔保连以及三门峡军分区参谋长张洪标、市政府秘书长李宝洲等出席仪式,并为工程培土奠基。三淅高速公路灵宝至卢氏段项目是河南省2010年公布的首批重点建设项目,项目全长82.85千米,估算总投资60.1亿元,计划工期30个月,将于2012年底建成通车。

【310国道渑池段两危桥改造工程竣工通车】　6月23日,310国道渑池洋河大桥、孟岭桥危桥改造工程竣工通车。310国道渑池洋河大桥、孟岭桥危桥改造工程于4月22日开始断道施工。改造后的洋河大桥桥面比过去平整,护栏上加装14盏风光互补LED路灯。该路灯利用太阳能和风能的互补性,白天储存电能,晚上通过智能控制系统供电照明,大大提升了桥面的夜间通行功能。

【“运宝”黄河公路大桥工程可行性研究报告顺利通过评审】　10月,山西运城至河南灵宝黄河公路大桥工程可行性研究报告评审会在山西太原召开,工程可行性研究报告顺利通过专家评审。“运宝”黄河公路大桥工程可行性研究报告推荐线路为西起山西芮城刘堡,接解州至陌南高速公路,向南在三门峡大坝上游54千米处跨黄河,以高架桥穿越灵宝后地古枣林,继续向东南经东岭村西,下穿郑西高铁,在梨园村东接入三淅与连霍高速梨园互通立交,全长9.28千米,其中黄河大桥长3.5千米,河南省境内连接长2.87千米。

【举办《河南省农村公路条例》电视知识竞赛】　11月12日,市交通运输局举办全市交通运输系统《河南省农村公路条例》电视知识竞赛,来自市农村公路管理处、各县(市)区交通运输局的7支代表队参加竞赛。经过必答、抢答、风险和加试题目的8轮激烈角逐,渑池县交通运输局代表队获一等奖,陕县交通运输局、灵宝市交通运输局代表队分别荣获二、三等奖。

【省农村公路建设及养护管理“好路杯”竞赛检查组到三门峡市检查】　12月3日至6日,以省公路局副局长郭留红为组长的省农村公路建设及养护管理“好路杯”竞赛检查组一行10人,对三门峡市2010年建设项目计划完成及养护管理“好路杯”竞赛开展情况进行检查。市政府副秘书长冯勇,市交通运输局局长李平宣及相关人员陪同检查。在听取了三门峡市农村公路建设及养护管理“好路杯”竞赛工作的情况汇报后，检查组分两个工作组，分别对陕县、义马、湖滨区3个受检单位及渑池县进行实地检查、验收。检查组对三门峡市积极探索农村公路水毁抢修工作新的方法和思路，实行政府、交通运输、农村公路三级联动督导机制，强力推进项目、乡(镇)养护站、安保设施建设力度等做法给予充分肯定，也对全市农村公路工作中存在的问题提出改进意见。

(苏鹏飞)

高速公路

【概况】 2010年，河南高速公路发展有限责任公司三门峡分公司(以下简称三门峡分公司)始终坚持以完成通行费征收目标任务为主线，以强化综合执法能力为中心，以全面提高管养质量、完善交通机电设施、保障运行能力为基础，较好地完成各项目标任务，赢得良好的社会效益和经济效益。

规费征收　至11月30日，三门峡分公司所辖收费站实际完成通行费收入17.93亿元，较上年同期增加2.23%；日均收入526.56万元。绿色通道车辆累计免征68 133辆，累计免征金额4 015.23万元；跨区机收累计免征3 354辆，累计免征金额98.33万元；抗震救灾累计免征172辆，累计免征金额7.24万元。政策性免征车共免征71 659辆，免征金额为4 120.79万元。

路政管理　至11月底，三门峡辖段共发生交通事故324起，交通事故造成路产损失351.16万元，收回路产损失343.43万元，索赔率为97.8%，结案率为98.5%，标识标牌完好率100%；各路政大队巡逻里程585 650千米，巡逻人次10 167人次。在连霍高速公路洛三灵段路面专项工程进行期间(5月25日至11月中旬)，三门峡辖段共发生交通事故162起，各路政大队巡逻里程344 500千米，巡逻人次6 421人次；投入巡逻车5 527台次，清障车577台次，拖拽故障车辆194台，有效保障了高速公路的安全畅通。

养护管理　至年底，共修补坑槽4 241平方米，灌缝8.8万米，更换护栏24.53万千克，护栏立柱5.49万千克，更换防阻块9 568块，修补刺丝1.91万千克，更换防眩板11 795片、C20混凝土122.9立方米、路缘石14.06千米。年内小修保养、绿化管养、专项工程、除雪保通累计完成养护投资1 827.4万元。

【开展“优质服务100天”及文明服务整顿活动】 为营造和谐稳定、文明健康的收费环境，不断实践“文明收费、优质服务、争创一流”的理念，4月28日至8月5日，三门峡分公司开展“优质服务100天”活动，旨在进一步提高员工文明服务意识，高水平推进优质服务，全面提升服务层次，树立三门峡公司良好对外形象。活动分3个阶段进行：宣传动员阶段(4月28日至30日)、活动开展阶段(5月1日至7月31日)、总结提高阶段(8月1日至5日)。活动中，结合国家标准，重点对站容站貌、设施设备使用情况进行排查，确保标志标牌完好美观，确保广场、站区干净整洁，营造良好的通行环境；加强员工业务技能培训，以2010年全省交通系统职业技能竞赛为契机，以提高岗位技能为重点，开展多种形式的岗位练兵和培训活动；加强文明服务监督考核力度，提高考核标准，从细微处做起，正确引导员工理解服务理念，树立优质服务出效益的思想，以实际行动践行活动内容；加强收费员的服务意识，增强收费窗口与司乘人员之间的沟通和理解，实现收费管理水平的进一步提升和职工队伍整体素质的进一步加强；加大收费政策的解释和落实力度，全面提高通行保障能力；建立服务设施检查保养制度，完善和健全服务设施，改善收费站的服务条件，为车辆出行提供良好的物质保障。

清除路面积雪

【连霍高速洛阳至三门峡(豫陕界)段改扩建工程全线开工】 12月7日，连霍高速洛阳至三门峡(豫陕界)段改扩建动员会隆重举行。副省长张大卫发布改扩建工程开工令。省交通厅厅长董永安、副厅长范跃武，省发改委副主任裴志扬，洛阳市副市长杨炳旭，三门峡市委书记李文慧，市委常委、副市长张英焕，副市长崔保连，市政府秘书长李宝洲出席动员会。此次改扩建工程全长195千米，沿线途经洛阳孟津县、新安县，三门峡义马市、渑池县、陕县、湖滨区、开发区、工业园区、灵宝市等9个县(市)区，投资估算约125亿元，工期3年，改扩建标准为双向8车道，设计时速100千米。全线采用边施工边通车的方法，施工期间不影响车辆的正常行驶。项目竣工后，连霍高速洛阳至三门峡(豫陕界)段将成为河南省车道最多、通行能力最强的山区

高速公路。 (姚宗华)

铁路运输

【概况】 2010年,面对安全生产的严峻形势、运输经营的巨大压力和队伍稳定的更高要求,三门峡火车站紧紧围绕车务段“建精品、创一流”的要求,积极开展“岗位成才、实现价值”和“创先争优”活动,坚持从严管理、强力推标,狠抓现场作业控制和各项规章制度的落实,不断挖掘运输潜力,提高科学化管理水平,努力实现车站“外美内实”,抓重点,破难点,基本实现安全平稳、路风可控、队伍稳定、增运增收的既定目标,经济效益和社会效益均取得明显成效。

“和谐号”高速列车

基础管理 围绕重点工作,对各项规章制度进行及时的修订和完善,强化基础管理,加强各工种、岗位间的协调配合,有效提高工作效率。认真执行干部巡视检查制度,为安全生产奠定基础;严格作业程序、质量标准,并结合标准化鉴定,提高作业质量;认真实行日交接制度,强化安全生产动态分析,及时解决影响安全生产的关键性问题,消灭安全隐患,提高运输组织效率;围绕客货运输生产组织,多次修订和完善干部考核制度,建立一整套激励约束机制,强化客货营销,优化运输组织,提高运输效率;严肃处理违章、违纪,落实各项基础管理制度,消除事故隐患和不安全因素。

安全生产 加强自控型班组建设,发挥班组核心成员作用,完善激励约束机制,职工落实作业标准的自觉性明显提高,班组自控能力明显增强;规范加强应急管理工作,安全预防控制能力和应急处置能力全面提升;深入开展“安全大检查”活动及车站开展的“查隐患、促整改、保安全”活动等20多个专项检查活动,查摆整治一批安全问题和隐患,使安全管理逐步走上科学、规范、高效的轨道。至2010年12月31日,三门峡火车站共实现安全生产8 701天。

市场营销 当年,由于国内外各种因素,特别是受全球性经济危机的影响并未完全摆脱,铁路运输形势依然严峻,发运量递增不明显。三门峡火车站在原有营销基础上,进一步开展调研工作,从货源的基本构成、货源态势、产业分布和营销工作中存在的问题等4个方面进行调研分析,制定新的市场营销策略和切实可行的营销工作步骤开展工作。在营销工作中,本着“抓牢稳定货源,争夺流动货源,挖掘潜在货源”的工作思路,以硬件(铁路设备)优势作基础,以软件投入(服务措施)作实力,靠雄厚的实力和不断完善的服务取胜。淡季注重挖潜,旺季注重疏导。对内强化机制树形象,制定服务措施,提高服务质量;对外广交朋友重发展,稳住现有货源,争夺新增货源。按照营销工作步骤,车站先后出台一些服务措施、标准,简化了一些不利于营销的繁琐手续,使营销工作取得骄人业绩。至年底,三门峡火车站共完成旅客发送人1 227 623人,较上年同期增长0.95%;客票收入完成96 049 406元,完成全年任务的102.57%,较上年同期增长16.62%;异地票发售完成191 658张,增收25 298 431.5元;发送旅游团体68批2 321人,增收434 187.5元。全年,共完成装车24 387车,完成计划的132%;发送货物14.75亿千克,完成计划的149%;实现收入15 783.8万元,完成计划的153%;实现保价收入100.07万元,完成计划的178%。其中装煤6 315车,卸车16 803车;发送集装箱12 482TEU。

业务培训 在稳步推进各项工作的基础上,着力加强职工教育,提高职工业务技能。严格落实职工教育培训学习制度,采取各种行之有效的措施,有针对性地开展教育培训。开办为期3个月的职工夜校,增加职业道德、礼仪规范等方面的培训内容;对新入路、新提职、新转岗人员,经过业务学习教育培训和安全技术培训且考试合格后方准上岗作业,为运输安全奠定基础。职工整体素质显著提升,涌现出一批又一批的业务骨干。在2010年洛阳车务段业务技术大赛上,三门峡火车站共取得17项第一、8项第二的优异成绩,其中运转行车、调车、统计获得5项第一,货运获得8项第一,客运获得4项第一。年底,三门峡火车站荣获“郑州铁路局双文明先进车间”“先进党支部”及“洛阳车务段路风先进集体”“洛阳车务段先进党支部”等称号。

【暑运期间客货收入大幅增长】 暑运期间,三门峡火车站采取多项措施加大客货营销力度,确保客运班组暑运客货发送量增幅明显。坚持“以人为本、诚信服务”的理念,积极组织客运人员利用业务学习、点名会等不同形式,认真学习暑运的有关文件、电报等,使进出站口、问询处、售票室、行李房、客运室、广播室的职工及时掌握本站客车的停到开时分,便于工作人员掌握和回答旅客问询;通过当地的报纸、电台,大造营销声势,不断宣传铁路在暑运中的运能安排、运输优势和便利条件，并增开售票窗口，提升服务质量，增加旅客发送人。组织召开市区及周边重点运输企业货运营销座谈会，及时了解暑期货源情况、生产运量及后5个月的预计运量，细致诚恳地征求各企业对铁路运输中存在问题的意见、建议和要求，加强与货主之间的沟通和理解，以诚信的态度稳住货源，并大幅增加新的货源。同时，在车站建立客货营销任务日分析制度，对每日客流、货运重点提前部署，确保客货发送量。至8月31日，三门峡车站旅客发送人21.92万人次，收入1 985.12万元；货运发送量1.92亿千克，收入2 177.55万元；客货收入分别比上年同期增长24.53%、97.27%。

【开办职工夜校】 5月31日晚8时，三门峡火车站职工夜校培训开学典礼举行。在开展“岗位成才、实现价值”主题教育活动中，三门峡火车站注重加强对干部职工的整体素质和能力培养，于6月1日至8月30日开办职工夜校，利用休闲时间为职工“充电”，对其进行职业道德培训、党课培训、防洪演练、业务培训、礼仪培训等，进一步提升全站干部职工的综合素质、精神状态、业务技能和管理能力，以使其更好地适应高铁时代的安全形势，确保车站安全生产的长治久安。

【郑西高铁成功试运行】 1月28日，郑州至西安高速铁路成功试运行。国产“和谐号”高速动车组从西安站至郑州站，用时1小时48分，最高时速达352千米。2005年9月25日开工建设的郑州至西安高速铁路是《中长期铁路网规划》“四纵四横”徐州至兰州高速铁路的重要组成部分，该线自郑州站引出，经河南荥阳、巩义、洛阳、渑池、三门峡、灵宝，陕西华山、渭南、临潼等地，终到西安站，线路全长505千米，工程概算353.1亿元。全线共设郑州、荥阳南、巩义南、洛阳南、渑池南、三门峡南、灵宝西、华山北、渭南北及西安等10个客运站，列车运营时速350千米。通车运营后，郑州至西安列车直达最短时间将由6个多小时缩短至2小时以内。作为具有世界一流水平的长距离干线高速铁路，郑西高铁不仅是中国中西部地区的第一条时速350千米的高速铁路，还是世界上首条修建在大面积湿陷性黄土地区的高速铁路。

【铁道部副部长陆东福到三门峡市考察调研】 1月31日下午，铁道部副部长陆东福在副省长张大卫的陪同下到三门峡市，现场考察调研运三铁路工程三门峡线预可行性规划情况。市委书记李文慧，市委副书记、市长杨树平，市委常委、秘书长赵中生，副市长、市公安局局长崔保连，市政府秘书长李宝洲等陪同考察。到三门峡市考察调研的还有：铁道部发展计划司副司长严贺祥、铁道部建设管理司副司长苏全利、省政府副秘书长张庆义、省发改委副主任裴志扬、省交通运输厅副厅长范跃武、省环保厅副厅长马新春和省直有关部门及山西省政府、运城市政府、铁三院、中铁隧道院、中铁大桥院、郑州铁路局、太原铁路局等有关部门负责人。实地察看后，在三门峡市召开新建运城—三门峡—十堰（襄樊）铁路工程现场调研会，铁道部、铁三院、黄委、河南省发改委、山西省政府、运城市政府和三门峡市政府等与会人员就下一步有关审批事项进行交流探讨，并就运三铁路工程三门峡黄河公铁两用桥建设方案等问题达成一致意见。2月1日，陆东福深入卢氏县，现场考察调研运（运城）十（十堰）铁路卢氏站位预选址情况，并对卢氏站位选址情况给予充分肯定。张大卫、李文慧、杨树平、赵中生、崔保连、李宝洲及铁道部、省政府、省直有关部门、铁路设计单位等有关方面负责人陪同考察调研。

【三门峡南站开始发售郑西高铁车票】 2月1日，三门峡南站正式开始向三门峡市民发售郑西高铁车票，市民争相购买具有纪念意义的001号车票。2月6日，郑西铁路客运专线正式开通运营，每天三门峡南站有10趟列车停靠，其中，郑州——西安方向6趟，西安——郑州方向4趟。该站车票预售期为20天，票价实行试运行价，车票分一等座和二等座两种价格。郑州至西安间一等座车票价为390元，二等座车票价为240元。以三门峡南站为中心，往东行至渑池南站的车票分别为45元和28元、至洛阳龙门站的车票为95元和60元、至郑州站的车票为192元和120元；往西行至华山北站的车票为105元和66元、至渭南北站的车票为150元和94元、到达西安站的车票为199元和125元。

【郑西高铁三门峡南站开通典礼隆重举行】 2月6日上午，郑西高铁三门峡南站开通典礼隆重举行。郑州铁路局党委常委、副局长杨贵钧，纪委书记张松安，三门峡市领导李文慧、王建勋、赵继祥、郭秀荣、李建顺、苏新华、李立江、李明举等出席典礼。杨贵钧、苏新华致词。郑西高铁全线设10个车站，其中河南段7个、陕西段3个。在三门峡市境内设有渑池南、三门峡南和灵宝西3个车站。三门峡南站为二等客运站，总建筑面积33 960平方米，站舍面积14 590平方米。乘高铁从三门峡南站到郑州最快仅用1小时12分钟，到西安仅用1小时10分钟，到洛阳仅用29分钟。

（陈黎明）

邮政业

【概况】 三门峡市邮政局辖灵宝、义马、卢氏、陕县、渑池5个县（市）邮政局。市邮政局设综合办公室、人事教育部、计划财务部、市场部、工会5个行政部门。至2010年末，全市邮政系统从业人员1 168人，其中本科以上学历80人、大专学历377人、中专及高中学历538人；服务面积1.05万平方千米，服务人口223万人。

“十一五”期间是三门峡邮政迈向公司化、市场化的重要时期，邮政体制改革成绩显著。始终坚持把改革创新作为第一要务，积极融入地方经济发展，推行专业化经营，优化专业队伍，为邮储银行组建和速递物流改革奠定良好基础。2007年12月19日，组建中国邮政储蓄银行三门峡市分行；2010年7月9日，组建三门峡市邮政速递物流有限公司。这是继邮电分营之后三门峡邮政完成的又一次重大改革，建立了企业独立自主运营的邮政新体制，实现改革发展两不误。

2010年，三门峡邮政局着力推进改革创新，深化专业化经营，积极服务“三农”，找准业务与地方经济发展的契合点,强化项目运作,拓展业务市场,各项工作均取得新的进展。全市邮政系统业务收入20 139万元,较上年增长25.5%。其中:邮政企业业务收入13 288万元,完成计划的100%,较上年增长17.8%;邮储银行业务收入5 038万元,完成计划的101%,较上年增长50.4%;速递物流公司业务收入1 812万元(不含分销物流),完成计划的110%,较上年增长27.7%。当年,实现邮务类业务收入5 219万元,较上年增长35%。三门峡市邮政局在河南省教辅图书竞赛中居第3位,在全省大收订竞赛活动中居第2位。5月17日至20日,为迎接日本北上市友好代表团的访问,市邮政局在三门峡职业技术学院举办庆祝“三门峡市与日本北上市缔结友好城市25周年”专题邮展,展出2 000多枚日本百年邮票组编的专题邮展。

邮政金融类业务收入12 475万元,较上年增长21%。其中:邮储银行自营业务收入5 038万元,较上年增长50.35%;邮政企业代理金融专业,实现业务收入6 043万元,较上年增长9.29%;代理保险,实现业务收入1 394万元,较上年增长14.53%。速递物流类业务收入2 445万元,较上年增长33%。其中:速递专业业务收入1 069万元,较上年增长17%;中邮物流专业完成业务收入743万元,较上年增长46%;分销物流专业完成业务收入633万元,较上年增长50.61%。

筹措有效资金,当年共完成投资2 661万元,用于各项邮政基础设施建设。11月10日,投资800万元改造的市邮政局综合办公楼和投资650万元新建的邮政生产辅助楼投入使用;加快农村支局所建设,装修改造8个支局所,建信报箱2.3万户,有效提升企业终端投递能力;积极开展村邮站建设,当年共建设村邮站427个,有力地促进农业增效、粮食增产、农民增收;建成邮政万亩小麦示范方1个、千亩示范田1个、百亩示范田5个。

信息化支撑能力日益增强。高质量完成工程建设、系统升级、病毒防范、ATM维护和网络稳定等工作,自办手工网点全部建成电子化支局,邮政储蓄网点全部联网,电子汇兑、电子化支局、报刊发行等邮政业务上网运行。完成邮件容器信息系统上线,给市、县封发配备电脑、打印机、条码袋牌打印机,提高邮件处理效率和降本增效,取消市、县普通给据邮件纸质封发清单,封发信息全部上网,提升邮件容器管理信息化水平。

坚持“用好现有人才、留住关键人才、引进急需人才”的理念,采取竞聘上岗、交流任职等形式,加大对引进学生的跟踪培养,开展优秀大学生基层挂职锻炼活动,为其提供成长空间和施展才华的舞台。专业专职营销队伍作用明显。不断完善考核管理办法,加强营销体系建设和营销人员培训,提高专业专职营销水平,有效推动企业整体经营发展。当年,全市专职营销人员共完成营销定额的158%,占全局业务收入的28%。

精神文明建设成绩斐然。当年,市邮政局被评为“2010年度全省邮政服务质量社会评价综合满意度”第6名,获三门峡市“政风行风先进单位”“反腐倡廉建设优秀单位”称号;市邮政局计财部、义马市邮政局获三门峡市“五一劳动奖状”称号;市邮政局陕源路邮政储蓄所获三门峡市“工人先锋号”称号;市邮政局行政党支部被评为三门峡市“五好基层党组织”。李林宝被评为“三门峡市反腐倡廉建设优秀个人”;赵琦被授予三门峡市“职业道德建设十佳职工”和“五一劳动奖章”;闫友红被授予三门峡市“十大杰出青年”称号;段筱丽被评为三门峡市“优秀共产党员”;宁春霞、和亚萍被授予“三门峡市巾帼英雄”“五一劳动奖章”。

【三门峡“爱心包裹”关爱行动启动】 5月10日,由市扶贫办、市工商联、市邮政局共同主办的三门峡市“爱心包裹”项目系列关爱行动启动。启动仪式现场,近30家爱心企业共捐赠爱心包裹17.21万元。其中:香山红叶、金玫瑰大酒店、中国移动三门峡分公司3家企业各捐赠2万元,山东商会捐赠1.51万元,芮史于个人捐赠1万元。“爱心包裹”项目是由国务院扶贫办指导,中国扶贫基金会发起,中华全国工商业联合会和中国邮政集团公司特别支持的一项全民公益行动。项目于2009年4月26日正式在全国启动,2009年三门峡市通过“爱心包裹”项目共募集善款15.34万元,为四川地震灾区的21所学校的1 324名学龄儿童送上一份特殊的关怀和温暖。

【创建1处邮政万亩小麦示范方】 9月2日,河南省人民政府办公厅转发《省农业厅省邮政公司河南邮政万亩小麦示范方创建实施方案的通知》,决定在全省建立60处邮政万亩小麦示范方(以下简称示范方),按照统一整地播种、统一肥水管理、统一技术培训、统一病虫防治、统一机械收获的“五统一”要求,积极探索示范方规模化生产经营模式和专业化服务组织形式,创新农技推广服务新机制,促进农业特别是小麦生产向规模化、集约化、标准化方向发展。灵宝市大王镇是三门峡地区唯一经市政府研究决定设立的邮政万亩小麦示范方。该示范方涉及老城、后地、北村、南营、北营、梨园6个村,面积733.33公顷(约合11 000亩),惠及农户1 498户。9月16日,灵宝邮政万亩小麦示范方小麦栽培技术培训会在大王镇政府举行。对示范方农户,市邮政部门将联合农业部门提供全程农业技术服务,并对农资复合肥给予每1 000千克补贴100元、良种每公顷补贴150元,确保示范方农户都能用上优质肥料和种子。(吕研究)

·编辑 李艺芬·

信息产业

INFORMATION INDUSTRY

8月5日，三门峡市信息化工作会议召开

无线电管理

【概况】 至2010年12月31日，三门峡市共有各类无线电发射设备4 526部。其中：广播电台站(含差转台)23座，30兆赫以下无线电台14个，30兆赫~1 000兆赫固定电台66部，微波接力站15个，地球站2座，雷达站2座，蜂窝基站1 774个，3G基站166个，PHS基站684个，手持机、车载台1 768部，业余电台8部，无线数据电台4部。

监测监听工作 制定详细、周密的监测监听计划，积极开展日常监测、专项监测和不定期的野外监测训练。坚持监测月报制度，详细填报监测情况，按时上报无线电频谱监测月报。全年监测监听总计10 888小时。

无线电安保 配合人力资源和社会保障、财政、教育、司法等部门，参与各类考试无线电安全保障10起，出动人员53人次，查处作弊行为2起。其中：在研究生考试期间，查扣直尺式作弊工具4个；在司法考试期间，压制阻断作弊信号1起；做好全国"两会""国庆"等重要时期的无线电监测值班工作；为三门峡国际黄河旅游节、防汛救灾、森林防火无线电安全做好保障；制定航空专用频率监测计划和《铁路专用频率使用突发事件应急预案》，为航空和铁路用频安全做好服务；加强对业余无线电台站的管理，保障业余无线电业务的健康发展；对"村村通"用频电磁环境进行测试，服务好"村村通电话"工程建设，使无线电管理工作的社会影响力不断提高。

基站抽测 1月，抽检3大通信运营公司2009年新建蜂窝基站53个。8月25日至9月17日，抽测3大运营公司基站60个(按基站总数的3%比例抽测)，检测载频167个，核检电台执照60份，出具检测报告167份，提前完成抽检任务。10月，配合省无线电管理局对全市通信基站进行抽测验收，有效规范通信基站管理。

宣传工作 加大无线电管理工作宣传力度，积极向有关媒体和报刊投稿，报道三门峡市无线电管理工作动态。至年底，人民日报作品定制网、中国无线电管理网、通信产业网、中国信息产业网等国家媒体和省工信厅网站、三门峡市政府网、《工业和信息化工作简报》《三门峡日报》《政府快报》等省、市媒体刊物和内部资料，共采用稿件49篇，为全市无线电事业发展营造了良好的社会氛围和舆论环境，社会公众依法使用无线电频率的意识不断提高，全市电磁环境状况进一步改善。

自身建设 坚持每月进行政治学习，认真组织开展"创先争优"活动，制定"三门峡无线电管理局2010年度党风廉政建设责任目标"和"2010年度党建工作要点"，为做好业务工作提供坚实的政治保障；修订完善"印信管理制度"等11项规章制度，规范机关工作程序，提高工作效率；向省工信厅上报信息专报29期；参加省工信厅及相关部门组织的业务培训51人次，开展无线电技术演练5次，提高无线电管理队伍的思想素质和业务能力；修订完善《三门峡市无线电管理应急预案》，提高应对无线电突发事件的组织指挥能力和应急处置能力；加快基础和技术设施建设步伐，视频会议系统投入使用，监测机房、网络防雷设施使用情况良好，高速铁路设备监测场地初步选定，无线电管理基础设施建设进一步完善。

【深入开展无线电行政执法活动】 当年，市无线电管理局坚持有法必依、执法必严、违法必究的原则，切实提高依法行政意识，认真开展各类无线电行政执法活动，严肃查处违法设台和私占频率行为。5月，开展巩固清理违法使用对讲机专项行政执法活动，对未办理设台手续的违法使用对讲机单位，按照行政执法程序下达"行政处罚事先告知书"，督促45个违法使对讲机单位办理设台手续，核发电台执照319份。集中开展无线电行政执法监督检查活动10次，查处6个单位未经审批擅自设置使用对讲机34部，封存其中5个单位的24部对讲机。通过开展无线电行政执法活动，有效遏制违法设台和私占频率行为，净化电磁环境，保障了良好的空中电波秩序。

【加强频率台站管理】 当年，市无线电管理局不断加强频率台站管理，结合实际稳步推进台站审验收费工作，维护空中电波秩序。根据省无委办《关于进一步规范公众移动通信基站管理的通知》，召开全市3大通信运营公司会议，加强对公众移动通信基站的日常监管；认真做好干扰投诉举报电话受理工作，受理干扰投诉3起；收回4个单位的450兆赫兹使用到期频率，推广使用900兆赫兹频段无中心系统；及时注销微波站2座，收回电台执照2份。先后向有关单位下发《关于"三高"地点接纳设置无线电发射基站产权单位和管理单位备案的通知》和《关于设立无线电台站专管员的通知》，规范"三高"地点台站设置，加强无线电台站管理。至年底，共确立无线电业务专管员33名，9个"三高"地点设台和产权单位单位办理备案手续。

无线电管理工作宣传

【开展无线电管理宣传月活动】 9月，根据省无委办《关于印发〈2010年全省无线电管理宣传月活动方案〉的通知》，市无线电管理局制定工作方案，多策并举开展宣传月活动。在《三门峡日报》上连续刊登工信部副部长奚国华和市政府副市长李琳纪念《中华人民共和国无线电管理条例》颁布17周年署名文章；在《三门峡日报》上开设专栏，刊登无线电管理知识7期；在《三门峡广播电视报》上设专版宣传、介绍无线电科普知识及无线电新技术、新业务应用情况；积极向《中国无线电》《频管监测信息》、中国无线电管理网、中国信息产业网、通信产业网、《工业和信息化工作简报》等媒体投稿，被中国无线电管理网、中国信息产业网、通信产业网、《频管监测信息》采用稿件4篇，被《工业和信息化工作简报》采用4篇；通过邮政公司，制作《中华人民共和国无线电管理条例》宣传专刊5.5万份，随《三门峡日报》向市区及各县（市）区读者发放；在市政府办公楼、司法考试和公务员考试三门峡考点等处，悬挂宣传条幅，设置宣传栏，宣传无线电管理工作在服务经济建设和保障社会稳定方面发挥的作用；通过全市各电视台及市中心大型电子屏、出租车公司车顶电子广告屏，滚动播放宣传口号；通过各通信运营公司在办公地点、营业厅悬挂条幅，电子屏播放宣传口号，向手机用户发送无线电宣传公益短信，有效扩大无线电管理工作的社会影响面。

【强化窗口服务】 当年，无线电管理中心窗口共受理各类报件362件，其中即办件333件、承诺件29件；接待来人咨询90余人次，电话回访300余次，接听咨询230次；办件率100%，承诺实现率100%，顾客满意率100%；被中心评为“红旗窗口”2次、“服务标兵”1次。

（王 茜）

中国联合网络通信有限公司三门峡市分公司

【概况】 2010年，中国联合网络通信有限公司三门峡市分公司（以下简称三门峡联通）坚持以“抓机遇、保增长、调结构、上水平”为主线，以“融合创造新优势、3G实现新发展”为抓手，围绕“农村市场要规模，城市市场要效益”的工作要求，加快市场拓展，提升支撑能力，夯实基础管理，强化落实执行，企业呈现良好发展态势。

市场经营稳步推进。坚持“固话做稳、宽带做强、2G做大、3G做优”的思路，以管理为核心，统一发展与维系体系，统一经营与服务目标，细分客户群体，整合渠道资源，理顺产品体系，强化核心品牌，发挥员工及自有渠道优势，努力实现宽带及移网业务快速增长、集团业务稳步发展、传统业务下滑减缓的经营目标。全年累计净增宽带用户21 943户、3G用户12 681户、2G用户18 300户，固话及小灵通用户保持相对稳定。

通信能力明显增强。移网方面，建成并开通2G基站136个、直放站66个、3G基站119个，新建室内覆盖系统30个点。固网方面，实施宽带网络改造及优化工程，完成EPON网点数量156个，新增EPON宽带端口6 800线；完成宽带覆盖批量工程FTTH及EPON + LAN，建设11个网点，其中FTTH接入端口达到2 100线；完成高铁隧道覆盖接入光缆13个引出点项目及市公安局110指挥中心电子大屏工程，完成灵宝至卢氏80千米光缆建设项目，完成卢氏、陕县平安城市监控点的网络规划及建设。

网络质量全面提升。实施宽带网、移动网“双畅”工程，开展“光进铜退”网络升级改造工程，通过基于EPON为主导的FTTX光纤宽带接入技术，对现有铜缆接入网络进行升级改造，一阶段共改造11个DSLAM网点，新建39个EPON网点，改造宽带用户13 213户，退缆31 336对千米。完成宽带畅通二期第二阶段工程任务，完成146个接入网和3个一干中继站动力监控项目，实现对全区11个大型端局、3个一干中继站和264个乡（镇）支局、接入网动力设备和机房环境运行情况的实时监控。持续不断推进移动网络优化工作，提升网络运行质量，完成93个基站的优化工作。实施同心圆改造，将市区高话务高配置的37个900M基站（73个小区）改造成同心圆小区，改造后的小区话务量提升30%以上。组织厂家对新建282个基站进行优化工作，无线网络接通率由97.21%提升至97.28%，掉话率由0.51%降低至0.43%，各项指标稳中有升。

客户服务水平明显提高。坚持服务市场、服务一线的原则，紧紧围绕客户投诉热点，开展专项整改活动，加强服务质量考核，有效提升客户感知。加强营业窗口硬件建设，为自建营业厅统一配发电脑34台、打印机83台、密码小键盘133个，自建营业厅全部实现免填单服务，县区营业厅实现互联网体验功能，并在营业厅为客户提供茶水、沙发和报纸等，加强便民服务，提高客户方便度；为授权厅配发iPhone演示机，使营业人员更好地处理客户投诉，有效缩短服务时限，有效提升用户满意度。

企业执行力显著提高。狠抓基础管理，通过完善规章制度，逐步健全内部管理体系，明确员工岗位职责，完善业务流程，加强办公费用管理，降低运营成本，规范管理程序。针对影响企业发展的部门职责交叉、流程审批繁琐“顽症”，先后筛选出9个关键的跨部门流程，进行整改。

精神文明建设再创佳绩。加大精神文明创建力度，深化“文明单位”和“青年文明号”等群众性精神文明创建活动，围绕“创建学习型企业，争当知识型员工”，不断提高员工素质，构建和谐企业。市公司黄河路营业厅被评为省级“青年文明号”，渑池分公司黄河楼营业厅被评为省级“工人先锋号”；市公司网络建设部被授予市“五一劳动奖状”，六峰路营业厅被评为市级“青年文明号”；张晓灵被授予“河南省五一劳动奖章”、李新平被授予“三门峡市五一劳动奖章”。

【“治安通”业务发展迅速】 6月9日，市公安局与三门峡联通联合召开全市旅馆业、网吧治安工作会议，对“治安通”业务进行现场演示和培训，加快该业务的推广应用。“治安通”业务是河南联通为河南省公安厅治安管理信息系统而建设、管理、经营的基于互联网的IP - SECVPN业务。该平台通过固定电话拨号方式录入旅店及网吧人员身份信息，实现人员身份登记，公安部门可实时掌握旅馆、网吧人员情况，动态管理流动人口,全面提高防范、打击违法犯罪能力。“治安通”作为加强特种行业管理的综合信息化平台,一经推出,就受到公安部门的高度关注。会议召开后,三门峡联通组织员工认真收集旅馆及网吧资料,并对各旅馆及网吧从业人员进行全面培训,提高其操作应用能力。同时加强与公安部门的沟通,及时通报项目进展情况,解决项目推进中的问题,使“治安通”业务得以迅速推广。至年底,共与300余家旅馆及网吧达成业务意向,其中100余家开通“治安通”业务。

【助力政务信息化】 9月28日,三门峡联通与义马市政府签署通信合作协议,借助3G通信网络优势,推进政府政务信息化建设,全面提升政府部门工作效能。三门峡联通为义马市政府提供集语音、数据、视频、互联网、无线数据等于一体的综合信息化解决方案,并负责建设手机办公系统,组建政府集团网。政府部门工作人员利用3G手机和无线上网卡,可随时随地在线处理公文、查看发送电子邮件、群发短信,在公文办理过程中,具有短信实时提醒、跟踪过程等功能,降低办公成本,提高办公效率。

【三门峡通信运营商总经理联席会召开】 12月16日,三门峡通信运营商总经理联席会在三门峡联通公司召开。会议以“加强沟通,建立互信,维护和谐通信市场环境”为主题,深入讨论并达成共识。河南省通信管理局职业技能鉴定中心副处长徐继承,三门峡联通、移动、电信及铁通公司负责人参加会议。会议指出,在全业务的新形势下,各通信运营商在市场运作中应当辩证地看待资费价格问题、网络建设问题、经营范围权限的自我约束问题、信息化应用项目中的竞争问题。并强调,各运营公司要顾全大局,严格自律,强化管理,加强沟通交流,促进合作,通过不断完善网络覆盖,全面提升服务质量,创新机制体制,促进各项业务快速发展,全面推进通信行业持续快速健康发展。同时,各大运营商还共同签署了《三门峡通信市场资费价格竞合协议》及《三门峡通信行业网络建设与市场经营重要情况信息沟通办法》。　(张新成)

三门峡联通公司荣获“河南联通2010年抗洪抢险先进单位”称号

中国移动通信集团河南有限公司三门峡分公司

【概况】 2010年,中国移动通信集团河南有限公司三门峡分公司(以下简称中国移动三门峡分公司)秉承“用心工作、高效执行”的理念,以存量维稳和价值提升为第一要务,以精准营销和创新驱动为根本动力,以提升增值业务贡献度和推动信息化融合为发展先机,引领竞争,智慧营销,科学运营,加快转型,各项工作均取得优异成绩,企业保持平稳较快发展的良好势头。

市场业务　进一步加强农村市场开发,全面推广村级客户代表制,不断优化村级渠道酬金结构,促进农村渠道由发展型向维系型转变。围绕电子政务信息化、“8155”项目信息化、重点集团信息化及行业信息化等4个关键点,持续拓展信息化领域。顺利与三门峡市人民政府签订电子政务建设合作协议,全面提升政务信息化接入水平。

网络建设　圆满完成“7·24”抗洪抢通和灾后重建工作,以“四个第一”(第一时间启动应急预案、第一时间开始抢通、第一时间开通受灾乡镇政府所在地移动通信、第一时间完成灾后重建)赢得三门峡市委、市政府的好评,树立了“关键时刻看移动、关键事件有移动”的企业良好形象。加强2G网络质量提升和推进TD网络建设进度,通过开展天馈系统整治、边际站配套整治、直放站整治等多项整治活动,持续提升网络的健康性;加强网络监督和提升,在员工中开展“我的网络,我关注”和网络质量提升活动,努力实现“先于客户发现问题、第一时间解决问题”,确保网络领先优势。

客户服务　深化以客户为导向的服务理念,围绕客户满意度压力传递、强化投诉预防和全过程监控、搭建服务示范交流平台3条主线,开展大服务试点工作。优化服务体系,量化服务内容,深入推进服务能力建设,提高客户关系管理水平,持续深化“满意100”服务内涵,塑造服务品牌,锻造服务品质,提升服务感知,有效提升整体服务水平。

综合管理　积极开展效率管理提升工作,优化完善公司各类流程,有效提高工作效率。深入推进全面预算管理,加强固定资产管理,提高财务分析实用性和主导性,财务管理参谋决策和服务支撑水平不断提高。强化内控管理,企业运营风险防范能力得到进一步增强。积极开展合同管理效能监察项目,深入查找合同管理存在的问题,及时进行整改完善,进一步提高基础性工作管理水平。重视安全生产预防教育及责任落实工作,实现全年安全生产无事故。

党团建设　重视党风廉政建设教

育工作，深入开展创先争优和文明创建活动，为企业的发展提供有力保障。以基层党组织达标和“创先争优”活动为载体，凸显党组织的堡垒示范带动作用；团委坚持做好员工思想教育，持续开展经常性的“三联系”沟通活动，举行青年员工拓展训练，开辟青年员工论坛，及时了解员工思想动态，消除不稳定因素，全年未发生违纪违规和上访现象。

企业文化　重视“职工之家”建设，开展篮球赛、羽毛球赛和摄影大赛等基层活动，丰富员工的业余生活；提升各分公司员工食堂管理水平，改善公司机关单身员工和乡（镇）营业部员工的生活环境；推进困难帮扶基金，倾情关心关爱员工，提高员工满意度；继续加大班组建设、技能比武等活动的扶持力度，大力提升队伍素质，实现员工与企业共同成长。

社会参与　继续秉承责任和卓越的企业内涵，以自然村通建设缩小城乡数字差距；推进绿色行动，落实节能减排，承担保护环境的社会责任；以全球通 VIP 讲堂、探索讲坛等方式，建设回馈客户的智慧平台；以志愿服务、公益助学、慈善捐款、帮扶百名老人等活动，展现企业“正德厚生、臻于至善”的核心价值观。

企业荣誉　当年，公司先后荣获“全市首届十大慈善爱心单位”“市抗洪救灾暨倒房重建工作先进单位”等称号；公司党委被市委授予“五好基层党组织”称号；5 人获市级“五一劳动奖章”，两个班组和两人分获市级创先争优“优秀青年文明号”和“优秀青年岗位能手”称号。

【举办全球通 VIP“国防教育报告会”】3 月 18 日上午，中国移动三门峡分公司全球通 VIP 大讲堂特邀嘉宾、国防大学军事后勤与军事科技装备教研部副主任、海军少将张召忠教授为三门峡市四大班子领导、驻军首长、市直各单位副县级以上领导干部及部分驻军官兵代表做了一堂生动的以“国际战略形势与热点分析”为主题的国防教育报告。报告会由三门峡市委常委、秘书长赵中生主持，市委副书记、市长杨树平，市人大常委会主任赵继祥，正市级干部李建顺等市领导以及三门峡军分区司令周世杰、政委李明举等领导出席报告会并全程聆听了报告。在持续近 3 个小时的报告中，张召忠教授立足现代军事的最前沿，放眼现代战争的新视野，用大量翔实的军事资料、生动鲜活的事例，就中美、中日、台湾问题、军事与经济的关系，结合中国周边军事形势、海上军事形势以及捍卫国家主权等方面的情况，系统讲解了国际战略形势和军事热点问题。

【圆满完成三门峡市“7·24”抗洪抢险通信保障】7 月 23 日，三门峡市普降暴雨，全市多个乡（镇）水、电皆停，多处道路被冲毁冲断，卢氏县受灾情况尤为严重。洪灾发生后，根据三门峡市委、市政府的紧急部署，中国移动三门峡分公司在第一时间启动应急预案，第一时间赶至卢氏抗洪抢通的关键点——五里川镇，第一个抢通卢氏 7 个受灾严重的乡（镇）政府所在地的移动通信。中国移动三门峡分公司抗洪救灾人员在 10 个昼夜里，累计修复故障点 80 处，恢复基站 96 个，累计发电 120 个基站。在通信干线、杆路、基站的破坏程度均远超 2007 年的情况下，所用时间比 2007 年抗洪抢通工作缩短近两天。因为在抢通工作中的优异表现，中国移动三门峡分公司的抗洪抢通工作受到市委、市政府和卢氏县委、县政府的通报表扬，赢得社会各界的广泛好评。

【与三门峡职业技术学院成功签约全省首家“数字校园手机一卡通”项目】8 月 18 日，中国移动三门峡分公司与三门峡职业技术学院“数字校园手机一卡通”项目成功签约，标志着该校成为河南省首家使用手机一卡通服务的校园，实现校园管理集中化、高效化、信息化。自 9 月 1 日起，通过中国移动手机一卡通服务，在校学生可在校内实现就餐、购物、洗浴、上计算机、图书借阅等手机刷卡消费和学习娱乐；新生入校通过手机刷卡实现报到注册；教师通过手机刷卡实现会议签到、日常考勤、多媒体授课等管理功能。

【与三门峡市政府签订电子政务建设合作协议】为切实提高三门峡市政府部门的办公效率和应急处理能力，打造“阳光政府”“服务型政府”，推动“数字三门峡”建设步伐，全面提升信息化水平，8 月 26 日，中国移动河南公司与三门峡市人民政府电子政务建设合作协议签约仪式隆重举行，三门峡市委常委、常务副市长苏新华和河南移动副总经理黄庶分别代表双方在合作协议上签字。三门峡市委常委、秘书长赵中生主持签约仪式。中国移动三门峡分公司将以“整合资源、融合共享、提升保障、降低费用”为原则，对全市电子政务系统进行统一规划，以 TD - SCDMA 为唯一载体，构建起一个纵横交互的网格化电子政务平台，强化政务办理、公共服务、市场监管、行政效能、应急管理等应用，通过有效利用新一代电子政务信息化建设，带动社会信息化和“无线城市”建设，增强三门峡城市综合竞争力和影响力。

【加入三门峡市慈善联盟】9 月 9 日，三门峡市慈善联盟成员单位授牌仪式隆重举行，中国移动三门峡分公司与其他 18 家热心公益慈善的企事业单位从苏新华、陈孟虎、王富民等市领导手中接过慈善联盟成员单位牌匾。在仪式上，公司当场为全市百位特困老人赠送了老年手机、免费开通的手机卡以及大米、食用油、毛巾、肥皂等共计 4 万余元的物品，在传统“双节”来临之际，用实际行动温暖全市孤寡老人、“空巢”老人和贫困老人。

【正式启动“MM 青年创业计划”】12 月 7 日上午，中国移动三门峡分公司在职业技术学院举行“型动创造未来——三门峡移动 MM 百万青年创业计划”启动仪式，正式拉开了三门峡市基于“Mobile Market”平台的创业大赛的序幕。团市委书记杨绍华、职业技术学院党委副书记刘彦斌、公司副总经理王节友等出席仪式，现场启动水晶球，600 余名大学生参加启动仪式，并接受了首期创业培训。MM 青年创业计划是以中国移动开发者社区（dev. 10086. cn）和 MM 平台为核心，打造一套基于移动互联网的自主创业扶持机制，包括创业培训、创业认证、创业开发、现场见习、思想引领等，帮助大学生增加就业创业经验并最终实现创业梦想。

【成功举办三门峡市信息化专题讲座】在三门峡市全力推进“调结构 促转型”的经济转型背景下，12 月 14 日，由中国移动三门峡分公司组织策划，并联合三门峡市信息化工作领导小组、市委组织部、市工业和信息化局共同主办的全市信息化专题讲座成功举行。来自全市市直机关和重要集团企业和300余名相关人员集体倾听了经济学博士陈金桥的专题讲座——“融合环境下的信息化机遇与策略”。陈金桥博士就信息化的定义、信息化的重要性、信息化与工业化的关系、融合环境下信息化发展的机遇与策略、信息化应用等主题,进行了详实而生动的阐述,赢得了与会者的一致好评。 (李 艳)

中国铁通集团有限公司三门峡分公司

【概况】2010年,中国铁通集团有限公司三门峡分公司(以下简称铁通三门峡分公司)全面规范基础管理,深化移动协同,加快效益发展,全力维护安全稳定局面,在市场营销、客户服务、运维安全、企业管理等方面取得明显成绩。

组织管理 继续深化规范管理年活动,进一步规范营收、成本、建设、运维、人力资源、后勤、客户服务等方面的管理工作,并在省分公司组织的规范管理检查中,取得小组第1名的好成绩。建立健全班组基础管理制度、综合管理台账、经营控制图表,试点推行信息管理系统;加强对经营部经理的培训,使班组长队伍的整体素质更加适应岗位需要;尝试开展一系列的管理创新,如班组列队讲评、绩效面谈、效益粗算、畅通员工职业技能晋升渠道、互动式家园文化建设等,激发员工内在潜能,提升了班组的凝聚力、执行力和创造力。

市场经营 在“一个中国移动”的原则下,铁通分公司深化移动协同,逐步调整收入结构,全面推进业务转型政策,宽带业务所占收入比重逐步加大,形成创收增盈的亮点。推出宽带续费“六步法”操作流程,创新客户服务工作理念,突出个性化上门服务,在为客户提供全面、细致、周到服务中,彰显铁通特色,客户满意度不断提升。

网络建设 继续坚持“效益发展”的原则,减少对单纯的固话项目、管道的投资;积极加大GPON技术在新接入项目上的运用。全年新增电缆809.36对千米,新建光缆224.72芯千米。固话故障率从1.05%减少到0.74%,宽带故障率从4.17%减少到3.07%。全年无重大故障发生,顺利实现网络安全年。

客户服务 积极开展“便捷服务,满意100”服务品牌建设活动,进一步改善客户服务工作。在“10050”客服中心专门设立宽带专家坐席,为安装维护人员提供了有效的技术支持,使工作效率明显提高。全年,“10050”人工受理量61 482件,其中业务咨询21 093件、客户投诉142件、预受理1 118件、故障申告14 237件,故障拦截11 217件,故障拦截率为44%。 (丁 涛)

中国电信集团公司河南省三门峡市电信分公司

【概况】2010年,中国电信集团公司河南省三门峡市电信分公司(以下简称三门峡市电信分公司)以提高网络运行质量为目标,以规范企业运作为切入点,进一步加快全业务结构调整步伐,实施客户品牌经营战略,重点发展移动网、固网融合业务及创新型业务,积极推动企业转型;深化精细化管理,不断完善体制机制;创新发展模式,优化资源配置,挖掘网络潜力,在快速发展中提高增长质量,客户服务水平和档次不断提高,推进企业快速健康和谐发展。

经营管理 结合三门峡市电信分公司全业务经营后的工作实际,全业务运营组织机构逐步健全,各部门职责分明、积极协助、各司其职、密切配合,充分体现团队建设合作理念。加强基础管理工作,制定各项管理办法及各种业务流程,进一步推进企业规范化运营,规范各项管理流程,有效控制成本;建立以价值为导向的经营业绩考核体系,突出绩效目标量化管理理念,进一步完善绩效考核办法,提高员工工作积极性;全面推行绩效管理,加大绩效考核力度,强化工作目标和责任,逐步推进督查督办事项;强化预算管理及财务分析,提高财务管控水平,规范财务基础管理;认真贯彻“安全发展、预防为主”的指导方针,在保证公司各项工作高效有序进展的同时,开展安全生产自查、排查工作,杜绝各类安全生产事故的发生。

业务发展 坚持以市场为导向,以发展为目标,以效益为目的,紧紧围绕全年业务收入目标,抓管理、抓经营、抓服务,做到市场与建设并重、挖潜与拓展并重,充分调动全体员工的主观能动性。公司整体业务收入从5 847万元跃至7 236万元,实现了企业的健康、可持续发展。

网络建设 紧紧围绕服务市场的思路,优化投资结构,加快对IP网及转型业务的投资,强化网络与市场的衔接,提高投资效益,快速响应市场,优化网络结构,保障网络安全。固网建设方面,加快EPON建设,提高宽带速率,为应对三网融合打造精品网络,提高市场竞争能力。

网络维护 在运维优化工作中,全面贯彻“三个面向”(面向网络、面向产品、面向客户)的运维体系建设思路。树立“维护就是服务”的理念,继续以抓好基础管理为切入点,以建立全业务运营模式为方向,展开两网网络优化调整,提升网络安全支撑保障,强化网络资源管理,优化资源配置,进一步提高网络运行质量和设备维护水平,更好地服务于前端市场。

客户服务 优化调整服务考核指标,强化考核导向作用。进一步树立“用户至上、用心服务”理念,积极推行“首问负责制”,完善各项服务质量考核指标;建立健全服务工作前后端协同、共享机制,加大服务渠道宣传力度,提高投诉处理效率和一次性解决率;强化全体人员业务技能培训和服务意识培训,提高前台人员的服务水平;认真执行服务规范、服务标准,对服务人员进行服务规范、业务能力、主动服务意识培训和企业文化等方面的培养;针对不同的客户群,分别制定相应的服务标准,实行差异化服务,突出服务重点;积极开展会员积分兑换活动及会员俱乐部工作,促进品牌推广。

(杨鹤颖 冯 丹)

·编辑 李艺芬·

经济协作与开发

ECONOMIC COOPERATION AND EXPLOITATION

3 月 24 日，三门峡速达节能环保新能源电动汽车产业化生产研讨会召开

开放经济

【概况】 2010 年,面对复杂形势和严峻挑战,全市上下深入贯彻落实科学发展观,始终坚持“四个重在”实践要领,认真把脉三门峡市“两个加快”的薄弱环节,强势开展大招商活动,突出招商引资、对外贸易两项重点工作,抢抓机遇,锐意进取,不断扩大对外开放,全市开放型经济保持平稳较快发展的良好态势。

招商引资 按照承接发达地区先进产业转移需求,提出全年招商引资实现签约项目 200 个,签约金额突破 1 000 亿元的目标,以长三角、珠三角、闽台地区为重点区域,以台商、港商、闽商和浙商为重点客商,全方位开展推介对接。根据招商环境和形势变化,及时调整招商思路,以更加灵活的招商方式,广泛开展产业链对接招商、以商招商、专业招商、上门招商、驻地招商,提高招商针对性,增强招商实效性。出台《关于进一步加快发展开放型经济的实施意见》《关于积极承接产业转移加快开放型经济发展的实施意见》《关于加强招商引资力量进一步扩大对外开放的实施意见》等文件,努力推动工作开展;建立三门峡市大招商活动签约项目协调督查联席会议制度,统筹协调全市大招商活动签约项目在落地建设过程中遇到的问题和困难;为确保招商引资的成果不落空,建立“五位一体工作法”,即 1 个签约项目确定 1 位联系领导、落实 1 名责任人、组建 1 个服务协调小组、筹措一定的服务落地经费、明确 1 个落地工作目标,市委常委全部参与大招商签约项目的跟踪落地工作,每月进行督查、定期进行通报。投资额 10 亿元以上的签约项目由市委常委和市领导负责联系,10 亿元以下项目由县(市)区、市直有关单位主要领导负责联系,一级对一级负责,层层抓好落实,促进签约项目的顺利落地。通过一系列扎实有效的措施,为大招商活动成功奠定基础。

利用外资 2010 年,全市共新批外商投资企业 10 家,同比增长 25%,增资企业 2 家。合同利用外资达24 945万美元,同比增长 98.2%,占省定目标15 734万美元的 159%,增长比例、占目标进度均居全省第 3 位,提前 5 个月完成全年目标任务;实际利用外资39 849万美元,同比增长 51.2%,完成省目标30 308万美元的 131.5%,提前 1 个月完成全年目标任务,绝对值继续在郑州、洛阳之后居全省第 3 位,增长比例位居全省第 4 位。

利用省外资金 全市累计完成引进省外资金项目 124 个,同比增长 17%;合同引进省外资金累计完成 438.3 亿元,同比增长 82.2%;实际到位省外资金累计完成 114.4 亿元,同比增长 34.7%;占省下达目标 97.6 亿元的 117.2%,增长幅度、完成目标进度均居全省第 3 位。

对外经济合作 中国水利水电第十一工程局(以下简称水电十一局)全年完成境外工程承包项目 18 个,工程承包额 8.5 亿美元,实际完成营业额 1.4 亿美元,承包工程带动劳务输出 2 546人次,同比增长 21.3%。灵宝黄金股份有限公司成功收购北京普悦投资(老挝)有限公司 87% 的股权,迈出了三门峡市企业在“走出去”投资的第一步。水电十一局申报对外工程承包经营许可证已报省商务厅批准,刷新了三门峡无境外工程承包经营的空白。

【召开全市对外开放工作会议】 为进一步贯彻落实省委经济工作会议和全省大招商暨商务工作会议精神,3 月 30 日,三门峡市隆重召开了高规格、高层次的全市对外开放工作会议。会议由市委常委、常务副市长、市对外开放领导小组组长苏新华主持,市委书记李文慧,市委副书记、市长杨树平,市人大副主任亢伊生,副市长、市对外开放领导小组副组长张英焕,市政协副主席孙继伟,市政府秘书长、市对外开放领导小组副组长李宝洲出席会议。各县(市)区、开发区、工业园、市直各部门党政主要领导,全市 76 个乡(镇)、街道办事处,各产业集聚区、工业园区主要负责人及全市各重点企业法人代表等 400 余人参加会议。会议全面回顾 2009 年全市对外开放工作,总结经验,查找问题,并下发《中共三门峡市委三门峡市人民政府关于加强招商引资力量进一步扩大对外开放的实施意见》,对 2010 年工作进行部署。同时,对 2009 年全市对外开放工作中表现优异、成绩突出的单位、企业和个人进行表彰。陕县人民政府、义马煤业综能新能源有限公司、灵宝市豫灵镇 3 家单位交流了在对外开放和大招商活动中的经验。

【对外开放合作迈上新台阶】 当年,市商务局坚持内外并举,开放领域不断拓宽,战略合作更加务实,初步形成全方位、多层次、宽领域的对外开放格局。一是合作成果继续巩固。加强与中铝、中石化、中石油、国家电网等央企的对接力度,先后与中国黄金、中国医药、河南移动、省地矿局、省有色地矿局、河南煤化工等大型企业签订战略合作协议;组织召开中原经济区、豫晋陕黄河金三角区域协调发展综合试验区研讨会,加强区域经济合作,主动参与中原经济区建设;继续加大政银企战略合作力度,工农中建 4 大银行全年落实协议资金 201.38 亿元。二是合作领域不断拓宽。参加第 12 届中日韩友好城市大会,在瑞典举办首届仰韶彩陶文化展,在台北举行两岸老子文化座谈会,不断扩大文化交流;举办澳大利亚经济合作项目推介会,签署 4 项具有可持续发展战略意义的备忘录、协议书;韩国农业科技考察团到三门峡市参观考察特色农业,珠三角产业联盟投资考察团实地考察三门峡市产业集聚区招商引资和项目建设,为下一步开展深入合作奠定基础。

【举办中国·三门峡市(澳大利亚)经济合作项目推介会】 3 月 3 日,由市委副书记、市长杨树平任团长,各县(市)区、市直相关单位负责人及企业代表为成员的三门峡经贸代表团,在澳大利亚昆士兰州州议会大厅成功举办中国·三门峡市(澳大利亚)经济合作项目推介会。中国驻布里斯班领事李红兵女士、昆士兰州交通部部长渥力斯先生、昆士兰州韶丹市市长贝林函先生、澳大利亚—中国发展中心总裁芭芭拉·格雯丽女士及近百名澳大利亚知名企业家参加推介会与签约仪式。会上,三门峡市共发布 212 个经济合作项目,并签署两项备忘录:一是澳大利亚斯帝黄金集团与河南金渠集团股份有限公司签订合作备忘录;二是澳大利亚孔雀石资源公司同灵宝金源矿业有限公司签订合作备忘录。此两项合作意向约合人民币35亿元。3月4日上午,杨树平与

3 月 10 日,三门峡(北京)经济合作项目暨劳务旅游推介会在北京中国大饭店举行

澳大利亚昆士兰州韶丹市市长贝林函签署两市之间长久性战略合作意向备忘录。3 月 4 日下午,三门峡市贸促会驻澳大利亚办事处在布里斯班市正式挂牌成立。同日,三门峡市贸促会还与澳大利亚·中国和谐发展中心签订"合作协议书"。

【举办三门峡(北京)经济合作项目暨劳务旅游推介会】 为进一步扩大对外招商引资,促进经济合作,宣传三门峡劳务和旅游品牌,开拓旅游市场,3 月 10 日,三门峡(北京)经济合作项目暨劳务旅游推介会在北京中国大饭店举行。河南省人大常委会副主任储亚平,国家贸促会、中国国际商会副会长张伟,中国就业促进会常务副会长王英才,约旦驻华大使安马尔·阿·哈姆德,人力和社会保障部政策研究司副司长董英申,中国国际商会秘书长周学海,河南省旅游局局长苏福功,省政协经济委员会主任林景顺,省商务厅副厅长张雷明,省贸促会会长谢增福,市领导李文慧、杨树平、王建勋、赵中生、张英焕等出席推介会。在京央企、上市公司、外商投资企业和境内外客商及劳务用人单位代表,《人民日报》、中央电视台、中国国际广播电台等 30 余家媒体记者共 500 余人参加会议。推介会共发布经济合作项目 212 个,签约经济合作项目 16 个,投资额达 256 亿元;80 多家企业为三门峡市提供 20 多个工种的就业岗位 3.4 万余个。

【组团参加河南—浙江投资合作项目洽谈会】 6 月 18 日,在郑州国际会展中心举行的河南—浙江投资合作项目洽谈会上,三门峡市签约项目 5 个,签约金额 20 亿元,项目投资额位居全省第 5 位。市委书记李文慧、副市长张英焕出席项目签约仪式。河南—浙江投资合作项目洽谈会由河南省人民政府主办,河南省商务厅、河南省工商局、浙江省工商局、郑州市人民政府、郑州新区管委会、长三角(浙江)民营经济研究会共同承办,浙江省河南商会、河南省浙江商会协办。此次洽谈会三门峡市签约的 5 个项目分别是:由宁波富士达电器有限公司与义马市东区办事处合作的家电生产线项目,投资金额 1.5 亿元;由浙江温州通业建设工程公司与灵宝市黄金股份有限公司合作的小秦岭深部探矿工程,投资金额 10 亿元;由兰州市台州商会与三门峡产业集聚区合作的年产 35 万平方米防火门项目,投资金额 1.5 亿元;由杭州金鼎盛矿业有限公司与卢氏县沙河乡政府合作的非金属综合开发项目,投资金额 6 亿元;由温州泰山机械公司与渑池县仰韶乡政府合作的矿山行车轨道生产项目,投资金额 1 亿元。

【组团参加河南—上海经济技术合作暨旅游项目推介会】 7 月 13 日下午,河南—上海经济技术合作暨旅游项目推介会在上海浦东香格里拉大酒店举行。市委副书记、市长杨树平,副市长高战荣带领三门峡市代表团参加推介会。在此次推介会上,三门峡市约谈客商 20 人,签约项目 4 个,总投资 8.75 亿元。签约项目分别是:义马市商贸中心市场建设项目、湖滨区年产 1.5 亿包装制品和 5 万支彩色电子凹版项目、灵宝市金银饰品加工项目、陕县 100 万套铝合金汽车轮毂项目。此次签约的 4 个项目具有投资规模大、产业关联度高、产业污染少等特点,对全市产业结构调整具有较大促进作用。

【组团参加港澳深地区闽籍企业家访豫活动】 8 月 24 日,在港澳深地区闽籍企业家访豫活动河南省情说明会暨合作项目签约仪式上,三门峡市签约项目 9 个,签约金额 55.25 亿元。签约项目分别是:投资额 20 亿元的纸制品生产基地项目;投资额 6.2 亿元的年产 50 万套纯电动汽车配套高性能电机项目;投资额 5.8 亿元的动漫产业园建设项目;投资额 5.5 亿元的石材基地项目;投资额 5 亿元的水务项目合作框架协议;投资额 5 亿元的五星级宾馆项目;投资额 3.75 亿元的年产 8 亿立方米燃气项目;投资额 3.2 亿元的年产 30 万套车载自动称重仪项目;投资额 8 000 万元的 1 亿千克杏仁油综合加工示范项目。

【组团参加第 6 届中国河南国际投资贸易洽谈会】 8 月 26 日,第 6 届中国河南国际投资贸易洽谈会在郑州国际会展中心广场开幕。市委书记李文慧、副市长高战荣与国内外嘉宾一起出席开幕式,并参加随后举行的河南省情说明会暨项目签约仪式。当天,三门峡代表团共有 18 个项目签约,其中内资项目 15 个、外资项目 3 个,签约金额 198.66 亿元,占全省签约总金额的 10% 以上。签约项目包括:投资额 53 亿元的义乌国际商贸城建设项目;投资额 30 亿元的有色金属深加工项目;投资额 30 亿元的新区基础设施建设项目;投资额 15 亿元的风力发电项目;投资额 12 亿元的煤炭高效清洁生产产业园项目;投资额 2.24 亿美元的9 000万千克"1,4-二羟基丁烷"项目等。

【组团参加第 14 届中国国际投资贸易洽谈会】 9 月 8 日至 11 日,三门峡市组团参加在福建省厦门市举办的第 14

届中国国际投资贸易洽谈会。会议期间,市委副书记、市长杨树平,副市长高战荣率领三门峡市代表团先后参加了大会开幕式、河南馆开馆仪式、河南省情说明会暨合作项目签约仪式、对话闽商——豫闽合作交流恳谈会、城市运营合作峰会等一系列活动,并充分利用平台,向各界客商推介了三门峡市的区位优势和产业优势,力促项目对接和经济合作取得实质性成果。经过深入洽谈对接,三门峡市共签订经济合作项目3个,签约金额31.4亿元。3个签约项目分别是:陕县人民政府与澳门名嘉集团签订的投资额28.4亿元的三门峡名嘉广场项目;渑池县英豪镇政府与香港宏泰有限公司签订的投资额1.8亿元年产30万千克单晶硅项目;湖滨区商务局与上海中兴精密量仪有限公司签订的投资额1.2亿元年产3 200套精密仪器项目。

【组团参加2010豫台经贸合作洽谈会】 10月26日,2010豫台经贸合作洽谈会暨项目签约仪式在郑州国际会展中心隆重举行。三门峡市委书记李文慧出席签约仪式。洽谈会上,三门峡市共签约项目6个,签约金额38.1亿元。签约项目分别为:投资8亿元年产石板材600万平方米、各类异形材100万件的石材开采及加工项目;投资11亿元生产和销售塑制品的华益产业园项目;投资1亿元年产6 000万千克的生物功能性速冻食品和辣椒深加工项目;投资3.3亿元年产5万套光电供电设备生产项目;投资7.8亿元年产3 000万千克二醋酸纤维素及丝束项目;投资7亿元生产电子及电脑配件的电子园区项目。

【组团参加第12届中国国际高新技术成果交易会】 11月16日至21日,在深圳市举行的第12届中国国际高新技术成果交易会上,三门峡市代表团取得丰硕成果,与投资商达成合作意向3个,投资总额计201 210万美元。在本届高交会上,三门峡市灵宝华鑫铜箔有限责任公司展示了企业的最新科技成果,成义电器有限公司等10家企业被录入国家高新技术项目册。会议期间,有多家投资公司对三门峡市的项目表示出浓厚兴趣,有3个项目被投资公司选中,并进行一对一洽谈对接。11月17日,三门峡市政府在深圳市成功举办2010三门峡(深圳)经济合作项目推介会。三门峡市副市长高战荣、深圳珠三角产业投资联盟执行主席蔡岳,以及粤港澳各工商社团、知名企业、商会负责人等120余人出席会议。推介会上,三门峡市人民政府与珠三角产业投资联盟就三门峡市承接珠三角地区产业转移等达成一致意见,共同签订合作框架协议,双方将对三门峡工业园区项目建设规模化招商引资等进行深度长远合作。

【4个县(市)被评为“中原最具投资价值县(市)区”】 11月23日,由河南省工商联、河南日报报业集团举办的“中原最具投资价值县(市)区”评选活动在河南省人民大会堂举行颁奖典礼。三门峡市的义马市、灵宝市、陕县、渑池县等4个县(市)被评为“中原最具投资价值县(市)区”,湖滨区获“河南省投资环境优化奖”,三门峡市入选县(市)区比例居全省第1位。这次评选活动在全省158个县(市)区中共评出41个“中原最具投资价值县(市)区”,11个县(市)区获“河南省投资环境优化奖”。

(周光逸)

三门峡经济开发区

【概况】 至2010年底,三门峡经济开发区已建成面积6.78平方千米,占审核面积的75.5%。总人口达4.5万人,其中常住人口3万人、流动人口1.5万人。当年,开发区立足本地实际,以科学发展观统揽全局,全面落实市委、市政府“加快经济发展方式转变,加快实现新跨越”战略部署,积极应对发展的新特征、新变化、新态势,以出好“三张牌”、办好“两件事”、建好“一个园”为工作抓手,不断深化“项目建设年”和“企业服务年”活动,突出重点抓经济,主动出击抓招商,集中精力上项目。全区经济社会继续保持发展速度快、经济运行稳、发展效益好的良好态势,构建安定有序的和谐社会新局面。年底,三门峡经济开发区被省政府评为“全省对外开放先进开发区”,保持了这一荣誉的“七连冠”。

坚持开发区建设与城市管理、城市经营一体化,引入市场运行机制,以经营城市的手段加快城市建设步伐。按照“高质量、新款式、有特色”的原则,突出城市功能区布局,建成商贸、高新技术产业、文教、旅游、居住等5大功能区。至年底,全区道路绿化面积达到8万平方米,各功能区绿化面积达到6万平方米。

主要经济指标呈高速运行态势,综合经济实力显著增强。地区生产总值比上年增长14%,地方财政一般预算收入同比增长30%;吸引外商直接投资680万美元,占目标任务的101%;社会消费品零售总额比上年增长18%;全社会固定资产投资额比上年增长22%,实现国民经济持续快速发展。

以发展特色经济为目标,以项目建设为重点,加大招商引资力度,树立以真诚招商、以服务亲商、以效率助商、以政策扶商的服务理念,努力营造全区上下聚精会神搞建设、竭尽全力抓落实的氛围。引导企业把发展的着力点放在改造、提高和开发新产品项目上,极大地改善了经济发展的速度、质量、效益,为经济发展注入新的活力。当年,全区限额以上工业企业产销率达99%,限额以上工业企业增加值同比增长16.2%,实现利润同比增长28.5%,高新技术含量和科技进步对经济增长的贡献率达到50%以上。全年纳入市委、市政府督查投资在3 000万元以上新建、续建重点项目6个,其中,市“8155”重点项目3个。总投资58 680万元,年计划投资26 380万元,至12月底完成投资27 600万元,占全年投资计划的105%。其中,已建成投产项目4个,正在进行设备维护项目1个,在建项目1个。至年底,建成项目完成产值4.3亿元。项目建设呈现出梯次配置、合理有序的局面,实现了全面协调可持续发展的浓厚氛围。

把发展非公有制经济作为推动区域经济快速发展的切入点,进一步完善服务机制和管理机制,再次放宽准入领域和准入条件,在资金、土地、人才、财税、社保等方面实行农工商联动、多措并举,强力推进非公有制经济发展。打破地区、部门界限,各方协调配合，集中整顿经济秩序，严查重惩干扰经济发展的违法违纪案件，创造良好的投资环境，吸引更多客商到开发区投资、创业。针对开发区原有企业，在人才、资金、技术、管理、市场等方面，促使其加强对外合作，积极培植新的效益增长点；盯紧已经落户开发区的合资项目，积极推进，确保当年设计、当年建成、当年见效，使其成为开发区新的经济增长点。当年，全区非公有制经济增加值同比增长 18.5%，占地区生产总值的 80% 以上。

以"三化"（农村经济组织公司化、农村经济实体合作化、农村经济成分技能化）工程为载体，强力推进农村"三个转变"（农业向工商业转变、农村向城市转变、农民向市民转变），调整农业产业结构，加快农村城镇化改造步伐，促使农业经济尽快转型，并积极引导辖区村民参与从事非公有制经济活动，有计划地组织农村剩余劳动力到职业技术培训机构培训，使其尽快投入到各类经济活动中去，参与经济建设，增加农民收入。当年，区内 110 户拥有 140 余台大型工程施工机械（挖掘机、收割机、压路机、打桩机）的村民，联合成立开发区工程机械协会，共同对外承揽工程，抵御市场风险。至年底，全区从事各类服务业的工商户达 300 余家，投资在万元以上的非公有制个体经营户 180 家、注册企业 58 家、养殖户 35 家，农村个体小商店、小手工 260 家，月营业额在 1 000 元～25 000元不等。当年，占在开发区农民收入总量中，非农业收入占 80%，农村劳动力中从事各类经营活动占农业人数比重 60% 以上。75% 的农民已从传统的农业转向工业、商业、服务业，群众受益率达 85% 以上。

【专业市场渐趋规模化】 当年，开发区围绕建设大型专业市场，坚持"不求所有，但求所在"的指导思想，采取扩建、定位、调整的方式，加强对专业市场的建设和管理，继续培育和建设规模大、层次高、立体式、辐射力强的市场，狠抓招商管理，强化服务职能。至年底，开发区的建材、家具、机动车、摩托车、电子、古玩等 8 大专业市场的总体规模达到 17 万平方米，相关个体经营户 2 200 余家，从业人员达 2 万人，年销售额达 10 亿元以上，占全区总收入的 85%，入库税金占全区总税收的 90% 以上。8 大市场的经营品种涵盖全国各大知名品牌，已成为辐射周边 3 地乃至西北 5 省的商贸中心。

【三门峡经济开发区荣获"2009 年度河南省招商引资工作先进开发区"称号】

1 月 13 日，在全省商务工作会议上，三门峡经济开发区荣获"2009 年度河南省招商引资工作先进单位"称号。这是该区连续 6 年保持的省级荣誉。2009 年，全区上下皆能积极顺应时代发展的特征、形势发展的变化、区域竞争的态势，创新利用外资方式，不断拓展利用外资领域，提升利用外资层次，与国内外 20 多个国家和地区建立友好关系，缔结战略伙伴，以"二次创业"为目标，创新机制、突出重点、狠抓机遇、加快发展。主要经济指标地区 GDP 同比增长 15%，引进国内外资金同比增长 35%，出口创汇同比增长 25%，社会消费品零售总额比上年增长 45%；全社会固定资产投资额比上年增长 56%，财政收入年均增长 32%，实现了速度与质量的有机统一，对外开放层次和水平得到不断提升。

【柠檬酸金钾"清洁镀金"技术通过鉴定】 1 月 17 日，柠檬酸金钾"清洁镀金"技术鉴定会在河南郑州举行。三门峡恒生科技研发有限公司生产的、用于电子元器件镀金的新产品——柠檬酸金钾"清洁镀金"技术通过省科技厅组织的技术鉴定。国内专家、教授、科研人员 15 人以及河南省科技厅、三门峡市副市长李琳、开发区工委书记张北超、三门峡市相关部门负责人参加鉴定会。此前，国内镀金企业均使用剧毒化学品氰化亚金钾做为镀金原料，致使大量的有毒废水排入江河湖泊，造成严重污染。新研究成功的"清洁镀金"——柠檬酸金钾主要以黄金为原料，该产品镀金后的废水，不经特殊处理就可达到环保排放标准，彻底解决镀金行业给环境造成的氰化物污染，有着广阔的应用前景。来自北京、四川、郑州、青岛等地的国内镀金行业一流专家、教授在鉴定报告中说："柠檬酸金钾在镀金工艺中的应用，实现了替代氰化亚金钾镀金，具有创新性，生产和应用技术达到国际先进水平。"

【三门峡经济开发区再次荣获全省"先进开发区"称号】 3 月 2 日，在全省开发区工作会议上，三门峡经济开发区荣获 2009 年度河南省"先进开发区"荣誉称号，这是该区第 7 次获此殊荣。2009 年，三门峡经济开发区紧紧围绕省、市确定的责任目标和各项重点工作，以"二次创业"为载体，突出中心抓经济，强化措施抓工业，主动出击抓招商，集中精力上项目，主要经济指标稳定增长，综合经济实力显著增强。地区生产总值同比增长 15%，引进国内外资金同比增长 35%，出口创汇同比增长 25%，社会消费品零售总额比上年增长 45%；全社会固定资产投资额比上年增长 56%，财政收入年均增长 32%，实现了速度与质量的有机统一。各项社会事业在全省开发区处于领先地位，经济社会呈现出又好又快的发展局面。经过省商务厅对开发区经济发展目标、机制建设、招商成效、项目建设、城市管理、环境优化的日常监测和综合考评，三门峡经济开发区被评为 2009 年全省"先进开发区"。

【2010 年对种粮农民直补工作顺利完成】 至 3 月 9 日，全区 1 038 户种粮农民、共计 20.79 万元补贴资金全部通过"一折通"形式发放到每位农户手中，比省财政厅规定时间提前 11 天完成补贴发放，居全市第 1 位。补贴标准仍执行 2009 年补贴标准，即 1 170.3 元/公顷，其中：粮食直补 169.5 元/公顷，综合直补 1 000.8 元/公顷，在整个补贴公示、兑付过程中，未发生信访上访事件，直补工作圆满完成。

【三门峡欧美士制桶有限公司正式投产】 3 月 16 日上午，三门峡欧美士（OMCE）制桶有限公司经过 5 个月的试运行，正式投入生产。市委副书记、市长杨树平，约旦哈希姆王国驻华大使安马尔·阿·哈姆德到场祝贺，并深入生产车间参观生产流程。该公司是由约旦—意大利制桶有限公司出资成立的外商独资企业，投资总额 500 万美元，主要从事包装桶的生产与销售，用于果汁、番茄酱等液态食品及部分化工产品的包装。该公司采用世界上先进的制桶工艺。产品具有节约材料、便于运输、强度好等特点，试生产期间的产品已销往国内多家知名果汁加工企业,受到用户的一致好评。

【举办三门峡速达科技中心节能环保新能源电动汽车产业化生产研讨会】 3月24日,三门峡速达科技中心节能环保新能源电动汽车产业化生产研讨会在开发区举办。省工信厅副厅长李书欣、市人大常委会副主任马仰峡、副市长李琳、市政协副主席王铁创出席研讨会。来自中科院、西安交通大学等院校及日本近畿大学的24位专家教授在研讨会上进行技术交流,共商"速达"节能环保、新能源、电动汽车产业化发展大计。三门峡速达科研中心先后与西安交大电动车研究开发中心、中科院汽车研究所等国内43个科研院所建立技术交流与合作关系,并依托专业高效的企业研发团队从事汽车节能环保、新能源汽车技术产品研发,在汽车节能、新能源汽车行业和领域储备了一批科技含量高、附加值高、关联度强且具有一定知识产权的项目。至2010年,共申报国家专利60余项,确立研发课题80余项,特别是在纯电动汽车及核心零部件研发等方面取得重大突破。

【河南九州通三门峡分公司医药加工仓储配送中心建设项目建成投产】 7月21日,河南九州通医药有限公司三门峡分公司一期工程建成投产。该项目总投资6 000万元,占地5公顷,计划建成一个大型的自动化程度高、吞吐量大、现代化的医药物流配送中心及配套设施,形成药品加工、储存15万箱,日均吞吐10 000箱、峰值吞吐20 000箱能力的物流配送中心。建成后,每年可实现销售额6亿元以上,利税26 921万元,出口创汇1 756万美元。

【速达牌纯电动汽车第1辆样车下线】

7月30日,由三门峡速达交通节能科技有限公司自主研发的速达牌零排放、纯电动汽车完成各项中试后,推出第1辆示范运行样车。在副市长李琳、市政府秘书长李宝洲的陪同下,市委副书记、市长杨树平到现场视察并试乘试驾示范运行样车。以纯电动汽车驱动再生制动控制器、内置式永磁同步电机、电池能源管理系统3大关键零部件为核心的该款纯电动汽车,最高车速每小时可达120千米,续驶里程可达200千米,是真正意义上的清洁、高效、智能纯电动汽车。

【三门峡速达交通节能科技有限公司首发上市启动】 9月6日,三门峡速达交通节能科技有限公司首发上市启动仪式在开发区举行。三门峡速达交通节能科技有限公司始建于2006年11月,注册资本5 130万元,主要从事汽车节能、环保高科技及产品的科研、生产、经营。自主研发申报国家专利80余项,特别是汽车发动机增氧调压节能装置、汽车低碳灵活燃料、控制器、汽车节油显示仪、车辆自动称重仪以及围绕新能源纯电动汽车领先国内外同行业水平的"再生制动控制器,内置式永磁同步电机,电池能源管理系统"3大核心零部件在汽车节能、新能源汽车行业和领域具有广泛的影响。为加速科技成果转化,形成产业化,省证监局、省金融办等部门经过严格审查,综合测评,认定符合上市启动条件。上市对企业未来发展具有广泛的前景,对于市场的开拓,企业高速增长具有重大而深远的意义。

【速达牌电动汽车样车运行启动暨整车装配线开工奠基仪式举行】 9月12日,三门峡速达电动汽车样车运行启动暨整车装配线开工奠基仪式在开发区举行。省政协副主席李英杰,省长助理卢大伟,市委书记李文慧,市委副书记、市长杨树平共同为速达电动汽车运行启动。省直有关部门负责人、三门峡市四大班子领导、副市级干部和各县(市)区、市直有关单位负责人出席仪式。三门峡速达公司自主研发的纯电动汽车,是世界上第1辆实现利用车辆震动能量回收进行再发电功能的电动汽车,是真正意义上的清洁、高效、智能电动汽车。企业不仅入围河南省电动汽车发展联盟,而且列入省重点发展项目。速达公司组织实施的年产10万辆新能源电动汽车及50万套关键零部件产业化基地建设项目,投资50亿元,年实现利税30.5亿元。同时,还可整合一批关联企业入驻,间接实现产值100亿元,利税30亿元,吸纳产业工人2万人左右。发展新能源汽车是河南省经济结构调整、转变发展方式的重要举措之一,三门峡速达电动汽车产业化生产项目的启动,标志着河南省在新能源汽车领域拥有了自主知识产权。当天,第1批20辆速达牌纯电动汽车平稳驶上三门峡街头,这标志着三门峡发展方式转变迈上了新的里程。

【三门峡经济技术产业集聚区发展规划通过评审】 9月19日,河南省工程咨询公司受省发改委的委托,邀请上海同济城市规划设计研究院、省政府发展研究中心、郑州市规划勘测设计研究院、河南财经政法大学、郑州大学等单位的专家在郑州召开三门峡经济技术产业集聚区发展规划评审会。省发改委、省国土厅、省住房和城乡建设厅、省环保厅,市发改委、市国土局、市住房和城乡建设局、市环保局以及开发区工委、管委会相关负责人出席会议。根据发展规划,三门峡经济技术产业集聚区规划控制面积10.85平方千米,确定以总投资56亿元的年产50万套纯电动汽车配套驱动再生制动控制器、"内置式"永磁同步电机、电池能源管理系统3大核心零部件及10万辆速达牌纯电动汽车项目,总投资3.3亿元的年产10万千克柠檬酸金钾一期项目和总投资5.5亿元的年产2 600万平方米纳米纤维离子膜项目等3大项目为主导产业,与三门峡市城市总体规划和土地利用总体规划衔接,明确了集聚区发展定位与发展目标。与会专家评委听取了规划编制单位对规划方案的详细介绍,经过充分论证、综合评定,一致认为该规划思路清晰、内容齐全、文本规范、布局合理,符合城市总体规划,顺利通过专家评审。

【缘份果业有限公司大型果品加工生产线投入试运营】 9月25日,三门峡缘份果业有限公司在陕县投资的一条大型果品加工生产线开始试运营,标志着拥有亚洲单线生产能力最大的果品加工生产线投入试运营。该企业位于三门峡产业集聚区,以当地的水果为原料,除生产主要产品浓缩果汁外,同时每年回收天然香精副产品70余万千克,从苹果渣中萃取苹果果胶,余渣经烘干后成为饲料添加物;污水处理系统实现中水回用和沼气回收,产生的污泥还可作为有机肥料的原料,充分体现了"吃干榨净、变废为宝"的循环经济发展理念。

【恒生科技与信达公司成功签约】 12月14日，三门峡恒生科技研发有限公司与信达资本管理有限公司正式签约，合作开发年产15万千克柠檬酸金钾项目。市委常委、秘书长赵中生和开发区工委书记张北超出席签约仪式并分别致词。三门峡恒生科技研发有限公司是获得国家专利、具有国际领先技术的高科技企业。信达资本管理有限公司是国内知名的投资公司，具有强大的资本优势。双方强强联合，将推进清洁镀金新材料的广泛应用，推动节能减排工作的进展，是一件利国利民、造福人类的有益事业。

【"镀金用柠檬酸金钾及其制备方法"获国家发明专利】 经国家知识产权局最终审查，12月15日，三门峡恒生科技研发有限公司发明的"镀金用柠檬酸金钾及其制备方法"被中华人民共和国国家知识产权局授予"发明专利权"，并被国家环保部列入《国家鼓励发展的环境保护技术目录》(2010年第103号公告)，成为河南省近年来唯一入选该《鼓励目录》的产品。该产品是三门峡恒生生化技术有限公司研发的一种具有无毒、无污染的新材料，可以取代电子电镀行业高氰污染产品，在技术方面具有创新性、技术指标方面具有先进性，处于世界范围领先地位，已基本走到实际工程应用水平，曾被广泛运用到"神舟五号""神舟六号"和"嫦娥一号"等航天航空领域，有力支持了中国航空航天事业的发展。2007年10月，三门峡恒生科技研发有限公司开始将"镀金用柠檬酸金钾及其制备方法"申报国家发明专利；经过省、国家相关部委的层层验证认定，2010年12月，正式通过国家知识产权局的最终审查，获得专利证书并被环保部推广。

【三门峡经济开发区与深圳(东莞)电镀业协会对接洽谈会在深圳举行】 12月21日，三门峡经济开发区与深圳(东莞)电镀业协会对接洽谈会在深圳举行。对接会由三门峡经济开发区管委会主办，豫港投资促进中心承办。来自数10家境内外投资机构参加对接洽谈，其中包括香港金溢合金械铸公司、香港华泰(远东)发展有限公司、香港森泰真空离子电镀有限公司和深圳富浩五金公司等境内知名投资机构。此次对接会紧密结合全球科技进步和结构调整的热点领域，突出新能源、高新科技等热点项目进行对接。三门峡恒生科技有限公司柠檬酸金钾产品在生产工艺、社会效益、环保低碳等方面的先进性，引起了各位客商的浓厚兴趣。

【三门峡经济开发区第7次被授予"全省对外开放先进开发区"称号】 12月24日至25日，河南省对外开放工作会议在郑州市召开，三门峡经济开发区被省政府授予"全省对外开放先进开发区"称号。这已是该区从2004年开始连续第7次获得此荣誉。近年来，三门峡经济开发区认真贯彻落实科学发展观，落实关于推进科技创新工作精神，积极搭建政府科技公共服务平台，优化科技创新创业环境；大力实施开放带动战略，充分发挥地域优势，深入开展大招商活动，积极承接产业转移；搭建产业技术创新平台，构建技术创新体系；提高企业自主创新能力，促进科技成果转化；调整和优化产业结构，转变经济增长方式，培育高科技龙头产业，打造产业链条；以科技创新为重点，着力培育好柠檬酸金钾、速达电动汽车、兴邦特种膜等高新技术产业项目，使高新技术产业成为三门峡经济开发区经济发展的重要增长级。

【城中村改造工作进展顺利】 开发区城中村改造范围涉及向阳、三里桥、后川、南关、韩庄等5个行政村，占全区行政村的83.3%。当年，开发区结合实际，找准突破口，确保城中村改造工作有序进行。首批计划开发建设建筑面积149 000平方米，分两期实施。其中一期开发3栋楼，占地2.75公顷，总建筑面积99 000平方米，计划投资1.6亿元；二期开发3栋楼，占地1.12公顷，总建筑面积50 000平方米，计划投资7 600万元。至年底，共完成投资8 000余万元，一期工程在建的1号楼全部建成，2号楼施工至地上12层，3号综合楼正在进行施工场地平整等工作。

【年产10万平方米的纳米纤维离子交换膜项目建成】 总投资7 000万元，年计划投资2 700万元，6月开工，由三门峡兴邦特种膜科技发展有限公司投资兴建，属于高新技术产业，生产的纳米纤维离子交换膜主要用于污水处理、氯碱等行业。其中，氯碱行业由于国内市场离子交换膜处于空白，各企业全部依靠进口。至年底，完成投资3 620万元，建成投产。 (杨满怀　李淑红)

三门峡产业集聚区

【概况】 三门峡产业集聚区成立于2006年5月，是省委、省政府批准的首批产业集聚区之一，是全省重要的铝工业、节能照明产业基地和全省对外开放重点产业集聚区。集聚区下辖1个办事处、18个行政村，有人口6.26万人，规划面积31平方千米，其中建成区面积8平方千米。共有基层党组织65个，其中党委4个、党总支(党支部)61个；党员2 232名，其中机关96名、农村1 600名、企业536名。

2010年，三门峡产业集聚区坚持以党的十七大和十七届四中、五中全会精神为指导，认真落实科学发展观，以实现"加快转变发展方式、加快实现新跨越"为目标，紧紧抓住"调结构、促转型、保态势、增效益"这条主线，精心部署，狠抓落实，全力抓好招商引资和项目建设工作，扎实推进"现代产业、现代城镇、自主创新"三大体系建设，各项工作均取得初步成效，圆满完成目标任务。2010年，产业集聚区完成固定资产投资43.9亿元，各企业共实现主营业务收入147亿元。三门峡产业集聚区先后被省政府授予"先进产业集聚区""河南省循环经济试点单位""河南示范产业集聚区""河南省新型工业化产业示范基地"等荣誉称号。

项目建设　加快续建项目进度。加快年产3 000万千克大型化工装备制造二期工程、年产100万千克果胶、年产50套连续平压式人造板设备项目等14个续建项目建设进度。至年底，合鑫机床、晟鸿砼业二期、俊威科技LED芯片封装等10个项目建成投产。抓好新开工项目建设。全年共新开工项目43个，总投资75.55亿元。其中：工业项目26个，总投资59.3亿元；基础设施项目17个，总投资16.25亿元。至年底，年产300万千克耐火纤维针刺毯、开曼预热系统改造工程等3个项目建成投产;香港明彩印刷包装生产基地、年产1亿千克铝板、新型内饰材料、纺纱、功能饮料、保健食品、紫阳南路、摩云路二期工程等40个项目正在建设。做好重点项目的前期推进工作。主要做好中电投煤炭物流、1 000万千克多晶硅配套1 000兆瓦太阳能电池组件、福建产业园、8亿千克铝合金铸件、黄金产业园、节能灯三期工程、汽车零部件产业园等9大重点项目的前期工作。

招商引资 贯彻落实省市大招商工作部署。坚持"大员上前线"和"2个80%"(园区领导80%出外招商、班子成员80%精力放在招商引资上)工作法,对投资10亿元以上的重大招商项目实行领导分包责任制,采取措施,盯紧抓实;实行驻地招商,共派出6名班子成员、35名工作人员在北京、杭州、上海、深圳等地设立15个招商组,常年招商;组织小型项目推介会3次,签约项目23个。不断创新招商引资方式。通过"项目托管,税收分享"等办法,由商会、协会等中介组织牵头,组织建设特色园区,积极承接产业转移,与福建投资商签订建设福建产业园协议,与东莞台商协会、深圳玩具行业协会、全国工商联新能源商会就台湾产业园、玩具产业园等项目的合作正在洽谈中。实行服务前置招商,了解到沿海企业有投资意向,便为企业生产经营做好服务工作,帮助企业解决生产中遇到的"用工难"等问题,增强企业投资信心;实行依商招商,积极为落地项目提供优质服务,挖掘落地项目业主的潜能,鼓励业主牵线搭桥,吸引更多的客商到集聚区投资兴业。

基础设施建设 采取集聚区财政投资项目与社会投资项目进行捆绑招商的方式,将第一批园区出资1.25亿元建设的摩云路(桥)、紫阳路(桥)分别与社会投资3.78亿元建设的蓝领公寓、标准厂房、创业中心相捆绑招标、招商,加快基础设施建设步伐。第二批总投资2.95亿元的蓝领公寓二期、紫阳北路、经四路等5个捆绑招标、招商基础设施项目开工建设。全年开工建设的道路工程通车里程达40千米,标准化厂房一期、二期工程总面积达10万平方米,蓝领公寓一期、二期工程总面积达20万平方米。

投融资平台建设 成立建设投资开发中心,解决基础设施建设资金不足问题,共争取银行基础设施贷款4.9亿元;扎实做好与中国农业发展银行河南省分行的衔接商洽工作,加快5亿元土地储备贷款和5亿元新农村建设贷款的工作步伐,为集聚区建设发展提供坚强的资金保障;成立银河担保公司、紫阳担保公司和瑞丰小额贷款公司,解决中小企业融资难问题,解除投资商的后顾之忧;全年共向市内外15家金融机构发放《集聚区企业和项目推介手册》100余本,组织各种银企对接活动10余次,各金融机构与集聚区企业(项目)签订协议贷款73.5亿元。

社会事业发展 全年共组织培训农民工2 600人,安置就业2 219人,就业率达85.3%;实现农业总产值2.5亿元,同比增长10%;农民人均纯收入5 300元,同比增长8.5%。南曲新农村建设示范工程——甘桃苑社区完成投资1 700万元,建成面积达1.56万平方米,其中1号、2号楼已交付使用,黄村、李家寨、新店等社区正在建设;当年,发放新农村建设补贴、农村安全饮水、惠农政策资金、粮食和良种补贴、移民后期扶持、退耕还林、计划生育奖励、村级组织活动场所建设等资金3 614.4万元,发放低保、五保、救济救助、双拥优抚、医疗救助等民政资金223.93万元。

(孙 妍)

·编辑 李艺芬·

8月26日,在第6届中国河南国际投资贸易洽谈会上,省人大常委会副主任王菊梅参观三门峡展厅

商贸 市场

COMMERCIAL TRADE AND MARKET

5 月 18 日，第 16 届三门峡国际黄河旅游节暨投资贸易洽谈会签字仪式举行

商　务

【概况】 2010年,按照《中共三门峡市委、三门峡市人民政府关于印发〈三门峡市人民政府机构改革实施意见〉的通知》精神,三门峡市商务局将管理所属企业的职责划入新成立的三门峡市商业总公司,三门峡市商务局作为市政府重要的综合经济管理部门,理顺职能,轻装上阵,建立科学规范、高效有序的行政管理体制,主要负责全市的对外开放、内外贸、招商引资和外经工作,辖业务科室、代管单位、事业单位共22个,业务体系进一步规范,管理机制进一步健全,人员配备全部到位,为全市对外开放和商务工作的开展奠定扎实的组织基础。

当年,三门峡市商务局以推进"两个加快"为目标,以"调结构、促转型、增效益、保态势"为主线,以强势开展大招商活动为切入点,牢牢把握"四个重在",深入践行"三具两基一抓手",积极抢抓后危机时期资源配置和产业转移全面加快的战略机遇,充分发挥自身职能,采取多项扎实有效的工作措施,确保各项目标的平稳运行,商务工作呈现出健康、持续、稳定、向好的发展态势。

大招商活动　牢固树立"招商决定发展,招商决定未来"的中心理念,全力打好承接产业转移招商引资攻坚战,在全市范围内掀起全民动员、上下联动、齐抓共管、强势招商的新高潮。全市共抽调挂职干部200人,组建成立招商小分队249个、招商队员785人,通过组织小分队"叩门招商",利用各类经贸活动"节会招商",动员已落地企业"以商招商",委托各类中介机构"委托招商"等多种形式开展招商引资。全年共举办和参加大型经贸活动9次,签约项目135个,招商总金额达1 134.3亿元。为确保大招商活动取得实效,打造从推介到签约、从签约到投产、从投产到见效3个环节有机结合的全方位招商引资工作体系,加大项目督查力度。至年底,已履约项目133个,履约率98.5%;开工项目63个,开工率46.7%;共到位资金72.4亿元。年底,由于大招商活动成绩突出,三门峡市人民政府被省政府授予"全省招商引资工作先进单位"称号。

对外贸易　立足自身实际,分析原因,研究对策,抢抓外部需求回暖的有利时机,逐步完善外贸工作推进机制,不断优化出口商品结构,全面加大外贸出口促进力度。外贸进出口的渠道更加通畅,河南出入境检验检疫局三门峡办事处开始挂牌办公,郑州海关三门峡办事处申报工作加紧进行。加强出口果品质量安全示范区建设,建成出口果园备案基地4.87万公顷,在满洲里签订出口俄罗斯边贸协议,在北京、上海举办果品推介会,与沃尔玛、华润万家等国内外知名连锁超市签订供货协议,水果出口突破1 000万千克,果汁等主要出口产品大幅度增加。经过一年的努力,对外贸易扭转了持续下滑的不利局面,全年外贸进出口完成1.63亿美元,增长20.4%,其中出口完成1.04亿美元,增长28.2%,占省定目标的115.5%;进口完成5 977万美元,增长9%,占省定目标的107.8%。

市场运行　当年,市商务局从建立健全城市生活必需品市场监测系统、重要生产资料市场监测系统和重点流通企业监测系统入手,不断创新工作方式,利用新落成的三门峡商务监测服务中心,进一步完善商务预报网络系统建设,认真贯彻落实国家的各项消费政策,建立预警信息制度,清理和优化监测样本,加大数据催报、审核力度,建立绩效考核等各项制度,使监测数据报送质量显著提高。至年底,全市的108家各类样本企业,均定期上报市场运行的第一手详实资料,为市委、市政府了解市场运行情况,及时调整宏观政策提供了必要的信息保证。2010年,全市完成社会消费品零售总额199.8亿元,与上年同期相比增长18.3%,高于省定16%增长目标任务2.3个百分点。

商务综合执法　充分利用"12312"投诉举报体系和商务稽查支队的作用,严格执法程序,健全工作制度,加大培训力度,统一执法程序,规范执法行为,开展多次卓有成效的专项行动,净化市场环境。全年,共查扣不合格生猪16头,猪肉1 120千克;查处假酒案件30余起,涉案金额6万余元;检查建筑施工单位25家,依法征收散装水泥专项资金46.6万元,行政处罚3万余元;检查20家加油站(点),立案查处4家违规经营的加油站(点),共处罚金2.4万元。

家电下乡　当年,全市销售家电下乡产品165 828台(部),比上年同期增长2.2倍。其中:销售彩电42 566台、电冰箱44 915台、手机5 014部、洗衣机30 891台、计算机11 446台、热水器16 373台、空调11 497台、电磁炉1 220台、微波炉1 906台,实现销售金额37 371.55万元,发放补贴金额4 786.86万元。三门峡市自2008年2月开始启动家电下乡工作以来,各中标企业同全市各销售网点密切配合,各项工作稳步推进,收到良好效果。全市累计销售家电下乡产品262 708台(部),实现销售金额55 889.29万元,补贴数量253 335台(部),发放补贴金额6 801.37万元,使近30万农户受益。

万村千乡市场工程　经过5年的努力,至2010年底,全市"万村千乡市场工程"农家店总数达1 293个,其中农资农家店109个、日用品农家店达到1 184个,占全市可建农家店行政村1 315个的90%。三门峡市农家店建设的质量不断提高,方便农村居民生活,提高农民生活质量,推进了农村现代流通网络建设,成为社会主义新农村建设中的一个新的亮点,受到农民群众的普遍欢迎。

汽车以旧换新　按照省商务厅、省汽车以旧换新工作办公室的统一部署,市商务局高度重视贯彻落实汽车以旧换新政策和宣传工作,成立机构,精心组织,召开专题会议,安排部署工作,使汽车以旧换新补贴资金及时兑现到群众手中,不仅让车主真正得到实惠,而且加快了消费升级和车辆更新换代,促进了经济发展。2010年,全市共换购车辆871辆,新车销售金额9 484.17万元;补贴车辆871辆,发放补贴资金1 250.9万元。

家电以旧换新　8月13日,三门峡市全面启动家电以旧换新活动。家电以旧换新的产品主要包括电视机、电冰箱(含冰柜)、洗衣机、空调、电脑5大类。新家电购买人及购买企业可通过网络、电话及其他方式向中标回收企业提出交售旧家电申请,回收企业上门收购后,开具家电以旧换新凭证,并向购买人或企业支付废旧家电价款;或购买人直接到中标销售企业购买新家电,销售企业配送新家电时回收旧家电,并向

8 月 13 日，三门峡市启动家电以旧换新工作

购买人开具家电以旧换新凭证，支付规定价格的旧家电价款。三门峡市迅速成立以市委常委、常务副市长苏新华为组长的全市家电以旧换新工作领导小组，采取多项积极有效的措施，扎实推进工作开展。至年底，全市共设立家电以旧换新中标企业及授权网点 73 个，覆盖全市所有县（市）区；共回收旧家电2 117台，回收金额42 618.8元；共销售以旧换新家电2 029台，销售金额 815.6 万元。

放心早餐工程　放心早餐工程是省委、省政府确定的2010 年河南省十项民生工程。2010 年，河南省扩大早餐工程的实施和试点范围，包括三门峡市在内的 11 个省辖市开展试点工作。按照省委、省政府的部署，三门峡市高度重视，深入调查研究，密切与有关部门沟通，督促企业推进工程建设，各项工作扎实有效地开展。建立三门峡市放心早餐工程联系会议制度，出台《关于推进全市放心早餐工程的意见》，选定三门峡市香山红叶饮食娱乐有限公司为试点承办企业，并于 2010 年 10 月开工建设早餐工程主食加工配送中心。

定点屠宰　认真贯彻落实国务院《生猪定点屠宰管理条例》和《关于进一步加强食品安全工作决定》，本着“标本兼治、着力治本”的原则，加强市场肉品流通的管理。协同工商、公安、畜牧、卫生等部门，以确保城乡农村肉品安全为中心，集中抓好全市生猪肉品市场集中整治工作，规范生猪屠宰行为。同时，加大稽查力度，对市区集贸市场、肉店、酒店、饭店、肉店、加工经营点等进行全面检查，净化源头，全力确保市民吃上“放心肉”。4 月，市商务局、市财政局、市发改委联合下发《关于下达市级猪肉储备计划的通知》，建立市级猪肉储备制度。当年，市畜禽屠宰管理办公室精心组织，共收购白条肉 195 466 千克（计 2 593 头），超额完成 18.5 万千克的猪肉储备任务。按市区平均日消费量，18.5 万千克储备肉可以应急供应市区使用 1 周。

散装水泥　至年底，全市共有搅拌站 16 座、生产线 21 条，年可生产混凝土 500 万立方米；有散装水泥发放库 32 个、固定接收库 33 个、流动罐 153 个、散装水泥运输车 62 部，一次发散能力达 100 万千克。全年完成散装水泥使用 24 亿千克，同比增长 9%。直接节约包装费7 000万元、电力1 700万千瓦时、包装纸袋4 300万个，减少粉尘排放 1.1 万吨，实现社会、经济、环境综合效益2 000万元。征收散装水泥专项基金 46.6 万元。联合公安、建设、交通、发改、城管、环保等部门，在全市范围限期禁止现场搅拌混凝土，全市基本实现“禁现”。

【两社区荣膺“全国商业示范社区”称号】　当年，市商务局按照《国务院关于加强和改进社区服务工作的意见》的精神和国家商务部提出的“便利消费进社区、便民服务进家庭”的总体要求，把加快社区商业网点建设、完善社区商业服务功能、方便和满足居民消费需求作为工作目标，把培育和建设商业示范社区作为发展社区商业的突破口，指导和帮助社区在商业服务体系、商业业态和社区商业管理规范性等方面不断完善，全力推进三门峡市商业示范社区创建工作。4 月 8 日，三门峡市湖滨区湖滨街道办事处黄北社区和车站街道办事处宏远社区，凭借布局合理、功能完善的社区综合服务体系，经过区、市、省三级商务部门的层层推荐及国家商务部组织的专家评审、抽查验收和网上公示，被国家商务部命名为“全国商业示范社区”，填补三门峡市无国家级商业示范社区的空白，实现社区发展与社区商业的有机结合。

【第 16 届三门峡国际黄河旅游节暨投资贸易洽谈会经贸活动收获颇丰】　5 月 18 日至 25 日，三门峡市成功举办第 16 届三门峡国际黄河旅游节暨投资贸易洽谈会经贸活动，成果丰硕。共邀请各界客商 612 人，包括境内客商 450 人、境外客商 162 人，分别来自美国、加拿大、澳大利亚、日本、韩国、尼泊尔等国家和中国港、澳、台地区及北京、上海、广东、江苏、浙江、福建等省（市），呈现出人数多、层次高、意向强的特点。在 5 月 19 日举行的项目发布仪式上，三门峡市共发布符合国家产业政策导向，科技含量高、市场前景好、能源消耗低、产业关联度大、带动能力强的项目360 个，涉及能源、铝工业、生物医药、旅游文化、现代农业、化工、先进制造业、基础设施、高新技术等 9 个领域。经过认真对接洽谈，共签约项目 76 个，签约总金额 538.9 亿元，实现新的突破。

【汽车品牌销售企业备案管理】　12 月 2 日，三门峡市举行汽车品牌销售企业备案登记证书发放仪式，20 家汽车销售企业获得省商务厅颁发的汽车销售企业备案登记证书。按照省商务厅、省工商行政管理局有关要求，三门峡市实行汽车品牌销售企业备案管理。获得备案登记证书的 20 家汽车销售企业，包括三门峡经济开发区 10 家、湖滨区 1 家、卢氏县 2 家、灵宝市 6 家、渑池县 1 家。　（周光逸）

供 销

【概况】 2010年,全市供销社系统按照"一年打基础、两年见成效、三年上台阶"的奋斗目标和"保稳定、谋发展、惠民生"的工作思路,积极推进农村现代流通服务网络体系建设,加快发展农村合作经济组织,努力营造和谐稳定环境,各项工作扎实推进、快速发展。全年共完成商品购销总额66.4亿元,完成目标57.5亿元的115.5%;实现利润4 758万元,占目标4 490万元的106%;利税总额完成8 388万元,占全年目标7 510万元的111.7%。全市累计发展各种类型的专业合作社118个,其中在工商局登记注册80个;建立村级综合服务社1 216个;组建行业协会53个;完成招商引资5 100万元。

【扎实推进"新网工程"】 当年,市供销社扎实推进"新网工程"建设,健全完善经营服务网络,使供销社为农服务的实力进一步增强。全市供销社系统以商(市)场、公司为依托,向下延伸,向外扩张,横向拉动产业链条,纵向联结县乡网点,开展连锁配送业务,积极引导县乡供销社开展改造整合,恢复传统业务,构建新型服务网络。至年底,各县级社基本恢复传统的农业生产资料、日用杂品、再生资源、家电用品等业务,农业生产资料市场占全市总供应量的90%。各级供销社把配送中心作为"新网工程"建设的重点,通过自建、联建、联大靠强等多种运营机制,建设以日用消费品和农资商品为主的配送中心,完善基础建设,扩大配送范围,提高配送比例,增强对网络的控制能力。同时,大力发展、改造乡村超市、农家店,健全供销社经营网络终端,使供销社的服务体系逐步完善,经营触角向下延伸。至年底,全市共组建配送中心19个,发展连锁店1 257个。

【积极领办各类专业合作社】 当年,市供销社坚持以规范发展、增强服务功能为重点,根据《中华人民共和国农民专业合作社法》,对现有的专业合作社逐条对照并逐项逐社规范,增加服务项目,扩大生产经营规模,提高服务带动能力,并紧紧围绕地方优势农产品及特色产业,抓好农民专业合作社示范社工作,进一步提升系统内农民专业合作社的发展层次,逐步提高供销社领办、引办、参办农民专业合作社的能力。实施"千社千品"富农工程,坚持品牌推进。积极鼓励和引导农民专业合作社加强标准化生产,规范生产过程,提高农产品的质量安全水平,增强市场竞争力,推进专业合作社的品牌化建设。各县(市)区供销社充分利用系统网络优势,帮助专业合作社在优质农产品与加工企业、专业批发市场、连锁超市等进行对接,努力开辟专业合作社产品进入"新网工程"的"绿色通道"。至年底,全市累计发展各种类型的专业合作社118个,其中已经注册或重新注册的专业社80个,带动农户11 925户,帮助农民增加收入613万元。

【推进村级综合服务社和社区服务中心建设】 当年,市供销社通过大力发展乡村超市、改造提升村级综合服务社,强力推进村级综合服务社和社区服务中心建设,提高农民的生活质量。在中心乡(镇)及经济辐射能力强的乡(镇)兴办示范性超市,推动当地农家店和村级社规范发展。至年底,全市共发展村级综合服务社1 216个。规范建设农村社区服务中心,立足农村实际,利用供销社的网络、资金、人才等资源,以统一配送生活资料、生产资料的超市为基础,根据农民需求和消费习惯,逐步添置其他经营性、公益性和中介性服务项目,为农民提供商品、技术、信息、中介等各种服务,并为农民开展文体活动提供场地和设施。至年底,全市共建成农村社区服务中心82个。

【加快行业协会建设步伐】 当年,市供销社加快行业协会建设步伐,一方面大力发展数量,争取供销社在兴办农村合作经济组织中应有的席位;另一方面,抓规范化运作,注重发挥协会职能,全力为农服务。各类涉农协会以发展农村经济、增加农民收入为宗旨,以提高农民进入市场的组织化程度、推动农业产业化经营为目的,在服务农村建设中发挥了巨大的作用。至年底,全市供销社系统共成立各类协会53个,已有28个完成注册工作,会员数达4 850个,其中团体会员162个、个人会员4 688个。主要类型有:农产品协会、农资协会、烟花爆竹协会、再生资源协会等。卢氏县农资协会主动承担政府职能,负责全县农资经营资格的审核管理工作;灵宝市烟花爆竹协会承担起全市的烟花爆竹市场管理任务,均赢得了推动行业发展的先机。 (石安娜)

盐 务

【概况】 2010年,三门峡市盐业管理局进一步理清思路,积极应对新挑战,着力维护食盐安全,推行以盐款结算为核心的目标考评管理,搞好食盐专营;坚持盐业多元化发展道路,促进多种经营工作上台阶;不断强化行业内部管理,确保行业健康有序发展。全年共完成食盐购进1 137万千克,占年计划的113%;完成食盐销售1 201.8万千克,占年计划的101%;完成工业盐销售846.4万千克,占年计划的120%;完成小包装及防伪标识1 626万只,占年计划的101%;市场供应碘盐合格率达98%以上。

【推进盐业品种升级换代】 当年,市盐业局强力推进营养盐、多元素盐、绿标盐、海晶盐的市场供应,促进盐业品种升级换代。借助"5·15全国碘缺乏病宣传日",设计制作1万份以"食盐与健康常识"为主题的宣传画,张贴到学校、社区、城乡卫生诊所、食盐经销门店,引导人们对食盐消费观念的转变;提高营养盐在超市、居民小区商店和中心镇主营店的覆盖率和上架率;利用媒体对营养盐进行宣传,分别在《三门峡日报·西部晨风》和三门峡电视台相关栏目中,对营养盐进行大张旗鼓的宣传。至年底,全市共销售各类多品种盐380万千克。

【加大盐业市场监管力度】 当年,市盐业局不断加大盐业市场监管力度,有效防止私盐侵入。与教委、卫生、工商、公安等部门联合成立盐业市场秩序整治小组,对全市所有的学校及周边饭店、小吃摊点进行为期1个月的专项整治行动,净化学校及周边食堂、小吃店的食盐消费环境，确保全市学生的食盐安全。6月起，每月检查6个乡（镇），并遵循检查前不打招呼、检查时不让陪同、回避交通便利村的原则，重点选择偏远村庄的商店等持证经营情况、盐政宣传画张贴情况。通过大量发放宣传资料，帮助群众识别私盐，提高群众的思想觉悟和政策观念，达到自觉抵制私盐、积极举报私盐的目的。2010 年，全市共查处盐业违法案件 27 件，其中简易案件 24 件、立案 3 件，共查没私盐1.01 万千克，罚款 8 040 元。

【开办食盐加工企业】 当年，经过考察，市盐业局与河南省卫群盐业公司合作，投资设备 100 万元，租用厂房1 200平方米，开办食盐加工厂，进行食盐的来料加工。这是全省 5 个加工厂之一，此项目的流动资金由河南省盐务局提供，年生产能力为1 500万千克（其中加硒盐为 360 万千克），产值达3 000万元。

【盐业系统多种经营】 当年，面对盐业体制改革的压力和三门峡市盐业系统人员多、销售单一、职工工资水平低的现状，市盐业局从增加职工收入、提高员工生存综合能力、确保队伍稳定的角度出发，鼓励职工开展多种经营，使全市盐业系统职工工资都有不同程度的提高。明确“以盐为主，多种经营”的行业发展思路，制定出台《关于鼓励职工从事多种经营工作的试行办法》，动员职工瞄准社区服务、特产开发等发展空间，走多元化发展之路。办法明确：职工按照自选项目、自筹资金、自主经营、自负盈亏、自我分配的原则，进行经营活动；对自愿离岗创业人员的工资、福利待遇等，做出具体规定；将机关现有仓库重新改建后，按较低的标准提供给职工从事多种经营工作；在以后干部提拔使用中，优先选拔在多种经营工作中作出突出贡献的人员。组织召开经验交流会，对多种经营项目的进展情况与经验进行相互交流，有效推进多种经营工作。至年底，市、县两级盐业系统共选定宝丰酒、刁水酒、酒鬼酒、泸州老窖酒和日化产品、土特产、大型机械推销、煤炭销售等近 20 个创收项目，部分职工的年销售额达 10 万元以上。

（周 颖）

物 资

【概况】 2010 年，三门峡市物资总公司按照“四个确保”（确保国有资产不流失，确保职工利益最大化，确保目标任务全面完成，确保物资系统和谐稳定）的原则，积极稳妥推进国有物资企业改革，立足工作创新发展，努力构建新的物资体系，认真抓好工作落实，全面完成各项目标任务，保持了系统的和谐稳定。全年市直物资企业商品销售总额为3 302万元，比上年同期增长 12%；养老、失业、医疗保险统筹额完成 136 万元，占年度政府目标任务的 102%。

当年，市物资总公司按照改革目标，将公司改制工作与抓目标、抓稳定有机结合起来，积极稳妥地推进国企改革及物资系统整体改革的前期准备工作。明确专人对西仓库各企业经营情况、占地情况、人员情况、房产情况、租赁情况、拖欠职工权益情况等，进行摸底调研，为西仓库 6.67 公顷土地的综合开发做好前期准备工作，为物资系统整体改制、彻底解决历史遗留问题提供决策依据。

积极推进市直物资企业创新发展，强化物资市场管理，优化市场结构。优化废旧金属市场、旧货交易市场、汽车货运市场、钢材市场等市场结构，提高服务水平，广泛吸引商户入市投资经营，扩大经营规模，增加企业创收。2010 年，全市共回收报废汽车 3 000 台，落实国家报废汽车以旧换新政策 1 376 台，实现销售 2 030 万元；货运市场吸引周转车辆 150 余辆。

鼓励和支持全系统下岗失业职工自主创业，自谋出路，帮助他们解决实际困难。至年底，市直物资系统职工利用原有的业务渠道等关系创建经营实体 60 多个，安置下岗失业职工就业 410 余人，年经营额达 5.2 亿元。

针对市直国有物资企业全部停业、下岗失业职工多、企业拖欠“三金”情况严重等问题，制定切实可行措施，加大督查工作力度，确保完成在职人员“三金”缴纳任务、历史拖欠“三金”问题，在职工退休前千方百计筹措资金补齐，保证职工能按时退休。及时落实有关政策，维护职工群众的切身利益。全年申报、发放军转干部生活补助 48.5 万元，办理退休军转干部补缴养老金 3.96 万元，个案帮扶困难军转干部 1 500 元。“双节”期间，发放各类帮扶物资及资金 4 万余元，救助慰问困难职工、困难党员、老干部、军转干部等 160 余人次。

【市燃料公司产权制度改革方案获批】 当年，先后完成市燃料公司的资产审计、房产评估、地产评估、低值易耗品、设备、劳动保障专项审计等工作，组织人员到劳动、土地、财政等部门反复沟通协商、查找政策依据，并分批分类组织召开失业职工、下岗职工、离退休职工及在岗职工会议，广泛征求意见和建议，使产权制度改革方案制定做到公平合理、职工接受、政策许可，12 月，市政府流通企业改革领导小组研究通过市燃料公司的产权制度改革方案并进行批复。

【报废汽车拆解企业升级改造工作完成】 当年，市金属回收有限责任公司从省商务厅争取到地市级报废汽车拆解企业升级改造示范工程项目后，物资总公司积极协助制定改造计划，协调解决有关问题，多方筹措改造资金 200 余万元，在原有报废汽车拆解市场基础上进行升级改造，6 月底前完成全部改造任务，并顺利通过省商务厅、财政厅等上级部门组织的验收，省商务厅、财政厅无偿给回收有限公司拨付改造补偿金 235 万元，至年底，拨付资金已全部到位。

（张家明）

粮 食

【概况】 2010 年，按照《三门峡市人民政府机构改革实施意见》的要求，1 月至 6 月，市、县粮食局开展机构改革。通过主要职责、内设机构和人员编制“三定”方案的上报、审批等一系列工作，改革后，市粮食局继续保留为市政府工作部门，内设办公室、调控科、政策法规科、监督检查科、财务科、流通与科技发展科、人事科（党委办公室）、离退休干部工作科、纪委（监察室）、湖滨分局 10 个科室，进一步健全了领导班子分工负责制、科室职责分工、局领导和机关科室联系企业等工作制度。10名机关干部在改革中按政策办理了提前退休,8名公务员得到调整。县(市)粮食局改革后全部变为粮油流通储备管理中心,实现了平稳过渡。

2010年,三门峡市粮食总产6.33亿千克,比上年增长0.7%。当年,国家继续实行小麦最低收购价收购政策,粮价受市场物价全面上涨的影响,价格普遍上扬,但购销平稳,没有出现大起大落和断档脱销现象。全市各类粮食收购1.66亿千克,略低于上年,其中国有粮食购销企业收购粮食1.35亿千克,满足了农民售粮要求。全市销售粮食1.58亿千克,其中国有粮食购销企业销售1.18亿千克。粮食购销总量达3.24亿千克,确保了粮食供应和市场稳定。

当年,全市粮食部门围绕建立和完善粮食流通管理体系,加强粮食宏观调控,确保粮食安全,促进行业发展,扎实做好粮食收购、宏观调控、监督检查、安全管理、统筹发展等工作,圆满完成各项目标任务,被评为"全省粮食系统目标管理先进单位"。全市国有粮食购销企业实现盈利355万元,粮食系统通过深化"项目建设年"和"企业服务年"活动,组织参加大型展交会,继续推进招商引资、扩大多种经营,全年实现多种经营利润200余万元,确保了行业的稳定发展。

【小麦最低收购价收购】 5月,国家出台《2010年小麦最低收购价执行预案》,三门峡市的小麦最低收购价为白小麦(国标三等)每千克1.8元,红小麦和混合麦每千克1.72元,适用时间为2010年5月21日至9月30日。6月2日,省、市召开夏粮收购工作电视电话会议,全市小麦最低价收购工作正式启动。在深入开展小麦产量、质量、价格调查的基础上,全市确定27个收储库点,提前做好收购备仓、器材准备、人员培训、粮质调查、粮源组织和收购资金筹措等工作,力争多收粮、收好粮。收购工作开始后,各级粮食部门认真落实小麦最低价收购政策,建立收购竞争激励机制,开展"争当收购状元""争做服务明星"等活动,在收购现场设置政策咨询台、医务室、茶水站、休息室等服务设施,积极改善收购服务,实行政策、布点、价格、质量、结算"五公开",采取多种措施方便群众售粮。夏粮收购期间,市、县粮食部门成立夏粮收购督导组,深入收购现场检查督导,帮助解决实际问题。由于各级粮食企业积极收购,加之本地粮源有限、市场物价上涨、外地粮食难以流入等因素的影响,小麦市场价格很快高于国家规定的最低收购价格。按照上级要求,至6月30日,全市小麦最低收购价收购基本停止。当年,全市按最低收购价政策收购小麦5 530万千克,质量好于往年,直接促进农民增收300余万元。

【市场粮收购和秋粮收购】 当年,由于小麦最低收购价政策在很短时间叫停,全市各粮食企业为了生存和发展,迅速转向市场粮收购。按照以质论价、优质优价、随行就市的原则,各企业按市场价收购经营粮食1.18亿千克。同时,企业抓住当年秋粮丰收的有利时机,积极组织秋粮收购,收购当地和周边地区玉米、黄豆及小杂粮2 580万千克,促进了农民增收,增加了企业经营效益。

【粮食宏观调控】 为加强粮食宏观调控,确保市场供应和粮价平稳,当年,全市粮食部门进一步改善粮食安全环境,提高应对突发事件的能力。一是继续扩大粮食储备规模,合理布局,优化品种结构。县(市)地方粮食储备有所增加,全市地方储备油增加至110万千克,其中市直新增地方储备油45万千克,达到60万千克的规模。渑池县争取到省粮食物流项目资金100余万元,用于粮油仓储等基础设施建设;义马市和市直粮食企业加强地方储备粮轮换,积极探索成品粮和小包装食用油储备,优化储备粮油的品种和结构。二是储备粮管理不断加强,调控市场能力进一步提高。各县(市)根据《三门峡市市级储备粮管理办法》和《三门峡市级地方储备粮轮换办法》,结合实际,出台县(市)级储备粮管理办法,储备粮的管理更加规范。全市组织开展粮食清仓查库工作,确保地方储备粮数量真实、质量良好。三是粮食应急机制初步建立,保障能力进一步加强。市粮食局在《三门峡市粮食应急预案》的基础上,建立应急管理机制,把全市74家粮食企业全部纳入行业统计管理,确定10家粮食应急供应指定企业和6家粮食应急加工指定企业。四是组织力量开展调查研究,初步完成全市"十二五"粮食规划的编制工作,为粮食行业可持续发展奠定基础。

【粮食销售】 当年,在市场物价全面上涨的形势下,粮食部门进一步加强粮油市场管理。国有粮食购销企业充分发挥主渠道作用,认真落实国家临时储备小麦竞价销售政策,扎实做好军供、救灾等政策性粮食供应,开展"放心粮油"进农村、进社区、进学校、进军营活动,加大市场粮油投放力度,全年粮食销售1.58亿千克,有效抑制粮油价格过快上涨的势头,没有发生粮价大起大落和断档脱销现象。特别是在当年的抗洪救灾中,各级粮食部门部署得当,措施有力,行动迅速,确保受灾地区的粮食供应。卢氏县灾情最重,粮食部门出动车辆11部,紧急投放成品粮油30余万千克,迅速稳定粮油市场。渑池县认真组织灾情调查评估,积极争取资金和政策支持,加快灾后恢复重建的速度。军粮供应工作进一步加强管理,规范服务,赢得当地驻军和上级的好评。三门峡市军粮供应站和灵宝、渑池、卢氏3个军粮供应站分别被评为全省军粮供应管理工作优秀单位、先进单位。三门峡市军供中心主任杨结义等5人被评为全省军粮供应管理先进个人。

【依法管粮】 当年,围绕《粮食流通管理条例》和《河南省实施〈粮食流通管理条例〉办法》的贯彻落实,粮食部门进一步加强依法行政体系建设。建立粮食行政执法责任制领导小组,签订依法管粮目标责任书,明确目标,落实责任;健全粮食流通监督检查工作机构,强化干部培训,组织"五五"普法活动,全市粮食部门32名公务员取得省粮食监督检查执法证,机关34名工作人员通过学法用法知识考试;规范工作机制,对涉及政策法规、监督检查的有关法律依据、工作程序、行政处罚以及行政复议等操作规范搜集整理,装订成册,制定并完善"三门峡市粮食局行政执法岗位责任制度""行政执法标准""行政过错责任追究暂行办法"等14项粮食行政执法制度;完成执法人员网上信息公开和资格年审等工作,促进依法行政的规范化管理。依法开展粮食执法监督检查活动，先后开展小麦最低收购价收购政策执行情况检查、粮食库存检查、最低收购价小麦销售出库检查等综合检查和秋粮收购、食用植物油库存测量差率试验以及统计制度执法等专项检查活动。在4月组织的粮食库存检查中，抽调近百人对辖区内国有粮食企业的粮食库存数量、质量、账务、储备粮轮换以及补贴资金拨补情况进行全面检查，进一步强化了粮食库存管理。夏粮收购期间，专门下发《关于开展小麦收购政策执行情况专项监督检查工作的通知》，围绕粮食收购资格、质量标准、政策执行、价格公示、售粮款兑付等9个方面的热点问题进行监督检查，对80家粮食收购企业进行年审换证，撤销6家企业的收购资格，严肃查处市场违法违规行为，确保收购政策的有效执行，收到良好效果。

【行业发展】 当年，全市粮食部门继续发展招商引资和多种经营，积极深化“项目建设年”和“企业服务年”活动，组织参加驻马店、郑州、宁波等全国农产品投资贸易和粮油加工洽谈会、展交会，积极争取项目和资金。灵宝市完成粮油购销公司内部管理改革，取得“北大荒”绿色食品在三门峡地区的总经销权，并开展优质苹果冷藏、土地置换、恢复面粉加工等经营项目。陕县投资100余万元建成益民鞋城、加盟“北大荒”绿色食品专卖公司，取得较好的经济效益。至年底，全市新增城镇连锁经营及农村服务网点36个，国有粮食购销企业实现盈利355万元，实现多种经营利润200余万元。

【市军粮供应站综合楼建成】 3月14日，三门峡市军粮供应站举行综合楼落成暨乔迁仪式。该站承担着三门峡市区及陕县驻军部队167个伙食单位的军粮供应任务，是河南省首批认定的军粮供应站。为解决该站一直存在的供应任务重、经营面积小、设施条件差的问题，2007年，市粮食局将位于市经一路北段原经一路粮店2 030平方米的地块划拨给市军供站。经过向省、市争取支持和单位自筹，该站共筹资120余万元用于新的军供站综合楼建设。工程于2009年4月开工，2010年3月正式建成，仓储营业面积由原来的200平方米扩至1 000多平方米，可利用面积近3 000平方米，新增资产近300万元，充分发挥了经营、仓储、办公等综合服务功能，改善了部队官兵的购粮环境，提高了军粮供应保障能力。12月17日，市军粮供应中心被国家粮食局、财政部、总后勤部联合表彰为“全国军粮供应管理工作先进单位”。

【国家粮食局副局长任正晓到三门峡市调研】 5月12日至14日，国家《中华人民共和国粮食法》调研组在郑州召开粮食法起草调研工作座谈会。5月14日，国家粮食局副局长任正晓在河南省粮食局局长曹濮生的陪同下，到三门峡市调研粮食法起草工作。任正晓详细听取三门峡市委、市政府和市粮食局的工作汇报，就粮食法起草工作调研提纲涉及的内容，与基层干部、群众亲切座谈，征求意见和建议，并到市区和灵宝市进行实地考察。任正晓要求，粮食部门的广大干部职工认真贯彻执行党中央、国务院关于粮食的政策措施，准确把握粮食市场形势，做好粮食收购、调运、销售等工作，切实保证粮食供应，保持粮食市场价格的基本稳定。

（马建芍）

烟草经营

【概况】 2010年，三门峡市烟草行业以开展“道德建设年”和“保持良好精神状态，努力开创‘卷烟上水平’新局面”教育活动为动力，狠抓重点工作落实，继续保持平稳较快发展的良好态势。当年，三门峡市烟草专卖局（公司）先后被授予“反腐倡廉建设先进单位”“政风行风建设先进单位”“安全生产先进单位”“平安建设先进单位”“宣传思想工作先进单位”“依法行政示范单位”等荣誉称号，并受到市政府通令嘉奖。

烟叶生产水平持续提高。当年，全市合同种植烟叶1.10万公顷，户均0.73公顷，同比增加0.12公顷；收购烟叶50.46万担，上等烟比例44.73%，同比提高18个百分点；每公顷平均收入32 913元，同比增加190.4元；户均收入24 010元，同比增加6 082元。以烟叶质量管理体系为依托，加强过程管理，坚持标准化生产，整地起垄、地膜覆盖、规范移栽、豆浆灌根等技术得到全面普及，商品化育苗达98.4%，肥料“套餐”供应面达98%。推进现代烟草农业建设，组建农机专业队（社）39个、植保专业队36个、分级专业队25个，机械起垄、专业化植保、专业化分级分别达到62%、68%、40%。投入资金7 809.7万元，建设烟叶生产基础设施2 971项，受益烟田达6 600余公顷。加强烟叶基地建设，灵宝市浙江中烟五亩基地、渑池县江苏中烟果园基地顺利通过验收。落实收购政策，优质服务烟农，认真组织烟叶收购，收购烟叶年底前均顺利调出。

卷烟营销质量持续优化。全年销售卷烟9.08万箱，同比增长3.77%，增速列全省第3位；人均消费条数10.16条，同比增加0.37条，高于全省平均水平2.6条，居全省第2位。坚持把结构转型作为突破口，围绕“2332”目标任务，着力扩销一二类烟，切实抓好“四转三”工作。一二类卷烟销售比重为9.14%，列全省第5位，同比增加3.05个百分点；单箱销售收入13 504元，列全省第6位，同比增加2 289元。积极开展工商协同营销，提升品牌培育水平。重点骨干品牌销售达到31.62%，同比增加8.53个百分点；三类以上销量前15位品牌占总销量的18.12%，同比增加6.04个百分点。加强网络建设，网上订货率达到57.14%，电子结算率达到99.67%。加强零售终端建设，优质服务商户，零售客户满意度达92.9%，居全省第3位。

专卖市场管理持续加强。落实321市场监管模式，加强与工商、交通等部门协作，组织开展严厉打击分销中转假烟行为、无证经营行为活动，深化节假日市场治理和专项治理。建立并推行“133工作法”，创新市场监管考核模式，提升市场监管水平。当年，全市共查办涉烟违法案件335起，查获各类违法卷烟155.98万支、烟叶10.45万千克，市场净化率保持在95%以上。落实破网目标管理责任制，发挥与公安及豫晋陕3省毗邻地区联合协作机制作用，全市共立案侦办涉烟违法网络案件7起，其中涉案金额超过100万元的5起，刑事拘留

27人,逮捕20人,判刑9人,破网工作实现新突破。开展“五五”普法工作,加强法制宣传教育,坚持依法行政、文明执法,行业干部职工的法制意识进一步增强,实现了行政执法零投诉、零诉讼。

【三门峡市与安徽中烟合作共建优质烟叶基地】　3月25日,三门峡市烟草专卖局(公司)与安徽中烟工业公司召开联办烟叶基地洽谈会,初步达成合作共建优质烟叶基地框架协议。会议介绍了三门峡市烟草公司近年来率先引入质量管理体系,推行烟叶标准化生产,用工业理念打造“三门峡”烟叶品牌的做法和安徽中烟工业公司倾力打造“黄山”优势卷烟品牌的现状及未来远景。工商双方充分肯定过去合作的成效,真诚交换未来合作意见,就烟叶基地合作的期限、规模、区域、品种、采供模式、交接验收、科研合作、投入扶持、深度介入机制等问题达成共识。

【与安徽中烟工业公司召开黄山(锦绣)新品推介会】　4月8日,三门峡市烟草专卖局(公司)与安徽中烟召开黄山(锦绣)新品推介会,进一步加大工商协同营销力度,营造公平竞争的市场环境,共同培育品牌。会上,安徽中烟技术中心、营销中心的负责人分别介绍了黄山(锦绣)产品特点及安徽中烟工业公司企业成长历程、发展规划及黄山品牌的文化内涵和内在品质。双方就新产品的下一步培育工作,提出3点意见:要做好目标规划,研究营销措施,积极开拓市场;要做好品牌培育,加大品牌宣传介绍,将黄山(锦绣)成功推向市场;要做好沟通协调,完善工商协同营销机制,加大与工业企业沟通力度,互通信息,相互协调,共同做好黄山(锦绣)的培育工作。

【三门峡市烤烟标样受表扬】　4月26日,在刚刚结束的国家烟叶基准样品审定会上,三门峡市烟草公司以选送的烟叶基准样品“把握品质因素准确度高、数量多、质量好”,在全国参审的85个单位139套烤烟基准样品审定中脱颖而出,受到国家烟草专卖局的表扬,是河南省唯一受到国家局通报表扬的单位。

【国家烟草专卖局专家组到卢氏县检查】　9月27日至28日,由中国烟草总公司烟叶销售公司处长常丽带领的国家烟草专卖局专家组一行4人,到卢氏县检查验收优秀烟叶工作站及烟叶收购工作。检查验收之后,专家组一行对三门峡市烟草专卖局的工作给予高度评价,认为卢氏县优秀烟叶工作站创建工作领导重视,软硬件配套到位,烟叶收购等级平稳、合格率较高,希望以后继续努力,取长补短,做精做细各项工作,努力开创工作新局面。

【灵宝市烟叶基础设施项目通过国家烟草局验收】　10月9日,国家烟草专卖局烟叶生产基础设施建设验收组一行到灵宝市,通过听取汇报、查看档案、随机抽查、现场勘验、走访烟农等形式,对朱阳、五亩2个乡(镇)9个村的41个烟叶生产基础设施建设项目进行抽验。验收组认为,灵宝市基础设施建设项目布局合理,符合国家烟草专卖局“整体推进、综合配套”的建设思路,项目设计科学实用,外观形象和建造质量较好;警示标语醒目规范,操作规程明确清晰,管护责任落实到人;项目档案资料齐全,数据翔实,分类科学。同时,验收组也指出灵宝市基础设施建设工作中存在的问题,并提出建议和要求。

【国家烟草专卖局基础设施建设检查组到渑池县检查】　10月10日,国家烟草专卖局基础设施建设检查组一行,深入渑池县检查验收烟叶生产基础设施建设。检查组一行分两组分别深入渑池县天池镇、果园乡和英豪镇,现场对水利项目、炕房等基础设施建设项目进行勘察,详细了解工程建设的有关情况,认真检查验收档案资料,对渑池县烟叶生产基础设施建设给予肯定。

【三门峡市烟草专卖局(公司)ISO 9001质量管理体系通过第三方监督审核】　12月8日至9日,中国质量认证中心厦门评审中心派出两名专家,对三门峡市烟草专卖局(公司)ISO 9001质量管理体系进行第三方监督审核。审核组采用抽样审核的方法,抽查7个单位(部门),审核范围涉及工作职责、内部审核、管理评审、文件发放、人力资源管理、基础设施管理、卷烟订单采集、客户服务、零售许可证办理程序、专卖卷宗管理、持续改进等方面。审核组对三门峡市烟草专卖局(公司)质量管理体系的总体运行状况及取得的成绩给予充分肯定,认为体系各项工作规范标准,基础工作扎实,工作流程控制严格,工作资料真实完整,工作考核细致有效,服务和管理水平得到有效控制和持续提升,完全符合ISO 9001:2008版质量管理体系适宜性、有效性、持续性的要求。审核组决定同意向中国质量认证中心推荐ISO 9001:2008版质量管理体系保持认证注册。　（杨　琳）

医药经营

【概况】　2010年,根据三门峡市政府机构改革相关文件精神,在三门峡市医药管理局(总公司)的基础上,取消三门峡市医药管理局,保留三门峡市医药总公司为市政府直接管理的过渡性工作部门,同时将医药管理局承担的医药工业、中药材发展职能分别划转给市工信局和农业局,医药总公司主要承担医药商业工作职能。

当年,三门峡市医药总公司紧紧围绕稳定和发展两大任务,坚持以改革保稳定促发展,坚持“大医药,大流通”发展不动摇,着力抓好医药商业的发展,积极拓展周边市场网络,继续保持在豫、晋、陕黄河金三角地区的药品流通集散地优势,全市医药商业继续保持良好发展态势。8月,中国医药集团与三门峡市政府签订战略合作框架协议,与三门峡达康药品有限责任公司合作,进驻三门峡市,对于推进全市医疗卫生体制改革、规范医药市场、降低药品价格、保障药品安全有着重要意义。

至年底,全市共有医药批发企业8家、医药连锁企业7家、医药经营门店189个,各乡(镇)均有医药零售营业网点,医药供应体系较为完善,有效保障了全市人民的健康安全用药需求。全市医药商业完成总销售额4.5亿元,对居民和社会集团零售额1.52亿元。

【国药控股三门峡有限公司揭牌成立】　11月5日,国药控股三门峡有限公司正式成立。中国医药集团总公司副总经理李志新、三门峡市委书记李文慧共同为国药控股三门峡有限公司揭牌。市委常委、秘书长赵中生主持揭牌仪式。市领导马仰峡、周志远、卢群召出席揭牌仪式。中国医药集团是中国最大的医药企业集团，以医药科研、生产和服务贸易为主业。2010年8月，中国医药集团总公司与三门峡市签署战略合作框架协议。国药控股三门峡有限公司的成立，标志着战略合作框架协议开始步入实质性实施阶段。国药控股三门峡有限公司将致力于建设具有区域优势的现代化医药物流和营销网络，建设覆盖三门峡全境、辐射豫晋陕黄河金三角区域的药品保障体系，对于推进全市医疗卫生体制改革、规范医药市场、降低药品价格、保障药品安全有着重要意义。（张淑凤）

石油经营

【概况】　至2010年底，中国石油化工有限公司河南三门峡石油分公司（以下简称三门峡石油分公司）共有在营油库1座、在营加油站60座。

当年，三门峡石油分公司紧紧围绕市场形势和中心任务，全面分析，准确判断，果断决策，化挑战为机遇，超额完成市委、市政府下达的各项目标任务，总销售完成率居全省第1位。至年底，全市成品油纯销售额完成同比增长2%；系统企业纯销售额完成同比增长21%。

生产经营　认真贯彻保量保价政策。坚持按照省分公司“市场不丢、销量不降、主动推价、科学应对”的要求，主动与竞争对手和周边公司加强沟通，联手稳定价格，达到稳价扩量增效目的，实现双赢。强力开拓区外市场。成立区外市场开拓工作部，由主管经理任主任，经理助理任副主任，充实区外市场开拓工作部力量，积极向区外市场辐射，收到良好效果。在层层签订目标责任书的同时，制定出台零售、直批、非油品的月度奖惩办法和绩薪互动考核办法，加大奖惩力度，调动各方面的积极性。公司经营工作保持良好势头，主要经营目标均创造历史同期最好水平，在全省“比学赶帮超”竞赛活动中，全年累计夺得红旗52面，红旗数量和销售完成率均居全省第1位。

安全管理　坚持以“我要安全”主题活动为载体，以实现本质安全为目标，不断加大HSE管理力度，确保安全环保无事故。深入开展“我要安全”主题活动，制作横幅和宣传图片，编发6期专题简报，开展全方位的HSE宣传活动；坚持每周编辑1条“我要安全”的短信发送到全体干部职工的手机上，警示和教育大家时刻牢记安全责任。积极落实“未遂事故”上报制度，上半年共上报未遂事故分析21起。坚持全面检查与专项稽查相结合、明查与暗访相结合、内部通报与限期整改相结合，重点加强施工现场稽查，形成HSE管理的完整责任链条。全年，累计抽检油库28座次、加油站点216座次，查出各类问题176条，完成整改165条，暂时不具备整改条件的，全部采取预防措施。坚持以数质量管理为重点，完善流程，规范运作，严格稽查，堵塞漏洞。在修订和完善“双铅封”管理办法的基础上，制定出台《三门峡石油分公司安全数质量工作奖罚办法》和《三门峡石油分公司油品零售损耗率标准和数质量考核办法》，进一步明确油库、运输企业、加油站及相关人员的管理责任，实现各环节数质量管理责任的无缝链接。坚持以落实内控制度为根本，不断强化各级各部门的责任意识和执行意识，内控意识显著增强，流程管理、资金管理和费用管理均得到有效落实。（张俊玲）

社会服务业

【概况】　2010年，三门峡市社会服务业除商业、住宿和餐饮业、客运、金融、社会保障、教育以外，有传统的社会服务业和新兴的社会服务业两大类。其中：传统的社会服务业包括公共设施服务业、居民服务业、娱乐业、租赁和商务服务业等；新兴的社会服务业包括公共设施管理业、房地产业、广告业、旅游业、科学研究技术服务和地质勘查业、计算机应用服务和软件业等。

至2010年底，全市（含市辖县）从事社会服务业的业户共有54 531户，注册资本（金）70.93亿元，5 462.46万美元。其中：外商投资企业235户（其中分支机构4户），注册资本（金）5 462.46万美元；内资企业5 218户，注册资本（金）24.63亿元；个体工商户45 019户，注册资本（金）8.49亿元；私营企业4 059户，注册资本（金）37.81亿元。

【居民服务业】　随着经济的发展和人民生活水平的不断提高，三门峡市居民的服务性消费需求明显增加，居民服务业发展势头良好。当年，居民服务业新发展668户。至年底，全市居民服务业共有内资各类业户5 159户，注册资本（金）4.86亿元。其中：企业法人和营业单位190户；个体工商户4 500户，注册资本（金）2.07亿元；私营企业469户，注册资本（金）2.79亿元。信息传输、计算机服务和软件业全市（含市辖县）共有849户，注册资金12 521.2万元；年内新增56户，注册资金306万元。

【住宿和餐饮业】　2010年，三门峡市住宿和餐饮业依然保持较快的发展趋势，以个体工商户为带动，内资、私营和外商投资企业在住宿和餐饮业均有增长。至年底，全市餐饮业个体工商经营户共8 824户，其中2010年新注册1 035户，注册资本（金）1.5亿元，从业人员20 429人；内资企业205户，2010年新注册37户，注册资本（金）0.78亿元；私营企业261户，2010年新注册23户，注册资本（金）1.33亿元；外商投资企业5户，均为台港澳法人独资企业，注册资本（金）320万美元。

【广告业】　当年，三门峡市广告业发展较快，由量的积累向质的提升转变，进一步适应了社会发展及消费者的需求。经营主体多元化，各种非公有制广告企业参与广告市场经营；广告发布方式多样化，各类广告媒体除传统的平面广告、声像广告外，还在快速通道、主要干道设立巨型广告牌、路灯杆广告牌，宣传相关法律、法规，引导消费者理性消费、科学消费；广告经营行为规范化，经过整顿和规范广告市场秩序，广告经营单位法制意识和自律意识增强，违法案件明显减少。至年底，全市共有广告经营单位78户，广告从业人员162人。（刘　新）

市场管理

【概况】 2010年,三门峡市工商局始终把加强市场监管作为树立工商权威的根本,继续以保障群众消费安全为重点,坚持标本兼治,大力整顿和规范市场经济秩序,努力营造安全放心的消费环境和规范有序的市场环境,服务民生,促进和谐。在市场监管中体现服务、突出服务、拓展服务,为地方经济发展创造新环境、作出新贡献。系统上下不断加大执法力度,围绕重点领域、重点地区、重点商品,始终把流通领域食品市场整治、打击传销规范直销、查处商业贿赂、不正当竞争案件等涉及国计民生的不法行为列为重中之重,组织开展一系列专项整治行动,注重于案件的质量和社会效应,收到良好效果。

【开展各类食品安全专项整治】 当年,市工商局积极开展春节、"两会""五一""六一""端午""中秋""十一"等节假日以及夏季食品、中高考期间食品安全专项整治。以消费者申诉举报多和与人民群众生活密切相关的乳制品、肉制品、粮油、蔬菜、饮料、酒类、糖果、婴幼儿食品、散装食品等作为重点品种,突出粽子、月饼等特定节日消费品,以城乡结合部、旅游景区、车站码头为重点,依法抓好小食品店、小摊点、小市场的专项检查,集中执法力量,加大市场巡查力度,实施点对点监控,坚决依法取缔无照商贩,严厉打击制售假冒伪劣食品违法行为,规范节日食品市场秩序,确保节日期间、重点时节期间全市流通环节不发生重大食品等安全事故,营造欢乐、祥和、健康、安全的消费环境。当年,全市共组织开展各类食品安全专项整顿行动13次,出动执法人员1.5万余人次,检查食品经营户4.2万余户次,取缔无证食品经营户117户,查扣假冒伪劣和不合格食品6 048.1千克,查处食品案件52件,罚没金额1.99万元,受理和处理消费者申诉举报125件,为消费者挽回经济损失2.45万元。

【坚决查处黑网吧】 根据河南省工商局部署和要求,结合三门峡市实际,当年,市工商局先后开展元旦、春节期间文化市场专项整治行动、查处取缔无照经营"惊雷"行动等,严厉打击"黑网吧"。采取属地监管、不定期巡查、加强监督、完善投诉举报、反复检查等强有力措施,对辖区内"黑网吧"深挖细查,重拳出击,取得显著效果。至年底,全市工商系统共出动执法人员1 020人次、执法车辆556台次,检查已登记的网吧270户,查处违法经营户10户,罚款5万余元,取缔"黑网吧"10户,查封违法经营场所3处,没收专门用于无照经营的电脑27台,切断关闭信号源2家。在进行查处的同时,大力宣传"黑网吧"对社会尤其是对未成年人造成的危害,营造严厉打击"黑网吧"的舆论氛围,利用电视、标语、传单、横幅等形式,在社会上广泛宣传《互联网上网服务营业场所管理条例》及"黑网吧"对社会的重大危害等,逐步形成全社会共同打击"黑网吧"的氛围。在强有力的措施下,有力地打击了"黑网吧",保护了合法经营,维护了社会稳定。

【坚持扫黄打非】 当年,市工商局充分发挥职能作用,积极配合各有关部门,以维护社会稳定、净化社会文化环境为目标,坚持宣传和打击两手抓的方针,一方面大力宣传"扫黄打非"工作的重大意义,深刻揭露文化垃圾的社会危害性,引导社会公众积极参与"扫黄打非"工作;另一方面,继续坚持将查堵和收缴政治性非法出版物作为重中之重,扫除渲染淫秽、色情、暴力的出版物,严打利用互联网、手机媒体传播淫秽、色情等有害信息行为,坚决遏制侵权盗版及其他非法出版活动,坚持经常性地开展整治非法报刊、游商和无证经营集中行动,进一步完善"扫黄打非"长效管理机制,始终保持日常监管和集中治理相结合、人防和技防相结合的高压管理态势,将保护未成年人健康成长、杜绝妨害未成年人身心健康作为"扫黄打非"工作重点,确保"扫黄打非"工作取得实效。至年底,市工商局共出动执法人员1 475人次,出动执法车辆356台次,检查有关企业和门店570家,查获盗版光盘190盘,盗版图书150册,非法报刊30份,实现了辖区内政治性非法出版物"零"出现。

【深入开展打击传销工作】 当年,市工商局按照《河南省打击传销和变相传销专项整治行动方案》的部署,由市委、市政府领导,联合公安等职能部门联手出击,发动各乡(镇)、街道办事处、居委会干部群众广泛参与,精心组织,周密布置,掀起打击传销和变相传销活动的新高潮。按照"打防结合、综合治理、标本兼治、着力治本"的方针,加强对传销活动的特点和规律的研究,及时掌握信息和动向;多次组织开展专项执法活动,加强与公安、检察、法院等有关部门的协调,办好大案要案。以传销相对多发的湖滨区、开发区、陕县、灵宝市为重点,采取切实有效措施,加强监控,反复清理;广泛开辟举报投诉渠道,及时发现案件线索和传销苗头,迅速组织力量查处;对涉嫌犯罪的依法移交司法机关处理,对重大传销行动提请司法机关提前介入,有效防止犯罪嫌疑人脱逃;开展创建"无传销社区""无传销村镇"和"防止传销进校园"等活动,广泛开展宣传教育,建立与城乡基层组织的定期联系制度,投诉、举报处理制度,快速反应和应急处理制度,警示、提示制度及公布典型案件制度等,做到早预防、早发现、早控制、早处理。至年底,全市工商系统共出动人员2 481人次,出动车辆443台次,发出警示提示156次,出动宣传车50辆次;发表新闻报道17篇、简报20期;在市区张贴标语1 800条、宣传画800余张、悬挂宣传横幅23条,设置宣传栏3个,在超市、商场等醒目的地方设置电子滚动标语6条,印制张贴关于《严厉打击传销活动的通知》500份,发放"致出租房主一封信"1万份,发放"告诫书"等宣传资料4 000余份;收到群众赠送的锦旗5面、感谢信3封。经过严厉打击,查处、清理了一大批传销活动窝点,坚决取缔了有组织、有规模、公开的传销活动,有效地维护了市场经济秩序和社会治安稳定,为经济发展营造了良好的市场环境。

【规范直销】 当年,按照河南省工商局"五个一"的工作要求,市工商局加强对全市直销企业监管,规范直销行为。认真贯彻落实国家工商总局《关于加强直销监督管理工作的意见》,组织各县(市)区工商局执法人员走访直销企业,了解直销企业运营制度和经营情况,监督直销企业遵守《直销管理条例》的规定,落实企业保证金制度、信息披露制度、退换货制度,依法开展经营活动。加强日常巡查,强化对全市直销企业服务点的招募、培训、计酬的监管,落实直销网点每月按时报备培训计划制度,防止直销企业打传销的“擦边球”;对直销企业有传销迹象的,及时进行告诫谈话,避免传销行为的发生。2010 年,多次开展打击传销规范直销专项检查,对三门峡市的 3 家直销企业、29 个服务网点,均签订直销监管责任书。围绕直销活动中的招募、培训、计酬等重点环节,对直销企业在三门峡市设立的直销服务网点进行检查。至 12 月底,共出动执法人员 271 人次,检查服务网点 28 个,检查非服务网点 18 户,检查直销员 99 人次,发出警示、提示 9 次,未发现直销服务网点有违法违规行为。

【查处取缔无照经营】 3 月 15 日,市工商局下发《关于开展查处取缔无照经营“惊雷”行动的通知》,对指导思想、行动重点等内容提出明确要求。整个“惊雷”行动贯穿全年,注重轻重缓急,稳步推进;适时调整每个阶段的整治范围,对存在问题突出的行业,集中人力和时间,实施重点整治。6 月 12 日,三门峡市人民政府下发《关于加强无证无照经营查处取缔工作的实施意见》,对查处取缔无证无照经营工作明确部门职责分工,建立三门峡市查处取缔无证无照经营工作联席会议制度,下设办公室,办公室设在市工商局。形成了政府牵头、各部门齐抓共管的格局,为建立健全长效管理机制打下坚实基础。至年底,市工商系统共出动执法人员 8 863 人次,出动执法车辆965 台次,检查各类企业和经营户 3 258 户,清理无照经营 276 户,规范办照 1 580 户,责令改正 535 户,罚没金额 185 万元。严厉查处取缔无照经营,规范全市经济秩序,促进了公平竞争,保护了经营者和消费者的合法权益,营造了规范有序的市场竞争环境,确保了人民群众生命财产安全,促进了三门峡市经济社会协调、可持续发展。

【开展商标权保护工作】 2010 年,市工商局将商标权保护作为“维护企业合法权益、服务地方经济发展”的重要任务,涉及上级转办、群众举报等商标案件查结率 100%。先后分别组织开展保护“蒙牛”、内蒙“小肥羊”“洋河大曲”“蓝带”“白象”等驰名商标专用权以及保护世博标志专用权等专项执法行动,共出动执法人员1 000余人次,检查各类交易市场 30 余个次,没收侵权商标标识6 000余件,指导系统开展商标维权案件查处工作,查处各类商标侵权案件 20 余起。扎实开展“中石油”“中石化”商标专用权及“娃哈哈”知名品牌保护专项活动。成立专项行动领导小组,制定下发《三门峡市工商行政管理局维护“中石油”“中石化”商标专用权专项行动实施方案》,要求各县(市)同时成立相应的领导小组和工作机构,结合当地实际情况制定详细工作方案;重点查处将“中石油”“中石化”服务商标用在加油站包装、员工服务装上,将“中石油”“中石化”商号用在企业名称、楼宇广告、网页宣传上,将“中石油”“中石化”商标标识擅自用在其经营的工业用油(成品油)、房地产、酒店名称上,擅自使用与娃哈哈集团产品相同的包装瓶型、相同或近似的名称及包装装潢等侵权行为,并对位于灵宝市西阎乡高速路口一涉嫌侵犯“中石油”商标专用权行为下达责令改正通知书。

【广告市场整治】 当年,市工商局先后组织开展了对广播、电视、报纸等广告经营单位和含有医疗、药品、保健食品等内容的印刷品广告及各类户外广告以及互联网站广告等为整治范围的数次虚假违法广告专项集中整治活动。强化属地监管责任制,各县、市、分局对辖区内广告媒介发布的医药卫生、保健食品等广告建立专人责任管理,对户外、印刷品等广告,实行分片划区,监管责任具体落实到基层工商所和监管人员,加强市场巡查,发现虚假违法广告及时处理。至年底,市工商局在广告市场整治中共出动执法人员 1 200 余人次,检查广告经营单位及印刷企业、药店和诊所、其他经营主体 1 000 余户次,有效规范了广告发布行为。当年,涉及上级转办、群众举报等商标广告案件查结率达 100%。全市共检测、检查广告 10 700 余条,发现涉嫌违法广告 290 余条,责令停止发布 106 条,责令改正违法广告 180 余条,清理违规户外广告 150 余起,收缴违法印刷品广告 35 000 余份。指导开展广告专项整治活动,查处虚假违法广告案件 50 余起(其中一般案件 19 起、简易案件 30 余起)。根据实际情况,多次组织召开广告经营单位会议,统一认识,以“广告诚信”为先导,坚决杜绝违法虚假广告,共同维护全市广告市场的良好秩序。继续搞好“公益广告”宣传活动,在市区主要路段发布 20 余块公益广告牌;组织各类主流媒体开展各种形式的公益广告宣传活动,全年开展不同形式的公益广告宣传 1 000 余条。

【专项市场整治】 当年,市工商局立足职能,履行工作职责,和相关部门密切合作,共同开展专项市场整治工作。相继开展烟花爆竹市场整治、旅游市场整治、消防产品市场整治、粮食市场整治、地理信息市场整治、成品油整治、蚕茧市场整治、限塑市场整治、安全生产整治、校园周边环境整治等市场整治。春节期间,转发《国家工商行政管理总局关于切实加强烟花爆竹市场监管促进烟花爆竹消费安全的通知》和《关于认真组织查处国家监督专项抽查中产品质量不合格烟花爆竹的通知》,出动人员 1 200 人次,检查经营户 860 户次,取缔无照经营户 10 户,有效规范烟花爆竹市场秩序,确保节日市场安全。在黄河旅游节期间,制定《三门峡市工商局关于加强黄河旅游节期间市场管理工作的通知》,加强对节日市场的整治,规范经营秩序。会同消防支队、质监局联合对消防产品进行专项治理行动。继续开展地理信息市场专项整治工作,利用年检,对无资质的单位进行规范,进一步规范全市从事地理信息经营、销售企业的经营行为。加强对学校周边环境的治理,尤其是中招、高招期间,组织人员,加强市场管理,为考生提供一个安全健康的环境。

【深入开展“红盾护农”系列行动】 年初,市工商局下发《关于学习贯彻〈农业生产资料市场监督管理办法〉的实施意见的通知》,并在三门峡人民广播电台对《农业生产资料市场监督管理办法》进行宣传。系统各单位结合实际,组织相关人员进行学习,并对农资经营者进行培训,继续开展“红盾护农保春耕”“红盾护农保夏播”“红盾护农保秋种”专项行动,进一步健全完善农资市场监管制度,提高市场监管能力,促进农资企业和农资经营者诚信经营,切实维护农民群众合法权益。全年出动执法人员 1 460 人次、执法车辆 460 台次,共检查农资经营户 1 338 户次,查处无照经营 8 起,抽检农资 7 个样品,认定为不合格产品 3 个,查处农资违法违章案件 17 件。 (刘 新)

个体私营经济

【概况】 2010 年,按照国家有关政策,市工商局依法拓宽个体私营经济投资领域,支持符合国家产业政策、具有竞争优势的私营企业组建大型企业集团,支持从事服务业的私营企业开展连锁经营,指导个体私营企业利用抵押、质押担保进行融资,三门峡市非公有制经济呈现出又好又快的发展态势。非公有制经济成为拉动三门峡市经济增长的重要力量,民间资本投资成为三门峡市固定资产投资的重要增长点,产业集群成为三门峡市经济发展的重要平台,民营经济成为三门峡市技术创新的重要载体,非公有制经济成为三门峡市吸纳就业的重要渠道,非公有制经济成为三门峡市县域经济发展的重要动力。

全年全市新发展个体工商户8 910户、私营企业1 134户。至年底,全市个体工商户累计47 721户,从业人员87 282人,注册资金 10.05 亿元;私营企业累计5 611户(有限责任公司有3 736户、独资企业1 707户、合伙企业 167 户、股份有限公司 1 户),投资人数17 345人,雇工人数36 361人,注册资金 104.73 亿元。

市工商局优化经济发展环境,为地方经济生长调温保墒。制定下发《关于贯彻国家工商总局〈注册商标专用权质权登记程序规定〉的意见》和《关于认真贯彻三门峡市人民政府深化企业服务年会议精神的通知》等支持企业发展、方便企业拓宽经营渠道的政策文件,保证企业发展政策畅通。以打造服务型工商为目标,围绕“项目建设年”和“企业服务年”活动,推行企业登记“一元化”服务,创新服务方式,深化服务内涵,严把市场准入关。实行柔性监管,对社会危害性小的案件以下达“行政建议书”的方式加以规范,探索和践行监管与服务、监管与发展的路子,倡导“和谐执法、服务执法”的新理念。

三门峡市个体私营经济协会认真贯彻国务院《关于进一步促进中小企业发展的若干意见》,坚持“服务立会、服务兴会”的办会理念,以“基层协会建设年”为抓手,以“会员服务年”为载体,提升服务能力,推进科学发展,促进个体私营经济平稳较快发展,被河南省个体私营经济协会评为进步奖单位。重新申报省个体私营经济协会工作联系点,确定三门峡市个体私营经济协会湖滨二分会为工作联系点。

落实省工商局《关于实施 300 万高校毕业生就业见习计划做好毕业生就业创业工作的意见》精神,做好三门峡市离校未就业高校毕业生见习工作。市个体私营经济协会搞好宣传发动和调查摸底,动员组织有条件的会员企业报名成为见习基地,协助工商部门、人力资源和社会保障局宣传落实各项创业就业优惠政策,举办多种形式的创业辅导和就业招聘活动,鼓励个体私营企业会员吸纳失业人员,促进离校未就业高校毕业生就业、创业和再就业。

指导非公有制经济组织开展学习实践科学发展观活动,做好个体私营企业党建工作。各级个体私营经济协会组织个体私营企业开展创先争优活动,做好个体私营企业党组织、党员的摸底调查统计,推进个私企业、商品市场和基层协会的党建工作,发挥党组织和党员在会员企业的先进模范作用,推动会员企业科学发展。

开展学雷锋义务服务日活动。3 月 5 日,市个体私营经济协会在全市个体商户和私营企业中开展“学雷锋义务服务日”活动,收到良好效果。4 月起,在全市个协系统组织“青年文明号”集体开展“和谐青春、信用建设、安全发展、绿色低碳、岗位建功”5 项示范行动,推进企业发展。开展“光彩服务日”活动。市个体私营经济协会动员各级协会和会员以“我服务、我光彩”为主题开展丰富多彩的宣传和公益活动。10 月 15 日,市个体私营经济协会、湖滨区个体私营经济协会、市民政局组织 60 余人的慰问团,带上价值 6 000 余元的儿童被褥等生活用品到市福利院,慰问残障儿童并提供帮助。

为会员企业提供融资服务。市个体私营经济协会配合工商部门做好“百亿送贷进企业进市场进农村行动”,为会员搭建银企合作平台,开展会员融资需求信息收集和贷款产品推荐工作,帮助会员企业解决融资贷款难的实际困难。共向中小企业、商户和农户发放贷款20 468万元,举办银企对接会 219 场,收集中小企业、商户、农户信息36 285户,建立信用企业、信用户1 577户,信用村 25 个,信用市场 17 个。

【个体私营企业行业分布及发展】 至 2010 年底,全市共有个体工商户47 721户、私营企业5 611户,合计53 332户。私营企业中,从事第一产业的221 户,占总户数的 3.94%;从事第二产业的 1 331户,占总户数的23.72%;从事第三产业的4 059户,占总户数的 72.34%。私营企业主要集中在批发和零售业、制造业、居民服务和其他服务业、租赁和商务服务业、住宿和餐饮业行业上。第二产业、第三产业增长较快,第一产业发展缓慢,主要原因是:2010 年三门峡市经济快速发展,新建项目增多,建筑业和制造业投资与 2009 年相比增长较快,致使第二产业三季度发展较快;第三产业投资小、周期短、见效快;消费者的生活质量越来越高,与此相适应的企业不断兴起。企业发展趋势主要是受市场调节,企业的市场经济烙印越来越明显。全市个体工商户中,从事第一产业的 317 户,从业人员 939 人,注册资金5 945万元;从事第二产业的2 385户,从业人员4 640人,注册资金7 254.27万元;从事第三产业的45 019户,从业人员81 703人。个体户主要集中在第三产业的批发和零售业、住宿和餐饮业、居民和其他服务业上,这 3 类行业户数占到绝对多数,主要原因是:个体工商户规模较小,绝大部分都是个人经营或家庭经营,人员少,技术力量薄弱,一般都选择投资小、周期短、见效快、风险也相对较小的行业;随着人们生活水平的不断提高,消费者的生活质量也越来越高,与此相适应的服务业不断兴起。

(刘 新)

·编辑 李艺芬 卢亚杰·

旅游业

TOURIST INDUSTRY

5月18日,“黄河之旅”旅游联盟成立大会召开

综　述

【概况】　2010年,三门峡市紧紧围绕“2010中国文化旅游年”主题活动,认真贯彻落实《国务院关于加快发展旅游业的意见》,全面实施《三门峡市旅游强市行动纲要》,坚持政府主导和市场主体相结合,以发展大旅游为主线,以项目建设为重点,以宣传促销为突破,以服务提升为抓手,以优化环境为支撑,进一步创新发展思路,增强产业素质,提高发展质量和效益,合理调整产品结构,拉长旅游产业链条,努力实现旅游人数和旅游收入的同步增长。全年全市接待入境游客(含港澳台同胞)52 290人次,同比增长25.2%;接待国内游客1 217.96万人次,同比增长24.77%;全市旅游总收入89亿元,同比增长26.5%。至年底,全市已备案旅游景区24家,其中AAAA级3家(虢国博物馆、豫西大峡谷、函谷关历史文化旅游区),AAA级2家(三门峡大坝风景区、甘山国家森林公园),AA级2家(荆山黄帝铸鼎原、鼎湖湾风景区);旅游星级饭店24家,其中四星级2家、三星级14家、二星级8家;旅行社50家,其中出境社1家,分公司5家,旅行社44家;旅游汽车公司2家,初步形成了集“吃、住、行、游、购、娱”为一体的旅游服务体系。

【举办第16届三门峡国际黄河旅游节旅游活动】　5月18日至23日,第16届三门峡国际黄河旅游节期间,共安排了综合、经贸、文体、旅游4大系列25项活动,邀请接待的上级领导、经贸客商、专家学者、新闻记者、旅行商社代表、驻华使节和日本北上市友好访问团等来宾共1 104人。各项旅游活动异彩纷呈,主要有:“黄河之旅”品牌提升高端论坛、千人横渡“母亲河”、“骑行者的乐园——三门峡”首发式、第4届全国双胞胎漂流大赛、函关论道等创新性活动和其他旅游观光活动,受到海内外广大游客的欢迎。节庆期间,各旅游经营单位接待来自泰国、马来西亚、韩国等国家和中国香港、中国台湾地区的入境旅游团队97个,入境游客2 348人次;全市各旅游经营单位接待人数达23.2万人次,市区星级饭店客房出租率达到97.8%以上。旅游节真正成了展示城市魅力的窗口、扩大开放的载体、促进发展的平台。

【三门峡国际黄河旅游节升格为国家级节庆活动】　11月30日,国家旅游局复函河南省人民政府,同意作为“第17届三门峡国际黄河旅游节暨投资贸易洽谈会”的主办单位。这标志着已经举办了16届的三门峡国际黄河旅游节2011年升格为国家级节庆活动。国家旅游局每年在每个省、市、自治区只支持主办一场节庆活动。1992年4月20日,由国家旅游局和河南省人民政府主办、河南省旅游局和三门峡市人民政府承办的“黄河之旅——中华民族之魂首游式暨首届三门峡国际黄河旅游节开幕式”在三门峡市隆重举行,从而奠定了三门峡国际黄河旅游节的地位,并逐渐成为河南省重大节庆活动之一。2005年,三门峡市积极争取中国国际贸易促进委员会、河南省旅游局、河南省商务厅、中国国际贸易促进委员会河南省分会作为支持单位,并把节会名称改为“三门峡国际黄河旅游节暨投资贸易洽谈会”。至2010年,三门峡国际黄河旅游节已成功举办16届。三门峡国际黄河旅游节在展示优势、促进开放、发展旅游、树立形象、繁荣经济、服务社会等诸多方面发挥了重大作用。特别是近几年,黄河旅游节更加注重社会性和群众的参与性,已经成为发展旅游业的兴奋点和有效的促销手段,成为三门峡市民不可或缺的共同节日。第17届三门峡国际黄河旅游节暨投资贸易洽谈会由国家旅游局、中国国际贸易促进委员会、河南省人民政府主办,省旅游局、省商务厅和中共三门峡市委、三门峡市人民政府以及中国国际贸易促进委员会河南省分会承办。

旅游资源开发

【概况】　2010年,全市直接用于景区、旅游道路建设及旅游服务设施的资金达9.68亿元,使已建成景区的功能与设施更加完善,新开发建设的景区粗具规模。函谷关旅游区一期扩建项目累计完成投资1.3亿元,太极圣湖成功蓄水并形成40公顷水面,道岛、德岛等景观及相关配套服务设施建设有序推进;黄河丹峡累计完成总投资1亿多元,完成景区大门、栈道、观光步道、护栏等基础设施及农家窑洞、停车场等服务设施建设,初步具备接待条件并对外营业;卢氏游客服务中心完成投资8 750万元,4层4 000平米的中心主体工程竣工并装修完毕,四星级金色假日酒店主体建设完成13层;金泉大酒店投资6 900多万元进行全面改造,并荣膺四星级旅游饭店称号;大鹏国际酒店投资5 200万元完成二期主体建筑;海联大酒店投资1.2亿元,完成土建工程及部分设备安装及装修工程;渑池县投资2 000万元,完成247省道至仰韶大峡谷景区15千米旅游专线改造工程。同时,还梳理编印了中、英、繁体3个版本的《三门峡旅游招商指南》。这些项目的实施,有力地促进了全市旅游基础服务设施和景区建设步伐。至年底,全市共有A级景区7家,其中AAAA级3家、AAA级2家、AA级2家。

【开展旅游招商引资】　2010年,有3个旅游项目落户三门峡,签约金额22.5亿元,分别是北京中天行露营发展有限公司投资10亿元开发建设三门峡休闲露营地网络项目、山西黄河石港旅游开发有限责任公司投资11亿元开发建设黄河丹峡旅游区项目、苏州吴江民业包装材料有限公司投资1.5亿元开发渑池岱嵋山项目。

【实施旅游富民工程】　2010年,全市通过各种渠道投入农家乐及乡村旅游设施建设项目的资金2 600多万元,新增农家乐62家。全市有5个行政村进入省“百村万户”旅游富民工程,并全面完成旅游村的旅游策划和成果评审,其中有2个行政村进入全省特色旅游村资金扶持范围。“农家乐”人员培训工作全面推进,先后举办培训班12批,培训人员816人次。

【加大旅游商品开发力度】　2010年,市旅游局加大旅游商品开发力度,挖掘开发旅游新商品4种,并组织企业参加国家、省举办的旅游商品活动。组织企业参加“2010河南省旅游商品设计大赛暨博览会”,其中三门峡市推荐的“水浒108将”剪纸、“双耳连体壶”仰韶彩陶等4项产品分别获奖。参加国家旅游局在浙江省义乌市举办的第2届中国国际旅游商品博览会。渑池仰韶彩陶研究所、陕县剪纸代表三门峡市参展,展出反映三门峡市特色的旅游商品80余件,受到好评。

旅游宣传促销

【概况】 2010年,三门峡市以市场为导向,按照"政府引导,企业联合,产品捆绑"的思路,多层面全方位地开展宣传促销,拓展旅游客源市场。制定出台《三门峡市旅游奖励资金管理暂行办法》《三门峡旅游宣传激励办法》,鼓励旅游企业引客入峡,开展有针对性的宣传推介活动。建立宣传激励机制,调动公众和本地媒体参与旅游宣传的积极性,收到丰厚回报。加强与各类媒介的合作。三门峡市斥资200万元在郑西高铁进行了全方位立体宣传,投资290多万元在中央电视台、人民网、河南卫视、《中国旅游报》等主流媒体播放城市形象片,开设专栏和专版。全年各级各类媒体刊发有关三门峡旅游的文字稿件2 200多篇、图片1.3万余幅,被各类知名网站转载转发的新闻近12万条。

【举办"天鹅之城三门峡,郑西高铁伴您游"旅游合作恳谈会】 2月7日,三门峡市组织举办"天鹅之城三门峡,郑西高铁伴您游"活动,邀请西安、郑州、洛阳3地主要旅行客商恳谈、踩线;在《旅客报》和郑西高铁车载电视做三门峡旅游形象宣传,在郑西高铁乘客置物台架的网框内投放《旅伴》5万份,介绍三门峡主要旅游景点及旅游服务设施。同时,推出"坐高铁游三门峡"门票半价优惠年活动。

【举办"两岸4地摄影家魅力三门峡行"大型旅游摄影展】 3月10日,"两岸4地摄影家魅力三门峡行"大型旅游摄影展在北京中国大饭店开幕。"魅力三门峡行"摄影展会集祖国内地及香港、台湾、澳门等地80余位摄影家的近百幅佳作,从民俗三门峡、活力三门峡、生态三门峡、黄河三门峡、文化三门峡等角度,向全国人民和海内外朋友展示三门峡市的美丽风光和旅游事业发展的新成就、新魅力。人民网、中新网、《中国旅游报》等数十家媒体纷纷予以报道。

【开展晋冀陕豫4省8市"一证游"活动】 4月3日,三门峡市与太原、石家庄、阳泉、运城、临汾、渭南、咸阳7个城市开展晋冀陕豫4省8市旅游"一证游"活动。从当日起,上述4省8市的常住居民,持本人身份证、驾驶证、居住证或学生证等有效证件,在相互行政区域划定的旅游景区景点游览时,享受半价门票(进入景区的第一道门票)的优惠政策。此次纳入"一证游"的景区景点共128个,其中太原市20个、阳泉市11个、临汾市14个、运城市23个、石家庄市17个、渭南市18个、咸阳市7个、三门峡市18个。

【在郑州市、重庆市举行旅游推介会】 4月6日下午,第16届三门峡国际黄河旅游节暨投资贸易洽谈会新闻发布会和旅游推介会在郑州兴亚建国大酒店举行。推介会上,三门峡市旅游局和河南旅游(集团)有限公司签订战略合作协议,各旅游景区和郑州旅行社代表签订旅游组团合作协议。4月22日,市委、市政府在重庆市举办三门峡旅游推介会。这是三门峡市首次面向西南地区进行大规模的宣传活动,重点宣传三门峡的城市形象、旅游产品、旅游项目和旅游奖励政策,掀起了一股"三门峡旅游热"。

【"黄河之旅"品牌提升高端论坛在三门峡市开场】 5月18日,由人民网、中国旅游报社和三门峡市委、市政府主办的"黄河之旅"品牌提升高端论坛在三门峡市开场。来自"黄河之旅"国家级旅游线路晋陕豫3省8市(山西省运城市、临汾市,陕西省西安市、渭南市,河南省郑州市、洛阳市、开封市、三门峡市)的有关领导,国内各大旅行社代表和全国知名旅游专家相聚一堂,就"黄河之旅"深度开发和品牌提升、郑西高铁运营带来的发展新机遇等内容展开广泛研讨。市委书记李文慧致欢迎词,市委常委、常务副市长苏新华主持开幕式,市领导李立江、赵光超、邹援朝、张英焕、姚龙、王铁创、孙继伟出席论坛。知名旅游专家、西安建筑科技大学教授张沛主持论坛,国家旅游局综合司巡视员唐洪广、西北大学教授朱玉槐、北京大学旅游研究与规划中心主任吴必虎教授,分别以打造黄河流域战略生态旅游城市群、在区域联动中促进品牌提升、做好旅游市场营销、黄河旅游产品与品牌的多区域合作为题作专题报告。

【"黄河之旅"旅游联盟成立大会在三门峡市举行】 5月18日,"黄河之旅"旅游联盟成立大会在金泉宾馆会议中心举行。为了打破行政区划局限,促进黄河旅游产品的整合和开发,三门峡市旅游局携手同山西省运城市、临汾市,陕西省西安市、渭南市,河南省郑州市、开封市、洛阳市、三门峡市3省8市成立"黄河之旅"旅游联盟。联盟成立大会上,8个城市共同签署《"黄河之旅"旅游联盟成立宣言》,从构建区域旅游合作机制、塑造区域旅游品牌、开展旅游市场整体营销、创造区域无障碍旅游环境、建立旅游人力资源交流机制等方面确定了以后的整体合作框架,为共同运作以黄河文化、黄河山水、古都文明为内涵的国际旅游品牌奠定了基础。与会代表还讨论了"黄河之旅"景点通票发行推广设想方案。

【举办"黄河之旅"联盟·百家旅行社金秋三门峡采风活动】 9月14日至17日,市旅游局组织举办3省8市"黄河之旅"联盟·百家旅行社金秋三门峡采风活动,邀请西安、渭南、运城、临汾、三门峡、洛阳、郑州、开封8个城市的百余家旅行社老总和11家主流新闻媒体到三门峡市考察旅游资源,畅叙联盟友情,共谋旅游大计。采风团先后考察了天鹅湖湿地公园、虢国博物馆、三门峡大坝、豫西大峡谷和函谷关等景区。三门峡市主要旅行社、景区负责人与3省8市旅行社签订多项合作协议,百家旅行社发出推进交流合作、促进"黄河之旅"旅游板块快速发展的倡议书,8市旅游部门举行了加强合作恳谈会。采风活动进一步深化了8市旅游业的合作与交流,也标志着8市旅游产业深层次合作迈开新的步伐。

【河南省第15届黄河诗会暨三门峡旅游采风笔会举行】 10月15日至17日,由市旅游局、省诗歌学会和市文联共同举办的河南省黄河诗会暨三门峡旅游采风笔会在三门峡市举行。活动期间,来自全省各地市的81名作家、诗人纷纷挥毫泼墨,赋诗吟诵,抒发心声。这一活动对唱响黄河主旋律、打造旅游目的地起到了推波助澜的作用。整个活动把旅游和文化巧妙地结合起来,用旅游来激发创作诗歌的灵感,形成诗歌强磁场,进而宣传推介旅游,实现了创新大探索、文旅大融合、宣传大丰收、形象大展示。

【首次免费发放旅游交通图】 12月,三门峡市旅游局联合全市12家景区印制20万份《三门峡市旅游交通图》,分别在各县(市)区的酒店、旅行社、旅游景区、汽车公司,高速公路服务站点,三门峡高铁南站及郑州国际机场等游客相对集中的地方免费发放,受到游客称赞。三门峡是河南省第一个免费推广、大量投放旅游交通图的省辖市。

旅游行业管理

【概况】 2010年,市旅游局围绕"旅游服务质量提升年"和培育人民群众更加满意的现代服务业这个中心,开展一系列标准化建设。评定四星级饭店1家——金泉大酒店。批准注册3家国内旅行社,分别是中州旅行社、灵宝青年旅行社、灵宝环球旅行社;批准河南省中国旅行社分公司成立。选拔50名青年政务导游员,全程参与第16届三门峡国际黄河旅游节接待工作。组织参加全省星级饭店服务技能大赛、全省导游员(讲解员)大赛,5名选手获奖。举办全市导游员(讲解员)大赛,产生了一批优秀讲解员和导游员。加大对旅游企业一线人员培训力度,全年共培训旅游从业人员7 100余人次。开展旅游服务质量专项治理。全年会同公安、工商、交通、发改、安监等部门开展联合执法4次,严肃查处"黑社""黑导""黑车"等不法行为和游客反映较为集中的问题,假日旅游实现"安全、秩序、质量、效益"四统一目标。

【三门峡旅游形象宣传口号和标识征集评选揭晓】 5月初,三门峡旅游形象宣传口号、旅游形象标识征集活动评选结果揭晓。为提升三门峡旅游形象,增强三门峡旅游在市场中的美誉度和认知度,2009年9月22日至2010年3月25日,市旅游局在全国范围内征集三门峡旅游形象宣传口号及旅游形象标识。在宣传口号方面要求应征作品能反映三门峡的旅游文化精髓,具有较强的震撼力、号召力,在旅游标识方面要求能充分展现三门峡的旅游特色。山东、陕西等全国20多个省、市游客纷纷投稿。市旅游局共收到旅游形象宣传口号56 387条、旅游形象标识稿件389件。2010年4月,评委会委托《中国旅游报》组织专家对征集到的作品进行集中评审,并在三门峡市政府门户网站开展为期10天的网民推荐活动。综合各方意见,专家评选出旅游形象宣传口号入围奖2名,各奖励5 000元;鼓励奖10名,各奖励500元。评出旅游形象标识作品入围奖2件,各奖励5 000元;鼓励奖11件,各奖励500元。获奖稿件大多反映了三门峡"黄河文化,生态天鹅"的主题,如旅游形象宣传口号的入围奖"大道之源,大美之峡""梦中游黄河,画里看天鹅",旅游形象标识入围奖的两幅作品同样也是两种元素兼具。

(王　丽)

·编辑　卢亚杰·

5月23日,三门峡国际黄河旅游节"千人横渡母亲河"旅游健身活动举行

财政　税务

FINANCE AND TAX

税务文化建设多姿多彩

财　政

【概况】 至2010年底,三门峡市财政局机关内设23个科室,辖全市6个县(市)区财政局及开发区财政局、70个乡(镇)财政所。下设1个正县级事业单位(三门峡市财经投资公司)、4个副县级事业单位(三门峡市财经学校、三门峡财会培训中心、三门峡市财政国库集中支付〈会计核算〉中心、三门峡市农业综合开发公司)、8个正科级事业单位。

2010年,全市财政系统扎实开展创先争优活动,进一步深化和完善财政改革,依法加强税收征管,狠抓增收节支,强化财政监督,紧紧围绕市委、市政府下达的各项工作目标,以"调结构、促转型、增效益、保态势"为主线,创造性地开展工作,为促进全市经济和社会事业发展作出积极贡献,受到省财政厅及市委、市政府的充分肯定。

财政收入　全市地方财政总收入完成817 213万元,比上年增长21.3%。其中:上划中央收入319 855万元,比上年同期增长23.7%,占地方财政总收入的39.1%。全市一般预算收入完成497 358万元,为年预算的110.9%,增长19.8%。收入规模在全省排名第9位,收入增速在全省排名第10位。地方税收占一般预算收入的比重达到75.8%,比上年提高3.6个百分点。主要税种情况:国内增值税完成81 822万元,为年预算的95.5%,增长16.7%;营业税完成94 269万元,为年预算的111.2%,增长29.5%;企业所得税完成28 487万元,为年预算的98.8%,增长31.5%;个人所得税完成16 684万元,为年预算的125.3%,增长60.2%;城市维护建设税完成23 229万元,为年预算的103.8%,增长23.5%;资源税完成37 755万元,为年预算的93.5%,增长34.1%。分部门情况:国税部门完成97 790万元,为年目标的102.8%,增长18.4%;地税部门完成231 417万元,为年目标的109.2%,增长25.8%;财政及其他部门完成168 151万元,为年目标的109.1%,增长13.2%。分级次情况:市级完成100 278万元,为年目标的124.9%,增长13.9%。县(市)区级完成397 080万元,为年目标的105.5%,增长21.4%。其中:湖滨区完成33 888万元,为年目标的106.6%,增长22.2%;义马市完成60 829万元,为年目标的104%,增长21.2%;灵宝市完成90 000万元,为年目标的101.6%,增长15.8%;渑池县完成101 588万元,为年目标的103.7%,增长19.4%;陕县完成69 028万元,为年目标的104.6%,增长20.6%;卢氏县完成28 169万元,为年目标的110.5%,增长27.7%;开发区完成8 508万元,为年目标的106.4%,增长21.5%。收入结构情况:税收收入完成376 807万元,为年预算的107.6%,增长25.7%,占一般预算收入的比重为75.8%。其中:主体税种完成244 491万元,为年预算的104.1%,增长26.1%,占一般预算收入的比重为49.2%;小税种完成132 316万元,为年预算的114.7%,增长24.9%,占一般预算收入的比重为26.6%;非税收入完成120 551万元,为年预算的122.6%,增长4.6%,占一般预算收入的比重为24.2%。

财政支出　当年,全市一般预算支出完成952 588万元,为年预算的99.3%,增长11.2%。其中:市级完成248 230万元,为年预算的99.2%,增长16.1%;县(市)区级完成704 358万元,为年预算的100.8%,增长9.6%。

基金收支情况　全市基金预算收入完成166 627万元,为调整后预算的178%,比上年增加49 633万元,增长42.4%。其中土地有偿使用收入完成154 914万元,为调整后预算的175.4%,比上年增加49 652万元,增长47.2%。全市基金预算支出177 391万元,完成预算的79.7%,比上年增加19 032万元,增长12%。其中土地有偿使用支出136 976万元,比上年增加14 367万元,增长11.7%。

市级财政收入　当年,地方财政总收入完成169 805万元,为年预算的106.6%,比上年增长7%。其中,市级一般预算收入完成100 278万元,为年预算的124.9%,比上年增长13.9%。市级地方基金收入完成46 395万元,为年预算的272.5%,比上年下降16.4%。市级一般预算收入主要项目完成情况是:增值税完成16 463万元,为年预算的78%,比上年下降13.2%。营业税完成21 653万元,为年预算的152.5%,比上年增长79.2%。企业所得税完成7 020万元,为年预算的91.2%,比上年增长3.7%。个人所得税完成2 429万元,为年预算的86.8%,比上年下降0.6%。城市维护建设税完成3 409万元,为年预算的79.3%,比上年下降7.4%。分部门完成情况是:国税部门完成22 612万元,为年目标的79.1%,比上年下降10.3%;地税部门完成34 122万元,为年目标的128.8%,比上年增长48.3%;财政及其他部门完成48 614万元,为年目标的192.9%,比上年增长22.2%。

市级财政支出　当年,市级地方财政支出完成276 034万元,为年预算的91.4%,比上年增长14.7%。其中,市级一般预算支出完成247 422万元,为年预算的98.6%,增长15.7%。基金支出完成28 612万元,为年预算的55.9%,比上年增长6.8%。一般预算支出主要项目完成情况是:一般公共服务完成26 361万元,为年预算的100%,比上年增长50.2%。公共安全完成22 358万元,为年预算的100%,比上年增长14.6%。教育完成35 879万元,为年预算的100%,比上年增长40.4%。社会保障与就业完成24 426万元,为年预算的99.8%,比上年增长30.6%。城乡社区事务完成10 423万元,为年预算的100%,比上年下降77.1%。农林水事务完成13 454万元,为年预算的100%,比上年增长64.5%。

【财政实力进一步增强】 当年,受宏观经济政策影响,三门峡市支柱行业发展面临一系列困难,氧化铝价格持续低迷,电解铝企业优惠电价取消,矿业生产安全形势严峻,给经济发展和组织收入工作造成很大影响。为确保财政收入稳定增长,各级财政部门坚持把收入组织放在突出位置,与税务、金融等部门密切配合,进一步加强对财源、税源结构的调查研究,建立收入分析快速反应机制,召开多层次、多形式的财税工作座谈会,逐项目、逐企业、逐单位分析研究,跟踪收入变化趋势,随时掌握征收进度,不断加大征收力度。市政府多次组织召开财税工作会议,研究加强财税征收管理的具体措施,并深入各征管部门了解收入进度,解决征管中存在的问题。通过一系列得力措施,在极其困难的形势下,2010年,全市地方财政总收入完成81.7亿元,增收13.6亿元;其中一般预算收入完成49.7亿元，比上年增长19.8%，增收8.2亿元，一般预算收入规模和增速在全省分别居第9位和第10位。2010年，市、县收入同步增长，市级一般预算收入突破10亿元，同口径增长16.8%；县级一般预算收入完成39.7亿元，增长21.4%。渑池县、灵宝市、陕县和义马市一般预算收入总量分别达到10.16亿元、9亿元、6.9亿元和6.08亿元，稳居全省前30强，分别列第12、17、23和27位。

【保障十大民生工程】 当年，对省委、省政府确定的2010年十大民生工程，市财政部门积极落实资金，并按照省财政厅要求，建立十大民生工程资金落实情况月报制度，按月向省财政厅报告十大民生工程资金落实情况，监控各项工程资金支出进度，对执行中出现的问题及时提出意见和建议。2010年，全市财政共落实十大民生工程资金41 044万元：扩大就业投入资金217万元，其中农村劳动力技能培训140万元；大力实施保障性安居工程投入8 960万元，其中对廉租住房建设及租赁发放补贴8 928万元，对棚户区改造解决棚户区居民住房困难32万元；着力提高社会保障水平投入4 510万元，其中开展新型农村社会养老保险试点工作308万元，完善城乡低保制度3 014万元，提高农村五保供养水平1 153万元；着力促进农民增收脱贫投入545万元，其中扶贫开发重点村的整村推进476万元；进一步改善城乡生产生活条件投入4 300万元，其中县乡公路建设、通村公路2 970万元，解决农村30万居民安全饮水问题832万元；大力实施文化惠民工程投入658万元，其中用于乡（镇）综合文化站建设99万元，农家书屋建设242万元；发展教育事业投入11 657万元，其中“两免一补”继续免除城镇义务教育阶段学杂费3 667万元，实施校舍安全工程5 332万元，职业教育攻坚计划2 155万元；全面实施医疗卫生体制改革投入8 083万元，其中提高新农合保障水平，扩大门诊统筹试点4 288万元，提高城镇职工和居民基本医疗保险参保率、财政补助标准2 048万元，企业退休人员和困难企业职工医疗保障问题586万元；加强生态环境建设投入2 038万元，其中污染综合整治100万元，完成5 000个村镇绿化1 920万元；维护公共安全投入76万元。

【全面落实强农惠农政策】 当年，市、县两级财政部门全面贯彻落实党和国家的强农惠农政府：加大惠农补贴力度，全年兑现粮食直补、农资综合直补、农作物良种补贴、农机具购置补贴等惠农补贴2.05亿元，其中粮食直补1 584.68万元、农资综合直补10 664.88万元、农作物良种补贴2 742.83万元、农机具购置补贴2 508万元；投资2 360万元，完成1 333.33公顷中低产田改造和高标准农田示范工程建设；投资1.03亿元，支持水利设施建设；支持6个县（市）区发展特色农业以及15个产业化经营项目、51个农民专业合作组织发展，积极开展政策性农业保险工作，拨付保费补贴30万元，提高农业生产抗风险能力；筹措8 700万元，支持农村公路、饮水安全工程和沼气建设，改善农民生产生活条件；基本完成全市农村义务教育债务化解工作；加大扶贫开发力度，全年投入贫困地区财政扶贫资金4 391.5万元，在40个贫困村实施财政扶贫“整村推进”，加快贫困地区农民脱贫致富步伐。

【积极申报各类财政奖励资金】 为应对国际金融危机，帮助全市企业走出困境，当年，市财政部门积极向有关企业宣传国家各项财政奖励政策，鼓励企业大胆申报项目资金，搞好项目研发，做好项目储备，走可持续发展和自主创新道路。2010年，市财政部门负责管理和申报的涉及支持企业发展的专项资金共4类29项，向中央财政申报资金21项，向省财政申报资金8项，共争取各类奖励资金25 130万元。其中：申报淘汰落后产能项目2个，争取中央财政奖励资金263万元；申报地质环境治理和地质遗迹保护项目15个，争取探矿权采矿权使用费和价款资金13 334万元；申报矿产资源节约与综合利用项目10个，争取矿产资源补偿费资金4 800万元；申报重点产业振兴与技术改造项目3个，争取中央补助资金1 744万元；申报产业技术研究与开发项目2个，争取资金1 600万元；申报黄金地质勘探项目5个，争取资金509万元；申报工业结构调整项目7个，争取资金1 680万元；申报清洁生产能源示范项目1个，争取资金1 200万元。

【救灾倒房重建工作全面完成】 在2010年的特大洪涝灾害中，卢氏县、灵宝市、渑池县、陕县和市产业集聚区受灾相当严重，以卢氏县最甚。洪涝灾害造成居民倒塌房屋3 433户8 527间，其中需政府帮建的房屋共计2 561户6 552间。全市倒房重建工作共投入帮建资金3 172.6万元，其中中央财政倒房重建补助资金1 794万元、省级财政补助资金647万元、市本级财政补助资金48.6万元、县级财政倒房重建补助资金683万元。至12月17日，全市需政府帮建的重建任务全部完成，其中购房479户1 390间、重建2 082户5 162间，均全部验收并入住，入住率达100%。

【三门峡市2009年农业综合开发项目顺利通过省级验收】 5月11日至13日，河南省农业综合开发办公室一行3人对三门峡市2009年农业综合开发项目进行检查验收。2009年，三门峡市农业综合开发项目区涉及3个县、6个乡（镇）、13个行政村，2.42万人，农业劳动力1.2万个。项目总投资4 561.53万元，其中中央财政资金1 406万元，省财政资金414万元，银行贷款800万元，市、县配套资金106.5万元，农民和企业自筹资金1 835.03万元。通过项目建设，农业生产条件得到明显改善：新增灌溉面积613.33公顷，改善灌溉面积520公顷，新增节水灌溉933.33公顷；新修机耕路24.5千米，新增机耕面积133.33公顷；栽植农田防护林20公顷，控制水土流失面积2.5平方千米。农业先进实用技术得到广泛应用，产业结构得到进一步调整和优化，优质农产品生产能力得到提高，农民收入增长加快，党的富民强农政策深入人心。

【工伤保险市级统筹实现“六统一”】 为进一步完善工伤保险制度，增强工伤保险基金抗风险能力，推进全市工伤保险事业健康发展，三门峡市制定并发布《三门峡市工伤保险市级统筹工作实施方案》，决定从2010年11月29日起，全市实施工伤保险市级统筹制度。统筹制度要求在全市范围内实现“六统一”：即统一参保范围和参保对象；统一行业差别费率;统一基金管理,实行全市基金收支预算管理制度;统一工伤认定和劳动能力鉴定;统一工伤保险待遇支付标准;统一经办流程和信息系统。实行“六统一”之后,有助于在全市建立起政策体系法制化、工作程序规范化、业务标准统一化,工伤预防、工伤补偿、工伤康复相结合,抗风险能力强的工伤保险基金市级统筹制度,有效增强工伤保险基金支撑能力,更好地保障职工的合法权益,促进安全生产和社会大局稳定。

【拓宽利用外资渠道】 为拓宽利用外资渠道,更好地服务全市经济建设,市、县两级财政部门积极做好利用国际金融组织贷款和外国政府贷款项目的申报及各项管理工作。至2010年底,全市共有利用国外贷款项目16个,涉及金额5.88亿元。利用亚行贷款河南高效农业综合开发项目计划总投资13 670万美元,其中计划亚行贷款6 670万美元。至年底,该项目累计完成投资6.63亿元,其中亚行贷款2.63亿元(约合3 989万美元)。项目涉及的3个企业(阿姆斯果汁有限责任公司、缘份果业有限责任公司和远村食品有限责任公司)均完成基地种植任务,其中种植苹果8 166.67公顷、大枣3 333.33公顷、桃1 333.33公顷、杏833.33公顷、高价值蔬菜666.67公顷;在1.39万公顷农田中引进改良的农作物和农业耕种方法,无机肥使用率下降20%,农药使用率下降30%,有机肥使用率增加25%,建成沼气322座。当年,河南高效农业项目提款报账7 982万元,已回补资金及设备5 087万元,达到当年可报账额度的51%;日元贷款造林项目项目提款报账532万元,达到当年可报账额度的80%,累计回补资金(设备)1 711万元;日元贷款公共卫生项目回补600万元,累计回补资金(设备)1 150万元,完成总计划的68%;世行贷款结核病控制项目回补30万元,累计回补资金235万元,完成总项目进度的100%;亚行贷款北方旱作农业项目提款报账2次,计900余万元。全年国外贷款项目到期债务应回收701万元,实际回收683万元,归还率达97%。

【深入进行《中华人民共和国会计法》执行情况检查】 7月至8月,市财政局重点对全市42个能源、医药企业和教育系统行政事业单位2009年度会计资料的真实性、合法性,信息披露的完整性、会计基础工作规范化进行检查。全市共查出各类违纪违规金额5 269.93万元,并对36户单位下发处罚决定书、检查结论或整改通知书,应补缴各种税金及附加款3.8万元,应补缴财政非税收入26.7万元,对24户单位处以罚款17.8万元,对12名责任人处以罚款3.5万元,分别根据单位实际情况提出整改意见,规范了会计基础工作,促进了《中华人民共和国会计法》的贯彻实施。

【完善扶困助学机制】 当年,市财政局不断增加义务教育经费,完善扶困助学机制。一是足额安排义务教育免杂费和公用经费补助。从2010年起,农村小学生均公用经费提高至430元/生·年,初中生均公用经费提高至630元/生·年,比上年各提高100元。市财政安排资金1 773.5万元,用于农村义务教育免杂费及公用经费提标补助,保证全市农村中小学各项工作开展;市直安排城市义务教育阶段学校免收学杂费补助资金303.6万元,用于弥补城市学校公用经费支出。全年全市共安排义务教育免杂费和公用经费补助资金10 440万元,其中争取省转移支付及专款8 363万元;受益学生达24.4万人,其中农村学生17.7万人、城市学生6.7万人。二是按省定标准和批准项目,安排农村中小学校舍维修经费。结合校舍安全工程,2010年,全市共安排农村义务教育阶段中小学校舍维修改造资金1 208万元,专项用于对全市中小学校舍进行维修改造、防震加固,其中争取省以上专项补助资金951万元。至年底,共完成校舍维修面积22 515平方米。三是完善扶困助学机制,使广大城乡家庭经济困难学生顺利完成学业。提高农村义务教育家庭经济困难学生生活费补助标准,达到小学750元/生·年、初中1 000元/生·年,补助范围不少于寄宿生总数的27%。当年,全市共发放家庭经济困难寄宿生生活费补助资金1 702.8万元,受惠学生达2.17万人。继续推行农村义务教育阶段免教科书政策,全年争取上级安排免教科书资金1 927.4万元,受惠学生17万人;落实职业教育贫困生资助政策,全年各级财政共投入资金3 013万元,资助学生20 411人,其中用于高等职业学校国家奖学金8万元、励志奖学金210万元、国家助学金429万元,用于中等职业学校国家助学金2 196万元;做好中等职业学校免学费政策落实工作,2009~2010学年度,全市共落实中等职业学校免学费资金1 187.7万元,受惠学生6 010人;建立高中生助学金发放制度,从2010年秋季学期起,按在校生20%的比例、平均每生每年1 500元的标准,发放普通高中政府助学金,全市共计发放高中助学金729.7万元,其中市级配套77.7万元,受惠学生9 730人。

【医疗改革全面推进】 当年,三门峡市医疗改革全面推进,“看病难、看病贵”矛盾得到有效缓解。一是落实新型农村合作医疗政策,提高财政补助标准。2010年,全市新农合参保人数154.6万人,参合率达97.9%。全年各级财政补助资金18 552万元,比上年增加5 742万元,达到每人每年120元,大病住院报销封顶线提高到6万元。全年全市共补偿参合住院农民53.46万人次,补偿金额8 066.53万元,达到1万元封顶线993人次,达到3万元封顶线65人次,有效缓解农民群众“看病难、看病贵”的问题。二是完善城镇职工和城镇居民基本医疗保险制度,提高城镇职工、城镇居民基本医保最高支付限额标准和住院支付比例。2010年,全市城镇职工基本医疗保险最高支付限额,由原2.7万元调整为5万元;大额医疗费补充保险最高支付限额,由原18万元调整为25万元;参保人员住院床位费支付标准,由原最高15元/人·天调整为最高28元/人·天。全市城镇居民参加基本医疗保险22万人,比上年增加3万人。各级财政补助资金2 457万元,补助标准由每人80元提高至120元;基本医疗保险最高支付限额,由2.5万元调整为4万元;大额医疗费补充保险最高支付限额,由3万元调整为10万元。同时降低城镇居民基本医疗保险个人缴费标准。其中:成年人由70元降为50元;低保、重度残疾人、低收入家庭60周岁以上的老年人全部免缴,由财政承担。三是大力发展公共卫生事业。推动政府购买社区公共卫生服务,实现基本公共卫生服务均等化,完善公共卫生服务经费保障机制，使人均基本公共卫生服务经费标准不低于15元。2010年，各级财政投入资金2 212万元，建成300所标准化村级卫生室，市财政投入资金2 000万元，保证市中心医院病房大楼主体建设顺利完工。

【扩大社会就业】 当年，市财政局认真贯彻《中华人民共和国就业促进法》，扩大社会就业。一是加大资金投入，加快就业资金拨付进度，提高资金使用效益。积极筹措就业补助资金，全年全市财政安排就业补助资金10 841万元，其中市县财政安排就业补助资金1 100万元、争取上级补助资金9 741万元。二是积极推进小额贷款担保工作，为各类创业者开展创业服务。至11月底，全市落实小额贷款担保专项基金3 893万元，通过降低担保门槛、扩大贷款范围、简化贷款程序、做好跟踪服务等，为下岗失业人员再就业提供担保贷款服务。财政贴息的小额贷款由3万元上调到5万元，劳动密集型企业贷款额度也由100万元上调到200万元。全年共为选择创业的返乡农民工、大中专毕业生、城镇失业人员和小企业发放小额贷款3 053笔，共1.78亿元。三是购买公益性岗位，帮助困难就业群体人员实现稳定就业。全年市区开发4 000多个公益性岗位安置"4050"下岗职工，并为他们代缴养老保险补贴、医疗保险补贴和失业保险补贴。开展免费再就业培训、免费职业介绍和免费创业培训，在已培训有创业愿望的下岗失业人员中有70%创办自己的企业，同时又联动开发其他就业岗位，形成了全市再就业的良性循环。

【"小金库"治理工作】 根据河南省对2010年"小金库"治理工作的安排，三门峡市及时调整充实"小金库"领导小组及其办公室人员，并于5月18日下发《关于做好2010年"小金库"治理工作的通知》，部署2010年"小金库"治理工作。扩大宣传，畅通"小金库"信访举报渠道，在市纪委、市财政局设立防治"小金库"举报信箱和电子举报邮箱，在电视、报纸等媒体以及被查单位公布举报方式，鼓励群众举报；在全市开展"小金库"治理"回头看"工作，市直单位及各县(市)区对各自的"小金库"治理情况进行自查自纠，自查自纠面达100%；市治理"小金库"领导小组办公室组成检查组对"零申报""零问题"的县(市)区开展"回头看"情况进行重点检查，对2009年自查自纠"零申报"、重点检查未涉及的市直单位全面检查；同时，重点开展对社会团体、国有及国有控股企业的"小金库"治理，从11月5日开始，从市纪委、监察局、审计局、财政局及社会中介机构抽调20人，组成5个检查组对市级社会团体和国有及国有控股企业"小金库"专项治理工作进行重点检查，各县(市)区也分别开展相应的检查。至年底，重点检查工作结束，进入整改落实阶段。

【实现国有资产动态监管】 为全面加强行政事业单位国有资产管理，推进行政事业单位资产管理信息化工作，实现对国有资产的动态监管，按照河南省财政厅《关于实施行政事业单位资产管理信息系统有关问题的通知》，市财政部门制定实施国有资产管理信息系统工作方案，配备必要的办公设备，完成对市直和各县(市)区操作人员的培训。至2010年4月底，三门峡市在全省率先完成基础数据备份的收集工作，得到上级工作部门的高度肯定。年底，三门峡市国有资产管理部门被评为全省国有资产管理先进单位。

【稳步提升政府采购监管水平】 当年，市财政部门认真贯彻执行《中华人民共和国政府采购法》，不断扩大政府采购范围和规模，推进政府采购规范化、科学化、精细化管理，从采购项目的申报、资金落实、采购方式审批、采购信息发布、评标专家抽取、开标程序的监管等方面全过程进行监管，稳步提升政府采购监管水平。2010年，全市累计完成政府采购预算155 638.15万元，实现采购规模142 273.03万元，采购规模占一般预算支出的14.9%。其中市级累计完成政府采购预算73 960.07万元，实际采购规模67 651.7万元，采购规模占一般预算支出的27.3%。全市节约采购资金13 385.12万元，节支率8.6%；其中市级节约采购资金6 309万元，节支率8.53%。

【财政调研硕果累累】 当年，市财政科研部门紧紧围绕财政工作中的热点难点问题，多次深入基层开展调查研究，先后撰写6篇具有一定深度和参考价值的调研报告。其中："村级经费管理中存在的问题及工作建议""现行矿产资源税制存在的主要问题及政策建议"先后被全国经济类核心期刊《中国财经信息资料》采用，"乡(镇)财政职能履行中存在的问题及对策"被《地方财政研究》采用，"推进省直管县财政改革研究"等2篇调研报告被《河南财政研究》先后采用，"促进豫晋陕黄河金三角试验区协作发展的财税政策建议"入选中原经济区、豫晋陕黄河金三角区域协作发展综合试验区研讨会交流论文，其摘要稿刊发于市委主办的《三门峡工作》试刊号"中原经济区、黄河金三角试验区研讨会专家观点摘要"，"多措并举做好资源型城市转型工作"刊发于《三门峡日报》，为各级领导决策提供了大量有参考价值的第一手资料。3项重点课题在省、市获奖。其中"促进区域经济协调发展的财税政策研究""农田水利在新农村建设中的地位及政策取向"分别被评为河南省优秀社科调研成果一、二等奖，"影响农民持续增收的因素分析与对策研究"被评为三门峡市社会科学优秀成果一等奖。 (李少民)

国家税务

【概况】 2010年，面对依然严峻的经济发展形势，三门峡市国税系统坚持"聚财为国、执法为民"的工作宗旨，站位全局，团结拼搏，求真务实，锐意进取，大力组织税收收入，强化税收征管，优化纳税服务，推进依法治税，加强队伍建设，深化党风廉政建设，圆满完成各项工作任务，保证了全市国税工作的科学、持续发展，受到市委、市政府以及省国税局的充分肯定和通报表彰。当年，市国税局被省国税局评为"全省国税工作目标管理先进单位""税收专项整治工作先进单位""全省国税系统档案工作优秀集体""全省税收科研优胜单位"，被市委、市政府命名为"全市党风廉政建设工作先进单位""全市政风行风建设先进单位""全市综合治理工作先进单位""全市宣传工作先进单位"。

组织收入　在经济增长回升较慢、组织收入形势依然严峻的情况下，市国税局坚定不移地贯彻执行“依法征税、应收尽收、坚决不收过头税，坚决防止和制止越权减免税”的组织收入原则和纪律。经多方努力，全年共组织税收收入40.51亿元，同比增长20.59%，增收6.9亿元，收入总量居全省第10位，增幅居全省第7位。

纳税服务　牢固树立纳税人至上的理念，认真落实“企业服务年”“项目建设年”活动的决策部署，优化纳税服务，提高服务质量，主动由“监督+管理”向“执法+服务”转变，不断提高纳税服务效能，实行“一站式”“一窗式”“限时制”等多项服务，健全完善税收政策温馨提醒制，对定点联系企业进行税收核查和纳税辅导，为纳税人提供个性化服务。增强“人人都是服务窗口，人人都是单位形象”的意识，加强窗口形象建设，规范办税服务厅窗口建设，开展“群众满意的基层站所”评比。继续完善“12366”纳税服务工作机制，充分发挥服务作用，着眼于群众关注的热点、难点、焦点问题，真诚为群众排忧解难，以优质的服务、优良的作风、良好的形象参与到行风评议活动中，为优化经济发展环境、维护国税良好形象作出积极贡献。

税务稽查　实行“月分析、月讲评、月派单、月通报、月考核”工作机制，围绕中心工作，先后安排对药品经销行业、房地产业、品牌经销、技改煤矿企业、高速公路和相关建设项目等行业的专项检查，发挥稽查震慑作用，快查、快审、快结案、快入库，提高稽查工作的质量和效率，积极稳妥地堵漏增收，有效打击各种涉税违法犯罪活动，整顿和规范税收经济秩序。当年，全市稽查部门共检查纳税人587户，整体入库税收收入10 165万元，其中稽查查补收入3 798万元，同比增长4.5%；专项整治组织税收收入6 367万元。

政风行风建设　转变服务理念，优化服务措施，认真落实纳税服务直通车制度，加大国税宣传力度，加强与有关部门的沟通协调，营造和谐的综合治税环境，得到省、市多家新闻媒体的报道，为行风评议工作取得较好成绩奠定坚实基础。上级领导、各级政府、纳税人和基层税务人员对国税工作的满意度明显提高，全市国税系统行风评议名次居全市前列。

【探索税源专业化管理新模式】　当年，作为全省国税系统第二批试点单位，市国税局选取灵宝市国税局和义马市国税局作为试点单位，积极推进税源管理专业化，努力实现税收管理方式和手段的新突破。健全税收管理体系，完善纵向联动、横向互动的专业化管理运行机制。纵向，从市局、县局、分局到税收管理员，全部配置和履行税源管理职责；横向，明确各业务部门各环节之间的内容、职责和机制。进一步实施分类管理，对重点税源，以管户为主细化税收事项管理；对一般税源，以管事为主强化分类别的监控管理。继续创新管理工作方式、方法，以税收风险管理为导向，创新税源、税基监控管理机制，根据风险等级合理配置征管资源，初步建立税源专业化管理新模式。

【科学化管理水平提高】　当年，市国税局坚持“四位一体”管理机制，科学化管理水平不断提高。健全完善税收分析、税源监控、纳税评估和税务稽查“四位一体”的长效管理机制，以分析监控管理信息系统为依托，深化税收分析，强化税源控管，进一步提升税种管理的专业化、精细化水平，各税种管理取得明显成效。在增值税管理方面，进一步规范一般纳税人认定管理，狠抓认识到位、督导到位、通报到位等“三个到位”，把握宣传、纳税辅导、监管“三个环节”，对符合一般纳税人标准的202户小规模纳税人进行认定，增加税收收入1.1亿元，占全市增值税税收收入的5.2%；增加一般纳税人固定资产抵扣管理力度，认真进行四项核查，全面提高增值税管理质量；建立全市货物和劳务税基础管理质量数据二级分析反馈机制，通过数据下发、核查整改、结果反馈，大大提升基础管理数据质量。在所得税管理方面，针对所得税预缴中存在的突出问题，深入开展疑点数据专项核查，加强所得税预缴管理。在国际税收管理方面，强化非居民控管，加强非居民税源日常管理；坚持“重事实、重证据、重实质”的原则，努力提高政策执行管理水平。3月，在售付汇管理中，1户香港居民企业以被投资方资产质押向境内被投资企业贷款的协定为由，申请优惠。经过审核，判定其不符合优惠条件，防止避税99万元。在车购税管理方面，规范征管流程，优化纳税服务，积极开展打击假车辆购置税完税证明专项行动。

【实施链条式管理成就显著】　为进一步提高信息数据质量，市国税局牢固树立“信息管税”理念，在借助系统内部信息化建设优势的基础上，制定《关于进一步加强数据质量管理工作意见》，在市、县、分局三级建立通畅的信息沟通渠道、协调的征管处理机制，重点发挥市局的统驭控制、县局的落实监督、分局的基础执行作用，努力做到日常工作信息共享、征管互动；坚持定期进行数据质量检测，发布数据质量分析报告，切实提高数据质量。2010年，市国税局下发12期数据质量通报，共检测8大类、70个指标、涉及8个基层单位的4 713条问题数据，并及时督促基层单位进行整改，整改反馈率达100%。同时，市国税局积极与当地财政、发改委、地税、工商、审计等多个部门密切配合，逐步建立完善信息交流共享制度，充分利用信息化手段采集、搜集、共享税源信息，综合利用各个应用系统，实现对产业链、资金链、货物链等各类数据信息的动态掌握，积极开展链条式管理工作，将“死数据”变成“活信息”“活税源”，有效堵塞税源管理漏洞，实现“信息管税”。2010年，市国税局充分利用相关信息，共计对14个管理项目的1 140户纳税人开展链条式管理，发现有问题534户，移交稽查部门13户，自查、评估、稽查增值税税款4 580.11万元。

【所得税管理实现新突破】　针对所得税管理中存在的问题和薄弱环节，市国税局以发挥信息比对作用为重点，采取有力措施，切实强化非增值税纳税人管理。当年，全市非增值税行业累计入库8 336万元，同比增收2 767万元，增长49.7%。针对所得税与会计制度的差异，创造性地设计出《企业所得税汇算清缴审核表》，加强纳税人申报纳税资料之间的比对及其与纳税人向银行报送的报表信息、第三方信息的分析比对，充分发挥信息化对税源管理的支撑作用，强化税源控管。这一做法突破了所得税信息化管理的难点，被省国税局纳入"税收分析监控管理系统"，在全省范围予以推广应用，得到一致好评。2010年，累计入库企业所得税4.5亿元，同比增收1.1亿元，增长30.1%。

【税务风险管理逐步推行】　针对近年来涉税案件呈现的新特点、新问题，为提高纳税人税法遵从度、构建税企和谐征纳关系，市国税局逐步引导企业建立税收风险控制管理体系。当年，结合三门峡市实际，市国税局选择以煤化工为重点开展行业税收风险管理试点工作。通过督导企业使用"企业税务风险调查表"、税收风险自查软件实施自查，重点对企业的116项税收风险控制指标、17项行业涉税重要风险点的控制和遵行情况进行分析、核查，深入实地对企业生产运营流程及涉税核算结点内控情况进行调查了解，从而对企业自主控制税收风险意愿、税收遵从偏差、企业税收核算控制制度及其执行情况实施综合评价。经过对相关信息的分析，市国税局对相关企业关联销售煤气、中油、焦油及电力，定价低于市场公允价、购进材料用于非应税项目、在建工程未作进项税转出等以往问题进行纠偏处理，补缴纳增值税及滞纳金292.47万元。在此基础上，向相关企业发送"税务风险测评及建议书"。此外，根据试点企业的现状，确定"三步走"的工作思路，即：当前"查问题、找风险"、中期"建机制、防风险"、长期"实现纳税人自我遵从、转变管理服务模式"。通过帮助企业逐步建立完善的税收风险内控机制，推动企业实现税收自我遵从。

【优化纳税服务】　当年，市国税局进一步转变观念，树立"纳税人至上""平等+服务""纳税人正当需求应予满足"等纳税服务理念，主动由"执法+管理"向"平等+服务"转变，优化服务措施，不断提高服务经济社会发展、服务纳税人水平，努力做到"始于纳税人需求、基于纳税人满意、终于纳税人遵从"。深入开展"深化企业服务"行动，采取"走出去、请进来"的方法，通过召开座谈会、税收政策宣讲会、参加电视台"政策面对面"栏目、向纳税人赠书等形式，及时为企业提供纳税辅导；优化纳税服务，推进"一站式""一窗式""限时制"服务，通过受理纳税咨询、开展办税辅导等多种途径，及时掌握了解纳税人的需求，健全以纳税人为中心的快速响应机制，努力提高纳税人的满意度；制定《定点联系企业涉税事项协调会议制度》，主动加强与定点联系企业的沟通，发送"定点联系企业联系卡"，为重点税源企业提供"一对一"的服务；实施税收政策温馨提醒制度，凡是国家出台的新的税收政策都要通过召开政策通报会、税收政策短信以及税收管理员上门宣传等多种方式和渠道，告知、提醒纳税人；不断降低办税成本，推行税库银横向联网，打造网上办税服务厅，实现网上申报纳税一体化，纳税人足不出户就可办理涉税事项；简化、合并64项业务流程、199项次涉税文书，减轻纳税人负担；全面启动新版普通发票，发票种类由6大类、48种、90个版简化为3大类、7种、22个版式。同时，整合服务资源，打造"12366"纳税服务品牌，使其"听得见的纳税服务"的职能作用得到充分发挥。

【推行税收执法责任制】　当年，市国税局以落实税收执法责任制为突破口，以规范日常税收执法为着力点，加大执法监督的广度和深度，促进税收执法水平的总体提升，为推进和谐国税、平安国税建设奠定基础。加强税收规范性文件管理，对1994年以来的规范性文件进行审查，清理废止文件500余份；严把重大税务案件审理的政策关、法律关，共审理重大税务案件18件，防范和化解税收风险；严格落实税收执法责任制，完善一线执法人员、科（分局、税务所）监控人员、县市局法制部门组成的三级监控责任制度，定期对日常监控情况进行通报，强化执法责任追究，提高单位过错的经济惩戒标准，实行动态责任追究办法，加大对同一指标屡次出现过错的科、分局（税务所）和有关人员的追究力度，提高各个环节税收执法的质量。开展税收执法检查，依托"执法管理信息系统"，认真查找税收风险点，对照疑点数据逐条逐项进行核查，执法责任制进一步落实，有效防范和降低税收执法和行政管理风险，推进了依法治税、依法行政。税收执法正确率始终保持在99%以上，连续多年被评为"三门峡市依法治理示范单位"。

【全市国税系统机构改革稳妥进行】
按照省国税局批复，3月，市国税局正式启动市局机关的机构改革和科级领导干部选拔调整工作。在改革实施过程中，坚持做到"三个注重"，即注重听取县局党组和群众意见、注重严格按照程序办事、注重公开公正公平，顺利完成机构改革任务，干部队伍结构进一步优化，年龄梯次、专业互补、能力配套更加合理，实现了最佳配置。通过选拔调整，全市科级领导干部中研究生学历人员由3人增加至7人，本科学历人员由51人增加至95人；提拔女干部19人，占新提拔人数的25%；县局班子40岁以下人员由7人增加至17人，45岁以下人员由20人增加至30人。通过机构改革，各级领导班子进一步团结和谐，结构进一步优化，向心力、凝聚力、执行力进一步增强，为国税工作持续长远发展打下良好的人才基础。

【加强税务文化建设】　当年，市国税局多策并举，加强税务文化建设。围绕"创先争优促发展、加快实现新跨越"的主题，开展"创先争优"活动；通过重温入党誓词、慰问老党员、纳税服务上门、政策宣讲、义务献血等形式，开展"党员活动周"活动，充分发挥党组织的战斗堡垒作用和党员的先锋模范作用。在三门峡市直机关纪念建党89周年暨创先争优表彰大会上，市国税局被市直工委授予"文化型机关"称号，市局党组书记、局长侯双年被授予"优秀党建工作第一责任人"荣誉称号。针对机构改革期间人员思想活跃的实际，做好耐心细致的说服教育工作，引导干部树立"有为才能有位"的思想；针对改革过程中出现的不稳苗头，通过召开座谈会、个别谈心的形式，逐步理顺情绪；针对改革后个别同志出现的失落情绪，通过班子成员面对面交流的形式，逐步化解矛盾，保证了干部队伍的和谐稳定。以五大协会为载体，开展丰富多彩的文化活动。先后组织"奔向春天"大型文艺演出，组队参加市直机关"庆三八"女职工健身活动，举办庆"五一"拔河比赛、庆"七一"红歌比赛等活动，活跃了职工文化生活，陶冶了情操。

【开展税收宣传月活动成效显著】 当年,围绕"税收·发展·民生"的宣传主题,市国税局注重长效机制,集中优势力量,突出宣传声势,充分体现税收宣传时代性、大众性、持续性的特征,形成贯穿全年、持续不断的税收宣传高潮。继续完善国税区域协作交流机制,与陕西省渭南市国税局、山西省运城市国税局重新修订《秦晋豫黄河金三角国税协作交流工作章程》,为加强3个地市国税部门配合和协作,实现税收信息共享、交流互动、携手共赢奠定基础;筹办第4届秦晋豫"黄河金三角"国税"崤函论坛",邀请著名国学专家、中国人民大学国学院副院长、博士生导师袁济喜教授作题为"国学与人生及管理智慧"的专家讲座,来自陕西省渭南市、山西省运城市及三门峡市的200余名税务干部聆听了讲座;组织召开三地管理经验交流会,就纳税服务、执法风险、税源管理、构建惩防体系等主题进行研讨,产生较大影响。立足黄河流域仰韶文化的传统魅力,不断挖掘皮影戏、说书、剪纸等传统民间艺术在税收宣传方面的巨大潜力,逐步探索出一条传统文化与税收宣传有机相结合的道路,形成多渠道、多层次的税收宣传格局。2010年,与市文联、市地税局联合举办"税务杯"全国剪纸大赛,参赛人员范围上至84岁的耄耋老人,下至6岁的学龄前儿童。大赛共收到来自全国23个省、市、自治区的326幅参赛作品,引起强烈反响。该项目被河南省国税局评为2010年度税收宣传月创新活动项目,《河南日报》《河南法制报》、河南电视台等省级主流媒体对此进行了深度报道。

【成功创建最佳档案管理系统】 本着"依法治档、强化基础、管理创优、利用创效"的原则,当年,市国税局坚持依法治档、服务国税中心工作,通过加强领导,健全制度,完善设施,提高质量,在全市国税系统全面开展机关档案工作规范化管理认证活动,实现档案管理规范化、标准化、现代化和信息化。加强组织领导,创造良好环境,落实档案管理责任制;先后投资5万元用于档案库房的维护、改造和档案设施、设备的完善和配套,加强档案基础设施建设;适应国税系统机构改革需要,加强档案队伍建设;坚持职能管理、制度规范管理、考核管理等"三个管理",促进档案工作规范化;重点把好收集归档关、档案整理保管关,促进档案管理的标准化。至年底,市国税局机关和8个基层单位均顺利通过省一级档案管理单位验收,被市档案局命名为"全市档案管理最佳系统",并被河南省国税局授予"全省国税系统档案管理先进单位"称号。

(孙秋亮)

地方税务

【概况】 2010年,面对后金融危机、结构性减税增多等因素影响,三门峡市地方税务系统按照"坚持一个中心、抓好两个重点、强化三项管理"的总体工作思路,密切关注经济运行态势,科学分析税源发展变化趋势,深入挖潜新的税收增长点,建立税收收入预警机制,加强对重点行业和企业的宏观税负、税收增幅、税收弹性系数等多项经济税收指标的分析,牢牢把握组织收入工作主动权,各项工作均取得明显成效,地税收入实现平稳增长,为保持地方经济平稳较快运行提供有力支撑。三门峡市地方税务局被市政府通令嘉奖,被省地税局授予"目标管理先进单位"称号,市委书记李文慧,市委副书记、市长杨树平先后作出重要批示充分肯定全市地税工作。

组织收入 当年,全市地税系统共组织各项收入31.8亿元,同比增长35.39%,增收8.31亿元。组织税收收入30.72亿元,同比增长36.08%,增收8.15亿元。税收收入突破30亿元大关,各级次税收增幅均超过25%。其中,地方级税收24.41亿元,完成省地税局计划的115.29%,同比增长29.39%,增收5.54万元,提前一个月完成收入目标任务。市、县两级入库税收23.14亿元,完成市政府下达目标的109.21%,同比增长25.76%,增收4.74亿元。市本级入库税收34 122万元,完成市政府下达目标的128.76%,同比增长48.29%,增收11 112万元。组织收入工作呈现的特点:从整体税收看,税收呈现高幅增长态势。全年入库税收收入30.72亿元,同比增长36.08%,增幅居全省第1位。地方级收入总量在全省排名第10位,与上年同期持平,收入进度排名全省第5位;地方级税收增幅高出全省平均增幅5个百分点,排名全省第3位,同比提升12个位次。从税种看,各税普遍增长,主体税种贡献率较高,个人所得税、企业所得税、土地增值税、资源税、营业税等主体税种收入增势强劲,对地方税收增长起到积极的支撑作用。从行业看,采矿业、房地产业、批发零售业、金融业税收增长较快。采矿业入库税收11.78亿元,占税收总量的38.34%。从征收单位看,8个征收单位全部圆满完成税收目标,县(区)级地方税收同比增收36 288万元,对全市地税总收入的增长贡献率为65.46%。义马、灵宝、渑池、陕县继续位列全省县域地方税收30强,分别位居第8、10、19、21位。

税收征管 完善征管档案,加强税源控管,新办理税务登记1 210户。逐步增加批量扣税纳税人的比例,批量扣税纳税人达3 000余户,月扣税额100余万元。加强重点税源管理,57户重点税源入库税款13.5亿元,占总收入的45%。强化以票管税,印制"刮刮有奖"发票321万份,布奖额71万元,开展首期"发票二次开奖",兑付奖金25.2万元。完善综合治税工作机制,建立健全工作例会制度、信息交换制度和工作联系制度。与市国税局联合,对12 801户纳税人进行纳税信用等级评定,公开表彰A级纳税人23户。认真开展"两税信息比对、逐户稽核清漏",补征税款275万元,受到省地税局通报表彰。扩大、完善代征代扣网络,委托市财政支付中心代扣个人所得税,委托市国税局代收城建税、教育费附加,委托保险公司代征车船税。开展信息管税、大企业涉税风险、重点项目税收管理、新税收征管业务规程、资源税管理等税收工作调研,为上级制定政策、科学决策提供翔实资料。完善措施加强重点项目税收征管,入库建筑业营业税4.74亿元,由一季度的同比下降25.63%发展至年底同比增长43.35%,排名跃居全省第1位。开展项目清算,规范房地产业税收管理,销售不动产营业税和土地增值税分别增长73.22%、131.74%。开展土地使用税税源清查,完善管理办法,入库土地使用税1.98亿元,市地税局"理清税源底子,健全长效机制,切实提高土地使用税管理水平”的经验在全省财产性行为税会议上进行交流。加强国际税收分析预测，入库国际税收9 959万元，同比增长22.87%。加强非居民税收管理，入库非居民税收629万元，增长112%。全市569户企业参加所得税汇算清缴，通过汇算增加所得税1.4亿元。全市共有1 278人进行年收入12万元以上个人所得税自行纳税申报，同比增加155人，被省地税局评选为先进单位。抓好个人所得税完税证明开据工作，共开据46 007份，同比增加6 080份。此外，代征企业工会经费2 228万元，同比增长19%；代征残疾人就业保障金726万元，同比增长34.44%。

依法治税 强化税收执法责任制计算机自动化考核，全年平均执法正确率达99.65%，执法过错数量从年初的195起减少到8起，共对120人次进行批评教育，对379人次进行经济惩戒。开展“六五”普法规划调研，“关于如何进一步做好地税法制宣传教育工作的几点思考”一文在全省“六五”普法征文活动中获三等奖。建立和完善法律顾问制度，开展执法督查，规范行政处罚自由裁量权，扎实开展依法行政示范单位创建工作，在全市依法行政工作会议上进行经验交流。

税务稽查 坚持行业专项检查、区域专项整治和日常检查相结合，查处税务违法案件233起，查补入库地方各税6 049万元。以“百日行动”为突破口，深入开展发票违法犯罪专项整治，查处非法出售及使用假发票319户，收缴假发票2.15万份，涉案金额175万余元，查补入库税款及罚款67万元。协同公安部门立案侦查涉税案件4起，打掉发票犯罪团伙1个，捣毁发票储藏窝点1个，刑事拘留4人。建立健全稽查案源资料库，开展典型规范稽查案例评选，认真开展稽查案件复查，完善稽查成效考核，提高稽查工作效能。

发票管理 加强宣传，做好新版发票印刷、调拨工作，积极稳妥地完成发票换版工作。强化以票管税，发票“双奖”活动不断深化。当年，共印制“刮刮有奖”发票321万份，布奖额71万元，全年布奖率在3%以上。受理发票举报案件116起，查处假发票10 130份，罚款78 700元。开展发票专项检查，查出有问题122户，查补入库地方各税51.8万元。

税收优惠 迅速传达税收优惠政策，广泛进行宣传，从严督促检查，抓好贯彻落实，依法为16户企业办理减免税1 552万元，为964户下岗再就业人员减免税234万元，做好营业税起征点调整工作，较好地支持了地方经济发展。

科技兴税 研究制定全市地税系统信息化“十二五”发展规划，顺利通过省政府信息化领导小组办公室检查。科学规划，精心实施，完成网络改造与安全体系建设一期工程，实现“省—市—县(区)”三级的双线路全路由网络结构，为2011年新征管业务系统上线和数据大集中奠定基础。做好企业所得税汇总纳税系统上线推广，受到省地税局通报表彰。开展信息系统基础设施检查，对网络结构扩展、IP地址重新规划、网络线路扩容等提出意见。认真做好各类业务软件的监控、维护、升级工作，抓好网络安全防护，确保数据线路畅通，网络稳定运行。开展信息化论文征集活动，卢氏县地税局提交的论文“开发纳税评估系统，提高信息管税水平——IT在现代化税务管理中的应用”被国家税务总局评为优秀奖。

税收宣传 紧紧围绕“税收·发展·民生”的主题，扎实开展第19个税收宣传月活动。市地税局举办的“税务杯”全国剪纸大赛被国家税务总局评为优秀宣传项目，被省地税局评为优秀宣传项目一等奖。落实“五五”普法工作规划，举办“五五”普法成果展，认真总结5年来法制宣传教育和依法治税工作，顺利通过市依法治市办检查验收，市地税局和4个基层单位被评为全省地税系统依法治税工作先进单位，5人被评为全省依法治税先进个人，开发区局刘儒英被评为全市十大法制人物。

纳税服务 落实企业服务行动计划，与义煤集团、金渠集团等100户大企业建立定点联系制度，在落实政策、提供信息、纳税辅导的基础上，提供深层次帮扶服务。先后组织税企座谈会16次，发放征求意见表2 023份，征集意见建议53条，走访纳税户2 921户次，发放宣传资料8 672份，进行纳税辅导3 797人次，组织税收政策培训1 139人次，为企业恢复生机和活力提供有效支持，被省政府和市政府授予2009年度“企业服务年”活动先进单位。制定加强办税服务厅规范化建设与管理意见，投资120万元，对全市8个办税服务厅、2 500余平方米服务场所进行规范化建设，12月20日顺利通过省地税局考核验收。开展“星级办税服务厅”“办税服务明星”评比活动，做好“12366”纳税服务热线接听回复工作，受理语音咨询3 500件次，进一步提高纳税服务质量和效率。加强政府信息公开网络平台建设，进一步深化文明办税“八公开”和“八项承诺”，建立健全纳税咨询热点问题收集公布制度，树立服务型地税机关良好形象。

基层建设 立足实际，确定“以点带面、分步实施、全面推进”的总体工作思路，精心打造样板所，然后总结经验，全面推广。市地税局领导班子多次深入基层建设一线督导调研、现场办公，先后4次召开专题会议，进一步明确任务、标准和时限要求，6次组织督导组实地检查，下达整改通知单，及时督促纠正。各基层单位按照“一手抓基础建设、一手抓规范管理”的工作思路，加强基层人员教育培训，先后选派10名所长参加全省地税系统税务所长培训班。积极开展“如何建设好基层税务所”征文活动，加强基层税务文化建设，深入开展创先争优活动，使基层所保持良好的秩序和状态。至11月底，全市地税系统45个基层所规范化建设任务全面完成。规范后的基层税务所标识统一、设施齐全、功能完善、管理有序、整洁美观，面貌焕然一新，为纳税人营造了温馨舒适的办税环境。2009年至2010年，先后有2个基层所被评为省级“群众满意的基层站所”，15个基层所被评为市级“群众满意的基层站所”。12月1日至2日，省地税局局长赵亚平深入三门峡实地查看基层所建设成果后给予高度评价。12月10日至11日，顺利通过省地税局的考核验收。

机构改革 严格按照“三定方案”设置机构，按照职位设置配备人员，坚持公开民主选拔干部，精心组织，周密安排，圆满完成机构、职能和人员调整工作，并及时开展“回头看”，确保机构改革工作推进顺利、大局稳定。通过机构改革，全市新增科级机构15个、股级机构6个，部门职责更加明确，机构设置更加科学；顺利进行干部选拔调整，选拔任用12名正科级领导干部、32名副科级领导干部和13名副主任科员，交流轮岗科级领导干部70名。加强部门沟通协调，顺利完成“两税”划转交接工作。

【举行首次发票“二次开奖”仪式】 1月14日，市地税局在湖滨广场举行首次发票“二次开奖”仪式，市委、人大、政府、政协及财政、公安等部门相关领导出席开奖仪式，200余名地税干部参加开奖活动。市地税局党组书记、局长霍涛在活动仪式上介绍全市地税发票首次“二次开奖”活动取得的主要成果，市委常委、常务副市长苏新华在活动仪式上作重要讲话，对全市地税系统克服困难圆满完成税收任务给予高度评价，对首次发票“二次开奖”活动取得的成效给予充分肯定。本次发票“二次开奖”活动共设奖项771个，奖金总额达25.2万元。其中特等奖为价值7.4万元的轿车1辆。在市公证部门和新闻单位的监督下，通过计算机随机滚动的方法，按照奖项等级，依次在现场抽出各等级的中奖发票号码。

【调整营业税起征点】 自2010年7月1日起，全省个体经营者按期缴纳营业税的起征点统一调整为月营业额5 000元。针对此次政策调整幅度大、涉及面广、影响范围大的特点，市地税局采取6项措施抓好此项工作：加强政策宣传，及时在各类办税服务场所醒目位置张贴公示，并通过外部网站、“税信通”短信、“12366”纳税服务热线等渠道及时告知纳税人；开展税源调查，税收管理员深入到纳税人经营地点实地调查，准确掌握核定征收纳税人的经营情况，取得核定营业额的第一手资料；实行定额公示，主管地税机关将核定定额的初步结果进行公示，以接受纳税人和社会各界的监督；加强后续管理，要求税收管理员不定期对个体工商户的经营情况进行实地调查，将核定定额在5 000元以下纳税人纳入动态监控管理，对超过起征点的纳税人，按政策规定依法征税；根据实际经营情况，加强对定税情况的监督，促进征纳双方和谐；加强督查，及时纠正政策执行中存在的问题，确保政策落实到位，促进三门峡市经济社会和谐发展。此次营业税起征点提高，全市1 120户纳税人享受到税收优惠，年减负约280万元。

【省地税局基层所验收考核组到三门峡市检查】 12月10日至11日，河南省地方税务局基层所验收考核组一行深入三门峡市，对全市地税基层所规范化建设工作进行全面检查验收。检查组在听取全市地税基层所建设与管理工作情况汇报、观看全市地税基层所建设图片展和专题片后，先后深入义马市地税局泰山路中心税务所、常村路中心税务所，渑池县地税局张村税务所，湖滨区地税局大安税务所，开发区地税局太阳渡税务所和灵宝市地税局豫灵税务所实地查看。检查组对全市基层所规范化建设取得的丰硕成果给予充分肯定，并希望三门峡市地税局不断总结好的经验与做法，进一步巩固基层所建设成果，为纳税人提供优质快捷的服务，树立地税部门良好形象。

【“开发纳税评估系统，提高信息管税水平——IT在现代化税务管理中的应用”获奖】 12月18日至19日，中国税务杂志社、中国计算机用户协会主办的“2010年税务信息化优秀论文颁奖典礼暨全国税务信息化应用与建设成果交流论坛”在福建省厦门市举行。卢氏县地方税务局董志国撰写的论文“开发纳税评估系统，提高信息管税水平——IT在现代化税务管理中的应用”，获2010年全国税务信息化优秀论文评选活动“业务管理类”优秀奖，成为全省地税系统获奖的3篇论文之一。

【省地税局办税服务厅规范化建设验收考核组到三门峡市考核验收】 12月19日至20日，河南省地方税务局办税服务厅规范化建设验收考核组对全市地税系统办税服务厅进行实地考核验收。考核组听取工作汇报，详细查阅“办税服务厅规范化建设成果展示”“深化企业服务活动材料汇编”等资料，先后深入直属分局、湖滨区地税局、陕县地税局3个单位检查办税服务厅规范化建设情况。考核组从机构人员、办税服务设施及功能设置、日常管理3个方面，逐项进行严格的检查验收，并对三门峡市地税局的办税服务厅规范化建设工作给予充分肯定，认为市地税局办税服务厅整洁美观、功能完善、布局合理、规范统一，为纳税人提供了一个秩序良好、快捷高效、服务优质的办税环境。

【“十一五”期间全市地税工作成果显著】 “十一五”期间，全市地税事业蓬勃发展，地税工作成果显著。一是地税收入持续大幅增长，社会贡献率不断提高。5年间，全市地税系统共组织地方税收96.4亿元，年均增长23.94%，地税收入由“十五”末2005年的10.57亿元跃升至2010年的31.8亿元，税收总量翻了一番多，突破30亿元大关。“十一五”时期地方级税收占全市财政一般预算收入的47.2%，比“十五”时期提升1.3个百分点，为地方经济发展提供了财力保障。二是税收政策全面落实，职能作用有效发挥。注重发挥税收职能作用，落实各项税收优惠政策，累计减免税收1.44亿元。深入实施“企业服务年”活动和“企业服务行动计划”，有效支持企业发展，被省政府和市政府先后授予“企业服务年先进单位”称号。三是税收管理质效明显提高，纳税服务不断优化。落实税收管理员制度，强化税源监控管理，积极推进税收科学化、精细化、专业化、信息化管理，税收管理质效稳步提升。持续整顿和规范税收秩序，查处税收违法案件1 255起，查补入库税款2.1亿元。坚持管理与服务并重，推行阳光办税、标准作业、规范服务，纳税服务水平不断提高。四是依法行政理念深入人心，税收法制建设稳步推进。深入开展“五五”普法、税收宣传、依法治理工作，强化执法监督检查，落实税收执法责任制，全市地税执法正确率由2006年的73.7%上升至2010年的99.65%。五是反腐倡廉建设成效显著，政风行风建设不断深化。层层落实党风廉政建设责任制，深入推进廉政文化建设，不断完善廉政风险防范机制，持续深化政风行风建设，取得积极成效。连年被省地税局和市纪委评为“廉政建设目标管理优秀单位”，政风行风建设连续4年名列全市第1位。

（王建锋）

·编辑　李艺芬·

金融 保险 证券

BANKING, INSURANCE AND SECURITIES

3月3日,三门峡市"百亿送贷进企业进市场进农村行动"正式启动

综　述

【概况】 2010年,三门峡市金融运行呈现良好发展势头。在国家继续实施适度宽松货币政策的机遇下,各金融机构积极组织存款,加大信贷投入,积极支持地方经济发展,业务经营水平、公司治理结构、风险防范能力取得显著进步,全市银行业不良贷款持续"双降",信贷资产质量进一步提高。同时,保险、证券业实现快速增长,全市金融运行整体平稳。

存贷款业务稳步增长。截至2010年末,全市金融机构各项存款余额为625.52亿元,较年初增加116.60亿元,增幅22.91%;各项贷款余额340.2亿元,较年初增加75.92亿元,同比多增26.07亿元,贷款增幅28.73%,增幅全省排名第1位。

农业贷款大幅增加,全辖各机构农业贷款余额为209.77亿元,比年初增加162.22亿元,同比多增156.22亿元。工业贷款持续增长,企业经营贷款和固定资产贷款净增39.57亿元,余额达202.05亿元,企业资金紧张状况显著改善。通过下放审批权限、减化审批程序等措施,积极推动个人消费贷款业务,消费贷款增速加快,内需拉动经济回升作用持续增强,个人消费贷款占全年贷款增加额之比达12.76%。中小企业及民营企业信贷投放力度进一步增强,至12月末,全市各金融机构对辖区中小企业及民营企业投放贷款余额达74.92亿元,较年初新增15.91亿元,当年累计投放达60.52亿元。

不良贷款"双降"工作成效显著,银行业拨备提取及核销力度进一步加大。2010年,辖区银行业机构不断加大不良贷款清收盘活力度,通过现金清收、核销、资产置换等措施,力促不良贷款继续"双降",全辖各机构不良贷款均呈下降趋势。截至2010年12月末,辖内各机构不良贷款较年初减少5.36亿元;不良贷款率较年初下降3.79个百分点。

股指全年有所回落,受托资产管理有所下降,证券公司交易活跃,盈利稳步回升。全市两家证券公司受托资产管理同比减少2.46亿元,降幅11.41%。但由于全年大盘走势活跃,证券公司交易量同比增长132.35%;营业收入同比增长125.53%,实现利润同比增长133.33%。

国有商业银行改革稳步推进。2010年,随着农业银行分别在上交所和香港联交所挂牌交易。至此,4家国有银行全部完成"A+H"两地上市。同时,三门峡各国有商业银行按照上级行的计划和部署,不断完善内控机制,强化各项风险控制,加大员工培训力度,切实提高服务质量,优化网点渠道建设,发挥各自优势,服务地方经济。工行三门峡分行成立渠道优化建设领导小组,对营业网点进行升级改造;农行三门峡分行进一步完善绩效考评办法,淡化对计划执行的指标考核,增大经济增加值的比重,突出价值创造力和市场竞争力的考核导向;中行三门峡分行完成人力资源改革,机关部室由17个精减到10个;建行三门峡分行积极推进结构调整,优化资产质量,贯彻"精品化、有特色"的发展方针,全面推进县支行转型,进一步将县支行打造成县域一流的金融中心。截至2010年末,全市4家国有商业银行呈现存贷款大幅攀升、中间业务收入快速增长的特点。其中,中间业务收入增幅达21.09%。

地方法人金融机构改革取得较大进展,抗风险能力不断增强。本着合理布局、适度竞争、效益优先和有利于促进地区经济发展的原则,三门峡市商业银行加快分支机构建设。年内,设立灵宝支行、义马支行、渑池支行3家县域支行。农村信用社产权制度改革工作进展顺利。继2009年湖滨农村商业银行挂牌开业后,2010年末由湖滨农商行发起设立的村镇银行获批。卢氏联社、渑池联社组建农商行申报材料已上报至银监会。义马、陕县、灵宝联社筹建农商行工作正在推进中。域外金融机构引入实现突破,洛阳银行成功在三门峡市设立分支机构。

【在河南省银企合作会议上签约136亿元】 5月10日下午,河南省2010年银企合作会议在郑州国际会展中心举行,15家金融机构和1 030家企业签订贷款合同或贷款协议金额总计1 798亿元。三门峡市65个项目共签订贷款合同金额136亿元,接近全省签约总额的1/13,在18个省辖市中居第2位。三门峡市有4家企业代表参会,三门峡缘份果业有限公司作为全省唯一一家企业代表在会上作典型发言。

【组团参加首届河南国际金融博览会】 12月9日,首届河南国际金融博览会在郑州国际会展中心开幕,来自国内外的200余家金融机构、企业集团及上市公司有关人员云集郑州。市委常委、常务副市长苏新华率三门峡市代表团出席博览会。博览会为期4天,由河南省贸促会、河南省政府金融办与郑州市政府联合主办,主要通过展览和论坛等形式,全方位展示河南省金融产业发展成果,加强交流合作,搭建省市区域经济和金融的合作平台,金融机构与企业、百姓之间的交流服务平台。三门峡市7个产业集聚区、3家拟上市企业和市商业银行参加展览。12月12日,博览会圆满落幕。由于组织周密、创意新颖,三门峡市获金博会"最佳优秀组织奖",是全省唯一获此殊荣的省辖市。

(尚　蕊)

中国人民银行三门峡市中心支行

【概况】 中国人民银行三门峡市中心支行(以下简称人行三门峡市中支)是中国人民银行的派出机构。根据中国人民银行的授权,主要履行贯彻执行货币政策、维护金融稳定和提供金融服务三大职责。至2010年末,机关内设16个科室,下辖5个县(市)支行,共有职工286人。当年,人行三门峡市中支紧紧围绕总分行确定的整体工作思路,科学贯彻货币政策,严格规范内部管理,强化党建保障作用,营造和谐工作环境,确保基层央行职责高效履行,各项工作扎实有效开展。

金融服务　确定2010年为"业务竞赛年",把业务竞赛活动纳入重点责任目标,根据"创新载体,丰富内涵,全员练兵,重点突破"的竞赛要求,探索建立"坚持五个理念,抓好五个结合"的业务竞赛长效机制。即:坚持规范管理理念,把业务竞赛与责任目标考核相结合;坚持基础求实理念,把业务竞赛与行风标准化管理相结合；坚持亮剑争先理念，把业务竞赛与争先创优相结合；坚持日常业务不放松，业务竞赛与做好日常工作相结合；坚持履职唯效理念，竞赛与业务创新相结合。完善《工作创新奖励办法》和《履职问责管理办法》，加快工作创新步伐。货币金银科针对县支行发行库撤并后流通中辅币匮乏的突出矛盾，组织人员深入社区、超市、农贸市场专题调研，推出"星投计划"，优化主辅币投放比例，督导金融机构增加辅币投放数量，取得良好效果。针对矿产资源补偿费入库渠道不畅的突出问题，与财政、矿产、金融机构联合攻关，创新"矿产资源补偿费就地上缴国库"新模式，提高国库资金安全性和入库速度，得到地方政府的充分肯定。在上级组织的业务竞赛中，中支调查统计科、纪检监察办公室、货币信贷科、科技科、宣传群工部、办公室、人事科等多个专业均取得较好成绩。

行风建设　研究制定《关于落实行风建设标准化管理"五项标准"的实施方案》，对辖区行风建设标准化管理工作作出全面部署和安排。两次召开县(市)支行标准化管理推进会议，促进县(市)支行深入开展标准化管理工作。制定《行风建设标准化管理实施办法》，建立行风建设标准化监督检查登记薄，明确责任，逐级登记，加强对五项标准的监督检查，确保各项标准贯彻实施。在推广应用行风建设标准化信息管理系统上，及时配置服务器，明确栏目设置，组织对中支机关和全辖县(市)支行纪检监察人员进行信息管理系统培训。通过强化标准化管理，干部职工标准化意识进一步提高，中心支行整体工作运转效率进一步提高，履职效能进一步提升。

调研支撑　在认真总结以往工作经验的基础上，进一步完善领导干部调研制度、写作联络员制度、约稿制度、目标考核制度、评先制度和稿酬制度，着重发挥领导干部的表率作用、协作机制的促进作用、调研骨干的核心作用、精品调研的服务作用和调研信息的宣传作用，全面提高调研信息质量和水平，调研报告服务决策、解决难题、指导工作的作用得到充分发挥，调研信息工作继续在河南省保持领先位次。"后金融危机时期外商投资企业投融资情况调查""金融支持三门峡市经济结构调整情况调查"等6篇前瞻性、指导性强的调研报告被市委、市政府领导批示。人行三门峡市中支撰写的"河南省政府融资评估与管理问题研究"，荣获河南省人民银行系统重点调研课题一等奖，在三门峡市中支研究领域首开先河。

【有效贯彻适度宽松货币政策】　当年，人行三门峡市中支有效贯彻适度宽松货币政策，加强窗口指导，正确引导社会预期。通过经济金融联席会、政银企合作会议等，多方式、多途径向政府、金融机构、市场经济主体阐述货币政策趋向，引导金融部门全面落实"总量适度、优化结构、把握节奏、防范风险"16字要求。优化信贷投向，促进经济结构调整。提请市政府印发《关于优化信贷结构促进经济发展方式转变的实施意见》；认真开展金融机构信贷政策导向效果评估工作，对金融机构优化信贷结构情况进行量化评估考核，督促金融机构结合产业政策优化信贷结构。优化信贷服务，加快金融产品创新。积极在全辖推广金融产品和服务方式创新工作，扩大范围，丰富品种；组织金融机构开展金融产品和服务方式创新设计大赛活动，引导金融机构针对不同服务对象，探索客户需要的金融产品，推进服务人性化、多样化。加快直接融资，拓宽企业筹资渠道。义马煤业集团股份有限公司第一期10亿元中期票据顺利发行，实现三门峡市企业融资方式的新突破。从货币政策执行效果看，成效显著。至12月末，全市金融机构人民币各项贷款较年初增加75亿元，贷款增幅居河南省第1位。

【外汇管理】　2010年，三门峡市外汇中心支局坚持"五个转变"理念，立足服务地方开放型经济发展，强化外汇资金监测，规范辖区外汇市场秩序，不断提升整体工作水平，被市委、市政府授予"对外开放工作先进单位"荣誉称号。夯实基础，加强贸易进出口核销和资本管理工作，大力支持涉外经济发展。截至2010年末，全市外汇指定银行外汇账户余额2 297万美元。其中，经常项目账户1 359万美元，资本项目(含外汇贷款及保证金账户)938万美元。办理涉外收入申报2 635笔、金额8 662万美元，涉外支出申报1 444笔、金额15 230万美元。全年出现逆差6 568万美元，收支申报率均为100%，实现国际收支申报业务的"零差错"。组织各外汇指定银行相关岗位人员参加国际收支业务培训1次；6月，召开全市外汇政策培训及IC卡年检工作会议，累计参训60余人。辖区外汇银行全年结汇10 873万美元，同比增加19.55%；售汇15 733万美元，同比增加20.23%。全年向辖区出口企业发放核销单1 734份，办理出口收汇核销1 832笔，核销金额8 996万美元；办理进口付汇69笔，核销金额5 883万美元。坚持外汇管理与服务并重，在强化对跨境资金流动监测管理的同时，切实提高外汇管理服务效能。严格按照上级统一部署，开展一系列以打击防范"热钱"违法违规流动为目的的专项检查工作。完成对1家外汇指定银行的外汇业务专项检查；开展对全辖外币代兑机构的全面检查。为支持涉外企业及早摆脱危机影响，全力服务三门峡市"项目建设年"活动，按照行业属性，将全市46家外商投资企业分为农产品加工类、资源类和新能源类3种类型，并重点对有代表性的20家企业进行全面回访，主动掌握和解决诸多企业发展中存在的问题，提升外汇管理和服务水平。

(温广亮)

中国银行业监督管理委员会三门峡监管分局

【概况】　2010年，面对复杂多变的经济金融形势，中国银行业监督管理委员会三门峡监管分局(以下简称三门峡银监分局)深入贯彻科学发展观，突出不良贷款双降、地方法人机构和案防监管重点，风险管理水平继续提升，全市银行业稳健运行；认真落实调结构、促转型的宏观政策，引领银行业信贷科学、合理投放，优化信贷结构，银行支持经济力度不断增强；改革发展加快推进，机构体系更加丰富，服务能力得到加强；扎实开展"管理服务年""创先争优"活动，内部管理水平不断提升。

增强非现场监管、现场检查能力,监管能力建设达到新高度。非现场监管分析中,注重银行业异常变动情况、重点业务的分析及横向同质同类机构的对比、纵向系统机构的对比,充分运用非现场监管信息系统,非现场监管分析质量明显提高。现场检查中,增强对新业务的监管能力,积极探索信息统计风险监管的方法与技巧及理财产品、贷款新规的检查技巧与方法,更加注重从内控方面查找银行业机构的管理漏洞,监管水平不断提升。

坚持民主集中制,完善党委议事规则,领导班子凝聚力和战斗力进一步提升。建立公平、公正、公开的干部选拔培养机制,党建和内部管理水平提高。建立学习目标机制、学习保障机制、考核机制,制定职工学习培训意见和规划,坚持和完善职工学校的培训模式,提高培训工作针对性和实用性,三门峡银监分局51名职工达到高级监管人员水平,达标率为94.44%,走在全省前列。出台"管理服务年"实施方案,将具体目标和工作措施分解到各个科室,做到目标明确、责任到位,落实有力,深入推进"团结奋进,务实重干,开拓创新,敢于争先"的核心文化体系。当年,三门峡银监分局被中国银监会授予"先进集体"称号,被中国金融工会授予"全国金融系统五一劳动奖状"。

【银行业机构支持实体经济能力增强】 当年,三门峡银监分局认真落实推进产业结构调整的政策,引领银行业机构加大对地方经济的支持力度。优化信贷结构,通过支持重点企业和重点项目建设、搭建中小企业融资平台、强化"三农"信贷支持力度等措施,充分保障符合国家产业政策要求的绿色环保行业、国家重点项目、中小企业及涉农的信贷资金需求。2010年,辖区银行业机构贷款净增75.45亿元,增幅28.48%,较全省平均增幅高10.43个百分点,居全省第1位。

【加快银行业机构改革进程】 当年,三门峡银监分局多措并举,加快银行业机构改革进程。一是指导三门峡市商业银行结合实际,制定县域机构全覆盖的科学发展规划。2010年,三门峡市商业银行先后在辖区灵宝、义马、渑池设立3家支行,县域机构覆盖面达60%。二是农村中小法人机构改革工作取得新突破。2010年末,辖区卢氏农商行获批筹建,三门峡成为全省农商行最多的省辖市之一。三是积极引进域外银行业机构,成功引进洛阳银行在三门峡市设立分行,增强银行业服务地方经济活力。

【银行业风险防范工作成效显著】 当年,三门峡银监分局加强房地产信贷、票据、信用卡等业务风险监管,加大银行业风险防范工作力度,维护银行业安全稳健经营。坚持将不良贷款"双降"作为监管工作的突破口和主攻点,采取置换、核销、清收等方式,加大不良贷款处置力度,银行业资产质量显著提升。2010年末,辖内银行业机构不良贷款21.16亿元,较年初减少5.36亿元,居全省第8位;不良贷款占比6.22%,较年初下降3.79个百分点,下降幅度居全省第4位。积极开展政府平台贷款清查工作,通过清查,全市政府融资平台贷款7.31亿元,采取有效措施缓释风险6.96亿元,缓释率达95.21%,清理收回3 508万元。案件防控扎实推进,连续5年案件零发生。

【三门峡市"送金融知识下乡助青年就业创业"活动启动】 4月24日,全市"送金融知识下乡助青年就业创业"活动启动仪式在灵宝市尹庄镇举行,三门峡市涉农金融机构的金融知识宣讲志愿者和农村基层团干部、农村青年代表1 500余人参加活动。此次活动由团市委、三门峡银监分局主办。仪式上,市领导向"送金融知识下乡助青年就业创业"讲师团成员颁发聘书,灵宝市农村信用联社为农村青年代表发放小额贷款。各金融机构现场提供金融业务咨询500人次,发放交收回创业贷款申请登记表600余份,发放金融知识手册800余本、宣传资料3 000余份。共青团灵宝市委还在现场举办农村青年就业岗位招聘会,签订就业和培训合同500余份。

【三门峡市第1家域外银行——洛阳银行三门峡分行开业】 6月22日,三门峡市第1家域外股份制商业银行洛阳银行三门峡分行开业。市领导李文慧、杨树平、赵继祥、郭秀荣、苏新华、赵中生、崔保连、高从民,洛阳银行党委书记、董事长王建甫出席典礼仪式。1997年11月,经中国人民银行总行批准,洛阳市商业银行成立。2009年3月,经中国银监会批准,洛阳市商业银行更名为洛阳银行,属国有控股股份制商业银行。

【河南省农村中小金融机构监管工作推进会议在三门峡市召开】 9月26日,河南省农村中小金融机构监管工作推进会议在三门峡市召开。河南银监局局长支德勤、副局长陈益民出席会议。市委常委、常务副市长苏新华在会上致欢迎词。支德勤在讲话中指出,全省农村中小金融机构要全力把监管工作推向深入,促进发展改革工作取得新成效。一要统一思想,准确判断,客观分析农村中小金融机构监管工作的成绩和问题,进一步明确工作目标。二要突出重点,抓好落实,把重中之重的要求落实到各项监管工作中,进一步开创工作新局面。三要提高认识,转变作风,改进农村中小金融机构监管工作,进一步提高监管的有效性。　(张　毅)

中国农业发展银行三门峡市分行

【概况】 中国农业发展银行三门峡市分行(以下简称农发行三门峡市分行)辖陕县、灵宝、卢氏、渑池、义马5个县(市)支行和1个营业部,是三门峡区域唯一的国家政策性金融机构。至年底,农发行三门峡市分行机关下设9个部室,辖5个县(市)支行和1个营业部,员工117人。

2010年,农发行三门峡市分行以服务地方经济发展为己任,紧紧围绕市委、市政府经济发展思路,积极拓宽业务领域,全力支持产业集聚区基础设施项目实施,政策性职能有效发挥,商业性业务平稳发展,贷款结构不断优化,经营效益大幅提升,基础管理进一步强化,综合经营绩效考核排名跃居全省第一位,得到上级部门及地方政府的充分肯定。

组织存款及中间业务 通过创新营销方式、建立奖惩机制等措施，在符合政策要求的前提下，大胆、积极地开展存款和保险营销，确保这两项指标稳步增长。在组织存款方面，推行“难点工作高分驱动”政策，充分调动支行工作积极性；建立专项奖励措施，对存款组织工作作出突出贡献的单位和个人给予精神和物质奖励；采取严格措施，加强日常监测和考核，重点加强企业销售货款归行的管理；加大同业存款组织力度，积极寻找合作伙伴，拓宽合作渠道。至12月底，存款日均余额68 307万元，人均存款余额584万元，各类存款及存款总额均超额完成省分行下达的任务。在中间业务方面，加强政策宣传，建立客户保险档案，确保开户企业应保尽保；研究中间业务新增项目政策，积极组织实施。至12月底，中间业务收入完成全年任务的119%。

基础管理 针对经营现状和存在问题，在总结上年基础管理经验教训、反复讨论研究的基础上，农发行三门峡市分行出台新的基础管理考核办法，进一步强化各环节管理、加大考核力度。从4个方面完善机制和改进工作：完善三级管理体系，制定涵盖对县级支行、市分行机关部室及员工岗位基础管理考核办法，明确各自考核内容、标准、形式、奖惩措施等，使基础管理细化到各个环节，实现全覆盖；改进检查考核方式，逐级实行非现场和现场考核两种形式，建立平时非现场考核台账，每半年进行一次现场考核，使基础管理常态化、规范化；实行考核责任追究，建立考核人工作档案，按照尽职免责的原则，对上级检查出的问题追究考核人未尽职责任，进一步强化考核人的责任意识；充分运用考核结果，增加基础管理在绩效考核中的分值比重，对基础管理实行单项奖励，进一步加大奖惩力度，使基础管理取得明显成效，全行工作质量和效率进一步提高，呈现出“合规经营人人有责”的良好氛围。

和谐银行建设 把开展创先争优活动与“讲党性、重品行、作表率”活动有机结合起来，促进工作作风的转变，和谐银行建设有效开展。组织职工进行身体检查，改善职工生活；建立困难职工档案，及时开展对困难职工、特困党员上门慰问活动，向职工送去组织温暖；在“三八”“五四”“八一”等节日，通过职工座谈会、茶话会等形式，听取各层级职工的意见和建议；大力开展员工培训，在省分行组织的信贷和会计专项业务技术比赛中，农发行三门峡市分行分别取得两个三等奖的优异成绩。

【信贷支农成效显著】 至年底，农发行三门峡市分行贷款增长83 736万元，增长率达56%，完成政府责任目标的198%，贷款增长速度创历年新高，被三门峡市政府授予“重点项目建设先进单位”。当年，针对粮源不足、政策把握难度大的现实情况，农发行三门峡市分行从更新观念、创新经营方式入手，及早准备，扩大宣传，大力营销，优质服务，力促政策性收购取得新突破。全年累计发放夏粮收购贷款20 423万元，较上年增长6%，确保了收购资金及时足额到位。积极响应三门峡市委、市政府“项目建设年”和“企业服务年”活动要求，大力支持列入市县政府重点关注、符合农发行支持范围、自身现金流充裕的政府主导项目。累计投放政府平台中长期项目贷款61 500万元，比上年增长412%，有力地支持了三门峡农业综合开发和农村基础设施建设。针对农业产业化龙头企业和农产品加工企业受国际金融危机的冲击较大、经营面临的困难和潜在风险较多的实际情况，农发行三门峡市分行开展有针对性的金融服务，重点维护优质客户，审慎发展新客户，择优支持农业产业化经营。全年累计发放龙头企业贷款20 700万元，确保了龙头企业合理的资金需求和正常经营。

【信贷结构不断优化】 当年，农发行三门峡市分行坚持优先发展政策性业务，在全力支持粮棉油购销、确保粮食收购资金及时足额供应的同时，大力支持农业综合开发和农村基础设施建设，使中长期贷款大幅度增加，政策性贷款占比不断提高，农发行贷款抗风险能力进一步增强。在发展商业性业务方面，坚持区别对待、有保有压、择优扶持、严控风险的原则，重点维护优质客户，审慎发展新客户，适当退出部分客户，实现信贷结构的不断优化。

【经营效益明显提升】 当年，农发行三门峡市分行在加快业务有效发展的同时，高度重视自身经营效益的提高，奋力实施效益兴行战略。强化对贷款企业的全程监控，督促企业扩大销售和资金回流，保证贷款利息提前到账；加强与财政部门的沟通和联系，督催财政补贴资金及时到位；加强账户和财务管理，确保贷款利息应收尽收；不断加强经营管理中各环节的成本控制，按照控制总量、优化结构的要求，努力减少各项固定费用的支出，使有限的财务资源发挥最大的保障效果。至年底，全行各项收入11 029万元，各项支出7 531万元，实现盈利3 498万元，人均盈利29.65万元。其中：贷款利息收入9 772万元，完成省行下达任务计划的142.81%，是历年来利润较高的一年。

（刘新宝）

河南省农村信用社联合社三门峡市办公室

【概况】 2010年，河南省农村信用社联合社三门峡市办公室（以下简称市农信办）充分发挥管理、指导、协调、服务职能，指导全市农村信用社（含农商行，下同）秉承服务“三农”、改善民生的企业使命，积极贯彻落实适度宽松的货币政策，加大实体经济的信贷有效投放，加快业务发展步伐，稳妥推进改革工作，不断强化内部管理，持续优化金融服务，有力地支持了地方经济发展。至年底，市农信办内设综合科、业务科、稽核科3个科室和信息科技中心、银行卡中心、审计监督中心3个中心，下辖1个农村商业银行、5个县（市）农信联社、175个营业机构，共有员工2 115人。

至年底，全市农村信用社各项存款余额135.76亿元，较年初净增23.16亿元；各项贷款余额101.89亿元，较年初净增17.65亿元；实现经营利润3.76亿元。当年，市农信办先后被授予“金融安全保卫工作先进单位”“公益捐赠单位”“抗洪救灾暨倒房重建工作先进单位”“社会养老保险费征缴工作先进单位”“督查工作先进单位”“信贷政策导向效果评估先进单位”和“包村扶贫先进单位”等称号。义马联社获省“安康杯”竞赛优胜单位,义马联社营业部被评为“全省银行业文明规范服务示范单位”,陕县联社被评为“省级文明单位”和三门峡市“职业道德先进单位”。

【支持地方经济发展力度持续加大】 当年,根据所处地域的经济发展特点,全市农信社因地制宜确定信贷支持重点,累计投放 73.25 亿元支持地方经济发展。深入开展信用工程建设,对信用农户适当提高信用额度,发放循环授信凭证,如农信通、惠农卡等;积极引导组建农户互助担保组织、行业协会等信用共同体,加大联合信用贷款发放力度。至年末,全市评定信用农户 21.72 万户,信用村 394 个,信用乡(镇)7 个;累计发放农户小额信用贷款 1 亿元、农户联保贷款 8.92 亿元。大力支持现代农业和农业产业化项目,将支农信贷资金向特色农业倾斜,集中培育壮大果品、食用菌、中药材、烟叶、桑蚕等优质特色产业和农业龙头企业;将全市 170 多个农业龙头企业纳入项目库,累计授信 4.82 亿元,重点支持 13 家省级农业产业化重点龙头企业、28 个市级重点龙头企业、100 家销售收入 100 万元以上的农业龙头企业以及 3 个养殖畜牧小区。围绕深化企业服务年和项目建设年两大活动,择优支持产业升级、高新技术、自主创新、现代农业、节能减排等领域的中小企业,向 210 个中小企业投放贷款 12.84 亿元;加强与劳动、妇联、共青团、工会等部门合作,深入开展支持“巾帼信用致富”“青年致富”“下岗失业再就业”“大学生村官创业”等活动,加强对弱势群体和经济薄弱环节的信贷服务。同时,急农民所急,为受洪涝灾害农户发放贷款5 600万元,提供信息2 148条,帮助受灾农户上项目 569 个,开展上门服务3 381次,有效加快灾后重建步伐。

【开展全员营销贷款活动】 针对金融危机以来,全市农信社出现的资金流动性过剩的实际问题,市农信办经过充分调查,酝酿论证,2010 年,在全市农信社组织实施全员营销小额贷款工作,号召全市农信社所有符合条件的干部员工按照规定的贷款程序,向符合农信社贷款支持区域、对象、方式和用途的城乡居民和个体工商户,营销城乡居民流动资金贷款、住房贷款、消费贷款和个体工商户流动资金贷款。至年底,营销小额贷款 2 473 笔 3.1 亿元,无一笔形成逾期,不仅有效满足客户的资金需求,而且实现经营理念的两个转变:从“坐门等客”转为“上门营销”,把发放贷款从少数人的权利变成多数人的责任。

【盈利和抗风险能力显著增强】 当年,全市农信社以规范财务管理为着力点,提高风险防范和盈利能力。加强财务管理,努力增收节支;贷款利息应收尽收;加大中间业务收入。完善大额费用开支备案制度,上收大额财务支出咨询审批权限,实行分类咨询审批管理。加强清算系统管理,畅通结算渠道,全年更新、升级全辖 6 家行社大小额支付系统。2010 年,全市农信社共实现各项收入 10.8 亿元,支出 9.57 亿元,收支轧差后实现账面利润 1.23 亿元,考虑增提拨备及消化历史包袱等因素后,实现经营利润 3.76 亿元,人均利润 19.61 万元;资产利润率 2.07%。增提拨备 2.07 亿元,消化历史包袱 1 653 万元,资本充足率 14.21%,贷款损失专项准备充足率 68.46%;成本收入比率 40.18%。重要审慎指标在全省排名居前。

【深化改革工作有序开展】 至年底,全市组建农商行工作有序进行,首家村镇银行获准筹建。渑池、卢氏 2 家联社组建农商行材料上报中国银监会,并按反馈意见进行整改规范;义马联社各项指标全部达到组建农商行相关要求;陕县联社除不良贷款指标外,其他指标已达到组建农商行相关要求;灵宝联社组建农商行工作正在按计划、按步骤,有条不紊地向前推进。湖滨农商行发起设立全市首家村镇银行——灵宝融丰村镇银行,获河南银监局批准筹建。

【金融新产品层出不穷】 当年,全市农信社积极开展金融产品和服务方式创新,培育新产品。湖滨农商行推行特色支行发展战略,相继开办理财、住房按揭、汽车按揭、协定存款、联保贷款、城镇居民贷款等业务品种;义马联社推出“致富通”“幸福通”“诚信通”贷款品牌,重点服务城乡居民、公务员和个体工商户;卢氏联社开展非税费代收外联业务,开办大学生村官建功立业贷款、出国务工人员小额贷款业务,并大力拓展以代理保险为重点的中间业务;灵宝联社成功争取到新农保业务的代理权,并通过点多面广的覆盖式服务,保障惠农政策的深入落实,至年末,共代收“新农保”资金2 969.83万元。

【信贷资产质量优化】 当年,全市农信社继续加大不良贷款清收力度,完善清收盘活考核机制,创新清收方法,积极推行内外招标、风险代理、打包出售、贷款重组等办法,采取依靠政法系统帮助清收、社会力量清收、委托代理清收、拍卖清收等多种措施清收不良贷款。此外,还制定不良贷款核销计划,加大不良贷款核销力度。突出顶冒名贷款治理工作,推行信贷影像系统,有效扼制顶冒名贷款现象,信贷资产质量不断优化。

【银行卡业务发展步伐加快】 当年,全市农信社重点做好强化市场营销、提升服务质量、完善受理环境、加速产品功能创新、提升管理水平、严控业务风险 6 项工作,加快银行卡业务发展步伐。全面开展金燕卡营销和安全用卡宣传工作,普及银行卡业务及安全用卡知识;积极探索和创新营销模式,综合运用多种营销策略强力开展营销;加快 ATM、收单业务发展步伐,改善受理环境,做好 ATM、POS 机具的布放工作,完善 ATM 硬件设施。当年,全市农信社累计发行金燕卡 25.1 万张,新增 POS 机具 222 台,POS 交易金额 14.7 亿元,ATM 上线运行 36 台,充分满足金燕卡客户 24 小时取现需求。 (孟金红)

三门峡市商业银行

【概况】 2010 年,三门峡市商业银行以“调整结构、规范经营、健康发展”为指导思想,制定“做最好的中小企业和个人金融服务商”战略目标,坚持“服务地方经济、服务中小企业、服务城市居民”的市场定位,致力于走差异化、特色化发展道路。先后组织中层以上领导和业务骨干赴深圳招商银行等观摩学习其管理创新、产品创新和服务创新;赴包商银行、邢台银行等交流学习微小贷款业务和先进的营销管理理念，以拓展视野，丰富经验，理清发展思路，提升服务水平。至年末，三门峡市商业银行资产规模达到52.09亿元，较上年增加15.56亿元，增长42.57%；各项存款余额44.68亿元，较上年增加11.26亿元，增长33.70%；各项贷款余额29.42亿元，较上年增加6.52亿元，增长28.47%；不良贷款率1.93%，拨备覆盖率256.97%。三门峡市商业银行已初步发展为一家资本充足、管理科学、内控严密、运作规范、资金安全、效益优良、市场竞争力强的现代商业银行。

以持续稳健发展为根本，积极实施"引进来"战略。以增资扩股为契机引进优秀战略投资者，实现资本的持续积累、增持和补充，逐步建立长效的资本补充机制。2010年，率先与河南农业综合开发公司、三门峡明珠(集团)公司、三门峡唐润资源综合利用公司等优势企业签订合作协议，实现"强强联合"；以机构改革为契机，通过校园招聘、社会招聘等方式引进一批理论扎实、素质较高的优秀大学毕业生和经验丰富、综合能力极强的管理人才充实到员工队伍，为发展储备人才，员工队伍呈现出素质化、年轻化、凝聚化、合理化等特点，35周岁以下员工占全行员工数的70%以上；以培养塑造一流员工队伍为目的，聘请国内知名专业培训公司对全员进行系统培训，并形成长效机制，邀请顶尖管理咨询公司协助制定发展战略、人力资源、企业文化体系；组建"96558"客服中心，实现客户业务咨询24小时响应；开通网上银行业务，让客户体验到足不出户办理业务的方便与快捷。通过"引资、引智、引模式"，使三门峡市商业银行的体制更加健全，发展动力更加强劲，优质文明规范服务水平更加突出。当年，市商业银行营业部被评为省级"文明规范服务示范窗口单位"，和平西路支行被评为市级"文明规范服务示范窗口单位"，开发区支行获市级"工人先锋号"称号，和平西路支行和西市场支行获"群众满意基层站所"称号。

【存款业务稳步发展】 当年，市商业银行以机构改革和班子调整为契机，坚持"存款立行"思想，大胆改革绩效考核办法和人事及薪酬制度，实行岗位公开竞聘，加大管理培训力度，按照"小任务、多奖励、大发展"的存款激励原则，月月有目标，季季有竞赛，维护客户有措施，营销客户有办法，使存款业务稳步发展。至年底，全行各项存款余额44.68亿元，较上年增加11.26亿元，增长33.70%。同时，以"天鹅卡"为载体，以增加卡服务渠道和卡业务收入为目标，提高在三门峡当地的辐射面与影响力。开通银联互联网网上支付业务，增加天鹅卡网上购物、缴费等功能；开展天鹅卡POS刷卡积分有奖活动；开办天鹅卡循环贷款业务；依据客户分层管理的需要，增加天鹅卡种类。天鹅卡自从1999年发行、2004年加入中国银联以来，累计发卡15万余张，颇受客户青睐。

【县域支行相继开业运营】 当年，按照"立足市区、辐射周边"的网点布局战略，本着合理布局、适度竞争、效益优先和有利于促进地区经济发展的原则，加大网点结构调整力度。4月26日，三门峡市商业银行首家县域支行在灵宝市率先挂牌开业；8月18日，义马支行挂牌开业；9月5日，永兴支行乔迁至永兴花园北门商住集聚区；12月3日，渑池支行挂牌开业。至2010年末，三门峡市商业银行县域支行覆盖率60%以上，存款余额占全行新增存款余额50%以上，均实现安全快速运营。

【新增下岗再就业贷款4 860万元】 当年，市商业银行以特色求发展，以亮点求客户，找准小企业和个人贷款着力点，为更多的弱势群体提供创业资金支持，成为市商业银行发展的一大亮点。开发应收账款质押、存货抵押等14款小企业授信业务产品，企业可随借随还，满足小企业"短、急、频"的融资需求；累计发放下岗失业人员小额担保贷款1.34亿元，直接支持13 420名下岗失业人员自主创业，2010年新增下岗再就业贷款4 860万元。

【与河南省农业综合开发公司签署合作协议】 7月6日，河南省农业综合开发公司与三门峡市商业银行签署7 800万元合作协议。河南省农业综合开发公司党委书记、董事长庞学孟，市委副书记、市长杨树平，市委常委、常务副市长苏新华，市政府秘书长李宝洲等出席签字仪式。市委常委、副市长张英焕主持签约仪式。河南省农业综合开发公司系省属国有独资政策性投资机构，经营范围主要包括农业产业化龙头企业及政府出资业务。市商业银行自成立以来，累计发放小企业及个人贷款20亿元。双方的合作，有效提升了地方经济的发展和安全稳健运行的经营态势。

(张珂宣 杨 君)

中国工商银行股份有限公司三门峡分行

【概况】 2010年，中国工商银行股份有限公司三门峡分行(以下简称工行三门峡分行)积极推进规模扩张战略、质量攻坚战略、产品联动战略、机制创新战略和强行富民战略，进一步做大做强传统业务，加大不良贷款处置力度，拓展新兴业务，着力探索完善管理机制，全面推进和谐银行建设，在内外形势更加复杂多变，同业竞争日趋激烈的情况下，使主要业务指标增量市场占比排名提升，各项工作均实现稳健、科学和快速发展。至年底，工行三门峡分行下辖9个一级支行、6个二级支行，22个营业网点，员工688人。

经营效益明显改善，利息收入不断增长。实现扣除资产减值损失前利润11 698万元，完成省行年度计划的101.5%；实现扣除资产减值损失后利润12 462万元，完成省行年度计划的108.13%；实现税后净利润10 099万元，完成省行年度计划的116.83%。实现利息收入18 221万元，较上年同期增加3 729万元。实现中间业务收入4 831.11万元，比上年同期增加2 259万元；由于上存资金增加，实现金融企业往来收入9 533万元，较上年同期增加791万元。

提高竞争意识和发展信心，做大做强传统业务。加大优质公司贷款营销力度，全年累计投放大中型企业贷款205 570万元，新拓展大中型公司客户9

11 月 28 日,工行三门峡分行工作人员开展宣传活动

户;累计发放小企业贷款32 543万元,小企业贷款余额20 870万元,较年初新增19 647万元,完成省行任务的392.94%。

依托资源优势,促进个人贷款业务健康快速发展。在贷款规模受限的情况下,全年累计发放个人贷款 639 笔 30.68 亿元,收回 824 笔 26.26 亿元,余额净增44 225万元,实现利息收入5 168万元。

健全体制,广开源头,抓好稳存增存工作。各项存款 78.88 亿元,比年初上升 18.04 亿元。其中,对公存款 34.94 亿元,比年初上升 10.34 亿元;储蓄存款 43.18 亿元,较年初新增 7.21 亿元;同业存款 1.06 亿元,比年初增加 0.14 亿元。计划完成比居省行系统第 4 位;同业市场占比 21%,居第 3 位;增量同业市场占比 27.2%,居第 2 位;网均增量 3 432 万元,同业列第 2 位。

加大"扩户工程"力度,抢占优质资源。新开对公结算账户 923 户,净增 340 户。对公结算账户存量在同业市场列第 1 位;法人理财新增客户 29 户,销售额 45 亿元,日均存量达 2.3 亿元;新增现金管理客户 601 户,完成全年任务的 121%;新开品牌金积存户 751 户,销售品牌金 16 千克,账户黄金 2 641 千克,代理实物黄金 84 985 千克。

开展清收处置不良资产攻坚战,着力提高信贷资产质量。全年共清收处置不良贷款 39 746 万元,其中现金清收 6 951 万元、核销 32 784 万元、其他方式处置 11 万元。不良贷款余额由年初的 54 054 万元下降到 15 519 万元,比年初净下降38 535万元;不良贷款占比由年初的 15.34% 下降到 3.51%,比年初下降 11.83 个百分点。全年共收回账销案存资产 2 668.49 万元,清收不良贷款拨备回流增加利润 3 070.82 万元。

大力发展新兴业务,加大业务创新力度。票据业务、房地产和医疗行业信贷业务破冰,为优化资产结构、提高综合收益夯实基础。全年办理票据贴现 79 笔,贴现金额15 815万元,实现贴现利息收入 97 万元。新增房地产客户 2 户,新增贷款 1 亿元,发放第 1 笔医疗行业贷款2 000万元。贸易融资业务快速发展,12 月底,贸易融资余额达到 60 170万元,占全部流资贷款的 38%,对传统流资贷款的替代率持续提升。成功办理全国系统内、本地金融机构首笔以金精粉质押的商品融资贷款,成功办理首笔国内信用证和信用证项下卖方融资业务,实现这两项业务在工行三门峡分行的零突破,优化了贷款结构,增加中间业务收入。2010 年,实现中间业务收入 1 577.15 万元,同比多收 482.61 万元,创历史最好成绩。国际业务实现多项历史性突破:历史上首笔债项授信贸易融资业务,单笔最大金额的国际结算业务,最大金额进口开证业务,使国际业务发展迈上一个新台阶。办理首笔国内保理业务,资产托管业务取得突破性进展;成功办理首笔融资性存放同业业务;成功办理首笔 1.5 亿"信托 + 理财"业务,支持成功办理 2 笔他行贷款被信托公司成功买断的案例。累计成功办理"信托 + 理财"业务 3 笔 3.7 亿元;成功发放首笔银团贷款,累计投放到位 4.2 亿元。黄金业务创造多项全国、全省纪录,实现法人黄金质押贷款在全省系统内的零突破、在同业市场中工行份额的零突破。工行灵宝支行被评为全国工行贵金属营销 20 强。

加快渠道建设和服务创新,服务品质不断改善。以"服务价值年"活动和营业网点服务达标为抓手,加快渠道建设和服务创新。营业网点改造完成达到 17 个,改造完成率 81%。新增自助设备 250 台,其中 ATM 增加 12 台,POS 机增加 224 台,自助终端 14 台,自助设备达到 672 台,ATM 单机日均交易 213 笔。加强了客户经理队伍建设,配备个人客户经理 59 人,全部通过个人客户经理岗位资格认证,通过金融理财师资格认证 17 人。

夯实管理基础,强化内控案防,顺利实现第 9 个安全年。通过加强全面风险管理,构建内控案防长效机制,提高操作风险管控水平,加强对重点业务领域的合规检查,加大对各类检查发现问题的整改力度,推进内控评价上等级,实现"零发案"目标,保障了全行各项业务的正常开展。

【强化信贷结构调整】 当年,工行三门峡分行完善行业信贷管理体系,根据国家产业政策,明确信贷投放重点和结构调整目标,配合全市经济建设,做好优势项目和优质客户储备,建立责任明确、协调统一、务实高效的营销工作机制,定方案、定进度、定措施,大力拓展优质信贷市场,努力提升市场竞争力。全年累计投放大中型企业贷款 205 570 万元,比上年增加 79 875 万元,增幅达 63.5%;新增投放 113 300 万元,比上年增加 14 840 万元,增幅 15%;办理信托理财 37 000 万元、国内信用证25 100 万元、银行承兑3 403万元。继续积极履行工行河南省分行与三门峡市政府签署的 160 亿元战略合作协议,使全市 23 个重点项目的融资意向全面落地。全年共落实资金 65.95 亿元,加上 2009 年已经落实的 63 亿元,两年共计落实 128.95 亿元,占战略合作协议 3 年总金额 160 亿元的 80.59%,完成政府目标 66% 的 122.1%。加速推动对医院、旅游、教育、装备制造、城市公共事业、房地产等 6 个行业的信贷支持力度,及时掌握客户发展动向和融资需求,实现行业内所有客户和信贷产品的全覆盖营销。大力支持节能、低碳、环保行业发展，加快投放进度，拓展新兴信贷市场。积极开展市场调研，多渠道、多方式推介小企业信贷产品。小企业金融业务发展迅速，成效斐然，受到总行通报表彰。累计发放小企业贷款59笔，金额32 543万元；贷款余额20 870万元，较年初新增19 647万元，完成省行目标任务5 000万元的392.94%。

【法人理财业务实现新突破】　当年，工行三门峡分行加大法人理财业务客户资源拓展力度，通过发展网上理财业务，捆绑理财与电子银行两项产品优势，提升客户吸引力，法人理财业务实现新突破。全年新增法人理财客户29户，实现三门峡商业银行等同业法人理财业务客户的新突破；9月，成功实现巴西石油ADR专项境外理财产品新突破100万元。全年实现法人理财收益224万元，同比增长136万元，增长254.55%。　（王　洎）

中国农业银行股份有限公司三门峡分行

【概况】　2010年，中国农业银行股份有限公司三门峡分行（以下简称农行三门峡分行）紧紧围绕“1213”发展战略和“三争两提高”奋斗目标，统筹城乡两大市场，积极调整经营结构，加快有效发展步伐，着力夯实管理基础，努力追求“横向进位、纵向提升”，实现了又好又快发展。

主体业务有效发展，市场份额与系统位次稳步提升。年末，全行各项存款余额较年初增加156 471万元，同比多增17 676万元，完成省行年计划的104.18%，居全省农行第4位；在全市4大银行中存量市场占比为30.93%，居第1位；增量市场占比为26.26%，同比提高2.74个百分点。各项贷款余额为459 391万元，较年初增加87 466万元，贷款存量、增量分别名列全市4大银行第1位、第2位。其中：个人贷款较年初增加13 367万元，增幅达362.4%，个贷增量市场份额同比提升1个位次。全年实现中间业务收入3 543万元，同比增收1 007万元，增幅为39.7%，比全省平均水平高出4.47个百分点。战略产品营销步伐进一步加快，重点产品市场份额持续提升。全年累计处置收回委托资产5 794万元，完成省行年计划的100.59%，清收总量和计划完成率均居全省前列。全年新增小额农户授信9 052户，完成省行年计划的174.08%；积极探索农户贷款新模式，成功投放“农户＋公司”贷款6 000万元；累计发放“新农保”惠农卡9 118张、“新农合”惠农卡15 319张，实现与国家惠农政策的有效对接。

经营结构继续优化，价值创造力明显提升。年末，全行活期存款存量、增量占比同比分别提高12.36和22.36个百分点，存款付息率同比下降0.23个百分点；AA级以上法人客户贷款占比同比提高2.68个百分点，个人贷款占比同比提高2.72个百分点。全行拥有个人贵宾客户12 810户，较年初增加5 156户，增幅为67.4%，完成省行年计划的417.8%。全行中间业务收入贡献度同比提高5.74个百分点，个人人民币结算业务、代理保险业务在全市4大银行中继续保持首位，投资银行、电子银行、信用卡业务收入实现翻番或接近翻番，手机银行、电话银行、网银客户、POS等战略产品营销和渠道建设呈现提速发展局面。全年实现拨备前利润14 724万元，同比多增4 992万元，完成省行年计划的102.97%，计划完成率居全省农行第10位；人均盈利18.54万元，点均盈利350.57万元，分别名列全省农行第7位、第10位。实现拨备后利润12 471万元，同比增加27 021万元；实现经济增加值2 339万元，同比增加22 976万元。

基础管理不断夯实，内部控制力明显增强。在继续加大存量不良贷款清收的同时，认真落实银监会“三个办法、一个指引”，先后制定《信贷资产逾期责任追究办法》和《风险经理履职考核办法》，向6个县支行分别派驻风险经理，严格落实独立审批人通报制度和贷后管理例会制度，严格控制增量贷款风险，认真做好信贷资产减值测试。年末，全行不良贷款占比较年初下降2.82个百分点，信贷资产计提拨备55 739万元，较年初增加2 146万元，拨备率覆盖率达99.23%，风险覆盖能力进一步增强。积极推进“三大中心”试点建设工作，继续实施财会及运营基础工作分层考核，着力优化柜面授权管理，扎实做好对账环节风险管控，狠抓金库突击检查，有效提升操作风险防控能力。加大投入力度，突出抓好物防、技防建设，严格落实守库、押运等重点环节管控，认真组织防暴演练，着力提高押运工作的社会化、专业化、规范化水平，实现全年安全经营无事故。顺利完成内控合规组织机构改革工作，积极构建“大内控”运行机制，统筹组织案件风险排查和各业务条线尽职监督检查工作，尝试性开展整体移位检查，认真做好内控评价自我评估和等级申报工作，加强转授权动态管理，强化科技信息风险防范，扎实推进“内控和案防制度执行年”活动，继续深化合规文化教育，全行内控风险管理基础进一步夯实。

党建工作深入推进，队伍建设初见成效。2010年，组织开展县支行副科级干部缺岗竞聘，调整、充实县支行领导班子，支行班子建设进一步加强；扎实开展“创先争优”活动，基层党组织的战斗堡垒作用和共产党员的先锋模范作用得到充分发挥，8月，卢氏五里川支行抗洪抢险的事迹被中国农业银行总行党委组织部转发；着力加强惩防体系建设，强化干部廉洁自律监督，全行党风廉政建设工作取得新进展；坚持从战略高度抓好青年员工队伍建设，制定《新入行大学生员工培养使用意见》，召开青年员工座谈会，组织青年员工岗位练兵和业务技术比赛，开辟青年员工论坛，致力构筑全视野、多渠道、宽领域的青年员工成长跑道和平台。当年，农行三门峡分行以青年员工为主体的参赛队伍，先后荣获省行业务技术比赛团体冠军、涉外保函业务知识竞赛团体总分第1名，创造了建行以来在全省业务技术比赛中的历史最好成绩。

当年，农行三门峡分行先后被授予“党风廉政建设优秀单位”、市级“文明诚信企业”“后勤保障先进单位”“定点帮扶贫困村先进单位”等称号，并被三门峡市委、市政府授予“抗洪救灾奉献奖”。

【农行河南省分行党委书记、行长崔宗河到三门峡市调研】　9月14日至15

日,农行河南省分行党委书记、行长崔宗河一行到三门峡市调研。市长级干部李建顺等陪同调研。9月14日,崔宗河一行到灵宝市考察海升果业有限责任公司果汁生产加工基地、鼎塬菌业有限责任公司姚王香菇基地,对有产业支撑的整村推进农业贷款项目实施情况进行详细了解,对农行发放小额贷款支持农民发展香菇等特色产业的成功做法进行探讨。9月15日,崔宗河一行到陕县考察二仙坡果业基地和骏通车辆有限公司特种车辆生产基地,并深入农行三门峡分行部分基层营业网点,看望一线职工,了解硬件建设和业务发展情况。（马建华）

中国银行股份有限公司三门峡分行

【概况】 2010年,中国银行股份有限公司三门峡分行(以下简称中行三门峡分行)紧紧围绕总行"调结构、扩规模、做品牌、练内功、防风险、降成本、上水平"21字工作方针,深入贯彻执行总分行发展战略部署,勇于开拓,强化执行,扎实工作,各项业务均得到快速健康发展,实现3年发展战略规划的首年胜利。

至年底,全行各项存款余额74.21亿元,完成目标任务的110.88%,其中储蓄存款余额40.40亿元,完成目标任务的105.57%。各项贷款余额达34.79亿元;不良贷款率0.07%,控制在省行指标1.99%以内;认真落实与市政府签署的战略合作协议,履约率达101.96%;支持重点建设项目和企业3个。

组织存款　大力拓展储蓄存款,通过开展唤醒"双零账户"全员营销活动,使个人客户规模在短期内明显增长;通过住房贷款、第三方存管、基金定投、期缴保险、代缴费、代收付、理财产品等来增加基本账户;通过拓展医保、社保归集账户,代发薪、代收付业务,快速扩大客户规模;通过分层服务、分类营销、定向维护,加强对基础客户的维护和拓展,从而促使储蓄存款的稳步发展。分层次强力营销行政事业、行业、同业存款。年初,为烟草公司上报并批复1.2亿元的授信总量,双方达成5 000万元贷款投放和开立一般结算账户协议;成功营销并开立义马市居民养老保险中心存款账户;6月,义马、渑池、灵宝支行成功开立住房公积金存款专户;9月中旬,市廉租房建设基金在中行三门峡分行开户;11月,市财政局农业综合投资开发公司在中行三门峡分行开立基本户。至10月末,全辖区有效客户数较年初增加180户,完成省行年度任务的108%,在全省26家机构中计划完成率和新增户数均居第1位。积极与同业加强合作,叙做同业存放业务达14.58亿元。

竞赛活动　分产品、分阶段开展各种竞赛活动,突出阶段工作重点,明晰阶段性发展方向和目标,从而有效激励、督促各项业务、各类产品的拓展。针对行政事业存款、有效客户等重点公司产品,开展"春季攻坚"竞赛;二季度,针对个人网银、中银保险、银行卡、消费信贷等个金产品,开展"金满仓""抢收增收夏季争先""中银薪计划"等系列个金夏季营销活动;针对工商入资E线通、银税通、行政事业存款、启贷通、中小企业"易贷通"等重点产品,采取激励营销措施,快速扩大客户规模,促进业务稳步发展。二季度,中行三门峡分行黄金宝交易位居全省第1位;三季度,中行三门峡分行贵金属销售量居全省中行系统第1位,在代销"华泰柏瑞量化先行基金""中银蓝筹基金""富兰克林中小盘基金"等重点基金时,中行三门峡分行均在全省名列前茅,受到通报表扬;四季度,贵金属及理财业务收入完成率在全省中行系统居第2位,私人银行客户计划完成率在全省中行系统居第3位,个人网银交易量在全省中行系统居第1位。

中间业务　采取"抓大不放小"策略,推动理财业务快速发展。全年对公理财交易量达53亿元,在中行河南省分行春季理财竞赛中获第1名及"2010年春季理财推广活动优胜行"称号,对私理财业务收入完成率在全省居第2位。重视供应链融资等新产品的拓展,为灵宝市新凌铅业叙做供应链融资产品融货达,在全省范围内叙做首笔仓单项下融货达业务,并以此带来3 278万美元的进口信用证业务。随着人民币汇率波动的频率和幅度加大,适时向企业推荐并叙做首笔远期结汇业务,实现外汇保函业务"零"的突破。主动出击,积极开展军人保障卡的营销工作。率先与中国人民解放军某部队签订正式战略业务合作协议,取得全国中行系统军保卡业务发展第2名的好成绩。

【中行河南省分行与义煤集团实施战略合作】 3月11日,中国银行河南省分行与义煤集团举行战略合作协议签字仪式。中行河南省分行行长白树屏、义煤集团董事长武予鲁代表双方签约,副市长李琳、市长助理张万斌出席签约仪式。双方就融资授信等方面及100亿元贷款的合作内容签订协议,通过实施强强结合,构建更加全面深入的合作关系,进一步做大做强三门峡市能源、煤化工及相关产业。

【成功举办"2010年大型黄金和外汇交易投资策略报告会"】 为进一步拓展黄金和外汇业务,4月17日,中行三门峡分行成功举办"2010年大型黄金和外汇交易投资策略报告会",特邀北京中汇安高信息咨询有限公司首席外汇分析师、黄金期货全国巡回报告会特级讲师刘建新,对国内外经济金融形势、黄金的基本知识、黄金的投资渠道以及外汇宝交易等,作精彩讲解。中行三门峡分行邀请500余名客户参加了报告会。

【提前退出政府融资平台】 6月28日,随着最后一笔161万元资金到账,三门峡市财经投资公司在中行三门峡分行的15 000万元流资贷款被全部收回,中行三门峡分行成为全省中行系统首家整户提前退出政府融资平台的二级分行。（李　娜）

中国建设银行股份有限公司三门峡分行

【概况】 至2010年底,中国建设银行股份有限公司三门峡分行(以下简称建行三门峡分行)下辖 12 个支行级单位,23 个营业网点,员工 621 人。

当年,建行三门峡分行按照“系统创优,领先同业”的总体要求,以提升质量和效率为主线,以加强队伍建设、夯实客户基础和管理基础为着力点,围绕持续提升客户营销能力和价值创造能力、巩固核心业务和客户服务的领先优势这一具体目标,抢机遇、抓营销、优服务、抓管理,较好地完成年度经营计划,实现安全稳健运营。

经营效益稳步提高。全年考核利润 15 090 万元,完成省行计划的 105%;实现经济增加值 7 502 万元,完成省行计划的 108%。

业务规模快速发展。至年底,全口径存款余额达 969 843 万元,比年初时点新增 150 454 万元,比上年同期提升 2 个位次。中间业务收入同业占比为 38.1%。贷款业务余额 458 475 万元,较年初上升 70 669 万元。国际业务结算量 7 679 万美元,完成省分行全年计划的 153.59%。结售汇 6 903 万美元,完成省分行全年计划的 153.39%,同业排名仍为市场第 2 位。小企业非贴贷款累计投放 27 145 万元,同业占比达 33% 以上,排名第 1 位。

信贷质量稳步提升。建行三门峡分行在信贷经营管理中,始终把风险控制放在首位,深入研究信贷准入政策,严把风险入口,强化贷后管理,确保信贷政策质量稳中有升。当年全行不良贷款率为 1.46%,比年初下降 0.52 个百分点。

内控管理不断强化。围绕“用教育提高认识,用检查落实制度,用活动提升效果,用文化培养习惯”这一思路,坚持通过各种途径,对员工开展法规教育、制度教育、廉政教育和警示教育,牢筑思想道德防线,从思想上解决“不愿作案、不愿违规,不敢作案、不敢违规”的问题;加强监督检查,严格落实制度,从行为上解决员工“不能作案、不能违规”的问题。6 月 30 日,在河南省分行个人银行业务内部控制管理综合考核及评价工作中,建行三门峡分行被评为“内部控制工作先进管理行”。11 月,在郑州市召开的 2010 年度大型银行业金融机构案件防控会议上,建行三门峡分行作为河南建行系统的唯一代表进行典型发言。与会领导对该行的案防经验和做法给予充分肯定,并提出该行的“五级防控案件责任制”的经验值得推广。

企业管理和谐有序。按照建设“五型团队”的要求,通过强化中心组集中学习、加强“四好”领导班子和基层党支部示范点建设、深入开展“创先争优”活动,提升各级管理人员的思想素质、理论素养、工作能力。以“提升质量和效率”为主线,不断完善管理人员动态化考核办法;以提高员工整体业务素质和履岗能力为目标,在全行范围内集中开展“强化业务学习,提升履岗能力”学习活动,通过各种考试、网上答题、知识竞赛、岗位资格过关等形式,检验学习效果;组织开展员工接待日活动、重大节日“送温暖”活动、“关爱员工激励学子情系建行”活动、户外体验活动,举办健康讲座、心理辅导讲座等,着力打造卓越的员工队伍。2 月,建行三门峡分行个人银行事业部李少军报送的“‘慧基盈’基金智能定投产品创意”获中国建设银行总行团委“青年创新建行强”金点子大赛一等奖。7 月 20 日,在建行河南省分行开展的“结算明星”劳动竞赛活动中,建行三门峡分行单位人民币结算业务收入计划完成率居全省第 1 位、增幅第 4 位;单位人民币结算账户、电子回单柜、通存通兑、现金管理系统营销等单项指标均名列前茅。9 月 28 日,建行三门峡分行获全市银行业金融系统反洗钱知识竞赛个人、团体两项第 1。11 月,建行三门峡分行黄河路支行刘文龙代表河南省分行参加总行电子银行业务知识竞赛并获“优秀选手奖”。

当年,建行三门峡分行在市政府组织的全市民主评议政风行风综合考核中被评为“优秀”,并先后被授予“三门峡市同城票据清算工作先进单位”“2009 年度营运工作先进单位”“平安创建暨社会综合治理活动先进单位”“先进职工之家”“模范职工之家”等称号;建行灵宝支行、渑池支行、义马支行均受到河南省分行表彰,分别荣获 2010 年度“十佳县支行”“十佳特色县支行”称号;渑池支行还被授予“基层党支部建设示范点”称号。

【对公业务营销取得成效】 当年,建行三门峡分行以“双高”客户营销维护为重点,开展开户增存活动。全行新开立日均 5 万元(含)以上对公结算账户 300 户,完成年度目标任务的 166.9%,尤其是省行确定的“双高”客户已开立基本账户 3 个,占全省“双高”客户新开基本账户总量的 42.8%。财政支付中心营销成功后,实现新开立账户 360 户。成功营销河南弘卢高速有限公司三淅高速公路灵宝至卢氏段项目和三门峡鑫德金煤炭有限公司煤炭物流产业园两个重大项目。

【个人业务发展势头不减】 当年,建行三门峡分行提出个人业务发展“突出旺季抓营销、突出‘开户增存’抓基础、突出产品抓销售”的思路,坚持每月 1 个主题活动,为个人业务发展造势,拓展客户数量,个人类客户数量和质量明显提高。其中 AUM300 万元至 1 000 万元客户新增 58 户,完成省行下达计划的 145%,增量和存量均居系统前列。房贷业务持续快速增长,个人贷款新增 14 516 万元,计划进度完成率达到 145%,同业占比、新增占比继续保持绝对领先优势。委托性存款新增 21 952 万元,完成年度计划的 274%。卓有成效的管理和营销,使建行三门峡分行个人存款在连续 5 年保持同业第 1 的情况下,继续保持同业领先地位。理财产品实现销售额 55.78 亿元,稳居同业首位。

【投放公司类贷款 39.78 亿元】 至年底,建行三门峡分行共投放公司类贷款 39.78 亿元,较年初上升 8.1 亿元。产品覆盖固定资产贷款、流动资金贷款、房地产开发贷款、黄金质押贷款、基本建设贷款、法人账户透支、国内保理、速贷通和成长之路等多个品牌,贷款余额达 45.8 亿元,余额占比 28.46%,新增市场占比高达 43.93%,为三门峡市经济发展作出突出贡献。

【中间业务收入居同业第 1 位】 当年,建行三门峡分行对中间业务发展实施重点产品、重点区域的营销策略,主抓票据承诺、财务咨询业务和工程造价咨询业务等重点产品,并通过开展明星网点与明星个人竞赛活动、与保险公司合作开展“促业务、出大单、获大奖”竞赛、开展决战“一金一险”等活动,促进中间业务收入的提升。全年实现中间业务收入 7 472.34 万元,市场占比 38.1%,居三门峡同业第 1 位。

【电子银行业务发展再上台阶】　当年,建行三门峡分行围绕"打造辉煌电子银行"的总体要求,突出电子银行的战略地位,通过实行标杆管理,建立"红黄牌"制度,分片包干管理等措施,以开展"新春十五天,送礼过大年"、个人客户签约体验"五项产品"活动、"二季度企业网银大会战"活动、电子银行"双倍531、网点都达标"劳动竞赛、"三新促三增""电子银行月月赢"等活动,促进电银业务发展再上台阶。高级版企业网银活跃客户、"E路同行"、固网金融等指标度超额完成省行计划,位居系统前列。

【客户服务能力提升】　当年,建行三门峡分行在加强营业网点硬件建设的同时,严格落实网点转型要求,健全客户营销和维护网络,服务品位和层次持续提升;通过不断开展阶段性的服务整肃活动,深化三级服务管理,强化服务培训演练,严格执行奖罚制度,使客户服务工作实现标准化、规范化,切实推动服务质量在系统内提升位次、在同业中保持领先,得到社会各界的一致认可。在三门峡市政府组织的政风行风评议活动中,建行三门峡分行的服务评价得分一直居同业第1位。当年,建行灵宝支行营业部被省银监局评为"百家文明规范服务窗口";建行峡西支行营业部、渑池支行营业部被市银监局评选为"三门峡市银行业文明规范服务窗口单位",市分行营业部被市文明委评选为"十佳服务单位"。12月15日,在中国建设银行总行开展的房金业务"提高质量、提升收益"活动中,建行三门峡分行因住房金融与个人信贷业务表现突出,被评为"房金百佳机构";王俊龙、杨震宇获"房金服务标兵"称号。

(宋粉霞)

中国人民财产保险股份有限公司三门峡市分公司

【概况】　2010年,中国人民财产保险股份有限公司三门峡市分公司(以下简称人保财险三门峡市分公司)紧紧围绕"促发展、保效益、防风险"的总体工作主基调,开拓创新,加强管控,实现公司业务发展的新跨越和品牌、规模、效益的共同提升。至年底,人保财险三门峡市分公司下辖5个县级支公司、8个营销服务部、27个农村营销服务部,网点机构遍布全市各地,为三门峡市经济建设发挥了重要的保障作用。

当年,人保财险三门峡市分公司累计实现财产保险业务总收入15 900.46万元,完成全年计划任务的124.6%,在三门峡财险行业处于绝对的引领地位。全年累计缴纳各种税金823.94万元,完成年计划任务的116.05%;上缴市直单位失业医疗保险金统筹额24.27万元,完成年度计划任务的101.14%。全年承保社会财产总额1 103.15亿元;承保机动车辆60 480辆,完成年度任务的114.11%。开发"幸福通保""创富保""安驾保""驾意险"等4个新险种,进一步满足社会各界群众的保险需求。

【举行"全国模范职工之家"授牌仪式】　8月12日,"全国模范职工之家"授牌仪式在人保财险三门峡市分公司隆重举行。中国金融工会副主席王玉祥,人保集团公司监事会主席、纪委书记周树瑞,三门峡市委书记李文慧,市委常委、市委秘书长赵中生,副市长高战荣,人保财险河南省分公司总经理李成全、副总经理宿爱国出席授牌仪式,并颁发奖牌。近年来,人保财险三门峡市分公司在积极开拓保险市场、不断提升保险服务水平的同时,高度重视工会组织和"职工之家"建设,充分发挥工会组织在保险业务工作中的重要作用,认真建设"职工之家",全面维护职工权益,不断探索增强工会工作时代感和实效性的新路子,实现了公司发展和工会建设的共同进步、共同提升。继2008年被中国金融工会授予"全国金融模范职工之家"称号后,又荣获全国总工会授予的"全国模范职工之家"称号。

【三门峡市保险行业协会成立】　10月29日,三门峡市保险行业集中宣传活动暨协会成立揭牌仪式在世纪经典文化广场举行。河南省保险行业协会副秘书长、保险学会秘书长牛新中,三门峡市政府副市长高战荣等出席仪式并为协会成立揭牌。三门峡市保险行业协会第一届会长、人保财险三门峡市分公司负责人刘建军讲话。三门峡市保险行业协会是经中国保险监督管理委员会河南监管局审查同意并在三门峡市民政局核准登记的三门峡市保险业内的自律性组织,是非营利性社会团体法人。协会的基本职责是:自律与服务。重点发挥自律职能,促进市场公平、维护消费公正。同时做好维权、协调、交流和宣传等工作,为会员和消费者提供优质服务。当天,三门峡市20家保险主体首次举行大规模集中宣传活动,共设立咨询台20余个,展出宣传展板30

10月29日,三门峡市保险行业协会成立揭牌仪式举行

余块，发放各种宣传资料6 000余份，接受保险消费者咨询2 000余人次。河南电视台驻三门峡记者站、三门峡日报社、三门峡市电视台、三门峡有线电视台、三门峡教育电视台、三门峡市广播电台、三门峡市广播电视报等省、市新闻媒体对活动进行集中报道。

【提前完成全年保险产品电子营销计划任务】 当年，人保财险三门峡市分公司不断加强保险产品电子营销流程管理，树立电子营销品牌，提前完成全年电子营销计划任务。以人保财险的品牌优势为依托，一切从客户角度出发，提高主动性、技巧性，增强应变能力和灵巧性；通过送单上门、快速理赔的贴心服务，打造精品服务；针对不同保险需求，快速判断客户类型和特点，提供差异化的“弹性服务”，为电子营销快速发展奠定良好基础。至11月4日，实现保险产品电子营销保费收入208.35万元，完成全年任务的104.2%。 （王 远）

中国人寿保险股份有限公司三门峡分公司

【概况】 2010年，中国人寿保险股份有限公司三门峡分公司（以下简称中国人寿三门峡分公司）以“调结构，促效益，防风险，稳增长”12字方针和“三大一强”（思想大解放、作风大转变、业务大发展，加强执行力建设）的总体要求为指导，直面日趋激烈的市场竞争，坚持稳中求进、转型增效、深化改革、强化管控，圆满完成并提前实现各项目标任务，为推进三门峡市经济发展、促进和谐稳定作出了应有的贡献。

至年底，公司缴纳各种税金总额169万元，全市累计实现业务总收入51 792万元，同比增长105%。其中，短期健康险业务收入1 258万元，意外险业务收入1 099万元，寿险新单业务收入8 898万元，兼业代理业务收入6 067万元，99版以后业务续期率达90%；安排社会再就业人员460人。全市累计支付各类赔款5 641.1万元，赔案达6 535件。

【召开迎新年服务质量社会监督员联谊会】 1月20日，中国人寿三门峡分公司举办迎新年服务质量社会监督员联谊会，倾听来自全市各行业监督员对公司工作的意见和建议，以期达到更好的改进和提高，推进三门峡国寿又好又快地发展。公司总经理谢小曼向各位监督员通报了三门峡国寿2009年在业务发展、经营管理、客户服务、企划宣传方面的相关做法与体会，指出了工作中存在的问题，畅谈了2010年工作目标及发展举措，并为来自市供电公司的新聘社会监督员颁发聘书。到会的监督员分别结合各自的工作性质，对公司的有关工作提出了宝贵意见及建议，为三门峡国寿的发展和更好地服务社会起到极大的助推作用。

【灵宝支公司提前243天超额完成意外险保费全年目标】 至5月3日，灵宝支公司团险渠道实现意外险保费收入183.7万元，占年计划180万元的102.1%，同比增长101.9%，提前243天实现年度此项目标。

【举办“国寿客户节”系列活动】 从2007年起，中国人寿总公司把每年的6月16日定为“国寿客户节”。这是既有全国联动又兼具地方特色的客户服务活动，是国寿“1+N”服务的重要组成部分，是国寿鹤卡功能的有益实践，也是回馈客户的一项重要举措。2010年的“国寿客户节”以“牵手国寿精彩生活”为活动主题，以运动和健康为主线。6月13日上午，中国人寿三门峡分公司在市上阳苑举办“国寿健康深呼吸”登山比赛及客户节联谊活动，市区50名持鹤卡客户在业务员的陪同下参加比赛。经过激烈角逐，共有12名客户获得奖励，公司总经理谢小曼为获奖选手颁奖，并祝愿广大客户节日快乐。6月14日，市公司组织市内基层单位在市虢国公园门口举办声势浩大的“6·16”客户节宣传咨询活动，6家基层单位共设立咨询台13个，悬挂横幅6条，展出展板4块，出动人员60余人，身披绶带与客户面对面提供咨询服务。当天，共接受咨询500余人次，建立准客户240余人，起到了良好的宣传效果，进一步提升了中国人寿三门峡分公司的美誉度和影响力。

【召开“福禄满堂”新产品上市发布会】 9月15日，中国人寿三门峡分公司在市电业局多功能厅召开“福禄满堂”新产品上市发布会。“福禄满堂”养老年金保险产品在养老回报、投资收益、意外保障、保险金领取方式几方面突破传统养老保险的模式，创造了全新的市场亮点。投保年龄比较宽松，从出生30天婴儿到64周岁的老人均可投保。交费期分为5年、10年和20年3种，由投保人在投保时自由选择。养老年金领取方式灵活，可选择在50岁、55岁、60岁和65岁开始领取，保证最少领取20年。该保险还首次采取养老金递增领取方式，养老金领取金额逐年递增。此款产品解决了养老保险老化、保障不全面、收益不高等方面的弊端，更将养老保障与投资收益完美结合，满足了社会养老的个性化需求。市政府副秘书长、市金融办主任李永正与公司总经理谢小曼一同按下水晶启动球，为“福禄满堂”新产品上市进行揭幕。到场客户对“福禄满堂”新产品反应强烈。至年底，“福禄满堂”在全市共计完成保费收入366.32万元。 （武鹏程）

中原证券股份有限公司三门峡六峰路证券营业部

【概况】 2010年，中原证券股份有限公司三门峡六峰路证券营业部（以下简称中原证券六峰路营业部）坚持以营销为导向，以服务为手段，有效提升营销能力和综合服务水平；注重加强对各项经营工作过程的有效管理和控制，营业部组织架构和运作机制初步实现转型，发展态势良好。

加强合规风险控制，严格执行信息隔离制度的各项要求，严防经纪业务管理和营销活动中的违法违规行为，继续强化账户管理、投资者教育、适当性管理、客户行为管理以及经纪业务营销等方面的合规管理，进一步加强员工职业道德教育和合规教育，促进业务更好更

10月29日,三门峡市保险行业开展集中宣传活动

快的发展。

加强营销队伍建设,营销部门先后15次奔赴郑州、洛阳等地,进行人才招聘。至年底,正式上岗36名客户经理,较年初增加29名;业务部门数量达11个,较年初增加5个。全年共举行营销人员培训和新员工培训23场,主要内容有股指期货相关知识、客户分类及沟通方法、新员工应具备的职业素质、客户经理交际礼仪、证券营销服务流程、营销策划与营销服务等,其中包含营销话术系列专项培训5场、户外励志训练1场。

【成立基金投资俱乐部】 3月,成立基金投资俱乐部,设立基金专员,定期组织会员及营销人员进行基金理财知识的培训和互动交流,并多次邀请国内著名基金管理公司的资深基金经理人到营业部参与互动交流,向客户传授更为先进的基金投资理念和基金投资技巧。至12月底,共组织19场专题讲座,深受客户好评。

【加强营销网络建设】 当年,中原证券三门峡六峰路营业部不断加强营销网络建设,为营销人员提供便利的渠道支持。4月,中原证券六峰路营业部分别与4大商业银行签订2010年业务合作及联合营销活动方案,达成共同发展、互惠共赢的良好合作局面。至年底,中原证券六峰路营业部客户经理进驻4大银行各营业网点共33处,覆盖率超过银行网点总数的80%。同时,按照业务合作方案,中国联通三门峡分公司亦向中原证券六峰路营业部开放市区6个营业网点和灵宝市区2个营业网点,使渠道拓展取得阶段性突破。

【加强投资咨询工作】 当年,中原证券六峰路营业部不断加强投资咨询工作,打造客户满意的理财团队,投资咨询水平明显提高。购买"大智慧"超赢机构版,组建实战经验丰富的专业理财团队,利用每周六、周日上午,分批邀请客户进行投资理财沟通交流会和账户诊断,为客户股票投资提供更加专业的咨询服务,累计参加客户数近5 000人。在中原证券股份有限公司营销管理部组织的"财富中原"理财嘉年华活动中,三门峡营业部客户通过客服人员的实盘指导,进行模拟投资,获得公司活动总收益排名的第2名和第3名,体现出客服人员过硬的专业咨询能力。

【举办A股投资策略报告会】 为提升客户服务满意度,帮助客户更好地把握市场投资机会,当年,营业部与中原证券研究所共同组织5场投资报告会。投资报告会均邀请重点客户、VIP客户参加,并对其他券商客户进行邀约,扩大中原证券在本地市场的影响力。全年参与客户人数累计近800人。为促进股指期货业务发展,六峰路营业部、灵宝营业部与中原期货研究人员全年共组织4次"股指期货专题交流会"活动,参与客户近300人。投资策略报告会的举办,不仅帮助投资者理清操作思路,丰富三门峡营业部的投资者教育工作,也营造了营业部与投资者和谐共赢的良好氛围。

【强化客户服务】 当年,中原证券六峰路营业部不断强化客户服务工作,加强对重点客户的服务管理。2010年,为1 134名重点客户开通VIP金融资讯终端,使重点客户及时享受到相应的标准化服务;客服部每月均开展以"加强服务管理能力,提升客户满意度"为主题的不同形式的新老客户回访。至12月31日,共对29 258名客户实施公司标准化服务落实情况的电话回访工作。遵照公司标准化服务流程,高效利用短信平台,为营业部重点客户提供针对性极强的定制产品和信息服务:通过移动飞信发送免费资讯信息(每日发送1次),信息发送涵盖1 250名核心客户;利用"大智慧"超赢机构版专业分析软件,为3 500名客户提供有价值的投资建议信息,共发送短信300余次,累计达1 232 777条;按月收集客户需求,并及时向营业部、客户实施双向反馈,力求服务创新,打造差异化的核心竞争力。

【继续开展账户核查工作】 当年,中原证券六峰路营业部继续深入开展账户核查工作。为尽快提高账户核查率,制定详细的工作方案:延长办理时间,调整为周一至周日早9点到晚9点均可办理核查业务;通过营业部交易现场的LED屏、电子显示屏、委托机跑马灯等多种方式,进行宣传公告,并在《三门峡日报》、三门峡电视台及灵宝电视台等媒体上,加大宣传力度;针对重点客户,发送短信通知,短信量均在5次以上,共发送20 960条;安排客服人员电话逐户通知,电话通知的次数在3次以上,约38 200户;对于电话号码异常或未能接通的客户,再以信函的方式通知,使营业部账户核查率明显提高。

(张学运)

·编辑 李艺芬·

黄河三门峡
水利枢纽工程

SANMENXIA KEY WATER CONTROL PROJECT OF YELLOW RIVER

12 月 10 日,中共三门峡黄河明珠(集团)有限公司第五次代表大会召开

综　述

【概况】　2010年,三门峡黄河明珠(集团)有限公司(三门峡水利枢纽管理局)(以下简称明珠集团或三门峡枢纽局)坚持"电力支撑,项目带动,强化管理,科学发展"的方针,在实现三门峡、故县两枢纽安全度汛的同时,电力生产创造新的纪录,企业生产经营取得新的突破,经济运行质量和经济效益不断提高。全年实现经营收入10.03亿元,首次突破10亿元大关,各项经济指标均超额完成了黄河水利委员会(以下简称黄委)下达的目标。明珠集团先后获得"河南省六好基层工会""河南省内审工作先进单位""河南省五四红旗团委""全河'五五'普法工作先进单位""黄委廉政文化建设先进单位""黄委目标管理先进单位"等荣誉10多项。机电公司张辉荣获"全国劳动模范"称号,水电厂许建军荣获"全国水利系统劳动模范"称号。

把枢纽安全度汛作为首要工作抓紧抓好。汛前坚持以防为主,全面做好各项准备工作。召开防汛会议,明确目标和任务,进行全面动员和部署。抓好各项度汛措施的落实,完善防汛责任体系和责任追究制度。加强防汛工程项目管理,实施1号门机更新、3号底孔工作闸门大修、6号底孔检修、2号隧洞弧形门顶水封更换、大坝廊道照明系统维修等防汛工程项目。做好设备检查消缺工作,3次对各单位防汛队伍培训、防汛制度和防汛预案、度汛工程措施、防汛物资储备等情况进行检查。至6月底,三门峡、故县两枢纽共完成维护消缺项目200余项。修订完善各类防洪预案,明确防范措施和处置程序。加强防汛物资管理,对防汛备品备件和防汛物资进行清仓查库,及时进行更新和补充。强化防汛队伍建设,调整防汛机动抢险队和群防队伍,完善专业抢险、群防队伍和驻坝武警部队"三位一体"的警民联防抢险格局。规范防汛抗旱信息报送,实行防汛抗旱信息周报告制度。汛期,三门峡枢纽局严明防汛纪律,加强防汛督查,坚持实行24小时值班制度和领导带班制度,全体防汛人员严守岗位,严格按照黄河防汛总指挥部调度指令,科学调度,精心操作,防汛各项工作进展顺利。

加大枢纽设施设备的维护保养力度,建成坝前清污栈桥,完善大坝安全监测和信息通信保障。严格按照项目程序,完成三门峡枢纽450吨1号门机的安装,并于汛期投入运用。加强水政、渔政执法和库区管理,突出抓好坝区环境整治和绿化美化,实施枢纽下线公路绿化工程、三岔口治理工程,种植各类乔灌花木1.2万余棵,坝区绿化面积不断增加、环境持续改观。工程管理分局荣获黄委"十一五"期间"黄河工程管理工作先进单位"称号。

【积极应对中石油渭南柴油泄漏水污染事件】　2009年12月30日凌晨,中国石油兰郑长成品油管道渭南支线发现大量柴油泄漏进入赤水河,在渭河形成污染带进入黄河。2010年1月2日零时,监测人员测得干流潼关断面石油类0.4毫克/升,超出地表水三类标准7倍。1月2日上午,三门峡枢纽局接到黄委《关于做好油污染应急处置的通知》,立即召开紧急会议,启动应急预案,2日15时8分紧急关闭三门峡水利枢纽泄水闸门,控制污染物下泄,为上游处置库区油污赢得了时间。1月3日中午,河南省政府处置油污染现场会在三门峡水电厂召开,副省长张大卫充分肯定了三门峡枢纽局紧急关闭闸门的措施。在油污处理过程中,三门峡枢纽局还与环保部门协调,加强库区水质监测,出动清污船配合做好拦污措施设置。三门峡水库水政监察支队也采取积极措施,开展现场调查和污染监察。1月6日8时,经过拦截、吸附和吸油船抽吸等综合处置,三门峡水库开始小流量放水。当日12时监测数据表明,三门峡库区下排水质石油类浓度达到地表水三类标准。黄河闸坝逐步恢复正常调度。1月7日凌晨3时,在严格污染监控、加强污染处置、加密水质监测的条件下,三门峡水库启动第二台机组放水发电。当日中午12时连续监测数据表明,库区两台机组同时放水发电后,库区下排水水质石油类浓度继续保持在地表水三类标准。1月9日上午9时,三门峡大坝第三台机组开始放水发电,下泄流量达到450立方米/秒。1月10日中午12时连续监测数据表明,黄河三门峡大坝以上绝大部分监测点位石油类污染物达到地表水三类标准,三门峡大坝以下所有监测点位石油类污染物全部达到三类水质标准,下游位于渑池县的南村桥断面连续两天未检出石油类污染物,好于三类水质。1月13日,经过专家论证会确认,中石油渭南柴油泄漏事件黄河水污染治理全面告捷,实现了省政府提出的"三个力保"目标。5月25日,黄委通令嘉奖了在渭河油污染应急处置工作中作出突出贡献的3家单位和46名个人,明珠集团受到嘉奖。

【三门峡水利枢纽坝前清污栈桥工程完工】　4月12日,由水电公司承担施工任务的三门峡水利枢纽坝前清污栈桥工程开工,10月16日通过试通车。根据多年来对坝前来污规律的不断探索和清污工作的经验总结,明珠集团经过科学论证,决定在枢纽坝前316平台至河南侧边岸间修建一座钢支架式清污栈桥,使聚集在坝前的污物打捞至316平台后直接装车运出,无需再通过25吨塔吊和150吨悬臂吊配合吊至坝顶装车运出,从而大大缩短了污物吊装环节的时间,提高坝前清污工作效率,降低施工人员的劳动强度,为保证坝前清污效果提供了便捷高效的通道。

【开展三门峡水库运用方式研究】　2010年,三门峡枢纽局始终高度重视三门峡水库运用方式研究问题,配合黄河设计公司开展三门峡水库运用方式调整补偿方案研究工作。同时,加强同相关省、市政府和国家相关部门的联系,客观反映三门峡水库运用方式的实际,力促有关部门的理解和支持。

【明珠集团廉政林建设工程启动】　12月8日,黄委系统最大规模的以廉政文化为主题的工程——"清风林"建设工程正式启动。"清风林"坐落在三门峡水利枢纽工程区内,面临黄河。明珠集团中层以上领导干部以自费购、植白皮松树苗的形式,表达对廉洁从业的决心和信心。

【明珠集团召开第五次党代会】　12月10日至11日,中国共产党三门峡黄河明珠集团有限公司第五次代表大会召开。会议回顾总结明珠集团党委5年来的工作,部署以后一个时期的任务,选举产生新一届党委和纪委。

工程效益

【概况】 整个汛期,三门峡水利枢纽共执行黄河防总调度指令14条,启闭闸门493次,开停机组241台次,先后进行5次排沙、9次分流分沙运用,确保了27个孔、洞、管的闸门启闭灵活、运转可靠,全启(闭)时间控制在规定时间以内,枢纽工程主设备完好率、可调率和调度指令执行率均达到100%。

【水库调度运用】 2010年,三门峡水库汛期调度模式多样,排沙减淤效果显著。汛期,三门峡水库入库水、沙量分别为122.35亿立方米和1 992.1亿千克,水量较1986年至2002年同期均值110.6亿立方米偏多10.6%,沙量较1986年至2002年同期均值5 238亿千克偏少62%,属平水枯沙年。入库潼关水文站先后出现4次洪峰流量在1 500立方米/秒以上的洪水过程,最大洪峰流量3 320立方米/秒(9月21日4时30分),最大含沙量456千克/立方米(8月12日2时),入库总水量为48.75亿立方米,总沙量1 210亿千克,占汛期水库总来水量的39.8%,总来沙量的60.7%。三门峡水库先后进行了调水调沙、四库联调防洪运用、三门峡水库速蓄速冲试验以及敞泄排沙调度运用,低水位排沙累计历时27.3天,出库水量117.59亿立方米、沙量3 427.1亿千克,汛期潼关以下库区累计减淤1 435亿千克,2009年度至2010年度潼关以下库区减淤1 078.4亿千克。

【调水调沙】 汛期,根据黄河防总统一调度,三门峡水库进行了3次调水调沙运用,分别是7月初的调水调沙生产运行和7月下旬、8月中旬利用上游洪水开展的调水调沙运用。通过三门峡水库对泥沙的调节作用,成功为小浪底水库塑造异重流并排沙出库,3次调水调沙小浪底水库排沙比分别达到150%、34.6%、53.8%。

【电力生产】 2010年,三门峡水库累计入库水量261.3亿立方米,比2009年多54.94亿立方米。明珠集团抓住有利条件,加强设备检修维护,强化电调、水调联系,优化水库调度,积极开展节水发电。三门峡水电厂机组平均负荷率达到69%,同比提升4个百分点;非汛期发电耗水率11.35立方米/千瓦时,同比降低0.02立方米/千瓦时;自动开停机成功率达到94.8%。全年明珠集团共发电17.3亿千瓦时,实现电力收入3.71亿元,较2009年增长12.1%。其中,三门峡水电厂发电14.96亿千瓦时(汛期浑水发电3.055亿千瓦时),故县水电厂发电2.34亿千瓦时。

【三门峡水电厂远动数据通讯添新通道】 1月25日,三门峡水电厂与省电力公司洛阳局的远动数据连接通道顺利建立,并投入运行。三门峡水电厂与省电网远动基础数据的通信采用光纤介质传输的方式进行,传输过程中遵循104通信规约,传输的基础数据涵盖该厂的电量、实时有功/无功测值,以及涉及到的机组运行工况状态的遥信、遥测、遥调测点等。而此前该厂与省公司调度的数据连通,仅与郑州局一侧用户进行通信,新通道开通后,实现了真正意义上的跨地域远动通道互为主备的目标,有力地保障了该厂安全发电生产和信息的传输。

枢纽管理

【概况】 2010年,在宏观经济形势复杂多变的情况下,明珠集团坚持"电力支撑,项目带动,强化管理,科学发展"的方针,合理安排生产,加大市场开拓力度,全面完成了各项目标任务。8月10日,经河南省信用评估咨询有限公司评定,明珠集团获得河南省AAA级企业信用等级。在省委宣传部、省发改委、省财政厅等17个部门联合发起的第3届河南省信用建设示范单位评选中,明珠集团凭借良好的社会信誉和扎实的企业建设荣获"河南省信用建设示范单位"称号。

各子公司在对外闯市场的过程中,除山铝公司由于国家宏观调控被迫关停外,整体经营状况保持了良好态势,企业经济效益和综合实力稳步提升。故县枢纽局一举扭转多年的亏损局面,实现收入6 979万元。水电公司全年中标额超过2亿元,实现经营收入1.59亿元。机电公司在坚持服务内部电力生产的同时,积极开拓外部市场,承担了新疆波波娜水电站整体运行维护工作,全年完成对外机组A级检修项目5台次,实现经营收入3 939万元。电冶公司通过加大自主技术改造,产品产量和质量大幅提高,全年生产棕刚玉4 500万千克,实现收入1.51亿元。工程管理公司积极组织对外投标,全年中标额2 300万元,实现收入1 445万元。房地产开发方面,投资公司加强了楷林大厦尾盘销售和文化路地块的资金回笼,取得了较好的经济效益。明珠宾馆受客房装修影响,经营收入略有下降。国际贸易公司涉足贸易新领域,扩大业务范围,经营收入创历史新高。旅游产业保持了增长态势,水产养殖的经营成效也逐步好转。综管中心坚持开展精细化管理,创新管理方式,强化服务意识,为企业发展解除后顾之忧。

企业管理水平进一步提高。在计划管理上,跟踪坝前清污栈桥项目、2F扩大性大修、青年公寓和办公楼供暖设施改造项目等重点项目,实行全过程动态跟踪管理。首次在招标工作中采用评委抽选制和评委实名制,实施招标项目的标的额在预算的基础上降低10%以上。推进水利基金项目,门机更新工程进展有序,第1台门机顺利通过验收。全年明珠集团共组织实施项目65项,其中本部实施大修及更新改造项目52项、子公司实施大修及更新改造13项,完成投资5 860万元。在财务管理上,明珠集团坚持"效益财务、基础财务、发展财务"的理念,全面开展固定资产清查、"小金库"专项治理和税收筹划工作,取得显著效益。严格落实明珠集团资金集中统一管理制度,重视资金安全,控制大额现金支付,提高资金使用效率。认真研究国家信贷政策,做好重点项目的融资准备工作,全年共取得多家商业银行授信额度3.2亿元,为重点项目建设提供了资金支持。在合同管理上,坚持"预防为主、事前防范",适时调整合同管理工作重心,实行"关口下移,适时监控",加强对合同履行过程的监管,降低了合同履行风险。全年共审查合同104份,涉及标的额5.81亿元。在审计管理上,加强内部审计监督,不断完善审计制度,深入推进审计标准化建设。全年开展内部审计项目22项,审计金额21.14亿元。

以深入开展“安全生产年”活动为主线,以季度安全生产主题活动为中心内容,加强安全生产基础管理和安全文化建设,完善安全生产规章制度和规程规范,进一步发挥了设备技术监督职能,设备不安全事件得到有效控制。至12月31日,三门峡水电厂和故县枢纽局分别实现连续安全生产4 583天和5 449天,创造了新的安全生产纪录。

推进企业科技进步和创新发展。针对制约企业发展的水轮机大修、水库优化调度、污物治理等重大技术问题进行科技攻关,全年审核科技攻关项目5项,立项1项,正在开展的科技攻关项目共有6项。开展2010年科技成果评审工作,对各单位申报的44项成果进行评审,共评出科技进步奖19项、创新成果奖27项。上报黄委会科技进步奖3项,“三新”成果6项。加强科技交流,举办2010年论文交流暨科技人员联谊会,全年编辑出版《科技与管理》2期,并与全国50多个刊物进行交流。推进新技术、新工艺的推广应用工作,水轮发电机组导水叶扭曲问题处理技术成果被广泛应用于龙口水电站和西霞院水电站水轮机导水机构的检修工作中;三门峡水电厂实施的7号机调速器改造成果成功应用到3号机调速器的改造中,同时为其他电站解决同类问题提供了有益借鉴。

加强队伍建设。组织各类培训10余期,培训管理和技术人员300余人次。开展专业技术带头人和首席员工评选。完成50名大学毕业生的接收安置。4月,明珠宾馆前厅部、山铝公司绿泉科技公司被黄河青联命名为“黄委2010年度青年文明号”,李军杰、张亮被黄河青联命名为“黄委2010年度青年岗位能手”。

突出抓好党风廉政和廉洁自律工作,大力推进廉政文化建设。开展发送廉政短信、推广廉政屏保、播发廉政格言警句等活动,建设坝区廉政文化宣传栏,编印预防职务犯罪警示教育材料,并向副处级以上领导干部发送公开信。12月8日,黄委系统最大的以廉政文化为主题的工程——明珠集团“清风林”建设工程正式启动。开展“读书思廉·家庭助廉”征文活动,推进廉政文化进机关、进坝区、进家庭、进工地,营造了浓郁的氛围。明珠集团荣获“黄委廉政文化建设先进单位”称号。

【明珠集团注册商标通过国家工商总局商标局核准】 7月12日,国家工商总局商标局核准明珠集团在广告传播、自动售货出租、办公机器和设备出租、人事管理咨询、会计等生产经营领域使用注册商标。至此,明珠集团共在10大类商品生产和服务领域内取得注册商标,范围涉及电能、房屋建筑、不动产管理、餐饮、饭店、旅游、修理、建筑施工监督、医疗服务、糕点等多个领域。

【加强项目建设】 2010年,明珠集团把项目建设作为实现企业战略发展的重要手段,坚决进行推进。黄委招待所开发项目完成前期规划设计,土地过户取得阶段性成果,郑州市政府已同意黄委将该地块协议转让给明珠集团。镍铁项目经过调研和论证,出资并相对控股山西平陆昌鸿公司,并于12月1日正式开工建设。投资2亿元成立河南黄河明珠置业有限责任公司,完成房地产资质申办工作,为明珠集团的发展搭建了新的平台。推进粉体工业项目的前期工作,为下一步合作开发奠定基础。明珠集团与河南黄河明珠实业投资股份有限公司共同出资7 800万元入股三门峡市商业银行,占其总股本的19.9%,优化了明珠集团投资结构。调整投资公司、明珠宾馆、机电公司的管理构架和股权结构,进一步完善了企业的运行机制。

(李君武)

·编辑　卢亚杰·

1月3日,河南省副省长张大卫视察三门峡水利枢纽工程

经济综合管理

ECONOMIC COMPREHENSIVE ADMINISTRATION

6月28日,全市节能减排工作会议会场

宏观调控

【概况】 2010年,三门峡市发展和改革委员会坚持以"调结构、促转型、增效益"为主线,以重大项目建设、产业集聚区建设、对外开放三项重点工作带动全局,多策并举,奋力拼搏,推动全市经济社会各项事业平稳较快发展。

国民经济快速增长,质量和效益进一步提高。全年全市生产总值达到874亿元,同比增长15.2%,增速居全省第1位。其中,第一产业实现增加值70亿元,增长4.7%;第二产业实现增加值599亿元,增长17.9%;第三产业实现增加值205亿元,增长11.1%。规模以上工业实现利税259亿元,增长50.9%。地方财政一般预算收入达到49.7亿元,增长19.8%。城镇居民人均可支配收入达到15 032.3元,增长11.6%。农民人均纯收入达到5 787.2元,增长14.7%。万元生产总值能耗下降3%,COD(化学需氧量)、二氧化硫排放量分别控制在1 180万千克和1.35亿千克以内。

项目建设扎实推进,固定资产投资平稳增长。全市230个重点项目累计完成投资344.6亿元;省政府督办的160项联审联批事项,提前4个月办结,居全省第1位。兴邦科技10万平方米纳米纤维膜、速达科技600万套发动机增氧装置、华鑫铜箔年产1 000万千克电解铜箔等101个项目已建成投产。全年累计争取中央、省资金6.7亿元,支持全市项目建设。能源、交通、城市基础设施等一批重大项目建设取得新突破,大唐三期100万千瓦机组得到国家发改委核准,三淅高速(灵宝段)、连霍高速(三门峡段)改扩建项目按期开工,渑池第二污水处理厂等基础设施项目建成投用。

结构调整力度加大,产业升级步伐加快。坚持把促发展与调结构紧密结合起来,取得了积极成效。着力调整产业结构。工业结构进一步优化,全年狠抓85个重大工业升级项目建设,其中大唐风电二期、方泰高精度铝箔等34个项目建成投产,形成了一批新的工业增长点,对国民经济的支撑作用进一步增强。特色农业不断壮大,灵宝2万公顷核桃基地、缘分果业4 000公顷苹果基地等项目建成投产,果品总量达到17.5亿千克。农业产业化进程加快,规模以上农业龙头企业达150家,省级重点龙头企业达17家。三门峡市成功创建为全国农业标准化综合示范市。现代服务业蓬勃发展,大中海商业文化广场、海联大酒店等项目扎实推进,基本形成覆盖城乡的多元化、多层次商业网络体系。二、三产业比重达92%,三次产业呈现协调发展格局。注重自主创新能力建设。积极实施自主创新培育工程,恒生科技柠檬酸金钾等一批技术领先项目开工或建成。骏通车辆公司、卢氏县博康"卢氏鸡"公司等5家企业研发机构被认定为省级企业研发中心,三门峡速达交通节能科技有限公司、灵宝市金源晨光化工有限责任公司等4家企业被认定为高新技术企业。"三门峡铝冶炼及加工特色产业基地"被确定为河南省高新技术特色产业基地。速达纯电动汽车下线运行,三门峡市被确定为全省电动汽车生产基地和电动汽车示范运营城市。

体制机制进一步完善,产业集聚区建设不断提速。为加快产业集聚区发展,先后出台《关于加快产业集聚区发展的意见》等政策措施,初步形成了促进产业集聚区发展的政策体系,促进产业集聚区发展提速。做好产业集聚区有关规划上报工作。全市7个产业集聚区的发展规划全部完成,空间规划和控制性详细规划及规划环评均通过省级评审。抓好集聚区基础设施建设。创新基础设施投资运作机制,采取BT、BOT模式,强力推进集聚区基础设施建设,有效缓解了产业集聚区资金需求的矛盾,加快了产业集聚区基础设施建设步伐。依托产业集聚区这一平台,狠抓项目建设,促进产业集聚群发展。全年全市产业集聚区完成投资242.8亿元,新开工项目119个,投产77个,在建125个,形成了一批关联度高、集中度高、集约化水平高的产业集群,三门峡产业集聚区、义马煤化工产业集聚区被批准为全省新型工业化产业示范基地。

调控调节不断加强,经济运行保持平稳。针对节能降耗形势严峻、物价过快上涨、煤电价格倒挂等经济运行中的突出矛盾和问题,不断强化煤电油运等生产要素的调度;积极协调组织资源,确保了各项要素的供应。在约束不断加剧的情况下,全市工业生产增幅一直保持在全省前3名,总体上保持了平稳运行。特别是针对2009年6月1日起,国家取消对电解铝等高耗能企业用电价格优惠政策,使三门峡市电解铝及其上下游产业面临着大面积停产危险的状况,经过全力争取,省发改委同意由大唐三门峡发电、三门峡华阳发电两家公司代发伊川电力公司14.85亿千瓦时电量,直供给三门峡市电解铝生产企业,稳妥地解决了三门峡市电解铝生产企业及上下游的生产经营问题。

节能减排任务落实,可持续发展能力提高。大力淘汰落后产能,加快节能、综合利用项目建设。全年全市淘汰1 200万千克纸制品、300万千克有色金属、2万重量箱玻璃制品、3 500万千克电解铝。开曼铝业生产系统节能改造等6个重大节能和资源综合利用项目建成投产。三门峡格瑞特公司等12家资源节约综合利用企业通过省级认定。东方希望氧化铝生产系统节能改造、河南锦荣水泥有限公司450万千克/天熟料生产线纯低温余热发电技改工程等10个节能减排项目通过竣工验收。这些项目建成后,年节能达8 000万千克标准煤,减排二氧化碳2亿千克、二氧化硫120万千克。强化环境保护与生态建设。全年共实施COD减排项目10个、二氧化硫减排项目15个,加大清洁生产审核和对涉水企业的深度治理力度;重点流域、区域、行业环境综合整治深入推进,生态文明建设取得积极进展。

城乡发展统筹推进,城镇化进程加快。按照城市总体规划,不断加快推进新区、小城镇和新型农村社区建设,城镇化率达到47.1%,高出全省7.6个百分点。坚持做优做大中心城市,高起点规划城市新区,市区道路、集中供热二期等基础建设顺利完成,城中村和旧城改造工作稳步推进,创建森林城市、卫生城市扎实开展,城市面貌进一步改观。加大新农村建设力度,农村水、电、路、气等基础设施进一步完善,全市40个新型农村社区建设试点累计完成投资13亿元,建成10 034套,入住4 100户,18个农村社区基础设施配套到位,城乡一体化进程明显加快。

改革开放步伐加快，发展活力持续增强。加强总体指导和综合协调，推进医药卫生体制改革，稳步推进资源性产品价格改革。同时，推进文化体制、农村综合等重点领域改革，取得积极进展。深入推进与央企的战略合作，先后与河南煤化集团、中国医药集团、中国电力投资集团签订战略合作协议，总投资212亿元，国药控股三门峡有限公司已正式揭牌。深化对外交流合作，通过“叩门招商”“节会招商”等多种形式扎实开展大招商活动，积极承接发达地区先进产业转移，全年签约项目135个，总金额1 134.3亿元，履约率、开工率分别达94.8%、67.4%。加强黄河金三角区域合作，联合运城、临汾、渭南3市共同编制《晋陕豫黄河金三角地区区域合作规划》。探索洛阳、三门峡、济源一体化合作思路，初步提出3市共同打造中原经济区重要增长极的战略构想。

“十二五”规划编制完成，发展蓝图全面绘就。全市发展改革系统组织精干力量，深入研究谋划“十二五”时期事关全局和长远发展的重大战略问题，科学确定了37个专项调研课题，并通过电视、报纸、网络等媒体广泛征求社会各界意见和建议，改稿10余次，形成了“十二五”规划纲要（草案）。同时，盯准国家、省发展战略与地方经济社会发展的交汇点、结合点，谋划储备了一大批事关三门峡长远发展的重大项目，全市463个项目纳入省“十二五”规划或专项规划，总投资超过2 800亿元。

社会事业全面进步，民生工程得到加强。大力实施“十件实事”，投入82亿元用于全市99个民生工程项目建设，市外国语高中正式招生，市文体中心体育场实现封顶，三门峡中心医院病房楼竣工交付使用。先后在农村教育、卫生、医疗等领域组织实施了灵宝函谷关初中、卢氏县特殊教育等3个特殊教育学校、渑池县职业中专、灵宝市人民医院等57个项目；新建、改建县乡公路、通村公路380千米；解决10.19万农村人口安全饮水问题，新增农村户用沼气1.03万户，完成47个广播电视“村村通”工程和96个农民体育健身工程。建成廉租房4 331套、21.66万平方米，经济适用房777套、3.91万平方米。着力加快就业保障试点项目建设，大力实施就业促进行动计划，千方百计稳定和扩大就业，努力提高社会保障水平。

【5家企业入选省首发上市重点后备企业】 6月5日，省政府金融办公布2010年150家有望5年内在境内外证券市场实现向社会公开发行股票的重点后备企业名单，三门峡市的河南金渠黄金股份有限公司、灵宝市金源矿业有限责任公司、灵宝市华宝产业有限责任公司、三门峡速达交通节能科技有限公司、三门峡方圆实业有限公司5家企业成功入选。 （张 杰）

三门峡缘份果业有限公司果品加工生产线

安全生产监督管理

【概况】 2010年，三门峡市安全生产监督管理局牢固树立安全发展理念，以“安全三门峡”创建为主线，以打好“三个攻坚战”为抓手，进一步强化安全生产监管，深化重点领域和尾矿库安全整治，全面巩固深化“安全生产年”活动成果，提升安全生产保障水平，努力推进监管方法方式创新，开创了安全生产监管工作新局面，全市安全生产形势持续稳定好转。全年共发生各类事故275起，死亡105人（不含义煤集团“12·7”瓦斯爆炸事故），同比分别下降8.6%和17.3%。其中，工矿商贸企业发生事故14起，死亡21人（含煤矿事故3起，死亡3人），分别下降22.2%和51.2%。全市煤炭原煤生产百万吨死亡率为0.094（不含义煤集团“12·7”瓦斯爆炸事故），矿井基建施工单位万米掘进死亡率为零。三门峡市被省政府表彰为2010年度安全生产先进市。

市政府机构改革中，市编办从原市煤炭局、市黄金局划入2个科室共7人，并核定三门峡市安全生产监督管理局内设9个科室，局机关行政编制为26人，市安全生产监察执法支队编制16人，市应急救援指挥中心编制5人，市矿山救护队编制25人。

加强安全监管。年初，组织召开全市安全生产工作会议，并提请市政府与6个县（市）区政府及三门峡经济开发区、三门峡工业园、市直有关部门共47个单位和53个市属以上企业签订“安全生产责任目标保证书”，落实工作责任，分解细化了省政府下达给三门峡市的控制指标。对重点工作和措施落实情况实行全程督导，每季度组织召开一次市政府防范事故会议，研究部署安全生产工作。针对安全生产领域存在的突出问题，及时组织有关部门召开联席会和专题会议加以协调解决，促进了安全生产责任制的落实。制定安全生产目标管理考核办法，严格贯彻落实“一岗双责”安全生产责任制实施意见，督促各县（市）区对所属企业实行县、乡两级领导分包责任制，并以市政府文件下发市政府领导分包全市36个重点企业的通知。在《三门峡日报》上对全市38

个煤矿、126个非煤矿山企业、159个尾矿库的县乡(科)级分包领导名单、举报受理电话和受理事项进行公告,有力地推动了安全生产责任制的落实。

围绕遏制重特大事故,突出工作重点,坚决打好“三个攻坚战”。坚决打好煤矿兼并重组期间安全攻坚战。按照省政府《关于加强煤矿安全生产的若干规定》和市委、市政府主要领导指示精神,组织人员对全市38家煤矿开展逐矿检查,并对兼并重组期间的安全生产工作采取了6项果断严厉措施:严格实施党政同责,严格实施两级包矿驻矿制度,严格整治措施,严格关闭措施,严格督导监控,严格行政问责,有力震慑了非法违法生产行为。全市31个被兼并重组煤矿除渑池县九六八煤矿外,30个与义煤集团签订了正式协议并办理工商执照,27个采矿证已换发到位。坚决打好隐患排查攻坚战。全年共排查各类隐患19 073条,完成整改18 328条,整改率96.1%,累计投入整改资金6 074万元。积极协调、督促10家危险化学品生产企业投入400余万元,进行自动化控制升级改造。利用财政资金6 400万元,对存在隐患的89座尾矿库进行全面治理,创造了良好的安全生产环境。坚决打好打击查处非法违法攻坚战。始终保持高压态势,严厉打击安全生产非法违法行为。8月19日,在陕县王家后乡南谢矿区举行全市打击非法违法矿井现场会,全面启动“打非专项行动”。先后4次组织有关部门负责人对“打非专项行动”进行明察暗访,促进了各县(市)区“打非专项行动”深入开展。全年共出动执法人员790余人次,车辆210台次,检查各类生产经营单位350余家次,打击非法违法生产经营建设行为466起,现场责令整改安全隐患420余条。

做好行政执法工作。全年共监督检查各类生产经营单位106次,作出现场检查记录217份,发出责令改正指令书113份;制作立案审批表26份,发出行政处罚决定书26份,罚款246.8万元,并统一上缴市财政。共受理安全生产举报或批转案件30件,并按照上级领导的批示和要求,迅速、准确、高效地核查核实了群众举报或批转案件,案件结案率为100%。全市共发生14起工矿企业生产安全事故,其中煤矿事故3起,由省煤矿安全监察局豫西分局组织调查;市政府和各县政府组织调查的11起事故中,共依法追究73人的责任,其中追究刑事责任4人。

全面加强和完善应急队伍建设,督促、指导各类生产经营单位做好应急预案的编制、备案、培训、演练工作。全年共抢救遇险人员27人,抢运井下设备5台,恢复井下巷道1 100米,挽回灾害损失51万元,出动救援人员217人次,出动救援车辆31台次。在“应急演练周”活动中,共组织各类较大型演练180余次,出动装备1 800台次,参加职工2万余人次。

加强安全生产宣传教育培训。严格高危行业生产经营单位主要负责人、安全管理人员、特种作业人员安全培训,突出抓好农民工安全培训,提升从业人员安全技能。全年共培训高危行业生产经营单位主要负责人和安全管理人员2 530人、特种作业人员4 368人、农民工28 100人,举办安全知识讲座90余场次。加强安全宣传教育,精心组织开展“安全生产月”和“7·29”安全生产宣传教育日活动,发放各种宣传资料2万多册,现场受教育人员达到1万多人。 (郑志刚)

国土资源管理

【概况】 2010年,三门峡市国土资源局大力服务经济建设,先后获得全国整改和规范地理信息市场秩序工作先进集体,全省国土资源信访稳定工作先进单位、地质找矿工作先进单位、宣传思想工作先进单位,全市重点项目建设先进单位、安全生产先进单位、平安建设工作先进单位等10余项荣誉称号。

建设用地管理 全年全市共报批项目建设用地51个批次,总面积903.09公顷,其中农用地769.31公顷(耕地555.72公顷),有效保障了244个省、市联审联批等重点建设项目的用地需求。

耕地保护 全年全市经储备并备案土地整理复垦开发、补充耕地项目7个,新增耕地941.5公顷,同非农建设占用耕地298.27公顷相抵后,净增耕地643.23公顷,连续12年实现耕地占补平衡有余。全面完善基本农田保护档案,共建立市、县(市)区级档案7套,建立乡级成果档案66套、村级档案1 348套。加大基本农田保护工作宣传力度。全年全市共投入经费68万元,设立大型宣传标志牌23块,设立基本农田保护标志53块,与村民小组签订责任书10 514份,与农户签订责任书304 450份。

土地利用 全年市本级处置土地56宗,总面积162.68公顷,总成交价款68 579.6万元。其中“招拍挂”出让17宗,面积55.98公顷,成交价款59 029.48万元,实现纯收益50 346.1万元;协议出让11宗,面积28.98公顷,出让价款6 886.54万元;规划变更19宗,面积33.92公顷,补交出让金2 663.58万元;划拨土地9宗,总面积43.8公顷。组织开展房地产开发市场专项检查,全市共清查闲置土地4宗,面积6.97公顷。逐步建立和完善国有经营性用地“招拍挂”的6项制度,全市共供应土地197宗,面积703.6公顷,其中出让154宗,面积550.56公顷,收取出让金21.8亿元。通过“招拍挂”方式出让120宗,面积458.92公顷,收取出让金20.5亿元。市本级共供应土地41宗,面积110.23公顷,其中出让32宗,面积66.69公顷,出让总成交价款达7.47亿元,同比增长37%。

国土资源执法监察 全年全市共开展巡查1 550余次,出动警力4 000余人次。市执法监察支队开展巡查55次,出动警力137人次,其中一级巡查区域30次、二级巡查区域25次,到基层乡所巡查20余次。各县(市)区国土资源局共开展巡查1 500余次,出动人员3 900余人次。全市发生国土资源违法案件511起,其中违法占地170起,制止170起,总面积715 580.83平方米;违法开采341起,取缔341起,立案83起。全年共受理国土资源违法案件(巡查发现、“12336”举报、上级批转、政府批转等)74件,其中“12336”举报案件共计32宗(土地类案件24宗、矿山类案件9宗),处理到位32宗。市执法监察支队自办案件17起,结案17起。到现场勘查40余次,追缴罚款147万元,封填非法井口16个,现场勘测定界3次。督促县(市)区办案件57起,结案54起,结案率达到94.7%。

信访稳定工作 全市国土资源信访工作围绕“破难题、保发展、保红线、保民生、保稳定”的总体思路和要求，实现了全国“两会”召开期间三门峡市国土资源类信访事项零京访、全年零非访。市国土资源局共接待群众来访198批、394人次，其中集体访19批、131人次，接访总数及影响程度比2009年都有所下降。

土地勘测定界及评估工作 全年累计完成勘界工作371宗，勘测面积1 968.48万平方米，出报告350余套、2 000余份，出宗地图100多宗、200余份。完成个人住宅楼发证92栋。

测绘管理工作 全年市本级共受理国有土地登记108宗，其中国有建设用地使用权初始登记104宗、变更登记4宗；审批个人住房用地分割登记2 869户；接待土地登记公开查询100余宗，整理归档地籍档案100余卷，更新图斑200余个。开展测绘资质复审换证工作，全市29家测绘单位有22家测绘单位通过复审换证；5家测绘单位是新证不需要换；注销2家丁级资质单位；新申请的2家测绘资质单位，1家丙级证书已发，另一家丁级资质正在审查受理当中。组织开展“8·29”测绘法制宣传活动，在全市范围内设立咨询台15个，摆设宣传版面54块，悬挂宣传横幅106条，发放宣传单1万余份，接受群众咨询5 000余人。联合有关部门开展地图市场检查，对火车站、汽车站、各大宾馆、书店进行检查，没收“三无”地图册30余本。按规定办理测绘任务备案和测绘成果汇交工作，完成三门峡市规划局沿黄河景观带1:1 000邮码航测成图项目测绘任务备案和三门峡市28家测绘单位价值3万元以上测绘任务成果目录汇交工作。组织测绘科学技术进步奖和优质工程奖评选工作，全市有4家测绘单位申报的4项工程项目获得优质工程奖。参加国家测绘局“苍穹数码杯”测绘行业学法用法征文活动，获得三等奖。

矿产资源管理 市国土资源局组织编制《三门峡市非煤矿产资源勘查开发整合实施方案》，并于年底完成整合任务。全市整合重点矿区个数为11个，参加整合的矿业权77个，其中采矿权57个、探矿权20个。整合后矿业权减少为47个，其中采矿权37个、探矿权10个。完成149个矿山的储量动态检测年度报告，287个矿山企业“三率”指标考核和开采回采率系数核定工作。矿产资源补偿费征收成效显著，全市共征收矿产资源补偿费9 473.8万元，其中市本级征收1 650万元。申报中央矿产资源节约与综合利用及示范基地建设资金5 800万元。完成463宗矿业权核查工作，完成268宗采矿权换证工作。完成市级采矿权延续15个，新立6个，变更5个。开展打击非法违法矿业活动专项行动，进一步遏制了无证勘查开采、乱采滥挖、浪费资源等现象。

地质环境管理工作 全市新发现的321处地质灾害隐患点建立健全了县、乡、村三级监测网络，明确监测责任人，发放3.5万余份“地质灾害防灾工作明白卡”“地质灾害防灾避险明白卡”。争取中央及省级财政地质环境类项目资金1.3亿元。筛选、上报灵宝市豫灵镇安头村黄土滑坡等3个地质灾害隐患点，并纳入2011年省级财政资金治理项目名单。灵宝小秦岭地质公园获得国家地质公园建设资格，渑池韶山地质公园获得省级地质公园建设资格。由于措施到位，继卢氏县、灵宝市后，湖滨区和义马市分别被国土资源部授予地质灾害群测群防“十有县”荣誉称号。

【开展“两整治一改革”专项行动】 10月起，全市国土资源系统开展整治土地和矿业权交易市场存在的突出问题、整治干部队伍廉洁从政存在的突出问题、深化国土资源管理制度体制改革专项行动，治理全市国土资源领域腐败问题。市国土资源局一是成立“两整治一改革”专项行动领导小组，设立专门的办公室，抽调专人负责。二是把学习贯穿于整个专项活动的全过程，营造学廉、倡廉的良好氛围。坚持每周二、五为集中学习时间，全系统干部职工人均记学习笔记1.2万余字，撰写学习心得4篇。局领导小组办公室编印专题简报13期。三是围绕“三个层面”全面推进。从个人、部门、组织层面，结合从事的岗位、业务和关键工作环节，深入查、用心查、细致查，真正把岗位风险查清、查明、查实，并针对排查出的风险点，实事求是进行风险评估。四是抓好“三个结合”深入排查。采取自查与互找相结合、领导点与群众提相结合、风险查找与完善防范措施相结合的方法，突出征地供地、农地转用、规划、评估、执法监察、土地和矿山权审批、登记发证、资源项目开发、财务、人事等业务方面重点，全面深入查找思想道德、行为过程、岗位职责、制度机制和外部环境等方面可能存在的风险点，严格审核把关，并逐一填表登记，建立台账，做到不漏岗、不缺项。五是严格“三个等级”分级管理。按照党纪条规、行政法规、廉洁自律有关规定、腐败行为发生机率以及可能造成后果的严重程度、紧急程度等，评估确定风险点的定级，并根据腐败风险的变化，及时调整风险等级。全市国土资源系统123个单位、1 037名干部职工，针对现行制度、关键岗位、核心业务、重点部位和环节，围绕征、管、查、减、免、罚，人、财、物“九大节点”，深入扎实开展4轮排查，单位共查找风险点599个，其中A级183个、B级119个、C级297个；个人共查找风险点3 327个，其中A级1 017个、B级717个、C级1 593个。清理规范性文件203份。复查复审卷宗1 192个。基本完成廉政风险点排查和自查自纠阶段工作任务。六是注重实效，边查边改。为把廉政风险点查深、查透、查准，变“风险点”为“安全点”，增强廉政风险防控的主动性，围绕排查确定的各类风险点和风险等级，从个人自我防控、科室内部防控、单位综合防控3个层面，研究制定在教育、制度、监督等方面的具体防控措施。制定《三门峡市国土资源局收缴礼金和有价证券管理办法》，完善《三门峡市国土资源局财务管理暂行办法》、领导干部廉政承诺制度。立足“前期预防”“中期监控”“后期处置”3个环节的廉政风险防线，建立运用廉政“三卡”预警机制。通过警示提醒卡、警示告诫卡、警示纠错卡的方式，及时提醒一部分人不犯错误，有效控制一部分人少犯错误或不犯大的错误，着力督导犯了错误的人切实改正错误，最大限度地教育、挽救犯有一般性错误的干部。

【全市第2次土地调查工作完成】 至年底，全市第2次土地调查各项工作基本完成。先后按时按要求完成县级农村土地利用现状外业调查与数据建库，城镇地籍调查外业调查，与相邻11个县(市)涉及的160余幅、1万余个图斑的接边，2009年统一时点变更调查，全市基本农田上图，国家对三门峡市统一时点更

新调查与基本农田成果提出问题的整改与完善等阶段性工作。 (余钊慧)

工商行政管理

【概况】 2010年,三门峡市工商局以服务经济发展方式加快转变为主线,以转变队伍作风、提升工作效能为抓手,把稳定队伍、凝聚人心作为首要任务,提升服务效能,强化监管执法,着力营造良好经济环境,服务全市经济社会发展。

全年全市工商系统共接受企业和商户法律法规政策咨询12 580人次,预约年检654户,上门年检781家,网上年检225家,支持设立企业1 048家,帮助企业完成改制12家,帮助设立上市企业12家,帮助设立个体户11 571家,走访企业、农户2 217次;指导企业、农户办理商标注册申请60件,帮助企业争创河南省著名商标9件、办理驰名商标1件、商标续展5件;帮助企业办理动产抵押登记53起,金额11.01亿元;帮助企业融资76户,融资金额达3.84亿元;办理农民合作社103家,发展农村经纪人644人,建立各类经纪组织4个;开展专项整治196次,查处经济违法违章案件1 647起,罚款金额365.54万元。各县(市)区行政服务中心的工商局窗口全部被省优化办评为"优质服务窗口"。

完成2009年度年检任务。市工商局应检各类内资企业1 507户,通过年检的各类内资企业共1 297户,其中应检非公司法人企业(含分支机构)130户,通过年检103户;应检公司(含分公司)1 032户,通过年检885户。全市工商系统应检各类内资企业10 441户,通过年检的各类内资企业共6 783户,其中应检公司(含分公司)4 342户,通过年检3 380户;应检非公司法人企业(含分支机构)3 892户,通过年检2 426户;应检合伙企业37户,通过年检27户;应检个人独资企业716户,通过年检581户。

立足职能,全面服务外资经济发展。全年共办理各类登记161件,其中设立登记12件(法人5件、分支机构7件),变更登记139件(法人14件、分支125件),注销登记4件(法人1件、分支3件),备案登记1件,名称核准5件。新设立法人企业5户,投资总额14 347.52万美元,注册资本6 367.7万美元。加大监管力度,扎实开展年检工作。全年全市应检外资企业269户(法人45户、分支机构224户),通过年检的企业有256户(法人33户、分支223户)。推进项目建设和产业集聚区建设,开展外资企业大走访活动。全年全市工商系统共走访、回访外资企业30次,联系重点企业31次,现场办公10次,接受企业咨询120余次,为企业解决实际困难20次,上门为96户外资企业及其分支机构办理年检手续。

实施商标战略,指导企业争创驰名、著名商标。市工商局指导各县(市、分)局帮扶培育80家企业商标品牌,帮助企业制定品牌创新发展规划。指导重点企业科学运用商标战略,争创驰名商标和著名商标。市工商局共申报河南省著名商标9家,并召开实施商标带动战略研讨会和经验交流会,表彰荣获河南省著名商标的企业,宣传《河南省著名商标认定和保护办法》,并就如何进一步实施商标带动战略、促进经济发展进行座谈、研讨。

强化服务,开展合同帮扶工作。继续推广合同示范文本。做好动产抵押登记工作。实施"抵押质押融资行动",为广大中小企业、个体工商户、农业生产经营者融资服务。全年全市工商系统共拍卖备案60起,办理动产抵押62起,帮助企业融通资金11.5亿元。针对拍卖业发展的现状和特点,创新监管方式,探索推行信用备案,规范拍卖市场,促进拍卖业健康发展。

服务地方经济平稳较快发展。市工商局充分发挥监管职能,深入挖掘服务潜力,举系统之力实施"兴企强市、兴农富民"两大工程,建立完善政策帮扶机制、企业意见直达机制、现场办公机制、联动包片机制,推进项目建设顺利开展。一是将河南省重点帮扶企业和100家重点服务企业列入全系统重点跟踪帮扶范围,按照登记机关和属地管理相结合的办法,建立省、市、县、所四级工商机关联动服务机制,细化各单位任务和责任。二是在系统内选出党性强、素质高、业务通、能力强的执法人员与全市重点企业结成帮扶对子,向新确立的工业园区、产业集聚区派驻联络员,对新入驻企业实行驻厂服务,针对重点企业推出上门服务、跟踪服务、全程服务、一元化服务等人性化、温情化服务,采取"事前介入、上门服务、全程跟踪"等方式,为企业提供优质服务。三是实施政策帮扶机制、企业意见直达机制、现场办公机制、联动包片机制和督查考核机制,完善企业跟踪帮扶制度、新型企业登记指导制度、市场主体登记监管信息社会通报制度、行政指导制度等,拓展服务领域。四是依托农民专业合作社组织开展"一乡一品"培育帮扶工作,推进企业信用建设和订单农业发展,实施商标战略,深入开展红盾护农行动,推进工业化、集团化、品牌化、文化产业化和农业产业化,为经济发展注

7月15日,河南省工商局局长董光峰视察三门峡市工商行政管理局办事大厅

入新的活力。

推动煤炭企业兼并重组,市工商局在3天内完成义煤集团兼并30多家煤矿企业执照办理工作,并送照上门,成为全省最早完成任务的市。"百亿送贷"工作超额完成全年目标任务,市工商局荣获"全省百亿送贷先进单位"称号。在全省工商系统数据质量集中核查中,市工商局5项指标有4项取得满分。在市政府组织的依法行政目标责任制考核中,市工商局机关和各县(市、分)局均被评为优秀。

加强队伍建设。市工商局大力开展"创先争优"活动,把领导班子建设作为队伍建设的核心,通过"五个带头"(带头讲学习、带头作表率、带头讲纪律、带头讲公开、带头讲团结),增强领导班子的凝聚力和战斗力。瞄准能力建设,着力打造全方位学习体系,在全系统营造浓厚的学习氛围。开展学习型、服务型、创新型、法治型、廉政型"五型工商所"创建,提升基层队伍素质。深入推进依法行政,梳理执法依据200余条,建立行政执法责任制及配套制度计9章345页、13万字,新制和规范执法办案文书37种,并制备电子文档,实现立案案件网上审批,公开透明。筑牢反腐倡廉思想道德防线。与湖滨区检察院联合建立预防职务犯罪协作新机制。建立特邀监察员制度。抓好群众满意基层工商所创建,推进政风行风评议工作。参加评议的各县(市、分)局39个工商所都在满意和基本满意的档次中。市工商局商标广告科、注册科、公交科在全市机关作风效能评议中综合成绩列全市40个部门之首。

【开展"百亿送贷进企业进市场进农村行动"】 3月3日,由市工商局和中国邮政储蓄银行三门峡市分行共同举办的"百亿送贷进企业进市场进农村行动"正式启动。市工商局把百亿送贷行动作为破解中小企业和农村融资难题、惠及民生的中心工作,以"逢旗必争、勇夺第一"的工作理念,与中国邮政储蓄银行三门峡市分行共同打造党委政府支持、工商部门联手服务、邮政储蓄银行规范办理、企业商户农户守信的"四位一体"融资合作平台。一是强化宣传,在营造氛围上抓深入求实效。利用报纸、电视台、网站、集市、街道、公交车、饮水桶等媒体媒介发布、张贴各种宣传广告和悬挂横幅326条,全方位、多形式拉开宣传攻势。二是因地制宜,在重点推介上抓特色搭桥梁。结合三门峡产业特色,分区域、分行业、分季节召开烟农、果农、菜农、企业、商户等特色行业推介会,搭建快捷、方便的融资平台,举办各类推介会264场,发放宣传资料4.2万余份。三是加强沟通,在结对帮扶中抓主动送服务。制作联系卡片与宣传资料,通过市场巡查、上门走访送到企业商户手中。在全系统建立"一带一"帮扶机制,党员干部带头每人帮扶1家至2家企业、商户或农户,主动上门提供贴身信贷服务,为畅通融资通道提供了优质服务。四是信用同建,在风险防范上抓评选促诚信。开展信用户、信用村、信用市场创建活动,为民间融资提供可靠的信用参考。五是细化措施,在工作方法上抓落实保目标。六是保障有力,在加强督导上抓完善建机制,健全联席会议机制、通报机制、督导机制和考核机制。至年底,市工商局共组成帮扶对子1 200余对,制作联系卡3万余张,收集中小企业、商户、农户信息37 405户,建立信用企业、信用商户2 069户,信用村49个,信用市场20个,向中小企业商户和农户发放贷款3亿余元,使8 000余户企业商户和农户得到实惠,实现了党委政府、企业商户、农民百姓、工商邮储"四满意"。

【开展坐地招商和回访活动】 为承接浙江省民营企业到三门峡市投资,实现优势互补、互利共赢,市工商局响应省工商局开展赴浙招商活动和三门峡市委、市政府全力推进项目建设的要求,大力开展坐地招商和回访活动。5月12日至6月18日,全市工商系统与有关单位主要负责人组成招商组,赴浙江省杭州市开展招商引资工作,建立起工商与商务部门、浙商投资企业间的互动平台。在6月18日的投洽会上,三门峡市签约5个项目,签约总额20亿元,位列全省第5名。二是乘势而上,开展招商回访工作。市工商局实行招商项目分包责任制,市局每名党组成员和县(市、分)局局长联系一个项目,包服务、包协调、包实效;招商项目所在地工商所确定一名工作人员,具体负责项目与项目投资方进行联系,扎实开展回访活动,确保项目落得住、快投产、早收益。三是提供优质高效服务。建立招商引资项目"绿色通道",指定人员进行专人专件办理,对材料齐全、符合法定形式的,两个工作日内办结;材料一时不齐全的,主动提供需要补齐材料的目录和内容式样,并进行跟踪服务,尽快办结。渑池县工商局和三门峡工业园工商分局采取"放宽政策,简化程序,全程跟踪,优质服务"的工作方法,主动为浙江省温州市客商和兰州市台州商会创办的公司办理注册登记手续,为企业顺利落户奠定基础。四是为招商项目营造宽松发展环境。为落实"爱商、亲商、助商、安商"的承诺,市、县两级工商局领导班子成员和基层工商所工作人员多次深入项目建设现场,了解项目进展中遇到的问题,协调各方关系,帮助企业解决困难。渑池县一机械有限公司在设备调试和生产过程中,市工商局局长、副局长多次深入企业进行调研,上门进行跟踪服务,帮助企业解决落地、建设、投产过程中遇到的各种问题和困难。经市工商局领导协调,该企业享受了市直企业供电待遇。三门峡工业园分局通过与工业园相关部门沟通,帮助一建筑材料有限公司解决了地面的高压电线线路的协调清移工作和项目工程的水、电问题。

【开展商标帮扶工作】 2010年,全市工商系统开展商标帮扶工作,指导涉农企业、农村经济组织等各类企业申请注册商标。全年完成注册商标申请60余件。依托农民专业合作社开展"一乡一品"商标培育帮扶工作,取得良好效果。全市涌现出一大批以"合作社+会员+基地+商标"为模式,引导农民抱团闯市场,促进农民增收、农业增效的致富典型。灵宝市工商局朱阳工商所帮扶灵宝市五道塬果树专业合作社,引领500余户农民走上致富之路,帮扶申请注册"冰璐"(汉字和图形两个商标)、"五道塬"等3个果品注册商标。通过使用"冰璐""五道塬"等3个果品注册商标品牌营销,提高了果品附加值,户均增收2.4万元,人均增收8 000余元。

(刘　新)

物价管理

【概况】 2010年,三门峡市发改委物价办紧紧围绕“保增长、调结构、促转变、惠民生”的工作主线,以关注民生、服务群众,解决群众最关心、最直接、最现实的利益问题为着力点,积极开展价格公共服务,加大价格监管力度,全力维护市场物价的基本稳定,为全市经济发展作出了积极贡献。

完善价格调控手段,保持市场物价基本稳定。针对复杂的经济和价格形势,市发改委物价办采取多种措施,切实加强价格监测预警工作,努力保持市场物价基本稳定。2010年全市价格形势总体呈温和上涨态势,累计居民消费价格总指数为103.5%。全年累计向省发改委报送各类价格监测表461份,接收各县(市)各类报表1 000余份,均按时报送,无缺报漏报现象,为科学定价、决策提供了重要依据。做好应急监测。降低农产品流通成本,完善鲜活农产品运输绿色通道政策。自2010年12月1日起,对整车合法装载鲜活农产品的车辆免收通行费。规范价格调节基金征收行为,扩大基金征收来源,增加基金调控能力。全市全年共征收基金600余万元。11月30日至12月21日,市发改委认真贯彻落实《河南省人民政府关于转发国务院关于稳定消费价格总水平保障群众基本生活的通知》精神,开展涉及农业生产、农副产品供应、农副产品流通成本、化肥生产供应、煤电油气工作、价格临时补贴、建立社会救助和保障标准与物价上涨挂钩的联动机制、规范收费行为、推进价格改革等16个方面的专项检查工作,对市区主要农产品市场、超市、燃气公司、各大医院和药品批发零售企业(商店)进行价格巡查和检查活动,要求农副产品经营企业及经营者严格遵守价格法律法规,明码标价,诚信经营,严禁囤积居奇、哄抬价格,督导医疗单位、药店严格执行国家的降价政策。

加强重要商品价格管理。加强石油价格管理。按照国家、省发改委的要求4次调整成品油价格,加强价格调整的宣传解释工作。调整天然气价格。严格执行差别电价政策,促使高耗能企业关停或实施技术改造,遏制高耗能产业盲目发展,促进产业结构调整和技术升级。下发2010年河南省试点地区基本药物最高零售价格,涉及286种、4 694个品规的最高零售价格;根据国家发改委有关文件,降低头孢曲松等190个品种(规格)单独定价药品最高零售限价;转发《国家发展改革委关于调整〈国家发展改革委定价药品目录〉等有关问题的通知》,涉及西药1 151个品种、中成药766个品种;纳入各省、自治区、直辖市价格主管部门定价范围的非处方药剂型的西药200个品种,中成药356个品种;河南省基本医疗保险和工伤保险药品目录乙类药品增补西药122个品种、中药96个品种及民族药品47个品种。

认真落实支农惠农价格政策。切实落实2010年国家夏粮最低收购价政策,保护农民种粮积极性。密切关注生猪市场价格变动,及时启动价格调研、监测工作,按照《防止生猪价格过度下跌调控预案(暂行)》的相关规定,适时采取收储等措施加强市场调控,切实保护群众养猪积极性,减缓生猪价格周期性波动。

开展价格监督检查。全年全市共查处价格违法案件282起,查处价格违法金额563万元,实行经济制裁324万元,其中上缴财政273万元、退还用户33万元。涉农价格收费检查。对化肥等农资价格以及农村中小学教育、农民建房、计划生育、村委会等领域的乱涨价、乱收费问题进行规范。对农机服务收费和乡(镇)卫生院收费进行重点检查,维护农民切身利益。涉企收费专项检查。对技术监督、环保、公安、消防及其下属单位收费政策执行情况进行专项检查。行业协会收费专项检查。对群众投诉较多、收费项目繁多、代行行政职能、具有行业垄断地位或政府指定服务资格的行业协会进行检查,全面整治了行业协会利用代行行政职能、垄断地位或指定服务地位强制收费或搭车收费的乱收费行为。电力价格专项检查。配合省检查组,统一组织异地检查的方式对地方政府及其有关部门进行优惠电价、差别电价、脱硫电价与上网电价情况进行检查。教育收费专项检查。检查并规范市区高中、大中专院校分校收费、择校费、学费、杂费以及学生食堂饭菜价格执行情况,强化市区学校依规收费意识。畅通“12358”价格举报投诉渠道,密切关注市场价格动态,积极防范和妥善应对价格异常波动。加强常规检查。开展成品油价格调整政策落实情况检查,“五一”、国庆等节假日和降温降雪等异常天气的市场监管。

清费治乱,维护民生价格权益。对公共博物馆、纪念馆、爱国主义教育示范基地、城市休闲公园继续实行免费开放政策。整顿旅游景点(区)停车场收费,降低偏高收费标准,规范收费秩序。及时通知各类学校变更收费许可证,对学校教育收费政策和公示情况进行督查;从严审批学校教育收费,对市一高分校和市一中分校学费标准进行审定;对三门峡职业技术学院学生公寓楼住宿费收费标准进行了重新认定。规范医疗服务(收费)价格,4月1日起市各医院实行“一日清单”“价格公示制度”。推进医疗垃圾处理产业化政策。对市区各经营服务性执收单位进行自查清理,共涉及26个业务主管部门、36个经营服务性收费单位,清理经营服务性收费项目48项,向省发改委建议降低涉企经营服务性收费项目10项。对市直各社会团体收费进行清理,涉及16个业务主管部门、29个行业协会,清理会员费、培训费、技术咨询费等7项经营服务性收费项目,取消收费项目4项,规范项目1项。开展停车场收费专项清理。会同市城市管理局召开新闻发布会、政策告知会,邀请媒体参加,对黄河路、崤山路停车场停车收费进行整顿,并设置公示牌,对收费停车场收费实行凭证式管理和20分钟内免费停车制度执行情况进行规范。

加强基础性工作,拓宽服务领域。强化成本调查。开展生猪市场和苹果种植等成本调查,全市价格机关共写出价格调查报告近30份。免费向农户发放成本资料1万余份,引导农民调整种植养殖结构、增加收入。深入发电企业和电解铝行业进行调研分析,帮助因售电量下降导致单位成本上升陷入亏损的企业在不违背国家节能减排政策前提下达成电力直供协议,使企业发电量由50亿千瓦时增加到80亿千瓦时,新增发电量可供电解铝企业生产电解铝2.2亿千克,增加产值28.6亿元。全年全市共开展各类刑事案件价格鉴定240起,开展各类资产价格评估500余起。

整合自身资源，创新工作方式，拓宽价格宣传途径。升级三门峡价格信息网（http://www.wjj.gov.cn），开通“12358”网上举报通道，公开办事程序23项，公布价格政策文件30余份，公示600余项收费项目、2 000多种药品价格、1 500余项医疗收费。密切与媒体的联系与沟通，全年在《三门峡日报》、三门峡政务网等市级媒体多次发布各类价格新闻、信息20篇。

开展价格服务进万家活动。继续开展价格服务进商场、进农村、进社区、进企业、进景区、进学校、进医院活动。重点开展进商场、进社区活动，以三门峡华润万家、三门峡百货大楼、千禧购物量贩、富达超市为联系试点单位，每月进点服务一次。对明码标价和服务收费公示进行监管服务，帮助商场建立健全内部价格管理制度，发挥商场物价员管理作用，规范经营者价格行为。以虢国博物馆、三门峡大坝景区为联系示范点，指导各旅游景区（景点）、各旅游定点购物场所、各景区内提供车辆停放保管、车辆出租、零售商品、照相、住宿、餐饮、娱乐、健身、商务等服务场所价格和收费工作，督促经营者自觉守法、诚信经营，增强消费者的自我维权意识。在繁华地段、学校、医院、景区、商场设立价格咨询台和“12358”投诉举报电话。制作综合性价格明白榜和收费公示板，向企业和群众发放宣传资料，引导企业合理定价、群众明白消费。（史海红）

审　计

【概况】 2010年，三门峡市审计局坚持“依法审计、服务大局、围绕中心、突出重点、求真务实”的审计工作方针，树立“监督体现服务、制约体现促进”的科学审计理念，认真履行审计监督职能。全市审计机关全年完成审计（调查）项目211个，审计查处违规资金6.44亿元、管理不规范资金6.49亿元、应调账处理资金1.78亿元。通过上缴财政、减少财政拨款及归还原资金渠道，促进增收节支1.31亿元。通过审计，向有关部门和被审计单位提出加强管理、完善制度、提高效益等审计建议539条，被采纳522条；提交审计专题、综合性报告和信息简报131篇，被批示采用99篇，对促进整改、建立和完善科学发展体制机制起到了积极作用。

【财政审计】 2010年，全市审计机关共完成财政审计项目34个，其中市本级预算执行审计项目2个，县级财政决算审计项目2个，审计调查2个，延伸审计单位28个。查出违规问题金额6.1亿元，为国家增收节支1.3亿元，挽回或避免经济损失1 072万元。通过审计，严肃了财政法纪，规范了财政资金管理。

【投资审计】 2010年，全市审计机关完成建设项目审计240项，其中市本级政府投资项目审计10项，主要是三门峡工业园摩云路改造、崤山路改造、大岭路立交桥、市文体中心、市中心医院病房楼、市儿童福利院、洛阳黄河宾馆新馆、市中医院门诊楼、市中医院中央空调、涧河社区门诊楼项目审计。审计建设项目资金总额5.9亿元，审减工程造价7 228.8万元，审减率平均为12%，有的建设项目审减率达到46%。在促进“扩内需、保增长”宏观政策的落实，提高财政资金投资效益和维护国家资金安全等方面发挥了显著的作用。

【经济责任审计】 2010年，全市审计机关共对70名县、科级领导干部进行了经济责任审计。其中，市审计局对3名县（市）区长、42名市直工作部门主要领导干部进行了经济责任审计。查出领导干部对违规行为负有主管责任的有问题金额1.4亿元，为纪检、组织、人事部门全面考察干部、正确使用干部提供了依据。

【民生审计与审计调查】 2010年，全市审计机关紧紧围绕中央、省、市重大政策措施和民生问题，重点关注“三农”、教育、卫生、文化、社会保障等民生项目和资金，统一组织开展了对城镇医疗保险基金、“阳光工程”和“雨露计划”培训资金、乡（镇）综合文化站建设资金、中小学校舍安全工程建设资金、广播电视“村村通”工程建设资金共32个项目进行审计或审计调查。主要是对家电、汽车、摩托车下乡实施情况，地方政府债务情况和加大教育投入政策执行情况进行审计调查，在审计中做到跟踪审计资金流向，延伸检查到具体项目和具体使用单位，对项目资金的管理和使用绩效进行分析，对存在的问题从完善制度、健全运行机制方面提出审计整改意见和建议，促进有关部门加强项目资金管理，提高了资金使用效益，促进了惠民政策的落实。

【外资审计】 2010年，市审计局完成省定外资审计项目5项，主要是世行贷款结核病控制项目、亚行贷款河南高效农业综合开发项目、中德财政合作河南省农户林业发展项目、亚行贷款旱作可持续农业项目、日元贷款林业项目。（任建学）

统　计

【概况】 2010年，三门峡市统计系统以提高统计数据质量为中心，深化统计改革，加强统计建设，各项调查工作任务进展顺利，统计服务质量稳步提高，为促进全市经济社会平稳较快发展发挥了积极作用。市统计局被国家统计局评为“第二次全国经济普查先进集体”“全国城乡划分清查工作先进集体”。在省统计局及各业务处室组织的优秀分析报告（论文）评选活动中，市统计局有6篇论文获得二等奖、1篇论文获得三等奖。在省统计局各业务处室组织的年度业务工作评比中，市统计局的大部分专业被评为先进。

统计服务与监督 市统计局按时发布《2009年三门峡市国民经济和社会发展情况的统计公报》，编辑印刷《三门峡市国民经济统计资料提要》，公开出版发行《三门峡统计年鉴（2010）》，编辑印发《三门峡简明统计信息》30期。全年全局共撰写统计分析资料144篇，统计信息领导决策采用率和社会新闻采用率均达到100%以上，为领导决策提供了大量丰富的统计信息资料。围绕全市“十一五”规划的总结回顾和“十二五”规划的制定开展统计专项服务，及时为市委、市政府和有关部门提供“十一五”规划完成情况数据和“十二五”规划制定的测算数据。按照市委、市政府的要求，市统计局按时完成了省政府下达市政府责任目标和市政府12项奋斗目标完成情况的统计监测以及各县(市)区政府、市政府各部门各项责任目标完成情况的考核评价工作,准确、及时、全面地向市委、市政府提供全市目标完成情况和运行过程中出现的问题,为保证全市各项工作任务特别是经济发展计划的完成发挥了积极作用。

统计制度方法改革　市统计局建立规模以下工业企业样本点的统计台账制度,推进规模以下工业统计基础建设;建立新开工投资项目旬报制度和重点建筑企业的月报(联网直报)制度;进一步完善建筑业增加值统一核算方法。能源专业首次组织开展2009年、2010年季度全社会能耗测算工作,为市委、市政府进行节能监测提供了重要依据。贸易外经统计全部实现在地统计,实现由产业在地统计向法人在地统计的过渡,实现由社会消费品零售总额统计到批发零售业、住宿餐饮业行业统计的转变,行业统计数据在GDP核算中发挥了积极作用。根据《河南省产业集聚区发展监测方案》,开展2009年产业集聚区调查和2010年季度监测工作,并与“三上”法人单位和房地产开发、建筑业、固定资产投资项目进度统计结合,提取了“三区”进度统计数据。建立新农村建设示范村统计监测制度,对省、市确定的示范村以及重点监测村进行统计监测,为加快全市新农村建设提供统计服务。畜牧业统计制度方法改革取得新突破,建立全市畜牧业规模养殖名录库,对加强畜牧业发展的监测和预警起到积极作用。在数据质量方面,工业、投资、能源、核算等专业均建立健全了数据质量控制机制,严格执行下管一级制度,有效提高了统计数据质量。

统计法制建设　市统计局组织开展依法行政宣传月活动,开展多种形式的统计法制宣传活动。组织开展新《中华人民共和国统计法》知识测试,组队参加全省知识竞赛,获得组织奖。印发《关于开展统计“五五”普法检查验收工作的通知》,全面部署统计“五五”普法检查验收工作。组织全市统计从业资格的报名、培训和考试工作,全市参加考试的人数达285人。市统计局、市监察局、市司法局和国家统计局三门峡调查队联合印发《关于联合开展统计法和统计违法违纪行为处分规定贯彻执行情况大检查的通知》,成立统计执法大检查领导小组,7月对湖滨区、渑池县开展统计执法大检查抽查。严肃查处统计违法案件,全年市、县两级共查处各类统计违法案件134起,其中市统计局直接查处41起。

统计信息化建设　市统计局制定《三门峡市第6次全国人口普查数据处理实施意见》,做好第6次全国人口普查数据处理工作。统计信息工程扩建项目取得新进展。市统计局完成了路由器、交换机等设备更新,增加了千兆VPN网关、防病毒网关,购置了千兆防火墙、千兆入侵监测系统、漏洞扫描系统、安全审计系统、网络运行维护管理系统。按照标准视频会议室建设的要求,完成了视频会议室建设。抓好联网直报工作。农业、工业、投资、贸易等专业联网直报率都达到100%。在全省率先推行房地产企业直报试点工作,建立三门峡房地产企业直报内、外网平台,并实现与省统计局平台的对接。

【完成第6次全市人口普查主要工作】

2010年,在市政府人口普查领导小组领导下,先后开展了普查试点、普查区划分和地图绘制、“两员”选聘和业务培训、广泛的普查宣传发动、普查摸底、入户登记以及复查议查和事后质量抽查等各项工作。顺利完成入户登记、数据采集这一人口普查中难度最大的工作环节的各项任务。数据处理完成了短表的光电录入、逻辑编审和长表的光电录入工作。5月6日至8日,市第6次全国人口普查办公室召开全市人口普查区域划分和绘图培训会议,讲解人口普查区域划分、地址编码及地图绘制工作流程,培训《全国人口普查地图标绘系统》使用操作。7月13日至14日,三门峡市召开人口普查综合试点观摩会议,现场观摩人口普查综合试点登记工作,介绍综合试点经验,交流人口普查前期工作。10月25日,三门峡市及各县(市)区人口普查办公室在全市开展第6次全国人口普查宣传日活动。11月1日零时,普查工作正式开始。

(陈建民)

质量技术监督

【概况】　2010年,三门峡市质量技术监督局在项目建设、农业标准化、质量兴市、执法打假等方面取得明显成效,被省委组织部授予全省“五好”基层党组织荣誉称号。市行政服务中心质监窗口被省优化办评为省级优秀窗口。

质量管理工作　全市有10个企业的32个产品通过3C认证,主要是混凝土防冻剂,汽车产品,综合配电箱(低压成套开关设备),交流低压配电柜,综合配电箱(配电板),动力柜(低压成套开关设备),低压抽出式开关柜,荧光灯用交流电子镇流器,暗装跷板式单极开关,单相两极带接地暗装插座,暗装跷板式双控开关,明装跷板式单极开关,单相两极双用、两极带接地明装插座,主动红外护栏,动力配电柜(低压成套开关设备),低压抽出式开关柜,电容补偿柜,动力配电箱(低压成套开关设备)等产品。无公害产品有28个产品经过认证,无公害产地有25个,农业良好行为规范企业1家,绿色食品认证企业2家,HACCP认证企业8家,食品安全管理体系1家。全市注册QC(质量管理)班组1 012个,有1个QC小组获得国优,3个QC小组获得省一等奖,7个QC小组获得省二等奖,1篇论文和1个QC小组被评为中南6省优秀论文和优秀QC小组。市质监局组织425名企业干部职工参加全面质量管理基本知识培训和考试,有103人通过全国统考,取得初、中级质量工程师资格。

标准化工作　全年市质监局完成企业产品标准备案20余项;办理食品标签认可62项;开展备案企业产品标准专项检查,检查企业36家,下发责令整改通知书14份;开展化妆品和食品强制性国家标准专项检查,检查化妆品商品32家74种、月饼产品3家32种、月饼商品55家137种,规范了市场秩序。陕县二仙坡有机苹果、灵宝杜仲2个国家级农业标准化示范区建设,卢氏县农业标准化示范县通过省质监局考核验收。市质监局完成河南锦荣水泥有限公司通用硅酸盐水泥、洛阳新硕实业有限公司钢丝软管、灵宝市金城水泥厂复合硅酸盐水泥等3项采标标志(确认);完成河南仰韶生化工程有限公司企业标准化良好行为考核验收,获得AA级确认证书;完成三门峡康耀电子有限公司A级复查考核工作。市质监局指导甘山森林公园、豫西大峡谷风景区开展"服务标准化试点"复查考核,并按时上报有关考核验收材料;帮助虢国博物馆做好国家级"服务标准化试点"创建申报等前期准备工作。启动渑池仰韶大杏、仰韶小米、仰韶柿饼和卢氏核桃国家地理标志产品的申报工作。11 月 20 日,仰韶大杏、仰韶小米、仰韶柿饼通过国家质检总局审查并公告。

特种设备安全监察　市质监局组织开展气瓶充装站、检验站治理工作,严厉打击非法充装行为,做到气瓶检验合格率 100%。开展锅炉隐患排查专项整治。至 12 月 31 日,全市共检查锅炉使用单位 210 家、锅炉 254 台,排查出存在安全隐患的锅炉 123 台,拆除土锅炉 8 台,消除锅炉使用方面的安全隐患 145 条,整改率 100%。全年全市共培训考核特种设备作业人员(发证或换证) 2 913人,其中司炉工 289 人、压力容器作业人员1 004人、锅炉压力容器焊工 128 人、起重机械操作工 928 人、电梯操作工 53 人、厂内机动车辆驾驶员 334 人、特种设备管理人员 177 人,确保特种设备人员持证上岗率达到 100%。

质量监督　在国家、省监督抽查、省定检三门峡市企业 62 家 76 个批次产品中,合格 74 批次,合格率为 97.4%,同比提高 1 个百分点,位居全省前列。市质监局责令省监督抽查和省定期监督检查产品不合格的 2 家企业进行整改处理,企业复检合格率为 100%。市质监局纤维检验所对辖区 6 处絮用纤维制品加工企业和 25 家服务企业进行专项执法检查,共抽检样品 72 批次,经检验 23 个产品不合格,责令金镛宾馆、时代粤海酒店、雪云制被厂、汇方医院进行改正。

食品安全监管　市质监局对乳制品生产企业和含乳食品企业进行全面排查,启动质量安全溯源体系工作。重点对三门峡市辖区食品生产企业进行监督检查,共抽取样品 185 个批次,合格 140 个批次,合格率 75.7%,实物质量合格率为 98.4%。针对部分食品企业标签标注不合格问题,召开质量分析会帮助不合格企业进行整改,提高了企业的食品质量安全责任意识。

计量工作　市质监局完成对三门峡市县级供电公司的电能计量标准考核和专项计量授权工作,5 个县级法定计量技术机构的计量授权工作已完成。启动商业、服务业诚信活动,大力开展 C 标志评价活动,有 6 家单位取得 C 标志评价证书。加强对定量包装生产企业、市场零售商品及定量包装商品的计量监督检查,着重对与老百姓生活密切相关的米、面粉、食用油、牛奶、速冻食品、方便面、液化石油气、金银首饰等定量包装商品进行抽查,共抽查生产企业和超市等 126 家,对 85 种商品、187 批次进行检验,合格率 91%。加强计量器具强制检定备案工作,强制检定计量器具 153 538台(件),电能表 10 万块(含电力公司检定电能表),衡器 10 875 台(件),医用计量器具1 067台(件),水表 15 150块,加油机 726 台,压力表8 432 块,检定率 90% 以上;没收和销毁违法计量器具 412 件,对个别有计量违法行为的商家分别按照计量法律法规给予处理。开展汽车衡专项整治,对全市生产单位 1 家(三门峡天源衡器有限公司)、使用单位 68 家进行检查,查处 7 台有问题汽车衡,有效地规范了汽车衡市场。

执法打假　市质监局组织开展食品、农资、家电、卫生纸、建材、液化石油气等重点产品专项打假和夏粮收购、加油机、烟叶收购计量执法行动,规范市场秩序。全市质监系统共查处各类违法案件 220 起,其中立案 157 起,查处各类违法产品标值 157.31 万元,取缔地沟油窝点 1 个。市质监局稽查大队查处了沈阳冶金机械安装工程处安装起重机未经监督检验案、义马某化工有限公司生产的危险化学品产品包装无警示标志案、湖滨区某人造板公司生产不合格密度板案、灵宝某化工企业无证生产液体无水氨案等 5 万元以上的大案要案。渑池县质监局配合公安部门破获一起团伙生产销售伪劣假冒"娃哈哈"营养快线饮品案件,抓获 6 名犯罪嫌疑人,涉案货值 7 万余元。

【建设国家铝及铝制品质量监督检测中心】　3 月,国家铝及铝制品质量监督检测中心在三门峡市开工建设。市政府批准建设用地 1.7 公顷,建设资金列入当年财政支出预算,投资 8 000 万元用于建设国家铝及铝制品质量监督检测中心。8 月,地下 1 层、地面 9 层(建筑面积 8 943.07 平方米)主体工程完工。9 月初到 12 月底,9 000 平方米的国家铝及铝制品质量监督检测中心项目和 6 层 4 800 平方米的专家公寓楼进入装修阶段,与之配套的辅助工程及道路、水、电、暖、通信等基础设施全部施工到位。第一批价值 237 万元的设备于 11 月 8 日通过政府采购落实,为进口光电直读光谱仪、原子吸收分光光度计和万能金相显微镜。价值136 万元的国产设备及 116 万元的实验室辅助设备于 12 月 21 日通过政府采购落实。

【创建全国农业标准化综合示范市】　3 月,三门峡市以市政府名义向国家标准化管理委员会申请创建全国农业综合标准化示范市。在申报过程中,市质监、农业等部门做了大量工作。12 月,国家质检总局、国家标准委把三门峡市确定为全国第 3 个创建农业综合标准化示范市城市,其他两个是河南省漯河市和山西省长治市。三门峡市从 2011 年开始创建,至 2013 年要通过国家标准委的验收,建成全国农业综合标准化示范市。

【开展气瓶充装站、检验站治理】　7 月至 10 月底,市质监局在全市范围内开展气瓶充装站、检验站治理。对全市 33 家持证充装站和 5 家持证检验站进行摸底排查,全市累计办理使用登记气瓶数量 106 027只,检验气瓶数量 654 只,报废气瓶 102 只;全市共有持证气瓶充装人员 193 人,持证气瓶检验人员 10 人。加大现场检查执法力度,严厉打击非法充装行为,全市共取缔 3 家非法充装站。规范气瓶定期检验工作,统一采用省质监局开发的网络版气瓶检验软件出具报告,将超过使用寿命或不符合安全要求的气瓶予以查封或监督进行破坏性处理,严格查处返修翻新报废气瓶等违法行为,确保气瓶检验合格率 100%。

【开展质检技术机构公众开放日活动】

9 月 16 日,市质监局在全市质监系统 6 个质量检验检测技术机构开展公众开放日活动,拉近了检验机关与市民的距离,受到市民好评。免费检测部分产品和计量器具,提供咨询服务,解答产品质量疑问,设立检验流程图,发放宣传资料,参观实验室检验检测过程,让消费者零距离接触"高精尖"仪器设备,获得更多的安全检测知识。各质检机构共发放宣传资料3 000余份,展示展板、宣传画30余块幅,接待参观学习人员300余人次,免费检测各种计量器具35台(件)、产品28批次。

【设立市长质量奖】 11月4日,三门峡市召开市长质量奖评审会。这是三门峡市首次评选市长质量奖。市长质量奖是在2009年8月省政府设立省长质量奖后,经市政府研究决定设立的,其目的是引导和激励企业实现持续改进、提高综合绩效和竞争力,建立全员、全过程、全方位的质量提升工作机制。2010年5月,市长质量奖评委会秘书处发布了2010年三门峡市市长质量奖评审公告,8家企业提出申请。经过资格审查、材料评审、现场评审等程序,市长质量奖评委会秘书处提交两家企业由评委会审议。11月14日,市委常委、常务副市长苏新华主持召开三门峡市长质量奖评审委员会全体会议,听取河南中原黄金冶炼厂股份有限责任公司、三门峡二仙坡绿色果业有限公司的陈述和秘书处的工作汇报。经审议和实名表决,两家企业均符合规定条件。11月15日,在《三门峡日报》和三门峡市政府网、三门峡市质监局网站对拟奖企业进行公示。12月3日,三门峡市召开质量兴市工作暨市长质量奖表彰大会,对荣获2010年度三门峡市市长质量奖的河南中原黄金冶炼厂有限责任公司和三门峡二仙坡绿色果业有限公司予以表彰和每家企业25万元的奖励,对荣获"2010年河南省名牌产品"荣誉的河南省煤气(集团)有限责任公司义马气化厂、渑池县方圆实业有限公司、三门峡龙飞生物工程有限公司、三门峡栖瑞陇电器有限责任公司、东方电气河南电站辅机制造有限公司、河南仰韶酒业有限公司、三门峡市酶制剂厂、今辉包装有限公司、三门峡湖滨果汁饮品有限责任公司、灵宝市金源桐辉精炼有限责任公司10家企业进行表彰奖励。

【开展"百名质监干部服务百家企业,助推百家企业质量大提升"活动】 2010年,市质监局组织开展"百名质监干部服务百家企业,助推百家企业质量大提升"活动,制定《三门峡市质量技术监督系统服务企业质量提升实施方案》。全市质监系统各单位确定重点服务企业116家,服务内容107项,帮助企业查找解决问题625个,引导11家企业建立产品技术研发机构,帮助38家企业开展能源计量工作,为企业减免各类费用78.3万元。通过开展服务企业活动,全市质监系统共帮助企业增加效益1 132万元,减少损失435万元。 (周付民)

食品药品监督管理

【概况】 2010年,三门峡市食品药品监督管理局强化监管手段,认真履行职责,各项工作均取得较好成绩,成功创建省级文明单位。

开展食品安全综合监管。市食品药品监督管理局充分发挥"综合监督、组织协调和依法组织查处重大食品安全事故"三大职责,严厉查处食品安全环节的违法经营行为,规范市场经营秩序。进一步完善全市餐饮服务食品安全应急预案,细化明确应急机构、应急标准、应急程序和应急责任。制定实施2010年风险监测工作方案,开展应急演练。将食品安全工作纳入政府目标考核,市政府与各县(市)区政府及有关食品安全监管部门签订目标管理责任书。全年全市共抽验食品1 006批,不合格28批,合格率为97.2%,比"十一五"初期提高近30个百分点。

开展药品安全专项整治。市食品药品监督管理局履行联席会议办公室工作职责,建立相应的组织协调工作机制,形成了药品安全地方政府负总责,监管部门各负其责、各司其职的药品安全监管格局。每季度召开一次药品安全专项整治联席会议成员单位负责人会议,每月召开一次药品安全整治联席会议成员单位联络人工作会议,分析安全形势,查找存在问题,制定工作措施,部署具体任务。同时,制定和完善药品安全应急处理办法和大案要案组织协调处理办法,建立全市药品安全应急处理快速反应机制。

强化药品、医疗器械环节安全监管。全年GMP(药品生产质量管理规范)跟踪检查企业8家次,覆盖面达100%;日常监管企业58家次,覆盖面达100%。全市11家企业在线生产的68个品种按照以品种为单元的GMP管理要求,已全部完成文件编制体系并组织实施。GSP(药品经营质量管理规范)跟踪检查企业30家次,覆盖面达100%;日常监管企业384家次,覆盖面达100%。监督检查医疗器械生产经营企业208家次,覆盖面达100%。严厉打击假劣药械生产经营行为,净化药品和医疗器械市场,保障人民群众用药用械安全。开展分子筛制氧设备、疫苗、隐形眼镜等专项检查。全市共立案916起,结案916起,罚没入库金额685 337.2元。

完善机制建设,提升药品安全应急处置能力。加强药械不良反应监测,成立药械不良反应专家组,包括临床药学组、临床医学组、医疗器械组。重点收集新的、严重的药品不良反应报告和医疗器械不良事件报告,每季度进行专门分析并及时反馈与沟通,以强化重点品种风险监控。共上报药品不良反应监测报告1 284例(新的报告331例、严重的报告51例),其中医疗机构报告818例,占63.7%;经营企业报告431例,占33.6%;药品生产企业报告35例,占2.7%。及时向药品生产经营使用单位发布预警信息,提高应急处置的主动性和前瞻性。不断完善突发事件应急预案和有关制度,提升应急处置水平。

【开展食品安全专项整治】 2010年,市食品药品监督管理局认真履行食品安全综合监管职能,组织食品安全各环节监管部门开展元旦、春节,三门峡国际黄河旅游节,"五一"劳动节,上海世博会,中高考期间,夏季食品,学校及幼儿园食堂,建筑工地食堂,非法使用、滥用食品添加剂,餐饮"夜市",地沟油,一次性筷子,问题乳粉清缴及中秋、国庆等14个食品安全专项整治行动。全市共组织出动执法人员25 834人次,检查经营户46 960户,查处各类食品案件282起,罚没款25.5万元,查处各类问题食品11 383千克,取缔无证经营户128家,捣毁制假窝点11家,有力打击了非法经营行为,维护了正常的市场经营秩序。 (马海英 朱琳歌)

·编辑 卢亚杰·

科　技

SCIENCE AND TECHNOLOGY

灵宝华鑫铜箔有限责任公司年产万吨高档电解铜箔生产车间

综 述

【概况】 2010年,三门峡市科技部门深入实施科教兴市、人才强市和自主创新跨越发展战略,以提升区域自主创新能力和发展高新技术产业为主线,大力推动科技进步与创新,各项科技事业取得了长足进展,为全市经济社会发展提供了强有力的科技支撑。

全年共安排市级科技计划项目89项,其中工业领域项目37项、农业领域项目17项、社会发展领域项目23项、人才与国际合作项目5项、科技基础条件建设项目4项、软科学研究项目3项。争取省级以上科技项目22项。投入政府科技经费2 050万元(市级经费665万元、省级经费1 385万元),引导项目单位自筹科技投入11 574万元。通过项目实施,全年新增产值44 155万元、利税3 160万元,出口创汇1 449万美元,研制新产品9种,开发新工艺技术10种,申请专利12项,发表研究论文19篇,对外转让技术3项,技术转让收益248万元。全市高新技术产业总产值78.89亿元,工业增加值27.47亿元,销售收入75.76亿元,利润总额5.15亿元,税收总额3.17亿元,出口创汇0.94亿元。有2项成果获得省科技进步奖二等奖。有27项成果获市级科技进步奖,其中一等奖3项、二等奖6项、三等奖18项。举办各类星火科技人才培训班800期,培训各类科技人才5.2万人次,发放各类星火人才培训教材19万余份。全年举办知识产权培训班及讲座7期,培训人员900余人。全年全市共申请专利481件,同比增长15%;获授权专利445件,增长37%。全年开展集中送科技下乡活动4次,发放、赠送节能减排手册、低碳生活手册5 000余份,展出版面60余块,开展专题宣传报道15次。引进科技特派员个人(团队)12个(企业7个、农村5个)共30人到企业和农村开展工作。3家企业建立省级院士工作站。引进外国专家5名,为企业和农民解决技术难题10余项。全市技术合同转让总交易额达到500.2万元。三门峡市科技情报所为各级领导提供《决策参考》12期、《项目快递》14期,提供科技项目和科技信息96项,发布三门峡科技动态30条、国内外科技信息456条,网站点击率近5万人次,在决策信息及科技信息服务传递等方面取得明显成效。

(裴泽涛)

科技计划管理

【概况】 2010年,三门峡共安排市级科技计划项目89项,争取省级以上科技项目22项。投入政府科技经费2 050万元(市级经费665万元、省级经费1 385万元),引导项目单位自筹科技投入11 574万元。通过项目实施,全年新增产值44 155万元,新增利税3 160万元,出口创汇1 449万美元,研制新产品9种,开发新工艺技术10种,申请专利12项,发表研究论文19篇,对外转让技术3项,技术转让收益248万元。

优化自主创新体系建设环境。年初,市科技局组织召开全市自主创新体系建设大会,制定出台《三门峡市自主创新体系建设和发展规划(2010～2020年)》,印发《三门峡市工程技术研究中心管理办法》《三门峡市重点实验室管理办法》等促进创新体系建设的政策措施。自主创新平台建设工作取得较大进展。依托三门峡市4家单位建立的河南省工程技术研究中心通过了省科技厅认定,3家企业建立的院士工作站通过省科技厅认定,全市企业中建立省级工程技术中心、院士工作站、博士后工作站、企业研发中心总数达33家,其中省级工程技术研究中心12家,顺利实现“十一五”规划提出的建设目标。创新平台建设力度加大。将速达交通节能科技有限公司、尚正食品有限公司、灵宝华宝产业有限责任公司等具有产业技术优势、有行业引领性的企业作为工程中心培育的重点,优先安排立项支持。同时,根据相关管理办法,新认定市级工程中心9家、重点实验室3家。

服务产业集聚区建设。组织各类科技要素向产业基地转移集聚,充分发挥集聚区示范和带动作用,有效提升了产业集聚效应和自主创新能力。选择三门峡产业集聚区、义马煤化工产业集聚区进行创新型产业集聚区培育;加大科技资源向产业集聚区倾斜力度,产业集聚区内有7家省级工程技术研究中心,有3个省重大科技项目落户产业集聚区,认定产业集聚区企业千万元研发投入项目1项,服务企业享受减免所得税政策优惠300万元;论证发布《铝工业产业技术路线图》,对产业集聚区铝加工企业选择筹建项目起到了积极的引导作用;《生物技术产业规划及酶制剂产业技术路线图》进入论证发布阶段。通过推动,加快了产业集聚区的创新发展,产业集聚区内高新技术产业增加值占全市高新技术产业增加值的比重达到29%。

加强科技管理与培训。市科技局制定《三门峡市科技计划管理办法(试行)》《三门峡市工程技术研究中心管理办法》《三门峡市重点实验室管理办法》等管理办法,规范计划项目管理过程中的关键环节。7月,举办科技管理培训班,各县(市)区、产业集聚区科技管理人员、骨干企业和乡(镇)科技负责人540多人参加了培训。

【实施重大科技专项3项】 2010年,市科技局组织实施市级重大科技专项3项。灵宝华鑫铜箔有限责任公司承担的“12微米高档高温延伸率电解铜箔关键技术研究及产业化应用”项目,通过调整电解溶液参数、改进各种添加剂配方,提高表面处理技术和纯净水过滤水平及其设备精度等措施,研究开发出粗糙度低、抗剥离性高、高温延伸率大的12微米高档高温延伸率电解铜箔新产品。项目规模总投资3 268万元,企业自筹3 248万元,研发投入建成后,年产60万千克电解铜箔,年新增利税3 107万元。同时,带动电解铜箔加工企业的技术革新,推动电解铜箔生产向专业化高技术、高附加值方向发展,加快电解铜箔生产技术的进步。河南仰韶生化工程有限公司的“耐热木聚糖酶的研制与开发”项目,与中国农业大学合作进行耐热木聚糖酶发明专利技术及关键技术的产业化研究,研发的耐热木聚糖酶可解决普通木聚糖酶产品最适反应温度低(50℃左右)、热稳定性差的难题,最适反应温度提高到90℃,填补国际国内耐热木聚糖酶工业化产品的空白，广泛用于造纸、食品、酿酒和饲料行业。项目总投资7 120万元，年产100万千克高活力耐热木聚糖酶，完成后年销售收入6 800万元，利润总额2 293万元，税后利润1 662万元，同时具有巨大的社会、生态及环境效益。该专项的实施，促进了三门峡市生物酶制剂新兴产业发展，引领全国酶制剂行业向高端产品发展，拟安排重大科技专项资金50万元。三门峡天瑞科技开发有限公司的"有机甜杏仁油系列产品开发及产业化"项目解决了CO_2精油萃取技术和大分子截留技术等杏仁精油生产关键技术难题，开发甜杏仁油、杏仁粉、杏仁蛋白、五香杏核、杏醋、杏乳饮料等系列产品。项目总投资5 000万元（一期2 280万元），年产杏仁精油60万千克、甜杏仁蛋白粉110万千克，产值1.5亿元；活性炭200万千克，产值2 000万元；杏醋饮料650万千克，产值3 000万元。年销售收入2.1亿元，利税2 300万元。拟安排重大科技专项经费50万元。

（刘 涛）

高新技术及其产业化

【概况】2010年，全市高新技术产业工业总产值78.89亿元，同比增长14.4%；工业增加值27.47亿元，增长18.02%；销售收入75.76亿元，增长15.2%，利润总额5.15亿元，增长4.02%，税收总额3.17亿元，增长5.1%，出口创汇0.94亿元，增长2.53%。

全市有5家企业申报科技部中小企业技术创新基金项目，分别是：三门峡兴邦特种膜科技发展有限公司申报的多喷头静电纺丝制备纳米纤维离子交换器项目；三门峡市峡威化工有限公司申报的橡胶硫化剂"4,4-二硫化吗啉"清洁工艺项目；三门峡合鑫机床有限公司申报的车轴高效双头四轴数控机床项目；三门峡源美检测仪器有限公司申报的高精度磨加工控制仪项目；三门峡海峰轴承紧定制造有限公司申报的高精度长寿命轴承紧定套项目。5个项目全部通过科技部和省科技厅联审，报科技部待批。三门峡上阳电器平衡机械有限公司承担的微电脑控制多工位全自动平衡机、三门峡市成义电器有限公司承担的新型数字地震检波传感器、三门峡仪电有限责任公司承担的KL5LM节能环保矿灯、三门峡奥科化工有限公司承担的十八硫醇科技型中小企业技术创新基金项目分别于2月和10月通过省科技厅组织的专家验收，4个项目实现销售收入5 571万元、利税1 687万元，取得专利5项，其中发明专利1项。三门峡恒生科技研发有限公司申报的柠檬酸金钾项目已立项，获支持资金70万元；奥科化工公司申报的省成果转化项目1-4乙醇项目已立项，获支持资金40万元。

4家企业被省科技厅认定为高新技术企业，分别是：河南仰韶生化工程有限公司、三门峡速达交通节能科技有限公司、灵宝市金源矿业有限责任公司、灵宝市金源矿业晨光化工有限责任公司。全市共有6家省级高新技术企业。

【义马气化厂"2亿千克/年醋酸装置集成创新"科技项目】11月初，义马气化厂"2亿千克/年醋酸装置集成创新"科技项目二氧化碳返炉PSA（变压吸附）制备一氧化碳技术已完成试验，进入工程施工阶段；国产锆材化学成分、材料力学性能及抗腐蚀性能均经过检测，符合美国ASTM标准或与美国华昌公司同类产品性能相当，国产锆材已全部产出并运至各设备制造厂家进行设备制造，且大部分锆材设备已制造完成并运抵安装现场。完成该项目仿真模拟培训系统的研发，进入现场调试阶段。完成投入65 645万元，其中研发投入11 160万元，超出中标的合同金额（45 443万元），取得实用新型专利1项。

【编制《三门峡市铝工业技术路线图》】《三门峡市铝工业技术路线图》是市政府对全市铝工业技术发展作出的战略性规划，分5个部分：背景和意义，原则定位、发展思路、总体目标，技术路线，重点产业化项目，实施建议。其中，重点产业化项目分近期、中期和远期，共涉及45个子项目。该路线图由河南科技大学负责编制，历经一年多时间完成。6月11日上午，三门峡市举行铝产业技术路线论证及项目发布会，进一步理顺全市铝产业发展思路，解决铝产业关键技术问题，推进经济发展方式转变，打造铝产业品牌优势。会议由副市长周志远主持，河南省有色金属学会会长、教授张森等11位专家参加论证，省科技厅副厅长黄布毅，省工信厅副厅长刘昱旻，市委副书记、市长杨树平，市委常委、秘书长赵中生，市政协副主席卢群召，市政府秘书长李宝洲等省市领导、有关企业及各县（市）区主管领导出席会议。专家组对该路线图给予了极高评价，认为：该技术路线图发展目标明确、思路清晰，符合三门峡市大力发展铝产业的实际需求，对加快三门峡市铝产业的结构调整，优化产业布局具有指导意义；提出的发展的主要项目，具有可操作性；技术路线图层次分明，科学规范，达到了技术路线图的标准和深度。专家委员会一致同意通过该技术路线图。

（李选林）

农业及社会发展科技

【概况】2010年，三门峡市农业科技主要围绕牧、果、林、烟等特色产业发展，新品种引进、试验、示范、推广，科技园区及基地建设，优质农产品基地建设，农副产品加工及生物技术等开展工作。社会发展科技围绕医疗卫生、防震减灾、食品安全、环境治理、旅游交通等开展工作。全市科技部门组织实施科技计划项目，针对制约农业和社会发展领域的瓶颈组织技术攻关，大力发展农业高新技术，推广先进实用技术，加强科技合作，推进农业和社会发展科技成果转化。全年全市共组织实施国家、省、市三级农业项目17项，社会发展项目23项，这些项目均按计划完成年度任务。获得认定河南省工程技术中心2家，申报国家农业科技成果转化资金项目2项。认定科技示范园区2个，科技示范基地22个。举办各类星火科技人才培训班800期，培训各类科技人才5.2万人次，发放各类星火人才培训教

灵宝市鑫源公司的浓缩果汁集装箱装车外运

材19万余份,为农民增收、农业增效、农村及社会发展领域经济发展提供了强有力的科技支撑。

【多金属矿产资源综合利用关键技术研究及产业化示范】 项目由灵宝金源公司承担,2008年立项,至2010年底投入资金4亿元,其中研发投入5 565万元。建成100万千克/天多金属综合利用生产线1条,300万千克/天选矿厂正在建设中,工程建成后将增扩矿石储量49亿千克。申请发明专利5项,取得授权实用新型专利9项,取得省级科技成果2项,发表高水平科研论文7篇。工程建设(产业化)进展顺利,已建成生产线2条。

【清洁镀金新产品关键技术研究及产业化开发】 项目由三门峡恒生科技研发有限公司承担,列入河南省高新技术产业化项目,已总结出生产清洁镀金新产品技术及工艺,开发出柠檬酸金钾产品,建成年产5万千克柠檬酸金钾生产线,开始规模化生产,2010年销售收入达10亿元。

【苹果渣生产生物蛋白饲料关键技术研究及产业化示范】 项目系三门峡市2009年重大专项项目,由三门峡梅奥生物工程有限公司承担。完成果渣生物发酵的菌种筛选与提纯、果渣生物发酵的有关条件研究,探索出发酵工艺,制定出产品标准,功能饲料添加剂已经完成小试,建成规模生产线1条,开始大规模生产。同时,研究出利用苹果渣生产苹果醋产品,正在开展小试及中试。

【精品苹果基地建设技术研究与示范】 项目由三门峡天瑞科技开发公司承担,利用专利技术,建立精品苹果基地47公顷,按照有机食品标准重点开展了SOD苹果生产方法和有机肥料、生物物理方法防治病虫害技术推广应用。在全国推广133公顷,预计取得综合效益2 000万元。

【三门峡市生物产业关键技术研究】 至年底,项目全面完成对国内外生物产业发展现状及趋势的调研,尤其是针对河南省及三门峡市生物产业发展存在的问题进行重点调研分析,最终确定了适合三门峡地区经济建设、具有良好发展潜力及空间的生物技术产业项目,进行三门峡市未来5年的生物技术产业生产项目的确定,并绘制三门峡优势生物产业的技术路线图,为前导生物产业的发展提供决策依据,也为关键技术研究、研发平台搭建、技术推广培训等研究的开展提供了基础保障。

【苹果霉心病防治技术研究与示范】 项目由市园艺总站和灵宝市园艺局承担,投入200余万元,针对苹果霉心病严重的情况,开展综合防治技术研究。先后举办培训班20期,培训人员2 000人次;建立核心技术示范基地333公顷,大面积筛选防治生物制剂,综合防治效果良好,有效地防止了苹果霉心病在三门峡市的发生。

【仰韶杏保花促果及保鲜技术研究】 项目由渑池县科技创新服务中心承担,针对仰韶大杏坐果率低、管理粗放、产量低、落花落果、保鲜期短等在存在问题,在辽宁果树研究所的指导下,开展配方施肥、修剪、授粉等技术研究,建立核心示范园2个,进行丰产栽培技术推广。

【城市污水处理与分质利用技术研究和产业化示范】 项目由河南省豫源清生物科技工程有限公司与河南省污水治理工程技术中心共同承担完成,开展了污水预处理新技术,污水可持续生物处理强化脱氮除磷新技术,污水、污泥资源化分质利用关键新技术和污水处理新材料、新设备、新产品的研究,已在8家污水处理厂应用。

【沥青路面废旧材料再生利用技术研究与示范】 项目由河南豫西路桥勘察设计有限公司承担,开展沥青路面再生方式汇总、沥青的老化规律和再生机理、热再生沥青混合料的配合比设计和厂拌热再生沥青混合料施工工艺研究。通过在省道S314线上的研究和铺筑,节省投资约200万元。若在全市县乡公路及省道推广,每年可节省投资1 500万元。 (董三邦)

科技成果及推广

【概况】 2010年,三门峡市有2项成果荣获省科技进步奖二等奖,分别是三门峡速达交通节能科技有限公司承担的“发动机增氧调压节能装置”项目和河南省电力公司三门峡供电公司承担的“便携式电力自动化故障诊断系统”项目。三门峡市共奖励科技进步奖27项,其中一等奖3项、二等奖6项、三等奖18项。

2010年度三门峡市科技进步奖励项目

表1

项目名称	奖励等级	主要完成单位
发动机增氧调压节能装置	一等奖	三门峡速达交通节能科技有限公司
便携式电力自动化故障诊断系统	一等奖	河南省电力公司三门峡供电公司
清洁镀金新材料研发及应用研究	一等奖	三门峡恒生科技研发有限公司、成都宏明双新科技股份有限公司
电铁进线档架空地线频繁电烧伤的分析与研究	二等奖	河南省电力公司三门峡供电公司、河南电力试验研究院
电热合金材料在金刚石合成领域的应用	二等奖	河南金渠黄金股份有限公司
小秦岭石英脉金钼多金属矿石资源综合回收新工艺	二等奖	灵宝市金源矿业有限责任公司
侧多食跗线螨发生规律及综合防治技术研究与推广	二等奖	三门峡市农业科学研究所、驻马店市农业科学研究所、洛阳市农业科学研究所、渑池县植保植检站、巩义市农业局
生态循环高效养殖技术研究	二等奖	灵宝市帅华牧业有限责任公司
654－2在子痫前期解痉中的应用	二等奖	黄河三门峡医院
YX－CK421型转向节立式数控车床	三等奖	三门峡豫西机床有限公司
电力通信和信息设备标准化编码规范	三等奖	河南省电力公司三门峡供电公司
三门峡输电三维地理信息系统	三等奖	河南省电力公司三门峡供电公司
含硫金矿硫酸化焙烧渣综合利用技术的研究与应用	三等奖	东华大学、河南中原黄金冶炼厂有限责任公司
橡胶硫化剂“4,4－二硫化二吗啉”(俗名:硫化剂DTDM)生产新工艺	三等奖	三门峡市峡威化工有限公司
12微米超薄电解铜箔阳极板供电方式研究应用	三等奖	灵宝华鑫铜箔有限责任公司
金精粉焙烧系统污水处理工艺优化	三等奖	灵宝市国土资源局、灵宝市开源矿业有限责任公司
4.5%～8%二氧化硫两转两吸工艺设计与研究	三等奖	灵宝黄金股份有限公司黄金冶炼分公司
渑池县玉米耕葵粉蚧发生规律及防治技术研究	三等奖	渑池县植保植检站
大豆复合保健功能因子在含乳饮料中的应用研究	三等奖	灵宝市玉瑞生物科技有限责任公司
水压制动在小型水电站中的研究及应用	三等奖	灵宝市水利局、灵宝市窄口水务管理局
沥青路面废旧材料再生利用研究与示范	三等奖	河南豫西路桥勘察设计有限公司、长沙理工大学
自制腰椎轴向负荷装置的研制与临床应用研究	三等奖	三门峡市中心医院
阻塞性睡眠呼吸暂停低通气综合征的临床治疗与研究	三等奖	三门峡市中心医院
经皮多点穿刺激光介入治疗腋臭临床应用	三等奖	黄河三门峡医院
儿童气管、支气管异物的临床救治	三等奖	黄河三门峡医院
自主创新克氏针定量拔出器技术研究	三等奖	渑池县人民医院
洁足康丝瓜络药物鞋垫	三等奖	卢氏县城关镇天织丝瓜络制品厂

（吕雪雅）

科技人才开发与对外合作

【概况】2010年,市科技局举办各类星火科技人才培训班800期,培训各类科技人才5.2万人次,发放各类星火人才培训教材19万余份。组织实施科技特派员行动计划、国际合作项目、科普传播工程项目,开展科技交流与合作,引进一批省内外乃至海外高层次人才队伍。引进佐方信之、安部光生、花岗要男、田丸猛、高山觉等5名日本专家分别与鹏飞电子公司、豫源清公司、市园艺总站、市农技站、灵宝农业高科技示范园区开展国际科技交流,为企业和农民解决技术难题10余项。接收省级科技特派员个人(团队)12个(企业7个,农村5个)共30人,充实到企业和农村开展工作,开展技术培训30多次,培训各类人员8 000余人次,发放技术资料万余份,解决技术难题20余项,推广新技术9项,引进新品种9个,为企业的发展和新农村建设提供了智力支持。卢氏县博康卢氏鸡发展有限公司的“卢氏鸡科技特派员创业链”列入省级科技特派员创业链,推动了当地区域优势特色产业健康发展。灵宝市金源矿业公司、中蓝义马铬化学公司、灵宝果品开发总公司申报的“多金属综合回收工艺研究”“河南省铬化学研究”“苹果园优质丰产栽培研究”等3个省级院士工作站通过认定,引进和培养高层次人才渠道进一步拓展。金源矿业公司承担的“黄金冶炼废渣综合回收试验与研究”项目被列入省院合作项目,争取省科技经费40万元。通过设立市科技进步奖、科技合作奖,激励在科学研究、技术开发、成果转化和推广应用工作领域作出突出成绩的科技工作者。全市专业技术人员达到5.2万人,万人中专业技术人员达到236人,位于全省前列。 (刘 涛)

专利和知识产权

【概况】2010年,三门峡市共申请专利481件,同比增长15%,其中发明专利申请74件、实用新型专利申请341件、外观设计专利申请66件;职务专利申请260件,占申请量的54%。共获授权专利445件,同比增长37%,其中发明专利21件、实用新型专利371件、外观设计专利53件;职务专利298件,占授权量的67%。举办知识产权(专利)法律、知识培训7期,培训人员900余人次。查处无效和假冒专利10件。为鼓励发明创造,促进科学技术进步,提高自主创新能力,提高自主知识产权的拥有量,市科技局出资15万元,设立专利申请资助资金。按照专利申请资助资金管理办法规定,对职务发明专利、实用新型专利、外观设计专利每件将分别资助2 000元、600元、200元;非职务发明专利、实用新型专利、外观设计专利每件将分别资助1 000元、300元、100元;国外专利申请(PCT申请)每件资助1万元。市科技局出台文件在全市范围内开展知识产权优势企业和优势区域认定工作,对符合条件的企业和区域认定后给予一定奖励。 (王河生)

科学技术普及

【概况】2010年,市科技局大力普及科技知识,传播农业先进实用技术,探索城市科普工作新方法,取得较好效果。全年开展“科技活动周”和科技“三下乡”大型活动4次,在主流媒体专题宣传报道15次,其中三门峡电视台“三门峡新闻”13次、“记者观察”1次,河南省电视台“聚集中原”1次,扩大了影响。发放“节能减排手册”5 000余份,种植、养殖等科技图书3 000多本,展出版面60多块,播放科普知识电影1周,全年更新片源32部,影视在线点击率突破76.7万人次。 (董三邦)

科技信息咨询与服务

【概况】2010年,三门峡市科技情报所编发《决策参考》12期、《项目快递》14期,提供科技项目和科技信息96项,在决策信息及科技信息服务传递等方面取得明显成效。通过三门峡科技信息网发布三门峡科技动态30条、国内外科技信息456条,点击数达5万次以上。为到市科技局查询“科技信息、科技成果、技术标准、国家专利、科技文献”的单位和个人提供免费服务,共接待市林业局、湖滨果汁厂等单位及个人查询25人次。 (程 琦)

地震测报

【概况】2010年,三门峡市地震局认真学习贯彻国务院《关于进一步加强防震减灾工作的通知》精神,紧紧围绕“提高防震减灾能力,服务经济社会发展”这条主线,突出6个“抓好”,确保6个“到位”,推动防震减灾工作取得新发展。

突出抓好组织领导,确保队伍建设到位。一是抓好机构建设。3月,市政府批准市地震局的“三定”方案,明确了市地震局的主要职责、内设机构和人员编制,不仅不压编、不降格、不减机构,还增加领导职数1名。二是抓好安排部署。三是抓好创先争优活动。6月21日至27日,开展以地震科技人员下乡察看地震宏观观测点为主要内容的“党员活动周”活动。四是抓好文明创建。以“创建文明单位、促进防震减灾、构建和谐社会”为主题,狠抓文明单位创建。

突出抓好监测管理,确保地震监测到位。一是加强宏观点管理制度、震情月会商制度等管理措施的实施,保证震情监测工作到位。二是强化短临跟踪及异常判定,印发《2010年震情短临跟踪方案》,决不放过一处异常。全年共落实三门峡市及周边地区地震异常4起,召开月度地震会商会6次,为市领导提供震情简报7期。三是加强地震台站管理。四是坚持监测大防御思路,做好晋陕豫震情联防工作,每月定期交流交换震情信息和资料,补充三门峡市监测手段不足。五是编写地震趋势研究报告,按时参加省地震局举办的地震趋势会商会,交流经验,并获得优秀奖。

突出抓好监督管理,确保抗震设防到位。紧扣新农村建设主题,实施农村民居地震安全工程。严把建设工程抗震设防关,确保城市和生命线工程建设的地震安全。着重加强对全市地震安全性评价项目的监管,确保重大建设工程和易产生严重次生灾害的生命线工程依法进行地震安全性评价，并按照地震安全性评价结果确定的抗震设防要求进行抗震设防。三门峡黄河医院新病房楼、灵宝市时代广场等一大批重点项目及民生工程进行了地震安全性评价工作。加强地震行政执法队伍建设。共办理地震行政执法证8个、执法监督证3个，要求执法人员做到持证上岗、亮证执法，严格规范执法程序和执法行为。

突出抓好措施完善，确保地震应急到位。市地震局联合市应急办，演练模拟了5月15日6点55分在灵宝市阳店镇南卿村发生4.3级地震后的应急响应过程。强化应急救援，努力提升应急处置能力。市地震局、团市委和市红十字会联合组建三门峡市地震救援志愿者服务总队。

突出抓好宣传教育，确保震害防御到位。创新载体，开展防震减灾科普和法制宣传活动。利用科技宣传周、唐山地震纪念日、“防灾减灾日”开展防震减灾法律和科普知识进机关、进社区、进学校、进企业、进农村活动，共展出版画100余幅，发放宣传资料1万余份，接受咨询500余人次，受教育人数达2万余人。推进防震减灾知识宣传进党校。4月19日，市政协副主席、市地震局局长姚龙应邀给三门峡市委党校2010年春季领导干部进修班学员和部分党校教职工作“学习防震减灾法规，普及防震减灾知识，提高抵御灾害能力”的报告。扩大防震减灾宣传工作的覆盖面。及时更新网站内容，编发科普文章。在《中原减灾》报上发表工作信息20余篇。强化抓手，狠抓防震减灾科普示范学校创建工作。至年底，全市有5个县(市)达到成功创建1所省级防震减灾科普示范学校的目标。

突出抓好项目谋划，确保规划编制到位。市地震局制定《三门峡市防震减灾“十二五”规划》(草案)，报送市发改委审批。规划确定了“十二五”期间重大工程计划与项目，具体可概括为“建设一个基地、完善一个系统、实施两项工程”，即建设地震安全科普教育基地，完善地震监测系统，实施城乡地震安全示范工程、地震应急响应工程。

【妥善处置“1·24”运城4.8级地震波及三门峡市事件】 1月24日10点36分14秒(北京时间)，在山西省运城市河津市和万荣县交界(北纬35.5度，东经110.7度)发生4.8级地震，震源深度12千米。地震发生后，三门峡市地震局全体人员立即到岗，启动地震应急预案，收集震情，11时左右完成电话及文字材料速报。11时20分，迅速开展地震灾情调查工作。据6个县(市)区速报，全市普遍有震感，其中湖滨区、陕县、灵宝市震感强烈，未收到建筑物破坏和人员伤亡情况报告。

【开通“12322”防震减灾公益服务热线】

为普及防震减灾知识，全面提高全社会地震风险防范意识和避险自救技能，5月1日，河南省“12322”防震减灾公益服务热线三门峡地区正式开通。该热线是地震系统开展防震减灾公益服务的统一专用号码，辖区手机、固定电话、小灵通均可拨打。“12322”防震减灾公益服务热线平台包括：基础知识、异常介绍、预报和谣言、监测设施保护、防震常识、紧急避险常识、自救互救、灾后注意事项、人工服务等9大项，同时还可以报告地震发生后当地震感或灾情。“12322”防震减灾公益服务热线的开通，对于防震减灾更好地面向社会、服务公众具有重要的意义。

【举行地震应急演练】 为有效应对突发地震灾害事件，提高市地震局工作人员应对地震突发事件的能力，5月15日，市地震局联合市应急办、灵宝市地震局举行地震应急演练。此次演练模拟5月15日6点55分在灵宝市大王镇南卿村发生4.3级地震后的应急响应过程，内容是紧急集合与拉动、后方协调指挥、现场工作程序、体能锻炼等，是一次紧急实兵演练。早上7点，市地震局人员接到局值班人员通报，在灵宝市大王镇南卿村发生4.3级地震，有可能造成财产损失和人员伤亡。灾情就是命令，全局人员7点15分全部到位，背上应急包，戴上安全帽，现场工作组准备就绪，于7点30分准时出发奔赴灾区。8点30分，现场工作组到达模拟宏观震中大王镇南卿村后，市地震局应急人员立即开展了紧张有序的灾害调查和地震震情跟踪等工作，9点30分演练结束。通过演练，参演人员进一步熟悉了地震应急的基本工作程序，初步掌握了震情、灾情快速分析判断和处理问题的方法。同时，提高了市、县两级地震部门处置突发地震应急事件的能力，锻炼了市、县地震局内各部门协调一致、高效有序地处置地震突发事件的能力，检验了地震现场工作队和地震灾情速报网的快速反应能力。

【恢复重建1处地震宏观观测点】 9月5日，市政协副主席、市地震局局长姚龙带领市地震局有关人员深入卢氏县文峪乡鱼鸭混养场，察看水产品养殖地震宏观点灾后恢复重建情况，指导地震宏观点恢复重建工作，并为受灾的水产品养殖户揣小元一家送去由省、市地震局共同捐赠的2.8万元赈灾款。该地震宏观点自2005年以来一直被确立为卢氏县地震宏观观测点，其主要任务是对承包鱼塘的水产品进行宏观观测。近几年，该宏观点负责人揣小元夫妇能够认真完成观测工作。在“7·24”特大洪涝灾害中，该地震宏观点受灾情况十分严重，已经不能正常观测。省、市地震局获知灾情后，高度重视，组织干部职工捐款，解决宏观点困难，帮忙恢复重建。

【三门峡市地震救援志愿服务队成立】

12月9日，三门峡市地震救援志愿服务队成立暨授旗仪式在三门峡职业技术学院举行。副市长高战荣，市政协副主席、市地震局局长姚龙，三门峡职业技术学院院长吴勇军等出席活动。市地震局、团市委、市红十字会的干部职工和三门峡职业技术学院青年志愿者700余人参加仪式。仪式上，宣读了《三门峡市地震救援志愿服务队组建方案》，高战荣向10支地震救援志愿服务队授旗，志愿者集中宣誓，有关专家分别就防震减灾和医疗救护等知识进行专题讲解。市地震救援志愿服务队是以注册、自愿、有组织服务为主要形式，吸纳所有热爱防震减灾和地震救援公益事业的社会成员参加防震减灾、地震救援的知识和技能的学习和培训，发挥地震救援志愿服务的专业优势，着眼于应急救援积极开展地震救援志愿服务活动，在破坏性地震发生后能及时组织开展应对地震灾害救援救助。三门峡市地震救援志愿服务队队长由市地震局、团市委、市红十字会领导担任，办公室设在市地震局，负责志愿者行动的规划、协调、指导和活动实施，共完

成志愿者报名300余人,全部组织培训并注册发证。　（梁运涛　刘　蕊）

气象工作

【概况】　2010年,三门峡市气象局汛期气象服务工作及时到位,被市委、市政府表彰为抗洪救灾暨倒房重建工作先进单位;第16届三门峡国际黄河旅游节期间气象服务保障有力,被市政府表彰为先进单位;党建工作成绩显著,被省委组织部表彰为“全省分行业创五好先进基层党组织”,被市委表彰为贯彻执行党风廉政建设责任制先进单位。全年启动应急响应4次,及时发布重要天气预报14期、专题气象服务材料82期、气象灾害预警信号93次、三级以上地质灾害预警20次、森林火险气象等级预报210次、林业病虫害气象预报10次,召开重大气象信息新闻发布会10次。适时实施人工增雨、消雹、防雹作业60余门次,最大限度减轻干旱、冰雹等自然灾害的影响。全市各级气象部门紧紧围绕特色农业开展专项气象服务,取得明显成效。自主开发综合预报业务平台,建立并完善短时临近预报系统,天气预报准确率提高。市气象局人影指挥中心建设任务完成,全市人工影响天气作业实现综合指挥和实时显示的自动化,现代化程度提高。研究制定《决策气象服务大纲》《农业气象服务大纲》,做好气象服务工作。发表和交流论文18篇,自立科研课题6项,其中两篇论文在跨地区、跨行业期刊上发表,两篇论文在中国气象学会年会上交流。开展气象科普知识进学校、进农村、进社区、进企业宣传活动,针对中小学校、煤矿、房地产等行业进行防灾减灾宣传。认真履行社会管理职责,面向社会举办施放气球培训班。组建专职执法队伍,加大对破坏气象探测环境、无证施放氢气球等违法案件的查处力度。

【黄河三门峡库区防汛气象服务实行3省4市联防】　汛期,黄河流域降水明显偏多,三门峡库区防汛形势严竣。河南三门峡、洛阳,陕西渭南,山西运城3省4市气象部门进一步增强库区安全度汛的责任感和使命感,采取多项措施,切实加强库区防汛气象服务联防。在三门峡市召开三门峡水库库区防汛气象服务联防会议,分析讨论汛期降水旱涝趋势和重要降水相对集中时段,提前部署库区防汛气象服务大联防相关工作。讨论修改《三门峡库区的防汛气象服务联防实施办法》,为圆满完成汛期气象服务任务提供了保证。加强3省4市雷达探测资料和黄河水文资料共享平台建设,并逐步建立3省4市加密雨量数据库,对重大降水天气的影响进行评估。加强雷达探测,及时通报联防区域强对流天气,为下游地区预报服务提供准确依据。加强对灾害性、转折性天气的会商工作,准确分析预报每一次强降水天气过程,为各地党政领导、防汛部门提供决策服务。

【做好7月23日至24日特大暴雨气象服务】　7月23日晚8时至24日晚8时,三门峡市出现强降雨过程,全市40多个乡(镇)总降雨量超过100毫米,渑池县、卢氏县局部地区出现特大暴雨,渑池县最大点降雨量达到213.6毫米,卢氏县最大点降雨量达到195.7毫米,总降雨量超过了2007年7月30日的降雨量。强降雨引发河水暴涨,形成特大洪水灾害,导致全市大面积受灾。针对此次重要天气过程,市、县气象部门通力做好预报及其服务工作,为各级党委、政府和防汛部门指挥决策防汛救灾工作提供了科学依据。7月22日上午,市气象局发布2010年第9期重要天气预报,明确提出“受西南暖湿气流影响,22日下午到25日,三门峡市有一次强降水天气过程,雨量分布不均,局部地区有暴雨”,建议“各县(市)区做好防汛准备工作,对河道、水库危险地段进行巡查和加固;有潜在地质灾害发生的地区要尤其关注暴雨过程,注意防范强降水引发的山体滑坡、泥石流等地质灾害的发生”。当天下午,市气象局局长武小明参加全省气象部门23日至25日强降水重要天气预报会商和豫、晋、陕3省黄河三门峡库区天气联防会商,对全市各级气象部门做好重大气象服务工作作出部署。7月23日上午,在市防汛办,由市委书记李文慧主持召开的全市防汛工作会议上,市气象局局长武小明汇报了此次重要天气过程,并根据前期降水情况分析三门峡地区土壤水分已经饱和,近期降水将会造成较大径流和洪涝灾害,并引发山体滑坡、泥石等地质灾害,特别是卢氏县要特别引起注意,提前预防,建议政府启动应急预案,做好应急准备。自降水开始,全市各级气象部门全部进入应急状态。观测人员、预报人员24小时加密值班,密切监视天气变化,实时更新雨量资料,为市委、市政府和防汛部门提供服务;制作发布暴雨、雷电预警信号15次,通过电视、手机短信、“12121”气象服务电话等方式,及时服务社会公众。此次降水天气过程强度大、分布广、持续时间长,部分乡(镇)过程降水量、日降水量、小时降水量分别为三门峡市有气象记录以来的最大值,造成的经济损失远远超过2007年7月30日卢氏县特大洪涝灾害。由于气象部门预报准确,服务及时,各级党委、政府高度重视、决策科学,各级防汛部门措施得力,人民群众防范自然灾害意识进一步增强,创造了在重大灾害面前无人因灾死亡奇迹。7月26日下午,市委书记李文慧在市委常委扩大会议上指出,“7·24”特大洪灾,气象服务非常到位。

【健全农业气象服务体系和农村气象灾害防御体系】　2010年,市气象局以深入推进现代农业气象业务服务试点为抓手,健全农业气象服务体系和农村气象灾害防御体系,为“三农”提供服务。加强组织领导和制度建设,成立农业气象服务中心,制定农业气象服务大纲,规范服务流程,改进服务质量。围绕全市特色作物种植需求,新建4个农业气象科技服务示范园、5个四要素自动气象站、2套自动土壤水分监测系统,增强气象为农服务能力。做好苗情、墒情卫星遥感监测分析和作物生长期病虫害发生发展气象等级预报服务工作,及时向市委、市政府有关领导和涉农部门提供服务。做好农用天气预报和农村气象灾害监测、预报、预警工作,全年发布农用天气预报32期、农村气象灾害预警93次,及时提醒农民搞好生产、防范灾害。加强全市人工影响天气能力建设,新购作业装备7套,新建作业基地25个,极大地提高了全市增雨抗旱、库塘蓄水、消雹防雹能力。　（袁文胜）

·编辑　卢亚杰·

教 育

EDUCATION

12 月 31 日，三门峡市举办直属学校“校长讲校”报告会

综 述

【概况】 2010年,全市有各级各类学校877所(含民办教育学校,不含成人教育学校),在校生436 862人;教职工29 948人,其中专任教师25 583人;占地总面积888万平方米,校舍建筑总面积381.7万平方米,固定资产239 339.4万元,教学仪器设备总值23 817万元。民办性质学校161所中,普通中学5所、中等职业学校3所、小学5所、幼儿园148所,在校生34 791人,教职工2 735人(其中专任教师1 791人)。特殊教育学校4所,在校生361人,教职工83人,其中专任教师70人。

全年全市教育部门财政预算内教育经费拨款177 518.6万元,同比增长21.29%。其中,县(市)区财政拨款142 528.6万元,同比增长16.75%;市本级财政拨款34 990万元,增长44.06%。全年共收到城市教育费附加8 820.6万元,比2009年实际收到数增加509.8万元,增长6.13%。多渠道投入18 104.3万元,其中学杂费收入6 884.8万元,社会和群众捐资助学196.5万元,其他投入11 023万元。全市教育经费总支出221 374.6万元,同比增长22.55%。全年市教育局通过多种方式,争取各级"两免一补"(免教科书费、免杂费,补助寄宿生生活费)、校舍维修及改扩建、中职学校国家助学金、普通高中助学金、中央教育救灾资金等共计20 370.55万元。全市教师有394人次在省级以上学科赛讲、技能大赛、科技创新等活动中获奖,学生有781人次在省级以上物理竞赛、英语才艺展示、艺术展演等比赛中获奖。

加强重点工程项目建设。市教育局以深化"项目建设年"活动为载体,强力推进教育重点工程项目建设,为促进教育均衡发展和实现教育公平奠定了坚实基础。一是"校安"工程建设项目。涉及学校103所,建筑面积158 466平方米,资金来源中上级拨款6 438.17万元、市本级配套2 100万元、县级配套资金13 789.53万元。其中,农村初中改造工程涉及学校5所,投入资金937万元,建设面积10 570平方米。二是农村中小学标准化学校建设工程。涉及项目学校211所,基建工程累计投入资金8 035万元,完成施工面积179 461平方米,图书仪器建设累计投入993.9万元。三是职业教育建设项目。计划投资7 000万元、占地面积200公顷的三门峡市职教中心已完成投入2 240万元,前期准备工作已经到位;占地12.5公顷、总投资3 500万元的陕县职教中心建设项目已完成投资1 406万元;占地18.7公顷、总投资9 000万元的渑池职教中心建设项目已完成投资2 480万元;总投资6 900万元的灵宝职专2号楼扩建工程、灵宝市华苑职高迁建工程、灵宝工业职专扩建工程均已开工,已完成投资5 100万元,其中灵宝职专2号楼扩建工程建筑面积3 500平方米,灵宝市华苑职高迁建工程占地8公顷,灵宝工业职专扩建工程占地1.8公顷。此外,三门峡中专区域性实训基地建设项目总投资1 200万元。四是市直教育重点工程建设项目。三门峡市外国语高中建设项目计划投资2 500万元,完成一期工程4 736平方米,秋季实现部分招生;市七中重建工程投资2 000万元;市崤函小学综合楼建设工程和操场建设项目,计划投资1 372.49万元,其中教学楼建筑面积4 926平方米;育才小学重建工程800万元。另外,全市寄宿制学校建设工程、薄弱学校改造工程和县级重点教育项目进展顺利。

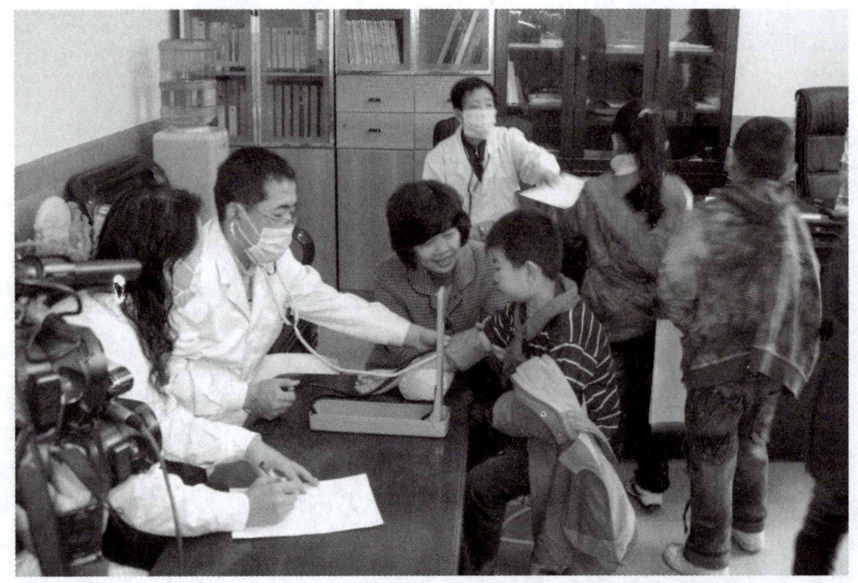

10月25日,三门峡市中小学健康体检工作启动

深入开展以敬业爱岗主题教育、校长讲校、班主任比武、星级科室创建和创建人民满意学校等"五项活动"为主要内容的学校管理上台阶活动,学校管理逐步走上科学化、精细化轨道。特别是普通高中继续坚持"三年统筹,注重质量"的教学总体思路,合理配置教育资源,深入构建高效课堂,科学发展的效果凸显,教育教学质量稳步提升。高考成绩实现新突破。全市普通类专科一批上线10 425人,比2009年增加1 015人;上线率达61.1%,提高6.89个百分点。至8月底,全市各类考生被学校录取13 768人,比2009年增加840人,增长6.1%。

深化满意学校创建活动。市教育局把全力构建高效课堂作为满意学校创建的出发点和落脚点,修订印发《创建"满意学校"实施方案》,制定下发《全市中小学(中职学校)构建高效课堂实施意见》《高效课堂评价标准(征求意见稿)》和《全市中小学高效课堂达标评优活动方案》,组织召开全市中小学(初中、高中)高效课堂构建工作动员会。开展高效课堂教学模式、教学流程的实验和研究工作,举办有关活动250科次、620余节。确定市实验中学等23所初中为"构建高效课堂实验学校",提升教师的施教能力。协同市纠风办对市直学校进行民主评议学校行风暨满意学校创建督导检查和百分扣分制考核,满意度均为100%。

【省政府调研组到三门峡市专题调研义务教育均衡发展情况】 3月9日至10日,以省教育厅副厅长李敏为组长的省政府义务教育均衡发展调研组到三门峡市,对义务教育均衡发展情况进行专题调研。副市长周志远、市长助理张运礼等陪同调研,并分别出席三门峡市、灵宝市汇报会。调研组一行先后深入市外国语小学、市外国语中学、市阳光小学,灵宝市一中、灵宝市一小、灵宝市盲聋哑学校和灵宝市阳店镇一中、二中、中心小学,查看校舍、运动场、教学设施配备等,并同部分教师座谈,详细了解义务教育均衡发展情况,征求区域义务教育均衡发展的意见和建议。

【举行中小学生安全教育日活动】 3月29日是全国中小学生安全教育日,活动主题是"加强疏散演练,确保学生平安"。当日,三门峡市教育与消防部门在各地同时举行多场以"提高自护能力、保障生命安全"为主题的模拟灭火演练活动。演练结束后,消防官兵向师生们现场展示各种消防装备,讲解常用灭火器材的种类、用途及使用方法,讲解火灾发生时正确报警、逃生的方法等,还向学生赠送了《全国重特大火灾案例》光盘。

【全市中小学"低碳校园,从我做起"校园低碳行动启动】 6月13日上午,全市中小学"低碳校园,从我做起"校园低碳行动启动仪式举行。市外国语小学五(1)班学生代表杨弈萌向全市中小学生发出"'低碳校园,从我做起'倡议书",倡议少用一次性制品(木筷、纸杯、纸巾等),避免浪费,减少垃圾,进行垃圾分类,回收资源;多骑自行车,多坐公交车,多爬楼梯,为节能减排出力;参加植树造林活动,在家中多养几盆花,争做绿色文明使者;自备水瓶,少喝饮料水;洗澡时用淋浴方式,并使用节水型浴头;尽量节约自来水;做好计划统筹,尽量一物多用;学会旧物利用,让有限的资源延长寿命。

【三门峡教育信息港获"全国地市级优秀教育门户网站"称号】 8月8日,在北京市召开的第10届中国教育信息化创新与发展论坛上,市教育局主办的门户网站三门峡教育信息港荣获"全国地市级优秀网站"称号。此次评比由教育部教育管理中心主办,全国共有20余个省市近500个网站参评。河南省共有16个教育门户网站、教育信息港获奖,其中"三门峡教育信息港"位列全国优秀网站第12名、河南省7个地级市优秀网站第1名。2003年9月,"三门峡教育信息港"和"三门峡教育政务办公网(OA)"建成并投入运行,市教育局成为全省地市级教育行政部门中首家实现网上办公的单位。2005年3月、2008年4月,市教育局先后组织技术力量对"三门峡教育信息港"进行两次改版升级,使网页设计更为美观,网站功能更加科学、实用,公共服务特点突出,形成一个功能相对完善的教育门户网站。"三门峡教育信息港"坚持立足于服务广大教师、学生、家长以及树立教育良好形象,向大众提供本地教育新闻、招考信息、业务咨询,在教育政务公开、教育资源共享等方面表现突出,2009年曾在全市40余家政府门户网站评比中进入前3名。该网站日访问量达5 000人次以上。

【省政府教育督导组督查三门峡市中小学幼儿园安全及规范办学行为】 9月8日至10日,由省政府督学马大建带领的省政府教育督查组一行到三门峡市,对12所中小学幼儿园安全工作及规范办学行为进行督查。检查组采取随机暗查、抽查、现场查看、查档案资料、听学校汇报等形式,对三门峡市中小学安全管理工作及办学行为情况进行了全面检查。督查组对三门峡市中小学幼儿园安全工作给予肯定,就提高广大师生的安全意识、提升技防和人防水平、健全安全事故处置预案等方面提出意见和建议。

【全市中小学生首次健康体检工作启动】 10月25日,全市中小学生首次健康体检工作全面启动。根据规定,要为全市中小学生建立健康档案,并对所有入学新生进行健康体检。义务教育阶段在校学生从2010年起每年要进行一次常规体检,体检费用按照支出标准和实际参加体检的学生人数,从学校公用经费中列支;高级中学和中等职业学校学生健康体检为服务性收费,即时收取,不得与学费合并统一收取。对体检中检查出的重要阳性体征或可疑重大疾病,有关机构应及时通知学校或学生的监护人,并做好签字记录;对体检中查出的潜在疾病,应提出进一步检查意见,做到早诊断、早治疗,防止意外发生;对需进一步进行治疗的,由家长选择相应治疗措施和手段。

【做好大学毕业生就业工作】 2010年,市教育局采取4项措施确保大中专毕业生特别是师范类毕业生就业。一是转变工作理念,完善服务功能。该局将就业工作重心前移,尝试加强毕业生就业工作部门和各院校之间的联系与配合,努力构建集就业管理、就业指导、就业服务于一体的网络服务系统。该局还不断完善毕业生就业公共网,扩大就业信息量,努力为毕业生提供更多的信息服务。二是加强就业指导,更新就业观念。在做好毕业生失业登记及促进就业服务工作的同时,该局在师范类大学毕生生就业工作中逐步推行全程化就业指导模式,针对不同阶段的学生实施不同的就业指导,尤其是在就业信息提供、职业培训及拓展就业市场等方面进一步做深做细做实。该局还加大对贫困毕业生就业的扶持力度,特别是对父母双方均失业、家庭平均生活标准低于当地最低生活保障的毕业生重点帮助推荐就业。至8月2日,该局共接收各类师范生档案295份,96名师范类毕业生前来报到,其中有23人被推荐到合适的岗位参加工作。三是招聘程序公开,选拔优秀人才。全市"农村义务教育阶段学校教师特设岗位计划"共计招聘340人。通过笔试、面试、体检等环节,分别在卢氏县、灵宝市、渑池县、陕县4个设岗县进行岗前培训。7月底,全市首次面向社会公开招聘外国语高中教师工作结束,有100人被招聘为正式教师。8月,开始进行岗前培训。四是建立绿色通道,倡导基层就业。对未落实就业单位的师范类毕业生,在未找到工作单位前一律免收档案寄存管理费。对到乡(镇)工作者,提前执行转正定级工资。基层学校在编制限额内接收全日制博士、硕士,可按特殊职位简化录用程序,专业技术职务可直接聘任不受岗位限制;编制出现空额时,要优先录用或招聘大中专毕业生。

【维护校园及周边环境】 2010年,市教育局采取10项措施维护校园及周边环境。一是对安全工作进行再动员。市教育局及时召开会议,把全国综治维稳工作电视电话会议精神传达到基层每一所学校、每一名教职员工,提高教育系统广大教职工对学生安全重要性的认识,全员参与,全力整治校园及周边环境,确保师生安全。二是坚持教师执勤制度。校级领导带班、4名教职工参加。严格按照作息时间提前30分钟到岗,佩带明显标志,在校园周边执勤,并保证学生上学随到随进。三是加强门卫工作。原则上配备责任心强、素质较高的保安担任门卫工作,凭证出入,杜绝不明身份人员进入校园。四是完善值班巡逻制度。建立健全值班、夜间巡逻等安全工作制度。完善突发事件应急预案,细化责任,明确责任主体,狠抓细节落实。五是加大技防和硬件建设力度。校门口、校内关键部位都要安装视频监控,需加固的大门和围墙要迅速加固。六是完善法制副校长制度。各校要明确法制副校长职责,经常开展法制教育讲座,提高广大师生的法制意识和防范能力。七是加强心理健康辅导。有条件的学校要建设心理咨询室,帮助师生排解不良情绪、形成健康科学的价值取向;全力、密切关注和监控排查校内心理不健康或精神有问题人员,避免发生突发性公共事件;加大矛盾纠纷排查和化解力度,维护校园稳定。八是加大安全督查力度。督查时要求注重细节,发现问题及时督促整改,并加强情况反馈与信息交流。九是开展满意学校创建工作。市直每所学校要在校门显眼位置悬挂满意学校监督电话牌,及时听取社会各界对学校安全管理、安全隐患、干部作风、师德师风等方面的意见和建议,规范学校管理。十是加强机关门卫工作和科室管理。强化门卫管理和科室管理,维护机关工作的正常办公秩序;开展星级科室创建活动,增强服务意识,提高服务效能,努力以科学管理引领全市教育事业和谐发展、持续发展、快速发展。

基础教育

【概况】 2010年,三门峡市有普通高中23所、普通初中115所、小学508所(另有教学点300个)、幼儿园205所,基础教育学校数占全市学校数的97.04%;在校生373 510人,其中普通高中50 597人、普通初中96 156人、小学189 043人、幼儿园46 725人,基础教育阶段在校生占全市各级各类学校在校生数的85.5%;教职工26 842人,其中专任教师23 229人。小学阶段学龄人口入学率、初中阶段学龄人口入学率均达到100%。灵宝市荣膺全省“民办教育先进市”称号。高考成绩实现新突破。全市普通类专科一批上线10 425人,比2009年增加1 015人;上线率达61.1%,提高6.89个百分点。其中,一本上线678人,增加80人,上线率提高0.53个百分点;二本上线2 899人,增加410人,上线率提高2.65个百分点;三本上线5 980人,增加881人,提高5.68个百分点。艺术、体育、专升本、对口生类专科上线3 607人,增加1 225人,上线率提高23.64个百分点。至8月底,全市各类考生被学校录取13 768人,比2009年增加840人,增长6.1%。其中,本科录取5 230人,增加866人,增长16.56%。录取率达63.46%,其中普通类录取率达70.27%,分别比2009年提高4.48个百分点和11.23个百分点。

【陕州中学教师赵东洋发明的微型仪器列入全国《高中理科教学仪器配备标准》】 2月25日,由教育部基础教育二司组织领导、教育部教学仪器研究所负责起草的教育行业标准JY/T 0406－2010《高中理科教学仪器配备标准》由教育部批准发布。陕州中学青年教师赵东洋发明的“气体实验微型装置”作为必修必配化学专用仪器列入该行业标准,面向全国普通高中等中等学校推广应用。

【举办市级“校长讲校”报告会】 3月20日上午,市级“校长讲校”报告会在三门峡市政法礼堂举办。报告会上,义马市市直幼儿园园长陈娜、陕县第二实验小学校长张焕兴、灵宝市尹庄镇中心学校校长王普军、灵宝市第一小学校长翟美峰、卢氏县实验中学校长陈宏剑、渑池县仰韶乡西阳中学校长西红义、灵宝市实验中学校长何赞朝等7位校长分别作了各具特色的报告。还发放了“校长讲校”活动反馈调查表,既涉及此次讲校活动的评价与收获,也带有调查了解性质的如“日常管理上最大困惑”“学校改革发展对中最迫切需要解决的问题”,还有对教育行政部门的建议等。

【全市第11届中学生“晨光”体育活动夏令营开营】 5月29日,三门峡市第11届中学生“晨光”体育活动夏令营在市实验中学开营,来自义马市、灵宝市、渑池县、陕县、卢氏县及市直各中学的22支代表队132名运动员参加了夏令营。此届夏令营设立乒乓球、足球、篮球、排球、跳绳5个比赛项目,展示了当代中学生朝气蓬勃的风貌。最后,渑池县教育体育局荣获团体活动一等奖。三门峡自1998年开展“晨光”体育活动夏令营以来,学校体育教育教学工作水平在整体上有了很大提高,篮球、乒乓球、足球、田径等运动项目在学校得到普及,促进了同学们运动技能的提高。

【举办全市“争当四好少年”演讲比赛】 5月31日上午,三门峡市“争当四好少年”演讲比赛小学组决赛在市第三实验小学举行。市委副书记王建勋,副市长周志远,市政协副主席王铁创等领导出席活动并为获奖选手颁奖。为深入贯彻落实共青团中央、教育部、全国少工委《关于认真学习贯彻胡锦涛总书记〈致中国少年先锋队建队60周年的贺信〉的通知》精神,引导广大少先队员争当“四好少年”,共青团三门峡市委、市教育局、市少工委联合举办了此次比赛。全市共有35个单位的35名选手进入预赛,16人进入决赛。经过激烈角逐,市育才小学孙湘琳获得小学组一等奖。此外,在5月30日举行的中学组决赛中,卢氏县实验中学赵琰喆夺得桂冠。

【参加河南省第11届中学生“晨光”体育夏令营】 7月12日至18日,河南省第11届中学生“晨光”体育夏令营暨第2届校长杯乒乓球比赛在济源市一中举行,三门峡市代表队取得河南省第11届中学生“晨光”体育夏令营一等奖和河南省校长杯乒乓球比赛一等奖的好成绩。在单项比赛中,三门峡市代表队荣获个人跳绳第1名、集体跳大绳第4名,初中男子足球第7名,高中男子乒乓球第8名的优异成绩。

【举行全市贫困大学新生资助仪式】 8月18日上午,市政府在三门峡市第一高级中学举行贫困大学新生资助仪式，对全市50名贫困大学新生给予每人4 000元的资助。近年来，三门峡市十分重视贫困学生的入学问题，多渠道、多形式对贫困学生进行资助，资助网络不断完善，在全市形成了从义务教育到高等教育的资助体系，资助贫困学生的长效机制初步建立。三门峡市的贫困大学新生资助工作始于2002年，尤其是从2005年起，市财政每年都拿出20万元用于资助50名贫困大学新生。2002年以来，全市共资助了584名贫困大学新生，资助金额达205万元。

【市外国语高中一期工程落成暨开学典礼仪式举行】 9月6日上午，三门峡市外国语高中一期工程落成暨开学典礼仪式在该校教学楼前举行。市委书记李文慧，市委副书记王建勋，市人大常委会主任赵继祥，市委常委、常务副市长苏新华，市委常委、秘书长赵中生，副市长周志远，市政协副主席王铁创和市长助理张运礼出席典礼。建设三门峡市外国语高中，是市委、市政府为优化市区教育资源配置作出的一项战略决策，也是连续两年向全市人民公开承诺的“十件实事”之一。市外国语高中位于三门峡经济开发区北环路以西，陕州风景区东北侧，北边紧依黄河，规模为4 500人、90个教学班，实行全封闭、寄宿制管理。学校总占地面积12公顷，规划建设用地11.2公顷，总建筑面积9.29万平方米，概算总投资2.2亿元。一期工程(教学楼、办公实验楼、学生宿舍楼两栋、教师宿舍楼、体育馆)项目完成建设，2010年秋季部分招生。

【第11届全国中小学电脑制作大赛(三门峡赛区)颁奖大会召开】 12月9日上午，第11届全国中小学电脑制作大赛(三门峡赛区)颁奖大会在市第二实验小学召开，获国家一等奖的三门峡市一高三(8)班学生申啸晗、获国家二等奖的市第二实验小学六(1)班学生毛豆豆及所在学校受到表彰。2010年8月，在中央电教馆组织的第11届全国中小学电脑制作大赛中，三门峡市选送了申啸晗的计算机编程“公路货运辅助系统”和毛豆豆的电子期刊《我不是坏孩子》，两件作品均获奖，是三门峡市开展此项活动以来取得的最好成绩。

职业教育和成人教育

【概况】 2010年，三门峡市有高等职业学校1所、普通中等专业学校8所、成人中等专业学校6所、职业高中7所，在校生62 991人，教职工3 023人，其中专任教师2 284人。全市中职学校招生17 180人。全市有成人技术培训学校(机构)921所，其中县级20所、乡(镇)级46所、村级846所、其他培训机构9所；教职工471人，其中专任教师177人。农村成人技术培训学校基本上均附设在农村中小学。开展农民技术培训30.4万人次。渑池县成功创建全省职教强县。灵宝职专被确定为国家中等职业学校改革发展示范学校第一批项目建设单位，并获得510万元专项资金支持，用于重点建设计算机、数控、电子、幼师、旅游专业和校园特色项目。

【举办全市第4届中等职业学校学生技能竞赛】 5月15日至16日，全市第4届中等职业学校学生技能竞赛在义马职专进行，来自全市16所中职学校的311名选手分别参加了计算机应用、电工电子技术、数控、旅游、工艺美术等9个专业19个项目的竞赛。经过激烈角逐，有42名选手获得一等奖、65名选手获二等奖，其中部分选手将代表三门峡市参加全省中等职业教育技能大赛，展示三门峡市职业教育的风采和成果。

(王普进 朱效红)

高等教育

【概况】 2010年，三门峡职业技术学院(以下简称学院)毕业学生4 873人，其中普通专科生4 088人、成人教育学生785人；招收新生7 168人，其中普通专科生5 587人、成人教育学生1 581人。至年底，在校学生19 048人，其中普通专科生15 809人、各类成人教育学生3 239人；在职教职工916人，其中教授、副教授215人，博士、硕士246人。学院贯彻落实“以评促建、以评促改、以评促管、评建结合、重在建设”的20字评估方针，以优异成绩通过省教育厅人才培养工作、就业工作、公共艺术教育、体育工作、基建工作和门户网站建设等6项工作评估。学院被省教育厅确定为河南省第5批高校数字化校园示范工程项目、河南省第1批文化改革与发展人才培养基地建设单位。

学院设有11个教学系(部)、45个招生专业，涉及农林、生化、制造、土建、财经、旅游、材料能源、电子信息、文化教育和艺术设计等多个专业门类，形成了以工科为主，融理、经、文、管、教育、艺术等协调发展的专业体系。其中，省级教改试点专业3个(供用电技术、室内设计技术、建筑工程技术)，省级特色专业建设点4个(供用电技术、旅游管理、机电一体化、生物技术及应用)。单片机实践与仿真技术、机械零部件测绘与CAD、发酵技术为省级精品课程，有中央财政支持的职业教育实训基地1个(建筑技术)，省级示范性实训基地5个(电工电子技术、生物技术、机电技术、商务技术、软件技术)。9月16日，三门峡市科技局批准学院建立三门峡市生物重点实验室。9月21日，三门峡市室内环境监测中心揭牌仪式在学院举行。学院有各类校内实训基地109个，与企业共建校外实习实训基地121个。图书馆藏书100万册。公开发行刊物1种(《三门峡职业技术学院学报》)。学院占地93.3公顷，建筑面积38万平方米，固定资产总值4.5亿元。

成立国际交流与合作学院。4月26日，三门峡职业技术学院与英国提赛德大学合作的机电一体化技术、与爱尔兰唐道克理工学院合作的建筑工程技术和生物制药技术3个专业获得省教育厅批准，纳入2010年河南省普通高考招生计划，共获得180个统招计划。软件学院经省教育厅批准成立，将于2011年正式招生。10月20日，学院召开永顺管理学院成立大会。永顺管理学院是学院与广东永顺集团合作开展的“双主体、高起点、零距离、深层次”校企合作模式，采用企参与、理事会管理的“双主体”办学模式，创新了校企合作的长效机制。

科研工作丰硕。学院与企业申报的“省高校节能照明工程技术研究中心”经省教育厅批准立项，教师参与的数控机床项目获得全市科技进步一等奖。促进科研成果转化。全年共获得科研成果313项、科研项目52项，其中省政府决策招标项目1个、省厅级项目33项;取得专著类成果38项,发表学术论文223篇。

学院学生获得多个省级及以上赛事奖项。在"青鸟杯"软件编程精英赛全国大赛中荣获优秀奖,在全国高职高专实用英语口语大赛获得一等奖,在全国高职高专实用英语口语大赛分赛区比赛中荣获一等奖;在全省首届插花员职业技能竞赛中获得二等奖,在全省科技文化艺术节上荣获4个一等奖,在省全运会上获得3金3银等16个奖项,在全省大学生运动会上获得2金2银1铜奖项。

【三门峡职业技术学院举行第3届科技文化艺术节】 5月17日至20日,三门峡职业技术学院举行第3届科技文化艺术节。该届科技文化艺术节以展示学院改革发展成果和学生科技文化素养为主要内容,是第16届三门峡国际黄河旅游节暨投资贸易洽谈会的重要活动之一,组织开展文艺会演、教育教学成果展、科技制作发明展、摄影书画集邮作品展、陶艺作品展,以及校园T台模特大赛、校园歌手大赛、英语口语大赛、日语口语大赛、主持人大赛、大专辩论赛、武术表演和大学生运动会、全市人才招聘会等重要活动。 (雷旭锋)

师资队伍建设

【概况】 2010年,三门峡市初中教师学历合格率达到98.57%,高中教师学历合格率达到95.4%。开展敬业爱岗主题教育活动。以"修师德、正师风、练本领、强师能"为主题,组织全市教师学习《教师法制教育读本》《走进心灵的教育》《青少年心理健康教育》及"三门峡市教师二十不准"等,查找、整改师德师风方面存在的问题。岗位练兵活动紧密围绕"构建高效课堂"活动这一中心,有效培育广大教师的积极进取精神。市教育局与市总工会联合评选表彰沈素玲等第2届"感动崤函·十佳人民满意教师"。评选表彰了第3届"千名岗位标兵"。开展师德师风先进校创建活动和向沈素玲等4名省级师德先进个人学习活动,举行"学三平精神,做三平教师"师德征文活动和特岗教师"乐为农村教育做奉献"征文活动,提升了教师的职业素养。

【市外国语高中面向全国公开招聘100名教师】 1月,经市政府同意,市人力资源和社会保障局、市教育局决定面向全国公开招聘100名高中学科教师,以确保2010年秋季新建市外国语高中面向全市招生。此次计划公开招聘的100名高中教师中,语文、数学、英语教师各15名,物理、化学、生物教师各7名,体育教师6名,政治、历史、地理、信息技术教师各5名,音乐、美术教师各4名。拟聘用人员按规定办理财政全供编制,并享用1室1厅住房1套。报名时间为2010年1月22日至3月1日。7月底,全市首次面向社会公开招聘外国语高中教师工作结束。605名应往届大学生和在职教师通过资格审查,经过笔试、面试、体检、档案审查等环节,有100人被招聘为正式教师。

【举办名师培育工程市级培训班】 7月19日至25日,市教育局举办河南省中小学名师培育工程市级培训班,来自全市初中语文、政治、历史、地理、生物5个学科的201名骨干教师培训对象、各县级教师培训机构的专任教师及各县(市)区部分教研员和市区部分学校的教师共计330名培训对象参加培训。市教育局邀请省内外教育专家围绕名师成长的有效途径、如何进行有效教学、教师心理与自我调适、课程改革与高效教学等内容先后为培训班学员作了专题讲座。同时,市教育局还聘请50位学科带头人、骨干教师和参训学员上观摩课20节、说课30节,10名在全市有名望的教育教学名师作了名师经验介绍。

【三门峡市"国培计划"项目启动】 8月,三门峡市正式启动"国培计划"项目。"国培计划"项目是2010年中央财政安排专项资金5亿元,支持实施中西部农村义务教育骨干教师培训。项目包括农村中小学教师置换脱产研修、农村中小学教师短期集中培训、农村中小学教师远程培训、中小学骨干班主任教师培训,其中农村中小学教师短期集中培训项目又分为农村中小学校"主干"学科教师短期集中培训项目和紧缺薄弱学科教师短期集中培训两个子项目。依据省教育厅下达的培训名额,三门峡市将遴选1 213名农村中小学校教师参加培训,其中置换脱产研修40名、短期集中培训128名、远程培训1 043名、骨干班主任培训2名。置换脱产研修培训,要求参训对象为45岁以下,小学具有专科以上学历,初中具有本科及以上学历,具有高级职称、市级以上骨干教师或名师荣誉称号。承担培训研修任务的师范院校将选派优秀师范生到农村学校顶岗实习,顶替受训教师授课。从9月中下旬开始由省教育厅安排到省内知名高校和北京师范大学、华东师范大学等国内高水平师范院校、培训机构进行为期3个月的脱产研修。短期集中培训,要求参训对象为50岁以下,学历为小学和初中学段要求的高层次学历。从9月开始,集中到省内高水平师范院校和综合大学参加为期15天的集中培训。教学能力提高远程培训项目,安排1 043名培训对象,通过远程网络线上收看名师授课、线下研讨交流的形式进行培训。中小学骨干班主任培训项目,要求参训对象是获得省、市级表彰的优秀班主任,参加由国内知名师范院校承担、为期10天的班主任集中培训。

语言文字工作

【概况】 2010年,市语言文字工作委员会共组织普通话水平测试15次,参加考生7 500余人次,其中教师及社会人员500人次、大中专在校学生7 000余人次,测试达标率达95%。开展语言文字规范化达标校、示范校创建工作,命名18所学校为三门峡市语言文字规范化示范学校,56所学校为三门峡市语言文字规范化达标学校。三门峡市实验幼儿园等8所学校被命名为第2批省级语言文字规范化示范学校。开展第13届全国推广普通话宣传周宣传活动,营造了浓厚的宣传氛围。市语委、市文明办、市教育局联合举办全市中小学"中华诵·2010年经典诵读大赛",共有6人获一等奖,24人获二等奖,72个集体节目分获一、二等奖,150余名教师获优秀辅导奖。在全省2010年经典诵读大赛中,三门峡市有4名选手参赛,2名获二等奖,2名获三等奖。 (王普进 朱效红)

·编辑 卢亚杰·

文　化

CULTURE

7月28日，三门峡市举行庆"八一"军民联欢晚会

综　述

【概况】 2010年,三门峡市文化新闻出版系统获得市级以上荣誉14项。全市文化系统干部职工具有正高级职称5人,副高级职称21人,中级职称98人。

基础建设　三门峡市文体中心、灵宝文化艺术中心、仰韶文化博物馆等大型公益文化基础设施进展顺利。各县(市)区共投入资金384万元,新建、扩建乡(镇)综合文化站16个,新建村文化大院39个,公共文化服务体系进一步完善。省、市民生工程圆满完成。文化信息资源共享工程,全年各级财政投资294.3万元,建成县级支中心1个、乡(镇)站点23个、村级基层点214个。农家书屋建设工程,投入468万元,建成234个。"舞台艺术送农民"活动,省、市、县各级剧团共演出197场,政府补贴85.5万元。文化窗口单位设施得到提升。宝轮寺塔亮化工程完成;市博物馆展览提升工程资金已经到位,展览提升方案正在制作中;虢国车马坑陈列馆争取文物保护项目资金45万元;虢国博物馆、市博物馆安防工程通过省专家组验收。

社会文化　大型节庆文化活动营造了欢乐祥和的节日文化氛围,丰富了人民群众的精神文化生活。组织开展省级非物质文化遗产项目扬高戏专场、第4届知名文化产品暨非物质文化遗产保护成果展、"激情夏日"文艺晚会等24项文化活动,观众达16.5万人次。市群艺馆全年举办各类活动和展览31次。教育基地作用得到充分发挥。全市各文化窗口单位举办各类展览28个,接待观众20万人次。演出效益进一步提高。市豫剧团坚持"质量立团、精品强团、人才兴团、和合建团"的工作方针,采取工资待遇与演出质量挂钩的分配办法,极大地调动了职工的积极性,全年演出312场、收入129万元,达到10年来的最高水平。戏曲创作获佳绩。全市共创作各类作品10余部,其中市艺术研究所所长、国家二级编剧黄森林创作的《收电费》《精彩瞬间》两部作品在文化部艺术服务中心、中国戏剧家协会举办的赛事中分别获得一等奖、二等奖。11月,首届全国戏剧文化奖评选揭晓,黄森林创作的6场现代戏《枣花》获大型剧本奖铜奖,灵宝市农民作家贺志良创作的大型现代戏曲《憨半斤》获剧本奖。艺术赛事成果丰硕。在全省第6届青年戏剧演出大赛中,市豫剧团3名参赛选手获得二等奖1名、三等奖2名的优异成绩。

文化遗产　崤函古道申遗工作稳步推进。《崤函古道(石壕段)本体保护方案》初稿已完成。文物普查工作取得阶段性成果。通过普查,新登录文物点4 626处。非物质文化遗产保护成效突出。土布印花技艺和夜社火项目被命名为河南省非物质文化遗产普查十大新发现;市政府命名第2批市级非物质文化遗产项目43个、非遗代表性传承人120人;陕县南沟村剪纸协会、陕州祥云民间艺术馆分别入选省级非物质文化遗产传习所、展示馆。保护文化遗产宣传活动成效突出,增强了群众的保护意识。文物勘探发掘工作有效服务了全市重点项目建设。市文研所、钻探办围绕重点工程建设,完成三门峡铝制品检验中心、大中海文化商业广场、南水北调南阳淅川县熊家岭汉墓群等32个项目的勘探发掘工作,勘探面积达30余万平方米,发掘墓葬80座,出土各类文物180件,确保了地下文物安全和项目建设的顺利推进。

市场管理　全年共组织网吧市场、文化娱乐市场、出版物市场及扫黄打非等大型集中整治行动30余次,检查经营单位4 700余家次,有力地震慑了违法违规行为,确保了市场的繁荣稳定。加强对企业法人的培训,增强其知法守法意识。扫黄打非工作效果明显,共收缴非法出版物2.8万余册,盗版淫秽光盘2.5万余盘,重点查办了《健康特刊》非法出版物案件等大案要案,净化了出版物市场。

文化体制改革和文化产业　全市文化市场综合执法改革稳步推进。市文化市场综合执法支队已经市编委批准成立,人员调整和招录工作正在进行,各县(市)区文化市场综合执法工作正常开展。全系统9个事业单位完成226个岗位设置和聘任工作,实现了事业单位由身份管理向岗位管理的转变。文化产业园区建设加快。渑池仰韶文化产业园重点项目仰韶文化博物馆主体工程竣工,内外装修正在进行;灵宝老子文化产业园累计投资8 000余万元,完成道德天书、老子圣像、金玉满堂等重点工程建设。

文化科研与交流　科研成果丰富。出版《古玉鉴定》《钧瓷》《白瓷》《炮声惊醒虢国梦》著作4部,完成《三门峡考古集成》《三门峡优秀艺术论文集》《虢国车马坑陈列馆》书稿3部;《三门峡南交口》一书被省社科联评为科研项目二等奖;在《中国文物报》《中国戏剧》《河南日报》等省级以上刊物发表学术论文13篇。学术研究得到认可。许海星、姚江波应邀在河南电视台新闻频道传承栏目作"中华玉文化""中华古瓷器鉴赏""虢国玉器"等专题讲座85期,许海星、刘社刚在三门峡电视台史说栏目作"虢国玉器""虢国青铜器的故事"等专题讲座8期,不仅宣传了市博物馆、虢国博物馆和三门峡市的历史文化,更为扩大三门峡的影响作出了贡献。加强对外文化交流,有11件文物参加了在日本东京市举办的"华夏文明之源展"。

【7件作品上榜"云梦山杯"第16届河南省歌曲创作评选大赛】 1月6日,由省文化厅、省文学艺术界联合会、河南人民广播电台联合主办,省群众艺术馆、省音乐家协会、省人民广播电台新闻频率文艺部承办的"云梦山杯"第16届河南省歌曲创作评选结果揭晓。三门峡市7部作品榜上有名,其中《三门峡颂》《永远的中国红》荣获一等奖,《织锦歌》《秋千》《金城女孩》荣获三等奖,《总书记巧剪幸福花》《春归》荣获优秀奖。

【在全国文化旅游产品创意设计大赛中获佳绩】 3月26日,由国家文物局主办,故宫博物院、中国博物馆学会承办的全国文化旅游产品创意设计大赛评奖结果揭晓。由虢国博物馆和虢国文化艺术研究所设计研发的阳燧澄泥砚和车马澄泥砚分别荣获优秀奖,并被中国博物馆学会永久收藏。

【举办"我们河南人——三门峡弘扬'三平'精神主题教育展"】 5月14日,为大力弘扬省委书记卢展工倡导的“三平”精神，积极宣传普普通通的河南人、踏踏实实的河南人、不畏艰难的河南人、侠肝义胆的河南人的光辉形象，由三门峡市委宣传部、市直工委、市文化新闻出版局联合举办，三门峡市博物馆承办的“我们河南人——三门峡弘扬‘三平’精神主题教育展”在三门峡博物馆开展。此次展览以当代河南人群体为基础，遴选68位中原儿女的杰出代表，以他们的先进事迹为主要内容，通过400多幅生动的图片和两万多个翔实的文字，展现了一个个鲜活的形象，宣传了河南人的优秀品质，激励参观者为河南崛起而奋力拼搏。

【首届达摩文化海内外书画作品展暨获奖作品颁奖仪式举行】 5月17日，首届达摩文化海内外书画作品展暨获奖作品颁奖仪式在市群艺馆举行。中央党校原组织部部长、中国三农研究院院长张虎林，人民日报社《信息导刊》副总编辑蒋泓峰，市委常委、宣传部部长李立江等为获奖者颁奖。此次作品展由北京中三国际文化交流中心、市文化新闻出版局主办，征集到全国各省、市、自治区及日本、韩国、新加坡等国家的书画家作品1 000余幅，确定入展作品120幅、特邀作品13幅，并评出金奖7件、银奖12件和铜奖27件。

【“税务杯”全国剪纸艺术大奖赛优秀作品展开展式暨《中国民间剪纸集成·豫西卷》首发式在三门峡市举行】 5月18日，“税务杯”全国剪纸艺术大奖赛优秀作品展开展式暨《中国民间剪纸集成·豫西卷》首发式在市群艺馆举行。中国民协副主席、省文联副主席夏挽群，中国民协剪纸艺术委员会主任赵光明，市委常委、宣传部部长李立江，市人大常委会副主任陈孟虎，市政协副主席张景林等为作品展剪彩。此次大奖赛由中国民协剪纸艺术委员会、市委宣传部等9个单位主办，大赛共收到剪纸作品323幅，作者分别来自22个省、市、自治区，具有广泛代表性。《中国民间剪纸集成·豫西卷》从2006年启动编纂，收录内容丰富，完整反映了豫西剪纸粗犷豪放、质朴夸张等特点，生动体现了剪纸原生态艺术和中原农耕文化的美学特点。

【举办“魅力三门峡”旅游摄影作品展】 5月20日，汇聚中国内地及香港、台湾、澳门的80余位摄影家近百幅佳作的“魅力三门峡”旅游摄影作品展在三门峡市湖滨广场展出。这些作品从民俗三门峡、活力三门峡、生态三门峡、黄河三门峡、文化三门峡等不同的角度展现了三门峡厚重的文化积淀、丰富的旅游资源和独特的风土人情。

【两项目入选“河南省非物质文化遗产普查十大新发现”】 6月2日，省文化厅公布“河南省非物质文化遗产普查十大新发现”，三门峡市民间传统手工技艺“土布印花技艺”、民俗“夜社火”两项目名列其中。“土布印花技艺”广泛流行于陕县、灵宝市农村，主要有“扎染印花”“雕版豆面涂糊印花”和“植物叶子锤锻印花”3种技艺。“夜社火”主要由顶灯和九莲灯两种舞蹈方式组成，发现于陕县菜园乡上窑村。

【公布三门峡市第2批市级非物质文化遗产名录】 6月12日，市政府公布第2批三门峡市级非物质文化遗产名录，共计43项，涉及10个类别。其中：民间文学类13项，民间美术类3项，民间音乐类2项，民间舞蹈类3项，传统戏曲类3项，传统手工技艺类8项，传统体育、杂技与竞技类2项，民间习俗类7项，传统医药类1项，其他1项。

【首届中国仰韶彩陶文化展在瑞典开幕】 8月18日，禾天欧洲集团瑞典中国中心开业典礼暨首届中国仰韶彩陶文化展览会开幕式在瑞典马尔默市开幕。这是中瑞文化成功合作交流的重要成果。市委书记李文慧和中国驻瑞典大使陈明明、马尔默市市长里李罗伊、禾天欧洲集团总裁何容等共同为禾天欧洲集团瑞典中国中心开业和中国仰韶彩陶文化展开幕式剪彩。展览会共展出由河南省文物局提供的大型展板16幅，由渑池县仰韶村彩陶坊提供的仰韶彩陶58件。这次展览是仰韶文化发现89年来第一次走出国门，在仰韶文化的发现者安特生的故乡举办。89年前，瑞典著名地质学家安特生在渑池县仰韶村发现并命名了举世闻名的仰韶文化，揭开了中国史前文化研究和田野考古学的第1页，是瑞典学者对中国文化研究作出的最杰出的贡献。

【市图书馆与三门峡职业技术学院图书馆合并】 8月，市图书馆与三门峡职业技术学院图书馆正式实现合并，标志着三门峡市图书事业实现历史性跨越，进入新的发展时期。市图书馆由市文化局管理划归为三门峡职业技术学院图书馆管理，两馆合并，原市图书馆房地产权不变；合并后保留市图书馆法人资格，对外挂“三门峡市图书馆”和“三门峡职业技术学院图书馆”两块牌子，对全社会开放。

【全市第2批特色文化产业乡（村）和第3批知名文化产品成果揭晓】 11月3日，由三门峡文化新闻出版局主办的“第2批三门峡市特色文化产业村（镇）评选命名”和“第3批三门峡市知名文化产品评选”活动成果揭晓。渑池县南村乡被命名为“三门峡市特色文化产业乡”，灵宝市尹庄镇浊峪村、陕县西张村镇庙上村被命名为“三门峡市特色文化产业村”；三门峡虢国雕塑有限公司青铜塑像“老子骑牛”、三门峡煜煌工艺制品有限公司木制工艺品“音乐铃珠宝盒”等8件产品被授予“三门峡市知名文化产品”称号。

【举办“华为医药杯”全市群众舞蹈大赛】 11月15日，由市文化新闻出版局、市文联主办，市舞蹈家协会、三门峡文化网承办的“华为医药杯”2010全市群众舞蹈大赛评选结果揭晓。40名选手脱颖而出（报名选手共计400名），分获金、银、铜奖及单项奖。其中，张毅、姚佩泽分获成人组、少儿组金奖，大营儿童文化园选送的群舞《看电影》等7个节目获得银奖，湖滨区文化馆、红舞裙舞蹈中心选送的《新疆舞》《傲雪》等11个节目获得铜奖，义马市城建局、赵浩然等分获单项奖，灵宝市旋舞基地、义马市金芭蕾舞蹈队等表演的4个节目获得评委会大奖，义马市红十坡居委会、湖滨区侯家沟新时代表演队、湖滨区交口民间艺术团获得评委会特别奖。获奖者均获得由主办单位颁发的证书以及华为医药零售连锁有限公司提供的总价值1万余元的奖品。

【全市首家网吧连锁公司获批】11月16日,按照文化部《网吧连锁企业认定管理办法》和省文化厅有关政策规定要求,三门峡市首家网吧连锁公司——三门峡金三角网吧连锁有限公司,经过半年的筹建,通过河南省文化厅认定。它标志着三门峡市网吧开始走向规模化、品牌化、连锁化的轨道,同时可在全省范围内设立网吧连锁企业。

【省文化产业重点项目观摩团到三门峡市观摩调研】11月23日至25日,中原出版传媒集团工会主席、党委委员刘磊带领省文化产业重点项目观摩团,到灵宝市和渑池县观摩重点文化产业项目建设情况。观摩团一行参观了灵宝市老子文化产业园和渑池县仰韶文化园两个重点文化产业项目后,对三门峡市发展文化产业的经验和做法给予充分肯定,一致认为,三门峡市文化产业重点项目建设思路清晰、定位准确、特点明显,既弘扬了中华民族的优秀文化,又符合现代发展理念,具有较强借鉴性。 (李 丽 黄云启)

文 物

【概况】2010年,三门峡市文物工作坚持"保护为主、抢救第一、合理利用、加强管理"的方针,取得新进展。

文物普查 至4月底,各县(市)区均完成了田野文物资料采集工作,对原来的700处文物点进行复查,新登录文物点4 626处。5月,开展室内资料整理工作,对田野采集的数据、资料进行全面的梳纳整理,查遗补漏,按照普查技术规范要求,制作电子文本和纸质文本。市文化新闻出版局被省文物局评为"文物普查实地调查阶段先进集体"并获组织奖,全市7人被省文物局授予"文物普查实地调查阶段先进个人"荣誉称号,5人被省文物局授予"文物普查实地调查阶段优秀志愿者"荣誉称号,1人被国家文物局授予"文物普查实地调查阶段突出贡献个人奖"荣誉称号。

申遗工作 与北京大学考古文博学院、成都市文物考古研究所签订《崤函古道(石壕段)本体保护研究委托研究协议》,由成都市文物考古研究所编制《崤函古道(石壕段)本体保护方案》。10月、11月,市文化新闻出版局、省文物局组织专家对《崤函古道(石壕段)本体保护方案》进行评审,提出修改意见。在北京大学地矿系多媒体室举办了崤函古道保护规划编制和设计方案专家讨论会。配合中央电视台"探索发现"栏目组对崤函古道进行现场拍摄,进一步扩大宣传效果,提高知名度。上报国家文物局"十二五"崤函古道本体保护项目。

遗址保护 仰韶村遗址、西坡遗址的保护规划已按照国家文物局专家组的意见,由编制单位进行修改完善,上报国家文物局并获批准,省政府已经公布。庙底沟遗址保护规划正在修改完善之中。虢国墓地和宝轮寺塔保护规划已获国家文物局批准立项。《渑池县龙耳寺维修设计方案》经市文化新闻出版局组织初评后已上报省文物局。卢氏城隍庙、灵宝员家大院、陕县兀氏旧宅等古建筑都制定了维修设计方案。

文物安全和行政执法 继续与省文物局签订"文物安全目标责任书",与全市各文博单位签订"文物安全目标责任书"。采取不定期检查、抽查、电话检查等多种形式,对全市文物单位进行安全检查,做好对市直文博单位每月4次和各县(市)每月一次的安全检查,对发现的问题,及时通报,限期整改。做好向省文物局节假日文物安全日报告和周报告工作。对灵宝市新建博物馆的安防工程设计方案进行评审论证,达到风险防范等级标准;虢国博物馆二期安防升级工程和市博物馆二期安防工程顺利通过省文物局安全技术防范工程审核组的检查验收,提升了安全防范能力;根据工作需要和人员变动,上报省文物局批准对三门峡市的文物安全技术防范审核组、文物鉴定组成员进行了调整。配合司法机关严厉打击各类文物犯罪活动。灵宝市公安部门逮捕了盗掘古文化遗址、古墓葬和收购、倒卖文物的犯罪团伙分子9名,9名犯罪嫌疑人被灵宝市人民法院分别判处1年至13年不等的有期徒刑,追回了大批文物。加强文物行政执法工作,提高执法水平。依法查处三门峡职业技术学院破坏陕州故城城墙一案,收缴罚款8.5万元并上缴国库,督促两家违法施工单位进入考古调查勘探程序。全年全市共6人参加了由省文物局在开封举办的文物行政执法培训,3人参加了由市法制办组织的行政执法培训。

文物勘探发掘工作 全年共配合三淅高速公路、运三高速铁路等基建项目26个,调查勘探面积30.15万平方米,共发掘各时期墓葬80座,出土各类文物180余件。市文物考古研究所受省文物局和省文物考古研究所委托,组织专业人员赴南阳市,承担了两次全国重点工程——南水北调中线工程中的文物考古发掘工作。

博物馆工作 渑池县仰韶文化博物馆主体工程全部竣工,陈列设施及施工进行了公开招标,由中国装饰装修有限公司中标。灵宝市新建博物馆陈列形式设计由省文物局专家组在灵宝进行了实地调查、讨论。全市符合免费开放条件的博物馆、纪念馆继续免费开放,虢国博物馆、市车马坑陈列馆等都在"5·18国际博物馆日""中国文化遗产日"向观众实行参观优惠政策,做好向中小学生、现役军人、伤残军人、老年人等社会特殊群体减免优惠门票工作,收到了良好的社会效益。配合省文物局做好灵宝、陕县、市博物馆等1万多册(份)纸质文物的调查登记工作。指导做好馆(库)藏一、二级文物数据库的有关信息补录工作。组织撰写了豫陕晋冀4省博物馆理论与实践研讨文章6篇。

文物法律法规宣传 "5·18国际博物馆日""中国文化遗产日"之际,举行宣传活动,共展出版面80余块,《三门峡日报》《三门峡广播电视报》、三门峡广播电台、三门峡电视台、三门峡文化网、《明珠》杂志等都对活动进行了采访报道。11月19日,《中华人民共和国文物保护法》颁布28周年之际,市直各文博单位到湖滨广场进行文物法制法规和文物工作情况宣传,共悬挂横幅2条,展出版面16块,发放宣传材料2万份,出动3台宣传彩车在市区大街小巷进行流动宣传。

【虢国车马坑遗址加固保护技术研究被列为省重点科技攻关计划项目】 7月16日，虢国博物馆申报的“虢国车马坑遗址加固保护技术研究”被省科技厅确定为河南省重点科技攻关计划项目。该项目主要是利用国内先进的材料硅酸钾溶液，对虢国车马坑遗址开展加固、防风化实验研究，并为本地其他同类型遗址保护提供技术参考。项目计划投资10万元，主要分为修补复原、马骨复原及粘接、加固及作旧等。

【虢国博物馆和市博物馆安防工程竣工并通过验收】 10月26日，投资146万元的市虢国博物馆二期安防升级工程和市博物馆二期安防工程顺利通过省文物安全技术防范工程审核组的检查验收。市虢国博物馆安防工程升级改造，不仅解决了以前工程中发现的防范漏洞，而且提高了安防系统的整体性能，使系统集防盗、监视、声音、复核、出入口、录音、录像、通信、打印等为一体，形成自动化、先进可靠的防范系统；还采用抗干扰微振报警，对周界地下古墓葬防盗实时监控，提高了地下文物安全防范系数。市博物馆通过新装技防工程，实现了技防、人防、物防三结合的高度智能化，且该系统结构合理，可靠实用，操作简便，杜绝漏报警和最大限度地减少误报警，达到防盗窃、防破坏、防潜伏作案及智能化作案的能力。 （李 丽 黄云启）

广播电影电视

【概况】 2010年，三门峡市广播电影电视局牢牢把握正确舆论导向，确保安全播出，依法加强管理，加快事业产业发展，创收能力不断增强，各项工作呈现出又好又快的发展态势。

宣传工作 内宣方面，全年局属各新闻媒体共刊播新闻稿件1.8万多条（篇），其中自采新闻6 863条（篇）；自办节目时效增强、内容增加、质量提高；电视节目实现全程数字化播放；融媒网实现了网上观看视听节目和报刊文章。外宣方面，局属媒体发稿973条（篇）。其中，在中央电视台发稿10条、中央人民广播电台发稿9条，新闻头条和重头稿件47条（篇）。

栏目建设 局属各媒体调整开办广播电视栏目25个，丰富了节目体系，提高了广播电视节目的吸引力和影响力。三门峡电视台开办“现在‘惠’生活”“跟我走吧”等新栏目。三门峡电视公共频道新增服务三门峡市“三纵四横大交通”建设的栏目“交通纵横”、服务农业类节目“耕耘”。三门峡人民广播电台对节目进行调整重组，优化播出时段，开办新农村广播、民生栏目“有事您说话”等。《三门峡广播电视报》新增“时尚·美食”“房车·楼市”等服务栏目。

文化活动 局属各媒体相继举办三门峡春节电视文艺晚会、元宵节晚会、欢乐中原行名曲名家演唱会、“黄河故事会”演员选秀、司仪大赛、夏季车展房展等活动，丰富了群众文化生活，取得了良好社会效益和经济效益。

事业建设 全年市、县两级广播电视台投入1 353万元，更新和新增广播电视技术装备119台（套）。三门峡电视台完成1 000瓦无线数字地面电视设备安装任务。卢氏县购置电视转播车，建成LED电视大屏幕；完成20户以上已通电自然村“村村通”广播电视扫尾工程。灵宝市完成了城区有线数字电视转换。义马市、陕县完成47个20户以上新通电自然村和返盲村“村村通”工程建设任务。义马市还实施“有线电视户户通”工程，大大提高和保障了广大人民群众享受公共文化服务的权益。在发展事业的同时，加强行业管理。加强广告播放管理，开展以整治虚假违法广告为主的专项行动，叫停一批违法广告，净化荧屏声屏。加强卫星地面接收设施管理，扎实开展专项整治行动，在全省评比中获得第1名。组织广电系统各单位参加广播电视技术类奖项评比活动，获省局以上奖励45件次。

电影事业 按照“企业经营、市场运作、政府购买、农民受惠”的农村电影发展思路，逐步建立公共服务和市场运作相协调、固定放映和流动放映相结合的农村电影服务体系。理清电影放映资金运转渠道，建立农村电影放映机制，农村电影放映正常开展。完成农村“一月一村一场”电影放映任务。共放映农村公益性电影16 344场，累计观众达251万人，丰富了农村群众的文化生活。市电影公司投资33万元，扩建电影放映厅，收入大幅度提高，全年票房总收入达261万元，同比增长69%。卢氏县新建的5个电影放映厅投入运营，是全省第3家开办的县级影院。

【完成20户以上新通电自然村和返盲村“村村通”工程】 该项目是省十项民生工程之一。由陕县和义马市负责组织实施，投入47万元，安装直播卫星接收设备808套，架设光缆175芯千米、同轴电缆31千米，新增光节点12个，安装有线电视用户546户。高标准、高质量完成47个20户以上已通电自然村建设任务，使1 635户偏远地区农民群众能够收听收看到包括中央和省在内的4套以上广播节目、8套以上电视节目。

【举办“电影周”公映活动】 为迎接第16届三门峡国际黄河旅游节，营造节日气氛，丰富人民群众的文化生活，市广电局于5月18日至23日晚8时，在市区湖滨广场举办“电影周”公映活动。公映活动期间，安排有《建国大业》《男妇女主任》《绝境逢生》《血战陈庄》《血性山谷》等多部电影放映、展出。

【三门峡电视公共频道举办全市电视婚礼主持人大赛】 为倡导健康、文明、时尚的婚礼文化，促进婚庆市场的良性发展，促进社会和谐，三门峡电视公共频道联合市影视家协会、市音乐家协会和婚庆礼仪协会于6月举办全市电视婚礼主持人大赛。经过现场筛选和预赛，有20名选手分别获得“十佳婚礼主持人”和最佳创意奖、最佳魅力奖、最佳才艺奖、最佳新人奖、最佳口才奖5个单项奖。 （丁 君）

党史与地方史志

【概况】 2010年，三门峡市党史地方史志部门认真学习贯彻全国、全省党史工作会议精神和《中共中央关于加强和改进新形势下党史工作的意见》及省委、市委《实施意见》精神，立足实际，发挥优势，推进地方党史研究和地方史志工作走向科学化、制度化、规范化,在服务全市工作大局方面发挥了积极作用。

党史资料征集步伐加快。完成了大事记月记年编。完成2009年三门峡党史大事年编19条、2.6万字,在《三门峡史志》2010年第1期登载;按照省委党史研究室关于大事年编的新要求,整理上报2009年大事年编2.4万字。2010年完成市本级大事记335条、6.3万字,上报省委党史研究室279条、5.3万字。被《河南党史》采用情况居全省第6位。各县(市)区共完成大事记20万字。征集到党史二卷资料近300份、10余万字,为修改中的二卷稿充实了内容。全面启动改革开放新时期党史专题和党史人物资料征集工作。开展征集领导干部个人留存党史资料工作,起草关于征集领导干部个人留存党史资料的函件,先后送达50余位担任过县处级以上职务的离退休领导干部。至年底,征集回忆录近10份、照片200余幅。

党史研究工作不断深化。扎实推进二卷修改工作。《中共三门峡历史》(第二卷)各执笔人对二稿进行了补充修改,完成征求意见稿34万字。灵宝市委党史方志办召开《中共灵宝历史》(第二卷)座谈会,征求20余位老同志意见,修订篇目大纲,对资料征集进行部署,为下步修改打下基础。义马市党史工作人员对《中共义马历史》(第二卷)进行了结构、内容、文字等方面的补充修改,形成修改稿20万字。完成"抗战时期三门峡人口伤亡和财产损失"课题成果整理、编排工作。书稿约15万字,送中共党史出版社审阅。根据省委党史研究室要求,撰写上报了三门峡抗损课题调研工作总结。《豫鄂陕四分区史略》完成部分初稿。继续抓紧党史一卷本编写遗留任务,《中共陕县历史》(第一卷)完成初稿10万字。

党史宣传教育形式多样。积极开展重大党史事件纪念活动。市委党史方志办利用抗战胜利65周年、中国人民志愿军入朝作战60周年纪念日,在《三门峡史志》《崤函网》开设专栏,刊发纪念文章,有效营造了党史宣传氛围。推动党史宣传教育进机关、进学校。卢氏县委党史办与卢氏县委党校联合,在党校各种培训班中开设革命史课程,对广大学员进行卢氏革命史教育,宣传革命老区光荣历史。陕县县委党史办将全县革命遗址普查成果制作版面10余块,在县委、县政府展出一个月,吸引了全县近千名党员干部参观学习。

革命遗址普查工作顺利完成。市委党史方志办撰写了市级普查报告,编制全市革命遗址总目录,填写市级统计表,制作光盘,按时上报省委党史研究室。摸清了全市革命遗址的底子,全市两类遗址总数为159个(其中已损毁遗址20个),其中革命遗址133个、其他遗址26个。

积极贯彻落实中央10号文件、省委11号文件精神和全国、全省党史工作会议精神,党史工作领导机制进一步健全。9月21日,在市委书记李文慧主持召开的市委常委会上,市委党史方志办专题汇报了全市党史工作情况。市委常委会就三门峡市贯彻落实中央、省委对党史工作的重要决策部署,提出了具体落实意见。10月18日,以中共三门峡市委名义下发《关于进一步加强和改进新形势下党史工作的实施意见》,为党史工作的进一步健康发展提供了有力保障。10月25日,中共三门峡市委下发《关于成立市委党史工作委员会的通知》,调整中共三门峡历史(第二卷)编审委员会成员,进一步强化了全市党史工作领导机制。11月10日,市委召开全市党史工作会议,贯彻落实中央10号文件、省委《实施意见》和全国、全省党史工作会议精神,部署当前和今后一个时期全市党史工作。全市党史工作会议召开后,陕县、湖滨区、灵宝市等均召开了会议。

地方史志工作进展顺利。市、县两级修志工作取得突破性进展,圆满收官。《三门峡市志(1991~2000)》作为一项浩瀚的文化工程(全书30篇、365.1万字,地图和示意图46幅、表格439个、照片1 316张)。在被确定为省级创优工程后,狠抓印刷出版阶段质量关,精益求精,确保成为精品佳志,于12月由方志出版社出版发行。《湖滨区志(1991~2000)》也被列入省创优工程,于10月出版发行。部门志、行业志、乡(镇)村志编纂,旧志整理和地情书编纂工作全面推进。市本级指导三门峡市农村信用社系统开展部门志编写,在7月《三门峡农村信用合作金融志》评稿会召开后,编写工作加紧进行。卢氏县指导完成了《卢氏县农村信用合作金融志》审定稿43万字、《卢氏县卫生志》50余万字和《卢氏县扶贫开发志》30余万字。《渑池县群众工作志》《渑池县军事志》编写全面启动,已完成篇目修订,正在编纂之中。市本级组织精干力量编写《三门峡市情概要》(三门峡地情知识题库),完成部分初稿20万字;完成清乾隆《直隶陕州志》20余万字的点校整理,《崤函古县志辑汇·晚清(附民国)卷》五册本于12月由中州古籍出版社出版发行,共130万字。渑池县完成民国17年《渑池县志》100万字的标点、校勘,卢氏县完成清乾隆《卢氏县志》的点校整理和卢氏县历史文化丛书10部、160余万字的出版发行,陕县旧志整理工作也正式启动。

市、县两级年鉴工作有了新提高。强化品牌意识,提升年鉴品位。在保持年鉴总体框架体例稳定的基础上,进一步提高年鉴编纂质量。《三门峡年鉴(2010)》注重推陈出新,特设"庆祝中华人民共和国成立60周年""开展深入学习实践科学发展观活动"等篇,大幅增加随文图照数量,添加有代表意义的类目页图片,并在彩页中增设"荣誉三门峡""数字三门峡"等,凸显了浓郁的时代特色和地方特色,使公众可以更为方便、直观地看到三门峡日新月异的发展变化,提高了服务社会、服务大局的整体水平。义马、渑池、陕县、灵宝、卢氏等县(市)都从各自实际出发,为提高年鉴编纂水平作出了应有的努力。

《三门峡大事月报》资政服务作用发挥良好。全年共编辑出版12期,并按时完成上报下发任务。大事月报栏目设置近20个,供稿单位达70余个,收录大事要事近2 000条,刊发资政报告4篇,收录照片180余幅,编辑出版总字数65.5万字。大事月报紧紧围绕市委、市政府工作大局,为全市"调结构、促转型、增效益",夺取应对金融危机的全面胜利、保持经济社会平稳较快发展提供了大量的优质信息服务。

积极开发史志资源,拓展用志领域。总面积2 300平方米的方志馆主体工程框架初步建成。三门峡地情数据库建设取得突破性进展,首轮360余万字的《三门峡市志》和35万字的《三门峡革命史》已入库，三门峡市成为全省首家实现方志资源共享的省辖市。拓展用志领域。市委党史方志办定期向市委主办的刊物《三门峡工作》提供当月大事记。渑池县委党史方志办完成《河南红色旅游图志》（八路军兵站）的史料整理和撰稿。陕县县委党史方志办为该县参评"中原最具投资价值县"提供地情资料。义马市充分利用内网优势，发布《义马市志》《义马年鉴》内容。湖滨区史志办将《湖滨区志》中的湖滨区政区图、城区图放大印制，为领导决策提供依据。卢氏县史志办参与了三门峡市旅游资源开发意见征集、卢氏休闲大型浮雕群的文字撰写与设计、卢氏生态休闲园景观柱雕刻群内容的审定、卢氏县文化事业"十二五"规划制定等项目。

《三门峡史志》办刊质量不断提高。刊物共设置栏目20余个，刊发文章80余篇，计32万字，发行4 000余册。栏目设置围绕中心、服务大局，内容充实，栏目新颖，插图精美，彰显特色，实现了"提供知识、交流成果、指导工作、服务现实"的办刊宗旨，成为全省党史界、地方史志界较有影响的刊物之一。

党史方志信息网站发展有声有色。网站共设一级栏目10个、二级栏目58个，拥有800余个页面、500余幅图照、600余万字，并将《三门峡大事月报》《三门峡史志》等书刊的电子版放入网站供读者查阅，为社会提供了便捷的地方志书籍使用渠道，访问量达36.7万人次。市委党史方志办还为从崤函网获得信息资源的四川省雅安市提供了三门峡大事月报经验，在省内外产生了积极影响。

认真开展"创先争优"活动。市委党史方志办认真按照市委关于开展"创先争优"活动的部署，成立领导小组及办公室，制定"创先争优"活动方案，开展了"创先争优"活动周、党员公开承诺等环节的具体工作，党员干部的思想水平有了进一步提高，工作作风有了较大转变，工作的主动性和积极性不断增强。

积极参与新农村建设。为对口帮扶贫困村陕县高沟村协调人畜吃水项目的立项和实施，解决资金落实问题。响应市委号召，选送两名正科级干部分别到卢氏县温口村和渑池县仰韶村担任村党支部第一书记。为省级文明单位对口帮扶新农村建设示范村渑池县陈村乡后河村改善村容村貌提供帮助，共建精神文明。单位干部职工深入扶贫村、第一书记任职村及精神文明共建村调查研究，慰问困难群众，为加快农村发展出谋献策。

成功创建省级文明单位。市委党史方志办以创建省级文明单位为载体，精神文明建设成果显著。在与市直工委联合创建省级文明单位活动中，在业务工作繁重的情况下，统筹规划，合理安排，使创建活动与业务工作有效融合、相互促进。8月，顺利通过省级文明单位考评。12月，荣获"省级文明单位"称号。（秘书科）

【深入学习贯彻《中共中央关于加强和改进新形势下党史工作的意见》精神】 6月19日，《中共中央关于加强和改进新形势下党史工作的意见》（中发〔2010〕10号）下发，市委党史方志办迅速制定学习计划，并向各县（市）区党史部门下发通知，传达中央《意见》精神。采取召开党史工作座谈会，分专题讨论，撰写心得体会，在杂志、网站开辟专栏等多种形式，在全市党史系统掀起学习贯彻《意见》精神的热潮。

【市委常委会专题研究党史工作】 9月21日，市委第97次常委会召开，专题听取市委党史方志办工作汇报，研究全市党史工作。会议就三门峡市贯彻落实中央、省委对党史工作的重要决策部署提出具体落实意见，作出三项决定：市委党史方志办主任挂"市委副秘书长"职；按照"一个机构，三块牌子"模式健全党史工作机构，成立三门峡市党史学会；同意增加市委党史方志办内设科室及人员编制，稳定保障其办公经费。

【市委下发《关于进一步加强和改进新形势下党史工作的实施意见》】 10月18日，中共三门峡市委下发《关于进一步加强和改进新形势下党史工作的实施意见》（三发〔2010〕19号）。《意见》阐述了新形势下党史工作的重要意义，明确了新形势下党史工作的指导思想、基本要求和主要任务，强调切实加强对新形势下党史工作的领导。《意见》还提出一系列加强和改进新形势下党史工作的具体措施：党委常委会每年要听取汇报、研究党史工作，及时解决党史工作中的重大问题；把党史工作作为党委履行党建工作责任制的一项重要内容，列入年度工作考核；在全市建立党史工作联络组和党史工作信息员制度；市委党史方志办同时挂"市委党史研究室""市政府地方史志办公室"牌子；市委党史方志办主任挂"市委副秘书长"职，县（市）区委党史方志办主任兼同级党委办公室副主任；切实改善和保障党史部门工作条件等。

【市委党史工作委员会成立】 10月25日，中共三门峡市委下发《关于成立市委党史工作委员会的通知》（三文〔2010〕150号）。市委党史工作委员会由市委书记、市长任名誉主任，市委副书记为主任，市直有关单位负责人为成员。市委党史工作委员会办公室设在市委党史方志办。

【市委召开全市党史工作会议】 11月10日，三门峡市委召开全市党史工作会议，贯彻落实中央10号文件、省委《实施意见》和全国、全省党史工作会议精神，部署全市党史工作。市委副书记王建勋，省委党史研究室副主任路海江，市委常委、秘书长赵中生，市纪委、市委组织部、市委宣传部、三门峡军分区主管领导出席会议。会议由赵中生主持，王建勋、路海江分别作重要讲话。市委各部委、市直各单位、市管各企业、大中专院校主要负责人，各县（市）区分管党史工作领导等180余人参加会议。这次会议是三门峡首次以市委名义召开的全市党史工作会议，研究明确了关系全市党史工作长远发展的一系列重大问题。

【《中共三门峡历史》（第二卷）完成征求意见稿】 5月，《中共三门峡历史》（第二卷）编写人员先后到渑池县、陕县、灵宝市、卢氏县档案馆查阅了1957年至1978年资料，征集资料近300份、10余万字。之后，各执笔人对书稿二稿进行了充实修改,12 月,完成征求意见稿 34 万字,并送市有关领导、专家征求意见。

【革命遗址普查工作基本完成】 年初,根据市委办《关于开展全市革命遗址普查工作的通知》精神和《三门峡市革命遗址普查工作实施方案》要求,市委党史方志办对县级党史部门的普查工作进行了组织动员、指导督促。在《崤函网》开辟"革命遗址普查"专栏,在《三门峡史志》设立"红色遗迹"栏目,4 期杂志封面全部以革命遗址图片为主题,营造浓厚普查工作氛围。通过转发上级工作简报、解答有关问题、编发《简报》,及时了解掌握县(市)区进展情况,交流做法经验,促进工作开展。9 月,完成市级普查报告,编制全市革命遗址总目录,填写市级统计表,制作光盘,按时上报省委党史研究室。全市两类遗址总数为 159 个(其中已损毁遗址 20 个),其中革命遗址 133 个、其他遗址 26 个。按类别统计,重要历史事件和重要机构旧址 58 个,重要党史事件及人物活动纪念地 51 个,革命领导人故居 6 个,革命烈士墓 16 个,革命纪念设施 28 个。在保护级别上:属省级文物保护单位的有 5 个,属市级文物保护单位的有 2 个,属县级文物保护单位的有 38 个,尚未定级的有 114 个。在利用级别上:属省级爱国主义教育基地 1 个,市级爱国主义教育基地 4 个,县级爱国主义教育基地 20 个,尚未定级 124 个。

【改革开放新时期党史专题和党史人物资料征集工作全面启动】 4 月 26 日,市委党史方志办印发《三门峡党史人物资料征集编辑方案》,确定立传党史人物 54 个。5 月 26 日,市委办、市政府办转发市委党史方志办制定的《关于三门峡市改革开放新时期党史专题资料征集方案》,方案确定专题 100 个,涉及承编单位 41 个,其中市直单位 35 个、县(市)区 6 个。为保证征集任务顺利落实,6 月 7 日,市委党史方志办制定印发《关于实施三门峡市改革开放新时期党史专题资料征集方案的安排意见》,明确专题落实工作责任人及职责,确定本单位承编专题篇目人员分工。两项征编工作按计划有序展开。 (韩 霞)

【《三门峡市志(1991~2000)》出版发行】 12 月,《三门峡市志(1991~2000)》由方志出版社出版发行。《三门峡市志(1991~2000)》以马克思列宁主义、毛泽东思想、邓小平理论和"三个代表"重要思想为指导,坚持科学发展观,运用辩证唯物主义和历史唯物主义观点,全面、客观、系统地记述了三门峡市 20 世纪 90 年代自然、社会、政治、经济和文化发展状况,充分展示了三门峡市物质文明、政治文明、精神文明建设的丰硕成果,具有鲜明的时代特点和浓郁的地域特色,为社会各界了解、认识三门峡提供重要的信息与指南,为开展三门峡市情教育、革命传统教育和爱国主义教育提供宝贵素材,具有较高的资治、教化和存史价值。志书图文并茂,是三门峡市具有权威性的一部集思想性、资料性和科学性于一体的"百科全书"。全志共分四册,计 365.1 万字,收录照片 1 316 张、图 46 幅、表 439 个。该志采用篇章节目体,志首设图照、凡例、概述、特记、大事记,分志设建置区划、环境与保护、资源与管理、人口与计划生育、基础设施建设、黄河三门峡水利枢纽、县(市)区暨经济技术开发区简介、改革开放、经济综述、农业、乡镇企业非公有制经济、工业、黄金煤炭铝、商贸旅游金融、计划财税统计、物价工商技术监督审计、中国共产党、人民代表大会、人民政府、中国人民政治协商会议、民主党派工商联群团、人民武装政法、教育科技、文化、崤函文化、卫生体育、精神文明创建活动、民情民风、方言、人物等 30 篇,志末设特附、附录、限外辑要、索引和编纂始末。为突出时代特点,《三门峡市志(1991~2000)》在分志中注重记述改革开放成果的同时,还设改革开放篇以集中记述,设三门峡水库建设运用方式探索专记章,完整记述热点问题。地方特色是志书的灵魂。《三门峡市志(1991~2000)》浓墨重彩记述全市地域特色。如设民风民情篇,以展示三门峡市独特的兼具楚文化、秦文化、中原文化特点的民俗风情画卷。设土特名产章详细介绍三门峡市干鲜果品、中药材、蔬菜、食品名吃、矿产品等特产。崤函文化篇从历史的角度反映仰韶文化、黄帝文化、虢国文化及由老子《道德经》衍化而来的道家、道教文化和达摩创立的禅宗文化、古代战争文化等历史文化与现代的渊源及影响,展示三门峡的厚重文化底蕴。黄金煤炭铝篇突出记述三门峡"黄白黑"的资源优势和能源工业基地的工业特色。以特附形式记述了三门峡建设的奠基单位中国水电第十一工程局的宝贵资料,充分体现三门峡历史发展历程。为了更好的服务于现实,志书特设限外辑要,收录 2001 年至 2007 年间三门峡市领导名表及大事纪要。 (王惠娟)

【《崤函古县志辑汇·晚清(附民国)卷》出版发行】 12 月,由市长杨树平作序的三门峡市整理旧方志系列丛书《崤函古县志辑汇·晚清(附民国)卷》(首部)正式出版发行。该书由中共三门峡市委党史地方史志办公室汇集社会力量整理而成,辑录了清光绪 18 年版《卢氏县志》和民国 17 年版《渑池县志》、民国 21 年版《阌乡县志》、民国 24 年版《灵宝县志》、民国 25 年版《陕县志》等 5 部县志,共 45 册 100 卷,是认知三门峡、建设三门峡不可或缺的社会精神财富,对于传承文明,弘扬历史文化具有积极的现实意义。 (武铁成)

【《三门峡年鉴(2010)》出版发行】 12 月,《三门峡年鉴(2010)》由方志出版社出版。全书共 32 个类目、206 个分目(含 17 个亚分目)、1 423 个条目、100 万字,随文附彩色图片 215 幅、黑白图片 125 幅。《三门峡年鉴(2010)》在"专记"类目中,增设"庆祝中华人民共和国成立 60 周年""开展深入学习实践科学发展观活动"等篇,并在彩页中增设"荣誉三门峡""数字三门峡"等;在年鉴正文的编排上,添加有代表意义的类目页图片,并大幅增加随文图照的数量,使公众可以更为方便、直观地看到三门峡日新月异的发展变化,充分彰显了浓郁的时代特色和地方特色。

(周 青 李艺芬)

三门峡日报

【概况】 2010 年,三门峡日报社坚持正确的舆论导向,为全市社会经济发展提

5 月 21 日,《三门峡日报》创刊 25 周年庆祝大会现场

供了良好的舆论氛围。以“创先争优服务大局 努力实现报业发展新跨越”为主题,以“报纸质量提升年”活动为载体,探索事业发展新思路,强化内部管理与职工素质教育,创新发展理念,呈现了报纸上彩印、印刷质量跨入省一级报纸行列、广告经营收入比 2009 年增长 10%、报纸发行份数较往年略有增长的良好局面。

全年共出版《三门峡日报》251 期,《西部晨风》248 期。报社先后获得“全市党建目标管理工作先进单位”“全市平安建设工作先进单位”“全市宣传思想工作先进单位”等荣誉称号。5 篇稿件获得河南省新闻奖,8 篇稿件获得省辖市新闻奖,26 篇稿件获得中国地市报好新闻奖。先后在《人民日报》、新华社、《经济日报》《光明日报》《河南日报》《大河报》等中央、省市媒体发表稿件 90 余篇(幅),为开创建设开放魅力富裕和谐三门峡的新局面营造了良好的舆论氛围。

【《三门峡日报》创刊 25 周年庆祝大会举行】 5 月 21 日,《三门峡日报》创刊 25 周年庆祝大会举行。市委书记李文慧出席会议并作重要讲话。市委副书记、市长杨树平,市人大常委会主任赵继祥,市政协主席郭秀荣,市委常委、宣传部部长李立江,市政府秘书长李宝洲出席会议。庆祝大会由李立江主持。《三门峡日报》创刊 25 年来,从 4 开铅印小报发展到拥有《三门峡日报》《西部晨风》、西部在线网站和两个印刷厂的现代化的地市报业机构,报纸质量发生了质的飞跃。从创刊初期的“小报小办,突出特色”,到“新闻强报,特色立报”,创造了一个又一个辉煌。25 年来,《三门峡日报》伴随时代前进,记录时代发展,不仅是宣传精神文明、政治文明、物质文明建设的主阵地,而且也培养了一大批人才。

【《三门峡日报》实现彩色印刷】 9 月 27 日,三门峡日报社彩色印刷设备开机仪式举行。这标志着《三门峡日报》编辑出版技术再次实现历史性跨越,报纸生产现代化水平得到进一步提高。市领导李文慧、杨树平、王建勋、赵继祥、苏新华、申黎明,市政府秘书长李宝洲出席开机仪式。市委常委、秘书长赵中生主持仪式。市委、市政府十分重视三门峡日报社的发展,2010 年初决定拿出专项资金支持三门峡日报社进行印刷设备的更新换代。在此基础上,三门峡日报社又从上级财政部门争取部分专项资金,并自筹和贷款 300 多万元,购进了国内较为先进的上海高斯彩色印刷机和北大方正集团开发的雕龙 CTP 自动制版设备。这套前期投资近千万元的设备已经基本具备生产能力。在开机仪式上,市委书记李文慧按下彩色印刷机开机按钮,一份份色彩丰富的《三门峡日报》飘然而出、汇集成沓。仪式结束后,市领导和来宾参观了彩色印刷设备工艺流程。

【开展“杜绝虚假报道、增强社会责任、加强新闻职业道德建设”专项教育活动】 12 月 24 日,三门峡日报社召开“杜绝虚假报道、增强社会责任、加强新闻职业道德建设”专项教育活动动员大会,决定 12 月下旬至 2011 年 5 月在报社开展为期半年的专项教育活动。三门峡日报社党委要求全体职工充分认识治理虚假新闻的重要性和紧迫性,切实增强开展专项教育活动的责任感和紧迫感。一是着力抓好学习。坚持以马克思主义新闻观、新闻职业道德、法律法规、基本国情教育为重点,认真学习中国特色社会主义理论体系、党的路线方针政策、新闻理论知识等,引导编辑、记者树立正确的世界观、人生观、价值观。同时,创新学习形式。坚持以自学为主,辅以专题授课、集中学习、座谈交流等方式,鼓励业务人员撰写读书笔记、读书心得,定期组织知识竞赛、演讲等集体学习交流活动,增强学习效果。二是着力抓好查摆。从思想根源查找是否牢固树立了马克思主义新闻观,查找记者采访作风是否扎实深入,查找稿件采编制度执行和发稿审稿责任是否落实到位,查找各项法规、规章和制度是否有效贯彻落实;重点查找新闻工作中是否存在违反职业操守、损害新闻队伍形象、损害群众利益的问题。三是着力抓好整改。对查摆出的问题,坚决予以整改,制定完善的整改方案,分类组织实施。加大责任追究力度,对在专项教育活动期间顶风违规违纪的严肃查处,发现一起,通报一起,查处一起,绝不姑息纵容。重点完善新闻从业人员管理制度、新闻采编工作制度、社会监督机制和责任追究制度,建立健全长效机制,确保整改工作取得良好效果。

【创新经营理念发展报纸经济】 三门峡日报社在坚持正确舆论导向,保留党报严肃性和权威性的同时,引进和借鉴其他报社先进的发展思维和经验,创新经营理念,留出版面一心一意发展报纸经济,努力打造“三门峡日报”品牌效应。4 月,根据地域特点,成立广告经营中心、传媒发展中心两大报纸经营机构。报纸经营实行管理权、经营权、监督权相分离,经营部门对管理部门负责,管理部门、监督部门依照各自的职责对报社负责。经营部门实行报社统一领导下的用人、经营、分配“三自主”原则,建立起管理规范有序、经营专业高效、监督健全有力的充满活力的运行机制,进一步拓展市场。

【《三门峡日报》改进一版宣传报道】 2月4日,市委书记李文慧到三门峡日报社走访慰问,强调:“一般性报道、领导活动报道一定要改革,新闻工作要把更多的版面、镜头让给群众、让给基层。”三门峡日报社立即落实李文慧的指示精神,确定新闻改革重点,确立公共利益至上的新闻观,突出社会关注的热点、难点报道,简化领导活动报道,强化舆论引导能力,开创报纸新闻宣传工作的新局面。一是把《三门峡日报》“要人版”还原回“要闻版”,主要刊登全市有关改革开放、经济建设、社会事业成就、关注民生、监督性报道等社会关注的热点、难点问题。要闻版突出特色专栏,强化热点引导,注重民生报道,强化了党报的舆论引导力和权威性。二是在一版开辟《标题新闻》《要闻简报》专栏,一般性领导活动少发或简发。三是把镜头对向群众,版面向基层倾斜。在二版开辟“新闻特写”“现场短新闻”“冲锋在前抗洪灾 创先争优展风采”等专栏,在三版开设“课堂内外”“双拥”“争创学习型党组织 争当学习型党员”等专栏。省报纸审读员在《河南报刊审读》撰稿,对《三门峡日报》新闻改革取得的成效高度评价:会议报道数量少了,报道文字简短了,写作笔法改进了。

【推出“三具两基一抓手”报道】 省委书记卢展工“用领导方式转变加快发展方式转变”文章在《人民日报》发表后,《三门峡日报》推出了“三具两基一抓手”报道,在三门峡市形成舆论强势,为弘扬求真务实的作风,为促进发展方式转变、实现中原崛起、加快三门峡市社会经济发展发挥了积极作用。6月23日,在一版报道了市委常委扩大会议精神,特别强调了“三具两基一抓手”对促进高效运作、加快发展方式转变、加快实现新跨越的重要性。6月25日,《三门峡日报》一版头题刊发评论员文章:“以科学方法推动‘两个加快’——谈学习运用‘三具两基一抓手’”。之后,在一版开辟“坚持‘三具两基一抓手’系列访谈”专栏,从6月28日到7月5日,对各县(市)区、三门峡经济开发区、三门峡工业园的党政领导进行访谈。

【深入卢氏灾区一线采访报道】 7月23日至24日,卢氏县继2007年遭受特大洪灾之后再一次暴发特大洪涝灾害,全县12个乡(镇)严重受灾,致使通往西南山区的209国道一度中断,7个乡(镇)信息不通。灾情发生后,三门峡日报社记者于24日上午第一时间深入灾区第一线采访,发回了大量现场新闻报道。记者到灾区后,冒着大雨分三路沿洛河两岸了解灾情和基层组织、灾区人民抢险救灾情况,拍下许多珍贵图片、访问许多受灾群众,及时发回了最新灾情报道。27日中午,双槐树乡和官坡镇的被毁公路刚通一小时,采访组就第一时间穿越路障,到双槐树乡西川村采访民房倒塌情况和公路恢复情况。至29日上午10时,三门峡日报社记者两次深入灾区,驱车1 000余千米、步行40多千米,采写刊发了30多篇新闻稿件和图片,充分发挥了主流媒体的舆论引导作用。

【深化社会主义核心价值观宣传】 2010年,《三门峡日报》深化社会主义核心价值观宣传,拓宽报道渠道,引领社会风尚,受到广大读者好评。一是弘扬淡泊名利、甘于奉献的典型人物,构建团结互助和谐社会良好风气。《三门峡日报》《西部晨风》先后推出了在青龙涧河、黄河中不顾个人安危4次下水连续救出4人“中国好人”宁建设;公婆眼中的好媳妇、同事眼中的好榜样、“大孝如歌”中的市财经学校教师马雪梅;“敬业奉献的‘中国好人’”中的渑池县财政国库集中支付副主任张峰;“新型农村社区建设的‘脊梁’”中的渑池县城关镇西关村党支部副书记安兆志;瘫痪在床、生活困难的农村女青年,当得知自己的病无法医治时依然决定将社会捐助的1万多元钱交回三门峡市慈善总会,希望把这笔钱用在那些更需要帮助的人身上,“折翼天使的爱”中的赵慧荣。报社通过这些重点人物报道,构建了和谐社会中引领社会风尚的一面面旗帜。二是弘扬崇尚科学、勇于创新精神的典型,培养引领时代潮流的生力军。突出知识型、创新型人物的报道,在《三门峡日报》《西部晨风》上先后推出“咱们矿上的陈大拿”中的陈铁锤,“一位农民13年的发明梦”中的白彦民,“三门峡青年农民的‘造船梦’”中的李锋,创造“熟、联、管、帮、用、查、贴”社区警务七字工作法的张国强等。三是弘扬弱势群体的创业精神,树立残疾人正确对待磨难、勇于创业的信心。5月10日《三门峡日报》以“受挫的青春生命不息”“键盘上弹奏生命的强音”“爱,让生命更坚强”为题,对渑池县残疾青年赵仁伟坚强面对人生磨难的感人事迹进行了系列报道。全年《三门峡日报》《西部晨风》先后刊发深化社会主义核心价值观稿件100余篇,讴歌了英模人物,宣传了创新型人物,鼓舞了弱势群体,弘扬了时代新风,使核心价值观的宣传逐步引向深入。

【开展十件实事宣传】 12月15日开始,《三门峡日报》开展十件实事宣传活动,坚持全面宣传与重点报道相结合、数字与事例相结合、文字与图片相结合,以系列专题、深度报道、动态报道、群众访谈等形式,刊发“在家门口享受优质高中教育”“‘金盆聚宝’——我们自己的‘鸟巢’”“安居梦圆廉租房”“甘泉水润百姓心”等十件实事报道。

【推出“重点项目建设亮点解读”系列报道】 2010年,三门峡市开展了“深化项目建设年”活动,一大批重点项目的建成和建设,为提升三门峡产业层次、完善产业链条和推动经济转型升级注入新的活力。为深入反映全市重点项目建设的成效,6月28日至7月5日,《三门峡日报》推出“重点项目建设亮点解读”6篇系列报道,集中反映重点项目在地方经济发展中的重要引领和支撑作用,通过具体的项目个例梳理全市项目建设中的亮点和经验,展示重点项目在产业优化升级、科技创新以及经济结构调整等方面的新进展、新成就。

【推出“简说三门峡”专栏】 4月起,《三门峡日报》副刊推出著名作家金光“简说三门峡”专栏,深受读者关注和好评。河南报纸审读员在《河南报刊审读》中发表评论,对该专栏作品给予高度评价和肯定,认为“简说三门峡”专栏以其广博精彩的知识性和趣味性而引人入胜，成为宣传三门峡、推介三门峡的一个靓丽窗口。一个普通专栏，文章也非鸿篇巨制，所说的地、事、物在高度发达的现代文明社会中，都是极为普通的。然而，作者用自己的智慧和辛劳，赋予这些看似普通的东西以深刻的内涵。告诉读者，三门峡不仅有举世闻名的三门峡大坝工程，而且拥有厚重的历史积淀和丰富的文化底蕴。该专栏收到了点石成金、化平庸为神奇的社会效果。

【举办“豫秦晋黄河金三角大型文化采风活动”】 由三门峡日报社、陕西省渭南日报社、山西省运城日报社共同发起举办的“豫秦晋黄河金三角大型文化采风活动”于8月25日在陕西省华阴市的华山脚下拉开序幕，9月20日在三门峡市虢国博物馆落幕。此次文化采风活动旨在见证、宣传和弘扬黄河金三角地区悠久的历史文化，加强和促进三门峡、渭南、运城3市在经贸、社会等领域的广泛交流，达到相互推介、优势互补、资源共享、共同崛起的目的。各报社总编辑、副总编辑参与了这次策划活动，并派出精兵强将深入3市20多个县(市)区进行采访，采访团成员目睹了豫秦晋三地的灿烂文化和秀美山川，记录下3市人民开拓进取、蓬勃发展的成就，展示黄河金三角地区丰厚的文化内涵和巨大的潜力，为3市开展文化交流、区域经济合作奠定了坚实的基础。

(冯　燕)

档　案

【概况】 2010年，三门峡市档案局以服务民生为重点，以优化服务质量为宗旨，以拓展档案社会化服务为主线，以强化监督指导为手段，以提高档案管理整体水平为目的，加大档案执法力度，夯实档案业务基础，全市档案事业得到较快发展。至年底，全市各级国家综合档案馆开放档案全宗383个，开放档案152 342卷，接待利用者5 530人次，查阅档案资料6 527卷(册)。全市7个已公开现行文件利用中心被明确为政府公开信息查阅场所，完善了已公开现行文件报送机制，累计接待利用者500余人次，提供利用现行文件800余件。义马市档案馆馆舍建设列入中央扶持中西部地区建馆编制规划。全面推行档案行政执法责任制，加大档案执法力度。完成机关文件材料归档范围和文书档案保管期限表的编制和审批备案工作，国家档案局8号令得到全面贯彻实施。档案馆馆藏不断丰富，档案服务机制不断创新，市档案馆接收了市直10个单位的档案65 220卷。重点建设项目档案管理工作得到有效监控。新农村建设档案工作实现较大突破。社区档案全部得到有效管理。民生档案工作得到加强。档案信息化建设稳步推进，三门峡市档案网站建成并开通。档案教育培训取得新成效。档案宣传工作收到良好社会效果，扩大了档案工作在社会上的影响，全社会的档案意识进一步增强。

市委、市政府高度重视档案工作，将其列入重要议事议程。9月，经市委、市政府同意，成立以市委常委、秘书长赵中生为组长，副市长周志远为副组长，市直各有关15个职能部门为成员单位的三门峡市档案工作领导小组，使全市档案工作初步形成了齐抓共管的新局面。同时，市委办公室、市政府办公室印发《三门峡市重大活动、重大事件档案管理办法(试行)的通知》和《关于收集党和国家领导人视察三门峡档案资料的通知》。三门峡市档案工作列入三门峡市国民经济和社会发展第十二个五年规划，为档案工作的健康快速发展奠定了良好基础。

做好年度文件材料归档工作。市档案局监督指导各立档单位2009年度文件材料的归档整理工作。全年市直机关共立卷归档32 175件，其中永久16 275件、长期(含30年)8 956件、短期(含10年)6 944件，汇集800本。继续贯彻落实国家档案局8号令，加强对机关档案室编制文件材料归档范围和文书档案保管期限表的监督指导工作。50%的村级立档单位文件材料归档范围和档案保管期限表已经修改完善。

机关档案工作规范化管理认证工作取得新进展。市档案局在年初举办的档案业务培训班上，对机关、团体、企业事业单位档案工作规范化管理认证、复查工作进行培训。和市国税局联合印发《关于开展创建档案管理最佳系统活动的通知》，决定在全市国税系统开展创建机关档案工作规范化管理最佳系统活动，全市国税系统9个单位的机关档案规范化管理工作均达到省一级标准，三门峡市国税局被授予“档案管理最佳系统”称号。至年底，全市共完成机关档案工作规范化管理认证37个，其中省一级先进10个，省二级先进15个，省三级先进12个。

【三门峡市出台《重大活动、重大事件档案管理办法(试行)》】 9月6日，为加强重大活动和重大事件(以下简称重大活动)档案的科学管理，有效保护和利用重大活动档案，充分发挥重大活动档案服务社会的作用，经市委、市政府同意，中共三门峡市委办公室、市政府办公室印发《三门峡市重大活动档案管理办法(试行)》(以下简称《办法》)。《办法》明确重大活动档案主要包括在三门峡市行政区域内发生的涉及政治、经济、科学、文化、卫生、体育、外事和宗教等方面具有重要影响、规模较大的活动中直接形成的具有保存价值的各种门类和载体的档案材料，即重要公务活动，重要外事活动，重大工程项目建设，有重大影响的自然灾害、生产事故、突发公共卫生和社会安全事件及重特大事故等重大突发事件的处置活动等均应列入重大活动档案的收集整理归档范围。《办法》要求，市档案行政管理部门应派人提前介入重大活动，指导和监督重大活动档案材料的收集、整理工作，重大活动组织、承办单位以及负责宣传报道的新闻媒体应当在活动结束60日内向市档案局办理备案手续，90日内向市档案馆移交档案。市档案馆在重大活动档案接收、整理、鉴定结束后，依据《中华人民共和国档案法》的有关规定及时向社会开放。同时，对未按规定收集、整理重大活动档案和未按规定向市档案馆移交重大活动档案的，将依法追究其责任。

【开展馆藏档案异地异质备份工作】 根据省档案局的工作部署，市档案局制定《三门峡市档案局异地异质备份档案工作方案》，并认真组织实施。11月12

日,三门峡市档案馆与安阳市档案馆签订异地异质备份协议。12 月 17 日,三门峡市档案馆与安阳市档案馆进行档案异地异质备份档案实物移交,共向安阳市档案馆移交档案实物 573 卷,全面完成了异地异质备份任务。 (侯俊晓)

新闻出版

【概况】 2010 年,三门峡市文化新闻出版局围绕市委、市政府工作大局,圆满完成了各项工作任务。

农家书屋　调整充实了市、县两级"农家书屋"工程建设领导机构。协调财政部门及时配套市级资金 83 万元、县级资金 46.8 万元,为完成年度建设任务提供了可靠保证。建设农家书屋 234 个,配送 296 478 本图书、123 786 盘光碟、3 042 套书柜(桌椅)。举办 6 批共 180 多人参加的"农家书屋"管理员业务培训班,对管理员进行出版物业务培训。3 月中旬至 4 月底,市文化新闻出版局在全市范围内开展以"我的书屋,我的家"为主题的三门峡市农家书屋演讲比赛,29 人参加比赛。

新闻出版　制定三门峡市新闻出版业第十二个五年规划,为全市的新闻出版业发展描绘了蓝图。全面完成 2010 年年审年检和换证工作。引导印刷企业向高层次发展,市绝伦彩印公司、灵宝凯越包装公司规模扩张工程都已按计划完成。协助三门峡产业集聚区招商局引进香港明彩实业有限公司到三门峡市投资兴建大型印刷企业,项目投资 20 亿元,占地 66.67 公顷,主要经营包装印刷、造纸等。

内部资料　开展专项清理检查,对全市 20 种连续性内部资料进行逐一审看,对发现的问题逐一登记。加强对印刷复制企业的清查治理,从源头上规范连续性内部资料编印工作。

正版软件工作　制定下发《三门峡市第二批推进企业使用正版软件工作的实施方案》,确保了全市推进企业软件正版化工作的顺利开展。10 月 12 日,在全省推进企业使用正版软件工作会议暨第二批企业软件正版化工作表彰大会上,三门峡市华阳发电有限公司、三门峡天元铝业股份有限公司、中国电信集团河南省三门峡市电信公司被授予"全国软件正版化工作示范单位"称号,中石油三门峡销售分公司、中国农业发展银行三门峡市分行被授予"河南省企业软件正版化工作示范单位"称号,市文化新闻出版局荣获"河南省企业软件正版化工作组织奖"并作了典型发言。

扫黄打非　开展打击网络侵权盗版专项治理"剑网行动"、互联网和手机淫秽色情信息专项治理等行动,共出动执法人员 700 余人次、车辆 220 台次,检查企业 600 余家次,收缴低俗不健康出版物6 350余册(盘),查处网络游戏侵权案 1 起、网络文字作品侵权案等案件 2 起。依法关闭涉嫌传播淫秽色情有害不良信息的 WVP 网站 3 个,清理低俗有害信息 300 余条,抓捕网上传送淫秽物品犯罪嫌疑人 1 人。

【举办集中销毁非法出版物活动和"绿书签行动"】 4 月 22 日,三门峡市"扫黄打非"领导小组办公室在市世纪经典广场举行全市集中销毁非法出版物活动和"绿书签行动",共销毁非法出版物 2.1 万余册(盘),发放宣传页 500 余份,发放"绿书签"500 余枚。

【全市农家书屋出版物及配套设施配送工作启动】 5 月 28 日,全市农家书屋出版物及配套设施配送仪式在市世纪经典广场举办。此次活动由市政府主办、市文化新闻出版局承办,将为 2009 年度至 2010 年度建设的 234 个农家书屋配送296 478本图书、123 786盘光碟、3 042套书柜(桌椅)。

(李　丽　黄云启)

·编辑　卢亚杰·

社火表演

卫生 体育

HYGIENE AND SPORTS

3 月 29 日，中华“健康快车”三门峡站开诊仪式举行

卫　生

【概况】　2010年,三门峡市卫生局积极实施医药卫生体制“五项改革”任务,强力推进“五大工程”,认真开展创先争优活动,创新发展思路,破解发展难题,业务收入持续增加,基础设施持续改善,卫生惠民措施全面落实,各项卫生工作健康协调发展。

至年底,全市拥有各类卫生机构408个,医院病床数8 709张;共有卫生从业人员11 681人,其中卫生技术人员9 657人;共有卫生防疫机构7个,卫生技术人员380人;卫生监督机构6个,卫生监督员202人;妇幼保健机构5个,卫生技术人员275人;农村乡(镇)卫生院75个,卫生技术人员2 570人,病床2 561张;全市1 246个农村行政村设有医疗点,有乡村医生2 394人。全市各级医院门诊病人525万人次,收治住院病人19.7万人次,综合住院治愈率为75.21%,病床使用率为74.05%,出院患者平均住院10.6天。全市卫生投入共计120 456.1万元,各级医疗单位业务收入105 233万元,业务支出111 142.4万元。

基础设施建设　5月28日,总投资279万元的市直机关医院门诊楼改、扩建工程全部完工,顺利通过验收并投入使用,为周边居民和社区群众提供了更加便捷、宽松、舒适的服务环境。9月16日,市中心血站投资3 500万元建设的新采供血大楼主体完工。12月29日,市中心医院新病房大楼举行落成仪式。新病房楼共28层,完成投资1.97亿元,总建筑面积达4.8万平方米,有全省一流的手术室和ICU,可容纳800张床位。投资1.5亿元新建的陕县人民医院于10月16日投入试运行,投资5 375万元的渑池县人民医院迁建工作顺利进行,投资3 860万元的灵宝市第一人民医院新病房楼、投资1.2亿元的义马市人民医院迁建工程均开始动工建设,投资3 600万元的卢氏县人民医院住院大楼完成主体工程招标。积极争取项目资金926.8万元,改建乡(镇)卫生院和村卫生室。先后对渑池县坡头卫生院、义马市常村卫生院、卢氏县五里川卫生院进行改扩建,至年底,全市74个乡(镇)卫生院已全部完成改扩建。加快标准化村卫生室建设进度,进一步扩大村卫生室建设的覆盖面,建设标准化村卫生室217所。

医疗服务　一是继续深入开展“医疗质量万里行”活动,紧紧围绕“持续改进质量,保障医疗安全”这个主题开展工作,以“建立七项制度”为抓手,实行一把手负责制,保证活动有序、有效地开展,使医院管理更加规范,质量逐年提高,疗效更加安全。二是积极推进三级医院“十大指标”宏观监管工作。市中心医院、黄河三门峡医院是全省实行“十大指标”监管的单位,与省卫生厅签订目标责任书,并在年终检查考核时,受到省卫生厅专家组的好评,市中心医院还被评为全省三级医院“十大指标”目标管理考核先进单位。为提高全市医疗质量管理水平,市卫生局与全市7家二级综合医院签订“二级医院十大指标目标责任书”,使医疗质量监管覆盖全市二级以上综合医院。三是积极争取第二周期医院等级评审工作。为确保全市9家二级及以上综合医院顺利通过省卫生厅组织的河南省第二周期医院等级评审,市卫生局积极做好指导工作,采取分批申报评审的方法,至年底,市中心医院、灵宝市第一人民医院申报材料已上报省卫生厅。四是优质护理服务示范工程顺利启动。开展“优质护理示范工程”试点工作,市中心医院被确定为省级试点,其他二级及以上综合医院确定一个病区开展试点工作,为全面加强基础护理工作探索了新路子。五是启动三级医院“118114”预约挂号工作,市中心医院、黄河三门峡医院均按照省卫生厅的要求开展相关工作,两家医院的60余名专家可以通过“118114”预约挂号平台进行预约。六是积极推进临床重点专科建设工作。市中心医院、黄河三门峡医院、义煤集团总医院先后有14个专业被确定为临床重点专科。

医药卫生体制改革　一是加快推进基本医疗保险制度建设。在实现城镇居民基本医疗保险范围全覆盖的基础上,按照减轻负担、重均等的原则,完善城乡救助制度,提高基本医疗保险待遇水平。继续资助农村低保对象、农村五保户对象参加新农合,2010年,全市共救助9.6万人。二是稳步推动建立国家基本药物制度。为进一步深化医药卫生体制改革,加快推进实施国家基本药物制度,促进临床合理用药,有效控制药品费用增长,减轻群众就医负担,根据国家医药卫生体制改革有关政策精神,按照省卫生厅提出的具体意见,市卫生局在全市二级以上公立医疗机构(不含中医、中西医结合医疗机构)探索实施基本药物制度。主要加强医疗机构临床用药管理,促进优先使用基本药物,提高基本药物比例,减轻患者药品费用负担。三是做好实施国家基本药物制度监测工作。1月1日全市启动实施国家基本药物制度以后,市卫生局随即开展三门峡市地区范围内实施国家基本药物制度监测工作,选取4所基层医疗卫生机构作为省级监测哨点、6所基层医疗卫生机构作为市级监测哨点,对选取的医疗卫生机构进行哨点跟踪监测,并按时对所有基层医疗卫生机构运行情况进行监测分析,为全面了解掌握基层医疗卫生机构实施国家基本药物制度后的运行情况,及时发现和解决突出问题,发挥重要作用。省深化医药卫生体制改革督导组在督导检查时,对三门峡市的医改工作给予充分肯定和高度评价。

重大传染病防控　一是认真落实《中华人民共和国传染病防治法》,制定下发《三门峡市2010年传染病防控管理年活动实施方案》,并以传染病防控管理年活动为契机,进一步规范全市传染病管理,强化疫情监测,全面做好免疫规划工作,加强基层防保体系建设,降低传染病发病率。二是建立完善市、县、乡传染病监测网络,加大全市传染病防治工作督导检查力度,特别是对乡(镇)卫生院及企业医院网络直报能力进行深入基层调研、现场指导,全市县级医疗机构和乡(镇)卫生院共141个单位全部实现疫情网络直报。三是圆满完成全国第5次结核病三门峡点流行病学调查工作,灵宝市故县镇文底、赵村等3个村被省抽样确定为国家级流调点,现场体检1 338人,受检率95.5%,确诊疑似病人10人、涂阳2人,顺利通过省卫生厅验收。四是不断提高重大传染病疫情监测和预防控制水平,认真做好甲型H1N1流感、手足口病防控工作,对重点人群接种甲型H1N1流感疫苗38万人份,减少并阻止了特

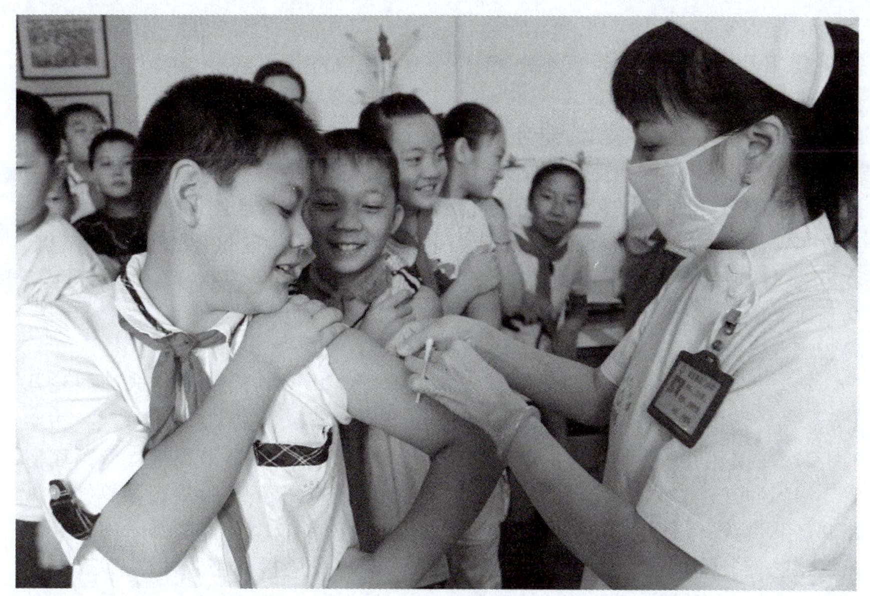

麻疹普种

定人群中暴发疫情的发生。密切关注手足口病疫情动态，认真履行职责，2010年，全市共报告手足口病1 927例，重症25例，死亡病例1例，发病率全省最低，防治工作受到省厅和市政府的充分肯定。在全市范围内启动重大公共卫生服务项目，为15岁以下儿童免费实施乙肝疫苗查漏补种，共接种20.9万剂次，接种率为95.7%；对全市8月龄至14周岁儿童进行麻疹疫苗强化免疫，接种儿童36.5万人，接种率达96.87%，为全市消除麻疹工作奠定了坚实基础。2010年，全市法定传染病发病率控制在413.78/10万，比2009年下降16.6个百分点，"四苗"接种率达99%，均超额完成市政府下达的目标任务。五是突发事件应对处置及时有效。在2010年卢氏、渑池、灵宝等县(市)洪涝灾害和"12·7"渑池矿难的应急处置中，及时有效，最大限度地减少了灾害损失，保障了人民群众的生命安全。六是爱国卫生运动工作开创新局面。大力开展城乡爱国卫生运动，增强群众的防病意识，提高环境卫生质量，提高疾病预防控制能力。深入开展以创建国家卫生城市为龙头的一系列卫生创建活动，三门峡市区、义马、灵宝、卢氏巩固"省级卫生城市"荣誉称号，陕县被命名为"市级卫生县城"。新创建省级卫生先进单位38个，市级卫生先进单位14个。完成1 956户农村卫生厕所建设工作。

卫生执法监督 卫生监督基层网络体系建设初见成效，建立了横向到边、纵向到底的市、县(区)、乡、村四级卫生监督网络。加强卫生监督文化建设，下发《三门峡市卫生监督文化建设实施意见》，计划用3年左右时间，建立以"严明纪律、严守职责、严格执法"为鲜明特色的卫生监督文化体系，全面推动三门峡市卫生监督法制化建设步伐。加强餐饮消费环节的日常监督，开展卫生监督专项整治10余次，发布食物中毒预警公告10余条，及时没收"三无"产品和滥用的食品添加剂，共立案查处68户。医疗市场服务秩序进一步规范，严查"两非"案件，取缔"无证诊所"227户次，取缔违法医疗广告114条次。强化消毒产品监督监测，依法查处违法违规消毒产品820盒，抽检消毒餐具、卫生用品样品72份。进一步规范行政审批程序，市卫生局审批窗口顺利通过复审，保持了"河南省优质服务窗口"和"市级文明服务窗口"荣誉，连续9年获"行政审批服务中心先进集体"荣誉称号，树立了卫生系统的良好形象。

农村卫生和新农合 新型农村合作医疗参合率不断提高，2010年，全市参合农民154.56万人，参合率97.89%，比上年提高0.69个百分点，高出全省1.38个百分点。在全市范围内实行"一卡通"就诊制度，扩大参合农民就医选择的范围。2010年，全市新农合累计补偿医疗费用1.9亿元，享受合作医疗补偿的参合农民112.7万人次，补偿金额达到1万元的参合农民有2 334人、达到3万元的参合农民有170人、达到6万元的参合农民有4人，有效缓解了农民"看病难、看病贵"和"因病致贫、因病返贫"的状况。

社区卫生服务和妇幼保健 社区卫生工作顺利开展。按照国家9项基本公共卫生服务内容，完善考核机制，实施绩效考核，为城区居民建立健康档案，妇幼保健、计划免疫等服务下沉到基层社区卫生服务机构，共建立居民健康档案35.4万人份，建档率达52%。公共卫生服务均等化稳步实施。积极落实基本公共卫生服务经费不低于每人15元的要求，共拨付资金3 001.36万元。投入资金286.17万元，组织实施"降消"项目和农村孕产妇住院分娩补助项目，提高农村孕产妇住院分娩率，降低孕产妇和婴儿死亡率。启动农村育龄妇女孕前补服叶酸项目，降低婴儿缺陷的发生，全市11.5万瓶叶酸已全部发放至各县(市)区。2010年，全市婴儿死亡率为3.19‰，5岁以下儿童死亡率为4.25‰；孕产妇住院分娩率达到98.52%；孕产妇死亡率为17.72/10万。

中医 一是以专科专病为代表的中医特色建设取得阶段性成果。全市各中医医院普遍重视专科专病建设，集中扶持，形成专科建设梯队。至年底，全市已经批准命名的有省级中医重点专科1个，中医特色专科1个；市级中医重点专科4个，特色专科2个。另外还有一批正在建设、即将达标的专科项目，其中国家级和省级中医重点专科建设单位各1个、市级重点专科建设单位5个、市级特色专科建设单位16个。10月26日，市卫生局在卢氏县中医院召开"发挥中医药特色优势，全面提升中医药服务能力现场会"，有力地推动了全市中医药事业的发展。二是中医药文化建设不断加强。全市中医医院在医院文化建设中，以大力培育和倡导中医药文化的价值观念为核心，以营造特色鲜明、内涵丰富的中医药氛围为重点，为人民群众提供优质的中医药服务为出发点和落脚点，不断推进中医药文化创新，增强发展活力。三是圆满完成中华"健康快车"复明手术任务。中华"健康快车"三门峡站活动历时74天，实施白内障复明手术1 050例，超额完成卫生部和市政府下达的1 000例目标任务,术后患者视力得到明显恢复,为白内障患者解除了后顾之忧。

【三门峡市增补叶酸预防神经管缺陷项目暨建立居民健康档案工作全面启动】 1月5日上午,市卫生局召开增补叶酸预防神经管缺陷项目暨建立居民健康档案工作启动会。增补叶酸预防神经管缺陷项目的任务和目标是:对准备怀孕的农村妇女免费增补叶酸,从而达到降低神经管等缺陷发生的目的,到2011年,目标人群增补叶酸知识知晓率达到70%,叶酸服用率达到90%,叶酸服用依从率达到70%。居民健康档案的建立,将为居民提供医疗服务过程中的规范记录,是居民享有9项公共卫生服务的重要体现,是医疗卫生机构为居民提供高质量医疗服务的有效工具。到2011年,农村居民健康档案建档率达30%,城市居民健康档案建档率达50%,到2020年,初步建立起覆盖城乡居民的,符合基层实际的,统一、科学、规范的档案建立、使用和管理制度。至年底,全市共发放11.5万瓶叶酸,共建立居民健康档案35.4万人,建档率达52%。

【河南省生活饮用水监督监测督导组到三门峡市督查】 1月6日,河南省卫生厅生活饮用水监督监测督导组到三门峡市督查饮用水安全工作。督导组首先对市区供水单位市自来水公司第三水厂进行检查,重点检查水源情况、水处理工艺和水质消毒情况,并对消毒剂及混凝剂的索证情况进行检查。经检查,该单位使用的消毒剂、混凝剂均有省级卫生许可,水厂还定时、定期对进场水、出厂水以及末梢水进行严格自检,自检结果均符合国家卫生标准。随后,督导组一行赴灵宝市卫家磨水库查看情况。作为三门峡市市区饮用水的水源地,该水库供水管道全程均为封闭式,周围没有污染源。因此中石油输油管道渭南支线泄漏事故未对三门峡市辖区生活饮用水水源造成污染,全市生活饮用水水质卫生安全。

【台湾顶新集团在卢氏县捐建1座大桥】 1月12日,卢氏县瓦窑沟乡里坪村顶新大桥竣工通车。该桥是由三门峡市红十字会接收台湾顶新集团155万元捐款并拨款援建的。该大桥设计为两孔石拱桥,全长194米,宽8.5米,高9米,其中引桥长144米。地处深山区的里坪村,被一条小河分为两处。2007年夏季发生的罕见洪灾,使河上小桥被毁,给河两岸村民的交往和出行造成极大不便。台湾顶新集团获悉情况后,向三门峡市红十字会捐款155万元,在里坪村的河道上捐建一座大桥,命名为顶新大桥。这是三门峡市红十字会接收捐资建设的首座桥。

【开展世界防治结核病日宣传活动】 3月24日,是第15个世界防治结核病日。中国的宣传口号是"遏制结核,健康和谐"。当日,三门峡市、湖滨区两级疾病预防控制部门组织结核病防治专家在三门峡火车站广场开展结核病防治宣传及健康教育活动。三门峡市于1993年启动"卫生部加强与促进结核病控制项目"和"河南省结核病防治项目"。2001年至2009年,全市共对42 273例肺结核症状可疑者进行免费检查,登记治疗新涂阳病人4 859例,复治涂阳病人350例,治愈新涂阳病人4 371例,新涂阳病人治愈率达89.9%。

【中华"健康快车"三门峡站正式开诊】 3月29日,中华"健康快车"三门峡站正式开诊。卫生部国际交流与合作中心副主任原晋林,中华"健康快车"活动办公室主任袁雪梅、车长郭义贵,省卫生厅副巡视员魏林娜,市领导杨树平、周志远、姚龙,市长助理张运礼等参加开诊仪式。中华"健康快车"是由香港同胞捐赠,中国唯一流动的、专门从事慈善医疗活动的眼科火车医院,配备有完善的医疗设施和一流的眼科医护人员,专门为生活在偏远贫困地区的白内障患者免费实施复明手术。中华"健康快车"已在27个省、市、自治区的94个站停靠,累计为10万余人免费实施白内障手术,并在列车停靠的地方开展学术交流,在火车医院上培训基层眼科医生。经过多次协商和联系,中华"健康快车"活动办公室确定三门峡市为2010年中华"健康快车"停靠点,为三门峡市1 000名白内障患者实施免费复明手术。开诊仪式结束后,市委副书记、市长杨树平一行还登上中华"健康快车"看望医护人员,并通过视频同步观看了三门峡市白内障患者、中华"健康快车"2010年全国首例白内障患者复明手术实施情况。当年,中华"健康快车"三门峡站活动历时74天,共实施白内障复明手术1 050例,超额完成卫生部下达的1 000例手术计划。其中:市中医院筛选病人508例,灵宝市191例,渑池县103例,陕县60例,湖滨区57例,义马市22例,开发区12例,卢氏县7例,平陆县90例。

【举行"2010中美微创泌尿外科论坛(三门峡站)"活动】 4月28日,市中心医院特邀美国辛辛那提大学附属医院及郑州大学第一附属医院等知名微创泌尿外科专家在该院学术报告厅举行"2010中美微创泌尿外科论坛(三门峡站)"活动,三门峡市各大医院泌尿外科的专家及代表共300余人参加会议。郑州大学第一附属医院泌尿外科主任张雪培教授首先作了"经皮肾镜技术在泌尿外科的应用和腹腔镜技术在泌尿外科的应用"报告,来自美国俄亥俄州辛辛那提大学附属医院的哈姆(Hamidinia)教授和亚历山大(Alexander)博士分别向与会者介绍了微创泌尿外科在国际上的最新进展情况及尿失禁方面在美国的现代治疗方法。

【启动全国第5次结核病流行病学调查】 5月4日,三门峡市全国第5次结核病流行病学调查启动暨培训会召开,标志着此项工作开始全面实施。根据全国第5次结核病流行病学调查抽样原则,灵宝市故县镇赵村被确定为抽样调查点。三门峡市抽样调查小组4月9日已经展开工作,全部居民资料数据录入工作已完成。这次主要对抽样调查点15岁以上的常住居民(居住6个月以上,包含外地人口)进行调查,所有应检对象均要接受问诊、问卷调查和拍胸片、检验等项目检查。自1979年开展首次全国结核病流行病学调查后,中国分别于1985年、1990年和2000年开展4次流行病学调查。调查中,共现场体检1 338人,受检率95.5%,确诊疑似病人10人、涂阳2人,顺利通过省卫生厅验收。

【启动全球基金艾滋病项目】 5月22日,三门峡市全球基金艾滋病项目正式启动。河南省全球基金艾滋病项目是河南省经费额度最大的艾滋病防治国际合作项目，此项目覆盖全省18个省辖市，三门峡市疾控中心和渑池县得到项目管理经费支持。项目周期共6年，分两期执行，每期3年。

【6件作品获“首届河南卫生新闻奖”】　7月3日，由河南省卫生厅新闻办公室、河南省卫生记者协会、医药卫生报社联合开展的“首届河南卫生新闻奖”（通讯员类）揭晓，三门峡市6件作品分获一、二、三等奖。市中医院报送的“药浴犹如一支歌、针灸犹如一首诗、推拿犹如一段情、国医堂犹如一幅画”获一等奖，义煤总医院报送的“维权路漫漫：取证难、鉴定难、索赔难”、湖滨区卫生局报送的“流动医院亮相山区”“搬家翻出的记忆”获二等奖，市第三人民医院报送的“争分夺秒，挽救生命”、湖滨区卫生局报送的“一小步，一大步”获三等奖。

【省卫生厅工作组到三门峡市督导艾滋病防治工作】　8月18日至20日，省卫生厅艾滋病防治工作督导组到三门峡市，督导检查三门峡市全球基金艾滋病项目实施进展情况。督导组深入三门峡市疾病预防控制中心和陕县、渑池县，通过查阅档案、听取汇报、审核资料等方式对艾滋病防治工作进行详细检查，并和艾滋病防治工作人员进行交流，指导工作中遇到的困难和问题。督导组对三门峡市的艾滋病防治工作给予充分肯定，并就相关工作提出要求。

【开展世界急救日活动】　9月11日，三门峡市红十字会、市卫生局、市教育局联合在湖滨广场普及急救知识和技能，同时向全市小学生捐赠价值63万余元的《未成年人安全预防与自救》科普图书4.6万册。副市长、市红十字会会长周志远出席活动仪式并作重要讲话。当日是第11个“世界急救日”，活动的主题是“急救为人人”。

【市采供血综合楼主体封顶】　9月16日上午，三门峡市中心血站新的采供血综合楼主体结构顺利封顶。该楼位于大岭南路、南环路交叉口，占地面积1.67公顷，总建筑面积11 073.3平方米，计划2012年投入使用。届时，新采供血业务大楼将极大地改善采供血硬件设施，为献血者提供一个宽敞、舒适、便利、安全的献血场所及无偿献血志愿者活动场所。

【开展“高血压日”宣传活动】　10月8日是全国第13个“高血压日”。当天，市直卫生系统15家单位在水电十一局门前游园、湖滨区组织7个社区医务人员在湖滨广场，围绕“健康体重，健康血压”主题，通过悬挂横幅、设立咨询台、展示宣传版面、发放宣传资料、免费为群众测量血压等方式，广泛宣传高血压防治知识和预防措施，进一步增强社会群众的高血压防治意识。活动现场，共悬挂横幅15条，展示宣传版面26块，发放宣传资料5 000余份，为群众测量血压200人次。

【省深化医药卫生体制改革督导组到三门峡市督导检查】　10月13日至14日，省深化医药卫生体制改革第六督导组一行4人到三门峡市，督导检查医改工作。市长助理张运礼参加汇报会，并陪同督导检查。督导组一行听取三门峡市医改工作情况汇报，与三门峡市医改工作领导小组成员进行座谈讨论，并深入到湖滨区督导检查医疗保险制度改革、新型农村合作医疗运行、国家基本药物制度实施、基层医疗服务体制建设、社区服务、免疫规划、居民健康档案建立、传染病防治等情况。督导组对三门峡市的医改工作给予充分肯定和高度评价。

【省卫生厅督导检查三门峡市感染性疾病门诊】　10月14日至15日，省卫生厅督导检查组对三门峡市感染性疾病门诊进行督导检查，抽查市中心医院、湖滨区和灵宝市共6家医疗机构，对感染性疾病门诊设置、规章制度建设、人员培训、人员配备、硬件设施、预检分诊落实情况、肠道门诊、发热门诊和发热疱疹门诊等工作开展情况进行详细检查，同时对医疗机构相关工作人员的传染病防治知识和具体工作内容进行问卷调查。督导组对三门峡市感染性疾病门诊建设总体状况表示满意，并对工作中存在的问题提出整改意见。

【省疾控工作绩效考核评估专家组到三门峡市考核评估】　10月25日至26日，河南省疾控工作绩效考核评估专家组到三门峡市，考核评估疾病预防控制工作。省专家组依据《疾病预防控制工作绩效评估标准》，采取听取汇报、查阅资料、质询交流、现场调查等方式，分3个小组对三门峡市的疾控工作进行考评。在随后召开的疾控工作绩效考核评估工作反馈会上，省专家组充分肯定三门峡市疾控工作取得的成绩。

12月20日，河南科技大学附属黄河医院揭牌仪式举行

【卢氏县医生张好学获“中国医师奖”】　11月5日，由中国医师协会主办的第7届“中国医师奖”颁奖表彰大会在北京人民大会堂举行，全国人大、卫生部、民政部、国家中医药管理局的有关领导出席大会并为获奖医师颁奖，卢氏县五里川镇中心卫生院院长、副主任医师张好学获“中国医师奖”。河南省共有3名医师获此奖项。“中国医师奖”是经卫生部批准的中国医师协会设立的全国医师行业的最高奖项。本届“中国医师奖”由各地医师协会和卫生行政部门及解放军总后卫生部、武警卫生部、新疆生产建设兵团等单位选拔、推荐产生，全国共有95名执业医师获奖，张好学是唯一来自基层乡(镇)卫生院的获奖医师。

【开展中医国债项目专项检查】　11月22日至28日，市卫生局组织有关人员对各县(市)区中医药部门和市中医院的中央补助专项资金使用情况进行全面督导检查。2007年、2008年、2009年中央补助三门峡市中医药部门公共卫生专项资金项目17个，其中包括重点专科、中医药技术推广、农村医疗机构中医专科专病、针灸康复、中药房建设、中医药制剂能力建设、中医全科医师培训等7个类别，项目资金总计600.84万元。检查情况表明，项目资金已全部下拨到位，整体进展顺利，确保了公开透明、专款专用，发挥了应有的社会效益和经济效益。

【灵宝市爱心献血屋正式启用】　11月23日上午，三门峡市中心血站灵宝爱心献血屋启用仪式举行。灵宝市爱心献血屋的启用，为灵宝市民提供了一个温馨、舒适、卫生、便利的献血环境，进一步推动了三门峡市无偿献血工作的持续健康发展。

【河南科技大学附属黄河医院揭牌】　12月20日，河南科技大学附属黄河医院揭牌，标志着黄河三门峡医院与河南科技大学走上联合双赢、做强发展的轨道。三门峡市人民政府副市长周志远、河南科技大学副校长段广才、中国水利水电第十一工程局有限公司工会主席冯真理分别发表热情洋溢的讲话，对河南科技大学与黄河三门峡医院的成功合作表示热烈祝贺，并对医院的发展提出更高的要求。中国水利水电第十一局有限公司执行董事、总经理孙玉民，河南科技大学副校长段广才为河南科技大学附属黄河医院揭牌。这一举措，有利于充分发挥资源共享、学科互补、产学研一体化发展的优势，推动高等教育和综合性医院的体制改革与发展，提高学校和医院的综合实力和社会知名度，为三门峡和豫西地区人民群众提供更加优质的医疗服务。

【市中心医院新病房大楼落成】　12月29日上午，市中心医院新病房大楼落成庆典仪式举行。省卫生厅厅长刘学周，市委书记李文慧，市委副书记、市长杨树平，市委副书记王建勋，市政协主席郭秀荣，市长级干部李建顺、赵光超等出席落成庆典仪式。市委常委、常务副市长苏新华主持仪式。市中心医院新病房大楼预算2.5亿元，科技含量高，各项功能全，建设标准达到全省同级医院最高水平。大楼地上26层、地下2层，总高度达125米，总建筑面积约4.8万平方米，可容纳800张床位。它的建成，可充分改善三门峡市及周边地区群众的就医环境。　（王英芳）

体　育

【概况】　2010年，三门峡市体育工作坚持“讲团结、讲工作、讲大局”的工作方针，全面贯彻“竞技体育抓金牌、群众体育创品牌、体育产业创效益”的指导思想，积极实施“面向省运”的竞技体育精品战略，狠抓体育场地设施建设，群众体育组织、网络和活动建设，强化竞技体育人才队伍建设，体育工作再上新台阶，为建设开放魅力富裕和谐三门峡作出了积极贡献。三门峡市体育局被国家体育总局授予“全国全民健身工作优秀组织奖”，并被河南省体育局命名为“2010年促和谐奔小康全民健身活动先进单位”；灵宝市体委荣获“全国全民健身先进单位”称号；义马市、陕县、灵宝市荣获“河南省全民健身先进单位”称号；义马幼苗青少年体育俱乐部被命名为“国家级青少年体育俱乐部”。

以实施农民体育健身工程建设为契机，强力推进体育场地设施建设，“豫西体育走廊”一期工程建设全面完成。三门峡文体中心是金三角地区的标志性体育建筑工程，至年底，体育场工程地下一层和一层、二层看台结构基本完成，网架正在施工建设中。总投资370万元的三门峡市老年体育活动馆全面建成；三门峡市乒乓球馆改扩建工程全部竣工，新增建筑面积2 500平方米。筹措社会资金450余万元，在全市96个行政村建成“农民体育健身工程”；筹措经费30余万元，在城市社区和农村乡(镇)村安装10条健身路径、200余件健身器材；争取国家、省专项资金90万元，完成“乡(镇)农民体育健身工程”3处。“十一五”期间，“豫西体育走廊”区域内新增标准篮球场830个，其中水泥硬化篮球场580个、灯光篮球场60个、文体中心50个、全民健身路径250余条、健身园40余个，累计安装健身器械3 500余件(套)，修建体育场地设施的总投资达4 000余万元，走廊沿线有篮球场的行政村占58.7%，经常参加健身活动的体育人口达45%，全市各级各类体育场地达2 100多个。

深入贯彻落实《全民健身计划纲要》《河南省体育发展条例》，全力唱响“全民健身与小康同行・我为和谐中原作贡献”主旋律，市、县两级体育部门全力推进“三边”工程建设，全市群众体育蓬勃发展。新成立乒乓球协会和游泳协会，街道办事处和社区居委会大部分都成立了社区体育领导小组、街道体育协会和老年人体育协会，农村也相应建立全民健身领导小组和农民体育协会、老年人体育协会等基层组织，全市各级各类体育社团达120余个，老年人体育协会、单项体育运动协会组织不断向乡(镇)、村延伸。鼓励和引导社会多元投资，建成早晚晨练点、健身广场、门球、气排球等200余个健身点。加强社会体育指导员队伍建设，通过组织县(市)区级社会体育指导员参加省、市、县级培训，培训二级社会体育指导员100名、三级社会体育指导员150人，全市社会体育指导员达1 780人。在城市，以社区为重点，积极开展争创全国、全省城市体育先进社区活动，许多社区相继举办社区体育运动会，将社区体育和疾病预防、康复治疗等有机结合，掀起“体育进社区，服务千万家”的健身热潮；在农村，以乡（镇）为重点，深入开展“亿万农民健身”活动和“体育三下乡”活动，积极开展贴近群众、贴近生活的富有农民特色项目的拔河、挑担赛跑等比赛活动；在学校体育中，重视“体教结合”，搞好课余传统项目训练工作，建成“体教结合”训练基地或后备人才网点，有效促进和丰富课外活动，为培养优秀体育后备人才创造条件。以三门峡青少年体育俱乐部为载体，加大青少年体育训练工作力度，全年共举办各种项目的课余培训班80班次，参加培训2 000余人次。

围绕全民健身节、全民健身日和全民健身月等主题，开展全民健身系列活动，全年共举办有影响、有规模的体育竞赛活动30余次，举办全民健身活动1 812次，参加人数达110万人次，全民健身做到了月月有活动、周周有安排、次次有亮点。春节期间，市体育局以“促和谐，奔小康”系列体育活动为主题，以三门峡市第4届农民篮球赛为抓手，在全市50多个乡（镇）、600多个行政村和32个社区，举办登高、篮球、羽毛球、象棋、围棋、拔河、秧歌等健身活动1 000余次，参与群众达40万人次。春节体育系列活动已成为三门峡市最具影响力的体育品牌，三门峡市连续12年荣获“全国全民健身活动优秀组织奖”。组织举办全民健身日、全民健身月和全民健身节系列活动。3月至8月，全市各界5 000余名体育爱好者进行太极拳、门球、养生太极棒、毽球、秧歌、腰鼓、交谊舞、太极剑等十几个健身项目的展示活动。其间还举办“来力—金金乐杯”中式黑8台球赛、“世奥得杯”乒乓球赛、“川崎杯”羽毛球赛和“篮协杯”篮球赛等体育赛事300余场次，参与群众达10余万人次。

按照“老有所为，老有所乐，老有所健”的原则，在全市城乡大力修建老年体育场地设施，为老年体育活动提供较好的健身环境。全市新增老年门球场13个、地掷球场5个、气牌球场2个、健身苑区23个、活动室85个。大力发展协会组织，成立秧歌、乒乓球、钓鱼、棋牌、柔力球等单项老年体育协会10余个，会员人数达15.7万人。至年底，市老年人体育协会拥有241个基层组织，全市64个乡（镇）和12个办事处均建立有老年体协，129个行政村有专人负责老年体育工作。根据老年人的特点，经常性地开展小型多样的体育比赛和活动，提高老年人的健康水平。全年组织各级各类老年体育比赛20余次，直接参加人数达10余万人次。当年，组队参加省老年十一运会乒乓球、地掷球、气排球等10余个项目的比赛，均取得较好成绩。注重发展健身新项目，派专人到外地培训，将柔力球、健身秧歌、地掷球、抖空竹等新项目引入三门峡市，为全市老年体育的发展注入新的活力。

9月，三门峡健儿参加河南省第十一届运动会田径比赛（青少年组）

竞技体育取得新突破。强力推进“体教结合”，对省、市、县级体育传统项目学校进行重新评估和验收，新增省级7所、市级10所，申报国家级青少年俱乐部1所，申报国家级青少年训练基地1个。全市形成以市体育运动学校为龙头，省、市级传统校和青少年体育俱乐部为依托，县级传统校和各训练点为基础的三级业余训练网络。积极组团参加河南省第11届运动会，三门峡市代表团共获得15枚金牌11枚银牌18枚铜牌，总分407.5分，名列赛会奖牌榜第12位、金牌和总分榜第13位，分别比上届晋升2个位次。其中乒乓球项目独得4金1银5铜的骄人成绩，列全省第1位；射击运动员赵丽娜一人独揽3枚金牌，成为省运会上的“三冠王”。三门峡市选送的优秀运动员在国家级以上的比赛中表现突出，令人瞩目。田璞在广州亚运会上获得1枚团体银牌和个人第6名的好成绩；汤介一在2010年全国射击冠军赛上获女子50米步枪三姿金牌，又在全国射击锦标赛（步枪项目）女子组比赛上独领风骚，夺得女子50米步枪三姿和女子10米气步枪两个项目的金牌；武翠翠在2010年全国射击总决赛中打破世界纪录，获得金牌。

体育产业发展稳步推进。积极参加全省体育产业干部培训班，并赴兄弟省市参观学习，努力提高全市体育产业经营和管理水平，加强体育产业人才队伍建设。优化三门峡体彩销售系统，加快体育彩票销售网点建设，举办3次体育彩票销售分片集中培训，体育彩票销售网点的展示宣传力度明显加强，当年彩票销售额达8 700万元。强化体育产业效益，对乒乓球训练馆一楼大厅、市体育局办公楼门面房和体育馆地下商场进行改扩建并公开竞租，收益率大大提高，有效缓解体育事业发展经费不足问题，拓宽了体育产业盈利渠道。

各县（市）区结合实际开展各项工作，促进全市体育事业快速协调发展，体育工作亮点纷呈。陕县多方筹资1.2亿元，强力推进占地近14公顷、含1个主体馆和室外4个篮球场、2个网球场、2个门球场及附带简易看台的标准田径场陕县体育中心；积极寻找体育与旅游产业的最佳结合点，扶持创建店子乡雪花谷漂流、甘山滑雪场等体育旅游线路。义马市加大财政扶持力度，投资10万余元，使场地器材配备覆盖全市各涉农社区，在全省率先实现体育健身工程全覆盖，形成村村有设施、有队伍、有活动、有特色的新农村体育发展新模式。义马体育公园项目建设正式立项，总投资达5亿元，占地32公顷。湖滨区因地制宜地举办庆“五一”老年门球赛、第2

届社区文化艺术节、群众登山活动、“和谐在社区”大型广场文艺晚会、湖滨区第4届职工运动会等群体活动。灵宝市的春节农民体育活动以篮球赛为平台,从初一至十五,组织开展“促和谐,奔小康”全民健身活动,全市15个乡(镇)、2个管委会均举办乡(镇)级运动会,98个村举办村级运动会,102个村举办篮球赛,126个村举办单项体育活动。大王镇第6届“大蔬菜杯”农民运动会、川口乡第6届农民运动会暨第8届“小康杯”农民篮球邀请赛、阳平镇第11届“鼎原杯”农民篮球邀请赛、西阎乡文东村第5届“鼎湖杯”农民篮球赛、焦村镇东仓村第8届“华冠杯”农民篮球赛等相继举行,参赛队伍均在20支以上,直接和间接参与体育活动的人数达10万余人次。渑池县业余训练常抓不懈,在乒乓球、田径两项目的基础上,新增加篮球,柔道、跆拳道等项目,向省内外专业队、体育院校输送运动员35人,向市专业队输送运动员130余人。

【三门峡市第4届农民篮球赛开幕】 3月1日上午,“促和谐,奔小康”系列体育活动三门峡市第4届农民篮球赛在灵宝市焦村镇东村开幕。市政协副主席、市体育局局长张景林出席开幕式。本届农民篮球赛由市体育局、市文明办、市农业局主办,灵宝市政府承办,灵宝市体委与焦村镇政府协办。灵宝市焦村镇东村农业生态园、灵宝市黄金股份有限公司、卢氏县、陕县、义马市千秋社区和渑池县等6支代表队参赛。比赛采用循环制,共进行3天15场比赛。3月3日下午,三门峡市第4届农民篮球赛在灵宝市金源矿业体育中心闭幕。获得比赛前3名的依次是灵宝黄金股份公司代表队、义马市千秋社区代表队和渑池县代表队,陕县代表队、卢氏县代表队荣获“体育道德风尚奖”,灵宝市焦村镇东村农业生态园代表队荣获“优秀组织奖”。

【三门峡籍射击运动员武翠翠打破世界纪录】 当年,由三门峡市体校输送至国家射击队的优秀女子射击运动员武翠翠表现优异,多次在国内外大赛中获奖。4月18日至24日,在北京国家射击场举行的2010国际射联北京世界杯赛中,武翠翠以88中的总成绩获得女子多向飞碟决赛第4名。9月10日至15日,在2010全国射击总决赛(飞碟项目)比赛中,代表河南省射击队参赛的武翠翠以98中的优异成绩打破96中的世界纪录和95中的全国纪录,获得飞碟多向比赛金牌。

【三门峡市全民健身节“世奥得杯”乒乓球赛落幕】 4月24日至26日,由市体育局、市直工委、市总工会、市妇联和市明办主办,市乒乓球协会和世奥得乒乓球俱乐部承办的三门峡市第3届全民健身节“世奥得杯”乒乓球赛在市区举行。共有来自各县(市)区和市直20个单位、30支代表队的200余名选手参赛。获得团体前3名的分别是渑池县体校代表队、三门峡精英俱乐部代表队、市住房和城乡建设局代表队;获得县级以上干部男子组单打前3名的是何军、薛孟生、何盈;获得县级以上干部女子组单打前2名的是李爱英、王文丽;获得成年组男子单打前3名的是杨波、王凯、尚学勤;获得成年组女子单打前3名的是曹玉萍、夏海燕、温秋红。市政协代表队、市科技局代表队、水电十一局代表队、金渠集团代表队、市园林局代表队获2010年全民健身节乒乓球比赛“体育道德风尚奖”。市地税局代表队、市商业银行代表队、市住房和城乡建设局代表队、市公安局和市中级人民法院代表队获“组织奖”。

【在河南省青少年乒乓球冠军赛上夺得1金1银2铜】 4月30日至5月3日,2010年河南省青少年乒乓球冠军赛在郑州举行,三门峡市派出了以二线队员为主的代表队参赛。比赛由河南省体育局主办、河南省乒乓球网球运动管理中心承办,来自18个省辖市的19支代表队参赛。经过3天角逐,三门峡市代表队夺得1金、1银、2铜和两个第4名的优异成绩。比赛中,年仅11岁的马超夺得男子丙组单打金牌,并率队取得男子丙组团体银牌;女子乙组李紫琳、张梦瑶分获单打第3、第4名,并夺得女子乙组团体铜牌;男子青年组吴量夺取单打第4名,并与队友合作夺得团体第7名。

【第3届全民健身节“川崎杯”羽毛球赛落幕】 4月30日至5月3日,由市体育局、市直工委、市总工会、市妇联和市文明办主办,市体育局和澳瑞特体育用品公司承办的三门峡市第3届全民健身节羽毛球赛在市区举行。来自各县(市)区和市直的27支代表队200余名选手参赛。获得团体前4名的代表队是:高阳山俱乐部代表队、羽者俱乐部代表队、川崎—澳瑞特体育代表队和市地税局代表队;获得男子双打前3名的是:周荣成/张永刚、张学武/李龙、加兵强/员晓楠;获得女子双打前3名的是:李军/张巧荣、邹玲/闫凤梅、王利平/李素珍;获得男女混合双打前3名的是:刘晓刚/刘晓军、孙义涛/田建香、李玉杰/万光红;获得男子甲组单打前3名的是:郭海峰、黄建辉、刘明坤;获得男子乙组单打前6名的是:徐聪、王宏伟、上官松涛;获得女子单打前3名的是:秦雪花、程桂娟、林琳。明珠集团代表队、交通运输局代表队、湖滨区代表队、渑池奥翔体育代表队获“体育道德风尚奖”。

【三门峡市全民健身活动月启动】 4月30日,第3届全民健身节启动暨全国群众体育先进颁奖启动仪式在三门峡体育馆举行,标志着2010年三门峡市全民健身活动月正式拉开帷幕。副市长周志远,市政协副主席、市体育局局长张景林,市长助理张运礼出席启动仪式,并为全国群众体育先进获奖单位和个人颁奖。为推动群众体育活动的广泛开展,引导群众树立健康、文明的生活理念,省政府于2010年3月颁布《河南省体育发展条例》,把每年的5月规定为全民健身活动月。活动月期间,全市开展了形式多样的体育赛事,吸引了更多的群众参与到体育锻炼中来。随着体育事业的不断发展,三门峡市竞技体育和群众体育逐步走上快速发展的轨道,连续11年被国家体育总局授予“全民健身活动优秀组织奖”。市体育局、市文明办、义马市教体局、灵宝市体委、陕县教体局、市供电公司和市一小荣获“全国群众体育先进单位”称号,市体育局、义马市教体局和灵宝市体委获“全国全民健身优秀组织奖”,义马市获“全国实施农民体育健身工程先进县”称号,张松林、梁金牛、张红谱、程晓鹏、逯水江、李俊东荣获“全国群众体育先进个人”称号，市青少年体育俱乐部被评为“全国优秀青少年体育俱乐部”，永安社区和六西社区分别获“河南省第7批体育先进社区”和“河南省第2批社区体育健身俱乐部”称号。启动仪式上，市领导为获奖单位和个人颁奖。

【三门峡籍运动员汤介一在全国射击比赛中夺金】 5月8日，在南京方山举行的2010年全国射击冠军赛上，24岁的三门峡市运动员汤介一代表河南代表团出战，以100.1环的成绩，荣获女子50米步枪三姿金牌。汤介一是三门峡市体校2002年输送至国家队的优秀射击队员。近年来，汤介一先后在国际、国内射击大赛上取得好成绩，为三门峡赢得了诸多荣誉。6月12日，在青海多巴国家高原体育训练基地举行的全国射击锦标赛(步枪项目)上，汤介一力挫群雄，再次在女子50米步枪三姿项目中夺得金牌，并同时夺得女子10米气步枪项目金牌。

【第3届全民健身节“篮协杯”篮球赛落幕】 为贯彻落实《全民健身计划条例》和《河南省体育发展条例》，体现“全民参与，全民健身”的体育工作宗旨，由市体育局主办、市篮球协会承办的三门峡市全民健身活动月暨第3届全民健身节“篮协杯”篮球赛5月22日至27日在市区举行。共有来自市直机关、各厂矿企业的16支代表队200余名选手参赛，历经6天的激烈角逐，于5月27日决出名次。获得市直机关组团体前3名的代表队分别是市教育局代表队、市住房与城乡建设局代表队、华阳电厂代表队；获得公开组前3名的分别是义马气化厂代表队、灵宝黄金股份公司代表队、96548部队代表队。经过参赛代表队和裁判组提名推荐，由比赛组委会评选、审定，市纪委监察局代表队、市国土资源局代表队、市中医院代表队、中国移动三门峡分公司代表队获“体育道德风尚奖”。

【在全国乒乓球大赛中勇夺2银1铜】 5月27日，在第28届全国“红双喜·开拓杯”少年儿童乒乓球大赛上，三门峡市运动员勇夺2银1铜，创近年来三门峡市参加全国体育大赛历史最好成绩。全国“红双喜·开拓杯”少年儿童乒乓球大赛由国家体育总局乒羽运动管理中心主办，于5月21日至27日在北京市昌平区举行，全国共有18个省(市)区派出73个代表队707名队员参赛，河南省派出河南省体育局乒训中心、郑州市体工大队和三门峡市体育局3个代表队参赛。在团体比赛中，三门峡市代表队女子98年组(1998年出生，下同)获团体第3名，男子99年组获团体第2名，男子97年组夺得团体第5名。在单打比赛中，男子99年组的田野夺得第2名，女子98年组的张梦瑶夺得第5名。

9月13日，2010环中国国际公路自行车赛三门峡赛段比赛现场

【在河南省青少年射击锦标赛上夺得2金1银1铜】 6月15日，在由河南省体育局主办、洛阳市射击单项体校承办的2010年河南省青少年射击锦标赛中，三门峡市射击队敢打敢拼，发挥出色，夺得2枚金牌、1枚银牌和1枚铜牌。比赛中，三门峡市射击队优秀选手赵丽娜沉着冷静，连夺女子甲组气步枪40发金牌和女子气步枪淘汰赛金牌，三门峡选手还获得女子甲组小口径运动步枪立射40发银牌和男子甲组气步枪60发团体铜牌。

【三门峡市第2个全民健身日启动暨第3届全民健身节颁奖仪式举行】 8月8日是全国第2个全民健身日。当日上午，三门峡市第2个全民健身日启动暨第3届全民健身节颁奖仪式在市体育馆举行。市政协副主席、体育局局长张景林，市委副秘书长、市直工委书记梅良川，市委宣传部副部长刘玉森，市政府副秘书长王松安及市总工会、市文明办、市体育局的有关领导出席启动仪式。活动由市体育局、市委宣传部、市直工委、市总工会、市文明办等5家单位联合举办，主题为“全民健身志愿服务大行动”。启动仪式上，进行了门球、养生太极棒、毽球、秧歌、腰鼓、交谊舞、太极拳、健身路径等10余个健身项目的展示活动，并对获得第3届全民健身节优秀组织奖的市地税局等14个单位进行表彰。当天，义马市、陕县、灵宝市等县(市)区也举办了全民健身日活动和系列体育比赛，全市近万人参与全民健身日活动。

【在全国青少年空手道锦标赛上夺得1金1银2铜】 8月19日至22日，由国家体育总局拳跆中心和中国空手道协会主办、河南省体育局和漯河市人民政府共同承办的2010年全国青少年空手道锦标赛在漯河举行，三门峡市代表队夺得1金1银2铜的好成绩。来自全国各省、直辖市、自治区及香港特别行政区的27个代表队、295名运动员参加比赛，三门峡市代表队共派出7名运动员参赛，闫鑫、刘璐、姜婷合力夺得女子青年组团体组手冠军(“组手”为空手道比赛专业用语)，闫鑫和刘璐还分别获得女子青年组个人组手59千克级亚军和女子青年组个人组手59千克以上级第

3名,王星获得男子青年组个人组手55千克级第3名。

【成功举办2010环中国国际公路自行车赛三门峡赛段比赛】 9月13日上午10时,2010环中国国际公路自行车赛三门峡赛段正式开始。三门峡市委书记李文慧等为比赛鸣枪发令,12支国外代表队及6支大中华代表队的108名选手展开激烈角逐。市委副书记、市长杨树平出席发车仪式并参加正式比赛之前的荣誉骑行。国家体育总局自行车击剑运动管理中心自行车部副主任韩继玲,中奥体育产业有限公司总裁孙立平,河南省体育局副局长毛宏,三门峡市副市长周志远,市政协副主席、市体育局局长张景林,市长助理张运礼,市政府秘书长李宝洲出席发车仪式。2010环中国国际自行车赛由国际自行车联盟、国家体育总局等单位主办,中国自行车运动协会、赛事途经各省(直辖市)体育局、中央电视台体育频道等单位承办。赛事共历时11天,规格为洲际2.2级,为公路多日赛,途经西安、三门峡、洛阳、郑州、泰安、德州、石家庄、保定,终点为天津。环中赛是三门峡市有史以来承办的规格最高的体育赛事。三门峡赛段为大赛第3赛段,即三门峡至洛阳赛段,距离为142.7千米,赛段起点为崤山路西三门峡供电公司大门西,城市骑行线路,沿崤山路向东,至上阳路右转,到陕州大道(快速通道)左转,设零千米,进高速口入连霍高速公路到洛阳。经过3个多小时的长途远征,最终,澳大利亚弗莱尔队的坎普斯以3小时13分17秒的成绩第1个冲过位于洛阳的终点,夺得赛段冠军;德国纽特里什队的拉多奇拉紧随其后,位居第2;同处第一集团的亚美尼亚西克迪队车手科尔西普名列第3。中国万科队的刘浩排名第11位,中国香港名将黄金宝第53个抵达终点。为确保环中赛三门峡赛段顺利进行,三门峡组委会对赛段的线路设置、安保、卫生医疗救护、道路通畅、宾馆酒店服务、起点现场准备等工作进行周密部署,保证了三门峡段比赛的安全、顺利进行,得到了国家、省、市组委会的充分肯定和社会各界的高度赞扬,市体育局荣获大赛组委会"突出贡献奖"。

【在河南省第11届运动会上收获15金11银18铜】 9月28日下午,经过9天的激烈争夺,河南省第11届运动会在洛阳圆满落幕,三门峡代表团以15金11银18铜的成绩居金牌榜第13位,比省十运会前进1个位次,成为河南体育第三军团的排头兵。本届省运会,三门峡市共派出196名运动员,参加射击、乒乓球、举重、跆拳道、柔道、自由跤、赛艇、篮球、田径、射箭、武术等11个大项的角逐。其中,乒乓球、射击、举重、跆拳道、柔道、自由跤、赛艇、女子篮球项目均有金牌进账。三门峡市射击选手赵丽娜以501.4环射落女子甲组10米气步枪个人金牌,并偕同队友高晨、袁仕琪获得该项目团体金牌,在随后的比赛中,又以479.3环的成绩蝉联小口径运动步枪立射40发金牌,成就她省运会"三冠王"的称号。小将高蓓蓓夺得女子10米气手枪20发淘汰赛金牌。李海鸥以205千克的总成绩夺得女子举重甲组75千克级冠军,吴亚楠以143千克的总成绩夺得女子举重乙组58千克级冠军,三门峡市女子举重代表队取得金牌总数第1和团体总分第1的双丰收。渑池小姑娘朱蓉在赛艇女子甲组轻量级的比赛中意外折桂,为三门峡市夺取史上第1枚水上项目金牌。乒乓球项目收获4金1银5铜,高居金牌榜榜首、团体总分第1。迟元瑞、段亚东、李紫琳、程皓轮、刘乐、马超等一批优秀选手开始崭露头角。

【三门峡市老年体育活动馆落成】 10月14日,三门峡市老年体育活动馆落成典礼隆重举行。省老年体协主席胡悌云,省体育局党组书记、副局长彭德胜,三门峡市领导李文慧、赵光超、苏新华、李立江、申黎明、赵中生、赵艳、李宝鸿、周志远、王铁创、张景林和市长助理张运礼等出席落成典礼。市老年体育活动馆位于三门峡体育馆西北角,为一幢2层框架结构,建筑面积2 000平方米,集乒乓球、羽毛球、篮球训练和老年体协办公等为一体的多功能体育场馆,建筑面积1 995平方米,建筑高度17.5米,投资370万元,于2009年12月开始施工建设,历时10个月完工。活动馆内设多功能训练厅及多个体育活动场地,可进行羽毛球、乒乓球、柔力球、健身舞蹈、健身球操、太极拳(剑)、棋牌类等项目的训练和比赛,基本可满足全市广大老年人的体育健身活动需求。

【举行重阳节老年人体育展示大会】 10月14日,2010年重阳节三门峡老年人体育展示大会在体育馆隆重举行。省老年体协主席胡悌云,省体育局党组书记、副局长彭德胜,三门峡市市长级干部赵光超,市人大常委会副主任李宝鸿,市政协副主席王铁创和市长助理张运礼出席大会。市政协副主席、市体育局局长张景林主持大会。1 500位老人分别进行了太极拳、健身球、柔力球、健身秧歌、体育舞蹈等精彩表演,展示出三门峡老年人健康的体魄和良好的精神风貌。

【田璞在亚运会上夺得1枚银牌】 11月15日,在第16届广州亚运会男子50米步枪卧射团体赛中,由三门峡优秀运动员田璞与队友田辉、王炜一组成的中国队以1 774环的总成绩摘得1枚银牌。另外,田璞在男子50米步枪卧射个人赛中名列第6。田璞是三门峡市区人,1983年生,1998年被三门峡市体校挑选进入该校射击队训练,2002年11月入选省射击队集训,2004年5月正式入选省射击队。2009年参加全国十一运会,因成绩优异入选国家队。

(张 睿)

·编辑 李艺芬·

精神文明创建活动

ACTIVITIES IN SPIRITUAL CIVILIZATION CONSTRUCTION IMPROVEMENT

9月27日,三门峡市“中华诵·2010经典诵读大赛”在市第二实验小学举办

综　述

【概况】 2010年,三门峡市精神文明建设工作以建设社会主义核心价值体系为根本,切实加强公民思想道德建设,扎实开展精神文明创建活动,着力在巩固成果、提高水平、拓展深化、增强实效上下工夫,努力提高公民文明素质和社会文明程度,为夺取全面建设小康社会新胜利、加快建设开放魅力富裕和谐三门峡提供了强大精神动力,营造了良好社会环境。

【开展"三下乡"集中活动】 3月25日,市委宣传部、市文明办等13家单位共190人在渑池县坡头乡举行文化、科技、卫生"三下乡"集中服务活动。市委常委、宣传部部长李立江,市人大常委会副主任马仰峡,市政协副主席王铁创,市长助理张运礼等出席活动。活动当天,各部门共展出宣传版面140块,向群众发放宣传资料2.5万余份,义诊、送药300余人。开展技术宣讲,让群众了解中药材栽培技术、果树病虫害防治知识、能源利用、节能降耗等各种知识。三门峡市"心连心"艺术团给群众送上了一场精彩的文艺演出。

公民道德建设

【概况】 2010年,三门峡市组织开展文明礼仪宣讲进社区、进单位、进农村活动,深入开展"我们的节日"主题活动,强力实施"文明交通行动计划",开展"我推荐、我评议身边好人"和道德模范推荐评选工作,在全社会形成知荣辱、讲正气、促和谐的良好风尚。三门峡市共向省文明办推荐"身边好人"29人,经广大群众网络投票,三门峡经济开发区推荐的三门峡恒生科技研发有限公司董事长张群刚,陕县推荐的张汴派出所民警蔡新玲,市公安局推荐的市公安局法制处副处长严胜军分别荣登8月、9月、10月敬业奉献类"中国好人榜"。市委宣传部、市文明办、三门峡军分区、市总工会、团市委、市妇联命名第3届"三门峡市道德模范"10人,第3届"三门峡市身边好人"20人。6月1日上午,全市"道德模范基层巡讲"活动启动仪式暨首场报告会在义马市举行,"中国好人榜"上榜好人、河南省道德模范提名奖获得者、三门峡市首届道德模范白洁和黄克斌,"中国好人榜"上榜好人、三门峡市第2届道德模范李芳馨和沈改林作了报告。随后,在其他5个县(市)区和市直举办了7场大型报告会,听众达8 000余人。各县(市)区还请当地的道德模范分别举行了2场报告会,共计12场。市直有8个单位分别邀请道德模范作专题报告并召开座谈会,与780名干部职工进行谈心交流,使道德模范走进群众,使群众走近道德模范。重阳节前夕,市文明办组织孝老爱亲道德模范沈改林、邹玉香、马雪梅到陕县作专题报告。

【开展文明礼仪宣讲活动】 2010年,市文明办从三门峡职业技术学院抽调12名长期从事文明礼仪教育的骨干教师,组成"迎世博,讲文明,树新风"文明礼仪宣讲团,深入全市社区、单位、农村进行文明礼仪知识宣讲。4月2日,举行三门峡市"迎世博,讲文明,树新风"文明礼仪宣讲进社区、进单位、进农村活动启动仪式,市委常委、宣传部部长李立江出席开讲仪式并作重要讲话。启动仪式后,组织文明礼仪宣讲团成员深入到各县(市)区及市直各单位开展文明礼仪宣讲活动,各位老师通过深入浅出、形象生动、通俗易懂的讲解,为全市干部职工及群众带来了一场场丰富的文化大餐。

【开展"我们的节日"主题活动】 2010年,三门峡市深入开展"我们的节日"主题活动,引导人们认知传统、尊重传统、弘扬传统,增进爱党、爱国、爱社会主义情感,在全社会唱响共产党好、社会主义好、改革开放好、伟大祖国好、各族人民好的时代主旋律。清明节期间,利用网络平台,开展"网上祭先烈"活动,发动各单位职工及中小学生进行网上祭奠、发表祭奠感言。在青少年中开展"网上祭英烈"和"祭先烈网上征文活动",进行网上祭奠、敬献鲜花、发表祭奠感想感言、撰写心得体会,表达对先烈、先人、先贤的感恩和敬仰。通过"文明扫墓、植树祭祖""一束鲜花寄深情"等活动形式,倡导文明祭祀的理念。以"清明祭先烈,立志好少年"为主题,开展经典诵读活动,通过诵读经典的方式敬先贤、颂先烈,使广大学生明白清明节的纪念意义,感受传统文化魅力,了解清明节所蕴含的历史文化积淀。各中小学校充分利用农村远程教育资源,组织学生观看革命英雄故事片,举办"我们的节日·清明节"主题班会活动,引导学生在缅怀先辈的情怀中认知传统、尊重传统、继承传统、弘扬传统,增进爱国、爱社会主义情感。围绕古代民俗文化和七夕节的来历,组织各单位召开座谈会、经典诗歌朗诵会,通过宣讲牛郎织女的传说故事和朗诵经典爱情诗歌等形式,达到弘扬传统美德、发展和谐文化的目的。举办中秋文化庙会、民俗文化展、中秋千家宴、中秋赏月、社区联欢等活动,组织各类志愿者深入福利院、敬老院、生活困难群众家中慰问活动,与空巢老人、孤寡老人、残疾人、留守儿童和困难群众一起过中秋、吃月饼,用真情行动让特殊群体感受社会主义大家庭的温暖。在广大中小学生中开展"中秋一轮月·师生一片心"主题文化活动。组织各学校师生在中国文明网"我们的节日·中秋节"的专栏中参加中秋祝福、中秋灯谜、中秋短信等活动。利用国旗下讲话、黑板报、宣传栏、红领巾广播站、手抄报、班队会等宣传教育形式,介绍中秋节节日民俗,挖掘中秋节文化内涵,普及中秋节知识,增加了学生对中秋文化的认同,激发了学生的爱国情感。重阳节期间,营造尊老敬老爱老助老的氛围,引导群众在活动中了解重阳节传统文化和节日民俗,动员干部群众进一步提高尊老爱老意识,关心关注老年人尤其是孤寡老人和留守老人的生活,共同营造"关注老年人、关心老年人"的良好氛围。

未成年人思想道德建设

【概况】 2010年,三门峡市充分发挥学校、家庭、社会"三结合"教育网络作用,动员各方面力量齐抓共管,健全长效机制,增强工作针对性、实效性,把青少年思想道德建设各项任务落到实处。组织开展"传唱优秀童谣,做有道德的人"网上签名寄语活动和中华文化经典诵读活动,加大净化社会文化环境工作力度,拓展内容,创新载体,引导未成年人从身边事情做起,从小养成良好的道德品质。全市共有10人被市文明办、市教育局、团市委、市妇联命名为三门峡市"美德少年"。

【开展"传唱优秀童谣、做有道德的人"网上签名寄语活动】 5月26日,市文明办、市教育局、团市委、市妇联在市实验小学联合举行"传唱优秀童谣、做有道德的人"网上签名寄语活动启动仪式。"传唱优秀童谣、做有道德的人"网上签名寄语活动从5月26日起至6月10日。活动期间,全市未成年人和家长可以登录中国文明网、央视网等网站浏览优秀获奖童谣并签名寄语。这些优秀童谣既有爱党爱国、思想品德教育、励志类作品,也有生活情趣和知识类作品。传唱优秀童谣可以帮助广大青少年树立正确的世界观、人生观和价值观。

【开展中华文化经典诵读活动】 2010年,为深入贯彻党的十七大提出的弘扬中华文化、建设中华民族共同精神家园的战略任务,加强中华民族优秀文化传统教育和革命传统教育,三门峡市深入开展"雅言传承文明,经典浸润人生"2010中华颂经典诵读活动。在全市先后开展了有教师、公务员、在校大学生等参加的"中华经典诵读大赛"和各级中小学校参加的"中小学校中华经典诵读竞赛"。在县(市)区层层选拔预赛基础上,9月下旬,市语委、市文明办、市教育局联合举办全市中小学"中华诵·2010年经典诵读大赛",共有6人获一等奖,24人获二等奖。在全省2010年经典诵读大赛中,三门峡市有4名选手参赛,2名获二等奖,2名获三等奖。

【开展文化市场整治】 2010年,三门峡市继续开展违规网吧、淫秽口袋书和有害卡通画、互联网有害信息集中整治行动,社会文化环境明显改善。7月22日至27日,市文明办牵头,联合市文化新闻出版局、市公安局、市工商局、市广电局组成两个检查组对全市文化市场进行明查暗访,共暗访网吧31家、图书报刊经营点11家、音像制品经营点4家、游戏厅1家。在暑假文化市场集中专项整治和为期3个月的查处取缔黑网吧专项活动中,市文明办组织文化、公安、工商、广电、通信等部门联合执法,共查处取缔黑网吧23家、无证经营电子游戏场所1家,查处盗版书籍和音像制品568册,收缴非法出版物3 800余册(盘),为未成年人健康成长营造了良好的社会文化环境。

城乡创建

【概况】 2010年,三门峡市城乡创建工作以提高城乡居民生活质量为目的,以创建文明城市、文明景区为载体,以提高公民文明素质为核心,围绕创建全省创建文明城市工作先进城市目标,深入开展文明行业、文明单位、文明景区、文明社区、文明村镇、文明农户创建活动,涌现出一大批先进单位,各项工作迈上新的台阶。全市共有30个单位被市文明委命名为三门峡市"文明服务示范窗口",47家企业被市文明委命名为全市"文明诚信企业",50人被市文明委命名为三门峡市"文明优质服务标兵"。深入开展"三优三创"活动,即优美环境、优良秩序、优质服务,创文明城市(城区、县城)、创文明社区、创文明景区,激发全市人民创建热情,提高市民文明素质和城市文明程度。为推动全市文明城市创建工作深入开展,市文明办组织开展首批三门峡市文明城区创建工作,下发《关于在全市开展文明城区创建活动的通知》及《三门峡市文明城区考评细则》,对文明城区的评选范围和标准、评选程序和时间进行明确要求。11月初,市文明办抽调相关部门人员组成文明城区综合考评组,采取实地抽查和座谈访问的方式,对各县(市)区文明城区创建情况进行了全面检查,推动了全市"三优三创"创建步伐。

【开展农村"清洁家园行动"】 2010年,三门峡市以试点村建设为标志,重点在全市农村开展"清洁家园行动",着力改善农村人居环境,促进农村社会和谐,为建设社会主义新农村提供强大的精神支撑。4月15日,全省农村"清洁家园行动"巡查观摩小组到渑池县巡查指导工作,将"基础设施完备、卫生状况良好、创建氛围浓厚、开展创评活动"4大项内容细化为25小项内容,对渑池县农村开展"清洁家园行动"情况进行综合考评。通过全省综合打分评定,三门峡市荣获小组第2名。渑池县、陕县被省文明办命名为全省"清洁家园行动"先进县。渑池县陈村乡、陕县张湾乡、灵宝市尹庄镇、湖滨区会兴街道办事处新兴村、义马市常村镇河口村、渑池县仰韶乡中涧村、灵宝市故县镇尚家湾村、卢氏县官道口镇新坪村被省文明办命名为全省"清洁家园行动"先进村镇。

【开展结对帮扶工作】 2010年,三门峡市以"乡风文明"为目标,以"村容整洁"为切入点,以文明单位结对帮扶为手段,启动新一轮文明单位结对帮扶工作。根据省文明办要求,市文明办及时调整文明单位结对帮扶农村精神文明建设工作思路,确立了全市文明单位结对帮扶工作"逐片落实、梯次推进"的总体工作目标,确定全国文明单位(先进单位)和省、市、县(市、区)四级文明单位为结对帮扶单位,按照"谁推荐,谁管理"的原则分级组织实施,并明确"组织教育培训、整治村容环境、帮建文化设施、开展文体活动、推进乡风文明"等5项帮扶内容,以推进全市文明单位结对帮扶工作深入开展,进一步提高农村精神文明建设水平。全市共有8个单位被省文明办命名为全省文明单位结对帮扶工作先进单位,分别是:三门峡市人民检察院、三门峡市人口和计划生育委员会、黄河水利委员会三门峡库区水文水资源局、义马煤业集团股份有限公司耿村煤矿、渑池县财政局、陕县电业局、陕县人民检察院、灵宝市总工会。

【省级文明单位】 2010年,全市共有31个单位被省委、省政府命名为省级文明单位,分别是:三门峡市农业局、三门峡市公安局、三门峡市食品药品监督管理局、三门峡市烟草专卖局、三门峡市人大常委会机关、中共三门峡市委市直机关工作委员会(市直工委、市委党史地方史志办公室、市工商联3家联创)、中共三门峡市委党校、中共三门峡市委宣传部、三门峡市湖滨区财政局、三门峡市湖滨区地方税务局、中国水利水电第十一工程局有限公司、义马煤业集团股份有限公司耿村煤矿、义马市水利局、义马市机关事务和房产管理局、渑池县财政局、渑池县人口和计划生育委员会、渑池县审计局、陕县农村信用合作联社、陕县人民法院、陕县交通运输局、三门峡市卫生学校、灵宝市人民检察院、灵宝市第一高级中学、灵宝市地方税务局、灵宝市烟草专卖局、卢氏县公路管理段、卢氏县电业局、三门峡市外国语中学、三门峡市中级人民法院。

【市级文明单位】　2010年,全市共有58个单位被市委、市政府命名为市级文明单位,分别是:三门峡市地震局、三门峡市总工会、三门峡市规划和城市管理局、三门峡市科学技术协会、中共三门峡市湖滨区委组织部、三门峡市新华书店有限公司、三门峡市康复医院、三门峡市质量技术监督检验测试中心、三门峡市第三实验小学、三门峡市绿化工程管理处、三门峡市路灯管理所、三门峡市建设工程质量监督站、三门峡市湖滨区教育体育局、三门峡上阳苑景区管理处、三门峡市文物考古研究所、义马市卫生局、义马市残疾人联合会、义马市人民医院、中国移动通信集团河南有限公司三门峡市义马分公司、义马市青少年活动中心、义马市第五小学、义马煤业集团股份有限公司煤炭销售中心、义煤集团天新矿业有限责任公司、河南省豫西建设工程有限责任公司、中共渑池县委办公室、中共渑池县委宣传部、中共渑池县委统一战线工作部、渑池县公安局、渑池县水利局、渑池县交通运输局、渑池县质量技术监督局、渑池县第二高级中学、渑池县劳动就业管理服务中心、渑池县粮油流通储备管理中心、义煤集团义翔铝业有限公司、政协陕县委员会机关、陕县总工会、陕县教育体育局、陕县人口和计划生育委员会、陕县公安交通警察大队、陕县西李村乡财税所、陕县工商行政管理局西张村工商所、陕县工商行政管理局温塘工商所、陕县国土资源局硖石国土资源所、中共灵宝市委群众工作部、灵宝市教育体育局、国有三门峡河西林场大湖分场、国有三门峡河西林场小秦岭自然保护区、国有三门峡河西林场文峪分场、灵宝市电业局西阎供电所、灵宝市电业局寺河供电所、灵宝市焦村镇财政所、灵宝市大王镇财政所、灵宝市地方税务局大王税务所、灵宝市涧东区火车站社区居委会、卢氏县农业局、卢氏县邮政局、卢氏县农村信用合作联社。

【市级文明乡(镇)】　2010年,全市共有5个乡(镇)被市委、市政府命名为市级文明乡(镇),分别是:湖滨区交口乡、渑池县仁村乡、陕县西张村镇、灵宝市故县镇、卢氏县城关镇。

【市级文明村】　2010,全市共有20个村被市委、市政府命名为市级文明村,分别是:湖滨区会兴街道办事处槐树洼村、湖滨区磁钟乡南鹿坡村、渑池县城关镇西河南村、渑池县仰韶乡中涧村、渑池县段村乡四龙庙村、渑池县坡头乡坡头村、渑池县南村乡南村村、陕县王家后乡胡果村、陕县硖石乡石门沟村、陕县张湾乡桥头村、陕县原店镇新建村、陕县张湾乡关沟村、灵宝市大王镇大王村、灵宝市川口乡川口村、灵宝市阳店镇栾村村、灵宝市朱阳镇西小河村、灵宝市涧东区新村村、灵宝市涧西区西华村、卢氏县范里镇大原村、卢氏县狮子坪乡毛河村。

【三门峡市文明社区】　2010年,全市共有11个社区被市文明委命名为三门峡市文明社区,分别是:义马市千秋路办事处千秋矿社区、义马市千秋路办事处兴苑社区、义马市银杏苑小区、渑池县城关镇西关花园小区、陕县电业局仁和苑小区、灵宝市涧东区管理委员会金涧花园社区、三门峡市湖滨区涧河街道办事处永安社区、三门峡市湖滨区涧河街道办事处文二社区、三门峡市湖滨区金盾园小区、三门峡市湖滨区金盾花园小区、三门峡市开发区向阳街道办事处甘棠社区。

(王群旺　卢丽娜)

·编辑　卢亚杰·

3月30日,灵宝市学生齐声诵读《道德经》,纪念老子诞辰2 581周年

社会生活

SOCIAL LIFE

2 月 24 日，全市社会福利机构安全管理工作会议召开

人口和计划生育

【概况】 2010年,三门峡市人口和计划生育委员会以稳定低生育水平、统筹解决人口问题为主线,加强领导,强化责任,完善机制,狠抓落实,统筹人口与经济、社会协调发展,人口和计划生育工作呈现出良好发展态势。全市人口出生率9.36‰,比省下达12.66‰的责任目标低3.3个千分点;自然增长率4.15‰,低于全省平均水平;符合政策生育率98.5%,比省下达的92%责任目标高6.5个百分点;出生人口性别比107.65,基本趋于正常。

加大奖惩力度。市委、市政府分别在2月、6月、8月、9月召开人口计生工作会议,部署工作,市委书记、市长出席会议并作动员讲话。对51个单位进行表彰,对10个三类乡(镇)进行通报批评,对5个单位进行重点管理,对连续5年和3年以上获得全市人口计生工作先进并连续任职5年和3年以上的64名党政主要领导、分管领导、人口计生委(办)主任分别给予记二、三等功奖励。全市共对58个单位实施重点管理,比2009年增加27个。在机构改革中,市人口计生委提拔副县级干部2名、科级干部15名,1名干部享受正县级待遇,4名干部享受副县级待遇。

强化宣传教育。元旦、春节期间,开展慰问宣传活动。全市发放人口计生宣传品38.23万份,慰问计生困难户3 338户,发放慰问金42.92万元。3月25日,市人口计生委在渑池县坡头乡开展"三下乡"活动,将人口计生政策、法律法规、优生优育、生殖健康等宣传材料送到群众手中,并免费发放各种人口计生宣传品。全市人口计生部门开展"三下乡"活动170次,提供政策咨询、义诊服务33.95万人次。开展《中共中央关于控制人口增长问题致全体共产党员、共青团员的公开信》发表30周年纪念活动。9月25日,市委、市政府召开纪念大会,表彰先进集体70个、先进个人132名、模范计生家庭24个。开展特色计生宣传活动。全市新创建人口文化楹联县站、乡所、村室及楹联一条街、一条路50余处。3月,召开"双节"电教片观摩评比宣传教育工作会议,对各县(市)区"双节"电视专题片进行观摩评比。举办以"宣传生育文化、构建和谐计生"为主题的第2届"国策杯"人口和计划生育文艺会演。11月,在义马市召开三门峡市计划生育"幸福家庭行动"经验交流会。加大对外计生宣传力度。全年全市人口计生系统共发表稿件1 691篇。继续在《三门峡日报》、三门峡电视台、三门峡人民广播电台开辟人口计生专栏,共刊播66期。市、县两级建立人口计生网站8个,全年刊发宣传信息2 000余条,点击率超过两万余人次。加强人口文化大院和人口学校阵地建设。创建三星级人口文化大院30个,县、乡、村三级人口学校20个。

2月25日,全市人口和计划生育工作会议召开

提供优质服务。突出抓好春、秋两季"生殖健康进家庭"优质服务活动。全市共投入120余万元,为247 237名康检群众发放误工补贴、生活日用品,兑现长效节育奖,落实手术保险。全市共完成四项手术38 582例,采取补救措施2 390例。为332名政策内双女户绝育手术对象发放奖励金14.97万元,办理"四术"保险3 854人份,免费为育龄妇女普查乳腺病和生殖道感染223 682人次。

规范生育秩序。开展专项治理。4月,市人口计生委召开非农业二孩生育审批工作专题会议,下发《关于进一步规范非农业二孩生育证审批发放工作的补充规定》。市人口计生委坚持每月集体研究,发现有疑问的组织专人调查,杜绝弄虚作假问题发生。加强病残儿鉴定管理。10月底,三门峡市在山西省运城市进行病残儿医学鉴定工作,各县(市)区上报的81名病残儿接受专家委员会的鉴定和审查后通过54人,为0.224/万人,低于全省0.5/万人的控制指标,经省对其中的10%进行抽查,全部符合标准。

推进信息化建设。深入开展10年人口出生回顾性调查和基础信息数据核查,对信息库进行补充完善。全市220多万人的全员个案信息纳入人口数据库集中管理,信息准确率达到98%以上。

狠抓综合治理。市、县人口计生部门都设立性别比综合治理办公室。全市按每1万人一起"两非"案件,将任务分解到各县(市)区、各单位。全市累计投资10万元,为综合治理出生人口性别比提供办公经费保障。全市各地相继开展"关爱母亲、关爱女孩、奉献爱心"活动,对1 320名贫困母亲、3 800余名在校女生进行走访和慰问,送去慰问金60万元。加大宣传力度。全年全市共印发出生人口性别比宣传公告5万余份,发放宣传折页1.8万份,张贴警示标语、通告4万份,印发"两禁"条例宣传彩页1万张,制作各种宣传品38.2万份。市、县电视台在黄金时段滚动播出"两禁"条例宣传标语。加强培训教育。采取举办培训班、印发"培训资料手册"、现场办案等手段,对各级人口计生、卫生、药监、公安部门的相关科室和人员进行全员培训,共举办培训班60

期,培训人员2 000余人次。加大督查力度。3月1日,召开市卫生局、市药监局和市公安局等单位参加的性别比部门联席会议,要求相关单位联合执法,严格考核奖惩,依法对有关案件线索进行调查处理。8月18日,召开全市人口计生系统出生人口性别比综合治理督查工作会议,分析存在问题,总结经验教训。11月9日,在义马市召开全市关爱女孩综合治理性别比工作现场会,将义马的创新思路和经验做法向全市推广。加强区域协作。全市各地分别与邻省、邻县有关部门签订出生人口性别比综合治理区域合作协议书6份,互通信息13次。开展明察暗访。3月、5月、6月、8月和11月,市人口计生委先后抽调120余人次,采取不打招呼、直接进入样本点和调查走访、查阅资料、孕情消失倒查等办法,对全市医疗机构、计生服务机构、医药批发零售市场及生育证换发和孕情跟踪服务情况等进行暗访督查。全市共查处各类"两非"案件246起,其中非法终止妊娠59起、非法销售终止妊娠药品10起,注销生育证64起,没收药品500余盒,罚款10余万元。

落实优惠政策。卢氏县、灵宝市开展农村新型社会养老保险试点工作,给予计生家庭每人每年100元至300元的补贴。义马市出台在居家养老试点工作中,对计划生育家庭优先优惠的规定。狠抓利益导向政策落实。在基层调查摸底、张榜公布、逐级审核的基础上,2月下旬,市人口计生委组织人员分成6个检查组,对奖励扶助、特别扶助、扩大奖励扶助、独女户家庭奖励等对象重新进行逐个复核。全市印制计划生育优惠卡和"一卡通"4万余份,制定落实优先优惠政策的程序和实施办法,促进了计生奖励优惠政策的落实。5月,市人口计生委下拨资金150余万元,用于奖励扶助、特别扶助、扩大奖励扶助、独女户家庭奖励的资金配套和无业居民、困难地区独生子女奖励费的补助。9月,按照"四权分离"、直通车的形式全部兑现了对计划生育家庭的奖励扶助资金。市、县两级财政预算用于利益导向的资金达到2 800余万元,同比增加1 100余万元;共为4.3万余名农村独生子女父母发放奖励费,为11 412名奖扶对象兑现奖励扶助金,同比增加2 480人,其中国家奖扶对象4 724人、扩大奖扶对象5 485人、农村独女户奖励对象959人、特扶对象168人、抚慰金发放对象76人。有2 804个农村计生家庭子女享受中招加10分的优惠,1 519人受益,获得学费减免276万元;有2 003户独生子女家庭享受到双份分红的优待,分红金额22.3万余元;有680名独生子女父母在退休时享受到1 000元至2 000元奖励,奖励金额41万元;有5.3万余户计生家庭在新农合中享受减免1人份参合费。

提高出生人口素质。全市印发优生优育宣传折页41万份,发放出生缺陷干预知识小册子1万余册,普及出生缺陷干预知识。各县(市)区人口计生委利用每月一次的新婚培训班,结合缺陷儿实物图片展进行直观教育,增强了群众参与出生缺陷干预的积极性。加强优生咨询。开设优生门诊和优生咨询室,将优生咨询服务贯穿于平时的季服务中、"民心工程"活动中,及时为群众提供各种优生咨询和生殖保健服务。为待孕妇女和孕期妇女免费发放叶酸、复合营养素并指导其服用,有效降低新生儿神经管缺陷发生率。市人口计生委拿出11万元经费对各地出生缺陷干预工作进行补助。灵宝市下发《关于统筹解决人口问题做好出生缺陷干预工作的实施意见》,投入60万元用于出生缺陷预防工作;陕县组织医务人员对全县3岁以下儿童进行拉网式筛查,共筛查1万多人,查出有病患儿14人,并为其建立档案;卢氏县财政拨出专项预算资金174.2万元用于出生缺陷预防工作。全市共免费发放营养素1.5万人次,免费孕前优生体检2.3万人次,孕前优生筛查1.6万人次,育龄群众出生缺陷预防科学知识普及率和知晓率分别达98%和95%。

加强流动人口服务管理。4月,市政府出台《关于进一步加强流动人口计划生育服务管理工作意见》,市人口计生领导小组下发《关于对流动人口计划生育工作实行分类管理的意见》,将流动人口各项绩效考核指标纳入各级各单位目标管理,逐级签订目标责任书并作为考核各级领导干部和单位工作成效的重要内容。法律法规进一步普及。全市共举办培训班97期,发放《全国流动人口计划生育工作条例知识百题问答》2 500册,培训1 660人;组织全市1 216人参加《流动人口计划生育工作条例》知识竞赛;市、县两级均在人口网站上公布《流动人口计划生育工作条例》内容,在电视、报纸上开办流动人口专栏,广泛宣传流动人口计划生育法律法规知识。服务质量进一步提高。市、县两级人口计生部门设立流动人口维权服务热线、计划生育服务查询系统等,为流动育龄群众提供避孕节育、就业登记、政策法律咨询等方面的服务与指导。在有条件的乡(镇、办事处)建立社区人口计生综合管理服务中心,整合社区管理和服务资源,实行"联合式办公、窗口式受理、敞开式审核、一站式服务"的工作模式,设立免费药具发放点,方便了流动人口需要。协作能力进一步加强。4月,在三门峡市召开运城、渭南、三门峡黄河金三角流动人口计生服务管理协作交流会议,共同签订"联合加强流动人口计划生育工作协议书",协商建立定期联系沟通和社会抚养费征收等工作制度。全市与省内、外及周边地区共签订双向管理协议114个,其中跨省协作37个、省内协作77个,办理协作案件8起,征收社会抚养费13.64万元。信息化水平进一步提升。全市组织1 630人,共清查75 561户、楼院4 660个,将漏管的311人全部纳入管理。坚持"一天一上网、一天一查询、一天一变更",提交协查信息10 216条,通报流动人口信息7 709条,核查反馈信息8 178条,切实推动了流动人口户籍所在地和现居住地人口计生部门信息的互通,促进了"双向"管理机制的落实。工作方法进一步创新。实行"流出人口延伸服务法"。建成"留守儿童课外辅导中心",聘请任课老师对留守儿童家庭作业进行辅导,确保每个留守儿童学习不掉队。聘请市内各大医院心理医生定期到村举办心理健康知识讲座,开展留守儿童体检服务。同时开放村人口学校、文化大院、图书室、健身中心,为留守儿童提供娱乐活动场所,促进留守儿童德、智、体全面发展。

加强基层基础建设。开展创建群众满意的基层站所和"示范站、所、室"创建活动。至年底,2008年新增项目14个已投入使用,2009年至2010年共10个项目,其中9个已投入使用、1个主体完工。市人口计生委采取以奖代补的形式对乡级购置笔记本式B超进行补贴,全市用于县站、乡所、村室的建设资金1 016万元,用于设备更新资金达182.18万元。全市新建2个“示范县站”、10个“示范乡所”,新增28个“示范村室”,6个县级计生服务站取得“三证五定”(计生技术服务机构执业许可证、医疗机构执业许可证、母婴保健执业许可证,新型农村合作医疗定点单位、农村产妇救助降消项目定点单位、城镇职工基本医疗保险定点单位、城镇居民医疗保险定点单位、城镇职工生育保险定点单位)资格,66个乡级服务中心取得医疗机构执业许可证。渑池县计划生育技术服务站被推荐为“全国计划生育示范化先进县站”,仰韶乡计划生育技术服务所被推荐为“全国计划生育示范化乡所”。狠抓协会村级规范化建设。全市54个乡(镇)、942个村达到省级规范化建设要求。

提高依法管理水平。全市共举办政策法规培训班16期,对人口计生系统人员进行政策法规全员培训,提高执法人员素质。坚持依法行政,准确使用自由裁量权。下发《关于严格执行人口和计划生育行政处罚裁量标准的通知》,对社会抚养费征收和计划生育行政处罚的程序、标准进行规范,杜绝了行政执法主体不规范和乱收费、乱罚款现象的发生。实行网上办案,提高依法办案水平。全市62个乡(镇)开通网上办案系统。全年提交社会抚养费征收案件123件,办结110件;提交行政处罚案件65件,办结48件。清理规范性文件,推进依法行政。全市清理规范性文件241份,废止64份,修改完善14份。

开展优质服务创建活动。渑池县、义马市保持国优称号,卢氏县、灵宝市进入省优行列,创建计划生育优质服务先进乡(镇、街道办)32个,创建计划生育优质服务“示范村”60个。

转变工作作风。全年受理群众来信来访165件次,立案65起,均按期结案。开展四项评议,提高群众满意度。组织市、县人口计生部门积极参与市优化办开展的民主评议行风活动;在农村深入开展“农民兄弟姐妹评计生”活动;在城市社区重点开展“请流动人口评计生”活动;在系统内坚持开展“下评上”活动。

实施机构改革。奖励扶助工作科挂牌在政策法规科,出生人口性别比综合治理办公室挂牌在宣传教育科,出生缺陷预防科挂牌在科学技术科。财务科更名为财务审计科,流动人口管理科更名为流动人口服务管理科,网络信息科更名为信息管理科。科级领导职数由11名增至14名,增加3个副科级领导职数。编制在保持稳定的基础上有所突破。新设立培训教育中心(事业编制3名,其中主任1名)。18名科级干部(正、副科级各9名)全部配备到位。

【开展“三整治一打击”专项行动】 4月初,市委、市政府召开专题会议,部署“三整治一打击”专项行动,各地在4月至9月集中时间、人员开展专项整治活动,对医疗机构、计生技术服务机构、个体门诊、医药批发、零售企业进行拉网式清查,严厉打击“两非”行为。全市共组织人口计生、公安、卫生、药监等部门399名工作人员,出动车辆66辆次,联合开展清理清查15次。清查689个单位,其中医疗单位112个,个体诊所262个,计生技术服务机构90家,药品批发、零售企业225个。没收B超3台,没收医疗器械233件,没收违法销售药品109盒,拆除违法广告75块,取缔黑诊所54家。在各县(市)区全面清理清查的基础上,市政府于4月和8月,两次组织市、县两级人口计生委、卫生、药监、公安4部门70余名工作人员,分成6个督查组,采取不打招呼、直接进入样本点、个别走访了解、查阅资料、倒查孕情消失等办法,对全市“三整治一打击”专项行动情况进行了暗访督查。

【开展幸福工程救助贫困母亲活动】 5月初到6月上旬,市人口计生委在全市开展“关爱母亲,奉献爱心”宣传月服务活动。在灵宝市举行启动仪式,在三门峡市区主要街道悬挂横幅15条,展示版面50块,设立咨询台5个,发放宣传资料5 000余份,发放避孕药具300盒。开展“送政策、送服务、送温暖、送爱心”“五关怀”系列宣传服务活动。宣传月期间,全市共救助贫困母亲954名,关爱女孩2 329名,发放慰问金44万元,发放慰问品折合现金25 700元。

【完善计划生育利益导向机制】 5月6日,市委、市政府下发《关于完善利益导向机制 进一步做好人口和计划生育工作的实施意见》,将全市计生家庭的优先优惠政策整合为68项,从扩大奖励扶助范围,提高特别扶助标准,建立农村独女家庭和退休独生子女父母养老补助制度等方面对利益导向机制进行补充完善、创新提高,使计划生育家庭在生育、入学、就医、就业、养老等方面享受到时间连续、横向拓宽、纵向到底、内容丰富的奖励优先优惠政策。一是提高计划生育家庭特别扶助金标准。三门峡市对特别扶助对象,在国家规定特别扶助金基础上,每人每月再增加50元,所需资金纳入财政预算,由市、县两级财政各负担50%。二是扩大奖励扶助范围。对农村只有一个子女或两个女孩的计划生育家庭,奖励扶助的年龄由国家规定的60周岁提前到55周岁,每人每年发放300元的奖扶金,所需资金由市、县两级财政各负担50%。三是建立农村独女家庭养老补助制度。对农村独女母亲年龄达到49周岁以上的,每年每户给予500元的养老奖励补助金,所需资金由市、县两级财政按3:7的比例负担。四是城市在职独生子女父母退休时,一次性各发给不低于1 000元的奖励金,是财政拨款单位的,从财政拨款中列支,其他单位职工由所在单位承担。五是对计划生育家庭参加新型农村合作医疗减免1人份参合费,对计划生育家庭患大病享受新型农村合作医疗补助后,再给予10%至20%的医疗救助,对农村持生育证住院分娩的,纳入新型合作医疗补助范围。六是进一步明确独生子女父母奖励费资金来源。夫妇双方均为农村和城市无业居民的独生子女奖励费由县级财政负担;是财政拨款单位职工的,从财政拨款中列支,其他单位的职工由所在单位承担;一方在职,一方无业的,均由在职一方所在单位负担。市级财政对困难地区给予适当补助。

【开展基层文明执法专项活动】 5月19日,市人口计生委下发《三门峡市人口和计划生育系统基层文明执法专项活动实施方案》。5月21日,召开全市计生系统基层文明执法专项活动动员会。5月29日至31日,举行全市人口计生系统基层文明执法基础知识考试,全市人口计生系统在职人员1 100余人参加考试。市人口计生委统一批改试卷，成绩通报全市。通过走访群众、受理举报，对各级收费、处罚、鉴定审核、办证等行政行为进行自查，对乱收费、乱罚款、搭车收费等问题全部予以整改。全市共清理、清退违规收费3.56万元。

【开展“9·25”《公开信》发表30周年纪念活动】 8月18日，市人口计生委在灵宝市大王镇召开动员大会，下发《三门峡市人口计生委关于开展纪念〈公开信〉发表30周年宣传活动的通知》，要求全市各地紧紧围绕纪念《中共中央关于控制我国人口增长问题致全体共产党员、共青团员的公开信》（简称“9·25”《公开信》）发表30周年主题，根据实际情况，开展形式多样的纪念宣传活动。渑池县与三门峡日报社协作，宣传渑池县计划生育30年的辉煌成果，在《三门峡日报》上连续刊登6篇报道；同河南电视台协作，拍摄“提高服务水平，创建良好人口环境”电视专题节目，在河南电视台新农村频道城乡栏目中播出；在《河南日报》上刊登计划生育报道60余篇。卢氏县人口计生委以“关爱女孩、关注母亲”为主题，深入乡村开展结对帮扶活动，为155户计生困难家庭每户捐助500元，共捐助6万余元。三门峡经济开发区开展“请农民兄弟姐妹评计生活动”和“请流动人口农民工评计生”活动。灵宝市大王镇开展“幸福家庭行动”5项活动。9月25日，市委、市政府召开纪念“9·25”公开信发表30周年电视电话会议。宣传活动期间，全市共出动宣传车45辆，发放宣传单8万余份，刷写墙体标语750条，张贴标语6 000余条，悬挂条幅1 500多条，设立咨询台350个，举办文艺演出95场次、广播电视讲座29次、知识竞赛82场次，受教育干部群众达40万人次。

【开展“生育关怀行动”】 2010年，市人口计生委在全市开展关怀计划生育家庭、关怀育龄群众生殖健康、关怀独生子女、关怀女孩健康成长、关怀基层计划生育工作者“五关怀”活动。出台《关于在全市建立部分计划生育家庭意外伤害保险制度的通知》，部分计划生育家庭意外伤害保险费用由市、县、乡（镇、街道办）及符合条件的对象家庭共同负担，其中市级5元、县级10元、乡级10元、个人5元。市、县、乡（镇、街道办）三级分别从本级“生育关怀救助金”或计划生育事业费预算中列支。全市投保母婴安康、节育手术、关爱女性、儿童意外伤害等保险8 000人份，投保金额80余万元。继续开展计划生育“小康工程”建设。本着宜农则农、宜工则工、宜商则商的原则，加大“小康工程”建设力度。全市新建“小康工程”示范园60个，有3 000余户计生家庭从中受益。

【实行“流出人口延伸服务法”】 2010年，市人口计生委在全市实行“流出人口延伸服务法”，建立流出人口通信录，将流出人员联络方式制作成电话折页发放给流出人员。根据全市流出人口在全国各地的分布情况，以地级市为单位成立流出人口计生协会，推举其中群众基础好、威信高、文化水平高的人员担任协会负责人和联络员。协会作为流出人口与计生部门联系的“桥梁”，每周通过网络和电话与家乡计生部门联络，互通信息。县（市）区人口计生委负责协调流出人口与当地人口计生部门之间的联系，督促流出人员及时纳入当地计生管理。同时，开通网上绿色通道，实行跟踪服务，做到流动人口流到哪里，计生服务跟到哪里。对必须采取避孕措施实行节育的育龄妇女，逐一寄送知情选择指导卡，督促访问；对需办理生育证、服务证的育龄妇女，人口计生部门联系家人及时办理、寄送相关证件；对外出没有办理流动人口婚育证明的人员，集中办理证件、统一收集邮送到流入地，免去了群众来回奔波的费用。全市已在全国各地建立流出人口计生协会15个，并向15名外出打工者发放协会负责人和联络员聘书，向流出人口发放“流出人口通信录”2 360份，发放婚育健康知识手册5 000余份，编发慰问短信6 100条，督促322名流出已婚妇女寄回合格的康检证明，为群众节约往返路费1.1万余元。 （谢少峡）

民　政

【概况】 2010年，三门峡市民政局围绕中心，服务大局，各项工作亮点纷呈，扎实推进，全市民政事业得到持续快速发展。市民政局先后荣获全国老龄工作先进单位，省级创建平安边界先进单位、学习实践科学发展观活动指导工作先进单位、慈善工作先进单位、卫生先进单位、福利彩票发行组织管理工作一等奖，市级抗洪救灾暨倒房重建工作先进单位、灾后重建包乡工作先进单位等称号。

抗洪救灾工作有力有序。“7·24”洪涝灾害发生后，各级民政部门迅速反应，紧急启动救灾预案，及时成立抗洪救灾工作领导小组，组织紧急救援工作队，全力以赴投入到抗洪救灾工作中。深入灾区一线组织查灾、报灾、救灾，迅速调运救灾物资，妥善安排灾民生活，累计向灾区调运救灾帐篷、食品、衣被、面粉、食用油等救灾物资共计31类，价值1 100余万元。同时，积极争取下拨救灾资金，组织开展社会捐赠，全市共向灾区下拨救灾资金3 746.4万元，帮建房屋2 106户、5 780间，全部提前建成入住。

创建全国双拥模范城“四连冠”活动有声有色。市委、市政府对三门峡市争创全国双拥模范城“四连冠”工作高度重视，主要领导多次带领市双拥领导小组各成员单位负责人走访慰问驻军部队，广泛征求驻军官兵对双拥工作的意见和建议，先后召开市委常委会议、市双拥工作领导小组会议研究部署双拥工作。市双拥办创新性推出社会化拥军一系列政策措施，出台《社会化拥军实施意见》，双拥工作“十个一”活动有序推进。市军粮供应站、市图书馆等行业拥军活动，市电力协会、市文化艺术院等民间组织拥军活动，“兵妈妈”、军嫂、拥军志愿者等群众性拥军活动丰富多彩，全市上下形成了社会化拥军的浓厚氛围。三门峡市社会化拥军典型经验先后在《中国社会报》《全国双拥简报》《河南省双拥简报》和《河南法制报》上刊登。

基础设施建设强力实施。市精神卫生中心新建方案经市政府同意，上报国家发改委待批。市儿童福利院锅炉房、食堂等附属工程建设已交付使用。市救助站改扩建项目已完成工程量的60%。市救灾物资储备库项目开工建设。全市新（扩）建的14所敬老院中，有10所完成主体工程，4所已搬迁入住。县级社会福利中心建设项目有序推进,灵宝市、卢氏县、陕县社会福利中心建设项目获批准立项,国家资助资金到位;灵宝福利中心建设项目主体工程完成;渑池县、义马市社会福利中心建设项目上报省民政厅。

社会救助水平不断提高。城乡低保工作,从2010年1月1日起将城乡低保平均补助水平分别提高到不低于145元和60元,并开展低保复核认定工作,实现了动态管理下的应保尽保、分类施保要求。全市共为18 006户、44 251名城市低保对象累计发放保障金8 012.5万元,人均月补差提高到157元,高出省定145元的补助标准;共为43 009户、90 333名农村低保对象累计发放农村低保金6 652.6万元,人均月补助由51元提高到61元,高出省定60元的补助标准。农村五保供养工作,从2010年1月1日起将集中供养和分散供养标准分别提高到不低于2 000元和1 200元。全市共有农村五保对象6 906户、7 259人,其中集中供养3 226人、分散供养4 033人,集中供养率为44%。全市按季度以社会化方式及时、足额发放全年供养资金1 232.75万元。城乡医疗救助工作,扩大了医疗救助同步结算范围,认真落实医疗救助政策。城市医疗救助,全市共资助参保对象40 613人、28.7万元,二次救助512人、114.4万元。农村医疗救助,资助参加新型农村合作医疗98 399人,资助资金294.7万元;二次救助13 536人,支出资金726.67万元。慈善救助工作,实施了“慈善情暖万家”“百名助孤”“携手慈善、圆梦大学”“爱心助老”等慈善救助项目,共救助各类困难群众500余人次,发放救助金60余万元;开展首届三门峡十大慈善爱心个人和慈善爱心企业评选表彰活动、义工宣传表彰活动,义工服务遍及各个社区和困难家庭,社会影响日益扩大;渑池县成立了慈善总会。流浪乞讨人员救助工作,全市共出动宣传和流动救助车辆120余次,进行街头临时救助2 580余人。

优抚安置工作得到较好落实。优抚工作,推广优抚对象医疗费“一站式”结算服务,深入开展“关爱老功臣”活动,及时下拨优抚对象抚恤补助金2 801万元、医疗补助金243万元、临时价格补贴38万元,为1 284户农村义务兵家属发放优待金403万元,为26名新中国成立前入党的农村老党员发放生活补贴5.1万元。退役士兵安置工作,全市共接收退役士兵1 277人,其中符合安置条件781人,申请自谋职业258人,自谋职业率达33.03%;开展退役士兵就业培训工作,提高了自谋职业一次性补偿标准;积极协调下达安置计划,安置工作圆满结束。认真落实军休干部“两个”待遇,接收安置军休干部3名。扎实做好复退军人、涉核部队及参战部队人员信访问题,维护了社会和谐稳定。

基层政权和社区建设稳步推进。拟定《关于加强和改进社区服务工作的意见》,明确了社区服务发展方向和措施。推行“四议两公开”工作法,扎实开展村务公开工作。全市建成和谐社区建设示范单位28个、村务公开民主管理示范单位23个。城乡社区服务基础设施建设步伐加快,国家资助的湖滨区涧河街道社区服务中心项目基本建成。

专项社会事务管理工作依法进行。社会组织管理工作,开展新社会组织深入学习实践科学发展观活动,启动社会组织自律与诚信建设活动、社会组织管理服务创新活动、社会组织拥军活动;依法受理登记各类社会组织45家,全市已登记管理各类社会组织538家。行政区划调整工作,邀请专家对全市区划调整进行调研论证,提出区划调整初步方案,完成部分乡改镇的调研、论证和报批工作,上报了三门峡市行政区划调整意见。地名公共服务工作,初步建立地名公共服务体系,全市收集、录入地名信息4万余条,建成了地名数据库;通过市场化运作,更新、完善地名标志80多块,配合完成了“第16届三门峡国际黄河旅游节”期间以及“创建国家卫生城市”市容市貌的整治工作。边界线管理工作,完成市级边界线“洛三线”和所有县级边界线联合检查工作,对勘界以来所有界线档案进行了全面整理、归档。婚姻登记工作,对所有婚姻登记档案进行检查,灵宝市民政局婚姻登记处、义马市民政局婚姻登记处被评为全国婚姻登记规范化建设示范单位。殡葬管理工作,在义马市开展亡故人员免除基本丧葬费的试点工作,努力推进殡葬改革;强化公墓管理,实现了清明节期间的安全祭扫。

社会福利事业持续发展。市福利院整体搬迁;与国际慈善组织合作,努力解决孤残儿童养育、特殊教育、工作人员不足等问题。认真落实孤儿救助各项政策,开展“明天计划”“微笑列车”等孤残儿童手术康复活动。将艾滋病单亲家庭未成年子女的救助标准从每人每月65元提高到100元,并首次对99名艾滋病患者实行每人每月20元的定期定量救助,共发放救助金4.34万元。及时做好流浪精神病人和弃婴接收安置工作。开展福利企业年检工作,全市现有福利企业49个,安置残疾人1 100余名。认真协调落实老年人优待优惠政策,为800余名老年人发放老年优待证,组织开展老年人健康游活动。福彩宣传月活动取得明显成效,福彩销售保持了良好态势,全市销售福利彩票1.1亿元,首次突破亿元大关,受到省福彩中心的表彰。

(张云婷　姚　成　赵慧利)

老龄工作

【概况】 2010年,三门峡市人口老龄化加速发展,老龄事业取得了长足发展。年末,全市60岁及以上老年人29.3万人,占总人口的13.1%;65岁及以上老年人20.5万人,占总人口的9.1%;80岁及以上老年人3.7万人,占总人口的1.7%;全市百岁寿星18人。市民政局荣获“全国老龄工作先进单位”称号。

大力宣传,形成了浓厚的老龄工作氛围。各级老龄部门注重宣传《中华人民共和国老年人权益保障法》,使其深入人心。组织义工与“空巢”老人、贫困老人结成“一助一”帮扶对子,建立爱心档案,发放“慈善爱心卡”。各级充分利用宣传教育阵地,在媒体上开设老年健康知识等栏目,深入开展“青少年爱老”义工活动,提倡中小学生在“敬老月”期间走访慰问孤寡老人和贫困老人;老龄部门连续多年开展关注健康、“爱我家乡、畅游崤函”游玩活动。市老龄办、市老年体协等单位举办老年人体育展示大会等活动,展现了老年人精神风貌。通过一系列宣传教育措施,全社会敬老爱老的风气更加浓厚,涌现了宋卫国等一批孝亲敬老典型人物,有效地发挥了示范带头作用,改善了老龄工作环境。

老年维权和敬老优待政策进一步落实。围绕《中华人民共和国老年人权益保障法》《三门峡市老年人优待办法》等法规政策,多次与市交通局等有关局委协调落实《三门峡市老年人优待办法》中有关政策,累计为3万多名老年人办理了老年优待证。处理来访来电案件20余起,维护了老年人的合法权益。

开展动态养老服务工作。为了贯彻落实省老龄办下发的《关于推进动态养老服务工作健康发展的意见》精神,大力倡导以老年旅游、休闲养生、异地养老为主要内容的动态养老服务工作。全年共组织1 000余名老年人参加"动态养老游"活动。

加大社会办养老服务机构督导和服务工作。至年底,全市共有社会办养老服务机构17家,总投资7 436万元,床位数1 862张,入住老人790人,工作人员380人。认真贯彻执行《三门峡市社会办养老服务机构管理暂行办法》,从申办、老人收托、管理、监督等方面进行规范约束。做好社会办养老服务机构安全防范工作,经常进行检查、督导,预防养老服务机构安全事故的发生。

做好人大政协建议提案的答复工作。全年人大代表、政协委员共提交建议、提案5件,涉及老年人养老、社会福利、老年公寓建设,老年人精神文化生活等多方面内容。市老龄办高度重视,深入调查分析,及时与代表、委员沟通,达成共识后,在6月底前全部与人大代表和政协委员见面答复。

【开展重阳节庆祝活动】 重阳节期间,三门峡市开展了形式多样的庆祝活动。市老龄委及时转发河南省老龄委《关于在全省组织开展"敬老月"活动的通知》《关于举办2010年重阳节系列公益文化活动的通知》等文件,制定《三门峡市2010年重阳节活动安排》,对重阳节敬老活动进行专题部署,要求各县(市)区认真抓好重阳节敬老活动的组织实施,确保重阳节庆祝活动丰富多彩、扎实有效。各级各地广泛开展了走访慰问活动,尤其是将贫困老人作为重点慰问对象。全市共慰问贫困老年人600多户,发放慰问金14万余元,送去米、面粉、食用油、饮料、奶制品等价值3万余元,送去了党和政府对老年人的关怀和温暖。市民政局、市体育局等单位承办的三门峡市老年人体育活动展示大会成功举办,各县(市)区也通过老年人文艺会演喜庆重阳,充分体现了老年人老有所养、老有所乐、老有所为的精神风貌。开展关注健康及"爱我家乡、畅游崤函"游玩活动。举行专题健康知识讲座、健康义诊及心理咨询、解答防病治病知识等活动。组织灵宝娘娘山登山健身、函谷关参观等"爱我家乡"游览活动,组织古都开封旅游,丰富了老年朋友的精神文化生活,增加了节日的喜庆气氛。 (许心远)

人民生活

【概况】 2010年,面对复杂多变的经济环境和严峻挑战,市委、市政府带领全市人民深入贯彻落实科学发展观,认真落实国家宏观调控政策,坚持以扩内需、调结构、促转型为主线,以产业集聚区建设、招商引资、重点项目建设为重点,统筹推进新型工业化、新型城镇化和农业现代化,切实加快经济发展方式转变,大力保障和改善民生,全市城乡居民收入稳步增长,消费水平不断提高,生活质量继续改善。全年农村居民农民人均纯收入为5 787.2元,比2009年增加741.7元,增长14.7%,扣除物价因素,实际增长11.1%;农村居民人均生活消费支出4 125.62元,实际增长8.8%。城镇居民人均可支配收入15 032.3元,比2009年增长11.6%;人均消费支出11 192.9元,增长13.3%。农村居民家庭恩格尔系数为34.4%,城镇居民家庭恩格尔系数为30.2%。城乡居民居住条件继续改善。全年城镇竣工住宅面积190.7万平方米,城镇居民人均现住建筑面积达到33.9平方米;农村竣工住宅面积138万平方米,农村居民人均住房面积达到34.9平方米。

【城镇居民工资性收入稳定增长】 据抽样调查,2010年,三门峡市城镇居民家庭人均工资性收入12 509.7元,同比增长10.5%,占全市可支配收入的比重达83%,仍是城镇居民收入构成主体和主要来源。其中,人均工资及补贴收入12 192.3元,同比增长10.1%;人均其他劳动收入317.4元,同比增长26.1%。工资性收入增长的主要原因是:市委、市政府实施项目推动发展战略,经济社会发展取得显著成效,地方财政收入大幅增加,为各行业职工增收奠定了基础;学校等事业单位增补发了工资补贴。

【城镇居民财产性收入快速增长】 2010年,全市城镇居民人均财产性收入171.5元,同比增长15.4%。财产性收入的增长主要得益于出租房屋收入的快速增长。受各地房租普遍上涨的影响,人均出租房屋收入62.4元,同比增长14.1%。

【城镇居民转移性收入持续增加】 2010年,三门峡市城镇居民人均转移性收入3 221.7元,同比增长14.7%,转移性收入增长的主要原因是:市委、市政府积极实施财政转移性支付力度,继续提高企业离退休人员基本养老金标准,使城镇居民家庭收入中养老金或离退休金持续快速增加,全年城镇居民人均养老金或离退休金收入2 867.1元,同比增长15.4%,也使得转移性收入成为城镇居民家庭增收的重要支撑。

【农民工资性收入显著增加】 近年来,三门峡市为拓宽农民增收渠道,不断加大工作力度,在保持农业稳定发展的情况下,大力推动农村富余劳动力外出务工,农民工资性收入显著增加,对农民人均纯收入的贡献不断增大。2010年,全市农民人均工资性收入1 985.5元,同比增长13.6%。农民工资性收入占农民人均纯收入的比重为34.3%,对农民人均纯收入的贡献率达到32%。

【农民家庭经营收入快速增长】 2010年,三门峡市的粮食、油料、蔬菜、水果、肉类、禽蛋、奶类等农牧产品产量稳定增长,加上国家提高小麦等主要粮食品种的最低收购价格,对玉米、大豆、油菜籽等实行临时收储等一系列惠农政策的实施,有力地推动了全市农民家庭经营纯收入的快速增长。调查资料显示,2010年全市农民人均家庭经营纯收入为3 468.02元,比2009年增加465.13

元,增长15.5%,占农民人均纯收入的比重为59.9%,对农民人均纯收入增长的贡献率达62.7%,拉动农民人均纯收入增长9.2个百分点。

【农民转移性收入不断增多】 随着国家对农业投入力度的增大,三门峡市在切实落实上级各项支农惠农政策的同时,也加大了对农业和农民的支持,使全市农民的转移性收入不断增加。2010年,全市农民人均转移性纯收入达253.7元,同比增长9.2%。

【农民财产性收入大幅上升】 2010年,全市农民人均财产性收入为80元,比2009年增长28%,是农民收入中增长最快的部分。其中,人均获取租金34.99元,增长16.1%;人均获取利息16.51元,增长4倍;人均土地征用补偿收入8.33元,增长1.29倍。

【城镇居民衣着消费增幅加大】 随着城镇居民生活水平的不断提高,人们对服装的追求已经从经济实惠型向品牌化、时尚化方向转变。款式新颖、面料考究、个性十足、搭配齐全的成衣店铺为城镇居民衣着消费提供了较大的消费平台和消费空间。2010年,全市城镇居民人均衣着消费支出1 497.6元,同比增长16.7%。其中:人均服装支出增长7.5%,其他衣着用品支出增长37.2%。

【城镇居民家庭耐用品消费增长迅猛】 2010年,国家继续实施"家电以旧换新,家电下乡"等扩大内需的政策。同时,厂家降价、商家优惠让利等促销活动,极大地激发了城镇居民消费的热情。大屏幕液晶电视、全自动滚筒洗衣机、大容量节能冰箱、变频空调作为城镇居民家电更新换代和档次功能升级的首选,成为消费热点。2010年,全市城镇居民人均家庭设备用品及服务支出916.3元,同比增长46.4%,其中人均耐用消费品支出增长达53.3%。

【城镇居民居住支出大幅增长】 随着三门峡市城镇规模扩大和居住环境的不断改观,城镇居民住房条件的日趋完善,住宅区内绿树成荫,健身器材比比皆是,各种服务设施不断健全,使人们在工作之余尽情享受着舒适悠闲的生活。2010年,全市城镇居民人均居住支出1 592.1元,同比增长38.2%。其中:人均住房装潢支出增长1.3倍,人均购买家具支出增长1.6倍,人均水电燃料及其他消费支出增长18.6%,人均物业管理费消费支出增长42.8%。

【交通通信消费快速增长】 数字化时代的来临,带动了通信消费的上扬。同时,随着消费信贷政策的进一步完善和道路状况的进一步改善,家用汽车以较快的速度进入居民家庭,使城镇居民的交通费用持续增长。2010年,全市城镇居民人均交通与通信支出1 459.4元,同比增长11.5%。其中,人均购买汽车支出增长21.3%。移动电话、家用电脑作为高新技术产品,为人们的工作、生活、学习和娱乐提供了极大的方便。2010年末,全市每百户城镇居民拥有手机188部。全市城镇居民人均通信服务支出增长4.5%,其中电脑上网费增长1.2倍。

【社会保障事业稳步推进】 全年全市共为5.23万名企业离退休人员发放了基本养老保险金,发放率达100%。年末参加城镇基本养老保险人数26.3万人,其中参加企业养老保险23.26万人。参加城镇基本医疗保险人数62.2万人。参加失业保险人数22.79万人。全年共发放城镇居民最低生活保障金8 083.5万元,享受最低生活保障的有44 670人。全年发放农村低保金6 706.6万元,农村低保对象90 307人。发放城乡医疗救助资金1 186.3万元,救助14 234人。年末全市有各类收养性社会福利单位72家,福利单位床位数4 213张,收养3 543人。其中,收养性社会福利院1家,床位180张,收养130人。城镇建立各种社区服务设施337个,其中社区服务中心4个。全年销售福利彩票1.1亿元。

(陈建民)

·编辑　卢亚杰·

环境优美的灵宝市阳店镇敬老院

县（市）区概貌

SURVEY OF COUNTY(CITY) DISTRICT

甘山国家森林公园

湖滨区

【概况】 2010年,湖滨区委、区政府团结带领全区广大干部群众,深入贯彻落实科学发展观,科学实施"工业强区、三产富区、农业特色区"三大战略,着力打造"工业、商贸流通、农业示范、沿黄休闲旅游"四大经济板块,强力推进"启民智、帮民富、解民忧、塑民风"4项为民工程,解放思想,克难攻坚,真抓实干,圆满完成了"十一五"规划确定的各项目标任务。全年地区生产总值实现43.2亿元,同比增长14.8%;规模以上工业增加值完成9.8亿元,增长23.5%;实现利润2.8亿元,增长21.2%,分别高于目标7.5个百分点和9.2个百分点;第三产业增加值完成26.4亿元,增长13.2%;地方财政一般预算收入实现3.39亿元,增长22.2%,增幅位列全市第二;历史性解决了湖滨区与市直机关单位工作人员"同城同待遇"问题。全社会固定资产投资实现46.6亿元,增长23.7%;社会消费品零售总额实现39亿元,增长21%;城镇居民人均可支配收入达到15 230元,增长11.3%;农民人均纯收入达到6 112元,增长14.7%;实际利用外资1 650万美元,增长21.3%;外贸创汇400万美元,增长75%。

狠抓招商引资,项目建设再创佳绩 在全区深入开展大招商活动,借力发展、借势提升,项目建设上取得实质性突破。全年共实施各类项目84个,总投资84.5亿元,当年完成投资28.3亿元。投资额在亿元以上的项目有19个,投资额超过3 000万元的项目占总个数的50%。30个续建项目,有朝阳科技、九华纺织(一期)等15个已经建成;54个新开工项目,有维康食品、赛格数码等37个已经建成;列入三门峡市"双百工程"的20个项目,也提前完成了年度建设任务。洽谈引进的义乌国际商贸城、大中海商业文化广场、鑫都建材商贸城、三门峡汽车城等项目,投资数额大,辐射带动强,为经济社会的跨越式发展聚积了后劲。湖滨工业园区被确定为三门峡市机电制造专业园区,承载能力进一步提升。

统筹城乡发展,人居环境明显改善 城中村改造扎实推进,刘家渠、田家渠改造项目进展顺利,搬迁遗留问题基本解决,已经开工的23栋高层楼盘中有12栋主体封顶,共完成建筑面积43.6万平方米,完成投资7.2亿元,刘家渠回迁安置房全部分配到位;上官路、康园路、南环路、金渠路拆迁顺利结束,复合肥厂地块已经净地挂牌。新农村建设稳步实施,基础设施不断改善,杨家沟等4个新型农村住宅社区具备了入住条件;1.7万人的饮水安全问题有效解决,东方红水库除险加固和会兴、后川黄河护岸抢险工程如期建成并通过竣工验收,连续7年夺取三门峡市"红旗渠精神杯";建成农村沼气服务站10个,适宜地区沼气普及率超过50%;农村公路建设扎实推进;扶贫力度不断加大,贫困乡村的生产生活条件明显改观。

繁荣农村经济,特色农业不断壮大 深入推进农业产业结构优化调整,农业特色区总体框架基本形成。"四大特色产业"(畜牧和水产养殖、蔬菜、苗木花卉、林果)发展态势良好,全区蔬菜无公害认证面积超过466.7公顷,日光温室面积超过133.3公顷;富村种猪场、王官鸡场和高庙奶牛场等大型养殖企业投入生产,畜牧业产值占农业总产值比重超过了一半;有4个农产品在全国和区域农交会上荣获优质产品奖。开工建设的交口农业示范园具备较强的辐射带动、科技示范作用。农业龙头企业和农民专业合作组织不断发展,农业农村改革稳步推进,集体林权制度改革基本完成,落实粮食直补等惠农资金近4 000万元,农民人均纯收入高出全市平均水平300余元,农业综合效益进一步提升。

推进实施"为民工程",社会事业全面进步 城镇新增就业人员5 048人,安置下岗失业人员再就业3 185人,在全市率先清除"零就业家庭";城镇登记失业率控制在4%以内,新增农村劳动力转移就业2 350人。城乡低保实现应保尽保,农村"五保"供养率高出市定目标7个百分点。省、市10件实事涉及湖滨区的各项任务全面完成。家电下乡产品销量、兑付率均居全市首位,家电"以旧换新"工作率先开展,"万村千乡市场工程"在全市率先实现全覆盖。教育事业持续发展,校舍改造项目进展顺利,高、中招上线率较上年分别提高9个百分点和10个百分点,农村义务教育历史遗留债务得到有效化解。城乡卫生一体化建设达到省级先进标准,"新农合"连年实现全覆盖,参合群众的补偿资金比上年增长25.3%,城镇医保覆盖率达到95.4%,比上年提高4个百分点。创建全国科技进步先进区和全省科普示范区工作扎实推进。乡风文明建设力度加大,"文化惠民工程"深入实施。人口自然增长率3‰,被评为全省计划生育优质服务先进区。全国双拥模范城创建实现"三连冠"。荣获首批全国白内障无障碍区。第6次人口普查工作完成正式登记和光电录入。《湖滨区志(1991~2000年)》编纂完成并出版。河务、粮食、农机、质监、烟草、审计、物价、侨务、宗教、档案、民兵预备役和机关事务工作取得了新的成绩,妇女、儿童、老龄、残疾人等事业健康发展。

强化社会管理,社会大局持续和谐稳定 社区管理和服务水平不断提升,被评为"河南省和谐社区建设先进城区",六西社区荣获全国"和谐社区建设示范社区"光荣称号,黄北社区、宏远社区被命名为"全国商业示范社区"。普法和依法治理工作深入开展,法律援助实现全覆盖。化解各类矛盾纠纷438起,重大敏感时期没有来自湖滨区的影响。对非法生产保持高压态势,规范高庙矿区秩序及整治郑西高铁沿线环境工作成效明显,全区安全生产形势平稳向好。节能减排力度加大,万元GDP能耗预计下降2.7个百分点。土地资源管理不断加强,保障了重点项目用地需要。卫生城市、森林城市创建取得新进展,荣获三门峡市林业生态建设优秀区。平安建设取得新成效,荣获"河南省平安建设显著进步奖",并被授予"全省社会矛盾排查化解先进区"及"防范和处理邪教工作先进区"称号。修订完善公共突发事件应急预案,应对突发事件能力进一步增强。

加强自身建设,推动科学发展的能力和水平不断提高 始终积极主动贯彻落实省、市要求,积极履行职责,狠抓工作落实,自觉接受人大法律监督、政协民主监督和社会舆论监督,办理人大代表和政协委员提案建议123件,满意和基本满意率达到100%。完成了政府系统机构改革、事业单位人事制度改革的各项任务。深化“两转两提”，扎实开展“创先争优”和“三联一争”活动,加强政风行风建设,行政服务水平不断提高。政府信息公开和电子政务建设加速推进,精神文明建设得到加强,公民道德水平和文明程度不断提升。围绕省、市重点项目、重点工作,自觉站位大局,融入大局,服从大局,服务大局,全力搞好配合服务,出色完成了各项协调、服务工作,尤其是积极支持市电动汽车制造基地建设,在极短时间内完成了山前、山后2个村移交开发区管理的各项工作。

【将村干部工作报酬和离任村党支部书记生活补贴及办公培训经费列入2010年财政预算】 1月20日,湖滨区将村干部工作报酬和离任村党支部书记生活补贴及办公培训经费列入了2010年财政预算,各项经费落实到位。发放标准以当地劳动力平均收入水平为参照,当地农村劳动力平均收入水平按当地上年农民人均纯收入的1.5倍计算,每3年依据上年农民人均纯收入水平对村干部工作报酬标准调整一次。村党支部书记按每人每月617.9元,村委会主任按每人每月494.3元,村“两委”其他成员及监委会干部按每人每月370.7元,组干部按每人每月100元分别发放工作报酬;累计担任村党支部书记18年以上的离任村党支部书记按每人每月200元进行补贴。当年累计拨付260元余万元,全面落实湖滨区702名农村干部的工作报酬和补贴。

【在干部选拔任用工作中首次采用“票决制”】 2月3日,湖滨区在机构改革中,首次以区委全委会票决的形式通过32名拟提拔使用人选,其中正科级干部11名,副科级干部21名。此次推行全委会票决制是湖滨区深化干部人事制度改革、提高选人用人公信度的有益探索和尝试,对于形成有利于优秀人才脱颖而出的机制,有效防止用人上的失察失误,遏制用人上的不正之风具有重大的现实意义。“票决制”的实行,标志着湖滨区干部选拔任用工作民主化的程度又迈出新的坚实步伐。

【启动“平安中原”6号行动】 2月5日,湖滨区政府举行“平安中原”6号行动启动仪式。此次行动从2月5日开始至2月11日结束,重点是对商场(超市)、集贸市场、歌舞娱乐、车站候车室等公众聚集场所,庙会、焰火晚会等大型群众性活动举办场所以及生产、储存、经营易燃易爆危险品的单位和烟花爆竹储存点、销售点、集中燃放区域等场所进行排查整治,依法严肃查处消防违法违规行为。6日夜间,区政府联合检查组成员湖滨公安分局、区消防大队及有关街道负责人在副区长赵长江带领下,深入辖区商场市场、宾馆饭店、歌舞娱乐、车站候车室和易燃易爆等消防安全重点单位,逐一进行排查整治,并督促单位逐一开展灭火和应急疏散演练,严防重特大火灾事故的发生。

【河南省青年新闻工作者协会新闻采风团采访会兴街道王官社区新农村建设情况】 4月14日,由团委省委书记何雄任领队、河南日报副总编辑张光辉任团长的河南省青年新闻工作者协会新闻采风团一行40余人到湖滨区会兴街道王官社区对对湖滨区新农村建设进行采访。采风团由《人民日报》、新华社、中央电视台、《经济日报》《河南日报》、河南电视台、《大河报》等中央媒体驻豫单位及省会20多家新闻媒体的青年新闻工作者组成。

【年产160台新型节能工业窑炉项目建成投产】 4月28日,湖滨区年产160台新型节能工业窑炉项目建成投产。该项目由三元材料公司和三兴热能公司合作建设,占地2.3公顷,累计完成投资3 611万元,建成耐火材料制造、工业炉制造、耐火纤维3个工作车间、两条耐火纤维生产线以及综合实验楼、餐厅公寓各1栋,实现了从原材料一直到成品的完整产业链条,控制自动化程度进一步提高。

【规模化养猪场—富村种猪场建成投产】 5月6日,富村种猪场引进第一批1 000头种猪,标志着该场即日起正式投入使用。该场一期工程建设于2009年3月开始,2010年4月全面结束,累计完成固定资产投资4 200万元,建设高标准猪舍42栋和办公场所6 000平方米,优良种猪存栏2 000头,育肥猪18 000头。该猪场的投入使用,有效缓解了农户购买仔猪难的问题,带动周边养殖农户400户发展生猪养殖。

【在第16届三门峡国际黄河旅游节暨贸易洽谈会上洽谈签约项目丰硕】 5月,湖滨区在第16届三门峡国际黄河旅游节暨贸易洽谈会期间共洽谈签约项目7个,签约总金额达30.8亿元。其中,河南瑞通汽车有限公司项目投资8亿元;滨河花园高档住宅小区项目投资6.2亿元;年产60万米电缆项目投资2.5亿元;年产3 600台环保型废旧轮胎成套设备和1万吨精粉橡胶制品项目投资3.5亿元;年产3 000万米工艺品用布项目投资3.5亿元;年产5 000吨生物蛋白分离剂项目投资6.5亿元;赛格数码电子广场项目投资6 000万元。

【王官20万只蛋鸡场正式进入生产阶段】 6月8日,湖滨区王官20万只蛋鸡场正式进入生产阶段。王官蛋鸡场是河南省最大的蛋鸡养殖企业之一,隶属三门峡市康裕养殖有限公司,2009年10月开工建设,2010年建成高标准、大跨度、自动化鸡舍3栋,引进蛋鸡2批共5万羽,首批2.5万羽已经开产。一期工程建设鸡舍9栋,达到存栏蛋鸡20万羽规模,年向社会提供无公害鲜鸡蛋360万千克,带动周边地区养殖户近800户。

【启动“党员活动周”活动】 6月21日,湖滨区启动“党员活动周”活动。此次湖滨区“党员活动周”活动以“四进(进农村入农户、进社区入楼院、进企业入项目、进学校入家庭)、四办(办具体事、办贴心事、办实在事、办眼前事)、四让(让党的旗帜在群众中飘起来、让党员的身份在群众中亮出来、让党的先进性在群众中显出来、让党的形象在群众中树起来)”为主题在全区各级党组织开展主题鲜明、内容丰富的党员服务活动。“党员活动周”活动累计为群众办好事实事百余件,解决生产活动难题60余个,处理矛盾纠纷20余起。

【首个电动汽车充电桩完成安装、调试】 7月9日,三门峡供电公司在市区崤山路世纪经典广场上设置的首个电动

11 月 26 日,河南省委副书记、省长郭庚茂视察湖滨区宏江广场项目建设

汽车充电桩完成安装、调试,另有 15 个充电桩正在安装建设中。首批 16 个电动汽车充电桩由三门峡供电公司投资建设,分别设置在黄河路、崤山路 4 个交通方便的道路旁边,每个充电桩可供两辆电动汽车同时充电;采用电子触摸屏,方便提示操作;实行刷卡消费,可选择固定金额、固定电量、随机消费 3 种消费方式;根据充电电池的功率大小,每次充电大约需要 3 小时至 5 小时。电动汽车充电桩的建设,极大方便了市区电动汽车用户的充电需求,对于电动汽车尽快进入公车和私家车领域,迅速在全市推广应用具有积极意义。

【开展向张国强学习活动】 7 月,湖滨区开展向张国强同志学习活动。张国强同志为三门峡市公安局湖滨分局湖滨派出所副所长,涧南社区民警。入警以来,张国强同志扎根基层,无私奉献,忠诚履行职责,扎实开展工作,在社区民警这个平凡的工作岗位上创造出了不平凡的业绩,赢得了社会各界和辖区百姓的充分肯定和真心拥戴,他总结的社区警务工作"熟、联、管、帮、用、查、贴"七字工作法,被公安部基层基础建设活动办公室在全国推广。张国强同志先后荣获河南省劳动模范,三门峡市十大优秀青年、三门峡优秀职工、全省优秀社区民警、优秀共产党员、优秀公务员、大练兵岗位能手等荣誉称号。4 月 27 日,荣获全国先进工作者和全国"五一"劳动奖章称号,受到了胡锦涛、吴邦国、温家宝等党和国家领导人的亲切接见。

【启动暑期"送技能、送岗位"就业援助活动】 7 月 20 日,湖滨区暑期"送技能、送岗位"就业援助活动启动仪式暨培训报名岗位招聘现场会在区就业服务大厅举办。为进一步强化职业技能培训、扩大就业促进再就业,推进民生改善,湖滨区抓住暑期中高招结束、麦收后农闲的有利时机,结合技能型人力资源短缺、劳动密集型人力资源过剩的供需矛盾实际,由区人力资源部门牵头,农业、教育、扶贫等部门共同举办以"技能培训强素质、岗位援助促就业"为主题的暑期"送技能、送岗位"就业援助活动。此次活动重点援助对象有:下岗失业人员、初高中毕业返乡青年、未就业高校毕业生、城镇新增"零就业家庭"及农村剩余劳动力等就业困难群体,活动共为应聘人员提供各类用工岗位达 580 个,其中包括由政府购买的 150 个统计协管公益岗位、富士康企业提供 200 个产业转移用工岗位和 30 个国外(利比亚)劳务输出岗位等。同时,区人社局、农业农机局、扶贫办等部门共举办职业技能培训专业达 10 余个,来自辖区 400 余名下岗失业人员、初高中毕业返乡青年等就业困难群体参加了当天的启动仪式,现场组织职业技能培训报名 260 余人,达成用工意向 186 人。

【举行第 6 次全国人口普查动员大会及试点启动仪式】 8 月 7 日,湖滨区举行第 6 次全国人口普查动员大会及试点启动仪式。人口普查试点工作分别在城乡结合部崖底街道站里村和物业管理水平较高的涧河街道六西社区进行,共涉及1 140户住户,3 400余人。试点登记的标准时间为 8 月 7 日零时,主要分为清查摸底、编制"户主姓名底册"、普查小区图的绘制、普查登记、数据处理 5 个阶段,为期 30 天,8 月 26 日结束。

【年产 5 000 吨生物蛋白分离剂项目开工建设】 8 月 16 日,年产 5 000 吨生物蛋白分离剂项目在湖滨工业园区开工建设。该项目占地面积 2 公顷,总投资 5 000 万元,其中固定资产投资 3 600 万元,流动资金 1 400 万元。生物蛋白分离剂是高新技术专利产品,达到了国际先进水平,其主要成分为海藻丙二醇脂、海藻酸钠等食品添加剂,本产品采用一系列高新技术,经高效复合加工而成,克服了普通有机或无机絮凝剂存在的二次污染、破坏蛋白质等问题,替代了传统的钙盐法,广泛应用于酒精、生物丁醇、生物丙酮、柠檬酸和酵母发酵及发酵工业废水、废渣等领域,年可处理各类发酵工业废水 30 万吨,占全国发酵工业废水排放总量 4 亿吨的万分之七点五,市场潜力巨大。项目建成后预期年销售收入 7 500 万元,年利税 1 650万元,就业职工 138 人。

【三门峡·义乌国际商贸城项目签约】 8 月 26 日,三门峡·义乌国际商贸城项目签约,该项目为集商贸批发、日常消费、仓储物流、商务办公、生活服务、休闲娱乐等为一体的商业项目,项目位于209 国道以东、大岭路以西、南环路以南,计划占地 128.7 公顷,其中一期占地 56.5 公顷,计划投资 20 亿元。项目建成后可成为黄河"金三角"地区"一站式"批发购物基地,引领黄河"金三角"地区商贸流通业的大发展,可提供 6 000余个就业岗位,间接带动20 000人就业。

【向贫困大学生发放金秋助学资金】 9月2日，湖滨区举行金秋助学资金发放仪式，52名贫困大学生分别获得2 000元到2 500元的贫困资助。湖滨区从2003年开始启动"金秋助学活动"以来，助学规模逐年扩大，受益人数逐年增多，已累计募捐资金128万元，资助贫困大学生329名。

【召开对外开放招商引资动员大会】 9月3日下午，湖滨区召开对外开放招商引资动员大会，全区副科级以上干部及各乡、街道 中层干部，经济部门干部职工，垂直部门一把手，规模以上企业负责人参加会议。会议总结了近年来湖滨区招商引资工作的成绩和经验，分析了当前蕴涵的重要机遇和困难挑战，就今后一个时期的招商引资工作作了部署。会议宣读了《湖滨区目标管理奖惩办法》《关于招商引资优惠政策及奖励办法(试行)的通知》和湖滨区对外开放招商引资工作领导小组《关于公开招聘专业招商小分队队长、副队长的公告》。区委书记杨方成，副书记、代区长王清华分别做重要讲话，要求全区党员干部提高认识，齐心协力，把招商引资工作抓实抓好，通过思想的解放、项目的引进，不断开创湖滨区持续发展、科学发展的崭新局面。

【召开选派机关干部担任村党组织第一书记动员大会】 9月4日，湖滨区召开选派机关干部担任村党组织第一书记动员大会。会议明确了13名到村任职第一书记的工作去向，宣读了《湖滨区委关于选派机关干部担任村党组织第一书记的意见》。会议要求选派干部要在今后的工作中要深化思想认识，强化工作职责，正确定位履职，要扑下身子、沉下心来、放下架子，扎实工作，为新农村建设贡献才智。

【全省矛盾化解"百日竞赛"活动中被评为省级先进县市区】 9月8日，在全省矛盾化解"百日竞赛"活动表彰会上，湖滨区被评为省级先进县市区，高庙乡被评为市级先进集体。湖滨区按照省市有关要求，认真组织并积极开展"社会矛盾纠纷化解百日竞赛活动"，通过切实加强组织领导，强化源头预防治理，创新流动调解工作机制，严格责任追究等各项工作的开展，超前化解矛盾纠纷，全区社会治安大局持续稳定，没有发生赴京到省集体访、群体性事件和恶性事件，特殊群体人员思想稳定，实现了"零上访"。上海世博会等国家重大活动期间没有发生来自湖滨区的干扰。"百日竞赛"以来排查交办不稳定因素51起，已办结50起，市政法委交办给区的5起案件已全部办结。

【举办首期务实创新大讲坛】 9月10日，湖滨区首期"务实创新大讲坛"正式开讲。这是湖滨区创建学习型党组织活动"四大载体"(引智学习大课堂、务实创新大讲坛、用心为民奉献湖滨、献计献策发展湖滨)之一。务实创新大讲坛"旨在为全区党员干部搭建一个共同学习交流的平台，培养打造"爱学习，善思考，会工作"的高素质干部队伍，弘扬爱岗、敬业、奉献的精神，增强广大党员干部的宗旨意识和为民服务能力，强力推进湖滨区经济社会实现跨越式发展。"务实创新大讲坛"每月举办1次，每期根据不同形势确定学习专题，采取现场随机抽选的方式产生单位和人员进行即兴演讲，区四大班子领导现场打分测评。区四大班子领导及中层干部共650人参加了当天的活动。

【泡沫板生产线项目开工建设】 9月13日，由三门峡田园泡沫板有限公司投资6 000万元的泡沫板生产线项目开工建设。该项目位于湖滨区高庙乡小安村，主要产品为各种型号的泡沫板，项目年底可建成投产，预计年产值可达8 000万元，实现利税500万元，安置劳动力60人。

【举行"筑坚强堡垒、树楼院先锋"党员爱心服务站揭牌仪式】 10月12日，湖滨区车站街道东风社区举行"筑坚强堡垒、树楼院先锋"党员爱心服务站揭牌仪式。党员爱心服务站由在职党员、协管党员、离退休党员组成，通过有组织、有计划的开展为民服务活动，把党组织的关怀送到每一位需要帮助的居民身边，促进社区和谐。此外，根据社区实际，党员爱心服务站工作人员还主动与辖区孤寡老人、困难居民结成一助一爱心对子，通过亲情陪伴、心理疏导、帮扶救助等形式为弱势群体提供帮助。当天的揭牌仪式结束后，服务站组织开展爱心捐款、健康指导、义诊、清理家庭小药箱等形式多样的为民、便民服务活动。

【参加第8届中国国际农产品交易会】 10月18日至22日，在第8届中国国际农产品交易会上，湖滨区7家农业龙头企业和1个农民专业合作社参加展出，湖滨区原产地域标记产品高庙"大红袍"花椒、湖滨果汁、东坡蔬菜、三益山药、"山佳"牌酶制剂、"欢乐牌"速溶豆浆颗粒等20余种农产品参展。交易会上，湖滨区发布12个重点农业项目，现场签约项目2个，签约资金1.7亿元。

【"三联一争"活动拉开帷幕】 10月29日，湖滨区召开动员会，传达中共湖滨区委《关于在全区深入开展"三联一争"活动的实施意见》文件精神，动员全区各级党组织和广大党员干部深入开展"科学决策联民情、工作落实联民生、成效检验联民意，争做时代先锋"为主要内容的"三联一争"活动。此次活动旨在学习贯彻党的十七大和十七届三中、四中、五中全会精神，进一步深化创先争优活动和"抓基层、打基础、争一流、当先锋"活动，巩固和拓展深入学习实践科学发展观活动成果，不断推进党的建设新的伟大工程，引领各级党组织和广大党员在启民智、帮民富、解民忧、塑民风中充分发挥战斗堡垒和先锋模范作用，始终站在时代前列。活动要求各级党组织要围绕推动湖滨经济社会科学发展、让群众分享改革发展成果两大任务，紧密结合本单位本部门实际，突出重点，创新方式，求实求效，以探索构建党的建设新的长效机制、落实"四个重在"和"三具两基一抓手"的要求、提升为民惠民水平为重点，从科学决策、工作落实、成效检验等关键环节着眼，充分发挥各级党组织和共产党员在科学实施"三大战略"，打造"四大经济板块"，强力推进"四项为民工程"的战斗堡垒和时代先锋作用，实现在推动科学发展、提升湖滨首位度上有新局面，在促进社会和谐、创新社会管理上有新进展，在服务人民群众、共享发展成果上有新作为，在加强基层组织、推进党的建设新的伟大工程上有新成效，为建设开放、魅力、富裕、和谐的新湖滨提供坚强的政治和组织保证。

【城乡低保提标补助资金发放到位】 10月，湖滨区城乡低保提标补助资金发放到位。按照城市低保对象每人每月增加15元、月补助不低于145元，农村低保对象每人每月增加10元、月补助不低于60元的标准，湖滨区财政局为全区享受城乡低保补助的20 763人发放金额262.69万元，其中城市低保补助17 565人，发放金额245.9万元；农村低保补助3 198人，发放金额18.5万元。

【举办2010年乡(科)级干部培训班】 11月4日，湖滨区2010年乡(科)级干部培训班集中辅导阶段正式开班，90余名科级干部参加了培训。培训班采取集中辅导与分散自学相结合、调查研究与座谈讨论相结合、论文交流与结业测试相结合的形式进行。通过紧密联系学员思想和工作实际的系统培训，使广大学员加深对党的十七届五中全会精神和区委十一届六中全会精神的理解和把握，促使广大干部改进工作方法和工作作风，增强为民服务意识，进一步提高综合素质，主动投身到建设开放、魅力、富裕、和谐的新湖滨工作中，在本职工作岗位上不断创造新业绩。

【参加郑州产业转移合作洽谈会】 11月12日，在郑州产业转移合作洽谈会上，湖滨区共签订投资项目4个，计划投资6亿元，分别是总投资2.2亿元的卓越线束制造项目、总投资1亿元的石材工艺雕塑协议项目、总投资1.5亿元的光伏物探发电机和1.3亿元的易卡电动车项目。

【黄北社区和宏远社区分别被商务部命名为“全国商业示范社区”】 11月20日，湖滨街道办事处黄北社区和车站街道办事处宏远社区经过区、市、省三级商务部门层层推荐，再经过商务部组织专家评审、抽查验收和网上公示，最后被国家商务部命名为“全国商业示范社区”，填补全市国家级商业示范社区的空白。近年来，湖滨区以“便利消费进社区，便民服务进家庭”为主题，以创建和培育社区商业示范社区为抓手，投入市场建设资金，完善各项社区商业基础设施，促进社区商业网点的配套和服务水平的升级，推动社区商业向“业态齐全、功能完善、环境良好、设施达标、牌匾规范、服务优质、管理到位”发展，形成布局合理、功能完善的社区综合服务体系，为社区居民创造出便利、安全、舒适的消费环境。

【新强水产养殖场鲶鱼生产基地、河南三益生态农业有限公司中药材山药生产基地通过省级无公害农产品产地认定和产品认证】 11月5日，湖滨区新强水产养殖场鲶鱼生产基地、河南三益生态农业有限公司中药材山药生产基地通过省级无公害农产品产地认定和产品认证。近年来，湖滨区高度重视无公害绿色农产品生产，切实加大对农产品的产地环境、农业投入品和生产过程等环节的监管，加强源头控制，确保农产品质量安全，使该区无公害绿色农产品呈现出质量不断提高，数量显著增多的良好发展态势。

【与香港文汇报中原分社、豫港投资促进中心签订招商服务合作协议】 11月15日，在香港文汇报中原分社揭牌仪式上，湖滨区与香港文汇报中原分社、豫港投资促进中心签订招商服务合作协议。该协议的签订标志着双方结成战略合作伙伴关系。香港文汇报这一在海外深具影响的华文主流媒体将成为湖滨区对外宣传、扩大交流、提升知名度的重要视窗，豫港投资促进中心也将成为湖滨区对外招商引资特别是对港招商引资的重要平台。

【瑞通汽车城项目举行开工奠基仪式】 11月23日，瑞通汽车城项目举行开工奠基仪式。该项目由三门峡瑞通汽车销售服务有限公司投资建设，项目总投资4.29亿元，占地7公顷，是集汽车销售及维修保养服务、零部件供应、汽车美容、汽车装饰为一体的一站式汽车服务机构。项目建成后，预计年可实现营业收入5.2亿元以上，缴纳税款1 140万元，解决800余人就业。

【召开连霍高速公路(湖滨区段)改扩建工程征地拆迁动员大会】 12月17日，湖滨区召开连霍高速公路(湖滨区段)改扩建工程征地拆迁动员大会，安排部署湖滨区承担的连霍高速改扩建工程征地拆迁工作。会议宣读了《湖滨区人民政府关于成立湖滨区交通枢纽建设指挥部的通知》《湖滨区交通枢纽建设指挥部办公室关于下发连霍高速拆迁节点计划、任务分解及奖惩办法的通知》；崖底街道办和交口乡负责人就圆满完成征地拆迁工作进行了表态。

【金鼎汽车城项目和年产15万立方米新型高档装饰板及建筑模板项目开工建设】 12月18日，湖滨区金鼎汽车城和新型高档装饰板及建筑模板2个项目开工建设。其中三门峡市项目位于三门峡市310国道交口段，计划投资1.1亿元，占地1.3公顷，是一家集整车销售、维修服务、配件供应、二手车置换为一体的专业汽车营销中心，项目建成后年可销售汽车1 200辆，年维修车辆15 000台次，实现年销售收入1.8亿元，利税2 520万元。年产15万立方米新型高档装饰板及建筑模板项目，由山东临沂客商同三门峡市金鼎有限责任公司合作投资兴建，位于磁钟乡杨窑村，占地1公顷，总投资5 300万元，建成后年产值可达1.3亿元，实现利税2 600万元，安排劳动力150余人。

【召开转移韩庄村行政管理权工作会议】 12月20日下午，区政府召开转移韩庄村行政管理权工作会议，对韩庄村各项工作的移交时间、注意问题等环节进行安排部署。会议传达市政府《关于转移韩庄村行政管理权问题的纪要》和市政府对于移交工作的有关要求。关于具体交接工作，会议要求：一要积极主动。区教育、财政、崖底街道办等有关单位要积极行动，主动与经济技术开发区的相关对口单位和部门搞好沟通对接，注意工作的继承性和延续性，力争不因交接而影响工作的正常开展。二要注意进度。按照市政府关于交接工作的时间要求，各部门要结合各自实际，把握好时间节点，有计划、有步骤地推进有关工作的交接。同时，定期将工作进度向区政府办公室进行反馈，区政府办公室要及时做好督查，确保12月底前顺利完成任务,2011年元月1日起各项工作投入正常运转。三要做好群众的稳控工作。崖底街道办事处等单位要密切关注在交接过程中群众的反应,及时掌握并有效化解各种不良苗头,确保交接工作顺利、稳步推进。

【举办首期“引智学习大课堂”】 12月26日,举办第1期“引智学习大课堂”,特邀河南大学文学院教授、中国古典文献学博士生导师、中国《史记》研究会顾问、中国《文选》学会副会长王立群教授授课。“引智学习大课堂”是湖滨区创建学习型党组织活动“四大载体”(引智学习大课堂、务实创新大讲坛、用心为民奉献湖滨、献计献策发展湖滨)之一,主要目的是给广大党员干部提供一个高层次、多视角的接受新理念、新知识的学习窗口,使广大党员干部拓宽视野、提升境界。当天,区四大班子领导、各乡(街道)负责人、区直机关各单位班子成员等共约700人聆听了王教授“官道与人道”为主题的精彩讲座。

2010年湖滨区各乡和涉农街道办基本情况

表2

指　　标	单　位	会兴街道办	崖底街道办	交口乡	磁钟乡	高庙乡
总人口	人	13 687	19 745	19 473	9 204	12 416
粮食总产量	吨	1 635	1 114	5 161	2 848	6 225
油料总产量	吨	662	29	361	173	478
蔬菜总产量	吨	6 704	14 260	28 700	11 147	5 719
烟叶总产量	吨				47	77
水果总产量	吨	7 583	3 879	11 738	7 754	2 763
棉花总产量	吨	7	7	11	8	18
猪肉总产量	吨	356	287	588	731	267
牛存栏	头	603	345	1 319	1 445	3 842
猪存栏	头	4 805	2 232	8 884	10 918	6 140
羊存栏	只	962	318	1 384	1 145	3 446
常用耕地	公顷	322.7	394.2	929.2	641.9	2 194.4
农业总产值	万元	6 298	4 862	9 393	6 097	6 188
规模以上工业企业个数	个	10	8	21	7	5
规模以上工业产品营业利润	万元	1402.6	1 569.1	6 998	236.4	1 726.9
地方财政收入	万元	1 815	2 772	2 338	1 160	1 626
地方财政支出	万元	1 215	1 676	1 657	902	1 448
农民人均纯收入	元	7 066	7 596	6 267	4 441	4 072
党(工)委书记		宋濮义(11月离任)	李友青(11月离任)	薛安星(11月离任)	张红涛	韩有才
乡长(街道办主任)		马　萍	卫福兴	王彦超	贯建忠(主持工作)	邓平朝

(马红丽)

义马市

【概况】 2010年,义马市委、市政府深入贯彻落实科学发展观,牢牢把握“抓项目、调结构、促转型、增效益、保民生”这一主线,全力推进以招商引资为重点的经济建设、以改善民生为重点的社会建设、以创先争优为重点的党的建设,经济社会保持了平稳较快发展的良好态势,综合经济实力继续位居全省前列,先后被评为中国十佳和谐可持续发展中小城市、中国中小城市科学发展百强、中国最具投资潜力中小城市百强和中原最具投资价值县市。

各项经济指标再创新高。2010年,全市地区生产总值完成120亿元,同比增长18%;地方财政一般预算收入完成6.08亿元,同比增长21%;全社会固定资产投资额完成93亿元,同比增长23%;社会消费品零售总额完成17亿元,比上年增长17%;实际利用外商直接投资4 180万美元,同比增长36%;万元生产总值能耗比上年下降1.6%;城镇居民人均可支配收入完成14 400元,同比增长10%;涉农居民人均纯收入完成6 900元,同比增长9%。

项目建设扎实推进。全年共确定重点项目79个(工业项目13个,民营项目13个,城建项目49个,农林水利项目4个),总投资达183.96亿元。列入省重点项目2个,省“双千”项目6个,三门峡“双百促进计划”项目26个。至12月底,全市79个重点项目完成投资86亿元;列入省重点项目完成投资17.7亿元;列入省“双千”项目完成投资19.42亿元;列入三门峡市“双百促进计划”项目完成投资42.47亿元,投资完成率位居三门峡各县市区第1位。其中,1 000万方煤制气项目累计完成投资8.6亿元,土建工程已完成80%,主要设备已定购;盛源化工30万吨醋酸项目累计完成投资9.1亿元,土建工程基本完成,主设备安装已完成85%,均超额完成全年计划任务;5万吨焦油加氢改质围墙砌筑已完毕,正在进行办公楼招标;开祥化工二期20万吨二甲醚已建成投产;新开工了9万吨“1,4－丁二醇”、5万吨清洁燃料、年产3 000万套锂离子电芯等一批项目,正在扎实推进;10万吨铬盐一期3万吨、50万吨清洁燃料等项目正在做前期工作。同时,还筛选储备了30万吨甲醛、1 200万平方米电子级玻璃纤维布、年产20万套轿车防滑链等一批项目,形成了“建成一批、在建一批、开工一批、储备一批”的良好格局。

产业集聚区进展顺利。围绕打造全省一流产业集聚区目标,精心组织,加大投入,强力推进。至12月底,集聚区累计完成固定资产投资45亿元,实现营业收入140亿元,实现利税14亿元,整体进度保持在全省前列,被确定为全省首批25个新型工业化产业示范基地。全年共有21家工业企业顺利入驻产业集聚区,正在建设1 000万立方米煤制气等10个项目,拟开工50万吨高清洁燃料等5个项目,正在做20万吨乙二醇等10个项目的前期工作 。

对外开放不断扩大。研究出台了招商引资“一个意见两个办法”,将全市单位划分为18个招商单元,推行“三三制”工作法,开展 大规模的全民大招商活动。成立 招商引资管理局,选拔18名具有招商引资专长的人员,组成6个招商分局,分赴“长三角”“珠三角”等地开展专业招商。在4月 组织的政银企洽谈会上,邀请省股份制银行和市内各专业银行同全市中小企业进行对接洽谈,签订战略合作协议342亿元,初步达成贷款意向79.44亿元,签订贷款合同12.78亿元。在第16届三门峡国际黄河旅游节暨投资贸易洽谈会上,签约项目13个,总投资额达94.5亿元,居三门峡各县(市)区前列。在河南—浙江投资合作洽谈会上,与浙商达成合作意向4个,总投资额达8.5亿元。先后参加大型项目推介会20余次,共引进亿元以上项目22个,总投资达171亿元,超额完成了三门峡市下达的招商引资任务,出口任务增幅居三门峡第1位、全省第2位,并与山东章丘市缔结为友好城市。

城乡一体进程加快。以建设生态宜居城市为目标,大力实施中心城区带动。在中心城区建设上,全年确定城建重点项目49项,总投资达17.7亿元。其中义渑快速通道一期人行道绿化和道砖铺设已完成,人民路、华山路等道路绿化已结束,人民路、千秋路改造和东风南路等道路建设正在紧张施工,义渑快速通道石河大桥已全面开工,花园路及珠江路东延正在铺油罩面;银杏大厦、银杏国际花园、永乐大厦、国际观澜城、美景瑞园等一批高层住宅区建设进展顺利;体育馆单体设计正在进行评审,生态体育公园土方及给排水工程已结束,正在进行广场辅助设施扫尾工程,城市框架进一步

2月26日,义马市社火表演

拉大,城市形象进一步提升。在城乡一体化建设上,坚持以居民集中居住区建设为重点,在空间布局、基础设施等方面统一规划、整体推进。采取市场运作、政策引导、财政补贴等措施,对全市20个涉农居委会进行统一规划,全部推行集中居住。全市有5个社区、38幢住宅楼实现建成入住,有12个社区的54幢住宅楼正在加快建设,各项基础配套设施也按照"费用全免"要求,正在加快配套对接。

民生质量稳步提高。以就业、就医、就学、社会保障、住房保障"三就两保"为重点,不断加大投入力度,加快公共服务体系建设。低保标准提高到每人每月210元、居民社会养老保险参保率达到了61%、新型农村合作医疗参保率达到97%以上。坚持办好民生改善十件实事,对十件实事实行台账式管理,保证了质量效果。十件实事即生态体育公园和体育馆建设工程、滨河游园北延工程、义渑快速通道石河大桥建设工程、修建祥和路、银北路和银东路等3条城市背街小巷道路、第一小学扩建及东区中心小学建设工程、新建廉租住房200套、启动居民养老保险,覆盖面力争达到60%以上、市医院搬迁工程、村村通自来水工程、户户通有线电视工程、自然村通沥青路工程和棚户区配套基础设施建设工程。十件实事受到广大人民群众的一致好评和拥护。全年市财政用于民生投入达4亿元,占一般预算支出的60%,人民群众的生产生活条件和幸福指数得到了较大提高。

社会大局和谐稳定。按照"深化提高、创新发展"的要求,紧盯争创全省信访工作"四无"县市目标,坚持开展好"群众工作日"、党政班子接访等活动,国务委员、国务院秘书长马凯,省委书记卢展工、国家信访局局长王学军等先后到义马市专题调研,在全国用群众工作统揽信访工作经验交流会上,义马市作了典型发言。全面加强平安建设,十类可防性案件发生率稳步下降,刑事案件发生率同比下降17个百分点,群众安全感普遍增强。在全省公众安全感调查中,义马市排名第十,成功荣获"中原平安杯"。切实加强安全生产工作,杜绝了群死群伤重特大事故的发生。

政府建设全面加强。深入开展学习实践科学发展观、"两转两提"和"创先争优"等活动,不断强化干部队伍建设,全体公务员的服务意识进一步增强,服务能力进一步提高。不断完善教育、制度、监督并重的预防和惩治腐败体系,严格执行反腐倡廉工作责任制,政府廉政建设得到全面加强。切实加大纠风力度,深化政风行风建设,做法和经验在全省得到推广,被推荐为国务院纠风办工作联系点。坚持向人大及其常委会报告、向政协通报工作制度,自觉接受市人大的依法监督和市政协的民主监督,2010年共办理人大代表建议、政协委员提案99件,面商率、答复率和满意率均达到100%。全年下发"政务督查通知书"20份,出《政务督查通报》38期;收到上级各种督查件65件,报送工作落实情况和反馈督查结果150余件(次);出《督查专报》15期,下发"催办查办通知书"12件。全年共审查各类规范性文件31件,其中上报三门峡市备案16件。顺利完成政府机构改革。改革后,市政府工作部门为24个,直属事业单位为4个,总数为28个,比原来的31个减少3个,减少10%。经过整合调整,政府机构设置更加优化,为促进经济社会又好又快发展提供了良好的体制保证。

【中央党校调研组到义马市调研群众工作经验】 1月18日,中央党校教授赵虎吉带领调研组到义马市,调研群众及信访工作。赵虎吉一行对义马市群众工作经验给予了高度评价,认为义马市在群众工作方面能够用新理念适应新形势,坚持以人为本、创建和谐社会,探索出了一条新时期做好群众工作的新路子,并希望义马市进一步改革创新群众工作,进一步总结提升群众工作经验,创新完善群众工作机制,再接再厉,推动群众工作再上新台阶。

【义马市八届人大五次会议召开】 1月4日至6日,义马市第八届人民代表大会召开第五次会议。大会先后通过了关于《政府工作报告》的决议、关于《义马市2009年国民经济和社会发展计划执行情况与2010年国民经济和社会发展计划》的决议、关于《义马市2009年财政预算执行情况和2010年财政预算报告》的决议、关于《义马市人民代表大会常务委员会工作报告》的决议、关于《义马市人民法院工作报告》的决议、关于《义马市人民检察院工作报告》的决议。会议选举董书军为义马市人民法院院长。大会通过了《议案审查委员会关于议案审理情况的报告》。大会还对先进人大代表、建议办理先进单位和先进个人进行了表彰。

【义马市政协七届四次会议召开】 1月4日至6日中国人民政治协商会议义马市第七届委员会召开第四次会议。会议审议和通过了《政协义马市七届常委会工作报告》和《政协义马市七届三次会议以来提案办理情况报告》。与会委员列席了市人大八届五次会议,听取和讨论了《政府工作报告》《义马市人民法院工作报告》《义马市人民检察院工作报告》《义马市2009年国民经济和社会发展计划执行情况与2010年计划的报告》《义马市2009年财政预算执行情况和2010年财政预算的报告》。

【义马市召开政府机构改革动员会】 2月3日,义马市召开政府机构改革动员大会,全面动员部署市政府机构改革工作。市委书记水选民、市长张松林等四大班子领导参加会议。会议指出,要切实提高搞好政府机构改革的责任感和使命感,把思想和行动统一到中央、省、三门峡市的决策和市委、市政府的部署上来,确保市政府机构改革顺利推进。会议要求,一要切实加强领导,精心组织。二要严明纪律,令行禁止。三要加强宣传,统一思想。四要统筹兼顾,促进工作。要把推进改革和其他各方面的工作统筹兼顾、合理安排,努力做到两手抓、两不误、两促进。会议宣读了市委、市政府关于《义马市人民政府机构改革的实施意见》。

【义煤集团棚户区改造面积达170余万平方米居省属煤炭企业首位】 义煤棚户区改造工程涉及三门峡、洛阳两市及辖区内5个县(市),总投资184 402万元,新建住宅楼484栋,共计2.27万套,总建筑面积170.74万平方米,可解决义煤近7万职工家属住房难问题,改造面积居省属煤炭企业之首。

【义煤集团成为豫西煤企兼并重组主体】 按照3月2日河南省煤炭企业兼并重组工作动员会部署,义煤集团成为义马矿区、陕渑矿区、新安矿区、偃龙矿区、宜洛矿区、汝阳矿区等区域兼并重组主体。此次兼并重组的重点是年生产规模在15万吨至30万吨的煤矿(含15万吨和30万吨,不包括年生产规模100万吨以上的煤炭企业所属矿井)。省政府明确提出,年生产规模100万吨以上的煤炭企业可以兼并重组中小煤矿,兼并重组主体企业所占股权比例不得低于51%。省政府将大力支持中平能化集团、河南煤化集团、义煤集团、郑煤集团、神火集团、河南省煤层气开发利用有限公司等大型煤炭企业作为兼并重组主体,兼并重组中小煤矿,实现规模化经营。同时,将在资源、资金、税收等方面重点支持兼并重组后的企业。

【义马气化厂20万吨/年醋酸装置集成创新科技项目突破产业发展关键技术瓶颈】 3月11日,省科技厅组织有关专家赴义马气化厂,对该厂承担的“重大科技项目进行检查评估,认为该项目突破了该产业发展的一项关键技术瓶颈,为促进这一新兴支柱产业发展提供了技术支撑。专家组认为,该项目采用二氧化碳返炉PSA(变压吸附)制备一氧化碳,并首次采用国产锆材及甲醇低压液相羰基合成醋酸,为国内醋酸行业的发展提供了可贵的实践经验,其技术水平国内领先。义马气化厂“20万吨/年醋酸装置集成创新”科技项目是三门峡市首批承担的省级重大科技专项之一,获省专项经费600万元。项目仿真模拟培训系统的研发已进入关键阶段,预计2011年8月投入使用,2012年5月达到设计生产能力。

【义煤集团居2009年度河南省国税纳税百强企业第10位、地税纳税百强企业第22位】 3月31日,省国家税务局、省地方税务局发布2009年度河南省国家税务局纳税贡献大户名单、2009年度河南省地方税务局纳税贡献大户名单,义煤集团以95 188万元国税收入和15 928万元地税收入,分居排行榜第10位和第22位。

【义马市被抽为全国公民科学素质调查样本市】 3月12日,在省开展第8次中国公民科学素质抽样调查暨河南省首次公民科学素质调查工作会议上,义马市被确定为中国科协在河南省抽中的10个全国样本县市之一。本次调查主要采取入户访问的方式,依照中国科协制定的标准程序,认真填写入户调查问卷。从全市7个办事处33个居委会中,抽取10个居委会中100个基础样本户进行入户调查,5月1日调查结束。

【义马市荒山绿化率达到95.2%】 近年来,义马市先后建成了以城郊采煤沉陷区绿化为重点的生态林、以环山绿化为重点的经济林和以坡耕地治理为重点的速生丰产林,以及以改善310国道出入口为重点的防护林带、乡村道路绿化林带、以河道两岸绿化为重点的景观林带的“三林三带”工程,累计完成林业生态建设1 220.2公顷,义马市荒山绿化率达到95.2%,绿化覆盖率达到47%,被省林业厅评为省级林业生态建设示范县市。

【义马市获“省级文明城市”】 2月18日,义马市被省委、省政府正式命名为“省级文明城市”,成为三门峡地区唯一获此殊荣的县(市)。近年来,义马市大力开展文明城市创建活动,各级各部门以提高城乡居民整体素质和城市文明程度为根本,积极开展机关干部职工、在校学生、个体工商户、社区居民“四大人群”的文明知识教育,组织了城乡环境卫生整治以及基层精神文明创建等活动,市民受教育面达98%以上,通过一系列活动的开展,进一步优化了义马城市环境,提升了城市形象,提高了市民素质和城市的文明程度。

【义煤集团首个廉政教育基地揭牌】 3月23日,义煤集团首个廉政教育基地——常村煤矿廉政教育基地正式揭牌。该基地由廉政文化长廊和廉政教育展厅2个功能区组成。廉政文化长廊分为廉洁楷模和廉洁文化两部分,主要以绘画、书法为载体,透过艺术、文字的魅力展现廉政理念。廉政教育展厅分图板展览和视频演示两个区,包括告诫篇(不忘教诲,筑牢防线)、法纪篇(学法懂法,遵纪守法)、预防篇(惩防并举,共建和谐)、警示篇(引以为戒,警钟长鸣)、自警篇(剖根析源,诱因可鉴)5个部分。基地以图文并茂的方式宣传反腐倡廉法律法规和政策,警示和教育广大党员干部廉洁自律,依法从政。

【中央联席会议专题调研组调研义马市用群众工作统揽信访工作新机制】 4月25日,中纪委委员、公安部原纪委书记、督查长祝春林,中央联席办副主任、国家信访局副局长王石奇带领中央联席会议专题调研组到义马市,就加强和改进新时期群众工作,探索建立用群众工作统揽信访工作新机制进行调研。调研组一行深入义马群众工作部实地察看,通过听取汇报、走访座谈、查阅资料、观看图片展和专题片等方式进行深入细致调研,充分了解义马市的主要做法、特点和经验以及下一步的打算和建议。调研组对义马市群众工作取得的成绩给予充分肯定,并对下一步工作提出具体要求。

【1 000万立方米煤制气项目土建工程全面开工】 4月10日,义马市1 000万立方米煤制气项目举行土建工程开工典礼,标志着该项目土建工程全面开工,项目建设步入了快车道。1 000万立方米煤制气项目自开工以来,各项工作进展顺利。首批入驻园区项目的各项审批手续已全部完成,合资双方注资全部到位;工商注册、税务登记、财政登记已经完成;环评、安评通过评审。同时,各项基础设施建设同步跟进,义马市负责修建的通往厂区道路即将建成,厂区临时供水、供电已经进场,三通一平已经完成,具备开工建设条件。与工程建设有关的厂区初勘、详勘已经初步完成,施工招标已经结束,部分长周期设备招标工作已经完成。

【义马市率先启动居民社会养老保险全覆盖工作】 4月14日,义马市正式启动实施了全省第1家真正覆盖城乡的居民社会养老保险办法。办法除符合全省新型农村社会养老保险试点工作的有关要求外,还具有以下3个方面的明显特征:一是覆盖广,投入大。该办法将义马市城镇职工基本养老保险覆盖范围之外的居民全部纳入到居民社会养老保险覆盖范围,是全省第1家真正意义上覆盖城乡的居民社会养老保险。同时,办法实行个人缴费和财政补贴相结合的筹资模式,在没有纳入全省试点之前,财政补贴部分全部由市本级财政负担,预计全部应参保居民参保后,义马市财政每年需补贴资金约1 000万元左右。二是档次多,“门槛”低。办法在保留全省试点年缴费标准100元至500元5档的基础上,按照自主选择、多缴多得的原则,又增加了800元、1 000元、2 000元、3 000元、5 000元5个档次。三是待遇优,方式活。参照试点县市补贴标准,将年补贴标准确定为每人每年100元,对符合领取条件的参保人每人每月补贴基础养老金为70元。其中,超过60周岁的参保对象,不再缴费,每人每月可直接领取养老金70元;1、2级重度残疾人参保的,市财政再补贴每人每年100元养老保险费;45周岁至59周岁独生子女父母和烈士遗属参保的,市财政再给予每人每年50元的缴费补贴。

【义马市召开政银企项目洽谈会】 4月28日,金融生态环境创建暨政银企项目洽谈会在义马市召开,会议要求与会各企业重信义、守合同,为打造金融生态环境作出贡献;政府各有关部门要为金融机构又好又快发展创造有利条件。当天,工行三门峡分行等8家金融机构分别与义马市政府签订战略合作协议,协议金额达342亿元,初步达成贷款意向79.44亿元,初步签订贷款合同12.78亿元。

【国务委员兼国务院秘书长马凯到义马市调研群众工作】 5月5日至6日,国务委员、国务院秘书长马凯在国务院副秘书长、国家信访局局长王学军,中央编办副主任吴知论,国家信访局副局长王石奇,国务院应急办主任陆俊华,河南省副省长秦玉海,省长助理、省政府秘书长安惠元,省委副秘书长、省信访局局长李新华等陪同下,到义马市考察调研用群众工作统揽信访工作。马凯一行先后考察了义马市委群众工作部、新区办事处群众工作站和梁沟社区群众工作室,了解了义马市用群众工作统揽信访工作的具体做法,并在义马宾馆主持召开基层干部座谈会,听取了三门峡市、义马市、渑池县及部分乡镇(办事处)、村做好群众工作的意见建议,最后,马凯作重要讲话。认为感触最深的是,义马市用群众工作统揽信访工作的经验是成熟的,成效是明显的。义马市还要进一步巩固发扬完善群众工作经验,不断研究新情况、新问题,继续大胆创新,完善群众工作制度、体制,使现有经验在实践中再次得到升华。希望义马市沿着这条路子,继续深入研究探索,使新形势下的信访工作更好地实现科学发展,为国家民族振兴、长治久安作出新贡献。

【黄河旅游节期间义马市签约项目金额位居三门峡各县(市)区首位】 5月19日,在第16届黄河旅游节暨投资贸易洽谈会签约仪式上,义马市签约项目投资额达94.5亿元,占洽谈会签约总金额的17.54%,居三门峡各县(市)区第1位。13个签约项目包括:开祥乙二醇、20万吨清洁燃料、液态二氧化碳等煤化工项目3个,体育公园、银杏国际花园、鸿泰购物中心、商贸大厦、信托中心等城建项目5个,年产5万套铸钢件、年产1 500台新型变频调速节能电机车、90万吨洗煤厂、煤矸石综合利用、环保电力32.5万吨堆存铬渣治理等其他项目5个。

【义马市路灯全部实行节能改造】 义马市采取多种措施对市区路灯进行节能改造。共安装风光互补路灯230盏,LVD无极高效节能灯494盏,LED节能灯498盏,其他传统型光源路灯也全部采取节能控制。节能改造后,市区路灯照明每月可节省电费15%。

【总投资5 600万元年产20万吨清洁燃料项目开工】 该项目由河南久业有限公司和西安博达化工有限公司共同出资建设,占地面积35 000平方米,依托气化厂和开祥化工丰富的甲醇和二甲醚资源,采用国内先进的工艺技术和生产设备,生产甲醇汽油、柴油、液化石油气等低碳清洁燃料,计划建设工期两年。建成投产后,年可实现销售收入3.6亿元,利税3 500万元,可安排劳动力50人。项目的开工建设,对于拉长义马市煤化工产业链条,壮大煤化工产业具有重要意义。

【义马市在河南—浙江投资合作洽谈会上与浙商达成合作意向项目4个总投资额8.5亿元】 6月18日,在河南—浙江投资合作洽谈会上,义马市与浙商达成合作意向项目4个总投资额8.5亿元。4个合作意向项目分别是:投资3.5亿元的金田集团房地产开发项目,投资1.5亿元的五洲国际集团建材市场项目,投资2亿元的金海投资集团五星级酒店项目,投资1.5亿元的浙江宁波富士达电器有限公司家电生产线项目。其中,家电生产线项目,富士达电器有限公司与东区办事处成功签约。

【三门峡市“道德模范基层巡讲”在义马市启幕】 6月1日上午,三门峡市“道德模范基层巡讲”活动启动仪式暨首场报告会在义马市举行。“中国好人榜”上榜好人、河南省道德模范提名奖获得者、全市首届道德模范白洁和黄克斌,“中国好人榜”上榜好人、全市第2届道德模范李芳馨和沈改林分别作了精彩报告。据悉,这次“道德模范基层巡讲”活动将深入三门峡市社区、村镇、校园、企业、机关等基层单位,并组织召开机关干部、工人、农民、学生、军人以及社会各界群众参加的座谈讨论会,真正让道德模范走近群众,让群众走近道德模范,使巡讲活动成为群众自我教育、自我提高的有效途径。

【义马市上半年财政收入超3亿元】 至6月底,义马市财政一般预算收入完成31 630万元,完成目标的54.1%,同比增长16.9%。2010年,义马市大力组织收入,做大财政收入蛋糕。每月初召开协调会,总结分析上月收入,安排当月任务,明确重点,实现收入均衡入库。同时,充分发挥骨干财源的支撑作用,对煤炭、建筑、化工等重点税源建立监控体系,并通过纳税评估、稽查等手段确保应收尽收。截至6月底,该市重点企业入库税收12 700万元,同比增长20%。该市加强小税种征收,严厉打击偷、逃税和贩卖假发票行为,强化稽查,完成房产、城镇土地使用等税收2 230万元,同比增长47%。该市财政部门还加强非税收入征管,并对国有资产管理进行专项检查,资产收益、资产处置、房租等收入完成4 700万元,同比增长29%。

【新大牧业被省政府确定为农业产业化省重点龙头企业】 7月13日,省政府对农业产业化省重点龙头企业进行调整,新调整后的562家农业产业化省重点龙头企业名单中,义马市新大牧业榜上有名,该公司由河南省新大牧业有限公司、河南国森饲料有限公司和自然人出资兴建的集种猪、商品猪生产于一体的大型现代化畜牧养殖企业。其中一期占地33.33公顷,总投资4 000余万元,年出栏5万头种猪,已建成生产运营;二期扩建项目主要是建设年出栏10万头种猪扩繁场,占地66.67公顷,计划总投资1.5亿元,目前正在建设中,建成后可实现年出栏5万头种猪、5万头商品猪场;二期项目具有规模大、自动化程度高、注重环保和节能降耗等特点,建成后,可实现年产值2.1亿元,实现利润3 000万元;同时,还可带动豫西地区1万农户开展科学养殖,具有良好的经济效益、社会效益和生态效益。

【义马市遭受罕见特大暴雨袭击】 7月23日15:30至25日3:00累计降雨量124.6毫米,其中24日降雨量103.5毫米,致全市1.6万人受灾,500公顷农作物受灾,成灾面积133.33公顷,绝收10公顷,冲毁树木15 000棵,造成经济损失500余万元(其中农业300余万元)。

【义马市全力做好抗洪抢险工作】 7·24洪灾发生后,义马市迅速采取措施开展抗洪抢险。一是加强领导,落实责任。7月24日晚,市委市政府召开紧急会议,安排部署抗洪抢险工作。二是启动预案,全力应对。迅速启动防汛抗洪预案,市委办公室、市政府办公室发出紧急通知,要求各单位所有人员正常上班,迅速到岗待命,安排专人24小时值班;组织责任单位分赴水库、水塘、河道进行严防死守;加强防洪调度,紧急开启五星水塘、茹沟水库、石河橡胶坝等重点防洪工程闸门放水腾库,确保水位保持在溢洪道以下,确保大坝安全;派出20个工作组,全面排查两涉农办事处危房险窑,紧急转移安置群众240余人。三是强化措施,严防次生灾害。组织建设、交通、国土等部门及时清理城市道路积水、污泥、淤沙,加固县乡道路受损线段,详细勘察全市桥梁、河道、楼房和电力设施受损情况,全面排查地质灾害隐患点、固体废弃物堆存场,及时抢修排除险情,严防次生灾害发生。组织卫生部门深入重灾区开展预防性消毒,加强卫生防疫知识宣传,严防发生流行性疫情。组织煤炭、安监等部门加强小煤矿、危险化学品等重点领域的监管,确保全市安全生产形势平稳。四是做好善后,维护稳定。四大班子领导带队,深入受灾区域走访慰问,积极做好思想安抚工作,化解矛盾纠纷。组织民政部门及时发放救灾物资,妥善安置受灾群众衣食住行等日常生活问题。组织涉农办事处及农林等部门派出农业技术小分队,指导农民开展扶苗、补苗、补种工作,进行灾后生产自救,恢复正常生产生活秩序。

【义马市公众安全感排全省第10名、三门峡市第1名】 7月14日,省平安建设工作领导小组办公室公布2010年上半年河南省平安建设工作公众安全感调查结果,义马市以96.19分的成绩获得三门峡市第1名、全省第10名。

【义煤集团再进中国企业500强名列第401位较上年前进46位】 7月26日,中国企业联合会发布2009年中国企业500强名单,义煤集团榜上有名,综合实力在中国企业500强中排名第401位,较上年提前了46位。2009年,义煤集团全年生产原煤2 260万吨,经营总额达141.6亿元,企业资产总量达238.7亿元,实现利税21.76亿元。

【2010河南企业100强发布义煤集团名列第19位】 8月20日,2010河南企业100强榜单揭晓,义煤集团以141亿元营业收入进入前20强,名列第19位。

【三门峡市商业银行义马支行开业】 8月18日,三门峡市商业银行义马支行隆重开业。三门峡市商业银行作为地方股份制银行,自2001年由城市信用社重组以来,始终坚持"服务地方经济、服务中小企业、服务广大市民"的经营宗旨,几年来,累计向地方发放贷款15亿元,一直是支持和促进地方经济建设和社会发展的重要力量。在义马市的贷款余额达1.7亿元,重点支持了开祥化工、鸿泰量贩、祥和房地产、金砂磨料等一大批中小民营企业,为地方经济的发展作出了积极的贡献。

【义马至郑州煤气管道洛阳伊河段出事故致郑州等地煤气供应中断】 8月27日9时许,义马至郑州的煤气管道在洛阳偃师段穿越伊河处发生事故,造成管道下游巩义、荥阳、郑州市区等沿线煤气供应中断。事故位于偃师伊河特大桥上游1 000多米处,煤气管道被冲断后引发大火,没有人员伤亡。此煤气管道是深埋于伊河河床6米之下、内径400毫米的钢管,初步分析原因是,近期的几次洪水将河床逐步冲深,使管道在水中悬空,不断承受水流冲击,瞬间断裂,因静电引发煤气起火燃烧。该事故造成下游巩义、荥阳、郑州等沿线煤气供应中断。

【义马南河生态治理项目获团中央资助】 8月19日,义马南河生态治理志愿服务项目获得团中央保护母亲河专项行动资助。据悉,这也是此次河南省唯一受到团中央资助的保护母亲河项目。保护母亲河行动实施以来,义马南河生态治理服务队在共青团义马市委的指导下,组织动员社区青少年并吸收社会公众积极参与。当年,该服务队加大工作力度,启动实施了"爱护家乡山水,建设绿色家园"生态环保实践活动。该活动于5月被团省委推荐到团中央,最终被确定为全国28个资助项目之一。保护母亲河行动是由团中央、全国人大环资委等8部委联合发起实施,旨在面向青少年,动员全社会积极参与的大型生态环保公益活动。

【郑西高铁河南段沿线环境综合整治暨铬渣处置现场会在义马召开】 9月14日,郑西高铁河南段沿线环境综合整治暨铬渣处置现场会在义马召开。省环保厅、省发改委、省工信厅、省财政厅、省国土资源厅、省林业厅、郑州铁路局、郑西高铁客运公司和郑州市、洛阳市、开封市、安阳市、新乡市有关领导和人员出席会议。与会人员实地察看了义煤集团耿村煤矿煤场整治工程、义马振兴化工厂铬渣堆存场和义马凯迪环保电厂铬渣处置工程。张大卫在讲话中强调,一要充分认识郑西高铁河南段沿线环境综合整治和铬渣处置工作的重要性。二要全面落实郑西高铁河南段沿线环境综合整治措施。三要坚决完成铬渣处置工作任务。他指出,郑西高铁河南段沿线环境综合整治的战役已经打响。按照实施方案要求,下一步要重点做好以下工作:一是深入排查摸底,二是细化实施方案,三是强化督办督导。

【义马市4 000多名干部群众冒雨演唱爱国歌曲】 为庆祝新中国成立61周年,9月28日晚上,冒着绵绵的秋雨,义马市在鸿庆公园广场举行了“祖国万岁义马腾飞”爱国歌曲大家唱晚会,市委书记张松林、市长张保军等四大班子领导登台参加演出。本次爱国歌曲晚会共有9个大方阵、2 000余名演员参加。以爱国歌曲为主,高扬时代主旋律,共建和谐大家园,以健康、热烈、欢庆、向上的基调,以庆祝新中国成立61周年,歌颂党、歌颂社会主义、歌颂改革开放。

【河南义腾锂离子电芯项目开工】 9月15日,河南义腾新能源科技有限公司年产3 000万套锂离子电芯项目奠基开工。河南义腾新能源科技有限公司年产3 000万套锂离子电芯项目总投资5.6亿元。该项目分两期建设,包括建成年产3 000万套新型动力锂离子电芯生产线和10条年产6 000万平方米的隔膜生产线,项目建成后可实现销售收入7.8亿元、利税4.4亿元。

【国务院副总理张德江对义煤集团安全生产工作作出重要批示】 9月28日,国务院副总理张德江对义煤集团安全生产工作作出重要批示:“河南义煤集团全面加强安全生产的经验很宝贵,要认真总结,在全国推广。”

【义马市入选2010年度中国中小城市科学发展百强和2010年度中国最具区域带动力中小城市百强】 10月23日至24日,在湖南长沙举行的中国中小城市科学发展评价体系研究成果发布暨第7届中国中小城市科学发展高峰论坛上,公布了2010年度中国中小城市科学发展百强、2010年度中国最具投资潜力中小城市百强和2010年度中国最具区域带动力中小城市百强名单,义马市入选2010年度中国中小城市科学发展百强,列第50位,同时入选2010年度中国最具区域带动力中小城市百强。据悉,2010年度中国中小城市科学发展百强根据经济发展、社会进步、环境友好、政府效率4大类13个指标评选确定,2010年度中国最具区域带动力中小城市百强则按照经济发展带动力、基础设施和公共服务辐射力两大类9个指标评定。

【义煤集团成功上市】 10月15日,中国证监会上市公司并购重组审核委员会召开2010年第31次并购重组委工作会议,审核并通过了欣网视讯重大资产出售及发行股份购买资产暨关联交易事项,标志着义煤集团借壳上市获得成功。重组后公司股票将于2010年10月18日起复牌。义煤集团作为国有特大型煤炭企业、省属重点企业,近年来发展势头迅猛,2009年位居中国煤炭企业100强第31位,中国企业500强第400位。为实现国有资产保值增值,充分利用现代资本市场,开辟广阔的融资渠道,集团公司确立了“强势起步、科学跨越、乘势腾飞”的“三步走”战略目标。集团公司上市工作启动后,在长达9个半月的时间里,先后制定了借壳上市方案,确定了拟上市资产范围,完成了审计、资产评估、采矿权评估与土地估价等工作,办理或变更了相关资产权属证明,完善了相关法律手续,完成了公司内部决策程序并成功通过国家证监会的审核,最终实现成功上市。

【三门峡市幸福家庭行动和关爱女孩行动现场会在义马市召开】 11月9日,三门峡市计划生育幸福家庭行动经验交流会暨关爱女孩综合治理性别比工作现场会在义马市召。与会代表参观了义煤集团总医院关爱女孩性别比工作先进示范点和义马市东区河口社区、新区梁沟社区计划生育幸福家庭行动先进示范点。听取了义马市、卢氏县、灵宝市、陕县4地的经验交流发言。会议要求各地要提高对开展计划生育幸福家庭行动和关爱女孩行动作用意义的再认识,要把现场会经验带回去发扬光大。要因地制宜将计划生育幸福家庭行动和关爱女孩行动推向深入,确保把幸福家庭行动和关爱女孩行动工作抓紧、抓实,抓出成效,为新时期的人口和计划生育工作增添新的光彩。

【2010年全国煤炭企业100强和产量50强名单发布义煤集团分列第26位和第25位】 11月12日,中国煤炭工业协会发布了2010年全国煤炭企业100强与2010年全国煤炭企业产量50强名单。在公布的2010年全国煤炭企业100强名单中,义煤集团以1 416 274万元营业收入位居第26位,比上年增加249 422万元,排名上升5位,在公布的2010年全国煤炭企业产量50强名单中,义煤集团以煤炭产量2 260万吨位居第25位。自2002年以来,中国煤炭工业协会已连续8年向社会发布了年度全国煤炭企业100强名单,连续6年发布了年度中国煤炭企业100强分析报告名单,为煤炭企业的改革和发展提供了有益借鉴,为关心煤炭行业、煤炭企业的各界人士提供了重要的参考资料。据了解,中国煤炭工业协会通过企业自主申报,经有关部门审核,采用国际通行方式,以企业2009年度营业收入为入围标准,排出了2010年全国煤炭企业100强名单。同时,以企业2009年度煤炭产量为入围标准,排出了2010年全国煤炭企业产量50强名单。

【义煤牵手英国克莱德集团中英企业能源合作发展项目签约】 11月10日,义煤集团与英国克莱德集团物料输送(北京)有限公司就义马煤业综能新能源有限责任公司一期30万吨甲醇项目中的气化炉喷煤系统设备签署战略合作协议。英国克莱德集团在全球27个国家拥有83个企业,包括克莱德贝尔格曼集团、克莱德进程解决方案集团、英保客物流集团、克莱德泵业等,雇员超过5 000名,年度营业额达12亿英镑,业务范围主要集中于清洁能源技术、石油油气、矿产金属、多式联运和物流、泵业技术、齿轮系统及液压系统等。义煤综能煤化工园区项目是集团公司实施煤化工战略的重要支撑和示范性项目。这次签署的合作协议本着双方友好合作、互利互惠、共同发展的原则,经双方协商达成了战略合作意向。克莱德集团愿意在煤化工领域发挥技术优势,为义煤集团的煤化工项目建设提供优质的技术支持和服务。双方表示在同等条件下,将优先考虑与对方的技术合作和设备采购、供应,互惠互信,携手共同发展。

【义马气化厂两技术成果获得国家实用新型专利】 9月28日,河南煤业化工集团辖属义马气化厂研发的二氧化碳浓缩提取返炉气化装置、甲醇废水综合利用装置两项技术成果日前获得国家实用新型专利。二氧化碳浓缩提取返炉气化装置是在建工程20万吨级醋酸项目原料气制备的配套装置,可提高气化反应碳的利用率,降低蒸汽消耗,减少二氧化碳废气的排放和污水产量,年可回收利用9 600万立方米二氧化碳,减少项目投资7 800万元。甲醇废水综合利用装置既解决了生化装置不能处理含醇废水的难题,又可较好地解决甲醇装置和二甲醚装置现场环境污染的问题。装置每小时平均处理废水5.5吨,节约废水处理费用71.5元,年可创造价值119.5万元。

【国家安全监管总局、国家煤矿安监局印发义煤集团安全生产管理经验】 11月28日,国家安全生产监督管理总局和国家煤矿安全监察局联合下发:"关于印发河南省义马煤业集团公司安全生产管理经验材料的通知"(安监总煤行〔2010〕195号),通知指出,2007年以来,河南省义马煤业集团公司(以下简称义马集团)坚持以科学发展观为指导,全面加强安全生产工作,以"零"死亡事故为奋斗目标,以治理重大灾害、防大事故为中心,着力构建"理念引领、管理科学、技术支撑、投入强基、文化固本、救援有力"六大防控体系,全面提升煤矿安全生产保障能力,努力实现企业安全与生产的良性发展,2010年1月至9月,煤矿百万吨死亡率为0.043,达到国际先进水平,企业呈现出安全、健康、和谐、文明发展的良好态势。通知强调,遵照国务院领导重要批示精神,国家安全监管总局、国家煤矿安监局组成调研组,会同河南省有关部门,深入义马集团进行 调研,对义马集团加强安全生产的经验作了全面总结,形成了"构建六大防控体系实现义煤安全发展——义马煤业集团公司安全生产管理基本经验"。通知要求,各地要结合深入贯彻落实"国务院关于进一步加强企业安全生产工作的通知"(国发〔2010〕23号)精神,以及本地区本单位实际,认真组织学习、借鉴,推动煤矿安全生产工作再上新台阶。

【全国首家井口乘人缆车在义煤集团耿村矿开通】 11月30日,全国煤矿系统第1家井口乘人缆车,在义煤集团耿村矿正式开通。该矿投入使用的井下索道缆车(RJY90架空乘人装置),全长1 180米,循环式运行,共有154个吊箱,吊箱采用的是高强度铝合金材质,箱内前侧装有扶手,四面都装有有机玻璃,按黄、绿、红、蓝4色依次吊挂,每个吊箱乘坐2人,最高时速1.2米/秒,每小时可运载632人,人员可随上随下。每循环运行1周,可乘坐308人,电机功率为90千瓦,较前降低2.2倍。乘人缆车改造从研究改造措施到安装调试一次成功,不仅具有安全性能高、乘坐舒适、电耗低等特点,而且沿途可看到井下安全文化长廊。仅电耗一项,比传统的运人罐车每年要节约50万千瓦时,为企业发展低碳经济提供了有益借鉴。

【义马市召开全市"四城联创"动员大会】 12月9日上午,义马市召开"四城联创"工作动员大会,回顾总结过去几年的创建工作,安排部署当前及以后一个时期的创建任务。会议强调,要从义马市情实际出发,按照小而精、小而美要求,以品位现代化、品质精美化、环境生态化、设施宜居化、管理有序化为着力点,有计划、分步骤实施一批城市生态、功能性设施、人居环境建设项目,进一步完善城市功能、提升城市品位、优化城市形象,3年内创建国家级园林城市,4年至5年内创建国家级卫生城市、环保模范城市和文明城市,建成具有浓郁现代气息的生态园林宜居城市。会议要求做好7方面工作:一是切实加强市民教育,努力提高市民素质;二是大力推进城市基础设施建设,不断完善城市功能;三是扎实搞好城市绿化工作,倾力打造绿色生态义马;四是全面开展城市精细化管理,推动市容市貌大改观;五是深入开展爱国卫生运动,全面提高城乡卫生水平;六是扎实推进循环经济和节能减排,不断提高环境质量;七是精心组织精神文明创建活动,着力优化城市"细胞"。

【三门峡市创先争优暨驻村任职和"六大员"试点工作推进会在义马市召开】 12月2日,三门峡市创先争优暨驻村任职和"六大员"试点工作推进会在义马市市召开。会议强调,选派机关党员干部担任村党组织"第一书记",建立农村"六大员"(村级农民技术员、社会治安综合治理协管员、计划生育管理员、资源环保村容协管员、医疗卫生员、文化协管员)制度,是创先争优活动中的一项重要措施,也是加快推进社会主义新农村建设的重要措施。关于做好选派机关党员干部担任村党组织"第一书记"工作,会议指出,要建立"三个制度,一个机制",即:定期交流制度,半年考评制度,定期述职制度和建立退出机制。

【义煤入围"2010中国能源集团500强"居第82位】 中国能源报公布了入围"2010中国能源集团500强"名单,义煤集团以2009年1 416 276万元的营业收入名列"2010中国能源集团500强"第82位。此次评选历时半年,是由中国能源报、中国能源经济研究院共同举办的针对国内能源行业的公益性评选。评选采用国际通行方式,以企业2009年度营业收入为标准,致力于打造权威、客观的"中国能源集团500强"排行榜,旨在明确中国能源企业市场地位,全面提高中国能源企业品牌知名度和市场竞争力,树立能源行业标杆,同时着眼能源企业未来的发展潜力和获利能力,引导"十二五"能源产业健康发展。

【义煤集团巨源煤业有限公司发生重大瓦斯爆炸事故】 12月7日15时35

分，河南省义煤集团巨源煤业有限公司发生一起重大瓦斯爆炸事故，造成26人遇难、12人受伤(其中2人重伤)。该矿原为河南省三门峡市渑池县果园乡苏庄煤矿，设计生产能力6万吨/年，2006年开始技术改造，设计生产能力15万吨/年，属低瓦斯矿井。2月，由义煤集团负责对该矿进行兼并重组，事故发生前处于隐患整改阶段。

【义马市纠风办被推荐为国务院纠风办联系点】　12月14日，义马市纠风办被省政府纠风办推荐为国务院纠办工作联系点，获此殊荣的全省仅有2家。义马市纠风办连续4年被省政府纠风办评为民主评议政风行风组织工作先进单位，3月，被确定为省政府纠风办工作联系点。

【义马市入选中国十佳和谐可持续发展中小城市】　12月18日，第3届中国和谐城市可持续发展高层论坛在北京举行，义马市入选中国十佳和谐可持续发展中小城市，这也是河南省唯一入选的城市。第3届中国和谐城市可持续发展高层论坛由新华社《经济参考报社》、民政部社会工作研究中心、清华大学区域与城市发展研究中心和中国环境科学学会等单位联合主办。

【义马市与山东章丘市缔结为友好城市】　12月25日至26日，市委书记张松林，市委副书记、市长张保军到山东章丘市参加义马市与章丘市缔结友好城市签字仪式。章丘市委书记毕筱奇，市委副书记、市长江林等四大班子领导及义马市领导和相关部门负责人出席签字仪式。章丘市地处齐鲁腹地，南依泰山，北临黄河，是济南市辖属的县级市，总面积1 855平方千米，辖20个乡镇(街道)，908个行政村(居)，总人口100.8万人。章丘交通便捷，胶济铁路、济青高速及G309、S102等穿境而过，济南国际机场座落于章丘境内，距城区仅35千米。章丘历史悠久，是龙山文化的发祥地，是战国哲学家邹衍、唐代名相房玄龄、宋代词人李清照、“东方商人”孟洛川的故乡。章丘资源丰富，现已探明的矿产资源有25种，是全国重点产煤县(市)、优质铝土出口基地和石灰石储区。章丘风景优美，山青水秀，尤以泉水众多闻名，素有“小泉城”之称。张保军与江林共同签订了《义马市和章丘市建立友好城市关系协议书》。

义马市2010年东区、新区办事处基本情况一览表

表3

指　　标	单　位	新区办事处	东区办事处
总人口	人	28 804	18 783
总面积	平方千米	65	47
耕地面积	公顷	719	1 008
农业总产值	万元	6 302	5 356.3
工业总产值	亿元	19.8	18.5
工业品销售收入	亿元	14.9	7.5
地方财政收入	万元	—	—
地方财政支出	万元	—	—
农民人均纯收入	元	7 083	6 060
粮食总产量	吨	3 360	5 650
油料总产量	吨	230	245
棉花总产量	吨	1	4.8
肉类总产量	吨	2 000	1 632
烟叶总产量	吨	62	107
蔬菜总产量	吨	13 000	18 562
果品总产量	吨	410	380
牛存栏	头	350	285
猪存栏	头	25 200	18 125
羊存栏	只	460	521
禽存栏	只	75 000	72 431
党委书记		刘　彧	马松良
主　任		张百铭	王海燕

(史书现)

渑池县

【概况】 2010年,渑池县坚持以科学发展观统领经济社会发展全局,紧紧围绕工业、农业、城乡建设、招商引资、文化旅游和信访稳定六项重点工作,解放思想,抢抓机遇,务实苦干,奋勇争先,圆满完成了县十二届人大四次会议和“十一五”确定的各项目标任务,全县经济社会继续保持了又好又快的发展势头。综合经济实力持续增强。全县地区生产总值完成153.4亿元,较上年增长15.7%。综合经济实力继续保持全省前20强,在中部崛起百强县中居第25位,较上年上升2个位次。财政税收收入持续增长。全县地方财政一般预算收入完成10.16亿元,首次突破十亿大关,较上年增长19.4%,总量居全市第1位。投资拉动效果持续显现。全社会固定资产投资完成135.6亿元,较上年增长26.7%。其中,城镇固定资产投资完成108.6亿元,增长23%;农村固定资产投资完成27亿元,增长43.7%。居民生活水平持续改善。全县城镇居民人均可支配收入达15 664.2元,较上年增长12%;农民人均纯收入达6 406元,增长15%。

2010年各项工作任务的圆满完成,标志着渑池县“十一五”规划的全面实现。“十一五”期间,渑池县克服了国际金融危机、自然灾害带来的严峻形势和不利局面,全县经济社会呈现增长快、质量高、后劲足的发展态势。5年来,全县国民生产总值累计完成587.3亿元,是“十五”时期的2.9倍,年均增长16.1%;地方财政一般预算收入累计完成37亿元,是“十五”时期的3.6倍,年均增长23.7%;全社会固定资产投资累计完成428亿元,是“十五”时期的4.6倍,年均增长28.7%;城镇居民人均可支配收入、农民人均纯收入分别比“十五”末增加6 578元和2 700元。渑池县经济社会发展已经站在一个新的战略起点上,全面进入了提升产业层次、加快经济转型、促进协调发展的崭新阶段。

抓项目建设,工业核心地位更加突出。坚持以项目建设为原动力,以“一区四园”为平台,坚定不移地实施“工业强县”战略。全年共实施投资在3 000万元以上工业重点项目55个,总投资296.8亿元,计划完成投资49.8亿元,已累计完成投资59.9亿元,其中,东方希望氧化钙、方圆实业4万吨新型石油支撑剂等31个项目已建成投产,7 000吨多晶硅一期、恒耐10万吨高档耐火材料等24个项目正在积极推进。全县已经实现300万吨氧化铝、200万吨干法水泥、500万片导电玻璃、60万吨煤焦化的工业产能,初步形成了以铝工业、能源化工、加工制造、建材耐材和高新技术为主导的产业格局。县产业集聚区被确定为首批省级产业集聚区和铝工业特色产业基地,实现了“五规合一”,英张工业园区规划调整已上报省发改委。全年“四大园区”累计完成固定资产投资84.2亿元,实现主营收入251.3亿元。工业经济运行良好,全县规模以上工业增加值达88.3亿元,较上年增长21.7%。实施了东方希望节能改造、节水改造等一大批技改项目,全县节能减排工作取得了明显成效,创建国家循环经济标准化试点县顺利通过国家发改委和国家质监总局的批准。

11月12日,省人大常委会副主任王菊梅宣布:仰韶文化周开幕!

抓增收增效,农村经济实力显著提升。全县第一产业增加值完成13亿元,是“十五”末的1.7倍,年均增长4.8%。粮食总产达1.8亿千克,创历史新高。新农村建设有序推进,6个市级新型农村住宅试点社区一期建设任务圆满完成。农业龙头企业不断壮大,全县农业龙头企业已发展到41家,农民专业合作社达63家;农产品质量安全监测中心投入使用,“仰韶三宝”通过国家质监总局地理标志产品保护,特色产业占农业总产值比重达60%;畜牧业发展迅速,全县畜禽规模养殖场达到672个,特别是雨润集团200万头生猪屠宰项目的顺利落地,为渑池县畜牧业的发展注入了新的活力。5年建成安全饮水工程108项,解决了6.6万人的安全饮水问题。全面落实各项惠农支农政策,累计发放各类惠农补贴1.5亿元。全市新型农村住宅社区、标准化规模养殖现场会在渑池县召开,渑池县先后荣获“农业标准化示范县”“全省农民负担监管工作优秀县”“省级林业生态县”等称号。

抓统筹发展,城镇化进程步伐加快。全面推行精细化管理,严厉打击私搭乱建、无序经营等行为,市容市貌得到明显改观。高标准完成了第三轮城市总体规划、县域村镇体系规划、果园组团等16个规划的编制、评审工作,23个中心村(社区)规划已编制完成,城郊社区建设顺利启动。组织实施人民医院迁建、广电网络中心、第二水厂、集中供热、污水处理等城市重点项目101项,新建、改造新华路、黄河路、双拥路、韶州路等城区主次干道14条11.1千米;完成了仰韶大街、会盟大道路灯改造工程。城区面积发展到13.6平方千米,较"十五"末增加3.2平方千米,城镇化率达到38.5%,较"十五"末提高10.5个百分点。5年累计投入资金2.67亿元,完成小城镇"八个一"工程108项。交通建设取得历史性突破,郑西高铁全线贯通,S314、S318线相继通车,连霍高速扩宽工程顺利启动;新建县乡公路234.63千米,修建通村公路462.2千米,全县通车里程达1 062.95千米。

抓招商引资,改革开放成果持续扩大。出台了"关于完善资本运行机制加快金融业发展的意见",开展了"思想大解放、经济大开放、全民大创业"三大活动,大力实施环境工程,成立了招商分局,掀起了新一轮招商热潮。5年共引进项目280个,引进资金171亿元,东方希望、永煤、义煤、天瑞等国内知名大企业集团先后来渑投资兴业,三门峡市商业银行入驻渑池县。外向型经济发展迅速,5年累计直接利用外资达2.77亿美元,是"十五"期间的6.6倍,年均增长34%;实现出口创汇8161万美元,年均增长9%。各项改革有序推进,完成国有企业改制2家;圆满完成了政府机构改革、成品油价格和税费改革,投资、财贸、信贷等项改革稳步实施。

抓文化旅游,第三产业水平明显提高。全年第三产业增加值达28亿元,较上年增长13%,较"十五"末增加14.8亿元,年均增长12.9%。第三产业对经济增长的贡献率达15.8%。《渑池县旅游发展总体规划》通过专家评审,仰韶大峡谷、韶山森林公园正努力打造4A级景区,黄河丹峡景区对外营业,岱嵋山旅游开发项目成功签约,刘少奇旧居被确定为全省"党性党风党纪教育基地"。5年累计接待游客245.6万人次,旅游业综合收入10.1亿元。仰韶文化博物馆主体工程完工,仰韶村文化遗址保护方案已经省政府公布实施,成功举办"仰韶文化周"活动,以"仰韶"命名的文化商品已达147种。大型现代戏《仰韶女儿》被省文化厅确定为2010年度唯一一家县级剧团重点加工剧目,电影《留驻桃花塬》在渑池县成功拍摄。累计开展送戏下乡活动240余场次,实现每村一场的目标。商贸流通业升级步伐加快,连锁经营、物流配送、大型超市等流通业快速发展,中介服务、家政服务、文化娱乐等新兴产业成效显著,金融保险、邮电通讯等现代服务业健康发展。

抓和谐稳定,社会发展大局不断稳固。坚持从源头抓起,继续深化信访评估和信访代理制度,深入开展"两抓一促""创先争优""便民服务"活动,持续做好大接访和群众工作日活动,有效地化解了大量苗头性、倾向性问题。全面落实安全生产"一岗双责",抓好重点领域、重点行业的隐患排查,加大对非法违法行为的打击力度,全县安全生产形势总体稳定。积极稳妥地做好煤矿兼并重组工作,深化平安渑池建设,强化社会治安综合治理,先后开展了"警灯闪烁",打击"两抢一盗"等活动,命案实现"发一破一",社会治安形势得到持续巩固,人民群众安全感显著增强。深入开展和谐细胞建设和精神文明系列创建活动,邻里互爱、互帮互助、尊老爱幼蔚然成风。

抓民生改善,社会事业统筹协调发展。圆满完成了省、市、县"十大实事"办理工作。5年累计组织办理人大建议、政协提案813件,按期办复率达100%。社会保障体系不断完善,5年新增城镇就业岗位4.2万个,下岗职工实现再就业1.22万人次,城镇登记失业率连年控制在4.5%以内;城乡低保实现应保尽保,累计发放城镇低保金3 244万元、农村低保金3 231万元,农村"五保"集中供养率达45%;夺取了"7·24"抢险救灾的重大胜利,完成了410户1 066间的倒房重建任务。大力发展科技事业,五年共组织实施各类科技项目30个,引进农业新品种50个,科技对经济的贡献率达到53%,连续12年保持全国科技进步先进县荣誉、连续6年保持全国科普示范县荣誉称号。加快发展教育事业,五年累计发放教育"两免一补"资金9 314万元,受益学生达39.2万人次;实施中小学校校舍安全工程56所,省级职教强县顺利通过验收。文化信息资源共享工程建设扎实推进,文化产业发展渠道进一步拓宽,文物保护工作得到不断加强。积极发展卫生事业,五年共新建、改造卫生业务用房5.28万平方米,新建、改扩建乡(镇)卫生院15所、村标准化卫生室235个;累计投放新农合资金7 375.75万元,受益群众达48.8万人次。广电事业发展迅速,有线电视节目由"十五"末的36套增至50套,有线电视用户已发展至3万户以上,广播电视人口综合覆盖率达98.5%,传输节目数量居豫西县级台之首。人口自然增长率控制在5‰以内。人民武装、民兵预备役、统计、审计、外侨、对台、老龄、扶贫开发、档案、史志、气象、妇女儿童、河务移民、民族宗教、残疾人救助等工作都取得了新成绩、新进展,社会发展成果得到了不断巩固和扩大。

【高速客运专线渑池南站正式启用】 2月6日,渑池县举行高速客运专线渑池南站正式启用仪式,标志着郑州到西安高速客运专线正式开通。渑池南站于2008年11月开工建设,总投资3 900万元,主体工程占地2 400平方米。

【渑池县韶山省级地质公园建设资格获河南省国土资源厅批准】 3月22日,渑池县韶山省级地质公园建设资格获河南省国土资源厅批准。韶山省级地质公园北至黄河、南至仁村;西起坡头红石峡、东至新安县界,与王屋山、岱眉山世界公园毗邻。主要由仰韶大峡谷景区、石峰峪景区、南村黄河景区、韶山景区、五凤山景区、石佛峡至红石峡景区等六大景区构成,园区面积165平方千米。韶山省级地质公园是一座以峡谷峰林地貌为主,以典型地层剖面、构造岩石地学景观、水体景观、地质工程景观为辅,以生态和人文相互辉映为特色的综合性地质公园。韶山省级地质公园建设的申报成功,必将对提高渑池县的旅游品味,促进旅游经济的发展,增加县域经济的增长点起到积极的推动作用。

【渑池县举行张汝光将军骨灰安放暨铜像揭幕仪式】 3月28日，渑池籍开国少将、中国人民解放军总后勤部原副部长张汝光将军骨灰安放暨铜像揭幕仪式在渑池县烈士陵园举行。张汝光，1914年2月1日出生于渑池县张村镇荆村村，16岁投身革命运动，1931年7月参加中国工农红军，1937年2月加入中国共产党。1955年被授予少将军衔，2000年3月28日，在北京因病逝世，享年87岁。在长达60多年的革命生涯中，张汝光始终坚持革命理想和信念，充分发扬了不怕牺牲和艰苦奋斗的精神，先后荣获二级八一勋章、二级独立自由勋章、一级解放勋章和中国人民解放军一级红星功勋荣誉章。在艰苦卓绝的战争时期，他始终投身于战斗的第一线，身先士卒出生入死，组织实施并指挥战时的卫生勤务保障，为确保部队指战员的健康和战争胜利，作出了贡献；在社会主义建设时期，他始终保持和发扬党和军队的优良传统和作风，坚持深入基层、勤恳工作、淡泊名利、公正办事、平易近人、团结同志、联系群众、作风民主，在军内军外医务卫生界享有很高的威望。张汝光将军骨灰安放方案由河南省城乡建设设计院设计，张汝光将军铜像由西安美术学院铸造。碑身采用钢筋混凝土基座，花岗岩腹面，经过4个多月的精心设计施工，全部工程于3月初完工。建成后的纪念碑，可供广大干部群众长期瞻仰、纪念与祭扫，将成为广大干部群众缅怀老一辈无产阶级革命家丰功伟绩、祭扫革命先辈、弘扬革命精神的红色教育基地，成为对青少年进行爱国主义和革命传统教育的重要基地。

【中央媒体报道身残志坚好青年赵仁伟】 5月6日，中央电视台新闻联播“身边的感动”栏目对渑池县果园乡身残志坚好青年赵仁伟典型事迹进行报道。2001年，正在读大学的赵仁伟不慎从家中3米多高的房子上摔下，造成高位截瘫。他用嘴咬着筷子，敲击键盘，创作文章，并帮助村民在网上发布农业信息，用坚强和毅力奏响了一曲生命之歌。之前，省、市主流媒体等多次报道他的事迹。

【仰韶牛心柿获国家农产品地理标志认证】 5月7日，农业部公布，渑池县仰韶牛心柿通过农业部农产品质量安全中心组织的专家评审，正式获得国家农产品地理标志认证。仰韶牛心柿盛产地位于渑池北部山区，海拔高、光照足、气候温和、光热协调，昼夜温差大，形成了仰韶牛心柿独有的丰富营养和独特风味。仰韶牛心柿农产品地理标志登记地域保护，覆盖渑池境内段村、坡头、南村、洪阳、仁村等10个乡(镇)132个行政村。

【渑池县发现一座西晋时期古墓】 6月10日，渑池县文物工作者在英豪煤矿节能砖厂建设工地发现一座西晋时期古墓。受市文物研究所的委托，渑池县文管会对该墓进行了抢救性发掘。该墓坐北向南，系由墓室、墓道、甬道及多侧室组成的土洞墓。墓室位于墓道及甬道的北端，由主室(平面近似方形)、东侧室和西侧室组成。在该墓的主室及东侧室发现少量骨灰。因该墓早期曾两次被盗掘，墓室主人年龄无法考证。经过清理，该墓出土随葬器物13件(套)，分别为女侍俑、男侍俑、武士俑、陶马、陶牛车1套，陶狗、陶鸡、陶灶、陶磨、绿釉陶仓(罐)等。绿釉陶仓(罐)应为东汉时期的典型器物，陶牛车及陶武士俑应为西晋时期的典型器物。根据墓葬形制及出土器物的早晚顺序，文物工作者初步断定此墓应为西晋早期的墓葬。西晋墓葬在渑池县域发现较少，它的发现与发掘为文物工作者进一步研究西晋时期的埋葬习俗提供了宝贵资料。

【渑池县黄河丹峡景区举行开业典礼】 6月19日，渑池县黄河丹峡景区举行开业典礼。黄河丹峡景区位于晋豫黄河大峡谷小浪底库区西段、渑池县坡头乡境内，峡谷内怪石林立，壁立千仞，有多处奇特的自然景观，堪称“黄河三峡”。

【渑池县与江苏恒耐集团10万吨耐材项目成功签约】 7月5日，渑池县与江苏恒耐集团10万吨耐材项目成功签约。江苏恒耐集团有限公司始建于1987年，是一家生产不定形耐火材料的专业性综合企业，年销售各品种耐火材料5万吨以上，2007年水泥窑用浇注料销售将近1亿元。该项目总投资4亿元，一期投资1.5亿元，建成后可年产7万吨不定型耐材和3万吨氧化铝。

【曲剧《大山的女儿》在郑州演出成功】 7月5日至6日，应河南省中原曲剧保护中心、河南省曲剧团、河南省艺术研究院的邀请，渑池县排演的大型曲剧《大山的女儿》在郑州演出并取得圆满成功。《大山的女儿》是河南省文化厅确定的2010年重点加工剧目，这也是唯一的县级剧团入选优秀剧目。

【香港应善良福利基金会到渑池考察】 7月17日，香港应善良福利基金会代表曹翔生、张有奎到渑池对拟援建的洪阳镇德厚小学进行考察，回访了已捐资修建的果园乡杜寺小学。香港应善良福利基金会由香港著名爱国实业家沈炳麟创办，他先后在国内捐助公益福利事业近3亿元人民币，其中在渑池县捐资帮助改建小学3所，捐资总额达40余万元，为改善渑池县贫困农村的教学条件作出了积极贡献。

【仰韶彩陶坊酒河南省接待用酒授牌仪式暨黄河迎宾馆专供酒签约新闻发布会在郑州举行】 7月31日，仰韶彩陶坊酒河南省接待用酒授牌仪式暨黄河迎宾馆专供酒签约新闻发布会在郑州举行。仰韶酒业作为渑池县省级大型白酒骨干企业，在2010年世界旅游城市市长论坛、中国商帮峰会和“八一”建军节中国人民解放军老将军聚会庆典时，仰韶彩陶坊酒均被指定为唯一接待白酒，为豫酒争得了荣誉。

【渑池县金秋乐园老年公寓开业】 8月3日，渑池县金秋乐园老年公寓开业。金秋乐园以“关心老人、奉献爱心”为服务宗旨,占地1.58公顷,建筑面积20 849平方米,全部投入使用可同时容纳700人入住,功能齐全、设施完备、环境舒适,公寓内房间分单人间、双人间两种,每层有4个娱乐厅,冬有暖气、夏有空调,上下楼配备电梯,并有护理人员陪同,同时每天有医务人员为入住老人进行体检,全方位照顾入住老人生活。

【法国开发署北京代表白鹏飞带领考察组到渑池县考察】 8月11日,法国开发署北京代表白鹏飞带领考察组到渑池县考察生物质能源项目建设情况。白鹏飞一行先后深入陈村乡、张村乡察看,详细了解渑池县生态能源林发展情况。通过察看,白鹏飞认为渑池气候适宜,人工栽植生态能源林发展前景广阔,并希望加强了解,达成共识,合作发展生物质能源开发项目。

【河南电视台“武林风”栏目走进渑池】 8月21日晚,河南电视台“武林风”栏目走进渑池县,在县体育馆激情演出,种类繁多。武术杂技、拳击擂台赛、少林武僧一龙大师的咏春拳表演等,不时博得观众的热烈掌声。

【聚龙中州国际饭店项目举行签约仪式】 9月1日,渑池县聚龙房地产开发有限公司与河南中州国际集团有限公司合作的聚龙中州国际饭店项目举行签约仪式。项目位于渑池中心区域,占地面积1.6公顷,总建筑面积5 200平方米,由主楼、裙楼和附楼组成,酒店主楼21层,总高度为98米,被誉为渑池城区第一高楼。

【渑池岱眉山景区旅游开发项目正式签约】 9月6日,渑池县与江苏吴江市民业包装材料有限公司举行岱嵋山旅游开发项目签约仪式。岱嵋山旅游开发项目位于渑池县南村乡境内,紧邻黄河小浪底库区。岱嵋山旅游开发项目计划总投资1.5亿元,分三期投入,一期工程建设包括岱嵋庙和岱嵋行宫的修建及道路和相关基础设施建设等。

【“黄河金三角”大型专题片摄影组到渑池县采风】 9月8日,中央电视台“黄河金三角”大型专题片摄影组到渑池县采风。摄影组先后到渑池县仰韶文化遗址、东方希望、仰韶酒业有限公司、秦赵会盟台、刘少奇旧居、八路军兵站及县博物馆等处实地采风。此次大型专题片“黄河金三角”主要对三门峡、运城、临汾、渭南四市的风土人情、自然气候、经济文化等方面进行全面细致的介绍,把黄河流域的黄河文化和华夏根祖文化通过电视的形式宣传出去。

【《留驻桃花塬》在渑池县举行开机仪式】 9月25日,由中视威豪(北京)影视文化发展有限公司出品,海军政治部电视艺术中心,渑池县委、县政府等联合拍摄的电影故事片《留驻桃花塬》在渑池县段村乡赵沟古村举行了隆重的开机仪式。出席开机仪式的有原海军政治部副主任姚文怀少将、河南财经政法大学冯大力教授及中央电视台、河南电视台、山西电视台、陕西电视台、三门峡电视台等各大新闻媒体人员。这部影片以农村教师宋某为原型,以他任教10年的事业感情生活为主线,通过真实感人的故事,再现现实生活中浮躁与宁静,物质与情感,时尚与自然地深度碰撞,反映了山区群众对知识的渴盼,对美好生活的向往,也启发人们对当代教育和社会人生价值的深度思考。

【渑池县与德国施密德公司正式签约开展技术合作】 10月2日,三门峡地久矿业与德国施密德硅业公司在北京举行多晶硅一期1 000吨项目技术设备“交钥匙”工程协议签约仪式。多晶硅是光伏产业的关键环节和源头产品,此次双方合作实施的项目是渑池光伏产业园区的第一个龙头项目,标志着居世界光伏产业领先地位的德国多晶硅技术第一次进入中国。市、县领导杨树平、李宝洲、薛蒙林、许胜高、崔优才、卫保元、杨鸿杰,德国施密德硅业公司总裁艾利克斯·博格、技术公司总裁克里斯汀·布赫纳出席仪式。三门峡地久矿业在渑池光伏产业园区的多晶硅项目规划产能达7 000吨,投资总额达11亿元,一期工程预计于2011年年底建成。施密德集团是德国拥有百年历史的综合性企业,其光伏技术居世界领先地位,其中多晶硅技术与世界同类产品相比,具有质量、环保、成本等方面的明显优势。按照协议,德国施密德硅业公司将在合作中负责技术提供和基础设施建设。

【三门峡华光新能源科技有限公司年产300吨单晶硅项目在渑池举行签约仪式】 10月16日,三门峡华光新能源科技有限公司年产300吨单晶硅项目在渑池金玫瑰大酒店签约投资协议。该项目位于渑池县产业集聚区英豪工业园区,总投资1.8亿元,计划建设期1年,争取2011年上半年建成投产。项目建成后预计年可实现销售收入6.6亿元,实现利税1.2亿元。项目的建设,对加快渑池县产业结构调整,发展高新技术产业,促进光伏产业快速发展具有重要意义。

【渑池县开展“周末大讲堂”活动】 10月24日,中央党校报刊社社长兼总编辑肖勤福、河南省委政研室巡视员王永苏做客渑池县“周末大讲堂”,就十七届五中全会精神解读和中原经济区建设战略构想的出台背景等内容分别为渑池县副科级以上干部作了一场精彩的专题讲座。这标志着渑池县“周末大讲堂”活动正式拉开帷幕。“周末大讲堂”是渑池县为深入贯彻落实科学发展观和党的十七大及十七届四中、五中全会精神,大力推进争创学习型党组织、争当学习型党员活动,而开展的一项长期性活动。通过邀请中央及省内外各方面专家学者、领导干部到渑授课,或邀请县内有关领导干部授课,为广大党员干部提供一个思想升华、素质提高和能力提升、促进工作的平台,进一步促进广大党员干部解放思想、转变观念、开阔视野、提高综合素质,全面推动“文化育县”战略实施和建设学习型渑池深入开展。“周末大讲堂”每月举行一次,参加对象是全县领导干部及广大党员干部群众。

【渑池县公开选拔科级干部】 11月1日,渑池县召开全县公开选拔科级干部动员大会,传达县委公选工作精神,公布了《渑池县公开选拔科级干部工作方案》,对公开选拔工作进行动员部署。此次公开选拔了11名科级领导干部,其中面向全省公开选拔的职位2个,面向全市的4个;正科级领导职位1个,副科级领导职位10个。

【三门峡康威煤气焦化有限公司1号焦炉点火烘炉】 11月1日,三门峡康威煤气焦化有限公司一期工程60万吨煤焦化项目1号焦炉点火烘炉。项目总投资4.58亿元,位于渑池县洪阳镇。建成后,可年产60万吨冶金焦,煤气1.2亿立方米,实现销售收入13亿元,利润5 321万元。该项目的建成填补了河南煤化工集团在内地煤焦化产业的空白,将为洪阳经济的腾飞提供强有力的支撑。

【仰韶文化周活动在郑州举行】 11月12日至14日,仰韶文化周活动在河南省国际会展中心举行。河南省文化厅、省旅游局、省工信厅、省商务局领导应邀出席了开幕式。仰韶文化周活动由中共三门峡市委、三门峡市人民政府、省文化厅、省广播电影电视局、省文物局主办,渑池县委、县政府承办。活动主要包括仰韶文化旅游产业展、文化旅游推介会、仰韶文化论坛、戏曲演出四项组成,其中仰韶文化旅游产业展由仰韶文化展、旅游产品展、文化旅游展、民俗文化展、仰韶文化书法摄影展和电影《留驻桃花塬》精彩瞬间展6部分组成。这次活动,让仰韶文化的最新研究成果走出了学术殿堂,让全省人民能够近距离感受仰韶文化的博大精深,近距离体验中原文化的巨大魅力。

【德国施密德硅材料集团总裁布鲁格一行到渑池县参观考察】 11月20日,德国施密德硅材料集团总裁布鲁格一行到渑池县参观考察。考察团一行到项目建设工地实地察看,认真了解项目占地面积、周边环境等情况。

【省级新闻媒体采访团走进渑池】 11月23日,由河南日报、河南广播电台、河南电视台、大河报、大河网、省外媒体等多家省级新闻媒体记者组成的采访团走进渑池县。就渑池县学习贯彻十七届五中全会精神、"十一五"取得的成绩和"十二五"规划构想进行集中采访。采访团一行先后到县体育中心、西关花园住宅社区、三门峡方圆实业股份有限公司进行采访,深入了解渑池在"十一五"期间发展情况。

【义煤集团阳光煤矿落户渑池】 12月1日,义煤集团阳光煤矿在渑池县仰韶乡礼庄寨村举行奠基仪式。义煤集团阳光煤矿是河南省重大工业结构调整项目和全市重点建设项目。矿井位于渑池县仰韶乡、坡头乡和陈村乡境内,设计年生产能力为45万吨,服务年限40.4年。项目概算投资4.7亿元,建设工期36个月。

【三门峡市商业银行渑池支行开业】 12月3日,三门峡市商业银行渑池支行开业。三门峡市商业银行入驻渑池,是渑池县招商引资工作的又一丰硕成果,将有力地支持一大批中小民营企业的进一步发展,为县域经济社会发展做出新的贡献。三门峡市商业银行作为一家地方股份制银行,近年来,先后向渑池投放贷款25亿元,有力的支持了一大批中小、民营企业,为渑池县地方经济发展作出了积极贡献。

【渑池多晶硅项目一期工程成功签约】

12月12日,由美国爱德华投资控股有限公司投资14亿元的7 000吨多晶硅项目一期工程与三门峡地久矿业有限公司在郑州成功签约。协议约定先期投资14亿元在渑池光伏园区建设7 000吨多晶硅项目一期工程,以此为契机,利用3年到5年时间,依托德国施密德硅业公司先进的新硅烷法技术体系和美国爱德华投资控股有限公司雄厚的资金实力,投资220亿元建设3万吨的多晶硅、太阳能电池组件,完善相应规模的铸锭、切片、光伏玻璃等相关产业链条,将三门峡光伏产业循环经济园区打造成一个技术全球领先、绿色、环保的高新技术园区。

渑池韶山风景区

2010年渑池县各乡(镇)基本情况

表4

乡(镇)	总人口(人)	耕地(公顷)	粮食总产量(吨)	油料总产量(吨)	肉类总产量(吨)	烟叶总产量(吨)	水果总产量(吨)	牛存栏(头)	猪存栏(头)	羊存栏(只)	农林牧渔业总产值(万元)	工业总产值(万元)	规模以上工业增加值(万元)	地方财政收入(万元)	农民人均纯收入(元)	党委书记	乡(镇)长
城关镇	75 393	1 336	7 845	645	947	—	4 468	2 201	8 656	2 343	7 761	114 310	30 950	6 417	7 288	赵忠民	贺金强
英豪镇	38 095	5 857	21 005	1 441	3 138	360	10 726	9 985	25 883	4 970	24 872	102 579	28 703	2 815	5 894	吴天敏	胡永民
张村镇	23 942	2 493	10 003	717	2 455	70	9 903	8 026	14 755	3 515	16 823	367 142	77 056	4 043	6 404	郅晓东	侯建星
洪阳镇	22 540	3 061	9 259	953	2 392	330	14 150	6 752	21 702	8 557	18 398	217 785	56 626	2 507	6 319	李聪梅(女)	常若宇
天池镇	44 704	9 141	28 472	1 475	4 168	2 349	12 765	14 438	25 104	21 653	39 995	109 122	26 061	3 891	6 500	张光明	张光华
仰韶乡	36 602	3 946	18 851	1 600	8 233	610	35 206	6 794	70 754	7 180	28 537	351 645	57 079	5 678	6 556	赵伟民	屈玉春
仁村乡	17 697	1 996	10 357	785	1 466	310	4 156	9 039	11 535	14 712	12 856	126 169	40 475	3 531	6 148	黄世民	马万智
果园乡	39 713	7 540	23 798	2 606	2 512	1 230	14 383	17 804	17 680	14 181	30 321	273 457	92 371	5 771	6 526	杨亮伟	张捍伟
陈村乡	34 573	3 992	21 263	2 923	2 895	199	17 936	11 831	23 479	9 747	24 326	469 971	86 281	6 410	6 152	张万幸	王生
坡头乡	15 910	3 344	13 523	1 620	1 441	980	4 695	10 447	7 711	9 390	19 927	164 580	35 939	2 702	6 104	赵红军	张宏权
段村乡	9 417	2 022	9 342	1 737	2 381	239	42 045	12 930	5 879	17 827	14 790	180 708	49 158	528	5 740	龚彬	张希保
南村乡	5 907	1 525	5 949	2 458	1 850	226	10 945	12 277	11 208	13 149	10 505	157 277	42 762	587	5 741	李保军	张永军

(张丽敏)

陕　县

陕县张湾乡关沟村新农村村貌

【概况】 2010年是机遇和挑战并存的一年,陕县坚持以党的十七大和十七届四中、五中全会精神为指导,全面贯彻落实科学发展观,紧紧围绕“调整产业结构,加快经济发展方式转变”工作主线,按照“增总量、调结构、促转型、提效益”的要求,深化项目带动,强化企业服务,扩大改革开放,着力改善民生,促进社会和谐,全县经济社会保持了平稳较快发展的良好态势。2010年,全县地区生产总值完成105.4亿元,增长13.3%;全社会固定资产投资完成130.2亿元,增长22.6%;地方财政一般预算收入完成6.9亿元,增长20.6%;社会消费品零售总额完成20.9亿元,增长19.2%;城镇居民人均可支配现金收入14 129元,农民人均纯收入5 155元,分别增长12%和14.3%。

项目建设成效显著。深入开展项目建设年活动,全县项目建设共完成投资108.8亿元,增长23.2%;新增中央投资项目27个,中央批复总投资1.1亿元,到位项目建设资金0.8亿元。29个列入市“双百”工程的重点建设项目,累计完成投资57.6亿元,16个已建成,在建13个。96个列入县重点投资计划建设项目,完成投资50.4亿元,58个已建成,在建38个。

集聚区建设迈出新步伐。县产业集聚区发展规划和控制性详细规划编制完成并通过省级评审,基础设施建设完成投资5.8亿元,区内建成3条道路,初步形成路网;供电工程基本到位,供水工程正在建设;项目入驻达到14个,项目投资完成14.4亿元,9个项目已建成,5个项目在建。

工业经济平稳运行。扎实开展企业服务年活动,狠抓工业运行协调和监管,落实政策措施,化解企业困难,解决企业问题,促进工业经济平稳较快增长。2010年,全县规模以上工业实现总产值184亿元,同比增长14.7%;完成增加值44.5亿元,同比增长17.1%;实现利润11.12亿元,同比增长25.9%。

“三农”工作稳步推进。全年粮食总产实现11万吨;烟叶生产实现税收805万元;营造生态林3 466.7公顷;蔬菜总产18万吨;生猪、大家畜、山绵羊、家禽饲养量分别达到43.69万头、22.67万头、30.59万只、412.6万只,肉、蛋、奶产量分别达到1.95万吨、1.23万吨、1.4万吨,畜牧业实现产值4.49亿元。新农村建设取得新进展,87个分类推进村全面完成村容村貌整治任务;列入市试点的6个新型农村住宅社区建设达到市目标考核要求,已建成住宅804套,691户农民迁入新居。大力实施“阳光工程”“雨露计划”“新型农民培训”等培训项目,全年培训农民8 700余人次,实现农村富余劳动力转移就业8.2万人次,实现劳务收入7.5亿元。

城乡建设统筹发展。陕县城区基础设施建设“十二五”规划”编制完成,县域村镇体系规划通过专家评审。年初确定的16项城建重点工程,累计完成投资3.78亿元,基本达到进度要求。农村基础设施条件进一步改善,新修农村公路33条105千米,完成投资7 000万元;实施扶贫搬迁165户667人;新发展农村户用沼气5 000户;新发展有效灌溉面积570公顷,建设旱涝保收田556.7公顷,新增节水灌溉面积646.7公顷,完成小流域治理20.3平方千米,连续13次荣获河南省“红旗渠精神杯”。林业生态建设扎实开展,陕县被评为“全国生态文明先进县”。

第三产业活力增强。全县第三产业增加值实现34.8亿元,同比增长11.3%。城乡居民新增投资1.6亿元,创办100万元以上的服务业实体项目160余个。全县通信业总收入实现5 000万元,同比增长9%;保险业实现业务总量2 794万元,同比增长10%;金融机构存、贷款余额分别达到57.5亿元、39.8亿元,增长16.8%和2.2%。旅游业持续发展,甘山公园、天井窑院、雪花谷漂流、空相寺、高阳山等景区景点基础设施进一步改善,“农家乐”建设有了新的进展,全县达到330户。成功举办菜园桃花节、达摩祖师祭奠庙会等旅游节庆与推介活动,陕县旅游知名度得到提升。2010年,全县共接待国内游客106.7万人次,实现国内旅游收入5亿元;接待入境游客1 283人次,实现国际旅游创汇收入80.71万美元。

对外开放实现新突破。2010年,陕县组织大型招商推介活动2次,参加省内外各类大型招商活动9次,签约项目44个,签约金额137亿元。全县引进国内资金33亿元,直接利用外资4 137万美元,分别增长32%和37.9%;进出口总额完成943万美元,同比增长49%,被市委、市政府评为“对外开放和项目建设优秀单位”,被河南省工商联等部门评为“中原最具投资价值县市区”,被河南省政府评为“全省对外开放工作先进县”。

社会事业全面进步。坚持办好省、市、县“十大实事”,做好民生民计和社会保障等方面的工作,全面推进各项社会事业。惠民政策得到全面落实,粮食、良种、农机具购置、家电汽车摩托车下乡等各类补贴全部及时、足额发放到位;发放“两免一补”资金3 141万元,发放住房租赁补贴150.86万元,发放库区移民后期扶持资金1 108.05万元,拨付城市、农村医疗救助资金110万元。积极推进就业再就业工作,全年新增城镇就业7 425人,下岗失业人员再就业3 500人,推荐安排残疾人就业100人。全面落实各项社会保障制度,发放养老、医疗、失业等项社会保险费1.23亿元,新农合参合265 067人,城镇职工参加基本养老保险36 594人,城镇医疗保险惠及4 003人,城乡低保21 387人。积极推动科技事业,完成科学技术投入2 027万元,实施科技项目30项;优先发展教育事业,教育支出完成2.5亿元,同比增长19.8%;陕州人民医院建成开诊,乡(镇)卫生院和农村卫生室设施、设备不断完善,城乡医疗卫生条件进一步改善;人口和计生工作继续加强,人口自然增长率控制在2.93‰,陕县被评为"省级人口计生工作优质服务县";文化广电事业蓬勃发展,国土资源和环境保护工作进一步规范,节能减排完成上级下达目标。高度重视群众工作和安全生产,有效预防和化解了矛盾纠纷和安全隐患,保持了社会大局稳定,陕县被省委、省政府授予"中原平安杯"。国防动员、人民武装、消防、工商行政、食品药品、产品质量和技术监督、统计、审计、物价、民族宗教、老区建设、妇女儿童、残疾人、对台、侨务等各项社会事业都取得了新进展。

精神文明和民主法制建设进一步加强。开展"道德规范进万家、打造诚信陕县"活动,积极倡导文明、健康、科学的生活方式,城乡文明程度进一步提高。大力推进民主政治建设,自觉接受人大的法律监督和政协的民主监督,全年办理人大代表议案和建议67件、政协委员提案108件。坚持依法行政,推行政务信息公开,决定、决策重大事项广泛征求意见,打造阳光政府。

完成"十一五"规划的目标任务。经过5年的努力奋斗,全县经济社会发展的主要指标均达到或超过"十一五"规划的目标。全县地区生产总值累计完成396.3亿元,是"十五"时期的2.6倍,年均增长14.6%。财政一般预算收入累计完成24.3亿元,是"十五"时期的3.7倍,年均增长25.6%。固定资产投资累计完成393.8亿元,是"十五"时期的5.6倍,年均增长40.2%;全社会消费品零售总额累计实现69.6亿元,是"十五"时期的1.8倍,年均增长18.2%。城镇居民人均可支配收入和农民人均纯收入分别比"十五"末增长6 057.6元和2 493元。以上指标完成情况表明,"十一五"期间,陕县综合实力明显增强,人民生活水平显著提高,经济社会进入了转型发展、科学发展、跨越发展的新阶段。

【陕县在北京举办项目推介会】 1月5日,由陕县县委、县政府主办的"陕县(北京)经济合作项目推介会"在北京举行。商务部、河南省商务厅、陕县同乡会等有关部门及北京市企业代表、外地客商、社会各界朋友180余人应邀出席会议。此次项目推介会共发布经济合作项目8大类182个,涉及能源工业、铝工业、煤化工、现代农业、生物医药保健、有色金属综合利用、先进设备制造以及高新技术产业、服务业等多个领域。七仙潭旅游综合开发项目、年产120万吨洗煤项目、年产15万吨饲料加工项目、三门峡西车站广场综合开发项目、军用警用智能报靶系统制造项目、九朵莲花山综合开发项目等15个项目现场进行了签约,签约金额达24.6亿元。推介会上,与会人员还观看了黄河明珠陕县专题视频。中国新闻网、经济日报、北京日报、国际在线等10余家报刊网络媒体现场对此次活动进行了报道。

【大营镇荣获"省级环境优美小城镇"称号】 1月6日,在河南省环保厅、省建设厅召开的创建省级环境优美小城镇验收会议上,陕县大营镇通过验收,成为第1批省级环境优美小城镇。创建省级环境优美小城镇,是农村环境保护的一个重要载体,对改善农村环境质量有着重要作用。省环保厅、省建设厅组成的专家组经过核查、评审后认为,陕县大营镇政府对创建环境优美城镇工作高度重视,城镇容貌综合整治工作成效显著,达到了《河南省省级环境优美城镇标准》的要求,验收组一致同意其通过验收,并授予该镇"省级环境优美小城镇"称号。

【中央电视台"朝闻天下"栏目组赴陕县特殊教育学校采访报道】 1月7日、8日,中央电视台朝闻天下栏目组在市、县教育局负责人的陪同下深入陕县特殊教育学校采访报道。陕县特殊教育学校是2009年河南省新建扩建的12所特殊教育学校之一,是在原陕县原店镇中学的基础上,由省、市、县各级政府投资426万元改建而成,学校占地0.99公顷,建筑面积4 266平方米,拥有教学楼、学生公寓楼、多功能大厅、水冲式厕所、康复门诊、礼堂以及多媒体教室、电脑室、电子备课室等多类教室。工程于2010年3月20日开始建设,9月1日正式投入使用。陕县特殊教育学校的落成填补了陕县教育史上的空白,使陕县的9年义务教育结构更加完善,从根本上解决了全县残疾儿童有计划的接受义务教育的问题。栏目组一行先后对学校教室、宿舍、活动室及教学活动进行了专题拍摄,并采访了该校的学生、家长、教师,在1月9日中央电视台综合频道和新闻频道的"朝闻天下"栏目中进行了专题报道。

【陕县矿产品税费稽查大队锦江中队挂牌成立】 1月27日,陕县矿产品税费稽查大队锦江中队挂牌成立。县矿产品税费稽查大队成立于2008年8月,主要职责是"对内监督、对外打击",维护全县矿产品税费征收秩序。稽查大队成立一年来,多次破获偷逃矿产品税费案件,为陕县税费征管秩序好转作出积极贡献。锦江矿业公司作为开曼铝业原料供应单位,对于保证开曼铝业矿石需求,确保企业正常运行起着十分重要的作用。为支持开曼铝业发展,保证企业原材料供应,县委、县政府决定成立税费稽查大队锦江中队,对于从根本上遏制锦江矿区矿石流失和税费流失有着十分重要的意义。

【陕县教体局荣获“全国群众体育先进单位”殊荣】 2月,陕县教育体育局荣获“全国群众体育先进单位”称号。县教育体育局以“全民健身与奥运同行”为主题,打造豫西体育走廊,开展丰富多彩的群众体育活动,城乡居民的体育和健身意识普遍提高,城乡体育设施和条件有了改善,体育活动人口达到全县总人口的30%,先后多次获得国家、省、市级群众体育先进单位。并在第11届全国运动会期间予以表彰。

【市四大班子领导到陕县督查考评重点项目建设】 2月21日和22日,市委书记李文慧、市长杨树平等市四大班子领导带领各区县(市)主要领导及市直有关部门负责人到陕县,就2010年陕县重点项目建设进行督查和考评。2010年,县委、县政府带领全县上下深入开展项目建设年活动多策并举推进项目建设年活动开展,以扎实有效的工作措施来应对金融危机对经济发展的不利影响,保证了全县重点建设项目的顺利实施。市领导一行先后来到龙飞公司50万吨生物肥生产线扩建、奥科公司巯基酯搬迁扩建、广瑞公司氯乙酸等项目现场进行察看。他们详细听取项目建设工作介绍,仔细询问项目投资完成情况和工期进展安排。并就以后工作提出指导性意见和建议。

【骏通车辆有限公司2个项目获国家专利】 2月,三门峡市唯一一家汽车制造企业——骏通车辆公司高度重视科技创新工作,先后投资100余万元加强技术研发软件和硬件建设,强化公司技术团队建设,仅2010年,该公司就对9个科技项目和5个科技创新先进个人进行表彰,并给予1.2万元的奖励,研发中心申报了U形车厢实用新型专利、U形车厢外观专利和半挂车助推器实用新型专利,其中2个项目获得国家专利局颁发的专利证书。

【陕县举行“甘山四季风光”专题摄影展】 2月26日,“甘山四季风光”专题摄影展在三门峡湖滨广场隆重举行。来自中国艺术摄影学会、三门峡市摄影家协会、三门峡市艺术摄影学会的摄影艺术家共同参加了开幕仪式并欣赏了摄影作品展。甘山公园依托丰富的自然资源,先后投资近亿元进行基础设施和景区景点建设,已逐步发展成为著名的生态旅游胜地。为充分展示陕县优秀的旅游资源,让更多的人们享受到甘山的美景,中国艺术摄影学会、陕县摄影家协会联合举办了此次摄影展,旨在通过摄影作品与山水风光、人文魅力的融合,为摄影师打造一个广泛交流与合作的宽阔平台,提高甘山的知名度。本次摄影展共展出81幅摄影作品,参赛作品包括自然风光、人文景观、民俗风情三大类,集中展现了甘山一年四季如诗如画的风光民俗。

【“百亿送贷行动”正式启动】 2月26日,陕县工商局与邮储银行陕县支行召开联席会议,决定正式开展战略合作,并同时启动“百亿送贷进企业进市场进农村行动”,联手搭建“工商、邮储、企业、农户”合作融资新平台。开展此次战略合作和“百亿送贷行动”,主要手段是“三同运作”:信息同享,工商部门把掌握的各类市场主体注册登记信息、日常生产经营信息和信用分类信息及时提供给邮储银行,为锁定“送贷上门”对象、提高融资效率提供方便;服务同步,工商部门和邮储银行紧密结合,通过设立临时咨询点等形式,实行登记注册、年审验照、动产抵押、股权质押、商标权质押、贷款融资等“一站式”服务;通过市场巡查、定期回访,实现日常监管、贷后管理相统一,及时发现和解决贷款户生产经营中存在的困难和问题,保障其贷得来、用得好、增效益;信用同建,工商部门改进和加强企业、个体工商户信用分类监管,及时向邮储银行通报相关信用信息;邮储银行定期向工商部门提供贷款客户违约信息。开展信用户、信用村、信用市场创建活动,并选择2个到3个乡(镇)进行试点,总结推广试点经验,以此推进“诚信陕县”建设。

【陕县与河南信诺安捷实业有限公司举行合作办学签字仪式】 3月8日,陕县与河南信诺安捷实业有限公司合作办学签字仪式在金泉宾馆二楼多功能会议厅举行。为改善教学环境,大力发展陕县职业教育,县委、县政府抢抓机遇,乘势而上,以就业为导向,以服务为宗旨,全面落实省、市、县职业教育攻坚计划,实施兴建河南宏建职业技术学院。仪式上,副县长潘新乐致辞并代表县政府与河南信诺安捷实业有限公司签订了合作办学意见书。

【西张村镇41个“群众服务中心”挂牌成立】 3月,西张村镇在41个行政村全面挂牌成立“群众服务中心”,村民的“烦心事”将首先在本村“群众服务中心”得到就近解决。在西张村镇组织和安排下,41个村实现了村村有“群众服务中心”,服务中心设有综治和谐办公室、村民调组织和村民调解委员会,村支书、主任兼任调解委员会的正副主任,村班子成员中至少有1人专职任民调干事,治保主任、村民小组长担任民调员,同时积极吸纳在群众威信较高的人员加入服务中心。“群众服务中心”将担当起引导群众就地就近反映和解决问题的重任,切实把信访问题处理在组、解决在村,真正成为人民群众的“贴心人”减少因信访问题引发的一系列不良社会影响。

【大营镇被评为“劳务输出工作先进乡(镇)”】 3月,大营镇被三门峡市委、市政府评为“劳务输出工作先进乡(镇)”。2010年,该镇始终把劳务输出作为农民增收致富的重要项目来抓,切实强化技能培训,努力开拓劳务市场,大力搞好跟踪服务,有效实现了体力型向技能型、自发性向有计划的转变。全年举办培训班11期、信息发布会5期,有组织地向新疆、江苏、山东、北京、甘肃、广东等地输出富余劳力10 448人,实现新增就业846人,实现劳务收入1.25亿元。

【陕县革命遗址普查工作即将全面展开】 3月19日，陕县召开革命遗址普查工作会议。会议确定这次革命遗址普查的地域范围为全县行政区域，时间范围为新民主主义革命时期即1919年至1949年，内容主要包括：党的重要机构旧址，重要党史人物的故居、旧居、活动地；重要事件、重大战役战斗遗址，具有重要影响的革命烈士事迹发生地或墓地；能够反映重要历史活动、进程、思想、文化的各种遗迹等。新中国成立以来兴建的各类纪念馆、烈士陵园、纪念碑等内容。涉及新民主主义革命时期的纪念设施也属于普查范畴。副县长、县革命遗址普查工作领导小组副组长潘新乐宣读了《陕县革命遗址普查工作实施方案》。

【陕县产业集聚区再添新军】 3月31日上午，氯化聚乙烯项目、氯化石蜡项目及中小企业园区道路建设在陕县产业集聚区开工建设。三门峡美乐化工有限公司承建的氯化聚乙烯项目是三门峡市"8155"计划重点建设项目之一，总投资1亿元，项目建成后，可实现年产1.5万吨氯化聚乙烯，年产值15 000余万元，产品广泛用于塑料抗冲剂、改性剂，防水卷材、电线、电缆等。三门峡昊昱化工有限公司承建的氯化石蜡项目同样是三门峡市"8155"计划重点建设项目，总投资1亿元，项目建成后，可实现年产4万吨氯化石蜡，年产值28 000余万元，产品主要用于制造塑料原料。中小企业园区道路建设，全长770米，总投资140余万元，由县住建局牵头设计并组织施工。中小企业园道路的建设将为入驻企业提供很大的交通便利，加快园区基础设施建设步伐。这3个新建项目的开工将进一步推进产业集聚区协作分工和联动发展，完善产业链，壮大产业集群，提升陕县产业集聚区竞争力。

【陕县获得"全市对外开放工作先进单位"荣誉称号】 4月，在全市对外开放工作会议上，陕县被市委、市政府授予"2010年度全市对外开放先进工作单位"荣誉称号。2010年，陕县坚持把对外开放和招商引资作为"战危机、促三保"的重要举措，深入开展大招商活动，有力地带动了经济社会平稳较快增长。直接利用外资完成3 200万美元，引进国内资金45亿元，同比分别增长15.4%和45.2%；完成出口创汇600万美元，实现对外开放和招商引资工作新突破。

【原店镇新型农村住宅社区暨五里河治理工程举行开工奠基仪式】 4月13日，原店镇新型农村住宅社区暨五里河治理工程举行开工奠基仪式。原店镇郭家新型农村住宅社区是县委、县政府确定的试点社区，由北京中华建规划设计院规划设计，该社区投资1.5亿元，总建筑面积15.8万平方米，其中楼房面积7.8万平方米，别墅面积6.6万平方米，可容纳住户1 049户，社区的建成将有效地解决该村群众的住房问题。同时，五里河治理工程同步进行。该工程北起神泉路公路桥，南至陇海线铁路桥，全长746米，宽28米，南北纵贯社区，社区内还将架设6米宽的造型通车桥3座和3米宽的行人桥2座，五里河的治理将会成为该社区一道靓丽的风景。

【陕县举行悼念玉树地震遇难同胞暨捐款仪式】 4月22日，陕县举行悼念玉树地震遇难同胞暨捐款仪式，青海玉树的地震灾情牵动着全国人民的心，县总工会、县直机关工委、县民政和民族宗教局、县妇联、团县委、县工商联等部门联合发出通知，号召全县广大党员干部职工伸出援助之手，向灾区捐款捐物，奉献爱心。捐款仪式由县委副书记张保军主持。县四大班子领导及县直机关领导干部100多人共捐款43 300元。全县各单位也纷纷解囊献爱心，截至4月27日捐款数达30.7万元。

【广东凤铝铝业到陕县考察铝深加工项目】 4月23日，广东凤铝铝业常务副总经理刘志铭一行3人到陕县考察铝深加工项目。广东凤铝铝业有限公司成立于1990年，是集铝合金型材研发、生产与销售等为一体的综合性大型民营铝型材企业，拥有南海和三水两个大型生产基地，占地总面积90万平方米，建筑面积近70万平方米。主要从事研发和生产建筑类、装饰类、工业类、军工类、航空航天类、特种铝合金型材等产品。凤铝铝材荣获"中国名牌""中国驰名商标"称号，凤铝铝业被评为"中国铝型材企业十强"。考察组一行先后到县西铝工业园区、恒康铝业、开曼铝业、高阳山，就陕县铝工业发展现状、中长期规划以及发展铝深加工业进行了考察。通过考察，广东凤铝常务副总经理刘志铭表示，陕县资源丰富，地理位置优越，投资环境优良，广东凤铝有信心到陕县投资兴业，共谋发展，实现共赢。

【九朵莲花山规划征求意见会议召开】

4月24日，陕县召开九朵莲花山规划征求意见会议。为整合陕县旅游资源，建设以黄土文化、窑洞文化、果木生态文化为主要内容的生态旅游区，河南省社会科学院研究员，河南省韶光旅游规划设计研究中心主任许韶立、郑州师范学院旅游系教授江旅冰等专家经过实地勘察研究，对陕县莲花山景区的建设做了细致的规划与设计。江旅冰教授对建设九朵莲花山项目的优势做了客观的分析与评估，并提出项目建设整体规划，规划建设以黄土窑洞群为载体、以豫西黄土文化为内涵、以果木景观为背景，集黄土窑洞文化游、生态休闲健身游、乡村农家游于一身的生态旅游区。规划用15年的时间，分3个阶段把莲花山打造成为河南省知名景区和中国西部开发的一个示范观光农业工程园。

【陕县产业集聚区发展规划通过省发改委批复】 4月，河南省发展和改革委员会正式批复了《陕县产业集聚区发展规划(2009～2020)》，陕县产业集聚区的规划和实施，对于陕县承接产业转移、拉动内需、推进工业化快速发展以及增强县域经济实力有着重大意义。陕县产业集聚区是河南省首批175个产业集聚区之一,2008 年 12 月开始建设,分为东西两个区域,总规划面积 9.88 平方千米。按照"功能组团式"发展模式,西区位于张湾乡为现代服务组团,以居住功能为主,现代物流为辅的综合服务区;东区位于观音堂镇为工业生产组团,发展以煤、盐化工产业为主导,配套设施完善的循环经济产业区。按照"项目集中布局,产业集群发展,资源集约利用,功能集合构建"的总体要求,通过科学编制规划,加大基础设施建设,强力推进项目入驻等措施,产业集聚区建设取得显著成效。产业集聚区的总体规划环评、土地利用总体规划修编以及发展规划(2009 ~ 2020)均通过省级批复,工业产业发展规划也通过省专家评审。完成基础设施投资 5.58 亿元,入驻项目 3 个,其中奥科化工、广瑞化工两个亿元项目建成投产。

【日本果树专家为张湾乡果农授课】 5 月 1 日,日本果树专家花岗要男先生到张湾乡柳林村为果农现场授课。周边各村 100 余名果农到场听课,农民活动室座无虚席。花岗要男先生种植苹果有 50 余年历史,是日本"花甲协会"的会员,每年都免费出外讲授日本的苹果种植经验。这次是受到科技部和市、县的邀请前来为当地果农进行授课的,也是他为中国果农讲授的第 29 场课程。课堂上,就日本种植的富士、阳光、秋映等苹果新品种进行了简要讲解,在果树如何增加坐果率、增加糖分、预防腐烂病从而提高果品品质的关键环节上进行了经验传授,为果农在果树的施肥、修剪、授粉及疏花蔬果等管理环节上进行了深入的分析。花岗要男亲自带上工具,来到苹果园里就果树如何剪枝、科学疏花疏果进行了现场指导,并现场解答当地果农提出的各类问题 。

【何晓东入围"中国好人榜"候选人名单】 5 月为配合做好道德模范选树工作,推动社会形成学习、关爱、崇尚、争当道德模范的良好风尚。中宣部、中央文明办组织中国文明网开展"我推荐,我评议身边好人"推荐活动。陕县档案局干部何晓东经过层层推荐,入选"中国好人榜""见义勇为好人"候选人。

【第 16 届三门峡国际黄河旅游节暨投资贸易洽谈会陕县收获丰厚】 5 月 19 日举行的第 16 届三门峡国际黄河旅游节暨投资贸易洽谈会经济合作项目发布暨签约仪式上,陕县与北京、上海、天津、江西、青海、江苏、浙江、陕西、山西和香港、台湾、沿海地区 30 多家企业进行了经贸洽谈。共达成合作项目 13 个,投资金额 100 多亿元,在三门峡国际会议中心签约会上,上会签约项目 10 个,签约金额 91.1 亿元。

【漯河市临颍县考察团到陕县考察学习】 5 月 21 日,漯河市临颍县副县长刘杏茹带领临颍县考察团到陕县考察学习。考察组一行到黄河湿地、建材市场、农贸市场等实地进行考察,在召开的座谈会上,副县长李海霞向考察团介绍了陕县农产品、建材、企业等多种领域的经济发展情况。临颍县也介绍了该县工业和农业等各个方面的发展情况,并与陕县交流了城市建设的经验和看法,同时,邀请陕县到临颍县考察,增强两地的互动交流。

【正信岳庄希望小学食宿楼落成暨庆"六一"捐助活动举行】 5 月 28 日,正信岳庄希望小学食宿楼落成暨庆"六一"捐助活动在陕县西李村乡岳庄村举行。县领导张保军、张儒雷、崔双才、潘新乐、魏仙武以及市县老促会、妇联、团委、教育部门、参与捐助企业负责人等参加活动。正信岳庄希望小学食宿楼共分 2 层,1 楼为餐厅,2 楼为宿舍。在建设过程中三门峡正信职业公司共捐资 20 万元。该楼的建成将从根本上改善了该校学生的食宿条件。县电业局的 15 位爱心妈妈还通过"一对一"形式与各自帮扶的孩子进行深入交流,建立了联系,并向该校的孩子们捐助了 100 套学习用品。

【甘棠公园开园迎客】 6 月 1 日,位于陕县城区的甘棠公园正式开园迎客。县领导李晓波、董树良、梁洪有、刘玉枝参加开园活动。甘棠公园由上海复旦规划设计研究院担纲设计,总占地面积 32 公顷,投资 4 000 万元。园内种植了银杏、大叶女贞等 50 余种乔木,金边黄扬、红叶石楠等 52 种灌木,建设了园内道路、儿童乐园、体育广场、奥运通道、人工湖、塑胶跑道等配套设施。一二期工程完工,根据设计规划,还将进行三期水系的建设。甘棠公园的建成是陕县又一大景观亮点,对于改善人居环境,优化城市功能,提高城市品位,加快城市建设,树立陕县对外新形象有着极其重要的意义。开园仪式由副县长梁洪有主持。随后,参加开园仪式的领导与城区居民一起入园参观。

【三门峡市绿色果业合作社现场观摩会在陕县召开】 6 月 5 日,三门峡市绿色果业合作社现场观摩会在西张村镇石原村召开。与会人员先后参观了石原村 3 家示范园,听取了园主对当前果树栽培管理技术以及果园精细管理的介绍。大家一致认为,示范园的管理明显好于附近其他果园,实行合作社专业管理是个好办法。通过观摩,广大果农开阔了视野,学到了真经。大家纷纷表示,希望加入合作社,由专家来指导,自己下工夫好好管理,争取两三年内也把自己的果园变成优质高产园。参加这次观摩会的果农很多都是龙跃绿色农业专业合作社的成员。龙跃绿色农业专业合作社成立 2 年来,已组建联合农民专业合作社 136 个(含灵宝市),涉及农户9 382户,其中苹果生产专业合作社 97 个。运行 2 年来,通过完善内部运作机制,在促进绿色果业发展方面起到了龙头带动、规范生产管理和服务作用。

【陕县地坑院营造技艺列入第 3 批国家级非物质文化遗产保护名录】 5 月 17 日,陕县地坑院营造技艺被文化部列为第 3 批国家级非物质文化遗产保护名录,这是陕县第一个被列入国家级非物质文化遗产名录的项目,此次河南省列入第3批国家级非物质文化遗产保护名录仅有10项,三门峡市也仅此1项。地坑院是黄土高原地区一种独特的民居形式,在陕县境内分布广泛,其营造技艺对研究生土建筑具有重要的历史、文化和学术价值。为提升陕县地坑院的知名度,研究、保护、开发和利用这一珍贵的文化遗产,2010年年初,县文化部门积极展开地坑院营造技艺申报国家非物质文化遗产工作。成立机构,下拨资金,邀请有关专家及华北水利水电学院就地坑院申遗工作进行考察论证,制定申报工作方案,组织民间技工新建一座地坑院,同时利用摄录技术,对看地形、放线、开挖、打窑、垒坑、门窗制作等地坑院营造技艺工序进行全过程录制。3月,地坑院营造技艺被三门峡市人民政府公布为第1批市级非物质文化遗产拓展项目,9月被河南省人民政府列入第2批非物质文化遗产保护名录,并在9月底向文化部申报第3批非物质文化遗产。

【中央巡视组到陕县调研】 6月24日,中央巡视组副组长、副部级巡视专员尹业金率领中央第六地方巡视组深入陕县缘份果业公司调研指导工作。中央巡视组正局级巡视专员宋援朝随同巡视,省委副秘书长周春艳、省委组织部副厅级组织员胡战坤及市领导杨树平等陪同巡视。缘份果业公司是陕县农业产业化重点龙头企业,公司年产12万吨果品综合加工项目,总投资4.23亿元,一期工程投资3.45亿元,建设果汁、饲料、果胶加工生产线,2010年7月底建成投产。研发中心、联合生产车间已建成,设备调试已结束,走进企业联合生产车间,尹业金一行对该项目"吃干榨净、变废为宝"的循环经济发展理念产生了浓厚的兴趣,不时询问项目的生产流程、加工工艺、果品来源等情况,对该公司积极建设亚洲单线生产能力最大的目标给予肯定,并希望企业今后要紧紧依靠当地丰富的果品资源,进一步创新生产理念和加工工艺,有效带动豫西果品产业发展,为周边果农和当地经济社会发展多作贡献,作大贡献。

【信阳市考察团到陕县】 7月8日,信阳市委常委、秘书长冯鸣,市人大常委会副主任尹保斌率领信阳市考察团一行到陕县,考察重点项目建设情况。考察团一行先后实地察看了缘份果业年产12万吨果品综合加工项目、恒康铝业年产24万吨铝深加工项目和骏通公司特种车辆项目。每到一处,考察团成员都边看、边谈,对陕县重点项目建设取得的成就由衷赞叹;对陕县按照"四个重在"的要求,强力实施项目带动战略,加快县域经济发展方式转变的做法印象深刻。双方表示,以后要进一步增进了解,加强合作交流,促进共同发展。

【县环保局荣获国家级污染源普查先进单位】 7月,从国家和全省污染源普查总结表彰大会上传来喜讯,县环保局被国务院全国第1次污染源普查领导小组评定为全国第1次污染源普查先进集体,县环保局局长张中平被评为全国第1次污染源普查先进个人。

【《陕县年鉴(2010)》出版发行】 《陕县年鉴(2010)》是陕县县委、县政府主办的具有权威性的地方综合年鉴。该年鉴全面、系统、准确地反映了2009年度 全县自然、经济、文化和社会等方面的最新情况。记录了陕县2009年的新成就、新经验、新发展和存在的新困难、新问题,是2009年经济社会事业发展的缩影,同时也是陕县对外宣传的一张精美名片,具有很强的史料性和可读性。该年鉴于6月20日正式出版发行。

【杜晓山调研陕县特色农业发展情况】 8月7日,以中国社科院农村发展研究所书记、研究员杜晓山为组长的调研组,在省社科院相关负责人陪同下到陕县,调研特色农业发展情况。陕县坚持以市场为导向,以实施农业标准化、产业化、信息化为手段,积极发展特色农业,推广应用多项实用新技术,培植壮大了果品、蔬菜、畜牧、烟叶、林业等特色产业,使现代化农业粗具规模,特色产业优势明显。在二仙坡绿色果业山庄,调研组一行被标准化管理的果园所吸引,在听取了山庄负责人关于园区规划和发展等情况汇报后,对陕县果品业发展形势大加赞赏。随后,调研组到该园区的新品种西红柿园里,就西红柿的栽培管理及未来市场销路等情况进行了详细了解,并对陕县的特色农业发展情况给予充分肯定。

【省考评组对陕县新申报的省级文明单位检查验收】 8月17日,省考评组对陕县2010年新申报的省级文明单位进行检查验收。陕县以市级文明城区创建为龙头,以省级文明单位创建为重点,广泛开展了各种层次的精神文明创建活动,先后有7个单位申报创建省级文明单位,其中有5个单位通过了初评。检查中,考核组通过查阅档案、民主测评、召开座谈会、实地查看等方式对县人民法院、交通运输局、农村信用联社等单位进行了检查考评,检查组对陕县文明单位创建工作给予了充分肯定。

【河南国际投资贸易洽谈会陕县取得丰硕成果】 8月24日至28日,第6届中国河南国际投资贸易洽谈会和港澳深地区闽籍企业家访豫活动在省会郑州举办。县委书记牛兰英、副县长李海霞率陕县代表团一行9人参加了洽谈会,并成功签下20.8亿元大单。陕县与中电投河南电力有限公司就开发建设风电项目达成框架协议,协议金额达15亿元;与深圳皮皮熊产业投资有限公司就动漫产业园项目进行了签约,投资金额为5.8亿元。这2个项目的成功签约将对陕县经济结构调整,加快发展方式转变起到推动作用。

【日本投资考察团先遣组到陕县考察】 9月6日,由日本株式会社比基亚公司顾问、志摩市前市长竹内千寻带领的日本投资考察团先遣组一行3人,到陕县考察三门峡温泉保健度假区开发项目。会见会上,市长级干部赵光超对竹内千寻先生一行到三门峡考察表示热烈欢迎。赵光超从三门峡旅游资源与旅游业发展概况,三门峡温泉保健度假区开发项目情况及温泉水利用开发现状等方面向日本客商作了介绍,并一同观看了陕县县情及温泉度假区策划的电视宣传片。通过实地察看和会见中的了解,三门峡之行给日本考察团留下了美好印象,尤其对陕县的温泉水称赞有加。表示回国之后,他们会将温泉开发项目汇报给日本投资考察团,并介绍日本的企业到陕县合作开发温泉系列产品项目。

【陕县组团参加第 14 届厦洽会】 9 月 8 日至 11 日,陕县招商团队赴厦门,参加福建厦门市举行的第 14 届中国国际投资贸易洽谈会,此次洽谈会有 83 个国家和地区的 492 个机构参会,境外客商超过 1.3 万人。中国国际投资贸易洽谈会是国内当前唯一以投资促进为主题的全国性经贸活动,以"引进来"和"走出去"两方面内容为主题,是陕县承接产业转移、加快利用外资、扩大开放的重要平台。为使此次参会更具针对性,县招商办先期对全县 120 个重点招商项目进行了精心包装,上报"厦洽会"项目数据库。在项目对接会现场,陕县招商人员有的放矢地与投资商进行了"一对一,面对面"的直接洽谈,有效地宣传了投资环境与相关政策,而且广泛地搜集了项目线索,达成初步意向。团队人员还参加了中美企业投资合作论坛等投资热点问题研讨会,并在会场发放宣传资料 300 多份,从不同的角度对陕县进行了宣传与推介,为招商引资工作的开展打下良好基础。

【陕县"走出去"招商取得显著成效】 全县招商引资工作会议后,各级部门高度重视,组建招商小分队、制定工作方案、策划咨询项目、摸排招商区域,全面出击,强力推进,取得了显著成效。全县共组建招商小分队 49 个,其中乡(镇)30 个,县直 19 个。仅 8 月 ,全县共外出招商 30 余次,分赴北京、上海、温州、南京、佛山、哈尔滨、沈阳、郑州、深圳、香港、澳门等地区进行上门招商活动,走访企业 60 余家,推介项目 170 多个,先后邀请 20 批次、50 多家企业到陕县进行实地考察。动漫产业园建设项目、风力发电项目已成功签约;有明确投资意向的项目 9 个,张汴乡洽谈二仙坡农业旅游开发项目、豆制品深加工项目;原店镇农村污水处理项目等;张湾乡天鹅湖生态苑项目、酞菁燃料项目;王家后乡的 10 万吨陶粒沙项目等;商务局的 100 万平方米汽车真空镀膜玻璃生产项目、九朵莲花山综合开发项目、通信器材生产项目、中高档皮鞋制作项目、手机电池制造项目;县产业集聚区供热项目;农业局果蔬加工项目、500 头生猪养殖厂等几个项目在洽谈中。张茅乡的编织袋厂项目开工,9 月底建成投产。

【陕县在苏州举办项目推介会】 9 月 28 日,由县委、县政府主办,中国管理研究院、苏州河南商会、无锡河南商会、上海河南商会协办的陕县(江苏)经济合作项目暨劳务输出推介会在苏州举行,共发布经济合作项目 182 个,其中当场签约合作项目 12 个、金额 16.05 亿元。推介会上,陕县结合苏杭地区的产业特点,筛选发布了涉及铝精深加工、化工、轻工和建材、机械制造、特色农业、新能源和旅游等六大类 182 个项目,重点是规划在县产业集聚区和县城铝工业集聚区的建设项目。同时,苏杭等地区的 28 家企业表达了到陕县考察的意向,对项目进行深入洽谈。

【御汤温泉国际酒店开工奠基】 10 月 22 日,河南御汤温泉国际酒店项目开工奠基。河南御汤温泉国际酒店,位于陕州路东段陕州人民医院对面,由陕县春天置业有限公司投资兴建,计划总投资 1.8 亿元,建筑总面积 3.8 万平方米,是一家集住宿、餐饮、洗浴、温泉养生、商务会议为一体的综合性度假酒店。项目建成后,不但可为 300 余名社会富余劳动力提供就业岗位,而且对于提升城市品位、提高三产档次和旅游接待能力、推动第三产业快速发展等将发挥积极的促进作用。

【西张村镇 5 万锭棉纺纱项目奠基】 10 月 20 日,西张村镇 5 万锭棉纺纱项目举行奠基仪式。该项目是西张村镇认真贯彻落实县委、县政府招商引资政策,3 月份招商引资引进来的项目,计划投资 5 000 万元,分 2 期完成,一期计划投资 3 000 万元,规模 3 万锭;二期计划投资2 000万元,规模 2 万锭;计划工期 3 个月,2011 年元月完成基础设施建设开工投产;该项目的落户,可以解决就业 200 人,产值 1.5 亿元,实现利税3 000万元,对该镇的工业发展具有里程碑意义,项目投产后对经济发展将起到积极的推进作用。

【第 9 届达摩祖师纪念大典暨文化活动举行】 11 月 10 日,第 9 届达摩祖师纪念大典暨文化活动在空相寺举行。省委统战部副部长、宗教局局长刘世军,市县领导郭秀荣、赵艳、周志远,王铁创、肖群兰 等出席纪念大典,并为观音殿、紧那罗王殿竣工剪彩。空相寺作为禅宗初祖达摩的圆寂之地,奠定了它在佛教界较高的地位,在国内外佛教界有着深远而重大的影响。空相寺距今已有 1 900 多年的历史,是中国建筑时间较早的寺院,是中原 4 大名寺之一,素有"陕郡之圣地,天下之名蓝"的美誉。纪念大典由县政协副主席魏仙武主持。少林寺禅堂首座、终南山静业寺方丈本如大和尚,美国禅修中心冯克强先生及县佛教协会会长、空相寺监院释延慈法师分别在纪念大典致辞。纪念大典还邀请了久负盛名的少林寺武僧团进行了武术表演,并举办了达摩文化书法、剪纸、绘画展览,邀请省内外书画名家在 25 米长卷上现场挥毫泼墨。同时,举办了戏剧演出、太极拳表演等活动。当天,大营麻花、观音堂牛肉等特色产品展销为圣会助兴。

【珠三角产业联盟投资考察团到陕县】 11 月 10 日至 11 日,由香港恒基产业股份发展有限公司董事长郭家诚,粤港澳集团董事长、珠三角产业联盟联席主席蔡岳等组成的珠三角产业联盟投资考察团到陕县考察工作。考察团一行先后到高阳山景区、河南骏通车辆有限公司和铝工业园区,听取温泉休闲度假村有关介绍,察看企业流程,了解工业园的配套设施建设、相关优惠政策以及道路交通优势等情况。在金泉宾馆举行的座谈会上,考察团观看了陕县宣传专题片,听取了陕县有关工作介绍,并就关心的问题与陕县进行交流。陕县资源丰富、交通便利,投资环境良好,将在多个领域加强与陕县的沟通交流,寻找合作良机,实现共同发展。

【国家林业局检查组到陕县检查指导工作】 11月22日,国家林业局新闻办、宣传办主任程红带领的检查组 到陕县,检查指导创建国家森林城市工作。检查组一行先后来到西张村镇庙上村地坑院和甘山国家森林公园,实地察看城乡绿化、景区绿化等情况。通过检查,大家一致认为,陕县森林城市工作领导重视,真抓实干,在认识、实践、成效三方面为创建国家森林城市工作奠定了坚实基础。并希望陕县在下步工作中对照创建标准认真排查薄弱环节,落实责任,把创建工作持续推向深入。

【陕县与河南泰宇房地产公司签订高阳山温泉休闲度假区综合开发项目框架协议】 11月24日,陕县与河南泰宇房地产公司签订高阳山温泉休闲度假区综合开发项目框架协议。此次签约的高阳山温泉度假区开发建设项目,由河南泰宇房地产开发有限公司投资建设。该项目将按照陕县高阳山温泉休闲度假区总体规划实施建设,建设目标预设为集温泉养生、休闲度假、商务会议等功能于一体的5A级国家旅游度假区,规划区域9.5平方千米,概算投资约为100亿元,共分2期实施。项目建成后,将使陕县的旅游业开发的品质、经营的理念、管理的档次进入更新的阶段,也为全县经济发展注入了新的活力。

【兴浩公司年产5万吨拟薄水铝石项目开工建设】 11月26日,陕县兴浩催化剂新材料有限公司年产5万吨拟薄水铝石项目开工奠基。陕县兴浩催化剂新材料有限公司是由山东淄博浩霖集团和湖南长炼兴长集团共同投资建设的一家高科技企业。开工建设的拟薄水铝石项目,设计年生产能力5万吨,计划总投资5亿元。项目共分2期建设,其中1期项目设计年生产能力2.5万吨,投资1.65亿元,2011年6月底建成投产,整个项目预计将于2012年底建成。项目投产后,年可实现销售收入3.5亿元,利税6 000万元,带动就业120人。来自国家发改委、中石化催化剂总公司的嘉宾、项目投资方代表及宫前乡负责人分别作了发言。奠基仪式由县人大副主任刘文生主持。解放军军事医学科学院,河南省政协,山东省淄博市临淄区人大、政协有关领导及县直相关部门、项目施工单位的代表等参加了活动。

【陕县两个合作项目在郑州集中签约】

12月12日,三门峡市委、市政府在郑州举办合作项目签约仪式。陕县分别与美国爱德华公司和河南泰宇公司签订了投资30亿元的太阳能发电项目和投资50亿元的温泉综合开发项目。美国爱德华公司是美国金融业监管机构及证券投资者保护基金的成员之一,是专业从事资本投资及项目融资的大公司,具有雄厚的资金实力和丰富的投资经验。签约的太阳能发电项目总投资30亿元,属于新能源建设项目,计划装机容量为100兆瓦,分3期进行,其中1期投资6亿元,装机容量为20兆瓦。温泉综合开发项目总投资50亿元,项目分3期进行,其中1期项目投资15亿元,涉及城中村改造、温泉度假区星级酒店建设、高阳山生态区建设与开发等。此次签约的项目将对陕县扩大投资规模,建设战略性新兴产业,加快转变经济发展方式带来积极影响。

【台湾杰泰企业经济 投资考察团到陕县考察】 12月16日,台湾杰泰企业经济投资考察团陈忠治先生一行到陕县投资考察。在观看了电视片《黄河明珠—陕县》,听取了县委常委、县纪委书记骆玉峰对陕县投资环境讲解和副县长李海霞对陕县县情的全面介绍后,考察团一行对高阳山景区进行了实地参观考察。考察团对陕县的投资环境表示满意,对高阳山景区的开发建设充满信心,并有明确的投资意向,准备在高阳山景区附近建一个温泉小镇,并表示会介绍更多的台湾企业家朋友和大企业到陕县观光考察,投资兴业。

【深圳闽藉家具企业家对陕县进行考察】 12月23日,以中国闽商投资集团(香港)有限公司董事局主席黄毅龙为代表的家具行业考察团一行16人,到陕县考察投资家具项目建设。考察团一行首先对陕县铝工业园区建设、产业聚集区的现代服务区进行了实地考察。县领导向考察团介绍了陕县的发展环境,并表示闽商是中国经济舞台上最活跃的商帮之一,在国际、国内有着号召力和团队精神。陕县民风纯朴、劳动力富裕、资源丰富、交通便利,希望闽商企业家朋友到陕县考察、交朋友,发挥闽商企业的资金、技术、管理、资源优势,在陕县谋划好更多、更好的项目。为企业提供更加高效的服务、更加优良的环境,使闽商企业家进得来、发展快,实现互利共赢。闽藉家具企业家纷纷表示,要在这里打造一个家具产业链的大市场基地,产品占领中部、西部市场,经过3年到5年时间,把产品打造成世界名优产品。

2010年陕县各乡(镇)基本情况

表5

乡(镇)	总人口(人)	粮食总产量(吨)	油料总产量(吨)	棉花总产量(吨)	肉类总产量(吨)	烟叶总产量(吨)	水果总产量(吨)	大牲畜存栏(头)	生猪存栏(头)	山绵羊存栏(只)	耕地(公顷)	财政一般预算收入(万元)	财政一般预算支出(万元)	农民人均纯收入(元)	党委书记	乡(镇)长
大营镇	33 705	11 527	89	55	1 579	—	51 394	7 200	8 270	6 580	1 785.26	2 340	2 806	6 442	翟万寿 张坤士	贺清平 杜占雄
原店镇	31614	1451	—	—	720	—	9250	2105	4884	3089	208.53	2510	567	5539	张坤士 李邦宏	胡麦朝
西张村镇	55 297	10 654	—	8	1 924	150	128 404	7 980	19 366	4 583	2 584.23	682	1 356	6 978	李建龙	段乡青 赵　勇
观音堂镇	37 577	13 286	513	—	1 599	600	226	21 863	15 788	13 120	4 610.07	1 887	830	5 435	王玉华 贺清平	赵振华
张汴乡	12 809	5 800	—	6	641	38	55 050	1 223	4 939	3 269	850.87	581	499	4 950	张宪军 王庙鱼	王庙鱼 秦建泽
张湾乡	25 923	6 600	183	80	589	—	36 000	4 927	5 906	3 784	1 309.97	605	1 167	5 425	苏万军	赵宏波
菜园乡	37 115	10 074	247	26	1 644	710	99 860	15 697	12 418	8 103	3 343.57	547	944	5 490	苏占云	崔道章
张茅乡	20 869	8 754	157	8	766	158	2 862	10 355	6 209	6 621	2 991.07	647	721	6 262	李建强	刘　博
王家后乡	18 474	7 522	333	10	530	67	181	17 422	9 633	6 730	2 671.98	10 106	1 288	5 493	赵　鹏	杨明武
硖石乡	13 116	4 139	341	5	732	—	85	4 001	5 879	4 047	1 548.68	871	675	5 562	尤栓邦 李　洋	李　洋 尚　捷
西李村乡	24 344	14 554	988	8	703	930	260	9 890	8 225	6 850	6 148.85	647	626	5 180	南　明 张海岩	詹建民
宫前乡	14 967	13 641	234	—	1 826	1 200	210	22 437	7 029	7 624	4 321.52	539	645	5 296	李百军	李百军
店子乡	4 190	1 788	44	—	574	405	50	6 249	3 627	5 662	727.81	222	350	5 100	郭海阳	刘　阳
其他	14 729	—	—	—	—	—	—	—	—	—	—	—	—	—	—	—
总数	344 729	109 790	3 129	206	13 827	4 258	383 832	131 349	112 173	80 062	33 102.41	22 184	12 474	—	—	—

（张素娥　习　云）

灵宝市

【概况】 2010年,灵宝市委、市政府团结带领全市人民,面对复杂多变的经济环境和严峻挑战,坚持发展第一要务不动摇,以加快推进经济发展方式转变为主线,持续深化项目建设年和企业服务年活动,持续应对金融危机的好经验、好做法,着力调结构、促转型,着力打基础、谋长远,着力增收入、惠民生,发展活力和后劲大幅提升,经济社会保持了持续较快发展的良好态势。全年完成地区生产总值328.7亿元,增长15.6%;完成固定资产投资191.7亿元,增长23%;实现地方财政收入12.56亿元,其中一般预算收入9亿元,增长15.8%;完成财政支出25.97亿元,其中一般预算支出18.68亿元,增长18.2%;城乡居民储蓄存款余额114.6亿元,增长12.6%;城镇居民人均可支配收入15 596元,增长16%;农民人均纯收入6 735元,增长14.7%。

实施项目带动、集聚发展,工业经济增势强劲 产业集聚区建设快速推进。当年,市委、市政府将产业集聚区建设作为推进经济转型发展的"一号工程",按照"一区两园"框架,明晰发展定位,突出基础设施、标准化厂房和项目入驻等3项重点,举全市之力,集全民之智,整合优势资源,强力推进。城东产业园发展框架全面拉开,入驻项目11个,实现了当年申报、当年启动、当年建设、当年见效;豫灵产业园3条主干道基本成型,新入驻项目9个。2大园区全年累计完成投资27.5亿元,入驻项目59个,实现税收5 802万元,初步形成了集聚效应。项目建设年活动持续深化。当年,全市新建、续建投资在3 000万元以上重点项目86个,其中亿元以上项目51个,实际完成投资79.09亿元,建成投产投用39个,重点项目开工率、完成投资额、项目建成个数和联审联批工作位居三门峡市首位。华鑫万吨高档铜箔、硫铁化工综合利用二期扩建、景源公司2万吨浓缩葡萄汁等项目建成投产或完成年度建设任务,50万吨废旧钢铁回收再生、孟成生物药业色氨酸等18个接续产业项目开工建设,两大新型工业基地不断壮大提升,工业结构更加优化。大招商活动深入开展。紧盯国家政策方向,积极向上争取项目资金支持,全年申报项目38个,争取扶持资金3.1亿元。成立58个招商小分队,组团参加大型招商活动10余次,在福建泉州成功举办灵宝产业集聚区项目推介会。全年签约对外合作项目29个,投资总额158.5亿元,其中,6个项目建成投入运行,18个项目开工建设;引进省外资金33.4亿元,外商直接投资3 900万美元。

突出农民增收、农业增效,农村经济全面发展 粮食生产喜获丰收。全年粮食总产达2.36亿千克,荣获"全国粮食生产先进县"称号。特色农业持续壮大。财政补贴500万元,新发展果树3 733.33公顷,新栽大枣1 000公顷、核桃5 033.33公顷,创建国家标准果园4个,荣获"中国优质苹果生产基地县市"称号。加快推进现代烟草基地建设,全年合同种植烟叶3 133.33公顷,实现产值1.07亿元、税收2 358万元,上等烟比例达52.5%,再创历史新高。财政奖补100万元,扶持发展50万袋食用菌生产示范基地9个,食用菌规模达4 255万袋。继续推进林业生态建设,完成省级林业生态工程8 133.33公顷,创建林业生态乡(镇)7个、生态村100个。加快有机蔬菜、高山供港蔬菜基地建设,新发展蔬菜413.33公顷,建成了蔬菜保鲜加工中心,产品成功进入香港、深圳市场。基础设施建设步伐加快。窄口水库除险加固工程主体完成,芦家坟、灵湖、小寨河等3座水库除险加固工程竣工投用;白虎潭水库建设顺利推进,累计完成投资2 100万元;窄口灌区续建配套与节水改造三期工程完成年度建设任务,全市新增有效灌溉面积1 553.33公顷;新建饮水工程5处,解决4个乡(镇)、14个行政村、2.5万人饮水安全问题;新建沼气池3 300座,总数达到3.21万座。投资2亿元,实施了全市自筹资金最多、建设规模最大、技术标准最高的连霍高速函谷关连接线一级公路改建工程;投资1.23亿元,完成310国道36千米大中修及4座危桥改造工程,改建农村公路96千米,城乡道路通行条件明显改善。劳务经济不断发展。转移农村剩余劳动力12.7万人次,实现劳务收入9.32亿元。新型农村社区建设卓有成效。首批确定的8个新型农村住宅社区试点工程,累计投资2.7亿元,建成住宅楼35栋876套、住宅小院592座,入住农户1 096户。

加快建设改造、品位提升,城市面貌日新月异 城市北区更加靓丽。投资5 151万元,实施续建、新建基础设施工程22项,全部建成投用;文化活动中心及中心广场初步建成;4项安居工程

12月23日,河南赛普华豫绿色包装项目在灵宝市城东产业集聚区开工

及60项社会工程,累计完成投资19.7亿元,21项全面竣工。同步实施城市北区绿化、美化,建成路园800米长的“弘农诗岸”,完成了慈孝园及北区道路绿化任务,生态环境和品位明显提升。城市改造步伐加快。围绕弘农涧河生态走廊建设,启动了弘农涧河市区南段、岳渡村段河道治理工程;围绕长安路景观大道建设,实施了中心广场、果品市场、涧河西岸等8处重点区域拆迁工程,拆迁房屋11.31万平方米,腾空土地20.67公顷,拓展了城市发展空间;多方筹集资金,实施了断密涧河市区段治理项目,各项工程按计划快速推进;实施了尹溪路、长安路、弘农路等城市主次干道维修及涧东区绿化带改造工程,改造维修城市道路10万平方米,新增绿化面积4.85万平方米。城市西区建设快速推进。围绕副中心城市定位,投资7 000万元,建成了站前游园广场及周边一横三纵道路建设工程,实施广场绿化3.2万平方米,灵宝金鼎、太极灵台、文化墙、文化柱等标志性景观设施建成,形成了具有厚重历史文化底蕴的风景线。城市管理更加规范。积极推行人性化管理,安装环保型移动公厕10座,城市公厕实行免费开放。扎实开展城市文明卫生环境集中整治活动,市容市貌、卫生环境明显改善。

发展特色旅游、现代商贸,第三产业迅速壮大 旅游产业蓬勃发展。加快推进函谷关景区扩建工程,投资8 000万元,完成道岛、德岛填筑及6个景观桥建设任务,太极圣湖蓄水成湖;成功举办万人吟诵《道德经》和“函谷论道”活动,景区影响力和吸引力不断增强。投资1.5亿元的龙湖景区特色旅游开发项目全面铺开,汉山、亚武山、娘娘山等景区全年完成投资8 512万元,“灵宝·金谷”综合加工项目有序推进,历史文化游、黄金文化游、生态果乡游特色旅游更加凸显。商贸服务业取得新突破。累计投资5.3亿元的中心商业区全面投入运营,入住商户1 200户,引进国内外知名品牌120余个,成为城市的一大亮点。商贸建材城项目累计投资1.35亿元,一期商铺完工,二期商铺主体建成,投入试运营。购丰生活广场累计投资3.85亿元,建设商住综合楼41栋,36栋基本建成。东关商贸城、汽车商贸城、中鑫电子商贸城等一批涉及不同领域的商业项目相继开工建设,大商贸框架初步形成。

注重以人为本、改善民生,社会事业和谐进步 民生持续改善。省、三门峡市及灵宝市确定的十件实事全面完成。认真落实各项惠农政策,全年发放种粮直补、家电下乡等各类补贴资金1.02亿元。加强社会保障,新增城镇就业人员6 925人,下岗失业人员再就业3 105人;全年发放离退休职工养老金、城乡低保资金、医保补助资金、医疗救助资金2.68亿元;全面启动新型农村养老保险试点工作,参保人数42.5万人,参保率达97.2%,走在全省前列。实施文化惠农工程,投资273万元,送戏下乡300场,新建、提升文化大院35个、农家书屋90个、村级文化服务点55个。积极发展群众体育运动,成功举办市第十届运动会。投资1 200万元,完成了社会治安科技防控一期工程。社会事业全面发展。积极打造科技创新平台,建立了河南省金源矿业院士工作站、河南省精品苹果开发院士工作站,科技创新能力不断增强。投资9 300万元,新建、改扩建寄宿制学校27所,建成市第三小学、青少年校外活动中心,完成了华苑职高建设及灵宝职专、灵宝技工学校扩建任务。强化基层医疗卫生体系建设,投资2 407万元,建成寺河乡卫生院、124所村卫生所,开工建设市一院新病房楼。严格落实计划生育基本国策,连续2年被评为省级计划生育优质服务先进市。成功申报资源枯竭型城市矿山环境治理重点项目,获得国家连续3年扶持,2010年已到位资金1亿元。强化环境综合治理,圆满完成节能减排目标任务,辖区环境质量进一步改善。积极开展安全生产综合整治,打击非法违法生产经营活动,安全生产形势持续稳定。民主法治建设不断加强。自觉接受市人大及其常委会法律监督和市政协民主监督,全年办理人大代表建议115件、政协委员提案106件,做到事事有回音,件件有落实。坚持依法治市,深入开展普法教育,积极探索完善应对突发事件预案和应急机制,严格落实信访责任制,严厉打击各类犯罪,全市社会大局和谐稳定,群众安全感和满意度不断提高。

【河南汇中50万吨冶金炉料加工配送(舞钢)基地项目开工建设】 4月26日,河南汇中50万吨冶金炉料加工配送(舞钢)基地项目在灵宝市城关镇开工奠基。该项目是城关镇引进的大型再生资源加工利用项目,由沈阳汇财再生资源有限责任公司筹建,占地11.2公顷,计划总投资2.2亿元,其中固定资产投资1.2亿元。工程分2期实施,1期工程投资5 000万元,2010年建成投产,达到年产20万吨冶金炉料加工配送能力;2期工程投资7 000万元,2011年开工建设并建成投产。项目全部建成后,将形成年产50万吨冶金炉料加工配送规模,可实现销售收入15亿元、利税2.6亿元。

【包有民、白洁赴京参加全国劳动模范表彰大会】 4月23日,灵宝市委、市政府举行仪式,欢送全国劳动模范包有民、全国先进工作者白洁赴北京参加全国劳动模范表彰大会。包有民,灵宝市阳平镇北阳平村党支部书记,曾先后被评为河南省十大杰出青年新闻人物、全国农民青年创业致富带头人、全国优秀党务工作者。白洁,灵宝市人民检察院副检察长,曾先后被评为三门峡市优秀党员,河南省“五好”党员、“三八”红旗手,全国模范检察官,省“五一”劳动奖章和全国“五一”劳动奖章获得者。

【北阳平、西坡遗址本体抢救性保护实施方案通过省文物专家评审】 5月14日,由河南省文物局组织的“北阳平、西坡遗址本体抢救性保护实施方案评审会”在郑州举行,北阳平、西坡遗址本体抢救性保护实施方案通过省文物专家评审。灵宝市北阳平遗址群是国务院公布的第5批全国重点文物保护单位,也是“十一五”期间全国重点保护的100处大遗址保护专项之一。评审会上,与会专家一致认为:北阳平遗址群保护实施方案数据翔实可靠、可操作性强、适

10月12日,全国远程教育工作调研组到灵宝市调研

合北方地区的土遗址保护工程要求。

【"函关论道"会在函谷关古文化旅游区举行】 5月19日,第16届三门峡国际黄河旅游节暨投资贸易洽谈会重要活动之一——"函关论道"在函谷关古文化旅游区举行。论道会上,吉林大学教授于天罡、郑州大学教授袁延胜分别以"正本清源话道德""道德经智慧与和谐之道"为题,对《道德经》进行了宣讲和诠释。同时,还分别就《道德经》与企业管理、《道德经》与孩子的素质教育、《道德经》在国内外的研究趋势等问题回答了与会人员的提问。

【河南金尧电站制造项目开工建设】 6月9日,河南金尧电站制造项目在灵宝城市北区开工建设。该项目由三门峡水工机械有限责任公司投资兴建,主要为各类电站设计制造专用配套设备及零部铸件。计划总投资7.9亿元,其中固定资产投资6.9亿元,购置国内外设备538台(套),2011年底建成投产后,年可生产电站成套设备152台,电站装备172台(套),商品铸件1 600万千克,实现销售收入9.43亿元、利润1.48亿元。

【组团参加2010年全国农产品加工业投资贸易洽谈会】 6月28日至30日,灵宝市人民政府组团参加2010年全国农产品加工业投资在河南驻马店市举行的贸易洽谈会。此次洽谈会由国家农业部和河南省人民政府联合主办,国家农业部农产品加工局、河南省农业厅、驻马店市人民政府承办。全国27个省、市、自治区的120个代表团,40家科研院所大专院校,19家河南商会协会和4 000多家国内知名企业及英国、荷兰、日本、孟加拉等客商参加了会议。灵宝市代表团由市农业局、园艺局、景源果业公司、鑫源果业公司、远村食品公司、永辉果业公司、信达果业公司、中普科技公司、玉瑞乳业公司组成,共布置展位2个,参展的产品主要有果蔬酸奶、"沙大宝"牌大枣、"灵仙"牌食用菌、彩色小麦挂面和面粉、果汁、果酱等农产品。洽谈会上,市玉瑞乳业有限责任公司作为三门峡市企业代表,与长春大学国家大豆研发中心现场签约9 000万元年产200万千克女士营养保健食品合作项目,成为灵宝市乃至三门峡市此次参展重大收获之一;鑫源果业有限责任公司的浓缩苹果汁、中普科技有限责任公司的彩色小麦挂面分别荣获优质产品奖。

【灵宝市20个项目被三门峡命名为第2批市级非物质文化遗产名录】 6月3日,三门峡市政府公布了第2批市级非物质文化遗产名录共43项,灵宝市有20个项目入选,分别是民间文学7项、民间美术3项、民间舞蹈2项、传统戏剧2项、传统手工技艺4项、民间习俗2项。在公布的120名第2批非物质文化遗产代表性传承人中,灵宝市何怀兴等64人被命名为三门峡市第2批非物质文化遗产代表性传承人。

【灵宝市城东产业集聚区燕山大道暨标准化厂房建设和断密涧河河道治理项目开工建设】 7月28日,灵宝市城东产业集聚区燕山大道暨标准化厂房建设项目、断密涧河河道治理两项工程开工建设。城东产业集聚区是省政府批准设立的185个产业集聚区之一,规划总面积6.9平方千米。功能定位是:以果食品加工、机械电子为主导,以高新技术和现代服务业等产业为支撑,完善配套服务,形成以第二产业为主,二、三产业协调发展的产业体系。燕山大道和标准厂房是灵宝市委、市政府确定的重点建设项目。燕山大道总长1 540米、宽50米,总投资3 000万元,建设工期10个月。首批标准厂房占地26.68万平方米,其中建筑面积10万平方米,总投资1亿元。项目建成后,不仅可以促进城东产业集聚区招商引资工作的开展,为企业入驻奠定良好的基础,还将带动本地及周边地区经济的快速发展。断密涧河河道治理项目是2010年灵宝市委、市政府为民承诺兴办的十大重点工程之一。工程南起陇海铁路高架桥,北至东涧河与弘农涧河交汇处,全长4 865米,将河道拓宽60米至680米,建设翻板闸门5座、溢流坝2座、拦沙坝1座,使其形成30余公顷的水面,沿河两岸为60米的绿化带及道路,建设工期18个月,项目总投资2.45亿元。

【豫灵产业集聚区3项工程和项目开工签约】 8月2日,豫灵产业集聚区路网工程开工暨西安科技大学研究生培养基地和中石油豫灵CNG释放站项目签约。路网工程,采取"BT"模式,与中国太平洋建设集团合作,建设工业路、振兴路和稍后开工的金镇路、康乐路形成路网骨架后,将激活带动新形成4平方千米经济板块,建设的7条道路总长度19.38千米,建设总投资2.22亿元。西安科技大学与豫灵产业集聚区签订研究生培养基地协议,科技大学根据研究生培养方案和集聚区专业需求,每年选派一定数量的研究生到乙方进行专业实践,在企业策划、资本运作、经营管理、技术研发等方面带来最新智力成果。中石油昆仑天然气利用有限公司河南分公司灵宝市CNG(压缩天然气)综合利用项目是大王镇引资项目,总投资1.56亿元,年产1.1亿立方压缩天然气,项目分为1个母站、2个子站和两个工业释放站。其中母站位于大王镇西路井村,2个子站位于灵宝城区,2个工业释放站分别位于豫灵和城东产业集聚区。

【河南孟成生物药业股份有限公司年产2 000吨L-色氨酸饲料添加剂等3个项目在灵宝城东产业集聚区开工建设】

8月30日,河南孟成生物药业股份有限公司年产2 000吨L-色氨酸饲料添加剂项目、灵宝沙大宝果蔬有限责任公司项目、灵宝豫康药业有限责任公司天然植物类胰岛素(P-INS)产品开发项目在灵宝城东产业集聚区开工奠基。河南孟成生物药业股份有限公司年产2 000吨L-色氨酸饲料添加剂项目,总投资3.44亿元,其中固定资产投资2.94亿元、流动资金5 000万元,分2期建设。该项目以玉米、豆粕为原料,所生产的L-色氨酸饲料添加剂是蛋氨酸、赖氨酸之后的第三饲料用氨基酸。项目建成后,年销售额可达7.2亿元,实现税收6 100万元、利润1.45亿元。2010年计划完成主体工程的50%,完成投资1亿元。灵宝沙大宝果蔬有限责任公司项目是以红枣、核桃、蔬菜等原料为主,集种植、采购、加工、研发、销售于一体的农业产业化龙头企业,计划总投资1.2亿元,其中固定资产8 100万元、流动资金3 900万元,建设工期8个月。建成后,年生产加工能力可达150万千克,销售额可达2.4亿元,实现利润1.3亿元,同时可安排350人就业。灵宝豫康药业有限责任公司天然植物类胰岛素(P-INS)产品开发项目是利用杜仲、苦瓜为原料,提取生产天然植物类胰岛素胶囊。计划投资1.35亿元,其中固定资产计划投资1.2亿元、流动资金1 500万元,分两期建设。项目建成后,年可实现销售收入3.7亿元,实现税收6 958.8万元、利润7 536.08万元,可安排100余人就业。

【灵宝市新能源生物质能综合利用热电联产项目开工建设】 8月20日,灵宝市新能源生物质能综合利用热电联产项目在城南工业区开工奠基。灵宝市新能源生物质能综合利用热电联产项目是由苏村乡引进的节能减排项目,总投资2.3亿元,建设工期两年,设计安装12万千瓦发电机组2台、75 000千克生物联合锅炉3台,年发电量1.68亿千瓦小时,年售电量1.512亿千瓦小时,年供采暖用汽量28 000千克(可满足256万平方米居住面积采暖用热需要),年产化肥副产品11 000万千克。项目的燃料主要选用果树枝条等硬秸秆作为燃料资源,设计年燃料消耗量为22 000万千克,占全市农作秸秆及果树林木枝条等燃料资源总量的16.2%,可为当地农民年增加收入5 500万元。

【浙江中烟基地考察组到灵宝市考察】

9月17日,浙江中烟烟叶基地考察组一行到灵宝市五亩乡特色烟叶基地单元进行综合考察。考察组先后考察了渔村千亩示范田和白羊村烟水配套工程,又到农户察看烟叶烘烤情况,并和烟农进行沟通交流。经考察,考察组高度评价了灵宝市烟草标准化生产水平。考察期间,双方还就如何加强品牌导向型烟叶基地建设,搞好烟叶"原收原调",培养现代年轻烟农,提高基地烟农素质,共同促进浓香型特色烟叶开发,建立互利双赢的战略合作伙伴关系等问题进行了洽谈,并达成共识。2010年,浙江中烟在灵宝市建立1 066.67公顷示范基地,涉及704户,计划调拨烟叶5万担。

【景源果业10万吨果沙饮料项目开工建设】 9月6日,河南景源(集团)果业有限公司10万吨果沙饮料项目在灵宝城东产业集聚区开工建设。景源果业(集团)有限公司创建于1997年,总资产3.5亿元,固定资产1.3亿元,拥有6条浓缩果汁生产线、2条浓缩果浆生产线、2条果蔬罐头生产线和2条含乳饮料生产线,年生产能力28.5万吨。主导产品有浓缩果汁、浓缩果浆、果蔬原浆、果蔬罐头、乳品饮料等5大系列100多个品种,产品98%以上出口美国、加拿大、日本、俄罗斯、澳大利亚等20多个国家和地区。年产10万吨果沙饮料项目与朱阳镇合作筹建,占地20公顷,计划总投资2.19亿元,其中固定资产投资1.7亿元,建设周期12个月。建成达产后,年可加工果品原料26万余吨,生产果沙饮料10万吨,销售收入14.8亿元,实现利税8 776万元,同时可安置800余人就业,并帮助果农增加收入1亿余元。

【灵宝市产业集聚区项目推介会在泉州举行】 9月10日,灵宝市委、市政府在福建著名侨乡泉州举行产业集聚区项目推介会。灵宝市委书记吕均平,市委常委、副市长方建超,市政府副市长曹丽华,泉州市原人大常委会副主任、市扶贫协会会长周玉堂,泉州市外商投资企业协会副会长林恒山,泉南经济技术开发协会副会长洪江凌出席推介会,灵宝市各乡镇、区有关部门负责人,闽、台、港等地石材、服装、机械、电子、食品、包装、印刷等行业的120余名企业家和客商参加了会议。推介会上,市商务局重点推介了石材加工、有色金属冶炼加工、果品加工、旅游产业等项目,以及产业集聚区的扶持政策。与会人员还观看了灵宝市情介绍片,就项目合作进行了对接洽谈。

【河南和意服饰有限公司服装加工项目入驻城东产业集聚区】 9月16日,河南和意服饰有限公司服装加工项目在灵宝城东产业集聚区开工奠基。河南和意服饰有限责任公司服装加工项目由阳平镇引进陕西山阳客商周和义投资兴建,以生产、加工羊毛衫服饰为主,建设工期8个月。该项目计划总投资5 600万元,年设计生产加工能力80万件,产值13 000万元、利润1 120万元;属于劳动密集型企业,可安排450人就业。

【灵宝精品苹果开发省院士工作站申报成功】 9月,灵宝市申报的中国苹果工程技术研究中心灵宝精品苹果开发省院士工作站获省科技厅认定,这是全省苹果行业唯一的院士工作站。灵宝精品苹果开发省院士工作站申报成功,对于加强灵宝市与国家苹果工程院的合作,搭建高水平创新平台,引导省内外院士及其创新团队聚集到灵宝市并建立长效科技合作机制,促进创新人才培养和产学研用紧密结合,推进灵宝苹果向精品化生产、高端化市场迈进必将起到重大的作用和深远的影响。

【灵宝西站站前游园广场落成暨汽车客运站项目开工奠基】 10月30日,郑西高铁灵宝西站站前游园广场落成暨汽车客运站项目开工奠基。郑西高铁灵宝西站站房及站前游园广场工程,是市委、市政府2010年为民办实事项目之一,也是城市西区开发建设的1号工程,计划总投资1.3亿元;西区汽车客运站位于郑西高铁灵宝站前广场西侧,计划分两期建设,一期工程投资1 100万元,建设一座4 000余平方米的集候车大厅、站务管理、维修车间、客车进出通道、售票厅为一体的客运综合办公大楼,设计停车位150个,日发送量6 000余人次。二期工程远景规划修建一幢11层综合商务大楼,同时将继续扩大站场面积,完善基础设施,提升站场综合服务能力。

【灵宝普华公司新型节能装置通过国家专家鉴定】 10月30日至31日,中央财经领导小组、科技部、工业信息化部、国家知识产权局和中国高新技术产业开发区协会、汽车工业协会等部门有关专家10余人到灵宝市,对灵宝普华能源研发有限责任公司研发的“高效节能环保内燃机燃料自动调整控制供给器”应用成果进行鉴定。专家组一行首先到普华能源研发有限责任公司的实验室进行参观,了解该成果的原理和构造,又到尹庄镇与安装了该装置的200余名用户进行深入交谈,详细询问和查看了安装高效节能环保内燃机燃料自动调整控制供给器后,机动车的动力和节油情况。专家组认为,该科研成果可使内燃机燃料雾化膨胀,产生压强,自动调整合理供给,从而达到了节能减排的目的,技术达到国内领先水平,一致同意通过该科技成果鉴定。

【灵宝市县域经济基本竞争力位居全国中部百强县第16位】 2010全国县域经济科学发展交流年会在辽宁省海城市召开,中部县域经济研究所、县域经济基本竞争力与县域科学发展评价中心发布了第10届全国县域经济基本竞争力与县域科学发展评价报告。灵宝市县域经济基本竞争力在全国2 001个县市中位居144位,在全国中部百强县中名列第16位。灵宝市也是三门峡市唯一进入中部百强县的县(市)。

【河南赛普华豫绿色包装项目开工】 12月23日,由灵宝市五亩乡引进的河南赛普华豫绿色包装项目在灵宝城东产业集聚区开工。河南赛普华豫绿色包装项目总投资4 800万元,其中固定资产投资3 800万元,新建纸箱包装生产线6条,计划2012年6月建成,投产后,可年产1 500万只高强度绿色包装箱,年产值7 500万元,利税1 500万元,可安排就业200余人。

【灵宝市水电农村电气化县建设通过省达标验收】 12月16日,灵宝市“十一五”水电农村电气化县建设工作顺利通过省达标验收。“十一五”期间,全市共完成投资5 833万元,其中国家补助270万元,电力企业自筹2 007万元,企业单位及农民筹资3 566万元。新建(扩建)电源电网工程14项,主要包括卫家磨水库坝后电站、杨家河1级站、峪龙水电站3项电站工程;杨家河2级站、窄口电站等4项技改工程;朱阳110千伏变电站扩容以及二、三批农网改造等电网工程。验收组认为,“十一五”期间,灵宝市水电农村电气化县建设发展迅速,各项指标均达到或超过水利部SL30-2003验收标准,可以通过验收。

【弘农涧河岳渡村段河道治理工程开工】 12月8日,灵宝市弘农涧河岳渡村段河道治理工程全面开工。该工程总投资2 728.49万元,总工程量151.54万立方米,治理的堤长2×3 260米,总清障长度7.76千米,规划治理河道底宽100米至140米,堤高4米,采用浆砌石挡墙和护坡进行防护。工程建成后,将有效提高弘农涧河岳渡村段河道的防洪能力,保障两岸22万人、1 333.33公顷耕地及公共设施安全。

【市社会治安科技防控工程竣工】 12月15日,灵宝市社会治安科技防控工程竣工并举行启动仪式。该工程总投资3 100万元,总体规划覆盖全市重点要害部位、人员聚集场所、治安卡口以及重要路口等,监控图像共计143处828路。该工程采用最先进的数字化网络设备,将完全满足“事前预防、事中监督、事后取证”的需要,并实现全市联网对接,标志着全市社会治安防控能力迈上一个新台阶。

【灵宝市荣获中国优质苹果生产基地(县)市】 12月1日,在2010全国果品行业先进典型表彰和宣传推介活动大会上,灵宝市荣获“中国优质苹果生产基地(县)市”称号。

2010年灵宝市各乡(镇)基本情况

表6

乡(镇)	总人口(人)	粮食总产量(吨)	棉花总产量(吨)	油料总产量(吨)	烟叶总产量(吨)	肉类总产量(吨)	水果总产量(吨)	大牲畜存栏(头)	生猪存栏(头)	山绵羊存栏(只)	耕地(公顷)	农业总产值(万元)	农村工业总产值(万元)	财政一般预算收入(万元)	农民人均纯收入(元)	党委书记	乡(镇)长
城关镇	24 788	2 448	—	—	—	487	3 244	910	3 953	1 943	498	5 365.2	459 057	3400	6 320	张飞虎	朱健春
尹庄镇	63 593	10 905	—	142	—	1 589	43 310	1 974	20 996	1 460	2 778	15 500	504 500	3 529	7 038	刘景明	郭辉平
朱阳镇	45 936	22 109	104	24	—	1 605	60 346	19 613	9 011	17 523	8 398	37 655	447 906.67	3 160	7 000	彭占玉	张照祥
阳平镇	74 327	23 651	—	939	4 926	2 852	129 932	3 377	21 266	4 342	6 112	54 000	1 010 000	3 455	7 011	苏占谋	张生亚
故县镇	41 761	16 778	296	874	—	1 093	65 206	6 480	24 791	2 988	3 780	13 500	808 000	2 669.2	6 992	杨　杰	解建增
豫灵镇	61 087	25 616	81	966	306	700	61 124	3 053	8 668	2 219	3 852	39 000	1 419 000	9 749	7 702	赵铁安	许志忠
大王镇	67 758	17 114	85	482	—	841	71 334	1 746	8 504	7 849	3 867	69 000	75 855	406	6 952	杨东克	倪卫波
阳店镇	59 906	19 948	122	135	—	2 003	99 627	1 410	25 001	2 188	3 928	41 000	120 000	547	6 369	郭仙朋	毋军杰
函谷关镇	25 677	7 313	11	260	—	675	59 740	1 107	5 596	1 804	2 004	14 178	8 000	879	6 159	李军民	张建霞
焦村镇	53 893	11 411	66	1 369	—	3 895	108 632	966	27 301	3 100	2 437	53 480	194 531	870	6 322	伍春生	王仙层
川口乡	29 778	11 822	16	87	304	832	46 315	1 750	8 003	4 824	2 600	15 000	50 000	558	5 348	李文军	王胜民
寺河乡	7 859	1 461	—	—	—	1 133	46 119	5 404	3 356	3 638	877	10 200	22 776	112	5 730	张　磊	张　灿
苏村乡	27 432	10 939	10	—	1 350	1 287	71 879	12 968	5 158	14 869	4 966	11 300	49 531	802	5 740	刘仙妮	赵松涛
五亩乡	37 589	11 834	15	135	2 000	876	65 865	9 004	4 023	10 861	4 707	19 900	198 300	1 101.1	6 118	尚东旭	王　博
西阎乡	53 236	17 913	451	1 653	—	1 015	86 065	776	9 363	3 643	5 324	24 000	132 800	625	5 517	焦林林	史恩飞
涧东区	—	—	—	—	—	—	—	—	—	—	—	—	—	—	—	崔勤凤	—
涧西区	—	—	—	—	—	—	—	—	—	—	—	—	—	—	—	黄宝鸿	—

(张虎民)

卢氏县

【概况】 2010年,卢氏县深入贯彻落实科学发展观,紧紧围绕建设富裕开放和谐新卢氏奋斗目标,按照“扩张经济总量、加快经济转型、实现跨越发展”的总体部署,扎实开展项目建设年和企业服务年活动,抢抓机遇,团结拼搏,锐意进取,扎实工作,在全县遭受“7·24”特大山洪灾害和经济危机的不利情况下,圆满完成了县十二届人大五次会议确定的各项任务,经济社会保持了健康快速发展的良好势头。全年完成生产总值43.8亿元,增长13%;财政一般预算收入2.82亿元,增长27.7%;规模以上工业增加值9.7亿元,增长21.5%;全社会固定资产投资51亿元,增长24.4%;农民人均纯收入3 820元,增长13.9%;城镇居民人均可支配收入13 359元,增长11.7%。

项目建设成效显著。2010年,全县确定的89个、总投资165亿元(除18个前期项目外)的重点项目进展顺利,累计完成投资44.1亿元,占年度计划的101.6%。项目个数和投资额度明显增加,亿元以上的项目25个,5 000万元以上的项目24个,分别比去年增加5个、11个,被评为全市项目建设先进单位。项目档次明显提高,高速公路顺利开工,一批大型工业项目相继落地并正加紧建设,星级宾馆等一批提高城市品位的城建项目顺利实施。产业集聚区建设全面铺开,投资1.4亿元的虎山路、燕居路、君喜路3条道路等工程顺利推进,新入驻的3个新建项目正在加紧建设。全县招商引资10.4亿元,争取各类政策性资金3.6亿元,被评为全市对外开放先进县。

工业转型有新突破。2010年,全县续建、新上重点工业项目25个,完成投资20.8亿元,占年度计划的106%以上。任家沟铁锌矿200万千克,选场等7个项目已建成投产。引进中金集团中原矿业公司总投资75亿元的钼矿资源规模化开采、系列化精深加工项目,以及中平能化集团天雨矿业公司投资3.2亿元的石灰石综合开发项目,将实现矿产资源向规模采选、精深加工转变;投资1.8亿元的任家沟铁锌矿和投资1.2亿元的北方矿业公司扩建项目,将实现单一金属回收向多金属综合回收转变;大唐集团投资7.3亿元的风力发电项目成功签约,将大大促进县域新能源开发。实施了一批深部探矿项目,夜长坪钼矿初步探明储量增加1倍以上,兴苑矿业探明矿山新增远景储量240亿千克,为企业做大规模提供了资源保障。切实加强工业经济运行分析,认真落实服务企业发展的各项政策,加快灾后恢复和升级改造,质量效益有所提高。规模以上工业企业销售收入完成25.6亿元、实现税金2亿元,分别增长55.8%、38%。

卢氏县茶树种植基地里的茶树长势喜人

农村经济快速发展。2010年,全县夏粮总产、单产再创历史新高;烟叶产值1.66亿元,税收3 647万元;发展食用菌代料7 800万袋,草腐菌10万平方米,菌业产值3.7亿元;发展中药材846.67公顷,连翘等野生资源保护面积6.67万公顷,产值1.8亿元;卢氏鸡饲养量400万只,河南家禽种质资源卢氏鸡分中心主体已完工,大牲畜存栏10.04万头,畜牧业产值3亿元;完成核桃新品种推广666.67公顷,林业生态建设107万公顷,林果业产值2.6亿元,被评为全市集体林权制度改革先进县。蚕、菜、渔等产业也取得长足发展,卢氏黄瓜通过国家无公害产品认证。完成了23个贫困村的整村推进和1 167户“温暖工程”、搬迁扶贫建房任务,实施农村危房改造4 116户。农村最低生活保障制度与扶贫开发政策有效衔接工作有序推进。开展农民工技术培训1.2万人次,劳务输出7.5万人次。117个分类推进村的基础设施完善和村容村貌整治工作有新进展,市、县确定的7个新型农村住宅社区示范点已全部建成。完成水毁耕地修复497公顷。新建沼气池1 200口。

旅游开发稳步推进。2010年,豫西大峡谷、双龙湾景区的升级改造进展顺利,塔子山森林公园招商成功。县宾馆异地扩建四星级宾馆项目正加紧建设。双龙湾景区的渔台山庄和民间艺术展览馆建成营业,全县新发展农家乐50家,官道口镇新坪村被列为全省“百村万户”旅游富民工程示范村。省道323线至豫西大峡谷旅游道路已完工,双龙湾至九龙山旅游公路灾后路基恢复工程大部分已完成。全年共接待游客377万人次,实现旅游综合收入22.12亿元,被评为12个“中国优秀休闲度假旅游县”之一。旅游开发有效地拉动了餐饮、住宿、交通运输等服务业的快速发展,第三产业增加值达到16.8亿元,增长12%。

基础设施不断完善。2010年,全

县基础设施不断完善。城建方面:投资25亿元建设的“一园、六路、三中心、一小区”工程中,生态休闲园已开工;桃花谷路、解放路、东沙河两侧道路改造已完成路面铺设,莘源西路、文化路基本完成路基工程,靖华路高村路口段已打通;便民服务中心、电力调度中心正在加紧建设,县游客服务中心即将投入使用,四星级金色假日酒店建设进展顺利;东城住宅小区的125栋住宅楼已开工108栋、主体封顶72栋。交通方面:三淅、郑卢两条高速公路全面开工,完成投资9亿元。三宜铁路项目进展顺利。省道331线15千米改造工程已竣工通车,省道250线木桐至官坡75千米改扩建、横涧马庄河至汤河51千米战备公路已完成路基工程,新建改造100千米农村公路,148个村的水毁道路修复基本完成,8个乡(镇)客运站的续建和改造工程已完成。水利方面:洛河城区两岸1.09万米河道治理工程和涉及1.5万人的安全饮水工程已完成;葫芦湾、双庙、石门3座水库除险加固已完工;治理水土流失22平方千米,发展节水灌溉366.67公顷。电力通信等方面:城乡电网新一轮升级改造已新建、改造台区11个,无电地区电力建设光伏工程已完工。新建通信基站113个,率先开通了国道209卢氏段沿线和县城的3G信号。新建61个“村邮站”、100个邮政服务“三农”网点。

社会事业全面进步。2010年,全县总投资20亿元以上,大力发展教育、卫生、文化等社会事业,“十件实事”得到了全面落实。科技方面:通过了国家科技先进县复验,中华兰繁育工程研发中心已动工建设,引进推广新技术14项。计生方面:认真落实计划生育各项优惠政策,加强基层基础工作,人口自然增长率控制在2.86‰以内,被评为全市计划生育先进集体,继续保持全省先进位次。教育方面:教育质量保持稳定,小学调研考试成绩、中招整体成绩居全市第一。一高新校区基本建成,洛苑小区幼儿园、体育馆、东城初中、一高新校区高层住宅主体已基本完工,35所学校、总面积5 214平方米的校舍改造已完成。卫生方面:县妇幼保健院综合楼、2所乡(镇)卫生院和80个村标准化卫生室改造项目已完成;为33.9万城乡居民建立了健康档案,新型农村合作医疗参合率保持在99%以上。文化广电方面:建成了3个乡(镇)综合文化站和29个行政村农家书屋,为304个村配备文化信息资源共享设备;继续开展“舞台艺术送农民”活动,放映公益性电影4 230场次;广播电视村村通项目通过省、市验收。社会保障方面:共为407名创业人员发放小额担保贷款1 433万元,企业退休人员基本养老金人均提高150元;征缴各项社会保险金1.1亿元;新型农村社会养老保险参保率达80.8%,已为全县37 252名60岁以上农村老人发放养老金2 617万元;农村低保覆盖面达到农业人口的6%,五保集中供养率达到45%以上,建成了社会救助服务站。双拥工作扎实开展,军政军民关系进一步密切。广泛开展群众性创建活动,精神文明建设扎实推进。完成了政府机构改革。第六次全国人口普查工作进展顺利。金融、审计、民族宗教、档案史志、妇女儿童、残疾人、气象等工作也都取得了显著成绩。

法制建设得到加强。坚持依法行政,自觉接受人大的法律监督和政协的民主监督,共办理人大代表建议59件、政协委员提案48件,办结率达100%,满意或基本满意率达到100%。认真落实信访工作责任制和领导接待包案、干部下访、村级干部信访奖励等制度,开展了集中处理信访突出问题“百日竞赛”和群众工作日活动,再次被省委、省政府评为全省信访工作先进县。全面落实社会治安综合治理各项措施,深入开展严打整治专项行动,建成了城区科技防控体系,再次被省委、省政府评为全省平安建设先进县。扎实开展“安全生产年”活动和严厉打击非法违法生产经营建设行为专项行动,严格落实安全生产责任制,深入开展重点行业、重点领域的安全隐患排查整治,避免了重特大安全事故的发生。严格土地管理,耕地保护目标圆满完成。加大污染源头治理,全面完成了节能减排目标。

救灾重建取得重大胜利。2010年7月24日的特大洪灾,造成9个乡(镇)交通中断、10个乡(镇)电力中断、7个乡(镇)通信中断,15.9万人受灾,倒塌损坏房屋1.49万间,直接经济损失12.96亿元。洪灾发生前,发挥山洪灾害监测预警体系的作用,紧急疏散和转移处于危险区域的群众5.57万人。洪灾发生后,迅速开展交通、电力、通信等基础设施恢复抢修,2天内使因灾中断的乡镇政府所在地全部恢复交通、电力、通信,6天内使道路、电力、通信中断的行政村实现了“三通”。与此同时,迅速组织力量开展生产自救,将灾害造成的损失降到了最低限度。全面加快重建步伐,需政府帮建的832户、2 330间倒房重建任务除集中安置点外已全部完成,水毁道路、耕地、水利、电力、通信等基础设施恢复重建正在有序推进。

2010年各项任务的圆满完成,标志着“十一五”规划确定的目标全面实现。5年间,综合经济实力跃上新台阶:生产总值比2005年增加89.9%,年均增长13.4%;财政一般预算收入比2005年增长1.81倍,年均增长23%。产业结构调整迈出新步伐:经济转型顺利起步,经济结构得到进一步优化,一、二、三产业比重由28.2∶25.3∶46.5调整到24.5∶37.1∶38.4。基础设施建设实现新突破:特色宜居新山城初具雏形,城镇化率由16.5%提高到27.7%。大交通建设全面提速,公路通车总里程达2 973千米,实现了所有行政村通水泥路。人民群众生活得到新改善:城镇居民人均可支配收入、农民人均纯收入年均分别增长13.4%、13.5%。落实各项惠农政策性补贴资金累计达到7.24亿元。社会保障水平逐年提高,教育、文化、卫生等社会事业全面进步。发生在2007年的“7·30”和2010年的“7·24”两次特大洪灾,经过上级的大力支持和全县上下的合力奋战,救灾重建工作取得重大胜利,共帮助4 188户灾民重建房屋11 489间,重建后的基础设施标准均达到或超过灾前水平。

【河南省卢氏兰草红军小学举行授牌仪式】 1月7日,由吴邦国题写校名、全国红军小学建设工程理事会、共青团河南省青少年发展基金会、共青团三门峡市委联合举办的"河南省卢氏兰草红军小学"授牌仪式在卢氏县官坡镇兰草举行。全国红军小学建设工程理事会西北办事处副主任陶学忠代表办事处致辞。河南省希望工程办公室副主任郑文暹代表全国红军小学建设工程办公室向"卢氏兰草红军小学"校长马龙相颁发了2009年度全国红军小学优秀校长证书。

【卢氏县召开全县科技工作会议】 8日,卢氏县召开全县科技工作会议,回顾总结2009年科技工作,部署2010年工作。2009年,卢氏县科技工作顺利通过国家科技部"全国科技工作先进县"复查验收,植桑养蚕技术示范被中国科协命名为"国家科普示范基地",地震监测工作受到省表彰奖励。科技培训120期,培训农民工达31 500人次,引进农业新技术实现直接经济效益达5 000万元以上。

【卢氏县第一批新型农村养老保险金发放仪式在沙河乡举行】 1月11日,卢氏县第一批新型农村养老保险金发放仪式在沙河乡举行。县委书记王振清,县委常委、常务副县长聂红超为首批111名参保群众发放养老金。

【闫咏雪被授予"全国模范检察官"称号】 2月24日,最高人民检察院在北京第7次隆重表彰全国检察机关先进集体和先进个人,卢氏县人民检察院反渎职侵权局局长、女检察官闫咏雪受到表彰,被授予"全国模范检察官"荣誉称号。这是三门峡市检察系统继白洁被授予"中国十大杰出检察官"之后涌现出的又一先进典型。

【纪念徐海东诞辰110周年专题摄制组抵达卢氏县】 3月8日至9日,中央电视台一套节目纪念徐海东诞辰110周年专题摄制组沈芳一行赴卢氏县进行采访拍摄。摄制组先后到卢栾公路上的红25军"杀上前去"标语、红军桥、横涧乡红25军战斗纪念碑、文峪乡黑了宿村海东希望小学、官坡镇兰草红军小学、红25军军部旧址、豫陕交界官坡镇铁索关等地进行采访拍摄,之后又到卢氏县城区卢氏一高、滨河休闲园用镜头拍摄下老区的进步与发展。当摄制组了解到卢氏县荣获"全国人民满意的公务员集体"殊荣时,当即表示会努力把卢氏这种执政为民的思想宣传出去,让更多人了解卢氏老区、走进老区,为老区发展创造一个良好的舆论环境。

【中国黄金集团公司与卢氏县签订战略合作协议,启动钼矿开发项目】 3月9日,中国黄金集团公司与卢氏县在北京钓鱼台国宾馆签订钼矿开发战略合作协议,合作开发卢氏县钼矿资源。次日迅速从全国各企业抽调12名专业人员进驻卢氏,组建卢氏分公司领导班子,用5天时间顺利完成原地灵矿业公司并购交接工作,并紧张进行扩建项目筹备。扩建项目计划总投资23亿元,建设日选1万吨钼选厂1座,2010年7月完成勘探工作,10月完成初步设计,12月正式开工建设,3年内建成投产。

【卢氏县高速公路建设拉开序幕】 卢氏县高速公路建设拉开序幕。三门峡至淅川高速公路。全长169千米,总投资122.1亿元。其中,灵宝至卢氏段长83千米,投资51.3亿元;卢氏至西坪段长86千米,投资70.8亿元。2010年目标:配合省高发公司,完成前期工作,灵宝至卢氏段争取6月底开工建设,完成投资1亿元以上;卢氏至西坪段争取11月底开工建设,完成投资0.5亿元以上。洛宁至卢氏高速公路。全长75千米,总投资53.4亿元。2010年目标:配合省高发公司,完成前期工作,6月底开工建设,完成投资0.5亿元以上。栾川至卢氏高速公路。全长约40千米,总投资约30亿元。2010年目标:积极向省政府汇报,争取纳入省高速公路网规划。

【卢氏县10个项目被国家列入南水北调丹江口库区水污染防治规划】 3月18日,卢氏县10个项目被国家列入南水北调丹江口库区水污染防治规划。这10个项目总规划投资1.82亿元。分别是:双河金矿工业废水治理项目,规划投资1 500万元;五里川矿业公司废渣治理项目,规划投资1 500万元;王庄锑矿废渣治理项目,规划投资1 600万元;6家炼钒厂废渣治理项目,规划投资2 300万元;6家无主尾矿库尾渣堆放点源治理项目,规划投资3 000万元;五里川、朱阳关、汤河、狮子坪、双槐树、瓦窑沟6个乡镇垃圾处理场项目,规划投资3 600万元;五里川、朱阳关、瓦窑沟3个乡镇污水处理场项目,投资2 700万元;水环境检测站项目,规划投资580万元;汤河水环境检测站项目,规划投资360万元;水土保持项目,规划投资1 040万元。

【卢氏各界纷纷向玉树灾区捐款】 4月23日,卢氏县老干部咨询团组织退休老同志现场捐款2 700元;新华保险卢氏营业区开展"情系玉树"捐款活动,共捐款2 000余元;县文化广电和新闻出版局和工商联联合主办了"情系玉树、大爱无疆"卢氏县工商界抗震救灾募捐活动,全县42家工商企业和部分社会群众共为玉树灾区捐款97 593.5元,衣物1 600余件。

【卢氏县正式成立县高速公路和铁路建设项目指挥部】 5月26日,为加强高速公路和铁路建设的协调和保障工作,卢氏县正式成立县高速公路和铁路建设项目指挥部,从而标志着途径卢氏县的三(三门峡)淅(淅川)高速、郑(郑州)卢(卢氏)高速、卢(卢氏)栾(栾川)高速和运(运城)十(十堰)铁路建设再次迈出坚实步伐。县委书记王振清、县长王战方为县高速公路和铁路建设指挥部揭牌。

【卢氏县成功签约一投资6亿元项目】 6月18日,在郑州国际会展中心举办的河南——浙江投资合作项目洽谈会上,三门峡市共签约项目5个,签约金额20亿元。其中,卢氏县签约项目1个,由卢氏县沙河乡政府与杭州金鼎盛矿业有限公司合作的非金属综合开发项目,计划投资金额6亿元。

【卢氏县风力发电项目正式签约】 6月24日,大唐三门峡风力发电有限公司与卢氏县人民政府合作开发风力发电项目正式签约。该项目总投资7.2亿元,设计标准为40个机组,每个机组投资额达1 800万元,计划利用3年时间完成建设任务,2011年3月底前完成测风工作,2011年6月底前,在风资源落实的基础上完成风电项目论证报批,最迟于2012年上半年开工建设风电项目。

【卢氏"秋之香"牌琥珀核桃仁罐头获全国农产品加工业投资贸易洽谈会优质产品奖】 6月28日至30日,2010年全国农产品加工业投资贸易洽谈会上在驻马店市会展中心举行。由副市长张建峰率领的三门峡市代表团在大会上共签约项目2个,5个产品被评为优质产品。卢氏县华阳食品有限公司"秋之香"牌琥珀核桃仁罐头是获奖产品之一。

【卢氏县朱阳关镇水厂开工奠基】 7月16日,是河南省政府百座千吨水厂集中开工奠基日。卢氏县朱阳关镇水厂开工奠基。该项目总投资745万元,其中中央资金596万元,省配套资金105万元,受益群众自筹资金44万元,7月底完成施工设计。项目建成后可解决两个乡(镇)11个行政村、1.49万人饮水安全。

【卢氏LED电视户外频道开播】 7月20日,卢氏电视台LED电视户外频道正式建成开播。同时,投资30余万元改装而成的电视转播车也正式启用。LED电视户外频道投资100余万元,户外频道大屏幕60多平方米,主要传播新闻、文艺、广告等信息,使卢氏电视台形成了综合频道、公共频道、影视频道和户外频道四位一体的传媒格局。

【卢氏县发生特大洪灾】 7月23日至24日卢氏县普降暴雨,局部地区降雨强度超过了2007年"7·30"洪灾。短短14个小时内,全县平均降雨101毫米,大于100毫米的降雨面积达1 602平方千米。至24日下午3时,洛河流量达到1 510立方米/秒。其他河流全部暴涨,淇河、官坡河超过历史最高水位。暴雨造成卢氏大面积造灾。据初步统计,灾害造成3人死亡、1人失踪。全县19个乡(镇)352个行政村中12个乡(镇)、177个行政村严重受灾,受灾人口159 242人,占全县总人口37万的43%,紧急转移安置55 736人;农作物受灾面积5 851公顷,绝收面积达1 465.1公顷;倒塌房屋5 589余间,损坏房屋7 837间,发生塌方、泥石流等地质灾害1 000余处;冲毁道路684千米,冲毁阻塞桥涵873处,冲毁河坝40 374米、人畜饮水管道174 990米,9个乡(镇)交通中断、10个乡(镇)电力中断、7个乡(镇)通讯中断,全县直接经济损失12.92亿元。至26日下午6时30分,卢氏县因灾交通中断的9个乡(镇)、电力中断的10个乡(镇)、通信中断的7个乡(镇)政府所在地全部恢复交通、供电和通信,为抢险救灾和受灾群众生活的妥善安置创造了条件。

【市委、市政府在卢氏县再次召开抗洪救灾工作会议】 7月24日晚8时30分,市委、市政府在卢氏县再次召开抗洪救灾工作会议,认真研究抗洪救灾形势,全面部署抗洪救灾工作。会议要求:要彻底摸清人员伤亡和基础设施受损情况;要扎实有序地推进伤员救治、卫生防疫、抢修设施、灾情上报等各项工作;要把抗洪救灾作为当前工作的重中之重来抓。省水利厅厅长王仕尧对三门峡市迅速开展抗洪救灾工作给予充分肯定。王仕尧指出,卢氏县洪涝灾害发生后,市、县领导高度重视,措施得力,效果明显。王仕尧要求,各部门要做到各负其责,尽职尽责,切实打好抗洪救灾这一仗,救灾工作结束后要及时制定修复规划,提出重建意见,尽快恢复灾区正常的生产生活,把损失降低到最低限度,以抗洪救灾的优异成绩向省委、省政府交一份满意的答卷。

【李全茂深入卢氏县实地察看指导救灾工作】 7月27日,民政部救灾专员李全茂在省民政厅副厅长黄亚林陪同下,深入卢氏县受灾乡镇实地察看指导抢险救灾工作。李全茂一行实地查看了双槐树乡的灾情。座谈会上,在听取了卢氏县的灾情汇报后,市委书记李文慧就全市灾情和抢险救灾工作作了简要介绍。李全茂指出,三门峡在此次洪灾中,提前预警,应急措施及时得力,反应灵敏、快捷,虽然此次洪灾比2007年卢氏"7·30"洪灾大,但人员伤亡却很少,有效地保护了人民群众的生命安全,取得了抢险救灾宝贵经验,值得推广。

【卢氏县举行"7·24"特大洪灾募捐活动】 28日,卢氏县举行"7·24"特大洪灾募捐活动。募捐活动在歌曲《让世界充满爱》中拉开序幕。县领导王振清、王战方等四大班子领导走到捐款箱前为灾区人民捐款献爱心,西南山7个乡镇负责人介绍了各乡(镇)抢险救灾及干部群众开展生产自救情况。全县80个单位、14家企业、28个工商户及广大群众参加了募捐活动,活动共收到捐款共计120.9万元。

【卢氏县受灾行政村基本恢复"三通"】

截至8月1日18时,卢氏县"7·24"洪涝灾害中被洪水冲毁而导致道路、电力、通信中断的行政村基本恢复"三通"。道路方面,继7月26日中午卢氏境内国道209、省道331、省道323、省道250、省道322实现通达受灾乡(镇)后,经过市、县交通公路部门的连续作战、昼夜施工,截至8月1日18时,基本实现通达所有受灾行政村。据了解,市、县两级交通、公路部门在卢氏境内抢通道路中累计投入人员7 800余人次,机械820台(辆),费用1 350万元,清理塌方36万立方米,回填路基37万立方米,抢通385处。电力方面,截至7月31日16

时25分,卢氏灾区199个受灾断电行政村全部恢复供电。“7·24”卢氏特大暴雨洪灾导致卢氏电网35千伏变电站停运6座,35千伏线路累计跳闸6条,10千伏线路跳闸累计18条,164个配电台区遭到不同程度损坏。面对灾情,市、县电力部门迅速启动应急预案,全体参战员工以“抗洪抢险、电力先行”为己任,冒高温、战酷暑,不畏艰险、连续作战,累计投入抢修人员4 629人次、抢险车辆528台次,确保了抗洪抢险保供电工作有序、高效运行。通信方面,截至8月1日18时,卢氏境内134个移动信号中断行政村全部恢复信号,187个联通信号中断村手机信号恢复,电信基站早于7月30日全部修复完毕。

【卢氏县被评为“中国优秀休闲度假旅游县”】 8月13日至15日,第六届中国城市(旅游)品牌大会暨“中国特色魅力城市公益评选颁奖盛典”在海南省举行。卢氏县被联合国严太城市发展研究中心、联合国人居环境发展促进会、中国城市建设发展促进会、中国旅游业联合会、中国品牌管理协会、商务时报社联合评定为全国12个“中国优秀休闲度假旅游县”之一,受到大会表彰。

【卢氏县举行2010年“爱心助学”捐助仪式】 8月31日,卢氏县在人民会堂举行2010年“爱心助学”捐助仪式,33万元爱心捐款圆全县165名特困大学生大学梦。捐助仪式由县长王战方主持,县委书记王振清在捐助仪式上作重要讲话,受助学生代表河南师范大学新生宋芳芳在仪式上发言。“爱心助学”活动从2003年开展7年来,共资助贫困大学生550人,贫困高中生250人,资助金额达140万元。

【《卢氏年鉴(2007~2008)》首发式暨史志工作会议召开】 9月1日,《卢氏年鉴(2007~2008)》首发式暨史志工作会议在县政府四楼会议室召开。会议介绍了《卢氏年鉴(2007~2008)》的编纂情况,并对编纂过程中涌现出的先进供稿单位和先进供稿员进行表彰。《卢氏年鉴(2007~2008)》全书110万字,精选照片500余幅,全面系统的汇集和记录了卢氏县2007年至2008年三大文明建设的新成就、新特点,是卢氏县文化建设的一项重要成果。

【中金集团中原矿业有限公司产业集聚区项目举行开工仪式】 9月13日,中金集团中原矿业有限公司产业集聚区项目举行开工仪式。县委书记王振清、县长王战方、中金集团中原矿业有限公司副总经理王佐满及部分县领导出席开工仪式。该公司产业集聚区项目预计投资30亿元,计划用3年至5年时间,建成以钼矿为主,包含铜、铅、锌、锑、金、锂等特大型有色金属采选及精深加工基地。整个项目达产后,年可实现营业收入35.4亿元,上缴税金10.5亿元。

【卢氏县举办“同在一方热土、共建和谐家园”知识竞赛活动】 9月17日,为庆祝新中国成立61周年,卢氏县委宣传部举办了“同在一方热土、共建和谐家园”知识竞赛活动。竞赛题目围绕卢氏县悠久历史以及县委十届八次、九次、十次全会精神以及全县近期项目建设、招商引资、社会稳定、党的建设、抗洪救灾等内容展开,全县共有100多个单位的100余名选手报名参加笔试,从中产生18个优胜队。23日,举行了初赛。29日,举行了决赛。

【河南省大鲵增殖放流活动在卢氏县举行】 9月28日,河南省大鲵增殖放流活动在卢氏县五里川镇老鹳河流域举行。活动现场,公证人员宣读了公证词,当地学生与干部群众观看了大鲵幼苗,学习了有关大鲵保护知识。

【卢氏县举行生态休闲园开工奠基仪式】 10月10日,卢氏县举行生态休闲园开工奠基仪式。奠基仪式由县委常委、统战部长丹保民主持,县委常委、政法委书记马书军,县人大副主任赵新建等出席开工奠基仪式。生态休闲园位于县城规划行政中心区域内,北起靖华西路,南至滨河西路,东自中兴路,西至新建路。南北长480米,东西宽280米,占地面积12.67公顷,总投资7 635万元。休闲园分为北部集会广场区和南部休闲文化区,整个工程涵盖广场、建筑小品、雕塑、绿化、音乐喷泉、电子大屏幕等17项工程。工程计划2010年底前完成土方填筑、石材铺装、园区道路、绿化、人工湖、景观柱及音乐喷泉等园区硬件工程建设,2011年6月底前完成园区照明、健身器材安装等全部配套工程。

【卢氏梅花扎根红色革命圣地——延安宝塔山】 10月18日,卢氏县豫西梅花研究所所长秦治章将精心培育挑选的15个品种50株梅花免费赠送给延安宝塔山。

【《卢氏古县历史文化丛书》出版发行】

12月3日,卢氏县委、县政府隆重举行《卢氏古县历史文化丛书》首发仪式。该套丛书由河南人民出版社出版,为河南省第一套县级历史文化丛书。全套共分《卢氏史话》《卢氏山水名胜》《卢氏文物》《卢氏民情风物》《卢氏民间文化》《卢氏历代闻人》《卢氏历代文选》《卢氏古今诗抄》《卢氏有个曹靖华》《天南地北卢氏人》10册,由史志办总编辑、副编审李啸东担任主编,史实准确,资料翔实,语言流畅,可读性强。按总序、目录、图页、正文、后记的统一格式编排,采用轻型纸印刷。全套10册风格一致,古朴典雅,图文并茂,装帧精美,是卢氏旖旎自然风光、深厚历史文化、独特民俗风情的缩影。卢氏集“秀美山川”“千年古县”“革命老区”于一体,享有“中原绿宝石”“河南后花园”和“中华民族文化生态旅游名县”美誉,具有深厚的文化底蕴,这套丛书是对卢氏古县历史文化资源进行系统总结和发掘整理,形成的一套完整系统的历史文化产品,可谓卢氏千年古县历史文化的集大成者。

2010年卢氏县各乡(镇)基本情况

表7

乡(镇)	粮食总产量(吨)	棉花总产量(吨)	油料总产量(吨)	烟叶总产量(吨)	水果总产量(吨)	肉类总产量(吨)	大牲畜存栏(头)	生猪存栏(头)	山绵羊存栏(只)	总人口(人)	耕地(公顷)	农业总产值(万元)	农民人均纯收入(元)	乡级财政收入(万元)	党委书记	乡(镇)长
城关镇	165	—	—	—	295	202	202	735	590	37 675	127	1 642	5 603	5 054	王志斌 毛海港	李　新
杜关镇	8 787	—	10	1 676	7 584	792	8 154	1 514	1 752	18 493	2 458	12 089	4 452	890	马怀安	符永伟
五里川镇	3 545	—	—	68	447	165	3 914	2 612	1 500	20 170	1 500	11 302	4 080	885	亢谢朝	李保军
官道口镇	14 024	5	54	1 908	9 307	524	8 844	2 120	800	21 491	4 145	10 078	3 954	1 087	孙会方	毋精华 郝建生
朱阳关镇	2 461	—	—	85	240	312	1 203	2 102	800	16 180	933	7 650	3 183	453	李　军 曹禄生	曹禄生 吴德芳
官坡镇	4 223	—	—	1 422	1 218	312	1 537	2 001	700	27 686	2 040	9 800	3 681	685	邹小刚	白　剑 马俊峰
范里镇	14 426	3	14	2 308	6 616	734	8 719	1 290	1 225	37 572	6 037	20 954	4 416	1 141	靳永波	李靖宇
东明镇	7 437	2	135	1 940	5 633	642	8 517	2 361	2 520	29 692	3 189	15 021	4 580	1 861	杜长宴 戴江琴	段丛芳 彭光华
文峪乡	7 475	12	22	459	4 022	394	4 450	3 562	1 700	30 058	2 512	12 488	3 790	644	戴江琴 杜元恒	宁福斌 王应征
横涧乡	7 617	8	—	1 218	1 870	647	9 800	2 197	1 820	325 554	2 424	13 260	3 710	735	付　娟	彭光华 郭军文
磨沟口乡	4 083	—	41	163	755	317	2 670	1 650	1 260	13 358	1 624	6 644	3 145	1 774	翟新朝 张锐锋	张锐锋 张海军
双槐树乡	2 638	—	—	569	1 498	208	170	1 229	643	12 535	1 012	6 570	3 148	527	毛海港 贾建涛	贾建涛 马建东
汤河乡	1 405	—	—	30	2 192	181	2 052	1 268	900	10 659	727	6 680	3 103	408	韩富军 段丛芳	袁保方 薛红军
瓦窑沟乡	2 812	—	59	84	948	148	512	1 200	413	13 505	842	8 521	3 241	403	赵会军 毋精华	张海军 李润方
狮子坪乡	3 550	—	—	152	975	217	785	2 531	524	11 130	844	11 229	3 247	266	杜元恒 卢俊杰	卢俊杰 陈文周
沙河乡	9 527	—	51	1 898	6 050	308	4 200	2 910	2 464	14 758	3 481	12 001	3 716	1 315	马建超 张　青	张青 陈东旺
徐家湾乡	3 640	—	2	154	544	315	1 323	2 118	925	9 598	1 217	6 350	3 144	676	蔡小卢 陈书义	陈书义 陈黎芳
潘河乡	5 166	—	28	665	1 193	391	8 523	1 800	8 020	12 580	2 355	7 205	3 391	1 826	钱　程	方　勇
木桐乡	2 863	—	—	455	443	303	5 050	1 840	1 020	8 362	1 408	6 400	3 214	4 192	王跃林	胡云智 石卢江

（刘三兴）

·编辑　周　青·

人　物

FIGURES

8 月 10 日，三门峡首届十大慈善爱心人物暨十大慈善爱心单位颁奖晚会现场

新任市级领导

赵光超 省辖市市长级干部。中共三门峡市委常委、三门峡市人民政府副市长。1951年11月出生,汉族,河南洛宁县人,1970年7月参加工作,1972年11月加入中国共产党,2000年7月北京师范大学经济管理系研究生(职研)毕业。

1970年7月至1975年3月在洛阳地区柴油机厂工作,任团委副书记;1975年3月至1980年8月在洛阳地委办公室工作;1980年8月至1986年4月在洛阳地区检察分院工作,任书记员、助理检察员、检察员;1986年4月至1991年1月在三门峡市人民检察院工作,先后任刑事检察处处长、审查起诉处处长、检察委员会委员、副县级检察员、反贪污贿赂局负责人;1991年1月至1994年6月在中共渑池县委任县委副书记;1994年6月至1998年12月任三门峡市人民检察院副检察长、党组副书记;1998年12月至2002年8月任三门峡市人民检察院检察长、党组书记。2002年8月至2006年12月任三门峡市人民政府副市长、党组成员;2006年12月至2010年6月任中共三门峡市委常委。2010年6月任省辖市市长级干部。

张英焕 中共三门峡市委常委,市人民政府副市长、党组成员。1963年7月出生,汉族,河南洛宁县人,1982年7月参加工作,1984年12月加入中国共产党,中央党校研究生文化程度。

1979年11月至1982年7月在信阳农专学习;1982年7月至1985年3月,在卢氏县农业局工作;1985年3月至1986年6月,在卢氏县委政研室、县委办公室任秘书;1986年6月至1986年12月,任卢氏县官道口乡党委副书记;1986年12月至1989年11月,任三门峡市委组织部副科级组织员、组织科副科长;1989年11月至1993年5月,任三门峡市委组织部党管科科长、办公室主任;1993年5月至1997年1月,任三门峡市委组织部副县级组织员(1993年8月至1995年12月在中央党校函授学院本科班经济管理专业学习);1997年1月至1998年12月,任三门峡市湖滨区委常委、常务副区长(1994年12月至1997年12月在中国人民大学经济学系政治经济学专业在职研究生课程进修班学习);1998年12月至2000年2月,任三门峡市湖滨区委副书记、常务副区长;2000年2月至2001年3月,任三门峡市委宣传部副部长、市精神文明建设指导委员会办公室主任;2001年3月至2002年10月,任渑池县委副书记、县长;2002年10月至2007年6月,任义马市委书记(2004年9月至2006年7月在中央党校研究生院在职研究生班法学理论专业学习);2007年6月至2010年6月,任三门峡市人民政府副市长、党组成员,五届三门峡市委委员(2009年3月至2010年1月在中央党校第九期一年制中青年干部培训班学习);2010年6月,任中共三门峡市委常委,三门峡市人民政府副市长、党组成员。

张建峰 三门峡市人民政府副市长、党组成员。1959年5月出生,汉族,河南偃师市人。1982年7月参加工作,1985年3月加入中国共产党,郑州大学本科文化程度。

1978年9月至1982年7月,在郑州大学中文系学习;1982年7月至1984年4月,在洛阳地委政研室工作;1984年4月至1986年4月在洛阳地委办公室工作;1986年4月至1992年2月,在三门峡市委办公室工作,1986年10月任副科长,1988年2月任秘书科科长;1992年2月至1997年1月,任三门峡市委办公室副主任;1997年1月至1998年7月,任三门峡市委办公室主任;1998年8月至2001年4月,任市政府副秘书长、办公室主任;2001年4月至2008年10月,任三门峡市政府秘书长、党组成员;2008年10月至2010年6月,任三门峡市政府市长助理、秘书长、党组成员;2010年6月,任三门峡市人民政府副市长、党组成员。

高战荣 三门峡市人民政府副市长、党组成员。1962年7月出生,汉族,河南灵宝市人。1981年8月参加工作,1985年2月加入中国共产党,研究生文化程度,高级会计师。

1979年9月至1981年7月,在河南省洛阳林业学校读书;1981年8月至1984年8月,在洛阳市宜阳县财政局工作,先后任办事员、预算总会计;1984年8月至1989年8月,任洛阳市宜阳县财政局副局长(1985年9月至1987年6月,在河南财经学院财政金融系财政专业读书取得大学专科学历);1989年8月至1996年4月,先后任三门峡市财政局行政事业财务管理科科长、预算科科长(1995年8月至1997年12月,在中央党校经济管理专业读书取得大学本科学历);1996年4月至1997年1月,任三门峡市财政局副局长、党组成员,市国有资产管理局局长(1996年4月至1998年4月,在中国社会科学院研究生院企业管理专业读书取得研究生学历);1997年1

月至2002年1月，任三门峡市财政局副局长、党组成员；2002年1月至2007年6月，任三门峡市财政局党组书记、局长(2003年9月至2004年2月，在河南省委党校33期中青班培训学习；2006年4月至2008年4月，在清华大学工程院企业总裁资本运作班读书；2006年9月至2007年1月，被河南省委组织部派往广东省惠州市挂职锻炼)；2007年6月至2010年6月，任中共陕县县委委员、常委、书记；2010年6月，任三门峡市人民政府副市长、党组成员。

张廷善 三门峡军分区司令员。1960年8月出生，汉族，山东栖霞县人，本科学历，大校军衔。1978年12月入伍，1982年6月加入中国共产党，历任炮兵某师某团八连战士，信阳陆军学院后勤训练大队学员，某军通信营有线连正排职司务长，某军政治部宣传处文教办正排职干事，某军政治部宣传处副连职干事，某军炮兵旅特务连政治指导员，某集团军通信团接力连政治指导员，某集团军某师某团政治处宣传股股长，某集团军军史办公室副营职干事，某集团军某师某团政治处副主任，河南省军区司令部动员处正营职参谋，河南省军区司令部动员处副团职参谋，河南省军区司令部动员处副处长，河南省军区司令部动员处处长，河南省国防动员委员会综合办公室专职副主任(副师职)。2010年10月任三门峡军分区司令员。

雷俊卿 三门峡军分区政治委员。1959年2月出生，汉族，河南洛宁县人，本科学历，大校军衔。1978年12月入伍，1981年7月加入中国共产党，历任某军某师某团一营战士，某军某师某团一营机炮连排长，某军某师某团一营机炮连司务长，某军某师某团政治处组织股正排职干事，一五〇医院政治处副连职干事，一五〇医院政治处正连职干事，一五〇医院门诊部协理员，一五〇医院院务部协理员，一五〇医院政治处主任，后勤三十三分部政治部组织科科长，后勤三十三分部政治部副主任，联勤三十三分部政治部副主任，联勤三十三分部政治部主任，联勤三十三分部副政委。2010年12月任三门峡军分区政治委员。

全国性荣誉称号获得者

白　洁 汉族，中共党员，大学文化，1990年11月在灵宝市检察院工作。19年来，她先后被评为河南省优秀共产党员、三八红旗手、杰出青年卫士、十大女杰，荣获全国模范检察官、全国五一劳动奖章、全国三八红旗手、中国青年五四奖章、中国十大杰出检察官等荣誉。2007年10月，白洁作为全国检察系统基层一线普通干警的代表，光荣参加了中国共产党第十七次全国代表大会，2010年被评为全国先进工作者。

白洁在身患妇科疑难疾病10年、隐瞒病情8年、历经4次手术的情况下，以顽强的毅力，做出了不平凡的业绩。在侦查监督科工作的7年间，审查批捕案件1 099件涉及1 976人，追捕漏犯63人，被誉为“办案状元”；在省市检察院7次案件质量评比中，抽查她60多本卷宗全为优秀。连续12年资助陕北佳县学生高瑜磊从小学直至被华中师范大学录取，已参加工作，开始回报社会。

白洁的先进事迹被中央12家主流媒体和河南多家媒体报道，在中央电视台“时代先锋”等专栏进行了集中宣传，香港凤凰卫视也对她的事迹进行了专题报道，海内外反响强烈。白洁先进事迹报告团先后为高检和省院机关作专场报告，并在全省巡回报告30余次，数万听众受到了心灵上的洗礼和震撼。以白洁为原型的电影《女检察官》已在全国公映，同名长篇报告文学也已与读者见面。白洁的事迹走进了中政委“法铸方园”文艺晚会，《忠诚和青春的赞歌》4集电视记录片在全国“两会”期间由央视播出。中共中央政治局常委李长春、原最高人民检察院检察长贾春旺、原河南省省委书记徐光春等领导相继作出批示，要求向白洁学习。

张国强 31岁，汉族，中共党员，本科文化程度，任河南省三门峡市公安局湖滨派出所副所长兼黄南五社区民警。

2002年，张国强在河南省组织的招警考试中脱颖而出，由一名农村出来的大学毕业生成为了一名光荣的人民警察。从入警那天起，张国强就始终把群众的安危冷暖挂在心上，把群众的满意落实在行动上，在社区民警这个最基层的工作岗位上一干就是9年，以炽热的情怀诠释了新时期人民公安为人民的丰富内涵。在这个平凡的工作岗位上，张国强走东家、串西家，躬身为群众遮风挡雨、排忧解难，大大小小办了近千件好事、实事，与群众结下了深厚的情谊；张国强的妻子是社区居民张罗的，小两口的婚礼被辖区群众布置成主题为“警民一家亲”的现场，张国强把社区当成了自己的家，辖区居民把他当成了亲人，形成了“警爱民、民拥警”的良好氛围。在这个平凡的工作岗位上，张国强创新警务理念，创造出了一整套以“熟、联、管、帮、用、查、贴”为核心的社区警务管理工作机制，被命名为“张国强七字工作法”。为突破了城市实有人口管理的瓶颈，张国强利用节假日及休息时间深入到每一个家庭入户走访，认真登记每一户的详细信息，创出了实有人口管理“一本通”工作法，解决了实有人口管理的动态管理，做到了“提人知名，提名知情”。社区刑满释放人员，往往受到的社会关怀较少，歧视较多，亟待给予教育、帮扶和引导。到社区工作以来，张国强高度关注这部分人员的情况，着力解决他们生活中的实际问题，更加注重心灵上的沟通，增强他们对生活的信心，帮助他们、感化他们，同时为他们的生活尽自己的微薄之力。通过他耐心、细致的说服教育工作，使辖区26名重点对象和3名监管对象，基本上都有了稳定的收入和正常的生活保障，没有一个重新走上犯罪道路。在这个平凡的工作岗位上，张国强秉承守土为责、保民平安的理念，在三门峡市建立起了第一支平安志愿者服务队，依靠群众力量维护社会治安，让信息主导警务成为现实，先后依靠治安志愿者队伍收集各类信息200余条，破获各类刑事案件30余起，抓获各类逃犯9名，并将潜逃多年杀人逃犯房某抓获，创下了连续3 000余天无重特大刑事案件、无集体上访事件和治安灾害事故的纪录，多个楼院连续几年实现了“零”发案。张国强先后荣立个人三等功两次；曾获得“三门峡市十佳社区民警”“三门峡市十大优秀青年”“三门峡市优秀职工”称号；还被评为“河南省优秀社区民警”“河南省十佳警务室民警”；“河南省劳动模范”，2010年被评为全国先进工作者，20余家中央和省市新闻媒体先后多次对他的先进事迹进行宣传报道。

包有民　生于1968年6月，1996年加入中国共产党，2000年任灵宝市北阳平村党支部副书记，2003年任村党支部书记。

包有民担任党支部书记后，忠实履行共产党人职责，认真贯彻落实党的富民政策，稳步推进社会主义新农村建设，全村呈现出经济快速发展、生态环境优美、基础功能完善、社会事业兴旺、群众安居乐业的良好局面。他的先进事迹在当地广为传扬，曾多次被河南电视台、《河南青年报》《人民日报农村版》《三门峡日报》、三门峡电视台等多家媒体报道。包有民先后荣获“全国优秀党务工作者”“全国农村青年创业致富带头人”“全国十大优秀青年农民”“中国杰出青年农民提名奖”“河南省十大杰出青年新闻人物”等称号。2002年11月当选为“第九届中华大地之光十佳新闻人物”，2004年5月被评为“河南省劳动模范”，2006年6月被评为“河南省优秀共产党员”，2007年当选为三门峡市人大代表，河南省第八届党代会代表，2009年被评为“河南省十大爱心慈善人物”，2010年被授予“全国劳动模范”荣誉称号。2004年全国政协副主席周铁农接见时欣然题词“焦裕禄式的好干部，农民致富的带头人！”，2005年省委书记徐光春接见时题词“向包有民这样的好干部学习！”

1969年6月，年仅1周岁的包有民同全家人一起，从老家湖北省郧西县逃荒要饭辗转来到灵宝市阳平镇大湖村。1984年3月，因荒地颗粒无收，包有民一家到北阳平村八组乞求落户，并安顿下来。16岁的包有民开始走上创业之路，给人背矿石、出矿碴、当钻工，后来用旧货车跑过运输，走上创业之路并逐步致富。为了回报乡亲的救助之恩，2006年包有民把价值1 012万元的资产全部无偿捐献给了村集体。又投资35万元为大湖村铺路、安装自来水。包有民心系教育，出资数万元购置电脑赠与村小学；先后资助社会20多名孤儿和困难学生完成学业；每年拿出1万多元作为关子沟3个自然村孩子们的生活费。包有民常到敬老院送钱送物，慰问老人，为敬老院捐赠全套办公用具和家具，改善敬老院条件。每年都把工资买成米面油等送给村里的困难户，重阳节拿出1万多元为全村60岁以上老人体检。

为帮助村民致富，包有民出资育苗，无偿地让群众绿化荒山；又捐赠柿树苗、杨树苗等100余万株，用于关子沟村民组和周边行政村的退耕还林；购买黄姜种子1万余公斤，支助村民在荒坡上发展药材种植；投资3万多元，购买肉羊100多只，发放给关子沟村民组的困难户；为村民担保贷款，建蔬菜大棚50亩，并自己出资以年薪3万元聘请蔬菜技术员为全村菜农进行技术指导。

担任村支部书记后，包有民以全面推进新农村建设为己任，制定了“农业富民、工贸强村、发挥优势、整体推进”的发展思路，巩固提升苹果产业，扶持发展绿色农业和生态农业，依托地理区位优势，把发展工商贸作为壮大村集体的支柱产业，吸纳知名企业海升果业集团分公司落户到村。每年评选表彰“双文明户”“勤劳致富户”“五好家庭户”“好婆婆”“好媳妇”等，坚持开展农民篮球赛、社火表演、戏曲演唱等活动，提升集体凝聚力，促进文明村风的形成。组织实施了农网改造、人畜饮水等工程；建立了农业信息网和农村远程教育网；完成了村所有巷道硬化亮化任务；建立了卫生管理长效机制，实行垃圾定点堆放、统一处理；组成了“村容村貌整治小组”，突击整治全村空闲园地，有效解决了历史遗留的土地资源浪费问题；种花植树，绿化美化村中空闲园地、穿村公路及关子沟区域；兴建了北阳平文化活动中心，为村民休闲娱乐、学习锻炼提供了良好场所。加大对农村基础教育的投入，改善办学条件；建立社会保障长效机制，对全村60岁以上老人发放生活补助，重阳节免费为老年人体检；对全村大中专生进行奖励；为村民安装有线电视接收系统，并统一支付收视费;统一为村民支付参与新型农村合作医疗的费用等。

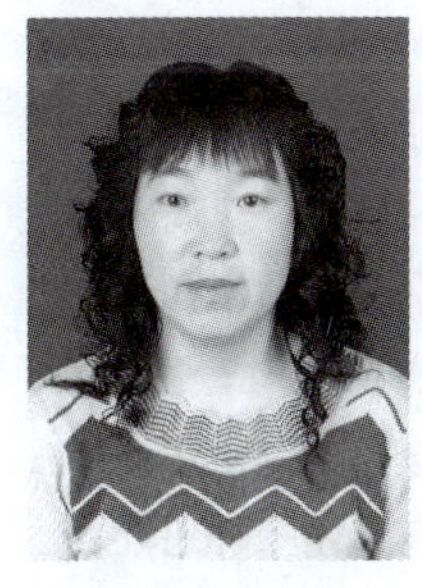

周志红　1986年,周志红在三门峡化机公司金工车间天车班当学徒,勤奋好学,且24年如一日始终坚持在生产一线摸爬滚打,积累了丰富的理论知识和实际操作经验。周志红练就了行车掌控和操作技术,除吊装工件得心应手,更是以操作"稳、准、快、落点精确"而深得职工信赖,对于行车一般性常见异常和小故障也能正确判断,自行解决,在平凡的岗位上铸就出了不平凡的业绩。

作为一名行车工,周志红深知安全工作的重要,因为行车工属"空中作业",这就对行车工提出了更高的要求。周志红时刻牢记安全第一的宗旨,每天班前都要对学员进行安全提醒,每周进行安全教育,每月进行安全总结,并针对行车行驶过程中易发事故隐患逐条分析以应对突发事件,创下工作24年零事故的奇迹。周志红认为,为国家培养人才,为公司培育后备力量是自己义不容辞的职责,周志红不隐瞒技术、手把手,言传身教,并把自己多年总结出来的如何应对行车运行过程中制动装置失灵、顶钩等经验毫不保留地教给学员,20余年来,经周志红培养成才的就有10余名,都成为公司天车工队伍的主力军。2007年9月,周志红代表化机公司继2004年荣获三门峡市第1届职工技术运动会天车工种第1名后,再次摘取了三门峡市第2届职工技术运动会天车工项目竞技的桂冠,周志红还多次被公司评为"先进生产者""三八红旗手""巾帼建功立业先进个人""首席员工""金星级员工"等荣誉称号并多次获得三门峡市"五一劳动奖章"、河南省"五一劳动奖章"、全国"五一劳动奖章"等。2010年被授予"全国劳动模范"荣誉称号。

武予鲁　参加工作30年来,武予鲁一直与煤为伴。2006年底任义煤集团董事长、党委书记后,武予鲁着力把义煤建设成为全国一流的特大型能源、化工基地和现代企业集团。先后在新疆、青海、山西、内蒙和外蒙共整合资源60亿吨,初步形成了义煤5个千万吨煤炭基地,未来3年到5年时间,义煤产能将达到7 000万吨,资产总量将达到1 000亿元,利税总额将达到100亿元。与美国SES综合能源公司合作投资150亿元、日产1 000万标方煤气化项目开工建设,接管年产20万吨甲醇的义马市开祥化工公司,无限拉长义煤产业链。开工建设总投资16亿元、年产60万吨的40万吨氧化铝技改工程并一次投料试车成功,全面启动铝板带箔项目。同时大刀阔斧的开展了机关机构改革,分流三分之一以上的部门和人员,实现了公司机关的精干、高效。3年来,义煤原煤产量从2007年1 884万吨上升到2009年的2 260万吨;经营总额从2007年90.3亿元上升到2009年的141.63亿元;上缴利税从2007年16.7亿元上升到2009年的21.76亿元。在武予鲁的带领下,一个有着50多年历史的老牌国企重新焕发出活力。在陕县支建煤矿"7.29"淹井事件中,武予鲁临危受命,迅速组织义煤有关技术人员参与抢险救援工作,不顾个人安危,亲临井下抢险救援一线,靠前指挥,率先垂范,连续5个小时的抢险工作,打通了13米的"生命通道",最终成功全部救出69名被困矿工,创造出了中国煤矿抢险救援工作史上的奇迹。武予鲁始终秉承"权力本无姓"的廉政理念,带领2 960多名科级以上干部面向全体干部职工做出廉政勤政公开承诺,并进行廉政宣誓,自觉接受监督。为解决职工最关心、最直接、最现实的利益问题,义煤集团投资2.1亿元,安装运人装置46套,缓解井下一线职工的劳动强度,实现了几代矿工"只走工作面上下巷"的愿望。3年来,义煤集团通过"金秋助学"活动捐款114万元,救助困难职工子女大学生近260余名;共创设3 000多个就业岗位,缓解职工子女就业难的压力;补贴8亿元,实施棚户区改造,解决了7万多名职工家属的住房问题;在武予鲁的带领下,义煤集团492名副处级以上领导干部为无购买能力的322户棚改困难职工捐款136万元,其中,武予鲁本人捐款32 860元,用于帮助千秋矿85岁的特困孤寡老人李焕购新房。2010年被授予"全国劳动模范"荣誉称号。

正高级职称人员名单

姓名	职称	单位
张玉君	教授级高级工程师	三门峡市林业工作总站
李红萍	教授级高级工程师	三门峡市环境监测站
曹德宽	教授级高级工程师	三门峡林业工作总站
曹丽华	教授	三门峡职业技术学院
白　雪	一级律师	河南永兴律师事务所
王云玲	农业技术推广研究员	三门峡市农业技术推广站
郭建平	农业技术推广研究员	三门峡市农产品质量安全检测中心
杨松芳	农业技术推广研究员	陕县植保站
赵书华	农业技术推广研究员	三门峡市园艺工作总站
陈喜英	农业技术推广研究员	三门峡市畜牧兽医工作总站

武恕星	主任医师	三门峡市疾病预防控制中心
姚淑芳	主任医师	三门峡市中心医院
尤群生	主任医师	三门峡市中心医院
梁立新	主任医师	三门峡市中心医院
张瑞文	主任医师	三门峡市中心医院
曲利霞	主任医师	三门峡市中心医院
武占红	主任医师	三门峡市中医院
师卿杰	主任医师	三门峡市中医院
刘向敏	主任医师	三门峡市中医院

副高级职称人员名单

杜宏伟　张代平　王好转　杜照军
刘跃贤　张　静　宋五好　范高峰
侯　枫　许江涛　胡丽平　王　华
齐　言　刘世贤　许建勋　王　丽
王　燕　焦瑞生　乔改伟　林　彬
秦　毅　苏红梅　张胜利　师安东
张武斌　曹旭东　翟剑波　张建堂
李　丽　赵伟青　李惠琴　杜　薇
郭凤莲　王　娟　董保英　薛瑶娉
王引霞　武和平　唐润霞　温松江
李福景　王鹏儒　刘　萍　吕高玲
周玉民　王保发　李琳亚　任冬梅
王亚峰　梁东峰　张　敏　刘春喜
石玉昆　杜适普　张春才　侯春霞
郑平伟　赵建安　郑建军　焦爱华
黄建湖　彭云峰　陈　松　王淑霞
宁小方　赵祖昌　邓晓春　陈学斌
孙　燕　韩志敏　林海晨　朱龙金
赵　珂　杲碧青　光建中　李敬安
董宏朝　程继红　岳　红　刘寒冰
刘喜层　张俊泽　焦爱萍　张玉玲
薛育红　亢　欣　吕永刚　彭银鱼
李建军　王永军　张艳丽　王春燕
韩　卫　牛岩红　王晓丽　刘建民
赵天强　王宏民　张建军　朱来章
刘丽娜　李　玲　班艳艳　李　暐
张　东　王建波　程　姬　马龙起
许　英　王文进　李　哲　王淑红
刘　丹　刘金涛　张险峰　许永起
张保林　左小强　梁　洁　付腾飞
李　萍　郭凤仙　刘　瑞　聂增华
刘志敏　王红军　张新锋　费恩慧
马　啸　李宝国　王白祥　何冰清
杨秀贞　孟　佩　王海峰　杜　鹏
刘建军　张晓荣　李淑霞　詹　超
张发军　雷玉哲　任元明　李景森
茹新春　王忠芳　裴红军　左旭明
李永收　李海潮　张泽伟　孟昭毅
张爱娜　袁光文　赵小梅　曹海霞
杨建栋　刘爱群　史宗朝　崔文东
朱爱琴　韩静霞　李菊萍　李建华
李汉卿　任晚霞　李　伟　王莉莉
郭智仁　孙红波　王富财　贾改巧
吉小香　曹旭平　花淑珍　王菊荣
董伟伟　马山青　牛月谦　李建峰
张惠萍　李　超　刘全喜　章　琪
胡文强　李友军　吴道清　张　焱
王爱军　程安宁　乔果丽　王立新
兀彩艳　高太勋　薛丁霞　张春丽
赵云岭　赵慧莲　郑金侠　辛彦峰
张官锁　卫雪林　杨贵民　霍守固
张黑熬　陈建洲　张秀红　张占勋
冯素平　赵索后　张双河　赵江琴
张志旻　田献峰　蔡亚丽　朱志新
崔淑兰　郑淑贞　刘拴灯　王雪层
姚庆红　田秋霞　陈苏英　张百峡
潘铁军　冯石有　董发群　李永贤
水爱民　姜广群　尚红治　李遂峡
杨青贤　张少宁　郑淑红　吴艳秋
何胜芬　史俊风　杨三兴　刘志超
黄建忠　段建安　张迎军　王　玲
何朋波　张项成　张巧娟　张启业
李春江　建占精　李恩赞　彭立波
薛世理　张景云　张黎薇　刘　华
刘　嫱　冯宝仓　许小娥　胡春萍
徐鹏举　王有功　安公民　张克祯
赵文华　张龙法　张项茂　王慧茹
杨黎刚　续亚妮　董赞民　杨东凯
贠文亮　张芳丽　张东强　李军民
刘永哲　王慧娟　张转伟　李新宁
胡向超　刘建辉　马会峰　李邦勤
张岳旭　葛鹏飞　焦艳丽　王玉峰
蒋卫勤　王亚娟　李海鱼　王军泽
张世峰　王丽琴　杨　靖　孙旭红
王更道　李晓凯　吴芳娥　王春华
郭少丽　宋立刚　杭　行　何云龙
王海峰　刘贵树　常战辉　姜　博
王朝辉　吴俊华　樊新民　索安阳
周碧洁　孔萍丽　张丽丽　何淑琴
许引丽　阮彦胜　卢芳如　严淑芳
刘真定　张雪丽　李莹菲　李永谋
李跃武　樊振雷　张凤琴　朱娟芳
董世君　赵　琦　张彩瑜　赵淑芳
寇肖云　张兴锐　常　青　张当华
李红丽　张晓换　陈林静　李婧欣
崔　萃　张金星　丁　茹　孙国锋
冯敦厚　张维新　李建林　孙继文
权聪玲　李占方　屈红伟　杨小留
范建东　岳爱丽　杨小波　刘吉周
荆建生　李新福　邓润婷　莫铁栓
秦金良　刘小卢　李春锁　张双武
郭志伟　毋慧鑫　聂海根　侯贵章
李建方　莫书礼　程东方　卫铁牛
田新成　齐江华　任高波　万胜利
赵智芳　靳淑娥　方吉波　权雪玲
张长福　张永明　贾超鹏　朱凌云
梁明辉　王军朝　徐东林　范富仓
刘振华　宋民友　宋　珂　李万朝
赵小慧　靳文邦　刘剑灵　曹爱萍
李　莹　周粉灵　刘长江　吕金宏
韦海方　曹海滨　李少峰　鲁　昕
骆彦平　卫常青　卢松波　张永利
何淑琴　朱金剑　郭静波　呼延爱琴
贾铁堂　赵建庄　晋爱枝　陈保东
王少军　奚红梅　陈泽林　孙国琴
刘　文　郝　璟　孙晓雁　崔建录
肖便玲　潘本锋　张　静　张丹旭
刘忠义　孟昭伟　杨丽霞　刘凤鱼
姚润芬　张　莹　毛永明　牛文梅

朱巧宁 张武奎 范建生 李海贤
赵 鑫 曲邦定 崔桂花 王巧芬
范凤娟 王书君

省部级（条线）以上表彰的先进个人名单

全国方志系统先进工作者
李 健

全国模范检察官
闫咏雪

河南省五一劳动奖章
董运生 丁建国 杨建军 贺锁立
方留聚 杨东伟 王建国 孙洪光
张爱民 马忠峡

民建“全国优秀会员”
水如春

河南省地方史志系统先进工作者
武铁成 周 青 沈实勇 史书现
张虎民 张素娥 贺笑宜 李喃东

民建“全省优秀支部主任”
校志力

河南省城乡优秀创业女性
张永香 张慧敏 李文娜

河南省种粮女能手
赵金宝 任巧亮 张少妮

河南省城乡妇女工作先进个人
秦改霞 张晓红 郝香婷 杨秋红

河南省优秀女律师
刘咏梅

河南省三八红旗手
王 静 薛冰慧 杨静妮 莫凤琴
陈 慧 张爱群 张晓燕 张朝晖

全国维护妇女儿童权益先进个人
焦淑娟 赵景亮

河南省农村优秀女经纪人
樊秋红

感动河南十佳母亲
卢贵真

河南省儿童工作先进个人
朱巧梅 陈亚丽 胡金燕 赵爱侠

河南省优秀儿童
刘悦欣 王冰洁

河南省维护妇女儿童合法权益优秀卫士
张俊叶

全省国土资源信访稳定工作先进工作者
卫 骁 荆海波

全省测绘系统先进工作者
乔娟芳

全省住房和城乡建设系统精神文明建设工作先进工作者
申先堂

河南省城市生活垃圾处理运营管理先进个人
宋卫东 王旭恒

中国人寿河南省分公司先进工作者
刘冠敏

河南省工商银行先进工作者
戚建江 王爱民 王 乐 王拴军

2010 年度城乡规划工作先进个人
李海龙 李延平 郭庆洛 王江龙
路 辉

全省村镇规划建设先进个人
李 琳

市级荣誉称号获得者

三门峡市“五一劳动奖章”获得者
樊 青 怀英东 平治军 董丽丽
段绿萍 白洪祥 李淑姣 王龙强
蔺清慧 陈永安 王艺茜 张 诚
张春娥 贺 喜 任鸿廷 刘淑娟
董应超 赵伊飞 方瑞民 李双平
杨建兴 杨青时 刘宏伟 樊革民
张样婷 吕晓兆 吴江波 邓海星
曹银洲 赵随群 段金红 郭占忠
翟海燕 李永辉 杨豫忠 马海峰
段选民 杨结义 建则军 员则续
兀宝龙 张继红 员更厚 张会峰
于保峰 冯新文 贺治强 孙学峰
张晓廷 张启超 张永森 王 丹
任琰龙 叶先琴 梅纪东 魏林明
张 萍 郎玉舜 黄梅果 蔡建成
苗世昌 梁可俊 张晓芳 曲东霞
乔文明 张雪花 王玉国 秦小伟
张德恩 宋建卫 吕红东 焦社宗
常卢颜 姚新艳 钱先锋 刁旭川
李新平 邢 硕 王立明 赵新峰
刘建军 吕占国 马永江 秦书凡
李 江 朱雪梅 张永福 陈 林
郭建中 黄世谋 于万平 任遂法
段建霞 杨忠训

民盟三门峡市参政议政先进个人
张 健 许海星 刘阿春 杨宗智
赵桂霞 李海霞 刘建林 任森芳
李少红 王好转 马爱红 耿国安
郅利聪 刘秦玲 刘存杰

有突出贡献的优秀教师
谢广山 黄会杰 王秀鹏 郑 娜
刘仲渠 侯云东 牛岩红 建增录
张文娟 马长安 马艳朋 王海丹
梁玉成 白献伟 杨旭东 朱锁红

苗朝晖　杜远怀　薛永红　莫志毅
伍金荣　张江丽　张振华　王竹霞
于秋伟　沈苏玲　贾新娥　杨慧聪
岳晓赟　张占恒　王秋平　秦红莉
刘温娜　柳宝珠　王迎雪　罗镇婷
贺俊亘　申翠香　王永刚　席建军
张洪波　李银生　陈玉芳　李　辉
郭金芳　杨红娟　平雷安　张海宏
郭才丰　秦安钢　李晓霞　方海霞
赵建国　卢群芬　李瑞娟　王永刚
卢艳华　王宣民　宋艳萍　孟素平
范宝锋　吴铁梅　史素静　李永强
李淑霞　陈年平　马晓闪　孟焕茹
赵　洁　杜聪明　张丽霞　张卫利
王红雅　王建峡　贾红娟　徐海叶
史建设　杨永寿　李瑞丽　张志旻
赵　赟　班红兵　李素霞　肖玉国
王立新　张喜娜　张青梅　卫　静
段园园　刘勇强　张建苗　孙跃朋
任立屯　卢新平　秦红军　陈绍文
鲍贵珍　胡彦收　李经波　张会敏
赵卫强　何云龙　贾新相　屈赞权
刘玉娜　冀宁波　李惠芳　张当华
梁卓晓　李　丹　温彩红　张金霞
张海红　刘晓辉　李云龙　杜高伟
张怡玲　赵涛涛　潘展革　王选刚
汪娟芳　庞忠法　李占龙　许晓辉
李大治　彭占辉　刘永辉　来广学
王亚斌　宋泽民　陈　斌　陈秀萍
杜新虎　胡　森　梁明辉　张甲超
贺振锋　张国照　朱凌云　刘建民
李行琴　赵海洋　赵　娟　陈海红
莫淑芳　李静芳　关　华　李　辉
周彩荣　樊雪玲

有突出贡献的先进教育工作者

刘国梅　许榜哲　赵晓波　邓　斌
杨益民　张红谱　严喜庆　王正文
孙建堃　局李晶　刘赞民　白云燕
许辉义　代爱军　杜瑞平　段丽萍
姚希霞　关万鹏　西红义　李改平
郑西均　杨书群　员绍成　杜陕峡
徐冬梅　张转玲　秦元刚　兀彩艳
张焕兴　卫雪林　宋欣燕　潘铁军
许晓峰　赵旭灵　张战坤　王志宏
李莹菲　索安阳　张海江　李锋灵
高建军　董赞民　张民生　张　娜
张　戬　楚华文　郭新儒　王章民
秦现留

·编辑　周　青·

荆山黄帝铸鼎原

附　录

APPENDIX

3 月 30 日，海内外华人代表和各界群众在灵宝市函谷关参加老子诞辰 2 581 周年纪念活动

2010年三门峡市主要文件目录

中共三门峡市委主要文件目录

1月4日	三发〔2010〕1号	市委、市政府关于进一步加强和改进新时期群众工作的意见
4月15日	三发〔2010〕2号	市委、市政府关于加大统筹城乡发展力度进一步夯实农业农村发展基础的实施意见
1月25日	三发〔2010〕3号	中共三门峡市委关于印发《省委书记卢展工同志在听取市委市政府工作情况汇报时的讲话》的通知
2月10日	三发〔2010〕4号	市委、市政府关于调结构、促转型、增效益,努力实现经济平稳较快发展的意见
3月2日	三发〔2010〕5号	市委、市政府关于印发《第十六届三门峡国际黄河旅游节暨投资贸易洽谈会总体方案》的通知
3月3日	三发〔2010〕6号	中共三门峡市委关于学习宣传贯彻《中国共产党党员领导干部廉洁从政若干准则》的实施意见
3月23日	三发〔2010〕7号	中共三门峡市委关于2010年度县处级以上党委中心组分专题集体学习的安排意见
3月26日	三发〔2010〕8号	中共三门峡市委关于认真学习贯彻《胡锦涛总书记在参加十一届全国人大三次会议河南代表团审议时的讲话》精神的通知
3月30日	三发〔2010〕9号	市委、市政府关于加强招商引资力量进一步扩大对外开放的实施意见
4月9日	三发〔2010〕10号	市委、市政府关于印发《三门峡市创建国家卫生城市实施方案》的通知
4月23日	三发〔2010〕11号	市委、市政府关于加强耕地保护强化土地执法监管的意见
5月7日	三发〔2010〕12号	中共三门峡市委关于在全市基层党组织和共产党员中深入开展创先争优活动的实施意见
5月6日	三发〔2010〕13号	市委、市政府关于完善利益导向机制进一步做好人口和计划生育工作的实施意见
7月14日	三发〔2010〕14号	中共三门峡市委关于认真学习贯彻胡锦涛总书记在河南考察时重要讲话精神的通知
7月19日	三发〔2010〕15号	市委、市政府关于进一步加快产业集聚区发展的意见
9月17日	三发〔2010〕16号	市委、市政府关于加快农村新型住宅社区建设促进城乡一体化发展的实施意见(试行
7月19日	三发〔2010〕17号	中共三门峡市委关于在全市开展"抓基层、打基础、争一流、当先锋"活动的意见
7月27日	三发〔2010〕18号	中共三门峡市委关于选派机关干部担任村党组织第一书记的意见
10月18日	三发〔2010〕19号	中共三门峡市委关于进一步加强和改进新形势下党史工作的实施意见(秘密)
10月26日	三发〔2010〕20号	中共三门峡市委关于认真学习贯彻党的十七届五中全会精神的通知

(市委办)

三门峡市人民政府主要文件目录

1月7日	三政〔2010〕2号	三门峡市人民政府关于对市烟草局和2009年烟叶生产先进单位及个人进行表彰的决定
1月10日	三政〔2010〕3号	三门峡市人民政府关于印发三门峡市破产企业退休人员医疗保险暂行办法的通知
1月13日	三政〔2010〕4号	三门峡市人民政府关于印发三门峡市地名管理规定的通知
1月14日	三政〔2010〕5号	三门峡市人民政府关于对全市财税系统的嘉奖令
1月22日	三政〔2010〕6号	三门峡市人民政府关于印发三门峡市市长质量奖管理办法的通知
2月1日	三政〔2010〕7号	关于三门峡市文化体育中心建设项目有关问题的通知
2月3日	三政〔2010〕8号	三门峡市人民政府关于表彰2009年度消防工作先进单位的通报
2月4日	三政〔2010〕9号	三门峡市人民政府关于为市公安消防支队和文天军等二位同志记功的决定
2月5日	三政〔2010〕10号	三门峡市人民政府关于对全市金融系统的嘉奖令
2月9日	三政〔2010〕11号	三门峡市人民政府关于对义马煤业集团股份有限公司进行嘉奖的决定
2月9日	三政〔2010〕12号	三门峡市人民政府关于积极承接产业转移加快开放型经济发展的实施意见
2月10日	三政〔2010〕13号	三门峡市人民政府关于依靠自主创新加快经济结构调整和发展方式转变的实施意见
2月10日	三政〔2010〕14号	三门峡市人民政府关于优化信贷结构促进经济发展方式转变的实施意见
2月22日	三政〔2010〕15号	三门峡市人民政府关于批转市环保局等部门2010年三门峡市环境综合整治实施方案的通知
2月25日	三政〔2010〕16号	三门峡市人民政府关于关于2010年三门峡市造林绿化工作的实施意见
2月26日	三政〔2010〕18号	三门峡市人民政府关于印发三门峡市职工生育保险实施细则的通知
2月26日	三政〔2010〕19号	三门峡市人民政府关于印发三门峡市行政处罚监督检查办法的通知
3月16日	三政〔2010〕20号	三门峡市人民政府关于聘请陈景良等十三位同志为市政府法律咨询专家的通知

3月16日	三政〔2010〕21号	三门峡市人民政府关于对文化文艺工作作出突出贡献的先进单位和个人进行表彰奖励的决定
3月16日	三政〔2010〕22号	三门峡市人民政府关于印发三门峡市深化企业服务年活动实施方案的通知
3月18日	三政〔2010〕23号	三门峡市人民政府关于表彰2009年度企业服务年活动先进单位和个人的决定
4月8日	三政〔2010〕24号	三门峡市人民政府关于批转三门峡市地方煤矿兼并重组实施意见的通知
4月15日	三政〔2010〕25号	三门峡市人民政府关于表彰2009年度全市政风行风建设先进单位的通报
4月15日	三政〔2010〕26号	三门峡市人民政府关于进一步深化农村信用社改革的意见
4月23日	三政〔2010〕27号	三门峡市人民政府关于印发三门峡市国土资源联合执法办法(暂行)的通知
4月27日	三政〔2010〕28号	三门峡市人民政府关于进一步规范人民防空工程建设管理有关问题的通知
4月27日	三政〔2010〕29号	三门峡市人民政府关于表彰2009年度全市外事侨务工作先进单位和个人的决定
4月28日	三政〔2010〕30号	三门峡市人民政府关于对市公安局的嘉奖令
4月30日	三政〔2010〕31号	三门峡市人民政府关于加快核桃产业发展的意见
4月30日	三政〔2010〕32号	三门峡市人民政府关于进一步加强非煤矿山安全生产工作的实施意见
5月4日	三政〔2010〕33号	三门峡市人民政府关于进一步加强化工行业安全生产工作的实施意见
5月10日	三政〔2010〕34号	三门峡市人民政府关于建立完善产业集聚区推进工作机制的通知
5月11日	三政〔2010〕35号	三门峡市人民政府关于印发三门峡市构筑社会消防安全“防火墙”工程实施方案的通知
5月17日	三政〔2010〕37号	三门峡市人民政府关于印发三门峡市水环境生态补偿暂行办法的通知
5月21日	三政〔2010〕38号	三门峡市人民政府关于对市社会福利有奖募捐委员会办公室通令嘉奖和为杨保屯等三位同志记功的决定
6月3日	三政〔2010〕40号	三门峡市人民政府关于公布第二批市级非物质文化遗产名录的通知
6月7日	三政〔2010〕41号	三门峡市人民政府关于印发三门峡市2010年防汛抗旱工作方案的通知
6月12日	三政〔2010〕42号	三门峡市人民政府关于加强无证无照经营查处取缔工作的实施意见
6月24日	三政〔2010〕43号	三门峡市人民政府关于下达2010年全市主要污染物排放总量控制计划的通知
6月25日	三政〔2010〕44号	三门峡市人民政府关于表彰2009年节能减排先进单位和先进工作者的决定
7月5日	三政〔2010〕45号	三门峡市人民政府关于印发三门峡市主要污染物排污权交易暂行办法的通知
7月8日	三政〔2010〕46号	三门峡市人民政府关于对全市教育系统的嘉奖令
7月15日	三政〔2010〕47号	三门峡市人民政府关于印发三门峡市国家建设征用土地地上附着物补偿标准的通知
7月15日	三政〔2010〕48号	三门峡市人民政府关于印发三门峡市自主创新体系建设和发展规划(2010—2020年)的通知
8月2日	三政〔2010〕49号	三门峡市人民政府关于进一步加快全市信息化建设的实施意见
8月9日	三政〔2010〕50号	三门峡市人民政府关于公布第二届三门峡仲裁委员会组成人员名单的通知
8月11日	三政〔2010〕51号	三门峡市人民政府关于印发三门峡市职业教育服务新农村建设试验方案的通知
8月16日	三政〔2010〕52号	三门峡市人民政府关于印发三门峡市人民政府重大行政决策制度的通知
8月16日	三政〔2010〕53号	三门峡市人民政府关于印发三门峡市推进供热计量工作实施方案的通知
8月24日	三政〔2010〕54号	三门峡市人民政府关于下达2010年度责任目标的通知
9月2日	三政〔2010〕55号	三门峡市人民政府关于表彰有突出贡献的优秀教师和先进教育工作者的决定
9月2日	三政〔2010〕57号	三门峡市人民政府关于加强全市煤炭产品质量监督工作的实施意见
9月5日	三政〔2010〕58号	三门峡市人民政府关于打好节能减排攻坚战确保实现“十一五”节能减排目标的实施意见
10月25日	三政〔2010〕59号	三门峡市人民政府关于进一步加强农村公路建设管理的实施意见
10月29日	三政〔2010〕60号	三门峡市人民政府关于批转三门峡市工伤保险市级统筹工作实施方案的通知
11月3日	三政〔2010〕62号	三门峡市人民政府关于表彰2009年度农田水利基本建设“红旗渠精神杯”竞赛和“四荒”开发先进单位、先进个人的决定
11月4日	三政〔2010〕63号	三门峡市人民政府关于进一步加强我市中小学校舍安全工程实施工作的通知
12月1日	三政〔2010〕64号	三门峡市人民政府关于推进城乡建设加快城镇化进程的实施意见
12月2日	三政〔2010〕65号	三门峡市人民政府关于表彰2010年度三门峡市市长质量奖获奖单位和三门峡市荣获“2010年河南省名牌产品”企业的决定
12月3日	三政〔2010〕66号	三门峡市人民政府关于表彰市公安局“9·09”“7·15”专案组先进个人的决定
12月19日	三政〔2010〕68号	三门峡市人民政府关于印发三门峡市创建双拥模范城(县)活动奖励办法的通知
12月30日	三政〔2010〕69号	三门峡市人民政府关于对市烟草局和2010年烟叶生产工作先进单位及个人进行表彰的决定

(市政府办)

统 计 资 料

分县(市)区农林牧渔业总产值指数

(2010年,以上年为100)

表8 单位:万元

指 标	全 市	湖滨区	义马市	渑池县	陕 县	灵宝市	卢氏县
农林牧渔业总产值	104.9	105.9	106.0	104.6	104.7	105.1	106.8
农业产值	105.4	107.3	110.7	105.7	105.7	105.4	108.0
谷物及其他作物	97.4	95.1	105.4	100.4	94.6	95.6	99.7
蔬菜园艺作物	112.0	110.0	115.5	114.1	109.4	114.8	112.0
水果、坚果、饮料和香料作物	108.2	120.7	117.8	110.7	109.8	107.5	114.5
中药材	103.7	71.8	103.1	107.8	120.0	88.2	112.6
林业产值	94.9	70.2	77.8	64.6	76.3	115.1	97.9
林木的培育和种植	78.8	66.7	81.1	61.1	61.3	79.1	87.8
竹木采运	127.8	35.7	—	27.0	216.5	276.5	61.7
林产品	129.9	109.9	74.4	93.0	70.9	189.6	131.3
牧业产值	104.0	107.1	105.0	104.4	104.3	102.2	103.4
牲畜饲养	103.4	110.5	102.9	105.4	104.1	98.6	101.2
猪的饲养	105.2	106.6	106.6	107.7	104.1	105.2	107.6
家禽饲养	102.2	102.8	99.7	101.9	102.0	102.8	102.5
狩猎和捕捉动物	116.7	—	—	111.1	125.0	120.0	108.3
其他畜牧业	108.6	105.5	109.8	88.8	113.9	106.8	111.0
渔业产值	113.4	117.9	100.0	120.5	120.8	120.4	112.8
农林牧渔服务业产值	104.8	104.9	105.6	104.3	105.1	106.0	104.6

(市统计局)

国民经济主要指标

表 9

指 标	计量单位	1978 年	1985 年	2005 年	2007 年	2008 年	2009 年	2010 年
一、人口								
年底总人口	万人	166.41	178.42	221.81	222.89	223.41	224.03	223.44
#非农业人口	万人	19.46	26.65	65.59	67.11	67.65	68.01	68.44
#男性人口	万人	86.39	92.75	114.9	113.95	113.67	113.94	114.87
二、年底从业人员	万人	63.6	81.3	123.29	124.1	124.32	126.41	129.56
#职工人数	万人	13.01	19.13	23.8	23.13	22.48	22.72	23.38
三、工农业总产值	万元	81 972	165 236	6 606 088	12 600 738	16 450 390	18 143 311	23 642 132
四、生产总值	万元	53 690	129 087	3 344 489	5 140 226	6 474 790	7 027 459	8 744 157
第一产业	万元	17 817	35 981	330 981	421 190	547 715	576 111	700 043
第二产业	万元	27 667	55 538	2 013 063	3 368 446	4 301 424	4 641 315	5 991 814
第三产业	万元	8 206	37 568	1 000 445	1 350 590	1 625 651	1 810 033	2 052 300
人均生产总值	元	324	729	15 092	23 005	29 211	31 590	39 176
五、农林牧渔业								
年底耕地面积	千公顷	189.7	183.1	162.37	163.2	164.37		
农林牧渔业总产值	万元	26 981	52 860	565 515	716 694	937 545	989 267	1 204 182
主要农产品产量								
粮食	吨	428 400	402 335	488 147	531 844	614 899	627 835	632 486
棉花	吨	9 077	4 270	1 795	2 746	2 621	2 234	2 000
油料	吨	1 577	14 540	29 588	30 025	34 313	30 839	31 808
烟叶	吨	1 342	28 595	34 562	32 102	35 052	39 075	35 663
水果	吨	65 582	87 400	1 110 789	1 344 810	1 479 113	1 620 487	1 750 125
年末大牲畜头数	万头	16.96	28.14	49.39	40.73	41.47	42.47	41.39
年末山绵羊只数	万只	45.2	6.06	54.97	29.00	35.28	34.68	32.91
年末生猪头数	万头	33.74	32.58	65.37	59.60	64.00	64.46	64.72
肉类总产量	吨	12 989	14 405	67 914	66 623	71 820	75 500	78 793
#猪牛羊肉产量	吨	12 750	14 140	63 045	61 452	66 297	69 323	72 200
六、工业								
工业总产值	万元	54 991	112 376	6 040 573	11 884 044	15 512 845	17 154 044	22 437 950
轻工业	万元	23 750	37 760	527 078	815 422	979 653	1 041 665	1 342 724
重工业	万元	31 241	74 616	5 513 495	11 068 621	14 533 192	16 112 379	21 095 226
工业增加值	万元			1 881 723	3 243 480	4 163 101	4 324 000	5 624 404

续表 9-1

指　标	计量单位	1978 年	1985 年	2005 年	2007 年	2008 年	2009 年	2010 年
主要产品产量								
纱	吨	9 103	8 790	9 331	15 829	16 365	19 674	14 223
布	万米	3 037	3 701	3 831	2 040	754	415	12
原煤	万吨	628	1 028	2 328	1 635	1 766	1 881	1 968
发电量	万千瓦小时	78 097	115 189	1 096 333	1 743 240	1 340 251	1 269 010	1 357 695
化肥(折纯)	吨		15 048	116 669	162 846	147 622	146 818	173 583
合成氨	吨	12 094	22 150	150 024	163 095	137 001	142 275	162 516
铝	吨	5 812	8 691	179 155	216 434	230 492	332 011	374 473
水泥	万吨	9.13	13.61	164	471	529	542	418
中成药	吨		219	2 149	2 541	3 414	3 062	2 643
七、建筑业								
建筑业总产值	万元			262 487	456 007	609 345	730 281	824 395
房屋施工面积	万平方米	24.32	40.14	150.83	361.15	298.43	348.25	362.97
房屋竣工面积	万平方米	10.44	22.22	65.56	179.28	113.47	167.95	180.22
八、运输、邮电								
公路货运量	万吨	620	667	3 742	5 183	4 702	2 795	3 225
公路货物周转量	万吨公里	2 883	14 270	180 426	272 140	341 453	502 271	638 899
公路客运量	万人		1 086	6 001	7 628	6 926	3 281	3 790
公路旅客周转量	万人公里		33 077	194 081	241 292	271 127	152 081	182 994
邮电业务总量	万元	149	289	94 936	140 558	150 743	165 454	179 410
电话交换机总容量	门	9 092	14 367	677 037	636 452	728 886	570 252	453 886
九、全社会固定资产投资	万元		25 469	1 792 441	2 913 718	4 027 748	5 533 056	6 774 902
#国有经济单位投资	万元	7 675	17 535	879 672	889 031	1 439 890	1 851 175	2 058 935
民间投资	万元			709 284	1 690 095	2 443 321	3 540 146	4 540 261
#城镇固定资产投资	万元			1 549 691	2 554 689	3 442 071	4 675 688	5 708 320
农村固定资产投资	万元			242 750	359 029	585 677	857 368	1 066 582
非农户 50 万元以上	万元			181 334	279 189	495 458	751 631	959 999
农村私人投资	万元		5 748	61 416	79 840	90 219	105 737	106 583
#第一产业	万元			53 390	109 490	177 772	315 964	352 020
第二产业	万元			1 318 448	1 913 859	2 664 000	3 174 445	3 748 112
第三产业	万元			420 603	890 369	1 185 976	2 042 647	2 674 770

续表 9－2

指　　标	计　量 单　位	1978 年	1985 年	2005 年	2007 年	2008 年	2009 年	2010 年
十、批发零售贸易餐饮业								
社会消费品零售总额	万元	17 974	47 546	871 067	1 198 594	1 483 444	1 717 546	2 026 150
十一、对外贸易和国际旅游								
出口创汇(海关口径)	万美元			13 859	17 718	13 067	8 080	10 355
合同利用外资	万美元			7 008	29 589	37 048	12 587	24 945
实际直接利用外资	万美元			7 208	18 707	23 411	26 355	39 849
接待旅游外宾人数	人次			17 940	27 386	30 731	36 053	51 081
十二、财政金融								
财政收入	万元	6 359	9 192	180 765	372 078	481 063	532 025	663 984
财政支出	万元	3 724	9 808	339 269	605 519	793 198	1 014 570	1 129 943
银行各项存款余额	万元	11 410	41 633	1 907 276	1 991 934	2 425 109	3 009 547	3 609 773
银行各项贷款余额	万元	23 310	71 472	1 186 500	1 230 974	1 113 802	1 410 911	1 706 492
十三、人民生活								
全部职工工资总额	万元	8 581	20 971	315 121	450 554	524 435	597 979	701 412
在岗职工平均工资	元	664	1 132	13 649	19 871	23 788	26 692	30 446
#国有经济单位	元	677	1 190	13 526	19 306	22 901	26 743	30 301
城镇居民人均可支配收入	元			8 071.4	10 710.25	12 391.8	13 469.8	15 032.3
城镇居民人均消费性支出	元			5 762.1	8 007.63	8 933.2	9 882.7	11 192.9
农民人均纯收入	元	66	306.1	2 935	4 033.0	4 680.5	5 045.5	5 787.2
农民人均生活消费支出	元		250.7	2 030	2 824.2	3 319.4	3 674.2	4 125.6
城乡居民储蓄存款余额	万元	3 376	20 211	1 990 380	2 465 912	2 944 861	3 419 863	3 928 245
十四、教育、卫生								
中等专业学校在校学生	人	674	1 115	8 011	18 943	21 842	25 748	28 787
普通中学在校学生	万人	13.6	10.09	18.27	17.20	15.95	15.78	14.68
小学在校学生	万人	27.06	21.57	19.80	18.98	18.60	18.65	18.00
卫生机构	个	230	276	592	431	445	434	408
卫生技术人员	人	3 292	5 854	7 913	8 153	8 417	9 399	9 657
病床床位	张	3 542	5 508	6 382	6 839	7 590	8 331	8 709
十五、物价指数(以上年为100)								
居民消费价格指数	%			101.9	106.2	106.5	99.1	103.7
商品零售价格指数	%			101.5	104.7	108.3	99.4	103.6
十六、婚姻								
准予登记结婚	对		13 542	12 057	12 652	17 055	17 190	19 666
准予登记离婚	对		548	1 285	1 828	2 086	2 207	2 503

注:1. 本表价值量指标除邮电业务总量自 1990 年起按 1990 年不变价格计算外,其他价值量指标均按当年价格计算(下同)。

2. 1995 年始财政收入为地方财政收入(下同)。

3. 银行各项存款贷款从 2002 年起口径调整为国有商业银行。

4. 在岗职工工资 1998 年及以前年度为职工口径(下同)。

(市统计局)

全部在岗职工人数与工资
（2010 年）

表 10

分　类	在岗职工（人）	平均人数（人）	工资总额（万元）	平均工资（元）
总　计	233 803	230 377	701 412	30 446
市　直	49 300	48 819	146 858	30 082
湖滨区	19 127	17 515	52 188	29 796
义马市	58 540	58 606	213 794	36 480
渑池县	22 346	22 887	63 229	27 626
陕　县	20 319	20 391	50 832	24 929
灵宝市	46 909	44 867	126 669	28 232
卢氏县	17 262	17 292	47 842	27 667
按登记注册类型分组				
国有单位	119 935	117 190	355 099	30 301
城镇集体	10 565	10 150	28 832	28 407
其他单位	103 303	103 037	317 481	30 812
按企事业机关分组				
企　业	161 472	158 643	477 801	30 118
事　业	45 106	44 595	141 732	31 782
机　关	27 225	27 139	81 879	30 171
按国民经济行业分组				
农、林、牧、渔业	1 314	1 322	2 523	19 081
采矿业	58 869	58 518	214 670	36 684
制造业	37 541	37 460	86 445	23 077
电力、燃气及水的生产和供应业	7 977	7 972	34 580	43 377
建筑业	21 487	20 822	50 053	24 038
交通运输、仓储和邮政业	6 220	5 962	14 549	24 403
信息传输、计算机服务和软件业	1 028	1 030	4 341	42 142
批发和零售业	16 652	15 778	38 421	24 351
住宿和餐饮业	2 677	2 351	4 546	19 337
金融业	5 463	5 400	26 635	49 324
房地产业	814	786	1 812	23 055
租赁和商务服务业	3 198	3 043	5 566	18 291
科学研究、技术服务和地质勘查业	2 201	2 198	6 756	30 736
水利、环境和公共设施管理业	1 801	1 747	4 271	24 450
居民服务和其他服务业	279	247	631	25 555
教　育	27 564	27 222	93 523	34 356
卫生、社会保障和社会福利业	9 146	9 027	26 578	29 443
文化、体育和娱乐业	1 617	1 620	3 596	22 198
公共管理和社会组织	27 955	27 872	81 916	29 390

（市统计局）

分县市全部工业增加值、总产值
（2010 年）

表 11

指　标	全　市	市　直	湖滨区	义马市	渑池县	陕　县	灵宝市	卢氏县	开发区	三门峡产业集聚区
全部工业单位数(个)	14 363	18	668	407	4 899	1 856	4 950	1 531	29	5
规模以上工业	694	18	60	87	128	81	249	51	15	5
规模以下工业	2 079		306	48	325	231	917	240	12	
城乡个体工业	11 590		302	272	4 446	1 544	3 784	1 240	2	
工业总产值(万元)	22 437 950	2 599 987	417 650	3 032 546	4 151 474	2 159 049	9 572 594	376 890	117 105	10 652
规模以上工业	20 398 477	2 599 987	351 732	3 009 494	3 452 569	1 843 324	8 745 623	270 877	114 219	10 652
规模以下工业	597 042		39 057	7 425	97 702	94 897	304 149	50 957	2 853	
城乡个体工业	1 442 431		26 861	15 627	601 203	220 828	522 822	55 056	33	
工业总产值指数(以上年为100)	115.1	103.0	122.3	124.3	121.2	112.6	117.6	125.6	160.3	185.3
规模以上工业	116.6	103.0	124.8	124.6	125.2	114.7	119.7	136.6	161.9	185.3
规模以下工业	104.1		103.7	101.9	102.6	103.1	104.8	106.2	104.2	
城乡个体工业	103.7		107.5	104.5	104.2	103.3	103.8	102.8	101.9	
工业增加值(万元)	5 624 404	333 996	115 982	1 072 678	1 072 866	541 221	2 328 429	126 359	30 026	2 565
规模以上工业	5 069 605	333 996	98 050	1 066 408	882 742	455 334	2 103 467	97 520	29 241	2 565
规模以下工业	162 414		10 625	2 020	26 578	25 815	82 738	13 862	776	
城乡个体工业	392 385		7 307	4 250	163 546	60 072	142 224	14 977	9	
工业增加值指数(以上年为100)	118.5	114.9	120.9	120.2	117.6	115.8	118.4	117.3	126.1	146.2
规模以上工业	121.1	114.9	123.5	120.4	121.7	118.8	121.7	121.5	126.7	146.2
规模以下工业	103.7		103.2	101.2	102.4	102.6	104.4	105.9	103.2	
城乡个体工业	102.7		104.8	103.6	103.0	102.1	102.6	101.8	101.9	
工业增加值率(%)	25.1	12.9	27.8	35.4	25.8	25.1	24.3	33.5	25.6	24.1
规模以上工业	24.9	12.9	27.9	35.4	25.6	24.7	24.1	36.0	25.6	24.1
规模以下工业	27.2		27.2	27.2	27.2	27.2	27.2	27.2	27.2	
城乡个体工业	27.2		27.2	27.2	27.2	27.2	27.2	27.2	27.3	

（市统计局）

专 文

关于三门峡市2010年国民经济和社会发展计划执行情况与2011年计划(草案)的报告

——2011年2月12日在市五届人大六次会议上

一、2010年国民经济和社会发展计划执行情况

2010年是实施“十一五”规划的最后一年，面对复杂多变的经济形势，全市上下深入贯彻落实科学发展观，坚持以“调结构、促转型、增效益、保态势”为主线，以重大项目建设、产业集聚区、对外开放三项重点工作带动全局，多策并举，奋力拼搏，全市经济社会发展继续保持了好的趋势、好的态势和好的气势，较好地完成了五届人大五次会议确定的各项任务。

(一)国民经济快速增长，质量和效益进一步提高。预计，全年实现生产总值达到845亿元，增长14.5%，高出目标3.5个百分点，第一产业实现增加值60亿元，增长4.5%；第二产业实现增加值585亿元，增长18%；第三产业实现增加值200亿元，增长12%；规模以上工业实现利税260亿元，增长50%；城乡市场持续繁荣，全年社会消费品零售总额达203亿元，增长18%；地方财政一般预算收入达到49.7亿元，增长19.8%，高出目标8.8个百分点；城镇居民人均可支配收入达到14 615元，增长8.5%，高出目标0.5个百分点；农民人均纯收入达到5 450，增长8%，高出目标1个百分点；万元生产总值能耗预计下降3%，超额完成省定目标；COD、二氧化硫排放量控制在1.18万吨和13.5万吨以内，均完成省定目标。

(二)项目建设扎实推进，固定资产投资平稳增长。大力实施“深化项目建设年”活动，进一步完善联审联批制度和协调推进机制，重大项目建设推进顺利。全年全市230个重点项目累计完成投资344.6亿元，超额完成市委、市政府下达目标27.6个百分点；省政府督办的160项联审联批事项，提前4个月办结，居全省第一。兴邦科技10万平方米纳米纤维膜、速达科技600万套发动机增氧装置、华鑫铜箔年产1万吨电解铜箔、义翔铝业40万吨氧化铝二期扩建、志成金铅10万吨铅冶炼、九九宝公司10万吨大枣深加工、缘份果业12万吨果品加工等101个项目已建成投产。2010年累计争取中央、省资金6.7亿元，支持我市项目建设。能源、交通、城市基础设施等一批重大项目建设取得新突破，大唐三期100万千瓦机组得到国家发改委核准，三淅高速(灵宝段)、连霍高速(三门峡段)改扩建项目按期开工；渑池第二污水处理厂等基础设施项目建成投用。在重大项目的拉动下，投资持续增长，预计，2010年全市全社会固定资产投资完成669.5亿元，增长21%；城镇固定资产投资完成575亿元，增长22%，均完成目标任务。

(三)企业服务年成效明显，节能减排取得成效。在保持经济平稳较快增长的基础上，把促发展与调结构紧密结合起来，取得了积极成效。着力调整产业结构。工业结构进一步优化，全年狠抓85个重大工业升级项目建设，其中大唐风电二期、方泰高精度铝箔、合鑫机床300台高效数控机床等34个项目建成投产，形成了一批新的工业增长点，对国民经济的支撑作用进一步增强。特色农业不断壮大，灵宝30万亩核桃基地、缘分果业6万亩苹果基地等项目建成投产，果品总量达到16.6亿千克；烟农纯收入达3.63亿元；农业产业化进程加快，规模以上农业龙头企业达150家，省级重点龙头企业达17家；成功创建了全国农业标准化综合示范市。现代服务业蓬勃发展，大中海商业文化广场、大鹏酒店二期、海联大酒店等项目扎实推进，基本形成覆盖城乡的多元化、多层次商业网络体系。二、三产业比重达92.9%，三次产业呈现协调发展格局。注重自主创新能力建设。积极实施自主创新培育工程，恒生科技柠檬酸金钾等一批技术领先项目开工或建成。骏通车辆公司、华鑫铜箔有限公司、渑池仰韶生化公司、蓝雪包装有限公司、卢氏县博康“卢氏鸡”公司5家企业研发机构被认定为省级企业研发中心；三门峡速达交通节能科技有限公司、灵宝市金源晨光化工有限责任公司、灵宝金源矿业有限公司、河南仰韶生化工程有限公司等4家企业被认定为高新技术企业。“三门峡铝冶炼及加工特色产业基地”被确定为河南省高新技术特色产业基地。速达纯电动汽车下线运行，我市被确定为全省电动汽车生产基地和电动汽车示范运营城市。

(四)体制机制进一步完善，产业集聚区建设不断提速。为加快产业集聚区发展，市委、市政府先后出台了《关于加快产业集聚区发展的意见》《关于建立完善产业集聚区推进工作机制的通知》等政策措施，初步形成了促进产业集聚区发展的政策体系，促进产业集聚区发展提速。做好了产业集聚区有关规划上报工作。积极做好产业集聚区有关规划的编制、上报、审批工作。目前，我市7个产业集聚区的发展规划已全部完成，空间规划和控制性详细规划及规划环评均已通过省级评审。抓好了集聚区基础设施建设。创新基础设施投资运作机制，采取BT、BOT模式，强力推进集聚区基础设施建设，有效缓解了产业集聚区资金需求的矛盾，加快了产业集聚区基础设施建设的步伐。促进了产业集聚集群发展。依托产业集聚区这一平台，狠抓项目建设，促进产业集聚发展。2010年全市产业集聚区完成投资242.8亿元，新开工项目119个，投产77个，在建125个，形成了一批关联度高、集中度高、集约化水平高的产业集群，三门峡产业集聚区、义马煤化工产业集聚区被批准为全省新型工业化产业示范基地。产业集聚区已成为我市经济发展的新增长极。

(五)调控调节不断加强,经济运行保持平稳。2010年,针对节能降耗形势严峻、物价过快上涨、煤电价格倒挂等经济运行中的突出矛盾和问题,我们积极应对,强化即期调节,不断强化煤电油运等生产要素的调度;积极协调组织资源,确保了各项要素的供应。在约束不断加剧的情况下,全市工业生产增幅一直保持在全省前三名,总体上保持了平稳运行。特别是针对去年6月1日起,国家取消对电解铝等高耗能企业用电价格优惠政策,使我市电解铝及其上下游产业面临着大面积停产危险,经过全力争取,省发改委同意由大唐三门峡发电、三门峡华阳发电两家公司代发伊川电力公司14.85亿千瓦时电量,直供给我市电解铝生产企业,稳妥地解决了电解铝及上下游的生产经营问题,这种模式全国唯一。

(六)节能减排任务落实,可持续发展后劲补足。2010年我市节能减排的任务非常艰巨,全市上下积极采取有效措施,超额完成了节能减排目标。大力淘汰落后产能,加大节能、综合利用项目建设。2010年,我市淘汰1.2万吨纸制品、0.3万吨有色金属、2万重量箱玻璃制品、3.5万吨电解铝。开曼铝业生产系统节能改造、灵宝兴华化工合成氨及尿素系统节能改造等6个重大节能和资源综合利用项目建成投产。三门峡格瑞特、灵宝华奥墙体等12家资源节约综合利用企业通过省级认定。东方希望氧化铝生产系统节能改造、河南锦荣水泥有限公司4500t/d熟料生产线纯低温余热发电技改工程、义马煤业集团股份有限公司电机系统节能改造等10个节能减排项目通过竣工验收。这些项目建成后,年节能达8万吨标准煤,减排二氧化碳20万吨,二氧化硫1 200吨。关停了一批高能耗、高污染的小刚玉、小建材企业,进一步优化了产业结构,为全市经济发展腾出了空间和容量。强化环境保护与生态建设。2010年我市共实施COD减排项目10个、二氧化硫减排项目15个,加大清洁生产审核和对涉水企业的深度治理;重点流域、区域、行业环境综合整治深入推进,创建国家森林城市和卫生城市工作扎实推进,生态文明建设取得积极进展。加大督促检查力度。对各县(市)区开展节能工作情况进行一星期一检查,一星期一通报,确保各项措施落实到位;对于"两高"项目不再进行审批、核准、备案。按照全国电价大检查统一部署,积极开展电价清理整顿和查处工作,有效发挥差别电价、惩罚性电价等价格机制作用,加快淘汰落后产能,同时加强对已淘汰企业的跟踪管理,防止死灰复燃。

(七)城乡发展统筹推进,城镇化进程加快。按照城市总体规划,不断加快推进新区、小城镇和新型农村社区建设,城镇化率达到47.1%,高出全省7.6个百分点。坚持做优做大中心城市,高起点规划城市新区,市区道路、集中供热二期等基础建设顺利完成,城中村和旧城改造工作稳步推进,创建森林城市、卫生城市扎实开展,城市面貌进一步改观。加大新农村建设力度,农村水、电、路、气等基础设施进一步完善,全市40个新型农村社区建设试点累计完成投资13亿元,建成10 034套,入住4 100户,18个农村社区基础设施配套到位,城乡一体化进程明显加快。

(八)改革开放步伐加快,发展活力持续增强。加强总体指导和综合协调,积极推进医药卫生体制改革,稳步推进资源性产品价格改革。同时,积极推进文化体制、农村综合等重点领域改革,取得了积极进展。深入推进与央企的战略合作,先后与河南煤化集团、中金公司、华能电力集团、中国食品工业集团、中国医药集团、中国电力投资集团签订了战略合作协议,总投资212亿元,国药控股三门峡有限公司已正式揭牌。不断深化对外交流合作,通过"叩门招商""节会招商""以商招商""委托招商"等多种形式扎实开展大招商活动,积极承接发达地区先进产业转移,2010年签约项目135个、1 134.3亿元,履约率、开工率分别达94.8%、67.4%。大力加强黄河金三角区域合作,按照国家发改委《促进中部地区崛起实施意见》,联合运城、临汾、渭南共同编制《黄河金三角区域合作规划》。积极探索洛阳、三门峡、济源一体化合作思路,初步提出3市共同打造中原经济区重要增长极的战略构想。

(九)社会事业全面进步,民生工程得到加强。继续大力实施"十件实事",全年投入82亿元用于全市99个民生工程项目建设,外国语高中正式招生,市文体中心体育场实现封顶,中心医院病房楼竣工交付使用。先后组织实施了灵宝函谷关初中等7个中小学校舍安全改造、卢氏县特殊教育学校等3个特殊教育学校、渑池县职业中专等2所职教学校教学楼项目;扩建改造了灵宝市人民医院等2个县级医院、陕县张茅等2个乡镇计生站、卢氏汤河等16个乡镇综合文化站、义马常村镇等3个中心乡镇卫生院、湖滨区车站社区等2个城市社区卫生服务中心、卢氏2个行政村卫生室;新改建县乡公路、通村公路380千米,改扩建东风汽车站等7个汽车运输场站;解决10.19万农村人口安全饮水问题,新增农村户用沼气1.03万户,完成47个广播电视"村村通"工程和96个农民体育健身工程。建成廉租房4 331套21.655万平方米、经济适用房777套3.91万平方米。大力加快就业保障试点项目建设,大力实施就业促进行动计划,千方百计稳定和扩大就业,努力提高社会保障水平。

各位代表,过去的一年,我们虽然在经济社会发展方面取得一定的成绩,但也应清醒地看到,2011年的经济形势更加复杂,不稳定不确定因素较多,保持经济增长的压力仍然很大,实现"十二五"开门红需要付出艰苦努力。一是区域竞争压力变大,保持经济高速增长难度不小。一方面,随着中原经济区建设上升为国家战略,省内各兄弟城市之间围绕政策、资金、人才等方面的竞争将更加激烈,豫晋陕黄河金三角地区各城市围绕区域中心地位的竞争也不断加剧,我市经济发展已到了等不得、慢不得的地步;另一方面,我市连年的经济高速增长,资金、资源、土地等约束不断趋紧,继续保持经济高位运行的后劲和动力不足。二是在国家政策调整的倒逼下,结构调整和产业升级的任务紧迫而艰巨。2011年国家将实施更加严格的土地保护和节能减排硬约束,我市一些传统产业的优势将难以持续、难以持久,加快转变经济发展方式、不断推动传统产业的优化升级、发展高端产业和高端产品的任务十分紧迫,抓紧谋划或上马高新技术项目以及使用高新技术改造提升传统产业的任务繁重。三是推进城镇化建设任务艰巨。城乡建设投入不足,基础设施不够完善,城市框架、人口规模偏小,推动"三化"协调发展动力还不足。四是城乡居民持续增收难度加大。防经济下行、防通货膨胀压力较大,城乡居民收入与经济发展同步增长还较困难,改善民生任务十分艰巨。五是一些体制机制性障碍亟待破除。不论是政府宏观管理、产业发展、自主创新能力建设等方面,都存在一些体制机制性障碍,我们各方面改革创新的力度与进度,与我市打造中原经济区重要支撑、区域经济合作示范市和黄河金三角区域中心城市的定位要求还不相适应。这些问题都需要在今年工作中采取有效措施加以解决。

二、2011年经济社会发展的主要奋斗目标

2011年是"十二五"规划开局之年,也是全面建设中原经济区重要支撑、区域合作示范城市和豫晋陕黄河金三角区域中心城市起步之年。做好2011年经济工作,对于紧紧抓住战略机遇期、加快实施"十二五"规划、推动新一轮发展步入良性轨道,以优异成绩迎接建党90周年,具有十分重要的意义。

依据市委经济工作精神和市政府2011年重要工作部署,提出今年经济和社会发展的主要预期目标:全市生产总值增长12%;地方财政一般预算收入增长13%;全社会固定资产投资增长21%以上;工业增加值增长13%;社会消费品零售总额增长16%;外贸出口增长21%;实际利用外资增长23%;城镇居民人均可支配收入与农民人均纯收入均增长9%;城镇登记失业率控制在4.5%以内;城镇化率达49%;居民消费价格指数控制在104.5%左右;完成万元生产总值能耗等省定指标任务。现对主要目标作简要说明:

(一)生产总值增长12%。主要基于以下考虑:一是经济较快发展势头将延续。2011年国家将实施积极财政政策和稳健货币政策,宏观经济发展环境稳定向好,所以可以判定2011年较高的发展势头将延续。定12%的增速是留有余地的。二是2011年投资拉动势头不减,消费、出口作用将加大。2011年随大唐三期、连霍高速拓宽等工程的上马和1 000万标准立方米煤制气等重大项目进入投资高潮,2011年我市的全社会固定投资预计可完成800亿元以上,仍将保持在20%以上增速,可拉动地区生产总值增加6个百分点~8个百分点。随国家扩大内需、进一步促进消费特别是农村消费政策的实施,同时,随国际经济环境的好转,我市的铝及铝制品、果汁等产品的出口量将有所增加;消费和出口对经济的刺激作用将有所增加。三是参考省定目标和各兄弟城市目标安排。2011年,河南省定目标在10%~11%;省内各兄弟城市及黄河金三角城市大部分也都安排在11%~12%。四是契合"十二五"发展指标。2011年是"十二五"的开局之年,年度指标与"十二五"年均增速同步,这样安排的好处在于,既可避免出现目标过高引起乱上项目、重复建设,又可防止目标过低而出现完成五年总目标前松后紧的被动局面。另外考虑到今年管理通胀的任务较大,宏观经济政策和外部环境还存在一些变数。12%的增速安排是慎重的、科学的和可以实现的。

(二)全市工业增加值增长13%。主要基于以下考虑:一是根据对2010年新投产及2011年可投产的121个主要工业项目测算,明年将新增工业增加值53.8亿元,另电解铝明年复产可新增产量8万吨左右,新增增加值2.4亿元,共计55.8亿元,可带动全部工业增长10个百分点。二是工业自然增速为3%~5%,取中间值4%。以上两项相加,全部工业增速为14%,为留下适当余地,全部工业按照13%安排是比较稳妥的,符合我市实际。

(三)全社会固定资产投资增长21%,其中城镇投资增长22%。主要基于以下考虑:一是2011投资形势总体向好。2011年是"十二五"开局之年,国家将继续实施经济发展方式由投资、消费、进出口拉动逐步向消费、投资、进出口协调拉动转变,中央已经明确提出"实施积极的财政政策和稳健的货币政策",积极的财政政策有利于我市产业升级和基础设施项目建设,这为投资持续较快增长打下了较好基础。但今年投资增长也面临一些制约因素,国家实施稳健的货币政策将缩减信贷规模,不利于我市产业项目争取银行更多的贷款,而我市存贷差较大,通过加强银企对接和激活民间投资,是可以解决项目建设的融资困难的。二是省定投资目标较高。省定全社会固定资产投资增长20%以上、城镇投资完成增长21%。我们安排略高于省定目标,也是自我加压和建设中原经济区重要支撑的需要。三是投资目标考核将更严格。2010年起,省计算各地市投资额时用建筑营业税反算;2011年,固定资产统计所有城镇和农村起报标准由50万元提高到500万元,据测算,仅此一项我市2011年列入固定资产投资的统计额将减少50亿元。

(四)城镇居民人均可支配收入、农民人均纯收入均增长9%左右。今年国家支农惠农和改善民生的投入力度进一步加大,加之收入分配制度改革不断深化,我省城乡居民收入有望保持持续增长。同时,当前经济持续回升基础还不稳固,市场需求不足使得一些企业生产经营效益不高,农业生产基础条件仍比较薄弱,城乡居民特别是农民增收仍面临许多困难和不确定因素。

三、2011年经济社会发展的主要任务和措施

(一)坚定不移抓好重点项目建设,不断夯实发展基础。利用近年来我市在项目推进、联审联批等方面积累的经验,强力推进重点项目建设,充分发挥投资对加快转变经济发展方式的引导作用。一是继续开展双百工程。选择100个以

上重大产业升级项目和100个以上重大基础产业、基础设施项目，继续实施“双百工程”，确保在建项目总投资超过1 000亿元，年度完成投资300亿元以上，其中，计划新开工项目93个，年内计划建成投产项目88个。具体项目安排为：农林水利项目11个，总投资21亿元，年计划投资4.3亿元；工业升级转型及高新技术项目74个左右，总投资358.9亿元，年计划投资113.1亿元；能源基地项目10个，总投资92.65亿元，年计划投资33.3亿元；城市基础设施项目80个，总投资326.3亿元，年计划投资103.2亿元；综合交通项目3个，总投资166.5亿元，年计划投资50亿元；社会事业项目19个，总投资45.6亿元，年计划投资16.5亿元；生态环保及节能减排项目2个，总投资5.6亿元，年计划投资2.5亿元。现代服务业（商贸、物流、仓储等）14个，总投资69.7亿元，年计划投资24.6亿元。二是做好项目建设服务保障。坚持和完善各项项目建设推进工作机制，努力形成项目建设齐抓共管、合力推进的局面。积极做好项目资金争取和对接工作，促进银企合作，激活民间资本，为我市项目建设，提供有力的资金保障。三是着力抓好项目前期和项目储备工作。重点做好山东信发集团80万吨铝深加工、华能2×30万千瓦级热电项目、东方希望（三门峡）铝业公司年产60万吨铝深加工等项目的前期工作，争取一批重大项目的前期工作能实现重大突破。同时，按照调整优化结构，提升产业层次，实现科学发展要求，以“大合作”为载体，结合我市招商签约项目，抓紧谋划、筛选、储备一批科技含量高、发展前景广、特色优势强的大项目，为我市经济可持续发展，蓄积力量。四是积极争取中央投资。2011年中央预算内投资重点安排保障性住房、“三农”、基本公共服务体系、节能环保和生态建设、区域协调发展、重大基础设施、自主创新、结构调整和战略性新兴产业发展等领域。地方债券重点安排续建项目、民生项目和中央投资项目的地方配套。我们要抓紧谋划项目，加快推进前期，组织好项目筛选上报，力争全年争取中央预算内资金和地方债券规模超过7亿元。

（二）开展“产业集聚区建设提升年”活动，推动载体建设提质增效。把产业集聚区作为承接产业转移、促进产业转型升级的主阵地，进一步强化产业集聚区基础设施建设，提升产业承载能力；加大产业集聚区投融资、土地储备、中小企业担保3个平台建设力度，提升产业发展保障能力；着力实施项目建设，提升产业发展层次；大力开展招商引资工作，提升承接转移产业水平；强力推进集聚区创新体系建设，提升产业发展后劲和活力。力争全年产业集聚区固定资产投资、主营业务收入增幅均超过全省平均水平，使产业聚集区成为我市经济增长的主战场。一是培育壮大产业集群。按照产业集聚区主导产业定位，着力抓好高成长产业发展，加快义煤集团年产30万吨铝板带箔、明彩集团年产100万色令印刷包装制品、大唐三门峡发电有限责任公司2×100万千瓦超临界机组等58个投资亿元以上工业项目建设，进一步加大招商引资工作力度，着力做好标志性项目的落地入驻工作，在铝工业、果蔬加工、装备制造及汽车零部件、煤化工等领域，培育一批产业集群，确保三门峡产业聚集区和渑池、义马、灵宝产业聚集区的主营业务收入均超100亿元。二是加强基础设施和公共服务平台建设。充分利用省对集聚区支持政策，支持我市7个产业集聚区采取BT、BOT等市场化融资方式，鼓励引进战略投资者整体开发，增加集聚区基础设施投融资能力。支持有条件的集聚区发行市政债券，鼓励社会资金参与投融资、土地储备、中小企业担保等公共服务平台建设，提升集聚区发展保障能力。加快推进陕县、卢氏等地6个污水处理厂等基础设施建设，力争实现发展区主干路网全覆盖。三是着力推进土地集约节约利用。大力推行多层标准厂房建设，力争建成标准化厂房60.6万平方米。加大产业集聚区投资强度。城乡建设用地增减挂钩周转指标优先用于集聚区，对达不到投资强度以及市区内总投资5 000万元以下、县域内总投资3 000万元以下的项目不再单独供地。按照“群众满意、集中安置、转换身份、稳定生活”的原则，加快推进义马二十里铺、三门峡产业聚集区官庄村等12个集聚区内村庄搬迁。

（三）积极实施“1333”工程，大力推进产业升级。今年凡纳入省重点项目的产业结构调整项目，用地指标由省统一平衡解决，不占地方用地指标。要抓住这一政策机遇，积极实施“1333”工程，即抓好产业集聚区建设这一载体，打造铝及铝精深加工、装备制造和汽车及零部件、以果蔬加工为主的食品工业3个国家级产业基地，发展能源、煤化工和清洁燃料、黄金生产及加工3个省级产业集群，培育新材料、生物产业、光伏及新能源产业三大战略性新兴产业。一是强力推进传统产业的高端化发展。围绕打造3个国家级产业基地和3个省级产业集群，进一步加大精深加工项目建设力度，强力推进产品结构由初级加工为主向终高端为主转变，着力加快传统产业高端化发展进程。重点抓好速达公司年产20万辆纯电动汽车、戴卡轮毂年产200万件铸造旋压轻量化轮毂、义煤综能1 000万标准立方米煤制气等项目建设。二是着力培育战略性新兴产业。抓住国家大力发展战略性新兴产业的机遇，以自主创新和引进消化吸收相结合，以大力推进产业化、积极承接产业转移为抓手，着力营造良好的创新创业环境和市场应用环境，大力发展生物、新材料、光伏及新能源产业等相对优势产业。认真抓好恒生科技150吨柠檬酸金钾项目建设，确保其产品产量占全国市场份额50%以上；重点建设灵宝市金源矿业有限责任公司年产10 000吨压延铜箔、方圆实业股份有限公司12万吨超强度石油支撑剂扩建、节能照明产业园1亿只节能灯、孟成生物L－色氨酸开发、新奇迹生物公司年产1 200吨高活力中性蛋白酶、弘奥生物公司年产1 000吨超高活性精制蛋白酶、河南义腾新能源科技有限公司年产3 000万套锂离子电芯组装6 000万平米微孔隔膜、华光新能源公司300吨单晶硅等项目，努力实现新兴产业由低端向高端发展、由小规模分散型向大规模集约型发展。三是加快实施重大工业转型升级项目。把重大工业项目建设作为拉动经济增长和推动结构升级的主要抓手,围绕加快产业转型升级,壮大优势产品规模,以产业集聚区和骨干企业为依托,重点在装备制造、有色金属深加工、煤化工等领域,积极实施开祥化工年产20万吨"1,4-丁二醇"、河南金马重型机械制造有限公司年产2万台液压支架及制动元件、亿龙机械公司年产50套连续平压式人造板设备等56个投资亿元以上、总投资达567亿元的重大工业转型升级项目,力争新开工项目20个、建成投产项目17个,年度完成投资超过135亿元。

(四)加快城镇建设步伐,优化城乡布局。大力实施中心城市带动战略,不断加快城镇建设步伐。一是抓好新区规划建设。按照高标准规划、高水平建设的要求,完成新区的报批工作和起步区规划编制,确保南环路(209国道大岭路段)拓宽工程基本完成。开工建设大岭南路、新区中心大道(陕州大道西延工程)等配套基础设施项目,切实拉大城市框架,提升城市承载能力。二是改造提升城市功能设施。进一步完善城市道路、绿化、供水、供气管网的建设,做好台下六峰路以东供热管网改造提升和文明路、崤山路供水管网改造工程;新建崤山东路、虢国东路,改造提升文明路、虢国中路等项目;做好各项前期工作,尽快开工建设市文化公园项目。三是加快副中心城市和小城镇发展。继续推进义渑城区对接,加快灵宝北区和西区建设步伐。高起点做好小城镇总体规划,重点发展310国道沿线城镇和市域周边城镇,吸引生产要素向小城镇集聚,切实提高小城镇的基础作用和辐射带动作用,促进城乡统筹协调发展。

(五)注重发展特色农业,提升农业现代化水平。深入贯彻国家强农惠农政策,推进农业结构调整,提高农业综合生产能力。一是加大农业基础设施建设力度。认真贯彻落实中央加强水利基础设施建设的精神,把农田水利设施建设作为2011年的重中之重,重点做好渑池县涧河综合治理、灵宝水利基础设施、山口水库复建等项目,力争完成水土流失治理面积80平方千米,新增有效灌溉面积3万亩、旱涝保收田3万亩、节水灌溉面积3万亩,适时开工建设窄口灌区节水改造三期、黄河中游河南三门峡库区湿地水禽栖息地恢复工程、渑池南大岭引黄灌区等工程项目。二是加快特色农业发展。重点做好灵宝华宇农业综合开发、大地5万头种猪等项目建设,力争2011年果品产量超过170万吨、肉类产量超过8.1万吨、蔬菜总产超过82万吨、食用菌栽培规模超过1.2亿袋。三是构建现代农业加工和服务体系。大力实施"龙头企业培育工程",力争规模以上农业龙头企业达到160家,农民专业合作社达到320家以上。继续完善农业科技创新、信息化服务、安全检测、农产品市场等体系建设,提高现代农业服务水平。

(六)大力发展现代服务业,不断扩大消费需求。围绕"三纵四横"大交通,加快发展现代服务业。一是抓好服务业重大项目建设。加快家乐福超市、义乌国际商贸城项目、湖滨汽车城、渑池富丽华假日大酒店、涧南农贸批发市场扩建等商业网点的建设,提升中心城市商业品质和水平。积极推进特色商业街建设。利用现已自发形成的特色街功能雏形,进行项目的统一策划和包装,鼓励建设和改造一批以购物、餐饮、休闲、娱乐、文化为重点的特色商业街。加快建设10万吨大型果蔬冷链物流集散中心、三门峡黄河金三角物流园区、煤炭物流园区等项目建设,提高区域性综合物流能力,逐步形成区域物流集聚优势。二是大力发展文化和旅游业。发挥我市文化积淀深厚的优势,加快建设虢国文化产业园、黄河丹峡风景区等重点项目,形成一批文化产业基地。结合人文与地域优势,推动景区资源整合,开发完善黄河生态游、黄河文化游等精品旅游线路,形成独具特色的旅游品牌产品。三是大力发展新兴服务业。不断加快信息、中介金融等新兴服务业,力争再引进1家股份制银行。四是积极推进生产性服务业从二产中剥离的试点工作。以开曼铝业、东方希望等大型骨干企业为试点,积极推进生产性服务业从二产中剥离的试点工作,力争取得重大突破。五是提高居民消费水平。不断完善农村市场体系,促进农村消费。继续大力实施"家电、摩托车下乡"及家电以旧换新活动。鼓励有一定实力的商贸流通连锁企业向农村延伸,促进农村现代商品流通网络的发展。继续开展全民创业行动,综合运用税费减免等手段,降低创业门槛,以创业促就业。注重完善社会保障制度,提高低消费结构质量,增强消费对经济的拉动作用。

(七)强化经济运行调节,保障经济平稳较快发展。认真分析研究国内外经济形势变化,及时准确地进行相应的经济调节,保证经济平稳运行。一是进一步强化预警分析。进一步加强经济运行的监测、分析、预警工作,及时发布经济运行分析报告,制定相应的经济政策,保障全市经济平稳较快发展。二是做好重要生产要素的协调保障工作。加强综合协调,及时发现并迅速解决煤电油气运供需中苗头性、倾向性问题。针对可能出现的极端恶劣天气,提前做好应急准备工作,确保居民生活和企业正常生产的煤电油气运需求。三是进一步优化经济运行环境。继续深入开展"企业服务年"活动,坚持企业巡回服务、信息直通车、领导分包、联系重点企业等行之有效的制度,帮助企业解决经营中遇到的困难和问题。加强银企沟通联系,为企业融资做好服务,大力推动我市中小企业集合债券发行工作,力争我市企业债券融资工作有新进展,努力解决好中小企业的融资难问题。

(八)强力推进节能减排,增强可持续发展能力。认真应对,加大力度,确保完成省下达我市的节能减排目标任务。一是抓好淘汰落后产能和节能技改工作。继续落实国家"上大压小"政策,从源头上制止高污染、高耗能项目落地,继续淘汰过剩和落后产能。实施煤炭、有色、化工、建材等重点高耗能行业能源审计工作,深入挖掘节能潜力。加快实施三门峡戴卡轮毂有限公司能量系统优化工程等项目建设，使其尽快产生节能效应。二是加大对节能工作的监控管理工作。加大对重点用能单位的用能管理，合理控制能源消费总量。强化各部门节能工作联动，按照节能减排目标责任制和“一票否决”制，实施监管，落实责任。三是推进循环经济发展。围绕结构调整，重点推广煤化工和黄金产业循环经济成功经验，支持铝工业下游产品的开发和利用，形成“减量化、资源化、再利用”闭合链条。积极支持渑池县申报循环经济试点城市。四是加强污染减排和环境保护。对重点涉水企业进行深度治理。继续开展重点排污企业强制性清洁生产审核。加强重点流域、区域和行业环境综合整治。

（九）深化改革开放，增强经济发展动力和活力。抓住制约发展的关键环节，推动改革开放取得新进展。推进重点领域改革。积极推进资源性产品价格改革；继续深入开展林权制度、土地流转制度改革，大力做好农村综合改革、文化体制改革；积极做好医药卫生体制改革。加快对外贸易快速增长。抓住人民币升值预期和国家扩大内需、鼓励进口的有利时机，引导企业扩大先进设备、先进技术和重要原材料的进口规模。建成国家铝及铝制品检验检测中心，开工建设三门峡海关，完成海关监管仓库、保税仓库、物流中心等配套附属设施的规划编制与报批工作；力争使我市成为黄河金三角地区对外开放的先锋。加强区域合作。加强“黄河金三角”区域合作，借势发力，积极利用西部大开发和山西资源转型优惠政策，谋求成为黄河金三角区域经济中心。充分发挥洛阳、三门峡、济源的资源优势，加快与洛阳、济源合作步伐，共同构建中原经济区重要支撑。

（十）采取综合监管措施，努力保持价格总水平基本稳定。更新观念、加大力度、积极行动，全力把物价总水平控制在合理区间。一是加强价格监测预警，稳定社会预期。加强价格监测预警，扩大监测范围，提高监测频次，密切跟踪粮、油、肉、菜等居民生活必需品，煤炭、柴油、石油液化气、化肥等重要生产资料的市场供应和价格变化，全面了解重要商品的生产、供应、库存、需求变化情况，及时掌握价格最新动态。建立价格异常波动紧急报告制度，完善价格信息发布制度，建立健全价格新闻披露机制，及时公布市场价格情况，客观分析价格变动趋势，准确阐释价格政策，澄清不实报道，稳定社会预期。二是降低流通费用，保证市场供应。认真开展规范和降低集贸市场摊位费、超市进场费等相关收费的工作。积极配合市农业、商务、交通、工信等部门，努力保障重要商品生产和市场供应，降低农产品流通成本。认真落实化肥生产用电、用气和铁路运输价格优惠政策，稳定煤炭价格。认真执行鲜活农产品运输绿色通道政策。三是规范价格行为，严控调价项目。加大清费降价工作力度。坚决取消不合理的收费项目，降低偏高的收费标准，切实落实各项清费减负措施和政策。把握好政府管理价格的调整时机、节奏和力度，审慎出台地方调价项目。四是加强市场价格监管，整肃市场秩序。加大价格监督检查力度，严肃查处各种违法违规行为，加大制裁力度，发现一起，查处一起，并依法惩处，绝不让违法经营者在经济上得到好处。对性质恶劣、问题严重、影响极坏的典型案件，除给予经济处罚之外，还要通过新闻媒体予以公开曝光，以儆效尤，畅通12358价格投诉举报电话，鼓励广大市民和消费者及时提供价格违法线索，保持对价格违法行为的高压态势。

（十一）着力保障和改善民生，保持社会和谐稳定。继续把民生问题放在更加突出的位置上，不断破解民生难题，促进社会和谐。认真做好省、市十件实事。加快三灵快速通道、宜居城市创建、文化公园、职教园区等项目建设步伐；确保放心早餐工程一期、新建农村户用沼气6 000户、8万人饮水安全、改造农村公路200千米等项目建成投用。大力发展教育事业。继续抓好外国语高中二期、灵宝特教学校等项目建设；加快中小学校舍安全工程进度，力争陕县凡村小学等7所学校建成投用；大力发展职业教育，加快市职教园区、陕县职教中心、渑池职教中心项目建设步伐。按照国家、省要求，抓紧开展学前教育3年行动计划，推动教育均衡发展。大力发展医疗卫生事业。持续落实医改政策，启动基本药物制度，不断提高基层医疗卫生服务保障体系。不断加快三门峡市精神卫生中心、市中心血站等项目建设进度，缓解群众住院难、看病贵等问题。大力发展文化、体育事业。继续做好市文体中心、农民体育健身工程、乡镇综合文化站、广播电视村村通等项目；抓好虢国博物馆二期提升改造工程、渑池文化艺术中心等项目，全面推进丝绸之路（三门峡段）申报世界文化遗产。健全社会保障体系。实施特别职业培训计划、人力资源素质提升计划等，不断提高困难职工以及农民工就业能力。以加快养老机构建设为着力点，促进养老服务事业上台阶。加快推进保障性安居工程建设，2011年建设廉租房1 850套、经济适用房4万平方米、公租住房2 000套。建成市未成年人救助保护中心和市救灾物资储备库，推进县级社会福利中心建设。继续做好扶贫开发、以工代赈等工作。

各位代表，今年是“十二五”规划的开局之年，做好今年的经济社会发展工作任务艰巨，责任重大。我们要紧紧围绕市委经济工作会议确定的各项目标任务和工作部署，奋发有为，扎实工作，为实现“十二五”良好开局、以优异成绩迎接建党90周年而努力奋斗！

关于三门峡市2010年财政预算执行情况和2011年财政预算(草案)的报告

——2011年2月12日在三门峡市第五届人民代表大会第六次会议上

一、2010年财政预算执行情况

2010年,在市委的正确领导和市人大、市政协的监督指导下,我市财政工作深入贯彻落实科学发展观,坚持“四个重在”,以“调结构、促转型、增效益、保态势”为主线,服务大局,有效作为,预算执行情况较好,为全市经济社会发展保持好趋势、好态势和好气势提供了有力保障。

(一)全市预算执行情况

2010年,全市地方一般预算收入完成497 358万元(快报数,下同),为调整后预算的106.2%,比上年增加82 350万元,增长19.8%。其中税收收入376 807万元,增长25.7%。地方一般预算收入加上上划中央“四税”后,财政总收入817 213万元,增长21.3%。

全市一般预算支出952 553万元(含上级专款和上年结转等支出),比上年增加95 982万元,增长11.2%。年初全市各级人代会批准的支出预算合计582 640万元,执行中,加上上级补助、发行地方政府债券、动用上年结余结转、调入资金等,调整后支出预算为961 195万元。全年实际支出数为调整预算数的99.1%。

全市基金预算收入完成166 627万元,为调整后预算的178%,比上年增加49 633万元,增长42.4%。比年初预算和上年完成数增加较多,主要原因是土地有偿使用收入完成154 914万元,为调整后预算的175.4%,比上年增加49 652万元,增长47.2%。全市基金预算支出17 7391万元,完成预算的79.7%,比上年增加19 032万元,增长12%。其中土地有偿使用支出136 976万元,比上年增加14 367万元,增长11.7%。

(二)市级预算执行情况

市五届人大五次会议通过的2010年市级一般预算收入为80 300万元,市级财力预算为130 000万元。经市五届人大常委会第28次会议批准,收入预算调整为100 278万元。2010年市级一般预算收入完成100 278万元,为预算的100%,比上年增加12 266万元,同口径增长16.8%,市级财力为160 813万元。

市五届人大五次会议通过的2010年市级支出预算为132 750万元,执行中,经市人大常委会批准或备案,超收安排支出19 446万元,加上上级补助、发行地方政府债券和动用上年结余、调入资金等因素,调整后支出预算为250 801万元。2010年市级一般预算支出实际完成248 214万元(含上级专款和上年结转等支出),为调整预算数的99%,比上年增加34 368万元,增长16.1%。

市五届人大五次会议通过的市级基金预算收入为17 028万元,执行中,经市五届人大常委会第28次会议批准,调整为46 395万元。2010年市级基金预算收入完成46 395万元,为调整后预算的100%,比上年减少9 087万元,下降16.4%。市级基金预算支出28 195万元,完成调整后预算的55.1%,比上年增加1 413万元,增长5.3%。

经过全市上下共同努力,2010年预算任务圆满完成。财政收入不仅保持了平稳较快增长,而且优化了收入结构,提高了收入质量。全市地方税收占一般预算收入的比重达到75.8%,比上年提高3.6个百分点。一般预算增支额达到95 982万元,支出进度达到99.1%,均创历史新高,为经济社会发展提供了有力的财政支撑。在经济形势较为复杂的情况下,这样的成绩来之不易。

以上快报数在决算编制中还会有所调整,决算编成后再向市人大常委会报告。

(三)2010年预算执行的措施及成效

1. 财政收入在困难形势下实现了稳定较好增长,财政实力进一步增强。2010年,受宏观调控政策影响,我市支柱行业面临很大困难,氧化铝价格持续低迷,电解铝优惠电价取消,矿业生产安全形势严峻,给经济发展和组织收入工作造成很大影响。为确保财政收入稳定增长,各级坚持把组织收入放在突出位置,多策并举,积极应对,完善征管措施,深入挖潜增收,确保了财政收入持续稳定增长。2010年,市县收入同步增长,市级一般预算收入突破10亿元,同口径增长16.8%,县级一般预算收入完成39.7亿元,增长21.4%。渑池县、灵宝市、陕县和义马市一般预算收入总量分别达到10.16亿元、9亿元、6.9亿元和6.08亿元,稳居全省前30强,分别列第12、17、23和27位。

2. 重点和民生支出得到了较好保障,促进了经济持续较快发展。进一步调整和优化支出结构,统筹安排预算内外资金,千方百计筹措资金,集中财力办大事、实事。津贴补贴政策得到较好落实。积极支持就业和社会保障,企业退休人员基本养老金提高到月人均1 278元,城乡低保补助水平分别提高到月人均230元和60元,农村五保户集中和分散供养年补助标准分别提高到2 000元和1 200元。卢氏县、灵宝市新型农村社会养老保险试点工作进展顺利。继续实施“两免一补”和免除城市义务教育杂费,进一步提高农村义务教育公用经费标准。市级投入4 800万元,建设外国语高中,对育才小学、七中、四中进行校舍安全改造。深化医药卫生体制改革,新农合和城镇居民医保财政补助标准由年人均不低于80元提高到不低于120元。投入资金2 212万元,建设300所标准化村级卫生室。市财政投入资金2 000万元,支持市中心医院病房楼建设。加大住房保障投入力度,全市建成廉租房4 331套21.66万平方米,建设经济适用房777套3.91万平方米。支持省、市“十件实事”,市级大力压缩其他支出,投入“十件实事”资金近10亿元。加强财税政策研究,积极向上争取资金,全年上级补助我市收入总额45.8亿元,大大缓解了收支矛盾,使财政支出规模进一步扩大。

3. 实施积极的财政政策,财政调控经济职能得到有效发挥。争取中央新增投资9.4亿元,带动地方投资8.4亿元,拉动企业及社会投资12.2亿元,争取中央代理发行政府债券1.65亿元,利用外债资金6 500万元,启动实施了一大批基础设施和民生工程项目。继续实施鼓励消费的财政政策，全市兑现家电下乡补贴4 377万元，汽车摩托车下乡补贴3 836万元，汽车以旧换新补贴1 002万元。认真落实各项涉企财税优惠政策，统筹整合 400 万元支持煤炭企业兼并重组，争取省属煤炭企业办学经费补助2 565万元。积极支持节能减排，12家资源节约综合利用企业通过省级认定。利用政府融资平台从国家开发银行和其他金融机构等筹措资金 5. 5 亿元，大力支持城市基础设施建设，并积极筹划通过发行债券筹集城市建设资金，促进经济平稳较快发展。

4. 认真落实强农惠农政策，促进了城乡统筹发展。加大惠农补贴力度，兑现粮食直补、农资综合直补、农作物良种补贴、农机补贴等惠农补贴 2. 05 亿元。投资2 360万元完成 2 万亩中低产田改造和高标准农田示范工程建设，投资 1. 03 亿元支持水利设施建设。支持 6 个县发展特色农业以及 15 个产业化经营项目和 51 个农民专业合作组织发展。积极开展政策性农业保险工作，拨付保费补贴 30 万元，提高了农业生产抗风险能力。筹措8 700万元支持农村公路、饮水安全工程和沼气建设，改善了农民生产生活条件。积极探索农村公益事业建设筹资新机制，基本完成农村义务教育债务化解工作。在 40 个贫困村实施财政扶贫“整村推进”，加快了脱贫致富步伐。

5. 进一步深化财政改革，提高了财政科学化精细化管理水平。加强“两基”建设。夯实管理基础工作，市县全面建立支出项目库和基础数据信息库，提高了预算安排的科学性和时效性。完成金财工程支撑应用平台建设，为加强财政管理提供了有力的技术支撑。加强基层财政建设，筹措资金 650 万元改善乡镇财政办公条件，大力开展乡镇财政和农村财会人员培训，提高了乡镇财政履职能力。进一步细化部门预算和政府性基金预算，推动实施国有资本经营预算编制，健全了政府预算体系。对上级提前告知的转移支付列入年初预算，提高了预算编制的完整性。创新专项资金管理方式，提高资金分配的规范化和透明度。加大各类资金统筹整合力度，提高了集中财力办大事的能力。建立市县行政事业单位资产管理信息平台，提高了资产监管水平。进一步完善政府采购和财政投资评审，全市政府采购规模达 14 亿元，节约资金 1. 5 亿元，节支率 9. 7%，政府采购规模占一般预算支出的比例达 14. 7%。完成财政投资评审项目 297 个，审查金额 19. 3 亿元，审减金额 2. 3 亿元，审减率 11. 9%。建立财政“大监督”格局，进一步理顺财政监督机制，规范监督程序。对工程建设领域政府投资项目、救灾资金、小金库专项治理、非税收入、强农惠农资金、会计信息质量等进行重点检查，及时发现和整改了一批违规违纪问题，促进了财政资金安全、规范、高效使用。

6. 认真办理人大政协建议提案，促进了财政改革发展。把办理人大代表、政协委员对财政工作的建议提案同贯彻全市重大战略部署和解决人民群众关心的“热点”、难点问题相结合，确保代表、委员的良策变成实实在在的工作成果。承办市五届人大五次会议代表对财政工作的建议和市政协五届四次会议委员对财政工作的提案共 11 件，其中主办 6 件，协办 5 件。通过积极主动办理，切实解决问题，所有办件都获得了代表、委员的满意或基本满意。进一步增强人大、政协意识，认真研究市五届人大五次会议对预算报告和市五届人大常委会第 24 次会议对决算报告，市五届人大 25 次会议、26 次会议、28 次会议对预算调整情况和预算执行及调整报告制度的审议意见，制定切实可行的整改措施。制定出台了《三门峡市财政预算执行调整实施办法(试行)》，积极主动接受人大、政协监督，提高了依法行政水平。

2010 年财政预算任务的圆满完成，标志着“十一五”我市财政工作圆满结束。回顾过去的五年，全市经济社会发展取得了辉煌成就，财政改革与发展也迈上了新台阶。一是财政收支规模不断扩大，财政实力进一步增强。“十一五”时期，全市财政总收入和一般预算收入累计分别达 315. 2 亿元和 178. 9 亿元，是“十五”时期的 3. 3 倍和 3. 7 倍，年均分别增长 21. 7% 和 24. 5%。全市一般预算支出累计达 335. 2 亿元，是“十五”时期的 3. 3 倍，年均增幅 24. 7%。财政实力的大幅增强，为贯彻落实各项重大决策部署、推动经济发展和社会进步提供了坚实的财力保障。二是财税政策不断完善、财政调控能力进一步增强。针对经济形势发展变化，特别是面对国际金融危机的严重冲击和影响，在认真落实积极财政政策的同时，积极运用财税杠杆战危机、保增长、调结构，财政调控手段不断健全丰富，调控的针对性、时效性和有效性显著提升，不仅有力地促进了经济平稳较快发展，也为长远可持续发展奠定了基础。三是支出结构不断优化，民生保障水平进一步提升。“十一五”期间，全市财政累计投入民生工程资金超过 150 亿元。城乡免费义务教育全面实现，城乡居民基本医疗保障水平显著提高，覆盖城乡的社会保障制度框架基本形成，保障性住房建设投入力度不断加大，公共文化事业加快发展。投入快速增长、覆盖范围逐步扩大、注重制度创新的财政民生保障机制日益健全。四是财政改革不断深化，财政体制机制进一步完善。调整完善了市与县(市)区财政体制，建立县级基本财力保障机制和均衡性转移支付制度，强化了财政体制在引导科学发展方面的功能。政府预算体系框架基本形成，部门预算、国库集中收付、政府采购、投资评审、绩效评价等财政改革加快推进，非税收入征收管理日趋规范，“大监督”格局初步建立，公共财政体系进一步完善。政府性资金、资本、资产、资源统筹能力明显提升，政府调控能力进一步增强。五是财政管理不断加强，管理水平进一步提高。科学化精细化管理理念融入财政改革发展，有力地促进了财政管理，较好地保障了财政职能作用的发挥。

在肯定成绩的同时，也要清醒地认识到，我市地方财政收入虽然近年来有较大幅度的增长，但总量依然偏小，财政收入占生产总值的比重和税收收入占财政收入的比重仍然偏低，社会事业发展人均支出水平较低，基本保障能力有待进一步提高。预算编制不够细化，项目库和基础数据信息库仍不够完善；财政国库管理制度改革亟需向纵深拓展；政府采购预算编制不完整，监管力度有待进一步加强；财政管理基础工作和基层财政建设需要加强;损失浪费、挤占挪用财政资金现象时有发生,财政监督管理需要进一步加强。这些问题我们将高度重视,采取有效措施,认真加以解决。

二、2011年财政预算安排情况

(一)2011年全市经济财政形势

2011年是"十二五"开局之年,总体看,今年经济形势仍然极其复杂,财政收支矛盾依然比较突出。收入方面,国家实施积极的财政政策和稳健的货币政策,中原经济区建设启动和"十二五"规划实施,城乡建设进一步提速等,有利于经济平稳较快增长,将为财政收入稳定增长打下基础。但我市经济既面临不少长期存在的深层次矛盾,又出现了一些新的困难和挑战,推进结构调整任务艰巨,节能减排任务繁重,安全生产形势严峻,区域竞争进一步加剧,资金、资源、土地等要素制约难以根本缓解,经济复苏的基础还不稳固,同时国家实施个人所得税改革、调整增值税征收范围、继续对小型微利企业实施所得税优惠政策等,都会减少收入。支出方面,增支项目多、数额大、刚性强,增支压力大于往年。落实教育规划纲要需要将全市新增财力的50%以上用于教育支出,加上落实中央出台的重大民生政策、应对通货膨胀压力、深化医药卫生体制改革、完善社会保障制度、提高新农合和城镇居民医保补助标准、全面推行一事一议财政奖补政策等,需要大幅增加财政投入,支出压力依然很大。

(二)2011年财政工作和预算安排的指导思想

根据市委经济工作会议和全省财政工作会议精神,2011年财政工作和预算安排的指导思想是:以邓小平理论和"三个代表"重要思想为指导,深入贯彻落实科学发展观,围绕全市工作大局,依法组织收入,不断壮大财政实力;加强预算编制基础性工作,细化预算编制,提高预算管理的科学化、精细化水平;大力调整支出结构,统筹兼顾、突出重点,着力促进经济平稳较快发展,着力促进经济发展方式转变,着力推动城乡协调发展,着力保障和改善民生,着力为经济社会科学发展、和谐发展提供财力保障。

(三)2011年预算安排的原则

坚持重在统筹,积极稳妥。收入预算编制坚持实事求是、积极稳妥、留有余地,与生产总值等经济社会增长指标相适应。统筹使用一般预算和基金预算、本级财力和上级补助、部门预算和财政专项,增强政府的调控能力。

坚持集中财力,保障重点。保工资和津补贴发放,预留增人增资和工资改革津补贴调整所需资金;保正常运转,保社会稳定,保法定支出增长,集中财力确保中央、省、市确定的民生政策、重点项目及"十件实事"所需资金。

坚持压缩一般,厉行节约。公用经费实行零增长,压缩公务购车用车、公务接待费、出国(境)经费支出,减少会议、庆典、论坛等活动支出,切实降低行政成本。压缩非公益性项目投资,基础设施建设项目主要依靠筹资融资解决。

坚持优化结构,灵活运作。优化财政支出结构,促进经济发展;进一步加强财政科学化精细化管理,在国家政策没有明确禁止的前提下,打破部门界限,突破资金制约瓶颈,发挥财政资金的引导作用,加大资金资本运作力度,提高资产、资本使用效益。

(四)2011年全市财政收入指导性计划

根据当前经济财政形势,2011年全市一般预算收入增幅按13%安排,比全省预期增幅高2个百分点,比全市生产总值预期增幅高1个百分点。上述目标是指导性计划,各县(市)区根据当地实际,妥善安排本级收入预算。

(五)2011年市级预算安排

1. 市级一般预算收入

2011年市级一般预算收入计划安排90 000万元,比2010年完成数减少10 278万元,同口径增长13%。主要原因是2010年高速公路建筑安装营业税10 500万元为一次性收入,省财政厅明确,从2011年1月1日起豫西山区高速公路建筑安装营业税为省级收入;2010年教育系统学费和住宿费等非税收入是连续两年的收入集中入库。

(1)税收收入74 000万元,增长25.6%。其中:增值税24 000万元,同口径增长15%;营业税20 000万元,同口径增长15%;企业所得税10 200万元,同口径增长45.3%。

(2)非税收入16 000万元,同口径增长8%。其中:专项收入5 000万元,下降27.4%;行政事业性收费收入7 000万元,同口径增长12%;罚没收入4 000万元,下降32.4%。

2. 市级一般预算支出

2011年,市级一般预算收入90 000万元,加上上级对我市税收返还11 210万元、一般性转移支付补助7 120万元、县(市)区结算财力30 670万元,市级财力139 000万元,比2010年预算财力130 000万元增加9 000万元,增长6.9%。加上省财政厅提前告知专项补助15 000万元,上年结转2 587万元,市级共安排支出156 587万元。当年财力安排基本支出69 100万元,增长13.5%,基本支出占支出总额的49.7%;安排事业发展支出69 900万元,增长11%,事业发展支出占支出总额的50.3%。主要支出项目:

教育支出26 023万元,增长15%。

农林水事务支出8 702万元,增长15%。

科技支出1 443万元,增长15%。

文化体育与传媒支出3 388万元,增长15%。

社会保障与就业支出11 582万元,增长18%。

医疗卫生支出10 667万元,增长15%。

节能环保支出3 869万元,增长15%。

总预备费1 500万元,按照《中华人民共和国预算法》要求安排。

以上财政收支预算安排,能够实现当年收支平衡。

3. 基金预算安排

2011年市级基金预算收入安排68 378万元,比2010年完成数增加21 983万元,增长47.4%。主要收入项目:

国有土地使用权出让金收入63 200万元,比2010年完成数增加20 424万元,增长47.7%。

政府住房基金收入1 800万元,比2010年完成数增加484万元,增长36.8%。

2011年市级基金安排支出53 138万元,比2010年预算数增加36 110万元,增长212.1%。主要支出项目:

国有土地使用权出让金支出50 000万元,增长233.3%。

政府住房基金支出1 800万元,增长125%。

三、2011年财政工作重点

为圆满完成2011年财政预算目标任务,重点做好以下工作:

(一)着力推动转型升级,加快转变经济发展方式。落实好鼓励产业集聚区加快发展的财政激励政策,引导资源配置加快向产业集聚区集中,大力培育特色产业集群。落实财税政策,支持解决进城务工人员就业、安居、子女就学、社会保障等问题,促进农村人口就近转移。完善财政科技投入方式,集中资金支持重大科技专项和产业集聚区科技创新,以技术突破带动煤化工、黄金、氧化铝、电力企业加快技术改造和产品结构调整。整合新增建设用地有偿使用费、耕地开垦费、土地复耕费等资金,引导带动社会资金,支持农村土地综合整治。健全财税激励约束机制,支持重点节能工程建设,促进循环经济发展。

(二)着力加强财源建设,进一步增强财政实力。进一步深化企业服务,健全企业服务长效机制,强化对市属重点企业的服务,加大财税政策宣传力度,帮助企业熟悉政策,更好地运用财政财务政策,支持重点企业做大做强,加快发展。落实好各项税费优惠政策,加快涉企财政资金拨付,提升服务企业水平。积极支持招商引资,着力培育新的收入增长点。依法加强税收征管,强化政府非税收入管理,努力做到依法征管、应收尽收,确保财政收入持续稳定增长。

(三)着力扩大需求,促进经济平稳较快增长。继续实施更加积极的就业政策,落实和完善相关财税政策措施,提高中低收入群体收入。全面落实鼓励消费的财税政策,增加居民即期消费。积极争取并管好用好中央投资和地方政府融资,重点支持保障性住房、水利设施、粮食生产能力工程、农业综合开发、教育卫生基础设施、节能减排和环境保护、自主创新和战略性新兴产业发展,优先安排续建、投产和收尾项目,严格控制新上项目。充分发挥财政资金"四两拨千斤"的带动作用,积极引导社会资本进入基础设施、公用事业、保障性住房、社会事业等领域,促进投资增长和结构优化。

(四)着力加大强农惠农投入力度,推动农村改革发展。加大农田水利建设财政投入,增强农业综合生产能力。支持中小河流治理、小型病险水库除险加固和山洪地质灾害防治。加快推进农业综合开发中低产田改造,提高农业综合生产能力。统筹运用农业专项资金,调整优化农业结构,加快特色优势农业发展。支持现代农业产业技术体系建设、农业技术推广和科技成果转化。完善农业保险保费补贴政策,提高农业生产抗风险能力。增加对种粮农民的各项补贴规模,建立全市统一的"一卡通"管理信息系统,完善惠农补贴发放机制。加大扶贫开发力度,促进财政扶贫政策与农村最低生活保障制度有效衔接。全面开展村级公益事业建设一事一议财政奖补工作。积极支持农村道路、安全饮水、户用沼气建设,改善农民生产生活条件。

(五)着力改善民生,促进社会和谐稳定。落实国家调整收入分配政策,降低中低收入者相对税负,强化对高收入的调节。落实义务教育学校、公共卫生和基层医疗卫生事业单位绩效工资政策,缩小公职人员收入差距。把教育作为财政优先保障的领域,围绕落实国家和省教育规划纲要,多渠道筹措经费,大幅度提高教育支出占财政支出的比重。巩固完善义务教育经费保障机制,全面落实家庭经济困难学生资助政策。支持深化医药卫生体制改革,做好卢氏、灵宝新型农村社会养老保险试点工作,将试点地区城镇无收入居民纳入养老保险范围。健全企业退休人员基本养老金、城乡居民低保、农村五保供养和优抚补助对象补助水平正常调整机制。企业退休人员月人均基本养老金在2010年基础上再提高10%左右,妥善解决未参保集体企业退休人员养老保障问题。落实好各项财税扶持政策,大力推进保障性安居工程建设。

(六)着力深化财政改革,进一步完善公共财政体系。进一步完善市与县(市)区财政管理体制,提高县级政府社会管理和公共服务能力。推进预算管理制度改革,完善公共财政预算,细化政府性基金预算,试编社会保险基金预算。全面取消预算外资金,将所有政府性收入全部纳入预算管理。完善预算编制制度,提高预算编制科学性、准确性和精细化程度。深入推进部门预算、政府采购、投资评审等预算管理制度改革,完成会计集中核算向国库集中收付转轨,建立健全预算绩效管理制度。

(七)着力推进科学化精细化管理,提高财政资金使用效益。完善部门基础信息数据库,逐步实现对行政事业单位各类数据的动态管理。健全项目支出定额标准体系,加强项目库建设和项目预算滚动管理。加强基层财政建设,完善基层财政管理。严格财政监督,树立"大监督"理念,建立财政监督机构与预算管理机构之间工作协调机制和信息共享制度,提升财政监督合力。继续开展重大财税政策实施情况专项检查,保障政策有效落实。加强政府投融资平台管理,加快建立投融资平台财务信息统计和风险预警系统,实现对融资平台公司债务的全口径管理和动态监控。推进财政管理信息化建设,重点强化财政信息平台应用,充分发挥平台对财政经济运行分析的支撑作用。继续狠抓增收节支,坚决压缩公务接待、因公出国(境)、公务用车购置及运行维护等一般性支出,努力降低行政成本。

各位代表,2011年是"十二五"规划的开局之年,财政工作形势严峻,任务艰巨,责任重大。我们决心在市委的正确领导下,在人大、政协的监督、支持下,深入贯彻落实科学发展观,团结奋进,开拓进取,扎实工作,努力圆满完成财政预算,扎实做好各项工作,为推进富民强市,建设创新开放、富裕文明、平安和谐、生态宜居的三门峡作出新的更大贡献!

·编辑　张怡杰·

索　引

说　明

一、本索引采用主题分析法编制,按主题词首汉语拼音顺序排列,同音字按声调排列,音调相同按下一字的音序排列。

二、特载、专记、大事记、附录4个类目的具体内容未作索引,仅以其类目名称标引。

三、类目用黑体字标引,参见用宋体字、附见用楷体字标引。索引款目后的阿拉伯数字表示内容所在的页码,数字后的拉丁字母(a、b、c)分别表示从左到右的第一、二、三栏。表格、图片有"(表)""(图)"等字样。

四、内容交叉的款目,在索引中重复使用,以便参见。

A

B

C

D

E

F

G

H

J

K

R

S

T

Z

中国联合网络通信有限公司三门峡市分公司

China unicom中国联通
创新·改变世界

三门峡联通总经理韩正晓作工作报告

中国联合网络通信有限公司三门峡市分公司（以下简称三门峡联通）成立于2009年3月20日，是在原三门峡网通、原三门峡联通的基础上组建而成的。重组后，三门峡联通融合移动网和固定网网络技术优势，整体规模和实力得到较大提升，实现全业务运营，能够为广大用户提供包括3G通信、固定电话、2G移动电话、宽带、小灵通、多媒体服务、数据及增值业务的全方位、多层次综合信息服务，是三门峡网络覆盖最广、业务品种最多、服务力量最强的电信运营企业。

三门峡联通作为三门峡市主导电信运营商，承载着三门峡通信业发展、通信信息技术不断更新的厚重历史使命，拥有覆盖全市、结构合理、技术先进、功能强大的3G移动通信网、2G移动通信网、宽带网、固定电话现代通信网络，服务着广泛的社会群体。

作为国有主导电信运营企业和信息化建设的主力军，三门峡联通始终坚持把服从和服务于三门峡经济发展的大局作为自己神圣的社会使命，紧紧围绕市委、市政府的工作部署，围绕三门峡市经济发展和信息事业建设的中心，开展一系列信息化建设工作。三门峡联通充分利用网络、技术及服务优势，在政府信息化、行业信息化、企业信息化、农村信息化、家庭信息化等许多领域取得显著成绩。公司率先在全市建成农村党员干部现代远程教育网络、“平安城市”科技防控体系，党建网、电子政务网、农业信息网、“数字工商”、E税通等信息化工程。2008年以来，累计投入2400万元，在市区全面建成了报警与监控系统并投入使用，实现对市区80%以上的重点单位、要害部位、治安卡口、高速公路出入口、交通要道、治安复杂场所等监控和部分自动报警，为三门峡市平安城市建设作出了积极的贡献。2009年以来，先后为工商、税务、公安、电力系统建成“数字工商”、E税通、“警务通”、远程抄表等信息化工程，推动全市信息化建设迈上了一个新阶段。

在新的发展时期，三门峡联通将紧紧围绕“信息生活的创新服务领导者”这一愿景，积极响应市委、市政府的号召，以高度的政治责任感和使命感，实施“3G领先与一体化创新”战略，加大通信基础设施投资，丰富服务内容，努力向社会提供最先进、最快捷、最全面的现代通信手段和信息化服务，为全市经济发展和社会进步，为全面建设创新开放、富裕文明、平安和谐、生态宜居三门峡作出新的更大的贡献！

市委书记（原市委副书记、市长）杨树平（右1）用三门峡联通提供的海事卫星电话指挥抗洪抢险工作

省辖市市长级干部赵光超（中）出席三门峡联通3G网络商用新闻发布会

市委常委、宣传部部长李立江（2排右3）出席三门峡联通春节团拜会

市政协副主席高从民（前左2）视察三门峡联通3G建设

市政协副主席张景林（左3）出席三门峡联通第2届“乒临城下”乒乓球挑战赛

副市长高战荣（右1）慰问三门峡联通节日值班员工

中央储备粮三门峡直属库

库领导在职工代表会上

三门峡直属库为玉树地震灾区捐款活动

三门峡直属库文艺活动

中央储备粮三门峡直属库地处豫、秦、晋三省交界处，于2004年经国家五部委批准上收划转为中央储备粮直属库。库区占地面积16.67公顷，仓容量15.5万吨，存储各种政策性储粮22万吨，职工53人。主要负责三门峡辖区的中央储备粮和托市粮的收购、储备、调运等工作。一直以来，在当地政府的关心支持及上级部门的正确领导下，中央储备粮三门峡直属库坚持以科学发展观统领全局，以夯实“两个确保”、践行“三个维护”为目标，抓管理、树形象、抓经营、促效益，使各项工作取得了可喜成绩。

精细管理，科技储粮，实现“两个确保”。坚持“一、三、七”粮情检查制度，规范填写仓库内“三薄一卡”，保持仓房干净整洁，粮面平整。实行业务信息流程，该库的粮食出入库信息及时上报总公司、分公司。现代化的粮食熏蒸系统设备，确保质量良好，储粮安全。

强化安全意识，促进安全生产。加强安全教育，库与各科室、各科室与员工层层签订“安全生产目标责任书”，增强广大员工的安全生产意识。积极开展消防安全演练，提升员工的消防设备操作能力。库投资资金10余万元安装监控视频，确保库区安全生产。连续多年被三门峡市评为“消防安全先进单位”。

加强档案管理，促进档案管理工作上台阶。投资5万余元，购置现代化的档案柜，按要求配备了防盗窗、门及室内消毒柜等设备。完善档案管理制度，制作拓扑图，及时收集文件资料，规范整理入档。2008年12月，档案管理工作被评为“企业档案管理国家二级标准”。

精神文明建设常抓不懈，创建和谐直属库。绿化、美化库区，购置健身器材，开展丰富多彩的文体活动，充实职工的文化生活。做好结对帮扶、抗震救灾献爱心活动。关心职工生活，开展节日慰问送温暖活动，体现组织的关怀。2006年2月，直属库被评为“省级文明单位”。

深入开展创先争优活动，增强党组织的战斗堡垒作用。深入开展创建“五个好”先进基层党组织、争做“五个表率”优秀共产党员活动，激发各党支部和党员干部尽职尽责创先进、立足岗位争优秀、带头实践做表率的先锋模范作用，有力推动各项工作科学有序开展。2006年以来连续被县委县政府评为“五好”党支部。

三门峡直属库铁路专用线粮食发运

三门峡监狱

河南省三门峡监狱是三门峡市唯一一所省直监狱，始建于1951年7月，地处陕县硖石乡，承担着惩罚和教育改造罪犯、维护社会稳定的重要任务。

三门峡监狱以维护社会安全稳定为己任，以打造一流队伍、创造一流业绩为目标，坚持从严治警、精心育警，不断提高队伍整体素质，锻造了一支敢打硬仗、善打硬仗、能打胜仗的监狱警察队伍；坚持"依法、规范、公正、文明、廉洁"执法，确保监狱安全稳定，实现了连续10年监管安全无事故。坚持以教育改造人为首要任务，积极探索新形势下教育改造罪犯的新途径和新方法，突出科学管理和人性化改造，创建了服刑指导中心、法律援助中心、心理辅导中心、刑释就业指导中心等机构，强化对罪犯服刑的指导和帮助，同时注重建设先进的监狱文化，为服刑罪犯构筑积极向上的精神家园，引领服刑罪犯积极改造、健康服刑，取得了教育改造工作的新突破。先后被授予全国司法行政系统先进集体、省级现代化文明监狱、省级文明单位、五好党委、警察综合素质教育训练先进单位等荣誉称号。

在河南省司法厅和监狱管理局的正确领导下，在三门峡市委、市政府和陕县县委、县政府的高度重视和大力支持下，三门峡监狱整体搬迁工作已经全面启动，一座全新的功能完备的现代化文明监狱即将屹立在三门峡市黄河之滨，三门峡监狱将实现新的历史性跨越。三门峡监狱全体警察决心以更加昂扬的斗志，勇做社会主义和谐社会的建设者和捍卫者，把三门峡监狱打造成河南省乃至全国一流监狱，为中原崛起、为三门峡腾飞作出新的更大的贡献。

党委书记监狱长　张天祥

监狱领导深入基层

服刑人员网络心理咨询

警察拓展训练

队列训练

服刑人员一封家书活动

监狱办公楼

格斗训练

三门峡市公安消防支队

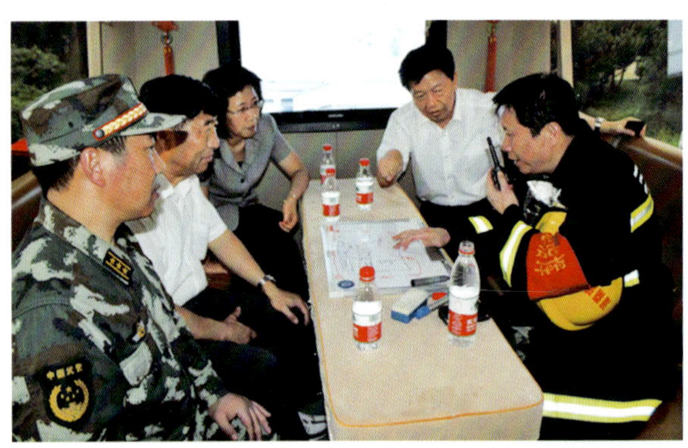

2011年7月9日上午，市委书记杨树平（右2），市委副书记、市长赵海燕（中），市委常委、政法委书记郭绍伟（左2）亲临灭火现场指挥灭火

2011年，三门峡市公安消防支队坚持以胡锦涛总书记“忠诚可靠、服务人民、竭诚奉献”三句话总要求为统领，按照市委、市政府的决策部署，立足于服务地方经济建设和社会稳定的大局，以贯彻落实《河南省消防条例》为主线，以全力构筑“防火墙”工程、打造消防铁军和应急救援工作为载体，深入开展“五大”活动，积极创新社会消防管理，全面加强班子和队伍建设，社会火灾防控工作呈现新格局，部队灭火应急救援能力有了新提升，部队正规化建设迈出新步伐，后勤综合保障能力和服务经济社会发展能力取得新发展，社会消防宣传教育实现新突破，得到了各级党委、政府、公安机关和广大人民群众的高度赞誉和一致好评。

近年来，三门峡市多次被评为全省消防工作先进市，支队被评为全省消防部队全面工作进步奖、安全工作先进支队、消防宣传工作先进单位、消防执法先进单位。因在“7·9”河南中原黄金冶炼厂灭火救援战斗中成绩突出，支队45名官兵受到省、市级以上党委政府和总队、支队表彰。

2011年7月9日上午，支队长李家甫向市委副书记、市长赵海燕（前中）汇报灭火现场情况

7月9日上午，支队长李家甫（前左）和政委仰文祥（前右）在“7·9”中原黄金冶炼厂有限责任公司火灾现场指挥灭火

7月9日上午，中原黄金冶炼厂有限责任公司突发大火，三门峡消防官兵临危不惧、舍生忘死，连续奋战7个多小时成功扑灭大火

1月28日上午，三门峡市政府副市长、市公安局局长崔保连（左），到市消防支队亲切慰问奋战在一线的消防官兵，赠送5万元慰问金

4月26日上午，三门峡消防支队举行地震救援轻型搜救队应急拉动演练活动，实地检验全市消防部队处置应急救援事故的能力

6月22日晚，三门峡消防支队冒雨执勤，出色完成庆祝中国共产党成立90周年大型文艺晚会的保卫执勤任务

7月28日上午，三门峡市委、市政府召开“7·9”抢险灭火总结表彰大会，隆重表彰“7·9”火灾扑救中贡献突出的各级消防官兵和相关单位

中国人民解放军61375部队道路通车仪式

2010年3月10日，61375部队官兵协助三门峡社会福利院进行植树造林活动

中国人民解放军61375部队

中国人民解放军61375部队组建于上世纪50年代，诞生于抗美援朝战争的隆隆炮声中，迄今已走过了60年的峥嵘岁月。自1962年移防至河南省三门峡市，半个世纪以来，伴随着驻地经济社会的快速发展，见证了三门峡市的成长与发展。

2010年，部队以科学发展观为指导，坚持全心全意为人民服务的宗旨，大力培育革命军人核心价值观，发扬听党指挥、服务人民，英勇善战的优良传统。密切驻地军民关系，开展了一系列军民共建活动和拥政爱民工作，取得了丰硕成果。全年部队为支援三门峡市经济社会发展和保障驻地大型公益活动出动车辆30台次、人员800余人次；参加植树造林活动两次，参与人数100余人，植树1500余株；参与帮助驻地三所学校军训学生2000余人；义务献血10000毫升。同时于当年7月24日与三门峡市社会福利院结成军民共建单位，并进行了揭牌仪式和现场捐赠仪式，捐款5800余元，赠送物资总价值一万余元。

作为驻三门峡市一支历史比较悠久、影响比较深远的部队，多年来立足于驻地的经济发展与社会进步，用真心真情为驻地办实事、解难题。2010年我部为峡市争创“全国双拥模范城”四连冠付诸了实际行动，得到了各级党委、政府和广大人民群众的高度赞誉和一致好评。在十二五期间，我部将继续为三门峡市的经济腾飞与社会繁荣，做出应有的贡献。

第16届黄河旅游节值勤

三门峡市高级技工学校

市委书记杨树平（右1）、市委副书记、市长赵海燕（左1）为学校晋升高级技工学校揭牌

团结奋进的领导班子

钳工学生在实习

实训大楼

三门峡市卫生学校

领导班子研究工作

20年校庆领导合影

“5·12”护理技能展演

三门峡市卫生学校创建于1987年，是省教育厅批准成立的三门峡市唯一一所卫生职业中等专业学校，2002年更名为三门峡市卫生学校。现学校占地4.5万平方米，建筑面积2.8万平方米，固定资产2000余万元。有教职工120名，在校生2000余人。教学生活设施齐全，设有解剖、生理、药理、病理、生化、微生物免疫、基护、诊断9个基础实验室和内科、外科、妇产科、预防医学、五官科、护理、推拿按摩7个临床实验室；另有多媒体教室2个、学生专用计算机室2个。

学校已建设成为集普通教育、职业教育、成人教育、短期培训为一体，且具有较高办学水平的卫生中等专业学校。先后荣获省级文明单位、省级重点中专、河南省五好团支部、河南省五四红旗团委、市五一劳动奖状、市五好基层党组织、市级花园式学校、市级安全文明校园、市级管理规范化先进学校、未成年人三理教育先进集体等荣誉称号。近两年，师生在全国、省、市等各级风采大赛、护理技能竞赛等活动中，成绩突出，获得荣誉上百项，成为三门峡峡市培养造就“白衣天使”的摇篮。

迎奥运歌咏比赛

解剖学实验课

三门峡供电公司

公司总经理祁学红到基层调研

市委副书记、市长赵海燕（前左1）、河南省电力公司总经理葛国平（前左2）到公司调研

三门峡供电公司位于华中、西北、华北三大电网结合部，主要担负着市辖6县（市）区电网规划建设和供售电任务。截至2010年底，公司资产总额23.03亿元，在职职工1011人，已运行变电站40座，主变65台，总容量554.17万千伏安，35千伏及以上输电线路120条1576.635千米，最高供电负荷184.1万千瓦，2010年售电量125.35亿千瓦时。5月10日，地区用电负荷达到184.13万千瓦，当日供电量达到4086万千瓦时，均创历史新高。截至2011年6月9日24时，公司实现连续安全生产4744天，保持了长周期安全生产稳定局面。

“十一五”期间，三门峡供电公司紧紧围绕全市经济社会发展大局，全面贯彻落实市委、市政府各项部署和要求，以科学发展观为指导，团结带领全体干部职工坚定信心、迎难而上，积极应对危机挑战，全力破解发展难题，圆满完成市委、市政府下达的各项目标任务，取得较为明显的工作成效。电网投资累计完成23亿元，是“十五”期间的4.6倍。投运110千伏及以上线路886千米、变电容量350.1万千伏安，分别是“十五”期间的6.8倍和9.6倍。建成投运地区首座500千伏变电站和6回500千伏输电线路，实现地区电网500千伏零的突破，与河南主网联系更加牢固；建成投运跨区电网4回330千伏联络线路，积极配合完成灵宝背靠背换流站扩建工程，在西电东送主通道中的枢纽地位进一步确立。地区最高供电负荷由88.85万千瓦增至181.4万千瓦，售电量由56.09亿千瓦时增至125.35亿千瓦时，年均增长17.44%，其中2009年售电量首次突破百亿千瓦时，增长率居全省第1位。“十一五”期间，公司曾荣获全国优秀供电企业、全国精神文明建设工作先进单位、思想道德建设先进单位、党风廉政建设责任制工作先进单位、援川抗震救灾恢复重建功勋单位、河南省电力公司2010年抗冰雪保供电功勋集体、全国厂务公开民主管理先进单位、“五好”基层党组织、河南省电力安全生产先进单位、河南省电力公司创建“四好”领导班子先进集体、2009年度包村扶贫工作先进单位、2009年度信访稳定工作先进单位、2010年度创建国家卫生城市先进集体等荣誉称号。

中国建设银行股份有限公司三门峡分行

建行三门峡分行党委书记、行长　刘心明

建行三门峡分行在三门峡市委、市政府及建行河南省分行的正确领导下，牢固树立“以客户为中心”的经营理念，深入推进经营转型，积极支持地方经济建设，持续优化金融服务，实现了速度、规模、质量、效益的协调发展。2010 年，实现账面利润 15947 万元，实现中间业务收入 7368 万元，各项存款新增 150454 万元，各项贷款新增 70699 万元。业务发展多项指标创历史最好水平，经营效益位居同业前列。客户服务已形成品牌效应，多年来在全市政风、行风评议中位居同业前列。

该行拥有近 600 余名在职员工，下辖 11 个支行，23 个营业网点，内部设立小企业服务中心和个人财富管理中心。拥有离行式、附行式自助银行 17 个，自助设备 80 余台，形成了营业网点、电子银行、自助渠道、专业化团队四位一体的遍布全市的强大服务网络，全方位打造了现代商业银行的整体服务优势。“不断提升，追求卓越”是该行孜孜以求的目标，真诚地期待在未来的日子里能与社会各界更加广泛地合作，为广大客户和峡市人民提供更加便捷、周到、优质的金融服务。

行长刘心明到企业调研

举办“善建”颁奖晚会

四届二次职代会会场

建行三门峡分行办公楼装饰一新

河南省农村信用社联合社

三门峡市办公室

市农信办负责人杨长法做客三门峡人民广播电台政风行风热线

农信社办理“惠农一卡通”业务受欢迎

市农信办副主任李怀林深入基层调研

“信用工程”创建让农民得实惠

人大代表团关心农信社发展

市农信办举办演讲比赛

NCI 新华保险

新华保险三门峡中心支公司

省辖市市长级干部赵光超给鼎级人物第1名颁奖

新华人寿保险股份有限公司，成立于1996年8月，是一家全国性大型保险公司，公司主要股东为中央汇金投资有限责任公司、宝钢集团有限公司、苏黎世保险公司等。

新华保险成立15年来，恪守“客户至上，以人为本”的经营理念，奉行“服务创造价值”的服务理念，不断完善服务平台建设，树立和强化全员服务意识，为客户提供便捷、温馨的服务体验。公司拥有强大的寿险销售人员队伍及2万余名内勤管理员工，全国各级分支机构1400多个，服务的客户超过2300万个，总资产超过3000亿元。2010年总规模保费达到930亿元，同比增长约40%，名列寿险市场前三甲，连续多年荣获国家500强企业。

新华保险三门峡中心支公司于2004年8月8日入驻三门峡市。多年来，在三门峡市委、市政府和社会各界关心支持下，在历届公司领导和广大新华伙伴的共同努力下，各项工作都有了长足的发展。拥有渑池、灵宝、陕县、义马4个支公司和卢氏、湖滨、本部3个营业区，规模营销队伍达1200余人。2010年规模保费达成2.23亿元，以同比高于40%的增长速度实现了新的跨越发展，市场份额稳居三门峡20余家保险系统第二。团体法人业务连续4年位居全省系统第一。被评为“全国新华系统杰出中心支公司”、三门峡市金融企业“诚信单位”和“政风行风评议优秀单位”，2010年3月14日荣获“中国质量万里行优秀会员单位”称号。

新华保险三门峡中心支公司成立6年多来，共达成规模保费近10亿元，累积为20余万客户送去了40多亿元的生命保障。截至2010年总计受理客户理赔案件2200余起，赔款1500多万元，合规结案率达100%，客户满意率达90%以上；先后为卢氏革命老区和汶川、青海玉树地震灾区捐款25万余元，衣物被褥8000多件；安排就业1000余人，为三门峡市经济建设与社会和谐发展作出了积极的贡献。

电影周开播仪式

能征善战的营销队伍

快捷理赔赢得赞誉

三门峡新华保险一流客户服务大厅

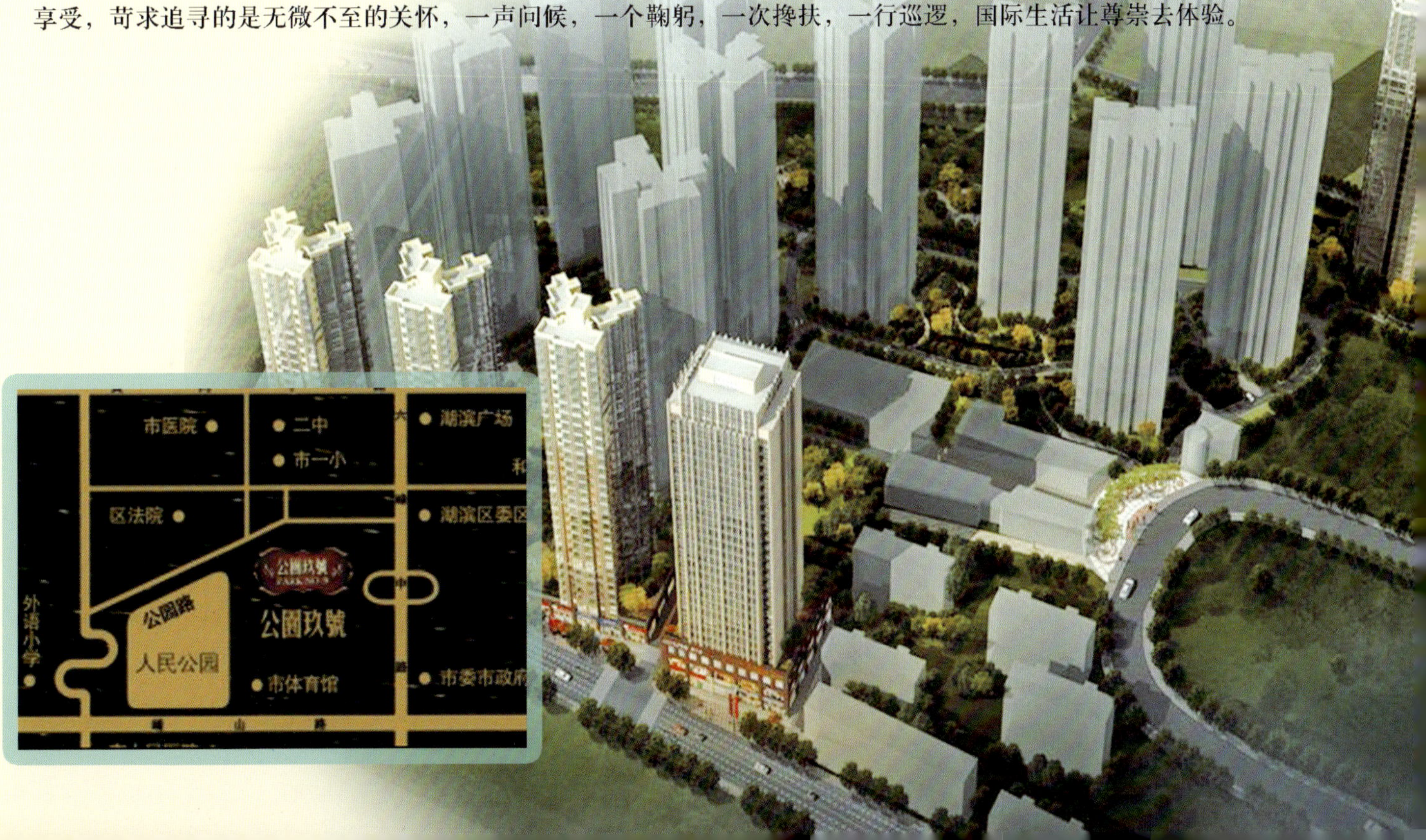

中国黄金 China Gold

河南中原黄金冶炼厂有限责任公司

生产系统

宽敞明亮的新电铜车间

河南中原黄金冶炼厂有限责任公司，是国内知名的专业化黄金冶炼、精炼加工企业，是中国黄金集团的骨干企业和三门峡市政府确定的重点企业。2010 年位列河南省工业百强第 12 位。

公司位于中国最大产金地之一的河南省三门峡市，北临 310 国道，南依连霍高速公路和陇海铁路线，拥有自身的铁路专用线和硫酸自备槽车，地理位置和交通运输十分便利。

公司生产以处理复杂金精矿、铜精矿原料为主，产品有金锭、高纯金粉、金条、金银纪念章以及银锭 、银粉、优质阴极铜、电镀工艺产品、工业硫酸、发烟硫酸、铅精粉、硫酸铵、氧化铁红、氧化铁黄等，是中国黄金行业首家通过伦敦金银市场协会（LBMA）产品认证的企业，其中拥有自主知识产权的高纯金产品，纯度高达 99.999%，代表了国内黄金精炼技术的最高水平。

公司先后通过了 ISO9001 质量管理体系 ISO14001 环境管理体系、OHSMS18001 职业健康安全管理体系认证，中心化验室化验设施先进、技术精湛，获得了中国合格评定国家认可委员会（CNAS）认可。

公司作为中国黄金产品加工基地，先后获得“全国五一劳动奖状”“全国黄金行业先进单位”“上海黄金交易所可提供标准金锭企业先进单位”“河南省绿色企业”和三门峡市首届市长质量奖等众多荣誉称号，以良好的信誉赢得了社会各界的关注和支持。

铁红

绿色企业 花园式工厂

三门峡捷马电化有限公司

公司领导与先进职工合影

市委书记杨树平（前）视察生产情况

三门峡捷马电化有限公司成立于2005年9月，由中原国际（集团）有限公司和浙江捷马化工有限公司合作成立的中外合资企业，注册资本金为3 500万美元。总部设立在美丽的杭州西子湖畔。

三门峡捷马电化有限公司坐落在历史名地陕州城，地处豫、晋、陕金三角地区，也是西周时期闻名的虢国都城，历史长河孕育了这里深厚的文化底蕴。公司西距西安270千米，东距九朝古都洛阳仅90千米，北临陇海铁路和310国道，南依连霍高速公路。连霍高速在观音堂镇设有出口，陇海铁路在观音堂镇设有货运站，郑西高速铁路也在这里穿越而过，可谓四通八达，交通便利。

三门峡捷马电化有限公司所处的具体位置是距三门峡市31千米的观音堂镇，这里物产丰富，气候四季分明，盛产煤、铝等，给企业生产带来得天独厚的便利条件。

公司生产经营的主要产品有离子膜烧碱、聚氯乙烯、盐酸、液氯、氯乙酸、甘氨酸、苯胺等，广泛应用于氧化铝、造纸、印染、水净化、氯化石蜡、军工、食品、冶金等。周边地区有七八家大型氧化铝企业，产品销售畅、运距短，已与公司建立起长期友好的供求关系。公司聚氯乙烯(PVC)树脂的销售依托捷马集团公司，与华东、华南等地区的电缆和管道企业建立了良好的战略合作关系。

开曼铝业（三门峡）有限公司

分解槽

检测室

生产线

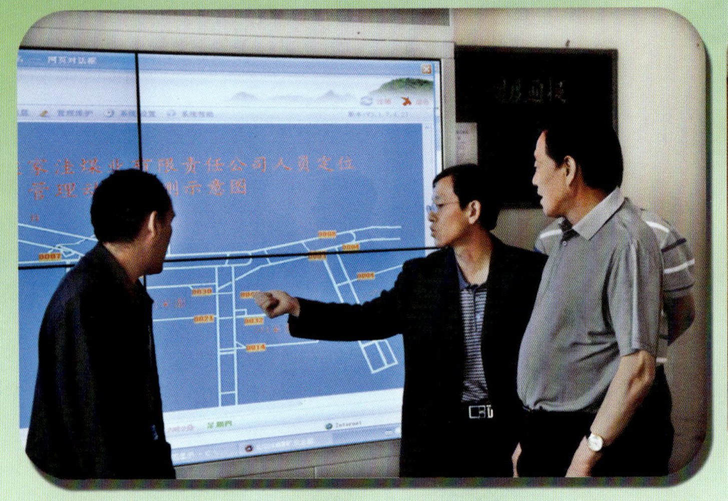

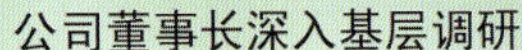
公司董事长深入基层调研

省、市、县政协领导到公司进行法制调研

三门峡英豪煤矿有限公司

三门峡英豪煤矿有限公司位于渑池县境内，2004年由地方国营煤矿改制股份制公司，公司所属两对矿井，即渑池县梁家洼煤业有限责任公司和渑池县天坛煤业有限责任公司。目前两对矿井，一对梁家洼矿井正常生产，一对（天坛矿井）技改矿井停产中。一年来，公司认真贯彻省委省政府的决策部署，深入落实科学发展观，切实把科学发展、安全发展作为工作指导方针，下大力气，增加投入，提高装备，创建打造安全质量标准化和本质安全型矿井。

近年来，公司结合自身实际，通过外出学习借鉴，逐步加强安全人为环境治理，形成了基本的安全价值观和行为规范，促进了全员安全行为的养成，筑牢了全员安全思想防线。公司坚持不断解放思想，转变观念，逐步形成了“五大”安全生产理念，一是安全核心理念。安全生产是煤矿工作的核心，安全高于一切，安全工程是一字号工程，人的生命高于一切，安全工作具有一票否决权。二是安全科学理念。抓安全不能凭主观和侥幸，必须实事求是，遵循发展规律，运用现代科学方法，指导安全生产。三是安全长远理念，牢固树立科学发展观，长远规划，高标准严要求，加大投入，抓管理系统完善，抓人员习惯养成，实现安全生产长治久安。四是安全能动理念，树立“事故是可以预防的，事故风险是可控制的，干煤矿可以不死人”的积极思想，“事故在现场管理是关键，根本在人员”。五是安全生态理念即安全和环境相互影响，相互促进，积极进行矿井环境治理，实现人与环境的和谐统一。

三门峡英豪煤矿有限公司在上级主管部门、当地政府的正确指导和服务下以强有力的生命力活跃在豫西煤炭行业中。先后被省、市授予“河南省安全生产示范单位”“河南省安全生产工作先进集体”“河南省煤碳系统先进集体”“全国中小煤碳企业先进单位”“三门峡市安全生产工作先进单位”“2010年河南省安康杯竞赛先进单位”等荣誉称号，公司所属梁家洼煤业有限责任公司被河南省工业信息化厅授予“河南省二级标准化矿井”。公司领导集体以科学发展为主导，带领企业阔步走向稳定发展的未来。

职工军事化训练

公司领导看望困难职工

告别违章职工签名现场

职工技能比武

梁家洼煤业办公大楼

“生命之歌”歌咏比赛

义煤集团公司石壕煤矿

义煤集团公司石壕煤矿位于陕县观音堂镇境内，距301国道1千米，全矿共有职工家属万余人，核定生产能力为90万吨／年，属省“五优”矿井。该矿创新管理机制，实施全覆盖定额管理法、节能减排，实现完全成本350.04元／吨，比计划降低44.03元／吨，安全生产零事故。矿党委书记：郑茂林，矿长：郭红兵。

党委领导班子十分重视文明矿区的建设，2008年以来对矿井上下进行标准化、园林化建设，共投入资金1.1亿元。2010年石壕煤矿继续保持“省级文明单位”荣誉称号。

面貌一新的工业场区

矿区公园

义翔铝业有限公司

三门峡市委书记杨树平（右）到公司调研

2011 年 3 月 3 日，中煤政研会会长马德庆（前左 2）到义煤调研

义翔铝业有限公司是义煤集团控股的中外合资公司。公司位于举世闻名的仰韶文化发源地——河南省渑池县张村镇东工业区。东距“九朝古都”洛阳市 80 千米，西距“黄河明珠”三门峡市 60 千米。公司铁路专用线与陇海线接轨，紧连 310 国道和连霍高速公路，地理位置、交通条件十分便利。

义翔铝业公司是义煤集团实施“强势起步、科学跨越、乘势腾飞”三步走战略，打造“煤、煤化工、铝”三大主业重点项目之一。年生产能力为冶金级氧化铝 60 万吨，总投资 25 亿元，是义煤集团新的经济增长点。顺利通过了 ISO9001：2000 国际质量管理体系、OHSAS18001 职业健康安全管理体系认证。“义翔牌”氧化铝获得河南省同行业唯一名牌产品称号。先后荣获“全国煤炭系统首批文明单位”“全国煤炭工业企业文化优秀单位”“河南省煤炭系统文明单位”“河南省基层五好党组织”“河南省质量管理先进企业”“首批河南省信用建设示范单位”“三门峡市文明单位标兵”“三门峡质量管理先进单位”、集团公司“文明单位”“五好党组织”“质量标准化先进单位”“安全先进单位”等荣誉称号。

氧化铝生产的铝矿石完全利用义煤集团所属矿区井下伴生资源；生产用水来自曹跃公司矿井废水，石灰利用钡盐厂工业生产废料；生产外排的弃赤泥，提供给水泥公司用作高铝水泥生产原料，符合义煤集团公司发展“循环经济”的战略要求。它对义煤集团延伸产业链条，打破单一产品结构，打造双千亿级大型企业具有重大意义。

“感恩你我他”演讲比赛

化验室安全快板表演

溶出管道化

庆“七一”唱红歌

三门峡龙王庄煤业有限责任公司

SANMENXIALONGWANGZHUANGMEIYEYOUXIANZERENGONGSI

三门峡龙王庄煤业有限责任公司位于豫西陕渑交界处。矿井设计生产能力 0.45Mt/a，服务年限 55 年。井田面积 11.43 平方千米，地质储量 7176 万吨，可采储量 3465.5 万吨。该项目于 2004 年 6 月 16 日正式开工建设，2009 年 6 月 6 日竣工投产。2010 年，龙王庄煤业坚持“用心做事，追求卓越”的核心价值观，紧紧围绕各项奋斗目标，聚精会神谋生产，全心全意抓安全，各项工作保持了平稳发展态势。原煤产量完成 48 万吨，开拓进尺 2736 米，营业收入 2.55 亿，利税总额 11477 万元，上缴国家税金 6584 万元，实现了安全伤亡事为零的目标，持续保持安全生产 2000 余天。工程质量达到省一级工程质量标准。在渑池县城搞棚户区改造，使 200 余户职工住有其所；购置职工上班通勤车四辆，使千余名职工行有所依；为员工统一制作工装，使职工穿有所耀；开设图书室、娱乐室，修建健身广场、重要节日举办丰富多彩的文体活动，使职工劳有其乐。职工工资以每年 15% ~ 20% 的速度增长，使周边企业刮目相看。龙王庄煤业在艰苦创业过程中形成了六种精神，即：不畏困难、勇战困境的艰苦奋斗精神；自我加压、勇挑重担的开拓进取精神；合作共赢，宽宏包容的精诚团结精神；企业当家，岗位当命的无私奉献精神；勤政廉政，高效务实的追求卓越精神；勇于探索，大胆实践的敢于创新精神。这些激情昂扬的企业精神将永远激励龙王庄煤业奋发向上，奋勇向前。

龙王庄煤矿二1主焦煤

灵宝市财政局

灵宝市财政局党组书记、局长　杨社军

团结奋进，拼搏向上的财政局党组一班人

“工作激发学习，学习创造辉煌”，财政局机关学习常抓不懈

财政局承办的“灵宝市庆祝建党 90 周年广场文化活动”晚会现场

灵宝市财政局是灵宝市政府综合经济管理部门，位于灵宝市区金城大道 3 号。全系统有干部职工 214 人，其中，具有初级以上会计职称的 95 人，大专以上学历占 85%。

灵宝市财政局机关内设 22 个科室（局）：非税收入管理局、监督检查局、办公室、农业科、经济建设科、基层财政管理科、企业科、金融贸易科、国库科、行政政法科、预算科、乡镇会计核算中心、人教科、会计科、财经投资中心、水费征收管理办公室、财政投资评审中心、信息管理办公室、社保科、政府采购办公室、综合科、国库集中支付中心；下辖 17 个乡（镇、区）财政所：大王镇财政所、阳店镇财政所、川口乡财政所、寺河乡财政所、尹庄镇财政所、五亩乡财政所、苏村乡财政所、朱阳镇财政所、城关镇财政所、函谷关镇财政所、焦村镇财政所、西阎乡财政所、阳平镇财政所、故县镇财政所、豫灵镇财政所、涧东区财政所和涧西区财政所。

近年来，财政局党组在灵宝市委、市政府的正确领导下，以科学发展为主题，以转变经济发展方式为主线，始终坚持“建一流班子、带一流队伍、创一流业绩、树一流形象”的工作思路，团结带领广大干部职工，积极推进财政各项改革，着力提高财政科学化、精细化管理水平，大力组织收入，合理安排支出，精心服务全市经济社会发展大局，奋力拼搏、迎难而上、争创一流，各项工作取得显著成绩。从 2005 年起，灵宝市财政收入连续多年年净增额超过亿元。2010 年，实现一般预算收入 90000 万元，比上年增长 15.8%，规模在全省 30 强中排序第 17 位，受到市委、市政府通令嘉奖。随着财政收入和财力规模的不断扩大，灵宝市财政支出也得到较快增长。2010 年，完成一般预算支出 186793 万元，比上年增长 18.2%，为全市改革开放、经济建设和社会事业发展提供了有力的财力支持。在财政收入连年迈上新台阶的同时，该局的物质文明、精神文明、政治文明建设均取得了丰硕的成果，先后于 1995 年、2001 年、2007 年三次被河南省委、省政府命名为“省级文明单位”；2007 年被财政部授予“全国财政系统先进集体”称号；2010 年被三门峡市委授予“五好基层党组织”称号；1990 年以来连续 21 年被灵宝市委、市政府评为“党建经济工作立功单位或先进单位”。

机关职工每天早上坚持做广播体操

机关文体活动丰富多彩

灵宝市人民法院

LINGBAOSHIRENMINFAYUAN

党组书记、院长　王利荣

1984 年至 2009 年间历任院长合影 左起
贾九翔（2007 ～ 2009）
朱路线（1998 ～ 2002）
赵博理（1984 ～ 1995）
齐朝志（1995 ～ 1997）
曹治华（2003 ～ 2007）

灵宝市人民法院有在编干警128人，本科以上学历98人。内设机构23个，直属机构2个，派出人民法庭5个，班子成员9人。党组书记、院长王利荣。

1949年，灵宝、阌乡两县各建立司法科，1951年各自成立人民法院，1954年，合并为灵宝县人民法院，后曾与公安局，检察院合并，曾在文革期间瘫痪，曾实行过军事管制。1973年恢复为灵宝县人民法院，1978年12月重整队伍，健全机构，从此迈上了不断前进的征程。

2010年，灵宝市人民法院深入开展“人民法官为人民”主题实践活动，紧紧围绕“社会矛盾化解、社会管理创新、公正廉洁执法”三项重点工作，全院上下始终践行“勤于学习、甘于清廉、严于自律、乐于为民”的灵宝法院院训，坚持公正司法，坚持科学管理，牢记司法为民，2010年受理各类案件3170件，审结3103件,结案率达98%，荣获国家、省、市集体及个人荣誉共116项，院长王利荣被评为“社会矛盾化解先进个人”，在三门峡法院系统考核中，总分再次位居六个基层法院第一，蝉联全省优秀基层法院荣誉称号，连续两年被评为全省优秀基层法院。全省基层法院人民群众满意度专项调查结果出炉，灵宝法院人民群众满意度再次位居全省前列、三门峡市第一。为灵宝和谐稳定提供了强有力的司法保障。

从80年代前期公、检、法共用办公场所，到1987年搬迁到黄河路，灵宝法院人发扬“三千精神”，1991年一举成为全省法院两庭建设先进单位，融入了老一辈法院人无数的心血和无私的奉献。

时光进入21世纪，灵宝法院人传承“三千精神”，创立了“争先创新，文明公正，开放进取，团结和谐”的灵宝法院精神，建起了现代化的审判办公大楼和标准化的人民法庭，法院改革稳步推进，党的建设、思想建设和队伍建设不断加强，各项审判工作连年走在三门峡法院系统前列，先后荣获全国法院网络宣传先进集体、全省优秀基层法院、省级文明单位等多种荣誉称号。

团结奋进的领导班子

“打造平安灵宝 法官怎么办 ”演讲比赛

紧密联系群众 就地解决纠纷

村民冒雨送锦旗

灵宝市国土资源局

4月11日，国务院十二部委资源整合检查验收组到局检查工作

2月26日，国土资源部整装勘查检查组到灵宝市检查工作

灵宝市国土资源局组建于2010年4月7日，是按照中央、省、市机构改革精神，合并原市土地管理局、市地质矿产局职能而重组的市政府工作部门，主要负责全市土地资源、矿产资源等自然资源的规划、管理、保护、开发及合理利用工作。局机关内设13个科室，派出10个基层国土资源管理所，下属13个事业单位，与市公安局联合设立了矿山管理大队。有干部职工347人。

灵宝市国土资源局以“保护资源，保障发展”为宗旨，坚持保护与利用、服务与管理并举，不断提高国土资源管理水平，打造出一支“素质过硬、作风优良、团结实干、争创一流”的国土资源管理队伍，在为地方建设小康社会提供持续有力的资源保障和优质高效服务的同时，政治文明和精神文明建设也取得了丰硕成果，先后被评为全国地质灾害防治工作先进集体、全国国土资源系统“四五”法制宣传教育先进单位、全国整顿规范矿产资源开发秩序工作先进单位、河南省国土资源管理工作先进集体、河南省土地市场秩序治理整顿工作先进集体、全省地籍管理工作先进集体、河南省查处土地违法违规案件专项行动先进集体、河南省“三个代表”重要思想学习教育活动先进集体等。从1994年开始，连续3届获得省级文明单位荣誉。

5月21日，小秦岭整装勘查“第一钻”正式启动

6月21日，灵宝市国土资源局举行庆祝建党90周年广场文艺晚会

8月19日，小秦岭国家级地质公园建设开工

灵宝市朱阳镇

日新月异的小城镇建设

第二完全寄宿制小学

河南冠云山旅游区

朱阳镇地处豫陕两省、卢灵洛三县市结合部，是河南省灵宝市西南门户，距市区42千米，辖41个行政村、361个村民组，人口4.2万，面积783平方千米。交通便利，省道250贯穿全镇，距连霍高速、郑西高铁不足100千米。2010年，资产投资完成22亿元，财政一般预算收入3200万元，农民人均纯收入7449元，被授予河南省优质烤烟生产基地、全国优质核桃基地乡镇。

在科学发展观指引下，近年来，镇党委、政府强力实施“生态立镇、工业强镇、产业富镇、文化兴镇”四大战略，农业现代化、工业现代化、城镇现代化步伐明显加快，已建成2万亩高山商品果、2.65万亩优质烟叶、6万亩杜仲、26万亩核桃、700万袋食用菌及特种养殖等六大特色农业生产基地，形成以鑫源果业、中食远村、民生制衣为代表的果汁饮品、服装加工、电子加工、选铁冶镁、矿石采选、核桃深加工等六大新型工业板块，形成镇区面积3.5平方千米、常住人口1.2万人、“衣食住行教业保”功能齐全的宜居宜业城镇和商贸文化区域性中心；认真贯彻落实省市决策部署和“四个重在”实践要领，强镇富民取得了新的突破。全镇经济继续保持较快发展态势，财政收入、固定资产投资、农民人均纯收入等主要指标持续高倍增长，招商引资和项目建设继续保持较快发展速度，一批龙头企业落户灵宝城东产业集聚区和五龙工业园区；农民增收继续保持较快发展幅度，以核桃为主的新兴农业产业逐步确立；山区城镇建设继续保持较快发展力度，镇西棚户区改造、镇东商贸区开发、镇区段涧河治理、新型住宅社区、文化体育广场、河东路、虢州路、体育路开通、城镇功能和品位更加提升。“一区两翼”的城市框架逐渐展开，公路、饮水等实事规划如期实施，破解了制约发展的瓶颈难题。“创先争优”“抓基层，打基础，争一流，当先锋”活动正在全面推进，党的建设、干部队伍建设和党风廉政建设进一步加强，党员干部好作风、风正气顺好氛围、人和业兴好局面，彰显力量。

优质无公害烟叶生产基地

核桃加工厂

竹杆沟瀑布

闫驮亚洲最大的人工杜仲林

2.67万公顷核桃生产基地

站在新起点 实现新跨越

灵宝市故县镇

——奋力开创富民强镇新局面

灵宝市故县镇深入贯彻落实科学发展观，紧紧围绕“和谐稳定，科学发展”主题，坚持实施“特色富民，工贸强镇”战略，强力推进由黄金乡（镇）向新型工业强镇转型，各项工作实现新跨越，全镇经济快速发展，群众安居乐业，社会和谐稳定。

党委书记　杨　杰

镇域经济加速转型。围绕培植壮大有色金属加工冶炼、非金属矿产开采加工、农产品综合加工、电工产品制造等四大优势产业，坚持对外招商引资和对内激活民间资本并重，先后建成和开工建设“灵宝·金谷”、博源矿业、盛和矿业、栖陇电器、九九宝枣饮等一批重点项目，全镇工业经济总量快速增长，主导产业初步实现多元化，发展活力和后劲明显增强。

农村经济全面繁荣。大力发展林、果、牧、烟、菜等特色农业，建成了2万亩速生林、万亩黄桃、万亩优质苹果、10万头肉猪养殖、万头奶牛养殖、2000亩优质烟叶、5000亩无公害蔬菜、千亩红星梨等特色农产品基地，被评为中国优质黄桃栽培基地乡镇。培植生源产业、金色庄园、宏源农牧、为民实业等一批骨干农业龙头企业。新农村建设快速推进，河西村被命名为“全国文明村”“河南省新农村建设示范村”。

镇长　解建增

城镇面貌日新月异。筹资3000余万元完成矿区公路、塬区公路、滩区公路、镇区道路和镇界公路建设，实施镇区北出口改造、街道整修和路灯亮化等重点工程，建成了垃圾中转站，完成了安底商贸区道路拓宽工程，实施枣香商贸长廊建设，镇区聚集产业和吸纳就业的能力进一步增强。全面启动汉山旅游开发，汉山景区粗具规模，社会知名度大幅提升。

社会大局和谐稳定。统筹发展各项社会事业，着力为群众办好各项实事，民生持续改善。深化群众工作，创新信访工作机制，狠抓矛盾纠纷排查、化解，全镇信访形势总体平稳。加强社会管理创新，完善社会治安防控体系，深入开展平安创建，辖区社会治安形势平稳，群众的安全感不断提升，被授予“河南省平安建设先进集体”荣誉称号，受到中央综治办领导的充分肯定。

执政能力明显增强。扎实推进党的思想、组织、作风、制度和反腐倡廉建设，深入开展以“比创业、比奉献、比服务、比作为”为主要内容的创先争优活动，涌现出了一大批先进基层党组织和优秀共产党员，基层班子和党员干部引领科学发展水平及执政能力进一步提高，先后荣获“全省先进基层党组织”“全省‘五个好’乡（镇）党委”等荣誉。

有色金属开采冶炼产业龙头企业博源矿业有限责任公司

故县镇中心小学

宏源农牧公司万头奶牛养殖基地

栖瑞陇电器有限责任公司生产车间

灵宝市质量技术监督局

局长　李景学

灵宝市质量技术监督局受三门峡市质量技术监督局和灵宝市政府双重领导，履行综合管理、行政执法和安全监察三大职能。

灵宝市质监局一直致力于服务地方经济发展，各项工作均取得了突出成绩。该局先后获得全国农业标准化先进单位、河南省农业标准化示范市、河南省计量工作先进单位、河南省省级文明单位、三门峡市安全生产先进单位、三门峡市食品安全先进单位、三门峡市质监系统目标考核优秀单位、三门峡市质监系统先进基层党组织、灵宝市服务地方建设先进单位、灵宝市消防安全先进单位、灵宝市支持烟叶生产先进单位等荣誉称号。

灵宝杜仲国家级农业标准化示范区考核验收

局领导到建材检测室视察技术机构建设

“3·15”集中销毁查封的黑心棉等假冒伪劣产品

4月7日，召开灵宝市质量兴市工作会议

关注民生计量，春节前到集贸市场进行免费计量检定

在灵宝市兴华公司开展特种设备应急演练

灵宝市园艺局

灵宝市园艺局（挂灵宝市无公害苹果生产领导小组办公室牌子，以下简称市园艺局）为市政府直属事业单位。主要负责全市果树发展规划的编制、果树技术推广、生产指导、果农技术培训、果业协会组织建设、果树新品种引进、试验、示范和推广、园艺科技项目的研究、新项目的编报和组织实施、园艺产品的出口、销售、市场开发等项工作。2010年，灵宝市机构改革后保留灵宝市园艺局，机关内设办公室、人事财务科、生产科、果品销售科，核定编制 21 人，实有 23 人。下辖市园艺场、市果树实验场、市果树技术推广站。全系统共有干部职工 482 人，其中高级职称 7 人，中级职称 16 人，初级职称 28 人。

2010 年，市园艺局坚持以党的十七届四中全会精神为引领，以打造中国果品产业第一大市为主线，全面落实科学发展观，锐意进取，开拓创新，强力实施科技兴果、名牌带动战略，果品效益明显提升、果农收入大幅增加，有力推进了果品产业又好又快发展。全年果品总产量 12 亿千克，其中苹果产量 10 亿千克，果品总产值达 24 亿元，农民人均果品收入首次突破 4000 元。年末，全市共有果树面积 7.31 万公顷，其中苹果 5.67 万公顷。

灵宝市第二初级中学

知识学园——教师每周自主读书学习 3 小时，打造书香校园

灵宝市二中占地6.67公顷，建筑面积43000余平方米，绿化面积3.85万平方米。学校有42个教学班，180名老师，2300余名学生。学校拥有教学楼两座、阶梯教室两座、学生公寓楼4座、餐厅礼堂1座、欧式风格的办公楼、图书实验楼、自动化网络办公系统、标准化的学校运动场等校园配套设施，实现了班班多媒体教学，能满足现代化教学的需要。

建校以来，学校中招成绩连年攀升，名列全市前茅；三门峡市初二三科联赛连创佳绩；三门峡市、灵宝市七八年级调研考试多年名列全市前茅；省市级学科带头人、骨干教师甘光剑、石英枝、刘若玉、刘竹霞等名师荟萃；中考状元王劲文，三科联赛榜首王之剑、卢德鹏等名生辈出。学校先后被评为河南省首批规范化管理学校、河南省首批教育科研示范学校、河南省安全管理先进学校、河南省防震减灾示范学校、河南省绿色学校、三门峡市文明单位标兵，连续7年获得三门峡市、灵宝市教育教学工作先进单位、三门峡市初中教育嘉奖单位等称号，省、市领导多次检查指导，学校的办学经验被中央电视台、河南省电视台、《河南教研》《教育时报》《三门峡日报》等媒体专题报道。

精神乐园——丰富多彩的课外活动－课间一瞥

河南省
办学管理规范化学校
河南省教育厅
二〇〇三年二月

灵宝实验高级中学

校长　张九斌

韵律操

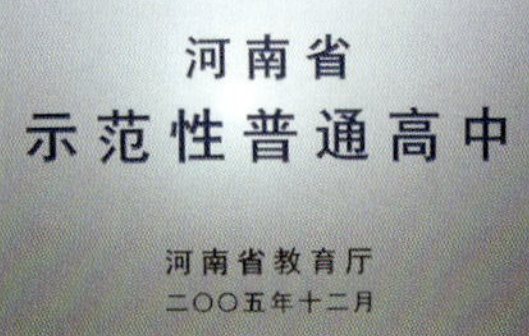
河南省
示范性普通高中
河南省教育厅
二〇〇五年十二月

省级体育传统项目学校
河南省体育局　河南省教育厅
2009年—2012年

省级
卫生先进单位
ADVANCED UNIT IN SANITATION
(2007－2011)
河南省爱国卫生运动委员会

河南省中小学心理健康教育
实验学校
河南省基础教育教学研究室
二〇一一年元月

灵宝实验高中成立于2000年7月，有学生4800余人，教职工370余人，校园占地12.33公顷。2005年12月被命名为“河南省示范性高中”。

徜徉在环境优美的校园之中，你会立刻感受到扑面而来的无限生机。置身于一流的教学设施之中，你会充分感受到浓浓的现代气息。这里，高规格实验室、图书室、微机室、功能完善的艺术馆，400米标准塑胶运动场，多功能学术报告厅、温馨优雅的心理咨询室等教育教学设施一应俱全。这里，每个教室完善的多媒体设施，校园全方位监控设施，先进的白板一体化电教设备，都为教育教学活动插上了腾飞的翅膀。

学校师资雄厚。有从全国名牌院校选聘的全日制研究生6人，在职研究生40余人。学校拥有国家级骨干教师1人，全国优秀教师1人，全国中学英语教师园丁奖获得者1人，省级名师、骨干教师、学术带头人8人，三门峡市级39人，灵宝市级30余人；特级教师1人，高级教师58人，一级教师150人，灵宝市首届教学名师6人。优质的师资队伍，为学生的成长提供了有力的保障。

学校教育教学质量稳步提升，教科研成果日益显著，学校高考上线人数不断攀升。数年来，有8000余名来自全市各个初中的优秀学子，充分享受着学校优质的教育资源，通过发奋苦读，最终圆了大学梦。

学校先后被授予“中国西部教育顾问单位”“国家级标准化考点”、河南省“卫生先进单位”“河南省中小学心理健康教育实验学校”、河南省“体育传统项目学校”“李阳疯狂英语实验学校”、河南省“五好基层党组织”、三门峡市“文明单位”“平安校园”“管理规范化先进学校”“课堂教学改革先进单位”等荣誉称号。

学校新一届领导班子提出借助全国新课程改革、河南省办学规范化管理和10年校庆的3个历史性机遇，以“三年统筹，德育为首，主攻质量，以教学为中心，突出教学常规，狠抓落实”为工作思路，牢固树立“让每个学生都获得创造性发展”的教育理念，倡导“面向全体、因材施教、分类推进”的教学思想，严谨治学，实施精细化、即时化、走动式、零距离管理，加快学校内涵发展，努力把学校建设成为位居全省一流的特色品牌学校。

东大门
教学楼

灵宝市第二高级中学

书记、校长　王苏玉

灵宝市第二高级中学始建于1917年，地处黄帝铸鼎原下，灵宝市阳平镇帝王路东街。学校占地7.33公顷，有教职工150人，在校生1500余人。校园绿树成荫，鸟语花香，空阔幽静，是一所园林式、规范化公立高中。学校硬件设施齐全，有教学楼2幢、学生公寓楼2幢、教师办公楼4幢、艺术楼1幢、标准化餐厅1处，学生健身广场、读者俱乐部、图书阅览室、微机室、理化生实验室、校园音乐广播系统、多媒体教室和校园局域网络等教育教学设施，极大地方便了师生的学习生活。

2010年，学校以"关爱、尊重、激励、超越"为教学理念，努力促进学生的全面发展。管理方面实施"年级负责、单元管理"的管理模式，激活内部竞争机制，调动师生努力学习、健康生活的主动性和集体荣辱感，形成了"风清气正、和谐高效"的管理氛围；校园文化建设方面通过对校园的净化、绿化、美化等，积极为师生营造整洁、优雅、文明的育人环境，确立以"修身、明志、格物、致学"为主题的校园文化理念，倡导积极健康的校园文化生活，促进教师专业成长，培养学生全面发展；积极探索新课程改革理念，确定了适合该校的高效课堂"主体性五环节"教学模式，扎实开展高效课堂"听—评—议"活动，切实提高课堂教学的有效性，强力推进课堂教学改革；挖掘潜能，优化多元培养渠道，满足不同爱好学生的兴趣追求，以体育、音乐、美术、书法特长培养为办学特色，让更多的特长爱好者成就大学梦。

学校先后被评为三门峡市规范化管理先进学校、三门峡市园林式学校、三门峡市文明学校、三门峡市体育传统项目学校、三门峡市行风建设先进单位、灵宝市文明单位、灵宝市德育工作先进学校。

1号教学楼

艺术生参加灵宝春晚合影

美术特长生外出写生

发放家庭困难学生助学金

毕业典礼

灵宝黄金投资有限责任公司

党委委员、副总经理　肖宏林

灵宝黄金投资有限责任公司成立于2004年5月18日，是整合收购原灵宝市安底金矿、市金矿、秦山金矿、豫灵金矿、义寺山金矿和渔池金矿6家破产企业有效资产资源而重组的独立法人治理机构，注册资本1亿元。勘查区面积3.41平方千米，采矿区面积51.6674平方千米，采选规模1700吨/日，共有员工1185人。下辖4个矿区，内设11个部室。主要从事黄金矿山资源开发、黄金采选冶炼等生产经营业务。是灵宝市三大国有黄金骨干企业之一。

2010年，该公司坚持"快速推进、集约管理、多元经营、跨越发展"的指导思想，以狠抓探矿增储为先导，以强化资源管理为重点，以业绩考核为手段，以科技兴企为依托，克服资源不足、资金匮乏等困难，通过创新机制、夯实管理、科学运筹、强力推进，使公司生产经营运行有序、管理日渐规范、规模不断扩大、效益不断提升，圆满完成全年各项目标任务。当年，完成黄金产量64160两，占年计划6万两的107%；完成销售收入23593.8万元，占年计划2亿元的117%；实现利税2702万元，占年计划2000万元的135.1%；完成地探投资1493万元，完成地探进尺7510米，占年计划7000米的107%；新增地质储量2103千克，占年计划2000千克的105%；完成探建项目7000万元；实现安全文明生产。

灵宝市委书记吕均平（前左1）来公司调研

灵宝市市长乔长青（右2）来公司检查安全生产

灵宝市市长乔长青（右2）到公司检查安全生产

第一矿区新选厂

灵宝市果树实验场

办公楼

果品生产交易

果树设施栽培示范区

果树设施大棚

无毒苗木繁育车间

灵宝市果树实验场占地36.4公顷，由无毒苗木繁育、名特优新品种观摩、高效果树设施栽培、绿色果品生产示范、销售贮藏6大区域组成，是集科研、试验、示范、苗木繁育、新品种引进推广为一体的研发基地，先后承担国家、省市级科研项目24个，其中国家级项目4个，省级项目4个，市级项目16个，并多次获得项目成果奖和科技进步奖。

近年来，灵宝市果树实验场发展果树设施大棚56座，栽植杏、油桃、水蜜桃、樱桃四大树种20余个品种，年产量11.2万千克；无毒苗木繁育区，占地面积13公顷，年出圃优质苗木180万株；有2000平方米果品交易大棚1座，5000吨现代冷藏库1座，果品清洗、打蜡、分级选果生产线2条，年出口优质果品2000万千克，出口创汇1200万千克。

培养室

灵宝市金鑫珠宝公司

董事长 刘福安

灵宝市金鑫珠宝公司（原金安钻石），成立于2009年，于2010年正式营业，主要经营黄金、铂金、钻石、翡翠、玉石、珍珠、玛瑙、纯银饰以及黄金金条、纯银保健杯、高档工艺礼品等，在灵宝市有着较大的影响，在同行业中独树一帜。公司依托原“金安钻石”多年的良好信誉，融合传统精雕细琢的技艺和现代化时尚元素，领先潮流经典，成为爱美女士钟爱时尚、成功男士投资馈赠、青年伴侣追求浪漫的首选珠宝店之一。

公司秉承“宁失万两金，不负顾客心”的经营宗旨，传承民族文化，打造金鑫品牌，并将继续坚持以纯真的饰品、精湛的工艺、合理的价位、优质完善的售后服务为经营理念，树立良好的企业形象，为灵宝经济发展作出应有的贡献。

灵宝市开源矿业有限责任公司

灵宝市开源矿业有限责任公司成立于 2005 年 9 月，是由灵宝市矿产资源开发总公司发起组建的股份制企业，地处灵宝市五龙工业园区。公司是集有色金属探、采、选、冶、化工生产、销售为一体的综合性企业，主要以含金复杂多金属硫精矿冶炼为主，采用国际上先进的硫酸化焙烧、萃取电积提铜、焙砂氰化提金和烟气制酸生产工艺。原料为含硫金精粉，主产品为国标 2 号金锭，副产品为国标 2 号银锭、国标 1 号阴极铜和 98% 硫酸。

公司以实现可持续发展为目标，以促进地方经济发展为己任，坚持“诚信经营，合规发展，科学管理，精益求精”的经营理念，积极实施“人才强企、管理固企、科技兴企、文化铸企”的发展战略，不断强化队伍素质建设，大力实施精细化管理，加大科技创新和安全环保工作力度，组织开展形式多样的精神文明创建活动，取得了良好的经济效益和社会效益。公司先后通过ISO9001-2008质量管理体系、ISO14001-2004环境管理体系、GB/T28001-2001职业健康安全管理体系认证；被授予河南之星最佳企业、河南省节能减排竞赛先进单位、河南省“安康杯”竞赛优胜单位、河南省五一劳动奖状、河南省模范职工之家、三门峡市级文明单位、三门峡市规模效益20强企业等荣誉称号。

新征程赋予新使命。公司将进一步弘扬“团结、创新、诚信、求精、务实、思进”的企业精神，解放思想，锐意进取，开拓创新，艰苦奋斗，努力构建“绿色开源、和谐开源”，为促进地方经济发展作出新的更大的贡献。

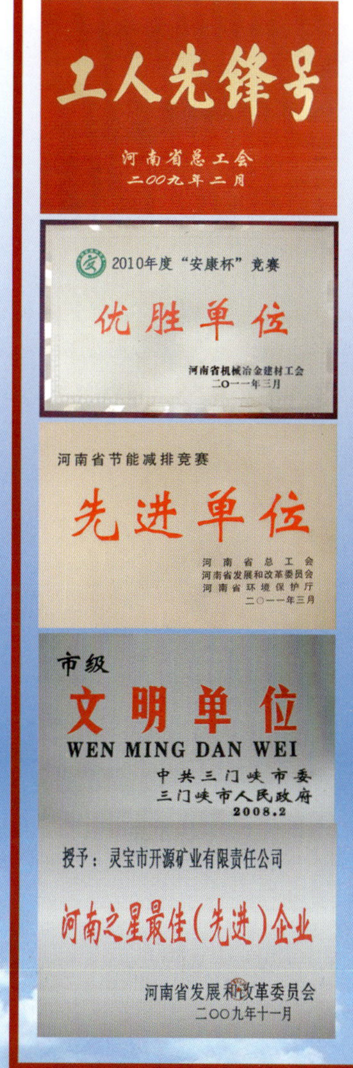

河南轩瑞地产有限公司

轩瑞地产，行业领先！河南轩瑞地产有限公司成立于 2008 年，注册资金 2500 万元，是一家具有二级资质的大型房产开发企业。

公司在职员工 78 人。其中高级工程师 18 人，中级工程师 20 人，会计师 5 人，工程造价师 5 人，其他各类专业技术人才 30 人。公司下设人力资源部、市场研发部、财务部、工程部、销售部、综合部。

公司雄厚的资金实力以及良好的诚信度，先后在灵宝市区黄金地段征地 7.33 公顷，投资 9 亿元，开发建设时代广场、金鼎广场和国际广场 3 个集购物、休闲、住宅于一体的大型现代综合性社区。其优越的地段、优美的环境、高端的设计、一流的质量、优质的服务成为灵宝市区的标志性建筑，引领城市发展潮流。

为拓展业务空间，搞好配套服务，公司又成立了灵宝安信物业管理有限公司。该公司具有四级物业管理资质，使在轩瑞地产购房的业主享受到高品质的房产和专业化、规范化、标准化的物业服务，为业主营造安全、舒适的生活工作环境。

金鼎广场鸟瞰图

国际广场鸟瞰图

时代广场鸟瞰图

亚武山风景名胜区

老子骑牛

亚武山位于秦、晋、豫三省交界的河南省灵宝市豫灵镇境内，是省级风景名胜区、国家级森林公园和国家级地质公园。境区可游面积 51.2 平方千米，最高峰海拔 2413.8 米，素有“武当伯仲，中原屋脊，森林公园，道教圣地”之称。它以五峰险峻山势为主体、以山清水秀为特色，以道教文化为内涵，是一处可供游览、避暑、休养、科研的山岳型风景名胜区。其自然景观集五岳雄、奇、险、秀，含九寨野、旷、神、幽；其人文景观丰富，宫、殿、庙、塔、洞星罗棋布，并流传着许多美妙的传说。自唐以来，“玄武修身地，老子隐居处”的亚武山，就是黄河中游的道教圣地。到亚武山一游，将给您留下美好的记忆！

天一宫

五峰极顶

玉锁关

灵宝汉山旅游投资有限责任公司

太子峰

灵宝汉山旅游投资有限责任公司成立于2008年4月15日，经营范围是旅游、景区投资开发服务。

汉山旅游区风景秀丽，文化底蕴深厚，精品景点有：金顶祖殿、三官唐窟、老母望子、玉皇龙榻、三皇石窟、千佛朝圣、古松二将、金洞遗古、乾坤天锅、迷你瓦庙、斗鸡奇观、汉山石虎、岩片石瓦、真武脚印、蜂窝石趣、石门天险、九九天梯、金城博览、熙园春色、刘秀避窑、四郎山寨、盖山巨石、祈雨灵潭、飞瀑三叠等。

汉山旅游区总面积20平方千米。由北京神州新纪录设计研究院撰写的《河南汉山旅游总体规划》于2008年3月通过三门峡市旅游局主持召开的论证会论证。按照《河南汉山旅游总体发展规划》及《汉山居接待区、罗汉寺遗址接待区、汉山接待中心详细规划》方案，规划将采用“游憩区保护区”空间布局模式，空间上遵循自然分布原则整合为“一心四区三线”的总体布局框架。即“一心”（汉山生态保护核心区）、四区（汉山接待中心、罗汉寺遗址接待区、汉山居接待区、新农村建设示范区）五大建设项目，开发特色鲜明的山地休闲旅游、科普生态旅游、历史宗教旅游和淘金工业旅游产品，形成三条旅游线（采金体验矿洞游线、索道观光空中游线、游步道观光旅游线），项目估算总投资1.3亿元。

仙女瀑

公司先后筹措资金4000多万元对汉山旅游区进行全面开发。建成了汉山景区网站；汉山旅游区基础设施建设项目环评已通过；《汉山旅游区基础设施建设项目可行性报告》被三门峡市发改委批准立项；汉山旅游景区已在三门峡旅游局备案登记；汉山即是省级森林公园又是国家级地质公园；“王莽撵刘秀传说”被省政府首批公布为“河南省非物质文化遗产”。

斗鸡岭

公司的宗旨是依托汉山文化独特的人文魅力，挖掘其特有的乡村韵味，深度整合自然与人文资源，最终为各界朋友创建一个具有高品位的集生态旅游、休闲、度假、佛事朝拜、乡村体验、运动休闲于一体的胜地。

汉山，让你走进自然，亲水、恋绿、寻古、觅幽、从容享受天人合一的美妙，感悟回归大自然的真谛。

豫西农村的一面旗帜

——灵宝市河西村及全国劳动模范、村党支部书记席文学

席文学，灵宝市故县镇人，中共党员。1951年5月出生，灵宝市故县镇河西村党支部书记。

1990年3月担任村党支部书记以来，他充分发挥表率作用，带头发展农村经济，以强烈的使命感和责任感，把握机遇，迎难而上，带领全村干群艰苦创业、大干快上，强力实施“特色农业富民，工贸企业强村，旅游带动兴村，文明和谐立村”战略，有计划、分步骤地推进新农村建设，实现了村民收入进一步增加、集体经济进一步壮大、村域秩序更加稳定、新农村建设稳步推进的目标，河西村各项社会事业突飞猛进，使昔日一个穷山村变成了现在豫西新农村建设的排头兵。到2010年底，全村工农业总产值1.5亿元，集体经济收入400多万元，农民人均纯收入9700元。河西村先后获得“全国文明村镇”“全国卫生村”“全国农村小康示范村”“河南省新农村建设先进单位”“河南省‘五个好’农村党支部”“河南省新农村建设示范村”“三门峡市新农村建设示范村”等150多项殊荣。2000年4月，席文学被国务院授予“全国劳动模范”荣誉称号。

河西村位于河南省灵宝市故县镇南部，紧靠秦岭山系的汉山，总面积40平方千米，耕地面积153.33公顷，全村8个自然村，10个村民小组，总人口2600人。改革开放前，河西村是一个极为贫困的穷山村。自席文学担任党支部书记后，率领全村干群大力发展经济。经过多年的打拼，使河西村成了豫西农村建设的排头兵。20多年来，河西村在席文学的带领下，团结奋斗，开拓创新，取得了骄人的新农村建设成果。

席文学作为始终奋斗在“三农”一线党员干部的代表，20多年来，他以自己惊人的胆略、超人的智慧、不懈的创业精神，带领群众脱贫致富，把一个豫西大山里的贫困山村，建成了声名远播的文明富裕、风景如画的乡村都市。

担任河西村党支部书记后，席文学聘请专家对辖区矿产资源进行了详细勘探，建起了河西村黄金选厂，村集体经济得到迅速壮大。在他的大力倡导下，村先后成立了河西农工贸实业总公司，建起了栖瑞陇电器公司、汉山饮品公司、恒源铁粉厂等一批骨干工业企业，初步形成了以矿山资源开发、电工产品制造、矿泉水生产为主导的基础工业体系。栖瑞陇电器公司管理通过了ISO9001—2000国际质量体系认证，产品首批通过了国家“CCC”认证，取得了国家进出口经营资格证书，并成功打入全国20多个省市的建筑市场。汉山饮品有限公司生产的“清”牌矿泉水屡获国际国内大奖，畅销省内外，被西北航空公司指定为航空配餐专用饮品。一批基础骨干工业的建成投产，为集体经济发展壮大增添了后劲，对民营企业的发展发挥了很强的带动力和辐射力。

席文学作为改革开放以来最早也是最成功的建设社会主义新农村的实践者。当他把河西村改天换地的新农村建设创业纪实写入共和国史册的时候，时任河南省委书记的李长春这样评价他：席文学是崎岖山路上刚强的跋涉者，他的目标在前面，不达到目标不罢休这是一面旗帜，是豫西农村的一面旗帜。

把一个贫穷落后的山村建成富裕文明的都市，席文学是在用共产党人不倦的奋斗夯实共和国成长的基石；在建设社会主义新农村的道路上，席文学正带领着河西村迈开大步，向着党和国家指引的方向，越走越快，越走越远……

卢氏县林业局

河南省卢氏县林业局是县政府主管林业的工作部门。卢氏县位于豫陕两省交界的深山区，地跨亚热带向北温带过渡区、长江黄河两大流域，境内林木种苗品种繁多，适应性强，有“天然植物园”之称，“中国核桃之乡”。

主要种苗品种：红油香椿、紫穗槐、核桃、刺槐、山毛桃、山杏、棠梨、海棠、山丁子、君迁子、白皮松、油松、侧柏、黄栌、皂角、山萸肉等种苗；主要食用菌：黑木耳、香菇、银耳、板栗、核桃、木灵芝等特产。

三门峡市安瑞印刷厂

三门峡市安瑞印刷厂成立于一九九九年，专业印制各类书刊、杂志及资料，生产管理人员和技术骨干多为从业二、三十年的原国营三门峡市印刷厂退休厂长及印刷企业改制后的下岗职工，这些专业人才融会现代科技与传统工艺，造就了一个管理规范、技术娴熟、质量上乘的专业印刷企业，也拥有了包括市委组织部、市机构编制委员会办公室、市直机关工委、市委党史地方史志办公室、市教育局、市烟草局、市国税局、市盐业局、大唐华阳电厂等一大批固定客户。由三门峡市政府主办、三门峡市委党史地方史志办公室主编的《三门峡年鉴》已连续多年由我厂印制，并多次在省级评比和行业评比中获奖。